Nachgelassene Schriften

von

Ernst Ludwig von Aster,

weil. Königlich Preußischer General der Infanterie, Chef des Ingenieur-Corps
und General-Inspecteur der Festungen.

Erster Band.

Mit dem Bildniß des Verfassers.

Berlin,
Verlag von J. Guttentag.
1856.

Zur Kriegstheorie.

Erster Theil.

Gedanken über eine Umgestaltung der heutigen Kriegstheorie.

Von

Ernst Ludwig von Aster.

La guerre est un métier pour les ignorants
et une science pour les habiles gens.
Folard.

Berlin,
Verlag von J. Guttentag.
1856.

Vorwort.

Der am 10. Februar 1855 zu Berlin verstorbene General der Infanterie a. D. Ernst Ludwig von Aster hat mehrere Abhandlungen militairischen Inhalts hinterlassen, welche nach der Meinung Sachverständiger in weiteren Kreisen Interesse finden dürften. In dieser Annahme sind die Hinterbliebenen durch beachtenswerthe, im Nachlasse vorgefundene Zuschriften militairischer Autoritäten, welche sich über den Werth jener Arbeiten sehr günstig aussprechen, bestärkt und zu dem Entschlusse bestimmt worden, die Manuscripte zu veröffentlichen.

Es folgen hier zunächst diejenigen beiden Abhandlungen, welche das Gesammtgebiet des Kriegswissens umfassen. Die erste — „Gedanken über eine Umgestaltung der heutigen Kriegstheorie" betitelt — entwickelt aus der

Geschichte und Natur des Krieges die Anforderungen an eine zeitgemäße rationelle Kriegslehre und zeigt, daß, um dabei zur Klarheit zu gelangen und Nutzen aus der Wissenschaft für die Kriegsbereitschaft und das Handeln im Kriege zu ziehen, eine andere Eintheilung und Verarbeitung des Stoffes Noth thut, als die heutigen Lehrbücher darbieten. Der Verfasser hatte nicht die Absicht, eine solche Kriegslehre (Theorie) selbst zu schreiben. Nur das Fachwerk, den Rahmen für dieselbe wollte er aufstellen, um Anderen die Aufgabe zu erleichtern. Dieser Absicht ist die andere Abhandlung gewidmet, welche den Inhalt des vorliegenden 2. Theils — „Entwurf zu einem Systeme der Kriegslehre“ — ausmacht.

Die im 1. Theil gegebene Abhandlung ist nicht ganz zum Abschluß gekommen, weil dem Verfasser die Pflichten seines im Jahre 1837 angetretenen letzten Wirkungskreises als Chef des Königlichen Ingenieur-Corps und General-Inspecteur der Festungen, nicht gestatteten, sich der Weiterförderung dieser Frucht früherer Studien hinzugeben. War es ihm aber auch nicht vergönnt, die Abhandlung zu vollenden, so hat er doch zu keiner Zeit aufgehört, dieselbe durch Anmerkungen zu bereichern, welche den dort niedergelegten Ansichten zur Erläuterung und Unterstützung gereichen konnten. Diese Anmerkungen sind so mannichfaltigen und trefenden Inhalts, daß sie an und für sich schon geeignet erscheinen, das Interesse zu fesseln und anregend und fördernd auf empfängliche Leser zu wirken.

Die zweite Abhandlung war abgeschlossen und auch in sich vollendeter als die erste, so daß das Manuscript als schon zum Drucke vorbereitet angesehen werden konnte.

Der Durchsicht vor dem Drucke haben sich, und zwar bei dem ersten Theile der Oberst im Königlich Preußischen Ingenieur-Corps und Pionir-Inspecteur Herr Lehmann, bei dem zweiten Theile der inzwischen dem Verfasser in die Ewigkeit nachgefolgte Königlich Sächsische Staatsminister und General a. D. Herr von Buttlar unterzogen. Den dankenswerthen Bemühungen beider Männer, welche durch die bereitwillige Uebernahme dieser Arbeit ihrer Anhänglichkeit an den Verfasser Ausdruck geben wollten, gebührt das Verdienst, eine baldige Herausgabe des Werks möglich gemacht zu haben.

Somit werden die bezeichneten Abhandlungen dem militairischen Publikum in der Hoffnung übergeben, daß der bekannte Name des Verfassers dazu beitragen werde, den Forschungen und Betrachtungen desselben die Aufmerksamkeit Berufener zuzuwenden und damit die Wissenschaft in seinem Sinne zu fördern.

Berlin im August 1856.

Inhaltsverzeichniß.

Zweiter Abschnitt.

Ueber die Hauptrichtung des Theoretisirens und dessen Verständniß.

Dritter Abschnitt.

Nähere Beleuchtung der Mittel zu den Kriegshandlungen mit Rücksicht auf die entwickelten Kriegs-Handlungsmotive.

Vierter Abschnitt.

Von der Anwendung der Kriegsmittel unter Betrachtung der Kriegshandlungen nach ihren Motiven und Aeußerungen.

Einleitung.

Den besseren Köpfen wird es kaum gelingen, sich auf dem unübersehbaren, mit so vielen technischen und wissenschaftlichen Einzelheiten übersäeten Felde des dermaligen Kriegswissens überall heimisch zu finden, und während der Handlung der Ueberzeugung mehr als dem Takte zu folgen. Noch weniger aber wird es ihnen vergönnt sein, Anderen mit bestimmter Klarheit eine Aussicht über dasselbe zu eröffnen, und denselben die sich vielfach durchkreuzenden Fäden des Gewebes in einer verständlichen Ordnung zu zeigen [1]. Es ist darum wenig zu wundern, daß selbst unter gebildeten Soldaten, bei aller aufgehäuften Kenntniß, die Begriffe und Urtheile durcheinander würfeln, und wir einer totalen Sprachverwirrung, einer Vermengung des Wesentlichen und Zufälligen, des Wichtigen und Unwichtigen immer näher rücken, die uns das Ungeschick und damit auch das Unglück im Kriegswesen vorbereiten. Unklarheit in der Theorie und deren Ursachen.

Abgesehen von einer oft schülerhaften, oft dem Interesse und der Eitelkeit zugewandten Schreiblust der Zeit, trägt diese selbst in ihrer, mitunter wohlthätigen Leichtigkeit des Ideenaustausches einen Theil der Schuld, der ihr nicht abzunehmen ist; einen anderen aber tragen die schon vorhandenen, nach mancher Excentricität geregelten oder hinter dem Material des Wissens zurückgebliebenen Theorien, die von Zeit zu Zeit umgearbeitet, vielleicht auch auf die Einfachheit noch älterer zurückgewiesen sein wollen. Letzteres wird im Nachfolgenden beabsichtigt, übrigens ein Versuch, welcher einer Polemik weder aus dem Wege gehn kann noch soll.

Die für das Kriegswissen (Kriegstheorie) oft irrig und verschiedentlich gebrauchten Ausdrücke von Wissenschaft, Kunst, Weisheit und dergleichen, führen schon von Hause aus in irrige Vorstellungen von der Lehre, und es wird darum gut sein, zunächst sich über dieselben zu verständigen.

Kriegswissenschaft. Nimmt man Wissenschaft im strengsten Sinne, in welchem die Alten schon behaupteten: Scientia debet esse de universalibus et aeternis, und in welchem die Franzosen ihre sciences exactes, wie Mathematik und Philosophie nehmen, die selbst schon zu Zeiten ihre Form ändern; so kann die Kriegstheorie auf solchen Namen keinen Anspruch machen [2]. Sie ist eine science de fait, durch Erfahrungen erzeugt [3], aus welchen immer höhere Gemein- (Collectiv-) begriffe abgeleitet sind, die, abgewogen mit Folgerungen zum Gebrauch, neben- und übereinander stehen und welche hier und da durch reinere Wissenschaften unterstützt werden. In solchem Sinne allein giebt es ein Kriegswissen [4], ja sogar eine Philosophie oder Metaphysik [5] des Krieges, die sich durch das Wissen wie der rothe Faden durch das Tauwerk der englischen Marine zieht, und am Ende als eine Summe von Principien oder Maximen in jeder Betrachtung aufgefunden werden kann. Wir wollen dieser Metaphysik des Krieges insbesondere unsere Aufmerksamkeit schenken, weil das richtige Auffassen in allen Detailzweigen von ihr abhängt. Meines Erachtens muß dieselbe, wie wir weiter unten näher entwickeln werden, aus den moralischen Gründen aller Kriegshandlungen heraustreten [6].

Der Begriff des Krieges selbst, wie es wohl geschehen ist, zum obersten Satz gemacht [7], gab nur müßiges Wortspiel. Die Folgenreihe der Sätze, vorschreitend von der niederen zur höheren Anwendung, ist so wenig philosophisch, daß sie uns der heutigen Ideenverwirrung zuführen mußte. Die bloß mathematisch-mechanische Betrachtung anwendbarer Zahlen und Räume beschloß dagegen die Theorie wieder in einer Einseitigkeit, und warf Hauptcapitel wie das psychische, die sogenannten Stratageme und vergleichen, ganz unbearbeitet anderen Wissenschaften und der Kunst zu, welche letztere dem Genie des Feldherrn allein anheimgestellt blieb.

Kriegskunst.

Diese Kunst (das Können) aber ist wie die nutzbaren und schönen Künste, die alleinige Anwendung des Wissens auf den besonderen Fall, der man sich mit der vollkommensten Theorie zwar nähert, ohne sie jedoch durch bloße Supposition erreichen zu können [8]. Der natürliche Takt überwiegt dabei oft genug das ausgebreitetste Wissen, wird aber durch geregeltes gestärkt, und selbst bei zufälligen Widerwärtigkeiten durch dieses gerechtfertigt.

Kriegstechnik und Kriegsweisheit.

Die Technik und die Weisheit [9] stehen für das Kriegswesen, wie überall, unter und über der Wissenschaft und Kunst. Mit der ersteren muß man sich schon des Verständnisses wegen auf irgend eine Weise bekannt machen, die letztere ist das Resultat eines Lebens mit der Wissenschaft und Kunst [10].

Artikulation des Wissens.

Alle genannten Grade des Wissens gehören nicht für Alle. Die Franzosen unterscheiden im Bauwesen sehr weislich den Artisan, den Artisten und den Savant. Wir würden wohlthun, im Kriegswesen auf ähnliche Unterscheidung zu halten und zu beherzigen, was uns Folard mit den Worten sagt: „La guerre est un métier pour les ignorants et une science pour les habiles gens [11].“ Nur durch solche Unterscheidung kann Halbwisserei und Anmaßung mit allen ihren schädlichen Folgen zurückgewiesen werden, und der gesunde unbefangene Entschluß an seinem Orte frei und gesegnet walten, während ihn dagegen die leidige Prahlerei mit stückweisem Wissen erstickt, und uns nachgerade für den Dienst dieselben Nachtheile wie die frühere Ignoranz zu bereiten droht.

Charakter und Umfang der eigentlichen Kriegstheorie.

Als die vorhin angedeutete Abstraction in verschiedener Abstufung, kann die Kriegstheorie dem Elementarunterrichte nicht folgen, obgleich dieser seinen Halt von ihr bekommt. Ein Ueberblick auf den Krieg, wie dieser sich bis zu unserer Zeit gestaltet, muß uns gleich auf die höchste Stufe der Betrachtung bringen. Von dieser wollen wir uns dann durch alle Collektivbegriffe hindurch bis zu den in der Ausübung und Vorbereitung des Krieges liegenden Wahrheiten herablassen, dabei mit Bewußtsein der oberen Sätze auf das Regelrecht-Verwandte niederblicken und Alles aus dem Spiele lassen, was der Theorie nicht wesentlich, sondern theils der Zeit, theils der Persönlichkeit jener Kriegshelden (grands capitaines) angehört, deren Thaten uns zu der Theorie verholfen, deren Sentenzen aber, häufig nur aus dem Kunstgebiete entlehnt, uns mitunter in Widersprüche verwickeln, und aller Theorie zum Trotz am Ende nur auf ähnliche Kunstregeln wie die Napoleon'sche: Il n'y a rien d'absolu dans la guerre, zurückführen würden. Die Schranken einer Theorie in diesem Sinne sind aber nichts weniger als geschlossen; mit besonnener Praktik rücken sie der Kunst immer näher [12], die, ohne in eine Theorie jemals eingezwängt zu sein, sich doch nur mittelst ihrer beurtheilen läßt.

Erster Abschnitt.

Geschichtliche Erinnerung an den Krieg zur Erörterung seiner Haupt-Handlungsmotive.

A. Der Krieg im Allgemeinen.

Der Krieg ist seiner Natur nach so alt wie die Welt, und wird mit ihr erst untergehen; denn keine Subjectivität erhält sich neben anderen ohne Reibung, und wo dabei gefälliges Ausweichen fehlt, erfolgt gewaltsames Verdrängen[13]. Diesem höheren Gesetz ist auch der Mensch mit allen seinen psychischen und physischen Bedürfnissen, mit seinen Leidenschaften und seiner Thatkraft, mit seiner Intelligenz und seinem Vervollkommnungstriebe unterworfen. Der Zweck solchen Streites ist Sieg[14], nicht aber der Friede, wie einige Philantropen unlogisch genug angenommen haben, und der nur mittelbar Folge davon werden kann. Als Krieg wurde übrigens der Streit unter den Menschen erst anerkannt, seitdem er von Massen ausging, und mit Massen geführt wurde; zum Kriegführen gehören also, was die Natur der Sache mit sich bringt, Staaten und Armeen. Krieg und Frieden.

Insofern sich die Interessen der Gesellschaft auch auf übereinkömmlichem Wege durch Politik[15] ausgleichen lassen, steht diese dem Kriege als dem gewaltsamen Wege gegenüber, und wenn man von politischen Kriegen, denen wir Zeitgenossen vielleicht auf eine geraume Zeit entrückt sind, hört, so muß man in der Poli- Politik und Krieg.

tik einen Doppelsinn suchen, der wohl auch dem Kriege eine Halbheit geben mag [16], von welcher indessen hier in der Theorie die Rede nicht sein darf; „la presunzione di far nella guerra progressi, sagt Montecuculi, senza combattere in aperto e senza venir a giornata, s'ella non é contradizione n'e termini, ella é almeno gran paradosse di cui altre vise“. —

B. Kriegskunst und Kriegstheorie in der alten Zeit.

Die ältere Geschichte zeigt die Kriegskunst wie mehrere andere Künste als ein, den Umständen nach ziemlich vollendetes Ganzes; auch ist eine dieser Kunst innig verwandte Theorie in der classischen Literatur auf uns gekommen. Letztere war indessen, wie bekannt, lange Zeit in Klöstern begraben und wurde, nachdem sie aus denselben wieder hervorgegangen, als Humaniora für die Schule mehr als für das Kriegswesen gefördert und genießbar gemacht [17], wenngleich auch einige Wenige sie zu solchem Zwecke dort von jeher aufgesucht haben.

Der Charakter dieser Kriegskunst [18] ist einfach und heroisch; das Ziel, die Totalüberwältigung des Feindes, unverrückt verfolgend, sehen wir nach und nach Helden mit ihren Stämmen, Könige mit ganzen Völkern, Feldherrn mit freiwilligen und gepreßten, aber organisirten und wohlabgerichteten Heeren einander aufsuchen, begegnen, großentheils auf ebenen Schlachtfeldern in Massen siegen und besiegt werden, die Herrschaft über das eroberte Land und dessen Bewohner aber fortsetzen, bis sich dasselbe Spiel von anderer Seite wiederholt. Wir bemerken dabei nicht wenig von unseren heutigen Feinheiten im Kriegswesen [19]; das geistige Gewicht des Anführers und die Gesinnung der Menge sehen wir mächtig; die verschiedensten Waffengattungen zum Schutz und Trutz, sowie die mannigfachsten Truppenarten, leichte und schwere, fehlen nicht, und selbst eine Feld- und Festungsartillerie [20] ist vorhanden. Wir bemerken den Widerstand in der griechischen Phalanx, die manoeuvrirfähige Artikulation in der Legion, den Gardegeist in den persischen Unsterblichen; wir erkennen das Uebel der Impedimente in allen Armeen, die weisen Dispositionen in Xenophon's Kriegsmärschen, des Pyrrhus exemplarische Lagerung, die Umsicht in Hannibals und seiner großen Gegner Operationen, Cäsars umfassendes Feldherrntalent und überhaupt Kriegsvollkommenheiten, wie sie nur wenige Zeiten aufzuweisen haben. Aber, wenn uns die alte Geschichte auch schon hier und da auf den Gipfel der Kunst bringt, so ist sie doch der geselligen und materiellen Basis unseres heutigen Kriegstreibens überhaupt zu fern[21], als daß wir damit allein einen sicheren Blick auf die jetzigen Kriegsregeln und Kriegseinrichtungen gewinnen könnten. Dieser Blick will in den Erfahrungen des uns näheren Mittelalters aufgesucht sein, weil dieses im Allgemeinen den von der alten Weisheit nur beleuchteten Grund und Boden unseres Wissens abgiebt.

C. Die Kriegskunst zu Anfang der neueren Cultur.

Erste Periode,

von der Mitte des 12. Jahrhunderts ab bis zur Zeit des häufigeren Geschützgebrauchs im Felde.

Nur wenig Scharfsinn ist zu der Bemerkung erforderlich, daß die Mongolen- und Tartarenchans, die persisch-ägyptischen Chalifen und selbst die neu-griechischen Kaiser im Kriege einen ganz anderen Stand zu ihren Sclaven und Knechten hatten, als die lateinisch-christlichen Fürsten und Heerführer als Oberlehnsherrn zu ihren Rittern und Mannen. Die Kreuzzüge und das neue Reich Jerusalem zeigen in den Ergebnissen des 12. und 13. Jahrhunderts, wiederum die ersten Blüthen einer in der Barbarei schlummernden Cultur, und einen Austausch politisch-militärischer Begriffe, Handlungen und Sitten zwischen dem Osten und Westen, die gegenseitig etwas von einander annahmen, ohne ihren eigentlichen Charakter zu verlieren. Mit dem Plantagenet Richard Löwenherz und dem Ejubiden Salah-Eddin[22] (geboren 1137) ist ein Wechsel in den geistigen Erfordernissen des Heerführers alter und neuer Zeit sichtbar, welcher den romantischen Heroismus hinter die überlegte Disposition bringt. Ein Soldatenstand mit Handwerks-Gebrauch, mit Gesetz[23] und Gesinnung, wie er in den schottischen, deutschen und schweizer

Miethlingen[24], in den Franc-Archer's und Landesknechten[25] noch bis zu Wallenstein's Schaaren auftritt, entwickelt sich unter den Condottieri's mit der seßhaften Lebensart der Land- und Städtebewohner. Gleichzeitig wird auch eine stetige Regel in der Kriegführung ersichtlich, die zuerst unter den Italienern, dann unter Deutschen und Franzosen literarisches Gemeingut der Gebildeten wird, was vor der Buchdruckerei eine Unmöglichkeit war. Die hiernach in Beispielen bekannter werdenden Kriegsanschläge erzeugen Sicherheitsmaaßregeln für das Heer und Terrainverwandlungen, wie sie schon die römischen Castra, die Ritterburgen, die Wendenschanzen und die Städte mit ihren Ringmauern in anderer Weise vorstellten. Ein nothwendiges Ergebniß der Befestigung ist alsdann der Festungskrieg, und neben der neueren Bastille[26] sieht man den alten Feuerpfeil, den Widder und Manches von der alten Arbaletrie bis zu ihrer Verdrängung durch die Pulvermine, Bombarden, Schlangen, Drachen und wie die mit dem Namen giftiger Thiere beehrten ersten groben Geschütze geheißen haben. Daß man dieselben auf diese Weise hier und da schon im vierzehnten Jahrhundert gebraucht hat, ist wohl außer Zweifel, wenngleich ihr allgemeiner Gebrauch bei den Armeen erst ins sechszehnte fällt[27]. Die Büchsenmeister gehören um diese Zeit, wie auch die Ingenieure, wenigstens zu den Nichtcombattanten in den Armeen und,' bis sie Karl VIII. gewaltsam zu Ehren brachte, bei den Soldaten selbst zu den Unehrlichen und Excommunizirten wie die Profoßen, welche die Arrestanten an ihre Kanonen schlossen[28]. Die Ritter jammern mit Ariost[29] über die tückische Pulvererfindung, die sie um ihre handfeste Tapferkeit bringt, eben so wie Ossians Helden über das Pfeilschießen, oder die heutigen Segelschiffer über die Dampfschifffahrt. Sogar ein Bayard äußert vor Padua (1506) gegen Kaiser Maximilian, daß es der Ehre der Ritterschaft entgegen sei, sich wie die Lansquenets als gemeine Leute todschießen zu lassen.

Man wird bald gewahr, daß ungeachtet der theilweise Geschützgebrauch in dieser Periode schon aufkam, in der Kriegführung überhaupt noch wenig oder gar keine von den Modificationen eintreten konnten, die man gemeinhin der Pulvererfindung zuschreibt, und daß dazu der Schlachtgebrauch einer etwas mobileren Artillerie gehörte, deren Auftreten mit der Zunahme[30] des kleinen Feuergewehrs für uns erst eine zweite Periode datirt. In der behandelten fällt also nur ein Uebergang von der früheren rohen Massenüberwältigung zu allerhand persönlichen und materiellen Sicherungsmaaßregeln in den zu Armeen gewordenen Kriegsschaaren auf, und zwar wenden sich diese Sicherungsmaaßregeln von dem geharnischten Einzelnen immer mehr ab und dem Ganzen zu, ohne jedoch andere Kriegshandlungsmotive zu beeinträchtigen, die, eben weil sie der Natur des Krieges selbst und dem Charakter manches Anführers zusagen, zu keiner Zeit ganz außer dem Spiele bleiben konnten, und sich hin und wieder auch wohl auf eine eminente Weise zeigen mußten. Sicherung.

Zweite Periode,

von der Zeit des häufigeren Geschützgebrauchs im Felde an bis zur Abschaffung der Pique.

Die Abgrenzung von bestimmten Geschichtsperioden, welche eine wissenschaftliche Eintheilung mit begründen sollen, muß nothwendig da an Schärfe verlieren, wo sich die Periodenbildung auf besondere Fortschritte basirt, weil diese nur nach und nach ins Leben treten. In der Kriegskunst war dies namentlich der Fall, als der Verkehr und die Verbindungen in Europa sich noch auf niedriger Stufe befanden. Damals hing die Einführung neuer Einrichtungen im Kriegswesen fast ganz von eigenen Umständen und Berührungen ab[31]. So trat nun auch der vermehrte Gebrauch des Feldgeschützes in der Kriegführung nur allmählig auf, und förderte dieselbe neben dem Eingewöhnen ins Soldatenhandwerk, und dem ausgedehnteren Gebrauch der im Kriegswissen heimisch gewordenen Sicherheitsprincipien, und zwar Hand in Hand mit den ebenfalls vorschreitenden Staatsordnungen. Die Armeen wurden, wenn auch noch nicht stehend, doch nationaler; die Capitano's und Freibeuter wichen den patentirten Offizieren der Ordonanz-Compagnien, der Trabantenfähnlein und der übrigen Soldateska, die von Connetablen, Marschällen, Feld-, Wacht- und

Zeugmeistern geführt wurde. Dieses Alles wurde auch im Frieden durch Steuer- und Naturalleistung vom Lande erhalten, und konnte darum zu jener für die Finanz unergiebigen Zeit nicht zahlreich sein[32], wurde aber im Nothfalle noch durch Aufgebote[33] ergänzt. Der Anführer richtete sich in seinen Operationen gemeinhin nach dem geringeren Stande, entsagte häufig der Massenüberwältigung, und führte den Krieg mehr par industrie, ruse et surprise d. h. er ging auf Unternehmungen aus, die man
Ueberraschung. füglich unter dem Namen der Ueberraschung zusammenfassen kann, wenn dieser Begriff darnach festgestellt wird[34]. Eine leichte Uebersicht und Leitung der Truppe, verbunden mit den ihr schon zur anderen Natur gewordenen Sicherheitsmaaßnahmen, begünstigte diese Unternehmungen sehr, und machte sie, da der Feind auf ähnliche Weise thätig war, auch oft zu den einzig ausführbaren. Nicht mehr wie in den Kreuz- und Römerzügen, oder später in den Türken-Kriegen, sah man die großen Massen in Wagenburgen verschlossen oder mit dem Rücken zur Deckung an große Ströme gelehnt[35] in der Schlacht untergehen; sie waren beweglich geworden, und änderten selbst nach Verlusten ihre Stellungen absichtlich. Diese Stellungen erhielten durch das Positionsgeschütz einen Halt oder Anker, wie sich Montecuculi ausdrückt. Zwar waren Geschütz und Geschoß noch ziemlich schwerfällig, und ersteres häufig mit Ochsen bespannt, aber sie und der Troß waren den Armeen, welche eine ordentliche Verpflegung kannten, schon unentbehrlich geworden, und der Feldherr konnte sich nicht enthalten, für ihr sicheres Fortkommen zu sorgen, wodurch er wieder mehr als sonst auf Landeskenntniß und Voraussicht hingewiesen wurde. Dagegen erleichterte ihm auch das immer bei der Hand befindliche Geschütz einer realen d. h. schweren Artillerie (artigleria reale), wie sie die Italiener nannten, den Festungsangriff und machte reale (royales) Befestigungen nöthig.

Der Festungskrieg, wie ihn die neuere Zeit mit sich brachte, nimmt hier seinen Anfang; das Geschütz änderte ihn; denn nachdem die sogenannten Operationen de vive force längst vorgesehen waren, kommt es jetzt darauf an, eine Position, eigentlich Contravallation, gegen den Platz zu schaffen, mit gedeckten Wegen zu derselben (Trancheen und Gallerien), um bei Näherung aller

Streitmittel die Deckungsvortheile dem Belagerten nicht allein zu überlassen. Letzterer sieht sich dann wieder bei diesem Verfahren des Angreifers genöthigt, seine Zuflucht zu früher nicht gekannten Maaßregeln zu nehmen. Die Befestigungskunst (fortification), welche mit gewissen Einseitigkeiten behaftet, späterhin auch den Festungskrieg[36] in solche verwickelt, und dessen Technik so den Armeen gleichsam entfremdet hat, datirt aus dieser Periode und zeigt sich namentlich durch die italienische Literatur in einer, dem späteren doctrinären Wesen abgewandten, jugendlichen Reinheit und Frische. L'attacoo insegna la difésa, lehrt Montecuculi, und in jedem praktischen Wissen müssen die, eine gediegene Theorie begründenden Gegensätze, wie hier die Sicherung und die Ueberraschung, neben allen Zufälligkeiten sich zum Beweise ihrer Richtigkeit auch gegenseitig steigern. Die dem alten Rittergeiste eigenthümliche Treuherzigkeit, die unter offener Ausforderung (défi) dem Feinde mit der Schlacht gleichsam einen großen Zweikampf anbot, machte einer verschlagenen Soldatenhandtirung Platz[37], die eine aus früherer Zeit mit herübergebrachte Uebeŕzahl von Cavallerie in allen Unternehmungen, wo es auf Geschwindigkeit ankam, unterstützte. Darum läßt sich wieder begreifen, daß fast alle Städter eilten, ihre Ringmauern, die vorher den Ritterburgen gleich, zu ihrer Sicherheit genügten, in bastionirte Erdwälle umzuwandeln, welche bis dahin nur den Lägern[38] gedient hatten, nun aber zuerst von uns an Verona (von San Micheli 1527 befestigt) bemerkt werden. Die Kriege endlich, welche größtentheils wegen der damals statt findenden Abrundung der Staaten, und wegen Zwistigkeiten zwischen den regierenden Häusern geführt wurden, unterstützten überhaupt gewagte Unternehmungen und machten locale Vorsicht unerläßlich.

Dritte Periode,

von der Bewaffnung der Infanterie mit Feuergewehren ab bis zum Exceß in den Manoeuvrekünsten.

Dieselben Gründe, welche den chronologischen Anfangspunkt der vorigen Periode verwischen, gelten auch für diese und zwar um so mehr, weil hier nicht bloß vom Einführen einer neuen, sondern auch vom Abschaffen einer bisherigen Waffe in den verschiedenen europäischen Heeren die Rede war. Die Pique der Infanterie fand ihre hartnäckigen Vertheidiger [39], und Gustav Adolf, wenngleich er nicht zu diesen gehörte, war doch ein Liebhaber des alten römischen Massenstoßes, ebenso wie Wilhelm von Nassau vor ihm, und Folard nebst Anhang nach ihm, und somit vielleicht selbst Ursache, daß die dem Feuergewehr zuständige Entwicklungs- oder, wie sie Bülow darnach später nannte, Globulartaktik, als deren Begründer Gustav Adolf eigentlich angesehen werden muß, im 17. Jahrhundert nur ausnahmsweise ihr Glück machte. Die allgemeine Anwendung des jetzt vereinfachten Infanteriegewehrs [40] (Flinte), das nun mit dem Dillenbajonnett [41] versehen worden war, und so seinen Gegnern auch einigen Ersatz für die Pique gewährte, fällt dagegen erst ins achtzehnte Jahrhundert.

Die unmittelbar und fast ohne Zwischentheilung vom Einzelnen zum Ganzen überspringenden Kriegsordnungen (Kriegsrechte, wie sie noch nnter Karl V. hießen) hatten die Armeen mit einer eben so wohl moralischen als taktischen Unbehülflichkeit belastet, welche Gustav Adolfs artikulirte Gliederung aus dem Wege räumte. Sein Schematismus erstreckte sich in der ordre de bataille bis zur Compagnie-Taktik [42], und gab, da der Geist in solcher Form noch lebte, und mit römischer Disciplin verbunden war, der Truppe Freiheit und Bestimmtheit in der Handlung, jedem Anführer aber Disposition und Verlaß auf die Truppe, der sich früher nur unter den Augen des Oberfeldherrn gefunden hatte. Stellungen konnten daher unter ihm bei weitem größere Ausdehnungen erhalten, und sein Feuergewehr ließ sich deshalb ebenso wie das Feldgeschütz, um so nützlicher gebrauchen, wenngleich seine Infanterie im Gefecht noch 6 Mann tief rangirte', und selbst zuweilen auf 12 duplirt wurde. Zudem halfen ihm noch die mehreren Intervallen und Detachirungen seiner Musketiere, was den die Ueberflügelung scheuenden Feind zu ähnlichen Maaßregeln nöthigte [43]. Ebenso veranlaßte die in der Feuertaktik begründete Aufstellung in dünnen Linien das Hintereinanderreihen mehrerer Treffen, von denen die hinteren jetzt nicht mehr bloße Reserven waren, sondern die dem von der Armee eingenommenen Raum, welcher noch durch Cavallerie- und Artilleriepostirung auf den Flügeln eine größere Ausdehnung erhielt, auch eine bedeutende Tiefe gaben, auf welcher regelmäßige Bewegungen unerläßlich wurden. Das solchergestalt von den schlagenden Armeen besetzte Oblongum, welches selten mehr wie die älteren Tummelplätze ohne Waffen-Vortheile und -Nachtheile aufzufinden war, wies den Feldherrn mit Macht auf die Terrain-Kenntniß, und also in letzter Instanz auf die Terrainbenutzung Terrainbenutzung. hin, welche von hier ab gebietend, und die frühern Principien der Kriegskunst modifizirend in die Kriegstheorie eintritt. Die größeren Räume und die häufigeren Ueberwältigungsgelegenheiten zersplitterten die Ueberwältigung, welche an ihrer Totalität Einbuße erlitt. Man konnte auf einem Punkte des Schlachtfeldes imponiren, ja siegen, während man auf einem anderen selbst bei vorhandener Uebermacht, wenn sich deren Entwickelung wesentliche Hindernisse in den Weg stellten, geschlagen wurde. Man konnte dem kampflustigen Feinde längere Zeit ausweichen, und sein Kriegstheater häufig nach demjenigen geistigen und kriegerischen Charakter wählen, welcher gerade der Armee zusagte. Die Sicherung fand sich nicht mehr allein in der Unzugänglichkeit des Bodens [44], sie konnte indirect in der Schlacht durch den Besitz eines beherrschenden Terrainpunktes, durch eine bereit gehaltene Cavallerie oder durch irgend eine Detachirung, auf dem ganzen Kriegstheater aber durch Lage und Richtung der Operations-Linien und -Basen [45] geschaffen werden, mit welchen schon Montecuculi bekannt war, und von denen derselbe unter der Benennung von Communicationen und der hinter diesen vorhandenen Stellungen spricht. Die Ueberraschungen beschränkten sich nicht mehr auf brüske Expeditionen und Hinterhalte, sondern offenbarten sich selbst vor dem Feinde in der taktischen Handtirung, außer dessen Gesichtskreise aber in der Combination von allerhand Truppenbewegungen, die ihm bei der Zerstreuung der Massen den gehörigen Widerstand auf dem angegriffenen Punkte und zur rechten Zeit unmöglich machten [46].

Solche Erweiterung der Ansichten, die während eines langen Zeitraums stattfand, und zwar während eines Zeitraums, in welchem die tüchtigsten Feldherrn handelten, und gediegene erfahrene Schriftsteller die Kriegstheorie bearbeiteten, mußte unfehlbar neben dem Fortschreiten in der Theorie, auch manche Schiefheit und Excentricität darin einführen; letztere gewann denn auf die Handlung selbst am Ende wieder Einfluß, und verwickelte die Kriegführung in eine Apathie [47], wie sie uns z. B. noch durch das sogenannte Fünf- Märsche - oder neuntägige Verpflegungssystem im bayrischen Erbfolgekriege (1778), oder in den ersten Revolutionsjahren, vorkommt, und welche in dem taktischen Schematismus, wie in dem fortificatorischen eine Regel erblickte, die das Anwendbare zum Irregulären herabsetzt.

Es gehört nicht zu unserer Aufgabe, den Wellenlinien der Kriegsweisheit in dieser Periode nachzugehen, und wir erwähnen den Umstand, über welchen es nicht an Streit gefehlt hat, und der auch von der Literatur vielfach behandelt worden ist, hier nur, um den Endpunkt unserer Periode zu bezeichnen, indem wir uns allein an die Vervollkommnung des Kriegswesens in derselben halten, da dieses für unsern Zweck ausreichend ist. Man war in der angedeuteten Periode immer weiter in der Terrainkenntniß vorgegangen, eine Kenntniß, welche wiederum von der Terrainbenutzung immer mehr in Anspruch genommen wurde [48]. Die allgemeine wissenschaftliche Cultur verhalf außerdem zu ausgebreiteten geographischen Kenntnissen und das bildliche Hülfsmittel, die topographische Charte, wurde vorzugsweise von Militärs gefördert. Noch jetzt ist diese Förderung sichtbar; sie läßt für die wichtigsten Kriegsereignisse fast nur eine richtige Anwendung zu wünschen übrig. Türenne, der in Friedrich Heinrich von Oranien seinen Lehrmeister sah, bearbeitete schon Operationspläne für ganze Campagnen [49]. Letztere haben seitdem selten gefehlt, und machen heutigen Tages fast eine Schulaufgabe der Generalstabsoffiziere aus, die ihre Referate über Kriegsactionen mit nicht weniger Urtheilen ausstatten, als Deodati, Wallensteins Generalquartiermeister, die seinigen, wenngleich diese wohl etwas mehr Werth hatten. Die Cabinetsdispositionen Louvois's haben, wie auch sein Schreiberei- und Listenwesen, darum gleichfalls das Bürgerrecht in den Armeen erlangt, und Alles folgt einem geregelten Gange. Der vor dem siebenjährigen Kriege in den untern Offizierchargen bemerkbare Idiotismus ist gewichen, und einem Anführer, der in den heutigen Armeen Intelligenz zu suchen und zu brauchen versteht, kann es kaum daran fehlen.

Die immer weitere Verminderung der Glieder, deren Zahl bei der Infanterie in der bezeichneten Periode bis auf drei herab gesetzt wurde, sowie das durch den eisernen Ladestock [50] und die Cartouche [51] erlangte Geschwindfeuer und die Ueberzahl an Infanterie [52] hoben das Interesse am Terrain immer mehr, und dehnten die Grenzen seines nothwendig gewordenen Erkennens immer weiter aus. Die Beweglichkeit der Armeen wuchs mit der Beweglichkeit der Geschütze und des Schußbedarfs, sowie mit den in der französischen Armee 1765 durch Gribeauval eingeführten Feinheiten der Artillerieausrüstung. Was der Artillerie übrigens an der Beweglichkeit unserer heutigen noch fehlen konnte, glich sich in der Hauptsache durch das beschränkte Anzahl-Verhältniß der Geschütze wieder aus; selbst Napoleon, der später mit 5 Geschützen auf 1000 Mann in den Krieg zog, nahm anfänglich ihre durchschnittliche Zahl nur zu $1\frac{1}{2}$ für dieses Truppenquantum an.

Das Bedürfniß, den Armeen und jeder ihrer Haupt-Abtheilungen eine eigene Truppe zu allerhand Terrainverwandlungen zuzutheilen [53], äußerte sich darum dringender als sonst, und die Vervollkommnung der Pontonire [54], so wie die Errichtung der Pionire, die wir am frühesten bei den Türken finden, und welchen dann später auch die für den Festungskrieg bestimmten Mineure und Sappeure unter dem allgemeinen Namen der Genietruppen sich anschlossen, fällt in diesen Zeitraum; eben so das zum Feldgebrauch eingerichtete Wurfgeschütz und die berittene Geschützbedienung [55].

Die Festungen gelangten in dieser Kriegsperiode zu einer vorher nicht gekannten Wichtigkeit für den ganzen Krieg. Sie waren stark genug, den förmlichen (ceremoniellen) Angriff zu erfordern, und die Armeen dagegen nicht stark genug, um den Einfluß der Festungen in vielen Fällen durch bloßes Einschließen zu hemmen. Darum verstärkte man sie immer mehr, und brachte sie namentlich in Frankreich mit einer prämeditirten Landesvertheidigung in Einklang [56]. Vauban, der hierzu wesentlich mitwirkte, gab auch dem Festungsangriff eine systematischere Form, in welcher das Sicherungsprincip ganz ebenso wie im Festungswesen selbst vorherrschte, und die so solide war, daß letzteres sogar in seiner damit zusammenhängenden Vervollkommnung einseitig auf diesem Wege fortschritt. Schwächen und Stärken der Plätze wurden übrigens genauer als ehedem erwogen; der Angriff wurde gegen erstere gerichtet, und folgerecht mit allen Hülfsmitteln durchgeführt, die man zwar größtentheils schon früher gekannt, aber nicht mit demselben Erfolg wie Vauban angewaudt hatte. Manchen von der Ortsbefestigung (fortification royale) abgezogenen Gedanken trug man auch in die Stellungsbefestigung (fortification passagère) über, und verlieh dieser dadurch ein Ansehen, welches zwar dem der alten Lagerumwallungen nicht mehr gleich kam, was aber auch der neueren ausgedehnteren Stellung und Beweglichkeit der Truppen nicht mehr zusagen konnte.

Die Kriegskunst von ihrer Rückkehr zu einem gesunderen Gleichgewichte in den Haupt-Handlungsmotiven ab bis heute. (Scheinbarer Anfang einer neuen Periode).

Ueber die Vervollkommnung der Kriegskunst in der neuesten Zeit sind mancherlei Ansichten und Meinungen, die sich zum Theil bekämpfen, laut geworden. Man hat sich auf einzelne Veränderungen und bemerkte Thatsachen berufen, die schwerlich als Wendepunkte einer so ausgebreiteten Maschinerie gelten dürften; man hat selbst aus Vorliebe für die Genialität in gewissen, durch verkümmerte Gedanken nicht gebundenen Theorien eines berühmten Mannes einen Stern leuchten sehen, mit welchem eine neue Aera der Kriegskunst beginnen sollte. Solche kleinliche Annahmen werden vergessen werden, sobald sich im Verlaufe der Zeit auch die Parteien verlaufen haben werden. Wir haben aus dem Vorhergehenden erkannt, wie nur ein Aggregat mehrfacher Einflüsse solche Hauptperioden" bestimmt, wie auch diese zuvörderst ihre Nüancen durch längere Zeiträume forttragen, ehe sie den schlagenden Punkt in der Theorie angeben, und wie nicht einmal die so wichtige Pulvererfindung ausschließlich dazu ausreichend war. Fassen wir darum hier die seit der französischen Revolution sich auffallend zeigenden Neuerungen in der Kriegführung zusammen, und forschen wir nach ihren Resultaten.

Unfehlbar lag wohl der Keim dieser Veränderungen in dem Kriegscharakter unserer Zeit, und der davon abhängigen Zusammensetzung unserer Armeen nach geistiger (le moral) und mechanischer (le physic) Weise. Damals als die großen Interessen des Seins und Nichtseins von beinahe allen Mächten Europa's ausgefochten werden mußten, reichten die Handwerkssoldaten nicht mehr aus; das Volk wurde mit seiner eigenen Gesinnung, nicht mit jener des Soldaten, in die bestehenden Armeen eingeschoben, wo es den Halt des Befehls sowie alle Kriegseinrichtungen vorfand, und also, wenn auch nicht allen militärischen Anforderungen entsprechend, doch bald in brauchbare Soldaten umgeschaffen war. Man darf diesen bedeutenden Unterschied gegen den reinen Volkskrieg, welcher sich nur ganz einzeln kund gab, nicht übersehen. Damit ward zwar die Gliederung Gustav Adolfs und viele ihrer Folgen erhalten, aber die Manoeuvrirfähigkeit des Einzelnen wie des Ganzen vorzugsweise beim Tirailleur-[58] und Massengefecht wie vor seiner Zeit wieder in Aufnahme gebracht. Nichts destoweniger konnte die in der Terrainbenutzung gewonnene Einsicht fortwuchern; sie erstreckte sich sogar bei der immer wachsenden Stärke und Zahl der Armeen zugleich über mehrere Kriegstheater, und setzte die auf jedem derselben sich zutragenden Ereignisse in einigen Zusammenhang. Alles einigte sich gleichsam zu großen Schlachten, und die Dirigenten derselben mußten Massen zu ihrer Disposition in der Hand behalten, über welche sie erst im Fortgange der Begebenheiten bestimmten. Dieses führte auf die schon längst und namentlich von Ziska auf den Schlachtfeldern gebrauchten Reserven[59] neuerer Art; sie wurden duplirt und triplirt, ja es gab ganze Reserve-Armeen. Die Beweglichkeit und vollendete Organisation der Artillerie knüpfte sich an eine fast unglaubliche Geschützzahl[60]. Die Volkskriege wußten das Material zu schaffen, durch dessen Mangel die früheren politischen

Kriege die Kunst beschränkt hatten; die Geschützzahl ersetzte die ausgefeilte Schlagfertigkeit der übrigen Waffen in mancher Beziehung. Die Terrainverwandlung bediente sich der Fortschritte in den physischen und anderen Kenntnissen, und wurde durch die seit Kurzem besser und zahlreicher gebildeten Genietruppen[61] darin ungemein gefördert. Sie brachte mit der erneuerten Federkraft der Kriege die älteren Plätze in Mißcredit, und machte allerhand Reformen in der Befestigungskunst bemerkbar. Die vorgerückte Cultur in den meisten mit Krieg überzogenen Ländern diente dem Kriege selbst[62], und brachte Unternehmungen zum Gelingen, deren Möglichkeit nur von einer leichteren Bewegung der Massen, von bereit gefundenem Unterhalt, von Dach und Fach abhing, indem die Armeen derartige Impedimente nicht mehr wie in den früheren schleppenden Kriegen mit sich führten. — Leicht erkennt man, daß alle diese Umstände und Maaßnahmen kein neues Kriegshandlungsmotiv enthalten, sondern daß sie den vorhandenen und bekannten nur eine weitere, nach Umständen ganz angemessene, Ausdehnung gestatteten, woran das Feldherrn-Talent allerdings Theil hatte, wovon auch Manches auf Napoleons Rechnung kommt, dessen Verstand, allgebietende Macht, Festigkeit und Thätigkeit[63] hier nicht spurlos vorüberging. Wenn daher irgend eine besondere Modification der Kriegführung aus dieser Periode in die Theorie Eintritt erhalten soll, so dürfte sie sich wohl nur auf das allgemeine Gesetz der Vervollkommnung beziehen, welches sich dadurch äußert, daß der Sieg weniger von der Totalüberwältigung abhing, sondern häufiger als zuvor der theilweisen

Theilweise Ueberwältigung.

Ueberwältigung zufiel[64]; ungefähr so wie der spätere Gebrauch irgend einer Waffe beim Streit zwischen Einzelnen die Anstrengungen des früheren Ringens erleichterte. — Es ist keineswegs gleichgültig, über diesen Gegenstand im Klaren oder Unklaren zu sein. Der Mensch trachtet immer nach dem, was ihm das Bessere dünkt, und schon manche Einrichtung scheint sich bleibend in unseren Armeen festsetzen zu wollen, deren auf zufälligen Umständen beruhende Einführung auch nur zufälligen Erfolgen ihre Fortdauer verdankt. Daß hierdurch aber ein jeder wahren Theorie entgegenstehendes Schwanken, dessen Nachtheile uns die Kriegsgeschichte zur Genüge offenbart[65], verlängert werden muß, ist einleuchtend.

Jede wahre Theorie — und nur eine solche ist eine brauchbare — läuft am Ende darauf hinaus, recht genau zu wissen, was man will und mit welchen zugänglichen Mitteln das Erkannte am besten ausführbar ist[66]. Darum aber ist es unerläßlich, in jeder Handlung und zu jeder Zeit Zweck und Mittel genau zu unterscheiden, und sie, wenn es erforderlich ist, nur mit vollem Bewußtsein zu wechseln. In der Unklarheit hierüber sind die meisten Mängel unserer Kriegstheorien begründet, und man wird in der Folge bemerken, daß die durchlaufende Richtung in vorliegenden Betrachtungen jener Klarheit der Erkenntniß gewidmet ist[67].

Anmerkungen.

[1] (S. 1). Im Gefühl dieser Ueberzeugung sagt Bonneville in der Vorrede zu den Rêveries du maréchal de Saxe: „La guerre est une science couverte de ténèbres dans l'obscurité desquelles on ne marche pas d'un pas assuré. La routine et les préjugés en sont la base, suite naturelle de l'ignorance.“

[2] (S. 2). Savorgnano, in dessen Arte militare terrestra ed maritima, Venetia 1599, sich bereits manche später von Montecuculi benutzte wissenschaftliche Eintheilung findet, nennt in der Einleitung zu genanntem Buche den Krieg eine Kunst, „per che in essa si discorre ed procede con raggioni verisimili ed probabili non già con propositioni dimostrative come si fa nelle scienze.“

[3] (S. 2). Aus jeder und also auch aus der Erfahrungswissenschaft muß vor allen Dingen absolute Wahrheit als die Form alles Bestehenden hervorleuchten, wenngleich sich letztere theilweise auch nur mit relativ als richtig anzuerkennenden Verhältnissen in ihrem eigenen Organismus behelfen muß. Jede Wissenschaft hat ferner das Gerüste ihres Umfanges vollkommen darzustellen, und gleichzeitig zum Fortbau desselben Raum zu gewähren.

[4] (S. 2). Die ältere Art, das Kriegswissen zu cultiviren, bezweckte größtentheils nur das Verständniß der Ausdrücke (Terminologie), sowie die Kenntniß der Beschaffenheit der Organisation und des Rechts. Das, was wir heute Kriegstheorie nennen, kommt mehr nur gelegentlich bei Beschreibung der Kriegsämter vor.

[5] (S. 2). Man wird in der Folge bemerken, daß die Kriegstheorie eigentlich in drei große Capitel zerfällt, nämlich in 1) die Kriegsmetaphysik, welche die aus der Kriegführung aller Zeiten abgezogenen moralischen Grundlagen aller und jeder Kriegführung schafft, und also auch die

ganze Theorie geistig durchdringen muß; 2) den Kriegsorganismus oder die zur Kriegführung erforderlichen Mittel geistiger und physischer Art, und 3) die Kriegshandlung oder vielmehr deren Betrachtung nach den verschiedentlich vorkommenden Nüancen der Kriegführung; sie liegt der Praxis, aber damit auch der Subjectivität und ihren Beschränktheiten am nächsten, und liefert erst die Maximen als die Producte des ganzen Raisonnements.

[6] (S. 2). Montaigne sagt bei einer ähnlichen Gelegenheit: „Nous avons abandonné la nature et lui voulons apprendre sa leçon, elle qui nous menait si heureusement et si sûrement." — Dasselbe meint Antoine de Ville (1655), wenn er sagt: J'ai montré ailleurs la vanité de toutes ces rêveries que je redis ici pour donner advis que la plupart des choses qu'on apprend pour s'en servir à la guerre ne valent rien pour cet effet parceque ce sont pièces de cabinet et qu'il y a bien différence de l'étude et de la spéculation à l'exercice et à la pratique." — Es mag übrigens wohl in der Geschichte des menschlichen Wissens überhaupt begründet sein, Theorie und Praxis als Grundlagen wesentlich und nicht blos formell scharf zu scheiden. Bernhard Palissy, der Erfinder des Emails, läßt in seinen Discours admirables sur la nature des eaux et fontaines, Paris 1580, Theorie und Praxis sogar personificirt mit einander verhandeln, und die Griechen unterschieden nach Kästner's, Professor der Mathematik, Behauptung, beide noch sorgfältiger, als wir heutigen Tages.

[7] (S. 2). Die Kriegstheorie läßt sich eben so wenig a priori demonstriren, wie die Rechts- und Staatswissenschaften, in Bezug auf welche Rehberg sehr richtig sagt: „Im natürlichen Staatsrecht sind alle Versuche, von einem obersten Grundsatze ausgehend, auf die Einrichtung wirklicher Staaten zu kommen, bis heute fehlgeschlagen, und das, was Kant in der höchsten Vernunft suchte und zu finden meinte, hat sich in der Theorie wie in der Praxis als ein Ideal erkennen lassen, zu dessen Verwirklichung der menschlichen Gesellschaft die Kräfte fehlen." Derselbe Autor äußert sich auch sehr treffend über den Unterschied zwischen Ideen und Begriffen; er sagt: „Durch Begriffe werden die inneren und äußeren Beziehungen der Dinge und alle verschiedenen Verhältnisse bis zu den höchsten und allgemeinsten hinauf ausgedrückt. Die Idee ist aber etwas Vollständigeres; sie umfaßt das Ganze, und stellt nicht einzelne höhere oder niedere Verhältnisse der Sache, sondern diese selbst dar. Man macht sich wohl auch eine unbestimmte dunkle Idee von einer Sache, immer aber ist es ein Bild, wenn dasselbe auch nicht recht ausgemalt und allenthalben klar ist. Die Einbildungskraft ist dabei so geschäftig wie der Verstand, weshalb die Idee also auch mehr Geschöpf unserer eigenen Kraft ist, als die Begriffe, welche der Verstand von anderen Dingen abstrahirt." — Ueber die heutigen Tages so beliebte Systemmacherei drückt sich Rehberg folgendermaßen aus: „Theorien und Systeme lassen sich über Alles machen, was nur ein Gegenstand des mensch-

lichen Nachdenkens ist. Aber ist es deswegen nützlich, von Allem, worüber der Mensch nachdenken kann, Theorien zu entwerfen, die mit allgemeinen Definitionen anfangen, und durch eine vollständige Classification der Ober- und Unterbegriffe bis zum speciellsten hinabsteigen? Es ist ein armseliges Kunststück, ein solches System zu entwerfen, wenn es seiner Natur nach unfruchtbar bleiben muß. Die philosophische Erklärung und Ableitung abstracter Begriffe, die so viel vermag, den Verstand zu entwickeln, wenn sie auf Gegenstände angewandt wird, die ohne sie nicht deutlich und bestimmt gedacht werden können, bildet Nichts, als leere und schaale Köpfe mit falschen Anmaßungen, wenn sie dazu gemißbraucht wird, durch weit hergeholte Demonstrationen und Deductionen zu erweisen, was sich aus der bloßen Betrachtung in concreto ergiebt." — Desgleichen: „Bei allen Systemen läuft man immer Gefahr, mehr auf die Vollständigkeit und Ordnung in der Form, als auf das Wesentliche des Inhalts zu sehen, und man kömmt am Ende dahin, das Wesen der Sache für erschöpft zu halten, wenn dem System in der Form Genüge geschehen ist. Man vergißt, daß die formelle Vollkommenheit dazu dienen soll, alle Hindernisse hinwegzuräumen, welche die Aufmerksamkeit von der Sache abziehen könnten; statt dessen zieht nun aber die Form selbst die Aufmerksamkeit auf sich. Die einzige wahre Vollkommenheit der letzteren kann nur darin bestehn, daß sie die größte Leichtigkeit der Uebersicht gewährt; statt dessen wird sie schwerfällig und weitläufig, um nur nach allen Seiten befriedigend zu sein, worauf es gar nicht ankam." — Wagener läßt sich in der Vorrede zu seiner Philosophie der Erziehungskunst (Leipzig 1803) in Betreff des vorliegenden Gegenstandes folgendermaßen aus: „Es herrscht ein Wahn, als ob durch Abstraction sich etwas ausrichten lasse in den Wissenschaften. Die ganze Bemühung, aus der Logik eine Philosophie hervorzulocken, wie auch der Stolz der Mathematiker auf ihre Wissenschaft beruht auf diesem Wahn. Allein alle Abstraction setzt ein Reales, und alle Quantität eine Qualität voraus, und alle Nothwendigkeit ruht in dem, was ist. Die Nothwendigkeit dessen, was gedacht wird, ist nur eine Nachbildung jener Nothwendigkeit des Seins, und alle Theorie muß consequenter Weise vom Sein ausgehen, zum Ideale aufsteigen, und mit der Vereinigung beider schließen."

[8] (S. 3). Göthe sagt sehr richtig: „Es soll ja alles Theoretische eigentlich nur die Grundlage andeuten, auf welcher sich nachher die That lebendig ergehen, und zum gesetzlichen Hervorbringen gelangen mag."

[9] (S. 3). Die menschliche Weisheit muß aus dem Selbstbewußtsein, wie dieses aus dem Leben herauswachsen. Die Alten waren auch schon dieser Meinung, wenngleich das griechische σοφία ursprünglich nur Wissenschaft oder Kenntniß bedeutet; denn Juvenal behauptet ja schon: „Nunquam aliud natura aliud sapientia dicit und ein anderer bekannter Ausspruch lautet: Primus gradus sapientiae est falsa cognoscere, secundus vera intelligere. — Bärenhorst äußert, daß es ihm bei Erforschung der Geschichte des siebenjährigen Krieges hauptsächlich darum zu thun gewesen sei,

zu erfahren, bis zu welchem Grade der Gewißheit und der Zuverlässigkeit ein unumschränkter Feldherr mit großen Eigenschaften, der so vielen anderen großen Kriegsmännern auf der Axel stand, und der solche Soldaten befehligte, in der Wissenschaft gelangt sei, und ob er es dahin brachte, sagen zu können: „Wenn ich so verfahre, muß der Erfolg der und der sein."

[10] (S. 3). Cancrin meint von der Staatsweisheit in ähnlicher Art, daß sie die höchste aller politischen Wissenschaften sei, die aus Kenntnissen und Erfahrungen zusammengesetzt, den Takt für die Anwendung der Grundsätze schaffe und nicht gelehrt, sondern nur gelernt werden könne, aber auch nicht von Allen.

[11] (S. 3). Es giebt aber freilich verschiedene Arten von Kriegsgelehrsamkeit, die nicht selten mit einander verwechselt werden. Sehr Viele, die etwas lernen wollen, erstürzen sich auf geschichtliche Facten, ohne eigentlich zu wissen, was sie damit gewonnen, wenn sie sich dieselben in's Gedächtniß eingeprägt haben; denn aus der Kriegsgeschichte sich ohne Weiteres bestimmte Recepte für die Kriegführung herausziehen zu können, dürfte wohl nur allenfalls dem Stubensoldaten wirklich in den Sinn kommen. Andere glauben wieder, sie brauchten sich nur irgend ein Buch aus dem Wuste unserer Kriegsliteratur herauszugreifen und selbiges durchzulesen, um Alles lernen zu können, was etwa im Kriege zur Anwendung zu bringen sei. Wenige nur halten sich an eine gediegene Ordnung der aus der Kriegserfahrung aller Zeiten abgezogenen, und auf die unsrige in einem wissenschaftlichen Zusammenhange noch anwendbaren Begriffe und Gedanken, welches die einzige Kriegsgelehrsamkeit zu sein scheint, aus welcher sich wirklich etwas machen läßt, und der die vorigen nur dienend zur Seite stehen. Zum Selbstunterricht durch Lectüre muß man ebenso wie in der Auswahl der Lehrer diesen Unterschied wohl beachten, wenn die Kriegstheorie ihren Zweck nicht verfehlen soll. Endlich muß man auch noch sehr gegen die in unserer Zeit übliche Schreibart auf seiner Hut sein, welche das praktisch Darstellbare aus der Analogie mit idealen Abstractionen zu erläutern und zu verallgemeinern bestrebt ist, und die, obgleich selbst Product geistiger Bildung und Thätigkeit, doch eine Richtung hat, die uns ebenso von dem Praktischen ab- und ins Leere hinausführt, wie ehedem die entgegengesetzte den Ideenflug hemmte. Am allermeisten aber muß man sich hüten, die erstere Richtung an sich und anderen für das Geniale anzusehen; Letzteres fördert nur Collectivbegriffe mit correcten Beziehungen und anwendbaren Wahrheiten zu Tage, und sieht jenem Schaum nur von Weitem ähnlich.

[12] (S. 4). Bonneville sagt in der Vorrede zu den Rêveries du maréchal de Saxe: „Si la plupart de ceux qui ont écrit sur la science militaire eussent fait cette réflexion, qu'il ne suffit pas d'avoir de la théorie mais qu'il faut encore beaucoup d'expérience pour être en droit de donner des préceptes, l'on ne verrait pas tant de mauvais livres." — Auch Napoleon meint: „La guerre n'est point un art conjectural" d. h. der Krieg ist keine Kunst, die man einer Idee gemäß zur

Ausführung bringen kann, wie das z. B. wohl mit den schönen Künsten möglich ist, wo allenfalls das Material widerstrebt, der Gedanke aber gehalten und vom Künstler abhängig bleibt.

[13] (S. 5). Der Krieg ist die ultima ratio der Politik wie der Könige. In dem Bestreben, den Willen des Gegners total zu überwältigen, liegt nicht allein die Absicht, dessen physische Kraft zu vernichten, sondern auch die, seine moralische Kraft zu brechen; letztere wird durch den Sieg auf der einen Seite schnell und mächtig gehoben, während sie auf der anderen Seite eben so plötzlich und stark sinkt.

[14] (S. 5). Montecuculi lehrt: „La guerra è un' attione d'esserciti offendentisi in ogni guisa, il cui fine è la vittoria" und diese Erklärung involvirt mehrere sogenannte Maximen, wie z. B. die des Machiavell: „Ce qui sert à votre ennemi vous nuit et ce qui vous sert nuit à votre ennemi," womit sich in der Praxis Nichts anfangen läßt.

[15] (S. 5). Obgleich in dem hier genannten Verhältniß Politik und Krieg neben einander gestellt sind, so bleibt der Krieg eigentlich doch immer nur ein Mittel der ersteren in der Staatsregierungskunst, die zwar auf einer höheren Stufe steht, doch aber mit ihren Mitteln bekannt sein sollte. Aus diesem Grunde muß die Kriegstheorie auch auf den Staatenkrieg Bezug nehmen, der die Kriegshandlung in einer mit dem Namen der Kriegspolitik zu belegenden Spitze zusammenfaßt. Clausewitz berührt dieses Gebiet, nach meiner Ansicht fälschlich, bereits im Fundament seiner Lehre vom Krieg; wir gedenken dasselbe erst zuletzt zu behandeln.

[16] (S. 6). In seiner Geschichte Georg's von Lüneburg sagt von der Decken: „Die Periode des dreißigjährigen Krieges war die Blüthezeit Machiavellistischer Politik in Deutschland, und Wallenstein's Beispiel zeigt, daß die Diplomatie ihre Grenzen hat, die Niemand ungestraft überschreiten darf, am wenigsten der, welcher an der Spitze des Heeres steht. Der Feldherr kann die Hülfe der Diplomatie in vielen Fällen nicht entbehren, immer aber muß er sie als ein der Waffe untergeordnetes Hülfsmittel betrachten. Wallenstein, der der Diplomatie viel verdankte, huldigte ihr in den letzten Acten seines thatenreichen Lebens unbedingt. Als Folge seiner diplomatischen Umtriebe wurden zuletzt sein Kaiser, seine Freunde und seine Feinde irre an ihm und er wurde es an sich selbst." — St. Cyr äußert sich folgendermaßen in Betreff des vorliegenden Gegenstandes: „J'ai souvent remarqué que quand les militaires ont voulu faire de la politique ou seulement autre chose que leur strict devoir, ils se sont jetés dans un dédale d'où ils n'ont pu se tirer sans une plus ou moins grande perte de leur honneur." — Keinem Zweifel ist es indessen unterworfen, daß politische Ansichten, wenn sie auf die zu wählende Art der Kriegführung Einfluß gewinnen, auch wieder auf die Politik zurück wirken müssen. Auf diese Wahrheit gründet sich z. B. die Regel, gegen Verbündete immer so zu operiren, daß man ausschließlich auf einen Gegner losschlägt, um diesen mit dem anderen zu entzweien. Diese Regel wurde von den Franzosen 1799

gegen Souwarow angewandt, und zerstörte das österreichisch-russische Bündniß.

[17] (S. 6). Die Werke eines Justus Lipsius und Johann Meurs aus dem 15. Jahrhundert gingen in der Schule verloren, und die Krieger überließen ihre Meister den Antiquaren. Was später und auch noch in unseren Tagen von den Theoretikern aus der Kriegskunst der Alten hervorgehoben worden ist, bezieht sich mehr auf die Mechanik, als auf die Metaphysik des Kriegs. Letztere macht aber eigentlich nur das beständige wissenschaftliche Element der Kriegskunst aus, und kann daher auch nur allein wahre wissenschaftliche Ausbeute geben. Vielleicht ist ein richtiges Auffassen der Theorie dem in Bezug auf den Krieg übrigens sehr nützlichen Studium der Alten ohne Commentar günstig, und bringt selbst möglicher Weise dereinst das wirklich Gemeinsame der alten und der neueren Kriegskunst zu Tage.

[18] (S. 6). Herder deutet in seinen Ideen zur Philosophie der Geschichte der Menschheit sehr richtig an, was in dem Kriegswesen constanter Natur ist, indem er sagt: „Sowohl in Kriegs- als Staatssachen haben die erfahrensten Männer der alten und neuen Zeit von den Griechen gelernt; denn die Art des Krieges möge sich mit den Waffen, der Zeit und der Weltlage ändern; der Geist der Menschen, der da erfindet, überredet, seine Anschläge bedeckt, angreift, vorrückt, sich vertheidigt und zurückzieht, die Schwächen seiner Feinde ausspäht, oder so oder also seinen Vortheil gebraucht oder mißbraucht, wird zu allen Zeiten derselbe bleiben.“ — Auch Napoleon kann nur an die Handlungsgründe im Kriege gedacht haben, wenn er äußert: „La guerre a toujours été la même.“ Er wollte hiermit aussprechen, daß sein Glaube an eine höhere, auf solche dauernden Principien gegründete Theorie ungeachtet aller Excentricität im Kriegswissen selbst nicht erschüttert sei.

[19] (S. 6). Auf solche Feinheiten wurde übrigens auch von neueren berühmten Feldherrn nicht immer viel gegeben. Souwarow spricht sich z. B. sehr energisch gegen dieselben in einem Briefe an den Erzherzog Karl vom 29. Oktober 1799 aus; er sagt darin: „Ich bin kein Geschöpf zu Jalousien, Demonstrationen, Contremärschen und dergleichen; weit lieber als solche Kindereien sind mir Ueberblick, Schnelligkeit, Nachdruck.“

[20] (S. 6). Der Ausdruck: Artillerie stammt angeblich von arcus telum ab, eigentlich aber wohl nur von arcus. — Die neuere Feldartillerie kam im 15. Jahrhundert zuerst während eines Krieges zwischen Venedig und Florenz, in welchem sie von einem Venetianischen General angewandt wurde, auf. In der Schlacht bei Ravenna 1512 gab sie bereits den Ausschlag. — Busca spricht sich in seiner Instruzzione de bombardieri, Torino 1581, zuerst belehrend über den im sechszehnten Jahrhundert sehr verständigen Artilleriegebrauch im Felde aus.

[21] (S. 7). Ungeachtet seines oben (s. Anmerk. 18) aufgeführten Ausspruchs, ist Napoleon doch auch der Ansicht, daß sich die Gliederung der

Heere, der Kriegsschauplatz, die Märsche, Stellungen und Belagerungen, die Marschordnung, der Grundriß und das Profil der festen Plätze nach dem Wesen der Waffe richten, und daß die Kriegssysteme der Alten und der Neueren sich aus diesem Grunde durchaus im Widerspruch mit einander befänden. Die Waffe der Alten habe die tiefe Schlachtordnung, die der Neueren dagegen die breite veranlaßt; jene habe zur Herstellung hochaufgebauter fester Plätze mit Thürmen und hohen Mauern, diese hingegen zu Plätzen dem Boden gleich mit Glacis von Erde, die das Mauerwerk unsichtbar machen, geführt; jene habe ferner beschränkte Läger, in denen Menschen, Thiere und Vorräthe, wie in einer Stadt zusammengedrängt waren, diese dagegen ausgebreitete Positionen hervorgerufen. Napoleon vergleicht auch die römische Stellung mit der heutigen, und findet in der letzteren so viel mehr Schwierigkeiten, daß er seine Betrachtung über diesen Gegenstand und über das Gefecht mit den Worten schließt: „On ne peut et ne doit prescrire rien d'absolu: il n'y a point d'ordre naturel de bataille chez les modernes; il faut beaucoup plus d'expérience et de génie militaire pour diriger une armée moderne."

22 (S. 7). Richard Löwenherz zeigte z. B. noch vor Joppe die Kühnheit, mit der die Heroen persönlich handelten, während Saladin die Heerführer-Talente der neueren Zeit durchscheinen läßt, wo der Druck der größeren Masse den Sieg fesselt, und die Klugheit, sowie der Wille des Führers dieser Masse die Richtung ertheilt. Die Schlacht war damals mehr ein grand coup d'épée.

23 (S. 7). Das erste Soldaten-Gesetz der neueren Zeit ist das Edict de pragmatique sanction von Carl VIII. von Frankreich aus dem Jahre 1439.

24 (S. 8). Die Schweizer tauchten zuerst im Jahre 1367 auf; die Brabanzonen dienten schon 1195 unter Richard Löwenherz. Früher gab es in Frankreich sogenannte Ribauds, später Armagnacs, deren sich die hohen Familien in ihren Fehden bedienten.

25 (S. 8). Die sogenannte große Compagnie unter Guernieri oder Werner von Urslingen, welche Italien in der Mitte des 14. Jahrhunderts heimsuchte, bestand wohl mehr aus Wegelagerern, als aus Soldaten, wenn gleich ihre Mitglieder sich bereits Landsknechte nannten.

26 (S. 8). Der Ausdruck: Bastille, bedeutet ursprünglich so viel, als hölzernes Gerüst, aufgestellt zur Sicherung gegen Reiterangriffe; früher hießen solche Gerüste auch wohl Beffroy's.

27 (S. 8). Mallet setzt Schwarz's Erfindung in seinen Travaux de Mars, Paris 1771, auf das Jahr 1354 fest, und die erste Anwendung von Geschützen auf das Jahr 1379. In ersterer Hinsicht stimmen indessen die meisten Nachrichten für die Zeit zwischen den Jahren 1330 und 1340. — Busca, der sehr kritisch zu Werke geht, behauptet, das Pulver sei erst um das Jahr 1380 durch einen Freiburger Mönch, Namens Constantin Anchen, nach Italien gebracht, und dort zuerst von den Venetianern in dem

Chiozzi'schen Kriege gegen die Genuesen angewandt worden. — Die faule Grete, das erste Geschütz der Hohenzollern, datirt aus dem Jahre 1413.

[28] (S. 8). „Che sono scommunicati ed che mentre esercitano qual arte è loro vietato ricevere la santa Eucharistia."

[29] (S. 8). Sein Orlando versenkt den Friesenkönig Cimosko, der ihm ein früherer Pulvererfinder ist, mit Verwünschungen ins Meer, was die Italiener jener Zeit mit dem Schwarz, welchen sie Nero nannten, auch thun zu können sich häufig ersehnten. — Wie langsam übrigens die Vorurtheile auch im Kriegswesen schwinden, hat man z. B. an der von der römischen Kriegführung herstammenden Geringschätzung der leichten Truppen gesehen, deren Werth doch mit der späterhin aufs Höchste beachteten Terrainbenutzung hätte wachsen sollen; sie wurden aber im Gegentheil erst im Revolutionskriege, als das Motiv der Terrainbenutzung schon nicht mehr das vorherrschende war, gehörig gebraucht. Friedrich II. schreibt noch 1770: „Ueberhaupt würde man sich sehr in seiner Rechnung irren, wenn man die leichten Truppen zu Sachen gebrauchen wollte, die sie nicht verstehen." Heute ist es umgekehrt.

[30] (S. 9). Nach der französischen Schule soll unter Ludwig XII. (1500) die französische Armee bereits Gabelgewehre mit Räderschloß gehabt haben; die Schweizer hatten solche schon 100 Jahre früher. — Den allgemeinen Geschützgebrauch bei den Armeen rechnet man gewöhnlich von Karl V. und Franz I. (1520) an; man bedenkt dabei aber nicht, daß Elisabeth von England noch 1562 alle ihre Waffen und Munition aus Deutschland bezog.

[31] (S. 9). Auch in unseren Tagen zeigt sich das bei den Türken, denen heute noch manche Abstraction fehlt, welche die nach ihrem militärischen Glanze eingetretenen Perioden in unsere Kriegstheorie einführten. Unsere Theoretiker sind deshalb immer genöthigt worden, den Türkenkrieg in besonderen Capiteln abzuhandeln, ohne daß sie jedoch den geschichtlichen Schlüssel hierzu beigebracht hätten. Der Marschall von Sachsen meint von den Türken: „Ce n'est ni la valeur ni le nombre ni les richesses qui leur manquent, c'est l'ordre et la discipline."

[32] (S. 10). Wie wenig mitunter der Friedensstand an Truppen zum Kriege hinreichte, sehen wir aus einem, in der Mitte des siebenzehnten Jahrhunderts geschriebenen Briefe Montecuculi's an Kaiser Leopold I., worin diesem die türkischen Einrichtungen als Muster angepriesen werden.

[33] (S. 10). Ludwig XIV. machte noch 1674 den Versuch, seinen Adel zu einem Heerbann zu berufen. Das Wenige, was er zusammengebracht hatte, lief aber bald auseinander.

[34] (S. 10). Die alte Ritterehre und die darauf basirten Ausforderungen (défi) leiteten schon moralisch von Ueberraschungen ab, wenn diese nicht etwa gegen die Ungläubigen gerichtet waren. Aber auch gegen letztere ist eine gewisse Aufrichtigkeit ersichtlich. So ließen die Türken am Vorabend der Eroberung von Constantinopel und Rhodus vor den Mauern ausrufen:

„Morgen wird gestürmt; Stein und Grund gehört dem Padischah, Blut und Gut dem Sieger als Beute!" — Bernhard von Weimar galt als ausgezeichnet im Simuliren, und Mallet räth dasselbe in seinen Travaux de Mars bereits systematisch an.

[35] (S. 10). Noch Turenne stellte zuweilen seinen Rücken sicher. So heißt es in des Herzogs von York Memoiren von der Stellung bei Villeneuve St. Georges unweit Paris (1652): „On se retrancha du côté de Limay qui était le seul par où les ennemis pouvaient attaquer l'armée; elle était couverte d'un bois à sa droite, elle avait la Seine à sa gauche, l'Yeres la garantissait par derrière." — In der vor der Schlacht bei Zenta (1697) dem Prinzen Eugen zugetheilten Instruction heißt es noch: „Ansonsten sind solche Positiones zu wählen, wo Rücken und Flanken gut gedecket sind." — In der ältesten Kriegsgeschichte kommt übrigens diese Art der Sicherung auch vor; so wurde an den Ufern der Adda von dem mit dem Rücken an den Fluß gelehnten Flaminius eine Schlacht gegen die Gallier geschlagen: Polybius sieht in diesem Umstande den Grund zum Verluste der Schlacht.

[36] (S. 11). Montecuculi unterscheidet noch sehr rein in seinem System, wenn er sagt: „Egli si combatte ò intorno le fortezze ò in campagna."

[37] (S. 11). Schildknecht sagt in seiner Harmonia in fortalitiis construendis, defendendis et oppugnandis (Stettin 1652): „Im Krieg jetzt gelten all Prakticken, all Ränk und List, wie sich will schicken: Hier gilt Nicken mit allen Tücken, das sind keine Schelmen Stücken, verschmitzten Köpfen thut's oft glücken, es baut der Ehr ein feste Brücken: Nur Zusag, Eidtschwur und Geleidt, brech man dem Feind zu keiner Zeit."

[38] (S. 20). Die Eckpunkte derselben hießen Bellovardo's; so nannte man auch später die Erdbollwerke in den alten Stadtumwallungen, während man schon zu Ende des 16. Jahrhunderts die piatte forme in denselben mit dem Ausdruck: Bastiyen bezeichnete. Bastion ist ursprünglich der allgemeine Ausdruck für ein Gebäude, und correspondirt mit dem Worte: Bollwerk, was eigentlich mehr ein Holzgebäude bezeichnete, weil man in die ersten Bastione als besonders exponirte Angriffspunkte, schwere Holzstämme gegen den Angriff mit der Hacke (con zappa) einlegte.

[39] (S. 12). Souwarow pflegte noch zu seinen Russen zu sagen: „Die Kugel ist eine Närrin, das Bajonnett aber ist ein fixer Kerl," und dasselbe wird noch oft ganz weise gedacht werden. — Unter Gustav Adolf war der dritte Theil der Infanterie noch mit Piquen bewaffnet, und die Pique heißt noch bei Montecuculi: regina delle armi; bei den Russen verschwand sie erst im Jahr 1755; ihren Namen findet man zuerst 1450 bei den Schweizern. Der Marschall von Sachsen bedauert die Geringschätzung der Pique zu seiner Zeit, und schiebt die Schuld derselben auf eine italienische Campagne, in welcher sich bei durchschnittenem Terrain die Feuerwaffe bewährt, die Pique dagegen überflüssig gezeigt habe; Gustav Adolf setzte übrigens die

Länge derselben von 18 auf 11 Fuß herab, und soll auch schon 1631 ganze Musketierregimenter besessen haben.

[40] (S. 12). Napoleon meint: „Le fusil est la meilleure machine de la guerre, qui ait été inventée par les hommes.“ — Nach des Marschalls von Luxemburg Nachrichten, der 1693, also ein Jahr nach Louvois' Tode, in der Schlacht von Steenkerken commandirte, soll diese Schlacht gegen den Prinzen von Oranien die Ursache gewesen sein, daß man im folgenden Winter ein Dritttheil der französischen Infanterie mit Flinten, und ein Dritttheil mit Musketen bewaffnete; ein Dritttheil behielt noch die Pique.

[41] (S. 12). La baïonnette à douille im Gegensatz zu dem früher hin und wieder gebrauchten à manche oder à baguette. — Vauban führte das Bajonnett bei den Franzosen nicht ein, wie Napoleon meint, sondern unterstützte 1704 dessen Einführung nur durch das ihm von Ludwig XIV. abverlangte Gutachten gegen die Meinung des damaligen Kriegsministers Montesquiou, nachdem schon 1689 von anderer Seite auf dessen Einführung gedrungen worden war. — Der Marschall von Sachsen rühmt übrigens die baïonnettes à manche, „parcequ'elles se fourrent dans le canon et que pour lors on devient maître du feu à quoi l'on ne saurait trop faire attention,“ also gerade aus dem entgegengesetzten Grunde ihrer späteren Einführung.

[42] (S. 12). Näheres über diese Compagnietaktik ist in Troupitz' Kriegskunst nach Königlich schwedischer Manier, 1633, zu finden. — Der Marschall von Sachsen klagt noch 100 Jahre später über das Bataillon: „que c'est une machiue mal agencée qui va rompre à tout moment et qui ne s'ébranle qu'avec une peine infinie. Le dirais-je, setzt er hinzu, ce grand mot en quoi consiste tout le secret de l'art et qui va sans doute paraître ridicule: Faites les marcher en cadence! Voilà tout le secret et c'est le pas militaire des Romains.“

[43] (S. 12). Den älteren Franzosen, welche mit einiger Naivität nur ihre eigene Literatur um Rath frugen, gilt darum auch Turenne, welcher wohl Gustav Adolf folgen mußte, als der Erfinder der neuen Taktik, wie Vauban als der der Approchen. Auch der spanische Erbfolgekrieg unter Philipp V. und der siebenjährige Krieg unter Friedrich II. werden mitunter für die Wiege unserer Kriegskunst angesehen. In letzterem kam das seit dem dreißigjährigen Kriege etwas in Verfall gerathene Infanteriefeuer wieder zu Ansehen, nachdem es einige wesentliche Verbesserungen erfahren hatte.

[44] (S. 13). Friedrich II. meint deshalb: „Laßt es uns zur Regel nehmen, niemals einen großen Fluß oder Morast im Rücken zu haben.“

[45] (S. 13). Bülow schreibt zwar diese geregelte Einsicht schon Gustav Adolf selbst zu, indessen mag sein System ihn wohl hierbei irre geführt haben; wenigstens ist das, was er das Einrichten des status belli nennt, darunter nicht zu verstehen; vielmehr würde es das, häufig im Gegensatz zu jenem weit allgemeinern Ausdrucke gebrauchte, sedes belli sein müssen.

Die Operationslinien nennt Busca 1582 schon ganz einfach: **strada** del ritorno oder corso delle munizioni.

[46] (S. 13). Man hat späterhin aus diesen veränderten Umständen allein eine Eintheilung der Manoeuvres in taktische und strategische abgeleitet, ist aber mit der Ausdehnung dieser Begriffe bis zur Taktik und Strategie in der Kriegstheorie verunglückt.

[47] (S. 14). Massé sagt: „Cette année (1694) en Flandre quoiqu'il y eût des puissantes armées (90000 — 110000) elles ne firent pendant toute la campagne que s'observer l'une l'autre,“ und die Sachsen trennten sich gar, weil sie keine Wagen zum Transporte ihres Magazins fanden. — In Berwicks portugiesischer Campagne (1706), während welcher 10000 Gefangene gemacht wurden, wechselte man die Position 58 mal, machte aber nie einen wirklichen Gebrauch von den Waffen. — Catinat manoeuvrirte 1692 den König von Sardinien durch bloßes Einnehmen von Positionen aus Frankreich hinaus.

[48] (S. 14). Es soll auch hier wieder durchaus nicht etwa behauptet werden, daß man die Terrainbenutzung nicht auch schon vor Beginn der Periode hier und da gehörig cultivirt habe; hält doch sogar schon Plutarch dem Philopömen eine Lobrede wegen seiner geschickten und studirten Benutzung des Terrains. Solche Fälle sind aber mehr nur als Ausnahmen zu betrachten, und die Terrainbenutzung kann erst während des von uns oben angegebenen Zeitraums als wirklich vorherrschend in der Kriegführung angesehen werden. — Welchen Werth übrigens Friedrich II. auf dieselbe legte, sieht man aus den 1771 von ihm seinen Generalen zugefertigten Grundsätzen der Lagerkunst und Taktik, die er als eine Ergänzung des Unterrichts in der Terainbenutzung seinen Generalen in der Vorrede selbst ankündigt.

[49] (S. 14). Alexander, Hannibal, Cäsar und alle die alten großen Feldherrn hatten das früher allerdings auch gethan, weil der gute Kopf zu jeder Zeit seinen Zweck mit seinen Mitteln in Uebereinstimmung zu bringen weiß, und ihre Pläne waren in dieser Hinsicht wahre Meisterwerke, aus denen viel zu lernen ist, obgleich wir dieselben bei unserem Material und bei unsern Erfordernissen anders einrichten müssen.

[50] (S. 15). Wie Carnot mit seinem Verticalfeuer, so rechnet auch Puysegur seinen Landsleuten vor, daß 6000, die auf preußische Manier zu laden verstünden, 8000 Andere bald niedergeschossen haben müßten.

[51] (S. 15). Als im 16ten Jahrhundert die Anfertigung der Ladeschauffel (cazza) für jedes Caliber einen Theil der artilleristischen Gelehrsamkeit ausmachte, waren die Cartouchen nur ein pis-aller, wo jene fehlten Longrini sagt: „Chacune pièce doit avoir son chargeoir fait d'une lanterne de cuivre et on doit aviser à la qualité de la poudre, à la distance du lieu adjoutant ou diminuant avec bon jugement.“

[52] (S. 15). Früher hatte nur immer der Mangel an Cavalerie für den Behelf mittelst Infanterie gesprochen; jetzt that es der Mangel an

Geld. Die Ueberzahl an Infanterie war durchaus nicht willkürlich, sondern dadurch entstanden, daß das Begehren nach zahlreichen Armeen mit dem Kostenminimum befriedigt werden sollte, und Letellier hatte schon unter Ludwig XIV. sehr richtig herausgerechnet, daß die Infanterie die billigste Waffe sei. Wir sehen daher die Cavalerie von der halben bis auf den sechsten Theil der Armeestärke herabsinken, und wir selbst sind vielleicht noch nicht am Endpunkte ihrer Verminderung angelangt. Tüchtige Heerführer wußten sich auch stets ohne eine nach gewöhnlichen Begriffen hinreichende Zahl Cavalerie zu helfen, wie Ziska am weißen Berge, und Napoleon bei Lützen und Bautzen, und Xenophon meinte schon, 10000 Reiter seien doch auch nur 10000 Menschen, die bei der Sache das Beste thun müßten; denn vom Beißen und Ausschlagen einer Mähre sei noch Keiner in der Schlacht geblieben.

[53] (S. 15). In der türkischen Armee war das Bedürfniß einer eigenen Truppe für die erforderlichen Terrainverwandlungen schon im Jahre 1328 gedeckt. Damals wich die ursprüngliche Infanterie den Janitscharen, und folgte den Armeen als Schanzbauern. Auch die Italiener hatten schon frühzeitig sogenannte guastatores oder picconieri (von picca, Spitzhaue).

[54] (S. 15). Die Pontonire waren nur deshalb so lange Zeit hindurch der Artillerie zugetheilt, weil sie im Felde mit einem großen Parke marschirten, während die bei keiner Truppe stehenden Ingenieurofficiere ausschließlich im Festungskriege verwandt wurden. Diese Mesaillance ist indessen jetzt wieder bei den meisten europäischen Heeren aufgehoben.

[55] (S. 15). Die Haubitzen, wie die reitende Artillerie, kamen erst im siebenjährigen Kriege auf. Gustav Adolf erleichterte indessen schon das Gewicht seiner Geschütze durch eine Verkürzung der Röhre, eine Erfindung, die Philipp von Mansfeld machte, und die bereits in der Belagerung von Breda (1624) angewandt worden ist.

[56] (S. 15). Das Bedürfniß derselben machte sich in Italien, das uns in den Reibungen zwischen seinen kleinen Staaten ein Vorspiel der späteren europäischen Staatenconflicte darbietet, schon früher fühlbar.

[57] (S. 16). Der Verfasser der Observations sur l'armée française d. 1792 j. 1808 (Petersburg 1808), welcher den Franzosen mit etwas Bombast une théorie de l'impossible fondée sur l'avantage du nombre zuschreibt, hat das damalige Uebergewicht derselben über die Schule ganz richtig aufgefaßt, und alle die eingebildeten Vorzüge, die man als Grund ihrer Siege aufstellte, wie z. B. den pas redoublé, le feu appliqué de l'infanterie, l'artillerie et l'infanterie légère, l'emploi de la baïonnette u. s. w., als Augenzeuge recht gründlich widerlegt. Er sagt: „Les Français ont dû vaincre des troupes qui ne pouvaient s'élever à une telle résolution" und sein Resumé der Elemente der neueren französischen Kriegführung ist: „Le nombre supérieur des combattans, la simplification de l'instruction, les combinaisons topographiques pour les plans des campagnes, la légèreté et la mobilité de l'armée, la célérité des mouve-

ments, l'étendue des lignes d'opération, l'énergie des entreprises, l'audace de l'exécution, la soumission entière à la volonté qui dirige." — Auch Clausewitz sagt in seiner Biographie Scharnhorst's sehr richtig von Napoleon: „Niemand verstand so gut wie er von den untergeordneten Dingen abzusehen, um seine Kräfte auf den Hauptpunkten nach Möglichkeit vereinigen zu können."

58 (S. 17). Der Marschall von Sachsen ließ schon Tirailleurlinien seinen geschlossen zum Angriffe rückenden Truppenkörpern vorausgehen. Ebenso hatte Labienus, der in Afrika gegen Cäsar focht, die zerstreute Fechtart der leicht bewaffneten numidischen Bogenschützen angenommen, welche Cäsars Legionen sehr beunruhigte, und ihnen eine bedenkliche Kampfweise schien. — Auf ähnliche Weise wirkte nach St. Cyr die zerstreute Fechtart bei ihrem Auftreten im Jahre 1793 überraschend durch die Neuheit auf den Gegner; es heißt bei ihm: „On avait fait avec succès 1793 une guerre de tirailleurs; la nouveauté de cette manière d'opérer, la surprise qu'elle causa d'abord la firent réussir au delà de ce que l'on avait dû en attendre. Mais nos ennemis s'apercevant bientôt de la faiblesse et des vices de ce système, il fallait y remédier en diminuant beaucoup son emploi et en le combinant avec des masses plus solides."

59 (S. 17). Ziska gewann durch seine Reserven 1422 die Schlacht bei Deutschbrod, und bei Dreux verschafften sie 1562 dem Herzoge von Guise den Sieg über Coligny und Conti.

60 (S. 17). Bei Malplaquet (1709) hatten die fechtenden Armeen der Alliirten und Franzosen, welche 120000 und 100000 Mann stark waren, resp. 80 und 60 Geschütze, bei Bautzen (1813), wo die Armeen 150000 und 120000 Mann stark waren, hatten sie dagegen resp. 600 und 400 Geschütze bei sich.

61 (S. 18). Mit dem Positionskriege waren auch die Ingenieurgeographencorps in den Armeen entstanden.

62 (S. 18). Auch Bärenhorst klagt, daß die Cultur der uncultivirten Kriegführung wieder die Bahn gebrochen habe. Wenn er damit die natürlichere Kriegführung gemeint hat, so hat er allerdings Recht. — Mit dem Massenkriege kamen übrigens die linearen Bewegungen und Scheiden, sowie die mehr aus der Ferne als aus der Nähe erzeugten Sicherungen wieder mehr zum Vorschein, wogegen andere Kriegshandlungen wie z. B. die Fouragirung, Convoyirung u. s. w. und deren Störungen seltener wurden.

63 (S. 18). St. Cyr sagt von Napoleon: „En doublant les marches des soldats pour les faire combattre le matin sur un point, à midi ou le soir sur un autre, il réussissait à se donner partout la supériorité du nombre."

64 (S. 18). Die an sich größeren Armeemassen sind ungeachtet ihrer Ausdehnung dennoch durch die in neuerer Zeit aufgekommene organische

Theilung geschickter und auch beweglicher geworden, als die kleineren Armeen in früheren Kriegen waren.

[66] (S. 19). So schreibt man z. B. dem moralischen Einflusse die eigentlich wohl verunglückt zu nennende Ueberwältigung des Lichtenstein-Klenau'schen Corps bei Wagram zu, wo 15 Cavaleriregimenter mit 100 bis auf 400 Schritt an die Infanterie herangefahrenen Geschützen ihren Zweck verfehlten. Diese Artillerie, die beinah ½ Lieue Raum einnahm, litt gewaltig; sie war bald unbeweglich geworden, und mußte von dem nachrückenden Macdonald förmlich entsetzt werden. Von dieser Ueberwältigung sagt Pelet, Napoleons Lobredner: „Il fallait être Napoléon pour tenter cette charge et les troupes de la garde pour l'exécuter," und erkennt damit an, was in der Sache selbst seinen Grund hat, und was die Gediegenheit der Vorschläge über dergleichen Artilleriegebrauch beurtheilen läßt, wobei es gar oft beim Imponiren sein Bewenden nicht hat.

[66] (S. 19). Napier sagt in seiner Hist. de la guerre d'Espagne: „Il faut qu'un général porte sur les grands principes d'action à la guerre l'attention la plus profondément réfléchie, pour qu'il puisse négliger les événements et les inconvénients qui traversent ses desseins. Ces obstacles quelque petits qu'ils paraissent comparés aux grands objets qu'il se propose d'atteindre n'en sont pas moins suffisants pour troubler la fermeté et le sang froid de tout autre qu'un homme extraordinaire."

[67] (S. 19). Clausewitz ist auch bestrebt, die Klarheit in der Kriegstheorie auf seine Art zu befördern, und hatte wohl erkannt, was derselben heutigen Tages hauptsächlich mangelt; als Bild der darin herrschenden Verwirrung führt er sogar den Lichtenberg'schen Auszug aus einer Feuerordnung an; dessenungeachtet macht er sich aber oft selbst eines gleichen Mangels an Klarheit schuldig. — Der wahre Grund der herrschenden Verstandesverwirrung liegt in dem Selbstunterricht, welcher sich so ganz ungescheut zum Eigenthümer der heutigen literarischen Weisheit gemacht hat, in dem docendo discimus, dessen Unschuld längst verloren gegangen ist.

Zweiter Abschnitt.

Ueber die Hauptrichtung des Theoretisirens und dessen Verständniß.

A. Die Zwecke der Kriegshandlungen (grands principes d'action).

Bis hierher hatten wir aus einer geschichtlichen Uebersicht der Kriegskunst die dem letzten Zwecke des Krieges, dem der Total-Ueberwältigung des Feindes, zunächst gelegenen Motive als moralische Gründe der Kriegshandlung abgeleitet, nämlich:

1. die eigene Sicherung,
2. die Ueberraschung des Gegners,
3. die Terrainbenutzung für jene und an sich, und
4. die theilweise Ueberwältigung,

und gesehen, wie diese die Theorie nach und nach erzeugten.

Es fragt sich noch, ob auf gleicher Höhe mit diesen, nicht noch mehrere dergleichen Haupt-Handlungsmotive stehen, die unserer geschichtlichen Forschung entgangen sein könnten. Eine Betrachtung des Krieges in seiner einfachsten Gestalt als der Streit von Mann gegen Mann wird uns darüber beruhigen. Schon die Etymologie vieler im Kriegswesen üblichen Ausdrücke zeigt auf solchen Parallelismus der Gedanken hin [1], der uns auch in anderer Weise noch gute Dienste leisten soll.

Der Fechter sichert sich durch die zu jeder Parade geschickteste Lage seiner Klinge und die Fertigkeit in deren Gebrauch; er überrascht, indem er ins Tempo stößt und seine Finte anbringt; mit der angemessensten Positur benutzt er sein Terrain; die Battude oder der Stoß endlich schafft ihm die theilweise Ueberwältigung. Kann er sonst noch etwas thun? Ich meine nicht; denn parirt er mit dem Tuche, wie ehedem die Italiener [2], so gebraucht er nur ein Sicherungsmittel mehr; imponirt er mit der Stimme, wie der Franzose, so überrascht er in veränderter Weise; passirt er oder lehnt er sich mit dem Rücken an die Wand, so sind das recht eigentliche Terrainbenutzungen; führt er endlich in der einen Hand den Degen, in der anderen nach alter Art den Dolch [3], so ist er nur doppelt bewaffnet.

Also könnten die oben genannten Motive wohl als Kategorien gelten, unter welchen alle Kriegshandlungen nach verschiedenen Unterordnungen mit vielfachen Beziehungen, Abwechselungen und Wiederholungen einzutreten hätten [4], und deren klares Bewußtsein dem Handelnden niemals fehlen dürfte. Mit ihrer Anerkenntniß allein wird man der Theorie freilich nicht genügen, weil diese bei unserem beschränkten Verstande nicht mehr im Stande sein würde, die endliche Regel zur Handlung an die höchsten Collectivbegriffe zu binden. Demungeachtet wird es der Theorie immer einen besseren Halt schaffen, als wir daran zu bemerken gewohnt sind.

B. Die Mittel zur Kriegshandlung.

Zu dem durch die Natur des Krieges bedingten Streite gehören jedenfalls zwei Individualitäten, gleichviel ob dieselben als Einzelne, als Parteien, als Corps, als Armeen oder als Kriegsmächte gedacht werden. Jede setzt die moralischen und physischen Eigenheiten ihres Kriegspersonals, so wie alles erreichbare Kriegsmaterial an den Ausgang des Streites, und gebraucht Beides, nach Maaßgabe der Umstände, zu ihrer Sicherung und zur Ueberwältigung des Gegners[5]. Es sind die Körper, Glieder und Waffen der Fechter; sie können verschiedener Art und verschiedentlich eingerichtet sein, so wie verschiedentlich geübt und angewandt werden. Zum Letztern gehören jedoch wie bei dem Fechter: Verstand, Wille und Erhaltung der Lebens- und Streitkräfte.

Hieraus entwickelt sich folgendes Schema[6] für die Kriegsmittel:

Mittel zur Kriegführung.

Personelle oder die Armee. Deren	Materielle oder Mittel zum
Beschaffenheit, Ausbildung, Verfassung, Einheit und Gliederung.	Streite; Leben; Gesundheit; Fortkommen: Terrainverwandlung; Bezahlung (Geld).

C. Anpassen der Mittel für die Zwecke der Kriegshandlung.

Die Theorie nähert sich, wie schon oben bemerkt wurde, mit der Aufgabe, die disponiblen Mittel mit den beabsichtigten Zwecken in Einklang zu bringen, dem Kunstgebiete, ohne es jemals zu erreichen, d. h. ohne jemals unmittelbar und bestimmt angeben zu können, welches in jedem speciellen Falle die richtige Handlungsweise ist. Deshalb wird es zunächst darauf ankommen, die Theorie in ihren richtigen Schranken zu halten. Andrerseits soll sie aber auch in keine Unbestimmtheiten aufgelöst werden, was höchstens die Abstractionsübung fördern, für die Handlung selbst aber ganz unersprießlich sein würde; und endlich soll sie auch in keine Phantasiegebilde und Suppositionen eingeschnürt werden, wodurch eben so wenig dem wirklichen Bedürfnisse Genüge geleistet werden würde.

Jede unserer Handlungen und also auch jede Kriegshandlung begiebt sich in der Zeit und im Raume, in deren Zusammenstellung für und neben den Zweck der Handlung die Theorie einzugehen[7] hat. Insbesondere treten die Momente der Bewegung und der Ruhe als Märsche und Stellungen bei den Armeen hervor, woher sich auch die Montecuculi'sche Eintheilung der

Kriegshandlungen° ò marciando, ò alloggiando, ò combattendo schreibt. — Wir wollen dabei bleiben, würden aber bei dem heutigen Zustande der Theorie uns immer noch in ein unübersehbares Chaos verwickelt finden, wenn wir diese Handlungen nicht nach den sie so sehr modificirenden Abstufungen der Kriegs-Zustände, hinsichts ihrer Ausdehnung abgesondert unterscheiden wollten, nämlich:

1. für den Parteienkrieg;
2. für das rangirte Gefecht;
3. für ganze Armeeoperationen (Feldzüge);
4. für den Kriegszustand von Staaten gegen einander.

Mit diesen Classen von Handlungen wollen wir bis zu Dem herabsteigen, was ächte Maximen constatirt, mit welchen alle Theorie in den grünen Baum des Lebens hinein wächst. Wenn schließlich nun auch die auf dem Felde der Theorie in diesem Capitel angedeuteten Ackerfurchen hier und da manche nebeneinander aufgewachsenen Pflanzen trennen, so dürften sie doch andrerseits den festgetretenen Boden zu besserer Fruchtbarkeit auflockern, und manchem Samenkorn Wachsthum schaffen, das bisher verkümmerte, weil es vereinzelt auf die Erde fiel.

D. Inhalt der Eintheilungsbegriffe.

Vor allen Dingen müssen wir nunmehr die Begriffe feststellen, welche wir den aus der Kriegführung abgeleiteten Handlungskategorien beilegten.

Die Sicherung° wird eben so wohl durch ein directes Abwehren des feindlichen Angriffs (Defension), als durch einen materiellen Schutz gegen die Wirkung der feindlichen Waffen, als auch auf indirectem Wege durch eine Bereitschaft zum Widerstande erzielt, wenn Zeit und Raum die Entwickelung genügender Streitkräfte gestatten. Der geistige Bestand der Sicherung bildet sich neben der dazu geeigneten Disposition aus dem hinreichend zeitigen Erkennen des Feindes, aus dem darauf gegründeten raschen Entschlusse des Führers, und aus der richtigen Ueberlieferung und Vollziehung des Befehls zur Gegenanstalt. Die Formation Sicherung.

der Truppe, die Dienstvorschrift für alle Lagen, in welche sie gerathen kann, und der darauf besonders gerichtete Friedensdienst geben der Sicherung vielen Vorschub unter gedienten Soldaten. In den Exceß verfällt sie aber, wenn sie dahin führt, den Soldaten durch quälende Aengstlichkeit zur Aggression unbeholfen zu machen und wenn durch nutzlose, des richtigen Zusammenhanges ermangelnde Anstrengungen für die Terrain-Verwandlung und alle die sonstigen Aeußerungen zaghafter Schulweisheit, deren Besitzer sich bald genug unter dem Namen der Sicherheits-Commissarien in den Armeen bekannt machen, das moralische Selbstgefühl der Truppen geschwächt wird.

Die Sicherung wird nicht allein durch taktische und physische Maaßnahmen begründet, auch der Instinct oder Takt des Soldaten, so wie sein Vertrauen auf den Anführer, sind für dieselbe wichtig, und darum sind ihre Grenzen in den verschiedenen Armeen und zu verschiedenen Zeiten nicht immer die nämlichen.

In der Theorie hat man die Begriffe der Sicherung und der Defension häufig und unklarer Weise mit einander vermengt, und damit die Offensive und Defensive als charakteristisch verschiedene Zustände eingeführt, ohne auf ihre Beziehung zu einander zu sehn [10], was wiederum dazu genöthigt hat, zu unklaren Mittel-Zuständen zu greifen. So spricht z. B. Carnot von einer **défensive à retours offensifs** und Vernon von einer **offensive dans laquelle l'armée est en attitude défensive** [11]. Napoleon unterscheidet schon richtiger, wenn er vom Gebirgskriege meint: „**Même dans la guerre offensive l'art consiste à n'avoir que des combats défensifs**“ oder: „**Les mouvements offensifs sont la base d'une bonne défense.**“ So wie der Fechter dieselbe Hand mit dem Handschuh bekleidet, welche auf den Gegner stößt, so gehören zu jeder Kriegshandlung mehr oder weniger Sicherungsmaaßregeln. Sie machen die Fechter-Parade, die **guardia in atto defensivo** sowohl wie **in atto offensivo** [12] aus, und die Defension selbst ist nur der Act, welcher in dieser Sicherung der Ueberwältigung unmittelbar entgegensteht. Wir wollen das Wort zum gegenseitigen besseren Verständniß weiter unten in diesem Sinne allein gebrauchen; dasjenige Verhalten aber, welches man bisher ein in weiterer Bedeutung offensives und defensives uannte, wollen wir, wie es auch schon früher mitunter geschehen ist, ein agressives und passives[13] nennen.

Das einer Ueberraschung eigene Verhalten hängt mit dem Unerwarteten der Handlung zusammen, und kann einmal aus ihrer Anlage (Idee), ferner aus der Neuheit und Seltenheit der Mittel, und endlich aus dem Geheimniß und der Geschwindigkeit der Ausführung hervorgehen[14]. Ueberraschung (industrie, ruse et surprise).

Die erste Art der Ueberraschungen (Stratageme[15], Kriegsstreiche), wozu auch die Scheinbewegungen (Demonstrationen), die mitunter nur Geburten der List sind[16], gehören, ist wenig von der Theorie zu fassen, und mehr dem Künstlertalente des Anführers eigen. Eben so entschlüpft der Theorie auch zum Theil die zweite Art mit dem Bekanntwerden einer dazu dienenden Erfindung, oder dem Aufhören begünstigender Umstände, wie z. B. dem anbrechenden Tage, dem verschwindenden Nebel, der erlangten Terrainkenntniß des Feindes u. s. w. Wenngleich nicht ohne die Theorie im Grunde genommen zu beseitigen, kann man in ihr doch für beide Arten die alte Kriegsregel: „Profiter des circonstances“ mit dem Erlauern der Blößen des Feindes obenan stellen.

Anders verhält es sich mit der dritten Classe von Ueberraschungen. Ihre Theorie hat sich im Fortschreiten der Behandlung als kein Ganzes erhalten, sondern ist als die Grundlage so vieler von Zeit und Raum abhängigen Manoeuvres, in Einzelheiten mit manchen halbwahren und noch streitigen Punkten zersplittert worden, was unserer Kriegsweisheit eben nicht zur Ehre gereicht. In dieser Verwirrung hat, was nicht mehr als natürlich ist, die Verwechselung der Zufälligkeiten (accidents) mit dem Collectivbegriff der Ueberraschungen, welcher die ersteren mit in sich begreift, gewuchert. Einer unserer competentesten neueren Richter in Kriegsangelegenheiten, Napoleon, ist jener Verwirrung unterlegen, wenn er in seinem Eifer gegen die schiefe Schlachtordnung (ordre oblique)[17] die Idee Friedrich's II. bei der Schlacht von Leuthen ganz übersieht, und wenn er den Gewinn dieser Schlacht den accidents allein zuschreibt, obgleich er darauf die surprise so nebenbei erwähnt[18]. Unmöglich konnte es ihm, der sich durch Ueberraschungen schon den Erfolg ganzer

Kriege gesichert hatte, und der ihre Wirkung auf jedem Blatte der Kriegsgeschichte erkannte, Ernst damit sein, die Bedeutung der Ueberraschungen in der Theorie herunter zu setzen. Es würde mit dieser schlecht stehen, wenn es uns an einem wissenschaftlichen Maaßstabe für Schlachten wie die bei Strigau, Roßbach, Collin und tausend andere fehlen sollte.

Jede Ueberraschung bringt den Feind augenblicklich außer Fassung (imponirt) [19] und wirkt nachtheilig auf den Muth, den er bei seiner Sicherung zu zeigen hatte (affecte le moral du soldat) [20], den aber auch Umstände und der Geist des Führers bald wieder herstellen können. In so fern die Ueberraschung zum Sieges-Vehikel dienen, und es nicht beim Schein (Imponiren) oder bei einem bloßen Abenteuer (adventura) sein Bewenden haben soll, dürfen ihr die Ueberwältigungsmittel bis zu einer der Unternehmung selbst angemessenen Höhe nicht abgehen [21]; mit deren etwanigem Gebrauch tritt alsdann die Handlung zur theilweisen Ueberwältigung als in eine anderweitige Kategorie über. Die leitende Intelligenz muß sich dieses Uebertritts jederzeit ungesäumt bewußt werden, weil das veränderte Motiv der Handlung auch veränderte Anstalten erfordert.

Terrainbenutzung. Die Terrainbenutzung [22] hatte, wie wir oben schon geschichtlich nachgewiesen haben, einen so mächtigen Einfluß auf die ganze Kriegstheorie erlangt, und dieses Handlungsmotiv wirkt mit den auf gleicher Linie stehenden Kategorien so zusammenhängend, daß es dem Verstande nicht leicht wird, es von diesen loszureißen, und letztere in ihrer Selbstständigkeit zu erkennen. Auch fehlt es aus diesem Grunde weder an einer Ueberschätzung, noch an einer Unterschätzung [23] der Terrainbenutzung in der Theorie und in der darauf mehr oder weniger gebauten Praktik. Wenn die Einen das mit der Terrainbenutzung zusammenfallende coup d'oeil militaire unter geringen Ausnahmen zur höchsten Soldatenweisheit erhoben, so hielten sich die Anderen an die metaphysische Beschränkung einer sogenannten reinen Theorie, drehten sich nach Linien und Winkeln auf ebenen Flächen in Gedanken herum, und überließen das Terrain als eine Abnormität [24] im Anwendungsfalle dem Ingenieur, der das Nöthige schon mit einer Abracadabra allerwärts auf der Stelle besorgen werde[25].

Insofern es darauf ankommt, Terrainhindernisse, welche den Angriff auf eine Stellung abweisen, zu deren Schutz anzuwenden, oder derartigen Schutz durch Terrainverwandlung künstlich zu erschaffen, ist die Terrainbenutzung einer in höherer Instanz beabsichtigten Sicherung untergeordnet. Ebenso ist sie der Ueberraschung untergeordnet, wenn durch die Terrainbenutzung eine Truppenbewegung maskirt, ein unerwarteter Flußübergang bewerkstelligt, eine Position inmitten feindlicher Werke erlangt werden soll[26] und in dergleichen Fällen mehr. Auch die Ueberwältigung nimmt die Terrainbenutzung häufig in Anspruch, z. B. mit dem Verlangen nach einer Ebene zum Choc für die Cavallerie, nach einem glacisartigen Abhange, einem Vorsprunge des steileren Bergrandes zum wirksamen Gebrauch der Artillerie u. s. w. Damit aber ist man noch nicht am Ende. Schon in früherer, noch mehr aber in späterer Zeit[27] zeichneten sich Landstrecken, Orte, selbst einzelne Punkte (Schlüssel der Positionen) in der Kriegführung aus, mit deren Besitz irgend ein Wendepunkt in ihr eintreten, irgend eine andere Handlungsweise ergriffen werden mußte. Die Einnahme einer solchen Stellung bewirkte, daß die Sicherung des Feindes ihr gegenüber sich als nicht mehr ausreichend erwies, seine eingeleiteten Ueberraschungen unausführbar wurden, und seine Ueberwältigung unausbleiblich folgte. Dieses ist die andere Art der Terrainbenutzung, die, wenn sie ohne Kampf nicht zu erlangen ist, in solchem von der Ueberraschung und der Ueberwältigung unterstützt sein will.

Eine hiermit näher beleuchtete doppelte Ansicht von der Terrainbenutzung, einmal nämlich als dienend, das anderemal als bezweckend und bestimmend, muß darum scharf aufgefaßt und in der Kriegshandlung consequent unterschieden werden[28], wenn man sich nicht in mitunter sehr betretene Irrgänge verlieren will, die uns in der heutigen Kriegstheorie vorliegen.

Der Terrainbenutzung jeder Art kommt die Terrainkenntniß[29] und bisweilen auch die Terrainverwandlung zu Hülfe. Die erstere muß im Kleinen zwar häufig durch bloße momentane Anschauung erlangt werden, die eingeübt und angewöhnt werden kann und muß; im Großen ist sie aber nur durch geographischen Unterricht erreichbar. Noch mehr vorbereitende Kenntnisse erfordert die Terrainverwandlung, welche daher auch den Gegenstand eines eigenen Studiums in den Armeen ausmacht. Ihrer Anwendung, sowohl in als außer dem Bereich des Feindes, verdankt eine eigene Waffe, die Genie-Waffe, ihre Entstehung, welche dem Kriegshandlungsmotiv der Terrainbenutzung vorzugsweise dient, ebenso wie jede von den drei übrigen Waffen im Gebrauch einer der drei anderen Kriegshandlungsclassen am günstigsten erscheint, ohne sie darum einer anderweitigen Benutzung zu entziehen [30].

Theilweise Ueberwältigung. (vive force; acte de vigueur.)

Es ist eine alte bekannte Sache, daß bei übrigens gleichen Umständen der Sieg durch die Ueberwältigung der Mehrzahl der Streitkräfte zufällt (vis unita fortior). Das Sprichwort: „Viele Hunde sind des Hasen Tod" und Dante's Vers: „Qual più gente possiede, colui è più da suoi nemici a volto" haben es längst bestätigt [31]. Nur kommt dabei außer der Quantität auch die Qualität der Streitenden in mancher Beziehung in Betracht, worüber ein anderes Sprichwort treffend Aufschluß giebt, indem es sagt: „Ein Beherzter macht zehn Beherzte; Ein Feiger aber hundert Feige." Vertrauen, Ausdauer, Muth und überhaupt der Wille des Soldaten sind sich nicht immer und nicht überall gleich, und können es auch nicht sein, eine Betrachtung, welche dem geistigen Gebiete der Kriegstheorie angehört, aber leider nur zu oft übersehen wird. Doch selbst in den Grenzen des Numerischen, dessen Wichtigkeit mit dem Vorschreiten der Kriegskunst vielfach verlieren mußte [32], zeigen sich für die Mehrzahl als Bedingung der Ueberwältigung zwei wichtige Modificationen. Die eine bezieht sich auf den Raum, indem es Bedingung ist, daß sich die Mehrzahl gerade da vorfinden muß, wo die Ueberwältigung stattfinden soll [33]. Es leuchtet ein, daß dieses ein für den Disponirenden sehr vortheilhaftes Verhältniß ist, gleichviel ob er für die Agressive oder die Passive seine Dispositionen trifft. Das Talent des Führers wie die Manoeuvrirfähigkeit unserer Armeen, namentlich aber die Colonnenstellung und die Reserven bieten hierzu die Hand, welche im richtigen Augenblicke ergriffen werden muß.

Die zweite Bedingung zur Ueberwältigung durch Uebermacht bezieht sich auf die für den jedesmaligen Gebrauch geeignetsten Waffen. Entfernte Artillerie gegen Infanteriemassen, ein gröberes Geschütz gegen ein schwächeres, oder gegen eine damit gar nicht versehene Umwallung, zuweilen die letztere selbst, ein Cavalleriechoc gegen zerstreute Infanterie u. s. w. fallen in diese Classe, die darum neben der Zahl auch die Dynamik der Streitmittel in sich schließt. Eine Anhäufung von Streitkräften, die so ungeschickt angeordnet wäre, daß ein Ueberwältigungsmittel das andere lähmt, wäre ein so offenbarer Verstoß gegen die ganze Kriegstheorie, mit der wir uns hier beschäftigen, daß davon eigentlich keine Rede sein kann. Indessen können im Verlaufe eines Krieges doch Umstände eintreten, die Aehnliches unvermeidlich machen, wie z. B. die außer allem Verhältniß starke Anhäufung französischer Artillerie auf dem Schlachtfelde von Borodino (1 Geschütz auf 200 Mann), welche dieser Schlacht in der Hauptsache den Charakter einer mörderischen Kanonade gab, und der Benutzung des Sieges selbst mit im Wege stand, und auch späterhin noch die Bewegung der französischen Armee mächtig erschwerte.

In den fortificatorischen Anstalten, wo sich die Terrainverwandlung nicht auf einzelne Acte allein beziehen kann, sondern wo sie ganze Serien derselben auffassen muß, stößt man bisweilen ebenfalls auf unstatthafte Gedanken in dieser Beziehung; um so weniger wird dies indessen der Fall sein, je mehr die Conception der Werke aus einem richtigen militärischen Gefühle hervorging[34].

Wir setzen die theilweise Ueberwältigung[35] als ein Product der Cultur, von welcher die nach und nach entstehende und immer mehr heranwachsende Kriegstheorie befruchtet ward, unter die Total-Ueberwältigung (passer sur le ventre)[36] als letzten Zweck oder obersten Handlungsgrund des Krieges selbst. Indessen nehmen wir die theilweise Ueberwältigung mit in die Reihe unserer vier Kategorien auf, ohne uns an die größere Verwandtschaft des untergeordneten Zweckes mit dem oberen zu stoßen, und erkennen in deren gemeinsamen Charakter der Ueberwältigung, welchen Napoleon mit der Maxime bezeichnet: „En guerre comme en amour pour en finir il faut se voir de près," nur diejenige Classe der Kriegshandlungen, mit welcher das ursprüngliche und eigentliche Wesen des Krieges am innigsten verbunden blieb. Ein Gleichniß wird vielleicht diese unsere Meinung noch besser erläutern. Statt des Krieges nehme man irgend eine andere Absicht z. B. die Ueberschreitung eines fließenden Wassers trockenen Fußes an. So lange das Wasser nicht breit war — in der Kindheit der Kriegstheorie (nicht der Kriegskunst, denn in dieser spielt auch die Genialität mit) — sprang man mit einem Satze hinüber, d. h. man wollte Alles mit der Total-Ueberwältigung abmachen. Als aber das Wasser breiter wurde, d. h. die Theorie ein Mehreres forderte, mußte man theilweise zwar auch springen — überwältigen —, aber vielleicht von dem Ufer auf einen vorragenden Stein, oder einen schwimmenden Körper, und zwar von einem zum andern, und wie sie sich eben vorfanden. Ihrerseits gaben diese also niedrigere Zwecke — die übrigen Kategorien repräsentirend — außer dem Springen zur Erreichung des letzten Zweckes ab, welcher ungeachtet seiner Aehnlichkeit mit den untergeordneten Zwecken, letztere mit umfaßte [37].

E. Vergleichungen des Räumlichen und Zeitlichen in der Kriegstheorie.

Bevor wir uns einer näheren Betrachtung der zum Kriegführen erforderlichen Mittel überlassen, können wir eine Hinweisung auf die allen Handlungen, mithin auch den Kriegs-Handlungen eigenen metaphysischen Agentien des Raums und der Zeit [38], die sich wirklicher Messung unterwerfen lassen, nicht umgehen. Gerade diese Eigenschaft hat die mathematischen Combinationen in die kriegstheoretischen derartig verwickelt, daß man häufig in ersteren nicht allein die Form, sondern auch das Wesen der letzteren zu finden glaubte [39], und nach schiefen Ansichten von Wissenschaftlichkeit auf einem, dem mathematisch Gewissen ganz fremden Gebiet, sich ängstlich nach solchem Gewissen umsah [40]. Die mathematischen Compendien, die wir mitunter an der Spitze älterer ganz gediegener Kriegsbücher[41] finden, sowie die Anwendung der exacten Kenntnisse in einzelnen Zweigen des Kriegswissens wie z. B. in der Artillerie und Fortification, spricht nicht dagegen. Hier ist von dem mehreren oder mindern Gebrauch, von der stärkern oder geringern Schärfe, mit welcher die Mathematik immer nur als Hülfswissenschaft in die Theorie der Kriegsdisciplinen verschiedentlich eingreift, die Rede; dort giebt die unsern Vorgängern in der Wissenschaft überhaupt noch mangelnde Artikulation, sowie die auf anderem, als dem mathematischen Wege, noch schwierige Geistes-Gewandtheit[42] den zureichendsten Erklärungsgrund ab.

Beim eigentlichen Gebrauch der Kriegskraft kommt allerdings sehr viel darauf an, ob man am rechten Ort handelt. Man mag zu einer hierauf gerichteten Untersuchung oder Beurtheilung immerhin Punkte und Winkel ganz nützlich gebrauchen; man mag auch zeitweilig von der so verschieden gestalteten Erdoberfläche ab- und eine tabula rasa vor sich sehen; unmöglich aber können derartige Abstractionen, die man schon längst für das Ordnen kleinerer Truppenkörper unter der taktischen Logistik zusammenfaßte, für ganze Kriegsoperationen (grande tactique), die man erst neuerlich mit dem Namen der Strategie[43] belegt hat, an und für sich die gerühmte Wichtigkeit in der Theorie überhaupt erlangen. Eine Militär-Geographie, welche mehr Gediegenheit haben müßte als die, welche wir leider nur besitzen, würde viele von diesen in die Strategie gezogenen Wahrheiten weit natürlicher, kürzer und ebenso genügend darbieten, ohne auf den eminenten Rang dieser sogenannten Wissenschaft Anspruch zu machen. Wir werden weiter unten Gelegenheit finden, uns über eine solche Militär-Geographie ausführlicher zu äußern.

So wichtig es im Kriege ist, immer am rechten Ort zu handeln, ebenso wichtig bleibt es auch, dies immer zur rechten Zeit zu thun. Allerdings mag es schwieriger sein, für dieses letztere Verlangen allgemeine Vordersätze in die Theorie einzuführen, als für das erstere; indessen kann die in der Theorie überhaupt herrschende Unklarheit auch einige Schuld dabei haben. Eine bestimmte Unterordnung der sich so vielfach in den Kriegshandlungen zeigenden und sich gegenseitig modificirenden Zwecke, eine vermehrte Achtsamkeit darauf und eine geschicktere Analyse der Handlungen selbst können uns vielleicht hier weiter als bisher bringen". Dies ist und bleibt sehr wünschenswerth, weil der Geschäftszwang, in den wir uns täglich mehr verstecken, und eine dadurch angenommene Gewohnheit der umsichtigsten Ueberlegung dem raschen Entschlusse gerade nicht förderlich ist. Durch eine Behinderung desselben wird aber oft der geeignete Moment, der im Kriege so häufig allein entscheidet, verloren gehen, und das Sprichwort: „Das Bessere ist des Guten Feind" sich öfter als vordem bewahrheiten.

Anmerkungen.

[1] (S. 35). Savorgnano meint in seiner Arte milit. terrestre e maritima, Venetia 1599: „Volendo quasi per parallelo representar per proceder con maggior chiarezza tutto un essercito posto en ordinanza ad un corpo humano ch'a fronte, petto, spalle ed fianchi, ed essi membri muove o porta di loro difendendosi ed offendendo, mentre può assalire ed essere assalito d'avanti, di diétro ed da' lati."

[2] (S. 35). Mit der cappa (Mantel) oder der imbracciatura (Griff am Schilde). Man kann darüber, sowie über das ältere Fechten überhaupt, viel Lehrreiches in Marozzo's Arte dell'armi (1568), in Aggrippa's Trattato di scienza d'arme (1568) und in Lebkommer's: Ritterlich mannliche Kunst und Handarbeit des Fechtens und Kämpfens (1562) finden. Das Fechten bildete zu jener Zeit einen Abschnitt in der Kriegskunst; die deutschen Fechtmeister im 16. Jahrhundert beschäftigten sich besonders mit der Sicherheit (Zekrür genannt).

[3] (S. 35). Con spada ed pugnale Bolognese oder a cortellate.

[4] (S. 35). Soweit solche das combattere in campagna betreffen, hat sich schon Montecuculi darüber ausgesprochen. Er deutet auf folgende vier Quellen von Vortheilen, die mit unseren Handlungsmotiven im Ganzen übereinstimmen, hin: „Primo fonte derivante della forza, che molti combattono contra pochi; secondo fonte derivato del capitano, che gli impreparati sieno attaccati dai preparati, gli stracchi dai freschi, i malarmati dai benarmati, i timorosi dai arditi, i perplessi dai risoluti; terzo fonte derivante dell' arte, che impetuosamente s'urti l'inimico nei fianchi e nelle spalle; quarto fonte: che il sito sia

vantaggioso acciocche ciascuna sorte d'arme sia posta dove possa far su' officio" ꝛc. Nur die Sicherung und die von uns als richtig erkannte Reihenfolge der übrigen Handlungsmotive fehlt hierbei. Man kann von diesen vier Handlungsmotiven, die in der Kriegstheorie immer wieder zum Vorschein kommen, und wunderbarer Weise in dieser Abstraction noch nicht erkannt worden sind, wie Montecuculi, sagen: Questo è un Protéo che si muta e rimuta in mille forme. — Napoleon sagt sehr wahr: „Gustav Adolph, Turenne, Friedrich II. haben wie Alexander, Hannibal und Cäsar nach denselben Grundsätzen gehandelt; sie haben nämlich ihre Kraft zusammengehalten, keine Schwäche des Feindes unbenutzt gelassen, und sich der wichtigen Punkte mit Schnelligkeit bemeistert. Das sind Grundsätze, welche zum Siege führen, und, indem sie Schrecken durch die Waffen verbreiten, die Treue aufrecht erhalten und die Unterwerfung begünstigen."

[5] (S. 36). Schildknecht vergleicht die Armee mit einem Stock, mit dem man zu schlagen, auf den man sich aber auch zu stützen habe.

[6] (S. 36). Savorgnano (Arte militare, 1599) giebt schon folgendes, freilich noch viele Lücken enthaltendes Schema:

L'arte contiene due parti principali
cioè

apparecchi di — attioni etc.

apparecchi di: genti sono — stromenti che sono — vittovaglie — denari

genti sono: capi che commandono — privati i quali ubbidiscono.

stromenti che sono: armi — cavalli — legni

[7] (S. 36). Von Turenne heißt es, er sei niemals einem Feinde entgegen gegangen, ohne auch gleichzeitig allen dessen Entwürfen entgegen zu gehen. Allerdings calculirte Turenne, indessen ist es nicht glaublich, daß sein vorherrschender Hang zur Aggression ihm die Zeit zu so umfassender Ueberlegung gegönnt haben sollte. Ich halte darum jene Meinung in solcher Ausdehnung für eine Schulphrase. — Erzherzog Karl sagt bei Gelegenheit des von der Theorie gemißbilligten Zusammenwirkens entfernter Colonnen, das ihm bei Amberg glückte: „Dem Manne, der eine Wissenschaft völlig ergründet hat, sind die Motive ihrer Regeln nicht unbekannt," (sollte das nicht gerade erst die Wissenschaft sein?) „folglich auch nicht die Fälle, welche Ausnahmen gebieten oder gestatten. Diese treten ein, wo jene Motive nicht existiren oder durch andere höhere Interessen (?) überwogen werden."

[8] (S. 37). Diese Eintheilung war schon lange vor Montecuculi von Savorgnano angeführt worden, der folgendes Schema aufstellt:

L'attioni dell' esercito sono trè:

marciare — alloggiare — combattere

nel che si considera | nel che si considera

andandi avanti | tornando a diétro e così si | il sito del luogho che sia | la forma dell' alloggiamento. | la materia per fortificarsi con etc.

notitia, secretezza, ordine | di giorni di notte u. s. w.

9 (S. 37). Zur Sicherung gehört Alles, was feindliche Unternehmungen so lange behindert, bis wir unsere Maaßnahmen dagegen getroffen haben. In diesem Sinne ist die fernwirkende Artillerie der Sicherung dienlicher als das Kleingewehr, letzteres aber wieder günstiger als die blanke Waffe. — Friedrich II. sagt: „Zunächst muß man sich selbst decken, und dann erst auf Entwürfe gegen den Feind sinnen."

10 (S. 38). Lloyd unterscheidet sogar Offensive und Defensive nach dem Willen, zu schlagen oder nicht zu schlagen, und der Erzherzog Karl nennt als Zweck der Defensive den Zeitgewinn, was an sich wohl wahr sein kann, den Begriff aber nichts weniger als feststellt. — Wenn Cäsar das Vordringen der Belgier über die Aisne durch den eigenen Uebergang oberhalb hindert, indem er sie durch den Fluß getheilt, angreift; wenn Villars die Eroberung der Weissenburger Linien durch seine Flankenstellung abwehrt; wenn Prinz Eugen seine Circumvallationslinien vor Belgrad verläßt, um dem zum Entsatz herbeieilenden Großvezier die Schlacht anzubieten; so sind das Aggressionen zu Defensivzwecken.

11 (S. 38). Auch die Alten pflegten zu sagen: applicare activa passivis, hatten aber dabei nur die Handlungsweise im Sinn. — Vallière der Aeltere charakterisirt in seinen Pratiques et maximes de la guerre (Frankfurt, 1672) ein solches offensives und defensives Verfahren nach dem damaligen Stande der Kriegstheorie folgendermaßen: „Si vous entrez dans le pays ennemi pour aller combattre une armée toute formée, il faut y aller avec de grandes précautions, être toujours bien informé de sa force et du lieu où elle est, de craindre de la trouver en votre marche aux lieux désavantageux pour vous; on ne peut règler l'ordre que l'on tiendra pour l'attaquer, parcequ'il le faut disposer suivant le lieu où vous rencontrez les ennemis et suivant leur force. Vous devez bien prendre garde, lorsque vous entrez dans un pays ennemi, de quelle nature sont les rivières que vous passez, si un orage ou le soleil qui fondra les neiges ne vous peuvent pas empêcher de les repasser. — Lorsque une armée est entrée en votre pays et que vous allez la chasser, il faut tâcher de la faire périr sans combat s'il se peut comme si elle s'est engagée trop avant ou qu'elle ait passé une rivière non guéable ou quelque passage de montagne ou marais; cela se peut souvent faire en

retirant les vivres, qui sont en leur tête dans vos places, ou les brûlant ou vous mettant entre la rivière ou ces autres passages de défilés et leur pays pour les empêcher d'en tirer de la substistance, n'y même d'y pouvoir retourner. On pourra aussi parfois les faire périr s'ils sont à un pays plat et plein d'eau ce qui se peut faire en innondant les lieux, où ils seront campés ꝛc. On pourra aussi ruiner une armée ennemie en prenant plusieurs postes avantageux d'où vous couperiez leurs convois ꝛc. S'ils trouvent assez de subsistances en votres pays et qu'ils ne veulent point hazarder une retraite, il faudra les aller attaquer dans leur poste, s'il n'est point avantageux; mais si vous ne jugez pas de les y attaquer il faudra faire un camp bien retranché le plus près que vous pourrez de leur." Man sieht, wie Mancherlei vom Angriffs- und Vertheidigungskriege sich hier in der Vorstellung des Verfassers zusammendrängt, was heute unter ganz veränderten Gesichtspunkten betrachtet wird, und wie schwer es überhaupt ist, ohne Kritik und in jedem Zustande der Wissenschaft auf alte Eintheilungen zu fußen, die häufig durch Zufall und eine gesteigerte Cultur zu ihrer Allgemeinheit gelangt sind.

[12] (S. 38). Siehe Camillo Aggrippa's Trattato di scienza d'arme (1568). — Die italienischen Kriegstheoretiker und namentlich Savorgnano, der Montecuculi vorgearbeitet hatte, möchten wohl durch die kleinen italienischen Staatenkriege zu diesen Ausdrücken verleitet worden sein; indessen legten sie denselben nicht die heutige Ausdehnung bei, wie folgende Erläuterung zeigt: „Guerra defensiva, quando non ha forze eguali al nemico; guerra offensiva, con forze pari o maggiori al nemico." Montecuculi genügte das schon nicht mehr; er verband eine politische Beziehung damit, und fügte daher eine dritte Art als scopo principale del disegno in dem guerra di soccorso hinzu. Aus diesem Beispiel erkennt man, wie nahe in den realen Kenntnissen die Wissenschaft mit der Geschichte der Wissenschaft zusammenfällt.

[13] (S. 39). Diese Ausdrücke finden sich schon in Maudar's, Cancrin's und vieler Anderen Schriften.

[14] (S. 39). Daß eine beabsichtigte Kriegshandlung desto eher glücken wird, je weniger der Gegner im Stande ist, die Idee oder überhaupt die Möglichkeit derselben zum Voraus ins Auge zu fassen, ist einleuchtend; Friedrich II. sagt wenigstens schon: „Alles, was im Kriege unvermuthet geschieht, ist von großer Wirkung," und Machiavell meinte bereits in der Mitte des 16. Jahrhunderts: „Qui veut mettre son ennemi en désordre au milieu du combat doit faire naitre quelque chose qui l'étourdisse," und desgleichen: „Puis donc au milieu du combat une fausse attaque apporte un grand avantage sans que les véritables feront encore beaucoup mieux, surtout si sans que l'ennemi le prévit, on pouvait tout d'un coup lui donner en flanc on en queue ce que vous ferez difficilement si le terrain n'est pas disposé pour cela." Daß fer-

ner die Neuheit noch unbekannter Mittel auf ähnliche Weise wirken muß, da ja der Gegner denselben gleichfalls unvorbereitet entgegentritt, ist nicht minder klar. Was z. B. die Feuerwaffen in ihrer Neuheit ausrichteten, ist allbekannt. Jedes neue Kriegsmittel erregt übrigens, wie dies auch bei den Feuerwaffen der Fall war, Anfangs einen heftigen Widerspruch, und gilt gewöhnlich sogar für ein Attentat gegen das Völkerrecht. So eifert Turpin z. B. gegen die zu Anfang des siebenjährigen Krieges aufgekommenen Jägertruppen, und meint, daß viele hundert durch dieselben meuchlerisch gemordete Soldaten den streitenden Mächten keinen Frieden erwerben würden. Was endlich das Geheimniß betrifft, so ist dieses gleichfalls ein Mittel der Ueberraschung. Man rede wenig von Dingen, über die man seine Gedanken verbergen will. „Wo der Fluß rauscht, da ist die Furth," sagten schon die Alten.

[16] (S. 39). Bei den Franzosen hat eigentlich das stratagême wie das chicane (ersteres mehr activer, letzteres mehr passiver Natur) eine sehr weite Bedeutnng. So nennt Goulon das Herabrollen von Bomben mittelst Rinnen auf die Köpfe der im Graben der Festung befindlichen Belagerer auch ein Stratagem; andere ähnliche Vorkehrungen, auf die man früher mehr achtete als beim späteren, zwar systematischeren, aber auch einseitigeren Verfahren im Festungskriege, nannte man ebenso. — In Betreff der im Großen anzuwendenden Stratageme äußert sich Rogniat in seinen Considérations sur l'art de la guerre folgendermaßen: „Le génie des plus grands hommes est toujours fort borné et souvent un habile général ne doit les succès qu'à l'heureux emploi de deux ou trois idées neuves en rapport avec les circonstances. Mais lorsqu'il fait long-tems la guerre avec les mêmes ennemis ses adversaires finissent à le comprendre par le deviner et par trouver enfin des moyens de défense proportionnés à son genre d'attaque." — In älterer Zeit, wo die Literatur nicht erlaubte, sich wie heute aus der früheren zu unterrichten, legte man auch mehr Werth auf die Originaleinfälle. So sagt Machiavell: „Car un homme qui n'est pas inventif ne peut jamais être un grand homme dans sa profession et si de nouveaux expédiens font de l'honneur partout ailleurs, on peut dire que dans le sujet dont il s'agit ils vous comblent de gloire" und desgleichen: „Les choses nouvelles et qui surviennent promptement épouvantent les armées, mais elles font peu de cas des choses ordinaires et lentes; c'est pourquoi vous devez faire connaitre à vos gens un ennemi nouveau par quelques petites rencontres avant que d'en venir à un combat général." — Dillich (1636) bringt auch die Geschwindigkeit mit in das Capitel der Stratageme; ebenso die gute Gelegenheit, die Verstellung und endlich auch das Untüchtigmachen der feindlichen Rüstung. — Durch seine Geschwindigkeit in der Handlung während des Krieges hatte sich Bajazet den Beinamen „Gilderim" (Wetterstrahl) verdient.

[16] (S. 39). Plutarch räth schon in den Laconicis an, den Fuchspelz umzunehmen, wo Löwenhäute nicht mehr ausreichten, und die Italiener späterer Zeit unterschieden in ihren Kriegsbüchern immer scharf die forza und die industria, zu welcher letzteren viele von unseren Ueberraschungsmaaßnahmen gerechnet werden müssen. — Bei dieser Gelegenheit frage ich: Ist wohl der höhere wissenschaftliche Gesichtspunkt gefunden, wenn man z. B. in sonst recht guten Compendien liest: „Die reitende Artillerie erhält durch ihre Geschwindigkeit den Charakter verdeckter Geschütze?" War es so schwer, dabei an die Ueberraschung zu denken und an die verschiedenen Arten derselben?

[17] (S. 39). Jedes Deployement vor dem Feinde, nicht bloß das oblique, welches schon Vegez erwähnt, und das Guibert wieder unter die Gelehrten brachte, kann wie eine jede Truppen-Maskirung die Einleitung (Evolution) zu einer Ueberraschung abgeben. Der Choc auf einen feindlichen Aufmarsch, auf ein in der Formirung begriffenes Quarrée, auf eine fortificirte Kehle und dergleichen sind wirkliche Ueberraschungsmanoeuvres.

[18] (S. 39). In seinen Memoiren heißt es: „Elle tient au chapitre des accidents" und dann: „C'est étrangement s'abuser que de confondre une surprise avec un ordre constant de manoeuvres." — Die von Friedrich II. 1745 gegen den Herzog von Lothringen bei Striegau gewonnene Schlacht war ebenso, wie die bei Roßbach durch Ueberraschung gewonnen worden. Friedrich ging dort dem vom Gebirge herabsteigenden Feinde unversehens entgegen, und schlug ihn schon, während er noch im Aufmarsche begriffen war. Eben so war Daun's Stellung bei Collin für Friedrich eine nachtheilige Ueberraschung, welche seine Niederlage herbeigeführt hat. Napoleon verleugnet auch an einem anderen Ort das allgemeine Anerkenntniß der Ueberraschung in der Kriegführung nicht; er sagt nämlich von der schiefen Schlachtordnung selbst: „Elle est de la nature des embuscades, des marches dérobées, des surprises" und fügt hinzu, „que ceux là ont été pratiquées dans tous les tems non seulement par des troupes disciplinées mais même par des sauvages et indisciplinées." Sind es aber darum etwa weniger Kriegshandlungen?

[19] (S. 40). Clausewitz sagt in seinem Werke über den Krieg: „Ein Abmessen der Kräfte kann in Fällen, wo sie sehr ungleich sind, schon durch das bloße Abschätzen bewirkt werden. In solchen Fällen wird auch das Gefecht nicht statt finden, sondern der Schwächere gleich nachgeben." Hier wird also das Imponiren als eine abgeschlossene und für sich bestehende Kriegshandlung angesehen. Eine solche Vorstellung kann indessen sehr gefährlich werden, wenn der Feind sich nicht imponiren läßt, was doch wohl im Bereich der Möglichkeit liegt. Ich meine deshalb, daß man das Imponiren als ein Vehikel der Ueberraschung oder der theilweisen Ueberwältigung ansehen muß, und von diesen jedesmal etwas dahinter zu suchen ist. Wie sehr man überhaupt in dem unklar erkannten Capitel der Ueberraschun-

gen herumgefaselt, und ihnen bald zu viel bald zu wenig Werth beigelegt hat, dazu liefert die ganze Kriegsliteratur einen Beleg. So schreibt Bonneville in seinem, Esprit des lois de la tactique betitelten Werk: „Le point principal est de tâcher de tirer le parti le plus avantageux qu'il est possible de nos bataillons par les manoeuvrer vis à vis de l'ennemi. Il faut saisir avec esprit toutes les ruses que l'on peut pratiquer en fait d'évolutions parcequ'elles doivent s'exécuter avec la plus grande célérité, car c'est en quoi consiste toute la force de la tactique."

[20] (S. 40). Daß es im Kriege sehr auf die Seelenstimmung zur Handlung ankommt, beweist schon der häufige Erfolg beim entschiedenen Gebrauch des Bajonnetts in Masse. Derselbe wirkt hauptsächlich durch den moralischen Eindruck des überlegten Entschlusses, der Stoß selbst thut das Wenigste dabei. — Sovorgnano, nachdem er die Ueberraschung beschrieben, welche Cäsar's durch die Cavallerie maskirte schiefe Aufstellung bei Pharsalus bewirkte, meint: „Ed in ciò non è da tralasciare d'avertire quanta forza habbia ne' casi di guerra l'inaspettato incontro di un groppo di uomini valorosi percioche gli animi humani all'hora s'impauriscono ed perturbano altro modo, quando improvisamente si reggono in corso, in qualche nuovo pericolo ed a tempo d'essi pensano di haver poco meno che conseguir la vittoria." — Eine eigene Art von Ueberraschung ist der Ueberfall; das Wesentliche desselben beruht darin, daß der Feind zum Streite nicht vorbereitet ist; der Ueberfall bildet jedoch ebenso wie der dasselbe im Festungskriege bedeutende Begriff der Ueberrumpelung nur eine Unterabtheilung der Ueberraschung überhaupt.

[21] (S. 40). „Ce sont ordinairement les plus opiniâtres qui obtiennent la victoire."

[22] (S. 40). Der Terrainbenutzung muß der Terrainbesitz allerdings vorausgehen, weshalb man auch diesen als Handlungsmotiv aufstellen, und die Benutzung nur als eine Folge des Besitzes betrachten kann. Friedrich II. giebt die Wichtigkeit des Terrainbesitzes zu, wenn er in seinem Reglement sagt, der gemeine Mann wäre nur anzuweisen, dahin zu kommen, wo der Feind stehe; auch äußert Friedrich in der Instruction für seine Generale: „Ce n'est pas le nombre des ennemis tués qui donne la victoire mais le terrain que l'on gagne." Man ist indessen im großen Kriege allmählig bis zur Lächerlichkeit in der Werthschätzung des Terrainbesitzes gegangen. Derselbe ist allerdings von großer Wichtigkeit, nur dürfen die Ansprüche nicht über die Realität hinausgehen; es könnte darum nicht schaden, wenn solche vermeintlich geniale Phrasen wie z. B. die, daß eine Armee auf dem Hundsrücken den Ober-Rhein besser decke als eine im Schwarzwalde, endlich einmal die verdiente Zurechtweisung erführen. Ganz besonders hat man sich im Gebirgskriege mit solchen Phantasien beschäftigt, und es haben sich förmlich ganze Parteien darum gestritten, ob der Besitz der Höhen oder der der Thäler denjenigen des Gebirgslandes constatire. Na-

poleon gebrauchte während der russischen Campagne von 1812 in einem seiner Armeebülletins allerdings auch die Phrase, daß nun, da die französische Armee an dem Oginskykanal (Dniepr) angelangt sei, sie das ganze Land bis zum schwarzen Meer beherrsche. Wenn er den an sich sehr vaguen Ausdruck des Beherrschens hierbei auch in seiner weitesten Bedeutung, (nämlich in dem, sich mit der größten Leichtigkeit da und dorthin begeben zu können) genommen hat, so bleibt jene Aeußerung doch immer nur eine Phrase, die lediglich auf Franzosen ohne geographische Kenntnisse berechnet gewesen sein kann. Der Terrainbesitz selbst muß, auch wenn er noch so einladend wäre, stets mit der Kriegskraft in Verhältniß stehen, und manche günstige Position muß unbesetzt bleiben, um die Truppen nur zusammenhalten zu können. Der Herzog von York (nachmaliger König Jakob II. von England) macht aus der Zeit des Fronde-Krieges, während dem er sich bei Turenne aufhielt, in Betreff des Gefechts bei Bleneau folgende Bemerkung in seinen Memoiren (1652): „Quelques officiers proposaient à Turenne de poster le long du bois (auf der Flanke der Stellung) des petits partis d'infanterie pour mieux défendre les passages. Il ne suivit point cet avis parceque, comme il le dit depuis, l'infanterie des ennemis étant de moitié plus nombreuse que la sienne, ils n'auraient pas eu beaucoup de peine à le chasser du bois, ce qui l'aurait obligé d'aller la secourir et l'aurait si fort engagé, qu'il n'aurait pas pu éviter la défaite entière de ses troupes. Il jugea plus à propos de laisser le bois dégarni, s'éloigna de plus de la portée du mousquet entre le bois et le défilé et dans cette situation attendit l'ennemi." Hieraus geht schon hervor, daß der Terrainbesitz nicht das Höchste im Kriege ist. Dasselbe meint auch Erzherzog Karl, wenn er Latour tadelt, daß er sich um den Lech schlug, während der Erzherzog gegen Jourdan bei Amberg stand. Latour, der alle Eigenschaften eines tapfern Soldaten besaß, war nicht Feldherr; er sah es als eine Schande an, zu weichen oder dem Feinde Terrain zu überlassen, ohne sich darum geschlagen zu haben. — Der Marschall von Sachsen sagt: „Les généraux, il est vrai, ont toujours soin de chercher les situations les plus avantageuses; ils profitent bien des ravins, bois, villages, rivières, montagnes; mais peuvent ils entraîner toutes ces situations avec eux? non, sans doute; s'ils combattent il faut que ce soit de pied ferme, encore souvent un rien leur fait perdre ces avantages qu'ils avaient dans ces heureuses positions." — Früher gebrauchte man die Dragoner dazu, gleichzeitig Ueberraschungen zu bewirken und Terrain zu gewinnen. Der Marschall von Sachsen ließ sie dabei spanische Reiter auf Rollen und Erdsäcke zur Postenbefestigung benutzen; indessen muß man hierbei allerdings auch an jene frühere Art der Kriegführung überhaupt denken. — Der erste Schritt zur Terrainbenutzung nach gegebenen Umständen, also auch der erste aus der Theorie in die Kunst, ist das coup d'oeil militaire, das oft ganz falsch für Terrainkenntniß selbst genommen wird, was es gar nicht sein soll. Silva sagt darüber in seinen Pensées sur la tactique et la stratégie (Turin 1778): „Le coup d'oeil militaire n'est autre chose que le talent de savoir juger à la première inspection du terrain, de tous les avantages qu'on peut en tirer relativement au but qu'on se propose, au nombre et à la qualité des troupes, à leur sûreté et à leurs manoeuvres." Daß das gute Gesicht zu dieser Kunstthätigkeit viel beiträgt, versteht sich.

[23] (S. 40). So sagt Lloyd: „Toutes les grandes et importantes parties de la guerre dépendent absolument de la connaissance du pays et un général prudent y mettra plus de confiance qu'au destin aveugle des batailles. En possédant toutes ces connaissances on peut fixer toutes les opérations avec une précision géométrique et faire toujours la guerre sans être obligé de combattre (?)." Dagegen eifert Napoleon: „Ceux qui préscrivent tous les secours que l'art de l'ingénieur peut donner, se privent gratuitement d'une force et d'un moyen auxiliaire jamais nuisible, presque toujours utile et souvent indispensable," und desgleichen: „Il y a des militaires, qui demandent à quoi servent les places fortes, les camps retranchés, l'art de l'ingénieur. Nous leur demandons à notre tour, comment il est possible de manoeuvrer avec des forces inférieures ou égales sans le secours des positions, des fortifications et de tous les moyens supplémentaires de l'art?"

[24] (S. 40). Während der russischen Uebungsmanoeuvres bei Kalisch (1835) soll von dem Terrain ganz abstrahirt worden sein.

[25] (S. 41). Nachdem Massenbach in seiner Phantasie bei Beurtheilung des Mack'schen Operationsplans ohne Mittel einen Fluß hat passiren lassen, setzt er vornehm hinzu: „Die Truppen müssen übergeschifft werden, und man muß die Sache nur einem Manne übertragen, der kein Schwierigkeitsmacher ist." Ebenso liest man in einem kürzlich von einem bekannten Generalstabsoffizier herausgegebenen Buche, daß 3000 Mann in einem Tage einen Brückenkopf fertig bringen sollen, wie ihn eine operirende Armee braucht. Wie viel militärisches Unglück hatten dergleichen einfältige Rodomontaden von sonst ganz klugen Leuten schon zur natürlichen Folge, indem sie den Conceptionen als Material dienten! Was läßt sich z. B. bei Wittgensteins Disposition zur Schlacht bei Bautzen am Vorabend derselben denken, wo man erst anfangen sollte, die in der Position liegenden Verbindungswege zu recognosciren und auszubessern, nachdem man sich vielleicht schon acht Tage lang mit dem dort zu bewerkstelligenden Halt beschäftigt hatte?

[26] (S. 41). Die Anwendung der Minen im Festungskriege dient vorzugsweise zur Ausführung von Sicherungen und Ueberraschungen, von denen die einen mehr der Contremine, die anderen mehr der Angriffsmine zuneigen.

[27] (S. 41). In der Schlacht bei Türkheim siegte Turenne durch die Besitznahme einer in der Verlängerung der feindlichen Fronte gelegenen

Höhe; bei Malplaquet (1709) ist der Besitz des flachen Kammes vor der französischen Stellung dem Prinzen Eugen die Gewähr des Sieges gewesen, und wenn Silva den Gebirgskrieg besonders abhandelt und sagt: „Cette espèce de guerre exige une théorie particulière, beaucoup d'expérience, un génie rusé et autant de circonspection que d'audace," so ist sein Urtheil eine Folge beschränkter Kriegstheorie, denn eigentlich wird hier nur das eine Motiv des Terrainbesitzes wichtiger, alles Uebrige bleibt wie sonst. — Friedrich II. empfiehlt besonders seinen Generalen, im Gefecht die Positionspunkte auszuwählen, und sagt ihnen, daß das Terrain am Tage der Action öfters eine Bataille decidire, und Napoleon schreibt: „Les armes modernes ont d'autant plus d'effets qu'elles sont convenablement placées; une batterie de canons qui prolonge, domine, bat l'ennemi en écharpe, peut décider d'une victoire."

28 (S. 41). Im Seekriege ist ein ähnlicher Unterschied in Betreff des Windes wahrnehmbar, welcher dort das Terrain in mehrfacher Hinsicht vorstellen kann, obgleich auch im Landkriege der Wind nicht ohne allen Einfluß ist. Mit dem Winde segeln, ist nämlich eine Aufgabe; ihn dem Feinde abgewinnen, ist eine andere; der Seemann löst beide Aufgaben durch den ihm zu Gebote stehenden Bogen der Windrose, worin sich der Umfang seiner Kunst abschließt. — „Die Kunst des Kanonirens," meint Napoleon in Betreff des Seekrieges, „steht unter der Manoeuvrirkunst, welche das Fahrzeug lenkt, die Batterien in die zu bestreichenden Linien bringt, und dem Schiffe den feindlichen Kugeln gegenüber die günstigste Stellung (Sicherung) giebt." Nimmt man zu dieser besonderen Taktik jedes Schiffes das allgemeine taktische Princip, daß jedes Schiff aufs Genaueste so manoeuvriren muß, wie es die Umstände mit sich bringen, und wie es die Stellung verlangt, welche das Schiff annehmen muß, um ein feindliches Schiff angreifen und ihm soviel Kugeln als möglich geben zu können; so hat man den Schlüssel zum Seesiege. Die Seegefechte haben also mit den Landgefechten Nichts gemein.

29 (S. 41). Nicht allein die Bildung, sondern auch die momentane Beschaffenheit, welche oft eine Terrainbenutzung zeitweilig hindert, gehört dieser Handlungskategorie an. Es ist bekannt, daß Napoleon seinen Angriff auf die Stellung bei Waterloo nicht eher unternahm, als bis ihm die Befehlshaber der Artillerie die Möglichkeit, auf dem vom Regen durchweichten Boden zu operiren, angekündigt hatten. Das Unterlassen solcher Rücksichten gab schon zu manchen militärischen Fehlgriffen Veranlassung. Die Alten richteten sich bei ihren Angriffen häufig nach dem Stande der Sonne, welche ihnen die entfernten feindlichen Bewegungen zeigte und den Feind dagegen blendete.

30 (S. 42). Die Artillerie, wenn sie gleich zur Ueberwältigung mächtig beiträgt, kann diese doch eigentlich nur vorbereiten, während sie Sicherungen häufig ohne weitere Beihülfe vollbringt. Die von dem Worte: „Schutz" abgeleitete Benennung „Geschütz" möchte solches etymologisch be-

zeugen, wiewohl auch in den Worten „Gewehr“ und „Waffe“ (Wappenschild) etwas Aehnliches liegt. Selbst der in neuerer Zeit erst klar gedachte Agressivgebrauch der Artillerie bei Deckung eines Aufmarsches oder bei Bearbeitung feindlicher Massen deutet auf die Sicherung der später zur endlichen Ueberwältigung wirklich zu gebrauchenden Infanterie und Cavallerie; sie wirkt in diesem Falle wie die Battude des Fechters und desarmirt zum Vortheil des Stoßenden. Ausnahmsweise verändert die Artillerie auch wohl unmittelbar das Terrain, wie z. B. bei Legung einer Bresche.

[31] (S. 42). Die erste Regel in Montecuculi's Aphorismen lautet zwar: „Bilanciare le forze“; viele unserer dermaligen Armee-Einrichtungen lassen aber glauben, daß nach dem Lesen jenes Buches dasselbe gleich wieder zugemacht wurde. Napoleon hatte den Inhalt wohl besser begriffen, wenn er meint: „Dans la guerre la force morale est à la force physique comme trois est à un“ und: „A la guerre les trois quarts sont des affaires morales; la balance des forces réelles n'est que pour un autre quart.“

[32] (S. 42). St. Cyr meint: „Il n'y aurait pas l'art de la guerre si la supériorité de la force était toujours suffisante“ und Napoleon nennt es eine Kunst, „d'opposer les troupes à l'ennemi toujours au moins en nombre égal, souvent en nombre supérieur, ne pas se précipiter tête baissée dans la lutte.“

[33] (S. 42). Bei Puzzuolo am Mincio (1800) fochten nur 20000 Franzosen gegen 40000 Oestreicher, während im Gebiete der beiderseitigen Armeen innerhalb p. p. 30 Quadratlieues 80000 Franzosen und 60000 Oestreicher sich gegenüber standen. Im Anfange der Campagne des Jahres 1805 war Napoleon den Oestreichern um das Doppelte überlegen; nach der Detachirung bei Ulm waren aber 6000 Franzosen unter Dupont mit 25000 Oestreichern engagirt, welche letztere dennoch in der Minderzahl fochten, weil die französischen Bajonnette ihre Colonnenteten überwältigten, bevor eine Entwickelung der Uebermacht möglich war. — Als der Präsident Gohier einst Napoleon darüber becomplimentirte, daß er oft große Armeen mit kleinen geschlagen, antwortete dieser: „Dans ce cas même c'était toujours le petit nombre qui était battu par le grand. Lorsqu'avec de moindres forces j'étais en présence d'une grande armée groupant avec rapidité la mienne, je tombais comme la foudre sur l'une de ses ailes et je la culbitais. Je profitais ensuite du désordre, que cette manoeuvre ne manquait jamais de mettre dans l'armée ennemie, pour l'attaquer dans une autre partie toujours avec toutes mes forces. Je la battais ainsi en détail et la victoire qui en était le résultat était toujours comme vous voyez le triomphe du grand nombre sur le petit.“

[34] (S. 43). Man betrachtet noch heute die Fortification viel zu sehr nur als Mittel zur Erlangung eines dynamischen Gleichgewichts in den Streitkräften, wie die meisten Erklärungen von Plätzen und Werken bekunden, und bringt sie mit dieser der Theorie wenig Dienste leistenden Allge-

meinheit allein in die Kategorie der Sicherungen. Aus Vernons Schriften kann man recht das Schwanken der Begriffe hierüber erkennen, denen so ganz aller Halt abgeht. Mandar ist tiefer in das wahre Wesen der Fortification eingedrungen, wenn er in seiner Architecture des forteresses, Paris 1801, (pag. 97) sagt: „Si l'art de la guerre comme celui de l'escrime consiste en général à porter des coups à son adversaire et à n'en point recevoir, celui de la fortification en particulier offre les moyens de remplir la seconde condition en réservant à la première toute son intégrité et même en la favorisant par l'ensemble des dispositions qu'il présente.“ — Noch die neueste Theorie der Festungsvertheidigung aus unseren Tagen beruht auf dem einseitigen Satze, daß es nur darauf ankomme, den Approchengang des Angreifenden aufzuhalten.

[35] (S. 43). Im militärischen Raisonnement gehören die Stärken-Combinationen und Conjecturen, welche viele Militärs vorzugsweise beschäftigen, in dieses Capitel. Das Machtverhältniß spielt übrigens offenbar im neueren Kriegsraisonnement eine zu einseitige Rolle, und vergilt damit der Theorie die frühere Vernachläßigung. — St. Genies nimmt als Regel für Expeditionen an, daß man zur Ueberwältigung immer nur um ⅓ stärker als der Feind zu sein brauche. — Ein vorbereitender Theil der Ueberwältigung ist die Auflösung der feindlichen Ordnung und Gliederung. Dazu braucht man besonders die Artillerie wegen ihrer größeren Tragfähigkeit und mörderischeren Wirksamkeit. — Der Marschall von Sachsen sieht die theilweise Ueberwältigung als die Folge unserer Linienaufstellung an, welche durchbrochen und damit aufgelöst werden könne. Er sagt: „Voilà pourquoi la défaite d'une partie entraîne si souvent celle de la totalité et cause des déroutes générales ou des massacres éffrayables.“ Viele taktische Manoeuvres sind übrigens auf die theilweise Ueberwältigung gegründet, wie z. B. die Flügel- und Centralangriffe; in früherer Zeit diente der Keil und dergleichen zu Ueberwältigungszwecken.

[36] (S. 43). Clausewitz braucht dafür den sehr beschränkten Ausdruck des Niederwerfens seines Feindes, und basirt darauf seine Declamation für die Energie und gegen den Stillstand im Kriege. Die Sache war schon längst erkannt, und auch nicht erst durch Napoleon in den Revolutionskriegen erneuert geltend gemacht worden. — St. Cyr, indem er von Carnot's dem Wohlfahrtsausschuß vorgelegten Plan zur Campagne von 1794 spricht, setzt hinzu: „Les dispositions principales étaient bonnes; ils reposaient sur le principe souvent employé dans les armées, celui d'être fort où l'on veut avoir des succès en s'affaiblissant sur les autres points. Les règles générales sont d'agir toujours en masse et offensivement.“ — Im Französischen könnte man das Ueberwältigen in der Totalität allenfalls mit vaincre bezeichnen, während mit assujetir oder emporter das partielle „Herrwerden“ sich ausdrücken ließe. Uebrigens bezieht sich der charakteristische Unterschied dieser Ausdrücke doch mehr auf den Grad als auf den Umfang der Ueberwältigung, worauf es hier eigent-

lich ankommt. — Daß die Totalüberwältigung nicht bloß darin besteht, die physischen Kräfte des Gegners zu vernichten, sondern auch seine moralischen, und daß man zu ihrer Vollbringung nicht allein physische Kräfte nöthig hat, sondern auch moralische, ist eine Sache, die sich von selbst versteht, und wenn man Letzteres als etwas Besonderes betrachtet, so ist das nur ein abermaliger Beweis von der Einseitigkeit, in welche die Theorie verfallen ist. So sagt z. B. Clausewitz bei Gelegenheit eines Urtheils über die dreitägige Schlacht an der Trebia zwischen Souwarow und Macdonald (1799): „So finden wir denn in dieser Schlacht dasjenige Princip isolirt und also deutlich hervortreten, welches in den neueren Schlachten hauptsächlich die Entscheidung giebt, das Princip physischer und moralischer Erschöpfung. Hier ist nicht ein verlorener Punkt in der Stellung, nicht ein umgangener Flügel, nicht eine gesprengte Mitte, nicht ein bedrohter Rückzug, nicht ein verunglückter Reiteranfall, nicht eine verlorene Batterie, eiu Mißverständniß, eine locale Verwirrung, welche einen ungebührlichen Antheil an dem Verluste der Schlacht geltend machen können; es ist das ein Abmessen und Müderingen der Kräfte, welches zuletzt die Waage des Gleichgewichts so empfindlich macht, daß derjenige Sieger wird, welchem auch nur ein geringer Ueberschuß bleibt. Aber es ist nicht bloß von physischen, sondern auch moralischen Kräften die Rede."

[37] (S. 44). Homer belehrt uns schon über das Verhältniß der untergeordneten zum letzten Zwecke, indem er der Göttin, welche dem Atreiden die List verrathen, mit der er den ägyptischen Proteus zu fangen habe, die Worte in den Mund legt:

„Jetzo gebührt Euch sofort der Kraft und Gewalt zu gedenken!
Haltet ihn fest; wie eifrig zu fliehn er sich mühte,
Immer unverrückt ihn gefaßt, und noch stärker gedränget!"

[38] (S. 44). Folard meint, der Krieg habe seine Schäferstunden wie die Liebe, und wer diese versäume, versäume viel. Es ist das a tempo.

[39] (S. 44). „Die strategischen Punkte und Linien," heißt es in des Erzherzogs Karl Grundsätzen der Strategie, „sind die Mittel, welche der Kriegsschauplatz darbietet, um die Maximen der Strategie anzuwenden. Die Strategie ist die Kriegswissenschaft; sie entwickelt den Plan, umfaßt und bestimmt den Gang kriegerischer Unternehmungen; sie ist die eigentliche Wissenschaft des obersten Feldherrn." Alles Uebrige fällt also der Taktik zu, und von ihr heißt es: „Taktik ist Kriegskunst; sie lehrt die Art, nach welcher strategische Entwürfe ausgeführt werden sollen; sie ist die unerläßliche Kunst eines jeden Truppenführers." Ist das etwa nicht theoretische Verwirrung?

Clausewitz bemüht sich dagegen in seiner Kriegstheorie auf Wechselwirkung und Extreme zu kommen, als da sind: Die äußerste Anwendung der Gewalt, die äußerste Wehrlosigkeit des Gegners, die äußerste Anstrengung des Willens, u. s. w., und spinnt sich damit in Abstractionen hinein, die er später wieder durch Modificationen der Wirklichkeit näher zu bringen sucht. Läßt sich wohl, frage ich, ein der Anwendung angehöriges Wissen (science de fait) mit Nutzen in diese Form hineinzwingen? — Ebenso gezwungen sind die hinterher wieder aufgehobenen Abstractionen von der Continuität der Kriegshandlug, von der Widersinnigkeit des Stillstandes in der Kriegführung, wo er die Polemik so weit ausdehnt, um den von ihm in der Erfahrung erkannten inneren Widerspruch gegen seinen Kriegsbegriff, wie er sich ausdrückt, zum Stehen zu bringen und dem Wahrscheinlichkeitscalcül seinen Antheil zu verschaffen. Das Suchen nach Analogien in allen Zweigen des Wissens führt ihn von Bild zu Bild häufig im Kreise herum, und bei aller Gediegenheit seines Forschungsgeistes meistens bei dem Praktischen des Wissens vorbei. So hat er z. B. mit dem bildlichen Begriff der Friction im Kriege manche seiner unstatthaften Abstractionen erst wieder ins Leben herabgezogen, und, bevor er sich an die Theorie des Krieges (ostensibel nach der Capitelübersicht) wendet, schon ein ganzes Buch über die Natur des Krieges geschrieben. — Im 2. Buche reducirt er die Kriegführung allein auf die Anordnung und Führung des Kampfes, und, um hier consequent zu bleiben, nennt er Anordnung und Führung des Gefechts: die Taktik, und die Verbindung der Gefechte zum Zwecke des Krieges: die Strategie, betrachtet aber Organisation, Oekonomie und Terrainverwandlung als Etwas der Kriegstheorie selbst Unzugehöriges. An einem anderen Orte bezieht er wieder das Taktische auf die Gestalt, das Strategische auf die Bedeutung des Gefechts, und meint damit der Theorie große Dienste geleistet zu haben. Endlich bringt er heraus, daß, wenngleich nur Anlage und Führung des Gefechts taktisch sei, doch auch die Bedeutung des Gefechts, die eigentlich strategisch wäre, noch mit zur taktischen Betrachtung gehöre, daß aber die Strategie in letzter Instanz den Frieden als Zweck verfolge und derartige Unklarheiten mehr.

Was mein Urtheil über den 1. Band der hinterlassenen Schriften vom Kriege von Clausewitz betrifft, so bin ich der Meinung, daß eine Bearbeitung desselben der Herausgabe hätte vorangehen müssen. Das mit dem Selbststudium verbundene Splittern und Spinnen der Gedanken in Gleichnissen und Bildern, welches den denkenden Leser bei jedem etwanigen Resultate vorbeiführt, und seinem Geiste nicht die nöthige Ruhe, sich zu sammeln, läßt, ist nicht ansprechend, und konnte unmöglich mit der praktischen Absicht des Verfassers übereinstimmen. Ueberdem ist die Materie nichts weniger als vollständig geordnet und behandelt, und man findet bei allem Reichthum des Gedachten und der Sprache eine Armuth an Gedanken, weil diese sich von einigen Lieblingsthematen z. B. der erforderlichen Energie in der Kriegführung, dem Unangemessenen der Kriegsstillstände u. s. w. nicht los machen können. Das Buch ist darum als solches nicht über die Mittelmäßigkeit zu stellen, und befindet sich ungefähr auf gleicher Höhe mit Lossow's Krieg für wahre Krieger, wird auch wie dieses eine Fama finden, nichts destoweniger aber mehr

Köpfe verrücken als ordnen. Das eigentliche Theoretisiren ist dem Verfasser schon deshalb nicht gelungen, weil er dabei im Allgemeinen einen falschen Weg einschlägt. Er zieht nämlich, wie man wohl beim exacten Wissen zu thun pflegt, von dem a priori zur Abstraction gebrachten Begriff von Hause aus Alles herunter, womit ihn die Erfahrung begabt hatte, und giebt sich nachher wieder die erdenklichste Mühe, ihn a posteriori derselben gemäß zu modificiren; er schlägt ihn gleichsam erst todt, um ihn dann wieder lebendig zu machen. In den Erfahrungskenntnissen kommt man nur durch allmähliches Subsummiren zu den höheren Begriffen, die man nur classenweise zu ordnen braucht, ohne ihnen das Lebenslicht weder aus- noch anzublasen. Ein solches Verfahren läßt den forschenden Geist, wenn auch mitunter nur bei dem Lampenschimmer der Wahrheit, doch wenigstens das Woher und Wohin beständig erkennen und bewahrt den Kopf vor zeitweiligem Anrennen an die Wand während der momentanen Totalfinsterniß.

[40] (S. 44). Man bedachte nicht was Napoleon mit dem Ausspruch: „Il n'y a rien d'absolu dans la guerre," hat sagen wollen.

[41] (S. 45). Die Kriegshelden, meint Göthe, wären den Mathematikern immer deshalb auf der Spur gewesen, weil sie ihre Macht (vielleicht auch Weisheit) gern mechanisch vermehren, und jeder Uebermacht große Wirkungen mit geringer Kraft entgegen setzen mochten. Göthe hatte hierbei wahrscheinlich Kriegstheoretiker im Sinne, von denen die Mathematik auch nicht in ihrem wahren Lichte erkannt worden war.

[42] (S. 45). Der große Geometer Pascal sagt: „J'appelle la géometrie le plus beau métier du monde, mais enfin ce n'est qu'un métier et j'ai dit souvent qu'elle est bonne pour faire l'essai mais non pas l'emploi de notre force." — Zeit und Raum sind die Medien für alle sinnlichen Erscheinungen, also nothwendige, allgemeine Bedingungen alles Bestehenden und Geschehenden, aber kein Wesen selbst, und wenn die Menschen zu jeder Zeit sich abgemüht haben, aus ihnen eine gewisse Gesetzlichkeit abzuleiten, die wieder die Grundlage für alles Philosophiren abgeben mußte, so läßt sich darin nur eine Verwirrung in der Wissenschaft erkennen, zu welcher die einfache Behandlung der ihnen zunächst liegenden Begriffe von Größe und Zahl wohl verführen konnte; denn jenes dürfte ungefähr eben soviel sagen, als ob man die Natur des Menschen oder der Fische aus der Natur der Luft oder des Wassers, in welchem sie leben, erklären wollte, was wohl in extenso keiner Philosophie jemals einfallen möchte.

[43] (S. 45). Das griechische στρατηγέω bedeutet: „ich führe eine Armee" und Strategeon hieß der alte Exercirplatz in Byzanz, welchen Constantin in ein Forum verwandelte. Stratagem heißt wörtlich: „ein Kriegsstreich." — Napoleon meint von der Strategie: „Toutes ces questions de grande tactique sont des problèmes phisico-mathématiques indéterminés, qui ont plusieurs solutions et qui ne peuvent être resolus par les formules de la géometrie élémentaire"; aber freilich auch nicht von der höheren. — St. Cyr spricht sich noch richtiger folgendermaßen darüber aus:

„On sait qu'il s'est formé parmi les militaires une espèce de coterie, si j'ose me servir de cette expression, qui croit avoir découvert des principes nouveaux de l'art de la guerre dont ils essayent de faire une science qui aurait des règles fixes et certaines, propres à tous les cas. Le prince Charles est regardé comme un des créateurs de ce système qu'il définit la science de la guerre." Jomini, meint er, mache daraus ein Werk „destiné à donner des leçons aux futurs généraux en chef et qui doit leur apprendre à gagner des batailles et à diriger la guerre par une méthode autrement sûre que celles que les généraux avaient employées jusqu'à ce jour. Cependant on veut bien reconnaître que les grands capitaines, dont l'Europe admire encore les hauts faits, sans avoir eu le bonheur de découvrir la stratégie ont néanmoins, quand ils ont réussi, agi conformément à ces principes." Das Letztere wäre nun allerdings für eine richtige Theorie kein Vorwurf, weil diese nur aus den Handlungen der grands capitaines abstrahirt werden kann. Zuletzt spricht er noch von dem Buche des Erzherzogs und meint übereinstimmend mit den meisten denkenden Soldaten, daß es sehr lehrreich sei, aber noch lehrreicher sein würde, „s'il n'eût pas toujours eu en vue de coordiner les événements ainsi que ses réflexions à la création d'un système où l'on a la prétention de faire de la guerre une espèce de science sous le nom de stratégie, système qui jusqu'à présent n'a guère fait des proselytes que parmi les théoriciens."

[4] (S. 46). Scharnhorst sagt: „Bei der Kriegskunst kommt es nicht so sehr darauf an, daß eine bestimmte aneinanderhängende Reihe von Begriffen sich unserem Gedächtniß einprägt, als darauf, daß in Beurtheilung der Gegenstände die Fertigkeit erlangt wird, welche in den Stand setzt, schnell einen den jedesmaligen Umständen angemessenen Entschluß zu fassen." — Der ältere Vallière leistete so Etwas und zwar für seine Zeit Viel in seinen Pratiques et maximes de la guerre (Frankfurt 1672).

Dritter Abschnitt.

Nähere Beleuchtung der Mittel zu den Kriegshandlungen mit Rücksicht auf die entwickelten Kriegs-Handlungsmotive.

A. Personelle Mittel zum Kriege. Die Armee.

Mit der im Eingange ausgesprochenen Absicht, uns mit Vorschlägen zu beschäftigen, die eine Neugestaltung der Theorie wohl begründen ließen, verschwindet schon jeder Anspruch auf den eigentlichen Vortrag einer solchen Theorie selbst, dem wir uns hier nicht unterziehen wollen. Es ist uns in der Hauptsache nur darum zu thun, die vorgezeichneten Richtungen durch einzelne Punkte zu jalonniren, damit sie für Jeden, der sie nach uns, sei es zur Verfolgung, sei es zur Verbesserung aufsuchen möchte, nicht verloren gehen. Wenn wir uns hierbei einzelnen Betrachtungen zufällig weiter hingeben, als es die Feststellung, Verdeutlichung und Zusammenstellung der Begriffe verlangt; so haben wir damit durchaus nicht die Absicht gehabt, einer systematischen Vollständigkeit nachzustreben. Den wahren Nutzen der Theorie für die Praxis werden wir jedoch womöglich nicht aus den Augen verlieren, sowie wir auch jederzeit Leser voraussetzen, die des Bewußtseins einer Theorie schon fähig sind und Elementar-Definitionen entbehren können. Letztere wollen wir daher vermeiden, sofern sie unser Ideengang nicht geradezu hervorruft indem wir es ohnehin für eine theoretische Unart halten, einen und denselben gewöhnlich schon vollständig aus dem Leben aufgefaßten Begriff nach individueller Denk- und Sprachweise in müßigen, den Laien solcher Weisheit gewöhnlich ganz unverständlichen, Uebersetzungen wiederzukäuen[1].

Nichts ist zum Kriegführen unentbehrlicher als der Soldat und im Complex das Heer (Heerschaar, Armee, Armada, (exercitus, esercito), d. h. die Gesammtheit der Männer, welche für den Kriegszweck zusammengebracht, geordnet, bewaffnet und geübt[2] werden. Alles dies ist einer Armee so wesentlich, daß es in den verschiedensten Sprachen seinen Ausdruck findet, hier aber unter dem Collectivbegriff der Armee-Organisation[3] zusammen gefaßt wird. Die Theorie wird sich demnach bei Betrachtung der Armee als Mittel, an deren Beschaffenheit, Stärke, Einheit und Gliederung, ferner an deren Ausbildung, Verfassung und Ausrüstung wenden, und diese Eigenschaften[4] mit den bereits bedungenen Haupt-Handlungsmotiven der Kriegführung in Einklang zu bringen suchen müssen.

Im Alterthum wurden die Armeen, dem ursprünglichen Zwecke gemäß, immer nur kurz vor dem Ausbruche eines Krieges errichtet, und nur wenige Staaten hatten stehende Truppen[5]. Nach dem Mittelalter aber riefen der geistige Culturzustand und die Staatenverhältnisse, sowie die dadurch unerläßlich gewordene beständige Kriegsfertigkeit, stehende Armeen ins Leben[6], die darum, selbst wenn sie zur politischen Erhaltung bestehender Staatsordnungen beitragen, kein bloßes Vehikel monarchischer Gewalt sind, was auch die politischen Schwärmer von gestern, im vorgeblichen Interesse der Staats-Oekonomie, darüber faseln mögen.

a. Personal-Beschaffenheit der Armeen.

Nach Maaßgabe der Zeit und der Staatenverhältnisse sind die stehenden Armeen in ihrer Personal-Beschaffenheit sehr verschieden. Sie unterscheiden sich hierin hauptsächlich nach Annahme, Dienstzeit und Behandlung des gemeinen Mannes. Die Werbung, die Gestellung und die allgemeine Soldatenverpflichtung an sich und in ihren sich gegenseitig modificirenden Combinationen begründen die Verschiedenheit, während Dienstzeit und Behandlung meistens dem in Bezug auf den Eintritt vorherrschenden Systeme folgen. Die Werbung, welche schon vor den stehenden Armeen [7] und bald nach Ablauf des Mittelalters von Seiten der Bandenführer (Capitano's) eingerichtet worden war, und von da in die stehenden Armeen auf längere Zeiten überging [8], besteht noch da, wo, wie z. B. in England, die Existenz des Staates durch einen Krieg nicht gefährdet, und dem Volksinteresse damit nicht immer unmittelbar zu nahe getreten wird, und auch dort, wo die Kriegsmacht im Verhältniß zur Bevölkerung gering sein kann, wie vor Ludwig XIV. in den meisten europäischen Staaten. Wenngleich das eigentliche Kriegshandwerk mit einer auf solche Weise erlangten Armee bei strenger Handhabung der Disciplin und geeigneter Vorsicht am freiesten getrieben werden kann, so gestattet diese Einrichtung doch auch nur die Einwirkung der im Soldatenwesen selbst begründeten Hülfen des Gehorsams, der Ehre, des Zutrauens in den Anführer, ja selbst des Gewinnes, während ihr die großen Anregungen, welche Vaterlandsliebe, eigenthümliche Sitte, Bürgerglück u. s. w. hervorbringen, verloren gehen. Sie bleibt indessen immer die brauchbarste zur Erhaltung des Regiments im Innern jedes Staates, und muß mehr oder weniger den Armeen von anderer Beschaffenheit zur Norm dienen, wozu ihr auch bereits durch ihre Erstgeburt die Bahn gebrochen wurde.

Schwerlich würde der Modus der Werbung, der mit dem Soldatenwesen der neueren Zeit gleichsam zusammengewachsen ist, jemals aufgegeben worden sein, wenn man den Aufwand, der für die heutigen großen Armeen daraus hervorging, hätte bestreiten und selbst dem Bedürfniß an Menschen damit hätte genügen können. Diese Unmöglichkeit führte zu einem Mittelzustand, nämlich einer Recrutirung aus den unteren Volksclassen (Cantonisten [9]) mit zeitweiliger bedeutender Beurlaubung zum Betrieb des bürgerlichen Geschäfts, die sich bis zum Ausbruch der französischen Revolution allgemein erhielt, und in vielen, z. B. auch dem öſtreichischen und dem russischen Heere, noch zur Stunde besteht. Verbunden mit einigen Resten der Werbung machte sie unter Friedrich dem Großen, und auch noch später, das preußische System aus. Der Widerwille, mit dem häufig die gesetzmäßige lange Dienstzeit [10] angetreten, und der beim Soldaten durch die nur bis zum Unterofficier reichende Aussicht auf Beförderung erhalten wurde, bewahrte diesem System so ziemlich die Vortheile und Nachtheile des vorhergehenden [11].

Mit den in der neueren Zeit durchgreifenden Ansprüchen auf Gleichheit der Staatsbürger hat sich zuerst in Frankreich auf republikanischem Wege unter dem Namen der Requisition und, nach dem Gesetz von 1798, der Conscription, die allgemeine Dienstpflicht bemerklich gemacht. Späterhin sind derselben mehrere Staaten, Preußen aber in der reinsten Form und ohne gestattete Stellvertretung [12], nachgegangen. Bei diesem System kann die Armee im Frieden hinlänglich ergänzt und im Kriege bald verstärkt werden; die Dienstzeit kann aber nur eine sehr kurze sein, und darum der in der Armee stehend behaltene Soldat zwar wohl im Exercitz ausgebildet, aber weder in den Geist des Gehorsams sehr eingewöhnt, noch mit der Soldatengesinnung vollkommen vertraut gemacht werden. Die Gesinnung der größeren, aus der Armee zurückgetretenen Bürgermasse, die man wohl zum mechanischen Kriegsgebrauch befähigter als sonst findet, erhält darum in der Armee ein früher ganz ungekanntes Gewicht, das ihr und der Kriegshandlung als Gemeingeist im guten Sinne nützlich, im üblen aber um so schädlicher werden kann, je weniger die Armee-Verfassungen und die Verhältnisse den Rückblick auf die alte, strenge Disciplin gestatten. — Man streitet noch fortwährend für und gegen dieses System, das übrigens gewiß nicht aus freier Wahl besteht, und das also, auch wenn es vom Soldaten allein für nachtheilig angesehen würde, in Ermangelung eines ausführbareren doch beibehalten werden muß. Für die stehende Armee im Frieden ist damit außer ihrer bekannten polizeilichen Anwendung noch der doppelte Beruf erwachsen, Träger des Soldatengeistes und Erzieher des Volks für den Krieg zu werden. Ob demselben überall entsprochen wird und allenthalben entsprochen werden kann [13], gehört nicht in unsere Betrachtung, die sich hier nur mit dem Wunsche schließt, die gründliche, aber nicht bloß militärisch-mechanische Beantwortung der folgenden Fragen an die Stelle jenes Streitpunktes zu setzen, nämlich:

1) Wodurch unterscheidet sich bei gleichthätiger Theilnahme in der Vertheidigung des Vaterlandes die soldatische von der bürgerlichen Gesinnung?

2) Wie weit kann man danach den Soldaten zum Bürger, und den Bürger zum Soldaten machen, vorausgesetzt, daß Ersterer noch ein guter Soldat, Letzterer noch ein guter Bürger bleibt?

3) Welche Anstalten fordert die Armee und das Land zur Erreichung der beiderseitigen Zwecke?

Nur wenn diese drei Fragen genügend beantwortet und die Antworten den Kriegs-Einrichtungen zu Grunde gelegt sind, wird man den Folgen einer durch sie mächtig veränderten Beschaffenheit der Armee mit Zuversicht entgegen gehen können.

Die Kriegstheorie lehrt, wie mit richtiger Würdigung und Anwendung der Kriegsmittel, im eigentlichen Conflict auch kleinere Armeen den größeren Widerstand leisten können, und die Kriegsgeschichte zeigt ein bedeutendes Schwanken in der Stärke der Kriegsheere verschiedener Länder und Zeiten. Lange vorher (1668), ehe die gewaltigen Heere der neuesten Zeit auftraten, spricht Montecuculi[14] von solchen, und wenn wir die von ihm nicht erwähnten kleineren kriegführenden Armeen betrachten, so läßt sich nicht verkennen, daß neben den äußeren Verhältnissen der, eine stärkere Armee häufig nicht begleitende Erfolg in der Güte der Armee eines schwächeren Gegners begründet gewesen ist, und daß Stärke und Tüchtigkeit der Armeen als ein Paar sich gegenseitig bestimmender Sieges-Elemente erscheinen. Aus diesem Grunde ist auch anzunehmen, daß künftige Siege immer mehr von der Beschaffenheit als von der Stärke der streitenden Parteien abhängen werden. Das, was eine gute Armee constituirt, bezeichnet Napoleon[15] mit der Maxime: „Un bon général, de bons cadres, une bonne organisation, une bonne instruction, une discipline sévère, font de bonnes troupes;“ er setzt freilich seiner militärischen Persönlichkeit wegen nicht ganz unparteiisch hinzu, es sei alsdann gleichviel, wofür gefochten werde[16], und scheint nur dem jüngeren Soldaten einen durch

Vaterlandsliebe und Ehrgefühl angeregten Enthusiasmus zuzutrauen, während er meint, daß Nichts unterbleiben müsse, um den älteren bei der Fahne zu behalten. Zu letzterem Zweck empfiehlt er die dem älteren Soldaten zu erweisende Achtung und auch den erhöhten Sold, den man ihm nicht vorenthalten solle, weil die dem Veteranen [17] eigene Gleichgültigkeit bei Ertragung von Mühseligkeiten und Entbehrungen die erste, Muth dagegen nur die zweite Eigenschaft des Soldaten sei; auch ist er der Meinung, Bedrängniß, Armuth und Mangel seien die besten Schulen für den Soldaten. Montecuculi und die erfahrensten Kriegs-Verständigen treten Napoleons Meinung über den Werth des älteren Soldaten bei, und man könnte auch wohl behaupten, daß nur mit ihnen eine dem Geiste unserer Zeit angemessene chevalereske Kriegführung, wie sie sich bei den Franzosen häufig gezeigt hat, möglich sei. Wundern aber muß man sich, wie in manchen militärischen Glaubensbekenntnissen noch die Meinung von der Vorzüglichkeit des jungen Soldaten, solchen Autoritäten zum Trotz und illusorischen Systemen zu Liebe, obenan stehen kann.

Für die Kriegshandlung muß das Armeepersonal immer einen der Nationalität gemäßen moralischen Impuls [18] gestatten, dabei aber auch physisch und mechanisch als Werkzeug vollkommen brauchbar sein. Insbesondere tritt hierbei die Fähigkeit zur Ueberwältigung und Ausdauer hervor, indem die übrigen Kriegshandlungskategorien mehr Sache der Intelligenz für Diejenigen bleiben, welche zur Führung des Soldaten bestimmt sind.

α. Einheit und Gliederung der Armee.

In den bisherigen Erörterungen ist bereits mehrfach auf den Umstand hingedeutet worden, daß die Armee als Kriegsinstrument, ein in geistigem und organischem Verbande stehendes Ganzes ausmacht. Den dazu gehörigen Individuen wird Eine Richtung für den Kriegszweck gegeben, sie nehmen die dazu nöthige Eine soldatische Gesinnung an, und sind in dieser Hinsicht von Einem Willen (Befehl) abhängig [19]. Durch die Treue ist jeder Soldat einzeln an den Kriegsherrn, das Oberhaupt des

Staates, welchem die Armee angehört, gebunden. Dagegen bindet ihn der einzig mögliche richtige Gebrauch des Ganzen durch den Gehorsam an den obersten Befehlshaber [20], dessen jedesmaligem Einflusse er mittelbar und unmittelbar unterworfen ist. Dienstvorschriften (Reglements) bestimmen die Stufen solchen Einflusses, welcher die Autorität nach Maaßgabe der mit der Handlung verbundenen Wichtigkeit steigert, welcher aber bis in die kleinste Armeeabtheilung herab ohne Einheit des Befehls durchaus nicht bestehen kann. Alles, was in einer Armee dem collegialen und Corporations-Wesen, den Berathungen [21], der Berufung auf die eigene Ansicht und den eigenen Willen ähnlich sieht, ist darum, so lange es auch noch nicht den Impuls zur Handlung unmittelbar giebt, immer bedenklich, zuweilen gefährlich und nur mit ununterbrochener Vorsicht und Mäßigung anzuwenden, wenn es durch den an sich tragenden Geist des Widerspruchs der Subordination nicht schaden soll. In der Kette der Subordination eines Armee-Personals zeigen sich schon unter den alltäglichen Dienstverhältnissen mehr oder weniger bemerkbare Stufen des Gehorsams. Es sind dieses die zwischen dem obersten Befehlshaber, dem Officier [22] und Gemeinen befindlichen Zwischenräume, welche andere Grade mit etwas mehrerer Gemeinschaft (Cameradschaft) ausfüllen müssen, um neben dem Befehl auch eine gesellige Verbrüderung behaupten zu können, und dem Ganzen Bewußtsein und Handhaben des Willens zu schaffen [23]. Gewöhnlich erkennt man die doppelte Bestimmung der Zwischenclassen nur dunkel, obgleich dieselbe so mächtig in die Organisation und die Behandlung einer Armee eingreift, indem dem Soldaten jeden Grades ungeachtet der strengsten Folgsamkeit die Freiheit, seine Persönlichkeit geltend zu machen, nicht fehlen darf, und diese nur auf solchem Wege zum Besten zu leiten ist. Man darf nie vergessen, daß das Kriegswesen scharfe Messer fordert, die Armee aber ein Aggregat derselben ist, womit geschnitten werden muß; daß also dieses Instrument weder abgestumpft noch Kindern in die Hände gegeben werden darf, und daß überhaupt der Soldatencharakter mehr aus der fortlaufenden Gewohnheit des Lebens als aus der einzelnen Waffenthat (fait d'armes) hervorgeht, der wahre Verlaß auf den aus der Rohheit herausgetretenen Menschen aber allein in seiner Gesinnung [24] liegt.

War die Wichtigkeit dieser Betrachtung in Bezug auf den deutschen Soldaten schon lange einleuchtend, so wird sie durch die allgemeine Dienstpflicht noch mehr gehoben, und das moralische Nivellement des letzten Jahrhunderts hat auch hier Meinungsschranken hinweggerissen, die mit verändertem Fundament herzustellen sind. Ungeachtet eines längst zur Erkenntniß gelangten Unterschiedes zwischen dem Ritter- und Junkerthum, hatte sich bis zum Eintritt der französischen Revolution das Verhältniß zwischen Officieren und Gemeinen in den Armeen nach der analogen Scheidung zwischen dem Adel- und dem Bauernstande gebildet, und die Anlage für Befehl und Gehorsam wurde aus dem allgemeinen Gesellschaftsverbande in den militärischen ohne Weiteres übergetragen. Der Gemeine erkannte unwillkührlich die Autorität eines jeden Officiers als naturgemäß an, und dieser erhielt sich mit den Vorzügen und Vorurtheilen der alten Ritterehre [25] unter seines Gleichen. Diese Ehre ward darum das Princip des Armeeverbandes, welchem der gebildete Mittelstand, der in der Regel davon ausgeschlossen war, als Civil dem Militär oft mit Antipathie entgegentrat. Als aber die Ueberzeugungen und Einsichten dieses Mittelstandes sich gleichzeitig unter der Kaste der Officiere und Gemeinen in den Armeen selbst geltend machten, reichten die Autoritäten und Ehren älterer Art nicht mehr aus; statt in jenen mußte man nun eine feste Basis in rechtlicher Persönlichkeit und Standesbrauchbarkeit suchen, während sich den Ehren älterer Art die Achtung bürgerlicher Ehre zugesellte. Demzufolge mußte das Ehrenprincip den allgemeinsten Charakter annehmen, nämlich den einer selbstbefriedigenden Meinung, nicht bloß vom Urtheile der Gleichen, sondern Aller. Daß solcher Gesinnungswechsel nicht plötzlich vor sich ging, und das Alte sich heute noch mit dem Neuen stößt, ist natürlich, und läßt sich aus einzelnen Erscheinungen wie z. B. dem Duellwesen [26] am besten ermessen; eine vorurtheilsfreie Klarheit über den eigentlichen Zustand der Gesinnung, aber keine Zusammenstellung von leeren Tiraden, kann auch hier nur auf richtiges Benehmen zurückführen. Die Theorie, welche ehedem in diesem

Punkte das Feld räumte, müßte sich also auch hierüber des Weiteren verbreiten.

Die Menschenmasse, welche eine Armee ausmacht, würde unbändig, unübersehbar, unbeholfen und unbrauchbar zur Kriegshandlung sein, sofern sie nicht einer Zucht, Ordnung, Gliederung unterworfen, mit einer angemessenen Ausrüstung versehen und in größerer und kleinerer Abtheilnng einer besonderen Aufsicht anvertraut wäre. Diesen hier erwähnten Beziehungen gemäß, ist jede geregelte Armee eingetheilt, und zwar in der Hauptsache nach dem Erforderniß:

1) der Zucht, der Ausbidung und der momentanen Versorgung mit allen Bedürfnissen für Unterhalt und Kriegführung. Die Regimentsverfassung [27] giebt dabei die Einheit, und geht nach unten über die Compagnie bis in die Corporalschaft (escouade), nach oben bis zum Truppencommando und der Inspection.

2) der Unterbringung und Anwendung der Truppen im Lande, wobei die Provinzialcommando's ihre Wirksamkeit nach verschiedenen Richtungen über die Militär-Divisionen, die Ersatz- und Versorgungsbehörden u. s. w. ausdehnen, und womit auch die Festungs-, Platz-, Etappenkommandanten u. s. w. ihre respectiven Stellungsverhältnisse finden.

3) des Elementargebrauchs der Truppen, der auf die verschiedenen Waffen: Infanterie, Cavalerie, Artillerie und Genie bezogen, der Instandhaltung dieser Waffen in möglichster Vollkommenheit gewidmet ist, der ferner Alles, was davon beim Gebrauch des Ganzen abhängt, fördert und Demjenigen entgegensteht, was ihre zweckmäßige Anwendung beeinträchtigt. Die besonderen Waffen-Inspectionen [28] bilden hier die besonderen Centralpunkte, die der oberste Feldherr, im Frieden auch hier und da der Kriegsminister, zu vermitteln hat.

4) Des definitiven Armeegebrauchs, der wieder nach dem Umfang und den verschiedenen Zuständen, in welchen sich die Truppen befinden, verschiedene Modificationen herbeiführt. Die militärische Ordnung führt z. B. auf

Reih und Glied (**rang et file**); die Waffenanwendung vom Bataillon und der Schwadron [29] nach unten auf das Peloton und den Zug, nach oben auf Treffen, Flügel, Reserve; die Beweglichkeit in derselben Weise nach unten bis zur Rotte, nach oben bis zur Avant- und Arrieregarde der **corps de bataille**, den Colonnen, Flügelcorps u. s. w.; der Kriegsbefehl im Allgemeinen auf die Division [30] als Einheit, unterwärts wieder bis auf den Zug, aufwärts nach dem Armeecommando.

So sehr auch die aus diesen verschiedenen Eintheilungen hervorgehenden Dienstobliegenheiten in einander verschwimmen, so sehr die gewünschte Schlagfertigkeit manche Combination rechtfertigen, und die Centralisation manchen auf Persönlichkeit gegründeten Complex auseinander reißen, sowie die Oekonomie manchen Gesichtspunkt verrücken mag; so wird man in der Militärhierarchie doch immer auf die hier angedeuteten Eintheilungsgründe zurückkommen müssen, und es wird daher gut sein, die Idee dieser Eintheilung von den Kriegshandlungen abzuleiten, dadurch Unschicklichkeiten in der Organisation aufzuheben, Streitpunkte zu berichtigen, und viele vergebliche Versuche zu ephemeren und einseitigen Verbesserungen von vorn herein abzuschneiden, damit wir nicht erst nöthig haben durch Schaden klug zu werden.

Neben den erwähnten nothwendigen Einrichtungen trifft man in den Armeen auch willkürliche, der eigentlichen Theorie fremde an, die aber mittelbar auf sie Einfluß haben, und darum nicht übersehen werden dürfen. Dahin gehören allerlei Rangordnungen, Annahmen und Berührungen, wie z. B. der Vorzug der Anciennität und des rechten Flügels [31], das Paradewesen, die Achtung vor der Fahne, die Honneurs und noch anderweitige Sitten und Gebräuche, welche sich theils in allen, theils nur in einzelnen Armeen vorfinden [32].

β. Ueber die Truppengattungen und die Gesetze ihrer Wirksamkeit.

Im nächsten Zusammenhange mit der Theorie steht die Sonderung nach der Waffe, die, wie wir schon oben bemerkten, insofern selbst unmittelbar auf unsere vier Kategorien hindeutet, als jeder der letzteren eine Waffe am geneigtesten ist, und es unter sonst gleichen Verhältnissen selbst an das Abgeschmackte grenzen würde, derselben eine andere im Gebrauch vorzuziehen. Außerdem zeigt auch jede Waffe in jeder dieser Handlungskategorien ein verändertes, ihrer Natur angemessenes Benehmen, das die Grundlage für ihre sogenannte Taktik ausmacht [33]. Letztere selbst gehört indessen einer späteren Betrachtung an; hier kommt es zunächst nur darauf an, das Charakteristische jeder Waffe [34] den übrigen gegenüber hervorzuheben, und alsdann das Größenverhältniß der verschiedenen Waffen in einer Armee näher ins Auge zu fassen.

Das, was die einzelnen Truppenarten betrifft, darf in der Theorie nicht etwa so behandelt werden, wie es z. B. die in der französischen Armee üblichen sogenannten Bataillons- und Regimentsschulen thun, für welche auf den einzelnen Fall gegebene Resultate genügen. In der Theorie müssen Elementar-Erfahrungen mit regelrechter Schlußfolge in bestimmte Verhältnisse eingeführt werden, um für alle Fälle darauf fort schließen zu können. Es versteht sich aber auch von selbst, daß dabei zur Vermeidung vaguer Raisonnements bestimmte Annahmen gelten müssen wie z. B. die Bataillons-Einheit, die Stufenfolge eines nach militärischer Wichtigkeit classificirten Terrains u. s. w., sowie, daß der aus der Soldatenerfahrung [35] hervorgegangene Sinn bei allen in die Theorie aufzunehmenden Combinationen vorherrscht, alles müßige Speculiren daraus verbannt wird, und nicht etwa wie bei unserer sogenannten reinen Taktik die tabula rasa bis zum Unsinn mit der Abstraction gleichen Schritt hält; unsere Abstractionen müssen überhaupt mehr dem Moralischen als dem Mathematischen zugewendet bleiben. — Will man das vom Ergebniß solcher wissenschaftlichen Behandlung Darstellbare mit dem vergleichen, was wir, jedoch bei Weitem mehr ganz ohne alle Theorie, als bloßes Gedächtnißwerk besitzen; so müßte man es aus dem, in den sogenannten Wörter-, Taschen- und Handbüchern für besondere Waffen, aus den Manuels, guides de l'officier und dergleichen unter anderem dort encyclopädisch gesammeltem Material heraussuchen. Welchem guten

Kopf kann es aber wohl einfallen, solche Notizen für Theorie zu halten?

Infanterie. Die Infanterie[36] galt von jeher, selbst als ihr in den Armeen die Cavalerie an Stärke noch gleichkam, als die Hauptwaffe und zwar ohne Zweifel aus keinem anderen Grunde, als weil sie unter allen Umständen zur Ueberwältigung am geschicktesten blieb, durch diese aber das endliche Ziel der Kriegführung, wenn auch nicht immer auf dem kürzesten, so doch gewöhnlich auf dem breitesten Wege erreicht wurde.

Die gleichsam doppelte Bewaffnung der Infanterie mit einer zum Schuß und Stoß gleich brauchbaren Waffe zum Fern- und Nahgefecht[37] (corps à corps) und die schnelle Orts- und Richtungsveränderung ihrer in jedem Terrain anwendbaren Wirkung rechtfertigen auch die vortheilhafte Meinung von dieser Truppe, geben aber auch zugleich den Incidenzpunkt für deren Beurtheilung ab, der in dem jedesmaligen angemessensten Gebrauch des Gewehrs[38] nach dessen Bestimmung als Doppelwaffe zu suchen ist. Alle Meinungsverschiedenheit über dünne und tiefe Schlachtordnung, über Massen-[39] und Liniengebrauch, den sicheren und den geschwinden Schuß, sowie über Art und Moment der Entwickelung dreht sich um diesen Punkt, und um die freilich oft sehr einseitig dabei zur Anwendung gekommene Kraft- und Zeitberechnung, in welche aber auch mit moralisch-dynamischen Daten einzugehen wäre. Der ausschließlich zu Sicherungs- und Ueberwältigungsmaaßnahmen bestimmte Waffengebrauch würde dieser Betrachtung folgen müssen; zuletzt aber würde das Zusammenhalten der gefundenen Resultate mit den für die militärischen Absichten im Großen classificirten Terrain-Verhältnissen die Bahn zu einer neuen Betrachtung über den veränderten Gebrauch der Infanterie im zerstreuten Gefecht, und inmitten von allerhand künstlichen Terrainverwandlungen[40] brechen müssen, damit so über die Eigenheiten dieser Waffe im ganzen Felde ihrer Brauchbarkeit ein Aufschluß gewonnen werde[41].

Cavalerie. Die Geschwindigkeit ist, wie wir schon oben erwähnten, ein vorzügliches Vehikel zur Ueberraschung. Keine unserer dermaligen Waffengattungen kann darin mehr leisten, als die mit den raschen Gangarten des Pferdes ausgestattete Cavalerie[42], deren Ueberwältigungsfähigkeit darum auch nur dem Stoße und Hiebe im unmittelbaren Zusammentreffen mit dem Feinde [43] anheim fällt, insofern dieser seine Schuldigkeit thut, und die Wirkung nicht dem bloßen Imponiren zu verdanken ist. Der in dem Anreiten der Cavalerie liegende Ueberwältigungsvortheil dient da, wo ihr das Terrain nicht zu Hülfe kommt, nachdem die etwa verlorene Ordnung wieder hergestellt ist, auch einzig und allein zu ihrer Sicherung, die also agressiver Natur ist [44]. Die für jeden solchen Choc geschlossener Cavalerie [45] erforderliche Einheit, beschränkt diese Waffe in ihrer Terrainbenutzung auf die Ebene und legt überhaupt der Beweglichkeit derselben Fesseln an, so daß ihre Vorzüglichkeit wohl besonders von dem dabei zu erhaltenden richtigen Gleichmaaße in der Geschwindigkeit und der Ordnung abhängig wird. Bei diesen mehrfachen Beschränkungen, zu welchen am Ende noch die thierischen Bedürfnisse und Gebrechlichkeiten des Pferdes hinzutreten, erheben sich die Schwierigkeiten des Cavalerie-Gebrauchs unverhältnißmäßig mit der Masse und bringen diese bald auf ein Maximum, über welches hinaus die Stärke an Cavalerie nicht mehr förderlich ist [46]. Ein folgerechtes Zusammenfassen der durch Erfahrungen aller Art festgestellten Leistungen und Beschränkungen der Cavalerie mit den Kriegshandlungsmotiven nach ihren primären und secundären Zwecken wird wie vorher bei der Infanterie auch unfehlbar den Charakter der Cavalerie in der Theorie derartig bezeichnen, daß ihr so häufig bemerkbarer Mißbrauch [47] seltener und der Sünden gegen den heiligen Geist der Soldaten-Intelligenz in dieser Hinsicht weniger werden.

Die eigenthümliche Zwitternatur der Dragoner in ihrer ersten Formation, die Napoleon wieder aufzuwecken versuchte [48], verdient hier keine besondere Erwähnung. Diese Truppenart hat keinen eigenthümlichen Charakter; sie ist nach Maaßgabe ihres jedesmaligen Gebrauchs entweder Infanterie oder Cavalerie und das Pferd im ersten Fall nur ein Transportmittel wie das der reitenden Artillerie oder das Postpferd, welches Napoleon's Veteranen von einem Schlachtfeld auf das andere brachte. Auch scheint es, als ob jene Wiederbelebung keine Wurzel habe fassen können, und daß es ihr an wahrem Ernst gefehlt habe, indem die jüngeren Dragoner-Divisionen zu Fuß häufig nur als Cavalerie-Reservemannschaften, die man auf Kosten eines eroberten Landes beritten machte, nachdem die eigene Cavalerie ruinirt worden, auftraten. Heutigen Tages ist der Dragoner in den meisten Armeen als leichter und schwerer Cavalerist zugleich angesehen und bildet das, was Marbot die cavalerie mixte nennt und die er der mittleren Pferdetaille wegen für unerläßlich hält.

Technische Waffen (armes speciales) im Allgemeinen.

Der geschichtliche Blick auf die Kriegführung hat uns bereits oben überzeugt, daß der Umgang mit größeren Kriegsmaschinen sowie die Ausführung von Kriegsarbeiten den älteren wohlgeordneten Heeren als sogenannte technische Partie des Krieges durchaus nicht fremd war. Wir haben aber auch gesehen, daß diese Partie dem vorherrschenden Ueberwältigungsprincip gemäß mehr zufällig als regelmäßig in Anwendung kam und daß sie in solchem Falle unter Oberleitung besonders dazu angenommener Werkmeister von der Masse wild und oft langsam genug betrieben wurde [49]. Ferner haben wir erkannt, wie der vermehrte Gebrauch des Geschützes und eine ungemessen erweiterte Terrainbenutzung von Seiten der Armeen diese technischen Partien auf einen ganz anderen Fuß bringen, sie in organisirte Anstalten umwandeln und ihre aufs Aeußerste beschleunigte Anwendung unter den schwierigsten Verhältnissen erzwingen mußten, wenn die eine Armee gegen die andere nicht in offenbaren Nachtheil gerathen sollte. Damit traten die hierzu bestimmten Truppengattungen nach und nach als besondere Waffen neben die früher allein dafür angesehene Infanterie und Cavalerie, und zwar in dem Maaße früher, in welchem die Führer der respectiven Armeen ihren militärischen Gesichtskreis erweiterten [50]. Für die Genie Waffe, die in der Feldschlacht nicht so augenfällig wie die Artillerie wirken kann, steht diese Anerkennung als eigene Waffe noch heutigen Tages nicht vollkommen und allgemein fest. Namentlich ist dies da der Fall, wo man den Ingenieur von der zur Terrainverwandlung bestimmten Truppe trennt. Die Beschränktheit des Generals, der den Ingenieur nicht zu gebrauchen weiß, ist übrigens keineswegs allein die Ursache der Geringschätzung des Genies Seitens der übrigen Waffen, sondern viele sogenannte Ingenieure selbst, die sich über den Umfang ihres

Geschäfts in einer behaglichen Dämmerung befinden und befinden wollen, tragen nicht geringere Schuld daran.

Ueber Artillerie und Genie müssen wir uns etwas weiter auslassen, weil über sie bei Weitem mehr Verwirrung herrscht, als über Infanterie und Cavalerie.

Für keine Waffe ist es schwieriger, für keine aber auch wichtiger, den vorherrschenden Grund ihrer Bestimmung, d. h. ihren Charakter in der Kriegstheorie anzugeben, als für die *Artillerie*. Es ist offenbar, daß ein solcher Grund bestehen und trotz seines Uebergewichts die anderen Waffen mit anderen Vorzügen neben sich dulden muß, weil ohnedas sehr bald entweder *nur eine Artillerie* als Waffe der Waffen, oder unter den übrigen Waffen *gar keine Artillerie* mehr in den Armeen vorhanden sein würde. Artillerie.

Die Schwierigkeit, den wahren Charakter der Artillerie aufzufassen, spricht sich deutlich in der Geschichte derselben aus. Ungeachtet der mannichfachen, durch die Hülfswissenschaften angebahnten Fortschritte, begegnen wir doch hier manchen Schwankungen über so wichtige Fragen, wie das Anzahlverhältniß [60] der Geschütze, deren Größe und Beweglichkeit, ihre Vereinigung und Zerstreuung auf den Schlachtfeldern rc., welche bei einem beständigen klaren Bewußtsein des militärischen Zweckes der Waffe nicht vorkommen konnten, Schwankungen, welche so häufig wiederkehren und nicht selten in den einen oder den anderen Exceß ausarten. Die Ungewißheit, ob wir uns nicht gerade wieder in der Periode eines fehlerhaften Excesses befinden, oder ihr entgegengehen und erst durch Schaden klug werden müssen, was in solchen Dingen nicht einmal auf der Stelle möglich ist, mahnt daran, die Theorie doppelt scharf anzusehen.

Schon früher hatten wir die *Sicherung* als diejenige unserer Kriegshandlungskategorien genannt, welche die Artillerie-Waffe am reinsten und natürlichsten in Anspruch nimmt. Die Sicherung giebt dieser Waffe unter Zuziehung des Terrainvortheils, den Schlüssel der feindlichen Position in die Hand und läßt durch sie die eigene Aufstellung bestreichen, den Feind bis zur erwiesenen Erklärung seiner Absichten, und der getroffenen Gegenanstalt entfernt halten, seine Entwickelung verzögern und die dem gegenseitigen Schlagen gewidmeten Terrainverwandlungen am kräftigsten beleben. Die Artillerie, vor welcher alle älteren persönlichen Sicherungsmittel, wie der Waffenrock (cotte de mailles), Panzer und Harnisch wichen und Koller und Cüraß sich beugten[62], ist selbst als ein Sicherungsmittel in höherem Sinne wie ein Phönix aus der Asche erstiegen. In dieser Sicherung ist die Artillerie am meisten selbstständig und der Ueberwältigung hauptsächlich nur durch Ihresgleichen unterworfen; wenigstens ist nur so ihre Ueberwältigung durch die übrigen Waffen vorzubereiten. Aber gerade diese Vorbereitung giebt die Veranlassung dazu, daß der eigenthümliche Charakter der Artillerie nicht unmittelbar erkennbar ist, und führt zu der nicht seltenen Meinung, ihr eigenthümlichster Gebrauch sei vorzugsweise der Ueberwältigung gewidmet. Daß diese Meinung nicht ohne Einfluß ist, zeigen die Geschützreihen in den Tirailleurlinien auf den Exercirplätzen und auf einigen neueren Schlachtfeldern, die, besondere Artillerie-Treffen bildend, mit ziemlicher Unbekümmerniß um den Terrainvortheil, dem passiven Theil einen schlimmen Zeitvertreib bereiten, während sie ihn in die Schlingen des activeren verwickeln[63]. Wir erkennen es ferner aus der öfteren Verwendung mehr oder weniger beträchtlicher, dem Geschützfeuer geweiheter Infanterie- und Cavalerie-Massen zur bloßen Geschützbedeckung, aus einer ungemessenen Munitionsverschwendung in den Hauptschlachten, aus dem nicht selten schon beim bloßen Vorgehen der Armeen stattfindenden Zurückbleiben ganzer Batterien und aus anderen ähnlichen Erscheinungen. Nicht minder liefert die Nothwendigkeit einer beständigen Vorwärtsbewegung, sowie der Rückzug mancher von den neueren großen Armeen, welche mit fast ebensoviel Pferden als Menschen ausgestattet waren und deren Märsche daher als Facsimile's asiatischer Hordenbewegungen gelten konnten, den Beweis für jene verfehlte Auffassung[64]. Wenn man aber vollends über derartigen Artilleriegebrauch phantasieren hört, so möchte man glauben, Napoleon's[65] genialer Kriegsdämon habe hier seine schwarze Natur auch an der gutwilligeren, aber nicht scharfsinnigeren Nachkommenschaft geltend gemacht.

Daß es Fälle giebt, wo die Artillerie als Ueberwältigungs

mittel in der Schlacht, besonders aber im Festungskriege [66], ganz an ihrer Stelle ist, läßt sich ebensowenig in Abrede stellen, als das Ueberraschungs-Vermögen einer maskirten Batterie, oder der Erfolg jeder anderen Verwendungsart, auf welche eine richtige Benutzung des Terrains und der Umstände hinleitet. Alles dies kann zugegeben werden, ohne daß man deshalb in der Hauptbestimmung der Waffe, d. h. in Demjenigen fehlzugreifen braucht, was ihr als solcher einen unangefochtenen Standpunkt sichert.

Die Sicherung in dem vorhin beispielsweise erklärten ausgedehnten Sinne muß nun, behaupten wir, überall den Vorrang haben, wenn es darauf ankommt zu ermitteln, worauf die Geltung der Artillerie als eigene Waffe beruht und wodurch die Gesetzlichkeit dieser Stellung begründet wird. Daß sich da, wo die Sicherung durch die Artillerie bezweckt wird, Wirkung und Beweglichkeit der Truppe stets hindernd begegnen, ist eine natürliche Folge der als Agens auftretenden Materie, die, sei es nun als Geschütz, sei es als Geschoß manches unverträgliche Element einführt und den Einfluß des Terrains erhöht, wodurch überhaupt dem Artillerie-Personal die moralische Freiheit des Handelns, welche die Infanterie und Cavalerie behaupten kann, zum großen Theil entgeht.

Bei dieser letzteren Vergleichung haben wir es schon mit den aus der Dienstkenntniß und einer wissenschaftlich geregelten Intelligenz hervorgegangenen Resultaten zu thun und wir verschieben unsere Betrachtung über die zweckmäßige Erlangung beider in das Capitel von der Ausbildung. Wir brauchen wohl kaum noch zu erwähnen, daß unser Hauptaugenmerk dabei auf die Theorie der Kriegführung, d. h. die Anordnung aller dazu gehörenden Kenntnisse, nicht aber auf den Unterricht selbst oder den Weg, diese Kenntnisse auf die gründlichste Weise zu erlangen, gerichtet sein wird, welcher Verwechselung der Zwecke wir manche theoretische Confusion verdanken. — Hier wäre nur noch zu bemerken, daß sich das Bedürfniß der Sicherung durch Artillerie nicht nur beim Gros der Armeen, sondern auch bei den Detachements geltend macht, woher die Regiments- und Cavalerie-Artillerie [67] (reitende und fahrende), deren eigentlicher Gebrauch im Gefecht darum auch im Vergleich mit der in der Linie fechtenden

Artillerie nur denjenigen Modificationen unterworfen sein kann, welche den Detachirungen überhaupt angehören. Das Transportmittel thut, namentlich bei der reitenden Artillerie, hier Nichts zur Sache und es ist sonderbar genug, daß man daraus der Truppe einen eigenen Chevalier-Geist [58] hat eindemonstriren wollen, über welchen man bei anderen Truppengattungen schweigt, deren Unterabtheilungen eine verschiedenartigere Geschäftigkeit zufällt, wie z. B. der schweren und leichten Cavalerie, den Pontoniren und Mineuren und ähnlichen, die wie die reitende Artillerie ihre Chevaliers und Philister haben und auch brauchen können, wenn sie nur auf dem gehörigen Platze stehen.

Genie. Es ist mehr als einleuchtend, daß von den vier Classen oder Kategorien, unter welchen wir sämmtliche Kriegshandlungen begreifen, die Terrainbenutzung diejenige ist, welche dem Geschäfte des Ingenieurs und der ihm zuständigen Truppe (arme du génie) [59] zunächst liegt und somit ihren Charakter in der Kriegführung begründet. Der Ingenieur kann seine Hauptbestimmung auf zweifache Weise erreichen, einmal nämlich unmittelbar, indem er bei der Ueberwältigung und der sie einleitenden Ueberraschung und Sicherung den übrigen Truppen den Weg in und zu dem verwandelten Terrain zeigt, wozu ihn der Besitz seiner Mittel und die Kenntniß seines Grund und Bodens befähigt [60]; und das anderemal mittelbar und von lange her (de longue main), indem er selbst Terrainverwandlungen unternimmt, welche die Kriegshandlung der Armee in allen vier Kategorien zulässig machen und unterstützen.

Man sieht bald, daß diese doppelte und variirte Bestimmung verschiedenartige Leute von eigenem Gehalt in der Waffe fordert [61]. Es sind nämlich einmal solche Leute nöthig, welche die höheren Anordnungen treffen und die Ausführung der Arbeiten einleiten, ferner solche, die sich der Angabe des Arbeitsdetails in specie unterziehen und sich auch wohl als Vorarbeiter an die Spitze der Ausführung stellen, und endlich solche, die ihre Körperkraft zur bezweckten Terrainverwandlung und zum Betrieb des erforderlichen dahin zielenden Mechanismus verwenden. Außerdem wurden im Lauf der Zeit noch Spaltungen im Genie-Personal durch die Art der Arbeit verursacht, indem die gestellten Aufgaben sowohl in Bezug auf die Mittel selbst als auf deren Handhabung bedeutend von einander abweichende Auflösungen gestatteten. Dem Pionir[61] liegt nämlich vorzugsweise die Bodenbearbeitung im Marsch und der Position ob; der Pontonir sorgt für die bedeutenderen Flußübergänge; der Sappeur ermöglicht eine gleichsam bewegliche Sicherung und Ueberwältigung materieller Hindernisse in Gegenwart des Feindes, und des Mineurs Bestimmung ist endlich die unterirdische Kriegführung.

Ein anderes Benehmen erfordert ferner die vorzugsweise der Truppen-Handtirung gewidmete Sicherung durch Terrainverwandlung (fortification passagère); ein anderes diejenige, durch welche eine Ortsbehauptung[62] bezweckt wird (fortification permanente oder royale, ungeschickter Weise auch „große Befestigung" genannt), die einer eigenen Kriegführung, dem Festungskriege nämlich, angehört.

Diese Unterabtheilungen mögen übrigens Namen haben, welche sie wollen, ihre Beziehung geht immer nur auf die militärische Terrainbenutzung, und diese ist das wahre Kriterium der so häufigem Mißbrauch unterworfenen Ingenieurpartie.

Die höheren Anordnungen (Conceptionen) dieser Partie erfordern Bedächtigkeit, sobald sie, das Phantasiespiel hinter sich lassend, an die Wirklichkeit gewiesen sind. Der Ausspruch Montaigne's: „La conception est plus facile que l'accouchement," ist alsdann nicht mehr wahr, insofern schon in der Conception die ganze Lage der Dinge, der Arbeitsumfang, die materiellen Schwierigkeiten, der Arbeiter- und Truppengebrauch ꝛc. miteinander verglichen und mit richtigem Urtheil in die ganze Kriegführurg eingepaßt sein wollen[64], wenn die unternommene Ingenieurarbeit sich nicht unvollendet zeigen und nicht schlimme Folgen nach sich ziehen soll. Dieses so häufige Ergebniß hat wohl von Zeit zu Zeit Halbwisser auf den Einfall gebracht, die ganze Ingenieurpartie mit ihren Werken für entbehrlich anzunehmen. Der durch Nachdenken, eigene Erfahrung und die Geschichte gebildete Soldat wird eine solche Meinung niemals theilen, wohl aber erkennen, daß nur aus einer Kriegstheorie, welche den richtigen Accent auf die Kriegshandlungsmotive und daher auch auf die Terrainbenutzung legt, der Feldherr[65] sowohl als sein Ingenieur die Belehrung zu ziehen vermögen, deren sie unter allen Umständen und zwar in dem Maaße mehr bedürfen, in welchem sie sich noch nicht durch die eigene Erfahrung unterstützt sehen. Erst wenn diese Ueberzeugung eine allgemeinere geworden sein wird, werden jene Unbilden immer mehr verschwinden.

Was die Gesetzlichkeit im Gebrauch der Ingenieurtruppe und in der Anwendung des Ingenieurwesens überhaupt anbelangt, so kann sie eigentlich nur als Resultat aus dem ganzen, auf allerhand Hülfswissenschaften gestützten Ingenieurwissen hervorgehen[66], das an den vorkömmlichen Kriegsgebrauch gehalten, seine Erwägung über classenweise supponirte Oertlichkeiten und Mittel aller Art mit Berücksichtigung von Kraft und Zeit ausdehnt, wie z. B. über Wegebesserung, Brücken- und Schanzenbau, bleibende Festungsanlagen, den Sappen- und Minengang 2c., um überschlägliche, deshalb aber nicht oberflächliche Annahmen in die militärischen Combinationen zu bringen. Es liegt der Ingenieurpartie die Aufgabe ob, für Krieg und Frieden, für Erfahrung und Speculation diesen Fonds des anwendbaren Wissens unausgesetzt zu vermehren, zu berichtigen und zu vervollkommnen. In dieser Obliegenheit steht sie wegen des weiten Umfangs ihres Kunstgebiets allen anderen Waffen voran.

Stärken-Verhältniß der Waffen.

Fragt man in Folge der eben erkannten charakteristischen Eigenthümlichkeiten der verschiedenen Waffengattungen nunmehr nach dem erforderlichen Stärken-Verhältniß derselben in jeder wohlgeordneten Armee; so sollte die Frage eigentlich dahin gehen, wie viel Kriegshandlungen es wohl geben dürfte, die für die eine oder die andere unserer Handlungskategorien vorzugsweise Vorbereitungen in Bezug auf das Personal wünschenswerth machen. Damit steht man alsdann wieder am Eingange einer Menge anderer speciellerer Fragen über die Natur und den Geist der Völker, mit und gegen welche der Krieg geführt werden soll; über die Eigenthümlichkeit ihrer Anführer und des Landes[67], in das man den Krieg zu spielen gedenkt; über die der Leitung des Letzteren zur Verfügung stehenden Mittel[68], 2c. Man wird bald fühlen, daß man sich hierbei ohne eigentliche Schlußfolge mehr an das Herkommen hält und daß es bei dieser lockeren Basis, wie auch die Geschichte lehrt, am Ende noch Auswege giebt, auf denen der gewandtere Feldherr den Sieg in anderer Art als mittelst des herkömmlichen Truppenverhältnisses an sich fesselt.

Die in der neueren Zeit stattgefundene, wiederholt erwähnte Verminderung der Cavalerie[69] und Vermehrung der Artillerie hat sich seit den französischen Revolutionskriegen immer mehr gesteigert. Vor denselben schwankte das Verhältniß der Stärke an Infanterie zu der an Cavalerie in den meisten Armeen; durchschnittlich verhielt sich die Infanterie- zur Cavaleriestärke wie 4 : 1, mitunter auch wie 3 : 1 und nur bei den Engländern finden wir das Verhältniß von 8 : 1. Während der Napoleonischen Kriege stellt es sich überall und selbst auch bei den Engländern in der Regel wie 6 : 1, obgleich Napoleon selbst einer normalen Armee-Organisation folgendes Verhältniß für zuträglich erachtet: An Infanterie: 1; an Cavalerie: $\frac{1}{5}$ bis $\frac{1}{4}$; an Artillerie: $\frac{1}{8}$; an Genie: $\frac{1}{40}$, und an Train: $\frac{1}{30}$. — Das 1804 von Vernon aus dem wirklichen Zustande der französischen, damals 601,500 Mann starken, Armee entwickelte Verhältniß ist: $\frac{5}{6}$ für die Infanterie[70], $\frac{1}{8}$ für die Cavalerie, $\frac{1}{28}$ für die Artillerie und $\frac{1}{60}$ für das Genie, wobei noch die Pontonire der Artillerie zugerechnet sind.

Was den Ersatz der einen durch die andere Waffe betrifft, so lehren uns denselben schon Xenophon in seiner Anabasis und fast alle großen Feldherrn späterer Zeit, einen Timur nicht ausgenommen, erkennen. Auch Napoleon[71] äußert sich verschiedentlich darüber; so sagt er z. B. von seinem ersten Kriege in Italien, wo ihm der Feind an Zahl sowohl, wie an Cavalerie und Artillerie überlegen gewesen, daß er sich gegen die erstere Ueberlegenheit par la rapidité des marches, gegen die zweite par la nature des manoeuvres und gegen die dritte par la nature des positions geholfen habe, welche Hülfen eine über das taktische Formular erhobene Kriegstheorie oder der im richtigen Takte sich äußernde Genius des Anführers noch vielfach vermehren kann. Die Umstände müssen dabei helfen und der Geist muß sie erfassen. Die Seleuciden behaupteten sich durch ihre Elephanten; Dschingischan und Timur eroberten die Welt mit der Cavalerie, die Griechen und Römer mit der Infanterie; Carthago und England herrschten mittelst Schiffen; Napoleon erdrückte seinen Gegner mit der Artillerie. Andere werden Anderes thun.

b. Armee-Ausbildung.

Montecuculi schrieb schon: „Senza esercizio non si dà esército, mà gente rammasata alla risusa, mole indigesta, moltitudine inesperta." Wenn man aber zu seiner Zeit vielleicht eher mit der bloßen Soldaten-Abrichtung auskam, so reicht diese heute nicht mehr hin. Wir bedürfen ein anders geformtes Personal, weil wir die Kriegshandtirung neuerdings nicht allein mit der physischen Kraft und thierischen Anregung betreiben, sondern die menschliche Gesinnung, das patriotische Gefühl, die moralische Nöthigung unseres Soldaten in Anspruch nehmen und weil wir das Kriegsinstrument von oben bis unten mit Intelligenz ansetzen wollen.

Neben der jetzt elementarisch und sehr geschickt nach dem Charakter jeder Waffe eingeführten mechanischen Abrichtung (Dressur und Exerciz), welcher zu größerer Körpergewandtheit wohl hier und da noch eine allgemeinere gymnastische Grundlage zu wünschen wäre, läuft zwar eine durch Zucht und Lehre[72] bezweckte geistige Bildung; der Gesichtspunkt, aus dem sie betrachtet wird, ist aber so unsicher, ihr Gewinn so unbedeutend, ihr halber Erfolg sogar oft so nachtheilig, daß es wohl die Mühe verlohnen würde, darüber stetiger nachzudenken. Ohne sich sehr danach umzusehen, wird man bald zu bemerken Gelegenheit haben, daß der Eine sie für ein Surrogat des Volksunterrichts hält, während der Andere sie zu einer erwünschten Gelegenheit für Verbreitung geselliger Begriffe macht; wie ein Dritter den gebildeten wie den ungebildeten Verstand mit leerem Gedächtnißwerk füllt und ein Vierter mit einem Anflug von praktischem Sinn (applicatorisch) seine sokratische Hebeammenkunst an Allotrien verschwendet u. s. w. Am häufigsten aber wird man sehen, wie eine ärmliche Eitelkeit mit eigenem und fremdem Wissen zu glänzen bemüht ist. — Sollte es einer gründlichen Kriegstheorie nicht zustehen, in ihrem Interesse der Pädagogik hier in die Zügel zu fallen? Freilich müßte es mit pädagogischen Vorkenntnissen geschehen und in einem Staate, worin die allgemeine Dienstpflicht gilt, im Zusammenhange mit niederen und höheren Volksbildungsanstalten, damit der Dienst in der Armee miteingriffe in den Lehrcyklus des Staatsbürgerthums [73], und ein Nutzen auch für den Friedenszustand systematisch daraus hervorginge, ohne daß man sich, wie es oft genug der Fall ist, die bürgerliche Bildung selbst anmaßte. Vorausgesetzt, daß man sich nach solchem richtigen Einpassen streng an das Soldatenwesen hält und daraus die Nöthigungsgründe ableitet, müßte man zwar immer nur dem Einen Soldatenverstande und dem Einen Soldatengemüthe nachgehen, den Umfang und den Gang des Unterrichts aber müßte man besser als jetzt nach der Befähigung und Bestimmung der verschiedenen Subjecte scheiden und nie vergessen, daß sich nicht Alles für Alle schickt, daß ferner die Handlung das letzte Ziel der Soldatenerziehung bleibt, daß höhere Kenntnisse sich regelrecht und klar an die niederen anschließen müssen und daß die wahre Weisheit erst im Dienste wie im Leben zur Vollendung kommt [74]. Im steten Bewußtsein solcher Grundzüge wird dem Armee-Bildungswesen auf allen Stufen um so mehr geholfen werden können, als es wenigstens in den Armeen, welche ihr Personal von der allgemeinen Dienstpflichtigkeit empfangen, durchaus nicht an der Befähigung und am Eifer zur Bildung fehlt.

Wir können, um den Faden der ursprünglichen Betrachtung festzuhalten, uns hier nur noch auf wenige Erläuterungen des eben Gesagten einlassen.

Die Seele, die sich im Willen und Bewußtsein als Grund alles Gemüthlichen (Gefühle und Begierden) und alles Verständigen (Gedanken und Erkenntnisse) zeigt, soll mit der Bildung berührt werden, die sich hiernach ungeachtet des Zusammenwirkens der Kräfte, in der Abstraction als Erziehung für das Gemüthliche und als Unterricht für das Verständige ausspricht. Bildungs-Gliederung.

Durch willkürliche Einflüsse schafft die Erziehung dem Menschen seine zweckgemäße Selbstständigkeit; mit der Sprache als dem menschlichen Ausdruck des Gedankens hebt diese Arbeit an; sie erweitert sich als Bezeichnungsprincip unter den heranwachsenden Gefühlen und Begierden und läuft am Ende in Unterrichtsprincipien aus, mit denen die Selbsterziehung eintritt. Der Unterricht erkennt sein nächstes Ziel im klaren Wissen; er muß, um solches zu erlangen, über die natürlichen Stationen der Erfahrung, Betrachtung und Folgerung, obgleich unter vielfältiger Wiederholung und Durchschlingung derselben, vorschreiten und, wo diese in ihrer Subjectivität nicht ausreichen, durch eine dem eigenen Ideengange angemessene objective Ueberlieferung ergänzt werden. Dabei muß die Erfahrung gesund, die Betrachtung geordnet und die Folgerung nützlich erscheinen.

Es leuchtet ein, daß sich aus dem Allen zusammen die Bildung nach drei charakteristischen Abstufungen unterscheidet, welche ihre bestimmten Zielpunkte [75] haben und, soweit sie sich aus der ganzen Serie heraussondern lassen, auch in der bürgerlichen Bildung sichtbar sind. Diese drei Abstufungen sind:

1) die der Unterscheidung der Dinge vorzugsweise gewidmeten Elementar- und Realschulen (**primaires** und **intermédiaires**);
2) die den Kenntnissen gewidmeten Gymnasial- und Gewerbschulen (**collèges**);
3) die der eigenen Reflexion zuständigen Hoch- und Kunstschulen (**universités** und **écoles spéciales** für die technischen Kenntnisse).

In diese nicht auf Gegenstand und Methode, wohl aber auf die Bildungsrichtung bezogene, naturgemäße Eintheilung müssen auch die Militärschulen und zwar als Soldaten-, Waffen- und Kriegsschulen eingehen und in der einen oder anderen Classe Alles hinter sich lassen, was als Stückwissen nicht in ihre Richtung einschlägt. Wir gerathen dabei wieder auf unsere schon oben angedeutete Sonderung der Geistesthätigkeit nach Analogie des Artisten, Artisan und Savant, die sich praktisch beim Soldaten im Handwerke (**métier**), dem Takte (**coup d'oeil**) und dem überlegten Entschlusse (**résolution** oder **détermination énergique**) zu erkennen giebt [76].

Gemeinsames in der Militärbildung.

Die höhere Bildung des Soldaten kann in der Regel erst nach vorausgegangener niederer eintreten, denn in dem militärischen

Können und Verhalten ist jeder angehende Soldat ein Kind, auch wenn er bereits sehr verschiedene Stufen allgemeiner Bildung erstiegen hatte. Dieser der ganzen Haltung der Schule so wohlthätige Umstand muß möglichst benutzt werden. Der Krieg mit seinen Handlungen und dazu dienlichen Kenntnissen, die Bedingungen, an welche er erinnert, die Beschränkungen, welche er fordert, die Geistesstimmungen, die er veranlaßt, wie Umsicht, Besonnenheit, Verständniß, Gehorsam, Ausdauer, Verlaß u. s. w. müssen die unverrückten Zielpunkte, das moralische Bindemittel des militärischen Unterrichts in seiner ganzen Ausdehnung abgeben. Mit Klarheit und Ernst aufrecht erhalten, werden sie das Interesse jedes nicht eben widerspänstigen Recruten wecken und ihn nach vollendeter Dienstzeit die Achtung vor dem Soldaten-Stand und -Beruf mit ins bürgerliche Leben nehmen lassen; sie werden aber auch dem Aspiranten zum höheren militärischen Wirkungskreis das Ganze seines Strebens im nothwendigen Zusammenhange des Wissens und Thuns zeigen, seine Fortschritte beleben und ihn in seinen Studien vor speculativen Irrgängen bewahren [77].

Nicht nur der Zweck sondern auch manche Mittel unterstützen eine durchgehende Gleichmäßigkeit in der militärischen Bildung. Das Beispiel im kameradschaftlichen Lebensverhältnisse, die in verschiedenen Regionen schwebende formelle und reelle Autorität, der Gemeingeist in einer Armee, der vorherrschende Ton in der Truppenart, die Lebensweise (régime militaire), der Friedensdienst (innerer, Garnison- und Felddienst) geben eindringliche Ueberlieferungen und Nöthigungen. Die Disciplinargewalt, das in der Persönlichkeit ruhende Bindemittel des ganzen Soldatenwesens, kann in ihrer zweckmäßigen und besonnenen Anwendung der Bildung nur förderlich sein; dies zeigt selbst ihr Name und die Ergebnisse der alten Klosterschulen beweisen es geschichtlich.

Eigenthümlichkeiten der Bildungsclassen.

Um dem Umfange und der Methode [78] für jede der oben angeführten drei Bildungsclassen [79] etwas näher zu rücken, wollen wir gleich ihre Dienstbestimmung nennen, nach welcher sie sich in verschiedene Unterabtheilungen, jedoch stets unter Beibehaltung ihres Hauptcharakters, scheiden mögen. — Die erste soll sich auf

Gemeine und Unterofficiere, die zweite auf die mittleren, die dritte auf die höheren Grade des Officierstandes beziehen und jede muß unbedingt Das leisten, was diese respectiven Berufsgeschäfte nach der Idealität fordern.

Neben den allgemeineren Soldatenpflichten wird in der ersten Classe Handgriff und Kenntniß der Waffe bis zum richtigen Auffassen des Zweckes jeder dabei stattfindenden einfachen Handlung mit zureichenden Gründen und in folgerechter Ordnung als auf dem einzigen Wege betrieben, auf welchem die Selbstbeholfenheit durch Verständniß erzeugt und Jedes Freiheit, nach Maaßgabe seiner Persönlichkeit und unbeschadet der Handlungseinheit, in Anwendung zu bringen ist[80]. — Wenngleich eine Kunst-Terminologie hierbei unentbehrlich wird, und im gemeinen Verstande auch häufig noch das Wort die Sache vertritt, so muß sich doch der Unterricht möglichst an diese oder wenigstens doch an das Beispiel und Simulacre halten, indem vor dem ungeübten Abstractionsvermögen alle Worte nur Nothbehelfe bleiben. Der Abstraction selbst läßt sich da, wo sie nicht vermieden werden kann, noch am leichtesten durch die Negation (l'observation du contraire) zu Hülfe kommen, überhaupt aber will der eigene Ideengang des gemeinen Mannes studirt und ohne preciöses Frage- und Antwortspiel gesprächsweise geweckt, auch sein Gedächtniß nicht zu sehr in Anspruch genommen sein, weil sonst seine Aufmerksamkeit an Einzelheiten hängt und das Verständniß Einbuße erleidet.

Die zweite Bildungsstufe bezweckt die volle freie Dienst-Einsicht, die aus den erworbenen Anschauungsbegriffen und aus entfernt einfließenden Kenntnissen heraus, das Dienstgebiet und seine Zweige mit der Abstraction zu umfassen bestimmt ist. Dabei gebührt der Natur des Untergebenen als Mensch und als wichtigstes Werkzeug des Vorgesetzten eine besondere Aufmerksamkeit. Da hier vom Unterricht als einem Lernen im Zusammenhange die Rede ist, so darf der Vortrag auch nur unterbrochen werden, um den Schüler selbstthätig mit in die Sache zu ziehen und durch unerwartete prüfende Fragen seine Aufmerksamkeit gespannt zu erhalten. Das Geschichtliche der behandelten Kenntnisse als der naturgemäße Gang der Ueberlieferung wird mit der übersichtlichen, in das Ganze eingepaßten, Folgerung dem Verständniß am besten nachhelfen und giebt darum ein gewöhnlich sehr versäumtes Criterium des brauchbaren Lehrers ab. Bei alledem darf die positive Form, die in dem vorigen Unterrichte vorwaltete, auch hier nicht aufgegeben und die Satzung etwa von der Discussion verdrängt werden, weil diese letztere als ein wissenschaftliches Maniement erst in der folgenden Bildungsclasse ihren Werth bekommt, und weil sie auch zu den Conflicten der bürgerlichen, menschlichen und militärischen Verhältnisse hinführt, die erst im Gebiete höherer Wissenschaft auflösbar werden.

Diese höhere Wissenschaft nun verfolgt in der dritten Bildungsclasse die Idee der Kriegführung mit allem Zubehör und in allen Richtungen zur geschickten Anwendung, Vervollkommnung und Erweiterung des Fachs, in beständiger Wechselwirkung der Theorie auf die Praxis und umgekehrt, und ist so eigentlich nur der geistige Regulator des Soldatenlebens und der Kriegsthat.

Da wir uns bei vorliegenden Betrachtungen inmitten dieses geistigen Tummelplatzes befinden und gerade Dem, was Noth thut, unsere Aufmerksamkeit schenken; so würde Alles, was sich hier etwa noch sagen ließe, nur Wiederholungen hervorrufen. Wir sind auf dem Wege zu unserem Ziel vielleicht schon jetzt dem Bildungswesen zur Ungebühr nachgegangen; wir halten dasselbe indessen für wichtig genug hierzu, weil es den Keim der Kriegstheorie in sich trägt und weil dem heutigen Standpunkte derselben manche aus der Vorzeit ohne Bewußtsein übertragene Bildungs-Einrichtung schnurstracks entgegenläuft. Wer sich mit einer geläuterten Theorie in den Soldaten-, Schul- und Lehr-Anstalten, in den Compendien oder sogar nur in den Exercir-Reglements und Verordnungen umsah [88]; wer viele militärische Uebungen mit den klar zu unterscheidenden Unterrichtszwecken vergleicht; wer die Geschichte der Cadettenhäuser und Waffen-Akademien, die mit jeder neuen Direction nach allen Richtungen der Bildung neue ungewisse Faseleien zeigen, und in welchen bald das Ideal des Mameluken, bald das des Gelehrten vorherrscht, studirt hat; der wird die Wichtigkeit des Gegenstandes gewiß nicht verkennen.

c. Militär-Verfassung.

Dem geistigen Organismus einer Armee sind wir bisher insoweit nachgegangen, als wir seine Grundzüge darstellten, seine unentbehrliche Einheit und Gliederung zeigten, und die Bildung der Elementarkräfte überblickten. Sowie aber Schule und Kirche zwar zu einem letzten Zwecke, aber in verschiedener Weise arbeiten, so giebt es auch im Soldatenwesen neben der Bildung noch ein erhaltendes Princip, die Gesetzlichkeit nämlich. Diesem Princip kann man füglich die so üblich gewordene Benennung der Militär-Verfassung beilegen. Die Armee, im Lande gleichsam ein Staat im Staate, ist den bürgerlichen Gesetzen mit unterworfen und unterliegt je nach Geschichte und Sitte allerhand volksthümlichen Einrichtungen[83], von denen als von Besonderheiten in einer allgemeinen Militär-Verfassung hier nicht die Rede ist. Die letztere beschäftigt sich mit der Gesetzlichkeit, d. h. mit den Satzungen und deren Aufrechterhaltung, insofern der sittlich-religiöse, der rechtliche und der militärische Sinn[84] der Individuen dabei in Anspruch genommen wird, für deren jeden die Militär-Verfassung ihre Anstalten haben muß.

Cultus und Moral werden, zumal in unseren heutigen jungen Armeen, den wohlthätigen Reiz zur Hingebung und Selbstverleugnung so lange nicht verfehlen, als man die im Volke herrschende Denkweise ehrt, die Weichlichkeit meidet und keinen Nebenzweck durchblicken läßt[85]. Wohlmeinende, umsichtige, ehrwürdige Geistliche sind hier die Hauptsache, besonders da, wo sich verschiedene Glaubensbekenntnisse reiben und ungeschickte junge Eiferer viel Unheil anrichten können. — Auch das gewöhnliche Rechtsverhältniß wird, je strenger und rüstiger man dasselbe übt, nur desto mehr Gutes schaffen; weil der Mensch in Wahrheit und Gerechtigkeit wie die Pflanze im Lichte nur um so besser gedeihen kann. Dasselbe ist indessen unzureichend für die militärischen Verhältnisse und Zwecke. Der Gehorsam ist hier so nöthig, die Autorität einer momentanen Gesetzgebung so wichtig, daß schon der bloße Befehl Gesetzeskraft braucht und der Ungehorsam gegen den Gesetz-Verweser (Insubordination) zu einem Hauptvergehen wird. Wenn also im Lebensverhältnisse des Soldaten eine eigene Handhabung der Justiz begründet ist, so wird vermöge der Strenge, Fertigkeit und bestimmten Richtung (précision) des militärischen Befehls der Unterschied noch mehr herausgehoben und die Kriegsjustiz, selbst im Prevotal-Gericht, ausnahmsweise bis über die Grenzen der gemeinen Justiz vorgerückt[86]. Bei der längst gefühlten Unmöglichkeit, den militärischen Forderungen durch reine Gesetzlichkeit in gewöhnlicher Form zu genügen, geht neben der Justiz die Disciplin[87] her, welche über die vorsorglichen polizeilichen Maaßregeln hinaus die Vorgesetzten in verschiedenen Abstufungen zu Gesetzgebern, Richtern und Strafvollstreckern den Untergebenen gegenüber erhebt. Die Kriegsartikel und Dienstreglements sind die ordnungsmäßigen Richtschnuren der Militär-Gesetzgebung[88], welchen das übrige Befehlswesen nur aushilft und welchen die Diensthierarchie als ein Damm gegen die Willkür zur Seite steht, welcher letztere indessen wegen der in der Kriegshandlung unentbehrlichen Persönlichkeit durch die Form nicht unübersteiglich werden darf. Diese Hierarchie, das Gerüste der Disciplin in den Armeen, beruht auf der Ueber-, Bei- und Unterordnung (Super-, Co- und Subordination) des Personals für alle Geschäfte, welche die Angelegenheiten wie die Anwendung der Armee erfordern. Da man in unserer, der Gesetzlichkeit überhaupt zuneigenden Zeit sehr auf die Regelmäßigkeit des Geschäftswesens hält, die während des Krieges aber so nöthige Geschwindigkeit im Armeegeschäft, ohne die nachtheiligsten Stockungen befürchten zu müssen, nicht entbehrt werden kann; so ist es der Mühe werth, in der Kriegstheorie darüber zu vollem Bewußtsein zu gelangen[89]. Disciplin.

Ein Hauptgesetz der Diensthierarchie ist es, daß nur Einer befiehlt, alle anderen gehorchen, weshalb auch jeder erst gehorchen lernt, ehe er befehlen darf. Beides erlernt der Untere von dem Oberen praktisch und deshalb muß der Letztere den Ersteren im Bereich des ihm angewiesenen Wirkungskreises frei befehlen lassen. Der französische Grundsatz: „Qui peut le plus peut le moins“

darf darum nur ausnahmsweise angewandt werden und die Dienstkenntniß des Oberen darf nicht zu einer Dienstbekümmerniß ausarten, welche die Thätigkeit des Unteren regelmäßig annullirt. Nur gezwungen durch ein höheres als das gewöhnliche Dienst-Interesse, darf der Superordinirte den Subordinirten vertreten. Aus diesem Grunde muß Beider Geschäftsführung genau bestimmt und scharf begränzt sein, und keine Mittel-Instanz darf ohne eigene Geschäfts-Erledigung dazwischen eingezwängt werden. Coordinirte Instanzen können nur entweder für eigene Geschäftszweige oder bei einer Massensonderung gleichmäßiger Geschäfte bestehen; die Letzteren sind dem Beispiel und der Nacheiferung zuträglich, müssen aber ebenso wie die Ersteren einen Vereinigungspunkt zur Ausgleichung über sich haben. Der militärische Grundsatz, daß alle Befehle von oben herab-, alle Meldungen von unten hinaufsteigen, kann nur durch außerordentliche Verhältnisse aufgehoben werden, weil dem Vorgesetzten zu seiner Handlung die Kenntniß der Lage der Dinge nicht fehlen darf. Der Vorgesetzte braucht aber auch nur ordnungsmäßig Das zu wissen, womit sich zu der Zeit, in welcher er es erfährt, noch Etwas anfangen läßt. Momentane Erledigungen auf eigene Verantwortung müssen in isolirten Lagen jedem Vorgesetzten verfassungsmäßig zugestanden sein, und der Geschäftsgang darf das Gefühl der Persönlichkeit nicht tödten; die Controle in niederer Bedeutung muß überhaupt da, wo die Handlung mehr in den Vordergrund tritt, der Aufsicht in höherem Sinne weichen. Gewisse Dienstgegenstände können zwar ihrer Natur nach einzelnen Beaufsichtigungen unterworfen sein, sie müssen aber in der allgemeinen Dienst-Anwendung überall einen Centralpunkt finden. Mit dem Ansehen des Vorgesetzten muß die Strafgewalt wachsen, weil die meisten Menschen nur Denjenigen lieben und fürchten, von welchem sie wissen, daß er ihnen nutzen oder schaden kann. Nicht ohne Nachtheil wird darum in einzelnen Fällen dem Immediat-Vorgesetzten als der Handhabe eines Truppentheils die Gerichtsbarkeit entzogen, die in früherer Zeit dem Regiments-Commandeur zustand.

Kriegsrecht. Mit der Kriegsgeschichte und der gegenseitigen Berührung europäischer Heere hat sich, besonders seit dem westphälischen Frieden (1648), ein gesetzliches politisches Staatenverhältniß für den Krieg zu Lande entwickelt [90]. Im Seekriege ist man, wie die Caperbriefe und ähnliche Erscheinungen beweisen, noch nicht soweit vorgeschritten. Obiges Verhältniß, das man auch wohl zum Völkerrecht gehörig betrachtet, verbietet die Gewaltthat an Unbewaffneten und das Vergreifen an Privateigenthum; es hindert die Beleidigung der Waffe, den Treubruch gegen den Feind u. s. w. Eine Behandlung desselben dürfte also wohl in einer vollständigen Kriegstheorie nicht fehlen, wobei indessen das: „Aut vincere aut mori toto certatum et corpore et regno" nicht zu vergessen wäre, damit der Krieg nicht in den weichlichen Charakter, mit dem er sich nur an Denjenigen rächt, welche an diesen glauben können, hineingespielt wird.

Alles, was wir über die Personal-Beschaffenheit der heutigen Armeen gesagt, zu ihrer Bildung angerathen und in der Militär-Verfassung betrachtet haben, bezeichnet die Gesinnung, die man gemeinhin und oft unverständlich, Soldatengeist nennt. Dieser aber, der sich wie jeder Geist, nur wieder von ihm selbst auffassen, gebrauchen und mittheilen läßt, und der sich nur gelegentlich in der Theorie herausstellt, wenngleich diese in und durch ihn lebt, giebt mit der Erkenntniß des oberen moralischen Grundes, jeder Kriegshandlung nach unseren Kategorien zuletzt die sogenannte Metaphysik des Kriegswesens, die indessen, obgleich sie den Gipfel (partie sublime) der Theorie ausmacht, noch immer nicht die auf den einzelnen Fall wirklich angewandte Kunst ist. Bonneville, der Herausgeber der Reverieen des Marschalls von Sachsen, verwechselt diese Metaphysik mit der Kunst, indem er sagt: „La guerre a des règles dans les parties de detail, elle n'en a pas dans les sublimes" [91]. Uns geht eigentlich nur eine zusammenhängende Lehre in Betreff der ersteren ab, die wir jetzt aus dem geregelten Nachdenken über die Kriegsgeschichte stückweise zu erlangen angewiesen sind. Es dürfte hier wohl der rechte Ort sein, auf die eigentliche hohe Bedeutung dieser Metaphysik aufmerksam zu machen, da die vermehrte Unmöglichkeit sich über die Elemente hinaus nach einer geordneten

Soldatengeist.

Theorie zu unterrichten, schon manchen guten Kopf dahin brachte, entweder sein Fach nicht weiter zu verfolgen, die Kriegsgeschichte wie einen Roman nur zum Zeitvertreibe zu lesen und ihr ohne eigene Verarbeitung nur mit dem Gedächtniß entgegen zu kommen, oder sich nach Recensentenart daran zum Ritter zu schlagen.

Anmerkungen.

[1] (S. 64). „Das müßte ein dummer Bauer sein," sagt Schildknecht (1652), „der keinen Sperling kennte." — Göthe meint von denjenigen Definitionen, die der Wissenschaft wahrhaften Nutzen bringen sollen, daß man erst eigentlich ein Werk schreiben müsse, um zu ihnen zu gelangen.

[2] (S. 64). So lange der Soldat sein Fach wie der Handwerker betrieb, wurde er wie dieser angelernt und nach seiner Geschicklichkeit bezahlt; man wußte zu der Zeit wenig vom Exerciren, die Handfertigkeit mit den Waffen aber erwarb sich jeder auf seine eigene Faust.

[3] (S. 64). Friedrich II. dachte sehr richtig, indem er sagte: „Ich gebe mir die Mühe, meine Armeen soviel als möglich in den besten Stand zu setzen; allein man vergesse nicht hierbei daran zu denken, daß sie gleichwohl nur als Werkzeuge anzusehen sind, die bloß dazu bereitet werden, daß die Generals sich ihrer dereinst geschickt bedienen sollen und daß diese Werkzeuge, so gut sie immer sein mögen, nur insofern nützlich werden können, als man sie gehörig zu gebrauchen weiß."

[4] (S. 64). Die der Armee als dem Haupt-Kriegsinstrument nothwendigen Erfordernisse zerfallen in zwei große Abtheilungen, die sich auch in allen anderen Staatsmaschinen bemerklich machen und häufig ineinander greifen, weshalb sie eines Vereinigungspunktes bedürfen. Es sind dies die sogenannten Commando- und die Oekonomie-Angelegenheiten der Armeen und den Vereinigungspunkt für beide giebt der Kriegsminister ab. Daß darum zu diesem Posten ein Mann gehört, der beide Zweige übersieht und sie dem Zwecke gemäß in das möglicherweise erreichbare richtige Verhältniß zu bringen weiß, versteht sich von selbst. Seine Aufgabe ist um so schwieriger, als es kein feststehendes Princip für die Kriegführung und also auch für die Kriegsmaschine giebt, sondern Zeit und Umstände, sowie allerhand Persön-

lichkeiten ununterbrochen darauf einwirken. Noch schwieriger ist es gerade in unserer Zeit, wo man einer verständigen Geschichtsidee, der einzig möglichen, die Richtung des Urtheils angebenden geraden Linie so wenig nachgeht und sich in gemeinsamer Verwirrung der Begriffe und Analogien mit Zufälligkeiten, Eitelkeiten und Launen im Kreise herumtreibt; in einer Zeit, wo trotz aller vorgeschriebenen Formen, am Ende der Unredliche thut, was er kann, und der Eigennützige, was er will, und wo der Verständige bald Lust und Liebe zu einer Sache verliert, in der er nicht vorwärts zu kommen weiß.

[5] (S. 64). Philipp von Macedonien und Alexander der Große hatten halbstehende, und die Perser hatten auch eine kleine Anzahl stehender Truppen; die letzteren hießen deshalb: die Unsterblichen. Der ganze Charakter unserer stehenden Heere tritt im Alterthum aber erst in der römischen Legion unter Diocletian und Constantin hervor.

[6] (S. 64). Napoleon war der Meinung, deß eine Nation ohne Militär-Einrichtungen und -Systeme schwerlich eine Armee organisiren könne. — F. Koch, der in seinen Mémoires pour servir à l'histoire de la campagne de 1814 über die schnelle Auflösung der im Jahre 1814 im Yonne-Departement zusammengebrachten 4000 Mann starken Landesbewaffnung spricht, meint: „C'est en vain qu'on compte sur une levée improvisée de la population pour assurer l'indépendance des états; il n'y a qu'une organisation régulière, préparée de longue main et qui ait fait ses preuves qui puisse garantir leur existence.“ — In Silva's Taktik (1778) finden sich einige gute Winke hierüber.

[7] (S. 65). In Frankreich datiren die stehenden Armeen von den 15 Ordonnanz-Compagnien, welche Karl VII. 1445 errichtete; jede derselben bestand aus 100 Lanzen (jede Lanze zu 6 Mann, nämlich: 1 homme d'armes, 3 archers, 1 coutelier, 1 page), die sehr zerstreut garnisonirten; ils n'avaient pour maître que le roy et suivaient pour combattre certaines méthodes. — Philipp II. hatte (im Jahr 1550) 22 Compagnien hommes d'armes und 5000 leichte Reiter als stehende Garden von Castilien, neben seinen 3 Leibwachen und 1600 Küstenreitern mit Tartsche und Wurfspieß; überdieß hatte er noch eine Miliz von 30,000 Mann; die Infanterie stand hier in solchem Ansehen, daß man nur geborene Spanier darin aufnahm.

[8] (S. 65). Daß das System von je her auch viele Mißbräuche im Gefolge hatte, ist bekannt; schon Machiavel rügt solche, die von Seiten der Capitano's in den italienischen Staatenhändeln des 15ten Jahrhunderts mit den Miethssoldaten getrieben wurden, mit den Worten: „Pour éviter les pertes et pour recruter plus aisément, ils imaginaient de dispenser leurs soldats des fatigues et même des dangers. On évitait de se tuer dans la mêlée, on se battait pour se prendre les armes et les chevaux et quand on avait fait des prisonniers, on se bornait à les dépouiller.“ Von den späteren, weniger auffälligen Mißbräuchen findet man noch Zeichen in Friedrich's II. Instructionen für seine Generale, sowie in

manchen noch heute bestehenden Armeeformen, die eine veränderte Beschaffenheit der Armeen überflüssig gemacht hat. — Das Benehmen gegen die Ausreißer wurde in späteren Zeiten in ein förmliches System gebracht, und in Berlin konnte man rechnen, von 100 derselben 98 wieder zu erhalten. Zu des Marschalls von Sachsen Zeit band man die Sorge für die Erhaltung des Soldaten dergestalt an das Interesse des Capitains, daß von dem Marschall selbst sogar der Vorschlag gemacht wurde, für jeden gestellten Recruten 50 Livres vom Capitain deponiren zu lassen, die ihm bei jenes Abgange verloren sein sollten.

[9] (S. 65). Im englischen Parlament hieß es noch 1817: „The worst man are the fittest for soldiers, keep the better at home." — In Preußen hatten die Regimenter selbst die Controle über ihre Cantonisten, seitdem das Cantonsystem von Friedrich Wilhelm I. 1733 eingeführt worden; sie erhielten im Frieden jährlich 30, im Kriege 100 Recruten aus jedem Bezirk.

[10] (S. 66). Der Marschall von Sachsen sagt in der ersten Hälfte des 18ten Jahrhunderts: „On lève les troupes par engagement avec capitulation, sans capitulation, par force quelquefois et le plus souvent par supercherie", und kommt bei den daraus hervorgehenden Nachtheilen auf die allgemeine Dienstpflicht bei fünfjähriger Dienstzeit. „Mais pour y parvenir", setzt er hinzu, „il faut n'en accepter aucune condition, être sévère sur ce point et faire exécuter cette loi de préférence aux nobles et aux riches"; von den Officieren meint er: „L'homme qui se voue à la guerre ne doit ni avoir ni connaître d'autre domicile que sa troupe."

[11] (S. 66). Warnery meint von der preußischen Infanterie nach der Schlacht bei Zorndorf (1758): „Diese Bataille verdarb die preußische Infanterie ganz und seit dieser Zeit haben die preußischen Nationalregimenter Nichts von Erheblichkeit geleistet. Die Soldaten, welche ihre Weiber und Kinder in Preußen zurückgelassen hatten, daselbst wohnhaft oder sonst angesessen waren, desertirten, besonders seitdem ihnen die Russen versprochen, daß sie in ihrer Heimath in Ruhe bleiben und vom Dienst befreit sein sollten. — Jeder Staat will unfehlbar Beides, gute Bürger und gute Soldaten haben. Entwickelt man sich den Begriff dieser Ausdrücke ohne an Phrasen hängen zu bleiben, so wird man bald zugeben müssen, daß hier eine bedeutende Verschiedenheit vorhanden ist; bei dem Einen muß (nach Kant) das Princip der Selbstständigkeit, bei dem Andern nach der Meinung der vernünftigen Soldaten aller Zeiten, das Princip des Gehorsams obenan gestellt werden; beide Principien stehen sich aber wesentlich entgegen und können nur erst in denselben Individuen vermittelt werden. Die unklare Phantasie unberufener Geschichtsschreiber nennt Scharnhorst gleichsam den Erfinder der angeblichen Idee der Verschmelzung des Bürger- und Soldatenstandes, als ob sich eine solche nach der Idee bewirken ließe, und übrigens spricht auch die soldatische Persönlichkeit Scharnhorst's dagegen, daß er

diese Idee überhaupt gehabt habe; er wollte allerdings manche Krankheit des damaligen Soldatenstandes, aber diesen nicht selbst aufgehoben wissen; denn welchem Krieger könnte wohl die Unentbehrlichkeit des métier des armes, wie es die Franzosen schon seit lange genannt haben, für die Kriegführung nicht einleuchten? Ein hannoverscher höherer Officier hat mir auch mündlich im Jahre 1833 versichert, Briefe aus den letzten Jahren Scharnhorst's in Händen zu haben, welche die damaligen Organisationsgrundsätze als nur für jenen Zustand passend anerkennten und woraus hervorginge, daß dieselben von Scharnhorst zu einer Friedensorganisation geradezu für nicht angemessen erachtet worden seien. — Als sich im Jahr 1814 die polytechnische Schule Napoleon zum Marsche gegen die Alliirten antragen ließ, gab dieser die Antwort: „Dites leur que je ne veux pas tuer ma poule aux oeufs d'or"; oft genug konnte man so Etwas auch bei unserer allgemeinen Dienstpflichtigkeit denken.

[12] (S. 66). In Frankreich zahlte man im Jahre 1814 über 10,000 Francs für einen Stellvertreter, und doch wurden jährlich keine 2000 Käufe abgeschlossen. In Bayern wird die Stellvertretung durch Anmeldung von Capitulanten in den Regimentern vollzogen, was schon der Marschall von Sachsen empfiehlt. Napoleon scheint am Ende seiner Laufbahn das Remplacement nicht mehr gebilligt zu haben, denn er fügt Rogniat's Erwähnung der Conscription die Note bei: „en n'admettant aucun privilège, aucune exemption", wenn das anders nicht auf die bloße Verpflichtung zum Dienst sich bezieht, die sich ablösen ließ. Die Holländer hatten noch 1833 die Stellvertretung, wollten sie aber gerne los sein, weil sie meinten, daß sie damit an Capitulanten einbüßten und daß die Leute sich mit dem erworbenen Gelde gewöhnlich auf die liederliche Seite würfen.

[13] (S. 66). Daß in unserem Culturzustande das Ideal des Bürgers mit dem des Soldaten nicht zusammenfällt, sieht wohl Jeder ein. Ohne jedoch hier diesen Unterschied hervorzuheben, was, wenn es gründlich geschehen sollte, eine eigene Abhandlung erfordern würde, bemerken wir nur, daß Lycurg's Gesetzgebung bei den Alten das bürgerliche Wesen dem soldatischen unterordnete und daß auch darum nach Plutarch die Spartaner sagten, bei den Atheniensern würden viele Gesetze geschrieben, bei ihnen aber die wenigen gehalten. Hiernach dürfte es freilich scheinen, als ob die neueste Zeit sich wenig nach dem Soldatischen hinneigte. Die Türken, welche in ihrer Erziehung bei allen Classen der Gesellschaft so viel Gewicht auf das klare Auffassen eines ertheilten Befehls legen, bekunden hiermit einen Rest von vorherrschender Militär-Verfassung, welche ihrer Lagerung in Europa ganz angemessen war. — Bei einer gründlichen Behandlung dieses Gegenstandes würde man zuletzt auf Standes- und Gelegenheits-Soldaten kommen, die in unseren Armeen verschiedentlich gebildet und angesehen sein wollen, wenngleich davon noch Nichts in der Theorie verlautet; denn daß eine 500jährige, in den Culturzustand Europa's verwachsene Scheidung des Bürger- und Soldatenstandes einer Einzelheit, wie Napoleon's Invasionen,

ohne Weiteres sogleich weichen werde, dürfte im Ernst wohl Niemand glauben können. Wenn Dem nun aber so ist, so müssen auch die Hebel des Standessoldaten für den Dienst nicht außerhalb des Standes gesucht werden; sie müssen den Stand zum Zwecke haben, nicht zum Mittel für andere Zwecke machen. Jede Soldatenclasse muß Etwas finden können, was sie zum Verbleiben in derselben anregt. Darum müssen auch alle Classen die ihnen angemessenen eigenen Ansprüche auf Bildung, Behaglichkeit, Ehre und Interessen haben, was Alles heute allerdings schwerer wie ehedem möglich zu machen ist, aber durch unüberlegte Einrichtungen immer noch mehr erschwert wird.

[14] (S. 67). Im dritten Buch von Montecuculi's Memoiren heißt es (pag. 493 in der Ausgabe vom Jahre 1704): Alessandro usci con 120. mil. combattenti per la guerra delle Indie; nel fatto d'arme di Canna hebbero i Consoli Romani 87. mil. combattenti; Goffredo Buglione contro li Sarazeni Esercito die 300. mil. fanti e 100 mil. Cavallieri armati condusse. L'anno 1552. Carlo V. Imperatore hebbe un' esercito di 90. mil. Fanti, e 30 mil. Cavalli; l'anno 1556: l'Imperatore Massimiliano II. messe in campagna 25. mil. Cavalli, e 80 mil. Fanti.

[15] (S. 67). Napoleon meint, jeder Nation, welche die Wichtigkeit eines stehenden Heeres außer Augen setze und sich allein auf Aushebungen und Nationalheere verlasse, müsse es ergehen wie den Galliern gegen Cäsar, und sie müßte noch dazu des Ruhmes entbehren, solchen Widerstand zu leisten, der damals von der Barbarei erzeugt und von der Natur des Terrains, das voll Wälder, Sümpfe, Schluchten, ohne Wege, schwer zu erobern und leicht zu vertheidigen war, begünstigt worden sei.

[16] (S. 67). Oberst d'Aguilar, der englische Uebersetzer von Napoleon's Maximen, sagt: „Much enthusiasm and devotedness are required on the part of the troops for the general who commands, to induce an army to perform great actions in war, in which it takes no interest. This is sufficiently proved by the apathy of auxiliaries, unless when inspired by the conduct of theirs chief", und man sollte wohl glauben, daß Napoleon selbst in den Campagnen von 1812 und 1813 solche Erfahrungen nicht fremd geblieben sein könnten.

[17] (S. 68). Napoleon erzählt von seinen Veteranen: „Ces hommes forts et tout d'exécution accoutumés aux situations critiques et que rien n'étonnait, n'avaient de souvenir et d'avenir que la guerre, ils ne parlaient que d'elle." Auch Oberst Napier sagt in seiner Geschichte des spanischen Krieges: „L'ardeur des jeunes soldats semble faire 'honte à la froide indifférence des vieilles troupes, mais lorsque la lutte s'établit entre la mauvaise fortune et le courage, qui doit la supporter, entre des fatigues sans cesse renaissantes, la résignation du vétéran devient vraiment formidable tandis que le jeune soldat s'abandonne au déses-

poir", und desgleichen: „Les jeunes soldats attribuent toujours leurs souffrances à la mauvaise volonté des habitants; il est difficile de leur faire entendre que des pauvres paysans n'ont pas de provisions en réserve, de vieux soldats au contraire ne blâment personne et savent comment se procurer des vivres sans exciter de l'inimitié." — Der Marschall von Sachsen äußert: „Il ne faut jamais toucher à la cavalerie; les vieux cavaliers et les vieux chevaux sont les meilleurs; tout ce qui est de recrue ne vaut jamais rien. Quant à l'infanterie, pourvu qu'il y ait de vieilles têtes, on fait des queues tant que l'on veut."

[18] (S. 68). Oberst Napier meint: „L'organisation des états modernes ne laisse pas à leur système de gouvernement ou d'éducation les moyens de faire naitre ou de nourrir un sentiment très prononcé de patriotisme." Die geistige Weltverbindung bringt bei Weitem mehr Zusammenhang in die auf gleicher Höhe stehenden Classen der Gesellschaft aller Länder, als in die respectiven Gesellschaften selbst. — Benjamin Constant de Rebeque sagt sehr richtig: „Le point d'honneur ne se forme que par le progrés de la civilisation. Les sauvages ne voient de 'honte ni à tromper ni à fuir."

[19] (S. 68). Nichts ist im Kriege wichtiger als ein einheitliches Commando; Napoleon ist darum der Ansicht, daß es gegen eine Macht wo möglich auch nur eine Armee, auf einer Basis, unter einem Führer geben müsse. Prinz Eugen und Marlborough zeigten gegen diese Regel ausnahmsweise Erfolge, ebenso wie Blücher und Wellington. Napoleon's eigene Worte in Betreff dieses Gegenstandes sind: „Il ne faut qu'une armée, car l'unité de commandement est la première nécessité à la guerre; il faut tenir l'armée réunie."

[20] (S. 69). Die mit dem Gehorsam verbundene Verantwortlichkeit wächst mit dem Umfange der Handlung und des ihr zu Grunde zu legenden Urtheils. Beim obersten Feldherrn kann nach Napoleon's Meinung die Verantwortlichkeit selbst dahin gehen, Befehlen, die, nicht zur Stelle gegeben, den Umständen offenbar zuwider sind, den Gehorsam zu versagen. Etwas Militärwidriges liegt immer in solchem Benehmen, das darum ebenso wenig hervorgerufen als gemißbraucht werden darf. Prinz Eugen schlug 1697 gegen den ausdrücklichen Befehl des Kaisers die Türken bei Zenta und kam darum in Untersuchung. Ebenso griff Hoche 1793 dem erhaltenen Befehl entgegen die Oesterreicher bei Trier nicht an, weil er dadurch den Erfolg einer späteren Campagne nicht auf das Spiel setzen wollte.

[21] (S. 69). So nennt z. B. Napoleon die Beschlüsse eines Kriegsrathes die allerschlechtesten, weil sie die klügsten und feigsten wären; und ein altes Sprichwort sagt: „Un conseil de guerre n'est jamais d'avis de combattre." — Den schlechten Zustand der französischen Armee unter Contades (1759) erklärt Napoleon folgendermaßen: „A force de disserter, de faire de l'esprit, de tenir des conseils, il arrivait aux armées françaises de ce tems ce qui est arrivé dans tous les siècles en suivant une pareille

marche.“ — Oberst Napier sagt von den Franzosen vor Saragossa: „Les soldats discutaient ouvertement sur les chances du succès et de là, quand l'entreprise est périlleuse, il n'y a plus qu'un pas à la mutinerie.“ — Carnot raisonnirte in den ersten Revolutionsjahren über den passiven Gehorsam und zwar that er dies zu Gunsten der Volksfreiheit gegen die Soldatenherrschaft. Er wollte den passiven Gehorsam bloß gegen den Feind und in der Nähe desselben gelten lassen; bei der Anwendung der Armee im Innern des Landes als troupe de police wollte er den Soldaten dagegen von ihm lossprechen und die obéissance aux lois générales conséquemment à une obéissance raisonnée höher als den militärischen Gehorsam stellen. Daß dabei eigentlich keine Armee bestehen könne, hatte der gutmüthige, nach einer Seite hingezogene Republicaner wahrscheinlich nicht bedacht; daß wir aber mit den bloßen National- und nicht Soldaten-Armeen nach und nach factisch auf den Sinn dieses Raisonnements gerathen müssen, scheint den heutigen Militärfaiseurs bei ihrer Unklarheit, obgleich sie den monarchischen Principien huldigen, doch auch zu entgehen. Dieselben wissen ebenso wenig wie Carnot, was sie wollen. Daß Letzterer es, wenn auch zu spät, noch erfahren hat, scheint aus der Bemerkung seines Biographen Tissot hervorzugehen: „Qu'a-t-il dû en penser au 18. fructidor, lorsque, par suite de l'obéissance passive, il fut attaqué et poursuivi par les soldats préposés spécialement à la garde de sa personne, comme un des premiers magistrats de la république, tandis que leur devoir au contraire était de le défendre au péril de leur vie? Qui ne conçoit d'après ce fait, quelles horribles inconvenances pourraient résulter d'un pareille système sous quelque genre de gouvernement que ce pût être?“ — Man gebraucht häufig den Ausdruck, der Officier sei die Seele einer Armee, eine Metapher, die, wenn sie nicht auf Irrthümer leiten soll, eine genauere Erwägung verdient. In der Redensart selbst kann unter „Seele“ wohl nur vorzugsweise der Impuls und die Kraft des Willens verstanden werden, welche den Körper mit fortreißt.

[22] (S. 69). „Officier“ ist ein in der deutschen Sprache erst seit dem 17ten Jahrhundert gebräuchlicher Ausdruck lateinischen Ursprungs (von officium: das Amt). In den Kriegsbüchern Fronsberg's und des Grafen Solms aus dem 16ten Jahrhundert findet man nur die Ausdrücke: „Befehlshaber“ und „Befehlsleute“, ebenso wie man noch heute statt „Soldaten“: „Kriegsleute“ sagt. Die einzelnen Stellen wurden damals: „Kriegsämter“ genannt.

[23] (S. 69). Der Unterofficier, welcher der Masse wie der Intelligenz gleichmäßig unentbehrlich ist, ist darum ein so wichtiges Glied in der Militärhierarchie und es ist dem Geiste derselben ebenso entgegen, wenn er im Ansehen herabgedrückt, als wenn er über die Gebühr erhoben wird, da in beiden Fällen seine Bestimmung verloren geht. In einigen Armeen, worin das höhere Avancement den Subalternofficieren in der Regel verschlossen ist, rücken diese dem Unterofficier näher, als in anderen mit gleichen Beförderungsaussichten. — Im 9ten Theil des preußischen Dienstreglements von

1744 findet sich unter Tit. IV. folgender Passus: „Der Capitain von der Compagnie muß, wenn ein Unterofficier gemacht wird, vornehmlich darauf sehen, ob es ein braver, auch verständiger Kerl sei und ob er gute Conduite hat; weshalb keiner gleich wie bisher zum Unterofficier gemacht werden soll, wenn er nur gut schreiben kann. Denn solches nur als reine Nebensache regardirt werden soll, damit folglich die Unterofficiere rechte Soldaten und nicht Federfuchser sind." In neuerer Zeit braucht man das Schreiberhandwerk häufig als Lockung zum Dienst.

[24] (S. 70). Die Hingebung (dévouement) für den Vorgesetzten ist nach der Ansicht St. Cyr's bei Weitem nicht so eindringlich, als die Gesinnung: „Il est toujours à craindre qu'il ne se restreigne bientôt à un petit nombre d'individus accablés des dons du chef."

[25] (S. 70). Auch die ächte Ritterehre hat sich zuletzt so ziemlich in Einzelheiten aufgelöst, ungefähr wie der Begriff von générosité, das ursprünglich soviel als Tapferkeit bedeutete, weshalb auch der Orden pour le mérite früher: pour la générosité hieß. Ein wahrer Chevalier war und wird immer in der Armee eine Perle bleiben; die hohe Selbstverleugnung in solchem Charakter ist aber eine Ausnahme und kann der Menge nicht als Regel vorgehalten werden, weil die Regel nicht aus dem Ideale hergeleitet sein darf, wenn sie praktisch sein soll. Früher war Ehre ein staatsrechtlicher, mit dem Erbe (dem alten Landbesitz) zusammenhängender Begriff, dessen sittliche Bedeutung sich erst später entwickelt hat (siehe: Hüllmann's Städtewesen des Mittelalters pag. 203 des 2ten Theils).

[26] (S. 70). Marozzo schildert in seiner Arte dell' armi (1568) das Duellwesen mit seinen Regeln und den größtentheils lombardischen Gesetzen von damals; es war dabei z. B. verboten, sich an einsamen Orten und im Gehölz zu schlagen, indem es sei: „fuori d'ogni disciplina militare più costumi apertinenti a vilissimi beccari, ruffiani ed gente plebea." Die Ausforderungen mußten dreimal geschehen und waren nach sechs Monaten ungültig. Mit dem Secundanten brauchte sich Niemand zu schlagen, dagegen mußte der Lehnsherr selbst in Sachen, welche die Treue betrafen, seinen Vasallen Genugthuung geben. Ebenso stand der zehnjährige gediente Soldat (armigero veterano), auch wenn er kein Edelmann war (di natura nobile), diesem gleich, da es dabei auf virtù und nicht auf dignità und nobilità ankam. Die Duellanten und campioni mußten nach Kaiser Friedrich's Gesetz vorher den Eid schwören, daß ihre Behauptung wahr sei und ihr keine Verläumdung zum Grunde liege. Auch war der Ausgang des Duells mehr oder minder ehrenvoll nach Maaßgabe verlorener Glieder; so handelt ein Capitel in dem oben angeführten Werk de due combattandi, uno cave un ochio al némico ed l'altro li taglie il naso, si dimande: quale avrà più honore di li dui?

[27] (S. 71). Die ersten Spuren einer Regiments-Verfassung zeigen sich bereits in der Mitte des 14ten Jahrhunderts. In Justinger's Chronik

von Bern heißt es: „Die Bürger zogen im Jahre 1365 denen von Basel zu Hülfe, an 1500 in gleichen Wappenröcken." Die spätern Landsknechte hatten diese Verfassung ebenfalls, wenngleich sie noch unter Maximilian sich nach eigenem Gefallen kleideten; Maximilian selbst weist eine Vorstellung seiner Hauptleute, die sich an die theilweise Kostbarkeit dieser Kleidung stießen, zurück. Vor den Uniformen und Farben unterschied man die Heerhaufen nach den Bannern und Fahnen, die zuerst mit Kreuzen, später mit Heiligenbildern versehen waren. Ganz uniformirte Regimenter brauchte zuerst Timur in dem Kriege gegen Bajazet (1402). Daß sie zur Ordnung wesentlich beitragen und namentlich die Ausreißer vermindern, bezeugt noch Wellington (1809) in seiner Aufforderung an die spanischen Behörden, ihre Truppen zu uniformiren. Als heimliches Mittel der Disciplin und Abschneidung des Soldaten vom Bürger war die Uniformirung auch von Gustav Adolph an die Hand gegeben worden; Ludwig XIV. machte sie später in seiner Armee allgemein. In der preußischen Armee wurde sie eigentlich erst 1717 unter Friedrich Wilhelm I. allgemein eingeführt.

[28] (S. 71). Der Inspecteur einer Waffe, der dieselbe in der Continuität und nicht bloß für den einzelnen Gebrauchsfall behandelt, muß auch dafür sorgen, daß die Officiere für jede Sphäre der Waffe Gelegenheit bekommen, sich auszubilden. In Folge hiervon kann der Inspecteur im Frieden häufig in den Fall kommen, das Personal anders zu wählen, als es Anciennität und momentane Brauchbarkeit verlangen.

[29] (S. 72). Nach den Römern kam eigentlich unter Gottfried von Bouillon (1096) erst wieder eine feste Armeegliederung zum Gebrauch. Der Banner (Oriflamme), den der Fahnenträger (gonfalloniere, ejub) in der Schlacht vorantrug, und die ähnlichen Abzeichen der Barone sonderten die Haufen und brachten sie nach dem Gefecht wieder zu ihren Anführern zurück. Der Ausdruck „Bataillon", der wahrscheinlich von dem italienischen padiglione (Fahne) hergenommen ist, war schon lange vorher gebräuchlich, ehe man die Armeen nach Bataillonen und Escadrons zu berechnen anfing; letzteres war erst nach dem westphälischen Frieden der Fall, und zwar wurde dabei Das, was von der Cavalerie nicht beisammen hielt (scharmuzirte), wie z. B. die Husaren, nicht nach Escadrons berechnet. — Die Flügeleintheilung hatten die Türken schon in ihren ersten Kriegen; fochten sie in Europa, so commandirte der Beglerbei von Rumelien den rechten, der von Anatoli den linken Flügel, und fochten sie in Asien, so war es umgekehrt. — Die Eintheilung nach Treffen diente in früheren Zeiten nicht allein dem Truppengebrauch, sondern hatte neben der Erholung noch den Zweck, die Leute mit frischer Munition zu versehen und die Gewehre wieder in Stand zu setzen.

[30] (S. 72). Die der römischen Legion entnommene Eintheilung der französischen Armee in Divisionen, welche von dem Kriegsminister Brienne (1788) angeordnet worden und seit 1793 in Gebrauch war, wurde erst 1805 im Lager von Boulogne vollendet. Dumas meint von derselben: „La

clarté de cette organisation rendait la transmission des ordres prompte et facile et laissait au général toute la latitude nécessaire pour les exécuter comme au chef suprême toute la liberté de la pensée. Les détails trop fréquemment appelés au centre d'action ne servaient le plus souvent qu'à produire une confusion nuisible. Bonaparte ne s'en occupait que rarement et s'il affectait quelquefois d'y descendre minitieusement, c'était pour réveiller la vigilance et tenir l'attention également tendue à tous ces degrés de la hierarchie." — Napoleon richtete auch (bleibend erst in der spanischen Campagne des Jahres 1808) eine höhere Einheit, das Armeecorps, welches aus 3 bis 4 Divisionen zusammengesetzt war und aus p. p. 20 bis 30,000 Mann bestand, ein und rüstete dasselbe mit Reserveparks, Cavaleriereserven u. s. w. aus. St. Cyr sagt darüber: „L'organisation en corps simplific les rouages de l'administration et diminue le travail du général en chef; c'est donc un perfectionnement, car tout ce qui simplific améliore; mais elle rend la condition des généraux chargés du commandement pénible" u. s. w. Man sieht hieraus, daß beiden Einrichtungen das Bedürfniß der Vereinfachung zu Grunde lag; nothwendigerweise mußte dabei Detail und Verantwortung für die respectiven Vorstände der Abtheilungen im Verhältniß zur Wichtigkeit derselben stehen. — Tiedemann hält übrigens den Herzog Ferdinand von Braunschweig für den wahren Erfinder der Divisions-Eintheilung.

[31] (S. 72). In der Seetaktik hat die Mitte den Rang, dann folgt der rechte und zuletzt der linke Flügel. Die Benennung der Flügel bleibt auch auf dem Rückzuge mit der Fronte gegen den Feind.

[32] (S. 72). Den Ursprung mancher derartigen Einrichtung hat die Zeit verwischt und der übriggebliebene Ausdruck hat seine Bestimmung gewechselt. So war z. B. das Präsentiren des Gewehrs früher die Vorstellung der bewaffneten Mannschaft bei der Musterung, ein im oder unter dem Gewehr Präsentiren. Der Sergeant war ein jeder Section zugetheilter Unterofficier ohne Corporalschaft (wie noch heute in der französischen Armee), dessen Dienst darin bestand, die Commando's aus den Corporalschaften der Section zu sammeln und zu stellen (serrer les gens), auf Märschen zu schließen und keine Traineur's zu gestatten.

[33] (S. 73). Truppengattungen wie die Dragoner oder die reitende Artillerie in ihrer ursprünglichen Bedeutung, welche dahin geht, die Beweglichkeit der Cavalerie mit der Ueberwältigungsfähigkeit der Infanterie oder dem Sicherungszwecke der Artillerie zu verbinden, werden immer etwas Zwitterartiges behalten, auch wenn sie nicht durch Zufälligkeiten auf das eine oder das andere Grundprincip zurückgezogen werden, was die Geschichte der Armee-Einrichtungen aus derartigen Versuchen zur Genüge beweist. Wie man die reitende Artillerie aus ihrer richtigen Stellung bringen will, zeigte sich ihrer Jugend wegen bisher nur auf den Exercirplätzen und in

Bücherphantasien. Mit den Dragonern hat man schon länger experimentirt und in Rußland hat man sich erst 1833 wieder mit ihnen beschäftigt.

[34] (S. 73). Zur Betrachtung einer Waffe in ihrer Besonderheit gehören alle ihre Dienstverhältnisse, auf das vorherrschende Princip und die Eigenbeiten der Waffe gestützt, also eigentlich die Grundlage des Waffenreglements in logischer Ordnung, etwa nach den Capiteln der Dienstordnung und des Personalressorts, der Dienstverrichtung und der Verantwortlichkeit im Frieden und im Kriege, wobei die eigentlichen Kenntnisse nur subsidiarisch zu erwähnen und eine Vergleichung dieser Einrichtungen mit den entsprechenden in andern Staaten und Zeiten Behufs Vervollständigung der Begriffe nnd Aufstellung weiterer Gesichtspunkte zu benutzen sein würde. Unsere Reglements sind nicht selten ein Mixtum von einzelnen herausgegriffenen und ungleichartig überdachten Pflichten, Kenntnissen, Observanzen u. s. w. Ein öfterer Wechsel der Reglements ist freilich auch nicht wohlthätig; Friedrich II. sagte schon davon: „Mieux vaut conserver à une armée des ordonances médiocres avec lesquelles elle est familiarisée que de lui imposer l'obligation d'apprendre de nouvelles ordonances, fussent-elles rapprochées à la perfection."

[35] (S. 73). Bei Feststellung der Erfahrungen, welche einem so praktischen Wissen wie die Kriegstheorie ist, zu Grunde gelegt werden sollen, läßt sich nicht weit genug um sich schauen, damit neben denjenigen Voraussetzungen, welche die Erfindung und Anwendung der Theorie ganz unerläßlich macht, die Wahrheit, que la guerre n'est pas un art conjectural, möglichst in Ehren bleibt. Am Material zur Erweiterung solcher Aussicht fehlt es in unserer Litteratur keineswegs. Dasselbe will nur ordnungsmäßig zusammengesucht sein.

[36] (S. 74). Der Name soll von einer spanischen Prinzessin (Infantin) herrühren, die ihren Vater mit Leuten zu Fuß aus den Händen maurischer Feinde rettete, in die er mit seinen Rittern gefallen war. — Das neu constituirte spanische Fußvolk lag zur Zeit Karl's V. und Philipp's II. als Garnison in den vielen auswärtigen Provinzen der großen Monarchie und brachte den Namen bald allgemein zu Ehren, indem der militärische Geist desselben besonders unter Alexander Farnese vorzüglich war. Bei den damaligen deutschen Armeen nannte man Das, was zu den Combattanten gezählt wurde, zusammengenommen „Zeug" und unterschied: „Fuß-" und „Reisigen-Zeug," woher die noch jetzt übliche östreichische Benennung des General's der Infanterie mit „Generalfeldzeugmeister" stammt. Später ging die Benennung „Zeug" mehr auf das Materielle der Waffen über, was man früher mit dem Ausdruck „Engin's" als Kriegsmaschinen bezeichnet hatte.

[37] (S. 74). Chambray erzählt als Augenzeuge von dem Gefecht bei Valutingora: „On s'y joignit plusieurs fois (mit der Infanterie nämlich) à l'arme blanche, circonstance commune si l'on croit les bulletins, mais réellement très rare." Demungeachtet zählt man noch häufig nach Bajonnetten, was diese gewissermaßen als Hauptwaffe bezeichnet.

[38] (S. 74). Als nach dem siebenjährigen Kriege das Geschwindfeuer als Hauptsache galt, hatte man nach Bärenhorst das Abfeuern bis auf 5mal in der Minute gebracht. Noch mehr wurde geleistet mit dem von Friedrich von Baunschweig 1773 angegebenen cylindrischen Ladestock und dem 8 Jahre darauf von Freitag empfohlenen trichterförmigen Zündloch zum Selbstaufschütten; die mit der Kugel verbundene Papierpatrone war schon seit 1670 in Gebrauch. Mit allen diesen Verbesserungen brachte man es dahin, 6 Exercir- oder 4 scharfe Patronen in der Minute abfeuern zu können. Soll indessen das Massenfeuer wirksam bleiben, so lassen sich nicht mehr wie höchstens zwei Schuß in der Minute abgeben. Man muß nämlich Wirkung und Erfolg des Feuers unterscheiden; erstere beruht lediglich auf dem Treffen, letzterer mit in dessen Einwirkung auf das Gemüth des Feindes. Will man diesen Erfolg sichern, so muß das Feuer mörderisch oder überraschend sein; das erstere kann nur durch die Dauer und durch Massen aus der Nähe hervorgebracht werden, woher der Vortheil des concentrischen gegen das excentrische Feuer und der in allen Modificationen auftretenden Reserven, die ihr Feuer zurückhalten. — In Bezug auf die zur Feuerwirkung günstigste Gliederung der Infanterie meint Napoleon: „L'infanterie doit se ranger sur deux rangs parceque le fusil ne permet pas de tirer que sur cet ordre.“ Dem Marschall von Sachsen ist das ein Gräul.

[39] (S. 74). Oberst Napier sagt von den Massenattaquen der Franzosen: „Ce mode d'attaque peut avoir réussi avec les Autrichiens, les Russes et les Prussiens; mais il doit toujours échouer contre les Anglais, dont l'infanterie est assez ferme, assez intelligente, assez disciplinée pour attendre avec calme la charge de ses adversaires et assez courageuse pour fondre sur eux à la baionnette.“ — Der Herzog von Wellington berechnete bei Quatrebras aufs Haar, wie lange seine kriegsgewohnten Bataillone im französischen Geschützfeuer Stand halten könnten. — Die nach dem Muster der Alten von Folard phantasierten Colonnenchoc's wurden bei Minden zufällig mit Nachtheil, bei Fontenay dagegen mit Vortheil von den Franzosen angewandt. Es ist dabei überhaupt nicht zu übersehen, daß eine Massentete zwar einen Vortheil erringen, denselben aber durch die Unordnung in der Queue ebenso leicht wieder verlieren kann.

[40] (S. 74). Napoleon ist der Meinung, es habe seit Erfindung des Schießpulvers nur eine Infanterie, die leichte, gegeben. Er sagt: „Si vous attachez une poignée d'éclaireurs à chaque division, il faut que leur nombre ne de passepas 1/25 de l'infanterie,“ und: „Une ligne dans une journée importante passe toute entière aux tirailleurs, quelquefois même deux fois.“ — Die Römer hatten schwere Infanterie, welche mit Stoßdegen focht; die russische Infanterie griff auf gleiche Art noch unter Peter dem Großen mit dem Säbel an, ebenso die Oestreicher in den letzten Türkenkriegen und Friedrich II. in der Schlacht bei Czaslau.

[41] (S. 74). Aus einer solchen Theorie kann z. B. auch nur ein gründliches Urtheil über das Bajonnettfechten in seiner Kriegswirkung hervorgehen.

Obgleich dasselbe als gymnastische Uebung für den Soldaten und als Mittel zur Ausbildung des gemeinen Mannes für eine gewisse Dispositionsfähigkeit an sich schon seinen Werth hat, so ist es in dieser Hinsicht doch vielleicht anderweitig zu ersetzen.

42 (S. 74). Der Marschall von Sachsen äußert in Bezug auf die Cavalerie: „Il est certain que l'on ne connait point la force de la cavalerie ni les avantages qu'on en peut tirer. D'où vient cela? De l'amour qu'on a pour les chevaux." — Lloyd giebt der Cavalerie nur den Charakter einer Hülfswaffe (accessoire), „dont la principale fonction est d'assurer et compléter la victoire." — Rogniat meint: „La cavalerie contribue moins au gain qu'au résultat des batailles", und Napoleon: „C'est à la cavalerie à poursuivre la victoire et à empêcher l'ennemi battu de se railler."

43 (S. 75). Gourgaud äußert in Betreff des von Segur beschriebenen Gefechts bei Witepsk: „Le seizième de chasseurs voulait employer une manoeuvre qui lui avait déjà réussi plusieurs fois; il attendit la charge sans s'ébranler et à 30 pas de distance fit un feu de carabine. La vélocité de la cavalerie russe ne put pas être arrêtée par ce feu qui ne fit que causer du désordre dans les rangs du seizième." Das Mittel war übrigens zu bekannt, um durch Neuheit zu überraschen, wie 1806 bei Schleiz ein braves sächsisches Dragonerregiment. Der Choc sowohl für Cavalerie als Infanterie braucht wenigstens einen Anlauf von 100 Schritt, und der Marschall von Sachsen meint: „Tout escadron qui ne peut charger 2000 pas à toutes jambes sans se rompre n'est jamais propre à la guerre; c'est le point fondamental."

44 (S. 75). Vornehmlich für die Cavalerie ist die Maxime beherzigenswerth, welche die bekannten Strophen enthalten:

„Wenn zwischen Hammer und Amboß nur Eins
zu wählen dir freisteht;
Dann nicht lange geschwankt, kräftiger
Hammer zu sein."

45 (S. 75). Wenngleich man vorzugsweise die sogenannte schwere Cavalerie (grosse cavalerie) für den Massenangriff bestimmt hält, so ist dieser im Gefecht doch mehr oder minder die Hauptsache für jede Cavalerie. — Napoleon meint von seinen besseren Cavaleriegeneralen Murat, Leclerc, Lasalle, daß sie die im Einzelnen überlegenen Mameluken immer durch die mit entwickelten Linien ausgeführten Chargen geschlagen hätten und daß die Ueberlegenheit stets und weit über das Stärkenverhältniß beider Theile hinaus zugenommen habe. — Marbot ist sogar der Meinung, daß selbst der irregulären Cavalerie die Eintheilung in Schwadronen nur Nutzen gebracht habe.

46 (S. 75). Man kann wohl annehmen, daß, alle anderen Ursachen abgerechnet, auch hierin ein Hauptgrund der Veränderlichkeit in dem Stärkenverhältniß der Cavalerie in den Armeen beim Anwachsen der Letztern lag.

Napier meint: „Il n'y a pas de cavalerie si forte qu'elle soit, qui puisse faire une vive impression sur les trois armes réunies, quand elle n'est pas soutenue par ces mêmes armes.“ — Hoffmann erzählt, im Gefecht bei Möckern, wo die schlesische Armee beide Endpunkte der französischen Stellung angriff, habe man die große, zwischen den Corps von York und Langeron entstandene Lücke durch Cavalerie zu blenden gesucht.

[47] (S. 75). Man gab Napoleon schuld, daß er seine Cavalerie vor der Zeit ruinirt habe; dieser dagegen meint wieder: „Les Allemands ne savent pas se servir de leur cavalerie; ils craignent de la compromettre et ils l'estiment au delà de ce qu'elle vaut réellement; ils la ménagent trop.“ Auch sagt Napoleon: „La position de la cavalerie au centre de la bataille sans avoir d'artillerie est toujours vicieuse, puisque la cavalerie ne rend pas le feu et ne peut se battre qu'à l'arme blanche,“ was selbst gegen die von ihm beliebte Bewaffnung spricht. — Die Normalstellung der Cavalerie auf den Flügeln der Treffen schreibt sich eigentlich von der Zeit der zahlreichen Cavalerie und der unbeweglichen Infanterie in den Armeen her; die Infanterie wurde damals dem Pivot zunächst aufgestellt, die Cavalerie verlängerte die Linie und war zugleich für etwaige Ueberraschungen zur Hand.

[48] (S. 75). Napoleon gab den Dragonern so gar Bajonnette; im Uebrigen verlangt er gegen die allgemeine Meinung für jeden Cavaleristen ein Gewehr, und jeder sollte damit zu Fuß umzugehen verstehn. Er meint auch: „3000 hommes de cavalerie légère ne doivent point se laisser arrêter par 1000 hommes d'infanterie postés dans un bois ou dans un terrain impracticable à la cavalerie; 3000 dragons ne doivent point hésiter à attaquer 2000 d'infanterie qui favorisés par leur position les voudraient arrêter.“ Hierbei darf man indessen nicht vergessen, daß Napoleon's Eroberungskriege ihn nöthigten, einen großen Werth auf die mobilen Colonnen zu legen, mit welchen er das flache Land absuchen (balayer) ließ. — Berittene Arquebusiere gab es übrigens schon in der Mitte des 16. Jahrhunderts, während die eigentlichen Dragoner 1594 vom Herzog von Brissac eingeführt wurden; Freitag erwähnt sie als unter Heinrich IV. in Frankreich (1630) vorhanden. Napoleon sagt speciell von ihnen: „Les dragons sont nécessaires pour appuyer la cavalerie légère à l'avant-garde, à l'arrière-garde et sur les ailes d'une armée. Les cuirassiers sont peu propres aux avant-gardes et aux arrière-gardes; il ne faut les employer à ce service que lorsque cela est nécessaire pour les tenir en haleine et pour les aguerrir.“ Ebenso wie das Pferd den ursprünglichen Dragonern, war auch das im Wachabitenkriege von Ibrahim Pascha gebrauchte Dromedar, welches 2 Mann und Lebensmittel auf 2 Tage trug, reines Transportmittel. Der Elephant dagegen bildete bei den Alten, die ihn mit 1 Führer und 3 Bogenschützen besetzten, mehr eine wandelnde Schanze; in den neuern indischen Kriegen ist er aber seit Einführung der Feuerwaffen auch nur als reines Lastthier gebraucht worden.

[49] (S. 76). Bei der durch Conrad von Montferrat und Heinrich von Champagne 1189 geführten Belagerung von Akkon in Syrien mußte man, während Saladin das Belagerungscorps umschwärmte, Monate hindurch auf die Vollendung eines Belagerungsthurmes und die Anfuhr des dazu erforderlichen Holzes warten. — Als Mohamed II. 1433 von Adrianopel vor Constantinopel zog, nahm er den Stückgießer Orban, welcher die große Kanone gegossen hatte, zum Abfeuern derselben mit sich, und als dieselbe gesprungen und der Stückgießer dabei geblieben war, befand sich die Artillerie in großer Verlegenheit. — Die Römer hatten fabri und pontifices; jene waren zur organisirten Arbeit (fabricare, woher das französische: fabrique) bestimmt, begleiteten die Impedimente, und waren also Das, was unsere Handwerkscompagnien sind; diese standen in umfassenden Localvereinen, deren Vorsteher die Priester waren, und welche den Kunstzwecken nachgingen, ungefähr wie die Freimaurer des Mittelalters oder wie die Ingenieure der Phönizier, Chaldäer und Genuesen.

[50] (S. 76). Die Franzosen gebrauchen den Ausdruck: „arme du génie" schon lange, und wenn Napoleon sagt: „Les trois armes ne peuvent pas se passer l'une de l'autre, elles doivent être cantonnées et placées de manière à pouvoir toujours s'assister," so spricht er nur von ihrer Combination im Moment der Affaire, die weder die einzig mögliche noch immer die gefährlichste Kriegshandtirung ist. — Vernon äußert in seinem, Traité de l'art militaire betitelten, Werk: „Les armes de l'artillerieie et du génie sont devenues tellement importantes qu'elles sont classées parmi les éléments constituants d'une armée complète; elles renferment les moyens de faire varier la valeur des autres armes et rendent possibles plusieurs opérations que celles-ci ne pourraient exécuter sans leur secours." — Mallet zählt in seinen Travaux de Mars (1660) die Ingenieure noch unter die officiers d'artillerie und sagt: „Les ingénieurs ont le soin de faire les ponts pour passer les rivières et de tracer les batteries et d'autres ouvrages dans les sièges," woraus sich erkennen läßt, daß bei der spätern Waffentrennung nur das Pontonirwesen nicht mit zu der Terrainverwandlungspartie überging, und dazu mag wohl auch das Interesse mitgewirkt haben. Mallet erwähnt auch die „Conducteurs ou sergent-majors d'artillerie, qui ont le soin de faire préparer les chemins et d'avoir les choses nécessaires pour la conduite des pièces et de tout ce qui leur est nécessaire." Desgleichen: „Les mineurs ont un commandant qui s'appelle capitaine des mineurs, qui a le soin de les instruire de manière qu'il se faut prendre pour faire toutes sortes de mines." Auch unsere jetzigen Feuerwerker hießen „ingénieurs de feu, qui ont le soin de charger les bombes, grenades, pots à feu et généralement tout ce qui dépend de la poudre." Endlich werden auch die pionniers erwähnt, „qui comblent les chemins et fortifient les batteries d'un fossé."

[51] (S. 77). Schon im 15. Jahrhundert war die Geschützzahl der damals noch so unbezwinglichen Artillerien bis zu einer solchen Höhe angewach-

sen, daß z. B. die Mailänder in einem Lager von 30,000 Mann, von denen ⅔ Cavaleristen waren, allein 178 Geschütze hatten. — Soliman führte 1529 bis 400 Stück Kanonen vor Wien und marschirte mit 300, die er zur Sicherung durch Ketten miteinander verbunden hatte, in die Schlacht von Mohacz. — Die von Gustav Adolf eingerichtete Regimentsartillerie bestand aus 3 Pfündern; der Marschall von Sachsen empfiehlt dieselbe in seinen Amüsetten, und Friedrich II. wandte sie im siebenjährigen Kriege an; in den ersten Revolutionskriegen wurde sie aber wieder in Batterien vereinigt. Napoleon führte die Regimentsartillerie zur Stütze für seine junge Infanterie nach der Schlacht bei Eßlingen wieder ein, und brauchte leichtes östreichisches Geschütz dazu. — Bei Lützen (1632) wechselten noch im Treffen die Regimentsartillerie und die Truppen wiederholt ihre Stellungen. — Montecuculi verlangt für eine Armee von 40,000 Mann: 4 mezzo canoni, 6 quarti (12 Pfünder), 2 mortari, 8 falconi, 80 pezzotti (Regimentsstücke), in Summa also 100 Piecen. Beim deutschen Bunde will man 2 Piecen auf 1000 Mann haben, und ⅓ der Artillerie soll reitende sein. — Die gewöhnliche Mittelzahl incl. Parks ist 3 Piecen auf 1000 Mann; Napoleon hält dagegen 4 für erforderlich, er sagt: „Il faut avoir autant d'artillerie que son ennemi et calculer sur 4 pièces par 1000 hommes d'infanterie et de cavalerie." — Gribeauval verlangt auf 1000 Mann im Gefecht 1 Piece. — Bei Cavaleriedetachements rechnet man auf 1000 Pferde 4 Piecen. — Nach Beendigung der Campagne von 1809 und vor Beginn des Waffenstillstandes befahl Napoleon seinem damaligen Artilleriegeneral Lariboissière, für jedes Infanterieregiment 2 Piecen, für jedes vollständige Corps an Divisionsartillerie 60 Piecen incl. 10 Haubitzen und für jedes Cavaleriereginent ½ Batterie reitender Artillerie anzunehmen. Außerdem sollte er aber noch auf eine Reserveartillerie von 116 Piecen bedacht sein; im Ganzen hatte er damals incl. der Artillerie der Bundestruppen: 699 Piecen.

[52] (S. 78). Karl XII. hatte schon seine schwere Reiterei den Panzer ablegen lassen und führte sie demungeachtet gegen Infanterie und selbst gegen Verschanzungen, wie auch Napoleon bei Borodino that, dessen Meinung über solche persönliche Sicherungsmittel im Allgemeinen in folgendem Ausspruch enthalten ist: „Les armes défensives sont insuffisantes pour parer le boulet, la mitraille et les balles: non seulement elles sont inutiles, mais elles ont l'inconvénient de rendre les blessures plus dangereuses." — Anders spricht der Marschall von Sachsen, der überhaupt nicht viel auf die Feuerwirkung gab: er sagt: „Je ne sais pourquoi on a quitté les armures, car rien n'est si beau ni si avantageux. L'on dira peutêtre que c'est l'usage de la poudre qui les a abolies; mais point du tout, car du tems de Henri IV. et depuis jusqu'à l'année 1667 on en a porté et il y avait déjà bien long-tems que la poudre était en usage: mais vous verrez que c'est la chère commodité qui les a fait quitter." Er schlägt Panzerschuppen auf einem lerdernen Koller vor, die vor Stoß und Hieb sichern, nicht über 30 Pfund wiegen und den feindlichen Cavaleristen

nöthigen sollen zu feuern; „c'est, sagt er, un avantage très grand de mettre la cavalerie dans cette nécessité.“ Dieses widerstreitet den neueren Meinungen; man muß indessen dabei auch an die Vervollkommnung des Feuers seit 100 Jahren denken.

[53] (S. 78). Napoleon spricht diese versteckte Absicht, also eigentlich das Maskiren einer großen Ueberraschung, oft genug und auch folgerichtig in dem Grundsatze aus: daß man einen Feind, welcher zu tourniren ist, nie von vorn angreifen müsse.

Uebrigens sind auch solche Artillerie-Treffen nichts Neues; der noch heute gebräuchliche Ausdruck der enfants perdus schreibt sich von ihnen her. Nach Busca (1582) nannte man giovanni perdutti im 16. Jahrhundert diejenigen Infanteristen, welche sich unmittelbar auf die damals sehr unbehülfliche, vor der Front aufgestellte Artillerie warfen. Man begegnete denselben mit versteckten Gräben und Wolfsgruben vor den Batterien. — Die Stellung der Artillerie vor der Front findet sich auch schon in der Schlachtordnung Machiavel's angegeben.

[54] (S. 78). Die französische Artillerie zählte unter Heinrich IV. 400 Geschütze, unter Ludwig XIV. 7192, unter Ludwig XVI. 10,007, unter Napoleon (1813) 27,976.

Nach Retzow brauchte die preußische Armee im Jahre 1756 zur Mobilmachung 1700 Pferde; im Jahr 1778: 4000 im Ganzen, wogegen im Jahr 1831 allein jede Artilleriebrigade 4000 Pferde brauchte. Auch Cancrin klagt über die unerschwingliche Verpflegung der Artilleriepferde.

[55] (S. 78). Napoleon hat als gelernter Artillerist der Artillerie mitunter mehr zumuthen können, mitunter ihr wieder weniger zumuthen wollen als Andere, und hat darum der Waffe einen vorher nicht gekannten Schwung ertheilt. Man könnte hieraus die Lehre entnehmen, daß man die Armeecommando's an Leute aus allen Waffen, wenn solche sonst das Zeug dazu haben, gelangen lassen muß, weil nur auf diesem Wege nach und nach die Kräfte aller Waffengattungen praktisch erkannt und für das Ganze dauernd nutzbar gemacht werden können. Die Kriegsgeschichte ist voll von Beispielen, welche diesen Satz beweisen, und nur Leute, welche die heutigen Franzosen têtes à perruque nennen, konnten diese Lehre so lange übersehen.

[56] (S. 79). Was den Gebrauch der Artillerie im Festungskriege betrifft, so gilt allerdings auch für den Belagerer der Grundsatz, die Streitmittel zu ihrer Sicherung in den Approchen nicht zu attroupiren, sondern möglichst auszubreiten und in der ersten Belagerungsperiode durch die Umfassung in Vortheil zu kommen, was selbst eine Versplitterung des Geschützes in mehrere Batterien rechtfertigt. Doch kann das Terrain und die feindliche Schwäche hier und da eine Ueberwältigung durch Massen empfehlen. Bei einem derartigen Artilleriegebrauch, der übrigens, wie aus dem Ausdruck „batterie royale“ hervorgeht, im Festungskriege nichts Neues ist, muß indessen der jedesmalige Zweck klar vor Augen liegen und die Ausnahme von der Regel begründen.

— Es sind überhaupt die Meinungen über den Gebrauch der Artillerie im Festungskriege noch heute sehr getheilt. Die Hauptursachen der Ungewißheit liegen in der Beschränktheit der Kriegstheorie und in der manierirten Fortification. Es ist einleuchtend daß die gewöhnlich angenommene Bestimmung der Festungsartillerie, sie solle den Angriff verzögern, die Sache selbst nicht aufklärt, und daß ebensowohl der Geschützkampf an sich, wie das Verzögern des Sappen- und Approchenganges, das eine neuere Schule allein zur Aufgabe der Festungsartillerie machen will, damit gemeint sein kann. Die wahre Kriegstheorie verlangt Beides; sie verlangt aber auch vom Ingenieur, daß er die Aufstellung der überwiegenden Geschützmassen und ihre schnelle Verlegung in den Festungspositionen, die sich in den nach gewissen Manieren ausgeführten Fortificationen allerdings nur schwer und sehr beschränkt ins Werk setzen läßt, schon durch die Conception der Vertheidigungsanlagen vorgesehen hat.

[67] (S. 79). Napoleon sagt von dieser, angeblich durch Lafayette, in der französischen Armee 1792 eingeführten Artillerie: „Depuis la création de l'artillerie à cheval la cavalerie a aussi ses batteries; l'artillerie est plus nécessaire à la cavalerie qu'à l'infanterie même, soit qu'elle attaque soit qu'elle reste en position soit qu'elle se raille.“ — Besonders dient die reitende Artillerie auf dem Rückzuge der Cavalerie zur schnellen Besitznahme von Artilleriepositionen und als Reserve. Friedrich II. wußte sehr wohl, wozu er seine reitende Artillerie bei den Cavalerie Expeditionen zu gebrauchen hatte. In der Instruction für seine Cavaleriegenerale sagt er 1778: „Sollte der Feind Kanonen bei seiner Cavalerie haben, so kann man von den unsrigen Gebrauch machen; sollte er aber keine haben, so wollen wir damit nicht den Anfang machen. Man wird aber bei der Avantgarde und bei Recognoscirungen dem dazu bestimmten Corps ein Detachement von der reitenden Artillerie mitgeben.

[68] (S. 80). St. Cyr erzählt, wie in Kehl die Republicaner ihre Geschütze und die aus reitenden Artilleristen bestehende Bedienung derselben so wie am Ende auch den Platz selbst einbüßten, weil diese Artilleristen aus übel verstandener Ambition, von den Deckungsmitteln keinen Gebrauch hätten machen wollen. „Nous sommes, sagten dieselben, des canoniers à cheval, destinés à combattre en rase campagne et non derrière des retranchements et s'il nous était permis, nous ouvririons cet ouvrage pour nous placer en avant.“ Hierauf erzählt noch St. Cyr: „Avant 9 heures du matin toutes les pièces se trouvaient brisées et la moitié des hommes gisait sur la terre, de sorte que ce corps si brave fut presque réduit à rien par les pertes énormes qu'il éprouva.“ — Silva (1778) will die Pferde der Bedienungsmannschaft bei der reitenden Artillerie mit einem Geschirr versehen haben, das dieselben dazu befähigt, als Vorspannpferde benutzt zu werden.

[59] (S. 80). Nach Onosander bezeichnete man früher mit dem Ausdruck „Engin" ein zusammengesetztes Werkzeug oder Kriegswerkzeug und „Engenieur's" nannte man deren Erbauer. Die Letzteren waren also etwa Das, was heute die Mechaniker sind, wie auch noch jetzt das italienische „ingegnéro" zugleich „Kriegsingenieur" und „Mechaniker" bedeutet und wie auch wir noch Brücken-, Mühlen- und Wege-Ingenieure haben und die Franzosen das „génie civil" und das „génie militaire" unterscheiden. Das italienische „ingegno" bedeutet noch Beides, die Erfindungskraft und das Erfundene, während die Franzosen von dem Letzteren bei ihrem „génie" absehen.

[60] (S. 80). Belici (1598) sagt: „Tutte queste cose (es ist von der Breschelegung die Rede) si rimetti all' operativo (dem Baumeister) il quale anderà disponendo secondo la materia ed l'occasione che possono nascere alle giornate (beim Gefecht)." — Machiavel erwähnt die Ingenieure bloß als Maschinenmeister; zur Lager-Einrichtung braucht er Officiere aus der Truppe. — Die Engins, welche von den maitres d'engins, auch Engignours oder Engigneurs genannt, erbaut und angewendet wurden, waren hauptsächlich Kriegsmaschinen, die zur Belagerung dienten; jedoch gehörten die Wurfmaschinen nicht dazu; diese standen unter dem grand maître d'arbalétrie und wurden zur Artillerie gerechnet.

[61] (S. 80). Belici unterscheidet bei den Ingenieurs den ingegnéro „speculativo" und „operativo"; den Letzteren beschreibt er folgendermaßen: „buon capitano maestro di muratori quale abbiá qualche buon principio dell' architettura ed che nel operar sia ben esperto." — Auch Dillich's Chorograph ist Feld- und Festungs-Ingenieur sowie Generalstabsofficier.

[62] (S. 81). Pionire (pions, fossiers, Schanzgräber, auch picconieri von picca) gab es schon vor der Pulvererfindung. Freitag (1630) gedenkt ihrer bereits in seiner Marschordnung; die Oesterreicher scheinen sie zuerst in Bataillone formirt zu haben. Eine Zeit hindurch gaben die Regimentszimmerleute ein schwaches Surrogat dafür ab. — Pontonire waren ebenfalls frühzeitig schon in Gebrauch; wegen des Brückentrains, der sich an den Park anschloß, waren sie meistentheils wie noch jetzt der Artillerie zugetheilt. — Sappeure (von dem italienischen zappa, womit man noch die ersten Bastione angriff) gab es zwar schon zu und vor Vauban's Zeit, aber nur gelegentlich. Obgleich Vauban ihre bleibende Einführung dem Kriegsminister Louvois 1688 dringend empfahl, hatte dieselbe doch selbst zu Cormontaigne's Zeit noch nicht stattgefunden. Erst 1759 finden sie sich, mit den Mineuren zusammen, der Artillerie zugetheilt und unter dem National-Convent wurden sie dem Ingenieurcorps zugewiesen; 1802 gab es 4 Bataillone Sappeure in der französischen Armee. Bei den Oestreichern wurde ihre Einführung zu Anfang des siebenjährigen Krieges durch Gribeauval be-

trieben. — Die Mineurs, welche etwas älteren Ursprungs als die Sappeurs sind, wurden bei den Franzosen 1764 als ein besonderes Corps formirt, während sie bei den Oestreichern und in den meisten anderen Armeen erst später von der Artillerie getrennt wurden. — Die preußischen Pionire, um die sich Massenbach 1792 bemüht haben will, kommen als eine Vereinigung sämmtlicher oben genannter Zweige dem Ideal einer Terrainverwandlungstruppe am nächsten und haben sonach die beste Organisation.

63 (S. 81). Die ziemlich einseitig für die bloße Sicherung erdachte Terrainverwandlung (Fortification im gewöhnlichen Sinne) hat die Schule Behufs Erleichterung der Auffassung, systematisch oder eigentlicher schematisch aus bloßen Abstractionen herleiten wollen. Sie hat dadurch das wesentlich Bestimmende oder die Terrainverwandlung in das Gebiet des Irregulären verwiesen und hat damit zwar Manieren und Dogmen (pièces de cabinet, wie sie Antoine de Ville schon im 17. Jahrhundert nennt) neben mancherlei vortrefflichen inneren Leistungen geschaffen, aber keine wahre Theorie begründet. Durch die Erklärung unserer großen Militärquadrillen zu Regulärmanoeuvres, scheint man in der Manoeuvrirkunst ähnliche Irrwege einschlagen zu wollen. Daß man übrigens das wahre Wesen der Fortification schon einmal richtiger erkannt hatte, bezeugt Belici verschiedentlich in seiner Nova invenzione (1598).

64 (S. 81.) Napoleon sagt: „Ce qu'il faut surtout au premier ingénieur d'une armée qui doit concevoir, proposer et diriger tous les travaux, c'est un bon jugement." Daß mitunter selbst eine Veränderung der Armeedisposition der Ingenieurconception zu Hülfe kommen und darum der Feldherr, ehe er sich darauf stützt, mit seinem Ingenieur zu Rathe gehen muß, ist natürlich und es ist wohl nur einem herrischen Kunsteigensinn zuzuschreiben, wenn Napoleon 1813 zu Rogniat gesagt haben will: „Le commandant du génie ne commande pas l'armée. Je ne vous demande pas le plan de campagne — n'en faites pas!" Es ist schwer anzunehmen, daß Rogniat bei seinen Einwendungen die Schranken der Convenienz überschritten haben sollte. Auf ähnliche Weise habe ich selbst angehört, wie Napoleon 1810 bei einem fortificatorischen Propos, welchen er mir passiren ließ, seinem Cabinetsrath, Ingenieurobersten Ponthon, zurief: „Je crois que vous vous moquez de moi!" — Der durch seine brave Vertheidigung von Saragossa und seinen Heldentod rühmlichst bekannte spanische Ingenieuroberst Sangenie verbat es sich, jemals wegen einer Capitulation zu Rathe gezogen zu werden, weil er nie für eine längere Vertheidigung stimmen könne. So ehrlich sollten die Ingenieure als Rathgeber stets sein. — Zu bemerken bleibt hier noch, daß man wegen obiger Aeußerungen Napoleon's nicht etwa glauben muß, derselbe habe die als Artilleristen oder Ingenieure gebildeten Soldaten für unfähig gehalten, militärische Operationen zu leiten. Im Gegentheil hatte er mehrere ursprüngliche Artilleristen und In-

genieure späterhin selbst Armeen commandiren lassen. Auch war er von den daraus zu ziehenden Vortheilen so überzeugt, daß er einstmals die Unterhaltung mit einem gefangenen deutschen Artillerieofficier mit den Worten schloß: „c'est bien bête," als dieser ihm auf Befragen erklärt hatte, wie es in der Armee, welcher er angehöre, nicht gebräuchlich sei, daß Ingenieure und Artilleristen zu derartiger Bestimmung gelangten. Wo es darauf ankam, einen politisch wichtigen Platz zu erhalten, sah sich Napoleon besonders nach alten Ingenieuren um. So schickte er den ersten Inspecteur des Corps und damaligen Substituten des Kriegsministers, Dejean, nach Antwerpen, als die Engländer 1809 in Walchern gelandet waren. Pelet meint in Bezug hierauf: „Il mit une grande activité dans les travaux de fortification (die schon Bernard in guten Zug gebracht hatte), il projeta un camp rétranché, destiné à recevoir les nouvelles levées. Comme ministre il assura la subsistance des troupes et fit remplir les magasins." Eine ähnliche Wahl wie die Dejean's wurde 1813 in Carnot getroffen.

[65] (S. 81). Man hat die Feldherrnaspiranten schon lange auf das Studium der Fortification hingewiesen, woraus sie bei einer sachgemäßern Gestaltung derselben, allerdings Nutzen hätten ziehen können. Indessen tritt selten eine andere Ausbeute davon zu Tage, als der Gebrauch fortificatorischer Begriffe am unrechten Ort und ohne eigentliches Verständniß. So hat man sich z. B. die westliche Continentalgrenze gegen Frankreich als eine Fortificationsfront vorgestellt, deren Graben der Rhein und deren Berme dessen rechtes Uferland sei; mit solchen Hyperbeln hat man unter der Firma großer Ansichten nur große Verwirrung angestiftet.

[66] (S. 82). Genialitäten sind da, wo man es mit der Materie zu thun hat, für das Urtheil nicht hinreichend, und man muß sich vor ihnen ebensowohl wie vor der Unwissenheit hüten, weil aus Beidem Unmöglichkeiten hervorgehen können. Der durchdringende Blick des Marschalls von Sachsen z. B. zeigt sich in seinen Bauvorschlägen äußerst schwach und man darf sich, so sehr dieselben auch den Unkundigen durch seine Autorität irre führen konnten, ganz und gar nicht wundern, daß seine Gedanken über Befestigungsanlagen in mehr als 100 Jahren kein Glück machten, während viele andere seiner Kriegsansichten aus den mit Recht beliebten Reverien ins Leben übergingen.

[67] (S. 82). Napoleon äußert z. B.: „La cavalerie doit être dans une armée en Flandre et en Allemagne $^3/_4$ de l'infanterie, sur les Pyrenées et sur les Alpes $^1/_{20}$, en Italie et en Espapne $^1/_6$" u. s. w. Auch meint er in seiner Phantasie über ein italienisches Reich, daß ihm bei einer 400,000 Mann starken Armee 30,000 Pferde genügen würden. „La guerre d'Italie, sagt er, exige moins de cavalerie que celle d'Allemagne." — Türenne führte 1646 eine Armee von 7000 Infanteristen und 14000 Cavaleristen an die Lahn gegen die dort mit 10,000 Infanteristen und ebenfalls 14000 Cavaleristen stehenden Oestreicher. — In der Schlacht bei Lützen

8 *

(1813) hatte die französische Armee nach Rogniat's Berechnung 2000, die der Alliirten dagegen 30,000 Pferde; Clausewitz führt hier die Zahlen 5000 und 25000 an.

[68] (S. 82). Frankreich zählte z. B. 1804 bei einer Einwohnerzahl von 29 Millionen: 1,900,000 Pferde im Lande; England bei 11 Millionen Einwohnern: 2,122,617 und Preußen im Jahre 1828 bei 13 Millionen Einwohnern: 1,358,031 Pferde incl. Fohlen.

[69] (S. 83). Bei den Römern hatte die Cavalerie gewöhnlich nur die Stärke von 1/12 der Armee, zuweilen sogar nur von 1/20. In den neuern Armeen ist die Cavaleriestärke, wie schon Turpin bemerkt, nach und nach von 1/4 auf 1/8 der Armeestärke herabgesunken; in der Folge, meint derselbe Verfasser, würde sie sich noch mehr verringern. Warnery ist dagegen der Ansicht, Preußen dürfe dies nie thun, und beweist den Nutzen, welchen ihm seine Cavalerie brachte, aus den Schlachten bei Czaslau, Striegau, Sohr, Kesselsdorf, Roßbach, Zorndorf, Liegnitz, Reichenbach und Hochkirch.

[70] (S. 83). Wegen der nothwendigen Besatzungen und großen Depots, erscheint die Infanterie immer etwas schwächer im Felde, so daß alsdann die Cavaleriestärke dort verhältnißmäßig zunimmt; im Nothfall muß auch die Infanterie allen übrigen Waffen aushelfen, wodurch sie ebenfalls Abgang hat. — Der Marschall von Sachsen will für die eigentlichen Operationen keine stärkern Armeen als solche von 46000 Mann haben, unter diesen aber 12000 Cavaleristen; „une plus grande armée, sagt er, ne fait qu'embrasser", und er ist der Ansicht, daß eine solche durch die Schwierigkeit der Bewegung, des Ueberfalls und des Terrains die Vorzüge, welche die größere Stärke verleihe, wieder einbüßen müsse. Zu obiger Armeestärke hält er an Artillerie: 50 Stück 16 Pfünder und 12 Mortiere für ausreichend.

[71] (S. 83). Napoleon sagt z. B.: „L'artillerie à cheval est le complément de l'arme de la cavalerie; 20,000 chevaux et 120 bouches à feu de l'artillerie légère équivalent à 60,000 d'infanterie ayant 120 bouches à feu."

[72] (S. 84). Jacobi meint, die Zucht müsse den Unterricht, der Gehorsam die Erkenntniß vorbereiten, und Machiavel sagt: „La nature fait bien peu de braves, mais l'éducation et l'expérience en font beaucoup."

[73] (S. 85). Lucian Bonaparte (eigentlich aber wohl Napoleon selbst) sagt: „Chez un grand peuple dont les institutions sont fixes, l'éducation nationale doit être en harmonie avec ses institutions; les principes n'en peuvent être abandonnés au hazard; il ne doit pas dépendre des hommes, de les déterminer ou les confondre. Ici la chose existe avant l'individu, elle n'en reçoit ni sa direction ni sa forme, c'est à elle au contraire de le façonner au système permanent de l'institution." — Was so häufig von der Lehrfreiheit gefaselt wird, trägt den Charakter vieler Tagesfaseleien, welche das Regellose für das Freie nehmen. Die im Sol-

datenwesen unerläßliche Regel ertheilt der Freiheit hier eine noch schärfere Grenze, welche dem guten Soldaten behagt, weil er eben Soldat sein will.

74 (S. 85). Nemo dat quod non habet! möchte man immer denen zurufen, welche die Pedanten in der Armee für die zum Lehrerposten geschicktesten halten und das Praktische, dessen Mittheilung von solchen Leuten nie zu erwarten ist, in der Methode suchen, die sie alsdann „applicatorisch" nennen, was jeder militärische Unterricht sein muß. Wir möchten auch stets bei der Auswahl von Leuten zu solchen Posten an Göthe's Ausspruch erinnern: „Es trägt Verstand und rechter Sinn mit wenig Kunst sich selber vor, und wenn's Euch Ernst ist, was zu sagen, ist's nöthig Worten nachzujagen?" — Sehr wünschenswerth ist die Bereitschaft des Gedankens; sie kann indessen bei einem weniger guten Gedächtniß durch die Ordnung der Ideen sehr erleichtert werden. Ein gutes Gedächtniß wird aber immer dem Nachtheil entzogen bleiben, welcher in dem unbestimmten Umherschweifen der Gedanken liegt. Der esprit d'escalier, wie die Franzosen das Besinnen hinterher bezeichnen, muß damit in den esprit d'à propos verwandelt und Dasjenige, was die Franzosen fraicheur de la tête nennen, erhalten werden.

75 (S. 86). Leider sieht man die Zielpunkte der drei Bildungsstufen selbst da, wo eigene Ministerien für das Unterrichtswesen existiren, selten herausgehoben werden. Die Masse des Wissens ist noch ziemlich unbestimmt und zum größten Theil erst nach dem Herkommen regulirt und classifizirt und der an der Confusion unschuldige Lehrer glaubt seiner Pflicht in vollem Maaße zu genügen, wenn er die neuesten Lehrbücher für den niederen Unterricht verstümmelt, für den höhern aber mit Notaten aus dem Schatzkästlein seiner Büchergelehrsamkeit ausstaffirt. „Le collège, schreibt Cousin noch 1831 an seinen Minister des Unterrichts, représente la bonne éducation générale qu'il faut avoir reçu pour faire partie de la bonne société, comme l'université représente l'instruction scientifique nécessaire pour entrer dans les professions liberales." Welche Flachheit! — Göthe's Gedanken in dieser Beziehung erkennt man aus folgendem Ausspruche desselben: „Es ist Alles in der Wissenschaft zu weitschweifig geworden. Auf unsern Cathedern werden die einzelnen Fächer planmäßig zu halbjährigen Vorlesungen mit Gewalt auseinander gezogen. Von dem selbstständigen Wissen ist kaum die Rede. Man treibt die jungen Leute heerdenweise in Stuben und Hörsäle zusammen und speist sie in Ermangelung wirklicher Gegenstände mit Citaten und Worten ab. Die Anschauung, die oft dem Lehrer selbst fehlt, mögen sich die Schüler hinterdrein verschaffen. Es gehört nicht viel dazu, einzusehen, daß dies der völlig verfehlte Weg ist."

76 (S. 86). Was läßt sich für eine Klarheit im militärischen Unterrichtswesen erwarten, wenn St. Cyr, von welchem ein Dümas sehr richtig „les saines doctrines" und „les fruits d'une expérience consommée par un des plus grands capitaines" rühmt, Folgendes schreiben kann: „La guerre

me parait pouvoir se diviser en trois parties distinctes; la première que j'appelle le métier, la seconde la science et la troisième l'art. On commence à apprendre la première dans les places d'armes et les manèges; mais cette instruction ne se complette que devant l'ennemie en manoeuvrant par une grande variété du terrain. L'instruction pour la seconde s'acquièrt par les écoles spéciales; elle a pour principal objet: *l'attaque et la défense des places* et se termine dans la pratique des sièges; la troisième, que je nomme l'art de la guerre, est la partie la plus élevée et la plus nécessaire au commandant en chef, mais elle ne dispense pas de connaitre au moins superficiellement les autres. Presque tout le monde peut acquérir les connaissances du métier, beaucoup d'hommes intelligents et studieux peuvent se distinguer dans la science, très peu connaitront l'art, car celui-ci a peu de principes et de règles, il ne peut s'apprendre dans les manoeuvres des parades ni dans les écoles" u. s. w. Wie einseitig sind hier bei allen einzelnen Wahrheiten in der Sache doch die Gedanken über die Bildung und die Kriegstheorie selbst!

[77] (S. 87). Die Brauchbarkeit des Officiers im Felde beruht hauptsächlich auf richtiger und klarer Auffassung, welche sich mit den gewöhnlichen Träumereien der Philosophie und Speculation schlecht verträgt. Letztere machen den Officier gewöhnlich zum Nemogusnaika (Nichtwisser), welcher Souwarow so verhaßt war.

[78] (S. 87). „Le premier caractère de toute méthode, behauptet Napoleon, doit être d'aider la conception et l'imagination, faciliter la mémoire, donner plus de puissance à la pensée," und Montaigne schreibt ihr dieselbe Aufgabe zu, indem er als wünschenswerthe Wirkung derselben hinstellt: „qu'il ait plutôt la tête bien faite que bien pleine."

[79] (S. 87). Auch die Franzosen unterscheiden eine instruction primaire, secondaire et supérieure.

[80] (S. 88). Im Titel IV, Art. 9 des preußischen Dienstreglements vom Jahre 1744 (neu aufgelegt 1757) heißt es: „Die Capitains müssen, wenn sie neue Kerls in die Compagnie bekommen, selbige zum Theil durch die Officiere der Compagnie das Exerciren lehren lassen und müssen sich auf die Unterofficiere nicht so sehr verlassen;" im Art. 10. „Ein neuer Kerl muß in 6 Wochen nicht auf die Wacht ziehn oder andern Dienst thun; solche Zeit selbiger wenigstens exerciren lernen muß und es muß ein neuer Kerl damit nicht gleich im Anfange verdrießlich und furchtsam gemacht werden, sondern Lust und Liebe zum Dienst bekommen;" und im Art. 12: „Ein neuer Kerl muß öfters allein schießen, daß er das Pulver nicht scheut und lernt wie er mit seinem Gewehr umzugehen hat und mit Patronen recht laden solle." Allerdings ist von allen diesen Dingen heute mehr als damals die Rede, weil man Alles mehr ausspinnt und weil mehr neue Kerls in die Compagnien eintreten.

[81] (S. 89). **Hier tritt die Kritik am rechten Orte ein, indem sich viele wissenschaftliche Anschauungen und selbst Definitionen nur mittelst der Polemik genügend erfassen lassen.**

[82] (S. 89). Es giebt Producte der Militärliteratur, die, obgleich sie mitunter Schätzenswerthes enthalten und darum häufig empfohlen werden, dennoch den meisten Lehrern schädlich sind, weil sie mit unreifer Wissenschaft falsche Analogieen begründen, welche der modischen Vielwisserei zusagen. Wie Camoens (ein portugiesischer Dichter, 1517 geboren) in seinem Heldengedichte die vorzeitige Poesie seines Volkes zusammenfaßte, so sollte auch ein Kriegsgelehrter die Schätze der Kriegsliteratur in einen Guß zusammenschmelzen; viele Schlacken würden abfallen, aber klingendes Metall gewonnen werden! Weit entfernt, nützliche Literatur zu verachten, müssen wir mit Pestalozzi ausrufen: „Wohl wachsen Schwämme leicht aus dem Miste, wenn es nur regnet, aber Geistestiefe wächst nicht aus der Routine, wenn auch die Sonne scheint!"

[83] (S. 90). So sagt z. B. Lloyd von der Disciplin: „La véritable discipline est fondée et perfectionnée par le caractère national," wobei er indessen wohl mehr an die wirksamste Disciplin gedacht hat.

[84] (S. 90). Der Ausdruck „Sinn" mag hier den Geist bezeichnen, welcher dem Gemüthe hingegeben ist und damit vergleichsweise dem Gefühl näher als dem Gesichte steht; derselbe ist auch das Habituelle von Dem, was man in der einzelnen Handlung „Takt" nennt.

[85] (S. 90). Napoleon, indem er von den überirdischen Freuden der Araber spricht, die ihnen in den ersten Zeiten des Califats in Mahomed's Himmel für den Glauben versprochen waren, sagt: „Leurs ames s'enflammaient à cette vue, ils s'élançaient à l'aveugle et cherchaient la mort qui allait mettre ces beautés en leur puissance. C'est ainsi qu'ils se sont rendus maitres des belles plaines de la Syrie, de l'Egypte, de la Perse; c'est ainsi qu'ils ont soumis le monde."

[86] (S. 91). Daß bei solcher Collision bürgerlicher und militärischer Rechtsansichten persönliche Vermittelungen nöthig sind, leuchtet ein; deshalb wählt man zu militärischen Gerichtsherrn höhere Officiere, denen eine erweiterte Disciplinargewalt anvertraut ist, und deshalb sollte auch der Präsident der obersten Militärgerichtsstelle im Lande immer einer der erfahrensten Generale sein.

[87] (S. 91.) Das Wort „Disciplin", welches wohl am geschicktesten durch „Zucht" zu übersetzen ist, hat, wie dieses auch, im Verfolg der Zeit hauptsächlich den Nebenbegriff der Strafe angenommen. So behandelt schon Montecuculi (1668) die Disciplin in demselben Capitel, worin er über die Spione spricht, und betrachtet sie wohl eigentlich mehr nur als reine Polizei-Anstalt. Wer übrigens glauben kann, die Disciplin könne ruckweise, in kurzen Zeiträumen in einer Armee hergestellt werden, kann ihren Begriff nicht richtig aufgepaßt haben; „pierre qui roule n'amasse pas de mousse," sagt

der Franzose. — Suchet spricht den Wunsch aus, „que la discipline soit plutôt exacte que sévère, plutôt préventive que répressive,“ und behauptet: „De l'insouciance comme de l'injustice du chef qui bien de fois n'en est que la conséquence, naissent les abus, le désordre, qui conduisent à la désorganisation complète.“

[88] (S. 91). Es gehört zu dem Unbegreiflichen und läßt eine verstockte Verdorbenheit im geistigen Nervensystem einer Armee fürchten, wenn ihr ein verfassungsmäßiges Reglement fehlt oder wenn ihre Gesetzgebung im Herkommen beruht und nur in einzelnen Statuten und in dicken Akten ausgesprochen ist. Der Marschall von Sachsen sagt in Bezug hierauf: „Dès qu'on se relâche sur la discipline, dès que dans un état la commodité devient un objet, l'on peut prédire sans être inspiré qu'il est proche de sa ruine.“ Desgleichen: „Il ne faut pas croire que la discipline, la subordination et cette obéissance servile avilisse le courage. L'on a toujours vu que plus la discipline a été sévère plus on a exécuté de grandes choses avec les armées où elle était établie,“ und: „Il faut que les châtiments soient grands pour les grands crimes seulement; mais au reste, plus ils sont doux plus promptement vous remédierez aux abus parceque tout le monde concourrera à les faire cesser.“ — Das Ideal eines Feldherrn war dem Marschall von Sachsen: „Il doit être doux et n'avoire aucune espèce d'humeur, ne savoir ce que c'est que la haine, punir sans miséricorde et surtout ceux qui lui sont les plus chers, mais jamais ne se fâcher de se voir dans la nécessité de suivre à la rigueur les règles de la discipline militaire; s'ôter de l'idée que c'est lui qui punit et se persuader à soi même et aux autres, qu'il ne fait qu'administrer les lois militaires.“

[89] (S. 91). Die Routine führt in unserem Geschäftsbetriebe während des Friedens auf offenbare Abwege und verdirbt sehr hoffnungsvolle Köpfe, die in den Bureaux untergehen und Automaten werden. Wenn man die ganz im Tone der gangbarsten Regierungsschreibemaschinen geführte Communication zwischen unklar gestellten Mittel-Instanzen, die Multiplicate der ein zureichenden Listen, Rapporte und Berichte sieht, die aus allen Winden kommenden Befehle liest; wenn man die Aktenschränke und Schreibetische bis in die Compagniebureaux hinab betrachtet; wenn man sich die als schreibende Behörden fungirenden Commissionen, die für sie denkenden Gutachten aus allen Regionen des Dienstes, die Reihe der Anfragen, Berichtigungen, Unschlüssigkeiten, Abänderungen vorstellt: so möchte man daran verzweifeln, Anhaltspunkte in diesem Wirrwarr zu finden und man muß einem Geschäftsbankerott bei einem dereinstigen Gebrauch der Armee entgegensehen, welcher zuerst den Versäumnissen, zuletzt aber der Willkür Thor und Thür öffnet.

[90] (S. 93). Die Kriegs-Erklärungen und -Rechtfertigungen gehören auch zum Kriegsrecht, aber zur diplomatischen Partie desselben.

[91] (S. 93). Napoleon dachte hierüber weit richtiger; er sagt: „La tactique, les évolutions, les sciences de l'ingénieur et de l'artilleur

peuvent s'apprendre dans les traités, à peu près comme la géométrie; mais la connaissance des hautes parties de la guerre ne s'acquièrt que par l'expérience ou par l'étude de l'histoire des guerres ou des grands capitaines. Apprend-on dans la grammaire à composer un chant d'Iliade ou une tragédie de Corneille?" Er leugnet also nicht, daß hier etwas über das Niedere Hinausliegendes erlernt werden kann, was freilich die Kunst selbst nicht ist, ihr aber Dienste leistet. Ein Beispiel spricht hier vielleicht deutlicher als alle Erklärung. Bernhard von Weimar sprach nach dem Tode Gustav Adolphs bei Lützen im Sinne der Kunst zu den Soldaten: „Der König ist nicht todt, er ist gefangen. Vorwärts, ihn zu retten!" Dagegen sagte Larochejacquelin zu seinen Vendéern im Soldatengeiste: „Si je recule, tuez moi; si j'avance, suivez moi; si je meurs, vengez moi!" — Friedrich II. ließ im ersten schlesischen Kriege das „pro deo" aus seinen Fahnen weg, das „pro patria" aber ließ er stehen, meinend, daß der Krieg nicht um der Religion, sondern um einer Provinz willen geführt werde (die katholisch war) und man den Namen Gottes in weltliche Streitigkeiten nicht verwickeln müsse. Wie ganz anderer Meinung war man in späteren Kriegen, wo von Religion ebenfalls keine Rede war!

B. Materielle Mittel zum Kriege.

Mit dem Gedanken an die Unzulänglichkeit unserer heutigen, obgleich zahlreichen Kriegslehrsysteme schlossen wir die Betrachtung über die personellen Kriegsmittel; mit demselben Gedanken müssen wir diejenige über die materiellen Mittel zum Kriege eröffnen.

In der Regel hält man über die Beschaffenheit des Gewehrs für den Infanteristen, die Natur des Pferdes für den Cavaleristen, Geschütz und Geschoß für den Artilleristen, Bau-Material und -Utensil für den Ingenieur, die Verpflegung und Kleidung für das Oekonomie-Personal ꝛc. hinaus, alle Material-Kenntniß in der Kriegstheorie für 'hors d'oeuvres und hilft dem Feldherrn nöthigenfalls mit technischen Consulenten' aus, denen er entweder in allen ihm fremden Geschäften ein blindes Zutrauen schenkt, oder deren gewichtiger Rath von ihm und seinen Gehülfen (Faiseurs) häufig für Nichts weiter, als bloße Schwierigkeitsmacherei angesehen wird. Andererseits giebt man auch wohl im dunklen Gefühl von der Wichtigkeit solcher besonderen Kenntnisse für den höheren Officier, schon auf den Militär-Bildungsanstalten einer gründlichen Beachtung derselben Raum. Man schafft dort eine breite Grundlage, aus Mathematik, allgemeiner Physik und allerhand naturhistorischem Detail zusammengesetzt, auf welcher zwar der später gereifte Verstand sich überall anbauen, auf der er aber nirgends recht zweckmäßig fortbauen kann, weil ihm weder die Stelle noch die Höhe dieses erforderlichen Ausbaues hinreichend bekannt ist und er im Finstern darüber tappt, bis ihn etwa die Erfahrung zufällig auf Eins oder das Andere hinweist. Folgende Frage bleibt also unstreitig zu beantworten, nämlich:

> Welches sind die Grenzen der Kenntniß von den materiellen Streitmitteln für eine gediegene Kriegstheorie, und welches sind die Punkte, die eine fortschreitende Untersuchung wesentlich anempfehlen?

Von den der Kriegführung am allgemeinsten dienenden materiellen Mitteln nennt man gemeiniglich:

a) die Streitmittel,
b) die Lebensmittel,
c) die Gesundheitsmittel,
d) die Transportmittel,
e) die baulichen Mittel und
f) das Geld als das zur Beschaffung der genannten und aller sonst noch erforderlichen personellen und materiellen Mittel dienende Medium.

Mit Ausnahme des zu allgemein bekannten Geldmittels muß sich die Theorie sowohl mit der Beschaffenheit der materiellen Mittel, als mit deren möglicher Anwendung zum Kriege befassen. Die Kenntniß der Beschaffenheit darf sie jedoch nicht weiter ausdehnen, als die Anwendung dies eben nöthig macht. Ein tieferes Eingehen kommt dem, jenen Fächern speciell sich widmenden, Personale zu; auch würde eine gleichmäßig detaillirte Behandlung aller dazu erforderlichen Kenntnisse den Kriegstheoretiker auf ein unübersehbares Feld führen, seine Gedankenfolge in nicht förderlicher Weise in die Breite ziehen und vom Hauptziele ablenken.

a. Streitmittel.

Der an der Spitze unserer Betrachtung befindliche, auf die Geschichte des Kriegswesens gerichtete Blick hat schon die allgemeine Neigung der neueren Armeen, sich der Schutzwaffen immer mehr zu entledigen und sich dagegen mit Waffen auszurüsten, welche mehr den activen Massenhandlungen aus der Ferne entsprechen [3], dargethan. Das allgemeinere Vorschreiten nach solchem Ziel ist nicht zu verkennen, wenngleich einzelne und frühere Nationalitäten in diesem geschichtlichen Gange Ausnahmen begründen. Dieser Gang kann einer besonderen Geschichte der Streitmittel zum Grunde gelegt werden, welche sich aber freilich nicht auf archäologische Raritäten einlassen, sondern chronologisch die Waffen bezeichnen müßte, deren Natur und Wirksamkeit sich in den merkwürdigsten, für die Kriegstheorie wichtigsten Feldzügen als Erklärung von Thatsachen, denen es an sonstigen Erklärungsgründen mangelt, begreifen läßt[3]. Nur so kann Irrungen und einer Verfälschung der Theorie durch derartige Dunkelheiten vorgebeugt werden[4]. Ich meine, daß, wenn wir nur an unserer wissenschaftlichen Artikulation festhalten und alles nicht dahin Gehörige aus dem Spiele lassen, wir mit solchem geschichtlich begründeten Vortrage noch nicht in die Geschichte der Kriegskunst selbst verfallen müssen, wenn schon jener aus dieser hervorzugehen hat. Die Verschiedenheit im Gebrauche der Streitaxt, der Armbrust, der Catapulte, des Stoßdegens und der Pike, der Hakenbüchse und Karthaune, im Gebrauch des Säbels, der Bajonnettflinte[5], des Feldgeschützes ꝛc., dürfte wohl ohne Weiteres zur Feststellung der hier erforderlichen Distinctionen ausreichen. In dieses geschichtliche Medium läßt sich die Waffenkenntniß bis zum Eintritt in die eigentliche Artilleriewissenschaft[6] einflechten. Die Incidenzpunkte der Haupt-Waffenverwandlungen werden daraus eben so leicht hervortreten, wie die Eitelkeit so vieler oft von Neuem gemachter und angewandter Erfindungen, deren Einfluß auf die Kriegführung mit Pomp angekündigt, in der Praxis aber wieder verschollen ist, nachdem er häufig die Augen der nächsten Zeitgenossen geblendet und mancherlei Unfug durch einzelne darauf gebaute Einrichtungen angestiftet hatte.

Artillerie-Wissenschaft.

Die Pulverkraft, die sich, wenngleich gegenwärtig noch nicht mit mathematischer Schärfe berechenbar, gegen frühere Kraft-Verwendungen doch mit ungleich mehr Sicherheit abschätzen läßt, hat einen Theil der materiellen Waffenlehre, und zwar den nach heutiger Kriegführung wichtigsten, in einer eigenen Sphäre abgeschlossen, welche zwar nicht alle wissenschaftlich zu behandelnden Artillerie-Aufgaben faßt, die in der höheren Theorie aber dennoch den eigentlichen geistigen Centralpunkt des Artillerie-Dienstes feststellt und welche darum mit Recht den Namen der Artillerie-Wissenschaft im engeren Sinne führt.

Nach ermittelter chemischer Natur des Pulvers, lassen sich

mehrere Wirkungen desselben auf die Materie als charakteristisch verschieden bezeichnen, nämlich:

1) eine schnelle, dem Zusammenhange der Umgebung überlegene, radical sprengende;
2) eine diesem Zusammenhange unterliegende, nur erschütternde und auflösende;
3) eine nach der einen Seite nur lose verdämmte und linear auf die Verdämmung sich äußernde;
4) eine unter successivem Ausweichen des Fluidums nach einer Seite, den Behälter nach der anderen forttreibende, welche gleichfalls linear wirkt, und
5) die intensiv feuerhaltende der Brandmasse.

Alle diese Wirkungen sind einzeln und in ihren complicirten Erscheinungen nach zu Grunde gelegten Versuchen und darauf gestützten mathematischen, mechanischen und chemischen Gesetzen zu erwägen [7]. Hier können nur einige Winke in Bezug darauf Platz finden.

Die Vergleichung der Expansivkraft des Pulvers mit der Widerstands-Aeußerung der Medien muß den Faden der Untersuchung fortspinnen, wogegen die nach den quantitativen Ladungen veränderten Wirkungen erst später dieselbe spalten [8]. Ad 1 und 2.

Der ersten Abtheilung gehört die Mine mit ihrem Trichter, die Demolirung, die Haltbarkeit der Gewehre und Geschütze, die Petarde, die Sprengladung der Hohlgeschosse rc. an; der anderen dagegen die Druckkugel, die Minen-Verdämmung, die Destruction der Laffettirung rc.; immer aber müssen die aus der Speculation gefolgerten Resultate an mittlere Erfahrungs-Resultate gehalten werden, um bei unzulässigen Abweichungen die Schwächen der Theorie aufdecken, denselben nachgehen und auf dem Wege der Wissenschaft zu größerer Wahrheit gelangen zu können.

Mit dieser Betrachtung tritt man in das Hauptgebiet artilleristischer Gelehrsamkeit ein und kann dieser in Bezug auf Geschütze und Geschosse folgen [9]. Die Gesetzlichkeit der Kugel- Ad 3.

bahn (ballistische Probleme), die Richtung, Tragweite, Wirkung, Form und Dimension der Röhre, das Geschoß, die Ladung, die Beschaffenheit der Gerüste ꝛc. gehört in dieses Capitel. Die Resultate behandelt man wie in dem vorigen. Details dürfen nur so viele einfließen, als dem wissenschaftlichen Raisonnement zum Verständniß dienen. Dagegen müssen die Geschütz-Arten und -Systeme, wie sie von jeher für den Artilleriegebrauch angenommen waren, zusammengestellt werden [10], um so eine Ergänzung des geschichtlichen Ueberblicks der Waffen im Allgemeinen zu gewinnen.

Ad 4. Als die theoretische Grundlage des neuerdings zu hohen Ehren gelangten Raketen-Ganges [11], kann die Behandlungsweise dieser Pulverwirkung besonders ersprießlich sein, da dieselbe in der genannten Erscheinung noch nicht einmal allgemein anerkannt ist. Uebrigens zieht auch schon der gewöhnliche Rücklauf der Geschütze seine Gesetzlichkeit aus ihr; ebenso allerhand Feuerwerksgeräthe, wie z. B. das Feuerrad, und manche ältere verlegene artilleristische Erfindung.

Ad 5. Hierher gehört die zum größten Theil auf bloße Empirie gebaute Feuerwerkerei, die sich für den Kriegsgebrauch im Leucht- und Brandkugelsatze, sowie in demjenigen der Zündungen ꝛc. nützlich zeigt. Diese Pulverwirkung bildet eigentlich das Mittelglied in der Kette einer im Alterthum und einer in neuerer Zeit gebräuchlichen Artillerie, indem das dort übliche griechische Feuer, der Feuerpfeil und die Brandmine ebenfalls Verwandtschaft mit ihr haben.

Diese wissenschaftlichen Erörterungen über die Streitmittel an sich, müssen der Praxis die richtige Proportionalität aller Einflüsse schaffen, deren Unkenntniß (in der gemeinen Sprache sogenannter Bocksbeutel) am häufigsten in der Technik vorkommt und für die höheren Kriegszwecke mitunter von traurigen Folgen sein kann. Endlich wird auch zu diesem und anderem Gebrauch die Waffen- und Munitionsfabrication [12] nebst den dazu erforderlichen Vorrichtungen und die Verwahrungsart sämmtlichen Materials zu Hause und im Felde, in der Kriegstheorie hier eine Stelle finden müssen. Am allerunentbehrlichsten ist die Bekanntschaft mit der Zahl der Ausrüstungsgegenstände im Feld- [13] und Festungskriege. Der in der Natur der heutigen Streitmittel begründete fortwährende Verbrauch derselben, giebt den Waffen-Niederlagen und Munitions-Depots eine über ganze Kriegsoperationen entscheidende Wichtigkeit.

b. Lebensmittel.

Schon die frugale Weise, mit welcher beim Ernähren großer Menschenmassen zu Werke gegangen werden muß, beschränkt den Proviant mit Ausnahme etwaiger Surrogate, auf wenige Gegenstände, von denen man Brod, Gemüse, Salz und Branntwein als die namhafteren betrachten kann. Dasselbe ist in Bezug auf die Fourage mit Hafer, Heu und Stroh der Fall. Das Bedürfniß dieser Gegenstände ist allgemein anerkannt und steht fest. Die Portionssätze sind reglementarisch bestimmt und die Vertheilung fällt in den Bereich des Dienstbetriebes. Man kann darum das Weitere als ausschließlich dem Magazinirungszweige angehörend, von der Kriegstheorie trennen, sowie man sich auch nicht tiefer in die Principien der Friedensverpflegung einzulassen braucht, da diese eine eigene Oekonomiebehörde, die das fiscalische Interesse wahrnimmt, beschäftigt.

Wir beschränken darum auch hier unsere Betrachtung lediglich auf den Kriegszustand und berücksichtigen dabei insbesondere die Beschaffung des Armee-Bedarfs oder die Verpflegung, insofern es sich um deren specielle Eigenthümlichkeiten handelt, weil die Anwendung der Verpflegungs-Verhältnisse auf die Kriegs-Operationen in Ansehung der alten Sentenz: „L'art de vaincre n'est rien sans celui de faire subsister les troupes“ [14], uns erst weiter unten Gelegenheit zur Fortsetzung der Betrachtung gewähren soll.

Die natürlichste Verpflegung besteht darin, die Armee sich Das selbst nehmen zu lassen, was sie am Verbrauchsorte, sei es Verpflegung.

nun in den Behausungen der Landesbewohner, sei es auf deren Feldern an Lebensmitteln findet [15], und diese nach Umständen dafür zu entschädigen oder nicht. Für kleinere und solche Truppencorps, die sich in beständiger Bewegung befinden, ist ein derartiges Verfahren auf kürzere Zeit und in bebauten Gegenden [16] jetzt um so mehr ausführbar, als, seitdem die Kartoffel [17] in Europa einheimisch geworden, dieses leicht genießbar zu machende und zur Volksnahrung gewordene Gemüse überall und heutigen Tages schon viel häufiger als noch im siebenjährigen Kriege gefunden wird; die Kartoffel ersetzt zugleich das Brod und überhebt der zeitraubenden Bereitung desselben. Der Viehstand des Landes liefert das Fleisch und macht Fourage für die Armee disponibel, sobald sich Letztere dieselbe nicht als grüne Fourage unmittelbar vom Felde aneignet.

Man bemerkt jedoch bald, daß nur die fruchtbarsten und geschontesten Gegenden und diese auch nur dann solche Verpflegung auf die Länge aushalten [18], wenn sich die Truppen nach dem Verpflegungsbedarf vertheilen lassen (cantonniren) oder wenigstens die Concentration derselben mit bestimmten Rayon's verbunden ist. Offenbar ist die freie Disposition der Truppen zur Kriegshandlung solcher nothgedrungenen Verpflegungsweise immer untergeordnet. Deshalb darf sie niemals in der Nähe des Feindes oder auf den Haupt-Etappen-Communicationen angewendet werden. Wenn sie unter solchen Umständen dennoch unvermeidlich ist, so muß für unvorhergesehene Kriegsfälle mit der größten Schonung für das Land verfahren werden.

Künstlicher, aber dem freien Gebrauch der Armee in Masse angemessener und widerhaltender ist die auf Sammelpunkten vorbereitete Magazin-Verpflegung, die Vorräthe mögen nun auf kürzere Zeit und in der Nähe vom Lande ausgehoben (requirirt) und beigebracht [19], oder aus entfernteren Gegengen nachgeschoben, oder endlich durch Kaufcontracte gegen Baarzahlung oder Credit erlangt worden sein. Hierbei können noch allerhand Combinationen, selbst mit der Quartierverpflegung stattfinden, welche Combination z. B. in den Etappen-(Stapel-)Plätzen der Operationslinien sehr häufig vorkommt. Daß dergleichen Magazin-Anlagen außerhalb des feindlichen Bereichs liegen müssen, also durch Stellungen und Bewegungen der Armee selbst geschützt sein wollen; daß ihre Entfernung vom Tummelplatze mit den vorhandenen Transportmitteln zusammenstimmt; daß schon die Einrichtung derselben militärische Beihülfe (gewöhnlich durch die Avantgarde oder besondere Requisitions-Commando's [20]) nöthig hat; daß die zur Brod-Bereitung und -Vertheilung erforderliche Zeit nicht fehlen darf [21]; daß sich mit einem Worte auch hier noch die Kriegshandlung mit nach der Verpflegung zu richten hat, liegt auf der Hand und bringt diese Kenntniß eben in das Gebiet der Kriegstheorie. Das Bedürfniß, die sich dabei häufenden Schwierigkeiten zu vermindern, schafft Festungen, Straßen, Schifffahrt, bevölkerte Orte rc.; sie sind es daher, welche der Kriegführung oft unerwartete Wendungen geben, und man sollte darum nie verabsäumen, die zu Waffenplätzen bestimmten Festungen außer dem eigenen erforderlichen Approvisionnement, auch fortwährend mit einem angemessenen Armee-Approvisionnement zu versehen. Der siebenjährige Krieg hat uns Muster regelmäßiger Verpflegung geliefert [22], die man späterhin zwar gelehrt, aber praktisch zu einer systematischen Hemmung der Armee-Beweglichkeit hat werden lassen; so daß man aus dem Exceß der Sorge in den der Unbeholfenheit fiel; letzterer hatte dann das oben genannte, der Invasion dienende Requisitionssystem zur Folge, mit welchem wieder ein Exceß der Nachläßigkeit herbeigeführt wurde.

Den Armeegebrauch am wenigsten störend ist die Verpflegung aus den eigenen Vorräthen, welche die Truppen mit sich führen [23]; dies sind aber von den Mundvorräthen diejenigen, welche die Proviantcolonnen, die Branntweinkarren und die Tornister der Soldaten enthalten, und welche das Vieh liefert, das den Regimentern nachgetrieben wird, und von der Fourage ist es diejenige, welche sich auf den Dienstpferden und den Geschützen befindet. Leicht begreiflich jedoch ist es, daß man diese stets zugänglichen, aber beschränkten Vorräthe bis auf die Gefechtstage aufspart, und daß auch alsdann immer wieder ein erneuertes Nachschieben aus den Magazinen nöthig wird, so daß also diese Verpflegung eigentlich nur einen Theil der Magazin-verpflegung ausmacht und die Letztere selbst nur in Bezug auf den Transport dadurch modificirt wird. Inwiefern die Transportmittel hier eingreifen können, muß einer späteren Betrachtung vorbehalten bleiben; aus der gegenwärtigen soll nur der Begriff der Armee-Verpflegung an sich und derjenige eines indirecten Ueberwältigungsmittels, das sich bereits häufig bewährt hat und daher sattsam bekannt ist, nämlich der des Aushungerns hervorgehen. Mit der Feststellung dieser Begriffe wird man unmittelbar auf die Nothwendigkeit gerathen, zeitweilig zur Erhaltung des Ganzen selbst die Portionen und Rationen des Einzelnen zu schmälern oder zu sonst ungewöhnlichen Nahrungsmitteln seine Zuflucht zu nehmen. Man wird ferner die Nothwendigkeit fühlen, sich um die Magazinirung und alle damit zusammenhängenden Anstalten zu bekümmern[24] und besonders dem Verpflegungs-Personal[25], von dessen Beholfenheit und Verlaß hier das Wohl und Wehe des Soldaten abhängt, scharf auf die Finger zu sehen und ihm nach Verdienst und ohne Rückhalt Aufmunterung und Strafe zu spenden.

c. Gesundheitsmittel.

Mit der Nahrung allein ist den physischen Bedürfnissen des Soldaten noch nicht Genüge geleistet. Derselbe braucht auch Schutz gegen den schädlichen Einfluß der Witterung, also Kleidung und Unterkunft, eine Gesundheitspolizei (Diät) und Anstalten zur Heilung von Krankheiten und Wunden.

Kleidung.

Seitdem das Uniformirungswesen, besonders inmitten des Friedens, in Aufnahme gekommen[26] und sowohl in seiner Einrichtung als Unterhaltung Vieler Aufmerksamkeit fesselt, ist ein, wenn auch nicht stets zweckmäßiges, Vorschreiten in der Sorge um die Bekleidung des Soldaten nicht zu verkennen. Neben diesem letzten Zwecke soll aber immer die Absicht durchleuchten, die Dienstverrichtungen des Mannes so wenig als thunlich zu erschweren. Ob unter vielen hierüber gangbaren Vorschlägen Anwendbares verborgen liegt, oder ob das Beste schon erreicht ist, kann die Theorie um so weniger entscheiden, als Einfall und Mode hier häufig noch maaßgebend sind. Von den Extremen, die vermittelt werden müssen, sind die wichtigsten, daß man dem Soldaten heilsame Bequemlichkeiten (Comforts) zu schaffen und ihn nicht schädlich zu belasten [27] bestrebt ist; eine dritte, jedoch enferntere Rücksicht giebt der Haushalt, die Oekonomie, die man im Kriege wohl allenfalls durch Requisitionen beseitigt [28].

Die Soldaten-Wohnung läßt sich theoretisch und im Großen von mehreren Seiten beleuchten; dieselbe gehört indessen, als hauptsächlich vom Klima und der Gelegenheit abhängig, mehr dem Kunstgebiete an. Im Bürgerquartier, der Caserne, dem Lager und Bivac gelten die möglichsten Rücksichten auf Reinlichkeit, Ordnung, Geräumigkeit, Aufsicht und militärisches Zusammenhalten der Truppe zu ihrer Sicherung und Kriegsfertigkeit. Wohnung.

Das Casernement nebst dem damit verbundenen Mobiliar (Casernen-Utensil) und den Koch-, Heizungs-, Wasch-Anstalten ꝛc. ist in der neuesten Zeit ein Gegenstand vielseitiger Untersuchung geworden, und man ist bedeutend darin vorgeschritten, besonders in den Plätzen, wo man bereits angefangen hat, die Wohnung des Soldaten mit der Vertheidigung einzelner Werke zu verbinden [29]. Die alte Lagerkunst (Castrametation) hat, seitdem man den Lagerplatz nicht mehr als eigentliches champ de bataille (position très militaire) betrachtet, einen großen Theil ihrer Lehren an die Positionslehre abgegeben und beschäftigt sich nur noch neben der Anordnung der Zelte mit den gewöhnlichen Sicherungsmaaßregeln. Die Zelte [30] selbst sind als eine Vermehrung der Impedimente dem Drange nach Beweglichkeit in cultivirten Gegenden ziemlich gewichen und werden auf kürzere Zeitabschnitte durch das Hüttenlager ersetzt, das wie die verschiedenen Zeltlagerungen reglementsmäßig eingetheilt ist [31].

Die polizeilichen Grundlagen in den Bekleidungs- und Wohnungs-Angelegenheiten, die bald zu den Details führen, müssen der Theorie ins Besondere die Richtung geben; alle Modefeinheiten, welche die Polyhisterie in der Militär-Oekonomie entwickelt und zuweilen geltend macht, müssen damit sogleich auf den richtigen Schätzungspunkt[32] gebracht werden, damit der gediegenen Idee auch von der militärischen Seite der Eingang nicht aus bloßem Eigensinn versagt wird und man andrerseits, was oft gerade wegen der Unbekanntschaft mit dem Alten der Fall ist, nicht nach allem Ungekannten als etwas Vorzüglichem hasche.

Sanität. In der eigentlichen Heilkunst, die ihren eigenen technisch-wissenschaftlichen Cours zu verfolgen hat, zeigen sich zwar ebensolche Einseitigkeiten zur Genüge; sie möchten aber wohl mit dem bloßen unbefangenen Sinn schwer abzuweisen sein und müssen sich darum durch die vernünftige Wahl der Vorsteher des ärztlichen Armee-Personals erledigen. Außer der Militär-Polizei tragen die Soldaten-Heilanstalten (Lazarethe) im Frieden und in den Festungen den Charakter des Bürgerhospitals und eine Bekanntschaft mit solchen Einrichtungen wird darum der leitenden Intelligenz immer von Nutzen sein[33]. Ganz besonders aber macht sich eine solche im Felde geltend, wo die Anlage von Lazarethen und deren Gebrauch mit den prämeditirten und nach der Wahrscheinlichkeit zu erwartenden Kriegshandlungen auf das Genaueste zusammenhängt, indem die Beweglichkeit der Armee auch in die Heilanstalten allerhand Modificationen[34] bringt, die sich vom Verbandplatze hinter der Treffenlinie bis in das Haupt-Lazareth auf der gesicherten Kriegsbasis fortpflanzen.

d. Transportmittel.

Mit Ausnahme des in den unteren Chargen dienenden Infanteristen, der Streit- und Lebensmittel für eine beschränkte Periode selbst fortschafft, braucht in einer sich bewegenden Armee Jedermann seine Transportmittel[35]; der Officier zu seiner Dienstverrichtung und Schonung, der Truppentheil zum Fortbringen der Vorräthe und zum Absatz der Kranken; dem Cavaleristen ist das Pferd überdies ein Streitmittel; der Artillerist und Ingenieur ist Nichts ohne sein Material und jeder Zweig der Militär-Oekonomie würde ohne dasselbe ebenfalls seine ganze Nutzbarkeit einbüßen. Es läßt sich daher wohl behaupten, daß das Beibringen und Unterhalten der Transportmittel einen wesentlichen Theil der heutigen Kriegführung ausmache und daß ohne sie wenigstens die Streitkraft unserer Armeen nicht widerhaltend sein könne [36]. Man ist auch von dieser Wahrheit so durchdrungen, daß die Fahrbarkeit der Wege und der Viehstand einer Provinz auf den Gang der Kriegs-Operationen einen gebieterischen Einfluß äußern, und daß man im Bilde dem Kriegsleben die Hauptstraßen und schiffbaren Flüsse als Arterien untergelegt hat [37]. Die Kriegstheorie wird durch eine anwendbare Kenntniß von den Leistungen der Transportmittel allein das Wahre aus dergleichen in der Militärliteratur nur zu häufig wiederkehrenden Phantasiestücken zu scheiden wissen. Dieser Gegenstand gehört jedoch nicht mehr zur Betrachtung des materiellen Mittels, sondern schon zu der seines Gebrauchs in der Kriegshandlung selbst; wir werden daher weiter unten für solche Regeln Platz finden, wenn wir die Kriegshandlungs-Kategorien den wesentlich verschiedenen Situationen näher zu bringen uns angelegen sein lassen werden. Ebenso ist die nähere Bekanntschaft mit der Natur des Pferdes (Reit- und Veterinärschule), der thierischen Kraft [38] überhaupt und der Mechanik des Fuhrwesens theils dem eigenen Waffendienste, theils entfernter liegenden Hülfswissenschaften vorzubehalten, und die allgemeine Kriegstheorie kann sich füglich mit Resultaten begnügen, wie wir das auch schon als ein Erforderniß für den Waffendienst und die Dienstführung in den Armeen überhaupt erkannt haben. — Hier muß es der Theorie vor allen Dingen darauf ankommen, die der Dienstleistung des Fuhrwesens angemessenste und dem Kriegsgebrauch vortheilhafteste Gliederung (Organisation) desselben festzustellen, die verschiedenen Modificationen unterworfen ist, je nachdem Rüstungs-, Verpflegungs-, Montirungsmaterial, Hospitalgegenstände, Brücken- und Belagerungsparks, Kassen ꝛc. durch dasselbe transportirt werden sollen, und es hiernach aus dem sogenannten Linienfuhrwesen, (ordonanzmäßigen Deckelwagen) oder dem Reservefuhrwesen (gewöhnlichen Leiterwagen), oder aus den gemietheten und durch Vorspann geführten Nachschüben und Convois besteht.

Die abgesonderten Directionen, welche über das durch das Armee-Fuhrwesen transportirte Material disponiren, können bei der nothwendigen Einheit der Operationen weder eine gemeinschaftliche Beaufsichtigung durch den General-Wagenmeister, noch eine gemeinschaftliche von dem Commando der Armee ausgehende Marsch- und Stellungs-Disposition entbehrlich machen, und es könnte den Armeen nur zuträglich sein, einen Stamm [39] zum Einlernen des Traindienstes nach allgemeinen Grundsätzen selbst im Frieden zu erhalten, wozu eine den Transportmitteln überhaupt gewidmete richtige theoretische Würdigung derselben dringend auffordert. Mit der Artillerie hat man seit den Revolutionskriegen Aehnliches unternommen und Viel geleistet. Man hatte allerdings dabei mehr die Waffentaktik im Sinne als die allgemeine Armee-Bewegung und Das, was für diese dabei gewonnen wurde, kam wenig zum Bewußtsein.

e. Bauliche Mittel.

Die aus den Kriegshandlungen vielfach hervorleuchtende Terrain-Benutzung hatte uns bereits auf die Terrain-Verwandlung als den höheren Begriff gebracht, unter dem wir in personeller Beziehung die Genie-Waffe auffaßten, und wir haben, um uns darüber ganz verständlich zu machen, auch schon einiger materieller Beziehungen Erwähnung gethan, die eigentlich, als der Ingenieur-Kunst (l'art de l'ingénieur [40]) angehörig, hier erst an ihrem richtigen Ort wären. Der Umstand ist uns dort nicht entgangen, daß die Ingenieur-Kunst der Kriegführung auf eine unmittelbare und eine mittelbare Weise zu Hülfe kommt; im ersteren Falle greift sie in die Kriegshandlung selbst ein, und die betreffende Betrachtung kann daher auch dort erst eine Stelle finden; im letzteren dagegen handelt es sich um eine vorausgegangene, in entfernterer Beziehung zum eigentlichen Gefecht stehende Thätigkeit, und deren Betrachtung mag unter dem oben bemerkten Titel der baulichen Mittel hier folgen. Wir müssen, um die Sphäre der Ingenieur-Kunst noch schärfer zu begrenzen und das ihr entfernter Liegende davon zu trennen[41], auch noch Militär-Baulichkeiten, welche indirect auf die Kriegführung von Einfluß sind, von denen unterscheiden, die ihr direct dienen, und uns lediglich an die letzteren halten. Von diesen also bekümmern uns gegenwärtig: ihre Bestimmung und darnach eingerichtete Beschaffenheit (convenance particulière), ja auch da, wo in ihrer zeitgemäßen Entstehung (construction, il fabricare) ein Gewicht für die Kriegführung bemerkbar ist, selbst die daraus folgende Rücksicht auf eigentliche Baumittel (Arbeitskraft, Material, Utensil), deren angemessener Verbrauch noch in den Bereich der Waffenschule fällt, die eine höhere Vervollkommnung in der Baupraxis[42] anzustreben und alle der Conception entgegenstehenden materiellen Beschränkungen geltend zu machen hat.

α. Kenntniß der Terrain-Verwandlungen als Gegenstand der Ingenieur-Kunst (Conception).

Die jeder Kriegshandlung eigenthümliche Zeitfolge macht eine bestimmte Wahrnehmung des in ihr gerade vorherrschenden moralischen Handlungsgrundes möglich, den unsere öfter schon genannten vier Kategorien, nämlich die Sicherung, Ueberraschung, Terrain-Benutzung und theilweise Ueberwältigung ihrem Charakter nach angeben. Die jene Zeitfolge noch entbehrende Terrain-Verwandlung, welche in dem Begriff der Baulichkeit die Stelle der Terrain-Benutzung überall selbst einnimmt, muß jedoch in der Combination mit der Sicherung, der Ueberraschung und Ueberwältigung das eine oder das andere dieser Motive bald ungetheilt bald abwechselnd vorherrschen lassen und sich erforderlichen Falles allen dienstbar[43] erweisen, bis das Factum dereinst selbst vorauszusehende Wahrscheinlichkeiten in Gewißheiten verwandelt. Dem baulichen Mittel solche Eigenschaften zuzutheilen, welche, nach vorgängiger Beurtheilung ihrer Einwirkung auf die eine oder die andere Kriegshandlungs-Kategorie, so beschaffen sind, daß eine erhöhte Anwendbarkeit für die eine keinen vermeidlichen Nachtheil für die andere zur Folge hat, sowie sich unter allen Umständen in den Wegen nach dergleichen richtig aufgefaßten Ideen nicht zu erschöpfen, ist die Aufgabe der Ingenieur-Conception. Die Theorie wird ihr zu Hülfe kommen, wenn sie ihr eine aus dem Gesichtspunkte der Kategorien geordnete und nach den Haupt-Umständen verglichene Kenntniß der baulichen Mittel schafft, dieselbe unter geschichtlicher Läuterung[44] in ihrer Nutzbarkeit für die heutige Kriegführung zeigt und die Regeln ihrer Anwendung auf einfache Maximen zurückbriugt. Auch hier können wir uns ohne ein ganzes Compendium über das vielfältig hin und hergezogene Ingenieur-Wissen[45] zu schreiben, nur auf das Gerippe der so eben berührten Theorie und einige beispielsweise zu gebende Winke, die jene Theorie erklären, einlassen.

1. Die Terrain-Verwandlung als Terrain-Benutzungsmittel überhaupt.

Vorhin schon ist bemerkt worden, daß die der Terrain-Verwandlung zugekehrte Voraussicht ihres militärischen Gebrauchs in der Conception des Bauwerks die Terrain-Benutzung vertritt. Dieser in der Natur der Sache selbst begründeten Behauptung steht eine Geringschätzung des natürlichen Terrains bei der baulichen Anordnung und ein Aufdringen idealer Combinationen, wie sie die Fortificationsmanieren mitunter bis ins Abgeschmackte verlangten, geradezu entgegen. Es müssen sogar die im Sinne der ursprünglichen Bodenbildung fortgesetzten Verwandlungen oder die eigentlichen Terrain-Correctionen augenfällig bleiben, um die Ueberzeugung zu wecken, daß die Verwandlung der von der Natur selbst vorgezeichneten Benutzung nur zu Hülfe kommt, ihr aber nirgends den Rang streitig macht, wobei jene stets den Kürzeren ziehen würde.

Diese unerläßliche Achtsamkeit auf das Terrain erfordert ein eigenes Erkennen[46] desselben, welches zwar mit dem militärischen Erkennen, von dem weiter unten die Rede sein wird, theilweise zusammenfällt, das aber nicht mit demselben gleichbedeutend ist. Wenn hier die Erforschung auf den Waffengebrauch, das Soldatenbedürfniß, die Gangbarkeit 2c. gerichtet ist; so muß sie sich dort noch auf genaue Weiten-, Höhen- und Tiefen-Messungen, auf Wasser- und Terrain-Sondirungen, auf Material-Beschaffung und -Bearbeitung ꝛc. erstrecken, und wohl mit bildlichen Projectionen zum Auffassen und Feststellen der angeregten Ideen verbunden sein. Bei der größten Achtsamkeit darauf, jeder Mißdeutung von Seiten des Faiseur's, dem vielleicht der Total-Eindruck des Terrains abgeht, vorzubeugen, ist auch von dieser Seite deshalb noch ein Gegenstoß zu erwarten. Schwerlich wird man zugestehen, daß diesen Bedürfnissen und Inconvenienzen durch voluminöse und darum häufig unbrauchbare, schematisirte Recognoscirungs-Tabellen und Itinerarien besser zu begegnen sei, als durch ein gereiftes, auf diesen Gegenstand besonders hingewiesenes, vom richtigen Takt im Großen aufgefaßtes Urtheil; ihm muß in der Kriegstheorie deshalb ein eigenes Capitel gewidmet werden.

2. Die Terrain-Verwandlung zur Sicherung.

Unsere Kriegführung unterscheidet wesentlich den Angriff mit der blanken Waffe (corps à corps) und den mit der Feuerwaffe; in Betreff dieses aber wieder den von vorn (en front), den von seit- und rückwärts (en flanc und en écharpe) und den mit dem Wurf- (Vertikal-) Feuer.

Der ersteren Art stehen unter den Terrain-Verwandlungen entgegen: die Absperrungen, der anderen: die Deckungen. Die bekannten Anstalten der einen und der anderen Art lassen sich herzählen und in Bezug auf Das, was außer ihrer schon bekannten einfachen Beschaffenheit hier noch für ihren Zweck[47] gesagt werden muß, kann man ihre Gesetzlichkeit für den eigenen höheren Begriff und für alle auf gleicher Höhe mit diesem befindlichen Nebenbegriffe ableiten. Der Graben mit seinen Rändern (Escarpe und Contre-Escarpe), die Bewässerungen (Inundationen und Wassermanoeuvres), die Contremine, alle Verhinderungen der verschiedensten Art (Straßenkette, Barrikade, Verhau, Pallisade, Mauer, Estakade ꝛc.) lassen sich hier nacheinander durchgehen. Aehnliches muß für die Deckungen nach ihrem Charakter (Tranchén, Brustwehren, Wälle, Traversen, Parados, Blockhäuser, Kasematten ꝛc.) geschehen; dabei zeigt sich neben solcher activen oder positiven (défilement par ressaut) noch eine passive oder negative Deckungsweise durch das Defilement par le terre-plein [48]. Auch eine zweite Potenz von Sicherungen, die Deckung der Deckungen nämlich (Flankirung der Absperrungen [49] und Brustwehren, Maskirung der Mauern durch Glacis, Enveloppen, Tenaillen, Faussebraies [50] ꝛc.) kommt dabei zur Sprache. Ebenso muß der Flügelanlehnung, der Rückenhalte (réduit, ripáro) und der mehrfachen Linien als Sicherheitsmaaßnahmen gedacht werden, und die Versperrung der Aus- und Eingänge (Thore, Poternen, Brücken, Pforten, Barrieren ꝛc.) sowie die Maskirung derselben (ouvrages avancés, Ravelin, Wallschild, demi-lune, rivellino [51]) in dieser Beziehung hier ihre Erledigung finden, wenn gleich jene als Verbindungen (Communicationen) noch außerdem Gegenstand einer anderen Betrachtung werden müssen, Behufs welcher man ihrer alsdann an der passenden Stelle nochmals Erwähnung thun mag. Da es, wie bereits wiederholt gesagt worden, bei einer wissenschaftlichen Anordnung der Begriffe nicht darauf ankommt, daß Alles zusammenbleibt, was sich über denselben einzelnen Gegenstand sagen läßt, sondern nur Das, was dem höher gelegenen Begriffe angehört [52], wodurch allein Uebersicht und Haltung des Gedankens zu wahren ist; so hat eine solche Trennung der Betrachtung über denselben Gegenstand auch weiter nichts auf sich.

3. Die Terrain-Verwandlung zur Ueberraschung.

Die heutige Kriegführung hängt an der Beweglichkeit, und wenn sie, wie der Marschall von Sachsen [53] in seiner Genialität äußerte, und ihm auch Viele nachgebetet haben, darin gleich nicht allein zu suchen ist; so werden doch in der erhöhten Beweglichkeit viele Ueberraschungs-Gelegenheiten gefunden und mit diesen wieder wahre Sieges-Chancen gewonnen. Nicht mehr zum

Durchziehen von Steppen, wie die Mongolen und Tartaren, oder zum Bau von Militärstraßen genöthigt, wie die Griechen und Römer, finden die europäischen Heere in den mit Verkehr und Cultur gesegneten Ländern zur Genüge Land- und Wasserverbindungen; sie finden sie aber oft verdorben und beschädigt, und es kommt darauf an, sie in kurzer Zeit in brauchbaren oder unbrauchbaren Zustand zu versetzen (Wegebesserung, Damm- und Brückenbau, Demolirungen, Durchbrüche ꝛc.). Dergleichen Communicationen sind nirgends wichtiger, als auf dem vorbereiteten und präsumtiven Schlacht- und Gefechtsfelde, außerhalb und innerhalb der Werke und zur Verbindung von Innen nach Außen, (Wallgang, Wallstraße, Gallerie, Rondengang, bedeckter Weg, Parallele, Thore uud Brücken, Coffres, Laufgräben ꝛc.[64]) sowie selbst zum Transport aller Streitmittel aus der Höhe nach der Tiefe und umgekehrt (Rampen, Leitern, Treppen, Aufzüge ꝛc.).

Anderweitige Vehikel zur Ueberraschung geben die vom Feinde nicht gesehenen Truppen-Sammlungen hinter den dazu bestimmten Terrain-Verwandlungen (places d'armes[65], künstliche Niveaux, Contrepenten-Böschungen und allerhand Maskirungen), die mitunter auch wieder einer künstlichen momentanen Demaskirung unterliegen, alsdann aber um so mehr in die Kriegshandlung selbst gehören, als sie in diesem Falle gewöhnlich in Verbindung mit besonderen Nebenumständen wie z. B. der Dunkelheit erscheinen. Die unterirdischen Vorbereitungen (Contreminen) sowie die in dem Grundbau der Anlagen[66] und in der Disposition der Werke angebrachten Feinheiten, wie z. B. die Traditores, welche schon die alten Italiener als difése cieche kannten, und die Darçon als pièces à revers invisibles wieder zu großem Ansehen brachte, gehören nebst manchen anderen Anstalten, die man darum auch zu den Staatsgeheimnissen zu zählen pflegt, gleichfalls hierzu.

4. Die Terrain-Verwandlung zur theilweisen Ueberwältigung.

Durch das: „L'attacco insegna la diféso“ und den umgekehrten Satz wird zugleich auf die Art, wie mit der Terrain-Verwandlung dem feindlichen Vorschreiten begegnet werden muß, und auf die baulichen Mittel, welche der Ueberwältigung dienen können, hingedeutet.

Die Lage der Werke auf der Bodenfläche (ihr Tracé) muß einer möglichen Annäherung und Entwickelung der feindlichen Streitkraft zugekehrt sein; sie muß, indem sie dieselbe von der Seite (en flanc), ja selbst von hinten (à revers) echarpirt[67], die feindliche Streitkraft einem überwiegenden Waffengebrauch preisgeben und außer der Ueberhöhung (dominement und commandement) noch Kraftverstärkung aus den Höhen-Anlagen mit Stufenfeuer (Etagen, Cavaliere) zulassen.

Eine geschickte Complication natürlicher und künstlicher Terrain-Vortheile, der Gefechts-Zusammenhang, in welchen eine Linie zu mehr als einer Schlacht-Fronte treten kann, je nachdem der Gang der Begebenheit ein Ein- oder Ausschwenken dieser Fronten herbeiführt, erzeugt eine Metaphysik der Ueberwältigungs-Anstalten, und also gleichsam eine ideale Taktik[68] der Terrain-Verwandlung selbst, welcher in dieser Beziehung noch eine Menge Details (Abschnitte, Batterien aller Art, ihre Scharten 2c., Terre-plein's, Geschützbänke 2c.) angehören.

Eine andere materielle Vorbereitung zur Ueberwältigung geht aus den wohl angebrachten Hindernissen hervor, die Terrain-Verwandlungen (Sappen, Minen, Logements aller Art, Breschen[69] 2c.) als Gegenmittel verlangen. Dieselben zeigen sich zwar größtentheils bei der formellen Belagerung in einem vollständigen Complexus, aber doch immer erst in der Anwendung; die wissenschaftliche Kenntniß ihrer Eigenthümlichkeiten erfordert demnach, wenn auch die Anfertigungskenntniß als in der Waffenschule erworben vorausgesetzt wird, ein Mehreres.

β. **Disposition der Terrain-Verwandlung oder vorbereitende Anwendung der Ingenieur-Kunst auf die Kriegführung. (Ordonnance d'ouvrages, partimento.)**

Obgleich manche baulichen Mittel überhaupt erst in der Anwendung zum vollen Verständniß gelangen können, so müssen sie doch schon hier unter ihre Collectivbegriffe treten, um in ihnen die Vergleichung auszuhalten, damit eine einseitige Anwendung zum Voraus vermieden werde. Diese vorbereitende Anwendung, welche einen gewissen, sich auf ganze Acte der Kriegführung erstreckenden Zusammenhang[60] der baulichen Mittel zur Betrachtung bringt, soll uns nunmehr beschäftigen.

Die Mittel selbst sowohl wie ihr Gebrauch erleiden ungeachtet des gemeinsamen, durch die Terrain-Verwandlung erstrebten Zweckes größtentheils augenfällige Veränderungen, je nachdem sie zu einem unmittelbaren Antheil an der Truppenhandtirung[61] bestimmt sind und diese zum letzten Ziel haben, oder nur einem anderweitigen letzten Ziele in dem Truppengebrauch, nämlich der Behauptung eines Orts oder dem Streite um denselben, dienen. Im ersteren Fall unterscheidet man noch das Marsch- und Positionsverhältniß der Truppen und zählt zusammenhängende Terrain-Verwandlungen hiernach entweder zu dem Feld- Wege- und Brückenbau oder zur Feldbefestigung (fortification de campagne oder passagère). Im zweiten Falle aber faßt man die Regeln der Anlage unter dem Namen der Ortsbefestigung (fortification permanente oder royale d. h. reale, welches richtig, aber sehr vague übersetzt: „große Befestigung" heißt) zusammen. Die Regeln des um diese letztern Anlagen und in Begleitung von Terrain-Verwandlungen geführten Krieges begreift man unter dem Namen des Angriffs und der Vertheidigung (attaque et défense), die gemeinhin jedoch nicht einmal alle Fäden des Festungskrieges miteinander verbinden. Wir wollen uns, da diese Eintheilung feststeht, dem Gegenstande nach derselben Ordnung hingeben.

1. Wege- und Brückenbauten.

In dem theoretischen Gange der Betrachtung der Wege- und Brückenbauten muß die Erleichterung und Beschleunigung des Truppenmarsches stets als wissenschaftliche Grundlage festgehalten werden. Ein Ideal der den militärischen Verhältnissen entsprechenden Wege und Brücken darf dabei nicht fehlen; dasselbe ist indessen, da dem Techniker allein die Details unentbehrlich bleiben, nur in den Haupt-Umrissen erforderlich. Aus ihnen werden sich alle wesentlichen Eigenschaften und die Bedingungen ableiten lassen, welche die ersteren derartig in einer gegenseitigen Abhängigkeit erhalten, daß das Ganze noch seinen Zweck erfüllt.[62] Dergleichen Realitäten, die sich auch auf Kriegserfahrung und technische Versuche zu stützen haben, liefern alsdann neue Betrachtungen und Aufgaben für wahrscheinlicherweise eintretende Umstände und Schwierigkeiten, die durch Surrogate und mancherlei Handel mit den verschiedenen gesetzlichen Leistungen zu lösen sind, und wobei sich der Genius sowohl wie das Studium der Erfahrungen häufig erst die Bahn brechen müssen, dann aber auch das vermeintlich Unmögliche als möglich hinstellen werden.

Für die Beschaffung der Baumittel hat man im Kriege einen ganz andern Maaßstab anzulegen als im Frieden; dieselben fehlen dort seltener als Zeit und Raum. Wenn man sonst will, und der Soldat, wie der römische, an Arbeit gewöhnt ist, so können die im Heere vorhandenen Arme noch in der Kriegsperiode selbst viel leisten; nur müssen sie keine unüberlegten Dispositionen fördern, und der Soldat muß durch den Erfolg seiner Arbeit selbst angeregt werden. Auch ein mit größerer Rücksichtslosigkeit benutztes cultivirtes Land ist alsdann für das Dynamische und Materielle viel mehr als sonst zu leisten im Stande. Es muß aber bei der Armee selbst auf solche Mittel rechtzeitig Bedacht genommen werden, die sich ohne zeitraubende Vorbereitung durchaus nicht erlangen lassen. Dahin rechne ich die nöthigen Utensilien- und Pontonparks, und die im Verlauf der Operationen so dringend erforderlichen Apparate zur schnellen Ueberbrückung kleiner Gewässer (bekannt unter der Benennung der Modderbrücken), die nicht in den Pontontrain verwebt sein dürfen,[63] weil dieser da, wo die Modderbrücken vorne gebraucht werden, der Armee hinten nachzieht.

2. Feldbefestigung.

In Bezug auf die so eben dargethane Anordnung der Gedanken sowohl wie auch in Betreff der nöthigen Beholfenheit fällt die Theorie der Feldbefestigung mit der des Wege- und Brückenbau's zusammen. Wir enthalten uns daher hier der Wiederholungen und begnügen uns mit einer Betrachtung des ihrem Begriffe angehörigen Wesens, welches wir schon oben als eine im unmittelbaren Gefechts-Interesse vorgenommene Terrain-Verwandlung ansahen. Um die aus Zufälligkeiten deducirten Unterscheidungszeichen[64] der Büchergelehrten wollen wir uns also nicht weiter bekümmern; ein richtiges Verständniß des vorigen Abschnitts müßte dieselben übrigens auch schon beseitigen.

Der hinsichtlich der Baulichkeit in Ueberlegung genommene Straßenzug erhielt seine Hauptrichtung vom Armee-Marsche, wie die Lage von Brücken durch die beabsichtigten Fluß-Uebergänge bestimmt wurde. Ebenso muß der jedesmal zweckdienlichste Truppengebrauch im Gefecht der Terrain-Verwandlung auf dem Schlachtfelde einen bestimmten Charakter geben, ohne sie geradezu in der Form zu beschränken. Die nach allen Seiten hin Front machenden alten römischen und neueren türkischen Lager-Verschanzungen, die im 17. und 18. Jahrhundert noch über ganze Landstrecken geführten, mitunter permanent eingerichteten Linien (continues de batailles und de frontières), selbst die Contra- und Circumvallationslinien[65] (oder de sièges), die späterhin wieder geöffnet wurden (lignes à intervalles) und sich zuletzt dem immer mehr zerstreuten Armeegebrauch gemäß fast nur noch auf Dorfverschanzungen und Postensicherungen im entscheidendsten Terrain beschränkten, nicht ausgenommen, beweisen diesen Satz vollständig. Wenn Napoleon dazu auffordert,[66] die Soldaten auch fernerhin in schleppenden Kriegen mit Schanzarbeiten zu beschäftigen, so legt er damit ein richtigeres Urtheil an den Tag, als wenn er in der Feldbefestigung seit der Römerzeit keinen Fortschritt anerkennt und dem Ingenieur Erfindungen aufgiebt, die lediglich vom Truppen-Gebrauch abhängen und die den mit der Bedeutung der baulichen Kriegsmittel gehörig bekannten Truppen-Anführern zufallen müssen. Napoleon's Kriege haben, etwa mit Ausnahme des spanischen, wegen ihres ungestümen Ganges hier weniger Ausbeute geben können als frühere, und namentlich noch der siebenjährige Krieg. Aus letzterem hat sich recht eigentlich erst die Literatur der Feldbefestigung und die Formation des lediglich dazu bestimmten Ingenieur-Personals herausgebildet, obgleich auch schon vordem Schanzarbeiten und andere Ingenieur-Beschäftigungen im Felde an der Tagesordnung waren, und also die Leute dazu auch früher schon nicht fehlten[67]. Mehr als mit allen Ingenieur-Erfindungen, dünkt mich, müßte durch ein richtiges, im Sinne einer höheren Kriegsansicht stattfindendes Auffassen der heutigen Gefechts-Weise, womit eine vergleichende Abschätzung unserer Gefechte und solcher aus derjenigen Zeit zu verbinden wäre, in welcher sich diese Disciplin besonders hervorthat und heraushob, und aus welcher uns nur noch nach einzelnen Umständen verschnittene Reste übrig geblieben sind, für die Feldbefestigung gewonnen werden können.

3. Ortsbefestigung.

Mit ungleich größerer Vollständigkeit und in ungleich weiterer Ausdehnung als bei der Feldbefestigung lassen sich die nach den Kriegshandlungskategorien verglichenen und bereits als regelrecht erkannten einzelnen Terrain-Verwandlungsanstalten der Ortsbefestigung in ihren Combinationen anpassen. Ehe man aber damit vorgeht, müssen zunächst die Bedingungen, unter welchen diese Combinationen geschehen sollen und können, in möglichster Allgemeinheit ebenfalls der theoretischen Erwägung unterworfen werden, um die die Individualitäten berührende Kunsthandtirung[68] auf das Unerläßliche zu beschränken.

Der Ortsbefestigung liegt als nächster Zweck die Behauptung irgend einer Erdscholle vor, von deren Wichtigkeit ein im Voraus erkannter Kriegsgang entweder mit Bezug auf das Local selbst oder auf die darin vorbereitete Verwahrung und Verwendung der Kriegsmittel die Ueberzeugung schaffte. Nach solchen verschiedenartigen Bestimmungen werden sich außer den allgemeinen Festungs-Eigenschaften wie etwa Selbstständigkeit und und Continuität der Vertheidigungs-Anstalten, vorbereitete Gelegenheit für den Waffengebrauch am rechten Ort, durchlaufende Uebereinstimmung von Tracé und Relief ꝛc., noch besondere[69] ergeben für den Waffen- oder Hafenplatz, für den Sperrpunkt oder Brückenkopf, das Fort oder die Citadelle ꝛc., die in gewisser Allgemeinheit neue Bedingungen feststellen. Aber auch mit diesen ist man noch nicht am Ende; das Materielle behauptet sein Recht und aus einer angemessenen Classifizirung der verschiedenen Landesarten gehen wiederum Bergfestungen, Plätze in durchschnittenem und in ganz ebenem Terrain, an Flüssen und an der Meeresküste, in trockenem und in wasserreichem Boden hervor, welche mit den darnach einzurichtenden baulichen Mitteln (Werken) auch fortifikatorische Eigenheiten erlangen und veränderten Maaßnahmen für die Sicherung, Ueberraschung und Ueberwältigung unterliegen[70].

Wie man bei Anlage eines Platzes die Idee der Befestigung auffaßt und mit der Einrichtung der Werke vorschreitet, ist Sache des Ingenieurs, und der Kriegstheorie ist Genüge geleistet, wenn man sich nach dem Erkennen jener Bedingungen und ihrer aus dem Kriegsgebrauch abgeleiteten höheren Gesetzlichkeit diese Vergleiche an Beispielen verdeutlicht. Dabei ist eine von jeder Einseitigkeit abgewandte und darum kritische Bekanntschaft mit den vorzüglichsten Befestigungsmanieren, die in der vorausgegangenen elementaren Würdigung der Werke ihre gute Grundlage findet, sehr zu empfehlen, weil die meisten Festungen nach gewissen gangbaren Mustern (in Manieren) erbaut sind und daher auch, da sie einmal so vorhanden, die darin in Bezug auf den Angriff und die Vertheidigung vorherrschenden Gedanken gute Dienste leisten können. Mit einigen Rückblicken auf manche, ihrem eigenen Wesen nach bereits behandelte Kriegs-Erfordernisse kann man dann gleichzeitig mit der Erörterung der Festungs-Eigenschaften auch die Sphäre der zur Kriegshandlung selbst vorbereiteten Einrichtung der Festungen abschließen. Man wird so erkennen, wie die geforderte Selbstständigkeit für jede Festung eine ihrer vorgesetzten Leistung gemäß organisirte Besatzung (Garnison) und damit die Sorge für geeignete Unterkunft[71], Erhaltung, Krankenpflege ꝛc.

auf längere Zeit bedingt und zur Beschränkung aller dieser Bedürfnisse auf ein Minimum der Truppenzahl[72] bringt. Man wird die Streitmittel mit ihrem sicheren Unterkommen der Zahl und Beschaffenheit nach aus der Bestimmung des Platzes hervorgehen sehen. Man wird der Einheit im Befehl des Commandanten die gehörige Aufmerksamkeit schenken und gewahren, daß die Autorität desselben nicht allein in den militärischen, sondern auch in den bürgerlichen Verhältnissen bei isolirtem Zustande unerläßlich ist und vorbereitet werden muß, weil auch der Bürger, sei es nun auf eine gutwillige oder erzwungene Weise, in die Vertheidigung mit eingreift. Die Continuität der Vertheidigungs-Anstalten wird, insoweit sie die Kriegshandlungen vorbereitet, doppelten Deutungen, dem Räumlichen nämlich und dem Zeitlichen, unterworfen werden. Räumlich wird man in jedem Platze einen geschlossenen Kern mit einer Central-Vereinigung militärischer Kraft suchen, von dem aus Letztere wenigstens zeitweilig sicher und ungestört nach den wichtigsten Vertheidigungspunkten der Peripherie gelangen kann. Zeitlich wird man dagegen die Einrichtung und Besetzung[73] hintereinander liegender Werke nach einer Scala zu ordnen haben, um schädlicher Voreiligkeit und Versäumniß zu begegnen. Wenn die Selbstständigkeit eines Platzes schon zu einem vorläufigen Ueberschlag der Bewaffnung (Armirung der Festung) aufforderte, so giebt die Gelegenheit des Waffen-Gebrauchs, welche Geschütze von schwerem und leichtem Kaliber mit Casematten-, Wall- und Feld-Affuitagen, Wurfgeschütze, Minen-Utensil, Schanz- und Brücken-Geräthe 2c. in ganz verschiedenen Verhältnissen fordert, zu solchen Ueberschlägen noch mehr Veranlassung. Letztere werden sich übrigens bei einer gediegenen, aber nicht kleinlichen Betrachtung des nachfolgenden Absatzes der Wahrscheinlichkeit in Bezug auf den Gebrauch ausnehmend nähern.

4. Terrain-Verwandlung in Bezug auf den Angriff und die Vertheidigung (attaque et défense) der Plätze.

Aus dem vermehrten Gebrauch der Feuerwaffen und der damit entstandenen neuen Art der Befestigung hatte sich die Nothwendigkeit ergeben, diesen künstlichen Hindernissen ebenfalls mit Terrain-Verwandlungen entgegen zu gehen und sich selbst beim Widerstande noch supplementarer Terrain-Verwandlungen zu bedienen. Ein solches auf Gegenseitigkeit begründetes und dadurch hervorgerufenes Benehmen hat ein vollständiges System[74] der im heutigen Festungskriege anzuwendenden Terrain-Verwandlungen erzeugt, das freilich diesen Krieg allein noch nicht darstellt, wie dieses späterhin bei Betrachtung der Kriegshandlung geschehen muß, das aber die schon oben unter den baulichen Elementen mit angegebenen Belagerungsarbeiten gemeinhin unter dem Namen des Angriffs und der Vertheidigung zu einem Ganzen gestaltet. Die bei einzelner Erforschung jener baulichen Mittel bereits ausgeglichenen Ansprüche der Kriegshandlungsmotive müssen jetzt auf den Complex derselben ausgedehnt werden, welcher jedoch nicht nach fingirten Belagerungs-Journalen, sondern unmittelbar aus der Entwickelung und Anwendung der gegenseitigen Streitkräfte aufzufassen ist. Die Stellung und die Bewegung (das allogiare und marciare) dieser Streitkräfte wird, weil der Streit selbst (das combattere) vorbehalten bleibt, den Ideengang normiren, welchem gemäß auch die Elemente (Parallelen, Couronnements, Logements, Minengallerien, Abschnitte ꝛc., sowie Approchen, Descenten, Graben-Ueberbrückungen, Rampen, Branchen, Rameaux ꝛc.) zusammengestellt sein wollen. Wir erklären uns hiermit gegen die Schlußfolgen aus den Belagerungs-Romanen, die von Cormontaigne zu einer einseitigen Vergleichung der Manieren (échelle de comparaison) mit fingirten, auf beiden Seiten gleichen Voraussetzungen angegeben worden sind, welche aber von der Schule zu weit wichtigern Zwecken gemißbraucht wurden[75] und in Folge dessen noch fortwährend von schädlichem Einfluß sind, solange sie nicht auf den ursprünglichen Zweck zurückgebracht werden. Wir halten dieselben zu einer geregelten wissenschaftlichen Betrachtung des Gegenstandes für vollkommen entbehrlich, obgleich die gewöhnlichen Lehrbücher sich ihrer, um nur einen Faden, den der Zeitfolge nämlich, aufweisen zu können, größtentheils bedienen.

Wie am Schlusse des vorigen Artikels an eine Normal-Ausrüstung der Festungen mit Mitteln aller Art gedacht wurde, so muß man auch hier die Ausrüstung zu einer Belagerung in ihrer Allgemeinheit und Gesetzlichkeit (Parks und Depots) nicht übersehen. Die Geschichte von Belagerungen[76] verschiedenartiger Plätze, die mehr Positives als die Schlachten-Geschichten enthalten, wird das Urtheil dabei am besten leiten und wohl erkennen lassen, wo das Allgemeine dem Besondern[77] zu weichen hat.

f. Geldmittel.

Das Geld ist von jeher als ein Mittel erkannt worden, durch welches, die metaphysischen Agentien des Raumes und der Zeit ausgenommen, sich so ziemlich alle Kriegsbedürfnisse, wenngleich nicht immer in der Ausdehnung des Bedarfs, beschaffen lassen. Man hat darum zu jeder Zeit einen bedeutenden Werth auf dieses Mittel gelegt, und Montecuculi wiederholt eigentlich nur das alte Lied, wenn er auf die Frage: „Richiesto taluno delle cose necessarie alla guerra?“ von der Geschichte antworten läßt: „Danaro, danaro, danaro!“, welcher Antwort Machiavel schon früher mit der Bemerkung widersprochen hatte: „Non l'oro ma i buoni soldati, perche l'oro non e sufficiente a trovar i buoni soldati, ma i buoni soldati sono ben sufficienti a trovar l'oro.“[78] Ohne uns auf den Vorzug der größeren Allgemeinheit bei beiden Mitteln einzulassen, wollen wir nur bemerken, daß das Geld, insofern es den Sold und die Lebensbedürfnisse schafft, auch der Güte des Soldaten entgegen kommt, und daß die Disciplin, sowie demnächst auch der Kriegs-Erfolg durch den Mangel daran stets gefährdet wird[79]. Schon im Frieden sind unsere Armeen größtentheils die kostbarsten Institutionen der Staaten; mit dem Kriegsfuß und der Kriegsverwendung nehmen dieselben aber noch bedeutend an Kostbarkeit zu[80]. Ein regelmäßiger Betrieb (Comptabilität) von Seiten des mit der Verwaltung beauftragten Personals nach festen Ausgabesätzen (Etats), sowie eine von anderer Seite darüber ausgeübte Aufsicht (Controle) ist darum in einer wohlgeordneten Armee unerläßlich. Indessen muß dabei immer die Form vorwalten, da sich der Kriegszustand als ein abnormer häufig derselben zu entziehen weiß; es erscheint darum auch weit weniger der Sache als ihres Mißbrauchs wegen nothwendig, daß schon in der Kriegstheorie das Wesentliche der Armee-Comptabilität erkannt, der Uebermacht ihres Einflusses auf unhaltbare Formen vorgebeugt und vor allen Dingen in ihrer Uebersichtlichkeit eine, auf das Ehrgefühl der Militar-Hierarchie gestützte Aufsichts-Controle erzeugt wird, welche das unumgängliche formlose Handeln in der Kriegs-Aufregung zu keiner, durch bloße scheinbare Form beschönigten Willkür ausarten läßt.

Wie weit die militärische Administration, welche allerdings den ökonomischen Gesichtspunkt vor Allem im Auge behalten muß, auch im höheren Staats-Interesse auf den militärischen hinzuweisen ist, und wo das militärische Interesse dem finanziellen, dieses aber grundsätzlich dem militärischen zu weichen hat, möchte aus der Unstetigkeit [81] so vieler militärisch-ökonomischer Maaßregeln schwer zu ergründen sein. Oft genug scheint es noch so, als ob die Armeen der Comptabilität wegen vorhanden wären, und auch einzelne erfahrene Theoretiker, wie z. B. Cancrin, geben uns noch kein einfaches Anhalten hierüber.

Das Musterungs- und Listenwesen schließt sich der Armee-Comptabilität an und hat selbst noch mit ihr zu schaffen [82]. Wie viel überhaupt noch in den Armeen unnöthig geschrieben wird, ist eine ebenso wichtige Frage, als die nach dem Uebermaaß der Controle. Mit einem nicht historisch, sondern nach dem Dienstbegriff wirthschaftlich geordneten Rapport- und Listenwesen, dessen reeller Nutzen erweislich wäre [83], würde sich vielleicht dem allgemeinen Verlangen nach Verminderung der Schreiberei und einem übersichtlichen raschen Büreau-Geschäftsgange näher treten, sowie einem, im Kriege wenigstens unvermeidlichen Geschäftsbankerott vorbeugen lassen.

Anmerkungen.

[1] (S. 122). Auch hier zeigt sich schon, daß die mangelhafte Gliederung unseres Militär-Geschäftswesens in gleichem Grade wie in der Civilverwaltung Verzagtheit und Verzweiflung an der eigenen gesunden Vernunft zur Folge hat. Der Referent behält oft gegen seine eigene Ueberzeugung Recht und die anerkannt irrige Meinung wird später durch die Autorität des Befehls unterstützt. Obgleich es wohlthätig ist, daß Techniker oder, was im Militär dasselbe bedeutet, Leute aus allen Waffen und Branchen dem Commandirenden rathend zur Seite stehen, so muß dieser doch selbst soviel Sachkenntniß haben, um mit dem eigenen vernünftigen Urtheil dasjenige des Technikers in seiner Ueberzeugung beseitigen zu können. Allerdings dürfte es ihm bei dem jetzigen Zustande der Kriegs- und anderer Theorien schwer fallen, sich das nöthige Zeug hierzu zu verschaffen.

[2] (S. 123). Der neapolitanische Etymologe Vico, dessen vor mehr als hundert Jahren geschriebenes Buch neuerdings wieder mehr Anklang gefunden hat, nimmt die Verwandtschaft zwischen arma und arcus als ausgemacht an und läßt Ersteres mit dem Begriffe des Abwehrens, Letzteres mit dem des Fernhaltens verbunden sein.

[3] (S. 124). Napoleon erklärt sich z. B. in seinen Bemerkungen zu Cäsar's Feldzügen sehr richtig den verhältnißmäßig stärkeren Verlust der älteren Armeen bei Rückzügen gegen den der neueren, aus der Streitart von Mann gegen Mann. Im Kampfe selbst ging Weniger verloren, als wenn eine der kämpfenden Parteien den Rücken kehrte, wie es auch noch bei unseren Cavaleriegefechten der Fall ist.

[4] (S. 124). So konnte der Marschall von Sachsen noch wenig von der Wirkung des Gewehrfeuers halten, weil die meisten seiner Erfahrungen von dem Luntenschloß gemacht waren; er empfiehlt dagegen stets: le fusil à secret. — Gabelgewehre mit dem Rade auf Gestellen (futs) hatte man

bereits 1520 unter Ludwig XII.; die Muskete wird von 1570 ab und zwar bis 1670 gewöhnlicher in den Armeen und die Flinte kam 1630, mehr aber noch von 1672 ab, in Aufnahme.

5 (S. 124). Das in Bayonne erfundene Bajonnett hat, wie wir schon oben erwähnten, im Laufe der Zeit mannichfache Umwandlungen erlitten, die auf die Kriegführung nicht ohne Einfluß blieben; die Einführung des Dillenbajonnetts hat z. B. wesentlich auf die Schnelligkeit des Feuers eingewirkt.

6 (S, 124). Die Artillerie-Wissenschaft dient aber durchaus nicht dem Artilleristen allein. Der Infanterist zieht die gründliche Kenntniß seiner Hauptwaffe daraus; dem Ingenieur ist sie mehrfach unentbehrlich; sie giebt ihm, um nur Eins anzuführen, die ganze Basis des Minenkrieges. Auch darf man sich nicht wundern, daß in einer wissenschaftlichen Betrachtung der ganzen Kriegskunst, die verschiedenen Artillerie-Kenntnisse, die sich in einem Artillerie-Compendium regelrecht folgen, getrennt vorkommen und daß nach längeren Episoden einmal vom Waffendienst, ein anderesmal von der Artillerie-Wissenschaft und ein drittesmal wieder vom Artillerie-Gebrauch gesprochen werden muß. Der Geograph betrachtet z. B. auch die Erdoberfläche im Zusammenhange, jeden durch charakteristischen Unterschied von den übrigen gesonderten Erdtheil aber im Besonderen und ebenso den Anfang, das Mittel und das Ende eines Flußgebietes besonders; während der Hydrograph jedem Flusse und seinen Verzweigungen vom Ursprung bis zur Mündung in ununterbrochenem Zusammenhange nachgeht. Jener folgt einer umfassenderen, Dieser einer beschränkteren und der ersteren untergeordneten Kenntniß.

7 (S. 125). Wie weit der Vortrag in den Hülfswissenschaften, welche diese Gesetzlichkeit nachweisen, über die respectiven Elemente hinaus den hier berührten Punkten nachzugehen hat, gehört in die Unterrichts-Organisation der höheren Militair-Bildungsanstalten. Jedenfalls wird aber auch hier die geschichtliche Entwickelung allen Künsten und Wissenschaften zu Hülfe kommen, indem sich bei allen über die Elemente hinaus fast nur gegen einzelne Anwendungen hin vorgetriebene Spitzen zeigen, und die Kriegskunst schon das Verdienst besitzt, für mehrere derselben den Crystallisationskern geliefert zu haben.

8 (S. 125). Wie wenig man hier überhaupt noch auf festen Füßen in der Wissenschaft steht, zeigt ein 1825 im Mém. de l'off. du génie abgedruckter Aufsatz vom Bataillonschef Andoy.

9 (S. 125). Man muß sich immer erinnern, daß diese Betrachtungen nicht unmittelbar auf den Unterricht, sondern auf die Kriegstheorie d. h. auf eine übersichtliche klare Erkenntniß vom Zustande des Kriegswissens überhaupt gerichtet sind und daß, wenn man etwa dabei Verstöße gegen die herkömmliche Serie der Kenntniß-Lehre findet, man zugeben muß, daß eine richtige Anordnung derselben erst aus einer richtigen Stellung der Theorie hervorgehen kann. Will man Jemand eine Gegend zeigen, so muß man darin auf

andere Weise als durch den bloßen Weg bekannt sein, auf dem man selbst in dieselbe gerieth. Der Marschall von Sachsen hat etwas Aehnliches gefühlt, indem er sagt: „Je prends les objets comme ils se présentent à mon idée," die allerdings noch keiner Artikulation des ganzen Wissens unterlag.

[10] (S. 126). Gribeauval ging 1765 bei der französischen Armee mit der Organisation einer normalen Feldartillerie, wie man sie in dieser Vollkommenheit vordem nicht gekannt hatte, voran; Napoleon äußert sich über diese Organisation sehr lehrreich und mit voller Sachkenntniß, so daß nur empfohlen werden kann, nachzulesen, was er darüber sagt. — Erst seit 1732 erkennt man das Streben nach gleichen Piecen und Calibern in den Armeen; der siebenjährige Krieg arbeitete Gribeauval vor, was auch schon Vallière und Belidor gethan. — Karl IX. von Frankreich soll schon 1572 die Geschütze auf sechs verschiedene Arten beschränkt haben.

[11] (S. 126). Die Italiener des sechszehnten Jahrhunderts sprechen schon vom Kriegsgebrauch der Raketen (rochetta von rocca, die Brandröhre), und Heron's, 120 Jahre vor Christus erfundenes éolipyle à réaction, wie es Hachette nennt, zeigt dieselbe mechanische Wirkung auf dem hydraulischen Wege; auch ein Arrago findet dieselbe dem Raketengange analog.

[12] (S. 126). In der Regel finden dergleichen Anfertigungen im Kriege nicht durch das Armee-Personal statt; indessen treten auch wohl Fälle ein, wo sich die Armee selbst damit befassen muß. So war Soult 1809 auf seinem Zuge aus Gallizien nach Portugal zur Anfertigung verschiedener Streitmittel genöthigt, weil er seinen Park hatte zurücklassen müssen; er entbehrte denselben 40 Tage lang, während deren er verschiedene Gefechte zu bestehen hatte.

[13] (S. 127). Napoleon will mit 300 Schuß p. Geschütz (außer der Munition in den Protzen) zwei Schlachten liefern. Zu gleichem Zwecke berechnet man den Bedarf eines preußischen Armee-Corps zu 800 Centner Pulver.

[14] (S. 127). Machiavel drückt sich ebenso deutlich aus, indem er meint: „Celui qui ne fait pas bonne provision de bouche, sera vaincu sans qu'on y emploie la force des armes."

[15] (S. 128). Der in der Armee-Verpflegung hocherfahrene Cancrin (zuletzt russischer Finanzminister) meint, daß sich in den cultivirtesten Ländern Europa's die Brodportionenzahl auf das Doppelte der Einwohnerzahl setzen ließe; in zwei Tagen wäre diese Zahl ohne weitere sonstige Vorbereitung zusammenzubringen und größere Städte lieferten noch günstigere Resultate. Cancrin's Buch über die Militair-Oekonomie (St. Petersburg 1820) enthält überhaupt unschätzbare Erfahrungen über alle Zweige dieses Wissens. Er meint, es sei eine elende Ausflucht, zu sagen, man habe überall gesiegt und sei aus Mangel zu Grunde gegangen; man müsse siegen und leben.

[16] (S. 128). Heinrich IV. von Frankreich sagte einst sehr weise: „Geben

wir mit Wenigen nach Spanien, so werden wir geschlagen; gehen wir mit Vielen, so verhungern wir." — Die Nothwendigkeit, 1815 das nachtheilige Gefecht bei Ligny anzunehmen, war aus den unzeitigen Cantonnements hervorgegangen.

[17] (S. 128). Dem letzten bayrischen Erbfolgekriege (1778) gab die Kartoffel sogar schon seinen Spitznamen und es bedurfte gar keiner napoleonischen Völkerwanderungen, um die Dienste, welche diese Frucht dem sogenannten Requisitionssystem zu leisten im Stande ist, anzuerkennen.

[18] (S. 128). Berthier schrieb 1805 an Bernadotte: „Quant aux subsistances il est impossible de vous nourrir par les magasins, cela n'a jamais été et c'est à ne pas être servie de magasins que l'armée française doit en grande partie ses succés." Derselbe sagt von Marmont: „Dans toutes les lettres qu'il m'écrit il me parle de subsistances. Dans les guerres d'expéditions et d'invasions que fait l'empereur il n'y a pas des magasins; c'est aux généraux commandants en chef à se pourvoir des moyens de subsistance dans les pays, qu'ils parcourent. C'est ainsi qu'ont fait tous les corps de la grande armée et le général Marmont connaît plus que personne le genre de guerre que fait l'empereur." — Dagegen schreibt Napoleon selbst 1812 von Borodino aus an Berthier: „Le prevôt de la grande armée, le vaguemestre, que font-ils? Aucun ne sert comme il le devrait. On va aux vivres à la débandade. Le nombre des marodeurs, qui tombent dans les mains de l'ennemi, monte chaque jour à plusieurs centaines. Je veux qu'on défende aux soldats sous les peines les plus sevères de s'avanturer ainsi. On doit aller aux vivres comme l'ordonnance le préscrit pour les fourages par corps d'armée ou au moins par divisions et des escortes suffisantes doivent protéger l'opération," wozu es aber an Zeit und Gelegenheit fehlte, weshalb Alles beim Alten blieb. In unseren Tagen hat man, weil damals in Rußland die Entfernung der Regierungsmaschinerie und die Zerstörung der Vorräthe gute Dienste leistete, selbige aufs Neue als ein kräftiges Landes-Defensionsmittel aufgetischt und mit allerhand Chimären anempfohlen. Durch solche Uebertreibungen muß man sich indessen nicht hinreißen lassen; jenes Mittel ist nicht neu, denn Vercingetorix gebrauchte dasselbe schon in Gallien gegen Cäsar, wo es allerdings auch Erfolg hatte, weil die damalige Behandlung überwundener Völker die öffentliche Meinung im Lande allemal auf die Seite der regierenden Gewalt brachte. Aehnlich wirkte das Mittel in den noch uncultivirten und wenig bewohnten russischen Landstrichen, wo die Regierung in den Händen des Adels liegt; derselbe ging den Franzosen wie jedem Feinde aus dem Wege, wo nicht etwa die gehoffte Restauration Polens ihm ein anderes Verhalten vorschrieb und die Requisition wie z. B. in Volhynien ungeachtet des Abganges der Regierungsmaschine in vollem Maaße erfüllt wurde. Dergleichen schwärmerische Ideen hängen mit dem Centralisationssystem und dem Glauben an die Papierregierung zusammen,

sind aber von keinem Nutzen, weil die Civilisation des überwundenen Landes dadurch nur mit einem glimpflichen Regierungswechsel bedroht ist, indem sich auch ohne Papierwesen immer Leute zum provisorischen Regiment finden werden.

[19] (S. 128). Früher verpflegte man die Armeen auch im Frieden auf solche Weise durch Naturallieferung, über welche sich die entfernten Besitzer des Grundeigenthums mit Entrepreneurs verständigten. So war z. B. das Königreich Sachsen früher in 157761 Magazindistricte eingetheilt, deren jeder 3 Scheffel Korn à 3 Thlr., 3 Scheffel Hafer à 1⅓ Thlr., 2 Centner Heu à 16 gGr., 4 Schütten Stroh, das Schock zu 3 Thlr., zu liefern hatte. — Noch jetzt werden für jeden russischen Soldaten im Frieden monatlich 60 Pfund Mehl oder 3 Pfund Brod täglich, monatlich 40 Metzen Grütze und wöchentlich 1 Pfund Fleisch und 2 Portionen Branntwein in natura verabreicht. In Rußland existiren eigene Regimentswirthschaften, die theils durch Ersparnisse an der Verpflegung, theils durch Handarbeiten der Soldaten für Lohn, Capitalien sammeln. Ueber Letztere disponirt alsdann der Regimentschef; derselbe kann ⅔ davon zu allerhand nicht etatsmäßigen Ausgaben verwenden. Es giebt Regimenter, welche über 100000 Rubel in der Kasse haben.

[20] (S. 129). Soult spricht von der Erfahrung, die er machte, wenn dergleichen Commando's längere Zeit an einem Orte stehen. Sie halten nämlich dann aus Vorsorge für ihren eigenen Unterhalt die Lebensmittel zurück.

[21] (S. 129). Mit den Handmühlen, welche 1812 bei der französischen Armee in Gebrauch waren und die Hachette in seiner Trait. élém. des machines, Paris 1819, beschreibt, beschafften 7 Mann oder 1 Pferd in 12 Stunden den Bedarf an Mehl für 130 Mann. Die Feldbacköfen, deren Einrichtung den französischen Sappeurs gelehrt wird und die bis 500 Portionen fassen, erfordern zum Bau 20 Stunden, zum Anheizen 10 Stunden und zum Backen 1 Stunde. Die Klenk'schen Backöfen, von denen sich zwei bei jeder preußischen Feldbäckereicolonne befinden, sollen 4000 Portionen täglich liefern können.

[22] (S. 129). So thöricht es ist, aus gehörig benutzten Umständen sofort ein System zu abstrahiren, so liefert doch Das, was wir Kriegstheorie nennen, nicht wenig Beispiele davon. Friedrich II. marschirte ungeachtet seiner altväterischen Magazinsorge mit Requisitionen und Bivac's von Roßbach nach Leuthen; Massena verhungerte dagegen in Genua und Napoleon auf dem Rückzuge von Moskau ungeachtet seines neuen genre de guerre.

[23] (S. 129). Die Römer führten bei ihrer frugalen Lebensweise für 20 Tage Lebensunterhalt an Körnern mit sich, die sie sich auch selbst bereiteten. Die Engländer tragen verfassungsmäßig für 3 Tage Lebensunterhalt bei sich und zwar die Portion bestehend aus 1 Pfd. Zwieback, ½ Pfd. Gemüse und Branntwein; die Cavalerie führt in der Regel auf 2 bis 3 Tage Hafer im Sack und auf ebenso lange gesponnenes Heu; die Artillerie aber das Dop-

pelte hiervon. — Beim Einmarsch in Rußland hatte die französische Armee auf 4 Tage Lebensmittel im Sacke und auf 20 Tage solche auf Wagen mit sich zu führen. Segur erzählt, wie man beim 1. Corps die Leute mit Zwieback, Brod und Mehl bepackt habe; er sagt: „Ainsi avec son sabre, sa giberne garnie, trois pierres à feu, son tournevis, sa banderole et son fusil le soldat était chargé de 58 livres et avait pour 4 jours du pain, pour 4 du biscuit, pour 7 jours de la farine et 60 coups à tirer. Derrière lui les voitures traînaient chacune pour 6 jours des vivres.“ Es läßt sich wohl denken, daß so Etwas bei forçirten Märschen nicht wohl angeht. Wenn der Soldat seinen ganzen Sack leert, so kann er allenfalls auf 4 Tage Brod und auf 15 Tage Zwieback mitführen. Napoleon, der übrigens niemals cantonniren ließ, wenn sich kein Mangel an Lebensmitteln fühlbar machte, sagt selbst: „L'expérience a prouvée qu'il faut qu'une armée ait avec elle un mois de vivres, dix jours portés par les hommes et les chevaux de bât, vingt jours sur les caissons.“ — Suchet ließ in Spanien den Mann bis auf 2 Tage Fleisch im Sacke tragen und solches durch die Regimenter aus deren eigenem Viehstande ergänzen. Er meint von dieser Einrichtung: „qu'elle aurait peut-être l'avantage de rendre les corps plus mobiles, d'assurer d'une manière moins dispendieuse une partie principale de la subsistance des troupes et de prévenir le pillage qui détruit tout.“ — Cancrin rechnet zur nothdürftigen Armeeverpflegung außer dem 4tägigen Ranzen-Vorrathe in gutem Lande noch auf einen 8tägigen, in mittlerem auf einen 16tägigen, in schlechtem auf einen 20tägigen und in ganz schlechtem auf einen 28tägigen durch das Armeefuhrwesen zu befördernden Vorrath. — In den indischen Kriegen beobachteten die Engländer ein nur dort ausführbares Verpflegungssystem. Es besteht darin, daß eine ganze Kaste der Einwohner (Laskaris) die Armee in einem Zahlenverhältniß von 5 : 1 umschwärmt und ihr Lebensmittel zuträgt.

[24] (S. 130). Die den Magazinirungsaufwand zwar mäßigenden, aber auf längere Zeit in unserem feuchten Klima und Boden wenigstens die wahre Beschaffenheit der Vorräthe ganz ungewiß lassenden Silo's (Korngruben) haben etwas sehr Gewagtes für den militärischen Gebrauch und sind ihm darum nicht ganz angemessen, weil die Mehlbereitung nicht willkürlich vor sich gehen kann. Ich würde darum rathen, sich nicht ausschließlich auf solche Verwahrungsart zu verlassen.

[25] (S. 130). Das, was man in den neueren Armeen Intendantur nennt, ist eigentlich ein Generalstab für die ganze Administration. Eines kann aber nicht für das Andere gesetzt werden und wenn der Armee Eines fehlen soll, so ist es besser, daß sie ein wirkliches Administrationspersonal als dessen bloße Direction besitze. Der bei der Creation der preußischen Intendantur verlautbarte Gedanke, daß dadurch das ältere Kriegs-Commissariat ersetzt werden solle, war darum ohne Grund. In Friedenszeit wurde er zwar ausführbar, aber nur durch die Regiments-Oekonomie-Commissionen,

und die Intendantur übernahm neben der ihr zustehenden Administrations-Controle überhaupt noch die früheren bei den Civilregierungen betriebenen local-militärischen Administrationsgeschäfte, weil eine Feststellung der Etats für die verschiedenen Ministerien auch eine eigene Fondsverwaltung von Seiten des Kriegsministerii erheischte und sich ein derartiger Provinzialbetrieb aus dem Centro als unausführbar zu erkennen gab. Letztere Behauptung wird bewiesen durch die, vielfältige Mißgriffe in der Armee-Administration veranlaßt habende, frühere Stellung der Intendantur als Provinzialbehörde des Kriegsministerii. Aus dem Gesagten geht hervor, daß die Armee, einzelne Branchen, wie das Proviant-, Kassen-, Post-, Lazarethwesen ausgenommen, kein eigentliches Kriegs-Commissariatspersonal besitzt, wenn nicht sofort die Regiments-Oekonomie-Commissionen aus den Regimentern (die jene aber auch noch brauchen) heraustreten sollen, um die Technik der Versorgungs-Anstalten im Felde zu übernehmen. Zudem würden diese Commissionen, wenn sie als Appendix von der Intendantur unmittelbar ressortiren sollten, in ganz unfertige, subalterne Hände gelegt oder als Entreprise behandelt werden müssen, welches Letztere schon manchen Staat und manche Armee ins Verderben gestürzt hat. Unklarheit und die in der Zeit liegende Unart des Controlirens und Centralisirens auf Kosten des Geschäfts selbst scheint bei dieser Creation die Vorhand gehabt zu haben.

[26] (S. 130). Der preußische Soldat, welcher allerdings schon früher eine bestimmt vorgeschriebene Kleidung nebst Mantel trug, wurde erst unter Friedrich Wilhelm I. (1718) vom Könige bekleidet.

[27] (S. 131). Unter den vorhin (s. Anmerkung 23) erwähnten 58 Pfd., welche der französische Soldat des 1sten Corps 1812 zu tragen hatte, befand sich der: „sac réduit au stricte nécessaire; il contenait deux chemises, deux paires de souliers avec des clous et des semelles de rechange, un pantalon et demi-guêtres de toile, quelques utensils de propreté, une bande à pansement, de la charpie. Dans les deux côtés étaient placés quatre biscuits de 16 onces chacun, au-dessous et dans le fond un sac de toile long et étroit rempli de 10 livres de farine. Le sac entier ainsi composé, ses bretelles et la capote roulée et attachée par-dessus pésait 32 livres 12 onces." — Daß man den Soldaten in der Nähe des Feindes diesen Sack immer tragen lassen solle, meint Napoleon; er sagt nämlich: „Il y a cinq choses qu'il ne faut jamais séparer du soldat: son fusil, ses cartouches, son sac, ses vivres et son outil de poinnier; qu'on réduit ce sac au moindre terme possible, qu'il n'y ait qu'une chemise, une paire de souliers, un col, un mouchoir, un briquet, — fort bien; mais qu'il l'ait toujours avec lui, car s'il s'en sépare, il ne le reverra plus." — Ueber das Gepäck des römischen Soldaten auf dem Marsche hat sich Rogniat in seinen Cons. sur l'art de la guerre weitläuftig ausgelassen.

[28] (S. 131). Der Marschall von Sachsen meint: „On ne doit pas vivre aux dépens de son maitre; au contraire un habile général peut

tirer par les contributions de quoi faire subsister son armée la campagne suivante." Er giebt das Requisitionssystem schon ganz ausgebildet an, ja noch kräftiger als es in den letzten Kriegen angewandt worden ist.

[29] (S. 131). Nach dem östreichischen Sanitäts-Reglement soll bei Anlage militärischer Gebäude auf jeden gesunden Soldaten 2, auf jeden kranken dagegen 4 Cubikklafter Raum gerechnet werden.

[30] (S. 131). Man hat längst und, wie z. B. Freitag schon (1630), mit denselben Gründen wie heute gegen die Zelte gesprochen. Napoleon wollte schon der Gesundheit wegen von den über die feuchte Erde ausgebreiteten leinenen Zelten Nichts wissen und zog den Bivac und seine Feuer auch schon deshalb dem Zeltlager vor, weil Ersterer dem Feinde keine so sichere Erkennungszeichen giebt als Letzteres. Wellington konnte indessen die Zelte in Spanien eben so wenig missen wie die Russen in Bulgarien. — In den Standlagern zu Boulogne, Ostende, Vimereux, ließ Napoleon Versuche mit Baracken aus allerhand Material, Stein, Holz, Lehm, Stroh u. s. w. machen, welche nach den verschiedenartigsten Constructionen angefertigt wurden. Die Lagerstelle des Soldaten war aus Hurden gebildet und 2 Fuß über dem Boden erhoben.

[31] (S. 131). Die Küche muß im Felde Abtheilungsweise besorgt werden; denn soll Jeder für sich kochen, so kocht der Zehnte gar nicht, oder Jeder bewacht sein halbes Pfund Fleisch, das am Feuer hängt. Bei den Franzosen führten im letzten Kriege je 12 Mann einen Kessel.

[32] (S. 132). So meint der Marschall von Sachsen, nachdem er die Sterblichkeit im Lager von Belgrad (1718) besprochen: „L'on ne voit point de ces exemples chez les Romains tant que le vinaigre ne leur manque pas; mais dèsque l'acétum leur manquait ils étaient sujets aux mêmes accidents que nos troupes le sont à présent." (Sie bekamen denselben auf mehrere Tage und schütteten einige Tropfen davon in ihr Trinkwasser.)

[33] (S. 132). Das bekannte: „mens sana in corpore sano," gehört auch mit zu den achtbarsten Gesundheitsmitteln und verbindet die Sorge um das physische Wohl des Soldaten mit psychischen der Behandlung desselben. — Turenne besuchte die Hospitäler oft und hatte sich dadurch den Namen eines Vaters der Soldaten erworben, wie Quincy erzählt.

[34] (S. 132). Gewöhnlich rechnet man auf 1 Todten zwischen 4 und 5 Verwundete in der Schlacht. — Napoleon meint: „L'expérience prouve que trois mois après une bataille il ne reste que le 6. des blessés aux hôpitaux." — Nach Cancrin muß die Zahl der Verwundeten und Kranken wenigstens auf 1/10 der ausrückenden Mannschaften veranschlagt werden. Dabei wäre 1/3 der Leidenden als sehr schwer, 1/3 als leichter und 1/3 als ganz leicht krank anzunehmen. — Eine Armee von 100,000 Mann kann wohl 15000 Verwundete haben, während 1/5 bis 1/6 davon als Todte bleiben; auf 2000 Mann kann man wohl 300 Verwundete rechnen und von 100 Mann muß man womöglich für 25 Lazarethfurnitur bei der Armee haben.

[35] (S. 132). Wie sich Napoleon um die Transportmittel kümmerte beweist sein Tagesbefehl vom 23. August 1809. Dort heißt es: „Le 2. septembre défilera à la parade le parc du génie avec les ouvriers et les marins attachés au génie, les outils des pionniers, les outils des ouvriers, les différents objets préscrits pour le raccommodage des ponts et le passage des rivières, enfin 4 pièces de canons légers pour servir à l'usage de cette petite réserve marcheront ensemble et en bon état. Chaque voiture du parc du génie, quelle que soit sa dénomination, portera deux flambeaux à éclairer les convois et le parc 100 lanternes avec une provision de bougies."

[36] (S. 133). Der Marschall von Sachsen erzählt, wie er oft seine Cavalerie habe visitiren lassen müssen, um alle unnöthigen Dinge, welche die Leute mit sich schleppten, denselben wegnehmen zu lassen, und sagt dabei: „Je ne crois pas exagérer en disant qu'on aurait chargé vingt chariots de mauvaises drogues absolument inutiles avec ce que j'ai quelquefois fait jeter à un seul régiment; c'est ce qui abîme en partie la cavalerie."

[37] (S. 133). Auch die neuerdings allgemein gewordene Manie nach Eisenbahnen und deren leichte Zerstörbarkeit würde, wenn dieselben wirklich in der beabsichtigten Ausdehnung zur Ausführung kommen sollten, die Kriegführung nicht wenig alteriren.

[38] (S. 133). Nach Cancrin transportirt ein Träger in der Continuität 80 Pfund, ein starker Esel 300 Pfund, ein Kameel 600 Pfund, ein Packpferd p. p. 375 Pfund, ein Landwagen 15 Centner, ein Militairwagen 18 Centner und zwar nach östreichischer Construction, bei uns 1800 Pfund, wenn er vierspännig und wie bei dem Proviantfuhrwesen beschaffen ist. Auf kürzere Dauer kann man Letzterem wohl eine Ladung von 25 Centner zumuthen. — Napoleon ist der Meinung, 80 Wagen könnten 1500 Centner Mehl und Branntwein, zusammen 80,000 Portionen fassen; dabei sollte das Branntweinfaß zu 4000 Portionen auf Einspännerkarren kommen, von denen 3 soviel an Gewicht tragen sollten als 1 vierspänniger Leiterwagen. — Cancrin läßt 25 Wagen den Vorrath für 3000 Mann auf 8 Tage laden und theilt die sämmtlichen Wagen in Colonnen ab, die je 1¼ Meilen Weges Länge einnehmen. Er rechnet im Durchschnitt 1600 Portionen auf 3 Pferde und muthet dem Leiterwagen 250 Rationen Hafer oder 15 Centner Heu zu. Auf ein Gros von 100,000 Mann rechnet er 450 seiner Linienfuhrwagen zur knappen Mundverpflegung auf 12 Tage, wobei er aber hinter der Armee ein Reservefuhrwesen von 1000 Wagen in Echelons als vorhanden annimmt.

[39] (S. 134). Die preußischen Trainofficiere sind im Frieden nur Depotaufseher, Rendanten und Controleure für unbedeutende Comptabilitäten. Unterofficiere und Soldaten werden erst in dem letzten Moment der Mobilmachung zusammengebracht, um einen ihnen ganz unbekannten Dienst mit rohen Pferden und Recruten zum dringendsten Dienstgebrauch zu organisiren.

[40] (S. 134). Man spricht zwar auch wohl von einer Ingenieur-Wissenschaft (science de l'ingénieur) als einer gebundenen Theorie jener Kunst; indessen kann dieselbe sich keines solchen Centralprincips rühmen, wie die Bekanntschaft mit der Pulverkraft der Artillerie-Wissenschaft giebt, und jedes vergebliche Bemühen darnach hat die Theorie nur noch mehr verwirrt.

[41] (S. 135). Wenn der Ingenieur schon im Nothfalle mit etwas Bekümmerniß, einem gesunden Urtheil und einigen technischen Kenntnissen der Anlage einer Röhrenleitung, Bäckerei und Pulvermühle, einem Casernen- oder Magazinbau :c. vorstehen kann; so kann man ihm doch eigentlich nicht zumuthen, seine Detailkenntniß über alle diese Gegenstände vorbereitend auszudehnen, weil er alsdann neben dem Kriegs-Ingenieur auch Civil-Ingenieur sein müßte. Die Muster, welche man über dergleichen Baulichkeiten in classischen Schriften z. B. in Belidor's Science des ingénieurs findet, müssen mehr als Beispiel vielfacher baulicher Anwendung der allgemeinen Bautheorie denn als ein der Ingenieur-Geschäftigkeit eigen vorliegendes Feld angesehen werden. Uebrigens gilt auch hier Das, woran vorhin bei Gelegenheit der Betrachtung der Artillerie-Wissenschaft erinnert wurde. Die Ingenieurkunst gehört in der Kriegstheorie jedem Soldaten an, das Dienstverhältniß des Ingenieurs, von dessen ganzem Umfange hier nicht die Rede ist, kann aber Diesem noch andere Verpflichtungen auferlegen.

[42] (S. 135). Zwischen der Bautheorie und der Bauführnng läßt sich noch unter der Benennung der Anwendung ein Drittes denken, das als Vermittlerin zwischen Abstraction und That zu dienen und welches der Ersteren neue Nahrung, der Letzteren neue Aeußerungen zu liefern hätte, wodurch Beider Lebendigkeit mehr erhalten bliebe. Der Ausdruck ist im Bauwesen gebräuchlicher als in anderem anwendbaren Wissen (science de fait) oder sogenannten angewandten Wissenschaften. Ich meine aber, daß Letztere dadurch charakterisirt werden, so lange man diese Theorien selbst nicht angemessener behandelt. „Il ne suffit pas de proposer des méthodes, il faut dresser ses ouvriers qui puissent les entendre et les modifier."

[43] (S. 135). Der welcher eine Bresche legt und ersteigt, sowie der welcher sie vertheidigt, wird die Momente erkennen, in welchen die feindliche Ueberwältigung oder die eigene Sicherung sich als das augenblickliche Ziel seines Benehmens herausstellen; Dem, welcher die Mauer anlegt, ist dies unmöglich; er muß die Ausführbarkeit beider Handlungsarten im Auge behalten, ja vielleicht noch der Möglichkeit einer Ueberraschung huldigen wie z. B. bei der Ausführung einer freistehenden Grabenmauer. Da sich also der Ingenieur mit der Wahrscheinlichkeit befassen muß, so thut Laplace sehr wohl daran, von ihm zu verlangen: „une grande justesse d'esprit, un tact délicat et une grande expérience des choses."

[44] (S. 136). Was den Sinn eines Werkes zu Lorrini's oder selbst noch zu Vauban's Zeit feststellte, ist heute aus der Kriegführung verschwunden. Demungeachtet läßt sich noch heute in manchem unverständigen Fortifications-Raisonnement die stillschweigende Berufung auf jenen Sinn bemerken, was

eine gereinigte Theorie von Hause aus zurückweisen würde. Tritt diese nicht hervor, so muß die babylonische Sprachverwirrung mit dem Wissen nothwendig wachsen. Das aus dem 9 tägigen Verpflegungssystem abgeleitete Decken einer Festung durch eine Armee ist z. B. einer von den oben erwähnten Gegenständen, die noch immer zu ganz verkehrten Raisonnements Veranlassung geben.

[45] (S. 136). Es ist sehr begreiflich, wie man sich bald in eine manierirte Fortification verlieren, weniger, wie man sich so lange darin erhalten konnte, sofern man die Unarten einer fortificatorischen Dogmatik nicht zum Schlüssel hiervon macht. Muster, Symmetrien und Systeme sind geistige Steigerungen der individuellen Form, die im Aufschwunge wie die Seifenblasen springen, um in anderen Gestaltungen wieder zu erscheinen und dieselben Schicksale von Neuem zu erleben. — Albrecht Dürer (1527) und Lanteri (1559) sprechen in ihren Unterrichten zur Befestigung noch von keiner Manier, und Freitag (1630) sieht schon in den normalen Winkeln und Linien seines Polygon's die eigentliche Theorie, welcher er die Irregulär-Fortification, „worin die Ingenieure keine sonderliche Regel halten," und die später nur wie ein Anhang behandelt wird, entgegenstellt, „weil ein Jeder erachten werde, daß die Fälle, wie sie eben vorkommen, zu beschreiben ein ohnmögliches Thun sein würde." — „C'est l'esprit de la chose plutôt que la chose même qu'il faut suivre," meint Dufour, ein sehr geistreicher Schriftsteller der neuesten Zeit. — Wertmüller schrieb schon vor 100 Jahren, daß die Maximen der Irregulär-Fortification von größerer Wichtigkeit und in größerer Anzahl vorhanden seien, als man sich wohl einbilde, und Cormontaigne sagte nicht viel später: „Chaque situation demande des égards et des considérations qui lui sont propres." Auch der Marschall von Sachsen meint: „Je compte la nature infiniment plus forte que l'art; pourquoi donc n'en pas profiter?" — Das Haupt-Argument zur Regularität zog man aus dem Grundsatze der gleichmäßigen Stärke eines Platzes; eine solche war nämlich am ehesten auf einer tabula rasa zu gewinnen. — Stählswerd meint, eine vollkommene Gleichheit sei zwar in der Ausübung entbehrlich, in einer schriftlichen Anweisung müßten aber die bewiesenen Sätze in vollkommener Schärfe hervortreten; dieses und die Nothwendigkeit, den inneren Raum einer Festung so groß als möglich zu machen, sei die Ursache, warum man irreguläre Figuren möglichst regulär zu erhalten suchen müsse. So trösteten sich die vernünftigen Leute — der Schule zu Gefallen!

[46] (S. 136). Die Vermengung beider Arten von Terrain-Recognoscirungen, der technischen nämlich und der militärischen, hat schon manchen schicklichen Moment verlieren lassen und manches Unheil angestiftet; eine gediegenere Ausbildung der Generalstabsofficiere in dieser Hinsicht dürfte deshalb wohl ein dringendes Bedürfniß sein. Der bloße Soldat findet z. B. in der Ufergestaltung und den Flußzugängen den Uebergangspunkt für eine Armee; diese erhält ihre Direction dahin und der Ingenieur den Befehl

zum Brückenschlagen; dieser erkennt denselben aber dort bald als unausführbar, weil die Strömung das Ufer wechselt, weil der Ankergrund nicht hält, das Material zu einer langen Landbrücke fehlt und aus ähnlichen Gründen mehr. Daß derartige Umstände auch zu berücksichtigen sind, davon hatte der Generalstabsofficier keine Ahnung. Mandar sagt deshalb: „Si l'on considère que la science des positions tient entièrement au coup d'oeil on reconnaitra que les ingénieurs sont de tous les officiers de l'armée les plus propres à occuper les premiers rangs dans l'état-major", und Suchet äußert bei Erwähnung des verunglückten Sturmes auf das alte Sagunt bei Murviedro in Spanien (1811): „qu'il avait toujours aimé à entendre les conseils des officiers du génie qui sont les défenseurs nés des règles de la guerre." Dies wirklich zu sein hatte man auch namentlich den französischen Ingenieuren seit Vauban in der Schule zur Pflicht gemacht, um von allen gewagten Operationen im Festungskriege abzuhalten. Ein Brief Napoleon's vom 20. August 1812 an Berthier würde, insofern er nicht etwa bloß Ausbruch einer Laune war, zeigen, daß die Ingenieurofficiere in der französischen Armee damals wenigstens richtig gebraucht werden sollten. Es heißt dort: „Les débouchés de la ville (Smolensk) n'ont pas été soignés par le génie d'où il résulte des encombrements. Aucun officier du génie a suivi l'avant-garde, soit pour réparer les ponts, soit pour en construire sur chaque ruisseau et par là favoriser les communications d'avant-garde et les mouvements soit en avant soit en retraite. Préscrivez lui (dem General Chasseloup als Ingenieur-Commandanten) de prendre des mesures pourque je n'aie plus à faire de pareils reproches au corps du génie et à lui personnellement."

[47] (S. 137). Manche dieser Anstalten übt einen bestimmten moralischen Einfluß aus, der das psychische Verhältniß der streitenden Parteien verändert und darum recht eigentlich in die vorliegende Betrachtung gehört. So ist Derjenige, welcher auf einem erhöhten Standpunkte steht, sich einer vollkommenen Uebersicht des Feindes bewußt; so können ferner die im Voraus organisirten Rückzugsanstalten den Muth erheben oder herabdrücken; so wirkt die fortwährende Kenntniß Dessen, was dem Freunde begegnet, wohlthätig, die Isolirtheit dagegen nachtheilig auf das Gemüth; „telles troupes seront infailliblement battues dans les retranchements qui en attaquant auraient été victorieuses; peu de gens en donnent bonne raison; elle est dans le coeur des humains et on doit l'y chercher." — Darçon meint zwar: „Le ménagement des affections morales exige plus d'attention peut-être que les dispositions mécaniques;" diese wollen aber im Voraus mit Bezug auf die Ersteren um so behutsamer bedacht sein.

[48] (S. 138). Die Schule hat, indem sie sich des längst schon praktisch bekannten Defilements annahm und die beschreibende Geometrie darauf anwandte, diese Lehre mit einem Nimbus umgeben, welcher den Praktiker verwirrt und den Theoretiker überhebt. Bei aller verdienten Achtsamkeit muß

die Meinung davon etwas zurückgeschraubt werden. Dufour sagt ganz wahr: „Un ouvrage de circonstance péniblement défilé indique toujours qu'il est construit dans une mauvaise position. Il faut donc donner une grande attention au choix de son emplacement et quand on ne peut faire autrement que l'établir sous des hauteurs, dont il faut le défiler, le choix du tracé et le gisement de l'ouvrage sont les choses, auxquelles on doit principalement s'attacher."

[49] (S. 138). Hiermit öffnet sich ein weites Feld der Untersuchung wie der Sichtung. Die Manieren zogen ihre Hauptnahrung aus dieser Sicherung und es ist kein Wunder, daß man die obersten Fortificationsgrundsätze darin aufsuchte, „puisqu'on accorde," wie A. de Ville (1655) sagt, „pour maxime générale que les places les plus flanquées sont les meilleures." – Die erste Combination der Absperrungen und Deckungen, die sich in weiterer Ausdehnung erst im Capitel der baulichen Anwendungen zeigt, entspringt daraus. Die Courtine ist sinnverwandt mit der Gardine einer Maskirung.

[50] (S. 138). Die Faussebraie ist dasselbe was der deutsche Unterwall und die italienische falsa braya (worin braya das Band heißt, wie noch in dem französischen brayage) ist. Nach Lorrini war es ursprünglich eine Correction der dem Angriffe mit Geschütz ausgesetzten Stadtmauern.

[51] (S. 138). Wenn man der Etymologie nachgeht und das „rivellino" von rivelare, dem französischen révéler, herleitet, so möchte man fast glauben, daß damit das Gegentheil der Maskirung angedeutet sei. Indessen ließe sich der Widerspruch noch dadurch lösen, daß man in der ältesten Fortification die Eingänge hinter den Orillon's anbrachte, das Ravelin also wirklich deren Lage anzeigte, ohne sie selbst der Einsicht preiszugeben. Die mezza luna der Italiener, nach welcher die Franzosen ihr demi-lune bildeten, bezeichnet lediglich die Hufeisen-Gestalt der ersten Raveline. Diese besaßen auch die alten Bastione, welche deshalb noch zur Zeit Prosper Colonna's (1570) denselben Namen führten.

[52] (S. 138). So müßte man den Sicherungen noch alle Anstalten hinzufügen, welche zum besseren Erkennen des Feindes dienen.

[53] (S. 138). Der Marschall von Sachsen meint nämlich: „C'est dans les jambes qu'est tout le secret des manoeuvres et des combats, c'est aux jambes qu'il faut s'appliquer." — Die französischen Soldaten, die das freilich am ehesten empfinden mußten, sagten 1805 von Napoleon: „Le petit corporal a trouvé une nouvelle manière de faire la guerre, il se sert de nos jambes plus que de nos baïonnettes."

[54] (S. 139). Chamilly's Vertheidigung von Grave (1674) dankt einen Theil ihrer Dauer der zweckmäßig auf dem Glacis gebrauchten Cavalerie. Diesem Gebrauch der Cavalerie treten die neueren Coffre-Communicationen

sehr in den Weg, sowie dieselben auch auf den Capitalen eine leichtere Annäherung an die Bastionsspitzen vorbereiten.

[55] (S. 139). St. Cyr spricht von solchen natürlichen places d'armes des Dalheimer Grundes (1794) bei Mainz mit den Worten: „La vallée forme une espèce de grande place d'armes sur le front des forts Hauptstein et St. Philipp, où la garnison dans le cas d'une attaque contre nous pouvait rassembler et masquer un grand nombre de troupes et déboucher sur nos lignes en ordre de bataille.“ — Bei Coblenz sind mehrere dergleichen natürliche und künstliche Waffenplätze vorhanden.

[56] (S. 139). Schildknecht (1652) meint: „Darum begehre ich die Gewölber, darauf verräth ein Dieb sich selber; den kann ich also fort bemerken in massiv gewölbten Bollwerken.“ — Auch Lorrini's vorgeschlagene, aber nicht zur Ausführung gekommene Brustwehrkrone en contrepente zur schnelleren Aufstellung der Wallgeschütze dient der Ueberraschung. Solche baulichen Mittel könnten übrigens, da sie den Vertheidiger ebensowohl und unmittelbar sichern, auch in dem Capitel der Sicherung behandelt werden; hier wurden sie nur erwähnt wegen des Eindrucks der Ueberraschung, welchen sie hervorbringen.

[57] (S. 140). Wie weit man hierin gehen kann, ohne daß sich die Linien gegenseitig in's Gesicht feuern, hatte man z. B. in der Mode des 17. Jahrhunderts, die weitherausspringenden Hornwerke statt sonstiger Außenwerke vorzuschieben, nicht beachtet.

[58] (S. 140). Unter Taktik (wörtlich: „Kunst zu schlagen“) verstehe ich hier eine geordnete Kenntniß der Vortheile, die jeder Waffe aus den räumlichen Bedingungen zuwachsen.

[59] (S. 140). Die Bresche (richtiger: Breche) besitzt ihre eigene Geschichte sowohl in Bezug auf die Lage als die Bildung. Von der Mitte des 17. Jahrhunderts an diente die Mine vorzugsweise zum Oeffnen der Bresche.

[60] (S. 141). Man hatte bisher nach einer nicht einmal ganz vollständigen Idee von diesen Anwendungen besondere Disciplinen ausgebildet, die begriffliche Eintheilung dagegen vernachlässigt und Das, was das Wesen der baulichen Mittel betrifft, nur zerstreut und beiläufig zur Sprache gebracht. Ist es daher zu verwundern, daß so viele Militärs und selbst Ingenieurs mit sich selbst nicht darüber ins Klare kommen können, was es mit der Theorie der Ingenieurkunst eigentlich für eine Bewandtniß hat? — Ebendaher kommen auch viele schielende Anwendungen der fortificatorischen Begriffe auf die Stellungslehre, von welcher sich in Friedrich II. Lagerkunst und Taktik Beispiele finden und die eigentlich nur factisch beweisen, daß die höhere Kriegstheorie im freien Felde wie vor den Festungen ganz dieselbe ist.

[61] (S. 141). Dahin gehören vor Allem Verbesserungen eines Schlachtfeldes durch Terrain-Verwandlungen. Was das heißt, ein Schlachtfeld

einzurichten, kann man aus den auf den Inseln bei Wien im Jahre 1809 in der Zeit zwischen den Schlachten bei Eßlingen und bei Wagram hergestellten Arbeiten kennen lernen. Diese Einrichtung wurde von Napoleon selbst angegeben und zwischen dem 26. Mai und 5. Juli zur Ausführung gebracht. Der Erzherzog Karl ließ Gegenarbeiten in seiner Position zwischen Aspern und Groß-Enzersdorf ausführen. Pelet liefert über diese Arbeiten sehr interessante Details. Nachdem er über die Schlacht bei Wagram berichtet, heißt es: „L'empereur témoigna sa satisfaction à l'armée et particulièrement au génie, à l'artillerie, aux pontonniers, qui par leurs immenses travaux avaient préparé tous ces miracles."

[62] (S. 142). „Afin de ne pas pécher contre les principes, quand on est forcé par les circonstances locales à s'éloigner des formes régulières," wie sich Dufour in seinen Mém. pour les travaux de guerre sehr richtig ausdrückt.

[63] (S. 142). Die Oestreicher haben ihre besonderen Pontonbrücken und Laufbrücken-Divisionen, wie sich überhaupt in dieser Armee manches durch die Erfahrung bewährte gesunde Princip bemerkbar macht.

[64] (S. 143). Belici, dessen hinterlassenes Buch bereits in der Mitte des 16ten Jahrhunderts geschrieben sein muß, da er bei der Belagerung von St. Dizier (1544) selbst eine Rolle spielte, scheidet die Disciplinen der Feld- und Ortsbefestigung, ohne Zeit oder Material zum Eintheilungsgrunde zu machen, noch ganz richtig. Den alten Italienern konnte also die abgeschmackte und in wissenschaftlicher Hinsicht Nichtssagende Classe der sogenannten provisorischen Fortification oder fortification mixte nicht einfallen, obgleich sie wegen des damals zunehmenden Geschützgebrauchs in den häufigen Fehden ihre Städte öfter als wir zur Vertheidigung geschickt zu machen hatten. Sie unterschieden eine solche Befestigung als riparare sehr wohl von dem fortificare. — Die Verwirrung der Begriffe hat wie überall so auch hier ihre Frucht getragen. Man bekommt über die lange Vernachlässigung der detachirten Werke vor den Plätzen einen Schlüssel, wenn man in Cormontaigne liest: „Mais nous considérons ces ouvrages éloignés de la place au delà du feu de mousqueterie comme appartenants absolument à la guerre de campagne." — Der deutsche Bundestag decretirte 1825 die Wiederherstellung der Festung Luxemburg nur gegen den gewaltsamen Angriff und nannte es Willkür, daß der Ingenieur beim Anscheine des Krieges im Jahre 1830 auch an den förmlichen dachte.

[65] (S. 143). Vauban hatte die Circumvallationslinien schon verworfen, weil man zu seiner Zeit bereits Observationscorps brauchte. Napoleon fand sie bei Mantua wieder empfehlenswerth und er sagt, indem er sich auf ältere Beispiele wie 1654 bei Arras, 1608 bei Lille u. s. w. beruft: „Et cependant on demande, à quoi servent ces lignes de circonvallation? On les a discréditées, il est posé en principe qu'il n'en faut pas élever."

— Die verschanzten Lager Mercy's, Turenne's, Condé's, deren man auf dem nördlichen deutsch-französischen Kriegstheater allein 20 zählte, und die zum Theil mehrmals benutzt worden sind, bekamen bei Malplaquet durch Marlborough einen Stoß. Quincy erkennt denselben an; er wurde aber wieder gemildert durch Friedrich II. bei Schweidnitz, wo sich allerdings 57,000 Mann durch 8- bis 10tägige Arbeit 130,000 gegenüber behaupteten. — Die neueren östreichischen Maximiliansthürme, die in ein System verbunden den Anklang einer Ortsbefestigung geben sollen, besitzen, an sich betrachtet, allerdings deren Charakter, können aber ihrer Anwendung nach nur jene Lager, niemals aber die Festungen ersetzen.

[66] (S. 143). Napoleon sagt: „Les principes de la fortification de campagne ont besoin d'être améliorés; cette partie importante de l'art de la guerre n'a fait aucun progrès depuis les anciens; elle est même aujourd'hui au-dessous de ce qu'elle était il y a deux mille ans (wahrscheinlich soll das nur soviel heißen, als: „sie ist nicht mehr von der Wichtigkeit," was aber alsdann in der ganzen Kriegführung zu suchen wäre). Il faut donc encourager les ingénieurs à perfectionner cette partie de leur art et à la porter au niveau des autres. Il est plus facile sans doute de proscrire, de condamner avec un ton dogmatique dans le fond de son cabinet; on est sûr d'ailleurs de flatter l'esprit de paresse des troupes; officiers et soldats ont de la répugnance de manier la pioche et la pelle; ils font donc écho et repètent à l'envie: les fortifications de campagne sont plus nuisibles qu'utiles, il n'en faut pas construire, la victoire est à celui qui marche, avance, manoeuvre; il ne faut pas travailler, la guerre n'imposera-t-elle assez de fatigues?"

Der Marschall von Sachsen meint: „Ces redoutes s'ont d'autant plus avantageuses, qu'il faut peu de temps pour les construire et qu'elles sont propres à une infinité de circonstances, où une seule suffit souvent pour arrêter toute une armée dans un terrain resserré, pour empêcher qu'on ne vous trouble dans une marche critique, pour appuyer une de vos ailes, pour partager un terrain en deux, pour occuper un grand terrain lorsqu'on n'a pas assez de troupes."

[67] (S. 144). Fronsberger (1566) erwähnt die Schanzarbeiter bei den Armeen als „wohlgeniete Büchsenmeister." — Ein Topographen-Corps soll schon 1604 unter Karl IX. in Schweden existirt haben, welche Leute aber wohl mehr zum Zeichnen bestimmt waren und von Dillich (1627) Chorographen genannt werden. Dieselben mögen auch nicht zahlreich gewesen sein, da Gustav Adolph den Stadt-Ingeniur von Stralsund, Schildknecht, zum Recognosciren gebrauchte, der, als er einst einen Morast nicht erwähnt hatte, vom Könige mit den Worten empfangen wurde: „Ihr Monsieur Ingenieur hättet mir mit eurem falschen Grundriß bald ein Spiel anrichten sollen, daß ich viel Volk auf die Fleischbank geliefert hätte." — Lascy organisirte im siebenjährigen Kriege ein solches Corps bei den Oestreichern.

[68] (S. 144). Schildknecht (1652) schwebt deren Mannichfaltigkeit vor

Augen, indem er sagt: „Denn Seen, Flüsse, Berg und Thal verkehren das Spiel oft allzumal." — Wir wollen übrigens hier schon die Theorie über die alten Manieren hinausgeführt wissen, was die Kluft zwischen ihr und der Kunst viel enger machen muß. Daß sich die Alten von ihren berechneten Polygonalgrößen, die Neueren dagegen von der nach der échelle de comparaison discutirten front moderne nicht los zu machen wußten, liegt an der Confusion in der wissenschaftlichen Auffassung ihres Metiers.

[69] (S. 145). Wenn die Theorie auf ihrer Bahn nach solchen Distinctionen fortgeschritten wäre, so würde in der Fortificationsliteratur weniger müßige Polemik aufzufinden sein. Savorgnano (1599) befand sich schon auf dieser Bahn, wenn er z. B. über den damaligen Streit um die Vorzüge des nassen und die des trocknen Grabens äußert: „Io crederéi che si potesse ciò risolvere con la distintione della fortezza grande o piccola. La grande ha per fine d'offendere il nemico e perciò si desidera la fosse asciutta, la piccola si contenta solo della difesa e l'aqua li serve." — Ebenso Mallet, wenn er in seinen Travaux de Mars sagt: „Il est certain qu'aux grandes places l'eau serve plus à l'ornement qu'à la défense. En effet elles ne sont bonnes que pour l'embellissement d'une maison de plaisance, pour un château ou pour une petite ville, dont les magasins et les garnisons suffisent pour soutenir un siége."

[70] (S. 145). Man darf nicht etwa glauben, daß die wahren Grundsätze der Festungs-Disposition nicht schon längst begriffen worden wären. Theti (1599), ein vortrefflicher Lehrer, nimmt als ersten Grundsatz an, den Feind zu nöthigen, sich weit entfernt und sehr getheilt vor dem Platze zu lagern; als zweiten, das Feld seiner Approchen unter Feuer zu haben; als dritten, den Sturm und die feindliche Deckung im Graben zu hindern und als vierten, sich Rückzüge zu bereiten und durch Minen und auf andere Weise dem Feinde entgegen zu wirken.

[71] (S. 145). Es gehört zum eigenthümlichen Charakter der neuesten Befestigung, daß man die Werke selbst häufiger als sonst zur Unterkunft von Geschützen und Mannschaften benutzt. Eine größere Achtsamkeit auf die diesen Werken zu gebende Bestimmung und Einrichtung sowie die Beseitigung einiger älteren Vorurtheile haben diese Aenderung, welche nicht ohne Einfluß bleiben wird, und theils auch der gesteigerten Sorgfalt für die Truppen zugeschrieben werden muß, der Schule entgegen bewirkt, wie Montalemberts Streitschriften und Darçons meisterhafte Considérations hinlänglich belegen. Die letzte Belagerung der Citadelle von Antwerpen (1832) hat die Nothwendigkeit jener Sorge für die Truppen überzeugend dargethan.

[72] (S. 146). Freitag (1630) meint, eine Festung ohne Besatzung sei ein schöner Beutel ohne Geld. Das ist allerdings wahr; andererseits ist es aber nicht minder richtig, zur eigentlichen Vertheidigung auf das Besatzungs-Minimum bedacht zu sein. Viele hegen ja sogar den Glauben, die Erklärung aller Fortification in dem Satze gefunden zu haben,

daß Wenige Vielen sollen Widerstand leisten können. Diese Verwirrung zeigt sich ganz besonders bei Ermittelung der Festungs-Besatzungsstärken, bei der man in den Schemas entweder die Feuerlinien-Entwickelung oder die Bastionen-Zahl als maaßgebend vorgeschrieben findet. In dieser Beziehung dachte man im 16ten und 17ten Jahrhundert richtiger; wenigstens sagt A. de Ville (1655) darüber: „Cette question ne se peut déterminer si absolument comme font quelques-uns."

[73] (S. 146). Man darf nur Dispositionen zu Alarmirungen in den Plätzen lesen, um zu sehen, wie man größtentheils die Streitkraft unnöthiger Weise zusammenzieht und versplittert und somit die Garnisonen dem Ruin ohne Noth entgegenführt.

[74] (S. 147). Die Erdwalzen waren z. B. schon lange vor Vauban aufgegeben worden, obgleich sie noch 1667 bei Candia und später einzeln vorkommen. — Savorgnano erzählt von einem seiner Oheime, derselbe habe schon 1515 Parallelen angelegt (bei Marano); Busca (1582) spricht von Trancheen (via coperta) in unserem Sinne, denn trinciéra hieß bei den damaligen Italienern jeder Einschnitt, auch der gegen das Miniren auf der Grabensohle, welchen die Türken noch 1828 in Brailow angebracht haben. Busca spricht auch von places d'armes in den Parallelen (per potervi stare un corpo di soldati con l'arme loro) und von den dieselben verbindenden Zickzack's (rivolte). Freitag (1630) erwähnt die sappe tournante und daß sich Ernst von Nassau derselben vor Herzogenbusch bedient habe, wozu die Dispositionen während Vaubans Zeit wegen der stärker befestigten Contre-Escarpe allerdings complicirter wurden. Von der französischen Schule wird Vauban häufig als der Erfinder aller dieser Angriffsmittel angegeben. In seinen Attaquen erkennt man zuerst ein absichtliches Umklammern aller auf den Angriff von Einfluß seienden Festungswerke und ein ebenmäßiges Fortschreiten bis zur zweiten Periode der Belagerung, wo dieser Terrainvortheil beim bastionirten Polygon dem Belagerten zufällt. Auch erkennt man eine mit ausgesprochenen Zwecken verbundene Cadence im Vorgange der Approchen und Einnehmen der Positionen, wozu ihm der Ricochet den Anfangspunkt bezeichnete; bei Ath (1696) wirkte Letzterer zuerst als Ueberraschung. (Im Journal dieser Belagerung heißt es: „Un tambour craintif battit tous bas une chamade au centre du bastion et bien loin du parapet où personne n'ôsait tenir.") Dieser Anfangspunkt zeigt zugleich, daß eine sogenannte Arrière-Parallele nicht viel mehr als die Bemäntelung eines Fauxpas der Ingenieure sein kann. Montluc ließ hinter seiner ersten Parallele vor Thionville (1558) nachträglich Waffenplätze für Posten von etwa 15 Mann anbringen, die man arrière-coins nannte. In den älteren Attaquen findet man dazu kleine Redouten angelegt und die Zickzacksbranchen zur gegenseitigen Bestreichung eingerichtet. Wer sich übrigens ein Bild von den Tranchee-Arbeiten und dem Batteriebau vor den Plätzen in der ersten Hälfte des 16ten Jahrhunderts machen will, das in Bezug auf die Terrain-Verwandlungsarbeit von unserem Ver-

fahren nicht bedeutend abweicht, der lese das Capitel über den Schanzmeister in dem Kriegsbuche des Grafen Reinhard zu Solms (1559, III. Th. fol. 10) nach.

[75] (S. 147). Und zwar zuerst von Fourcroix; auch Puysegur und Massenbach waren schon auf dem Wege zu fingirten Campagnen, welche Schulleute wie Nikolai sehr rühmten, obgleich sie nicht das Glück wie die Belagerungsromane machten, von denen Napoleon sagt: „Il faut à cette occasion se récrier contre cette manie qu'ont les officiers du génie, de croire qu'une place ne peut se défendre que tant de jours.“ Diese Erklärung muß man unterschreiben, wenn man bei Fourcroix (1761) liest: „Par la comparaison de ces diverses attaques bien dressées, on connaitra parfaitement positivement et bien sûrement toute la force réelle de chaque place et les défauts d'équilibre entre les différents fronts sur la mesure desquelles on doit évaluer les besoins intérieurs de chaque espèce relativement à sa capacité. Car si la place demande 3 ou 4 mille hommes de garnison par son étendue et ne peut se défendre que 25 jours (?), il est inutile de l'approvisionner pour 40 jours de tranchée.“

[76] (S. 148). Der große Churfürst wies schon 1677 zur Belagerung Stettin's 160 schwere Kanonen, 40 Mörser, 15,000 Centner Pulver und 200,000 Stückkugeln an.

[77] (S. 148). Fast aus jeder Belagerungsgeschichte, wenn sie vollständige Relation ist und weiter als die bloße Belagerungsarbeit reicht, geht immer die eine oder die andere Lehre für den Festungskrieg hervor, die allgemeine Anerkennung und Anwendung findet, sobald eine Uebersicht der Theorie gewonnen ist, die aber ohne eine solche auch sehr leicht gemißbraucht wird.

[78] (S. 148). Hannibal machte schon das Sprüchwort wahr, daß der Krieg den Krieg ernähre.

[79] (S. 148). Die europäischen Monarchen befanden sich noch zur Zeit Karls V. und später vor der Entwickelung des heutigen Creditsystems oft in der peinlichsten Geldverlegenheit und mußten bei ihren Kriegen, wenn sie denselben eine etwas größere Ausdehnung geben wollten, oft auf unerlaubte Weise sich Geld zu verschaffen suchen. Mit Ludwig XIV. fängt die glänzende Epoche des europäischen Schuldenwesens an und nach Maaßgabe desselben wuchsen die Armeen. Despotismus, Schuld und Größe (nicht gerade Güte) der Armeen zeigen sich daher mit der Kriegslust in wachsendem Verhältniß. Der frühere Krieg unter Ludwig XIV. (1688 mit 10 Feldzügen) kostete Frankreich 1,340,466,003 Livres; der spätere (1710 mit 12 Feldzügen): 2,524,650,564 Livres. Den Engländern kostete jede Campagne in Spanien von 1810 an jährlich 25 Millionen Pfund.

[80] (S. 148). Nach Humes parlamentarischen Angaben kostete der Unterhalt eines englischen Gardisten 1826 jährlich 74 Pfund, der eines Linien-Infanteristen dagegen nur 31 Pfund, und nach den Parlamentsverhandlungen von 1832 kostete die Unterhaltung von 89,478 Mann Landtruppen excl.

der in Ostindien befindlichen Macht jährlich die Summe von 3,170,709 Pfund.

[81] (S. 149). Daß man hier, wie in anderen Dingen, wo die Grundlage fehlt, immer wieder ins Alte zurückfällt und beim besten Willen, die Büreau-Arbeiten zu mindern, sie nur translocirt und den Geschäftsgang damit eher verzögert, geht aus folgender Einrichtnng Napoleons hervor: „L'empereur trouvait que la France était trop grande pour un ministre de l'administration de guerre; c'était au-dessus des forces d'un homme, disait-il, qu'on avait centralisé à Paris les décisions, les marchés, les fournitures, les confections, et subdivisé la correspondance du ministre en autant de personnes qu'il y avait des régiments et des corps. Il fallait au contraire centraliser les correspondances et subdiviser les ressources en les transportant dans les localités mêmes. Aussi j'avais long-temps médité le projet de former en France 20 ou 25 arrondissements militaires, qui eussent composé autant d'armées. C'eût été vingt sous-ministres (versteht sich nicht etwa Kriegs-, sondern Kriegs-Administrations-Minister), il eût fallu trouver vingt honnêtes gens. Le ministre n'eût plus eu que vingt correspondances, il eût centralisé le tout et fait mouvoir la machine avec rapidité.“ Alles in der Voraussetzung, daß er nicht alle Details zu kennen und zu entscheiden brauchte.

[82] (S. 149). Die Franzosen rechnen immer nur auf ⅗ ihrer in den Listen befindlichen Mannschaften als Combattanten.

[83] (S. 149). Mit einem geordneten Staatenzustande mußten allerdings auch Administrationsformen in die Armeen übergehen. Louvois hatte aber auch bei deren Einführung mit großen Schwierigkeiten zu kämpfen; Turenne, Condé und Luxemburg protestirten dagegen und gaben dem Minister Schuld: „d'enchainer par ces formes magistrales, dignes d'un ministre de robe, les généraux dont il était jaloux.“

Vierter Abschnitt.

Von der Anwendung der Kriegsmittel unter Betrachtung der Kriegshandlungen nach ihren Motiven und Aeußerungen.

Nachdem sich die Kriegstheorie in der angegebenen Weise, in der Kenntniß der Kriegsmittel zu der nöthigen Stufe des Wissens emporgearbeitet hat, muß sie nunmehr in gleicher Weise zur möglichsten Erkenntniß der Kriegshandlungen (exécutions) zu gelangen suchen. Wir meinen, diese Erkenntniß in einer richtigen Auffassung und intelligenten Durchführung der Beweggründe zu jenen Handlungen zu finden. Es würde unausführbar sein und die Theorie selbst unhaltbar machen, wenn man mit dieser Beleuchtung bis in die einfachste Kriegsbegebenheit selbst eindringen und damit den Takt bei der Handlungs-Conception ersetzen, sowie den elementaren Mechanismus bei der Ausführung mit Regeln für dieselbe überhäufen wollte. Man muß darum die im Kriege wiederkehrenden Complexe einzelner Handlungen classenweise betrachten[1], was nicht minder nützlich für die Gliederung des Wissens als für die Anwendung desselben sein wird. Diese Handlungs-Complexe müssen aber nicht sowohl nach den Zuständen der handelnden Personen[2], als nach der Ausdehnung der Kriegs-Lage (-Situation) unterschieden werden, weil jene in ihrer Relation zu häufigem Wechsel unterliegen, diese dagegen ein bleibendes, von unten nach oben zugängliches Gebiet der Betrachtung abgiebt, in welchem dem Stoße und Gegenstoße, sowie den beiderseitigen Paraden gleiche Aufmerksamkeit geschenkt werden kann. In dem eben erwähnten Sinn wenden wir uns nunmehr nach und nach zur Kriegführung:

A. unter Parteien für niedere[3] Kriegszwecke, welche auch die Handtirung der einzelnen Waffen gegeneinander (die Taktik[4]) mit einschließt;

B. unter Massen für höhere Kriegszwecke, welche die Handtirung feldmäßig vollkommen ausgerüsteter Armeen und ihrer auf ähnliche Weise orgnisirten Theile (Corps, Divisionen) an und für sich und zu ganzen Campagnen (Strategie) begreift, und

C. unter Staaten zum letzten Kriegszwecke (Kriegs-Politik).

Bei jeder dieser verschiedenen Stufen der Kriegführung, sollen zunächst die ihr zuständige Vorbereitung und darauf die Bewegung, Stellung und Waffenreibung (Montecuculi's marciare, alloggiare, und combattere), als die Titel der bemerkenswerthesten Handlungs-Aggregate, in's Auge gefaßt werden. An diesen werden wir dann unsere vier Kategorien und deren respective Bedeutung wahrnehmen, um mit der gehörigen Klarheit und Ueberlegung die Kriegs-Maximen[5] auf solche Wahrnehmung stützen zu können. Wir erblicken in dieser Gedankenverbindung einerseits das der Beobachtung unmittelbar folgende Raisonnement, welches in der Theorie Spuren, die wieder der Praxis näher liegen, zurückläßt; andererseits scheint uns aber auch damit in der Ideenfluthung die Klippe vermieden, an welcher Großes und Kleines, Wichtiges und Unbedeutendes, Aehnliches und Verschiedenes so häufig untereinander treibt und der Werth alles Wissens so leicht zerschellt[6].

A. Die Kriegführung unter Parteien zu niederen Kriegszwecken. (Kleiner Krieg.)

Unter Partei soll hier die einem größeren Ganzen zwar untergeordnete, jedoch zu einer gewissen Selbstständigkeit in der Handlung bestimmte Truppe verstanden werden, gleichviel ob ihre Selbstständigkeit aus der Armee-Organisation hervorgeht, oder ein vorübergehender Zweck dazu nöthigt, ihr eine eigene Organisation zu geben.

a. Vorbereitungen der Truppen zum kleinen Kriege.

Im Allgemeinen. Der erste von den eben erwähnten beiden Fällen führt schon auf Alles, was über die Formation der Truppen hinaus, einen rationellen Grund in dem Gebrauch der Waffen hat, und gemeinhin unter dem Namen der Taktik ausführlich genug behandelt wird. Die vorliegende Betrachtung muß sich demnach über die Waffen-Handtirung eines Ganzen (Bataillon, Regiment, Escadron, Batterie 2c.) und über die dabei Einfluß übenden Raum- und Zeitverhältnisse in Stellung und Bewegung ausdehnen[7], so- wie auf den Uebergang aus der einen in die andere (Evolution) erstrecken. In diesen Zuständen werden alsdann die Motive der Sicherung, Ueberraschung und Terrain-Benutzung leicht hervortreten, indem sie allen dabei gebräuchlichen Maaßnahmen und Regeln, wenn auch vielleicht hier und da nur dunkel und unausgesprochen[8], zum Grunde liegen. Man ist bemüht gewesen, unter dem Namen der reinen Taktik, im Gegensatze zur angewandten, eine von der Ortsbeschaffenheit abgezogene, mit dem mathematischen Raum allein verkehrende Disciplin als Grundlage eines eigenen Systems durchzuführen. Hiermit hat man sich aber ebenso, wie bei Unterscheidung der regulären von der irregulären Fortification, in manche müßige Speculation vertieft[9]. Wir rathen deshalb nicht zu solcher Trennung und geben dem Raisonnement lieber die Freiheit, auch bis über den mathematischen Raum hinaus, die Abstraction zweckdienlich zu verfolgen. Das Gefecht selbst muß demnächst unter zwei verschiedenen Modalitäten ins Auge gefaßt werden, nämlich einmal als unter gleichen, und das anderemal unter je zwei und zwei verschiedenen Waffen[10] stattfindend. Dabei wird man sich mehr wie gewöhnlich an das geistige Benehmen und die moralische Affection halten können, weil der Mechanismus größtentheils schon in der Evolution beseitigt erscheint. Noch möchte es hier nöthig werden, auf den Unterschied zwischen Taktik und Manoeuvrirkunst (der alten Arcotektonik) aufmerksam zu machen, die sich, etwa wie im Wortkriege die Rhetorik und die Disputirkunst, zu einander verhalten dürften. Das Manoeuvriren, welches eine Continuität in der Handlung zweier Streitenden annimmt, soll in jeder unserer Kriegs-Situationen, dem respectiven Umfange entsprechend, seine Stelle finden und wird darum in der letzten, der Kriegführung unter Staaten, als der Krieg selbst abschließen, dem unsere ganze Betrachtung gewidmet ist.

Eine Partei muß ihrer Bestimmung entsprechend, besonders formirt werden, wenn die organische Armee-Formation hierzu nicht ausreicht.

Ueber die eigentliche Formation der Parteien läßt sich im Allgemeinen nur sagen, daß das in der Aufgabe vorzugsweise liegende Handlungsmotiv und eine präsumptive feindliche Gegenhandlung, die Truppenarten und ihre Stärke bestimmen; daß erforderlichen Falles eine Gliederung ausführbar bleiben[11], endlich aber das Ganze einer einzigen geistigen Oberleitung anvertraut werden muß, weil Selbstständigkeit und Selbstthätigkeit das Meiste zum Gelingen beitragen. Im Betracht der Beweglichkeit, die in unserer Kriegführung vorherrscht, kommt es hierbei immer weniger auf die Kraft der Expedition an[12]; man darf nicht vergessen, daß die Leichtigkeit der Truppen-Handtirung mit der Vermehrung der Streitkraft im umgekehrten Verhältniß steht und daß namentlich die Sicherungsmittel beim Zurückweichen, mit einer allseitig freien Benutzung des Terrains wachsen. Bei vermehrter Streitkraft würden die nöthigen Sicherungsmittel aber nur hinter der Front und im bleibenden Zusammenhange mit dem Gros zu suchen und zu finden sein[13]. Combinirt man mehrere Expeditionen zu gegenseitiger Hülfeleistung als Repli's auf vorausbestimmten Knotenpunkten der Operationen; so muß man sich wohl hüten, damit störend in ihre speciellen Aufgaben einzugreifen und ihnen wohl empfehlen, durch sorgfältige Nachrichten den gegenseitigen Verlaß zu unterhalten. Neben dem klar ausgesprochenen Zweck des Unternehmens, müssen dem Anführer auch die Schranken genau vorgesteckt sein, innerhalb deren er sich frei bewegen kann und endlich muß die Möglichkeit vorbehalten bleiben, ihm bei unvorhergesehenen Vorfällen veränderte Richtungen zu geben. Außerdem muß der Führer um sich sehen, d. h. zu jeder Zeit

Formation.

das Terrain, auf dem er handeln soll und ebenso den Zustand, in welchem sich der Feind befindet, erkennen.

Das Erkennen überhaupt.

Nachdenken und Erfahrung setzen die Wichtigkeit dieses Erkennens für jede militärische Handlung, gleichviel ob sie größeren oder kleineren Zwecken dient, außer allem Zweifel. Dasselbe muß aber ebensowohl über den Zustand des Feindes als über die Beschaffenheit des Terrains auf beiden Seiten und in einem möglichst weiten Umkreise Aufschluß geben. Demungeachtet kann sich die wissenschaftliche Betrachtung innerhalb der Gränzen des Parteienkrieges um so mehr vorzugsweise an das Erkennen des Feindes halten, als die Partei gewöhnlich selbst schon zur Bewahrheitung und Berichtigung der auf anderen Wegen (police secrète) erhaltenen Nachrichten vom Feinde dient, und als bei ihrer Beweglichkeit und Leichtigkeit, die Terrain-Beschaffenheit weniger von Einfluß ist, als im großen Kriege, wo die zu erwartenden Waffen-Entscheidungen zu verstärkter Bekümmerniß anregen. Das Erkennen des Terrains soll deshalb auch erst im nächsten Abschnitte behandelt werden und zwar auch nur insoweit, als es sich um einzelne Märsche und Stellungen handelt, weil die allgemeine militär-geographische Kenntniß erst bei den Armee-Operationen zur Anwendung kommt.

Erkennen des Feindes.

So schwierig es auch sein mag, aus allerhand zerstreuten Nachrichten, Thatsachen und oft mit Vorurtheilen verknüpften Vermuthungen sich über den Zustand des Feindes[14], seine Thatkraft und die Wahrscheinlichkeit seiner Handlungen für jeden Gebrauch ein vollkommenes Bild zu entwerfen; so kommt solcher Vorstellung doch der Umstand zu statten, daß ihr gewöhnlich eine Continuität der Beobachtung[15] zum Grunde liegt und die lange schon da oder dorthin auf das Einzelne gerichtete Aufmerksamkeit nur die sorgfältige kritische Zusammenstellung erwartet[16]. Vielfältiger theoretischer Behandlung dieses Gegenstandes ungeachtet, läßt sich dennoch annehmen, daß der Empirie hier immer noch zuviel Spielraum gelassen ist. Eine besser geordnete Kriegstheorie, welche von den vaguen Raisonnements der Hauptquartiere[17] und der Leidenschaftlichkeit einzelner Personen ablenkend, das Urtheil frühzeitig an Aufmerksamkeit auf moralische und physische, personelle und materielle Kriegsmittel gewöhnt; welche ferner den

Grund der Handlung bei Freund und Feind in der Intelligenz und nach umfassenden Kategorien aufsucht und hiernach ein Spionirsystem und ein System zur Ausforschung der Gefangenen regelt; welche endlich der eigenen Anschauung ihren Werth giebt, ja dieser in einer anwendbaren Behandlung der Perspective [18] mehr Verlaß beibringt: wird unseres Erachtens hier noch manchen Schritt vorwärts thun und noch manche ganz nutzbare Maxime für den Krieg ausfindig machen lassen.

Die für die cultivirten Kriegstheater zum Gebrauch vorhandenen Charten, Beschreibungen und Pläne lassen uns allerdings vollständiger auf den Zustand des Feindes und mehr im Zusammenhange auf seine Operationen schließen, als es unseren Vorfahren [19] irgend möglich war; es liegt indessen auch hier wieder der Mißbrauch dem Gebrauche nahe [20] und die russische Campagne von 1812, während welcher der Charten- und Nachrichtenmangel schon wegen der Sprache, in der französischen Armee sehr fühlbar war, ohne daß deshalb Waffen-Unternehmungen unterblieben oder verunglückten, beweist zur Genüge, daß Aufmerksamkeit und Thätigkeit Ersatz gewähren und also namentlich der Führer einer Partei auch durch den Mangel an Hülfsmitteln dieser Art in seinen Leistungen nicht behindert wird.

Der Truppen kann man sich bei Recognoscirungen auf verschiedene Weise bedienen: einmal nämlich in kleinen ambulanten Abtheilungen von verständigen Officieren begleitet [21], welche den Feind in geheimen Expeditionen überraschen, Gefangene einbringen, vor der Ueberlegenheit aber und vor Sicherungen zurückweichen; oder ferner zu Postirungen, hinter deren Chainen man Unbefangenheit affectirt, um seine Leute dem beobachteten Gegenstande desto näher zu bringen, oder endlich sogar in Massen-Demonstrationen, welche dem Feinde eine Aggression vorspiegeln und ihn vermögen, seine Kräfte ungewöhnlich zu entwickeln und seine Maaßnahmen zu verrathen [22]. Diese letzteren sogenannten großen Recognoscirungen führen zuweilen bis zum Handgemenge, werden aber nur bei ungeschickter Einleitung in ein unvorbereitetes Gefecht ausarten, wenn etwa streitlustige Faiseurs es dahin bringen, daß der Anführer den früheren Entschluß zurücknimmt und die Vortheile der Ueberraschung ohne Nachdruck zu hoch anschlagend, einen unbedeutenden Erfolg mit schweren Opfern erkauft.

b. Handlung im kleinen Kriege.

α. Der Marsch.

Nehmen wir an, daß schon bei der Waffen-Ausbildung jeder Truppe die für sie zweckmäßigste Marsch-Eintheilung, -Richtung und -Cadenz, sowie die reglementsmäßige Zusammensetzung und das Auseinanderziehen der Masse (Bildung und Entwicklung von Colonnen) hinreichend begründet und auch das Wohlsein des Einzelnen während des Marsches, wenigstens nach dem Herkommen, dabei gewürdigt worden ist[23], und daß die Taktik das Ihrige zur Erklärung der Evolutions-Regeln beitrug; so bleiben doch für die Anwendung noch immer sehr nöthige Modificationen im Rückstande, die in gegenseitiger Störung[24] der in der Bewegung befindlichen Menge, in der ungleichen Beschaffenheit der Bodenfläche, in dem Unterhalte der Truppen und in der Langweiligkeit der Märsche um so mehr gesucht werden müssen, als die Kriegs-Handlungsmotive für Freund und Feind auch hier ihre gewaltige Herrschaft ausüben, und Marsch, Stellung und Gefecht unausgesetzt aufeinander einwirken. Wir sind der Meinung, daß diesen Spuren mittelst einer besonderen Marschlehre[25] in der Kriegstheorie nachgegangen werden muß, und daß dieselbe vorzugsweise unter dem Titel des Parteienkrieges ihren Platz zu finden habe, weil gerade diese Art der kriegerischen Thätigkeit ihre Hauptnahrung aus der Bewegung der Truppen erhält.

Massen-Hinderung.

Aus der Erfahrung geht die Unmöglichkeit hervor, Truppenmassen ohne Beeinträchtigung der Zeit und der Bereitschaft zum Gebrauch, besonders, wenn sie aus verschiedenen Waffen bestehen, in schlagfertiger Stellung (ordre de bataille) über ganze Landstrecken zu bewegen. Man ist daher wohl oft, selbst im Bereich des Feindes, genöthigt, dieses stückweise (in Colonnen) zu unternehmen. Im Angesicht[26] des Feindes wird man dies freilich vermeiden, während man da, wo man auf das Zusammentreffen mit dem Feinde nicht gefaßt zu sein braucht (im Reisemarsch)[27], wieder außer allem Zwang im Bezug auf die bekannten Kriegs-Handlungsmotive tritt, und wieder mehr in den Stand gesetzt ist, zur Schonung der physischen Kraft, die Bequemlichkeit zu berücksichtigen und sich nur auf solche Sicherungsmaaßregeln zu beschränken, welche schon der Gewohnheit wegen unter allen Umständen beobachtet werden müssen. Zu den unerläßlichen Sicherungsmaaßregeln einer marschirenden Truppe gehört aber die Absonderung einer Avant- und einer Arrieregarde[28], sowie von Seitendeckungen und Patrouillen, welche je nach der Stärke der Truppe, nach der Terrainbeschaffenheit und dem Stande des Feindes, so wie nach den bei sich habenden Impedimenten[29] (Fuhrwesen, Geschütz 2c.), ihre besondere Formation und Bestimmung erhalten. Durch momentane, in der Marsch-Disposition vorgesehene Sammlungen, läßt sich dabei selbst auf Ueberwältigungen ausgehen, ebenso wie durch Hinterhalte und Demonstrationen auf Ueberraschungen[30], sobald einer durch den Feind beabsichtigten Störung des Marsches begegnet werden soll. Alles dies kann geschehen, ohne das Ziel des Marsches selbst aus den Augen zu verlieren[31].

Anderweite Schwierigkeiten, aber auch anderweite Hülfen im Marsche, liefert das Terrain. Selten gestatten die vorhandenen oder erst hergestellten Colonnenwege einen Marsch in unausgesetzt breiter Colonnenfront[32]. Die Wege-Verengung (étranglement) nöthigt zu zeitweiligem Aufenthalt und zu Trennungen, das Auf- und Absteigen des Geländes dagegen und der verdorbene Weg zu unvermeidlichen Stockungen und zum Vor- und Nacheilen. Wenn dabei mancher Schwierigkeit durch vorläufige Kenntniß des Weges oder durch eine leichte Terrain-Verwandlung begegnet werden kann, zu deren Veranstaltung schon wegen unvorhergesehener Naturereignisse die Mittel an der Colonnentete nicht fehlen dürfen; so sind in Feindes Nähe auch Maaßnahmen militärischer Natur nothwendig[33], und viele derselben werden von der Terrain-Beschaffenheit selbst an die Hand gegeben. Das Terrain ist nämlich selbst dazu nutzbar zu machen, wenn es in seinen Abwechselungen hier und da gesicherte Abschnitte, Unzugänglichkeiten, Maskirungen, natürliche Commandements und Defilements 2c. darbietet. Die berühmtesten Märsche alter und neuer Heerführer[34] gelangen auf solche Weise bei gehöriger Geheimhaltung und un-

Terrain-Hinderung.

ter Zuhülfenahme von Dunkelheit und Nebel. Durch gelungene Märsche solcher Art wurden oft nicht bloß die schlimmen Folgen des Kriegs=Unglücks vermindert, sondern wohl gar noch der Gegner in mißliche Lagen gebracht.

Unterhalts=Hinderung.

Einer willkürlichen Stärke der sich gemeinschaftlich bewegenden Truppen setzt sich endlich noch die Schwierigkeit des Auf= und Nachbringens der zu ihrem Unterhalt und Fortkommen erforderlichen Lebens= und Transportmittel entgegen, insofern es nämlich noch nicht rathsam erscheint die eigenen Armee=Mittel dafür auszugeben[35]. Je näher dem Feinde, desto schwieriger werden auch hier die Abhülfen, weil sie nur in der Theilung der Menge, also in der Zersplitterung der Kraft zu finden sind. Die Theilung kann aber auf eine Spaltung zum Zuge auf verschiedenen Wegen (Marsch=Colonnen), oder auf eine Zerstückung des Ganzen (Marsch=Echelon's) zum Behufe der Aufeinanderfolge der einzelnen Abtheilungen auf einem Wege hinauslaufen. Sie muß indessen mit dem wirksamen Eintreten der Kriegs=Handlungsmotive sich gegen diese stets mehr in den Hintergrund ziehen, so daß die Marschlängen sich verkleinern, die Rasttage sich mindern und bei dem unerläßlich werdenden Zusammenhalten der Truppen, alle localen Verpflegungs=Anstalten von der Avantgarde aus und durch Bildung von Rayon's um die Etappen und Marschquartiere herum gedeckt werden, bis zuletzt in den Tagen des Gefechts zu den Tornister=Vorräthen gegriffen und der Selbstrequisition nachgesehen werden muß. Cancrin, der über diesen Gegenstand viel nachgedacht hat und aus Erfahrung sehr lehrreich darüber spricht, hat den Lebensproceß einer in der Nähe des Feindes marschirenden Armee, bei welcher sich, wie im thierischen Organismus, eine Expansion und Retraction im Raume bemerkbar macht, auf bildliche Weise recht anschaulich dargestellt.

Außerordentliches.

Obschon es nach der Theorie den Anschein gewinnt, als sei mit der Entfernung und Berücksichtigung der oben aufgeführten Hinderungen auf den Zeitraum eines Marsches ziemlich sichere Rechnung zu machen, was für die militärische Conjectur auch unerläßlich bleibt; so sind doch, wie uns die Kriegsgeschichte lehrt, eben sowohl moralische Triebfedern im Stande, der physischen Kraft scheinbare Unmöglichkeiten möglich zu machen[36], als kleine

Zufälle ausreichen die auf's Genaueste überlegte Disposition über den Haufen zu werfen. Um auch hierauf durch die Theorie vorbereitet zu sein, vielleicht auch für sie in diesen Regionen Feld zu gewinnen und das im Kriege so fatale: „Wer hätte das gedacht?" weiter von sich weg zu weisen, ist es rathsam dergleichen Beispiele zu beleuchten. Unter Anderem wird man häufig das Vorwärts und Rückwärts als starke psychologische Feder und Hemmung anerkennen müssen, welche letztere aufzuheben nur dem Selbstvertrauen einer alten Armee oder dem bewährten Vertrauen auf den Führer möglich sein wird. Zum großen Theil wird der Letztere sich dieses Vertrauen dadurch erwerben, daß ein bestimmter Zweck[37] und eine überlegte Continuität, wie überhaupt in allen seinen Unternehmungen, so noch ganz besonders in den, den Soldaten ermüdenden Märschen bemerkbar bleibt, weil der gemeine Mann darauf ein schärferes Augenmerk hat und einen richtigeren Takt dafür besitzt, als man im Hauptquartier gewöhnlich zu glauben pflegt.

β. Die Stellung.

Das, was wir hier unter Stellung verstehen wollen, soll nicht dem bloßen, von den Truppen einzunehmenden Terrain, sondern überhaupt der Vertheilung und Ausbreitung der Truppen auf demselben gelten. Früher fielen die Begriffe von Lager und Stellung mehr in der Bedeutung des Lagers zusammen; heute nehmen sie mehr die der Stellung an, und seit dem Bestehen unserer heutigen disciplinirten Armeen lagert man in der ordre de bataille, wie man sich früher wohl auch im Lager schlug. Was Polybius von der Schwerfälligkeit der macedonischen Phalanx, der römischen Legion gegenüber, erzählt, können wir von dieser wieder auf unsere Armeen übertragen. Friedrich II. empfiehlt noch seinen Generalen die Schlachtlinie mindestens 200 Schritt vor der Lagerfronte (ligne de bandière) zu nehmen, woraus wohl zu ersehen ist, wie die Regeln der alten Castrametation mit dem wachsenden Einfluß des Terrains immer unzureichender und die unumgänglichen Zusätze immer verworrener wurden, und wie man mit der alten auf Zeitdauer gestellten Eintheilung nach Marsch-, fliegenden und Standlagern nicht mehr durchkommt[38]. Dagegen wird man von Hause aus an Stelle dieses und anderer Eintheilungsgründe[39] die Position mit ihren Eigenheiten am füglichsten nach den von uns markirten Kriegs-Situationen unterscheiden können, weil sich darin allein das ihrer Unterscheidung zugehörige Ensemble auffinden lassen dürfte. Wir wollen hier näher darauf eingehen und die ganze Lehre danach trennen, weil wir sie nicht, wie bei der Lehre vom Marsch, unter den nachfolgenden Abschnitten mit bloßen Ergänzungen erledigen zu können glauben.

Wie für den Marsch, so giebt es auch für den Stillstand verschiedene Gründe. Man kann damit nur die Ruhe und Erholung der Truppe beabsichtigen, man kann gegen den Feind damit in Vortheil zu kommen meinen, man kann diesen damit zu einer Waffenthat einladen oder eine andere dadurch unterstützen wollen, man kann endlich eine Gegend durch eine Stellung zu behaupten, oder einen Ortsbesitz damit zu erlangen suchen ꝛc. Diese Verschiedenheit des Grundes läßt an jeder Position verschiedene specielle Bedingungen neben den allgemeinen Regeln als beachtenswerth erscheinen.

Im Allgemeinen.

Die Letzteren werden, Dasjenige vorausgesetzt, was die unmittelbaren Verhältnisse des Lagerlebens betrifft und in dem Capitel über Unterhalt[40] und Gesundheitsmittel vorkam, hier zuerst ihre Stelle zu finden haben. Dahin rechne ich das Erforderniß, daß die Stellung in ihrer Ausdehnung nach Breite und Tiefe mit der Truppenzahl und dem respectiven Waffen-Gebrauch übereinstimmt; daß sie mit dem Gesicht gegen den Feind, mit dem Rücken aber um so mehr en potence und à cheval der Operationslinie genommen wird, je weiter die Position vorragt und ihre Flügeldeckungen unbedeutender werden[41]; daß kein Theil von dem anderen aus unzugänglich ist und alle in praktikabler Verbindung mit der Operationslinie stehen; daß die Wachen im Lager und vor demselben mit ihren Repli's und Pickets von Cavalerie und Infanterie gehörig placirt sind; daß der Dienst mit Strenge gehandhabt wird ꝛc.[42].

Im Besonderen.

Hinsichts der besonderen Stellungs-Regeln, die sich nach dem Charakter der Kriegführung[43], ja sogar nach der vorgesetzten

Handlung richten sollen, muß dieser Charakter zuvörderst erkannt, und der Einfluß der Position darauf im Sinne der bekannten Kriegs-Handlungsmotive erwogen werden[44].

Eingedenk Dessen, was wir in der eben behandelten Kriegs-Situation Partei nannten, zeigt sich dieselbe hier in doppeltem Lichte; einmal nämlich mit einem nahen Zweck und einer Manoeuvrir-Abhängigkeit von ihrem Gros, und ein anderesmal mit einem bestimmten, aber entfernteren Zweck und einer größeren Selbstständigkeit in der Handlung[45]. Im ersten Falle, der für den einzelnen Truppentheil schon zum großen Theil im Massen-Gefechte eintritt (weil dieses sich, wenn auch nicht der Disposition, so doch dem Factum nach, schließlich in Parteien-Gefechte auflöst)[46], wird sich die Sicherung mehr aus dem ganzen Truppen-Zusammenhange, als aus der einzelnen Stellung ergeben; die Operationslinie der Partei wird sich mehr nach dem Rückzuge zur Masse, als nach der Operationslinie derselben richten, und die Stellung mit Repli's und Echelons in Verbindung kommen müssen. Die Ueberraschungs-Gelegenheiten werden sich nur in der nächsten Wirkungssphäre erwarten und benutzen lassen, weil der Zusammenhang mit dem Gros es nicht anders erlaubt, und die Einheit der Handlung sich bei weitausschauenden Unternehmungen verlieren würde. Ueberwältigungen im weiteren Sinne durch Massen werden die Partei eher treffen, als ohne vorausgegangene Sammlung von ihr selbst ausgeführt werden; sie kann darum die Gelegenheiten dazu leicht gegen Sicherungs-Maaßnahmen umtauschen, ja letztere wohl mitunter durch Terrain-Verwandlung[47] zu erlangen suchen und sich überhaupt zur Passivität hinneigen. Im zweiten Falle, wenn nämlich die Partei eine bestimmte Aufgabe selbstständiger zu lösen hat, muß sie vor allen Dingen dem in derselben liegenden vorherrschenden Handlungsmotive treu bleiben. Dadurch werden der Stellung gewisse Eigenthümlichkeiten vorgeschrieben, die aus der Natur der Aufgabe selbst zu entnehmen sind. Die allgemeinen Maaßnahmen werden sich alsdann allein an die Passivität zu halten haben; man wird sich mit ephemeren Stellungen ohne Terrain-Verwandlungen und ohne ernstlichen Widerstand begnügen; der Auskundschaftung des Feindes wird man durch weite Aussicht und zeitige Nachricht den höheren Werth beilegen, um damit durch Uebermacht unterstützte Ueberraschungen vorzubereiten; hierzu tragen schnelle und verborgene Sammlungen in der Stellung und freie Ausgänge aus derselben das Ihrige bei. Ein unschädliches Ausweichen vor dem übermächtigen Feinde gegen intacte Reserven hin kann zwar auch hier stattfinden, es wird aber dabei die Wahl derjenigen Stellung, welche solches Ausweichen nach mehreren Richtungen gestattet und den Feind darüber in Ungewißheit läßt, das Beste thun[48].

γ. Das Gefecht.

Mit einer in der Kriegstheorie fortdauernd unterhaltenen Aussicht auf die Total-Ueberwältigung[49] durch einzelne, innerhalb unserer Kategorien liegende folgerechte Handlungen ist ebensowohl der entfernteren Vorbereitung zum Gefecht gewissermaßen Genüge geleistet, als dem Begriffe des Gefechts selbst, welches sich hier nur als der Extract alles Vorausgeschickten darstellt. Ein dunkles Gefühl hiervon mag wohl die Ursache sein, daß sich auf diesem Punkte schon Mancher von der Theorie verlassen und im Leben, wie im Studium der Kunst verfallen glaubte, also, anstatt das Raisonnement zu verfolgen, dramatische Bilder zu Tage förderte und in die Theorie einschwärzte[50]. Wir sind nicht dieser Meinung, weil wir gerade das Wesen der Theorie in die Verallgemeinerung (généralisation) der Begriffe setzen und deren Grenzen nach Maaßgabe der eben bestehenden Auffassung allerdings für veränderlich, sie selbst aber der Perfectibilität für fähig halten[51]. Hiernach scheint es uns, als ob eine theoretische Betrachtung jedes Gefechts sich auf eine nächste Einleitung zu demselben, auf die Folge, auf das Wechseln der vorherrschenden Handlungsmotive und auf das Gefechts-Resultat ausdehnen ließe, welche Theilung wir daher festhalten werden. Wir wollen hier, wie vorher bei der Stellung, das auf jede der angenommenen Kriegs-Situationen Bezug Habende näher betrachten und uns also zunächst im Parteienkriege mit dem Gefecht (affaire, combat) begnügen; später werden wir dann, bei Gelegenheit der Behandlung des großen Krieges, die Schlacht (bataille) und auch die Belagerung (siège) in den genannten Beziehungen genauer beleuchten.

Einleitung des Gefechts.

Die schon beim Erkennen des Terrains sich kund gegebenen Schwächen und Stärken[52] mahnen die eine Partei zur Aggression, während die andere, dem Gefecht nicht ausweichend, ihren Vortheil zunächst wenigstens in der Passivität zu finden meint[53]. Mit diesem Entschlusse wird bei der einen die Sicherung und die Terrain-Benutzung, bei der anderen dagegen die Ueberraschung und die Ueberwältigung in der anfänglichen Handlung, welche natürlich wieder von einer Disposition zum Gefecht abhängig ist[54], vorherrschend.

Ueber das Truppen-Verhältniß beim Beginn der Wirksamkeit eines Handlungsmotivs (eines Gefechts-Moments) und über den Zeitverlauf bis zur eintretenden Wirksamkeit eines anderen hinaus kann sich die Disposition nicht füglich erstrecken, weil hier von zwei einander zuwider handelnden Parteien, und von zwei sich absichtlich widerstrebenden Willens-Aeußerungen der Anführer[55] die Rede ist. Alles dazwischen Fallende muß also der Beobachtung des Gefechts überlassen bleiben[56].

Vielleicht fordern die Umstände vor der Unternehmung noch einen moralischen Impuls auf den Soldaten. Derselbe wird indessen seinen Zweck verfehlen, wenn ihm das Vertrauen zu dem Redner nicht vorausgeht und wenn das Wenige, was dieser sagen kann, nicht mit Wahrheit, Schicklichkeit und Achtung für die Gesinnung der Masse verbunden ist[57]. Falsche Reminiscenzen wirken hier häufig nachtheilig in einer Zeit, in welcher man viele Worte macht und das Wort darum viel von seinem Werthe verloren hat.

Die Besorgung aller zum Gefecht erforderlichen materiellen Kriegsmittel in möglichster Vollendung vorausgesetzt, wird die Gefechts-Einleitung zunächst das Ordnen der Truppen in Anspruch nehmen; dasselbe trägt den eben erkannten Charakter und neigt im Ganzen für die Passivität zu Frontal-Aufstellungen und Reserven[58], für die Activität dagegen zu Colonnen-Bildungen und Maskirungen hin, wenngleich vorausbedachte spätere Acte auch Vorbereitungen im entgegengesetzten Sinne annehmen lassen. Die einfachste Vertheilung der Streitmittel für den Anfang des einen oder anderen Gefechts-Moments ist offenbar die beste, weil sie dem Führer[59] im Verlauf der Handlung zu einer leicht faßlichen Scala verhilft, nach welcher er die Begebenheiten einordnet und über seine Kraft zu disponiren im Stande ist[60]. Sein Standpunkt im Gefecht muß vorzugsweise nach der Uebersichtlichkeit[61] und in der Nähe der Haupthandlung gewählt, auch erst mit dem dringendsten Erforderniß verlassen und gewechselt werden, damit Meldungen und Befehle der möglichst geringsten Versäumniß unterliegen. Er muß, bis der letzte Stoß erfolgt, auf Unternehmungen des Gegners, welche seine eigene Haupthandlung gefährden und für ihn schädlich machen, immer zur Gegenhandlung entschlossen und bereit bleiben, was nur bei einer fortdauernden Vertrautheit mit der Lage der Dinge möglich ist[62].

Folge im Gefecht Es ist nicht ausreichend, daß dasjenige Haupt-Handlungsmotiv, welches das Gefecht einleitet und während der Zeit seiner Wirksamkeit die übrigen beherrschen soll, allein festgehalten wird[63]. Es müssen auch die untergeordneten, unter seiner Herrschaft vorgehenden Acte in ihrem moralischen Grunde und ihrer zeitgemäßen Dauer erkannt, beachtet und gehalten erscheinen. Von dem Verhältniß der subordinirten zur Haupthandlung erwähnen wir hier Nichts weiter, weil schon so vielfältig davon die Rede war, und es nach allem Gesagten noch schwerlich Jemandem einfallen kann, ohne Bewußtsein z. B. die Mittel zu einer beabsichtigten Sicherung in einer weit angelegten Ueberraschung zu vergeuden, oder eine eben unternommene Ueberraschung durch den Lärm eines kleinen Ueberwältigungs-Vortheils aufzudecken, oder mit ängstlichen Sicherungs-Maaßregeln die Ueberwältigung eines schwachen Gegners so lange hinzuziehen, bis das Gleichgewicht der Kräfte hergestellt ist und dergleichen mehr. Wir beschränken uns daher auf den Einfluß der untergeordneten Motive und nehmen überhaupt an, sie nicht eher und nicht länger gewähren zu lassen, als sie dem eben gangbaren Hauptmotive zusagen. Man kann Detail-Sicherungen in der allgemeinen Sicherung, kleine Ueberraschungen in der großen und Terrain-Benutzungen für beide sehr wohl unterscheiden, der Unterschied ist aber mehr quantitativer als qualitativer Art, und in der Betrachtung nach den verschiedenen Kriegs-Situationen, welcher wir folgen, bereits genugsam erörtert. Anders verhält es sich mit der Ueberwältigung, weil diese, den verschiedenen Waffen auf verschiedene Weise eigen, nach derselben Anwendung selbst in naturgemäßen Abstufungen vorkommt. Wo Terrain und Sicherung an einer Aufstellung weitreichender Geschütze hindert, thut schon die Tirailleurlinie ihre Dienste; das Bataillonsfeuer kommt dem Geschützfeuer in der Ueberwältigung lange hinten nach; das noch spätere Eintreten der blanken Waffe wird noch durch manchen Umstand und manche Zwischenhandlung bedingt. Die Kenntniß dieser Abstufungen an sich wird die Waffenlehre und die reglementsmäßige Ausbildung jeder Truppe schaffen; sie reicht aber hier nicht aus, weil sich diese Einzelheiten im Gefecht höheren Gründen zu fügen haben und um der Einheit und des Zusammenhanges willen noch Verwendungen der Truppen (doubles emplois) vorkommen, die nicht in deren wesentlicher Bestimmung liegen[64]. So kann wohl die Cavalerie zeitweilig im Geschützfeuer halten, die Infanterie aus der Marschcolonne sich zu spät entwickeln oder in die Angriffscolonne zu zeitig formiren müssen, wenn Rücksichten auf den Zusammenhang der Fronte und auf das Terrain dafür sprechen. So kann man ferner bei der Ueberwältigung genöthigt werden die Masse zu trennen, um mit mehreren Teten agiren zu können[65], oder um dem Feinde die Reserven abzulocken, oder die dem feindlichen Feuer ausgesetzte längere Queue zu vermeiden. So kann man endlich ein maskirtes Terrain oder einen Wall zeitweilig verlassen müssen, weil des Feindes Wurfgeschütz und seine Ricochetbatterien sich aus ihrer gerade eingenommenen Stellung mit ihrem Feuer darauf eingeübt hatten und dergleichen mehr. Man sieht bald, daß hier ein Urtheil vorbereitet und in die Handlung übertragen werden muß, wozu die bloße Taktik nicht ausreicht, und daß dabei von dem Anfange einer Kunst die Rede ist, welche man im rangirten Gefecht mit größeren Truppenmassen unter dem Namen der Manoeuvrir-Kunst kennt und auf welche wir weiter unten zurückkommen werden.

Wechsel im Gefecht. Wie die untergeordneten Acte in einem Gefecht miteinander wechseln und in das Haupt-Handlungsmotiv zuletzt auslaufen, so kann auch das Letztere selbst im Fortgange in andere übergehen[66], was entweder seinen Grund in dem prädisponirten Gange des Gefechts, oder in der Gegenhandlung haben kann. Der Uebertritt aus der Sicherung in die Ueberwältigung wird allein zum Siege leiten; ohne Letztere wird die Ueberraschung keinen Nutzen gewähren und ohne äußere Thätigkeit kann der Terrain-Vortheil zu Nichts helfen. Die angekündigte Passivität wird also mitunter der Activität Platz machen, sowie diese unter Umständen in jene sich verlieren[67].

War es Pflicht des Anführers, auf die Folge subordinirter Handlungen zu achten, um immer au fait der Haupthandlung zn bleiben; so ist ihm die Beachtung dieser Wendepunkte noch unerläßlicher, um seinem Willen die von den Umständen gebotene Richtung, und dem in seine Hände gegebenen Instrument jeder Zeit die zweckmäßigste Anwendung geben zu können. Der durch das eigene Benehmen an den Tag zu legende und freiwillige Motiven-Wechsel läßt sich durch Anzeichen, welche den Moment des Eintritts bestimmen und die Richtung des Gefechts daher gleichzeitig ändern, vorher ansagen. Weit schwieriger ist dagegen der durch irgend eine feindliche Gegenhandlung oder einen Zufall erzwungene unvermuthete Wechsel, welcher plötzlich eine veränderte Spannung der Federn fordert, aber unerbittliche Gegner dieser Präcision in den Entfernungen und den Massen findet, besonders da auch dem Feinde noch durch Zwischenacte die wahre Absicht oft längere Zeit hindurch zu verbergen ist[68]. Wie hierbei der nach dem geeigneten Terrain sich richtende Gebrauch der verschiedenen Waffen sich als Vermittler darbietet, ist ein neuer Gegenstand der Untersuchung, ein neues Capitel der vorhin erwähnten Manoeuvrirkunst. Dasselbe betrifft aber nicht die bloße Räumlichkeit und die Truppen-Mechanik allein, sondern auch den moralischen Eindruck[69], auf den sich eine höher angelegte, d. h. auf allgemeinere und tiefere Grundlagen basirte Kriegstheorie mit einlassen muß, damit wir darin weiter vorwärts kommen und uns nicht, wie die alte Henne in der Fabel, die Angst ergreift, sobald die junge Brut ein flüchtigeres Element als wir zur Gedanken-Bewegnng sich auswählt.

Unfehlbar gründet sich neben der Intelligenz und der Entschlossenheit des obersten Anführers die Unternehmung in solchen kritischen Augenblicken hauptsächlich mit auf die Manoeuvrirfähigkeit der Truppen und diese wieder auf Ordnung, Appel, Uebung und das richtige Auge (coup d'oeil) [70] der Unter-Anführer. Man legt darum mit Recht einen starken Accent auf die Manoeuvrirfähigkeit, die freilich nicht aus der bloßen Accuratesse der Stellungen, der Symmetrie vorgezeichneter Touren 2c. erlangt werden kann. Der Führer hat hierbei nicht weniger Rede und Antwort über die ergriffenen Maaßregeln überhaupt, als über das Mechanische der Ausführung zu geben; auch können dabei noch mancherlei Zufälligkeiten hemmend und modificirend eintreten [71], die, wenn sie auch einzeln nicht abzuwehren sind, doch auch nicht unbeachtet bleiben dürfen, weil sie nur so in der Praxis geringeren Nachtheil zur Folge haben können.

Der tiefdenkende, erfahrene Montecuculi sagt von den Schlachten: „Doppie le battaglie ò si vince ò si perde," und da bei den kleineren Gefechten das Aufreiben der feindlichen Kraft und der unmittelbare Verlust an eigenen Streitmitteln und Terrain von weit geringerem Einfluß ist, als die erreichte oder verfehlte Absicht; so liegt die Entscheidung immer in diesem mit Bewußtsein verfolgten Grunde der Handlung, welchen der Anführer so lange festzuhalten hat, bis ihm Umstände und Ueberzeugung eine veränderte Handlungsweise vorschreiben. Nichts kann darum bei dem Anführer eine Ungewißheit über den Ausgang des Gefechts rechtfertigen und er ist, so lange noch die Würfel rollen, verpflichtet, über die Lage, in der er sich nun befindet, mit sich selbst Abrechnung zu halten, keiner Illusion, weder im Guten noch Bösen, Raum zu geben [72], und im gewonnenen klaren Verständniß den Augenblick zu erlauern, wo er die Vortheile des Sieges am besten zu nutzen oder den Nachtheilen der Niederlage

Ergebniß des Gefechts.

am leichtesten zu entgehen [73] im Stande sein mag. Beides kann nur nach Sammlung und Ordnung der im Gefecht aufgelösten Truppentheile geschehen, wozu die Punkte schon vorläufig erwogen und für den Fall des Glücks wie des Unglücks angedeutet sein müssen. Ein hiermit offen abgelegtes Bekenntniß, auf Sieg wie auf Niederlage gefaßt zu sein, wird bei Weitem weniger nachtheilig wirken, als die allgemeine Unordnung, welche hierbei oft von Uebermuth und Unachtsamkeit begleitet erscheint und die Einheit des Commando's in Augenblicken aufhebt, wo des Brennus bekanntes: „Vae victis!“ [74] am tiefsten empfunden wird.

Kaum wird man irgendwo in der Kriegstheorie einander so widerstrebende Rathschläge antreffen, als über das vortheilhafteste Benehmen nach dem Gefecht [75]. Wenn der Eine dem Ueberwundenen goldene Brücken bauen läßt, meint der Andere, daß unter solchen Umständen Nichts gethan sei, wenn noch Etwas zu thun übrig bleibe, und wenn der Eine vor Allem die Sammlung zum gesicherten Rückzuge empfiehlt, will der Andere die Spuren einer geschlagenen Armee durch excentrische Theilung auslöschen. Schon diese Gegensätze müssen gegen derartige Maximen mißtrauisch machen und zeigen, daß die wahre Theorie hier nicht über die Beurtheilung der Umstände hinausgehen darf, wozu die Art unserer theoretischen Betrachtung geeigneter zu sein scheint, als die zwar für das Raisonnement scheinbar faßlichere, aber eben so wenig wirklich berechenbare, bloße mathematisch-mechanische Begründung derselben [76].

Carthago's Waffenglück ging in Capua unter; nicht weit davon wußte Franz I. sich nur mit dem: „Tout est perdu hors l'honneur!“ zu trösten, und die Weltgeschichte trägt uns die schädlichen Folgen des Glücks und Unglücks zu oft vor, als daß die Kriegstheorie noch besonders vor ihnen zu warnen nöthig haben sollte. Die Natur des Krieges, die der einen Partei alle günstigen Umstände und Mittel zum Nachtheil der anderen in die Hand giebt, spricht sich vollkommen darüber aus.

c. Der Gebrauch von Parteien zu bestimmten Kriegszwecken und unter bestimmten Verhältnissen.

Alles, was bisher im Parteienkriege vorkam, mußte dem oben entwickelten Begriffe desselben angemessen und also allgemeiner Art sein. Damit ist indessen nicht gemeint, daß es alsdann auch schon mit aller Abstraction zu Ende sei und daß nun der Abschluß der theoretischen Betrachtung stattzufinden habe. Im Gegentheil muß sich dieselbe nunmehr bemühen die einzelnen Classen der Parteihandlungen näher ins Auge zu fassen, welche sich nach dem bereits oben aufgestellten Gesichtspunkte wesentlich danach unterscheiden, ob die Sicherung oder die Ueberraschung das vorherrschende Element derselben ausmacht. Als Parteihandlungen der ersten Art, in denen also die Sicherung vorherrschendes Element ist, erkennen wir im Allgemeinen die Handlungen, welche von Avant- und Arrieregarden, von Flankirungs-Detachements und Echelons, von Vorposten- und Cernirungstruppen, von der Besatzung einer Ortschaft, Schanze oder einzelnen Werks, von Convois-Bedeckungen und dergleichen ausgehen, während wir zur anderen Classe mehr die Handlungen rechnen, welche von Partisan-Trupps zum Necken (Harzelliren) des Feindes [77], von Fourage-Commando's, von Expeditionen zur Erlangung irgend eines Postens und von anderen zu ähnlichen Zwecken dienenden Parteien zur Ausführung kommen. Mit der näheren Bestimmung des Zweckes der Parteien muß die Betrachtung dem vorhin schon angedeuteten Wege folgen; sie muß im Besonderen die Vorbereitung, den Marsch, die Stellung und das Gefecht durchgehen und die speciellen Wahrheiten geltend machen, welche Raisonnement und Erfahrung dabei zu erkennen geben. Die Arbeit selbst liegt außer unserem Plane; wir begnügen uns daher hier nur mit einem Beispiele, indem wir uns bei dem zuerst genannten Parteizwecke, der Avantgarde, noch etwas verweilen wollen.

Die Sicherung der Armeen, insofern dieselbe von einer gewissen, zur Einrichtung von Anstalten und Gegenanstalten nöthi- Avantgarde.

gen Zeit abhängt, ist die Bestimmung einer großen Avantgarde[78]. Diese specielle Bestimmung der Avantgarde muß im Marsch und in der Stellung festgehalten werden; im Gefecht des Ganzen hört sie momentan auf und im unmittelbaren Ausweichen vor dem Feinde geht ihre Wichtigkeit an die Arrieregarde über. Ein bedeutendes Gefecht der Avantgarde ist entweder die Folge einer ungeschickten Führung[79], oder ein durch fehlerhafte Armee-Direction entstandenes nothwendiges Uebel.

Durchschnittlich wird die Stärke der Avantgarde auf $^1/_{10}$ des Gros angenommen und ihre Zusammensetzung[80] wird verschiedentlich, je nach dem Bedürfniß, angeordnet. Die Entfernung, in welcher die Avantgarde vom Gros zu marschiren und Stellung zu nehmen hat, muß im Durchschnitt $^1/_2$ Marschlänge betragen; sie ist indessen veränderlich und richtet sich einmal nach der Zeit, die ein ernstliches Unternehmen des Feindes gegen die Avantgarde beanspruchen würde und welche mit deren Bedeutenheit zunimmt, ferner nach dem Terrain und dem Gefechtsfelde, ja endlich auch nach vorausgegangenen glücklichen oder unglücklichen Begebenheiten von der einen oder anderen Seite. Die Richtung der Avantgarde geht nach der feindlichen Hauptmacht, mit der sie unausgesetzt Fühlung behalten muß, was freilich wieder nur mittelbar mit deren Avant- oder Arrieregarde möglich sein wird. Ueber das rein militärische Geschäft der Avantgarde mag hier einer der competentesten Richter, Napoleon, sprechen, welcher sich ihrer zu bedienen wußte. Derselbe sagt: „Le métier des avant-gardes et des arrière-gardes à la guerre est de manoeuvrer toute la journée. Elles poursuivent ou se retirent en échiquier, se forment en plusieurs lignes ou se retirent en colonne, opèrent un changement de front avec rapidité pour déborder toute une aile. C'est par la combinaison de toutes ces évolutions qu'une avant-garde ou une arrière-garde inférieure en nombre évite les actions trop vives, un engagement général, et cependant retarde l'ennemi assez long-tems, pour donner le tems à l'armée d'arriver, à l'infanterie de se déployer, au général en chef de faire ses dispositions, aux bagages et aux parcs de filer.

L'art d'un général d'avant-garde ou d'arrière-garde est, sans se compromettre de contenir l'ennemi, de le retarder, de l'obliger à mettre 3 à 4 heures à faire une lieue; la tactique seule donne les moyens d'arriver à ces grands résultats."

Wie weit die Avantgarden-Operationen mit zur Verpflegung und zum Erkennen dienen, und daß die Avantgarden-Commandeure mitunter selbst vorzugsweise auf diese Gegenstände ihre Aufmerksamkeit zu richten haben, ist gehörigen Orts bereits erwähnt und müßte hier nur noch näher erwogen werden.

Anmerkungen.

[1] (S. 170). Man findet dergleichen Betrachtungen schon in vielen Dienst-Reglements unter dem Capitel des Dienstes im Felde, z. B. über die Vertheidigung eines Defilee's, den Uebergang über einen Fluß, die Recognoscirung des Feindes ꝛc. Die mehr wissenschaftlichen Gliederungen beziehen sich gemeiniglich auf Activität und Passivität unter dem Namen der Offensive und Defensive als Zustände, die kein festes Anhalten gewähren, weil sie sich unter der Subordination der Handlungen verändern, wie wir bereits oben bemerkt haben. — Aeltere Compendien lassen die wissenschaftliche Betrachtung der Kriegshandlung den Recepten nach ähnlicher erscheinen, wie z. B. Quincy's Capitel: Mesure pour la jonction de deux armées oder Précautions pour traverser un pays ennemi, lorsqu'on veut secourir une place ou un allié und dergleichen.

[2] (S. 170). Clausewitz hat sich in seinen Betrachtungen mehr an die Persönlichkeit und die Gemüthszustände Derer gehalten, die im Kriege und zum Kriege den Impuls geben, und ist damit eigentlich aus der Kriegstheorie heraus in eine gleichsam politisch-militärische Psychologie gerathen, ohne daß er es wollte. Gleichwohl mag dieselbe mancher dunkel geborenen oder dunkel gewordenen Soldatenseele als der Extract alles Wissens, als der sogenannte Geist des Krieges selbst vorkommen. Eine gezierte Abstraction im Styl thut hierbei noch das Ihrige. So nennt er z. B. einmal den Reise-Marsch einen Träger des thätigen Princips, was keinem, ohne wissenschaftliche Aufgeblasenheit auf die Belehrung Anderer ausgehenden gesunden Verstande einfallen konnte.

[3] (S. 171). Die in der Praxis vorkommenden Umstände fallen durch den Unterschied zwischen Groß und Klein am stärksten auf; darum scheint auch die wissenschaftliche Betrachtung derselben zum Nutzen künftiger Handlung einen ziemlich praktischen Eintheilungsgrund für die Regeln abzugeben.

Etwas Anderes ist es, wenn das Wesen der Sache der Relation weit voransteht, was in der Kriegführung jedoch nicht der Fall ist. Wir glauben, daß allein durch ein schärferes Halten auf Relationen der Begriffsverwirrung in der Theorie zu steuern ist.

[4] (S. 171). Der Ausdruck „Taktik" bezeichnet überhaupt das Zusammenordnen von Einzelheiten in der Folgenreihe gewisser Zwischenhandlungen zu einer bezweckten Haupthandlung und bezieht sich nicht bloß auf den Krieg, wird aber häufig κατ' ἐξοχήν dafür angesehen. Alsdann sind personelle und materielle Kriegsmittel im Zustande ihrer Anwendung die Elemente zum Ordnen; Stellung und Bewegung der Truppen die Zwischenhandlungen, das eigentliche Schlagen der Hauptzweck. Man wird bald gewahr, daß, wenn man sich so an die eigentliche Bedeutung hält, die Taktik bald Viel bald Wenig umfassen, auf allerlei Richtungen des Theoretisirens bezogen werden und selbst den größeren Theil der ganzen Kriegstheorie ausmachen kann. Auch fehlt es darum nicht an Dunkelheiten in der Auffassung, selbst bei Denen, die sie zum Gegenstande ihres Raisonnements machen. In der Art, wie wir die Theorie hier gliedern wollen, müssen wir von jenem weiteren Begriffe der Taktik als einer eigenen Disciplin absehen; denn der beabsichtigten Sichtung nach Groß und Klein gemäß, muß schon ein Theil davon unter der Rubrik der Gliederung und Ausbildung, oder nach dem formellen Ausdruck, in dem Grundbegriff der Waffenschule vorkommen; ein zweiter gehört einer an sich abgerundeten Truppen-Combination (Parteien-Krieg nach unserem Ausdruck) unter der Rubrik der Kriegshandlung an. Das, was Viele „höhere Taktik" nennen, nehmen wir als unter dem Armeekriege begriffen, zur Strategie (grande tactique) gehörig an. Um hiernach in der Masse des Wissens zu sichten, was nicht leicht ist, muß man allerdings von hinten anfangen und der Taktik im engeren Sinne bloß Dasjenige lassen, was jene untergeordnete Kriegführung mit allen Waffen angeht. Den Rest der alten taktischen Begriffe aber muß man nach unten oder oben in die übrigen Disciplinen einrangiren. In solchem Verfahren liegt kein wissenschaftlicher Widerspruch; denn wer ordnen will, muß Anfang und Ende mehr als einmal ansehen; das gehört zur Taktik einer Wissenschafts-Lehre.

[5] (S. 171). Gesetze des Handelns in der eigentlichsten Bedeutung giebt es nicht; Regeln wohl, die nach dem Sprüchwort nicht ohne Ausnahmen sind, aber sofern sie einem Individuum habituell werden, sich zu Maximen (oder obersten Regeln) erheben können.

[6] (S. 171). Der Vermengung des Wissens folgt die Vermengung der zur Handlung erforderlichen Maaßregeln auf dem Fuße und Nichts bringt den gemeinen Mann, der im kritischen Augenblick fühlt, worauf es ankommt, mehr vom Zutrauen zu seinem Führer ab, als wenn er diesen in Nebendinge vertieft und zu keinem entscheidenden Entschlusse gelangen sieht. Die Beschäftigung mit Bagatellen kann im Frieden, wo der größere Gegenstand fehlt, und im feindlichen Feuer, wo die Seele dem Hinbrüten entzogen wer-

den muß, für die Menge wohlthätig wirken; es ist aber thöricht, sie in unserem Culturzustande noch irgend mit einem Impulse verträglich zu halten, selbst wenn der Ausdruck einer affectirten Ruhe damit angedeutet werden soll. Der Marschall von Sachsen sagt: „Le général ne doit pas s'en occuper ni s'en embarasser, car s'il veut faire le sergent de bataille et être partout, il fera précisement comme la mouche de la fable qui croyait faire marcher un coche.“

7 (S. 172). Außerdem daß hier diese Zahlen-Verhältnisse für die größeren Abtheilungen Platz zu finden haben, dürfen ihnen auch die aus der Praxis gefolgerten Modificationen nicht abgehen, wie z. B. daß der Gliedermarsch immer eine größere Ausdehnung, der Colonnenmarsch gewöhnlich ein näheres Zusammenrücken und einen fehlenden Raum zum Deployiren zeigt rc. Napoleon rechnet auf 12 Mann in drei Gliedern aufgestellter Infanterie 1 Toise; ebensoviel auf 4 Mann in zwei Gliedern aufgestellter Cavalerie.

8 (S. 172). Ein unterhaltenes Infanterie-Gliederfeuer dürfte z. B, so lange beide Theile unbeweglich bleiben, mehr dem Sicherungs- als dem Ueberwältigungs-Principe angehören. Für die Artillerie giebt es außer dem Zurücknehmen der Geschütze auch noch Sicherungen anderer Art, wie z. B. die Aufnahme der Geschützbedienung und des Ladezeugs in Infanterie-Quarrés, die von den Türken vielfältig gebrauchte Verkettung der Geschütze gegen momentane Cavalerie-Angriffe, das Zurückziehen auf den höheren Rändern gegen tiefer postirte Artillerie und ähnliche, welche die Translocation der Geschütze ersparen; und zu denen auch die Erdaufwürfe gehören, die eine momentane Deckung gegen feindliche Schützen gewähren. — Nur den unklaren Begriffen über die Maaßnahmen der einzelnen Truppentheile kann man es zuschreiben, wenn man bei Manoeuvres die Cavalerie im Feuer der Infanterie halten, oder beim Erscheinen einer Escadron eine ganze Infanterie-Linie Quarrés formiren sieht.

9 (S. 172). Es hat selbst den Anschein, als ob ungeschickte Analogien durch solche vermeinte Allgemeinheit aus einer Waffe in die andere übergingen, wie man z. B. mitunter bei Artillerie-Manoeuvres bemerkt, wo Batterien einander en échiquier sichern sollen, oder ganze Massen sich durch Deployiren im feindlichen Feuer regelrecht entwickeln, während die Batterien einzeln den ihnen angewiesenen Standpunkten zueilen sollten. Die Franzosen unterscheiden deshalb noch die tactique particulière von der tactique générale, sowie beide von der grande tactique, was sich Alles nur in der Relation, die eines Jeden Einsicht überlassen ist, verstehen läßt.

10 (S. 172). Im Alterthum waren Massen-Angriffe von Seiten der Infanterie auf eine wenig bewegliche Cavalerie nichts Seltenes. Xenophon wandte sie schon den Persern gegenüber an; die Schweizer chargirten die Ritter Karls des Kühnen; ebenso die Bergschotten die englischen Reiter.

Die Angriffe der Cavalerie auf Infanterie hinter verwandeltem Terrain zeigten sich oft und neuerdings wieder im Jahre 1808 bei der Eroberung des

Gebirgspasses zu Samosierra zwischen Burgos und Madrid durch Napoleons polnische Lanciers, und bei der der großen Redouten hinter Borodino durch die französische Cavalerie. Erstere rangirt unter die Ueberraschungen, letztere unter die Ueberwältigungen. Von der ersteren schreibt Napier: „Considérée comme simple opération militaire, la charge de la cavalerie polonaise était extravagante (sie war auf verschanzte Geschütze gerichtet und geschah während einer Recognoscirung), mais prise comme résultat de la juste idée qu'avait Napoléon de la valeur des troupes espagnoles et de sa promptitude à saisir l'avantage que lui offraient dans ce moment les épaisses vapeurs qui couvraient la montagne, c'est une heureuse inspiration de son génie."

[11] (S. 173). Um Truppen unter sich immer kenntlich zu machen, bedient man sich bei Tag und Nacht und in der Ferne allerhand Mittel (Signale, Parole, Losung ꝛc.), auf deren Geheimhaltung, so wie auf die der Expeditionen selbst, gehalten werden muß, weil die Sicherung und die Ueberraschung dadurch vorbereitet werden.

[12] (S. 173). Der Marschall von Sachsen sagt sehr richtig: „Il faut que ces partis (nämlich die auf Requisition ausgeschickten) jouent bien de malheur ou que ceux, qui les conduisent, ne sachent pas leur métier pour être découverts, car avec 25 à 30 hommes de pied l'on peut traverser un royaume sans être pris et lorsqu'ils sont découverts ils cheminent; on ne les suivra pas bien loin surtout la nuit, parceque l'on craindra de donner dans des embuscades comme cela pourrait arriver surtout si plusieurs partis savent s'accorder et convenir entre eux de certains rendez-vous où ils pourront se rencontrer en tel temps en cas qu'ils fussent découverts et poursuivis." Dembinsky hat bei seinem Rückzuge aus dem insurgirten Litthauen nach Warschau (1831) hierzu ein hübsches Beispiel geliefert.

[13] (S. 173). Das, was bei dem Gros die Operationslinie ist, wird beim Detachement zur bloßen Bewegungs-Axe und die Operationsfront zur Stellungs- und Schlachtlinie; die dortige Operationsbasis aber ist hier zwar veränderlich, ihrem Wesen nach jedoch immer vorhanden, sie mag räumlich in einem Punkte, nämlich in der Armeestellung, oder in einer Linie, die von dieser nach einer von der Armee gedeckten Gegend geht, oder endlich auch in der Armee-Operationslinie selbst gesucht werden. In solcher Weise müßten die Antithesen für den Detachementskrieg durchgeführt werden, damit man hier die Gesetzlichkeit wissenschaftlich entwickeln und eine Menge Verirrungen nach der Strategie und Taktik hin zurückweisen könnte.

[14] (S. 174). Napoleon sagt: „Un général ne sait jamais rien certainement, ne voit jamais bien son ennemi, ne sait jamais positivement où il est. Lorsque les armées sont en présence, le moindre accident du terrain, le moindre bois cache une position de l'armée. L'oeil le plus exercé ne peut pas dire s'il voit toute l'armée ennemie ou seulement les trois quarts. C'est par les yeux d'esprit, par l'en-

semble de tout le raisonnement, par une espèce d'inspiration que le général voit, connait, juge." — Nebenumstände wie z. B. die Bivacsfeuer, früher die Zeltreihen, auch die brennenden Lunten (woher die Luntenverberger der Grenadiere) dienten und dienen noch zur Erkennung des Feindes. Der Marschall von Sachsen nennt Dergleichen „indices" und behandelt sie in einem eigenen Capitel; er zählt dahin z. B. auch das Attroupement von Neugierigen vor dem feindlichen Lager, den Staub, das Blitzen und Ausschießen der Gewehre rc.

[15] (S. 174). Napoleon schreibt an seinen Bruder Joseph im Jahre 1808: „Quand on sait prendre des mesures rigoureuses, il est aisé d'avoir des nouvelles. Le seul motif de s'instruire de ce qui se passe est suffisant pour autoriser qu'un détachement de 4 à 5 mille hommes entre dans une grande ville, s'empare de la poste aux lettres, des plus riches habitants, de leur correspondance, de leurs papiers et journaux. Renvoyez-les sans les avoir maltraités. Il est de fait que lorsque nous ne sommes pas dans un désert, mais dans un pays peuplé, si le général n'est pas bien instruit, c'est qu'il ne sait pas son métier. Les services que les habitants rendent à l'ennemi ne viennent ni de leur affection ni même du désir d'avoir de l'argent;" aber wohl von ihrem Verlangen nach eigenem Wohlsein, Sicherheit, Behaglichkeit rc., hätte er hinzusetzen können.

[16] (S. 174). „Il fallait questionner, lire, comparer ensuite, enfin trouver et saisir la vérité qui semble toujours fuir et se cacher au milieu de mille réponses et rapports contradictoires," meint Segur von diesem Geschäft in Napoleons Hauptquartier. Jedem französischen Armee Corps waren monatlich 12,000 Francs für die „police secrète pour connaître les mouvements de l'armée" angewiesen, und Friedrich II. rieth seinen Generalen, in der Bezahlung der Spione freigebig, ja verschwenderisch zu sein. Alle Gefangenen-Nachrichten sind nach Napoleons Meinung höchst unzuverlässig, weil der Soldat wenig mehr, als was um ihn herum vorgeht, wisse.

[17] (S. 174). Napoleon sagt: „Un général qui voit par les yeux des autres ne sera jamais en état de commander une armée comme elle le devrait être;" da dieses aber oft nicht anders angeht, so müssen die Augen Derer, die mit ihm sehen sollen, zur rechten Zeit geöffnet werden. „J'allais," läßt der Prinz de Ligne den Prinzen Eugen sagen, „reconnaitre moi-même, parcequ'on ne peut jamais être tout-à-fait sûr d'un rapport; c'est ce que j'ai fait toute ma vie. Je me suis bien trouvé ainsi que d'avoir eu toujours un crayon en poche (das braucht man nun freilich heute nicht mehr zu empfehlen) pour écrire dans les tablettes d'un officier l'ordre que je lui donnais à porter." — Cäsar ging in der Nacht hinaus, die Stellung des Antonius auszuspähen und begegnete da dem Eseltreiber Nikon mit seinem Esel Nikander (nach der Uebersetzung: Sieger und Siegmann).

[18] (S. 175). Ich meine hier Uebersetzungen aus der ortographischen in die perspectivische Vorstellung und umgekehrt; dieselben sind nicht so schwierig als man sich einbildet und geben an Wichtigkeit den Distance- und Höhenschätzungen Nichts nach, könnten auch füglich die Winkel-Abschätzung, die weniger brauchbar und noch weniger verlässig ist, ganz verdrängen. Vor der Blüthezeit unseres Planzeichnens und noch zu Anfang des 18. Jahrhunderts findet man viele Schlachten perspectivisch dargestellt; ich ziehe diese Darstellung natürlich unserer geometrischen nicht vor, glaube aber doch, daß die Einbildungskraft mit derselben der Wahrheit näher geführt werden kann, als durch unsere heutige Art und Weise, wo dem Anfänger wenigstens die Uebersetzung erschwert ist.

[19] (S. 175). Clisson, Connetable von Frankreich unter Karl VI., frug, als man sich vergebens alle Mühe gegeben hatte, vor der Schlacht bei Rossebeque (1382) über die angeschwollene Lys zu gehen, ganz ernsthaft, ob denn dieser Fluß keinen Anfang habe? Man sagte ihm, bei St. Omer, mehrere Meilen von dem Orte entfernt. „Eh bien," erwiderte er naiv, „puisqu'il a un commencement nous le passerons bien," und ließ links abmarschiren.

[20] (S. 175). Bärenhorst meint, daß, wenn wir keine Charten hätten, der Krieg nicht um ein Haar minder klug geführt und manches leere Unternehmen unversucht bleiben würde. „Das Beschauen des Papiers, der gezeichneten und gestochenen Gegend und des Maaßstabes verleitet oft zur Sünde gegen die Natur, gegen die wahren Beschaffenheiten, Nähen, Entfernungen, Höhen, Tiefen. Im Vertrauen auf Plan und Landcharte unterläßt man das Local selbst um Rath zu fragen. Schwarz auf Weiß spielen kleine Flüsse, ja sogar Bäche eine Figur, die ihnen nicht zukommt, und werden bald für hinderlich, bald für nicht hinderlich angenommen — Eines oft so grundlos als das Andere. Ein paar gute Augen, fleißig auf Kirchthürmen, Windmühlen, Bergen, Hügeln herumgetragen; ein unermüdeter Zotteltrapp durch Hohlwege, Schluchten, Furthen hinterlassen richtigere Urtheile als der reichste Vorrath von jenen Hülfsmitteln, welche nur zum besseren Zusammenfügen der einzelnen Anschauungen, wirklich aber zu Nichts weiter dienlich sind."

[21] (S. 175). Der Marschall von Sachsen meint: „Si vous avez à faire à un général ennemi, qui ait le sens commun, il aura bientôt trouvé des gens dans son armée qui auront l'esprit pénétrant et hardi et qui voient les choses telles qu'elles sont."

[22] (S. 175). Der Marschall von Sachsen äußert: „C'est l'habilité d'un général de savoir distinguer le vrai d'avec le faux," und Napoleon: „Il faut avoir long-tems fait la guerre pour la concevoir; il faut avoir entrepris un grand nombre d'opérations offensives pour savoir comme le moindre événement ou indice encourage ou décourage, décide une opération ou une autre." Desgleichen: „L'ennemi qui a intérêt de masquer ses forces en cachant le véritable point d'attaque

opère de manière que le coup qu'il veut porter, n'est jamais indiqué d'une manière positive, et le général ne peut deviner que par la connaissance bien approfondie de sa position et la manière dont il fait entrer son système offensif pour protéger et garantir son système défensif."

[23] (S. 176). Das hannoversche Dienstreglement berührt diesen Gegenstand ganz angemessen. Das Wechseln der Teten z. B. ist eine Erleichterung für die Truppen im Marsch. Man kann daher einen bestimmten Armeetheil den einen Tag rechts, den anderen links abmarschiren lassen. Die Peinlichkeit, welche in früherer Zeit bei der Treffen-Eintheilung nach der ordre de bataille in den Auf- und Abmärschen vorherrschte und welche nicht selten vor dem Gefecht, ja oft noch während desselben Contremärsche veranlaßte, ist bei der neueren Heeres-Eintheilung und den zwangloseren taktischen Formen ziemlich verschwunden.

[24] (S. 176). Clausewitz bedient sich für diese Störungen aller Art beim Gebrauch des Kriegs-Instruments des aus der Mechanik entlehnten Ausdrucks der „Friction" und scheint in der Allgemeinheit, mit der er diesen Ausdruck auftreten läßt, etwas Neues sehen zu wollen. Dieser Werth gehört aber wohl mehr seiner Betrachtungsweise an, indem er mit Abstractionen nach dem Begriff, den er sich von einer Sache macht, zu theoretisiren anfängt, wonach sich ihm die Wirklichkeit als eine Combination von lauter Hindernissen darstellt.

[25] (S. 176). Viele unserer Marschregeln, die auf Sicherung bezogen werden, haben ihren Ursprung in dem Wesen der älteren Armeen. Damals dienten z. B. die Seitenpatrouillen fast nur zur Verhütung von Desertionen. Ebenso ging es mit der Stellungslehre. Auch bei Ueberraschungen verlor man die Vorsorge gegen Entweichungen niemals aus dem Auge. Bei einer Revision der Kriegstheorie müßten solche Traditionen verschwinden.

[26] (S. 176). Alsdann nimmt man an, daß eine Armee von 100,000 Mann 5 Lieues Wegelänge bedarf; im bequemeren Marsch braucht sie das Doppelte. „On a vu," sagt Napoleon, „des armées de 120 m. hommes marchant sur une seule colonne prendre leur ordre de bataille en 6 heures de temps."

[27] (S. 176). Souwarow räth 1799 dem General Bellegarde zu folgender Art von Reisemarsch, wie er ihn bei den Russen eingeführt habe: „Die Köche mit den Kesseln und dem Fleisch rücken Nachts 12 Uhr ab, marschiren 2 deutsche Meilen (7 Werst auf die Meile) vorwärts (bei mir, sagt er, wird alle 24 Stunden ein Marsch von 4 bis 5 Meilen gemacht); sie etabliren sich und kochen. Die Truppen brechen um 3 Uhr Morgens auf, marschiren 1 Meile, ruhen 1 Stunde, marschiren wieder 1 Meile und treffen bei ihren Kesseln ein. Das Essen ist fertig. Wein ist da! Kein einziger Marodeur! Alsdann brechen sie wieder auf, marschiren 1 Meile, ruhen 1 Stunde, marschiren wieder 1 Meile, so daß sie Abends 9 Uhr im Lager ankommen. Alle Bagage und die Packpferde werden 12 Stunden

vorausgeschickt, die Zelte aufgeschlagen, — der Soldat kommt zur rechten Zeit an, legt sich zur Ruhe und schläft bis zum nächsten Morgen, wo um 3 Uhr der Marsch von Neuem beginnt.

[28] (S. 177). Das deutsche „Vor- und Nachhut" wurde, wie viele andere Kriegsausdrücke, durch die früheste italienische Literatur verdrängt, dieser folgten dann erst die französischen Ausdrücke und die Gallicismen. Freitag (1630) spricht nur von avantguardi, retroguardi und bataillon statt des späteren corps de bataille und nennt seine Flanqueurs „Straßenbereiter" (éclaireurs).

[29] (S. 177). Cancrin rechnet auf 1200 vierspännige Armeewagen eine Wegelänge von 1½ Meilen. — Die Artillerie muß im Marsche von anderen Truppen beschützt werden, namentlich die reitende bei Cavalerie-Detachements, indem sie nur in der Stellung wirksam sein kann. — Chambray erzählt aus der Campagne von 1812: „La grande quantité de voitures formant encombrement à tous les ponts, occasionnait des retards qui ajoutaient beaucoup aux fatigues des marches." Napoleons Befehl bei Smolensk lautete dahin, alle unentbehrlichen Wagen erst hinter der Artillerie und mindestens 2 Stunden hinter der Avantgarde fahren zu lassen, und ihre Parkirung dicht an der Straße nicht zu gestatten.

[30] (S. 177). Turenne's Flanken-Abmärsche hatten einen besonderen Ruf erlangt; auch wurden dergleichen bei Denain (1712) von Villars im Angesichte der Armee des Prinzen Eugen und, wie der Marschall von Sachsen erzählt, zu dessen großem Verdruß ausgeführt.

[31] (S. 177). Bei den fast nur in Rußland vorhandenen breiten Straßen war es Kutusow 1812 möglich, seine ganze Armee auf einer einzigen Straße zurückzuziehen.

[32] (S. 177). Wie man in Allem zuviel thun kann, so war vor dem Revolutionskriege auch hierin zu Viel geschehen. Es fehlte nicht viel, daß man nicht Nachrichten von jedem Fußweg und darum für jede Provinz eigene General-Quartiermeister verlangte, als ob der Fuhrmann, der eine Straße sicher befahren will, jeden Stein auf derselben kennen müßte. Folgende Stelle aus Massenbachs Beleuchtung des Mackschen Operationsplanes (1793), worin von einer Kriegsunternehmung die Rede ist, wird das belegen. „Wenn wir," heißt es dort, „von der Beschaffenheit des Terrains nicht auf das Genaueste unterrichtet sind, so halte ich das Manoeuvre für äußerst gefährlich. Wir müssen 2 Defileen passiren und schieben uns in ein Terrain hinein, welches für uns eine terra incognita, für den Feind aber so bekannt ist, wie uns das Terrain um Potsdam. Wie sollen wir aber das Terrain kennen lernen, da es größtentheils von der feindlichen Armee besetzt ist, und wir es mit keinem Fuße betreten können? Ich halte also unmaaßgeblich davor, daß wir das Project aufgeben."

[33] (S. 177). Napoleons Maximen fallen hier ganz mit den bekannten zusammen, welche auch der Marschall von Sachsen in eigenen Capiteln: Des pays coupés und: Des passages des rivières vorträgt. Auch in der großen

Disposition warnt Napoleon davor, seine Parks und die schwere Artillerie mit in Defileen zu ziehen, ohne deren Ausgänge besetzt zu haben.

[34] (S. 177). Als eine der ältesten Geschichten dieser Art haben Xenophons Anabasis, und als neuere die Rückzüge Moreaus, des Erzherzogs Karl und Soults verdientes Ansehen. Von dem Letzteren meint Napier: „Il avait amené 58 pièces d'artillerie en Portugal (1809), il revenait sans un seul canon et pourtant sa réputation de vaillant soldat et de général habile n'en fut point ébranlée." — Der Marschall von Sachsen hielt wenig von den guten Rückzügen; er meint: „Il n'y a de belle retraite que lorsqu'elle se fait devant un ennemi qui agit mollement; car s'il poursuit à toute outrance, elle se convertira bientôt en déroute," was sich so allgemein aber doch nicht behaupten läßt.

[35] (S. 178). Cancrin bezweifelt, daß man bei Etappen-Verpflegung und Vorspann mehr als 70,000 Mann zusammen auf einem Wege kann marschiren lassen, ohne Verlegenheiten und Aufenthalte herbeizuführen. Die russische Armee führte 1815 in einer Stärke von 240,000 Mann den Reisemarsch aus dem Innern Rußlands nach Frankreich aus, und Napoleon marschirte vor der Schlacht bei Dresden am ersten Tage 6, am zweiten 5 und am dritten Tage 4 Meilen mit 80,000 Mann auf der Tour von Löwenberg nach Stolpen.

[36] (S. 178). Der französische Revolutionskrieg hat in dieser Beziehung manches Vorurtheil verschwinden lassen und manche Pedanterie vernichtet, die allerdings auch ihren guten Grund hatten. „C'est de cette époque," meint de Pradt, „que date parmi nous l'usage de faire voyager en poste des corps d'armée; ce fut par ce moyen que l'armée d'Alsace vint combattre à Maubeuge et pût repartir le lendemain pour aller chasser le général Wurmser au-delà du Rhin." Indessen meint St. Cyr, der damals mit in der Postkutsche gesessen, daß man davon im Ganzen doch zu viel Lärm gemacht habe, weil die Truppen zwar einige Tage früher, aber horriblement fatiguées angekommen und die Bewaffnung durch das Fahren so verdorben gewesen sei, daß man die gewonnene Zeit wieder zur schlagfertigen Instandsetzung derselben habe aufwenden müssen. — Napoleon ließ bei dringender Eile, wo das Gepäck des Mannes mit Vorspann fortgeschafft wurde, die Truppen keine eigentlichen Tagemärsche machen, sondern gab ihnen da, wo sie die Verpflegung vorbereitet fanden, 6- bis 8stündige Rasten. Auf solche Weise durchlief ein zur Schlacht von Austerlitz bestimmtes Voltigeur-Bataillon in 52 Stunden eine Strecke von 42 Lieues. In den spanischen Campagnen marschirten die Engländer öfter in 2 Tagen 9 deutsche Meilen Wegs, ja bei Moors Rückzuge nach Corunna (1808) sogar 10 Meilen in 2 Tagen und blieben dabei schlagfertig.

[37] (S. 179). Napoleon sagt auch: „Il ne faut pas épuiser les troupes en fausses marches et contremarches; il ne faut pas croire, quand on a fait une fausse marche de 3 à 4 jours, qu'on l'ait reparée par une contremarche; c'est ordinairement commettre deux fautes au lieu

d'une." Montecuculi hatte Turenne 1673 zu einem falschen Marsche verleitet und Napoleon, der dem Letzteren darüber Vorwürfe macht, sagt im Gefolge derselben: „Toutefois Turenne savait mieux que personne que la guerre n'était pas un art conjectural; il devait règler ses mouvements sur ceux de son adversaire et non sur son idée."

38 (S. 180). Napoleon ist mit seinem coup d'oeil freilich etwas zu geschwind damit fertig. Er sagt nämlich: „L'art d'asseoir un camp sur une position n'est autre chose, que de prendre une ligne de bataille sur cette position. Il faut que toutes les machines en jet soient au jeu et favorablement placées; il faut qu'elle ne soit pas dominée, prolongée, enveloppée, qu'au contraire autant que cela est possible elle domine, prolonge, enveloppe la position opposée." Er hat aber noch viel in Gedanken behalten.

39 (S. 180). Die Franzosen unterscheiden zum Theil Hinsichts des Gebrauchs die positions du moment, militaires und très-militaires; ebenso offensive und defensive Positionen. Hinsichts des Kriegsverhältnisses giebt es noch mehrere Unterschiede, als Haupt-, Neben-, Zwischen-, Front- und Flankenstellungen (en échiquier, à navette) und ähnliche mehr. Hinsichts des besetzten Landes giebt es wieder Central-, Grenzpositionen 2c. — Es ist bemerkenswerth, daß man noch heute Generalstabsofficiere im Lande herum reisen läßt, um nach bloßen politischen Gegensätzen Positionen auszusuchen; die Resultate solcher Reisen können nur ungefähr denselben Werth haben, wie die aus einzelnen Stichwörtern zusammengesetzten Erzählungen, worin Sinn, Einleitung und Ende der eigenen Phantasie überlassen ist und wobei sich eine Virtuosität nur darin zeigt, irgend bekannte Dinge und Gedanken in eine leserliche Folge zu bringen.

40 (S. 180). Die Römer, meint Rogniat, „n'attachaient au choix de la position des camps d'autre importance que celle, d'être à portée de l'eau dans un pays découvert propre à servir de champ de bataille." Aehnliches thun noch die Kosacken; Platoff wollte sogar einmal einen russischen Generalstabsofficier bestrafen, weil dieser sie auf einen Berg und nicht auf eine Wiese placirt hatte.

41 (S. 180). Pelet sagt: „Une troupe rangée suivant le terrain et la disposition convenable à chaque arme, doit établir au moment de combattre son front ou sa ligne de bataille et sa directrice ou ligne de marche pour se porter en avant ou en derrière. Il faut que ces lignes se coupent le plus carrément possible, c'est à dire en se rapprochant de la perpendiculaire sur le centre, parceque dans cette situation la ligne de marche est mieux soutenue et mieux couverte par le front" 2c. Warum das so sein muß, erklärt uns St. Cyr mit ein paar Worten, indem er sagt: „Les soldats ont toujours un oeil derrière les épaules."

42 (S. 180). Es giebt dicke Bücher über den Vorpostendienst, den wir also hier füglich mit Stillschweigen übergehen können.

[43] (S. 180). Bugeaud gebrauchte gegen die Marokkaner eine rhomboidale Schlachtordnung.

[44] (S. 181). Wir können daher auch hier noch nicht auf die Eigenschaften hindeuten, welche Montecuculi folgendermaßen für militärische Stellungen bedingt: „Dell' attitudine a trasmutare in qualunque altra che sia richiesta o dal sito che si presenta o dal disegno che si ha o dalle congiunture che nascono,“ die Stellungsschwankungen nämlich, welche auch Friedrich II. empfiehlt, um den Feind zu großen Bewegungen zu vermögen, und die, wie die Schlüssel der Positionen, mehr der Massen-Agressive zustehen.

[45] (S. 181). Napoleon: „Un corps de 12 à 15 m. hommes ne prend-il pas vingt positions dans la journée au seul commandement d'un adjudant-major? et nos troupes seraient-elles devenues des levées en masse qu'il faudrait les placer quinze jours d'avance dans les positions où on voudrait qu'elles se battent?“

[46] (S. 181). Darum sollte ein größerer Accent darauf gelegt werden, daß auch im großen Gefechte zwischen ganzen Armeen, Jeder seinen Gegner zu finden und im Gesicht zu behalten trachtet, weil am Ende alle Manoeuvres auf diese partielle Reibung zurückführen. Der Corpscommandant muß den ihm gegenüberstehenden Corpscommandanten, der Divisionär den feindlichen Divisionär, mit dem er es zu thun hat ꝛc. zu erspähen suchen und über dessen Benehmen ins Klare zu kommen trachten. Tragen sich unerwartete Wechsel und Erscheinungen unter den solchergestalt beobachteten Gegnern zu, so ist dies immer ein Gegenstand, der sich zu einer Meldung an den höheren Vorgesetzten eignet.

[47] (S. 181). Dembinsky hatte sich auf seinem Rückzuge durch Litthauen (1831) berittene Pionire organisirt, mit welchen er Radikalzerstörungen der Brücken und Wege an der letzten Queu seiner Colonne unausgesetzt vornahm, die Defileen mit Wagen verfahren ließ und Aehnliches mehr; auch gebrauchte er sie selbst in den Positionen des Gros gegen feindliche Cavalerie, welche sich dem Lager näherte.

[48] (S. 182). Man erkennt hieraus, wie die Straßenknoten selbst im offenen, durchaus gangbaren Terrain zu der Ehre kommen, den auf der Charte operirenden Militärs die besten Stellungen ohne große Mühe anschaulich zu machen.

[49] (S. 182). Die Schonung der Leute ist, wie sich dies von selbst versteht, eine Regel bei jedem Gefecht, die aber dem überlegten, zu dem bewußten Zwecke führenden Gange des Gefechts durchaus nicht in den Weg treten darf, weil der Mensch hier selbst Mittel zum Kriege wird. Ist der Gefechtszweck dem Anführer nicht klar, so kommt der Menschenverlust auf seine Rechnung und der innere Widerspruch zwischen Verstand und Herz wird seinen Entschluß immer mehr verwirren, je mehr er sich dieses Streites bewußt wird. Napoleon, dessen Handlungsweise in seinem Verstande tiefe Wurzeln hatte, ohne sein Gemüth zu berühren, konnte darum die Opfer seiner Kriege

ohne Ahnung von Verantwortlichkeit gegen sich selbst, und also auch ohne irgend eine moralische Zurechnung fallen sehen, so lange sein persönliches Interesse nicht unmittelbar ins Spiel kam.

[50] (S. 182). Rogniat, Dufour und Andere haben dergleichen Vorstellungen in wissenschaftliche Vorträge eingeflochten, was ich der damit nothwendig verbundenen beschränkten Einseitigkeit wegen nicht gut heißen kann. Will man sich einmal an das Individuelle halten, so ist das Geschichtliche noch besser als die Poesie, was auch Dufour zugesteht, wenn er sagt: „Mais je dois m'arrêter pour m'épargner le reproche de n'être ici qu'un faible écho, dont les sons mal articulés ne peuvent rendre qu'imparfaitement les leçons des grands capitaines.“ — Clausewitz hat Aehnliches für eine höhere geistige Kriegstheorie gehalten und über den Muth und die Anzeichen einer verlorenen Schlacht phantasiert.

[51] (S. 182). Die Theorie muß der Empirie immer mehr Feld abzugewinnen suchen, das immer wieder verloren geht, wenn die Erstere nicht rechter Art ist. Daher der fortwährende Streit zwischen Theorie und Praxis in allen Zweigen des menschlichen Wissens, der nie aufhören kann und den zu beseufzen auch ganz überflüssig ist.

[52] (S. 183). Napoleon: „Les militaires sont fort partagés sur la question s'il y a plus d'avantage à faire ou à recevoir une attaque; mais cette question n'est point douteuse, lorsque d'un côté sont des troupes aguerries, manoeuvrières, ayant peu d'artillerie et que de l'autre est une armée beaucoup plus nombreuse ayant à sa suite beaucoup d'artillerie, mais dont les officiers et soldats sont peu aguerris.“ Allerdings giebt es auch noch andere Gründe.

[53] (S. 183). Montecuculi: „Le battaglie ò si cecano ò si suggono ò si danno.“

[54] (S. 183). Napoleon sagt von Contade's Benehmen bei Minden: „Il se tient le jour de bataille aux dispositions qu'il avait faites la veille dans un ordre de jour de 5 à 6 pages, ce qui est le cachet de la médiocrité. L'armée une fois rangée en bataille, le général en chef doit à la pointe du jour reconnaitre la position de l'ennemi, ses mouvements de la nuit et sur ces données former son plan, expédier ses ordres, diriger ses colonnes.“ — Der Marschall von Sachsen meint: „Si un pareil homme vient à commander une armée, il cherchera à se sauver par les dispositions parcequ'il n'aura point d'autres ressources. Pour les faire mieux comprendre il embrouillera la tête de toute son armée à force d'écritures; il voudra changer sa disposition, mettra tout dans une confusion horrible et infailliblement se fera battre.“

[55] (S. 183). Ein gefangener östreichischer General wurde von den Franzosen, die damals unter dem Marschall von Sachsen standen, gefragt, was man von diesem bei den Oestreichern halte; er antwortete: „Il nous com-

mande comme à vous.“ Daß dies nicht die rechte Manier ist, leuchtet ein.

[56] (S. 183). Dumas sagt: „Il est plus difficile qu'on ne le croit communément, d'être informé d'une manière sûre des mouvements de l'ennemi assez à tems, pour régler les siens; le plus habile est celui qui se détermine d'après les conjectures les plus raisonnables, et le plus prudent est celui qui ne prête jamais à l'ennemi les fautes qu'à sa place il se garderait à commettre.“ — Die Artikulation nach den erwähnten Gefechtsmomenten, die hinter und nebeneinander eintreten, ist sehr wichtig zur Orientirung des Anführers. Man muß sie darum in dem geschichtlichen Studium der Affairen mühsam aufsuchen und in den Dispositionen zu Manoeuvres andeuten, welche über die Evolutionen hinaus, zum Unterricht für Commandirende ausgeführt werden, wobei jedoch durch bloßes Markiren die richtigen Begriffe von Zeit und Raum nicht verloren gehen dürfen.

[57] (S. 183). Der mit dem wahren Kriegs-Rednertalente ausgerüstete Napoleon hält dergleichen Anreden zur Berichtigung falscher Ansichten oder nachtheiliger Eindrücke im Verlauf einer Campagne für angemessener, als im Beginn eines Gefechts. Der Veteran hört kaum darauf, meint er, und der Recrut vergißt sie beim ersten Kanonenschuß. Seine Tagesbefehle gründen sich auf diese Ansicht. — Friedrich II. sagt: „Ein General, der geschlagen worden ist, muß dahin arbeiten, daß er zuerst seine eigene Imagination und demnächst die seiner Officiere und Soldaten von der Furcht befreit, zu welchem Ende er seinen Verlust weder vergrößern noch verringern darf.“ Wenn nur sonst Kraft und Vertrauen vorhanden ist, wird die Wahrheit nicht schaden. Das bekannte 29. Bülletin Napoleon's war in diesem Geiste verfaßt.

[58] (S. 184). Der Marschall von Sachsen sagt: „Lorsqu'on est obligé de défendre des retranchements, il faut bien se garder de mettre les bataillons tous contre le parapet, parceque si l'ennemi a une fois le pied dessus, ce qui est derrière se sauvra. Cela vient de ce que la tête tourne toujours aux hommes, lorsqu'il leur arrive des choses aux quelles ils ne s'attendent point; cette règle est générale à la guerre, elle décide de toutes les batailles et de toutes les affaires.“ Es ist die Ueberraschung, ihr entgegen steht die Sicherung.

[59] (S. 184). „La première qualité d'un général en chef, schreibt Napoleon, est d'avoir une tête froide, qui reçoive une impression juste des objets; il ne doit pas se laisser éblouir par les bonnes ou mauvaises nouvelles; les sensations qu'il reçoit successivement ou simultanément, dans le cours d'une journée, doivent se classer dans sa mémoire de manière à n'occuper que la place qu'elles méritent d'occuper: car la raison et le jugement sont le résultat de la comparaison de plusieurs sensations prises en égale considération. Il est des hommes qui par leur constitution physique et morale se font de chaque chose un tableau: quelque savoir, quelque esprit, quelque

courage et quelques bonnes qualités qu'ils aient d'ailleurs, la nature ne les a point appelés au commandement des armées et à la direction des grandes opérations de la guerre." — General Foix sagt: „Napoleon hatte in der Schlacht einen frischen Muth, eine tief berechnete Festigkeit, einen Geist fruchtbar an plötzlichen Ideen, welche durch unerwartete Hülfsmittel den Feind in seinen Plänen irre machten.

60 (S. 184). Napoleon: „A quoi bon avoir des troupes, lorsqu'on n'a pas l'art de s'en servir dans les occasions importantes?"

61 (S. 184). Da mit wenigen Ausnahmen in den Armeen der Muth schon als eine gemeine Eigenschaft des Soldaten gilt, so sieht man wenig Beispiele von verzagten Anführern; desto mehr aber solche, die durch die Furcht, furchtsam zu erscheinen, beherrscht werden und die bei beschränktem Verstande die Beschwichtigung der moralischen Furcht vor der Verantwortung durch ein befangenes Hingeben ihrer eigenen Person bewirken, indem sie hiermit einen falschen Ehrgeiz und ihre Vermessenheit zu bezahlen glauben.

62 (S. 184). Der Marschall von Sachsen meint: „Bien des généraux en chef ne sont occupés un jour d'affaire que de faire marcher les troupes bien droites, de voir si elles conservent bien leurs distances, de répondre aux questions que les aides de camp leur viennent faire, d'en envoyer partout et de courir eux-mêmes sans cesse; enfin ils veulent tout faire, moyennant-quoi ils ne font rien. Je les regarde comme des gens à qui la tête tourne et qui ne voient plus rien, qui ne savent faire que ce qu'ils ont fait toute leur vie; je veux dire, mener des troupes méthodiquement." Er findet den Grund davon in dem Nichtwissen Dessen, was zu thun ist.

63 (S. 184). Zwei Haupt-Handlungsmotive dürfen nie nebeneinander bestehen. Tritt ein zweites hinzu, wird man meist genöthigt sein, das Eine zeitweilig bei Seite zu setzen. Bei größeren Armee-Expeditionen verfolgt man allerdings auch in einzelnen Abtheilungen verschiedene Zwecke, z. B. das Gefecht mit dem Entsatz einer belagerten Festung, wenn man auch das Letztere einstweilen nicht fortführt, wie Prinz Eugen in der Schlacht bei Belgrad. — Eine ganz eigene Complication zeigte sich in der Belagerung Turins (1640): La citadelle qu'occupaient les Français, était assiégée par le prince Thomas de Savoie, maître de la ville, pendant que lui-même était assiégé par l'armée française, qu'assiégeait à son tour dans les lignes de circonvallation l'armée espagnole, commandée par le marquis de Léganes.

64 (S. 185). Troupitz (1633), welcher die unter Gustav Adolph eingeübten Manoeuvres angiebt, spricht vom Verhalten in 5 Haupt-Bataillen, wie er die verschiedenen in Folgendem aufgeführten 5 Angriffe nennt, nämlich:

1. den Angriff mit bloßer Infanterie und dann hernach mit Artillerie und Cavalerie;
2. mit Cavalerie und darauf mit Artillerie und Infanterie;
3. mit Artillerie und dann mit Infanterie und Cavalerie;

4. mit der völligen Macht;
5. mit Abschneidung des Rückzuges und gänzlicher Umringung.

Als Anfang in der neueren Kriegstheorie war das immer schon genug.

[65] (S. 185). Napoleon theilte vor der Schlacht bei Arcole seine 13000 Mann, mit denen er 40,000 anzugreifen hatte, folgendermaßen ein: „Il porte, heißt es in der Relation, son champ de bataille sur des chaussées entourées de vastes marais où le nombre ne pourra rien, mais où le courage des têtes de colonnes décidera de tout."

[66] (S. 186). Laudon antwortete auf die Frage, wie er es angefangen habe, seine Feldzüge so glorreich zu machen: „Nun, man sieht holt zu und schlägt!"

[67] (S. 186). Napier behauptet: „Dans tous les combats il y a un moment critique et décisif, qui donne la victoire au général qui sait le saisir. Qand Sir Arthur (Talavera, 1809) vit, avec quelle ardeur inconsidérée la brigade des gardes quittait ses lignes, il ordonna au 48me de descendre la montagne, bien que le combat fut fort engagé sur ce point, et fit avancer la cavalerie légère." Man könnte sagen, daß hier die Passivität von der beim Uebergang zur Activität unvermeidlichen Unordnung Nutzen zog.

[68] (S. 186). Napoleon: „Le passage de l'ordre défensif à l'ordre offensif est une des opérations les plus délicates."

[69] (S. 186). Napoleon sagt sehr richtig: „L'artillerie étant dans les batailles placée en avant de l'infanterie et par conséquent exposée à ses regards, a sur elle une influence morale; si une batterie fait un mouvement en avant, l'infanterie suit; si elle fait un mouvement rétrograde, l'infanterie en est intimidée. C'est par cette raison que dans un grand nombre de combats et de batailles on a vu des commandants de batterie rester en position quoiqu'ils eussent brûlé toute leur munition et qu'une partie de leur pièces fussent démontée. L'influence morale de l'artillerie est d'autant plus grande que l'infanterie est moins bonne."

[70] (S. 187). Vernon definirt das „coup d'oeil" in weiterer Bedeutung mehr als die Kriegskunst selbst: „C'est le grand art de savoir commander aux hommes et en tirer le plus grand parti dans toutes les circonstances," was indessen hübsch confuse macht.

[71] (S. 187). Rogniat bemerkt: „Un aide de camp tué ou pris en portant un ordre important, un général qui conçoit ou exécute mal un mouvement, une colonne retardée par les mauvais chemins ou la déstruction d'un pont, arrivant trop tard sur le champ de bataille, une reconnaissance mal faite, un faux avis font manquer les opérations les mieux conçues et compromettent le sort de l'armée."

[72] (S. 187). Verlorene Gefechte sollen allein nicht die Veranlassung dazu geben, ohne die Ueberlegung, ob damit auch etwas erreicht werden könne, ein neues zu liefern. Das bloße Auswetzen der Scharte darf den Anführer nicht bestimmen.

[73] (S. 188). Turenne sagt: „Parlez-moi d'un général, qui n'a jamais fait d'erreurs à la guerre et vous parlerez d'un homme qui l'a rarement faite.“ Darum kann man freilich nicht annehmen, daß auch das ausgebildetste Urtheil jederzeit unverbesserlich sei. Indessen läßt sich doch bei Weitem sicherer darauf bauen, als auf das ungebildete, was im Extrem eigentlich nicht einmal als Urtheil gelten kann. Auch läßt sich von jenem immer Besseres erwarten. Lafontaine meint von ihm: „D'abord il s'y prit mal; puis un peu mieux; puis bien; puis enfin il ne manque rien.“

[74] (S. 188). Warnery räth indessen des moralischen Eindrucks und der Uebereilung des Rückzugs wegen an, nur die vertrautesten Generale damit bekannt zu machen; er meint, daß, wenn man schon den Weg bezeichnet, welchen die geschlagene Armee zu nehmen habe, dieses beinah dasselbe sei, als wenn man vorhersagt, daß sie geschlagen werden würde.

[75] (S. 188). Vallière (1672) meint: „De toutes les sortes de combats qui se donnent il n'y a point, où le coeur et l'intelligence d'un général paraissent d'avantage qu'en ceux, qui se font en retraite. En ces occasions forcées il ne faut point compter le nombre d'hommes et quoiqu'on juge n'avoir que la moitié et même le tiers autant de gens que l'ennemi, on peut si bien prendre son tems et avec une telle résolution qu'on peut le détruir.“

[76] (S. 188). Von einer, dem sogenannten Geiste allein gewidmeten, Theorie kann nach dem bereits Gesagten nicht mehr die Rede sein. Eine solche würde man durchaus nicht eine Metaphysik des Krieges nennen dürfen, denn diese erstrebt auch unsere Theorie; es ist vielmehr eine Psychologie des handelnden Personals, von der man mit Lichtenberg sagen könnte: Um etwas für recht tief zu halten, muß man nie erfahren wie tief es ist. Es giebt Dinge, die man allenfalls zeitig genug aus der Erfahrung lernt, wie z. B. die Anzeichen einer verlorenen Schlacht, über die Clausewitz ein ganzes Capitel schreibt.

[77] (S. 189). Der Marschall von Sachsen behauptet: „Un détachement de 600 hommes arrêtera une armée parceque sur des chaussées bordées de haies et de fosses, telles que l'on en trouve en Italie et dans tous les pays aquatiques, l'on présente un grand front à l'ennemi qui vous croit en beaucoup plus grand nombre que vous n'êtes. La moindre baraque fait fortification où l'on soutient souvent des combats très rudes, ce qui vous donne le tems de vous reconnaître et de faire une disposition; car il faut prendre garde dans ces sortes de pays aux surprises.“ — Desgleichen: „Un partisan qui aura l'esprit audacieux, avec 3 ou 400 hommes vous fera un désordre affreux et vous attaquera fort bien une armée en marche. S'il coupe les équipages à l'entrée de la nuit, il en emmènera une bonne partie sans qu'il risque grande chose, parcequ'il se retire entre deux fosses et qu'il fasse ferme à la queue il vous arrêtera. S'il vous fait ce tour-là dans votre cavalerie il y mettra un désordre épouvantable. C'est pour-

quoi il faut toujours pousser des détachements sur toutes les avenues de votre marche et il ne les faut pas faiblir, car il n'est pas question ici d'être averti, il faut combattre jusqu'à la mort, car sans cela il arrive des choses déshonorantes."

[78] (S. 190). Napoleon sagt von der Avantgarde: „Le devoir d'une avant-garde ou arrière-garde ne consiste pas à s'avancer ou à reculer, mais à manoeuvrer." Truppen wie Befehlshaber müssen dazu ausgesucht werden. Ein kleines Corps findet leichter eine Aufstellung zum Gefecht als ein großes; dem Letzteren muß das Erstere Zeit und Raum dazu verschaffen, und hiervon hängt die Entfernung der Avantgarde vom Gros ab.

[79] (S. 190). Die eigene Thätigkeit mit stetiger Rücksicht auf die Haupt-Operation ist Sache von nur wenig Leuten. Napoleon schildert den 1796 als Avantgarden-Commandeur gebliebenen General Stengel als ein Muster in dieser Beziehung: „Lorsqu'il était entré le premier dans Lezengo, le général en chef y arriva quelques heures après et quelque chose dont il eut besoin, tout était prêt: les défilés, les gués avaient été reconnus, des guides étaient assurés, le curé et le maître de poste avaient été interrogés, des intelligences étaient déjà liées avec les habitants, des espions étaient envoyés dans plusieurs directions, les lettres de la poste saisies et celles qui pouvaient donner des renseignements militaires traduites et analysées; toutes les mesures étaient prises pour former des magasins de subsistance, pour rafraîchir les troupes."

[80] (S. 190). Napoleon meint: „Le plus souvent il doit y avoir une avant-garde où doit se trouver le général en chef pour de là diriger les mouvements de son armée. Il faut qu'elle soit composée d'une bonne cavalerie légère, soutenue par une bonne réserve de cavalerie de ligne et d'excellents bataillons d'infanterie et de bonnes batteries d'artillerie; il faut que ces troupes soient bien instruites, que les généraux, les officiers et les soldats connaissent également leur tactique, chacun selon le besoin de son grade. Une troupe qui ne serait pas instruite ne serait qu'un objet d'embarras à l'avant-garde." Zum Verfolgen braucht die Avantgarde mehr Cavalerie als die Arrieregarde; Pioniere mit dem erforderlichen Terrain-Verwandlungs-Apparate sind für beide unerläßlich; auch die Geographen müssen unter ihrem Schutz arbeiten. Zur Unterstützung der leichten und Schonung der schweren Cavalerie braucht man hier besonders die Dragoner (cavalerie mixte).

B. Kriegführung unter Massen zu höheren Kriegszwecken als Kriegshandtirung an und für sich (manoeuvre) und in der Combination (Strategie, grande tactique).

Es liegt schon in dem, Behufs unserer theoretischen Betrachtung früher aufgestellten Bilde des Fechters, daß zwischen dem großen und dem kleinen Kriege wesentlich kein anderer Unterschied obwaltet, als der, welchen das Ziel der Handlung und die Ausdehnung der zu ihrem Vollzuge disponiblen Mittel mit sich bringen. Der Unterschied ist also nicht in den Handlungsmotiven, sondern in den Modificationen begründet, welchen die Conception und die anzuwendenden Mittel [1] unterliegen, durch welche natürlich aber auch die Ergebnisse des Krieges andere werden.

Diese Modificationen sollen uns nun, nachdem wir den von einer größeren Kriegführung abhängigen, und von ihr getragenen Parteienkrieg absolvirt haben, dieser größeren Kriegführung selbst zuführen. Sie sollen uns den Grundton der Kriegshandlung, welchen die Massen angeben, kennen lehren und zwar je nach den Umständen, im schnellen oder langsamen Takte, in kurzen oder langen Absätzen, damit sowohl der einzelnen Waffenthat, als der Campagne und am Ende dem ganzen Kriege Genüge geschehe [2].

a. Vorbereitung zur großen Kriegshandlung.

α. Die Kriegs-Formation (Mobilmachung).

Mit der Einführung der stehenden Armeen mußten sich in denselben wesentliche Unterschiede des Kriegs- und Friedenszustandes aussprechen [3], und Uebergänge aus dem einen in den anderen (Mobilisirungen und Demobilisirungen) vorkommen. Ob nun aber der Krieg oder der Frieden die Regel für die Armee-Organisation (attitude habituelle) abzugeben habe, darüber ist man sich nicht immer klar genug, weil Vieles dem Kriegszwecke dient, was dem Friedenszwecke entgegen ist. Der Krieg verlangt z. B. die schärfste Spannung, der Frieden dagegen die möglichste Schonung der Staatskräfte, nicht zu gedenken, daß die gerade obwaltenden Umstände und die Ansichten der Machthaber mehr oder weniger gebieterisch auf den einen oder anderen Gesichtspunkt hindrängen. Ungeachtet alles Dessen kann sich die Theorie aber nur an einen Friedenszustand halten, bei welchem stets der Endzweck des Kriegs-Erfordernisses vorwaltet, d. h. in welchem der personelle Anwalt der Kriegsfertigkeit eines Staats (gemeinhin der Kriegsminister) alle Saiten des Instruments, wenn auch nicht gespannt, so doch zur Spannung bereit hält, und wo von Correcturen in der Maschine selbst nicht mehr die Rede ist. Zieht man diese Correcturen von den sogenannten Mobilmachungsplänen ganz ab, und setzt bekannte, die Friedens-Stämme und -Einrichtungen angemessen steigernde und ergänzende Zahlen im Kriegsetat voraus, so kann es dabei nur noch allein ankommen:

1. auf die Beschaffung des, den Friedensetat übersteigenden Bedarfs an personellen und materiellen Kriegsmitteln am rechten Ort und zur rechten Zeit;
2. auf deren Einreihung zu Anfang und im Verlauf der Campagne;
3. auf die Eintheilung und Rangirung der zum Kriege bestimmten Streitkräfte, und
4. auf die Neubildung einiger im Frieden ohne Stamm verbliebener Dienstzweige.

Ueber den einen oder den anderen dieser Gegenstände wollen wir uns nicht nur wegen der allgemeinen Wichtigkeit derselben, sondern hauptsächlich darum etwas weiter auslassen, weil die Kriegstheorie ziemlich unbekümmert hier und da einer büreaukratischen und formellen Empirie das Feld räumen zu wollen scheint.

I. Aufbringung der dem Kriegsetat zugewiesenen personellen und materiellen Mittel.

Die in das bürgerliche Leben übergreifende Militärverfassung eines Landes, der praktische Sinn in deren Auffassung, und die Energie in der Handhabung arbeiten der Verstärkung der Armee auf den Kriegsetat vor, und die en bloc oder nach den Truppentheilen notirten, entweder als Recruten erst auszuhebenden, oder als Kriegsreserven schon ausgebildet entlassenen Mannschaften dürfen alsdann nur noch zu ihrer gesetzmäßigen Dienstpflicht einberufen und hingewiesen werden. Daß dabei für das Soldaten- und das Bürgerwesen auf das Mehr oder Weniger viel ankommt, daß ferner dabei dem Gesetze nicht bloß der Form, sondern auch dem Wesen nach auf das Gewissenhafteste treu geblieben werden muß, und daß in jeder Beziehung der einfachste, übersichtlichste Modus der bessere ist, versteht sich ganz von selbst, weil der Staat in den bedenklichen Umständen, die jede Mobilmachung begleiten, sich auf den guten Willen des Einzelnen stützen muß, und nur im äußersten Nothfalle zu Zwangsmaaßregeln seine Zuflucht nehmen wird [5].

Ein in seiner Wichtigkeit für den Krieg der Aufbringung der Menschen wenig nachstehender Gegenstand ist die Beschaffung des enormen Pferdebedarfs unserer heutigen Armeen, dessen Mehrbetrag gegen den Friedensstand wohl das Doppelte des Letzteren übersteigen mag, und nach militär-statistischen Regeln, in oder außer dem Lande aufgebracht werden muß [6]. Der rein militärischen Betrachtung näher, mehr oder weniger jedoch immer mit der Politik verwickelt, liegen Zeit und Ort der Ablieferung jener Bedürfnisse, die wohl gegen den eigenen Staat gekehrt werden könnten, oder ihm wenigstens verloren gehen würden, wenn die Disposition nicht den Umständen angepaßt wäre. Mit Betrachtungen dieser Art steht allerdings jeder einseitige Mobilmachungsplan im Widerspruche, wenn der Staat nach verschiedenen Seiten hin nachbarlichen Reibungen ausgesetzt ist.

Nach Maaßgabe der sogenannten Kriegstheater, von welchen

weiter unten gesprochen werden wird, muß eine Scheidung durch den ganzen Plan laufen [7], bei welcher zugleich die Eventualität eines vorherrschend activen oder passiven Auftretens mit in Anschlag kommen muß, während aber auch im Speciellen nicht beengend in das Kunstgebiet hinüber gegriffen, und der zeitgemäßen freien Handlung durch eingelernte taktische Schemata in den Weg getreten werden darf.

Gewissenhafte, aber nicht steife, bloß formelle Gesetzlichkeit, in Vertrauen erweckenden Händen, wird hier bessere Dienste leisten, als die mit dem vortrefflichsten Willen eingeleitete Schreiberei übereinander gebauter Instanzen, die in solchen kritischen Augenblicken dem Dementi an Ort und Stelle der Ausführung nicht entgehen kann.

In einem wohleingerichteten Kriegswesen wird schon lange vor dem wirklich eintretenden Bedürfniß für alles Material gesorgt sein, welches sich entweder im Inlande überhaupt nicht findet, oder zu seiner Beschaffung und Verarbeitung so viel Zeit erfordert, daß dazu diejenige, welche zwischen der bloßen Wahrscheinlichkeit einer Kriegsbereitschaft und der wirklich nöthigen Kriegsfertigkeit liegt, und deren Minimum sich nach politischen und localen Bedingungen für jedes Kriegstheater [8] im Voraus berechnen läßt, nicht ausreicht. Nicht weniger als die Anschaffung ist alsdann aber auch die Brauchbarerhaltung durch Conservation und Renovation von Wichtigkeit. Dieselbe verbindet sich mit der Consumption des Kriegsmaterials im Frieden und gehört, insofern es sich um die Conception von Fabrik-Anlagen, Niederlagen (Depots, Magazine), um Herstellung von Communicationen, ja ganzer Verwahrungssysteme (Waffenplätze) handelt, der Militär-Politik an; insofern sie aber mit der speciellen Behandlung des Materials selbst in Beziehung steht, gehört sie nach Maaßgabe der Gegenstände zur Technik.

Für das gegenwärtige Capitel der Kriegstheorie kommt das Material nur soweit in Betracht, als es sich um die kriegsgemäße Beschaffung und Vertheilung desselben handelt.

II. Vorsorge zur Einreihung der Kriegsmittel des eigenen Landes vor und während der Campagne.

In jedem civilisirten Staate besteht schon im Frieden eine nach Militär-Bezirken (General-Commando's ꝛc.) mit den erforderlichen Vorständen, Behörden und Geschäftskreisen geordnete Eintheilung. Die Mobilmachung giebt darum diesen Gliedern nur ein durchgreifenderes Wirken und schafft den Vorständen größere Selbstständigkeit zur Handlung nach der politisch-militärischen Idee, welche im Mobilmachungsplane für diese oder jene Ereignisse vorgesehen war, und ihre Wurzel in einer gediegenen politisch-militärischen Geographie hat. Aus dieser gehen, je nach dem activen oder passiven Fall, die elementaren und höheren Concentrationen [9], mit Bezugnahme auf Sicherung, Ueberraschung und Terrain-Benutzung, und mit Berücksichtigung der Unterkunft und der Verpflegung hervor, und schließen sich den Bewegungen und dem Gebrauch der Armeen an. Wie viele und welche von diesen Maaßnahmen, besonders in der Nähe des Kriegstheaters, vorausgesehen sein wollen [10], um dem leidigen: „Wer hätte das gedacht?“ zu entgehen, braucht in einer Kriegstheorie unserer Zeit wohl kaum erwähnt zu werden. Ebenso ist zu erwähnen kaum erforderlich, daß es unmöglich ist, etwa durch ein beim Ausbruche des Krieges namhaft gemachtes Armeecorps alle diese Fäden erst anspinnen zu lassen, und daß bei solcher Säumigkeit oft schon die erste Ueberraschungs-Maaßnahme des Feindes, der erste Unglücksfall den nachtheiligsten Ausgang eines Krieges bereits in dessen Anlage bedingen und mit sich bringen wird.

Es reicht nicht hin, strategische Operationspläne zu extemporiren; jeder derselben verlangt Verhandlungen und Stützpunkte, und die Kriegsoperationen hängen mit diesen nothwendig zusammen, wie uns die Betrachtung der Kriegshandlung selbst zeigen wird, auf die wir hier im Voraus verweisen müssen [11].

III. Schlachten-Formation der Heere (ordre de bataille).

Wir haben bereits bei Behandlung der personellen Kriegsmittel und noch vor der Charakterisirung der einzelnen Waffengattungen an die organische Eintheilung der Armeen zur geregelten Kriegführung gedacht. Dieselbe ist auch im Frieden schon durch die Eigenthümlichkeit jeder Waffe (ordre de bataille particulière) dargestellt, will aber mit der Vorbereitung zum Kriege bis zur schlagfertigen Anordnung [12] der ganzen Streitkraft (ordre de bataille constante) [13] ausgedehnt werden.

Die Grundlage der organischen Eintheilung der Armeen beruht in der Bedeutung der einzelnen Waffen auf dem jedesmaligen Terrain, in dem richtigen Eingreifen der verschiedenartigen Thätigkeit zu gegenseitiger Unterstützung und in der schicklichsten Disponibilität jeder Kraft [14], welche dem obersten Anführer anheimgestellt bleibt, und wozu im Kriege, bei den mancherlei Hinderungen, ein schärferes und ausgedehnteres Anziehen erforderlich ist, als im Frieden.

Sobald die dem früher üblichen Handgemenge der Massen vorzugsweise angehörige tiefe Schlachtordnung durch die Feuerprojectilen mit der Terrain Beschaffenheit in viel nähere Beziehung getreten war [15], und das Deployement der Truppen selbst wichtige Sicherungs-Maaßregeln gewährte; zeigte sich die Infanterie in ihrer weiteren Anwendbarkeit, als bestimmende (Haupt-) Waffe, und die dem Gewehrfeuer förderliche dünne Schaarung oder Linien-Formation als der Typus der Gefechts-Aufstellung [16]. Die Truppen-Sammlung auf größeren Flächenräumen und die Vervielfältigung der Linien (Treffen, Reserven) in nicht unbeträchtlichen Entfernungen [17] von einander konnte dabei als das beste, noch anwendbare Druck- und Widerstandsmittel gelten. Die Artillerie erscheint, ihrer ersten Bestimmung gemäß, als Sicherungswaffe, mehr in den Zwischenräumen (Intervallen) als für sich allein; während wir endlich der Cavalerie, als Ueberraschungsmittel zur stets fertigen freien Bewegung bereit, in der Regel auf den Flügeln einer schwerfälligen Infanterie, oder in den hinteren Treffen begegnen. Jede der einzelnen Linien, die übrigens oft gleichzeitig fochten, oder zur Schonung und Wiederherstellung sich gegenseitig ablösten, stand für sich und in ihren beiden Flügeln unter besonderen Commando's, die nach der Anciennität der Anführer wechselten und weder mit einer militärischen noch einer ökonomischen Selbstständigkeit ausgerüstet waren [18]. Ganz anders zeigt sich Aufstellung und Gliederung in den neueren Kriegen [19]. Die Infanterie hat sich zwar noch als die Hauptscheide des Grund und Bodens, welchen zwei fechtende Armeen gegen einander behaupten, erhalten und sie bewirkt dieses auch noch mit der alten Feuerlinie; sie beeilt sich aber nicht mehr mit deren Entwicklung (Deployement). Nach der ungefähren Richtung und Ausdehnung jener Linie in Massen (Colonnen) formirt, auf allerhand Weise und im erforderlichen Falle sogar durch vorgeschobene dünne Linien und Detachirungen (Tirailleure) gedeckt, und zur schnell ausführbaren Linien-Evolution bereit, schreitet sie zu dieser nur kurz vor dem unmittelbaren Waffengebrauch.

Die in Bezug auf Beweglichkeit ebenfalls vorgeschrittene Artillerie, schon zufrieden mit einer nur mittelbaren Deckung durch Infanterie und Cavalerie, hält sich nicht mehr ängstlich an diese gefesselt, sondern sucht möglichst auf eigene Hand, — indem sie, zahlreich vereinigt und unter Benutzung des Terrain-Vortheils, weit über die Sicherung hinaus die feindliche Ordnung aus der Ferne aufzulösen bestrebt ist, — Ueberraschungen und Ueberwältigungen zur Ausführung zu bringen, oder Letztere wenigstens vorzubereiten. Auch die Cavalerie, durch weiter greifende Disposition und angemessenere Terrain-Benutzung der älteren Flügeldeckung größtentheils überhoben, nimmt ihre Stellung da, wo ihr das Terrain, oder die Gefechts-Einleitung, oder die Chance eine Wirksamkeit zeigt [20], die nur mit geschonten, d. h. während der Unthätigkeit dem feindlichen Feuer entzogenen Massen dazu beitragen kann das Haupt-Resultat zu unseren Gunsten zu gestalten.

Ungeachtet der langen Dauer unserer heutigen Schlachten, nehmen unsere Streitmittel bei dem hohen Grade von Vollkommenheit, welchen sie erreicht haben, eine Ablösung der Treffen nicht mehr wie sonst in Anspruch. Die Aufgabe der früheren Hintertreffen hat sich in die einer bereiten Reserve[21] zur Verstärkung der Kämpfenden umgestaltet, welche je nach ihrer Potenz, d. h. ob sie Bataillons-, Divisions-, Corps- oder Armee-Reserve ist, zu immer größerer Unabhängigkeit von dem Ganzen gelangt, dem ihre Unterstützung gewidmet ist.

In allen diesen Umständen zusammengenommen, liegt der Grund, warum Eintheilung und Unter-Commando der heutigen Armeen nicht mehr parallel der Front gehen kann, sondern der organischen Gliederung der Massen in Corps, Divisionen, Brigaden[22] folgen muß, und warum diese bis zu einem gewissen Punkte, mit bleibender selbstständiger Ausrüstung und Intelligenz versehen werden.

In einer solchen geschichtlich-wissenschaftlichen Einleitung wird die Theorie auf den Punkt gebracht, daß sie die Stärke und die Schwäche der ordre de bataille constante übersehen kann, und das Wesentliche und Zufällige darin, sowie die Modificationen zu unterscheiden im Stande ist, die zeitweilig durch unklare Ansichten und hindernde Umstände eingeführt, ihr wohl zu dem höchst nachtheiligen Charakter eines symmetrischen Schematismus verhelfen[23]. Sie muß Das, was dem Gros der Armee allein zusteht (Haupt-Parks und große Versorgungs-Anstalten für die technischen Partien, Reserven aller Art, einen großen Generalstab für Commando und Oekonomie rc.) nicht etwa bloß en miniature auf die Unterabtheilungen übertragen, sondern jede nach ihrem Werth und ihrer Bestimmung mit Allem versorgen lassen, was derjenigen Stufe der Selbstständigkeit entspricht, die sie gerade zu erreichen bestimmt ist, ohne die Einheit des Ganzen zu gefährden[24]. Ich bin der Meinung, daß man auf diesem Wege die Theorie sich auch über Manches verbreiten lassen kann, was jetzt für bloße Observanz gehalten, der Praxis nicht zusagt und in ihr nicht unbemerkt und ungestraft vorüberzieht.

IV. Neubildungen für den Krieg.

Nachdem wir, wie auch eine zusammenhängende Betrachtung über den Krieg nicht anders zuläßt, schon oft auf die leitende

Intelligenz der Heere, die Feldherrn, und die ihnen zum Gebrauch und zur Erhaltung der Armeen beigegebenen Personen und Behörden zurückgekommen sind, und zuletzt noch durch die Gliederung der Armee darauf hingewiesen wurden; so wollen wir nun auch die im Frieden gewöhnlich beseitigte oder doch modificirte Organisation eines Ober-Commando's obenan setzen, von da auf die unteren Commando's in der Armee und im Lande übergehen, zuletzt uns aber an alle Dienstbranchen halten, die mit der Kriegshandlung selbst einer Neubildung oder Reformirung unterliegen, und nicht bloße Cadres, von welchen die Armee-Organisation handelt, abgeben.

Der Generalissimus.

Ueber wenig Stellungen ist wohl mehr theoretisirt worden, als über die des Feldherrn. Von alle Dem, was er sein, wissen und thun soll, zusammengenommen aber wenigstens nicht sein, wissen und thun kann, sind ganze Bücher geschrieben worden, und der Generalissimus würde nichts weniger sein als ein Feldherr, wenn ihm etwa vor lauter Wissen der militärische Takt (coup d'oeil) verloren gegangen wäre, und sein Entschluß nie zur Ruhe käme, sondern in seiner Handlung die Regel scheiterte. Da Letztere von jeher meistens einseitig, ohne Grundlage und Kritik und mit der Leidenschaft des Moments aus dem Kunstgebiete in die theoretische Abstraction überging [25]; so belehren uns noch am besten die großen Feldherrn selbst und ihre Geschichte über Das, was sie waren, sein konnten und sein mußten [26]. Aber auch ihre Aeußerungen bedürfen einer allgemeinen Sichtung, um der hier so wichtigen Persönlichkeit zu lassen, was ihr angehört und dem zur Zeit ihres Auftretens gerade gangbaren theoretischen Apparate, mit welchem ihre Leistungen gemessen wurden, das rechte Gewicht beizulegen. In einer der Theorie noch allenfalls erreichbaren Abstraction würde diese Persönlichkeit sich nothwendig selbst wieder in der Intelligenz des Feldherrn abspiegeln müssen, indem sie die Gestalt der bis zum persönlichen Entschlusse gereiften theoretischen Ueberzeugung annähme und den Rapport der allgemeinen Intelligenz des Zeitalters mit der subjectiven Intelligenz des Feldherrn hervortreten ließe [27]. Es läßt sich aber im Voraus annehmen, daß ein solches potenzirtes Theoretisiren der Kriegführung selbst keinen Nutzen bringt [28], weil es keinen guten Feldherrn ohne Genius, d. h. ohne eine, nach dem Besten in jeder Lage gerichteten, Erfindungsgabe giebt, dem Genius aber das Theoretisiren über sich selbst schon seiner Natur gemäß zuwider ist. Man würde also damit nur für eine bodenlose müßige Kritik arbeiten [29], die von der anmaßenden Eitelkeit ohnehin schon zuviel Vorschub erhält. — Zwischen dem Commandirenden einer Armee und den ihm unmittelbar folgenden höheren Befehlshabern steht das Hauptquartier der Armee, von welchem jener umgeben ist und das ihm und seiner Intelligenz als Organ dient, seine Wahrnehmung erweitert [30] und zwischen ihm selbst und der ihm untergebenen Kriegsmacht die Verbindung vermittelt, insoweit seine Persönlichkeit hierzu nicht ausreicht. An der Spitze des Hauptquartiers steht ein hoher Officier, der Chef des Generalstabes. Das ganze Personal scheidet sich, außer der Dienstleistung um die Person des Feldherrn, wesentlich in zwei Branchen, von welcher die eine den Gebrauch, und die andere die Erhaltung der Armee angeht, nämlich dem Commandostab und die Intendanz [31]. Der Commandostab hat sich mehr geschichtlich als nach der Idee, in den Generalstab, die Adjutantur, den Artillerie- und den Geniestab getheilt, und sollte eben deswegen der Idee gemäß beleuchtet und angesehen werden, weil aus einer Vermengung der Geschäftskreise hier Versäumnisse, Spaltungeu und Widerwärtigkeiten aller Art hervorgehen, die, wie der Prinz de Ligne sich ausdrückt, zeitweilig noch ansehnlich „par des commérages de quartier général comme de société“ vermehrt werden [32].

Der Generalstab. Der Generalstab, dem längst bekannte Verrichtungen in den Armeen obliegen, zeigte sich erst in der neueren Zeit als eine eigene Corporation von Officieren sans troupe, durch welche sowohl die älteren Quartiermeisterstäbe, die permanenten Ordonanz- und Missions-Officiere, die Nachrichten-Büreaux und Guiden-Capitaine, wie auch andererseits die Geographen- und Topographen-Corps (nach Dillich: Chorographen), mitunter selbst die Feld-Ingenieure in den ehemaligen Armeen ersetzt werden sollen [33]. Von den Uebelständen, die sich bei dieser geschichtlichen Vermengung, besonders in dem Uebergreifen auf die Terrain-Verwandlung zeigen, ist bei der Abhandlung über die baulichen Kriegsmittel die Rede gewesen. Mit einer angemessenen Begriffs-Feststellung des, der neueren Kriegführung zugehörigen Generalstabes wird man aber auch erkennen, daß, wenn auch in demselben alle Waffen ihre Vertretung finden, ihm selbst doch keine derselben zur freien Disposition übergeben werden darf, wie das z. B. de jure in der östreichischen Armee mit den Pontoniren und Pionieren, und de facto auch in anderen größeren Armeen der Fall ist. Man wird dann ferner finden, daß die praktische Geometrie ebensowenig zur hauptsächlichsten Vorschule, als diplomatische Gewandtheit und Glätte zur höchsten Qualificationsbedingung für den Generalstabsofficier erhoben werden darf, wie man ihn auch nicht ausschließlich im Generalstabsdienste die Stufenleiter der Anciennität bis zum Feldherrn ersteigen lassen wird, was in mehreren Armeen angenommen zu sein scheint. Wenn wir hiernach dabei stehen bleiben, daß der Generalstabsofficier in unserer complicirten Kriegführung die geistige Thätigkeit des Feldherrn zu ergänzen und zu verbreiten berufen ist; so haben wir den Collectivbegriff seiner Leistungen, seines Verhältnisses zum Feldherrn und zu den Truppen, ja selbst seiner Bildung aufgefaßt. Vermittelst desselben sehen wir den älteren Generalstabsofficier als den erfahrenen eigentlichen und beständigen Träger des Kriegswissens, im vollen Vertrauen der Armee und des Feldherrn, den Ideen des Letzteren die theoretische Feile und Anwendbarkeit geben, ja selbst einer angemessenen[34] Kriegführung bescheiden das Wort reden, ebenso wie auf der anderen Seite der General-Adjutant für die Aufrechthaltung der organischen Gesetzlichkeit in der Armee zu wirken hat. Wir sehen die jüngeren Officiere der Corporation, die ihre theoretischen Kenntnisse im Waffendienste selbst prüften, alle auf die Handlung bezüglichen Data mit reifem Urtheil umsichtig sammeln, die dadurch erlangte Einsicht in die Lage der Dinge hier und dorthin tragen, und selbst außerhalb des Armee-Bereichs nützlich werden, indem der über der Armee stehende Feldherr auch äußere Verhältnisse zu beachten hat. Wir sehen diese Wirksamkeit, wenngleich hier auf diese, dort auf jene Weise, im Ganzen aber doch immer nach demselben Gesichtspunkte sich entfalten, weil das in dem Generalstabe gegebene Complement der Ueberlegung und Thatkraft des Feldherrn, zur Unterstützung der einen und der anderen, je nach dem Range und der Capacität, mehr oder weniger in Anspruch genommen werden [35] kann, ohne noch an eine geistige Leitung des Feldherrn auch nur irgend wie zu denken. In der leidigen Begriffs-Verwirrung freilich ist Letzteres schon manchesmal als Auskunftsmittel angewandt und vorgeschlagen, und auch oft genug gewünscht und gefürchtet worden. — Wir sehen endlich aus diesen, den eigenthümlichen Umständen so sehr bloßgegebenen Dienstleistungen des Generalstabsofficiers, daß ohne taktische und geographische Vorkenntnisse, ohne geregeltes Kriegsstudium, ohne die Naturgabe des militärischen Blickes (coup d'oeil) und zuletzt ohne Das, was die Franzosen habitude du monde nennen, und was wenigstens scheinbar den Geist häufig vertritt, sehr wenig von seiner Wirksamkeit im Generalstabe zu erwarten ist.

Die Adjutantur.

In der unmittelbaren Kriegshandlung mischen sich zwar die Geschäfte der Adjutantur mit denen des Generalstabes, außer der eigentlichen Crisis aber sind sie der Trennung unterworfen, die wir schon vorhin andeuteten und welche die Adjutantur in specie auf die Instandhaltung und Streitfertigkeit des Kriegs-Instruments hinweist. Obgleich einseitig, ist es doch menschlich und darum oft genug der Fall, daß auch vorzügliche Feldherrn mitunter das Instrument zu Gunsten seines Gebrauchs, oder umgekehrt den Gebrauch zu Gunsten des Instruments hintenan setzen und auf den einen oder das andere mehr Gewicht legen, als der gemeinschaftliche Werth beider verträgt.

Der Chef des Generalstabes.

Alsdann wird der tüchtige Chef des Generalstabes das Gleichgewicht wieder herstellen. Durch seinen Einfluß beim Feldherrn und die eigene Thätigkeit wird er der vernachläßigten Partie aufhelfen, die vorherrschende mäßigen und somit den ganzen Organismus der Kriegführung auf den gesunden Zustand zurückbringen, der allein Sicherheit des Erfolgs verspricht. Ich weiß nicht, ob diese höhere Aufgabe die Wahl des Chefs vom Generalstabe jemals bestimmt hat; die Theorie führt sie aber so klar vor Augen, daß man diese verschließen müßte, um sie nicht zu erkennen. Sie ist übrigens nicht allein in Bezug auf den Commandostab zu lösen, sondern erstreckt sich auch auf die ökonomischen und technischen Bedürfnisse der Armee, die darum auf keine Weise der Oberaufsicht des Chefs vom Generalstabe entzogen werden sollten[36].

Zur Oberleitung in Bezug auf Bekleidung, Verpflegung, Krankenanstalten, Transportmittel und Armee-Betrieb (Comptabilität) überhaupt, wozu die Kriegscommissariate, Proviantämter, Feldbäckereien, Apotheken, Ambulancen, Hospitäler, Feldposten, Kriegscassen und dergleichen gehören, befindet sich im Hauptquartier ein Administrationsstab, Militär-Intendantur[37] genannt, über welchen wir uns bereits früher ausgesprochen haben. Die Kriegs-Organisation der Intendantur geschieht größtentheils ohne erfahrenen und erprobten Personal-Stamm aus dem Stegreif, und giebt daher zu häufigen Mißgriffen und Verstößen um so mehr Anlaß, als die Geschäftsformen ein Erzeugniß der Friedens-Bureaukratie, und gewöhnlich in grober Unkenntniß des Geschäftes selbst, verfaßt sind[38]. Dadurch wird denn auch der Grund zu einer sogenannten Geschäfts-Abwicklung gelegt, die sich noch mehrere Jahre nach der Campagne mit leeren Schreibereien hinzieht, und den Armeegebrauch selbst in einer höchst widerwärtigen Weise beeinträchtigt, indem die an der Spitze stehenden Beamten, im Gefühl ihrer Dienstpflicht, den Umständen erst dann weichen, wenn sich die üblen Folgen unbeseitigter Schwierigkeiten zum Nachtheile der Kriegführung nicht mehr verkennen lassen. Die Intendantur.

Mehr Haltung und Unterstützung findet sich im Hauptquartier für die Chefs der technischen Waffen, denen außer dem combinirten Befehlsverhältniß zu ihren Waffen in der ordre de bataille noch ein directer Befehl über Haupt-Parks und -Depots zufällt. Ihrerseits können die Letzteren eigentlich auch wieder als Neu-Formationen betrachtet werden, obgleich in der Regel ein Stamm für sie in der Truppe gefunden wird.

Der Chef der Artillerie einer Armee, meint Napoleon, müsse alle Grundsätze seiner Waffe kennen, um für jede Art der Versorgung und Marschleitung derselben einstehen zu können. Daraus läßt sich aber für sein eigentliches Dienstverhältniß, welches im Zusammenhange mit der Kriegshandlung betrachtet sein will, wenig errathen. Am einfachsten bestimmt sich dasselbe durch die verschiedenen Zustände der Artillerie im Felde[39]. Dieselbe Der Chef der Artillerie.

dient nämlich in den Truppencorps entweder als Linien- oder als Reserve-Artillerie; in den Parks, Depots und Werkstätten als sogenannte große Reserve und endlich in den Plätzen des Kriegstheaters zur Vervollständigung der Armirung. In allen Zweigen ohne Ausnahme, gehört dem Chef der Artillerie die Haupt-Disposition über das Technische und das Materielle. Die untere und persönliche Disposition theilt er mit dem örtlichen Waffen-Commandeur; die Gebrauchs-Disposition der eingetheilten Waffe steht dagegen dem Letzteren, unter dem Oberbefehl des jedesmaligen Truppen-Commandeurs, allein zu, und bleibt nur für die Parks, Depots und Werkstätten der unmittelbaren Anordnung des Chefs der Artillerie überwiesen, der deshalb vom Armee-Commando in steter Kenntniß der darauf bezüglichen Sachlage erhalten und im Großen instruirt wird. Alles dies bezeichnet den Wirkungskreis des Chefs der Artillerie, welches auch dessen Rangverhältniß zu den höheren Befehlshabern ist. Kommt er diesen im Range gleich, so wird er noch am Tage der Schlacht seine Persönlichkeit durch nützliche Anordnungen für seine Waffe geltend machen können, die aber eigentlich nur dieser selbst zustehen und organisch mit dem höchsten Artillerieofficier des respectiven Armee-Corps abschließen. Diesem hier angedeuteten Modus gemäß, muß das Dienstverhältniß geordnet und aufrecht erhalten werden, wenn einerseits Niemand in seinen Dienstverrichtungen gelähmt, andererseits aber auch die Willkür nicht alle Uebersicht verwischen und der wirksame Waffengebrauch verloren gehen soll.

Der Chef der Ingenieur-Partie.

In ganz ähnlichen und nur nach der Eigenthümlichkeit der Waffe veränderten Verhältnissen arbeitet der Chef der Ingenieurpartie einer Armee. Da überall Terrain-Verwandlungen vorkommen können, so findet sich auch seine Waffe überall zerstreut, und für den Specialgebrauch einzelnen Befehlshabern zur Disposition gestellt. Erst wenn der Generalissimus größere Terrainverwandlungen beabsichtigt, die der Ingenieurchef nach erlangter Kenntniß der Umstände und Ueberzeugung von ihrer Ausführbarkeit, zum Theil selbst vorschlagen mag [40], treten die Kräfte zusammen, von welchen ihm dann auch ein Theil zur eigenen Disposition in die Hand gegeben werden muß. Die Einleitung der Arbeit, z. B. eines Fluß-Ueberganges, einer verschanzten Position, der Einrichtung von Waffenplätzen, einer Belagerung oder Vertheidigung &c. findet unter seiner Aufsicht statt, indem dann und zwar unmittelbar darauf die Arbeitsvollziehung einzutreten hat. Nach Maaßgabe des Kriegsganges übernimmt der Ingenieurchef auch wohl mitunter das specielle Commando der versammelten Arbeitskraft und der damit verbundenen Hülfstruppen, oder er begnügt sich mit der Conception der Terrain-Verwandlung, welche dann, von dem Generalissimus genehmigt zur Ausführung kommt.

Will man der Terrain-Verwandlung den Einfluß gestatten, welchen die heutige Kriegführung von ihr erwartet und den diese früh oder spät ihr auch wirklich einräumen wird; so muß man mehr Werth auf den Massengebrauch dieser Waffe legen als bisher, wo man in der Angst des Herzens zu spät an ihre Anwendung dachte, dieselbe schon durch die Armee-Organisation [41] erschwerte, personelle und materielle Kräfte bei versäumtem Anfang vergeudete, und die Mittel aus der Hand gab, mit welchen eine höhere Intelligenz weit günstigere Resultate erlangt haben würde. Durch diese würde dann wieder das Vertrauen auf derartige Anstalten etwa in eben dem Maaße erhalten worden sein, wie bei den Römern das Vertrauen auf ihre Läger. — Noch anderweitige Dienstzweige in der Armee, wie etwa die Seelsorge, die Justiz, die Sanität &c., haben im Hauptquartier ihre Vorstände, nämlich den Feldprobst, den General-Gewaltigen, den Armee-Arzt &c., die weder zum Commando-, noch zum Oekonomiestabe gehören, auch nicht, wie der Commandant des Hauptquartiers mit seiner Stabswache, allein des Letzteren wegen vorhanden sind. Ihre Einwirkung auf den Armeegebrauch ist, wenn schon nicht ohne Wichtigkeit, doch entfernterer Art und hält sich in den Grenzen der schon früher hervorgetretenen Technik, deren Uebersicht bei der Bekanntschaft mit den Armee-Verfassungen überhaupt erlangt werden muß.

Die Reibung in einer Maschine vermehrt sich mit der Vervielfältigung ihres Hebel- und Räderwerks, und man würde sehr irren, wenn man glauben wollte, die bemerkbaren Stockungen durch bloßes Ausfeilen der anstößigen Theile beseitigen zu können. Dadurch würde nur die Maschine, und zwar in nicht gar (Die Scheidung des Befehls.)

langer Zeit, für ihren Zweck unbrauchbar gemacht werden. Jenes Ausfeilen geschieht aber nichtsdestoweniger in dem moralischen Mechanismus der äußerst complicirten Kriegsmaschinen unserer Zeit, obgleich die üblen Folgen dieser Methode auch in den tüchtigsten Armeen niemals ausgeblieben sind [43], und bei ähnlichem Verfahren in künftigen Kriegen uns wieder bedrohen. Eine exacte Kriegstheorie muß sich darum in diesem Gebiete unwillkürlich Platz machen; sie muß den Umfang der Kräfte und des Widerstandes, sowie die Richtungen beider überschlagen und ihre Theilungspunkte allein nach der zu erreichenden Wirkung bestimmen. Die Armee-Organisation muß, wie wir früher bereits angedeutet haben, schon im Frieden eine, den Gedanken an den Krieg jederzeit vorherrschend berücksichtigende Basis erhalten, die jedoch keineswegs mit einer, den Befehl nur erschwerenden kostbaren symmetrischen Truppen-Eintheilung hergestellt ist. Doch muß sie die nothwendigen Instanzen des Commandos bereits classificirt enthalten und danach angethan sein, daß denselben bei der Mobilmachung Nichts vorenthalten wird, was dem zulässigen Grade ihrer Selbstständigkeit unentbehrlich ist. Wir sprechen hier nicht weiter darüber, sondern halten uns für den vorliegenden Zweck allein an die Trennung des Befehls zwischen einigen höheren Instanzen, welche mit einem so veränderten Zustande unumgänglich wird.

Zwischen dem Feldherrn und dem Kriegsminister.

Selbstverständlich und von besonderer Wichtigkeit ist eine derartige Befehls-Trennung zwischen den Vorständen der Armee im Kriege und im Frieden, im Felde und im Lande, gemeinhin dem Generalissimus und dem Kriegsminister. Dabei kommt auf die persönliche Ueberlegenheit des Einen und des Anderen, auf die Frage, ob der größere oder der kleinere Theil der Armee im Felde steht, auf die allgemeine Natur des Krieges, ob er im Lande oder auswärts geführt wird, &c. viel an [43], jedoch immer nicht soviel, daß das ganze Autoritäts-Verhältniß dadurch seinem Wesen nach verschoben werden müßte. Das Vorangeschickte macht dieses hinreichend erklärlich. Der Kriegsminister hält den Kriegs-Apparat eines Staats bereit und läßt ihn nebenbei im Friedenszustande gebrauchen; der Generalissimus setzt die Bereitschaft im Kriegszustande fort und verwendet den Apparat zu seiner eigentlichen Bestimmung. Die der Bereitschaft gewidmete Oberaufsicht geht also mit der Mobilisirung der Armee, aus der einen Hand in die andere über, und zwar ohne Vorbehalt[44], denn ein solcher würde den Gebrauch nur stören. Um diesen Uebergang möglich zu machen, muß aber schon im Frieden Alles, was die Erhaltung des Instruments angeht, danach organisirt sein. Die sächliche Controle muß durch Musterung und Inspection und vor Allem durch die im Gebrauch sich bewährende Tüchtigkeit geführt werden, die dem Feldherrn zu jeder Zeit offen vorliegt. Die Formen-Controle muß den möglichst einfachsten Zuschnitt erhalten und durch Grundsätze dem Gedächtniß zugänglich, wie auch den Administrationsfähigkeiten, hauptsächlich aber den Waffendienstgeschäften der Unterbefehlshaber angepaßt sein[45], weil sie ohne ernstliche Beihülfe der Letzteren sehr bald in eitles Papierwerk ausarten würde. Die Geschäfts-Führung muß nach den respectiven Graden der Vorstände, ihren Abschluß und ihre Erledigung erhalten können und gleichzeitige, unabänderliche, laufende Begebenheiten müssen nicht erzählend, fragend und lehrend durch eine Reihe von Instanzen müßig hindurchgetrieben werden, um einige subalterne Köpfe von Allem in Kenntniß zu wissen und die klaren mit einem Wust von Details zu erdrücken. Die Vorstände der verschiedenen Administrationszweige mögen in gleicher Qualität aus dem Kriegsministerio ins Hauptquartier verpflanzt, und hier in analoger Weise zum Feldherrn, wie früher zum Kriegsminister gestellt werden, da die Wirksamkeit des Feldherrn in die Autorität des Kriegsministers wie in alle anderen, neben ihm liegenden Autoritäten außerorganisch eingreift.

In Bezug auf den Gebrauch der Armeen werden sich gegen den alleinigen Befehl des Feldherrn wohl selten Anstände ergeben; sie würden der Handlung zu auffällig entgegen sein. Wohl aber können ihm Cabinets-Ansichten und prämeditirte Operationspläne in den Weg treten, von deren Werth und Bindekraft recht eigentlich erst in dem militärischen Theil der Politik die Rede sein kann.

Der Fälle im Kriege, wo keine Instruction ausreicht und die Zeit zu wichtigen Entschließungen und Handlungen auf der

Zwischen dem Feldherrn und dem Festungscommandanten

Stelle drängt, giebt es zu viele, als daß nicht auch durch sie die Befehls-Autorität des Feldherrn auf kürzere oder längere Zeit Beeinträchtigungen oder Hemmungen erleiden sollte. Die auf dem Kriegstheater in Function befindlichen Provinzial-Gouvernements und Festungs-Commandanturen geben hierzu Gelegenheit. Wir bleiben hier bei den Letzteren stehen, weil sich bei ihnen die Absonderung dem Orte nach am bestimmtesten, der Zeit nach aber am dauerendsten[46] herausstellt und das erstere Verhältniß sich aus den Modificationen des letzteren von selbst ergiebt.

Wie ein Schiff auf offenem Meere, soll ein mit allem Zubehör ausgestatteter Waffenplatz dem Kriegssturme allein trotzen. Nächstdem soll aber auch der Platz — um in dem eben gebrauchten Gleichnisse weiter zu reden, — der Armee eine Anfahrt (échelle) im Sturme bieten und eine Stütze, gewissermaßen ein Anker für sie sein[47]. Beide Zwecke deuten auf eine Spaltung der Kriegsbereitschaft, der Unterhaltung und Anwendung aller im Platze befindlichen Kriegsmittel. Das wirklich Vorhandene läßt sich nun allerdings wohl nach seinem besonderen Zwecke scheiden[48] und jedes seiner eigenen Bestimmung erhalten, sofern nicht die äußerste Noth die dieserhalb vorgezeichneten Beschränkungen aufhebt. Von einem solchen Gebot der Noth müssen jedoch die Vertheidigungsmittel des Platzes unter allen Umständen ausgenommen bleiben, indem darüber der Commandant, unabhängig vom Generalissimus, die freie Disposition behalten muß. Selten werden aber vor dem Beginn der Crisis alle Mittel in ihrer ganzen Ausdehnung vorhanden und alsdann wieder nicht augenblicklich zu beschaffen sein. Manches muß davon gleichsam auf dem Halme im Bereich des Platzes stehen bleiben, und wird, wenn es von der äußeren Kriegführung consumirt worden, die der Vertheidigung von vorn herein zugerechneten Kräfte unwiederbringlich schwächen. Nach diesen Umständen sollten die Grenzen für die Machtvollkommenheit des Generalissimus und des Commandanten abgesteckt werden, um für das Ganze die größere Autorität des Einen ebenso unschädlich zu machen, als die dem Anderen zur besonderen Pflicht gemachte Voraussicht[49]. Seltenere Fälle, wie z. B. das mit der Person des Generalissimus in den Platz gelangende Obercommando, oder der durch Resignation oder durch Kriegsrathsbeschluß veranlaßte Uebergang des Commandantenbefehls in andere Hände, sind Dienstereignisse, die in dergleichen Auseinandersetzungen ebenfalls mit vorgesehen sein sollten. Zu weit würden wir uns aber verlieren und die Grenzen der uns vorgesetzten Betrachtungen besonders an diesem Ort überschreiten, wenn wir auf die eigentlichen Verrichtungen des Commandanten für Krieg und Frieden, und auf deren Zusammenhang hier näher eingehen wollten. Es mag daher nur noch die Erinnerung hier Platz finden, daß sich die Geschäftsverhältnisse des Commandanten recht füglich nach folgenden vier Categorien unterscheiden lassen, nämlich: als militärisch-persönliche, als militärisch-sächliche, als militärisch-wissenschaftliche und als orts-polizeiliche. Der Einfluß der Persönlichkeit des Commandanten würde durch eine geordnete Uebersicht der Dienstverhältnisse desselben, und die dadurch zu erreichende Klarheit und Consequenz seiner Wirksamkeit unfehlbar gewinnen, und dies nicht ohne Einwirkung auf die Denkungsweise und die Bestrebungen in der Armee und selbst auf die Meinung im Volke bleiben, welcher somit die Festungen wieder näher gebracht würden. Es könnte auf diesem Wege vielleicht ein Impuls auf die künftige Vertheidigung unserer Plätze angebahnt werden, welcher den alten Streit über den Nutzen der kostbaren Festungen dadurch am bündigsten zu Ende brächte, daß sich im concreten Falle für Jedermann erkennbar herausstellen würde, wie thöricht es ist, Wirkungen zu erwarten, wo die Ursachen fehlen, und Ursachen bestehen zu lassen, welche die erwarteten Wirkungen nothwendig vereiteln müssen.

β. Der Kriegsschauplatz (théâtre de la guerre).

In der zur Vorbereitung des Krieges bisher übersichtlich beleuchteten Formation waren wir an das Kriegs-Instrument, die Armee gebunden, welches, wenn auch vorhanden, doch zum wirklichen Kriegsgebrauch besonders in den Stand gesetzt, gleichsam geschliffen sein will. Nothwendig führt uns die Betrachtung über die Anwendung desselben jetzt auf Localitäts-Verhältnisse, die als eine zweite Classe der Kriegs=Vorbereitungen sich der Kriegshandlung selbst mehr nähern, und die der ganzen Theorie zum Grunde gelegten Kriegs=Handlungsmotive wieder mehr durchscheinen lassen. Unter allen darauf bezüglichen Begriffen stehen abstracte Räumlichkeiten, nämlich gegenseitige Orts= und Linearbetrachtungen oben an. Ihnen schließt sich eine generelle Beleuchtung der natürlichen und künstlichen Beschaffenheit der in der Wirklichkeit sich vorfindenden Bodenfläche an, und durch Beides gelangen wir endlich zu einem Urtheile über die präsumptive örtliche Anwendung großer Kriegsmittel für geordnete Zwecke, d. h. über Kriegsoperationspläne und die Einrichtung des Kriegstheaters.

I. Linear=Combinationen.

Mit der Concentration beweglicher Streitkräfte und Mittel zu ihrer Anwendung läßt sich ebenso der Anfangspunkt, wie mit der Erreichung eines vorgesteckten Zieles (Object) der Endpunkt einer Linie (Operationslinie) denken, die wohl beim Raisonnement im Großen als mathematisch und gerade angesehen werden kann, deren Bestimmung als Militairstraße aber ihre mathematische Natur aufhebt und sie zu allerhand Windungen zwingt[60], weshalb sie auch gemeinhin nicht nach den Maaßeinheiten wie jede andere Linie, sondern nach der Zahl der in ihrer Hauptrichtung enthaltenen Etappenmärsche überschlagen werden kann. Die Grenzen und Gliederungen derartiger Armee-Bewegungsaxen ergeben sich theils aus dem Bedürfniß und der Möglichkeit, die darauf zusammengedrängten Kriegskräfte brauchbar zu erhalten[61], theils aus der Nothwendigkeit ihrer Sicherstellung gegen feindliche Unternehmungen, diese Sicherstellung mag nun in der Größe der Entfernung, oder in der (natürlichen, künstlichen oder politischen) Beschaffenheit des Kriegstheaters, oder endlich in der darauf berechneten Truppen=Eintheilung gesucht werden. Diese Umstände zusammengenommen, setzen alsdann noch anderweitige, die Operationslinie durchkreuzende Scheiden eines gewisseren und eines ungewisseren Landbesitzes fest[62], die neue imaginäre Linien (Ope=

Operations-Basis (ligne de défense).

rations-Basen) constatiren, welche der feindlichen Kraft-Entwicklung parallel zu bleiben suchen, während jene auf diese einfallen mußten. Freiwillig oder gezwungen schiebt sich wohl zuweilen die Operations-Basis örtlich ganz zusammen, wenn man nämlich in der Agressive ein Operations-Pivot[53] macht (faire une pointe), oder in der Passive sich zum Repliiren auf einen Waffenplatz genöthigt sieht. Beides kann indessen bei unserer heutigen Kriegführung nur zeitweilig stattfinden, indem man immer wieder eine Basis herstellen und die Herstellung selbst zu einem untergeordneten Zwecke der Kriegführung erheben wird. Die Sorge, allen hieraus entspringenden Verlegenheiten zu entgehen, sowie das Spielen der Bücher-Soldaten mit Abstractionen, hat die Betrachtung der genannten Linien und der aus ihrer gegenseitigen Lage entstehenden Winkel bis zur Ungebühr verfolgt, und die Linear-Combinationen zur Grundlage eigener idealer Lehrgebäude gemacht, die der erfahrene Soldat häufig belächeln muß[54]. Nichtsdestoweniger behalten dergleichen Combinationen, so lange sie nicht über die Grenzen der Faßlichkeit hinausgehen und so lange die räumliche Ausdehnung nicht für Erhabenheit des Gedankens gilt, der sich übrigens schon auf der Generalcharte gleichsam im Nebel zeigt[55], immer einen sehr bedeutenden Werth. Sie stellen Vergleichungen mehrerer Operationen zu einem Ziele auf, sie schaffen jeder größeren Kriegs-Operation in ihrer Räumlichkeit einen klaren inneren Zusammenhang und dienen zu materiellen Vorbereitungen, die dieser in Anspruch nimmt; sie bringen selbst einen Wechsel des Operationsganges, welchen das Kriegsglück fordert, in die Berechnung der Chancen und führen solche auf diese Weise theoretisch mit zur wahren Kriegsweisheit, die allerdings in keinem über das Kriegstheater geworfenen idealen Spinnengewebe zu suchen ist.

Ein zweiter, mit dem ungebundenen Theoretisiren gewöhnlich verknüpfter Fehler zeigt sich häufig bei dieser Gelegenheit in der schon als nachtheilig erkannten Vermengung des Großen und des Kleinen. Allerdings entbehrt auch die geringste Unternehmung gegen den Feind weder Basis noch Operationslinie und der Führer wird nur Vortheil davon haben, wenn er sich ihrer bewußt wird[56]. Ihre Wichtigkeit verwischt sich aber mit der Verminderung der Streitmassen, und da sie alsdann nur noch einigen Einfluß auf die Sicherung behaupten, so können sie diejenigen Kriegs-Handlungsmotive, welche eben die vorherrschenden sein müssen, leicht lähmen und das Urtheil trüben, welches in ihrer falschen Anwendung befangen ist. Ueberraschungen, Terrainbenutzungen und theilweise Ueberwältigungen müssen sich alsdann ihres Erfolges begeben und die Gegenhandlungen eines kühnen Feindes werden alle Berechnung zu Schanden machen. Es wäre darum sehr zu wünschen, daß eine geordnete Theorie alle besseren Soldatenköpfe vor der Gefahr bewahrte, worin sie die Autorität denkender und darum ansprechender Schriftsteller um so leichter bringt, wenn Letztere ihnen den Schein eines gründlichen Urtheils vorzuspiegeln im Stande sind, weil dieser oft nur dazu verleitet, die Kriegsgeschichte einseitig und voreilig zu verstehen und zu benutzen.

II. Militärische Terrainkunde (topographie militaire).

Sobald bei der Betrachtung des Kriegstheaters die abstracte Räumlichkeit verlassen wird, und die Theorie ihren Fuß auf den Grund und Boden der Realität setzt; stößt sie sogleich auf die Terrain-Benutzung, den schon Eingangs dieser Betrachtungen hervorgehobenen einen Grundpfeiler der Kriegstheorie selbst, der, obgleich schon immer vorhanden, doch erst durch die neuere Kriegführung zur verdienten Geltung gekommen, und welchem von da ab auch auf allen Seiten weiter nachgegraben worden ist. Wie ist es da wohl zu verwundern, daß sich hier für Uebersicht und Ordnung der Begriffe noch gar Manches zu thun findet? — Der ununterbrochenen Beziehung auf die Terrain-Benutzung gemäß, welche wir diesem Kriegshandlungs-Motiv von Hause aus zugestanden haben, muß schon bis hierher in der Theorie Alles erledigt sein, was an allgemeiner Terrainkenntniß dem Waffengebrauch an sich, d. h. im Einzelnen sowohl als in der niederen Combination, angehört. Mit dieser Kenntniß und unterstützt durch seine Erfahrung und seinen natürlichen Scharfsinn, muß sich schon der Anführer jeder Truppengattung auf jedem Terrain zurechtfinden können und so zu einer gewissen Beholfenheit auf demselben gelangt sein, die sich am besten mit der des Fuhrmanns auf unbekannten Wegen vergleichen läßt, der auch seine Erfahrungs-Abstractionen zur speciellen Anwendung benutzt, um sein Fahrzeug auf dem besten, vorher nicht gekannten Geleise richtig an den Ort seiner Bestimmung zu bringen [57]. Die Terrainkenntniß, von welcher wir jetzt reden wollen, ist höherer Art; sie soll in dem Abwesenden schon richtige Vorstellungen wecken und die weit ausgedehnten, mit leiblichem Auge unübersehbaren Erdflächen dem geistigen Auge zusammenhängend und auf die kriegerische Unternehmung bezogen vorführen [58]. Bekanntlich und wohl begreiflich, hat man das beste und einfachste Mittel hierzu im Bilde gefunden. Mit ihm hat sich die Kenntniß selbst aber derartig verwebt, daß sich beide sogar dem Namen nach in den verschiedenen Graphien vermischten, welche in der Literatur noch mit ziemlicher Verworrenheit [59] rangirt werden, wie es Zeit und Umstände, denen sie ihren militärischen Ruf verdanken, eben mit sich brachten. Will man der künftigen Generation durch Ordnung der Wissenschaft nützen, und ihr die Unterscheidung der Sachen und Zeichen, der Mittel und Zwecke erleichtern; so muß man schon eine bestimmtere Sprache einführen. Wir halten uns hier an unsere eigene Eintheilung der Kriegshandlungen, und verfolgen zugleich die schon einmal eingeschlagene Induction mit der bildlichen Darstellung, nach welcher die materielle Grenze des Maaßstabes in der Situations-Charte und dem Plane eine Annäherung an das Original, und in der Land-Charte eine Charakter-Darstellung im Raume schon längst unterschieden hat [60]. Wir nennen darum die oben bezeichnete, den größeren Kriegs-Operationen dienliche Terrainkenntniß, zu welcher der Situationsplan in mehr oder minder großem Maaßstabe das Bild liefert, nunmehr Topographie und überlassen die sogenannte Militär-Geographie nach unserem Sinne dem nachfolgenden politisch-militärischen Theil unserer Kriegstheorie.

In einer, solchergestalt von allem Fremdartigen entbundenen, Topographie halten wir uns vorzugsweise an die militärische Brauchbarkeit und Unbrauchbarkeit des Terrains und an eine, die verschiedenen Grade der Brauchbarkeit aussprechende **Physiognomik**, lassen aber zuletzt die **Erkennungsmittel** folgen, zu welchen wir den Situationsplan, die Beschreibung und die eigene Anschauung (Recognoscirung) des Terrains zählen.

1. Grade der militärischen Brauchbarkeit des Terrains.

Auf dem Terrain läßt man Armeen marschiren, man steht still und erwartet oder beabsichtigt den Angriff in der Position, man wird handgemein und schlägt sich. Jede Terrainkenntniß, welche einer dieser Rücksichten ausweicht, — und die Kriegs-Literatur hat deren genug aufzuweisen, — gehört, welchen Werth sie auch sonst für die Wissenschaft haben mag, nicht in die militärische Topographie [61].

Das Terrain, welches zum Schlagen für eine Armee (bataille rangée) brauchbar erscheint, muß auch ihre Aufstellung ermöglichen und ihrer Beweglichkeit zusagen. In Ermangelung eines passenderen Ausdrucks, wollen wir ein solches Terrain mit dem Namen: **Operationsland** (échiquier d'opérations) belegen, während wir dagegen das zum bloßen Durchgange und allenfalls zum kleinen Kriege geeignete Terrain: **Zwischenland** (pays de passage) nennen wollen [62].

Operationsland. Von der eigenen Natur des **Operationslandes** können wir hier absehen; sie hat uns im Laufe unserer Betrachtungen öfter beschäftigt und diejenigen der Letzteren, welche die Armeehandlungen zum Gegenstande haben, werden das Fehlende ergänzen. Wir bleiben bei seiner Flächen-Ausdehnung stehen und setzen voraus, daß unser Operationsland mindestens Ein Schlachtfeld für das Minimum Dessen liefert, was man noch Armee zu nennen pflegt, d. h. auf jeder Seite 30,000 Mann im Gefecht [63]. Ist es dazu nicht fähig, oder bietet es nur Gefechtsgelegenheiten im Großen (combats rangés) für Detachements und Divisionen dar, und schließt es sich militärisch an ein eigentliches Operationsland an, so nennen wir es dessen **Vorland**. Das Eine Schlachtfeld muß wieder mindestens $^1/_6$ Quadratmeile Flächenraum fassen, und sich der Figur eines Oblongums nähern, dessen Seiten sich wie 2:1 verhalten [64]. Ueberschreitet es in der Ausdehnung diese Grenze nach unten, wobei ihm übrigens die natürlichen Eigenschaften eines Schlachtfeldes nicht abgehen dürfen, so wird das Operationsland um so wichtiger, je mehr sich dergleichen Gelegenheiten darin zeigen und zwar gleichviel, ob sie in diese oder in jene politisch-militärische Combination passen [65]. Die räumliche Grenze nach **oben** läßt sich für ein Operationsland nicht allgemein annehmen, das umgebende Zwischenland bestimmt sie.

Ein Kriterium des letzteren, des Zwischenlandes nämlich, ist schon in der localen Unmöglichkeit, daß sich zwei Armeen darauf zur Schlacht entwickeln können, aufgestellt worden; dasselbe reicht aber nicht hin, indem es auch die zum unmittelbaren Zweck der Schlacht dienende Möglichkeit getrennter und entfernter Bewegungen (Schlachten-Manoeuvres) [66] mit ausschließt, wozu allein die erforderliche Zeit das Maaß hergiebt. Zwei Tage erscheinen, ohne etwaige partielle einleitende Gefechte, schon wegen der Beschränkung des Munitionsbedarfs, als die längste Dauer eines einzigen Schlachten-Actes; mit ihr correspondiren zwei tüchtige Tagemärsche beim Durchkreuzen des Zwischenlandes von Seiten der Armee, wobei es gleichgültig ist, ob der damit verbundene Aufenthalt der Weite und Beschwerlichkeit des Weges oder den darauf angetroffenen Hinderungen [67] angehört. Sie und Alles, was darüber hinausliegt, spalten die Manoeuvres, bestimmen die Breite des in verschiedentlichem Charakter vorkommenden Zwischenlandes, und geben nach allen Richtungen das Diesseits und Jenseits in zweien einander zunächst liegenden Operationsländern an [68]. Daß hierbei Modificationen, ja zeitweilige Eliminationen des Zwischenlandes in der Praxis eintreten können, z. B. durch veränderliche Armeestärken, die Eröffnung neuer Colonnenwege, einen ausgeführten Straßenbau, eine geschlagene Kriegsbrücke, einen zugefrorenen Morast, eine eroberte Festung und dergleichen, soll nicht abgeleugnet werden. Die Theorie wird aber dadurch nicht beeinträchtigt, da sie im speciellen Fall sich immer der Kunst unterordnen und auch an veränderte Beziehungen willig anschließen wird. — Derselbe militärische Zweck, welcher das Operations- Zwischenland.

land vom Zwischenlande unterscheidet, veranlaßt auch verschiedenartige Betrachtungen des Einen und des Anderen[69]. Wenn dort der definitive Waffengebrauch, das Festhalten, der Aufenthalt, sowie das bloße Verschieben der Armee im Auge zu behalten ist, so gilt es hier dem schnelleren und gedrängteren Durchzuge der Unsrigen, sowie der Trennung und der Verwickelung des Feindes. Jeden Uebertritt aus dem einen Lande in das andere, begleiten neue Verhältnisse in Bezug auf die Erhaltung und den Gebrauch der Armee, die im Wiederholungsfalle eigene Regeln erzeugen.

Physiognomik des Terrains.

Soll es eine militärische Terrainkunde geben, so muß man die Theorie zu Hülfe nehmen; sie wird der Kriegführung mehr Vorschub leisten, als die zwischen Wasser und Feuer schwebenden Grenzlinien, welche man bisher dieser Disciplin aus fremdem Gebiete zu Hülfe gerufen hat. Wir wollen ein solches, wie ich glaube, in gewisser Allgemeinheit noch unbekanntes Resultat, eine militärische Physiognomik des Terrains nennen[70], weil sich mit Hülfe derselben beim ersten militärischen Blicke auf eine Gegend, eine geordnete Vorstellung ihrer möglichen Leistungen bilden soll, ebenso wie man sich wohl auch beim Anblick menschlicher Gesichtszüge eine Idee von den Fähigkeiten des Inhabers macht. Diese Vorstellung bleibt jetzt größtentheils der natürlichen Anlage und Erfahrungsabstraction des Einzelnen überlassen, der sich hier und da in den Armeen als Virtuos mit dem sogenannten coup d'oeil militaire in engerer Bedeutung begabt, auch wohl auffinden läßt, der aber vielleicht höchstens im mechanischen Aufnehmen geübt ist, und nur auf einseitige Bildungs-Gelegenheiten stieß. Vieles, aber nicht Alles, wird für eine solche, in ihrem ganzen Umfange[71] meines Wissens erst zu erschaffende, Physiognomik aus dem gemeinen geographischen Typus zu übertragen sein, denn die Eigenheiten der Hochebene, des Hoch- und Mittelgebirges, des verschiedenen Stufenlandes und der Niederung, äußern sich, mit ihren meisten natürlichen und künstlichen Erscheinungen, nothwendigerweise auch in der Kriegführung. Schwerlich aber werden dieselben Unterschiede auch den Typus der militärischen Topographie constituiren, welche den Kriegsgang in verschieden gebildeten Ebenen und durchschnittenen Gegenden verfolgt; welche in dem Dünen- und dem Heckenlande, sowie in dem Marschlande zu veränderten Maaßnahmen räth; welche die Verzweigung der Gewässer, die Beschaffenheit der Wohnungen und ihrer Verbindung [72] hier und da aus abweichenden Gesichtspunkten betrachtet, und über welche die Kriegsgeschichte ebenso, wie das reife Soldaten-Urtheil allein entscheiden, ohne sich durch das hier nur schielende Licht der gemeinen Geographie blenden zu lassen.

2. Mittel zur Terrainkenntniß.

Als ein, mit der Terrainkunde innig verbundenes, sie sogar oft genug ersetzendes Mittel ist schon oben der bildlichen Darstellung gedacht worden. Diese können wir in der neueren Kriegführung kaum noch entbehren, und brauchen auch im hochcultivirten Europa nicht darauf zu verzichten [73]. Die in allen drei Raum-Dimensionen variirende Erdoberfläche würde sich mit den darauf befindlichen Gegenständen in der plastischen Darstellung unfehlbar am deutlichsten zeigen, wenn diese Darstellung zum Kriegsgebrauch handrecht zu machen wäre. Lediglich auf die Fläche des Papiers angewiesen, lassen sich jedoch nur combinirte Projectionen von je zwei und zwei Dimensionen, entweder auf der horizontal oder auf der vertical gedachten Ebene erlangen.

Man ist bei der ersten, der Horizontal-Ebene, stehen geblieben, und hat die darüber schwebenden natürlichen Punkte orthographisch auf dieselbe projectirt [74]. Zur Veranschaulichung der dritten oder Höhen-Dimensionen hat man alsdann Verschiedenes versucht. Einmal hat man sich nämlich an das treue Bild mit Licht, Schatten und Farbenton gehalten und dasselbe entweder scenographisch, oder ebenfalls orthographisch aufgefaßt, was aber Beides nicht ohne Inconvenienz und Undeutlichkeit möglich war; zum Anderen hat man sich eingeschriebener Höhenzahlen (Terrain-Cotten), oder der in gewissen verticalen Abständen sich wiederholenden Horizontalen bedient, um die Unebenheiten faßlich zu

Situations-Charte oder Plan.

machen. Endlich hat man allerhand Charakter-Bezeichnungen mit der orthographischen Projection verbunden (Situationsmanieren), von denen eine, die sogenannte Lehmannsche [75], durch eigen angenommene, in Zusammenhang gebrachte Grundzüge, gewissermaßen auf eine Tinten-Construction hinausläuft, und darum mehr Allgemeinheit als die übrigen erlangt hat.

An und für sich gehört das militärische Aufnehmen und Zeichnen, ungeachtet seines großen Nutzens, als eine bloße Hülfskenntniß der eigentlichen Kriegstheorie nicht an. Diese darf sich nur mit den Producten desselben als Mittel zur Terrainkunde befassen und eine allgemeine Kritik desselben zum Besten geben. Der von der Situationscharte für die größeren Kriegsoperationen zu machende Gebrauch [76] erfordert die Uebersicht einer ausgedehnten Bodenfläche, mit richtiger Entfernung und Benennung der Haupt-Gegenstände, zwar nicht gerade die ängstlichste Genauigkeit für jedes Detail, aber doch den Anklang von Dem, was wir vorhin Physiognomie des Terrains nannten, und die sich vorzugsweise in den Unebenheiten, Abwechselungen und Neigungen der Bodenfläche ausspricht [77]. Durch die nach Zweck und Auffassung sich ergebenden verschiedenartigen Ansprüche werden wohl häufig Collisionen für eine und dieselbe Charte geweckt, welche durch verschiedentlich angelegte Maaßstäbe gehoben werden müssen, alsdann aber wieder die Gleichförmigkeit und Uebersichtlichkeit beeinträchtigen und obenein den Papiervorrath vermehren, den man im Felde doch nicht immer zur Hand haben kann. Ein bescheidener Behelf im Chartenwesen ist darum stets wohlthätig; er läßt sich durch richtiges Urtheil über Zweck und Werth der Charte überhaupt, nicht gerade jeder einzelnen, unterstützen. Einem solchen Urtheil fehlt es aber für die Kriegstheorie leider noch an den nöthigen, zum Bewußtsein gewordenen Grundlagen. Es finden sich diese häufig nur in dem dunklen Gefühle von Militärs, die sich viel mit Aufnehmen beschäftigten und denen überhaupt viel Gelegenheit gegeben war, das Terrainbild mit dem Original zu vergleichen. Vielleicht gewinnt der schon zu weit getriebene Streit über die Situations-Zeichnung diese, dem Kriegsgebrauch der Charte weit nützlichere Richtung, und die Anhänger der Constructionsmethode übersehen dann hoffentlich auch die Irrthümer nicht länger, zu welchen der bestimmte Ausdruck einer nur flüchtigen Beobachtung des Terrains häufig führen muß.

Terrain-Beschreibungen.

Zur Ergänzung Dessen, was die Situationscharte darbietet und auch in Ermangelung derselben, bedient man sich der schriftlichen Darstellung, die nur gelingen kann, wenn man ihren Zweck festhält. Einmal soll sie nämlich die Haupt-Orientirung des zur besonderen Erkenntniß zu bringenden Planes liefern, ein andresmal soll sie als bloße Legende des Planes dienen und endlich soll sie auch, besonders ohne Plan, das auf das Terrain bezogene militärische Raisonnement des Beschauers enthalten, das namentlich bei Relationen über Kriegsbegebenheiten in Anspruch genommen ist [78]. Möge man nun das Eine oder das Andere damit bezwecken; so darf neben der Gediegenheit des Gedankens der klare und gedrungene Ausdruck nie mangeln, weil der richtige Entschluß sehr oft von dem rasch aufgefaßten Gedanken abhängt, und volumineuse Memoires überhaupt im Laufe der Kriegshandlung weder zu haben noch zu lesen sind.

Außer den allgemeinen Regeln des schriftlichen Vortrages ist der Theorie bei der Composition von Terrain-Beschreibungen keine directe Einwirkung möglich. Muster, die auch schon immer empfohlen worden sind, aber allerdings nur die besten, können etwas thun, und der gesunde Sinn der Verfasser kann den Vorwurf in Göthe's Faust:

„Und wenns Euch Ernst ist, was zu sagen,
Ist's nöthig Worten nachzujagen?"

einigermaßen beseitigen. Das Beste dabei muß aber aus einer festeren Bestimmung der Begriffe, aus der logisch geordneten Reihenfolge der Gedanken in der Wissenschaft hervorgehen, wozu eine gesunde zusammenhängende Kriegstheorie überhaupt die Stütze hergeben muß.

Unmittelbare Erkennung des Terrains (Recognosciren).

Das gewöhnlichste und untrüglichste Mittel zur Terrainkenntniß, besonders von einzelnen Landstrecken, ist die eigene Anschauung (Autopsie), welche durch die vorbenannten Mittel wohl erleichtert und vorbereitet werden kann, zur Würdigung und Berichtigung derselben aber selbst niemals unterbleiben sollte [79]. Viel kommt dabei darauf an, wo und wie man am besten sieht, und hauptsächlich, worauf der Blick gerichtet werden soll und welche Absicht der Beschauung zum Grunde liegt. Der Feldherr selbst wird sich mit einem Totaleindruck begnügen müssen, das Uebrige aber seinen, nach dem Vertrauen und der Aufgabe gewählten Organen füglich überlassen können[80]. Oft genug muß der Verlauf der Kriegshandlung selbst erst zum Herrn dominirender Punkte machen, die eine Uebersicht des Terrains gewähren. Dazu braucht man Avantgarden, auch wohl Höhen hinter und vor der Schlachtlinie — wie z. B. Napoleon den Landgrafenberg bei Jena und die Kreckwitzer Berge bei Bautzen; — ferner Thürme, Windmühlen, Bäume 2c. und muß man hier häufig durch ein Verdrängen des Feindes, wie bei der eigenen Recognoscirung desselben, die Terrain-Benutzungs-Motive walten lassen und deren großen Einfluß auf den Gewinn der Schlacht schon in der Einleitung des Gefechts anerkennen. Auch hier wird sich die Theorie dem Kunstgebiete nur sehr entfernt nahen und der Virtuosität in der Anschauung nur dadurch zu Hülfe kommen dürfen, daß sie von vornherein der Intelligenz die klare sichere Richtung giebt, nach welcher sie sich den eigenen und feindlichen Zustand auf dem Terrain in jedem Gefechts-Moment[81] zu vergegenwärtigen hat.

III. Operations-Conception.

Man wird nie zum Kriege schreiten, ohne im Voraus die Mittel abschätzen und die Absichten beider Theile prämeditiren zu lassen, die sonach in Gedanken wenigstens für die erste Zeit dem eigenen Benehmen die Regel vorhalten können. Man muß aber wohl unterscheiden, ob dabei von der Regel für die ganze Kriegführung, oder nur für einen Act derselben (Campagne), oder selbst nur für eine einzige entscheidende Kriegshandlung (Schlacht, Belagerung 2c.) die Rede ist. Montecuculi, in dessen philosophischem Kopfe die Kriegsbegriffe seiner Zeit wohl geordnet waren, führt eine disposizione generale an, die er mit einer particolare zugleich als l'ordine che si da alle cose secondo la loro qualità ed quantità definirt, und stellt als die Hauptrichtungen (scopo principale) der Ersteren: den Angriffs-, den Vertheidigungs- und den Hülfskrieg (guerra offensiva, defénsiva, di soccorso) auf, was, wenn von dem ganzen Kriege die Rede ist und wenn man neu aufgenommene Abarten wie z. B. den Invasions-, den Volkskrieg und andere unter jene Hauptclassen bringt, militärisch-politisch ganz passend erscheint. Diese Eintheilung ist aber, wie wir schon einmal erwähnt haben, irrigerweise aus dem Staatenverhältniß in das Kriegsverhältniß übertragen worden und hat daselbst die älteren und richtigeren Ausdrücke: Active und Passive durch Offensive und Defensive verdrängt und auch noch andere moderne Begriffsverwirrung hervorgebracht. Sie zeigt indessen zur Genüge, daß Montecuculi, wie es auch wohl seine Zeit mit sich gebracht haben mag, unter disposizione particolare beides, den Act und die Scene der Kriegführung zusammengefaßt hat, welche wir indessen trennen wollen. Den Ersteren wollen wir auf den Operationsplan anweisen[82], in Betreff der Letzteren werden wir aber weiter unten unter dem Titel der Schlachten-Disposition und -Einleitung einige Bemerkungen folgen lassen.

In dem Entwurfe zu einer zusammenhängenden Kriegshandlung (Campagne), dem sogenannten Operationsplane, muß ein dem Kriege selbst entsprechender Zweck, der sich neben der zu erhaltenden Streitkraft, insgemein mit auf die Erreichung irgend einer Oertlichkeit (Operations-Object) bezieht, vorwalten[83]. Auf welchem Wege und auf welche Weise überhaupt, ungeachtet aller sich entgegenstellender Hindernisse, dieses Ziel erreicht werden kann, soll der Operationsplan im Voraus sagen. Man sieht bald, daß hierzu außer einer militär-geographischen Kenntniß noch die bestimmtesten Data über den Stand und die Gruppirung aller einander entgegentretenden Streitmittel gehören, und daß namentlich die Passivität in der Handlung dem Raisonnement manche Alternative zuführt, und dasselbe über die Haupt-Umrisse des Entwurfs vernünftiger Weise nicht hinausläßt[84]. Mit einer summarisch aufgefaßten Kenntniß des Kriegstheaters, und unter Berücksichtigung der schon wiederholt genannten Kriegshandlungsmotive, sind dergleichen Haupt-Umrisse bald auf eine correcte und

Operationsplan (plan de campagne).

umfassende Weise entworfen. Die Armee-Sammelplätze für Freund und Feind, welche in unserer Zeit keinem Theile ein Geheimniß bleiben können[56], kündigen die offensiven und defensiven Absichten zur Genüge an; die gerade Linie zwischen beiden und das präsumptive Operations-Object weisen auf die materiellen Operations- und Defensionslinien hin und berühren die mit beiden in Verbindung tretenden Operations- und Zwischenländer. In der beabsichtigten Concentration der Streitmittel nach vorwärts oder rückwärts ist die Vorherrschaft des Ueberraschungs- oder Sicherungsprincips, der alle Maaßnahmen entsprechen müssen, angedeutet. Die Zeit der Bewegungen, die Gelegenheiten zu Aufstellungen für die Armeen, die ihre gegenseitigen Annäherungen und Entfernungen vermuthen lassen, entscheiden über die Vorbereitungen zum Unterhalt und zur Ergänzung der Streitmittel, und lassen die Ueberwältigungs-Krisen mit ihren möglicherweise vortheilhaften oder nachtheiligen Folgen im Großen voraussehen, ohne daß man durch das Einflechten imaginairer, in ihren Daten nicht festzustellender Schlachten-Manoeuvres den Operationsplan selbst zu einem müßigen, ja durch unzeitige und verkehrte Anstalten schädlichen, Phantasiespiel herabzudrücken braucht.

Durch überwiegende Gründe zur Aggression gestimmt, behält derjenige Theil, welchem sie zufällt, den auf den Operationsplan so einflußreichen Anfang der Feindseligkeiten in seiner Hand, und erreicht damit manchen Vortheil[66]. Demungeachtet hat man aber auch damit oft genug die Ueberraschung zur Uebereilung, die Sicherung zur Versäumniß werden sehen, und es wird keiner der geringsten Vortheile sein, wenn höher gefaßte, auf die Haupthandlungsmotive basirte Kriegstheorien dem stetig dahin gewiesenen Verstande für den Anfang eines Krieges, oder die Eröffnung einer Campagne, diese Richtung nicht versagen[57]. Auch wird eine, für die Classification der Kriegshandlungen besser empfängliche Theorie hier ihre Dienste leisten, indem sie die schon sprüchwörtlich aufzufassenden Widersprüche, welche z. B. in dem: „Was Du thust, das thue bald" und „Zeit gewonnen, Alles gewonnen" im Gegensatze mit: „Eile mit Weile" und „Ende gut, Alles gut" liegen, nach dem Umfange der Handlung würdigt und so den persönlichen Neigungen entgegentritt, die sich mit Hülfe solcher Sentenzen in den Willen der Machthaber einschwärzen.

IV. Einrichtung des Kriegstheaters.

Sowie die Mobilmachung als letzte Vorbereitung in Bezug auf die Armeen, der Kriegshandlung selbst unmittelbar vorangeht; so stellt sich auf dem Kriegstheater die Einrichtung desselben als ein Mittelglied zwischen dem Operationsplan und der Kriegshandlung, und als eine unmittelbare Folge des Ersteren dar. Es giebt Vorbereitungen der Kriegstheater, die von lange her datiren, die nicht auf den einzelnen Krieg, sondern auf das politische Staatenverhältniß an dieser oder jener Landesgrenze Bezug haben und mit der Geschichte, sowie mit den, natürlich im Großen, eben vorhandenen Terrain-Vortheilen und -Nachtheilen in Verbindung gesetzt sind. Dieselben geben die solidesten Grundlagen zur jedesmaligen besonderen Einrichtung des Kriegstheaters ab, die alsdann nur als eine Vollendung oder als ein den besonderen Umständen angemessener Anhang zu behandeln wäre. Offenbar gehören aber solche permanente Einrichtungen an und für sich nicht zu unserer jetzigen Betrachtung; sie machen einen Theil der Kriegspolitik aus, welche die National-Stärken und -Schwächen militär-geographisch zu erwägen hätte und können in der Theorie erst zum Vorschein kommen, sobald von der Kriegshandlung in höchster Potenz die Rede ist. Wir müssen uns also hier an jene Ergänzungen und den Fall der besonderen Einrichtung halten, die Zeit und Umstände während der Campagne zu gestatten im Stande sein möchten[87].

Die Armee-Thätigkeit mit allen Kriegsbedürfnissen zu unterhalten und ihr marschirend, stehend und fechtend allen erdenklichen Vorschub zu leisten, ist schon in der ältesten Kriegführung das den besprochenen Einrichtungen vorleuchtende Ziel gewesen. Montecuculi erklärt sich deutlich hierüber in folgender Aeußerung: „Qualunque esercito cammina, senza tenersi aperta e sicura la linea o strada della corrispondenza e della concatenazione, marcia sul orlo del precipizio, va mendicando rovine di che non mancano essempi. Se gli spiriti animali, che dal capo per li nervi a tutto il corpo trasfondonsi, vengono in parti alcuni interdetti, perde ello subito il senso ed il movimento, così è la strada delle condotte per le vetto; vaglie e pergli altri bisogni per l'unione dei soccorsi e dei supplementi 2c. si fatta communicazione deve essere tra paesi e paesi, tra piazze e piazze e tra le parti reciproche del' esercito, ma se la materia non è prima disposta è impossibile ch'ella buona forma riceva 2c." — Hiernach wird sich die Theorie in Bezug auf dieses Capitel regeln, wenn man unter der Voraussicht einer dereinstigen Befriedigung der Armee, die personellen und materiellen Kriegsbedürfnisse recapitulirt und wenn man sich an die im Operationsplane vorläufig angenommenen Operations-Linien und -Basen hält[88]. Mit dem Vehikel der Zeit und der möglichen Gegenhandlung in jene strategischen Annahmen eingehend, wird sich die Nothwendigkeit der Transportmittel und die Lage secundairer Communicationen in und zwischen den berührten Operationsländern, sowie deren zulässige Erleichterung und der wünschenswerthe Verschluß zu erkennen geben, welchen man mit Straßen-Ausbesserungen, Brücken-Anlagen, festen Posten, têtes de pont und allerhand Terrain-Verwandlungs-Mitteln, die hier einen Theil ihrer Anwendung finden, entgegenkommt. Ebenso werden sich untergeordnete Defenslinien zeigen, die nach der präsumptiven Richtung und Ausdehnung ihrer Front und ihrer Flügel-Anlehnung oder -Sicherung, den Schutz von Terrain-Hinderungen, Festungen, langwierigen Umgehungen und Echelonnirungen darbieten, sobald ihnen Retranchements und sogenannte provisorische Befestigungen[89], Versumpfungen, das Verderben der Communicationen gegen den Feind, Verhaue 2c. den geforderten Zusammenhang gewähren und sobald Local und Unterhalt abwechselnd zu Armee-Entwicklungen und -Concentrationen einladen[90], die mit dem vorbereiteten agressiven oder passiven Verhalten der Armee, Gestalt und Wirksamkeit der Defenslinie vielfach modificiren und für die Mängel in deren Stärke Ersatz gewähren. Man wird hiernach bald gewahr werden, daß dergleichen Betrachtungen noch über die Armirung der Festungen, Anlage von Magazinen, Einrichtung von Depots, Cantonnements-

Rayons und =Rendezvous hinausführen; daß man damit auf die places de moment, auf die Versicherung der Defilee=Teten an den Ein= und Ausgängen des Zwischenlandes, auf die zum precairen Halt dienlichen Terrain=Reduits des Operationslandes auf den Wechsel der Operationslinien 2c. stößt, und daß sich die Einrichtungen des Kriegstheaters an solche Gedanken anschließen müssen, wenn sie mit Zeit und Umständen harmoniren, eine Consequenz in der Handlung zu erkennen geben und nicht als 'hors d'oeuvres erscheinen sollen, mit welchen die Kriegskraft verschwendet, die Armee in falsche Lagen versetzt und dem Feinde mehr Vortheil als Nachtheil geschaffen wird.

Anmerkungen.

[1] (S. 209). Strategie und Tactik verhalten sich in der Kriegstheorie, wie das Genus zur Art: die Erstere involvirt die Letztere, beide können aber nicht als nebeneinanderstehend gelten, in welcher Annahme der wahre Grund der in Betreff dieses Gegenstandes herrschenden Begriffsverwirrung verborgen liegt.

[2] (S. 209). Savorgnano (1598) meint: „Due giorni sono quelli che risolvono la vittoria, l'un è: quando si consulta del modo di far la guerra, l'altro quando si ordinano le schière per condurle a la battaglia."

[3] (S. 209). Wir wollen, um der Begriffsverwirrung der neueren Theoretiker aus dem Wege zu gehen, in der veränderten Beschaffenheit des Friedens gegen den Kriegzustand, die Bahn der älteren nicht verlassen, die einen status belli und einen sedes belli annahmen. Den ersteren, der unsere Mobilmachung andeutet, hat Bülow lächerlich genug für Gustav Adolphs Operationsbasis angesehen, die doch weit eher unter dem 2. Capitel (il terreno der Italiener) gesucht werden mußte. — Seinem Inhalte nach, sagt Schleiermacher (s. dessen nachgelassene Werke I. Band), besteht der Kriegszustand wesentlich darin, daß die Kräfte des Staats sich umbilden zu einer, gegen die Kräfte eines anderen Staates wirksamen Gewalt; es wird also nach Innen die Gewerbthätigkeit der Staatsbürger aufgehoben, nach Außen aber entsteht, statt des freundlichen Verkehrs, eine hemmende und aufhaltende Thätigkeit.

[4] (S. 210). Die sogenannten constitutionellen Staaten stehen, was die Kriegsbereitschaft anbelangt, in offenbarem Nachtheil gegen die absolut monarchischen, weil die Kammerberathungen in der Regel für die nächsten Bedürfnisse und Vortheile der Steuerpflichtigen entscheiden, der Drang der Noth aber immer zu spät für den Krieg kommt. Das flache Raisonnement

über die stehenden Heere, hat sich auch mit den Kammer-Regierungen verbreitet und ist bis in die Kriegstheorie eingedrungen. Der Marschall von Sachsen spricht noch die Erfahrung aller Zeiten aus, wenn er sagt: „Ce ne sont pas les grandes armées qui gagnent les batailles, ce sont les bonnes." Ein Maaß in der Relation der Kriegsmacht ist wohl auch nicht zu verkennen, doch hält sich schon Dumas (1799) an die absolute Stärke unter der Voraussetzung, daß jetzt alle Heere in ihrer Fertigkeit und ihren Hülfsmitteln so ziemlich auf gleicher Höhe ständen und außerdem nur allenfalls noch „le génie des chefs, l'esprit national et l'attachement qu'inspire le gouvernement" weniger bedeutende Unterschiede begründen könnten. Allerdings bedeutende Voraussetzungen, die oft genug übersehen werden, sobald sie Opfer fordern.

5 (S. 211). Sie waren es, welche den Vendée-Krieg anfachten und die Conscription so verhaßt in Frankreich machten, daß das Kaiserthum mit daran scheiterte.

6 (S. 211). Der große Bedarf an Officier-Reitpferden, den eine Mobilmachung augenblicklich veranlaßt und dessen Anforderungen sich die Regierungen nicht selten dadurch zu entziehen suchen, daß sie dem Officier kaum die Hälfte des currenten Pferdepreises zur Selbstbeschaffung auszahlen lassen, ist, Angesichts des gewaltigen Bedarfs im Lande bei solchen Gelegenheiten, ein unberechenbarer Uebelstand, der den Officier entweder ruinirt oder ihn mangelhaft beritten läßt. Es heißt jede Billigkeit bei Seite setzen, in einem Momente, wo die höchste Spannung aller Seelenkräfte für den Dienst in Anspruch genommen wird, den Einzelnen noch für die eigene Person und die Familie mit Sorgen zu belasten, welche in mehr als einer Beziehung Ehre und Reputation gefährden können. Wo man den früheren Modus der Natural-Lieferung verläßt, sollte man, wie wenigstens vor 1848 in Oestreich, von Staatswegen auf Pferde-Depots zu diesem Behuf halten, die nach bestimmten Taxen den Ankauf möglich machen.

7 (S. 212). Ein die Schwierigkeiten der Kriegsbereitschaft im Allgemeinen heraushebendes, und darum als lehrreich und selbst classisch anzusehendes Buch, ist Stutterheim's Krieg von 1809 (s. den 1. Theil in der Einleitung).

8 (S. 212). Die vorhin bezeichneten Nachtheile einer allgemeinen, schematischen Behandlung der Mobilmachung werden bei veränderten Conjuncturen doppelt fühlbar werden, einmal nämlich durch unnöthige Etats-Ausgaben und das andere mal durch wesentliche Versäumnisse. Eine von großartigen Ansichten geleitete Militär-Oekonomie wird Beides allerdings zu mindern wissen.

9 (S. 213). Die Depot-Formationen für die Armee gehören dahin. So schickte Suchet im Jahre 1813 bei einem großen Truppen-Mangel in Arragonien und Catalonien, doch von seinen altgedienten Leuten 120 Mann per Bataillon nach Frankreich zur Neu-Formation eines Marsch-Bataillons,

und die Franzosen rechneten überhaupt stets auf $1/3$ gemachter Soldaten in jeder Truppe, die ihre Schuldigkeit thun sollten.

[10] (S. 213). Ein Mobilmachungsplan, welcher sich auf das Strikteste an die ziemlich conventionelle Friedens-Eintheilung der Armee allein hält, mit dem supponirten Neutralitäts-Zustande des ganzen Staates aber mehrfache Hindernisse auf dem Kriegstheater erst einführt, kann in dieser Beziehung und zwar um so mehr nur ein beängstigendes Gefühl erwecken, wenn in der vorangegangenen Friedenszeit die Selbstthätigkeit wenig befördert wurde und im entscheidenden Momente daher auch wenig auf sie zu rechnen ist. Man darf nicht vergessen, daß die moralische und mechanische Fühlung der gegenseitigen Streitkräfte, die im Laufe einer Campagne vorhanden ist und darum eine weit größere Sicherheit in der Handlung zuläßt, im Anfange einer Campagne erst gewonnen werden muß. Für Napoleon's Ansicht: „La différence de troupe à troupe est immense," enthält die Geschichte aller Zeiten die Beläge.

[11] (S. 213). Dergleichen Verheißungen, wir möchten sie Verzahnungen m wissenschaftlichen Gebäude nennen, sind keine Folge unzureichender Logik in der Theorie; sie sind unerläßlich und rühren davon her, daß der Krieg hier als ein Factum behandelt wird, das, wie jedes Lebendige, nur die Beschränktheit des menschlichen Fassungsvermögens darthut, wenn es Eintheilungen nöthig macht, die in der Sache verschmelzen.

[12] (S. 214). Die Schlachtordnung könnte für die Kriegshandlung etwa so angesehen werden, wie die organische Gliederung des menschlichen Körpers für dessen Geschäftigkeit. Daß diese Letztere nicht dabei gewinnen würde, wenn der Kopf verkehrt auf dem Rumpfe stände und das eine Bein die Stelle eines Armes, oder umgekehrt ein Arm die Stelle eines Beines annähme, liegt am Tage. Der innere Organismus liegt aber höher für die Handlung, weil letztere auch bei mißgestalteten Körpern noch statt haben kann; aber auch er wird von den Seelenkräften übertroffen, ohne die keine vernünftige Handlung denkbar ist. Dieser Vergleich macht die Fehlgriffe derjenigen Theoretiker anschaulich, welche in der Schlachtordnung den Glanzpunkt der Kriegstheorie erblicken.

[13] (S. 214). Dahin gehört außer der Sicherung, welche neben dem angemessenen Truppen-Gebrauch in der Schlachtordnung begründet und eigentlich in Bezug auf das verschiedene Terrain eine mittlere sein soll, auch der zulässige Truppen-Wechsel im Gefecht (rafraîchissement), welcher, wie Machiavel zeigt, bei der römischen Legion sich zur möglichsten Benutzung der Chancen bis ins Detail erstreckte. Die griechische Pfalanx war dazu weniger geeignet.

[14] (S. 214). Rogniat führt die Terrain-Benutzung als Grundlage der Aufstellung an. Napoleon bemerkt dazu: „Les circonstances du terrain seules ne doivent pas décider de l'ordre de bataille, qui doit être déterminé par la réunion de toutes les circonstances;" und nachdem Rogniat den Satz aufgestellt: „L'ordre de bataille primitif doit toujours

se plier et se marier au terrain ꝛc.," fährt Napoleon fort: „Cela est du phébus et autant que cela peut se comprendre, cela est faux."

[15] (S. 214). Man kann diese Periode eigentlich nur als von Gustav Adolph an beginnend betrachten; sein System (Brigade-Aufstellung) vervollkommnete sich unter Bernhard von Weimar, Turenne, Montecuculi, Eugen, dem Fürsten von Dessau und Friedrich II., also bis über den siebenjährigen Krieg hinaus. Die Franzosen schicken hier, wie gewöhnlich die Ihrigen, Heinrich IV., voraus; auch bezeichnet man Ziska als denjenigen, welcher die Infanterie, weil er keine Cavalerie hatte, zur Hauptwaffe erhoben habe, was sie freilich auch bei den Römern war, welche unter Cäsar den Feldherrn gesetzlich zu Fuß an ihre Spitze verwiesen. Der Streit zwischen Pique und Gewehr verzögerte übrigens die Linien-Aufstellung.

[16] (S. 214). Wenn Rogniat die Colonne für uns als bloße Marschordnung ansieht, so berichtigt ihn Napoleon mit den Worten: „L'ordre en colonne est un ordre de combat lorsque les circonstances le demandent, c'est pour cela que notre tactique nous donne le moyen de passer rapidement de l'ordre mince à l'ordre profond. Il faut marcher, si l'on craint la cavalerie, en colonne à distance de peloton, afin de pouvoir former le bataillon quarré."

[17] (S. 214). Bei Rogniat's Angabe dieser Linien, meint Napoleon allerdings nicht ganz richtig: „Ceci est tiré de la tactique des Romains, qui avaient un ordre de bataille constant, mais depuis l'invention des armes à feu la manière d'occuper une position pour couper ou pour livrer bataille, dépend de tant de circonstances différentes qu'elle varie avec les circonstances. Il y a même plusieurs manières d'occuper une position d'armée avec la même armée. Le coup d'oeil militaire, l'expérience et le génie du général en chef en décident," wobei von Rogniat sowohl wie von Napoleon die Armee-Rangirung und -Handlung untereinander gemengt werden. Auch heißt es an einem anderen Orte: „On ne peut et ne doit préscrire rien d'absolu, il n'y a point d'ordre naturel de bataille chez les modernes."

[18] (S. 215). Wie noch später, besonders bei Belagerungen Gebrauch war, ließen auch die Römer zeitweilig ihre höheren Officiere wechseln und gaben selbst dadurch Veranlassung zu Bataillen wie die bei Cannä unter Varro's Anführung. Höchstens durch Zufall kann eine fehlerhafte Organisation nützlich werden.

[19] (S. 215). Sollte es wohl nöthig erscheinen, die Wiederholung zu rechtfertigen, die hier wie schon mehrere mal unserer Betrachtung zur Last fällt? Das erste mal als wir diese veränderte Gestaltung der Kriege ansahen, geschah es zur geschichtlichen Constatirung der höheren Kriegshandlungsmotive; hier thun wir es zur geschichtlichen Begründung einer Regel. Kann man aber in der Erfahrungs-Theorie diese geschichtliche Begründung hier oder dort entbehren? — Uebrigens liefern wir keine Compendien des Kriegswissens, sondern nur Betrachtungen darüber.

[20] (S. 215). Napoleon: „La position de la cavalerie au centre de la bataille est vicieuse, puisque la cavalerie ne rend pas le feu et ne peut se battre qu'à l'arme blanche." Uebrigens giebt Napoleon Rogniats Annahme, daß sie nur in großen Massen und bei der Reserve gehalten werden müsse, nicht zu, was aber wieder mehr auf den Gebrauch als auf die Formation geht, welche von Rogniat verwechselt werden. Er sagt nämlich: „La cavalerie doit être à l'avant-garde, à l'arrière-garde, au commencement, au milieu, à la fin selon les circonstances," was indessen Niemand bezweifeln wird.

[21] (S. 216). Da alle Theile der Armee zu ihrer eigentlichen Bestimmung besonders organisirt sein wollen, so muß die Reserve, deren Bestimmung, wie weiter unten gezeigt werden wird, in der Ueberwältigung besteht, aus der Elite der Infanterie und Cavalerie und aus den schweren Geschütz-Massen zusammengesetzt werden.

[22] (S. 216). In den neueren Kriegen ist man von den Parallel-Schlachten abgekommen; die Schlachten werden heutigen Tages mehr auf den wichtigsten Punkten entschieden. Ein zweites Treffen im alten Sinne würde den Platz verengen und häufig unausführbare Ansprüche an die Tiefe desselben machen. — Napoleon sagt: „Il ne faut qu'une armée, car l'unité de commandement est la première nécessité à la guerre," und: „Il est bon que les corps d'armée ne soient pas égaux entre eux, qu'il y en ait de 4 divisions, de 3 et de 2." Desgleichen: „Il faut au-moins 5 corps d'armée d'infanterie dans une grande armée. Lorsque l'infanterie n'est que de 60,000 h., il vaut mieux n'avoir que des divisions." — Bei Wagram standen 300,000 Mann mit 800 Geschützen einander gegenüber: „On y vit, sagt Pelet, l'armée française se déployer, s'étendre, se retirer, manoeuvrer comme un régiment à la voix de son chef; cette comparaison est exacte pour un régiment de 3 bataillons, elle le devient d'avantage pour une division de 3 régiments d'infanterie à 3 bataillons et 2 régiments de cavalerie. Trois régiments d'infanterie forment la droite, le centre, la gauche, le 4me. la réserve. Alors les bataillons et les escadrons de cette division représentent parfaitement les divisions d'un corps d'armée. Un généralissime doit faire mouvoir son armée, comme un colonel ses bataillons et ses compagnies," was freilich bis zu einstudirten Contre-Tänzen ausarten kann, wenn es wörtlich verstanden wird. — Die Stärken-Verhältnisse betreffend meint Napoleon: „Une division est composée de 3 brigades de 9 ou 12 bataillons; 8640 à 11,100 effectifs ou 7200 à 9600 présents sous les armes." — Desgleichen: „Si vous attachez une poignée d'éclaireurs à chaque division, il faut que leur nombre ne dépasse pas $^1/_{25}$ de l'infanterie" und: „La plus grande partie de l'artillerie doit être avec les divisions." — General Pelet's Schrift: „De la division," enthält merkwürdige Daten älterer und neuerer Zeit über diese französische Formation.

[23] (S. 217). Der Marschall von Sachsen sagt: „L'on doit une fois pour toutes établir une manière de combattre, que les troupes doivent savoir ainsi que les généraux qui les mènent. Ce sont des règles générales comme: qu'il faut garder les distances dans les marches; que lorsque l'on charge, il faut faire vigoureusement; que s'il fait des trouées dans la première ligne, c'est à la seconde à les boucher. Il ne faut point d'écriture pour cela, c'est le A. B. C. des troupes et le général ne doit pas y donner son attention comme la plupart le font." Wie weit man in dieser, an sich ganz richtigen Zulässigkeit später gegangen, wird weiter unten bei dem Manoeuvriren erwähnt werden. Puysegur schreibt schon 1742: „On perd bien des batailles pour ne pas savoir se mettre en bataille."

[24] (S. 216). So erhielt in der französischen Armee jeder Corps-Commandant aus dem Hauptquartier jeden Abend einen schriftlichen Bericht über die Befehle, welche dort an dem Tage ausgefertigt werden waren, wodurch er von den Absichten für die nächsten Tage unterrichtet, und nach Umständen das Seinige zum Gelingen derselben beizutragen in den Stand gesetzt wurde.

[25] (S. 217). Napoleon sagt: „A force de disserter, de faire de l'esprit, de tenir des conseils, il arrivait aux armées françaises de ce tems, (von 1759 nämlich) ce qui est arrivé dans tous les siècles en suivant une pareille marche, c'est de finir par prendre le plus mauvais parti qui presque toujours à la guerre est le plus pusillanime ou, si l'on veut, le plus prudent. La vraie sagesse pour un général est dans une détermination énergique." — Desgleichen: „Il faut beaucoup plus d'expérience et de génie militaire pour diriger une armée moderne," als bei den Alten nämlich; Napoleons Memoiren sind darum, abgesehen von der geschichtlichen Wahrheit, von hohem Werthe für die Theorie.

[26] (S. 217), Der Marschall von Sachsen, der seine erste Campagne als Volontair unter Eugen vor Belgrad machte, sagt in Bezug hierauf: „Je me forme une idée du général d'armée qui n'est pas chimérique, j'ai vu de tels hommes. La première de toutes les qualités c'est la valeur, sans laquelle je fais peu de cas des autres parcequ'elles deviennent inutiles. La seconde est l'esprit, il doit être courageux et fertile en expédients. La troisième est la santé. Il doit avoir le talent des promptes et heureuses ressources, le savoir de pénétrer les hommes et de leur être impénétrable, la capacité de se prêter à tout, l'activité jointe à l'intelligence, l'habilité de faire en tout un choix convenable et la justesse de discernement." Er behandelt „les qualités, que doit avoir un général d'armée," in einem eigenen Kapitel und sagt, nachdem er die Fehlgriffe hervorgehoben, welche gewöhnlich statt finden: „mais de quoi il doit bien s'occuper, c'est d'observer la contenance de l'ennemi, les mouvements qu'il fait, où il porte des troupes, chercher à lui donner

de la jalousie dans un endroit pour lui faire faire quelque fausse démarche, profiter des moments, de le déconcerter et savoir porter le coup de mort où il le faut; mais pour tout cela il faut se conserver le jugement libre et n'être point occupé de petites choses." — In der letzteren Beziehung sagt Napoleon von Contades Benehmen bei Minden: „Il fatigua ses troupes toute la nuit et la matinée pour prendre sa ligne de bataille, ce que de nos jours des armées doubles et triples font en deux heures avec tant de rapidité."

[27] (S. 217). In den Bereich dieser Intelligenz gehört auch die Leitung der Gesinnung in der Armee, deren Integrität bei der heutigen Verwirrung der politischen Begriffe von der höchsten Wichtigkeit ist. Ehe man sie — diese Gesinnung — aber leiten kann, muß man die gerade Linie und die vorherrschenden Abweichungen von derselben in den Unterbefehlshabern, den Officieren aller Grade und den Soldaten kennen lernen, und sich keiner Täuschung darüber hingeben.

[28] (S. 217). Wie mit der Kriegsweisheit, verhält es sich auch mit der Staatsweisheit; auch diese ist, wie Cancrin meint, eine Folge der combinirten Staatswissenschaft und der Erfahrung, die zwar wohl einen Takt für die Anwendung ihrer Grundsätze schaffen, aber weder gelehrt noch gelernt werden kann.

[29] (S. 218). Wir machen dieses den nachgelassenen Schriften des Generals v. Clausewitz zum Vorwurf, welche Gedanken und selbst Empfindungen des Feldherrn unter der Firma einer geistigen Kriegstheorie darstellen. Man lese dessen 2. Capitel über den kriegerischen Genius, und darin die Betrachtung über Verstand und Gemüth des Feldherrn nach.

[30] (S. 218). Napoleon sagt zwar: „Un général qui voit par les yeux des autres, ne sera jamais en état de commander une armée comme elle le devrait être;" er sagt aber auch wieder „c'est par les yeux d'esprit, par l'ensemble de tout le raisonnement, par une espèce d'inspiration que le général voit, connait, juge." Er kannte seine Leute mit dem Talent des großen Mannes; so sagt er z. B. von Reynier vollkommen richtig: „Qu'il était très instruit, bon administrateur, intègre, qu'il avait plus d'habitude de la guerre (als Menou nämlich) mais qu'il manquait de la première qualité d'un chef; bon pour occuper le deuxième rang, il paraissait impropre au premier. Il était d'un charactère silencieux, aimant la solidité, ne sachant pas électriser, dominer, conduire les hommes. Le général Lannes avait le feu sacré ꝛc.

[31] (S. 218). Napier, nachdem er von der Bereitschaft zum Kriege gesprochen, in der sich General Moore 1808 befand, sagt: „Lorsqu'un général d'armée est secondé par un bon état-major, ces obstacles l'arrêtent peu, mais très peu d'officiers de cette armée, à l'exception du commandant en chef, avaient fait la guerre et toutes les branches de l'administration civile et militaire étaient composées d'hommes nouveaux, qui avaient du zèle et de la bonne volonté, mais qui ne s'en-

tendaient pas à un service, dans lequel aucune énergie ne peut empêcher de ressentir fortement les effets de l'inexpérience."

[32] (S. 218). Je vornehmer das Hauptquartier ist, desto mehr Leute findet man darin, welche angeblich zur Disposition für außergewöhnliche Dienste vorbehalten sind, in der That aber zum großen Theil aus sich gekränkt Glaubenden, aus unruhigen Köpfen oder Gelehrten, auf die man Rücksicht nimmt, bestehen, und deren Müßiggang den eigentlichen Geschäftsleuten höchlich zur Last wird. Oft finden sich dazu auch noch Officiere fremder Mächte als Volontairs oder chargés d'affaires mit unstatthaften Prätensionen ein.

[33] (S. 218). Als die ersten eigentlichen Generalstabsofficiere, zeigen sich im Mittelalter (1328) die türkischen Staatsboten, die wegen ihrer auf Missionsreisen erlangten Länderkenntniß, die Armeen führen und ihnen bestimmte Lagerplätze anweisen mußten. Heinrich IV. hatte in der französischen Armee unter der Benennung maréchaux de camp, seine General-Quartiermeister, deren Benennung unter Ludwig XIII. auf alle Brigadiers überging und mit maréchal des logis vertauscht wurde. Gustav Adolph brauchte, nach Schildknecht, seine Fortificationsofficiere zum Generalstabsdienst, ebenso noch Karl XII. und, nach Lespinasse, beabsichtigte dies selbst noch der französische Kriegsminister St. Germain. Wallenstein hatte (1630) in Deodati, Luxemburg (1740) in Puységur und Friedrich II. zu Anfang des siebenjährigen Krieges z. B. in Winterfeld tüchtige General-Quartiermeister; dieselben hatten wieder ihre aides, wie Berthier (1812) in Lobau, der damals als aide-major-général für die Infanterie angestellt war und für den Ersatz und die Streitfähigkeit dieser Waffe speciell zu sorgen hatte. — „L'état-major, meint St. Cyr vom französischen Generalstabe im Jahre 1793, dont les fonctions sont si importantes dans la guerre, puisque c'est sur lui que repose l'exécution de tous les ordres du général en chef, n'existait pas pour ainsi dire dans les armées françaises; il ne consistait que dans la création toute nouvelle de quelques officiers supérieurs qu'on appelait adjudants généraux. Ce n'est pas au moment de la guerre qu'on peut former un bon état-major et l'instruction qui lui est nécessaire, doit être acquise avant l'instant du besoin." — Im Jahre 1831 wurden in Frankreich die Geographen mit dem Generalstabe vereinigt. Dieses Corps hatte in den Revolutionskriegen wesentliche Dienste geleistet und es waren viele ausgezeichnete Generale aus ihm hervorgegangen, wie z. B. Reynier, St. Cyr und Andere.

[34] (S. 219). Ganz besonders bedürfen diejenigen Anführer, die im Rufe eines Haudegens stehen, wie z. B. Blücher, einer geachteten Intelligenz in ihrer Nähe, wie Scharnhorst und später Gneisenau sie in so vollendetem Maaße repräsentirten. Es ist aber ganz verkehrt, einer Verstands- oder Charakter-Null auf solche Weise forthelfen zu wollen, weil es nicht vermieden werden kann, daß alsdann Andere, als die Berufenen, sich des Postens bemächtigen. Fürstliche Personen gelangen häufig unter dergleichen Voraussetz-

ungen zu Anführerstellen und haben unter solchen Umständen schon manches Unheil angerichtet.

35 (S. 220). Napoleon stellt die Forderungen an seinen Generalstab nicht sehr hoch. Er verlangt vom Chef desselben, daß er die Gegend durchaus kenne, eine Recognoscirung zu leiten, Ordres prompt zu überliefern und die verwickeltsten Bewegungen verständlich und mit wenig Worten anzugeben im Stande sei. Berthier's in mehreren Biographien dargestellte Geschäftsführung stimmt auch mit diesem Verlangen, und doch scheint der Kaiser zuweilen diese Beschränkung selbst empfunden zu haben, wenn er z. B. aus Smolensk (1812) schreibt: „L'état-major ne m'est d'aucun secours“ 2c.

36 (S. 221). Ein mißleiteter Autoritätsglaube setzt in mancher Armee den Chef des Generalstabes im Frieden nicht unter, sondern neben den Kriegsminister, was allenfalls bei hervorragenden Persönlichkeiten gerechtfertigt, in der Sache aber niemals entschuldigt werden kann, indem darunter ebenso wohl der Nutzen der Armee, als die richtige Wirksamkeit des Kriegsministers und nicht selten die des Chefs vom Generalstabe selbst zu leiden haben wird.

37 (S. 221). Wir bleiben hier bei den üblichen Namen mit ihren Haupt-Bedeutungen stehen, die aus der französischen Armee-Verfassung stammen und mitunter bei neuen Organisationen nicht einmal richtig aufgefaßt wurden. Da übrigens viele der erwähnten Geschäfte nur temporär sind und also commissorisch, wie die meisten Materiallieferungen, Revisionen, Abnahmen 2c., betrieben werden; so scheint auch der sehr allgemeine Name des Kriegs-Commissairs für den Techniker entsprechend, obgleich hier und da noch unter der alten Benennung des Feld-Kriegs-Commissariats nur das Personal des sämmtlichen Armee-Fuhrwesens (Train) verstanden wird.

38 (S. 221). So verlangt man in Mobilmachungsplänen zuweilen sogar die tägliche Anfertigung eines Sortenzettels von dem in der Kriegskasse vorhandenen Gelde, was entweder alle Zahlungen auf die Stillstände der Armeen verweiset, oder nur mit Unwahrheiten, dem Gegensatze jeder wahren Controle, erfüllt werden kann. — Ebenso wenig Rücksicht nimmt man auf die Trennung der Intendantur von dem Administrationsdienste, und muß daher die Intendantur selbst als controlirende Behörde auf eine ungemessene Weise vergrößern, während das jedenfalls wichtigere ausführende Personal, nur sparsam zugemessen, und nicht selten aus der Combattanten Zahl ergänzt werden muß.

39 (S. 221). Dupuget meint, der General der Artillerie müsse sich eine genaue Kenntniß vom Schlachtfelde verschaffen, er müsse gründliche Einsicht in alle Truppen-Manoeuvres haben und im Großen von den Entwürfen des Commandirenden unterrichtet sein.

40 (S. 222). Man mag über diesen Theil des Geschäfts Dasjenige nachlesen, was bereits bei Betrachtung der Genie Waffe zur Sprache gekommen ist.

41 (S. 223). Es giebt große Armeen, für welche weder an einen

Haupt-Park noch an eine Haupt-Reserve der Genie-Truppe gedacht ist und wo den Commandirenden der Armee-Corps lediglich eine, für ihre mannichfachen Bestimmungen viel zu schwache technische Truppe mit ihren wenigen Werkzeugwagen zur beliebigen Disposition überlassen wird. Die Folge davon wird sein, daß schon ein Brücken-Uebergang, der mehr Mittel als die eines Armee-Corps erfordert, nicht ausgeführt werden kann, ohne die Organisation zu stören, den Dienstverband aufzulösen und einem anderen Armee-Corps wenigstens zeitweilig das zu entziehen, was es für sein Eigenthum hält und worüber dem Corps-Commando scheinbar doch allein die Disposition zusteht.

[42] (S. 224). Aus den eigenen Bekenntnissen Napoleonisch-französischer Armeen in Spanien, Oestreich und Rußland geht hervor, daß häufig ihr Stillstand, mitunter auch ihr Rückgang aus solchen Mißverhältnissen entsprungen ist, obgleich der Impuls eines der mächtigsten Kriegs-Genien aus der Entfernung auf die Armee wirkte. Was wird da zu erwarten sein, wo ein solcher Impuls fehlt, wenn die moralischen Räder ausgefeilt sind und das militärische Gerüste auf dünnen Stützen ruht?

[43] (S. 224). Zuweilen muß selbst der Monarch unvermeidliche Anstöße vermitteln, nächstdem daß viel darauf ankommen wird, ob er sich bei der Armee oder im Centralpunkt der Regierung befindet. Sollte er sich zur Kriegszeit an einem dritten Orte befinden, so würde das nur um so übler sein. Ist er nicht selbst Feldherr, so kann er weder diesen noch den Kriegsminister entbehren.

[44] (S. 225). Gelegentlich der Kriegsleitung in Spanien im J. 1810, sagt Napoleon unter Anderem: „Cependant il n'est pas permis à 300 lieues de distance et, sans avoir même un état de situation de l'armée, de diriger ce que l'on devrait faire."

[45] (S. 225). Dieses Verlangen läuft freilich dem centralisirenden Bureaukratismus unserer Zeit schnurstracks entgegen; aber auch dieser läuft selbst mit dem bevorstehenden Geschäftsbankerotte seinem Verderben zu und die Theorie kann ihn füglich laufen lassen. Demosthenes sagte schon: „Großartiger Entwürfe ist nicht fähig, wer kleinliche Geschäfte treibt; denn wie die Beschäftigung der Menschen, so ist nothwendig ihr Geist."

[46] (S. 226). Das ältere französische „lieutenant du roi" statt „Festungs-Commandant" bezeichnete die Special-Bevollmächtigung deutlicher als die heutigen halben Anerkenntnisse und unklaren Anforderungen dieser Stellung, die nach Umständen aufgefaßt werden müssen und das Verhältniß des Befehls bis zur Berennung des Platzes, ungewiß lassen. „En partant d'Augsbourg," schreibt Napoleon 1809 an Massena, „vous mettrez la place en état de siége et dès ce moment tout doit obéir au commandant."

[47] (S. 226). Plätze mit der einzigen Bestimmung, einen militär-geographisch wichtigen Punkt zu halten, bedeuten wenig in unserer ausgedehnten Kriegführung und fallen in die Classe der Posten nach ihrer Versorgung und Behandlung.

[48] (S. 226). Man hat auch wohl Dispositions-Vorräthe an Waffen, Brod, Material, Munition 2c. in den Plätzen, und giebt dem Commandanten über das, was zur Armirung und zum Approvisionnement seines Platzes gehört, specielle Vollmacht und Recours an die höchste Behörde.

[49] (S. 226). Die über diesen Punkt, wie über den Eintritt der allgebietenden Militär-Gewalt hier und da vorhandenen geheimen Instructionen haben, eben dieses Geheimnisses wegen, in unserer Zeit den Nachtheil, daß sie die Machtäußerungen des Commandanten als Gewaltstreiche erscheinen lassen, weil ihnen die gewohnheitsmäßige formelle gesetzliche Gültigkeit abgeht. Der leicht zu verleitenden Menge wird deshalb der Commandant nicht selten als Tyrann, und der Ungehorsam gegen seine Maaßnahmen als gerechtfertigte Opposition erscheinen, und somit wenigstens die moralische Kraft des Vertrauens geschwächt werden, welche dem Commandanten besonders jetzt in Ermangelung des alten Standes-Soldaten, so unerläßlich ist. Occulte Gesetze passen durchaus nicht mehr in unsere Zeit, in der man den Drang nach Discussion bei allen Parteien wahrnehmen kann. — Vorgeblich um den Forderungen der Rüstigkeit an die Stelleninhaber zu genügen und um der Verbürgerung vorzubeugen, eigentlich aber wohl mehr aus Ersparungsgründen, hat man ferner hier und da die Commandantenposten im Frieden zu Durchgangsstellen für niedrig graduirte Personen gemacht und sie durch Unterordnung unter die Controle der Militär-Commando's, aus ihrer eigentlichen Wirksamkeit herausgehoben, indem man ihre Functionen entweder in die Hände von Central- oder von local-subalternen Verwaltungen legte. Es ist hier gegangen, wie mit dem Innungswesen, dessen nützliche Eigenthümlichkeiten zugleich mit seinen Mißbräuchen in Verruf kamen, oder deren Werth man außer Acht ließ, um einer Chimäre nachzugehen.

[50] (S. 228). Gemeinhin geben die sogenannten Heerstraßen, mitunter auch schiffbare Ströme, den wahren Zug dieser Linie an, wie z. B. in der östreichischen Campagne von 1809 der Donaulauf von Regensburg bis Wien, was jedoch mit Neben-Umständen zusammenhängt und im Gegensatze mit Lloyd und Anderen, den Fluß-Mündungen und Straßenknoten erst einen secundären Werth schafft.

[51] (S. 228). Die in der Tempelhofschen Schule ausgesponnenen Operationen mit Magazin-Verpflegung, vervielfältigten diese Gliederung bis zur Unmöglichkeit Krieg zu führen, und die mit Napoleons Ungestüm ausgeführten Invasionen, machten ihre Vernachläßigung seinen Armeen verderblich. Der östreichische General Schwendi sagt schon 1570: „Also ist von Seiten des Feldherrn ernstlich dahin zu trachten, daß er sich mit seinem Lager nicht soweit hinaus oder bloß gebe, daß ihn der Feind hinterziehen und ihm den Proviant oder die Futterung abstricken, oder mit täglichen Lärmen und Scharmützel sein Volk ermatten, müde machen oder in Schreck oder Unordnung bringen möge, worauf denn die Türken all ihr Thun und Fürnehmen pflegen anzustellen.“ — Busca (1582) nennt die Operationslinie ganz ein-

fach: **strada del ritorno, corso delle munizioni**, die in der neueren Krieg- führung keiner Armee auf längere Zeit fehlen dürfen.

[62] (S. 228). Eine solche Scheide giebt auch das Meeresufer ab, wenn man in einem Landkriege Herr zur See ist; auch sind Hauptflüsse, tiefe Thäler und Bergketten als Scheiden in der Kriegführung von so großer Wichtigkeit.

[63] (S. 229). „C'était le point central," meint Pelet bei einer solchen Gelegenheit, „autour duquel des postes fortifiés soutenaient les opérations des colonnes mobiles;" sehr richtig nennt er mitunter so etwas selbst eine Basis. Hannibal benutzte eine solche schon in Apulien, und Napoleon hatte sich die Hauptstädte mit ihren Kriegsmitteln, wie Madrid, Lissabon, Turin, Wien, Moskau, Dresden rc. dazu ausersehen, wobei er jedoch immer seine Operationslinien, je nachdem es die Umstände erlaubten, beibehielt oder verlegte, was ihm von Moskau her wie von St. Jean d'Acre, theuer zu stehen kam. Als er 1809 auf die volle Eroberung der pyrenäischen Halbinsel ausging, spaltete er seine Operationslinie und richtete sie von Bayonne aus über Burgos, wo Bessières echelonnirt war, sowohl nach Madrid als einer neuen Pointe, wie nach Gallizien, von wo aus Soult sich wieder neu basiren und über Thuy, was er späterhin momentan aufgab, nach Lissabon agiren sollte, während Ney das Land im Besitz hielt. Von dem Operations-Pivot Madrid aus, sollte alsdann Victor, welcher Cuesta über Merida verfolgte, mit Lapisse die Soult'schen Operationen unterstützen, ebenso wie Sebastiani über Toledo die projectirten Suchet'schen, welche St. Cyr in Catalonien basirte. Die spätere Stellungs-Verwickelungen von Soult, Ney, Kellermann, Bonnet, La Romana und den Parteigängern zeigten, daß sich auch hier die Combinationskunst zu weit gewagt hatte, wenngleich Napier meint: „Les Français n'eussent ainsi jamais perdu leur position centrale, ni exposé leur grande ligne de communication à être attaquée."

[64] (S. 229). Dergleichen Combinationen mit über die Gegenhandlung ausgedehnt, haben auch das sogenannte System der inneren Linien zu Tage gebracht, das sich in der That auf das Concentriren zur theilweisen Ueberwältigung stützt, mit dem bloßen Räumlichkeitsverhältnisse aber nur einen Theil der Aufgabe löst. „Herr von Bülow," schreibt Clausewitz, „sieht das Umfassen als das wahre Princip des Kampfes an und entwickelt daraus ein System geometrischer Natur, dem er es zuletzt auch nicht an Politur und mathematischer Eleganz fehlen läßt; General Jomini setzt Alles in die Vereinigung der Kraft auf einem Punkte und entwickelt daraus ein, dem Bülowschen entgegengesetztes System der inneren Linien." — Der Vortheil von ein paar Märschen, auf den in solchen Linear-Speculationen fast Alles hinausläuft, kann durch unerwartete Umstände in längeren Zeiträumen leicht verloren gehen und dann ist diese Art von Kriegsweisheit am Ende.

[65] (S. 229). Dumas, der in seiner Relation der Campagne von 1799, eine „ligne contenue depuis les bords du Danube jusqu'au golfe Adriatique" bezeichnet, sagt beim Feldzuge von 1805 selbst: „Supposer

une seule et même base d'opérations, occupant transversalement les bassins du Rhin et du Danube et la masse des Alpes, serait abuser des mots et pousser jusqu'à une extension ridicule l'application de la terminologie, récemment adoptée dans la science stratégique." — Erzherzog Karl, der seine strategischen Betrachtungen über eine Basis vom Riesengebirge bis zu den steiermärkischen Alpen (14 Märsche), oder von Breisach bis Mainz ausdehnt und seine Operations-Objecte von und über die obere Donau hinausschiebt, äußert sich dahin, daß dergleichen Defens-Linien von Aufstellungen der Truppen wohl zu unterscheiden wären, daß sie keine Zersplitterung derselben begründeten, und daß höchstens bei Winterquartieren hierin etwas nachgelassen werden dürfte. — Auch Erzherzog Johann wurde 1809 besonders gewarnt, sich vor ängstlicher Berechnung mathematischer Linien und strategischer Betrachtungen zu hüten. — Die unter des Erzherzogs Karl Autorität 1814 erschienenen Grundsätze der Strategie bringen die Linear-Betrachtungen unter dem Titel einer Feldherrn-Wissenschaft bis in die möglichsten Abstractionen, wobei die Communications- und Defenslinien, oder die Operations-Linien und Basen, erst als Anwendungen der strategischen Linien erscheinen, die nur als Verbindungen strategischer Punkte gedacht sind, und die eigentliche Kriegführung erst in der noch tiefer liegenden Taktik erkennen lassen. Als Abstractions-Anforderung an eine gute Basis, wird dort die Deckung genannt und die Bedingung ausgesprochen, sich in der Verlängerung mit der Basis des Gegners nicht zu schneiden und dergleichen mehr, wobei sich Alles um das Bedrohen der Basis des Feindes und sein Verlassen strategischer Punkte dreht.

„Alexandre, Annibal, César, Gustave Adolphe, Turenne, Eugène, le grand Fréderic, meint Napoleon, seraient fort embarrassés de se décider sur cette question, problème de géométrie transcendentale, qui a un grand nombre de solutions. Un novice seul peut le croire simple et facile. Euler, Lagrange, Laplace passeraient bien des nuits, avant la mettre en équation et avant d'en dégager les inconnus."

[66] (S. 229). „Si stabilisca, sagt Montecuculi schon bei den damaligen kleinen Armeen, forte e secura la linea delle communicazioni." — Zur Organisation einer Communicationslinie gehören gesicherte Anlagen und besonders eine Autorität, die sich im eigenen Lande leichter als im feindlichen erhalten läßt, weshalb im Letzteren der Wechsel einer solchen Linie schwieriger wird, besonders sofern sie einen neuen Weg verlangt, auf welchem der Druck des Armee-Marsches noch nicht gefühlt worden ist.

[67] (S. 231). Die meisten militärischen Terrain-Lehren sind nichts als Vorträge einer gemeinen Detail-Geographie, welche das Charakteristische im Terrain nur nebenbei durch die Nomenclatur der gebräuchlichen Ausdrücke erwähnen und den Schluß aus dem Bekannten auf das Unbekannte zur Aufgabe machen. So verhält es sich z. B. mit Gomez Terrainlehre für die österreichische Offiziere (1818), wo noch überdieß die Orographie und Hydro-

graphie des östreichischen Staats behandelt wird. Am besten ist daselbst die Orientirung und Recognoscirung des Terrains bearbeitet.

[58] (S. 231). Die von Darçon in seinen Considérations (pag. 107) erzählte Anekdote des alten Ingenieurs, den der Minister Choiseul über den portugiesischen Kriegsschauplatz in Paris zu Rathe zog und von dem der Commandirende Beauveau nachher schrieb: „Vous avez à côté de vous un diable ou un ange, qui vous fait deviner toutes nos positions,“ muß nach dem Zustande der früheren Terrainkunde und den dazu vorhandenen Hülfsmitteln gewürdigt werden, und darf diejenigen, die gerne par distance alle Kleinigkeiten anordnen möchten, welche sich ihrer beschränkten Weisheit als wichtig darstellen, nicht verführen. Auch setzt Darçon hinzu: „Nous laissons à penser, combien ces connaissances, alors encore assez rares, devaient être précieuses entre les mains de ceux qui n'en abusaient pas pour étendre l'empire du charlatanisme.“

[59] (S. 231). So zeigt ein Aufsatz in Dumas Précis des événements militaires, 1. Th. pag. 213, daß dieser neueste Apostel der militär-geographischen Kenntniß unter Topographie Nichts weiter, als die Anfertigung der militärischen Charte versteht.

[60] (S. 231). Freilich finden sich auch Situationsbilder auf mancher Charte, und Charaktere auf manchem Plan; das ändert aber den wesentlichen Unterschied beider nicht und bezeichnet blos unklare Vermischungen, wozu die Maaßstäbe Veranlassung geben.

[61] (S. 232). Wir wollen damit nicht sagen, daß sie der Soldat nicht etwa auch vertragen und Nutzen daraus ziehen könne. Es giebt einen Zusammenhang alles Wissens, und wer den Krieg studirt, kann auch etwas Anderes studiren. Wenn sich aber die Kriegsschriftsteller auf fremdes Gebiet verirrten, so lag es theils daran, daß sie nur Schriftsteller waren, theils und besonders daran, daß sich die geographischen Kenntnisse gleichzeitig mit den militärischen hoben, ja dem Kriege selbst manchen Fortschritt verdanken, der aber seine Theorie nicht belästigen darf. Es ist fast ärgerlich, wenn man in höheren Kriegsschulen Geognosien vortragen hört, denen allgemein zugängliche Hülfsmittel selbst die ersten Annahmen z. B. die fortlaufende Richtung der Bergketten und deren Zusammenhang, die Verbindung der höchsten Gipfel mit den Central-Ketten, die höchsten Berge und größten Plateaus am Ursprunge der bedeutendsten Flüsse &c. streitig machen, und bei welchen sich des gelehrten Potocki Ausspruch bewährt: „La république des sciences est pleine de gens qui ont assisté à la création du monde.“

[62] (S. 232). Es giebt wohl Schlachten, welche in solchem Zwischenlande vorfielen, wie z. B. die bei Hondscoten, Crefeld, Hohenlinden und anderz; sie ereigneten sich aber gleichsam en flagrant délit, als Treffen im eigentlichen Sinne (rencontres) und ohne daß der eine oder der andere Theil es eigentlich wollte. Es sind daher Warnungstafeln zur größeren Achtsamkeit auf die eigentliche Militär-Topographie, und gereichen der hier

ausgesprochenen Ansicht eher zur Begründung als zur Widerlegung. Hohenlinden, meint Napoleon, wäre ohne das entschlossene Vorrücken Drouet's auf die Queue der östreichischen Haupt-Colonne, durch die Zersplitterung in ungangbaren Traversen verloren gewesen.

63 (S. 232). Napoleon sagt dieserhalb: „Un corps de 30,000 hommes doit toujours rester réuni; c'est la force d'une armée consulaire; les Romains campaient toutes les nuits dans un carré de 150 toises de côté." — Rogniat giebt seinen 30,000 Mann eine Lagerfront von 2500 Schritt. Größere Armeen werden in neuester Zeit bei weitem weniger zusammengehalten als in älterer, selbst noch im siebenjährigen Kriege, und es geht daher jeder Hauptschlacht gewöhnlich erst eine Concentration voraus. — Clausewitz will aus Erfahrung wissen, daß der Widerstand einer gewöhnlichen Division (8- bis 10,000 Mann aller Waffen), selbst gegen einen bedeutend überlegenen Feind, in nicht ganz vortheilhafter Gegend mehrere Stunden dauere, sich aber bei nur einiger numerischer Ueberlegenheit des Feindes, auf einen halben Tag annehmen lasse: bei einem Corps von 3 bis 4 Divisionen werde die doppelte, und bei einer Armee von 80 bis 100,000 Mann das Drei- bis Vierfache dieser Zeit anzunehmen sein: so lange dürfte die Masse sich selbst überlassen bleiben, ohne die Continuität des Gefechts aufzuheben. Calcüle dieser Art dürften indessen etwas gewagt erscheinen, und eine genaue Kenntniß der Truppen und ihrer Führer voraussetzen.

64 (S. 233). Wir denken hier ungefähr an ein preußisches Armeecorps, stellen dasselbe in 2 Treffen mit 500 Schritt Tiefe, und geben 2000 Schritt Entfernung zu der taktischen Handtirung zwischen den Fronten, woraus sich, bei einer Entwickelung von 6000 und einem Tiefenbedürfniß von 3000 Schritt, 18,000,000 Quadratschritt Flächenraum ergeben. Napoleon spricht in einem ähnlichen Falle von 3000 Toisen Frontlänge und 900 Toisen Abstand der Fronten. Da die Treffen-Entfernung bei den Franzosen reglementsmäßig 500 Schritt beträgt, so würde dies im Ganzen sogar ¼ Quadratmeile Flächenraum ergeben. — Im spect. milit. 1829. unterscheidet ein Franzose Schlacht-, Manoeuvrir- und Operationsfront, und setzt bei einer 100,000 Mann starken Armee die erste zu 2 Lieues, die zweite zu 4 bis 5 Lieues und die dritte zu 25 bis 30 Lieues an, was allerdings noch manche Erklärung fordert. Bei Eßlingen sollen nach Rogniat, 100,000 Oestreicher nur 3000 Toisen eingenommen, dabei aber sehr beengt gestanden haben.

65 (S. 233). Dergleichen Suppositionen, gemeiniglich eitle Prahlereien mit politischen Ansichten, gehören nicht nur nicht in die militärische Terrainkunde, sondern taugen überhaupt zu Nichts. Der Generalstabsoffizier, der im Kriege durch die Umstände gewaltig tyrannisirt wird, darf sich schon im Frieden der Phantasie nicht hingeben, wenn er wirklich Etwas lernen will.

66 (S. 233). So nennt Pelet die Gefechte von Thann bis Regensburg (1809) eine strategische Bataille; „les lignes de manoeuvres," sagt er, „furent les véritables lignes d'opérations, le champ d'action fut un

théâtre de guerre entier, chacun des mouvements une marche d'armée. Elle embrassa cette intervalle, qu'on établit entre la tactique et la stratégie."

[67] (S. 233). Absolute Terrain-Scheiden giebt es im cultivirten Europa außer dem Alpenrücken der Hochgebirge, den Meeresarmen, einigen dichten Wäldern und Sümpfen auf längere Strecken sehr wenige. „De tous ces obstacles, sagt Napoleon, les déserts sont sans doute les plus difficiles à franchir, les montagnes tiennent le second rang, les larges fleuves n'ont que le troisième." Die Cultur führt hier bedeutende Wechsel ein; so war noch Liefland dem Montecuculi ein Zwischenland in den Händeln der Schweden, Polen und deutschen Ritter.

[68] (S. 233). Mit dem: est modus in rebus, mag auch der Parteiführer Operations- und Zwischenland für seinen Zweck unterscheiden; er wird Nutzen daraus ziehen, wenn schon die Theorie sich nach dem Begriff des Parteienkrieges nicht damit befassen kann. Mit der Continuität des Operationslandes hängt auch die Einheit im Truppenbefehl zusammen, die ohne Kenntniß der Sache gemeinhin unbeachtet bleibt und, wie die Kriegsgeschichte lehrt, häufig zu spät vermißt wurde, wie z. B., nach St. Cyr's Beobachtung, bei der Mosel- und Rheinarmee im französischen Revolutionskriege.

[69] (S. 234). Das zum militärischen Erkennen einer Gegend bisher übliche Aufsuchen von Colonnenwegen und Stellungen nach militärisch-politischen Conjecturen, giebt, sofern es nicht dem concreten Falle dient, für den Gebrauch gleichzeitig zu wenig und zu viel. Mit dem leichten Erkennen der Grenzen eines Operationslandes, die sich in jede Charte eintragen lassen, findet man zugleich dessen Ein- und Ausgänge, und wird damit auf die Zulässigkeit, ja selbst die Nothwendigkeit bestimmter diametraler und peripherischer Armee-Bewegungen mit ihren Rasten (Secondair-Stellungen) und auf die Kreuzschnitte dieser Bewegungslinien (Central-Stellungen) hingewiesen. Die Engen (étranglements, la goletta), welche zwei Operationsländer verbinden (koppeln), werden offenbar die wichtigsten Durchgänge im Zwischenlande zeigen 2c.

[70] (S. 234). Etwas der Art findet sich über den Charakter der Hochgebirge im südlichen Deutschland und nördlichen Italien vom Capitain Martini in der östreichischen Militär-Zeitschrift (1821) abgedruckt, und in vielen Relationen der neueren Campagnen zerstreut; nur daß hier immer das Locale vorherrscht, während die Betrachtung, welche von uns empfohlen wird, auf das natürlich, nicht örtlich Zusammengehörige gegründet sein will und mehr Allgemeinheit verlangt.

[71] (S. 234). Wäre die Theorie bereits tiefer in diese Eigenheiten eingedrungen, so würde man über manche Position, die sich auf der Charte besser als in der Natur ausnimmt, nicht streiten; man würde einem sonderbaren strategischen Princip ausgewichen sein, von dem Clausewitz sagt: „Dumas findet dieses Princip in dem örtlich höheren Standpunkte, und daraus entsteht nun freilich mit einer Unzahl von halbwahren und halbfal-

schen Substitutionen, ein System geologischer Analogien, welches sich höchst pittoresque ausnimmt. Die Nachbarn der Wolken, die Riesenhäupter der Gebirge, werden zu Herrschern des unter ihnen liegenden Landes und die Ströme zu Boten ihrer Gewalt. So scheint die Kriegskunst geologisch aus der Schöpfung der Erde selbst emporzusteigen, sie berührt mit der Fußspitze nur die höchsten Gebirgsrücken und herrscht mit wenig Zügen tief verborgener Weisheit, magisch über die Unendlichkeit der Erscheinungen, mit denen der Krieg sich schwerfällig fortwälzt." Aber auch dieser Kritik, die auf die entgegengesetzte Seite überschlägt und dem Terrain wieder Nichts zugestehen will, sieht man es an, daß der Schwerpunkt des Wissens verloren ist.

[72] (S. 235). So erwähnt Chambray die russischen Dörfer, deren Häuser von Holz mit Stroh gedeckt, sehr leicht Feuer fangen und Denen, die sie besetzt halten, am nachtheiligsten sind, was bei Borodino Veranlassung gab, Semenoreka ganz abzutragen, sowie eben daselbst die breiten russischen Landstraßen Kutusow den Abzug der Armee auf Einer Straße möglich machten; auch daß die Schrotwände an der Beresina die Brückenbalken hergaben, war ein wichtiger Umstand.

[73] (S. 235). So groß übrigens auch der Nutzen der topographischen Bilder für die Kriegführung ist, so können dieselben doch immer nicht für ein absolut nöthiges Erforderniß der Letzteren gelten. Bei einer besseren Kriegstheorie und darauf gebauter Militär-Erziehung, würden sie noch weniger unentbehrlich sein.

[74] (S. 235). Im Gegensatze mit der naturgemäßesten Projection, der perspectivischen, welche das Bild nach optischen Gesetzen für einen bestimmten, in endlicher Ferne angenommenen Augenpunkt entstehen, hierbei also die scheinbaren Entfernungen mit zum Ausdruck kommen läßt, verbreitet die ortographische Projection den in unendlicher Ferne angenommenen Augenpunkt über die Horizontal-Ebene, die scenographische den ihrigen aber über die Vertical-Ebene und da die Letztere wenigstens zu Zeiten von dem Beschauer erreicht werden kann, so erscheint sie immer noch natürlicher als jene. Wir finden sie darum mit der Cavalier-Perspective (a cavaliere, d. h. von Oben), wo der Augenpunkt bei bestimmter fester Distanz, auf eine veränderliche horizontale Linie beschränkt wird, noch vorherrschend in den Abbildungen aus der ersten Hälfte des achtzehnten Jahrhunderts, obgleich Schildknecht schon 1655 sagte: „Alles ichnographice! (d. h. ortographisch) denn scenographice verdeckt eins das andere, wie jene Ehebrecherin ihren Buhlen unter dem Pelz." Ortographisch nannte man damals Das, was wir heute Aufriß oder Profil nennen.

[75] (S. 236). Die literarischen Streitigkeiten über Lehmann und seine Situationsmanier sind bekannt. Sie sprechen mehr für die Kleinlichkeit der neueren Kriegsliteratur, als für die Wichtigkeit jener Bergzeichnung. Die mir wohlbekannte Persönlichkeit Lehmanns, der ein fertiger Aufnehmer war und in einem klaren mathematischen Kopfe auch militärische Kenntnisse besaß, ließen ihn seine, in der Hauptsache schon vorhandene Manier aus dem

Chaos der übrigen Manieren mit eigenthümlich positiver Schärfe ausscheiden. Daß sich dieselbe bei seiner und der Gegenpartei selbst im Auslande nicht verloren, zeigte noch Puissant und die Haxosche Schule 1827 in Frankreich, die immer das Gute hatte, daß sie Lehmanns vielleicht nicht einmal vorzüglichste Darstellung, zu einer allerwärts verständlichen Zeichensprache erhob.

[76] (S. 236). Im Mém. de St. Hélène liest man: „Napoléon avait fait étendre son immense carte d'Italie qui couvrait la plus grande partie du salon et, couché dessus, il la parcourait à quatre pattes, un compas et un crayon rouge à la main, comparant et mesurant les distances à l'aide d'une longue ficelle, dont l'un de nous tenait une des extrémités. C'est comme cela, me disait-il en riant de la posture où je le voyais, qu'il faut toiser un pays pour en prendre une idée juste à faire un bon plan de campagne."

[77] (S. 236). Wer die Flächen-Neigungen im Plane nach einzelnen Graden andeuten zu können glaubt, hat wenigstens im durchschnittenen Terrain nicht viel aufgenommen; auch verlangt es der militärische Gebrauch des Plans nicht. Für diesen Gebrauch genügen die Practicabilitäts-Classen, weil man für niedere Zwecke die Anschauung des Terrains doch nicht entbehren kann.

[78] (S. 237). Meisterhaft findet man zu solchem Behuf in Napoleons Memoiren den Kriegsschauplatz von Ober-Italien scizzirt. Auch zeigt sich in Koch's Campagne von 1814 mehr Schärfe, als in Dumas eleganten, aber abschweifenden Referaten verschiedener Schlachtfelder. Napoleon, welcher solche Beschreibungen zu benutzen wußte, ließ 1809 seinem Commandeur der Geographen befehlen: „Les mémoires seront toujours du style le plus simple et purement descriptif. Ils ne s'écarteront jamais de leur sujet pour présenter des idées étrangères. Une méthode précise est la seule qui convienne à l'empereur." An einer anderen Stelle heißt es: „Autant que possible, on cotera les hauteurs des collines et montagnes afin qu'on puisse facilement juger les points dominants. Ces cotes ne doivent être que relatives entre elles. On ne peut sur ce point et sur beaucoup d'autres entrer dans des détails trop minutieux; mais il faut exprimer toujours de la manière la plus simple comment la chose se peint à l'oeil de l'observateur." Man sieht hieraus, daß die Tinten-Construction bei Napoleon noch keine Gnade gefunden hatte, obgleich sie ihm nicht unbekannt sein konnte. — Das, was Pelet in seinen Beschreibungen von Polen, Tyrol rc.: „coup d'oeil stratégique" nennt, kann ich so unbedingt nicht dafür ansehen; so gelungen es auch sein mag, so gehört es doch mehr der geographisch-statistischen Beschreibung an.

[79] (S. 237). Napoleon: „Le général ne connaît jamais le champ de bataille où il doit opérer. Son coup d'oeil est celui de l'inspiration, il n'a aucune donnée positive. Les données pour arriver à la

connaissance du local sont si éventuelles, que l'on apprend presque rien par expérience. C'est la facilité de saisir tout d'après les rapports qu'ont les terrains selon la nature des contrées (nämlich unsere Physiognomik). C'est enfin un don qu'on appelle coup d'oeil militaire (militärischer Takt), et que les grands généraux ont reçu de la nature. Cependant les observations qu'on peut faire sur les cartes topographiques, la facilité que donne l'éducation et l'habitude, de lire sur ces cartes, peuvent être de quelque secours."

[80] (S. 238). Allerdings gehört hierzu eine angemessene, der Schwierigkeit der Sache entsprechende Einrichtung des Generalstab- und Ingenieur-Dienstes bei den Armeen, auch daß man nicht, wie Wittgenstein bei Bautzen, erst am Vorabende der Schlacht daran denkt, die Communication auf dem Schlachtfelde recognosciren zu lassen, was auch für den Rückzug vom Schlachtfelde bei Jena, erst während der Schlacht selbst von den sächsischen Ingenieur-Officieren gefordert wurde. Zur Erläuterung der Maxime, niemals Das zu thun, was der Feind wünscht, empfiehlt Napoleon beispielsweise: ein vom Feinde befestigtes und studirtes Schlachtfeld zu vermeiden.

[81] (S. 239). Daß es dazu besonders bei den neueren, weit ausgedehnten, wohl Tage lang dauernden Schlachten-Manoeuvres nicht bessere Mittel geben sollte, als das möglicherweise durch das Raisonnement selbst geblendete, aus **einem** Orte blickende Auge des **einen** Beschauers will ich nicht in Abrede stellen. Vielleicht würde hier ein ganzes System der Beschauung dienen, das sich auf die Specialaufnahme gründet und durch eine schon oben erwähnte Uebersetzung aus der perspectivischen in die orthographische Projection ausführbar zeigen dürfte, und auch nicht, wie das von Manchen geträumte Telegraphiren in der Schlacht, das Erkennen des Feindes allein zum Ziel hätte. — Die in den ersten Revolutionsjahren versuchten Aerostaten sollten Aehnliches leisten, verschwanden aber wie ächte Luftschlösser wieder aus der Kriegführung.

[82] (S. 239). Koch, ein sonst sehr achtungswerther militairischer Schriftsteller (Campagne von 1814), macht in der gangbaren Begriffsverwirrung den Entwurf eines Operationsplans zur Strategie selbst. „La stratégie," sagt er, „est l'art d'esquisser un plan de campagne et de tracer la direction principale des opérations à l'opposé de la tactique qui dirige les moments d'exécutions, qui doivent s'accomplir dans la même journée." Solche unzureichende Distinctionen kommen auch in dem Werke des Erzherzogs Carl zur Genüge vor.

[83] (S. 239). So bezeichnet der Erzherzog Carl das mit allerhand militärischen Terrain-Vortheilen ausgerüstete Donau-Ufer von Ulm bis Regensburg als Operations-Object eines östreichisch-französischen Krieges in Deutschland. Napoleon waren es vielfältig die Hauptstädte: in neueren und älteren Kriegen waren es meistens Provinzen und Festungen; vielleicht ist das Object der Franzosen im nächsten Kriege mit Deutschland das linke Rhein-Ufer. Die Operations-Objecte können zu verschiedenen Zeiten auch

in verschiedenem Lichte erscheinen. So nahm Gustav Adolph die Bestimmung der seinigen gewiß nicht aus der militärischen Linear-Combination, wie Bülow träumte; sondern aus dem damaligen Reichthum der ihm zugeneigten Reichsstädte Nürnberg, Frankfurt, Augsburg, die mit ihren Communicationen den Landhandel des südlichen Deutschlands umfaßten, wie anderwärts Danzig, Lindau und die Hansestädte. Nürnberg allein besaß 1544 einen Schatz von 15 Millionen Gulden, 300 metallene Geschütze und Getreide auf zwei Jahre, und durfte schon darum Gustav Adolph ein Object der Kriegführung sein.

[84] (S. 240). Eine alte Regel ist: „qu'il faut toujours supposer qu'on a affaire à un ennemi, qui connait parfaitement son métier."

Napoleon sagt: „Un plan de campagne doit avoir prévu tout ce que l'ennemi peut faire (im Großen, wie der Zusammenhang zeigt) et contenir en lui même les moyens de le déjouer," und anderswo in der Kritik von Moreau (1800): „C'est ce qui arrive aux généraux qui sont irrésolus et agissent sans principes et sans plans. Les tâtonnements, les mezzo-termines perdent tout dans la guerre."

[85] (S. 240). Diese Anzeigen sind besonders zu Anfang eines Krieges wichtig, wo noch die Fühlung fehlt, die sich erst im Verlaufe desselben findet und wo die auf die Unbekanntschaft mit dem Gegner begründete Ueberraschung ein weites Feld und mächtige Hülfsmittel besitzt. So maskirte Napoleon 1800 seine zum Uebergang über den St. Bernhard am Genfer-See gesammelte Armee durch die angebliche Formation einer Reserve bei Lyon; so veranlaßte er 1805 die Katastrophe von Ulm durch zeitige Concentration seiner Macht in seinen deutschen Bundesstaaten, hinter der erst in der Sammlung begriffenen östreichischen &c. „Les brillantes ouvertures de campagne de Napoléon," sagt Dumas von 1809, „avaient toujours eu lieu en présence de l'empereur, toujours il avait prévenu et surpris l'ennemi, le forçant d'entrer dans ses combinaisons. Cette fois il en fut autrement. L'archiduc Charles ayant pris l'initiative, il y eut nécessairement de l'incertitude et quelque confusion dans les changements de disposition que nécessitait le mouvement imprévu de l'armée autrichienne sur la rive droite du Danube; le blâme en fut jeté sur le prince de Neufchâtel &c. L'arrivée de l'empereur et son coup d'oeil d'aigle réparaient promptement une courte erreur. On sait comment il changea son plan d'agression &c. — Daß Napoleon von fein ausgearbeiteten Operationsplänen wenig hielt, zeigen seine Bemerkungen zu Rogniat, wo es heißt: „Il y a deux espèces de plans de campagne, les bons et les mauvais. Quelquefois les bons échouent par des circonstances fortuites, quelque fois les mauvais réussissent par un caprice de fortune." — Nach Bärenhorst soll Turenne derjenige ältere Feldherr gewesen sein, der den jedesmaligen Feldzug am vollständigsten als ein Ganzes übersah und sich der bestimmten Zwecke klar bewußt blieb; weniger Gustav Adolph, Wallenstein, Bernhard von Weimar, welcher Letz-

tere sich besonders durch überraschende Angriffe, durch Lauern auf Blößen und wohl gewählte Posten, von dem moralischen Zustande seiner Untergebenen unabhängig zu machen wußte. — Das Einfache des Operationsplans wird auch die richtige Auffassung von Seiten der Befehlshaber erleichtern; diese muß allerdings vorhanden sein, wenn der ganze Plan nicht aufgegeben werden soll, wie es Napoleon 1800 für Moreau geschehen ließ und meinte: „qu'il serait impossible d'obliger un général en chef d'exécuter un plan qu'il n'entendait pas, qu'il fallait donc lui laisser diriger les colonnes à sa volonté pourvu-qu'il n'eût qu'une seule ligne d'opération et ne manoeuvrât que sur la rive droite du Danube." — Daß die Thatkraft in einem Operationsplane, er sei welcher er wolle, nicht zu vergessen ist, versteht sich von selbst. Souwarow markirte dieses Bedürfniß, als ihn die Oestreicher 1799 zur Vorlegung eines Operationsplans drängten. Auf einer großen Rolle Papier zog er zwei lange Linien, an deren einer„ Franzosen," an der anderen „Russen" und unter Letzteren: „Hurrah, allons, Marsch, Eingehauen!" geschrieben war.

[86] (S. 240). St. Cyr sagt: „C'est bien au début d'une invasion qu'on peut dire, qu'une victoire est un passe-port."

[87] (S. 241). Der Marschall von Sachsen äußert: „Bien des gens sont dans l'opinion, qu'il est avantageux d'entrer de bonne heure en campagne; ils ont raison lorsqu'il est question d'occuper un poste important; sans cela il me semble qu'il ne faut pas tant se presser et tâcher d'y rester plus long-tems. Qu'importe que l'ennemi fasse des siéges, il s'affaiblira à mesure qu'il en fera et si vous vous mettez à ses trousses vers l'automne avec une armée bien ménagée et en bon état, vous le ruinerez," — woraus sich leicht die größten Vortheile für die nächste Campagne ziehen ließen. „D'ailleurs c'est la saison où vous trouverez les grandes plaines, l'on peut même alors tourner ses pas d'un autre côté et subsister pendant l'hiver dans le pays ennemi; cette saison n'est point à craindre pour les troupes comme on se l'imagine," — jedoch nimmt er die strengen Winter aus. Napoleon tadelt den Erzherzog Johann, 1800 die Offensive ergriffen zu haben, weil es im Winter war: „Saison," meint er, „où tous les avantages sont pour celui qui reste sur la défensive."

[87a] (S. 241). Dergleichen vorher bedachte Positionen nennt Friedrich II. Reserveläger, und meint dabei: „Es bleibt dieses ein sicherer Grundsatz, daß, je kürzer ein Rückzug ist, desto mehr hierbei gewonnen wird, indem Ihr die zerstreuten Truppen viel geschwinder wieder sammeln könnt; auch macht die Standhaftigkeit, die Ihr bei einem so kurzen Rückzuge zeigt, den Sieger stutzig; denn er sieht, daß Ihr weder das Herz verloren habt, noch ohne Hülfsmittel seid."

[88] (S. 242). Berthier giebt z. B. dem aide-major-général Andréossi 1809 beim Einmarsch in Schwaben folgende Instruction:

„Vous réglerez les stations de journée d'étape de manière à ne faire que 5 à 6 lieues par jour.

Il sera placé dans chaque station un commandant d'armes de 4me classe et un adjudant de 2 à 2 journées.

Il sera aussi placé dans tous les endroits où il y aura un adjudant, un commissaire de guerre ou un adjudant faisant fonction. Les vivres seront donnés pour deux jours à la station où sera le commissaire.

Il sera organisé sur cette route un service de gensd'armerie et tout y sera disposé de manière à assurer le service des troupes et détachements de conscrits qui seront dans le cas de rejoindre l'armée sous le rapport des convois, sous celui des évacuations d'hopitaux et enfin sous celui de prisonniers de guerre.

Il faut que l'intendant général de l'armée organise le service des vivres et des fourages sur toute cette ligne.

Il sera nécessaire de prévoir comment le service des différentes colonnes de l'armée pourra se réunir sur la route dirigée, cela devra toujours se faire le plus près possible de la ligne de bataille, le partage se faisant en arrière du centre.

Tout ce qui partira de Spire ne se mettra en marche que d'après les ordres du général Rheinwald et en conséquence d'une feuille de route, qu'il fera délivrer.

Les prisonniers de guerre seront escortés par des officiers qui en responderont ꝛc.

Dans aucun cas on ne souffrira que les soldats de l'armée puissent passer le Rhin ꝛc.

[89] (S. 242). Vor der Schlacht von Denin (1712) verschanzte selbst Eugen seine Operationslinie zwischen Marchienne und Landrecy gegen die feindliche Seite. — Die Rogniatschen places de moment nennt schon Guibert als solche, und im siebenjährigen Kriege kamen dergleichen wirklich vor, wie Cassel, Göttingen und andere beweisen. So richtete ferner Napoleon 1809 Passau zum weiteren Vorgehen über die Donau ein, gab ihm ein Hospital für 3000 Mann, eine 40tägige Verpflegung, eine aus 10,000 Mann bestehende Besatzung und ein auf 30 Tage berechnetes Armee-Approvisionnement für 150,000 Mann.

[90] (S. 242). „L'échiquier stratégique" eines Landes wie Polen, meint Pelet, „est bientôt construit. Les forêts et les marais forment les masses de résistance, les grands chemins les lignes d'opérations toujours mauvaises: toutes les rivières sont des obstacles. Leurs confluens et les réunions principales d'habitations présentent les points capitaux stratégiques." Die Weichsel ist ihm ein accident-stratégique, mit welchem alle Militair-Operationen in eine Beziehung gebracht werden müßten, „comme obstacle, barrière, appui ou grand moyen de communication." Keineswegs darf jedoch damit an eine bloße Manoeuvre-Campagne

gedacht werden, wie z. B. die von Turenne im J. 1653 gegen Condé, und die Spanier im nördlichen Frankreich, oder die von Berwik in Portugal waren. — „C'est," sagt der oben angeführte Schriftsteller, „par cet heureux mélange des concentrations et des extensions de ces corps si nombreux, tantôt marchants à de grandes distances, tantôt manoeuvrants en ligne avec la précision d'un régiment, que Napoléon déconcertait les plans de ses ennemis et obtenait de si grands avantages," was Napoleon selbst jedoch nicht für die Hauptsache gelten läßt, wenn er bei Gelegenheit des Colonnenstreites meint: „C'est parceque les circonstances de l'attaque ou de la défense (der Active und Passive) exigent qu'on soit en ligne ou en colonne (in der Stellung oder im Marsch)."

[91] (S. 243). Pelet nennt das auch place d'armes stratégique, wie z. B. Wellingtons Linien von Torres-Vedras, Mantua mit dem Seraglio, wodurch 7 bis 8 Quadratlieues eingeschlossen werden und dessen Einfluß bis Goito fortgesetzt wird; ebenso das Viereck, welches durch Verona, Mantua, Peschiera und Legnago bezeichnet, von Napoleon: l'échiquier de Verona genannt wurde und dem man bei der Anlage von Alessandrien ein neues, zwischen diesem Orte und Valencia, Verrua und Asti beifügen wollte; ferner die beiden Schütt-Inseln in der Donau zwischen Presburg, Comorn, der Leutha und dem Neuhäuser Arme: das Puster-Thal zwischen den Zuflüssen der Eisach und Drau, welches 1809 von Hofer benutzt wurde, und endlich auch die Ebene zwischen Sonnenstein und Königstein vor Pirna, auf der Friedrich II. die sächsische Armee aushungerte, rc.

b. Handlung der kriegführenden Massen.

Bei weitem weniger deutlich als im Parteienkriege, sondert sich in der Kriegführung mit Massen die eigene Art der Handlung, Montecuculi's: marciando, alloggiando und combattendo, auseinander. Hier, wo der Marsch aller Theile schon zur Einleitung des Gefechts werden kann (strategischer Marsch), und wo der eine im Stillstand verharrt, während der andere schlagend schon ganze Marschrouten zurücklegte (Bataillen-Manoeuvres), muß wenigstens für die Kriegführung unserer Zeit eine andere Gliederung aufgesucht werden. Ich meine dieselbe in der Concentrirung und Entwickelung der Massen zu finden, die selbst wieder im strategischen Marsch, in der Armee-Stellung und im Bataillen-Manoeuvre durchgreifend zum Vorschein kommen und nach Maaßgabe dieses Vorkommens, mit den moralischen Haupt-Handlungsmotiven der Kriegführung überhaupt, unter verschiedenen Gesichtspunkten verglichen sein wollen. Solches Vorkommen braucht sogar nicht einmal das temporaire Aufreiben der gegenseitigen Streitkraft (Schlacht), zum einzigen Ziel zu haben; es kann sich auch in untergeordneten und in präparatorischen Zwecken zeigen, wie z. B. in dem Strom-Uebergange einer Armee, in dem Streite um einen Ortsbesitz (Belagerung) 2c., und schafft alsdann mit seinen eigenthümlichen Prämissen auch eigenthümliche theoretische Grundlagen.

α Die Feldschlacht (bataille).

Zunächst wollen wir bei der Schlacht stehen bleiben, für unsere Betrachtung aber auch die Gegenhandlung zu Hülfe rufen, um in den Stand gesetzt zu werden, eine neue Artikulation der Begriffe einzuführen, durch welche man das Zusammengehörige besser zu unterscheiden, und den complicirten Gegenstand mit mehr Klarheit zu durchschauen vermag, als dies in der gewöhnlichen raisonnirenden Weise en bloc geschehen kann. Anderen

Falles wird man zuletzt immer auf das für die Theorie so leidige Resultat stoßen, daß die höhere Kriegführung nur durch Takt, nicht durch Regeln geleitet werden könne, was in einem beschränkteren Sinne allerdings wahr und auch von großen Feldherrn behauptet worden ist, darum aber doch der Stoffverworrenheit in einer Kriegstheorie unmöglich zur Rechtfertigung gereichen kann [1].

In ihrer Einleitung theilt die Hauptschlacht, von welcher hier die Rede ist, nicht die Zufälligkeiten des Treffens. Bei dem mächtigen Einflusse des Terrains auf unsere Kriegführung im Großen; bei dem auf die Länge allein in einer gewissen Zersplitterung unserer Armeen möglichen Unterhalt derselben und dem für das Wohl der Staaten so wichtigen Ausgange solcher Hauptkrisen [2]; bei der selten fehlenden Gelegenheit endlich, momentan auszuweichen: geht ihr bei aller Nöthigung von der einen Seite, schon eine gewisse stillschweigende Uebereinkunft beider Theile, und der von dem offensiven oder defensiven Charakter des Krieges unabhängige Wille der Initiative oder Subsequenz für den ganzen Act, voran. Dieser Wille darf aber auch wieder nicht mit dem, im Verlauf der Schlacht etwa vorkommenden Stoße oder Gegenstoße verwechselt werden, welcher nichts Anderes ist, als ein nach den Handlungsmotiven geschiedenes und vereinzeltes actives oder passives Benehmen. Beiden Theilen ist durch solchen vorläufigen Entschluß die schon vorhin erwähnte Sammlung und Entwickelung ihrer Streitkraft zur Pflicht gemacht [3], an die sich in unseren Betrachtungen, um langweiligen Wiederholungen zu entgehen, die eben gedachte Initiative und Subsequenz unter der Firma des strategischen Auf- und Abmarsches und der Armee-Stellung mit anreiht. Dagegen wird die, im Fortgange der Schlacht mehrfach alternirende Active und Passive zusammengenommen, mit unter dem Titel der Bataillen-Manoeuvres behandelt werden.

I. Strategischer Aufmarsch.

Dem eben erwähnten Entschlusse zur Schlacht, mag man nun zu derselben nöthigen oder sie annehmen wollen, muß der

Gedanke an die Sammlung (Concentration) der Armee beiwohnen[4]. Dieselbe kann in Bezug auf den Stand auf der eigenen Operationslinie und auf die Cantonnements: nach vorwärts, rückwärts oder seitwärts, und in Bezug auf die Concentration des Feindes: in der Front, im Rücken oder in der Flanke desselben statt finden. Die letzteren Fälle vertragen sich jedoch nur mit der gegenseitigen Convergenz der Operationslinien, mit dem momentanen Aufgeben[5] oder Wechseln der einen von beiden, oder endlich mit der Voraussetzung, daß mehrere Armeetheile mit eigenen Communicationen ihre erste Vereinigung auf dem Schlachtfelde erlangen[6]; denn machen sie einmal ein Ganzes aus, so kann von diesem im Fortgange des Krieges auch nur eine einzige Operationslinie beschirmt werden.

Wenn in den ersten jener Fälle eine gehörig entwickelte Avantgarde, oder eine bedeutende Terrainschwierigkeit auf weite Strecken hinaus den Aufmarsch maskirt, und dieser mit Ordnung und Schnelligkeit vollzogen wird, was namentlich bei größeren Armeen sehr von der Theilung der Colonnen und der Wegsamkeit des Landes abhängig ist[7]; so reichen die gewöhnlichen Marsch-Sicherungen in der Nähe der Feindes hin. In den Fällen der letzteren Art sind aber diese Maaßregeln unzulänglich. Hier ist man in weit größerer Gefahr, im Marsche auf die feindliche Macht zu stoßen[8] und von ihr, wie Napoleon sich ausdrückt, en flagrant délit zur Schlacht genöthigt zu werden, die bei großen Massen auf solche Weise wenigstens von keinem Theile beabsichtigt werden, und nur bei der Ueberzeugung von dem augenscheinlichen Vortheile erfolgen darf[9]. Dadurch wird alsdann statt der Schlacht (bataille rangée), ein Aggregat von Corpsgefechten herbeigeführt, das in seinen Folgen wohl einer Schlacht ähnlich wird und darum auch bataille stratégique genannt worden ist[10], obgleich ihm eine Conception nicht zum Grunde lag, welche doch in den uns hier beschäftigenden Haupt-Kriegshandlungen stets vorherrschen sollte. Um dergleichen Uebelständen vorzubeugen, und auch die momentane Annahme der Schlacht zulässig zu machen, müssen diese, der Concentration dienenden Sicherungen, die bloßen Marschsicherungen übersteigen. Sie müssen z. B. auf dem bedrohten Flügel in der Anlehnung an angemessene Terrain-Hin- Sicherung.

dernisse, oder in sonstigen Verstärkungen der Flügelcolonnen[11], oder in der Aufstellung rückwärtiger Echelons bestehen. Es müssen ferner die Colonnenteten möglichst auf gleicher Höhe erhalten werden und zur etwa nöthig werdenden Sammlung darf es nach der bedrohten Seite hin, nicht an practicabeln Traversen fehlen: es muß die unerwartete Entwickelung in einer wenigstens erträglichen Position, durch die Sicherungen nicht behindert werden, was unter gewissen Modificationen nothdürftig schon außerhalb des Zwischenlandes geschehen kann. Jedes Einkeilen feindlicher Colonnen muß durch sie gehindert[12], der Marsch von Impedimenten frei gemacht, und etwaige Veranlassungen zum Aufenthalt im Voraus beseitigt werden. Endlich müssen die Sicherungen auch dem Gedanken an einen nothgedrungenen Wechsel, oder an ein zeitweiliges Verrücken der Operationslinie in der Nähe des Schlachtfeldes[13], bei etwa verhinderter Concentration, Raum gewähren.

Ueberraschung. In dem Vorsatz, einer feindlichen Armee auf die Flanke oder in den Rücken zu marschieren, herrscht an sich schon das Ueberraschungsmotiv vor. Diesem dienen der Natur der Sache nach, Geheimniß und Geschwindigkeit als Haupt-Vehikel. Es muß darum wohl erwogen werden, wie weit man sich auf die Unterstützung derselben verlassen kann und der Marsch muß, sofern er seinen Zweck erreichen soll, danach eingerichtet sein. Man muß sich ferner des Zeitpunktes bewußt werden, in welchem die Ueberraschung ihr natürliches Ende erreicht und wo sie den Terrainbenutzungs- und Ueberwältigungs-Maaßnahmen unbedingt zu weichen hat; die Marsch-Disposition muß aber so eingerichtet sein, daß den letztgedachten Handlungsmotiven sofort Folge gegeben werden kann[14]. Daß in der Ueberraschungs-Vorbereitung die sogenannten Chancen und accidents am häufigsten vorkommen, ist begreiflich; auf sie muß man darum vor Allem gefaßt sein, und wenn der Marschall von Sachsen mit besonderer Beziehung auf dergleichen Ueberraschungen „les succès de la guerre dans les jambes des soldats“ setzt: so hätte er dabei billigerweise auch den Kopf des Anführers nicht mit Stillschweigen übergehen sollen.

Terrainbenutzung. In den eben berührten Bedingungen des strategischen Aufmarsches, wird man schon vielfältig auf die Terrainbenutzung hingewiesen, die sich in der Richtung und zu beiden Seiten des Marsches als thunlich erweiset. Bis auf gewisse Maxima und Minima, wird man bei dem gegebenen Zwecke der Armee-Bewegung, einigermaßen Herr über die Marschbreite sein; sie gehört daher vorzugsweise zur Kunstaufgabe des Generalstabes und im Besonderen der Ingenieurpartie, wenn die Einrichtung und Eröffnung neuer Colonnenwege, oder das Verderben der dem Feinde günstigen Zugänge damit in Verbindung zu bringen ist[15]. Die Regeln für die Bestimmung jener Breite ergeben sich aus der vereinten Rücksicht auf die zu beobachtenden Haupt-Handlungsmotive im Allgemeinen und auf das jedesmal vorherrschende derselben insbesondere. Indessen kommen sie hierbei nicht zum vollständigen Abschlusse[16], indem bei bedeutenden Marschweiten, wo es zugleich auf den Unterhalt der marschierenden Truppen ankommt, auch in dieser Hinsicht das Erforderliche bedacht sein will. Es würde zu viel Zeit in Anspruch nehmen und häufig auch überflüssig sein, sich bei der Conception des Marsches auf alle, mit dem Terrain in Verbindung tretenden Conjecturen einzulassen[17]. Demungeachtet wird die Bekanntschaft mit der Kriegführung und dem Terrain, wie wir dieselbe in dem Kopfe des Ordners hier voraussetzen, solche Gedanken unwillkürlich anregen, und nöthigenfalls kunstgemäß ins Leben einführen.

Das allgemeine dem Entschlusse zur Schlacht und darum auch zum strategischen Aufmarsch zum Grunde liegende Ueberwältigungsmotiv verlangt das Zusammenhalten der Streitkraft als ganz unerläßlich[18]. Alle erfahrenen Feldherrn haben sich in diesem Sinne ausgesprochen, ohne jedoch dabei den, zum Acte selbst gehörigen Umgehungen oder Demonstrationen zu entsagen, sobald dieselben nur mit möglichster Bestimmtheit in ihrer Incidenz aufzufassen waren[19]. Wie schon mehrfach erwähnt worden, ist man in den neueren Kriegen von der allgemeinen Ueberwältigung immer mehr zurückgekommen und hat sich, sei es durch die entferntere Wirkung der Waffen und die damit zusammenhängende Linear-Entwicklung und Ausbreitung auf wechselndem Terrain, sei es durch die Methode allein, immer mehr zur theilweisen Ueberwältigung hinziehen lassen. Auf diese muß darum

Theilweise Ueberwältigung.

auch die Disposition zum strategischen Aufmarsch folgerecht gestellt sein, in welcher bei der eigenen Aggression die Absicht des Angriffs, bei der feindlichen die Art der Begegnung zur Sprache kommt[20], und sich als Grundlage der Truppen-Theilung und Reihenfolge, des Herausziehens und Formirens der Treffen aus den Colonnen, überhaupt des Ployements und Deployements der ganzen Streitkraft äußert. Daß damit für den Angriff eigentlich schon das Bataillen-Manoeuvre beginnt[21], sofern der Gegner seine Passivität bis zum Erkennen des Feindes fortsetzt; daß man darum diese ersten Schritte des ganzen Actes am meisten in seiner Gewalt hat, und sie einigermaßen als die Grundlage desselben ansehen kann: ist offenbar und giebt ihnen in der Theorie sowohl, als in der Praxis eine große Wichtigkeit.

II. Armee-Stellung.

Unsere Betrachtungen führen uns hier zum drittenmal auf die Combination des Terrains und des Truppengebrauchs (Position) in der Kriegstheorie. Indem wir nämlich zuerst die Terrain-Verwandlung (fortification) und demnächst den Parteienkrieg in dieser Beziehung behandelt wissen wollten, soll nun auch aus der Kriegführung mit Massen diejenige Disciplin vervollständigt werden, welche man die Positionslehre zu nennen pflegt, so daß also für eine fernere Betrachtung nur noch die geographischen Kriegsbeziehungen unter Staaten zurückbleiben.

Complement der Positions-Lehre.

Die allgemeinen, jede Vertheilung von Truppen im Kriege umfassenden Regeln beschäftigen uns hier nicht mehr; sie gehören früheren Behandlungen dieses Gegenstandes, wie z. B. den Kriegs-Cantonnements und Garnisonen, den Cordons und Winterquartieren ꝛc. an, die theilweise unter den Unterkunftsmitteln berührt wurden und für die Kriegstheorie hauptsächlich dort ihre Stelle finden können. Wir beschränken uns hier auf die Terrain-Benutzung für die unmittelbare Waffen-Handtirung oder das präsumptive Schlachtfeld (nach dem französischen Ausdruck: position très militaire)[22].

Jede zu beziehende Armeestellung dieser Art, beruht auf dem Gedanken irgend einer Erwartung, und wäre es auch nur die,

die Truppen sich erholen zu lassen, womit immer ein Zeitaufwand verbunden ist, der feindliche Unternehmungen begünstigen kann. Die Sicherungs-Maaßnahmen gegen Ueberraschungen dürfen also, selbst dem schwächsten Feinde gegenüber, in keiner Position vernachlässigt werden[23], ebenso müssen die Terrain-Vortheile (in specie die Schlüssel der Position), welche dem Schwachen wie dem Starken gleichmäßig dienen, möglichst benutzt werden. Anders verhält es sich mit den Ueberwältigungs-Maaßnahmen, den passiven sowohl als den activen. Sie hängen, wie auch die Lage und Ausdehnung[24] der Position, von den Verhältnissen der eben gangbaren Kriegführung ab, und äußern also auch bald diesen, bald jenen Einfluß auf die Beschaffenheit der Position[25]. Nach diesem Einflusse werden die Positionen hauptsächlich unterschieden, auch hat man die dabei in Betracht gezogene Relation und den in jedem Falle obwaltenden Contrast schon in die verschiedenen Benennungen gelegt, an welche sich darum die Theorie nur zu halten braucht. Bei dem Standpunkte, auf dem dieselbe schon vor der Behandlung dieses Gegenstandes angelangt ist, scheint es fast überflüssig, hier noch einmal auf die allgemeinen Positionsregeln zurückzukommen. Wir werden dieselben daher auch nur beiläufig und lediglich insofern erwähnen, als sie dem Gemeinsamen und Verschiedenen in den besonderen Positionszwecken zur besseren Unterscheidung dienen.

Der Zweck und die demselben diensame Beschaffenheit der Position beruht auf ganz verschiedenen Rücksichten. Beabsichtigt man recht eigentlich das Handgemenge mit dem Gegner in der ausgesuchten Stellung, und legt diesem Vorsatze eine vorherrschende Activität oder Passivität unter, so unterscheidet man Offensiv- und Defensiv-Positionen, die wieder nach ihrer Linear-Ausdehnung, entweder der concentrischen oder der excentrischen, oder der Hakenstellung (en potence) angehören, die aber hinsichtlich ihrer, durch die Natur oder die Kunst erschwerten Zugänglichkeit, auch wieder als feste oder befestigte Positionen gelten können. Sieht man auf den Einfluß, welchen die Stellungen auf ein ganzes Kriegstheater oder zum wenigsten auf das eine oder andere Operationsland in demselben äußern; so kommt man auf Haupt-

und Centralstellungen, auf Neben= (secondaires) und Zwischenstellungen (d'attente oder de passage). Ebenso führt der Vergleich mit feindlichen Stellungen den Begriff von Parallel=, Frontal=, obliquen, Flanken= und Rückenstellungen herbei. Hieran schließen sich dann endlich noch die ganzen Stellungs=Systeme für den gleichzeitigen (detachirten) oder den successiven Besitz (die sogenannten Navetten=Positionen) an.

Von der Lage der Frontlinie einer Stellung zur Operationslinie und den davon ausgehenden Manoeuvrelinien ist schon gesprochen worden. Ihre Berücksichtigung beruht auf eben so allgemeinen Gesetzen, wie die Gelegenheit zum Erkennen des Feindes und zum Waffengebrauch nach dem vorgesetzten Zwecke, oder wie die Gelegenheit zur Flügelanlehnung, und zur freien seitwärtigen Bewegung in der Stellung[26], desgleichen zur rückwärtigen aus derselben.

Offensiv- und Defensiv-Positionen.

Weniger allgemeinen Gesetzen unterliegen: die mehr der Passivität entsprechende geringe Zugänglichkeit von vorn[27]; die den Charakter der Defensiv=Stellung bestimmende überhöhende Lage; die der Offensiv=Stellung angemessene Oeffnung nach allen Richtungen und die der Activität zusagenden Maskirungsgelegenheiten und vorgeschobenen Haltpunkte[28].

Schwerlich wird man in einer Stellung, mag man sie auf diese oder jene Weise gebrauchen wollen, alles Wünschenswerthe immer beisammen finden; gegentheils wird man in jeder auf Schwächen und Stärken stoßen, welche aber durch eine geeignete Disposition der Truppen entweder verbessert oder benutzt werden können[29]. Verständlicher wird dies erst mit der Feststellung des Begriffes der Bataillen=Manoeuvres werden.

Ohne sehr merkliche strategische Fehler, oder ein sehr auffälliges Mißverhältniß in der Stärke zweier fechtenden Heere, wird wegen der sehr bedeutenden Ausdehnung einer entwickelten Armee, für den eigentlichen Rücken der Stellung nichts zu fürchten sein, wohl aber kann die Möglichkeit einer Umgehung (Tourniren und Echarpiren) der Flanken vorhanden sein, weil diese Schwächen darbieten können, welche theils von der Unzulänglichkeit der Anlehnung, theils von der Leichtigkeit der Umgehung her=

rühren. Die Letztere darf indessen nur nach der Dauer des Actes abgeschätzt werden[30]. Andere Schwächen entstehen aus einer, wenn auch nur relativen, Zerstückelung und Isolirung einzelner Armeetheile beim Vorrücken des Feindes (Trouéen) und Gewinnung derjenigen noch außerhalb gelegenen Terrainpunkte durch denselben, welche seiner Kraft-Entwickelung und Anwendung Vorschub leisten (Schlüssel der Position)[31].

Noch andere Schwächen liegen in der unvermeidlichen Gedrängtheit der eigenen Streitmittel auf einzelnen Stellen; namentlich äußern sich dieselben in der Defensivstellung durch die Excentricität, oder die ausspringenden Winkel der Frontlinie, auf welche auch schon von Seiten des Feindes umfassend, und also mit Uebermacht einzuwirken gesucht wird.

Ebenso wie sich die Schwächen einer Stellung bemerkbar machen, springen auch ihre Stärken in die Augen. Die Gelegenheiten zur wirksamen massenhaften Anwendung der einen oder anderen Waffe, der sichere nahe Stand der hinteren Treffen und Reserven[32], das Beherrschen der Front-Verlängerung in weiter Entfernung[33], und besonders der concentrische Stand gegen den Feind, wodurch die Chancen einer Unternehmung auf dessen Kosten vermehrt werden, gehören zu den wünschenswerthen Eigenschaften einer Position. Man darf jedoch nicht vergessen, daß namentlich für den activen Gebrauch die den passiven schwächende Concentricität erst mit einem Abwägen der Kraft nützlich sein wird, weil das Concentriren mit der Ueberwältigung ein Ziel verfolgt, und weil die dazu erforderliche vorgängige Ausdehnung, ohne gehörigen Nachdruck, von dem geschickten Gegner leicht zu einer Sprengung der Schlachtlinie benutzt werden kann.

Mit den hier berührten Gelegenheiten zur Benutzung einer Stellung ist freilich die Theorie noch keineswegs erschöpft, wenngleich die Positionslehre an sich in die Verbindung mit dem Terrain nicht weiter eingehen darf, weil das Vertheilen der Waffen (prendre une ligne de bataille sur la position, nach Napoleons Ausdruck), sowie das Zusammenhalten[34] und die zeitgemäße Verwendung der Streitmittel mit den Bataillen-Manoeuvres und der den letzteren zum Grunde liegenden Absicht näher zusammenhängt, also auch in der Theorie dahin gehört.

Feste Positionen (positions retranchées).

Mitunter lassen sich die Schwächen einer Stellung durch die Terrain-Verwandlung beseitigen, wovon schon bei Besprechung der Letzteren die Rede war. Zeit und Umstände können alsdann die Ingenieur-Conception selbst vorwalten lassen, woraus dann befestigte Stellungen entstehen, die auf einzelnen Kriegstheatern sogar zu Landes-Vertheidigungsmitteln sich erheben[36]. Specieller sollen diese in der Militär-Politik beleuchtet werden, während denjenigen von ihnen, welche dem Gebrauch nach, in den Verschanzungs- und Festungskrieg fallen, auch in der Theorie ihr Platz dort vorbehalten bleiben soll.

Das mit dem Sicherungsbedürfnisse und der an sich kleineren Kriegführung vergangener Zeiten in naher Verwandtschaft stehende Cordonsystem hatte den befestigten Positionen eine nunmehr verschwundene hohe Wichtigkeit gegeben, welche die älteren Schriftsteller zur Sammlung vielen, hierauf bezüglichen Materials veranlaßte[36]. Eine daraus folgende Dogmatik usurpirte gewissermaßen den größeren Theil dieser Kriegstheorie und gab sie den Ingenieuren in die Hand, die sie aber später, nachdem die Ahnung von einer umfassenderen Abstraction erwacht war, wieder einbüßten und es dann mit ansehen mußten, wie selbst die wahren Hülfen der Terrain-Verwandlung bald anfingen geringgeschätzt oder unangemessen gebraucht zu werden, weil es den Feldherrn an richtigen Begriffen darüber zu mangeln begann. Diesem Uebelstande, der von Napoleon fälschlich dem versäumten Fortschritte der Feldfortification zugeschrieben wurde, kann, wie wir bereits erwähnten, nur allein durch Beachtung der höheren, in den allgemeinen moralischen Kriegshandlungsmotiven begründeten Principien der Kriegstheorie vorgebeugt werden, in welchen sich die Conception des Truppengebrauchs mit der Conception der Terrainverwandlung einigt, und das wahre Verständniß beider dem Truppen-Anführer und dem Ingenieur gleichmäßig geöffnet wird. — So unbeweglich, wie noch Gustav Adolph und Wallenstein bei Nürnberg, verhält man sich schon lange nicht mehr in Stellungen unter den Augen des Feindes. Man prämeditirt selbst Veränderungen im Falle des erwarteten Angriffs, wie z. B. irgend ein Vorrücken, Verschieben, ja Verdrehen der ganzen Frontlinie. Solche Veränderungen tragen auch durchaus keinen bloß passiven Charakter und können, zur Initiative gesteigert, dem Feinde selbst zur Ueberraschung werden[37], wie vielleicht auch ostensible Blößen mit eingelegten Hinterhalten. Wie weit auch hierfür Regeln aufzufinden wären und die Abstraction sich über das Individuelle hinausbringen ließe, um die Eigenschaften solcher Offensiv-Stellungen mit denen der festen Defensiv-Stellungen zusammenhalten zu können; das müßte einer auf unserem Wege fortgesetzten Behandlung der Positionslehre vorbehalten bleiben.

Frontal-, Flanken- und oblique Stellungen.

Die eben berührte Beweglichkeit der Truppen in den Stellungen hat die älteren Kennzeichen der Frontal- und Flankenstellungen[38] ziemlich verwischt, und manche Betrachtung, die früher der Positionslehre angehörte, jetzt dem Bataillen-Manoeuvre zugewiesen. Wir glauben eine, dem jetzigen Zustande der Kriegführung ganz angemessene Scheidung zwischen beiden Disciplinen dadurch herbeiführen zu können[39], daß wir die Truppen-Disposition, insoweit dieselbe durch die Terrainbenutzung bestimmt wird, sogleich in die Positionslehre — welche sich sonst nur mit modificirten Begriffen der alten Castrametation begnügte — mit hineinziehen; daß wir dagegen diejenigen Dispositionen ganz dem Bataillen-Manoeuvre überlassen, die unter der Vorherrschaft der übrigen Handlungsmotive, und namentlich der Ueberraschung und Ueberwältigung vorgenommen werden.

Ein nicht weniger fruchtbares Feld wird der theoretischen Betrachtung geöffnet, sobald man von der eben behandelten unmittelbaren Gefechtsbestimmung der Position den Blick auf ihr Verhältniß im ganzen Kriegstheater richtet, und wenn man ihrer Isolirung in der Idee entsagt, von der im wirklichen Fortgange des Krieges doch überhaupt nicht die Rede sein kann[40].

Auf keinem Kriegstheater und in keinem Operationslande, von welchem letzteren jedem größeren Kriegstheater wenigstens eins angehören wird, wird es an Stellungen fehlen, welche dem Besitzer die der Kriegführung zu Gute kommenden Terrain-Vortheile im ganzen Operationslande, sei es für die Offensive, sei es für die Defensive, vorzugsweise zu Gute kommen läßt. Solche Stellungen heißen Haupt- und Centralstellungen; sie liegen oft in den schon erwähnten Operations-Reduits, und sind häufig durch

Haupt- und Nebenstellungen

Ortsbefestigungen bezeichnet und unterstützt, worauf wir später zurückkommen werden[41]. Die gegenseitigen Operations- und Defenslinien, mit den natürlichen Begünstigungen und Behinderungen des Marsches wie des Unterhalts einer Armee, sind dabei, nächst der Oertlichkeit, von wesentlichem Einflusse, und können den Besitz solcher Stellungen zu einem Operationsobject erheben[42]. Viele derselben, deren nähere Angabe der Militär-Geographie zufällt, haben übrigens ihre eigene Geschichte; wegen der vielfach sich einmischenden Individualität ist es indessen schwierig, zu dem allgemeinen Charakter derselben auf eine Weise zu kommen, die wahrhaft theoretischen Nutzen verspricht, um so mehr, wenn die in der Kriegstheorie herrschende Unklarheit fortdauern sollte.

Ich kann es nur für eine ungeregelte Generalstabsgeschäftigkeit gelten lassen, wenn man nach einigen nüchternen politischen Beziehungen in die Kreuz und Quer im Lande Stellungen an Wegen aufsucht und dieselben mit ebenso wenig Discernement im großen militärischen Sinne abrecognoscirt. Hat man irgend ein Operationsland ermittelt — was durch die leichtere Ermittelung des umgebenden Zwischenlandes auf der Charte bald ausgeführt ist — und es sowohl im Sinne von Sehnen und Perimetern, als im peripherisch-parallelen Sinne nach seinen gangbarsten Communicationen, Flußthälern und Landrücken durchschnitten; so wird man die Centralpositionen unbedingt da suchen können, wo sich die meisten dieser Linien[43] kreuzen, und wenn man sie da nicht findet, wird man sie auch anderwärts nicht finden, weil sich die zum Gefecht anschickenden Truppenmassen einander nur in solcher Localität nähern, von einander entfernen, sich gegenseitig ausweichen und nur hier, aber in keinem verödeten Winkel, längere Zeit verweilen und zu ihrem Vortheil Einfluß auf die Kriegführung äußern können. Mit dem Grade dieses Einflusses sinkt auch die Wichtigkeit der Position, welche eventuell nur noch mit Bezug auf momentane Erholung (position du moment, de passage), oder auf irgend ein Ergebniß (position d'attente), oder mit besonderer Rücksicht auf einzelne Armeetheile (Nebenpositionen), oder zur Verbindung[44] (Zwischenpositionen) angedeutet und ausgesucht sein will, wofür diese Zwecke im Fortgange der Kriegsoperationen die Regel geben, und insbesondere kurz vor dem Aufmarsche der Armeen zur Schlacht, diejenigen Positionen zur Berücksichtigung empfehlen, welche die Avantgarde inne hat, und welche zum Echelonniren der Armeecorps für diese Disposition nöthig sind.

Schließlich kann es noch Positionen geben, die, ohne immer gleichzeitig besetzt zu sein, doch den im Bereich der Möglichkeit liegenden feindlichen Unternehmungen gegenüber, in derartigem Zusammenhange stehen, daß der Aufenthalt der Armee in ihnen mit ganz bestimmten Zügen wechseln, und dabei die Uebermacht nach jeder angreifbaren Seite hin gebraucht werden kann. Die Franzosen nennen solche Stellungen: positions de navettes und Napoleon brauchte für ein System derselben ausschließlich den figürlichen und mehrsagenden Ausdruck: échiquier[45]. Im Sinne einer activen Defension gehören dergleichen Stellungssysteme eben so wohl in den höheren Theil der Kriegstheorie, wie die Disposition der festen Plätze in die Staatenpolitik. Nähere Kenntniß von ihnen giebt zunächst die Kriegsgeschichte[46] und ein reifes Urtheil wird, zum Nutzen der Theorie, ihre allgemeinen Eigenschaften von den örtlichen und zufälligen, die hier eine wichtige Rolle spielen, dergestalt scheiden, daß sich solche Systeme auch a priori auffinden lassen, was dazu beitragen kann, der Militär-Geographie einen mehr als geborgten und empirischen Charakter zu verschaffen. Positionscomplex.

III. Bataillen-Manoeuvre.

Nachdem die Kriegstheorie in Ergänzung der Marsch- und Positionslehre bis zur Schlacht vorgerückt ist, hat sie sich in ihrer Abstraction nunmehr noch über die hierbei selbst stattfindende Haupthandtirung (main d'oeuvre) zu verbreiten, auf welche wir schon bei der Lehre vom Gefecht vertrösteten. Dort hatte die Abstraction eine doppelte Richtung verfolgt: eine gewissermaßen metaphysische, auf die Gefechts-Intentionen überhaupt bezügliche, welche wir bereits bei der Abhandlung des Gefechts analysirt haben; und eine den mechanischen Erscheinungen zugewendete[47], welche mehr quantitativer als qualitativer Art, sich im Massenkriege am stärksten ausdrückt, und daher auch ungeachtet ihres Connexes mit dem Parteienkriege, der jetzigen Betrachtung vorbehalten blieb.

Diese, mit der Mechanik der Waffen, wie mit der Ordnung und Gliederung unserer Armeen zusammenhängende Truppenhandtirung in der Schlacht, hat ganz bestimmte, auf unsere bekannten Kriegshandlungskategorien und deren eventuelle Vorherrschaft bezügliche Formen eingeführt, die, wenn sie auch durch Herkommen und Autorität zuweilen vom geraden Wege abgelenkt werden[48], doch immer wieder darauf zurückkehren und darum das wissenschaftliche Element unserer jetzigen Betrachtung ausmachen sollen, nachdem wir zu besserer Faßlichkeit der Letzteren, zuvörderst noch eine Classificirung dieser Handtirung versucht haben werden. Abgesehen von allen vorgängigen Evolutionen und von dem, schon in der Taktik behandelten specifischen Gebrauch der Waffen, kann die endliche Reibung der sich in der Schlacht gegenüberstehenden Streitmassen, doch nur von vorne (frontal), oder von der Seite der einen (en flanc derselben), und zwar in dem einen oder anderen Falle wieder in zusammenhängender Linie, oder in Spitzen geschehen. Fügt man den sich hieraus ergebenden vier Fällen noch eine mehr oder minder vollständige Umfassung der einen Armee durch die andere, als fünften bei; so hat man das Gerippe für alle Bataillen-Manoeuvres, über deren Disposition d. h. Anordnung nach Kraft, Raum und Zeit, theoretisirt werden kann.

1. Paralleles Zusammentreffen der gegenseitigen Fronten (ordre général et directe).

Theilweise Ueberwältigung.

Seinem Feinde mit dem Vorsatze zu dessen Ueberwältigung geradezu auf den Leib zu gehen (passer sur le ventre), oder ihn auf uns selbst anrennen zu lassen, ist die einfachste Art des Streites, und Niemand wird hier die Vorherrschaft des oben genannten Kriegshandlungsmotivs bestreiten. Auch war diese Art des Streites neben der List so ziemlich das einzige Vehikel der ältesten Kriegführung, die sich darum, wie noch jetzt bei uncultivirten Völkern, gewöhnlich bis zur Total-Ueberwältigung steigerte. Die hiervon sehr verschiedene Ueberwältigungsweise der neueren Kriegführung, welche mit der Auflösung der feindlichen Ordnung aus der Ferne anhebt und mit dem Handgemenge endigt[49], sowie die über allerhand Terrain verbreitete Entwickelung großer Streitmittel macht das gleichmäßige Zusammentreffen derselben in der ganzen frontalen Ausdehnung fast immer unmöglich, und beschränkt es auch in dem hier betrachteten einfachsten Falle, auf einzelne Strecken[60], die dem Streitenden um so willkommener sein müssen, je weiter sie sich hinziehen und je häufiger sie sich in der ganzen frontalen Ausdehnung wiederholen, welche beide Theile gleichmäßig zu verlängern trachten[61]. Es würde unsinnig sein, die der Situation nach schwer zugänglichen Theile einer Schlachtlinie auf gleiche Weise wie die übrigen und stärker zu besetzen, als es die Beobachtung des Feindes und die Sicherung des Ganzen eben erfordert[62], weil man dadurch Streitmittel paralysiren würde, an welchen gerade die parallelen Schlachten auf keiner Seite ein bedeutendes Uebergewicht voraussetzen lassen[63]. Eben so ungeschickt würde es aber auch sein, dem Feinde im Bereich der Waffen eine nachträgliche Entwickelung zu gestatten. Da nun die Erfahrung uns bestätigt, daß ein nennenswerthes Resultat der Schlacht nicht vor der Auflösung eines Viertels der feindlichen Macht denkbar ist, so muß wenigstens diese Quote der Front ein gleichzeitiges, von Weitem vorbereitetes Zusammentreffen der beiden Gegner gestatten, bevor man überhaupt einen Gewinn daraus zu ziehen hoffen darf[64]. Die Erneuerung und die Dauer des Streites, welche man durch frische Truppen-Linien (Treffen) erzielt, sowie eine verständige und zeitgemäße Anregung und Benutzung der Gefechtschancen[65], wozu die Reserven bestimmt werden, sind Ueberwältigungs-Maaßnahmen, deren Disposition von keiner Seite versäumt werden darf, und welchen die vorhin erwähnten Localitätsverhältnisse nicht bloß ihren Platz anweisen, sondern sie auch nach ihrer näheren Beschaffenheit und Intensität bestimmen[66].

Die große Beholfenheit der heutigen regulären Armeen in Bezug auf Bildung und Entwickelung von Massen (ployement und déployement), und auf die organische Zerlegung in vollkommen streitfähige Unterabtheilungen, hat den früheren bedeutenden Unterschied in der Aufstellung der Hintertreffen und Reserven ziemlich verwischt und allein auf die nächste Bestimmung beschränkt[67]. Diese knüpft das Treffen nach der Analogie einer Bereitschaft (piquet) an ein vorderes, während die Reserve einem erst zu gewärtigenden Gebrauch vorbehalten bleibt. Da wir beide hier nur als bereitgehaltene Ueberwältigungsmittel betrachten, und von ihrem speciellen Gebrauch ganz absehen, so soll uns auch nur die Reserve noch näher beschäftigen. — Das Ueberwältigungsmittel der Reserven besteht in seiner zeitgemäßen Wichtigkeit so lange, als die Kriegführung im größeren Style aus der Intelligenz Nutzen zieht. Wir begegnen ihm zu allen Zeiten in der Art und Weise, welche dem Stande der Kunst entsprach und es zeigt daher nur von Unkenntniß, in dem heutigen Gebrauche der Reserven eine neu erfundene Methode erblicken zu wollen[58]. Vor der von Marius unternommenen Reform der römischen Legion waren in dieser die Reserven als Eliten in dem Gliede der Triarier (Veteranen) hinter der ganzen Schlachtlinie vertheilt; in den Kämpfen Karl's des Großen und seiner Ritter bestanden sie aus dem ganzen Fußvolke, und gaben der Chevalerie den Halt; Ziska verhalfen sie als die sogenannten Unüberwindlichen bei Deutschbrod (1422), dem Herzog von Guise bei Dreux (1562) nach siebenstündiger Schlacht mit den Hugenotten unter Condé und Coligny zum Siege; bei Gustav Adolph (1630) machten sie nur den Ueberschuß der in die Treffen eingetheilten Truppen aus[59]; bei Friederich dem Großen (1757) waren sie meistens aus leichten Truppen gebildet und standen hinter den Flügeln und der Mitte der Armee als 3tes Treffen; und in den letzten Kriegen vervielfältigten sie sich nach Armee-Theilen und selbst nach Waffen dergestalt, daß von Divisions-, Corps- und Armee-Reserven, von besondern Cavalerie- und Artilleriereserven, ja von ganzen Reserve-Armeen die Rede war[60]. Diese Benennungen zeigen übrigens die heutige Bestimmung der Reserven[61] in der damit verlängerten Ueberwältigungs-Krisis so deutlich an, daß die Theorie hier ihren Weg bald finden wird, und nur noch den richtigen Zeitpunkt für das Ausgeben derselben (der Reserven) ins Auge zu fassen braucht. In einer zeitgemäß richtigen Verwendung beruht allerdings ein großer Theil des Werthes der Reserven besonders insoweit es sich um die Hauptreserve handelt, da hierbei Voreiligkeit in ihren Folgen eben so verhängnißvoll werden kann, als Säumigkeit, besonders wenn bei unvermeidlich gewordener vorzeitiger Ausgabe der ursprünglichen Reserven, nicht sogleich zur Bildung neuer aus entbehrlichen Theilen der Schlachtlinie geschritten wird[62].

In der Regel kann es da, wo sich die Kraft zur Ueberwältigung vorfindet, an Sicherungsmitteln nicht fehlen. Der in der Activität begriffene Theil braucht sie zu seiner Formirung vor dem Feinde und auf den Flügeln, wo er die natürlichen Deckungen hinter sich läßt, und er findet sie in Maskirungen, Demonstrationen und Echelonnirungen[63]. Der in der Passivität verweilende oder weichende Theil kann hingegen dazu noch alle Hülfsmittel verwenden und benutzen, welche ihm dadurch zufließen, daß er sich im Voraus mit der Position bekannt gemacht hat; auch kann er über seine Streitmittel von Hause aus derartig disponiren, daß ihm selbst Fortschritte des Gegners in die Hand arbeiten. Der Wechsel der Gefechtslinien ist organisch auf eine gesicherte Weise durch die Intervallen zu fördern, zu welchen die Truppen-Aufstellung Gelegenheit giebt und welche nach dem Waffen-Gebrauch im Bataillen-Manoeuvre normirt sein sollen[64], so daß dieselben also aus einer höheren Region der Handlung auf die taktische Grundlage zurückwirken müssen, in welcher als im Princip der Ordnung überhaupt, schon ein durchgreifendes Sicherungsmittel erzielt ist. Sicherung.

Mit der Zahl der Sicherungsgelegenheiten stehen die Ueberraschungsmomente im umgekehrten Verhältnisse. Diese werden da, wo es auf offenbaren Frontalkampf ankommt, entweder nur durch versteckte nahe Reserven, oder durch Versäumnisse und Mißgriffe des Gegners geweckt, insofern nicht ein ungewöhnlicher Entschluß des Feldherrn, und eine vollendete Manoeuvrirfähigkeit der Truppen, die scheinbar angenommene Passive plötzlich in eine rasche Active umkehren, wie unter Friedrich dem Großen bei Striegau (1745), wo die in der Ebene gelagerte Armee der vom Gebirge herabsteigenden des Herzogs von Lothringen entgegenging und sie schon im Aufmarsche schlug, oder wie bei Roßbach, wo die Armeen einander zu gegenseitiger Ueberflügelung cotoyirten[65] und die französische Tete der Seidlitz'schen Cavalerie in die Hände fiel. Wir werden des letzteren Manoeuvres, welches bei schwachen Flanken wohl häufig zur Einleitung eines frontalen Zusammentreffens in sonst starken Positionen dient[66], weiter unten gedenken, indem dasselbe mehr dem, mit der Ueberraschung beginnenden Angriffe in Spitzen angehört. Ueberraschung.

Zu erwähnen wäre hier noch, daß der Ueberraschung gewöhnlich befestigte Positionen, deren Flügelwirksamkeit sich nicht weit genug über die Fronte hinaus erstreckt, unterliegen.

Terrainbenutzung. Was die Terrainbenutzung im Kleinen anbelangt, welche im Verlauf einer Schlacht allerdings große Erfolge herbeiführen kann; so beziehen wir uns auf die allgemeine Betrachtung des Gefechts unter verschiedenen Waffen (die sogenannte angewandte Taktik), und ebenso im Großen auf das, was dort bereits unter der Rubrik der Handlungsmotive als helfend vorausgeschickt wurde[67]. Immer wird bei der Absicht, sich gleichzeitig und frontal mit dem größeren Theil der feindlichen Kraft zu messen[68], eine sich ziemlich ausgleichende Beschaffenheit der Vortheile und Nachtheile des Terrains vorausgesetzt und ein innerer Zusammenhang der aufgerollten Linien angenommen werden müssen, wenn die Ueberwältigung des einen Theils nicht auch gleichzeitig die Vernichtung eines anderen[69] zur Folge haben soll.

2. Wenn in der parallelen Hauptrichtung Spitzen auf Frontlinien treffen (percer le front de la ligne ennemie).

Häufig führt man das bisher behandelte Manoeuvre des frontalen Zusammentreffens und des ohne Unterbrechung fortgesetzten Streites nicht bis zum Ende mit allen Waffen durch, sondern begnügt sich einstweilen mit einigen Erfolgen der am meisten in die Ferne wirkenden Waffen, oder mit irgend einem erreichten localen Vortheil auf dem streitend zurückgelegten Wege, wodurch der Stellung oder dem Vordringen des Feindes unumgängliche Alterationen bereitet, mittelbar also auch eine Aenderung der eigenen Maaßnahmen bedingt und somit vielleicht beiden Theilen vortheilhaftere, weniger kostbare Gelegenheiten zum Siege dargeboten werden können.

Theilweise Ueberwältigung. Die vorhin erwähnte Vorherrschaft des Ueberwältigungsmotivs muß alsdann wohl zeitweilig zurücktreten und den näher liegenden Zwecken der Terrainbenutzung oder Ueberraschung ihre Kräfte leihen, bis die neue Constellation erfaßt ist und in der Ueberwältigung weiter vorgeschritten werden darf[70]. Letzteres wird jedoch inmitten des Kampfes und auf dem mühsam errungenen geringen Raum, sowie unter den Augen des Feindes weniger mit der breiten Entwickelung der Masse, als mit der Kraft des Stoßes auf den schwachen Punkt und in Spitzen (faire une pointe) geschehen, wodurch das Manoeuvre einen eigenthümlichen Charakter erhält, welcher den bildlichen Vergleich mit dem Keil und seiner Wirkung gestattet. Von der zum Eindringen bestimmten Spitze nach hinten an Masse zunehmend, wirkt der Keil bei dem nöthigen Nachdrucke zugleich mit seinen Seiten auf die zu durchdringende Linie in Richtungen, welche von der, von der Spitze verfolgten Hauptrichtung abgewandt sind[71]. Das Manoeuvre mahnt alsdann an zweierlei Paraden und einen Gegenstoß. Die erste dieser Paraden besteht im kräftigen Aufhalten der Spitze, wodurch eine dem Angreifenden gefährliche Entwickelung des Keils erzwungen wird. Dieser Widerstand kann jedoch bei der als schon voraufgegangen anzunehmenden Bearbeitung der Vordertreffen, in der Regel nur mit frischen Truppen erreicht werden, die sich unter allerhand Schwierigkeiten in der mêlée erst zu formiren haben[72]. Die zweite Art der Parade besteht in einem momentanen Ausweichen vor dem Stoße, oder im Repliiren angegriffener Theile der Schlachtlinie, die dadurch, selbst wenn diese Theile in ihrem Zusammenhange bleiben, an Intensität einbüßt und, was noch schlimmer ist, schon vor dem Anrennen des Feindes zu dem ominösen Kehrtmachen führen muß. Der Gegenstoß endlich ist in eine kräftige Einwirkung auf die Seite des Keils gelegt, die sich mitunter wohl activ (die alte Zange) durch ein Herausgehen aus der Schlachtlinie neben der Trouée, bis zum Handgemenge erstrecken kann und so zuerst scheinbar, dann aber in der That den nachtheiligen Eindruck des Stoßes aufhebt, sofern dem Gegenstoße die Sicherung und der nöthige Nachdruck nicht abgeht.[73]

An die Fäden dieses Raisonnements muß die Theorie geknüpft werden; sie muß die Maaßnahmen erwägen, welche für beide Theile der Sicherung, der Ueberraschung und der Terrainbenutzung in dem Ueberwältigungsconflicte angehören.

Da wir uns hier nur mit der Aufstellung eines passenderen Rahmens für die Kriegstheorie beschäftigen, sie selbst zu liefern aber nicht beabsichtigen, so können wir nur damit fortfahren, einzelne Andeutungen zu geben, wenngleich das geschichtliche Studium der Schlachten nach unsern Prämissen eine reiche Ausbeute verspricht.

Sicherung. Wir stellen uns den Angegriffenen im Stillstande und den Angreifenden in der Bewegung vor, denn befände sich jener schon auf seiner ganzen Linie in rückgängiger Bewegung, so würde das Manoeuvre zum Abmarsch gehören, der erst weiter unten näher behandelt werden soll. In der Vorstellung ist der Vortheil des Feuers entschieden auf der Seite des Angegriffenen, der sich daher zu seiner Sicherung hauptsächlich darauf zu stützen hat. Er muß also, ohne Rücksicht auf die entstehende Vergrößerung der Trouée, welche der Feind schon in möglichster Breite und Tiefe vorbereitet haben wird, und durch Einschwenkung (demi potence) gegen den Eintritt der Angriffscolonne vorwärts und rückwärts viel Feuerfronte zu erlangen[74], sowie die Flügel der eingeschwenkten Theile seiner Linie zu schützen suchen, indem er den übrigen Theil des Treffens abwärts vom Durchbruche frontal vorgehen läßt. Die eindringende Tete des Angriffs muß von der unterdessen herbeigezogenen Reserve, vorzugsweise mit Artillerie und Cavalerie empfangen, und nach durchgeführter Ueberwältigung muß im Vorgehen auch das Schließen der Trouée wieder succesive bewerkstelligt werden.

In angemessener Weise wird seinerseits der Angreifende die Sicherungsdispositionen für sein Vordringen treffen. Die dem Terrain entsprechend, aus den verschiedenen Waffen formirten, einander unterstützenden, oder taktisch sich deckenden Colonnen[75] müssen die Trouée vorbereitet finden, ehe sie den Marsch antreten; die Seitencolonnen müssen gegen die neue Fronte des Angegriffenen aufmarschiren, und die Mittelcolonne mit dem aus den bravsten Truppen gebildeten Teten-Echelon (marteau) muß ungehindert zum Aufmarsch gegen die zu erwartende feindliche Reserve vorschreiten können[76]. Aus den noch rückwärtigen Theilen der Schlachtlinie muß zugleich Nichts verabsäumt werden, was das hier entscheidende „Vorwärts" fördern und begünstigen kann, und erst wenn es gelungen erscheint, werden die hier zu allen Unternehmungen bereiten Mittel durch frontales Beschäftigen der feindlichen Linien, ihr Aufrollen mittelst der Flügelcolonnen am besten unterstützen.

In der Initiative des behandelten Manoeuvres können allerdings Ueberraschungsgelegenheiten liegen, welche durch eine maskirte

Ueberraschung.

Formirung der Angriffscolonnen und eine, durch allerhand Demonstrationen hervorgebrachte Neutralisirung der entgegenstehenden Streitmittel erhöht werden. Das vorgängige partielle Bearbeiten der letzteren, und die ansehnliche Truppenzahl zum Durchbruch der Schlachtlinie[77] werden jedoch den umsichtigen Gegner über das, was unter seinen Augen vorgeht und vorgehen muß, nicht lange in Ungewißheit lassen. Ebenso wenig kann der Angreifende über die möglichen Gegenmanoeuvres des Angegriffenen in Unkenntniß oder Ungewißheit bleiben, wenn er sich nicht auf das bloße Imponiren verläßt und seine Disposition von vorne herein auf die Ueberwältigung basirt, die hier im Gedränge der Massen und der Zeit noch mancher Zufälligkeit und mancherlei Mißverständnissen[78] preisgegeben ist.

Die beiderseitigen, einander folgenden Ueberwältigungsversuche kann am meisten das Terrain begünstigen oder erschweren. Der Angreifende kann vor und in der feindlichen Stellung Höhen, Schluchten, Defileen, Dörfer, Gehölze u. s. w. finden, durch deren Besitz allein seine Kraftanwendung überhaupt ausführbar wird, und die also mitunter selbst zum Vorgehen in Spitzen einladen werden. Wir haben von solchen Positions-Schlüsseln schon gesprochen und bemerken deshalb hier nur noch, daß sie kein nothwendiges Erforderniß einer jeden Position und eines jeden Bataillen-Manoeuvres sind und sein können, in ihrer entscheidenden Einrichtung auch wohl häufig erst durch die besondere Angriffs- und Vertheidigungsweise kenntlich werden[79]. Am häufigsten ereignet sich dies mit den auf dem Schlachtfelde befindlichen Dörfern[80], die sowohl in früherer Zeit als erst neuerdings wieder mit Hartnäckigkeit und oft zwecklos in die Bataillen verwickelt waren, dadurch zur bloßen Menschen-Consumption führten und von entscheidenden Conceptionen zurückhielten. Terrainbenutzung.

Zuweilen macht die Terrainbeschaffenheit nur ein Aggregat des Positionsschlüssels aus, der wesentlich in dem Tracé einer Stellung bestehen kann, wie z. B. wenn diese eine stumpfe Spitze gegen den Feind bildet und denselben zu Unternehmungen darauf einladet, indem ihr Besitz ihm die Gelegenheit zu schädlichen Einwirkungen auf Flügel und Rücken einräumt[81], über die wir uns weiter unten noch auszulassen gedenken.

Combination der Umstände und Folgen.

Im Allgemeinen sind noch beim Vorgehen in Spitzen die aus der Combination der Umstände und Folgen entspringenden Rücksichten in Betracht zu ziehen. Wenngleich das eigentliche Durchbrechen der Schlachtlinie, der erforderlichen Mittel wegen, nur auf einem Punkte ausführbar bleibt, so wird man doch vielleicht gleichzeitig, vielleicht nahe hinter einander genöthigt sein, die Agressive auf mehrere Spitzen zu legen, theils um die eigentliche Absicht zu verbergen[82], theils um sich zum Herrn von Terrainpunkten zu machen, die zum raschen Vorschreiten des Hauptangriffs unumgänglich sind[83]. Beides muß mit derjenigen Haltung geschehen, welche den untergeordneten Zweck durchzuführen berechtigt ist, ohne daß der Hauptzweck dadurch beeinträchtigt wird. Schwierig ist dies namentlich bei Demonstrationen, weil diese den Feind verleiten sollen, also einer gewissen Kraft benöthigt sind, welche überdem fremder Einsicht und Eitelkeit überlassen werden muß. Zuletzt hängt die Disposition für den Hauptangriff, auch in Betracht des endlichen Erfolges, wesentlich mit der Lage des Angriffspunktes in der feindlichen Schlachtlinie und dessen Umgebungen zusammen, weil sich im Fortgange der Operation Truppen-Verschiebungen nur mit Zeitverlust bewerkstelligen lassen und weil Zeitgewinn, verbunden mit dem Terrain-Vortheil, dem Feinde allein zu einem geordneten Rückzuge verhelfen[84] und ihn einer gänzlichen Niederlage entziehen kann.

3. Schiefe Richtung der Schlachtfronten gegeneinander, und wenn Spitzen auf Spitzen treffen.

Ungeachtet der dem Bataillen-Manoeuvre überhaupt näher als jeder anderen Kriegshandlung liegenden Ueberwältigungs-Absicht, die auch schon in frühester Zeit für den Heroenstreit, wo die Massen nur accompagnirten, und später für den von diesen fortgesetzten und erweiterten Zweikampf zwischen Armeen[85] unverkennbar blieb; haben selbst unsere bekannten Handlungsklassen dem so gewaltig modificirenden Einflusse einer durchgedachteren Kriegführung nicht ausweichen können. Diese hat sich theilweise ihres ganzen Charakters bemeistert, seitdem man der Idee nach weniger unmittelbar gegen den Feind selbst, als gegen dessen Absichten streitet und man ihn nicht sowohl zu vernichten, als seinen

Zustand nur zu verschlimmern trachtet, deshalb aber seine Schwächen im Großen benutzt, und ebensowohl Bataillen par industrie als par force einleitet. Der Gang unserer Betrachtung bringt uns hier auf ein solches Manoeuvre. Dasselbe fällt schon in seinem Zuschnitt der Ueberraschung anheim, und muß darum für eins von denjenigen erkannt werden, welche dem thätigen Feldherrn und der gewandten Armee auch bei numerisch geringeren Streitkräften die Initiative zuweisen[86]. Ueberwältigende Ueberraschung.

Man kannte das Manoeuvre schon vor Friedrich dem Großen unter dem Ausdruck des „en écharpe Nehmens", eine Bezeichnung, welche jedenfalls aus der Analogie mit der früheren Art des Tragens der Schärpe über die Schulter entstanden ist. Aber erst durch die denkwürdigen Siege des großen Königs erhielt das Manoeuvre seine Weihe und gewann mit vielem Eclat seinen Eingang in die Kriegstheorie, in welcher es jedoch auch manche Verwirrung angerichtet hat[87].

Unter dem Einfluß der in verschiedene Weiten reichenden Waffenwirkung sind die schon längst bekannten Vortheile des Umfassens im Laufe der Zeit immer mehr gestiegen[88], und sowohl Spitzen als Flanken sind in den Schlachtordnungen immer schwächer hervor getreten. Dieselbe Verschiedenheit des Waffenbereichs läßt auch den gleichzeitigen Gebrauch einer und derselben Schlachtlinie in veränderten Abständen vom Feinde zu. Beides ist der Oblique zum activen und passiven Gebrauch entsprechend, indem dieselbe von den an sich schon schwachen, durch den concentrirten Angriff aber noch mehr benachtheiligten Punkten der feindlichen Stellung aus, deren Aufrollen en écharpe erleichtert, und dem Angegriffenen nur die Wahl läßt, entweder jene schwachen Punkte zu verstärken, oder sie, sofern ihm der Angriff nicht durch eigene Schwächen eine Gelegenheit zur Gegenhandlung darbietet[89], durch eine Stellungs-Veränderung ganz zu beseitigen. Der Theorie ist hiermit wieder der Weg geöffnet, auf welchem sie sich ihres Gegenstandes zu bemächtigen hat. Sie kann, die Ueberwältigungs-Maaßnahmen der vorhin erwähnten Manoeuvres vorausgesetzt, die hier nur für einige besondere Fälle wiederholt zu werden brauchen, sogleich auf die Sicherungen eingehen, welche für den Angreifenden vorzugsweise durch die Ueberraschung, für den Angegriffenen aber durch die Terrain-Benutzung unterstützt sein wollen. Alsdann müßte sie auch dem Raisonnement nachgehen, welches sich über deren Vortheile und Nachtheile für den letzten Ueberwältigungszweck verbreitet.

Sicherungen. Niemand, der sich nachtheilig gegen den Feind gestellt sieht, wird wohl länger in einer solchen Stellung verweilen, als Zeit und Umstände eine Abänderung derselben verbieten[90]. Der Angreifende, welcher nicht etwa schon zugleich mit dem strategischen Aufmarsche in die oblique Richtung kommt, muß dieselbe erst im Angesichte des Feindes aus der parallelen Richtung zu gewinnen suchen[91]. Hiermit nimmt er aber einen gefährlichen Abmarsch vor, und giebt während desselben sogar seine Operationslinie auf, bis ihm mit der neuen Richtung eine neue gedeckte Rückzugs- und Verbindungslinie erwächst[92]. Nichts muß dem Angreifenden daher wünschenswerther sein, als seinen Ab- und Aufmarsch, sei es durch Demonstrationen, sei es durch das Terrain, so lange als möglich zu verbergen[93] und mit der möglichsten Geschwindigkeit zur Ausführung zu bringen. Er muß aber auch darauf gefaßt sein, inmitten der Einleitung seines Manoeuvres dasselbe entdeckt zu sehen und genöthigt zu werden, seinen Zustand durch Herstellung einer Linie theilweise zu verbessern. Eine Aufgabe bleibt es dann für ihn, sich dabei doch in der Lage zu erhalten, sein eigentliches Vorhaben durchführen zu können, was in der Regel wohl nur durch Echelonnirungen[94] und die Behauptung gewisser Posten zu prästiren sein wird. Je nachdem das Terrain von der Spitze[95] oder dem Flügel der feindlichen Aufstellung, wogegen sein Vorhaben gerichtet ist, zum Anrücken in Linie oder in Spitzen einladet, muß in die hierzu nöthige Disposition ungesäumt aus dem Marsche eingefallen werden[96]. Daß alles dieses mit taktischen Künsten allein nicht bewirkt werden kann, ist einleuchtend; die Ansprüche an das Terrain werden vielmehr mit jeder neuen Bedingung immer complicirter, und es liegt somit am Tage, daß der bloße Wille, mit der Oblique zu manoeuvriren, bei Weitem nicht ausreicht, sondern daß das Manoeuvre, wenn auch seinem Wesen nach auf allen Stufen der Kriegführung anwendbar, doch zu jeder Zeit in hohem Grade den militärischen Blick des Heerführers, die Beholfenheit der Unterbefehlshaber, sowie die taktische Fertigkeit und den Appell der Truppe in Anspruch nehmen wird[97].

Die Regeln einer activen Vertheidigung gegen das oblique Bataillen-Manoeuvre ergeben sich unmittelbar aus den eben angedeuteten Sicherungen des Angriffs, und hätte auch selbst ein strategischer Aufmarsch, oder die mit dem taktischen verbundene Ueberraschung die neue Stellung gefahrlos einnehmen lassen; so würde außer der Kraftanwendung auf dem näheren Flügel, doch noch eine Unternehmung auf den entfernteren (refüsirten) zulässig bleiben (contre-oblique), die den Unternehmungen bei der directen Begegnung der Armeen in Spitzen, ziemlich ähnlich sieht. Dadurch möchte alsdann wohl auch neben der Herstellung des Gleichgewichts, eine Umkehrung der ganzen Schlacht-Operation bewirkt und die active Vertheidigung in eine Aggression verwandelt werden, die vom glänzendsten Erfolge begleitet sein kann, wie namhafte Beispiele in der Kriegsgeschichte bekunden[98]. Ein bewußtes Durchstreifen des Kunstgebiets, wie dasselbe in der Geschichte offen daliegt, kann überhaupt der Theorie manche Ausbeute schaffen, durch welche die gangbaren Bataillen-Recepte bedeutend verdunkelt werden dürften.

Weniger herausfordernd ist diejenige Sicherung des Angegriffenen, welche in dem Aufgeben der schwachen Positions-Punkte liegt, und also auf irgend eine der Passive entsprechende Aenderung der Stellung hinauskommt. Eine solche Aenderung, möge sie sich nun auf die ganze Front, oder nur auf einen Theil derselben erstrecken, will aber jedenfalls bis zu dem Grade vollendet sein, um einem vorauszusehenden ersten Angriffe vollen Widerstand leisten zu können. Die partielle Zurückbiegung der bedrohten Stellung auf dem Flügel (demi potence oder Hakenformirung) ist allerdings das einfachste Mittel zur entfernten Einwirkung auf den Angriff vor dem Handgemenge[99]; mit ihr hängen aber auch die bereits erwähnten Nachtheile des ausspringenden Stellungswinkels und der bedrohten Operationslinie, sowie der verlegten Manoeuvrelinien zusammen, welche Nachtheile überwiegen werden, wenn das Terrain der neuen Stellung nicht außergewöhnliche Vortheile bietet und wenn nicht bestimmt anzunehmen ist, daß die rückgängige Bewegung vor dem Feinde, der Haltung der Truppen keinen Eintrag thun wird. In solcher Lage befand sich Blüchers Corps während der Schlacht bei Bautzen; dasselbe mußte nach drei Seiten hin gegen den Feind Front machen, während zu gleicher Zeit die ganze Reserve detachirt war, um ein im Rücken durch den Feind genommenes Dorf wieder zu nehmen und dadurch die bedrohte vierte Seite der Stellung, durch die man allein Verstärkung erhalten, oder sich zurückziehen konnte, wieder zu öffnen.

Eine von der Einleitung des Angriffs abhängige, nach der Seite oder nach rückwärts gerichtete Bewegung der auf dem einen Flügel bedrohten ganzen Linie hat zwar nicht die genannten Inconvenienzen zur Folge, wird aber bei der großen Stärke unserer Armeen, und ungeachtet deren Theilbarkeit und Beweglichkeit größeren Schwierigkeiten unterliegen, als in früheren Kriegen und namentlich noch im siebenjährigen. Aus diesem Grunde wird eine solche Bewegung heutigen Tages weniger als Gefechts-Einleitung, denn als Gefechts-Act gelten, der eine nähere Verwandtschaft zum strategischen Abmarsche zeigt. Stellungen der vorhin erwähnten Art wurden übrigens in der Schlacht von Wagram[100] längs dem linken Donauufer mehrfach von den streitenden Armeen verzeichnet, und zwar in der großen, durch Stamersdorf, Lobaubrücke, Leopoldsdorf und Wagram beschriebenen Raute, für welche zugleich Lobaubrücke und Wagram die Hauptschlüssel zum Deployement und Durchbruch abgaben.

Unsere Theorie führt uns hier noch auf einen Wendepunkt in der Kriegführung, auf welchen aufmerksam zu machen wir nicht unterlassen wollen. Er zeigt sich dem geistigen Auge des Beschauers gleichsam als der Scheitelpunkt einer Curve, deren absteigender Ast von dem conventionellen Zweikampfe der Armeen abbiegend, sich der unbefangeneren, obgleich künstlicheren theilweisen Ueberwältigung zuwendet, die schon Friedrich den Großen auf das öftere Schwenken seiner kunstfertigen Armeen als Agression gegen seine bedächtigeren Feinde hinwies, und die befestigten Stellungen immer mehr heruntersetzte[101].

Wir erkennen aber auch, daß wir uns von jener Art der Armee-Beweglichkeit wieder entfernen und darum zwar nicht gerade den linearen, aber doch den centralen Retranchements für Positionen von Neuem zuwenden dürften.

4. Rechtwinkliches Einfallen der Schlachtfront gegen die feindlichen Flanken (en potence).

Noch einladender als die sogenannte Oblique, ist die rechtwinklicht oder selbst spitzwinklicht gegen die ursprüngliche Stellung nach des Feindes Flanken gerichtete Schlachtordnung der ganzen Armee, oder eines Theiles derselben [102]. Sie mußte sich um so seltener zeigen, je weiter man bei dem Anwachsen der Armee und der Vermehrung des Feldgeschützes, in der Terrainbenutzung vorschritt und man konnte, die Fälle etwa ausgenommen, wo der strategische Aufmarsch die Front des Angreifenden bestimmte [103], auf solche Conversion einer ganzen Armee durch Ueberraschung und Terrain-Vortheil (attaque par ruse et adresse) wohl nur alsdann rechnen, wenn man einen an Kraft und Weisheit beschränkten Gegner vor sich hatte [104]. Theilweise Flankenangriffe konnten indessen nicht ausbleiben und werden sich, wenn auch nicht immer dispositionsgemäß, im Zuge der Schlachthandlungen zu allen Zeiten und in allen Kriegsverhältnissen häufig wiederholen. Daß sie in früheren Kriegen schon als Muster der künstlichen Bataillenhandtirung galten, lag mit an der Ueberzahl der Cavalerie und deren normaler Verwendung auf den Flügeln der Schlachtlinie [105], wo sich diese bewegliche, mehr active als passive Kraft gegenseitig abrieb, und bei der schwierigeren Sammlung nach erlangtem Vortheil, die Blöße der Infanterie zum weiteren Verfolgen des Sieges öffnete. Schwerlich wird man noch heutigen Tages die Armeeflügel ganz in der Luft stehend, und ohne Anlehnung oder Unterstützung finden [106]. Die hier in Rede stehenden Flanken-Angriffe werden darum immer nur als der Exceß des obliquen Bataillenmanoeuvres angesehen werden können, für den alle dort in Bezug auf beide Theile angedeuteten Ueberwältigungs-, Ueberraschungs- und Sicherungs-Maaßnahmen in hohem Grade Geltung haben.

Bei dem theilweisen Flügelangriffe, der gewissermaßen eine

Partei während der Schlacht constituirt, kommen jedoch noch eigene Verhältnisse in Betracht, welche insbesondere den Raum, die Zeit, die Kraft und den Befehl näher angehen.

Raumverhältnisse. Bei Gelegenheit des strategischen Aufmarsches zur Schlacht ist schon der Kraft-Zersplitterung vor derselben, als das hierbei vorherrschende Ueberwältigungsmotiv beeinträchtigend, gedacht worden. Weit ausgedehnte, mit selbstständigen Corps intendirte Flügelumgehungen erzeugen diesen Fehler um so mehr, als hier die Kräfte des Angegriffenen absichtlich concentrirt, und die Schwächen des Angreifenden durch das Manoeuvre selbst vermehrt werden. Jener wird, wohl oder übel, zuletzt doch eine Truppenentwickelung gegen den Flankenangriff zu Stande bringen und Reserven herbeiziehen können, die gegen den Frontal- und Flankenangriff gleichmäßig zur Hand, gelegentlich beiden entgegentreten, oder ebenfalls als besondere Flügelcorps, wieder der Umgehung den Flügel abgewinnen können. Der Raum muß also dem combinirten Angriffe angemessen sein[107], und das Terrain ihn dergestalt begünstigen, daß ungeachtet der von Weitem her zu sichernden Flanken-Unternehmung, der Schlachten-Act für diese und den Frontalangriff zusammenfällt, auch daß beide im Vorwärtsschreiten sich einander nähern, durch ein wechselweises Bedrohen der ihnen entgegengestellten feindlichen Linien sich gegenseitig unterstützen, und endlich in der peripherischen Vereinigung den Widerstand gegen die sich sammelnde Kraft des Feindes vorbereiten.

Zeitverhältnisse. Das Meiste von dem, was die Raumverhältnisse gebieten, hängt auf natürliche Weise auch mit den Zeitverhältnissen zusammen. Diese folgen indessen da eigenen Gesetzen, wo die Willkür der Handlung und Gegenhandlung einen gewissen Beharrungszustand herbeiführt. Alsdann darf aber derjenige, welcher der eben eintretenden Beharrung das Ziel zu setzen hat, nicht den Zufall walten lassen, was freilich einen richtigen Begriff von der vorgesetzten Handlung, Entfernthaltung von Täuschungen und Nebendingen, schöpferische Genialität im Erfinden von Hülfsmitteln bei eintretenden Hindernissen[108], das zur Hand haben einer disponibeln Kraft zur Benutzung günstiger Chancen und eine richtige Cadence der sich doppelt gestaltenden Schlachthandlung erfordert.

Wir haben eben erwähnt, daß die für die Flankenumgehung getheilte Streitkraft immer zur rechten Zeit und am rechten Ort vorhanden sein muß, was hauptsächlich durch richtige Theilung derselben zu bewirken ist. Hierbei zeigt die organische Gliederung der neueren Armeen in selbstständige Armee-Corps, gegen die frühere Eintheilung in Treffen und Flügel, unverkennbare Vorzüge, indem dadurch eine Theilung schon vorbereitet ist. Allein das Terrain und die wahrscheinlichen Entwickelungen des Feindes in den verschiedenen Aggressionen und Subsequenzen erlauben keine Collectivregeln, gestatten vielmehr der Oertlichkeit und den Umständen soviel Einfluß, daß hier und da vielleicht eine einzige Waffe ausreicht[109]. Am wichtigsten werden dabei die Reserven, die, insofern sie nicht zur doppelten Anwendung postirt werden, in ihrer Stärke ungewöhnlich erhöht und vervielfältigt sein wollen, um allerhand Chancen begegnen und die Ueberwältigungsabsichten an allen Orten unterstützen zu können[110]. Kraftverhältniß.

Insofern die Intelligenz und der Ruf des einen Feldherrn die Thatkraft des anderen nicht lähmt[111], wird dieser sich auch mit dem Abwehren des Angriffs auf dem einen Flügel seiner Schlachtlinie nicht begnügen. Er wird agressiv gegen den passiven Flügel des Angreifenden verfahren, wenn ihm dies nicht etwa durch das Terrain und die Disposition gebieterisch verwehrt ist. In der älteren, vom Schematismus mehr als vom Terrain abhängigen Schlachtenhandtirung findet man darum den Fall häufiger als heute, daß die eine Armee auf dem einen Flügel geschlagen wurde, während sie auf dem anderen siegte[112] und daß das zuletzt erlangte geringe, oft gegenseitig bestrittene Schlacht-Resultat nur demjenigen Theile angehörte, welcher auf dem Schlachtfelde schlafen konnte.

Die vorausgegangenen Betrachtungen stellen das Befehlsverhältniß periodisch fest. Die in der Disposition liegende Einheit löset sich mit dem Beginne der Handlung, und kommt in ihrem Fortgange wieder in die Hand desjenigen, der in der Zwischenzeit die entscheidendsten Chancen ergründet hat und auf dem Punkte zugreift, wo die Würfel fallen. Befehlsverhältniß.

5. Umschließung des einen Theils durch den anderen.

Kaum läßt sich erwarten, daß bei den überall hörbaren Anklängen von Strategie, jemals wieder eine so totale Inversion zweier Armeen eintreten werde, wie bei Mollwitz (1741), wo Friedrich der Große nur mittelst einer Kehrtwendung seiner Armee, den Feind vor sich sah. Eher kann man bei der Breite unserer Theorien, und der Vermengung von Groß und Klein in denselben darauf gefaßt sein, jedem Detachement eine geographische Operationsbasis anweisen zu müssen und also in das entgegengesetzte Extrem zu verfallen.

Nichtsdestoweniger liefert auch die neuere Geschichte Beispiele von Schlachten, in denen die beiden Armeen concentrisch, respective excentrisch gegeneinander manoeuvrirten, und aus dergleichen Ereignissen, gleichviel ob freiwillig oder gezwungen, hat sich die Theorie zu vervollständigen. Sie muß das Vorkommen solcher Entwickelungen erörtern und den Hülfen, welche sich dabei für beide Theile gezeigt haben, nachspähen. Ihre Sache ist es ferner, die allgemeinen Kriegsregeln für dieses specielle Manoeuvre zu fixiren und zu demselben Zwecke ihre Abstractionen zu generalisiren.

Doppelschlachten (batailles excentriques.)

Schon oben gedachten wir der Aggregate gleichzeitiger, in Correlation zu einander stehender Corpsgefechte als eigentlicher Schlachten-Systeme. Die Doppelschlachten gehören dieser Kategorie an. Der umschließende Theil braucht dabei nicht immer der angreifende zu sein; er behauptet sogar den Vortheil, wenn er nach Gefallen der Schlacht ausweichen kann. Seine Angriffe sind zerrissen und ihre endliche Combination kann mehr zur Schlachtbenutzung als zum Schlachtgewinne beitragen, weshalb dieser für beide Theile seine Ungewißheiten hat und man große Gefahr dabei laufen kann. Die Doppelschlacht bleibt darum mehr oder weniger für Jeden ein pis-aller, und kann nur durch die höheren Kriegsverhältnisse und das unbedingte Vertrauen auf Truppen und Anführer gerechtfertigt werden, weil dabei für den besiegten Theil das Zerdrücken oder Zersprengen als eine fast nothwendige Folge vorauszusehen ist. Verzögerungen auf den

Operationsspitzen, oder ein versäumtes Abwehren feindlicher Armee-Concentrationen [113], führen am häufigsten zu den so gewaltigen Chancen der Doppelschlacht. Sie ist es eigentlich, bei welcher das sprüchwörtliche: „wagen gewinnt, wagen verliert" in der Kriegskunst am anschaulichsten wird. Jedenfalls wird der umfassende Theil, welcher von Rechtswegen auch der stärkere sein muß, immer seinen Vortheil in der vernichtenden Einwirkung auf die feindliche Operationslinie, in der ihm günstigen Initiative, Kraftvertheilung und Disposition finden; während dem umschlossenen die Positionsvortheile [114], die bereite, gegenseitige Hülfe der einzelnen fechtenden Corps, und die Verfassung der Streitkraft zur augenblicklichen Benutzung der Umstände nach allen Seiten zu statten kommen.

Die von unserer heutigen europäischen Kriegskunst bedeutend abweichenden Armee-Organisationen und Schlachtordnungen der Asiaten, welche sich besonders in den vielfältigen Türkenkriegen bemerkbar gemacht haben, führen ebenfalls zu Umklammerungen der regulären Armeen, und zu Operationen in deren Rücken mit Reiterschwärmen, für welche der neuerdings wieder mehr ausgebildete Parteigängerkrieg auch noch anderweitige Facsimile's liefert [115]. Da jene Kriegführung auf die räumlichen Verhältnisse einen bindenden Einfluß ausübt, eine geringere Bezugnahme auf das Terrain gestattet, die Operationslinien in der Regel auflöst und die Armee selbst zur Verwahrung der Streit- und Lebensmittel veranlaßt, indem sie solche mit sich führen muß, und also gleichsam einen wandelnden Waffenplatz hervorbringt, aus welchem man nicht nur ausfällt, sondern mit dem man selbst zu agiren genöthigt ist; so liegt es wohl am Tage, daß hier in der Kriegstheorie von einem Bataillenmanoeuvre die Rede sein muß, in welchem neben der abwechselnden Wirksamkeit aller Kriegshandlungsmotive, die Sicherung einen durchgreifenden Ton hält. Die Front nach allen Himmelsgegenden und ein davon umschlossener Raum, oder das sogenannte hohle Quarree (à centre vuide, wie es Machiavel nennt) zeigt sich hierbei als Typus der anwendbarsten Hülfsmittel. So natürlich und alt [116] es an sich auch sein mag, so war es doch erst unter Münnich dem Zustande der neueren europäischen Kriegscultur angepaßt, und von Bauer, Türkenschlachten.

einem Schüler Ferdinands von Braunschweig, mit den Erfahrungen des siebenjährigen Krieges combinirt worden, indem er und Repnin am Kagul (1770) die frontal verschanzte türkische Position damit auf beiden Flügeln umgingen, während Romanzow, der Oberfeldherr, mit seinem Quarree in der Defensive verblieb[117]. Nach Warnery sollte hier die Cavalerie neben den Impedimenten in die aus höchstens 24,000 Mann bestehenden Quarrees mit aufgenommen, eine Reserve bilden und es mit den eindringenden Bravos der Spahis aufnehmen, nicht aber durch die Operationen in Detachements und in den Zwischenräumen der Quarrees, der Vertheidigung der Letzteren und dem ganzen Manoeuvre hinderlich werden. Ob auf diesen oder ähnlichen Wegen der beste Waffen-Gebrauch erreicht werden kann, und ob das genannte Maximum der Massen das richtige ist; wann und wie ferner die Bildung und Auflösung solcher großen, aus verschiedenen Waffen bestehenden Quarrees geschehen kann und muß, um die der Ueberwältigung und Ueberraschung diensamere Schlachtfront am wenigsten zu stören; wie ferner für eine, aus mehreren solcher Quarrees bestehende Armee noch einige Einheit der Handlung und des Befehls zu erreichen sei und dergleichen: das sind Untersuchungsgegenstände für die Theorie, wofür sie die Daten wohl aus den Türkenkriegen entnehmen könnte, für diese aber nicht allein zu arbeiten brauchte, weil manche hier im Großen aufgefundene Wahrheit auch auf unsere Quarreeformationen im Kleinen wohlthätig zurückwirken würde, und wesentliche Unklarheiten, die sich mitunter wohl dabei kundgeben, dadurch aufgehellt werden dürften[118].

Wir glauben jetzt tief genug mit unseren Betrachtungen in die Materie der Bataillen-Manoeuvres eingegangen zu sein und dabei gezeigt zu haben, daß hierin die Geschichte der Theorie noch eine große Fundgrube darbietet, die jedoch nach einer leitenden Idee mit Ordnung und Urtheil durchforscht sein will. Mit bloßem Gedächtnißwerk und darauf gebauten partiellen Recepten würde freilich ebenso wenig gewonnen sein, als mit subjectiven, für die künftige Handlung müßigen Phantasiegespielen[119].

IV. Strategischer Abmarsch aus der Schlacht.

Auf die nämliche Weise wie bei den Schlacht-Manoeuvres hatten wir auch schon alles das als Parteihandlung bei der Abhandlung des Gefechts zur Betrachtung empfohlen, was den Rückzug aus der Bataille moralisch berührt, und mit dem Entschlusse dazu in näherer Beziehung steht. Wir nehmen darum hier das: **post nubila phoebus!** ohne Weiteres an, und bleiben bei dem schwierigeren Mechanismus des Rückzuges für die größeren Heeresmassen, und der zunächst wieder zu erlangenden Streitfertigkeit derselben stehen, welche nach der Schlacht für beide Theile, den Sieger sowohl als den Besiegten, momentan zerrüttet ist. Was davon nach und nach zur Abstraction gebracht werden kann[130], dürfte sich wohl füglich auf die Richtung, die Art, die Einleitung und die Ausführung des Rückzuges, unter Berücksichtigung der Handlung und Gegenhandlung, beschränken lassen.

1. Richtung des Rückzuges mit ihren wichtigen Punkten.

Die Rückzugslinie ist ebenso abhängig von der möglicherweise festzuhaltenden Operationslinie der geschlagenen Armee, als von dem letzten Effect des nachtheilig einfließenden Bataillen-Manoeuvers und der daraus entspringenden Verfolgung[131], was der Geschlagene in seinem Zustande nur erkennen, aber nicht ändern kann. Sie läßt sich aus zwei Theilen bestehend denken, nämlich aus einem, dem Schlachtfelde zunächst befindlichen, nach dem Gange der Schlacht beweglichen, — den wir die Manoeuvrelinie nennen wollen; und aus einem entfernteren beständigeren, darum aber doch auch nicht ganz unbeweglichen: der Armee-Operationslinie selbst. Die Continuität der Rückzugslinie kann auf eine doppelte Weise erzielt werden, einmal durch Einlenken der Manoeuvrelinie in die Operationslinie, insofern beide in ihrer Richtung von einander abweichen; zum anderen aber durch das allerdings künstliche, darum doch aber nicht unstatthafte[132] Seitwärtsschieben der Operationslinie mit ihrer Basis in die Verlängerung der Manoeuvrelinie. Ersteres erfordert einen Schneidungspunkt der Manoeuvre- und der Operationslinie, Letzteres eine Erweiterung der Basis, Beides aber Concentrationspunkte auf der Rückzugslinie, sofern im Verfolg der Bataillen-Manoeuvres, die geschlagene Armee für besondere Corps auch besondere Manoeuvrelinien braucht. Solche verschiedene Manoeuvrelinien können und mögen unter sich vom Schlachtfelde aus excentrisch laufen[123], müssen sich aber bald wieder der allgemeinen Richtung fügen und zu dem schon im Voraus mit Klarheit erkannten Vereinigungspunkte hinneigen, um der Sprengung der Armee, einem sauve qui peut im Großen vorzubeugen, das im Nothfalle wohl einer von der Armee entsendeten Partei zu Gute gehalten werden kann, die Armee selbst aber und damit zugleich den kriegführenden Staat aller Ueberwältigungsmittel berauben würde, eine Folge, welche ein Rückzugsplan doch niemals haben sollte.

Der erwähnten conjecturellen Disposition, welche die Wahl der Rückzugslinie ausspricht[124], wird die oben erörterte Kenntniß des Kriegstheaters nach unserer Auffassung zu Statten kommen, weil dadurch im Voraus bekannt sein wird, welche Wege zu den den Umständen entsprechenden Haltepunkten für Gros und Arrieregarde führen, und deren Herstellung daher vorgesehen sein will[125]; welche für Demonstrationen und combinirte Diversionen geeignet sind u. s. w. Mit ihrer Angabe ist für die Organisation des Rückzuges in räumlicher Hinsicht das Erforderliche der Idee nach geschehen, welche freilich den Begebenheiten noch Spielraum lassen muß, demungeachtet aber doch alle Anstalten in dem einen überlegten Sinne fest zusammenhalten kann.

2. Arten des Rückzuges.

Es würde um den Besiegten schlimm stehen, wenn ihm mit der nothgedrungenen Räumung des Schlachtfeldes, auch alle die Vortheile — seien es moralische, geographische oder politische — auf einmal verloren gehen sollten, welche ihn zur Annahme der Schlacht vermocht hatten. Ihr gänzlicher Verlust, um so mehr, wenn sie sogar dem Feinde zu Gute kämen, würde dem Feldherrn mit Recht den Vorwurf eines Mangels an Vorbedacht zuziehen. Eines Theils die Sorge für die Behauptung Dessen, was ihm von diesen

Vortheilen übrig geblieben, anderen Theils der Drang der Begebenheiten können ihm während des Rückzuges die Bahn des Widerstrebens, oder die des Ausweichens in einer Folge- oder Wechselordnung vorzeichnen[126]. Wir wollen hier von beiden an und für sich, als von charakteristischen Modalitäten des Rückzuges sprechen, während ihre nach den Umständen, wie nach Ort und Zeit näher geregelte Anwendung den folgenden Betrachtungen angehört.

Begreiflicherweise wird die Sicherung für jeden Rückzug so lange vorherrschend sein, bis derselbe als vollendet anzusehen ist. Diese allgemeine passive Stimmung darf aber nicht von den durch Lage und Oertlichkeit unterstützten Ueberwältigungen und Ueberraschungen des Verfolgers abhalten[127]. Man wird sich hierzu derjenigen Truppen bedienen, deren Ordnung durch die Schlacht am wenigsten gelöst worden ist, vielleicht auch intakter, kampflustiger Reserven. Man wird den Befehl über dieselben einem Manne von Besonnenheit und Fassung anvertrauen, man wird sie in eine gedrängte Stellung bringen, deren Frontalangriff einen feindlichen Aufmarsch fordert, und deren Umgehung in zeitraubende Weitläuftigkeiten verwickelt. Auf solche Weise wird man den Verfolger wenigstens aufhalten, wo nicht theilweise überwältigen. Man wird die eine, am meisten gedrängte Colonne durch ein Echelon aufnehmen lassen, während die ihr zunächst marschirende zögert und somit Gelegenheit gewinnt, die Flanken des in der Entwickelung begriffenen Drängers zu bedrohen. Man wird sich aber unter dem Schutz der aufmarschirten Hauptcolonne ungeneckt zurückziehen, sobald man die Vorbereitungen zu einer uns zugedachten Lection bemerkt[128]. Man wird dem in Spitzen unbesonnen drängenden Feinde Hinterhalte legen[129] und ihm durch defensible Sperrpunkte[130] und durch Verderben von Brücken und Wegen Aufenthalt bereiten. Man wird ihn zur Umgehung eines Festungsrayons zwingen, und so nach und nach das Gleichgewicht der Kraft wieder herzustellen suchen, womit der Rückzug seinen Abschluß erhält. Bei solchem gemessenen Verfahren, ist dieser Abschluß um so leichter zu erlangen, als man auf vorbereiteten Märschen unter Aufnahme des Nachschubes täglich stärker, der Feind dagegen bei den vorgefundenen Hinde-

Widerstreben.

rungen des Marsches und des Unterhalts um so schwächer wird, je mehr er Hast und Gewalt in die Verfolgung einzuführen gemeint war [131].

Ausweichen. Dem Ausweichen, als einer anderen Modalität des Rückzuges, liegt zwar, wie der ersteren, auch die Sicherung zum Grunde, sie wird aber hier durch Störung der feindlichen Thätigkeit auf dem überraschenden Wege erlangt. Als Mittel dazu können wissenschaftlich nur diejenigen in Betracht kommen, welche sich räumlich auf den raschen verdeckten Fortgang der Operation beziehen, weil andere dahin führende Hülfen zu den moralischen Kunstgriffen (Listen) gehören, für die man nicht füglich allgemeine Regeln aufstellen kann. Der forcirte Marsch und der Nachtmarsch, von welchen ihrer Natur nach schon die Marschlehre handelt, die Maskirung und die scharfe Wendung der Rückzugslinie, wozu Parteien diensam sind, und überhaupt die einer Armee zu Gebote stehenden sogenannten leichten Truppen, sowie die Erfahrung der unteren Anführer mit dem klar aufgefaßten Rückzugsplane, der Ordnung und dem Appell der Truppen, werden hier immer das Beste thun müssen. Man wird bald gewahren, daß es alsdann im Interesse des Verfolgers liegt, kühn hinter die Coulissen zu blicken und mit seinen Armeespitzen bald bei der Hand zu sein [132], um wenigstens diese Art des Rückzuges, die hinsichtlich der Ordnung und des Zusammenhalts keine Dauer verträgt, durch den panischen Schrecken und die ununterbrochene körperliche Anspannung in eine Flucht umzuwandeln.

3. Einleitung zum Rückzuge.

Immer ist es rathsam, auf die beiden genannten Arten des Rückzuges gefaßt zu sein. So sehr einerseits das Terrain dieser Operation dient; sosehr kann dasselbe sie auch andererseits erschweren, und obschon bei der Auswahl der Schlachtstellung nicht ohne Rücksicht darauf verfahren werden sollte [133], so werden sich doch immer Strecken finden, die eine retirirende Armee schnell durchlaufen muß, während in anderen wieder ein längerer Aufhenthalt nur wohlthätig wirken wird [134]. Der Widerstand im Rückzuge erheischt die Entfernung der Impedimente und alles Dessen, was den Streit nicht unterstützen kann. Die Mittel, welche uns hierbei die neuere Kriegführung durch den bedingten strategischen Zusammenhang der Handlung an die Hand giebt, müßten eigentlich schon vor der Schlacht niemals verabsäumt werden, wie es wohl oft nur in Folge einer fehlerhaften Armee-Organisation oder einer strafbaren Indolenz geschieht. Man wird es dann in der Regel nur noch mit den in der Schlacht unentbehrlichen Impedimenten zu thun haben, zu denen besonders die Parks und Ambulancen gehören. Ging dem Rückzuge eine totale Verwendung der Armee voran (armée déployée et engagée de tout part); so ist die Bildung einer Arrieregarde aus den am meisten zusammengehaltenen Truppentheilen[135] das nächste Erforderniß, welches man selbst mit Aufopferung einzelner Partien zu erreichen sucht. Unter cultivirten Völkern heißt Letzteres nichts weiter, als solche Partien ihrem eigenen Geschicke zu überlassen, was doch schon bei jeder Festungsvertheidigung in noch größerem Maaßstabe vorkommt und daselbst noch überdies eine andauernde Hingebung verlangt[136].

Dieser großen Arrieregarde ist vorzugsweise die Sicherung der Armee im Rückzuge anvertraut, wenn letztere auch in mehreren Colonnen, deren jede ihre eigene Arrieregarde sich bildet, abrückt. Sie muß die Queuen der Colonnen an sich vorüberlassen und den Weg zu gewinnen suchen, welchen das Gros des Verfolgers einschlägt, der sich mehr der Schwäche als der Stärke des zu erwartenden Widerstandes zuwendet. Es versteht sich wohl von selbst, daß schon vor der Schlacht keine Maaßregel unterbleiben darf, die ohne nachtheiliges Aufsehen und unter allerlei Vorwänden für das schnellere Fortkommen und den Unterhalt der Truppen auf der Rückzugslinie getroffen werden konnte; daß im Gange befindliche Nachschübe und Transporte unmittelbar vom Schlachtfelde aus ihre neue Direction erhalten, und daß die zur etwaigen Umkehr solcher Nachschübe und Transporte erforderliche Zeit zugleich die Art des Rückzuges mit bestimmt.

4. Ausführung des Rückzuges.

Man wird hier, wie überall an der Grenze zwischen Theorie und Praktik, die allgemeineren Regeln, welche eine Vergleichung berühmter Rückzüge lehren soll, nur sehr vorsichtig aussprechen dürfen, wenn man sich nicht an ein subjectives Phantasiespiel hängen und dieses für Theorie ansehen will. Die schon in der Gefechtslehre erwähnten, auf der jedesmaligen Vorherrschaft unserer Kriegshandlungsmotive beruhenden Folgen und Wechsel, sprechen sich hier in der widerstrebenden und ausweichenden Art des Rückzuges aus und unterstützen einander, je nachdem Chancen und Ausführbarkeit dieser oder jener am meisten zusagen. Chancen lassen sich nur erkennen, nicht veranlassen; die Ausführbarkeit läßt sich dagegen wohl durch Bereitschaft, Vertauschen der Truppengattung, Terrainverwandlung, außergewöhnliche Thätigkeit und durch den Kriegsgenius bewirken. Letzterer versäumt auch nicht, einen Theil der in der gewonnenen Schlacht erlangten Aggressionsfähigkeit des Siegers zu sich herüberzuziehen, um damit die Schritte desselben unsicher und ungewiß zu machen und das Gleichgewicht der Kraft zwischen beiden Theilen nach und nach wieder herzustellen.

Anmerkungen.

[1] (S. 268). Wohin diese Unbestimmtheit führt, deutet Pelet mit den Worten an: „Pour un véritable homme de guerre la bataille est le moyen d'une opération nécessaire ou avantageuse. Pour un général médiocre et pour le public la bataille est la fin même. Ils ne voient rien au delà du champ conquis, du Te deum et des lauriers ensanglantés, si souvent stériles. Le but doit toujours être en rapport avec les dangers et les pertes. C'est là une des principales revolutions de l'art bien supérieure à quelques légers perfectionnements dans ces diverses branches. On rougirait aujourd'hui de livrer une bataille pour ces motifs spécieux et frivoles qu'indiquent dogmatiquement les professeurs de la science autant que d'employer leurs dispositions, de suivre leurs règles et surtout d'adopter certaines de leurs maximes contraires à la haute morale. Frédéric a le premier indiqué le but véritable de la bataille lorsqu'il disait: „„il faut en venir pour finir la guerre.““

[2] (S. 268). St. Cyr sagt sehr richtig: „Lorsqu'un général en chef se décide à livrer une bataille, il ne doit pas le faire sans de grands motifs," und ebenso Pelet: „Les batailles inconsidérément livrées sont plus communes qu'on ne le pense."

[3] (S. 268). In Bezug hierauf äußert der Marschall von Sachsen: „Ceci est bon lorsqu'on sait que l'ennemi est dans la volonté ou dans la nécessité de vous attaquer, car il faut bien se garder de ne vouloir jamais ce qu'il veut, c'est un principe à la guerre excepté dans des cas extraordinaires, qui n'admettent point de règles. Mais lorsque l'on a des raisons pour l'attaquer l'on ne saurait traîner la situation après soi, il faut faire ses dispositions selon qu'elle se présente et ne le point attaquer si elle ne vous est pas avantageuse." —

Napoleon: „Ne faites pas ce que veut l'ennemi par la seule raison qu'il le désire; évitez le champ de bataille, qu'il a reconnu, étudiez encore avec plus de soin celui qu'il a fortifié et où il s'est retranché."

[4] (S. 269). Als Motiv die Armee zu concentriren, ehe man an den Feind kommt, giebt Napoleon an: damit des échecs en détail zu vermeiden. Ungeachtet der häufigen Passivität seiner Feinde, war ihm das aber selbst nicht immer gelungen. Er empfiehlt: de „rassembler ses cantonnements sur le point le plus éloigné et le plus à l'abri de l'ennemi, de sorte que tous les cantonnements puissent y arriver avant l'ennemi." Die schweren Equipagen und selbst die nicht unumgänglich nöthigen Handpferde müssen bei solchen Märschen immer Meilen weit hinter der Position bleiben.

[5] (S. 269). Napoleon ist im Allgemeinen gegen das Aufgeben der Operationslinie, indem er sagt: „Conservez avec soin et n'abandonnez jamais de gaité de coeur votre ligne d'opération;" und ebenso Chambray: „Depuis l'usage des armes à feu on ne peut rester dans une position où l'on est coupé de ses munitions." Soult gab 1809 seine Operationslinie bei Thuy über den Mincio zeitweilig auf und öffnete sie nachher wieder, und Erzherzog Karl verließ 1809 nach dem Gefecht von Abensberg seine mit Hiller verbundene Operationslinie über Landshut und warf sich auf die mit Bellegarde zusammenhängende über Regensburg und Cham.

[6] (S. 269). Dieser Fall trat 1805 zwischen Regensburg und Ulm, 1813 bei Leipzig und auch 1809 bei Wien ein und wird immer häufiger eintreten, je größer die fechtenden Armeen und je weitläufiger die Kriegstheater sind. Je größer die Armeen werden, desto mehr häuft sich auch der Troß auf der Operationslinie im Rücken der Armee, und desto gefährlicher wird ihr eine dahin gerichtete Unternehmung, wie sich dies z. B. 1809 bei Landshut, 1813 bei Leipzig und 1815 bei Belle Alliance zeigte.

[7] (S. 269). Napoleons Ansicht hierüber spricht sich in Folgendem aus: „Il y a des cas où une armée doit marcher sur une seule colonne et il y en a où elle doit marcher sur plusieurs. On a vu des armées de 120,000 h. marchant sur une seule colonne, prendre leur ordre de bataille en 6 heures de tems." Freilich gehört dazu viel Uebung und Beholfenheit. Ein neuerer französischer Schriftsteller (1829) nimmt an, daß 100,000 Mann das Maximum einer in 24 Stunden auf einem Punkt zu gebrauchenden Armee-Masse sei, daß aber ihre Aufstellung in zwei Treffen 2 Lieues Frontlänge, im gedrängten Marsche 5 Lieues und beim bequemen Marsche das Doppelte hiervon an Raum einnehme. — Die von Eßlingen über die Donaubrücke bei Enzersdorf 1809 defilirenden französischen Armeecorps trafen nicht zur rechten Zeit ein; Massena und Bessières standen schon 6 Stunden mit 25,000 Mann im Gefecht, ehe das Corps von Lanne die Brücke passirte, die späterhin zerbrach, wodurch 45,000 Mann auf dem linken Ufer isolirt wurden.

[8] (S. 269). Als 1809 der Erzherzog Karl mit seiner Armee frontal zwischen Isar und Donau vorschritt, während Napoleon durch die früheren Vorgänge verleitet, seine Flanken nur mühsam zusammenbringen konnte, schrieb derselbe eigenhändig unter die an Massena nach Augsburg ausgefertigte Marsch-Ordre: „Activité, activité, vitesse! je me recommande à vous."

[9] (S. 269). In Gefechten ist dagegen eine solche Absicht nichts Ungewöhnliches, wie z. B. vor Arcole, wovon es in Napoleon's Memoiren heißt: „Lui (Bonaparte) veut tourner Caldiero qu'il n'a pû enlever de front, ne pouvant lutter en plaine avec 12,000 h. contre 40,000; il porte son champ de bataille sur des chaussées entourées de vastes marais, où le nombre ne pourra rien, mais où le courage des têtes des colonnes décidera de tout." — Während der Umkehr von dem in der früheren Kriegführung vorherrschenden Cordonsystem, und bei der anerkannten Passivität mehrerer Gegner Napoleon's, mag dessen geniale, selbstständige und mit tüchtigem Kriegsmaterial ausgerüstete Kraft wohl zuweilen auf ein System von einzelnen Corpsgefechten mit ausgegangen sein, wobei die Ueberraschungsmittel den Ueberwältigungsmitteln voreilten. Ich halte es aber der eben gedachten besonderen Umstände wegen für zu gewagt, die Theorie darauf zu richten. Man hat auch hier systematisirt und doubles lignes extérieures d'opération verworfen, womit wir uns nicht weiter abgeben wollen.

[10] (S. 269). Die Gefechte bei Abensberg, Eckmühl, Rohr, Siegenburg zu Anfang der Campagne 1809, machten zusammen eine solche strategische Bataille aus. — Napoleon schreibt bei dieser Gelegenheit an Massena: „Votre marche est destinée pour se combiner avec celle de l'armée, prendre l'ennemi en flagrant délit et détruire ses colonnes. Il faut donc que vous soyez léger, que vous n'ayez pas de queue, que le parc d'artillerie soit avec le corps d'armée, que 2 heures après qu'il aura débouché il n'y ait plus rien sur la route." Starke Recognoscirungen wurden ausgeschickt und Augsburgs Thore mehrere Tage geschlossen.

[11] (S. 270). Napoleon: „Les flancs sont les parties faibles d'une armée envahissante; on doit s'efforcer de les appuyer; si ce n'est tous les deux au-moins un à un pays neutre ou à un grand obstacle naturel." Uebrigens spricht hier Napoleon noch gar nicht von den Flankenmärschen im Angesicht des Feindes, von denen er beim Raisonnement über Friedrichs des Großen sogenannte ordre oblique als Princip aufstellt; „Ne faites pas des marches de flanc devant une armée qui est en position," und warnend lehrt: „et lorsqu'on en fait, il faut les faires les plus courtes possibles et avec une grande rapidité." Als geglückte und verunglückte Märsche dieser Art führt er aus dem siebenjährigen Kriege die von Kollin, Roßbach, Leuthen und Kunersdorf an.

[12] (S. 270). Napoleon: „Ne séparez jamais les ailes de votre armée l'une de l'autre de manière, que votre ennemi puisse se placer dans les intervalles;" desgleichen: „Il est de principe qu'une armée doit

toujours tenir ses colonnes réunies, de manière que l'ennemi ne puisse s'introduire entre elles; lorsque par des raisons quelconques on s'écarte de ce principe, il faut que les corps détachés soient indépendants dans leurs opérations et se dirigent pour se réunir sur un point fixe, vers lequel ils marchent sans hésiter et sans de nouveaux ordres, afin qu'ils soient moins exposés d'être attaqués isolés."

[13] (S. 270). Napoleon sagt im Betreff der Schlacht bei Kollin: „Si Frédéric avait eu à faire à un autre général que Daun qui après la bataille resta 12 jours dans son camp à chanter du Te deum, il eut cruellement senti les conséquences de la violation du principe, de n'abandonner sa ligne d'opération. Les débris n'eussent jamais réjoints ni ses magasins ni l'armée devant Prague."

[14] (S. 270). So werden sich z. B. die in den Hauptpunkten des beabsichtigten Aufmarsches eintreffenden Colonnenteten zum Besitz des Terrains auch im Angesichte des Feindes entwickeln müssen, ohne die Queue der Colonne abzuwarten und dergleichen. Marschall Tallard, der 1703 am Speierbach auf die in Schlachtordnung stehende Reichsarmee stieß, ließ diese sogleich mit den Teten angreifen; die Colonnen waren wohl eine Stunde lang und die hinteren Divisionen zogen sich seitwärts zur Unterstützung heraus. Er gewann durch diese allerdings kühne Entschlossenheit das Treffen. Uebrigens war auch die deutsche Armee noch nicht völlig deployirt. Aehnliches geschah auch bei Liegnitz; nur daß hier die preußische Armee im Treffen einen Flankenmarsch machte, als sie auf Laudon traf.

[15] (S. 271). Friedrich der Große: „Was die Zahl der Colonnen wirklich festsetzen muß, sind die Wege, welche zu dem neuen Lager (Position), so man nehmen will, führen. Denn es hilft Euch zu Nichts, in zehn Colonnen zu marschiren, wenn Ihr in deren Folge gezwungen werdet, solche zur Erreichung Eures Lagers bis auf eine zu verringern, sondern das einförmigste und beste Mittel ist, den Marsch gleich Anfangs in einer Colonne zu unternehmen."

[16] (S. 271). Gegen das Maximum von 2 Stunden für die Entfernung der Armeecorps im Marsche, welches Rogniat annimmt, bemerkt Napoleon: „Les distances que les corps d'armée doivent mettre entre eux dans les marches, dépendent des localités, des circonstances et du but qu'on se propose. A quoi bonne une maxime qui ne peut jamais être mise en pratique et qui, mise en pratique sans discernement, serait souvent la cause de la perte de l'armée?" Warnery will leichte Cavalerie zwischen den Colonnen marschiren lassen. Er spricht aber von den Schlachten-Einleitungen zweier, sich im Angesicht gegenüber stehender Armeen des siebenjährigen Krieges, während die neueren Streitmassen vor der Schlacht gewöhnlich auf Tageweiten auseinander bleiben.

[17] (S. 271). Dergleichen findet man bis zur Lächerlichkeit ins Detail eingehend bei mehreren Massenbachschen Dispositionen und der schiefgerich-

tete Bildungsgang unserer Generalstabsofficiere läßt Aehnliches für die Folge erwarten.

[18] (S. 271). Napoleon: „La règle veut que l'on ne fasse pas de gros détachements la veille de la bataille," und: „il ne faut faire aucun détachement la veille du jour d'une attaque, parceque dans la nuit l'état des choses peut changer." Desgleichen: „Quand vous voulez livrer une bataille, rassemblez toutes vos forces, n'en négligez aucune; un bataillon quelquefois décide d'une journée." — Friedrich d. G.: „In Bataillen muß man nicht detachiren."

[19] (S. 271). Vor Bautzen, an dem Tage wo die Alliirten gegen Marmont detachirten, wäre es vielleicht zweckmäßiger gewesen, Napoleon selbst auf den Leib zu gehen. Friedrich dem Großen wäre auf ähnliche Weise beinah der Sieg bei Torgau entgangen; auch sagt er in seinem Unterricht: „Es giebt Generale, welche detachiren, wenn sie den Feind angreifen wollen, damit solche detachirte Corps während der Affaire ankommen und dem Feinde in den Rücken fallen mögen. Dieses ist aber sehr gefährlich, weil solche Detachements sich auf dem Wege verirren und zu früh oder zu spät ankommen können." — Carl XII. detachirte am Abend vor der Schlacht bei Pultawa (1709); das Detachement (General Creuz) verirrte sich, und der König wurde geschlagen. — Als Prinz Eugen Cremona überrumpeln wollte, verfehlte er seinen Coup, weil das Detachement des Prinzen Vaudemont zu spät ankam.

[20] (S. 272). Napoleon bestimmte 1809 die Sammelplätze seiner Armeecorps im Großen dergestalt, daß bei jeder möglichen Offensive oder Defensive immer ein Corps sich an der Spitze befand und dasselbe, der Abmarsch mochte statt haben, wohin er wollte, immer einen oder mehrere Märsche voraus hatte. Die Depots für den Triangel: Regensburg, Augsburg, Nürnberg, wo die Corps standen, lagen in erster Linie zu Straßburg, in 2. zu Ulm, in 3. zu Donauwerth und Ingolstadt, Letztere unter schiffbarer Verbindung mit Ulm. — Auch für die Anordnung eines Bataillen-Aufmarsches giebt Napoleon ein Beispiel: „Lorsque l'armée, qui vous est opposée, est couverte par un fleuve, sur lequel elle a plusieurs têtes de pont, il ne faut pas l'aborder de front. Cette disposition disséminera votre armée et vous expose à être coupé. Il faut s'approcher de la rivière que vous voulez passer par des colonnes en échelons, de sorte qu'il n'y ait qu'une seule colonne, la plus avancée, que l'ennemi puisse attaquer sans prêter lui même le flanc; pendant ce tems vos troupes légères borderont la rive et le point où vous passez sera éloigné de l'échelon de tête." Bei dem Angriff auf Wagram (1809), zu dem sich sieben Corps concentrirten, geschah der Aufmarsch Divisionsweise in Regimentscolonnen und in zwei Treffen; die zweite Stellung wurde zum Deployement in Bataillonscolonnen genommen. Um halb 5 Uhr früh war das erste, um Mittag das letzte dieser Corps in zwei Linien und desgleichen eine Cavalerie-Reserve aufgestellt. Beim Avanciren gab das

Centrum die Richtung für die übrigen Corps an, die sich während desselben en éventail entwickelten; hierbei wurden etwaige Trouéen in der vordern durch Bataillone aus der hinteren Linie ausgefüllt.

[21] (S. 272). Pelet sieht darum die Concentration im Angesichte des Feindes schon für ein Bataillon-Manoeuvre (ordre) und nicht für eine bloße Evolution an, wenn er von Napoleons zweitem Schlachttage bei Wagram sagt: „Cet ordre de concentration était habituel à Napoléon, quand le terrain et les circonstances s'y prêtaient. C'est la disposition la plus convenable pour manoeuvrer en présence de l'ennemi, pour le forcer à subir l'initiative, enfin pour le saisir au milieu de ses mouvements. C'est la véritable manoeuvre de bataille. Mais pour l'exécuter, il faut juger avec une extrême précision le terrain, les distances, le mécanisme des déployements, l'effet des armes et le moral des deux armées. Napoléon ayant tous les corps sous sa main, les répartissait au moment même. Les déployements étaient presque toujours divergents et comme en éventail. Il compensait leur effet, en calculant la longueur des rayons à parcourir, l'écartement et la force des colonnes."

[22] (S. 272). Vernon nennt position militaire: „l'étendue du terrain qu'une armée peut occuper sur la frontière et sur lequel elle peut camper pour y combattre ou pour aller combattre."

[23] (S. 273). „Une armée" sagt Napoleon, „doit être tous les jours, toutes les nuits et toutes les heures prête à opposer toute la résistance, dont elle est capable. Un grand capitaine doit se dire plusieurs fois par jour: Si l'armée ennemie apparaissait sur mon front, sur ma droite ou sur ma gauche, que ferais-je? et s'il se trouve embarrassé, il est mal posté, il n'est pas en règle, il doit y remédier." — Von Friedrich dem Großen sagt Napoleon in Betreff der Stellung bei Hochkirch: „Une pareille faute ne devait jamais être faite depuis l'invention de la poudre."

[24] (S. 273). Man rechnet für stark besetzte Positionen 3 Bataillone auf 200 Schritt, für ziemlich besetzte $1\frac{1}{2}$ Bataillone, für schwach besetzte 1 Bataillon in der Front und als Tiefe 1000 bis 1200 Schritt gangbares Terrain. Die so ziemlich rangirten Bataillen des siebenjährigen Krieges lassen mit allen Troueen und Intervallen immer 2 Mann auf p. p. 1 Schritt in der Position zu

[25] (S. 273). Montecuculi macht starke Ansprüche an die Position. „Che ha attitudine a trasmutorsi in qualunque altra che sia richiesta o dal sito che si presenta o dal disegno che si ha o dalle congiúnture che nascono." — Napoleon, der unter Position nur das Terrain versteht, die Aufstellung aber camp oder ordre de bataille nennt, verlangt weniger. „L'art d'asseoir un camp sur une position n'est autre chose que de prendre une ligne de bataille sur cette position. Il faut que toutes les machines de jet soient au jeu et favorablement postées; il faut qu'elle ne soit pas dominée, prolongée, enveloppée, au contraire,

autant que cela est possible qu'elle domine, prolonge, enveloppe la position opposée.“ Man erkennt aus diesem fast artilleristischen Urtheil des erfahrenen Feldherrn sein actives Naturell, das in allen Lagen sich mehr an die Ueberwältigung als an die übrigen Kriegshandlungsmotive hielt. In Rogniat's richtigem Begriffe von der Stellung stieß er sich an den Bombast des Vortrages.

[26] (S. 274). Es ist darum weit rathsamer, nicht die Stellung, sondern nur die Postenchaine an ein schwer übersteigliches Naturhinderniß, z. B. einen Strom, heranzuschieben.

[27] (S. 274). Friedrich der Große befiehlt seinen Generalen, die Dörfer vor der Stellung abzubrennen, was sich freilich nicht überall ausführen läßt, weshalb sie leicht selbst zu Schlüsseln der Position werden können, wie Vierzehnheiligen bei Jena, Hassenhausen bei Auerstädt, St. Amand und Ligny in der nach letzterem Ort benannten Schlacht, und Hougomont in der Schlacht bei Belle-Alliance.

[28] (S. 274). Marschall von Sachsen sagt: „J'appelle avantageuse, lorsque vos flancs sont bien couverts, que vous pouvez attaquer avec la plus grande partie de vos troupes la moindre partie des siennes, que vous pouvez l'amuser et le tenir en parure quand une petite rivière le sépare, un marais ou autre chose enfin.“ — Zuweilen muß man auch wohl aus der Noth eine Tugend machen und Offensivstellungen gebrauchen, wo man keine Defensivstellungen findet; dann wird man aber sein Benehmen danach einrichten. Darum ist es gut, im Voraus mit allerhand Stellungen bekannt zu sein, sofern der Verstand später nach Lage der Umstände und nicht nach dem Herkommen auswählt. — St. Cyr, indem er von den bekannten Positionen in den Vogesen spricht, äußert: „Dans le commencement de la campagne de 1793 on avait occupé ceux dont je parle; on les avait mises pour ainsi dire à la mode et l'on ne se croyait en sûreté que lorsqu'on les occupait.“ Man ließ darum die Truppen lange und beschwerliche Märsche machen und ging bei besseren Stellungen vorbei — allerdings das Ergebniß der Mittelmäßigkeit, die überall zu finden ist.

[29] (S. 274). Napoleon: „Parcequ'il y a plusieurs manières d'asseoir un camp ou de prendre un ordre de bataille dans une même position.“ Auch im Rücken einer Stellung muß man andere kennen, denn „lorsque vous êtes chassé d'une première position,“ sagt Napoleon, „il faut railler vos colonnes assez en arrière, pour que l'ennemi ne puisse les prévenir; car ce qui peut vous arriver de plus fâcheux, c'est que vos colonnes soient attaquées isolément avant leur réunion.“

[30] (S. 275). Eine solche, durch die Weite der möglichen Umgehung in ihren Flügeln geschützte Position, ist die bekannte hinter dem Plauenschen Grunde, mit dem linken Flügel an den Tharander Wald, mit dem rechten an Dresden gelehnt. — Ein durch die Disponirung der Truppen in der Stellung bewirkter Ersatz der fehlenden natürlichen Flügeldeckung ist das

Ueberflügeln mit dem Hintertreffen, oder das Echelonniren auf den Flügeln. Das Formiren einer Flanken-Stellung (en potence) räth Erzherzog Karl nur in der höchsten Bedrängniß, und niemals als Grundlage einer Aufstellung, wie z. B. bei Prag, Bautzen rc., an.

[31] (S. 275). Ein solcher Schlüssel kann einerseits der Agressive dienen, andererseits die Passive begünstigen und beides kann durch die Entwicklung der Streitmittel herbeigeführt werden. Oft liegt der Erfolg nur in einer zu gewinnenden Aussicht. — Wegen des Zurhandseins der Mittel mag die Kreisstellung (circulaire), wie z. B. die des Erzherzogs Karl bei Wagram, oder die Napoleonsche bei Leipzig, Vorzüge haben. Pelet nennt sie deshalb: „très favorable à la défense, mais très mauvaise pour manoeuvrer, surtout en retraite." — Napoleon: „Quand deux armées sont en bataille l'une contre l'autre, dont l'une doit opérer sa retraite sur un point, tandis que l'autre peut se retirer sur tous les points de la demi-circonférence: tous les avantages sont à cette dernière. C'est à elle à être audacieuse, à frapper de grands coups, à manoeuvrer les flancs de son ennemi; elle a les as, il ne lui reste plus qu'à s'en servir."

[32] (S. 275). In der Regel muß man diese Sicherung durch die Entfernung zu gewinnen suchen, und darum das 2. Treffen aus dem Kanonenfeuer (150 bis 200 Toisen) halten. Wellington benutzte dazu bei Belle-Alliance einen Rideau hinter seiner Front und hatte dadurch das hintere Treffen und ebenso seine Cavalerie auf einige Hundert Schritt weit in Bereitschaft. — Auch die Colonnen-Aufstellung der hinteren Treffen und Reserven vermehrt die Bereitschaft zu jedem Gebrauch. — Warnery nimmt die Treffen-Entfernung im siebenjährigen Kriege auf 300 Schritt an; sehr kommt dabei die feindliche Geschützwirkung in Betracht.

[33] (S. 275). Bis hierher reicht allerdings St. Cyr's Ausspruch: „La position des montagnes rend maitre de celle de la plaine," aber nicht soweit, wie viele Generale und Generalstabsofficiere glauben, die nur Berge suchen, um Stellungen zu finden. — Auch Napoleon giebt die Regel: „ne jamais attaquer les troupes qui occupent de bonnes positions dans les montagnes, mais les débusquer en occupant des camps sur leurs flancs ou leur derrière," was eigentlich nur für den Gebirgskrieg gilt. — Massenbach sieht bei Jena den Ettersberg, bei Kaiserslautern den Schorleberg zur guten Stellung für unentbehrlich an, was allerdings bizarr ist. — Friedrich der Große räth im Gebirge zur Garnirung des Kammes mit Truppen und zu verdoppelter Aufmerksamkeit auf Flanke und Rücken, durch genaue Kenntniß und Beobachtung aller Wege. Einzelne Höhen im Rücken will er mit einzelnen Bataillonen besetzt wissen, und auch die Gründe sollen der Sicherheit wegen mit leichten Truppen versehen werden.

[34] (S. 275). Marbot tadelt die Einrichtung, die Division, wie dieses noch neuerdings die deutsche Bundesmatrikel vorschreibt, in beide Treffen einzutheilen, weil er in jedem die Einheit des Commandos verlangt; hiernach

wäre jene Einrichtung nur zweckmäßig für das durchschnittene Terrain, wo ein theilweiser Gebrauch der hinteren Linien häufiger ist als im offenen.

[35] (S. 276). So wurden die Lautenburger und Weißenburger Linien erst 1704 zur Deckung des Elsasses angelegt, nachdem Landau von den Oestreichern erobert war.

[36] (S. 276). Daher rührt auch die noch häufig vermeinte Sicherung (Deckung) der Festungen durch Stellungen. Daß Festungen eine Stellung sichern, ist ganz begreiflich; die Festung muß aber ihre momentane Sicherung in sich selbst finden und ihr Entsatz, wenn sie belagert wird, ist ein Act der Kriegführung, die heut zu Tage mit der bloßen Verhinderung einer Belagerung einen viel zu niederen Zweck verfolgen würde. Allenfalls könnte noch die Armirung und das Approvisionnement eines Platzes das zeitweilige Aufhalten in einer Stellung rechtfertigen. Wenn man aber einen Platz selbst damit erhalten müßte, so würde man besser thun, seine Wälle zu schleifen. — Um das zu begreifen, was in der Alltags-Strategie hin und wieder von den Deckungen geschwindelt wird, und was die Einfalt vornehm und ohne Verständniß nachspricht, muß man in der Kriegsliteratur auf das neuntägige Verpflegungssystem zurückgehen, welches die Festung und die Stellung mit einem Operationsrayon von 15 Meilen umgab und Alles, was in der, mit solchem Radius vorgezeichneten Kreisfläche lag, aus dem Platze oder der Position allein ohne Weiteres für militärisch erreichbar (gedeckt) erklärte. Fiel eine Festung in solchen Positionsrayon, so hieß sie durch die Position gedeckt d. h. sie konnte in einem Zuge aus derselben entsetzt werden.

[37] (S. 277). St. Cyr sagt, bei der französischen Armee sei es Princip gewesen, nach jeder feindlichen Recognoscirung die Position einigermaßen zu ändern. Dergleichen Ueberraschungen sind eigentlich strategische Handgriffe, wie z. B. das Verstecken der Reserve des Marschalls Broglie in der Schlacht von Bergen durch Niederlegen der Mannschaften. In unsere gegenwärtige Betrachtung gehören nur die mit der Terrain-Beschaffenheit verbundenen Ueberraschungen, wie z. B. die bei Roßbach und Liegnitz, welche den Feind zu Maaßnahmen nöthigen, auf welche er nicht gefaßt war.

[38] (S. 277). Erzherzog Karl findet die Flankenstellungen darum gewagter als die Frontalstellungen, weil bei ihnen der etwaige Rückmarsch von einem Flügel aus geschehen muß; ich würde diesen Nachtheil schon auf die Abweichung der Manoeuvrelinie (directrice) von der Operationslinie werfen.

[39] (S. 277). In dem Raisonnement Napoleons über die vielbesprochene Oblique Friedrichs des Großen finden sich deutliche Spuren von Verschmelzung der hier gesonderten Begriffe. Warum soll sich bei Gelegenheiten zur gegenseitigen Stellung und Entwicklung zweier Armeen, die Front und der Angriff der einen nicht ebenso gut schief als perpendicular (wie bei Kunersdorf) auf die der anderen richten lassen? Ob dazu ein besonders ausgedachtes Bataillen-Manoeuvre (manoeuvre de Potsdam nach Napoleon) nöthig und vorhanden war; ist eine andere Frage, die Napoleon mit dem Resultate seiner Betrachtungen beantworten will: „Frédéric n'a jamais ma-

noeuvré que par ligne et par le flanc (sonderbare Alternative), jamais par déployement," (womit er doch oft genug manoeuvrirte, wenn er eine Linie durchbrach). Daß Friedrich der Große Stoß und Parade für ein solches schiefes Zusammentreffen in Potsdam einüben ließ, was er ja auch für ein paralleles that, war wohl sehr natürlich. An und für sich scheint mir das Manoeuvre in der theilweisen Ueberwältigung ebensowohl begründet zu sein, wie viele andere, und diese ist es eben, die sich mit der höheren kriegerischen Bildung in der obliquen Schlachtordnung aussprach.

[40] (S. 277). Vernon unterscheidet hiernach eine force intrinsèque und eine valeur absolue.

[41] (S. 278). Eine solche Stellung kannte schon Montecuculi 1663 in den Donau-Schütts zwischen Preßburg und Komorn; dieselbe kam 1849 in dem ungarischen Kriege wieder sehr in Betracht (s. darüber Klapka's Memoiren). Wellington hatte bei Torres Vedras eine solche Stellung inne.

[42] (S. 278). Daß man Positionen zu Kriegsobjecten höherer Ordnung erhob, war freilich ein Mißgriff und führte unter anderen Gründen mit zu den sogenannten gelehrten Kriegen, welchen noch der thatkräftige Marschall von Sachsen eine Lobrede hält, die aber den Krieg verlängern und große Armeen dem Verhungern aussetzen würden. Offenbar verwechselte man hierbei die von uns unterschiedenen Kriegsoperationsgebiete mit den Positionen, die sich nach den speciellen Bedingungen doch erst in jenen aufsuchen lassen.

[43] (S. 278). Hier ist natürlich nicht von mathematischen Linien, sondern von Landstrichen die Rede, welche die nöthige Marschbreite darbieten, wie z. B. dem Plateau des Hundsrückens, oder dem Rheinthal oder der von den vier Waldstädten gegen Besançon zulaufenden Einsattelung zwischen dem Jura und den Vogesen 2c.

[44] (S. 278). Bei der Kriegführung mit großen Massen, wo besondere Armeen in verschiedenen Operationsländern aufmarschirt stehen können, spielen die Zwischenpositionen eine Rolle (Kaiserslautern, Feldkirch und dergleichen), um irgend einen Landstrich vor Streifereien zu bewahren, die Alterationen in den hier und da versammelten Streitkräften zu maskiren, Armee-Veränderungen vorzubereiten 2c., ohne daß ihnen eine specifische Wichtigkeit zugeschrieben wird, und ohne daß man nach Veränderung der Umstände an ihre Behauptung denkt.

[45] (S. 279). So erwähnt er öfter das échiquier de Vérona, das auch in seinen Memoiren von Montholon, als ein Vertheidigungs-Reduit Ober-Italiens erwähnt wird. Die über Roveredo, Vicenza und Padua führenden Operationslinien, die 1800 zur Schlacht von Arcole, 1809 zu der von Caldiero und überhaupt zu vielen Gefechten in älterer und neuerer Zeit führten, laufen nämlich in dem Positionssystem zwischen Verona, Villanova (Kloster Bonifacio), Ronco, Mantua, Castelnovo und Rivoli zusammen und gewähren ihm vielfache Anwendung, die Napoleon während der Belagerung

Mantuas in einer Stellung des linken Flügels am Garda-See, des rechten an der Etsch vor Mantua und in Besetzung der Sperrpunkte fand.

[46] (S. 279). Der wiederkehrende Wechsel gewisser Positionen, z. B. im siebenjährigen Kriege des Prinzen Heinrich unweit Meißen bei den Katzenhäusern, oder des Prinzen Ferdinand bei Stadt Bergen, läßt das Dasein von Navetten vermuthen. Die Campagnen des Marschalls Berwick machten schon lange darauf aufmerksam.

[47] (S. 279). Bärnhorst versteht unter Manoeuvrirkunst nur das Studium des Schlagens während des Friedens, welches von Friedrich dem Großen geschaffen, das Vorurtheil erzeuge, aus ihr allein gehe die Ueberlegenheit an Wissenschaft und Kraft hervor, auf welcher der Sieg beruhe. Dasjenige, was dabei mit den Waffen selbst nicht ausgerichtet werden könne, sollte durch die kunstreiche, schlaue Manier, mit welcher man sie dem Feinde entgegenträgt, ausgerichtet werden. Daß dieses nicht unser Begriff sein kann, leuchtet wohl ein. Ebenso wenig können wir Rogniat's Schlachten-Drama, mit welchem manche Friedens-Corps-Manoeuver große Aehnlichkeit haben, einen theoretischen Werth beilegen. Napoleon bemerkt dabei: „Ce n'est pas ainsi que se battent les modernes.“ Auch Machiavel, der freilich nicht Soldat war, docirt nicht besser, als Rogniat.

[48] (S. 280). Zeitweilig erhebt sich wohl die Form nachtheilig über die Sache, nach und nach wird sie aber immer wieder von dieser abgeschüttelt. Der Keil, die Zange rc. von Vegez, der Schweinskopf, der Igel, der Halbmond, das Achteck, das Quarree, selbst das Schachbrett (échiquier) und die Staffel (échelon) waren und sind solche Formen, mit denen allein man freilich den Feind nicht schlagen kann. Die großen Manoeuvres, als Surrogate der Schlachten-Erfahrung für den Officier, sind zwar schon von Machiavel vorgeschlagen, in der That aber nicht alt. Während Eugens Oberbefehl kannte man sie in der östreichischen Armee nicht, und Friedrich der Große machte sie mit einiger Tabulatur wohl erst geltend. Die sogenannten Corps-Manoeuvres, die mehr die Tendenz von Exercitien, als von Scheinbildern für den Ernstgebrauch haben und nicht selten einer Quadrille ähnlicher sind als einer Schlacht, haben sich seitdem ziemlich auf gleicher Höhe gehalten. Segur erzählt von einem russischen des Potemkin vor Katharina II. (1788): „Toutes les manoeuvres consistaient en marches sur quatre colonnes en se couvrant d'un rideau de tirailleurs précédé d'un corps de cosaques; supposant en suite que l'ennemi s'avançait en force, les quatre colonnes formaient quatre carrés au centre. Les cosaques se retiraient derrière elles et se formaient sur un rang dans les intervalles, l'artillerie se plaçait aux angles des carrés.“ Mutata mutandis ist das so ziemlich wie heute. Auch die Schlacht bei Pultawa wurde Katharinen damals vorgestellt, ebenso wie 1815 die von Talavera von Wellington, was wenig belehren kann, weil Umstände und Terrain sich in Fictionen verlieren. Am belehrendsten wird immer noch die dem Anführer überlassene freie Entwicklung einer Kriegs-Situation bleiben, die

in allerlei Truppenstärken durchführbar ist, ohne zum Markiren seine Zuflucht zu nehmen, weil damit wieder unnatürliche Schritte in der Zeit geschehen und das Auffassen der Gegenhandlungen unwahr wird; überhaupt kann in den Suppositionen die Einfachheit und Wahrscheinlichkeit nicht weit genug getrieben werden. „Der speculirende Manoeuvrist," meint Bärnhorst, „denkt fast immer als Aggressor einen geduldigen, schaafartigen Gegner zu bearbeiten und, wenn er je annimmt, daß er selbst der Angegriffene sei, so setzt er doch schon voraus, daß er schon wisse oder errathe, wohin der andere mit seinen Vorkehrungen zielt." Eingelernte Manoeuvres haben im Ernste immer den Nachtheil, daß die Terrainbenutzung verwischt und die Erwartung eines bestimmten Gegenmanoeuvers in den mittelmäßigen Köpfen fixirt wird, was auch der Marschall von Sachsen mit den Worten tadelnd bezeichnet: „Dirais-je d'où je crois, que nous est venue cette belle méthode? je pense que c'est des revues. Cette façon de se ranger fait une belle montre, insensiblement on s'y est si bien accoutumé, que l'on en a fait celle de combattre; l'on a appuyé cette ignorance ou cet oubli des bonnes choses de raisons apparentes, on a trouvé que cela faisant un plus grand front on pouvait mieux employer le feu" x.

49 (S. 280). „Die verschiedenen Waffen müssen wechseln, sich aber in ihrer Anwendung nicht mischen," sagt z. B. Warnery; zu dem Wechsel gehört eine eigene Wahrnehmung: l'art des charges successives. — Der Marschall von Sachsen meint dagegen: „Il ne faut point tirer sur l'ennemi, que l'on peut aborder; mais bien derrière des hayes, lorsqu'un fossé, une rivière, un ravin ou une autre chose semblable vous sépare de lui, alors il faut savoir tirer et faire un feu aussi terrible que rien ne puisse résister."

50 (S. 281). Turpin behauptet dasselbe, es wird ihm aber hierin von Warnery widersprochen, der Mollwitz und Czaslau (1742) anführt, wo auf der ganzen Linie gefochten worden sei.

51 (S. 281). Die die feindliche Aufstellung auf der einen Seite überragende eigene Front verschafft den Vortheil der Ueberflügelung. Von den Maaßnahmen zu seiner Erlangung und von seiner Benutzung wird weiter unten die Rede sein. Bärnhorst meint, die Ueberflügelung sei nur für den furchtbar, der sich geduldig überflügeln ließe und von zwei Zangen, die einander kneipen, komme es darauf an, welche am besten kneipe.

52 (S. 281). St. Cyr meint: „Lorsqu'il ne s'agit que d'observer un corps, il n'est pas besoin de lui être supérieur, ni même égal en force;" und anderswo: „il faut savoir être faible quelque part et choisir d'après les circonstances et les accidents du terrain les points où il convient de rester fort."

53 (S. 281). Hierin liegt auch der Vortheil der verschanzten Stellung, den z. B. Peter der Große bei Pultawa (1709) gegen die kriegsgewohnten Schweden geltend machte, die sich durch seine, in einer Nacht aufgeworfenen unvollendeten Redouten zugleich überrascht fanden, sowie insbe-

sondere der Vorzug der verschanzten Punkte vor den verschanzten Linien, indem jene sich wie der Marschall von Sachsen meint, besonders dazu eignen: „pour appuyer un de vos ailes, pour partager un terrain en deux, pour occuper ungrand terrain, lorsqu'on n'a pas assez de troupes.“

[54] (S. 281). St. Cyr: „En général c'est un faux calcul que de disposer de grandes forces contre un petit corps; le succès est facile, mais il n'amène aucun résultat. C'est toujours où l'ennemi est le plus nombreux, où il faut diriger ses efforts pour battre non pas un détachement mais l'armée; à la vérité cela est plus difficile, mais il n'y a pas d'autre moyen d'obtenir un résultat de quelque importance.“

[55] (S. 281). Vervielfältigte Treffen von einer Waffe gestatten für die Chancen weniger Spielraum, als wenn das Terrain dem Waffenwechsel günstig ist; demungeachtet liegt in der hergebrachten Entwicklung eines förmlichen Artillerie-Treffens häufig eine große Kraft-Verschwendung, die in den Tableaux der Friedens-Manoeuvres unbemerkt vorübergeht, im Ernstfalle aber in große Verlegenheiten stürzen kann. Zwar wollte schon der Marschall von Sachsen seine Regiments-Artillerie mit in die Tirailleur-Linie einschieben, um die Formirung des Feindes zu stören; sie sollte aber aus Amüsetten für 16 löthige bleierne Kugeln bestehen und, setzt er noch ausdrücklich hinzu: „On peut y joindre celle de la seconde ligne et les rassembler toutes sur une 'hauteur.“ Die Russen formirten bei Eilau ein förmliches Artillerie-Treffen, ebenso bei Leipzig, wo die Munition bald verplatzt war. — In der Mitte des 17. Jahrhunderts stellte man die Armee auch in 3 Linien hintereinander auf, gab aber der ersten den Namen Avantgarde, der 2. den der Bataille, der 3. oder der Reserve den der Arrieregarde, welche Benennungen später nur für den Marsch beibehalten wurden.

[56] (S. 281). St. Cyr: „Il faut de toute nécessité être fort où l'on doit combattre et l'on ne peut obtenir cette force, sans être faible sur les points où l'on a jugé que les efforts ne sont pas nécessaires.“

[57] (S. 281). Bei dem früheren gleichsam parademäßigen Schlagen der ohne ängstliche Beziehung auf das Terrain zusammengehaltenen kleinen Armeen von Gustav Adolph an, war dem 2. Infanterie-Treffen, außer den zu wiederholenden Schlägen auf einen, durch den ersten Angriff in Unordnung gebrachten Feind, noch die Flanken- und Rückendeckung des vorderen Treffens zur Obliegenheit gemacht, welches sich auch unter diesem Schutze behaupten und zur Erneuerung des Streites retabliren konnte. Beidem ist man seitdem anderweitig entgegengekommen, so daß das Hintertreffen in dieser Gestalt nicht nothwendig zum Typus unserer heutigen Bataillen-Manoeuvres gehört. Sein Dasein, sei es in Masse oder aufgerollt, hat übrigens, wie das Echelon seine moralische Seite; „tout homme, sagt der Marschall von Sachsen, qui ne voit rien derrière lui, pour le soutenir et le secourir est à demi battu et c'est ce qui fait que souvent la seconde ligne lâche le pied pendant que la première combat; j'ai vu cela plus d'une fois et je pense bien d'autres que moi. Mais personne n'en a

peut-être cherché la raison, elle est dans le coeur humain." Auch Montecuculi erklärt sich auf ähnliche Weise; Friedrich der Große sagt: „Man stellt sich nicht vor, was frische Truppen, wenn sie in einer Action von Neuem auf den Feind losgeben, für eine unglaubliche Ueberlegenheit haben."

[58] (S. 282). Rogniat setzt in seinem Schlachtendrama die Reserve gleichsam zum letzten nothwendigen Hebel ein, weil er nicht weiß, wie er sonst darauf zu reden kommen soll: und diejenigen, welche Napoleon eine besondere Kunst in der Anwendung der Reserven zuschreiben, vergessen, daß ihm die Kriegskunst weit mehr schuldig ist, indem er in ihr den Ausspruch des alten Montaigne durch die That belegte: „Nous avons abandonné la nature et lui voulons apprendre sa leçon."

[59] (S. 282). Schildknecht schreibt zu jener Zeit, daß, wie schwach sie auch gewesen, sie doch den Tartaren über die ganze polnische Armee allein die Victoria verschafft haben würden. Gustav Adolph und Montecuculi bestimmten für jedes Treffen eine besondere Cavalerie-Reserve; die Infanterie-Reserven dienten lange nur zum Raillement im durchschnittenen Terrain.

[60] (S. 282). Man hat, um den Nachdruck der Reserven zu verstärken, und in dem richtigen Gefühl, daß sie mehr den Ueberwältigungs- als den Ueberraschungsmitteln angehören, neuerdings auch auf das moralische Uebergewicht gesehen und zu den Hauptreserven die Eliten ausgewählt.

[61] (S. 282). Vor dem, vom Feinde besetzten Dorfe Aderklaa, dem zuletzt entscheidenden Punkte bei Wagram, hatte Napoleon den Angriff des linken Flügels der Oestreicher und die Sammlung seiner eigenen Reserven abgewartet: „Trois bataillons déployés forment la tête; 13 bataillons (Macdonald) sont ployés en colonne sur les deux ailes, en réserve marchent deux divisions sur les flancs de la cavalerie légère. Napoléon suit de loin avec les grenadiers à cheval et l'infanterie de la garde," und Reille, der mit der jungen Garde folgte, hatte er befohlen: „Ne vous avanturez pas, car il ne reste auprès de moi pour dernière réserve que les 2 régiments de la vieille garde."

[62] (S. 282). So half Bonaparten bei Marengo die von Dessaix herbeigeführte Reserve die Schlacht gewinnen, nachdem Melas die seinige (Reserve) schon verwendet hatte. Bei Borodino hielt Napoleon vielleicht mit Bedacht, eigentlich aber zum Vortheil der geschlagenen russischen Armee, seine Reserven zu lange zurück, und bei Belle-Alliance wurden sie ihm wider seinen Willen durch die Begebenheiten aus der Hand gewunden und damit die verlorene Schlacht in eine wilde Flucht verwandelt.

[63] (S. 283). Die sogenannte Flankendeckung wird häufig mit dem bloßen Zeigen der Streitmittel erlangt, deren wirkliche Anwendung dabei jedoch keiner Schwierigkeit unterliegen darf. Nach dem verschiedenen Charakter der Waffen deckt eine jede derselben auf ihre eigene Weise, womit jedoch Zeit und Terrain harmoniren müssen. Der unklare Begriff von dergleichen Dec-

kungen verführt zuweilen wohl beide Theile und läßt sie gelten, wo sie reell gar nicht vorhanden waren, verschwendet wohl auch mechanisch die eine Waffe zur Flankendeckung einer anderen, welche sich selbst am besten deckt.

[64] (S. 283). Die Alten brauchten, wegen des ihrer Waffen-Handtirung nöthigen größeren Raumes, die Intervallen zum Rückzuge nicht, denn sie nahmen die einzelnen Leute in die geöffneten Glieder und Rotten der Hintertreffen auf. — Vor der jetzt gebräuchlichen dünneren Stellung gab man den Intervallen die Breite der aufgestellten Truppen-Einheiten, was der Truppenbewegung im Gefecht und den dabei vorkommenden Hülfen zuträglich war. Der zeitweilige Choc der Cavalerie en muraille und das Ziehen unserer breit entwickelten Bataillone giebt Zeugniß davon. Auch schafft die Aufstellung der Artillerie dieser Waffe den Vortheil, sich auf dem ihr überwiesenen Platze nach allen Richtungen bewegen zu können.

[65] (S. 283). Napoleon: „De tout tems on a vu des armées se côtoyer plusieurs fois, même plusieurs lieues pour atteindre un débouché qui permet à l'une d'elles d'attaquer avec avantage."

[66] (S. 283). Wenn schon, wie Erzherzog Karl meint, der letzte Zweck der Defension im Zeitgewinne liegt, so können doch Umstände es zweckmäßig erscheinen lassen eine vorgesetzte Passive in eine Active umzusetzen, sobald die durch die Defension zu gewinnende Zeit nur dazu dienen könnte, den Feind in eine vortheilhaftere Lage zu bringen, und vielleicht die Ueberflügelung unserer eignen Stellung herbeizuführen.

[67] (S. 284). Die von Eugen und Marlborough gegen Tallard und den Churfürsten von Bayern gewonnene zweite Schlacht bei Hochstädt (1704), wo Armeen von 70,000 Mann einander gegenüberstanden, war eine Parallelschlacht, deren Gewinn in der vernachlässigten Terrainbenutzung von französisch-bayrischer Seite ihren ersten Grund hatte, ohne welche der Aufmarsch der Angreifenden schwerlich ausführbar gewesen sein würde.

[68] (S. 284). Sind die Terrain-Vortheile ungleich, und angemessene Ueberraschungs-Chancen in der ganzen Kriegführung begründet, so werden beide Theile schwerlich zu dieser kostbarsten Art der Waffen-Entscheidung greifen, die, wie einige Geschichtsschreiber behaupten, Napoleon 1812 so ziemlich allein übrig geblieben ist. (s. Koch.)

[69] (S. 284). Aehnliches ereignete sich bei Dresden 1813 mit dem östreichischen Corps des Generals Metzko, das von dem übrigen Theile der Schlachtlinie durch den weit herauf unzugänglichen Plauenschen Grund getrennt, beim Zurückweichen jener, seinem Schicksal überlassen blieb und gefangen wurde.

[70] (S. 284). Pelet: „La disposition fondamentale de Wagram est la réunion sur le centre des corps en masse; elle rend l'empereur maître des mouvements, du terrain et en quelque sorte des événements. C'est la seule où la volonté d'un homme exerce une influence directe, la seule qu'il puisse conduire entièrement lui même. Toutes les grandes batailles de Napoléon y participent plus ou moins." —

Friedrich der Große (s. dessen Grundsätze der Lagerkunst und Taktik, 1771): „Ohne Zweifel werdet ihr beobachtet haben, daß der beständige Grundsatz, den ich bei allen meinen Attaquen befolge, darin besteht, daß ich einen Flügel aus dem Feuer zurückhalte, oder daß ich nur ein gewisses Detachement sich mit dem Feinde schlagen lasse. Meine Armee dient hierbei dem Angriffe stets zur Unterstützung." — Clausewitz sagt von Napoleons Angriff auf das Centrum der Wellingtonschen Stellung bei Waterloo: „Das Durchbrechen des Centrums ist in gedehnten Gebirgsstellungen, wo Alles wie angenagelt steht und eine offensive Reaction aus mehr als einem Grunde nicht in der Natur der Sache liegt, die einfachste, gefahrloseste und entschiedenste Art des Angriffs; aber so ist es nicht in einer gesammelten, oder gar durch die Masse großer Reserven sehr tiefen Aufstellung; da ist das Durchbrechen des Centrums zwar, wenn es gelingt, vielleicht immer das entschiedenste, aber von der anderen Seite das unnatürlichste und gefährlichste Mittel, denn 1) der Angreifer hat nicht, wie beim Umfassen, Raum, auf dem entscheidenden Punkte sehr überlegene Kräfte anzuwenden; 2) er kann seine Absicht und Anordnung viel weniger verbergen; 3) wenn der Gegner auf den Flügeln zum Angriff übergeht; so entsteht die nachtheiligste Form des Gefechts". Beständen unsere Schlachten noch aus einem momentanen Stoß, und wären die Armeen wie spröde Körper zu betrachten, deren crystalliniisches Gefüge durch solchen Stoß zerschmettert werden könnte; so würde der 3. jener Nachtheile wenig in Betracht kommen. Aber unsere Schlachten dauern halbe und ganze Tage, sie sind, was bei Weitem den größten Theil der Anstrengungen betrifft, ein langsames Abzehren und Aufreiben der beiden Heere, die, in ihrer Front mit einander in Berührung gebracht, sich wie ganz feindliche Elemente da zerstören, wo sie sich berühren. So brennt die Schlacht wie nasses Pulver langsam fort, und nur wenn der größte Theil der gegenseitigen Streitkräfte bereits zu unbrauchbaren Schlaken ausgebrannt ist, wird mit den noch übrigen die Entscheidung gegeben. Bei diesem Charakter des Kampfes ist der Stoß mit verstärkter Mitte, wie mit einem Mauerbrecher, an sich ein sehr unnatürliches Mittel.

[71] (S. 285). Es versteht sich wohl von selbst, daß man ein Gleichniß nicht buchstäblich zu nehmen hat, und statt an Colonnen mit Bataillonsfronten und mehr zu denken, etwa den alten Keil des Vegez vor Augen haben müsse. Vieles, was über Folards Colonne zur Sprache gebracht worden ist, gehört eigentlich hierher.

[72] (S. 285). General Rüchels Aufmarsch bei Jena hatte mit solchen Schwierigkeiten zu kämpfen und verunglückte darum.

[73] (S. 285). Dasjenige, was vom Gegenstoß auf die Sicherung fällt, kann nur so lange anhalten, wie die Vorherrschaft der Ueberwältigung des Aggressors. Ist diese aufgehoben, so nimmt der Gegenstoß den Ueberwältigungscharakter an, der, wenn auch mit der Sicherung in einem Zuge fortlaufend, doch veränderte Intentionen und Dispositionen erzeugt. Man erkennt hieraus, wie beschränkt und verwirrend es für die Theorie sein mußte, den

Angriff und die Vertheidigung mit ihren fast unbemerkten Uebergängen als eine große, der Wissenschaft natürliche Capitel-Eintheilung anzusehen. Machiavel sagt: „Votre ennemi marche sur vous en pointe pour ouvrir vos rangs; si vous allez en forme d'oiseaux ouverts, vous le mettrez en désordre et vous garderez votre ordonance." Die Engländer wandten, nach Chambray, im spanischen Kriege ein solches Manoeuvre gegen die französischen Bataillone und Colonnen an; sie blieben en ligne und schwenkten vorwärts mit den Flügelzügen gegen die Colonne, die unter dem darauf folgenden besonnenen Feuer fast immer ihren Zweck verfehlte.

[74] (S. 286). Man sieht bald, daß die Formirung von Quarrees hinter der Trouée ganz am unrechten Orte ist und daß es noch Sicherungs-Maaßregeln giebt, die den eigenen Waffengebrauch nicht lähmen und die Schlachtlinie nicht ganz auflösen. Auch muß man immer etwas auf den Charakter der Armeen geben, mit denen man es zu thun hat. Napier meint von den Franzosen gegen Engländer: „On ne saurait louer leur méthode habituelle d'attaquer en colonne. Ce mode d'attaquer peut avoir réussi avec les Autrichiens, les Russes et les Prussiens, mais il doit toujours échouer contre les Anglais, dont l'infanterie est assez ferme, assez intelligente, assez bien disciplinée pour attendre avec calme la charge de ses adversaires et assez courageuse pour fondre sur eux à la baïonnette." Er will mit einer beschossenen Colonne nichts ausrichten, hält sie aber sonst in aller Würde; „Le secret consiste à savoir déployer leur front à propos." Die englische Colonne, die bei Fontenoy in des Marschalls von Sachsen Stellung eindrang, erhielt sich nur darum mehrere Stunden, weil man mit dem allgemeinen Angriff darauf, dem sie in 7 bis 8 Minuten wich, zögerte. Warnery schlägt vor, das 2. Treffen eine Achtelschwenkung machen zu lassen, wenn das erste durchbrochen sei; auch sollen die Schwadronen, die er hinter den Bataillonen aufgestellt wissen will, hier angreifen.

[75] (S. 286). Man muß die taktische Echelon-Formation, die auch auf größere Armeetheile übertragen werden kann, von der allgemeinen, die wir strategisch nennen wollen, unterscheiden. Der Letzteren liegt das unbestimmte Drohen mit einer zur Hand befindlichen neuen Streitmasse zum Grunde; die Erstere beruht dagegen auf einer ausgesprochenen Flankendeckung der vorderen Echelons durch die hinteren innerhalb des Waffenbereichs was Ueberflügelung und angemessene Entfernung bedingt, auch taktisch geübte Truppen voraussetzt. Napoleon sagt bei Gelegenheit der Schlacht bei Zorndorf: „L'infanterie russe n'était pas assez manoeuvrière pour soutenir les colonnes d'attaque par des échelons, elle fut rejetée dans ses carrés." Friedrich der Große giebt in seinen Grundsätzen der Lagerkunst eine dergleichen Disposition, wo die Angriffsbrigade in 2 Treffen, 200 Schritt vor der in 4 Brigaden getheilten echelonnirten Linie steht, die Echelons mit beiden Treffen immer auf die Distanzen von 100 Schritt auseinander. Die dabei angenommene Armeestärke beträgt 40,000 Mann.

[76] (S. 286). Erzherzog Karl hatte sich 1809 vor Regensburg immer auf das bekannte Napoleonische Durchbrechen des Centrums gefaßt gemacht und darum über seine Massen immer am unrechten Orte und zur unrechten Zeit disponirt, sowie auch Das übersehen, was in der strategischen Anordnung jenes Bataillensystems vorging, von dem Pelet meint: „Les manoeuvres exécutées sur un si vaste théatre, mais partant toujours d'un centre unique, d'une grande et belle idée, soumises à une série régulière de combinaisons, ne doivent pas être confondues avec le système opposé des corps éparpillés au loin, des combats disséminés sur des lignes étendues démesurément, où les forces les plus considérables disparaissent, où la suprême direction manque partout."

[77] (S. 287). Napoleon nennt es eine „opération souvent difficile et qui exige une grande vigueur et beaucoup de troupes réunies." Bei Eßlingen (1809) versagte ihm dieses Manoeuvre wegen mangelnden Truppen-Nachschubes, und Erzherzog Karl begegnete demselben in der vorbin erwähnten Art, worüber Rogniat und Marbot später discutirten. — Die mit Geschwindigkeit agirenden Truppen, namentlich die reitende Artillerie, können einige Ueberraschungen einzeln in das Manoeuvre einführen, womit allerdings solange, bis es sich völlig aufklärt, immer etwas Unheimliches für den die Dinge Erwartenden verbunden ist; „j'ai cependant vu faire ce mouvement bien souvent, sans que l'ennemi ait songé à profiter de l'avantage que lui fournissait l'occasion," sagt Napoleon.

[78] (S. 287). Bei Raab (1809) hielt sich die französische Cavalerie von der ungarischen Infanterie für dermaßen bedroht, daß sie umkehrte und der Staub dieses Manoeuvres brachte bei den Ungarn dieselbe Wirkung hervor, dergestalt, daß beide unverrichteter Sache auseinanderliefen.

[79] (S. 287). Gemeinhin nimmt man die in der Gegend sich auszeichnenden Höhengebilde ohne Weiteres dafür an und schenkt diesen, unbekümmert um wichtigere Terrain-Verhältnisse, seine ganze Aufmerksamkeit. Die Höhe bei Türkheim auf dem linken Flügel der feindlichen Stellung, die Turenne (1675) den Sieg in die Hand gab, und der Felskegel von Elvina, der Moores Rückzug nach Corunna (1808) möglich machte, waren allerdings solche Schlüssel, aber manche andere waren es nicht und konnten es nie werden.

[80] (S. 287). Schon von älteren Schriftstellern vernimmt man darüber Klagen, namentlich in Betreff der Schlachten bei Neerwinden, Ramillies (das auf keine Weise eingerichtet und von Villeroy mit einer schlechten Garnison versehen worden war), Rocours, Kesselsdorf; wir können noch Lützen und Ligny hinzufügen, während andererseits die Behauptung der Fermen vor der englischen Schlachtlinie bei Belle-Alliance, als diensam zum Zeitgewinn für einen größeren Zweck, das verdiente Anerkenntniß finden wird. — Friedrich der Große (s. Art. 22. seiner Anweisung) sagt: „Man wagt dabei den Kern seiner Infanterie."

[81] (S. 287). In seiner befestigten Stellung bei Fontenoy (1745)

wieß der Marschall von Sachsen die Unternehmung der Alliirten unter Cumberland und Königsegg auf einen solchen Haken zurück, und behielt den Sieg; bei Prag (1757) erzeugte sich dagegen durch das Bemühen der Kaiserlichen, mit ihrem linken Flügel den Cziskaberg festzuhalten, die dem scharfen Auge des Königs nicht entgangene Lücke, welche die preußischen Truppen zum Siege führte. Bei Leuthen war der durch den östreichischen Haken entstandene Winkel der Position derjenige Punkt, welchen der König mit seiner Artillerie bearbeitete; indem die im Haken aufgestellten Bataillone successive zusammenrückten, verkürzte sich der Letztere.

[82] (S. 288). Schon Vallière (1672) deutet dies mit den Worten an: „faire toujours mine de vouloir combattre, afin que les ennemis ne divisent pas leurs troupes."

[83] (S. 288). So ließ Napoleon 1809 vor Regensburg den rechten östreichischen Flügel durch Davoust festhalten und den linken unter Erzherzog Ludwig beschäftigen, um in der Mitte gegen Rottenburg selbst auf eine Weise vorzugehen, durch die der Erzherzog Karl von seiner alten Operationslinie abgedrängt wurde, worauf ihm allein noch die neue über Regensburg übrig blieb. Aehnliches geschah noch in demselben Jahr bei Aspern.

[84] (S. 288). Marschall von Sachsen sagt: „Si l'on a à faire à un ennemi vif et intelligent, il est presqu'impossible que la retraite d'une armée entièrement engagée ne devienne une déroute et dans tous les cas elle perdra plus après la bataille que dans la bataille."

[85] (S. 288). Wie wenig solche allenfalls noch während des siebenjährigen Krieges erträgliche Ansicht die heutige öffentliche Meinung anspricht, zeigt die Unternehmung auf Antwerpen im Jahre 1832.

[86] (S. 289). Damit kann nicht gemeint sein, daß es allein auf Ueberraschung beruht, denn alsdann wäre Napoleons Bemerkung anwendbar: „Sans doute que c'est une fort belle chose que de surprendre son ennemi, mais pourquoi s'arrêter à tourner une aile? Il vaut mieux prendre l'armée à dos, se saisir de ses parcs, de ses canons etc."

[87] (S. 289). Von Napoleons Ansicht über die schon von Vegez (s. dessen 2., 3. und 6. Disposition) erwähnte schiefe Schlachtordnung, ist schon oben die Rede gewesen. Wir glauben die in sein Urtheil einfließenden Mißverständnisse durch unser Pochen auf die vermeinten Grundpfeiler der Kriegstheorie gehoben und gestehen, daß uns die Lösung einer Meinungs-Differenz zwischen Napoleon und Friedrich dem Großen für die Kriegführung hochwichtig erschien.

[88] (S. 289). Allerdings kam dabei auch allerhand Pedanterie mit zum Vorschein. So behaupten z. B. die mathematischen Soldaten-Gelehrten, daß bei der schiefen Schlachtordnung, wo eine Hypothenuse einer Cathete gegenüber stehe, die Uebermacht nicht zu verkennen sei.

[89] (S. 289). Es läßt sich behaupten, daß die schiefe Schlachtordnung, seitdem man sich weniger in Linien bewegt, auch weniger in die Augen

springe, daß sie also, obenhin angesehen, wenig mehr zur Anwendung kommen könne. Mit dem, was wir hier dafür anerkennen und was das Wesentliche derselben ausmacht, ist das der Fall nicht, wie ein tieferes Eingehen in die Geschichte der Schlachten neuerer Zeit bald zeigt. Clausewitz konnte sich auch nur an die Neben-Erscheinung halten, wenn er sagt: „Als im Jahre 1806 der preußische General Prinz Louis bei Saalfeld, Tauenzien auf dem Dornberge bei Jena, Gravert vor und Rüchel hinter Capellendorf sich sämmtlich mit der schiefen Schlachtordnung Friedrich's des Großen in den offenen Schlund des Verderbens warfen, war es nicht blos eine Manier, die sich überlebt hatte, sondern die entschiedenste Geistesarmuth, zu der je der Methodismus geführt hat, womit sie es zu Stande brachten, die Hohenlohesche Armee zu Grunde zu richten." Lag dort wohl aber der Fehler am Bataillen-Manoeuvre?

[90] (S. 290). Friedrich der Große that das freilich bei Hochkirch. „Une pareille faute ne devrait jamais être faite depuis l'invention de la poudre," meint deshalb Napoleon.

[91] (S. 290). Napoleon: „Il est impossible que deux lignes, paralleles de 3000 toises et placées à la distance de 900 toises, l'une s'inclinant sur l'autre de manière qu'une des ailes étant à 300 toises, l'autre soit assez éloignée pour être à l'abri et 'hors d'atteinte; l'armée pendant qu'elle marche pour prendre l'ordre oblique prête le flanc, si elle est attaquée elle sera battue; l'aile menacée sera facilement mise 'hors de péril en la renforçant par la seconde ligne de l'armée ou par la réserve." Desgleichen: „Ne faites pas de marches de flanc devant une armée qui est en position."

[92] (S. 290). Napoleon: „Il faudrait que la ligne d'opération de l'armée qui prendrait l'ordre oblique, fut du côté de l'aile sur laquelle elle s'appuie sans quoi elle la perdrait ce qui exposerait à des conséquences fâcheuses."

[93] (S. 290). Napoleon: „Aussi est-il des personnes parmi les partisans de l'ordre oblique, qui veulent, que la manoeuvre en soit dérobée à l'ennemi, qu'il soit étonné et surpris, qu'elle soit faite de nuit ou favorisée par des brouillards ou couverte par des rideaux."

[94] (S. 290). Bei dem Marsche vorwärts giebt, wie es bei Leuthen geschehen sein soll, die Einschwenkung taktisch geordneter Echelons von selbst die Oblique, und wahrscheinlich ist das sogenannte manoeuvre de Potsdam (das Warnery schon 1755 gesehen haben will) nach dieser Vorstellung generalisirt und als ein allgemeines Deployement vorgestellt werden. Guibert und sein Kritiker rechneten den Parallel-Angriff in Spitzen, den Friedrich d. Gr. bei Sohr anwandte, ebenfalls zu den obliquen Manoeuvres. Warnery ist dagegen nicht dieser Meinung; er sagt: „Es ist ein großer Unterschied zwischen einem obliquen Angriff und einem, der auf einem oder mehreren Punkten geschieht, ohne daß die Truppen oblique gegen den Feind anmarschiren."

[95] (S. 290). Wie z. B. bei Bautzen, wo Napoleon zuletzt in der

Oblique auf den Haken der Alliirten operirte, den diese in Folge seiner vorausgeschickten Flügel-Operationen, in ihrer weit ausgedehnten Stellung hatten formiren müssen. Pelet nennt Eßlingen eine bataille d'ordre oblique.

[96] (S. 290). Der Marschall von Sachsen würde freilich gesagt haben: „Cela est de la géometrie, ainsi que bien d'autres choses à la guerre," worauf er wenig gab. Indessen haben die Armeen seit jener Zeit sich auch hierin bedeutend geändert, wenngleich die von den gelehrten Taktikern vorgeschlagenen Abschwenkungen, um in die Oblique zu kommen, auch heute noch nicht vor dem Feinde ausführbar sein dürften. Napoleon meint: „Il faut éviter les marches de flanc et lorsqu'on en fait, il faut les faire les plus courtes possible et avec une grande rapidité." Auch ist er der Ansicht: „quand les deux armées se sont vues en bataille," so dürfe man mit schlechten Truppen keinen Flankenmarsch wagen.

[97] (S. 291). Napoleon: „A la bataille de Rossbach le prince Soubise imagina de vouloir singer l'ordre oblique. Il fit une marche de flanc devant la position du roi. Les résultats en sont assez connus. Frédéric à Collin ne perdit que l'armée, Soubise à Rossbach perdit son armée et l'honneur." Die gelehrten Kriegsleute haben der schiefen Schlachtordnung immer das Wort geredet; so meint Folard: „Sie ist es, gegen welche auch der geschickteste General nichts ausrichten kann, wenn der Feind plötzlich in ihr zum Vorschein kommt; denn nur um derselben Widerstand leisten zu können, müssen Bewegungen gemacht werden, die man unmöglich vornehmen kann, wenn man den Feind auf dem Halse hat, denn die erfordern viel Zeit" 2c. „Die schiefen Ordnungen sind gar nicht für mittelmäßige Köpfe, ohne zu gedenken, daß die Armeen heutigen Tages nicht auf allgemeine Evolutionen exerciert sind; man thut indessen Unrecht, daß man sich nicht darauf übt." (1727) — Alexander operirte mit dem obliquen Bataillen-Manoeuvre bei Arbela gegen die Perser. — Wie einfach sich Friedrich der Große das Manoeuvre der schiefen Schlachtordnung dachte, sieht man aus einem Facsimile, welches dem Militär-Wochenblatte vom 25. Juni 1842 beiliegt, und welches aus einer Empfehlung derselben an den Grafen Dohna (1758) entnommen ist, um sie vor Zorndorf gegen die Russen anzuwenden.

[98] (S. 291). Napoleon läßt es in dem Eifer gegen das oblique Deployement an solchen Beispielen, wenn sie alle richtig vorgetragen sind, nicht fehlen. „A la bataille de Prague les deux armées étaient séparées par un ravin. Le roi marche sur trois lignes par le flanc gauche jusqu'à ce qu'il trouva un débouché. Le duc de Lorraine devrait marcher sur trois lignes par le flanc droit en suivant pareillement ce mouvement ou prendre l'initiative, faire passer à sa gauche et à son centre le ravin et attaquer la droite du roi. Il ne prit ni l'un ni l'autre de ces parties. Il se contenta de faire un changement de front en arrière de sa droite. Les partisans de l'ordre oblique admirent la

bataille de Collin et quoiqu'elle ait eu des suites les plus fâcheuses, qu'elle lui ait fait perdre la bataille, la moitié de son armée et 200 pièces de canon, ce qui l'a obligé de lever le siége de Prague et d'évacuer la Bohême, ils n'en persistent pas moins dans leur engouement, rien ne peut leur dessiller les yeux." Desgleichen: „A la bataille de Zorndorf le roi renouvelle la manoeuvre de Collin; au lieu d'attaquer la gauche de l'armée russe, qui était à portée des ponts par lesquels elle débouchait, il fit une marche de flanc devant elle pour aller attaquer l'aile opposée. Les Russes, qui l'année précédente avaient déjoué une pareille manoeuvre et battu le maréchal Lehwald à la journée de Jägerndorf, tombèrent sur le flanc des colonnes d'attaque du roi, les rompirent, les mirent en désordre, tout était perdu si l'intrépide Seidlitz avec son incomparable cavalerie et ce coup d'oeil qui le distinguait, n'y eût porté remède" ꝛc. „L'année suivante le général prussien Wedel fait encore une marche de flanc à la bataille de Kay. Soltikow l'en fit repentir et lui donna une leçon. Mais, dira-t-on, vous ne parlez pas de Leuthen, c'est le chef d'oeuvre de l'ordre oblique. Sans doute cette bataille est propre d'immortaliser le caractère moral de Frédéric et met au jour ses grands talents, mais elle ne présente rien qui ressemble à la manoeuvre de Potsdam. Il ne dut cette victoire qu'à la surprise, elle tient au chapitre des accidents (?); si le prince de Lorraine eût eu une seule vedette en avant de son front, une patrouille, il eût été prévenu que le roi marchait par sa droite et passait par un marais qui semblait impraticable pour attaquer son aile gauche. Il y eût porté sa réserve et en même tems eût fait avancer sa droite et son centre, il eût prit l'armée prussienne en flanc en flagrant délit et l'eût défaite." Friedrichs oblique Front gegen die des Prinzen Karl wird übrigens hier nicht widerlegt.

[99] (S. 291). Die modernisirte alte Geschichte vindicirt schon dem Caesar dieses Sicherungsmittel in der Schlacht bei Pharsalus, und Friedrich den Großen lassen mehrere Schriftsteller, unter anderen auch Warnery, schon von Hause aus bloß gegen mögliche Ueberflügelung eines stärkeren Feindes, hier und da seine Flügel zurückhalten.

[100] (S. 292). Pelet: „C'est au milieu des attaques de la victoire même de l'archiduc, que l'empereur opère par le centre de sa ligne un changement de front général qui lui assure les palmes de triomphe. Sous ce dernier rapport cette bataille mérite d'être étudiée avec attention."

[101] (S. 292). Vallière schrieb schon 1672: „Le plus grand bonheur que puisse avoir une armée qui combat dans un retranchement, est de n'être pas battue, mais jamais elle ne peut avoir la gloire de défaire entièrement ses ennemis et ne saurait avoir aucun avantage considérable qu'en sortant de son retranchement. On ne doit pas y faire des redoutes parceque les ennemis s'en étant une fois saisies,

il serait très difficile de les en déloger." Peter der Große widerlegte diese Behauptung später durch die That bei Pultawa; auch ähnelt die letztere Bedenklichkeit etwas der Angst des reisenden Juden, der darum gegen die Räuber keine Waffen führen wollte, damit nicht diese sich derselben gegen ihn bedienten. — Rogniat meint sehr richtig: „Il ne faut pas nous considérer comme enchaîné au sol, parceque nous avons élevé quelques redoutes."

[102] (S. 293). Viele Kriegsgelehrte halten wegen der Aehnlichkeit des studirten Benehmens, dieses Schlacht-Manoeuvre für einerlei mit dem obliquen.

[103] (S. 293). Napoleon äußert über die Schlacht bei Kunersdorf: „Le roi au commencement de la journée, s'est trouvé sur le flanc gauche de l'armée ennemie; il était donc plus que dans l'ordre oblique. Cette position n'était pas le résultat d'une manoeuvre de champ de bataille, mais d'une marche qui avait été dérobée à l'ennemi derrière des bois et des marais. Le général russe qui avait d'abord fait front du côté de Francfort, changea de position et en prit une par laquelle il se trouva en potence sur l'armée prussienne. Pour déboucher, des marais impracticables s'opposèrent au dessein du roi. Il attaqua comme il se trouvait, obtint des succès sur la gauche russe, qu'il surprit; mais ceux-ci ayant pris leur ordre de bataille sur leur centre parallèlement à l'armée prussienne, ils obtinrent une victoire complète, qui mit la Prusse à deux doigts de sa perte."

[104] (S. 293). Mercy marschirte vor der Schlacht bei Parma (1734) des Nachts aus seinem Lager in die rechte Flanke der Franzosen und Piemontesen unter Croigny, und debouchirte eben aus den Defileen, als Letzterer von der Gefahr seiner Stellung unterrichtet, Alles zusammennahm, was er eben zur Hand hatte und den Angreifenden überwältigte.

[105] (S. 293). Vor Machiavel und noch lange nach ihm galt diese Stellung als Grundsatz. Er giebt als Grund dafür an, daß die Cavalerie beim Zurückgehen nicht weit genug vor der Infanterie fechten könne oder nicht die erforderlichen Intervallen finde. — Schon im siebenjährigen Kriege bei Reichenberg focht man in entgegengesetzter Ordnung, die Cavalerie nämlich zwischen Infanterie-Flügeln.

[106] (S. 293). Wo die Anlehnungen von der Natur versagt sind, giebt es Ueberflügelungen der Hintertreffen, Echelons oder Flügelcorps, wie ein solches z. B. die Napoleonische Unternehmung auf den russischen linken Flügel bei Borodino vereitelte. Friedrich der Große meint, an Umgehungen im ganz flachen Lande sei nicht wohl zu denken.

[107] (S. 294). Wie schon von Bärnhorst an Tempelhof gerügt wurde, so weiset auch Erzherzog Karl 12 Hauptschlachten nach, die seit den Revolutionskriegen deshalb verloren gingen, weil der Erfolg zusammengesetzter Bewegungen den diesfallsigen Berechnungen nicht entsprach, was allerdings für die zeitige Kriegstheorie kein Compliment ist. Ebenso wie die Schlacht bei

Eylau von beiden Seiten Rechnungsfehler zeigt, war es auch bei Torgau (1760) der Fall. Der Angriff des Königs und der von Ziethen vereinzelten sich und das Aufschließen der Oestreicher in ihrer Fronte war gerade das Gegentheil von dem, was sie auf ihrer linken Flanke gegen Ziethen zu thun hatten.

[108] (S. 294). Man hat vielleicht in vielen Schlachten großer Feldherrn das ruhige Abwarten eingeleiteter Unternehmungen bewundert; ganz besonders ist es aber Napoleon, welcher uns in dieser Hinsicht beachtenswerthe Beispiele gegeben hat. Bei aller Activität verwendete er die größte Achtsamkeit auf die Gegenhandlung des Feindes. „Turenne, sagt er, savait mieux que personne, que la guerre n'était pas un art conjectural, il savait régler ses manoeuvres sur ceux de son adversaire et non sur son idée."

[109] (S. 295). In der Position ist das häufig die Artillerie, mit der sich auch zuweilen ein Angriff begnügen mag. Bei Roßbach vollführte Seydlitz den Flügelangriff ganz allein mit der von der Armee-Linie völlig getrennten Cavalerie. — Bei Marengo ging Dessaix nur mit der Reserve den vorrückenden Oestreichern in die Flanke, nachdem das Frontalgefecht schon zu Gunsten der Kaiserlichen entschieden war. Aehnlich gestaltete sich die Schlacht bei Belle-Alliance im Stillstande des Frontal-Angriffs.

[110] (S. 295). Das Studium der Napoleonischen Schlachten aus dem Gesichtspunkte der Aufstellung der Reserven, z. B. bei Borodino und Bautzen, würde mancherlei Belehrung hierüber schaffen.

[111] (S. 295). Wie Napoleon seine Gegner in der Schlacht gleichsam versteinerte, ist uns Zeitgenossen zur Genüge bekannt. Auch von Friedrich dem Großen wissen wir es. Warnery dehnt es selbst bis auf Friedrichs Generale aus und führt Fink bei Strehla, Hülsen bei Torgau und Wittenberg als Beispiele dazu an.

[112] (S. 295). Die Schlacht bei Breitenfeld (1631) und die bei Blindheim (1704) geben Belege dazu her; in neuerer Zeit vielleicht Eylau.

[113] (S. 297). Die Schlachten von Dresden und Leipzig belegen die beiden hier angeführten Gründe und zeigen den entgegengesetzten Erfolg, bei welchem neben anderen Ursachen, die räumlichen nicht zu vergessen sind. Dort gab es einen festen, haltbaren, das Verschieben der Truppen begünstigenden Halbkreis für die comprimirte Armee und, wie wir schon erwähnten, eine unübersteigliche Spalte in der comprimirenden. Hier ebnete sich dagegen Alles für die letztere im angegriffenen offenen Halbkreis, der immer mehr zusammengedrückt, Leipzig entgegengesetzt, die höchst verwundbare Spitze erzeugte, auf der sich die große Reserve der Alliirten formiren konnte.

[114] (S. 297). Die camps permanents oder places de circonstances, aus welchen die Hyperbel places de moment gemacht hat, zeigen sich bei solchen Gelegenheiten auch für die heutige Kriegführung noch sehr anwendbar. Napoleon sorgte immer frühzeitig dafür, daß sie mit einer, der Feldartillerie des Feindes überlegenen, schwereren ausgerüstet wurden; „ce qui conciliait

la promptitude de l'exécution avec la sûreté de la place contre des moyens ordinaires de campagnes.“ So wichtig sie aber auch hierdurch für die Kriegführung wurden, so wenig konnten solche places de moment, wie viele daraus herleiten wollten, die eigentlichen Festungen im Kriege vertreten, sie verführten als solche nur zu halben Maaßregeln und allerhand Kriegsthorheiten.

115 (S. 297). Die Kosacken-Detachements der Russen ließen während des französisch-russischen Krieges häufige Anwendungen der sonst nur gegen Türken gebrauchten Manoeuvres zu. Vielleicht macht die seitdem versuchte Regularisirung der türkischen Armee diese Manoeuvres in künftigen Türkenkriegen seltener.

116 (S. 297). Zu Montecuculis Zeit waren die Quarrees durch die dabei verwendeten Wagenburgen unbeweglich, und glichen mehr den Plätzen, aus welchen man Ausfälle unternimmt. Die materielle Sicherung der ausfallenden Truppen beruhte dann meistens auf den spanischen Reitern, die von 6 Mann vor jedem Peloton in der Bewegung vorausgetragen wurden, und auch zu Münnichs Zeiten, ja noch viel später in anderen Armeen bei den Artillerie-Parks üblich waren, nachdem im 14. und 15. Jahrhundert die englischen Archers sie als Schweinsfedern (Pinnen) bei sich geführt hatten. — Friedrich der Große rieth noch 1771 in seinen Grundsätzen an, bei Fluß-Uebergängen der Avantgarde spanische Reiter mitzugeben.

117 (S. 298). In Friedrichs d. Gr. Grundsätzen der Lagerkunst, findet man auch noch dergleichen große, aus 4 Bataillonen formirte Quarrees als Halt für die Cavalerie, oder als Sicherung für echarpirende Artillerie, selbst zum Behuf von Flügelumgehungen angegeben (s. Plan 4 u. 18 daselbst). — Das östreichische Reglement gab noch in neuester Zeit Quarrees von 3 Bataillonen als Maximum dieser Formation an. Die Franzosen hatten in Egypten 6 und 9 gliedrige Quarrees, gewöhnlich aus einer ganzen Infanterie-Division, selten aus Brigaden oder Regimentern bestehend, formirt, und man will kein Beispiel haben, daß ein solches carré d'Egypte niedergeritten worden wäre. Jetzt haben Franzosen und Engländer nur Quarrees von einigen Bataillonen.

118 (S. 298). Die Kriegskenntnisse haben als ein Erfahrungswissen mit den physikalischen die größere Sicherheit der Schlüsse gemein, die aus dem Großen auf das Kleine angewandt werden, während das a priori Gedachte und im Kleinen Versuchte, bei der größeren Anwendung häufig auf unerwartete Schwierigkeiten stößt und unter dem Titel des Unpraktischen mit der Idee wieder verloren geht. In einem wahrhaft wissenschaftlichen Vortrage sollte darum den Bataillen-Manoeuvres wieder ein Repertorium der Taktik folgen, worin Ansprüche und Leistungen zu vergleichen wären. Machiavel verließ darum in seiner theoretischen Betrachtung die Reihenfolge des Campirens, Marschirens und Schlagens, „parceque, voulant faire voir comment une armée doit se gouverner quand, étant en marche, elle est obligée d'en venir aux mains, il a bien fallu auparavant

montrer comment on faisait pour se ranger en bataille" rc. — Der bloße, in den geschlossenen Bataillonsquarrees bemerkbare selbstische Sicherungszweck hatte noch zur Zeit der Pike das damals sehr übliche Kreuz in Ansehen gebracht. (s. Laurent Troupitzens Kriegskunst nach Königl. Schwedischer Manier, 1633, Benehmen beim feindlichen Umbringen). Machiavel meint von den Schweitzern, daß diese häufig im 16. Jahrhundert das Kreuz mit den Musketieren in den eingehenden Winkeln formirt hätten.

[119] (S. 298). Neben den Arbeiten vieler älteren Kriegstheoretiker zähle ich unter den neueren die von Grimoard (theoretisch praktischer Versuch über die Schlachten, übersetzt 1783) zu denen, welche es mit dem bloßen Gedächtniß zu thun haben, und die von Rogniat und Clausewitz zu denen, welche überwiegend der Phantasie huldigen.

[120] (S. 299). Ungeachtet der Anerkennung, welche manchem Rückzuge zu Theil wird, ist man doch in der Abstraction von praktischen Regeln daraus noch nicht sehr vorwärts gekommen und das, was Vallière (1672) darüber schreibt, macht so ziemlich noch die Essenz des Wissens aus. „Comme on ne saurait rien préscrire de certain pour les retraites," sagt dieser, on peut seulement dire, que le secret au partement, la diligence en marche, le soin à accommoder les chemins et la ruse dans les combats donnent tout l'avantage dans cette action de guerre."

[121] (S. 299). Erzherzog Karl sagt: „Es liegt nicht immer in der Gewalt des geschlagenen Feldherrn, die Linie seines Rückzuges zu wählen; darüber entscheidet meistens der Ausgang der Schlacht."

[122] (S. 299). Napoleon bezeichnet den Unterschied zwischen dem „changer" und „abandonner la ligne d'opération;" ersteres nennt er la manoeuvre la plus habile, qu'enseigne l'art de la guerre." Nach ihm soll es Friedrich d. Gr. vor der Schlacht bei Leuthen gebraucht haben; nach der Schlacht von Ligny ward es von der preußischen Armee ausgeführt, auch geschah dort Dasjenige, was Napoleon mit den Worten bezeichnet: „l'ennemi ne sait plus où sont les derrières et les points délicats par où il peut menacer l'armée." — Die Russen verlegten ihre Operationslinie nach der Schlacht bei Borodino erst von Moskau aus. — Xenophon hatte die seinige ganz aufgegeben und tappte nach einer neuen.

[123] (S. 300). Als Beispiel unbedachtsamer Anwendungen der unarticulirten Lehre von den excentrischen Rückzügen kann der Rückzug der preußischen Armee mit den Reserve-Corps des Prinzen Eugen von Würtemberg bei Halle (20,000 Mann) und des Großherzogs von Weimar (10,000 Mann) bei Erfurt, nach den Tagen von Jena und Auerstädt dienen. Nicht einmal die kopfverdrehende Bülowsche Weisheit war neu; man findet schon 1672, freilich unter damals immer noch anwendbareren Umständen, in Vallières „Pratiques et maximes de la guerre" die Lehre: sich, wenn man sich für den geordneten Rückzug zu schwach glaube, in 4 oder 5 Corps zu theilen und jedes sein Heil für sich versuchen zu lassen. — Napoleon schreibt vor, die Concentration beim Rückzuge soweit zurück anzunehmen, daß die getheil-

ten Corps füglich zusammen kommen können und auch für die detachirten diese Gelegenheit immer offen zu erhalten. „Lorsque vous êtes chassé d'une première position, sagt er, il faut railler vos colonnes assez en arrière pour que l'ennemi ne puisse les prévenir, car ce qui peut vous arriver de plus fâcheux, c'est que vos colonnes soient attaquées isolément avant leur réunion."

[124] (S. 300). Mit der Art des entscheidenden Bataillen-Manoeuvres hängt allerdings auch die Richtung des Rückzuges gesetzlich zusammen, und ein Theoretisiren über erstere wird auch diesen Zusammenhang aufklären. Erzherzog Karl erwähnt ihn, wenn er den Rückzug vom Flügel aus und in der Verlängerung der Front als ein den Flankenstellungen anhängendes Gebrechen angiebt, wie ein solcher z. B. bei Ligny (1815) für die ganze preussische Armee würde stattgefunden haben, wenn man die alte Operationslinie über Namur hätte beibehalten wollen.

[125] (S. 300). Vallière (1672) sagt hierüber: „On y enverra des gens vigilans, entendus et avec autorité, afinque ce travail se fasse avec toute la diligence possible, étant la chose la plus nécessaire," wie z. B. Napoleon die Generale Eblé und Chasseloup an die Beresina schickte. Freilich müssen diese auch etwas in der Hand haben, was ohne Genie-Reserven nicht möglich und in solchen kritischen Momenten nicht anderwärts zusammenzubringen ist. Friedrich d. Gr.: „Eine nothwendige Vorsicht ist diese, daß man im Voraus die Wege wohl besichtigen, ja, wenn es angeht, durch die Generals, die Colonnen führen sollen, selbst nachsehen läßt, um hierdurch aller Unordnung als Folge des Mechanischen vorzubauen."

[126] (S. 301). Erzherzog Karl giebt für diese Ungewißheit der Rückzugsart ein bedeutendes, aber bei Weitem nicht das wichtigste Argument an, wenn er sagt, daß die Armee-Impedimente den Feldherrn aufhalten; denn wir haben schon Beispiele genug, daß man zur Rettung der Armee ihren Verlust übersah, was wieder von den Ausrüstungs-Vorräthen und ihren Verwahrungsorten abhängt.

[127] (S. 301). Schon Albrecht Dürer deutet dies in einem zwar etwas trivialen, im Ganzen doch aber zutreffenden Gleichnisse wie folgt an: „So man allein darauf gedenkt und männlich unerschrocken ist, der Schreck und Forcht verwüstet in Kriegen allen Sieg, den man möcht haben. Dann man merkt das bei einem Hund, der von viel anderen gejagt wirdet, dieweil er fleuchet, laufen sie ihm alle nach, so er aber nit weyter kann und setzt sich ernstlich zur Wer, so stutzen sie alle, eines Theils lauffen sie für und wenden sich nit wider, und von den anderen mag er sich mit Gewalt beißen. Darumb, wo er sich nit zur Wer gestellt hätte, möcht er gar zerrissen sein worden."

[128] (S. 301). Erzherzog Karl vollzog seinen Rückzug nach der Bataille von Wagram gegen Znaim auf zwei ziemlich entfernten Wegen, und wurde über Kron-Neuburg von Massena, über Wolkersdorf von Napoleon gedrängt. Pelet meint: „Il reploya ses troupes avant qu'elles

fussent engagées à ce point, où la bataille peut encore être engagée, mais où il devient fort difficile de les ramener avec ordre.“ Auch heißt es ferner: „Le prince fit exécuter la retraite par échelons et avec des directions excentriques qui tinrent l'empereur long-tems incertain sur la véritable ligne d'opération;“ und endlich: „L'archiduc dirigeait son extrême gauche sur Brunn, destinait la droite moins engagée, à faire l'arrièregarde et reployait derrière celle-ci tous les corps du centre qui allaient se trouver échelonnés sur la route de Bohème.“ Ueber 18 Lieues marschirte der Erzherzog auf diesem Rückzuge 5 Tage.

[129] (S. 555). Ein solcher wohl angebrachter, für den Rückzug der Alliirten nach der Schlacht bei Bautzen (1813) wohlthätiger Hinterhalt war der Blüchersche bei Hainau, wozu die Idee von diesem Feldherrn selbst als sein Eigenthum angesehen wurde. — Machiavel: „Ce qui est d'être attiré dans l'embuscade, il faut être de difficile créance pour les choses, qui n'ont pas beaucoup de vraisemblance; comme si l'ennemi vous expose quelque butin à faire, croyez que l'hameçon est caché sous cet appât. De plus, si un petit nombre des vôtres fait fuire une grosse troupe d'ennemis, ou si un petit nombre des leurs en vient attaquer un grand nombre des vôtres. Si l'ennemi sans aucune raison prend tout d'un coup la fuite, en tel cas défiez-vous toujours de sa ruse et ne vous mettez jamais dans l'esprit que l'ennemi ne sache pas ce qu'il fait.“ — Friedrich der Große rühmt seine Embuscaden hinter Königsgräz und giebt auch einen Angriff auf demselben Rückzuge an.

[130] (S. 301). Als sich der Erzherzog Johann 1809 aus Italien zurückzog, war ein solcher Sperrpunkt auf dem Wege von Udine nach Villach bei Malborghetto, ein anderer am Passe von Tarvis bei Predil in Kärnthen, ein dritter auf dem Prewald unweit Triest eingerichtet, welcher, nachdem die Franzosen Geschütze hatten auffahren lassen, mit 15 Piecen capitulirte. Der bei Malborghetto wurde mit 7 Geschützen auf 350 Toisen Entfernung beschossen und unter Heusel mit 4 östreichischen Compagnien und 32 Kanonieren und Sappeuren tapfer vertheidigt. Die Hauptschanze, unter seinem speciellen Befehl, in ihren Revetements und Pallisaden zerstört, wurde durch die Schießscharten genommen und das Reduit durch Eindringen in die Poterne. Ein dreietagiges Blockhaus wurde an den Ecken mit der Hacke angegriffen und die mit Eisen beschlagenen Thüren geöffnet. Die 24 Mann starke Besatzung wie die eines anderen Blockhauses unter dem Sappeurlieutenant Rauch, wurde zuletzt gefangen. Die Werke von Predil waren unter dem Ingenieur-Capitain Herrmann mit 300 Mann und 8 Piecen besetzt; gegen sie war nur Ein feindliches Geschütz aufzubringen und die Infanterie und Sappeure mußten mehrmalige vergebliche Versuche zur Wegnahme der Schanze machen. Zuletzt begünstigte der Brand des Blockhauses die Wegnahme desselben. Beide Posten hatten ihren Zweck vollkommen erfüllt und die östreichische Armee einen Vorsprung gewinnen lassen, durch welchen sie zuletzt im Stande war, die Donau zu erreichen.

18 (S. 302). Die so widersprechenden Regeln für den Verfolger, die aus einzelnen Vorfällen nach der Persönlichkeit des Rathgebers ohne wissenschaftliche Artikulation abgeleitet sind, müssen nach der Art des Rückzuges classificirt werden und finden darum keine allgemeine Anwendung, wie der Marschall von Sachsen selbst bei Lafeld (1747) und mehreren anderen Gelegenheiten bewiesen hat, wenngleich er in seinen Reverien sagt: „L'on suit réligieusement les paroles d'un proverbe qui dit qu'il faut faire un pont d'or à l'ennemi. Cela est faux: au contraire, il faut le pousser et poursuivre à toute outrance; et toute cette retraite, qui paraît si belle, se convertira bientôt en déroute, si elle est inquiétée. Dix mille hommes détachés vont détruire une armée de 100,000 qui fuit. Rien n'inspire tant de terreur et ne cause tant de dommage, car tout y périt, et il faut bien des efforts, pour remettre tout cela en état, outre que l'on est défait de l'ennemi pour une bonne fois. Mais bien de généraux ne se soucient pas, de finir la guerre si-tôt," und weiter: „Je ne dis pas qu'il faille s'abandonner avec toutes ses troupes pour suivre l'ennemi. Il faut prendre un corps et lui ordonner de pousser tant que le jour durera, le suivre à petit pas et en bon ordre; car lorsque l'ennemi fuit une fois, on le chasserait avec des vessies. Mais si celui que vous envoyez, se met à escadronner, et à marcher avec des précautions, c'est-à-dire, qu'il passe la manoeuvre que doit faire l'armée qui le suit ce n'est pas la peine de l'envoyer après. Il faut qu'il attaque, pousse et poursuive sans cesse. Toutes les manoeuvres sont bonnes alors, il n'y a que les sages qui ne valent rien." — Friedrich der Große: „Attaquiret Ihr die Arrieregarde einer geschlagenen Armee, so richtet Euren Angriff nach der Gegend ein; hat der Feind seine Arreieregarde gut postirt, so müßt Ihr vor derselben Achtung haben; ist sie aber im Abmarsch, so umringt sie von allen Seiten und gereift sie mit Ungestüm und aller Macht an." Desgleichen: „Wenn Ihr in einem ebenen Lande den Feind schlagt, so verfolgt ihn mit aller nur möglichen Hitze und ruhet nicht eher, bis Eure Cavalerie die feindliche zerstreut hat; harzelirt den weichenden Feind beständig, laßt ihm keine Ruhe und nach Verlauf von einigen Tagen werdet Ihr den größten Theil seiner Infanterie völlig zu Grunde gerichtet haben, wozu noch der Verlust seiner ganzen Bagage kommen wird. Wenn aber der Schauplatz des Krieges sich in bergigem Lande befindet, worin Eure Cavalerie beinahe ganz unnütz wird und Ihr alsdann den Feind habt in die Flucht geschlagen, so werdet Ihr ihn nicht sehr weit verfolgen können, denn er flieht in Unordnung und Geschwindigkeit, wogegen Ihr dem Feinde nicht anders als mit Ordnung und also langsam nachfolgen sollt, welches ihm Zeit giebt, irgend ein Defilee zu besetzen und hierdurch seinen Rückzug zu decken. Im Falle sich der Feind in die Eingänge des Gebirges zurückzöge, so hütet Euch ihm auf dem Fuße nachzufolgen, denn man muß sich niemals in Defilees wagen, deren Anhöhen man nicht zu beiden Seiten besetzt hat"

rc. — **Machiavel**: „Celui qui marche en désordre après un ennemi qu'il vient de mettre en déroute, ne parait point avoir d'autre intention que de se faire battre après avoir vaincu."

[132] (S. 302). So erzählt der Marschall von Sachsen, daß die nach Ramillies auf ein kleines Plateau zurückgezogenen, und von der feindlichen Cavalerie harzelirten Franzosen, nachdem ihren Plänklern eine Bataillons-Salve gegeben worden, sich in Unordnung auf die hinter liegenden Ravins stürzten, und setzt hinzu: „Que l'on vienne après cela me vanter le bon ordre des retraites et la prudence de ceux qui font un pont d'or à l'ennemi, après qu'ils l'ont défait en bataille. Je dirai qu'ils servent mal leur maitre." — Hierzu kommt noch der moralische Werth der Behauptung des Schlachtfeldes, der z. B. für die Alliirten bei Nördlingen (unter Ludwig XIV.) verloren ging, obgleich schon ⅔ der französischen Armee geschlagen waren, weil das letzte Drittheil auf dem Schlachtfelde aushielt; ebenso für die Russen bei Eylau.

[133] (S. 302). Napoleon war einer derjenigen Feldherrn, die am wenigsten an den Rückzug gedacht haben mögen, und dennoch wirft er Wellington das Gewagte seiner Stellung bei Belle-Alliance vor dem forêt de Soignes, eigentlich aber wohl mit Unrecht, vor; denn der Wald hatte in der Rückzugslinie weite Durchschläge, so daß hier an Defileen nicht zu denken war, vielmehr der Rückzug damit vortheilhaft maskirt werden konnte.

[134] (S. 302). Friedrich der Große: „Ueberhaupt verlangt eine geschickte Retraite, daß beständig ein Theil den anderen decken soll, einmal, daß die postirten Truppen nicht eher abmarschiren müssen, bis diejenigen, deren Abmarsch sie haben decken sollen, neben ihnen vorbeigezogen sind und sich wieder gesetzt haben; alsdann aber, wenn das Letztere geschehen ist, muß man den Abmarsch so viel als möglich beschleunigen, um alles Gefecht mit dem Feinde zu vermeiden, bei welchem niemals etwas zu gewinnen steht." Desgleichen: „Sollte Eure Armee geschlagen werden, so muß man gleich daran denken, wie die Artillerie, die noch zu erhalten steht, möge gerettet werden; auch muß man sich zu gleicher Zeit bemühen, dem Corps, das den Rückzug deckt, und dem neuen Posten, worin man die Truppen wieder versammelt, so geschwind wie möglich einige Batterien zuzuführen."

[135] (S. 303). Friedrich der Große empfiehlt mit aus diesem Grunde den Angriff en échelon, weil alsdann die hinteren Echelons zur etwanigen Deckung des Rückzuges bei der Hand sein können. „Der Flügel," sagt er, „welcher dem Feinde am nächsten gewesen, setzt sich nachher hinter dem anderen, den ich außerhalb des Feindes zurückgehalten habe; solchergestalt wird mir der refüsirte Flügel zu einer sicheren Zuflucht."

[136] (S. 303). Napoleon verdammt jede Capitulation im freien Felde, weil sie die durch Detachements zu erlangende Sicherung im Großen wesentlich beeinträchtigt. — Friedrich der Große: „Man wird fragen, was ist zu machen, wenn man detachirt worden und ohngeachtet aller genommenen

Maaßregeln, um nicht überfallen zu werden, doch attaquirt wird? Hierauf antworte ich: daß man sein Leben so theuer als möglich verkaufen müsse, und daß man durch seine hartnäckige Gegenwehr dem Feinde mehr Volk zu Schanden machen solle, als das eigene Corps stark ist. Sodann ist Eure Ehre gerettet. Allein derjenige, der an der Spitze eines Corps capitulirt, ist ein Infamer. Entweder hat ihn die Liebe zu seiner Bagage oder eine nicht weniger verabscheuungswürdige Poltronerie zu dieser Niederträchtigkeit verleitet."

β. Festungskrieg. (Attaque et défense des places.)

La guerra si fa: o in campagna o intorno alle piazze, schrieb Montecuculi in der Mitte des 17. Jahrhunderts. Vor ihm und noch eine Zeit lang nach ihm waren die wesentlichen Verschiedenheiten beider Kriegführungen allgemein anerkannt[1]. Später warf sich die Schule, die vorzugsweise den räumlichen Anschauungen nachging[2], mit ihrer Dogmatik auf die letztere, nämlich den Festungskrieg und verleidete sie dem unbefangenen Kriegsmanne, der bald auf den Gedanken gerieth, es handele sich hierbei für die Armee lediglich um ein Accompagnement des obligaten Ingenieur- und Artillerie-Instruments, gegen das Interesse der wahren Kriegführung, die sich mit Genialität von diesem Frohndienste (puissance de la pioche) losmachen, die Festungen selbst entbehren könne, und es nur noch mit den eben vorhandenen nothgedrungen zu thun habe. Während man also im 16. und 17. Jahrhundert fast alle Soldatenweisheit aus dem Festungskriege schöpfen zu können vermeinte, verfiel man gegen das Ende des 18. wieder auf Theorien, welche den technischen Waffen in ihrem, auf den Terrainbesitz[3] allein zugeschnittenen Schematismus, auch für den Festungskrieg völlig freie Hand ließen, indem man deren Schule als das non plus ultra einer lästigen Kenntniß ansah, die nur das Herkommen rechtfertige[4]. Gewiß würden dergleichen Fehlschlüsse nicht so verbreitet worden sein, und die Fortificationsmanieren keine Vorherrschaft erlangt haben, wenn sich die Kriegstheorie auf derjenigen Höhe erhalten hätte, welche ihr die hier oft bewährten Kriegshandlungsmotive anwiesen und auf welcher sie über den Feld- und Festungskrieg gleichmäßig herrschen mußte, ohne daß ihr der durch die Terrainbenutzung allein constatirte Unterschied einer, auf Truppensicherung und Ortsbesitz gerichteten passageren und permanenten Terrainverwandlung hätte entgehen können. Seitdem nun die Theorie des Festungskrieges beinah nur noch in ihren Anfangs- und Endpunkten (den fortificatorischen Elementen und dem militärisch-geographischen Theil der Politik) mit der allgemeinen Kriegstheorie in classische Berührung kam, alles übrige Material aber, gleichsam als ihr selbst fremd, nur von da entlehnte[5], folgte sie in diesem isolirten Zustande zweien Wegen. Der eine war der für die Kriegstheorie überhaupt schon als unpassend bezeichnete der getheilten Angriffs- und Vertheidigungshandlung[6]; der andere schmiegte sich der Zeitfolge der Handlung[7], ohne Rücksicht auf deren inneren Gehalt an, und gestattete dieser, sowie den dynamischen und räumlichen Verhältnissen, als zufälligen Begleitungen des metaphysischen Zeitelements, nur wie beiläufig den Durchgang, ohne zu berücksichtigen, daß Letzteres, wenngleich ins Auge fallend, in der Wirklichkeit doch den meisten Zufälligkeiten ausgesetzt ist. — Im Sinne unseres Raisonnements können wir beide Wege, ungeachtet aller Resultate, die sie uns verschafften, doch nicht als Hauptstraßen ansehen, die zur Theorie vom Festungskriege führen. Eine solche Straße muß, zum besseren Verständniß über das bereits angebaute Land, d. h. auf Stationen führen, mit deren Orientirung uns schon die allgemeine Kriegstheorie bekannt machte.

Sowie in der Schlachtenhandtirung dem Motive der theilweisen Ueberwältigung eine Vorherrschaft gebührte, so müssen wir im Festungskriege eine solche dem der Terrainbenutzung einräumen. In beiden Fällen bezweckt die Handlung zuletzt die Total-Ueberwältigung, welche mit der Einnahme einer Festung häufig noch vollständiger, als mit dem Gewinne einer Schlacht erreicht wird. Die Zergliederung der Handlung ist an die vorherrschenden Motive in ihr gebunden und sie mahnt uns an die räumlichen Situationen der streitenden Parteien. Sie kann allerdings ebenfalls durch allerhand Umstände, wie die respective Beschaffenheit und Stärke der Streitmittel, die Industrie und Intelligenz verändert werden; sie muß aber bei aller Veränderung, immer den allgemeinen Gesetzen der Kriegführung folgen. Demnach halten wir uns in der Eintheilung an die schlagfertige Entwickelung der Streitkräfte in den gegenseitigen Positionen, sowohl zum entfernten als zum nahen Gefecht[8], und werden unter diesen Rubriken die im Festungskriege vorkommenden eigenthümlichen Schritte und Hinderungen aneinanderreihen.

Die das Nachdenken beeinträchtigende Nachschreiberei läßt so ziemlich der Ansicht Raum, als habe sich die Methode des Festungskrieges sprungweise geändert, als sei man zwischen den alten

Thürmen, Beffroys, Bastillen und Sambuccen hindurch, über kleine Bollwerke und Erdwalzen hinweg, auf einmal durch Vaubansche Inspiration auf die Handtirung mit Zickzacks und Parallelen vor der modernen Front gerathen, und als brauche man sich dermalen nur noch an diese zu halten. Dergleichen ließe sich allenfalls noch hören, wenn die Kriegstheorie ein unumstößliches Resultat reiner, d. h. unverfälschter Erfahrung wäre, und wenn nicht unzählige Einseitigkeiten, schiefe Reminiscenzen und unbeachtet gebliebene Einflüsse bei ihrer Auffassung mitgewirkt hätten, die je nach den geltenden Kriegsbegriffen, gangbaren Waffen und fortificatorischen Conceptionen, in der reichen Geschichte des Festungskrieges deutlicher, als in der allgemeinen Kriegsgeschichte zu Tage kommen und den Denker mahnen, nur solche Thatsachen in die wissenschaftlichen Abstractionen einzuführen, welche mit den bewußten Gründen der Kriegshandlung überhaupt harmoniren. Ohne eine, dieser Beobachtung folgende geschichtliche Sichtung wird es schwerlich gelingen, die Theorie des Festungskrieges als ein organisches Glied der Kriegstheorie hinzustellen, und den Festungskrieg dadurch auf gleicher Höhe mit der ganzen Kriegführung zu erhalten. Ist doch zu Zeiten sogar die Möglichkeit dieser Uebereinstimmung von Gelehrten sowohl, als Ungelehrten, von Feldherrn wie von Ingenieuren in mancherlei Zweifel gezogen worden[9].

Außer der, längere Zeiträume umfassenden Continuität des Gefechts, liegt die Eigenthümlichkeit des Festungskrieges wesentlich in den befestigten Positionen, aus und zwischen welchen der Krieg beiderseitig mehr auf den Stillstand, als auf die Bewegung gerichtet ist. Diese Eigenthümlichkeit giebt sich zu erkennen in den periodisch fortschreitenden Zwecken, und zwar nach folgender Ordnung:

I, Als bloße feindliche Nähe und Beobachtung (Cernirung, Blockade, Belagerungszustand);

II, als vorherrschend und vor ganzen Fronten geführtes Geschützgefecht, bestimmt die Annäherung zu begünstigen und respective zu verhindern (1. und 2. Parallele);

III, als Fortsetzung dieses Gefechts, unter Zuhülfenahme des kleinen Gewehrs gegen einzelne Polygone oder Theile einer

Fortificationsfront (3. Parallele bis zum Couronnement des bedeckten Weges);

IV, als Festsetzung oder deren Verhinderung in den Werken der Festung selbst (Logements, Grabenübergang, Sturm).

Begreiflich ist es wohl, daß in dieser Periodentheilung, welche hier nur beiläufig dem Hauptfaden der Betrachtung sich anschließt, keine Nöthigung liegt, an derselben sowie an allen üblichen Sicherungen bei der Anwendung (Belagerung) festzuhalten; die freie Kriegführung muß im Gegentheil immer den höheren Motiven insoweit folgen, als diese sich mit irgend einer der gewonnenen Positionen vertragen, und durch anderweitige höhere und niedere Kriegsrücksichten rechtfertigen lassen. So kann z. B. eine Aushungerung, ein Bombardement, ein Durchschlagen der Besatzung, ein Ueberspringen der einen oder anderen Station[10] durch brüske Angriffe, Ueberfall, Verrath und dergleichen sehr zu billigen sein, was Alles die Theorie am richtigen Orte zum Nutzen und Frommen der Schwachen und Gläubigen geltend machen kann.

Noch möchte ich zum Besten aller, in den Festungskrieg selbstständig eingreifender Dienstzweige, und als wünschenswerthe Grundlage einer gewissen idealen Prämeditivtaktik für die technischen Waffen, deren Mangel die Verwirrung der Begriffe namentlich bei der Ingenieurpartie in den Festungs-Conceptionen bezeugt, jedem der Capitel vom Festungskriege ein Resümé jener, schon unter der Firma: Streit-, Lebens-, bauliche Mittel ꝛc.; Kriegsbereitschaft, Einrichtung des Kriegstheaters ꝛc. aufgeführten Details angehangen wissen[11]. Dadurch würden mit dem, aus dem Verständniß der Handlung gewonnenen Lichte gleichsam reflectirend, die ihrem Wesen nach einzeln verstandenen Begriffe des früheren Vortrages mit aller Klarheit für den ganzen Zusammenhang beleuchtet werden. Jedem würde dadurch seine Stellung im Ganzen angewiesen, und somit eine angemessene Abrundung der schädlichen Spitzen und Ecken des Wissens bewirkt werden.

I. Ueber die schon durch die feindliche Nähe gebotenen Handlungen und Rücksichten.

Diese Handlungen lassen sich mit einer Gefechts-Vorbereitung vergleichen, welcher jedoch die Kriegs-Vorbereitung (Belagerungs-Ausrüstung, Armirung) schon lange vorangegangen ist. Hier wie dort giebt es ein Erkennen und eine Fühlung des Feindes, einen so zu sagen strategischen Aufmarsch, eine nach allen Bedürfnissen des Truppengebrauchs und des Unterhalts geregelte Niederlassung, welche nicht nur der Sicherung angepaßt, sondern auch auf die agressiven Kriegshandlungsmotive gerichtet sein muß, besonders insoweit das Terrain die Gelegenheit dazu bietet. Diese, die Gelegenheit, müßte hier speciell in der Bewegung gesucht werden, weil bei der Entfernung der gegenseitigen Positionen von einander, von einer unmittelbaren Einwirkung der Waffen aus einer in die andere noch nicht die Rede sein kann. Die dem Belagerungsacte unerläßlichen materiellen Vorbereitungen stehen zu dieser ersten Aufstellung der Streitenden in näherer Beziehung, indem sie für beide Theile daraus erleichtert und erschwert werden können. Namentlich enthalten sie für den Belagerten wichtige Bestimmungsgründe rücksichtlich der den Ortsbesitz bezweckenden Terrainverwandlung, liefern also eigentlich schon die Maximen für die Festungs-Conception.

Gegen die ersten Schritte zur Belagerung, sind dem Belagerten mächtige Vortheile über den Belagerer in die Hand gegeben. Sein von lange her prämeditirter, zu der vorausgesehenen Gebrauchsfolge eingerichteter und frisch besetzter Positionscomplex (Festungswerke); alle seit der Festungs-Anlage getroffenen, die Beeinträchtigung des feindlichen Auftretens bezweckenden Maaßnahmen; die vorsichtige Ergänzung aller verschiedenen, im Gefecht zu verausgabenden Kriegsmittel könnten beinah an eine Unüberwindlichkeit tüchtiger, wohl ausgerüsteter Plätze glauben lassen, wenn die Kriegsgeschichte nicht das Gegentheil davon zeigte und Beläge dafür lieferte, daß die meisten Festungen dem allgemeinen Kriegsgange folgen. Ein unfähiger Commandant[12], eine unzuverlässige Besatzung von schlechter oder geringer moralischer Haltung[13], eine zur Indolenz und Aufsätzigkeit geneigte Bürgerschaft, irgend eine Sorglosigkeit[14] in anderen Dingen sind Momente, welche jedes für sich ausreichen, die Aufgabe von vornherein zu gefährden, so daß es, wie die Erfahrung oft genug zeigte, häufig nur darauf ankommt, daß ein Feind in der Nähe die Gelegenheit abpaßt und sich zu Nutze macht, um selbst auf andere, als die soldatische Weise zum Zwecke zu kommen, was dessen ungeachtet aber doch niemals dazu verleiten darf, der sachgemäß richtigen Verfahrungsweise zu entsagen, weil ein Verlaß auf zufällige Umstände, besonders hier, seine Bedenken hat. Nur bei einem wohl berechneten sicheren Verfahren, und dies ist die Belagerung, können sich die Eroberungschancen im Fortgange steigern und das Moralische mit jedem gewonnenen Schritte für den Angreifenden nur günstiger, für den Vertheidiger nur ungünstiger sich gestalten[15]. Wir können uns bei dem Reichthum an Betrachtungen, welche der Festungskrieg hervorgerufen hat, und bei unserem vorgesteckten Ziele, die Unzulänglichkeit der heutigen Kriegstheorie überhaupt darzuthun, mit unserem Raisonnement nur an Einzelnheiten halten und diese, der angedeuteten Ordnung gemäß, nur da aufsuchen, wo gerade ein sichtbarer Mangel an Zusammenhang in der Theorie Gelegenheit zu allerhand, mitunter noch unabgemachten Streitereien gab.

1. Locale Beschaffenheit der gegenseitigen Stellungen.

Unter anderen Vortheilen für den Belagerten, wurde schon vorhin derjenige der Position erwähnt, der sich zwar nur nach Maaßgabe der fortschreitenden Annäherung der Parteien bestimmter äußert, sich aber schon beim ersten Entgegentreten zu erkennen giebt: durch das noli me tangere im Geschützbereich; durch die vorbereitete Beobachtung in dem zu Gunsten des Belagerten verwandelten (fortificirten) und durchschnittenen Schlachtfelde, mit dessen vervielfachten, im Rücken und gegen die Flügel hin gesicherten, festen Aufstellungen; sowie durch den inneren centralen Zusammenhang und die allerwärts einzurichtende Bereitschaft der solidesten Vertheidigungsmittel. Nothwendig liegen darin auch ebenso viele Hinderungen für die Positionswahl des Belagerers, der bei seiner, hinsichtlich der Ausdehnung und Entfernung[16] vom Platze bestimmten Stellung, besonders das gesicherte Unterkommen und die Bereitschaft seiner Massen zur angemessensten Disposition, vom Anfange bis zum Ende der Belagerung zu berücksichtigen hat.

In früheren Kriegen, wo der Besitz eines Platzes wohl zum Ziel der ganzen Kriegführung oder wenigstens einer Campagne erhoben zu werden pflegte, erwarb man sich den ungestörten Fortgang einer Belagerung durch ein, in der Nähe postirtes Observationscorps, oder gar durch eine Umwallung (Circumvallation) der in der Belagerung begriffenen Armee, und kam der Einschließung des Platzes ebenfalls durch Terrainverwandlung (Contravallation) entgegen, oder versicherte auf gleiche Weise seine Läger[17] und Cantonnements (Quartiere). Jetzt giebt die Handtirung mit größeren Armeen im Felde die Mittel dazu her, während des Vormarsches die kleineren Plätze zu überrennen, die größeren aber durch Einschließung so lange unschädlich zu machen, als das Kriegsglück den Sieger begünstigt, und in der Regel erst an förmliche Belagerungen zu denken, wenn die Früchte jenes Kriegsglücks für alle Fälle den eigenen Fahnen zu Gute kommen müssen. Alsdann tritt aber auch der Belagerungsgang, welchen man früher blos nach den fortificatorischen Hindernissen abschätzte, in eine mehr strategische Beziehung, die sich vorzugsweise für größere Waffenplätze und für coupirtes Terrain ausspricht, und welche die Vortheile eines fortificatorischen und eines strategischen Angriffsweges auf dergleichen Plätze unterscheiden läßt. Die von Seiten des Belagerers ursprünglich gewählte Stellung muß sich dabei natürlich in Uebereinstimmung mit dem betreffenden Angriffswege befinden und erhält außerdem auch noch einen triftigen Bestimmungsgrund in der erleichterten Herbeischaffung der materiellen Kriegsmittel[18].

Fortificatorisch und strategisch empfohlener Angriffsweg.

2. Maaßnahmen für den Besitz der Stellungen.

Solche Maaßnahmen lassen sich in der Hauptsache nur durch Sicherungsmittel und entfernte Ueberwältigungsabsichten erzielen. Sie bedingen eine genaue Kenntniß und eine unausgesetzte Beobachtung des Feindes, ferner einen Halt gegen den ersten Anlauf und endlich ein zeitiges Aufbringen zureichender Kräfte gegen jede ernste Unternehmung, gleichviel ob diese sich auf personelle oder materielle Schwächen stützte, weshalb beide Theile sich ebensowohl mit der Selbstkenntniß[19], als mit der Kenntniß des Feindes zu beschäftigen haben.

Zu dem hier ebenfalls anwendbaren, im Allgemeinen schon besprochenen Erkennen des Terrains und des Feindes, welches namentlich bei Festungen in ersterer Hinsicht häufig vorbereitet ist, gesellt sich die der Theorie und Praxis entlehnte Schlußfolge für Terrainverwandlung und Festungskrieg überhaupt, zu welcher ein richtiger Verstand, eine nüchterne Auffassung und ein gebildeter Kopf gehören[20], Eigenschaften, die durch eine wohlgeordnete Kriegstheorie nur gewinnen könnten. Das aus der bisherigen Seichtigkeit derselben entstandene, und fast mehr als geschichtliche Rarität und nach Herkommen betriebene Manierenstudium könnte allenfalls, insoweit solche ideale Conceptionen noch zur Ausführung kommen, oder früher häufig zur Ausführung gekommen sind, seine Rechtfertigung in dem Zwecke des Erkennens finden, nur dürfte ihm in der Schule nicht zu viel Zeit und Kraft geopfert werden. Letzteres sollte man auch schon deshalb nicht dulden, weil die Terrainverwandlung, wie die ganze Kriegstheorie selbst, alsdann bereits auf geschichtlichen Deductionen beruhen, und weil die sogenannten Fortificationssysteme nur eine schließliche Zusammenstellung der schon bekannten Details ausmachen würden. Erkennen.

Um dem Belagerer das Erkennen im Festungskriege noch ganz besonders zu erschweren, wird in größeren Staatenverhältnissen nicht ohne Grund Alles, was die Plätze angeht, herkömmlich mit Geheimniß behandelt[21]. In der heutigen communicativen Zeit, in welcher alles Wissenswerthe zugänglich ist, sollte indeß der Werth solcher Geheimhaltung nicht überschätzt, um so mehr Gewicht aber auf das Geheimniß der momentanen Handlung in seiner Wirksamkeit zur Ueberraschung des Gegners gelegt werden, weil dieses so ziemlich das einzige ist, welches sich mit einiger Klugheit noch bewahren läßt.

Dem Erkennen des Feindes folgt die fortgesetzte Beobachtung (Fühlung) desselben, und die entsprechende Ergänzung der Siche- Beobachten und Bewachen.

rung durch die Disposition der Personalmittel oder die Bewachung. Das Einschließen der Plätze, das seinen Zweck um so mehr erfüllen muß, je vollständiger es bewirkt wird[22], und die Sicherung des Blockadecorps fällt mit ähnlichen Situationen im Kriege überhaupt, so nahe zusammen, daß wir beide hier füglich übergehen können und uns nur an die Anstalten zu halten brauchen, welche die vorgedachten, zum eigenen Nachtheile oft genug verwechselten Sicherungsgrade dem Belagerten zur Pflicht machen. Jeder Vergeudung in den, einem Platze zugemessenen personellen und materiellen Streitmitteln folgt die Strafe auf dem Fuße und eben deshalb ist eine klare Einsicht in den Aufwand, den man sich für die Ausrüstung[23] einer Festung frühzeitig zu überschlagen hat, unerläßlich.

Mittelst allerhand Absperrungen gesichert, und auf einzelne Erhöhungen und Defileen angewiesen, ist die Beobachtung aus dem Platze an sich sehr leicht. Die Fähigkeit des Gesichts bestimmt am Tage, die des Gehörs zur Nachtzeit die Entfernung der Schildwachen[24], deren Dienst nach Außen und Innen durch Patrouillen ergänzt und durch Ronden controlirt wird. Die erforderliche Ablösung des Beobachtungspersonals mit der, nach dem localen Bedürfniß für den ersten Anlauf bestimmten Verstärkung, ergiebt die Zahl der Wachten und die Stärke der Wachtmannschaften, an der sich übrigens bei einem richtigen Blicke über die Bedeutung der Werke und ihrer Relation zu einander, noch manche Ermäßigung gegen die Annahme der Schule erzielen läßt[25].

Die Unterstützung der Wachten wird nach Bereitschaften (Piquets) für gewisse Posten, nach Reserven, welche für eine gewisse Gegend des Platzes vorbehalten werden, oder nach Haupt-Reserven ohne vorläufige Bestimmung unterschieden und nach Umständen von sich ablösenden, oder auch ständig in den respectiven Werken commandirenden höheren und niederen Officieren befehligt. Was zum angestrengteren Dienst herangezogen ist, wird mit zwei freien Nächten abgelöst und die zu agressiven Unternehmungen aller Art brauchbare, nicht im täglichen Dienste befindliche Mannschaft wird bei allgemeineren Angriffen auf Allarmplätzen zusammengezogen und der Hauptreserve zugezählt.

Die in die respective Abhandlung einschlagende Beurtheilung darüber, auf welche Weise schon durch die baulichen Einrichtungen der Beobachtungsdienst erleichtert (z. B. nächtlich hinter den crenelirten Mauern); wie das Piquet mit den Reserven verschmolzen (z. B. durch Bewohnbarmachung der Reduits und Blockhäuser); wie der Gebrauch derselben erweitert werden kann (z. B. durch abkürzende unterirdische Communicationen) ꝛc.: alles dies gehört zu der bereits besprochenen Verknüpfung des Festungskrieges mit der Terrain-Verwandlung, oder zu einer vorsorglichen Ingenieur-Taktik.

Schwächen in der Bewachung, sie mögen sich auf Seiten des Belagerers oder des Belagerten als Folgen des ungünstigen Terrains, mangelnder Vorsicht oder vernachläßigten Dienstes einstellen, werden immer bemerkt, häufig auf dem Wege der Ueberraschung vergrößert und zuletzt durch den Conflict der Ueberwältigungsmittel benutzt werden. Der Vortheil wird hierbei auf Seiten des Belagerers sein. An und für sich stärker als der Belagerte, konnte er seine Mittel der Unternehmung anpassen[26], und bei dieser selbst der, nach dem äußeren Kriege gerichteten Einwirkung der Besatzung, durch eine freie Wahl seiner Positionen aus dem Wege gehen. Wenn aber auch der Belagerte in den Personal-Mitteln zur Ueberwältigung zurücksteht; so unterstützen ihn doch die materiellen Mittel, die auch schon seine Sicherung erleichtern, unverhältnißmäßig und es kann darum nur unter ganz besonderen Umständen gerechtfertigt erscheinen, wenn der Commandant eines Platzes die ihm zugemessene Besatzung, oder wenigstens einen großen Theil derselben auf Gefechte im Freien oder den Postenkrieg verwendet, und dadurch den bereits vorbereiteten Festungskrieg einem ihm nachtheilig gestellten Glücksspiele opfert[27]. Auch hier wird es also Sache der Theorie bleiben, das: „Est modus in rebus“ anzudeuten. Widerstand.

Anders verhält es sich mit dem im Platze zu leistenden Widerstande des Belagerten gegen brüske Unternehmungen des Belagerers (coup de main, offene Gewalt, d'emblée, l'assalto)[28], die aus jeder, und folglich auch aus seiner ersten Position, und zwar mit Demonstrationen von mehreren Seiten vorzunehmen sind, solange hier die dem späteren Approchengange zuzuwendende

Kraft noch beisammen und der Gedanke, eine mühsame Belagerung vielleicht zu ersparen, als Sporn gewagter Unternehmungen noch lebendig ist. Die Vereinzelung der Kraft und der panische Schrecken in einer Festung kann die ersten Schritte eines mit Geheimniß gut angelegten Ueberfalles befördern. Derselbe bietet jedoch schon der Vorbereitung (Escalade[29] und dergleichen) wegen, bei Weitem mehr Schwierigkeiten dar, als eine ähnliche Unternehmung auf offene Quartiere, und hat ohne ganz ungewöhnliche Umstände[30], wozu die Verrätherei gehört, schon deshalb weniger Wahrscheinlichkeit des Gelingens für sich, weil dergleichen Unternehmungen zu den vorgesehenen Chancen gehören, der Widerstand also vorbereitet ist, und weil die Localität dem Angegriffenen überall Unterstützung und neue Sicherungsgelegenheiten darbietet, während sie den Angreifenden allerwärts hindert. Auch ist Letzterer überall ganz unbekannt mit dem Gefechtsfelde, während bei Jenem das Gegentheil stattfindet.

3. Maaßnahmen für den späteren Fortgang der Belagerung.

Die nothgedrungenen Sicherungen gegen den Ueberfall und Handstreich abgerechnet, kann man die ersten Positionen im Festungskriege nicht zu denjenigen zählen, welche sich als „**très militaires**“ bezeichnen lassen, weil sie nicht unmittelbar zum Schlagen ausgesucht, sondern nur das spätere Schlagen mit schweren Waffen und im verwandelten Terrain einzuleiten bestimmt sind. Auch wird der Belagerer in seiner Position seine Parks einrichten und die Artillerie- und Genie-Materialien- und Utensilien-Transporte abwarten[31], während der Belagerte, täglich mehr über die von Seiten des Belagerers getroffene Wahl der Angriffsfront aufgeklärt, seinen Geschützbedarf dahin dislociren, Blendungen, Verbrauchsmagazine, Traversen bauen und die letzte Hand an die Versorgung des Platzes mit solchen Bedürfnissen legen wird[32], die er vorerst noch in der Nachbarschaft zu erlangen im Stande sein wird. Allerlei Reibungen über Mein und Dein werden hierbei allerdings nicht ausbleiben; doch gelten dieselben größtentheils nur einem secundairen Zwecke und dürfen dem Hauptzwecke, nämlich der künftigen kräftigen Vertheidigung, keinen Eintrag thun. Vauban beschränkt den Zeitraum zu solchen Vorbereitungen im Durchschnitt auf 9 Tage und der Belagerer, der hier den Impuls giebt, würde sehr fehlen, wenn er denselben auf Kosten seiner Schlagfertigkeit abkürzen wollte[33], weil er diese alsdann späterhin, nur in viel nachtheiligerer Lage, doch abwarten müßte.

II. Genäherte Position und Geschützkampf vor ganzen Festungsfronten.

Wie in jedem Kriegsconflicte, kann auch im Festungskriege nur die Total-Ueberwältigung des Gegners als letzter Zweck Geltung haben, wenngleich vorzugsweise der Bodenbesitz sich zugleich als Vehikel und Ziel des einen Streitenden, des Belagerers nämlich, zeigt. Raisonnements über den Festungskrieg in seiner Allgemeinheit, die eine solche einseitige Grundlage haben, und mögen sie auch von anerkannten Autoritäten herrühren[34], werden ihn daher niemals erschöpfen, sondern nur den Abwegen zuführen, die wir oben erwähnt haben. Mit dem Sappengange, mit dem directen und verticalen Geschütz- und Gewehrfeuer allein, wird sich keine Festung erobern lassen, sofern nicht andere Umstände[35] damit in Verbindung stehen; gegen sie allein darf also auch die Vertheidigung nicht berechnet sein. Ebenso wenig wird der coup de main, der äußere und innere Ausfall zur classischen Regel werden und die Theorie des Festungskrieges begründen dürfen. Man muß darum höher hinaufsteigen und diese Theorie naturgemäß aus derjenigen des Krieges selbst herleiten, wo, wie wir gesehen haben, die moralischen Handlungsmotive der Sicherung, Ueberraschung, theilweisen Ueberwältigung und Terrainbenutzung in ihrer Folge, ihrem Wechsel und ihrer zeitgemäßen Vorherrschaft und Unterordnung, dem Ideengange eine bestimmte und bewußte Richtung anweisen. Wenn Napoleon sagt: „Dans la guerre de siége comme dans celle de campagne c'est le canon, qui joue le principal rôle; il a fait une revolution totale", so mochte er wohl als technisch unterrichteter Soldat nicht an ein ausschließliches, sondern an ein durch die gesteigerte Beweglichkeit der Artillerie überhaupt wirksamer gemachtes Eroberungsmittel gedacht haben, welches auf die gegenwärtig behandelte Position des Festungskrieges allerdings den größten Einfluß hat[36].

Besondere Lage der streitenden Parteien in Bezug auf das Terrain überhaupt.

Mit dem Eintreten des Belagerers in diese rein militärische, d. h. dem Gebrauche der ferntragendsten Waffen vorzugsweise gewidmete Stellung, deren Uebergehung schon das bloße Dasein des Geschützes hindert, erheben sich die Vortheile des Belagerten über den Belagerer immer mehr, wenn anders die Conception der Werke richtig, sowie die Ausrüstung und Disposition der Streitmittel im Platze gehörig angeordnet ist. Die in mehrfachen Nüancirungen ausgebildete Position des Belagerten ist eingenommen, versorgt, mit Deckungsmitteln versehen, und leistet in ihrer maskirten Zugänglichkeit[37] allen Chancen Vorschub. Die extemporirte des Belagerers dagegen ist mit allen ihren Zugängen und Verbindungen offen, und muß durch Terrain-Verwandlung im feindlichen Feuer erst eine nothdürftige Deckung erhalten, bevor sie bezogen werden kann, und dem Festungsgeschütz, wie etwaigen brüsken Unternehmungen mit Verlaß zu begegnen im Stande ist. Der Belagerer ist also in seiner, geistig allerdings erhebenden, agressiven Unternehmung zuerst allein auf Ueberraschungen und Uebermacht angewiesen, weil der Vortheil concentrirter Geschützwirkung aus der den Platz mit größerem Perimeter umschließenden Angriffs-Position, vor zu Stande gebrachter Wirksamkeit des Geschützes, noch nirgends geltend zu machen ist. Die räumlichen Verhältnisse, an die, wie schon bemerkt wurde, der Festungskrieg sich anzuschließen mehr gezwungen ist, als die Unternehmungen im freien Felde, müssen hier die Grundlage abgeben, auf welcher die Theorie ihre Betrachtungen fortzubauen hat, je nachdem sich die Handlung:

1) auf die Besitznahme der in die vorliegende Kategorie fallenden Belagerungs-Positionen,

2) auf die derselben Seitens des Belagerten entgegenzusetzenden Hinderungen,

3) auf die endliche zweckdienlichste Benutzung jener Positionen und

4) auf den Widerstreit des Belagerten bezieht, wobei diese einzelnen Scenen zur Erleichterung des Verständnisses durch den ganzen Act geschieden werden müssen.

1. Einnahme der vorzugsweise dem Geschützkampfe dienenden Belagerungs-Positionen.

Mit dem Einschneiden in den Erdboden und dem Aufbau des Deckungsmaterials gegen die Werke schafft sich der Belagerer unter dem Festungsfeuer seine Sicherung[38] nur allmählich, und wenn ihm auch im Anfange bei Eröffnung der Tranchee die Ueberraschung zu Hülfe kommt, so kann ihn doch die spätere Vollendung derselben der schädlichen Einwirkung des Festungsfeuers nicht entziehen. Das Kunststück der Ueberraschung bei Eröffnung der Trancheen ist oft genug beschrieben und ausgeführt worden, und spielt eine große Rolle in unserer heutigen Festungskriegs-Theorie[39]; wir können hier also füglich darüber schweigen und uns sogleich zur Räumlichkeit des in unsere jetzige Betrachtung einschlagenden Approchensystems wenden. Was dessen Elemente betrifft, so haben dieselben seit dem Gebrauche des Pulvers und der darauf eingerichteten Beschaffenheit der Festungen nur wenig Veränderungen erfahren; man hatte sie sogar reducirt und erst neuerdings wieder manches ältere Bau- und Streitmittel als Erfindung ausgegeben[40]. Anders verhält es sich mit dem Ganzen und seiner Anordnung. Während die frühere Connexität einfacher Stadt-Enceinten mit kleinen Bastionen und die Stabilität des schweren Festungsgeschützes auf diesen und den Cavalieren, die Approchen mit seitwärtigen Batterien auf den Capitalen vereinigten; während die Ueberzahl an Cavalerie bei den Armeen ein freies Feld zu deren Handtirung zwischen den Approchen und vor ihren rückwärts liegenden Epaulements wünschen ließ, während ferner die Seltenheit des Wurfgeschützes in den Plätzen gestattete, die Tranchee-Wachten und Arbeiter in kleinen Schanzen[41] zu sammeln &c.: so nahm dafür die spätere, mehr geradlinigte Entwickelung ganzer Festungsfronten, sowie das Collateral- und das vor den Plätzen anwachsende Ricochetfeuer[42] die Mehrzahl der auf das Belagerungscorps sich stützenden, und im Festungs-Wurffeuer zu haltenden Infanterie, die Nothwendigkeit wiederholter Geschütz-Dislocationen vor den verschiedenen Festungs-Positionen und ihren vorgeschobenen Spitzen, und noch andere Veränderungen in den Einrichtungen in Anspruch. Wie die Massen- und Keil-Angriffe im freien Felde der breiteren linearen Feuertaktik weichen mußten, so geschah es auch hier nach und nach, ohne daß eben eine besondere Invention den bestimmteren Angriffs-Schematismus plötzlich hervorgerufen hätte[43]. Durch einzelne Umstände getrieben, hatte man schon längst places d'armes mit den Approchenteten verbunden und die auf einerlei Höhe vom Platze gelegenen seitwärts aneinander gehangen[44]. Mittelst der Boyaux war man aus einer solchen geradlinigten Parallele in die andere vorgegangen und hatte selbst, z. B. bei Candia, die Quartiere ganzer Belagerungscorps in netzförmigen Trancheen über das Gefechtsfeld vor der Festung ausgebreitet[45].

Die hier in Rede stehende Section von Approchen läßt sich daher sehr bestimmt aus dem ganzen Approchensysteme umfassen, indem Letzteres, im Betreff der Breite, abhängig ist von der entgegenstehenden Feuerlinie einer ganzen, mit dem Angriff zu umfassenden Festungsfront; im Betreff der Tiefe aber von dem zu verfolgenden Zwecke einer wirksamen, durch die Nähe von Truppen stets gesicherten Anwendung des Geschützes und einer steten Deckung der Positions-Communicationen[46]. Eine solche Auffassung des ganzen Approchensystems würde sich auch bewirken lassen, ohne dasselbe mit Beispiel und bildlicher Darstellung zu verbinden, und ohne dadurch der Kunstpraxis zu verfallen[47], welche, insofern dieselbe, wie hier, dem Schematismus huldigt, die Emancipation von dem, den Festungskrieg und die Befestigungskunst fast ersticken den Manierenwesen erschwert. Die Regeln, welche sich für die, im Sinne der Position gedachte Parallele entwickeln lassen, bestimmen in den angewiesenen Raumgrenzen ohne Weiteres ihre angemessenste Lage auf dem Terrain, ihre Endpunkte und Flügel-Anlehnungen[48], die mit ihr zu verbindenden Waffenplätze[49] und Batterien[50], die Einfallspunkte der Communicationen rc., und können allenfalls nur noch einigen allgemeinen Modificationen in Betreff der Reihenfolge der herzustellenden Arbeiten unterliegen. Die besonderen Modificationen, welche die jedesmaligen Umstände erheischen, gehören alsdann der eigentlichen Ingenieur-Theorie oder der Terrain-Verwandlung mehr, als der Terrain-Benutzung an.

In den meisten Kriegsdiensten hat man der Artillerie, welcher ihrer früheren Schwerfälligkeit wegen sonst alle Terrain-Verwandlungsmittel überwiesen waren, als eigenes Sicherungsmittel noch den Batteriebau und zwar mit Recht überlassen, weil hier der Erfolg mit der Disposition nahe zusammenhängt und der Waffe während der Bauzeit ein ansehnliches Personal zu Gebote steht. Der im Festungskriege überhaupt zu erläuternde Zweck der Batterie-Anlage giebt das militärische Fundament für den Batteriebau in ähnlicher Art ab, wie das Raisonnement über die Positionen die allgemeine Grundlage für den Approchengang darbietet, und der Commandirende einer Belagerung muß ebenso wie der Ingenieur und Artillerist, gleichmäßig, wenn auch nicht mit allen Feinheiten, so doch mit allen Hauptzügen und Wendungen der Theorie des Festungskrieges bekannt sein, um Uebereinstimmung in die den verschiedenen Waffen zufallenden Handlungen bringen und darin erhalten zu können[51]. Auch die Ausrüstung der Batterien[52] geht Hand in Hand mit ihrem Bau, und folgt den durch die Erfahrung festgestellten, und den Umständen anzupassenden Regeln.

Der Belagerer, so lange im offenbaren Nachtheil gegen den Belagerten, als er dem zu seinem Empfange schon bereit stehenden Festungsgeschütze kein eigenes entgegenstellen kann, wird damit zu einem provisorischen Massengebrauch[53] seines schweren Feldgeschützes in Contrebatterien, sowie zu allerhand aus dem natürlichen Terrain zu gewinnenden Aushülfen für ein einstweiliges Unterkommen der Deckungs-Mannschaften eingeladen, bis ihm die unter diesen Verhältnissen erarbeitete Deckung gestattet, die beabsichtigte Reihenfolge der Arbeiten bei seiner methodischen Aggression eintreten zu lassen. Nur von dieser kann von da ab in der Theorie noch die Rede sein, weil der coup de main in den behandelten Stellungs-Verhältnissen nur durch ein Zusammentreffen außerordentlicher Umstände veranlaßt werden wird.

Dagegen wird jetzt, und besonders wenn die Geschützwirkung aus der Festung die Belagerungsarbeiten nicht im genügenden Maaße sollte haben aufhalten können, bei dem Belagerten die Lust zum Handgemenge, sowohl zu Anfang als während des Fortschreitens jener Arbeiten geweckt werden[54] (großer Ausfall), und die

Disposition des Belagerers muß für solche Chancen berechnet sein. Die ersten Maaßnahmen des Letzteren und die Besatzungen der eingerichteten Parallelen haben sich deshalb überhaupt mehr an die Passive zu halten, d. h. in Folge des erweiterten Impulses, als Hauptsache ein überzeugendes Erkennen des Feindes, den Schutz der Position und eine Bereitschaft der Massen zur geschickten Handhabung der Reserven, ins Auge zu fassen. Zum Erkennen kleinerer Unternehmungen und zur Sicherung gegen dieselben genügt ein förmlich eingerichteter Vorposten- und Wachtdienst in der Transchee, mit eigener Dienst-Hierarchie und täglicher Ablösung[65]. Der Widerstand gegen größere Unternehmungen unterliegt den, auf unsere bekannten Kriegshandlungsmotive basirten allgemeinen Gefechts-Maaßnahmen, die um so mehr schon in der Terrain-Verwandlung vorgesehen sein wollen[66], je weiter die Approchen vorrücken, da die Vortheile der Festungsartillerie noch vorwiegen und die Gelegenheiten zur Entwickelung auf Seiten des Feindes zunehmen.

2. Anstalten und Unternehmungen zur Verhinderung und Erschwerung der ersten Belagerungs-Positionen.

Der Umstand, daß mit einer momentanen Einnahme der Belagerungs-Position Seitens des Festungs-Vertheidigers für den Platz selbst wenig gethan ist, daß der Belagerte dabei immer Vertheidigungsmittel einbüßt, und daß das bei einem großen Ausfalle auf einem beschränkten Gefechtsfelde gesuchte Zusammentreffen im Freien, beiden Theilen in der eigentlichen Krisis fast nur den Gebrauch der einen Waffe, nämlich der Infanterie, gestattet, welche der Belagerer in der Regel eher daran setzen kann, als der Belagerte: dieser Umstand hat auch den großen Ausfall, wenngleich nicht in dem Maaße wie den coup de main, auf einzelne, besonders günstige Fälle eingeschränkt[67] und viele Kriegsverständige über seinen Nutzen und seine Nachtheile streiten lassen, ohne daß ein ganz bestimmtes Resultat für die Theorie daraus hervorgegangen wäre.

Der entschiedenste Vorschub ist diesen Ausfällen durch die vorgeschobenen Außenwerke (detachirte Werke) geleistet worden, welche zwar längst bekannt und üblich waren, aber erst in der neueren Zeit nach ihrem vollen Werthe erkannt wurden und seitdem eine ganz andere Bedeutung gewonnen haben. Durch sie wurden zugleich, was auf die Positions-Gewinnung Seitens des Belagerers von durchgreifenderem Einflusse sein mußte, die ersten Approchen desselben in einer Weise vom Platze entfernt, daß sich das Maaß der feindlichen Anstrengungen in der Hauptsache immer verdoppelt, nach Umständen sogar eine Höhe erreichen kann, welche zur Vereitelung des agressiven Vorhabens führen muß. Dieses gewichtige Resultat fand seine Realisirung, sobald die Prämeditiv-Taktik des Ingenieurs in Dispositionen und Mitteln den richtigen Weg dazu gefunden hatte, dessen Erörterung indessen nicht hierher, sondern in die Ortsbefestigung gehört.

Die aneinander gereiheten und ineinander geschobenen Spitzen solcher Außenwerke, die damit erlangten verschiedenen, auch nur im weiteren Sinne durch Feuerlinien verbundenen Enceinten, Reduits, Enveloppen, bedeckten Wege u. s. w. geben noch mehr Gelegenheiten zur Geschütz-Aufstellung und zur Frontal- und Seitenbestreichung des vorliegenden Gefechtsfeldes, als die symmetrisch entwickelten Feuerlinien des Hauptwalles. Sie erweitern dieses Gefechtsfeld mit Vortheil für den Belagerten, schaffen ihm allerwärts places d'armes und Epaulements und dienen zur Ergreifung und Benutzung von mancherlei Chancen[60] durch Ueberraschung und Ueberwältigung, die früher ungenutzt bleiben mußten, weil es dem Ausfalle an nahen Stützpunkten und Flügelanlehnungen fehlte, und sein Auf- und Abtreten vom Kampfplatze mit einem sehr augenfälligen Debouchiren durch enge Oeffnungen verbunden war, welches nach einmal erfolgtem Sammeln der feindlichen Kraft, vom weiteren Verfolge erlangter Vortheile abhalten mußte.

Zu den herkömmlichen Sicherungsmitteln gegen die Tranchee-Eröffnung gehören: Das Erkennen[60], das ins Blaue hinein abgegebene Feuer und die Posten-Chaine. Das Erkennen ist unter allen Umständen gut und wird durch Aussicht ins Weite und richtige Schlüsse, in der Nacht durch vorgeschobene Posten, Patrouillen und Beleuchtung[61] verstärkt; gehindert wird es dagegen durch das eben erwähnte Feuern aufs Gerathewohl, das obenein aus Geschütz zur Munitions-Verschwendung wird, aus dem kleinen Gewehr aber nur auf kleine Distancen imponirt. Schwerlich wird übrigens der Belagerer die nächtliche Handtirung mit Truppen vor dem Glacis, die zu einer reellen Hinderung der Tranchee-Eröffnung gehört, jetzt noch lange zulassen[62]. Der Belagerte wird sich nach erlangter Gewißheit über die Angriffs-Position mit seinem Geschützfeuer an einzelne Punkte halten müssen, auf welchen die Trancheearbeit an sich schwierig ist, und die ihm nützliche Durchbruchsorte für den zunächst beabsichtigten Ausfall darbieten können und damit zugleich den Gebrauch des Belagerungsgeschützes verzögern helfen, auf welchen der Feind seine Fortschritte bauet[63].

3. Agressiver Gebrauch der ersten Belagerungs-Positionen.

Die Stellung des Belagerers, von deren Einnahme und Behauptung bisher allein die Rede war, muß als letztem Zwecke der Ueberwältigungs-Aufgabe genügen, welche wir in diesem Stadium eigentlich nur dem ferntragenden Geschütze zuerkannten; nebenbei muß sie auch den Weg anbahnen zum weiteren Vorschreiten und zur Anwendung noch anderer Ueberwältigungsmittel. Darum muß sich die Belagerungs-Artillerie von der ersten und zweiten Parallele aus nicht allein das Demontiren der sichtbaren und stabilen Festungsartillerie, der sie sich gegenüber befindet, mit Uebermacht angelegen sein lassen, sondern auch die Wallinien fassen, von welchen aus sie wirksame Gegen-Manoeuvres befürchtet[64]. Sie muß bedeckte Verschlüsse und Abschnitte mit Bogenschüssen vernichten, die places d'armes und die Piquet-Stellungen bewerfen und die Hinderung ihrer späteren Deboucheen bei Zeiten gewältigen, wozu freilich eine Voraussicht gehört, die nur aus einer vollständigen Kenntniß des Festungskrieges bis an sein letztes Ende hervorgehen kann und hier offenbar den Beweis liefert, wie wenig ein nicht theoretischer Vortrag nach der Zeitfolge allein zu normiren ist. Wenngleich wir nun aber der bloßen Zeitfolge nicht nachgegangen sind, das Fundament unserer Betrachtung vielmehr in der gegenseitigen Position aufgesucht wissen wollen; so wird doch auch hier eine Anticipation des Gedankens nicht fehlen. Wir werden ihr indessen mit der mehr empirischen

Kenntniß entgegentreten, welche der gewiegte Kriegstheoretiker, dessen Wissen sich nicht bloß auf Bücherweisheit beschränken darf, überhaupt nicht entbehren kann, und welche auch schon zum Verständniß der Terrainverwandlungs-Mittel im Festungskriege nöthig ist.

4. Widerstreit des Belagerten.

Es ist wohl kaum anzunehmen, daß sich der richtige Gebrauch der Festungs-Artillerie in seinen Hauptzügen dem praktischen, mit der Wirkung seiner Waffe und deren Behinderung bekannten Artilleristen anders darstellen sollte, wie er von den erfahrensten Schriftstellern, sowohl von Vauban selbst, als vor und nach ihm von Lorini, Vallière, Santa Cruz, Dupuget, Quincy, Gribeauval, Gassendi und vielen andern sachgemäß und der Beweglichkeit unserer heutigen Artillerie ganz entsprechend angedeutet worden ist[65]. Im Einzelnen weisen zwar hier und da die Erscheinungen, wenngleich zum großen Theil nur zufällig, nach vollendeter Position des Belagerers auf eine Paralysirung des Festungs-Geschützes, als Ueberwältigungsmittel, hin. Eben dieser Vereinzelung wegen ist es sehr fehlerhaft, dergleichen Erscheinungen zu generalisiren und Lehrsätze daraus zu bilden, welche, wenn sie in die Befestigungskunst übergehen, hier die Prämeditiv-Taktik des Ingenieurs verrücken und dadurch dem Artilleristen den späteren vollständigen Gebrauch seiner Waffe verkümmern[66]. Der Geschützgebrauch gegen die Approchenteten, oder, was in der manierirten Fortification dasselbe sagt, auf den Festungs-Capitalen, ist einstimmig angenommen[67]; auch ist ihm sowohl ein directer Einfluß, wie ein indirecter auf den Fortgang des Festungskrieges nicht abzusprechen. Es liegt ihm die leichtere Bewegung der Geschütze zum Grunde und man hat Ort und Art, allerdings wieder mit Bezug auf die Manieren, in Regeln zusammengefaßt, die sich leicht nach einer freieren Kriegführung würden modificiren lassen.

III. Positionen zum Handwaffengebrauch und Beginn der Mitverwendung des Geschützes und Pulvers zur Terrain-Verwandlung.

Abgrenzung des nunmehrigen Gefechtsfeldes.

Schon vorhin ward nach dem Motive der theilweisen Ueberwältigung aus einer, die ganze Festung umgebenden Zone, in Gedanken ein Theil als Gefechtsfeld herausgeschnitten, das sich nunmehr nach Maaßgabe der wachsenden Schwierigkeiten und des Näherrückens der gewaltsamen Oeffnung des Platzes immer enger zusammenzieht. Die wirksame und sichere Tragweite des großen Wallgewehrs giebt das Maximum, die Glaciskrete der Festung das Minimum der perimetrischen Grenze an. Die mit der Collateral-Fähigkeit für das Gefecht begabten vorragenden Spitzen der Werke entscheiden daher über die Breiten-Dimension dieses neuen Gefechtsfeldes, welches successive zwischen jenen Spitzen eindringend, den Vortheil des Umfassens von dem Belagerer auf den Belagerten überträgt. Kein Act der Kriegführung gestattet einen mannichfaltigeren Waffengebrauch als gerade dieser. Wenngleich zu unserer Zeit wenigstens, die Cavalerie ziemlich davon ausgeschlossen bleibt, weil ihre Beweglichkeit meistens durch die Terrain-Verwandlung behindert wird, so spielen doch die Ueberraschungen hier eine um so größere Rolle, als dieselben vermöge der durch die Terrain-Verwandlung ermöglichten gegenseitigen Nähe der streitenden Theile außerordentlich begünstigt werden. Das Geschütz setzt sein wirksames Feuer theils aus den älteren, theils aus den neu entstandenen Positionen fort, und zwar sowohl zur Ueberwältigung als zur Beunruhigung des Gegners. Den ihm am Tage häufig geraubten Schutz schaffen ihm nächtliche Reparaturen[69] wieder, welche letztere auch bei den Approchen erforderlich sind, indem dieselben durch den noch ungewältigten feindlichen Stückschuß in ihrem Vorschreiten aufgehalten werden. Das Wurfgeschütz, dessen schon früher begonnenes Schleudern von Granaten und schweren Bomben[70] nicht mehr befriedigt, verwandelt sich theilweise in den ambulanten Cöhorn- und den Steinmörser; es macht sich jedes geeignete Emplacement zu Nutze und vervielfältigt seine zertheilte Wirkung. Das die Vorherrschaft immer

Die für das Gefecht in dieser Situation brauchbaren Schutz- und Trutzwaffen.

mehr erlangende zahlreiche Kleingewehr findet auf weite Entfernung in der Wallbüchse und Wallmuskete kräftige Gehülfen, denen zu Gefallen die volle Sappe, der Wälzkorb, das Mantelet, der Schartenladen zeitiger zur Anwendung gelangen, als es sonst nöthig wäre. Endlich wirft die Mine, den feindlichen Gang belauschend, wohlausgedachte Gefechts- und Annäherungs-Dispositionen über den Haufen, und bietet in erzielter Umwandlung des Terrains, neue Gefechtsgelegenheiten für die verlorenen dar[71]. Unsere theoretischen Betrachtungen, die sich weder an die Zeit[72] noch an die Waffe binden sollen, müßten sich auch hier wieder auf die Haupt-Handlungsmotive in der Kriegführung (grands princips d'action) berufen[73] und jedem derselben das Seinige auf dem vorliegenden Schlacht- und Gefechtsfelde zutheilen.

Von derjenigen Sicherung, welche prämeditirt aus dem natürlichen und verwandelten Terrain geschöpft, die militärische Terrain-Verwandlungslehre (science de l'ingénieur) mitausmacht, und worüber wir uns sowohl in dem Capitel der Genie-Waffe, als unter dem der Terrain-Verwandlungsmittel schon ausgesprochen haben, kann hier weiter nicht die Rede sein. Alles, was sie betrifft, kann dort entlehnt werden[74]. Anders verhält es sich mit den im Fortgange des Gefechts selbst eintretenden Sicherungen, sie mögen nun materieller oder taktischer Art sein[75]. Sie finden hier ihren Ort und zu ihrer näheren Bestimmung sind die Ueberraschungs- und Ueberwältigungs-Arten gleichmäßig in Betracht zu ziehen, die den Zweck haben, die sämmtlichen in die Theorie einzuführenden Sicherungen zu umgehen. Sicherung.

Als wir oben von den anwendbaren Waffen sprachen, war uns schon der Reiz nicht entgangen, welcher beide Theile von der zweiten Parallele ab, und besonders nach Herstellung der am Fuße des Glacis[76] (gegen 80 Schritt von dessen vorspringenden Spitzen) gelegenen dritten Parallele, zum überraschenden Handgemenge (coup de main) antreibt, weil damit von der einen Seite die Erschwerung des Aufenthalts, von der anderen die erleichterte Anticipation der Belagerungsarbeiten mit einem nur mäßigen Menschenverluste erkauft wird[77]. Dergleichen Verluste zeigen sich aber immer desto geringer, je schwächer die zur Unternehmung bestimmten Parteien nur zu sein brauchen, die wieder desto schwächer sein können, je näher die Belagerungsarbeiten den Festungslinien kommen[78]. Es ist hierbei eine Abnahme der Stärke in solchem Verhältnisse statthaft, daß die Parteistärke allmählig von ganzen Bataillonen bis auf einzelne Leute herunter gehen kann. Von Geschütz- und Minenwirkung abgesehen, können daher die durch die Anwendung der Handwaffe erreichbaren Sicherungen nur aus der Natur ihres, inmitten der Bewegungshindernisse noch gestatteten Gebrauchs hervorgehen, nämlich aus dem Tirailleurfeuer vortheilhaft postirter Schützen, und dem Bajonnetstoß versteckter naher Piquets. Letztere müßten wieder durch das plötzliche Hervortreten und ebenso plötzliche Verschwinden naher Reserven unterstützt werden können[79]; Piquets und Reserven dürften sich aber beiderseits nur zu momentanen Chocs vereinigt zeigen. Von längerer Dauer könnte eine solche gemeinsame Thätigkeit der Piquets und Reserven nicht sein. weil die künstlich verwandelten Positionen keine Behauptung des offenen Schlachtfeldes zulassen, und weil das dem Geschützfeuer damit auferlegte Schweigen die mühsam eingeleitete, durchlaufende Haupthandlung im Festungskriege in nachtheiliger Weise unterbrechen würde[80]. Der Minenkrieg endlich, der wegen des nothdürftigen Luft-Erfordernisses in den Gallerien für beide Parteien erst nach Herstellung der dritten Parallele zulässig wird, führt in seinem eigenen Interesse sowohl als in dem aller ihn begleitenden Arbeiten und Truppen-Verwendungen, neue Combinationen in die Sicherung ein[81]. Dieselben müssen hier ihre Stelle finden, sofern sie nicht bereits als in das Detail der Minirkunst gehörig, allgemeinen Betrachtungen unterworfen werden konnten.

Ueberraschung.

Mancher Bücherstreit über das beste Verfahren im Festungskriege hat neben der Einseitigkeit, in welche die Befestigungsmanieren verwickelten, seinen guten Grund noch in der Unachtsamkeit auf die Veränderlichkeit der Localitätsverhältnisse beider Parteien, in Folge deren die eigentlichen Bestimmungsgründe oftmals im Dunkeln blieben. Die Ausfälle gegen die dritte Parallele und der coup de main von da aus auf den bedeckten Weg sind solche Gegenstände, über die sich Gelehrte und Praktiker nicht immer gleichmäßig aussprechen[82]. Im Hinblick auf die allgemeinen Sicherheits-Bedingungen aller militärischen Positionen erscheinen diese beiden Unternehmungen aber sowohl in Betreff ihrer Vortheile, als ihrer Nachtheile sehr leicht faßlich. Der Vortheil liegt nämlich augenscheinlich im Besitz der Saillants des bedeckten Weges, welcher die Ueberraschungen des einen wie des anderen Theils begünstigt. Im Besitz derselben, läßt sich eine Wirkung auch auf die feindlichen Flügel und eine concentrische Sammlung der eigenen Kraft bewerkstelligen, wodurch das Gelingen des Ausfalls ebensowohl, wie die gewaltsame Eroberung des bedeckten Weges verbürgt wird[83]. Durch die auf diesen ausspringenden Winkeln nächtlich als Ueberraschung ausgeführten Contre-Approchen hat man die Wirksamkeit der Ausfälle noch weiter auszudehnen gesucht und die Behauptung der Contre-Escarpe dadurch verlängert[84]. Letztere hat aber oft genug, gestützt auf den mannichfachen Gebrauch der Contremine und in Verbindung mit glücklichen Nebenumständen, die Behauptung des Platzes selbst zur Folge gehabt[85]. Jedenfalls können Ueberraschungen hier nur unter der Voraussetzung richtig erkannter Localität und verdeckter schneller Truppenbewegung gelingen. Hierzu trägt aber die Terrain-Verwandlung viel bei und zwar im Platze durch Herstellung von Masken[86], durch ober- und unterirdische Communicationen 2c.[87]; vor demselben durch Erweiterung und zweckmäßige Verbindung der Trancheen 2c.

Seit der erleichterten Manipulation des Geschützes ist diesem auch im Festungskriege der größte Einfluß auf die Wegräumung materieller Vertheidigungsmittel eingeräumt worden[88], wodurch denn andererseits wieder eine Steigerung der fortificatorischen Maaßnahmen herbeigeführt wurde, die ihrerseits bewirkte, daß man der Ersteren eine vermehrte Aufmerksamkeit zuwandte. Durch diese gegenseitige Steigerung der Geschütz-Wirksamkeit und der fortificatorischen Maaßnahmen mußte man beiderseitig bald zu einem Maximum gelangen[89], nach welchem eine gesunde Theorie ihre Schritte abzumessen hat und über welches hinaus nur Einseitigkeiten zu Tage kommen können. Theilweise Ueberwältigung.

Man hat wohl eingesehen, daß die Bresche nur innerhalb der Grenzen gewisser Schußweiten zu legen ist[90] und daß es dabei hauptsächlich auf die Stellung des Geschützes zum Gegenstande ankommt[91]. Andererseits hat man auch eingesehen, daß eine ängstliche Deckung aller dem Nachtheile des Beschießens ausgesetzten Gegenstände mit der einer guten Vertheidigung förderlichen Activkraft nicht zusammenpaßt[92] und daß die durch diese zu erlangenden Vortheile durch jene Sicherheitsanstalten nicht aufgewogen werden. Die erforderliche Beschaffenheit und Benutzung der Bresche[93] im Festungskriege gehört erst, wenn sie anders nicht die Uebergabe auf moralische Weise direct herbeiführt, denjenigen Betrachtungen an, die aus der weiterhin einzunehmenden Position sich ergeben. Wir erwähnen sie hier nur im Sinne der Vorbereitung, welche nach Umständen auch wohl die völlige Besitznahme des gedeckten Weges von Seiten des Belagerers voraussetzt. Aber auch diese Besitzergreifung hat verschiedenen Meinungen unterlegen, je nachdem ihr eine entferntere oder eine genäherte Terrain-Verwandlung, eine größere oder geringere Ueberraschung voranging, und je nachdem die endliche Ueberwältigung mehr oder weniger Kraft-Anstrengung erheischte. Danach hat man eine gewaltsame[94] und eine förmliche Wegnahme des gedeckten Weges unterschieden. Es möge nun aber auch die Eroberung des bedeckten Weges vor oder nach der Anlage der Breschbatterien eintreten; es möge sich dieselbe in einer bloßen, mit der Handwaffe aus der Nähe (Tranchee-Cavalier) unterhaltenen Neutralisirung oder in der endlichen Anlage einer gedeckten Stellung auf der Glaciskrete (Couronnement) oder der Contreescarpe selbst (Cheminements und Logements) äußern: so wird ihr doch immer die möglichste Dämpfung des Wallgeschützfeuers[95], die Ablockung des Minenfeuers (Fougassen, caissons)[96] und die Gewältigung der Büchsenschützen vorangehen und, ehe die Breschbatterie in Thätigkeit gesetzt werden kann, die Reinigung der langen Zweige mit ihren Traversenabschnitten bis zum eingehenden Waffenplatze unbedingt folgen müssen.

Von da ab, daß man die Contreescarpen mit bedeckten Wegen umgab[97], hat man auf deren Angriff und Vertheidigung, auf die Festsetzung daselbst, wie auf die Hinderung derselben einen großen Werth gelegt[98] und die fortificatorische Conception danach eingerichtet. Diese veränderliche Conception sowohl, wie der verschiedene Stand der streitenden Parteien, hat das gegenseitige Benehmen im Gefecht von einer Menge Individualitäten abhängig gemacht, welche die Allgemeinheit der Betrachtung beeinträchtigen mußten, so lange jene nicht in die noch allgemeinere, mit der Terrain-Benutzung verschwisterte Gefechtslehre selbst eingefugt waren. Auf Letztere zu verweisen, sind wir hier unter Annahme des auf Bau und Zerstörung der Approchen gerichteten Zwischenzweckes[90], nunmehr im Stande und bemerken nur noch, daß es mit Hülfe der Gefechtslehre auch nicht schwer halten kann, über das Wann und Wie des Geschützgebrauchs im bedeckten Wege abzusprechen.

Anmerkungen.

[1] (S. 336). Savorgnano (1599) definirt das Fortificationswesen als: „Attione della militia ch'intorno alle fortezze s'esercita." — Warnery nimmt aus den Vertheidigungen von Glatz und Kolberg im siebenjährigen Kriege Gelegenheit zu beweisen, wie unklug es sei, den Soldaten auf den Festungskrieg nicht einzurichten. — Viel Zweckmäßiges über den Festungs-Gebrauch sagt Rimpler.

[2] (S. 336). Das, was hier gemeint ist, läßt sich aus der Vergleichung eines älteren Schriftstellers, z. B. des Antoine de Ville (De la charge des gouverneurs des places) mit dem, was heute attaque und défense genannt wird, sehr leicht erkennen. Durch Nichts wird diese Verschrobenheit der Theorie so anschaulich als durch die vielen, aus dem Festungskriege nach dem Kriege im freien Felde hinübergezogenen Parallelen, aus welchen das Gemeinsame, höher Liegende hervorleuchtet. Der Witz vieler neueren Kriegstheoretiker äußert sich in solchen, aus allen Winden hergezogenen Analogien, welche jedoch der Wissenschaft keinen Nutzen schaffen, sofern Urtheil und Verstand sie nicht philosophisch zu behandeln verstehen.

[3] (S. 336). Diese Richtung war schon früher vorhanden. De la Mont sagt z. B. in seinen Fonctions de tous les officiers (1672): „La plus grande et la plus essentielle de toutes les choses est de garder le plus le terrain que vous pourrez et de le bien ménager."

[4] (S. 336). Hat einmal das Dogma die Fahne der Partei aufgepflanzt und einen Gegner geweckt, so lehrt nur die Zeit wieder den richtigen Weg finden, weil sich allerlei Interessen, Kastengeist, Eitelkeiten, Brodneid ꝛc. unter der Maske der Wahrheitsliebe einschleichen, und eine unbefangene Meinung als ein verwerfliches juste milieu zwischen den streitsüchtigen Kämpen

nicht aufkommt. Vieles Gewäsche, namentlich in Frankreich, manches Montalembert'sche nicht ausgenommen, giebt dazu Beläge, und die dort bis ins Kindische getriebene Vergötterung Vaubans hat daran ihren guten Theil. Was läßt sich anders bei der Phrase denken, mit welcher Rogniat, der Chef der französischen Ingenieurpartie, noch 1816 ein Buch schließt, welches die ganze Kriegstheorie reformiren soll: „L'expérience que j'ai pu acquérir dans le cours de quelques siéges, n'a servi qu'à me convaincre, que l'art de l'attaque des places avait été porté à sa perfection par Vauban (als ob sich seitdem in der Kriegführung selbst nicht Vieles geändert hätte) et que tant que les fortifications resteront à-peu-près (?) ce qu'elles étaient de son temps (er selbst aber schlägt andere vor) nous devions nous borner, dans nos siéges, à faire une application heureuse des régles qu'il nous a tracées par sa conduite et dans ses écrits. C'est le seul genre de mérite, auquel il nous soit permis d'aspirer (das wahre n'oser pas oser der Orthodoxie) dans un art, que ce grand homme a eu la gloire d'inventer (?) et de conduire à sa perfection (?) dans le cours de sa longue et laborieuse carrière". Wie Johann der Beständige von Sachsen, möchte der ehrliche Vauban diesen Gläubigen aus dem Grabe zurufen: „Gott behüte mich vor meinen Freunden, mit meinen Feinden will ich schon fertig werden!" Vauban war tüchtig zu seiner Zeit in seinem Fach; aber in der Theorie einer untergeordneten Sachkenntniß, die keinen Stillstand zuläßt, alle Erfindung und alle Vervollkommnung Einem Sterblichen zuzuschreiben, — ist mehr, als der gesunde Verstand ertragen kann. Was war die Sorbonne im 13ten und was war sie im 18ten Jahrhundert? — Was nach der seichten französischen Geschichtskenntniß Vauban alles in der Fortification erfunden haben soll, kann man im Journal des sciences milit. März 1833. pag. 358 unter dem Titel: Aide mémoire de l'ingénieur par Grivet, capt. du génie, lesen.

[5] (S. 337). Die fast ausschließlich literarische Handtirung der Ingenieure und Artilleristen im Festungskriege reducirte die Frage, wie man Festungen erobert und vertheidigt, sehr bald auf die: wie soll der Angreifende die Terrain-Verwandlung fördern, der Vertheidiger sie hindern? Hiermit war man denn ganz natürlich auf die échelles de comparaison hingewiesen, die schon vor Cormontaigne in der Mode gewesen sein mochten, da sich Goulon, ein Zeitgenosse Vaubans, ausdrücklich darüber erklärt: „Je ne déterminerai pas non plus, dans combien de tems l'on y peut venir, parceque la chose dépend absolument du savoir faire et de l'opiniatreté de l'un et de l'autre." Noch eine neuerdings (über Verwendung des Geschützes zur Vertheidigung der Festungen, 1832, pag. 98) zur Sprache gebrachte Differenz zwischen Rogniat und Valazé, über die Vervielfältigung der Sappenteten, zeigt einen aus solcher Einseitigkeit entsprungenen Unsinn. Im Journale der Belagerung von Ath (1697) heißt es zum Lobe Vaubans: „Ainsi on peut dire qu'il n'y avait en cette place (er war 1688 von Vauban angelegt worden) que la fortification qui la défendait et non

les hommes, aussi ne fût-elle prise que par le canon, la pelle et la pioche, car Monsieur de Catinat n'employa presqu'autre chose pour la reduire que l'industrie de Mr. de Vauban" 2c.

[6] (S. 337). In der Vorrede zu den Memoiren von Goulon (österreichischer General und Zeitgenosse Vaubans) wird es als ein Unterschied dieser und der Vaubanschen Memoiren angegeben, daß in Ersteren Angriff und Vertheidigung nicht so scharf, wie sie Vauban des Systems wegen getrennt haben soll, behandelt wären, „quoique naturellement ces deux sujets tiennent si fort ensemble qu'il est lui même obligé en plus d'un endroit de son livre, de rappeler l'un en parlant de l'autre." In Goulons gemischtem Vortrage heißt es: „Il semble que cette dernière manière de présenter les objets a quelque chose de plus nerveux et de plus expressif, celle de Mr. de Vauban est plus simple et plus méthodique", was wahrscheinlich nur auf die Existenz einer Eintheilung deutet. Im Vortheil des Angriffs liegt der Nachtheil der Vertheidigung und umgekehrt, wobei die Trennung, alles Uebrige abgerechnet, schon unvermeidliche Wiederholungen begründet. Wem könnte es wohl einfallen, einen Fechter für tüchtig zu halten, der nur im Stoß und in der Parade unterrichtet worden wäre, ohne jemals zum Contrafechten gekommen zu sein?

[7] (S. 337). Die gewöhnliche Zeit-Eintheilung für den Angriff und die Vertheidigung ist:

1) Einschließung des Platzes;
2) Eröffnung der Laufgräben und Arbeiten bis zur Errichtung der ersten Batterien;
3) Batterie-Feuer und Arbeits-Fortgang mit der flüchtigen Sappe bis zu den halben Parallelen;
4) Fortgang mit der ganzen Sappe bis zur dritten Parallele;
5) dritte Parallele und Fortgang mit doppelter Sappe bis zu den Tranchee-Cavalieren;
6) Krönung des bedeckten Weges;
7) Breschbatterien, Descenten, Graben-Uebergang und Logement auf den Werken.

Man bemerkt bald, daß in dieser Classification Wesentliches und Zufälliges durcheinander läuft, daß sie darum nicht wissenschaftlich und noch weniger fruchtbar sein kann. Die Vertheidigungsperioden sind den Angriffsperioden wohl oder übel angepaßt, um sich mit dem Raisonnement nur in engeren Grenzen bewegen zu können; die Dauer sehr relativer Anordnungen soll den Eintheilungsgrund abgeben. Andere sehen die Werke als etwas für sich Bestehendes an und dociren de l'attaque du chemin couvert, d'un ouvrage à corne, d'une demi lune etc.

[8] (S. 337). In dem von Vauban selbst festgestellten Unterschiede zwischen äußeren und inneren Ausfällen (sorties extérieures und intérieures), von welchen er bei richtigen Dispositionen für den Angriff nur die letzteren empfiehlt, ist dieselbe sachgemäße Eintheilung vorherrschend, vorausgesetzt

daß nach der Erklärung der Schule selbst, zu den extérieures diejenigen gehören, die über den Gewehrbereich des bedeckten Weges hinaus geschehen. Balazé ist zwar im Spect. milit. (T. I., 317) auf den Gedanken näher eingegangen, aber nur, um nach der französischen Ingenieur-Dogmatik Vaubans „wahre Erfindungen" auszukrähen und sein eigenes Geschäft herabzusetzen, indem er unter anderem Unsinn z. B. behauptet: „Que le but réel des fortifications est manqué depuis les découvertes de Vauban"; auch wirft er die geschichtlich erwiesenen Vortheile äußerer Ausfälle in seiner Gelehrten-Unschuld allein auf die Versäumniß der sogenannten méthode moderne des Angriffs ꝛc. Goulon und Quincy, Zeitgenossen Vaubans, schrieben vor der Machtvollkommenheit der französischen Ingenieurschule; sie sind unparteiische Richter in diesen Sachen, bei den Franzosen aber vielleicht absichtlich in Vergessenheit gerathen.

[9] (S. 338). Daß es auch noch in der neuesten Zeit Belagerungen gab, die ungeachtet einer fast allgemeinen Geringhaltung des Festungskrieges, älteren Anstrengungen der Art Nichts nachgegeben, beweist das von Suchet aufgeführte Resumé seiner Belagerung von Tarragona (1811). Ungerechnet die Descenten und Graben-Uebergänge, führte man dort 5000 Toisen entwickelte Tranchee aus, worunter 2000 mit der flüchtigen und vollen Sappe, und krönte vier bedeckte Wege. Getödtet und verwundet wurden dabei vom Genie: 20 Officiere, 187 Sappeure und Mineure. Die Artillerie baute 24 Batterien und besetzte sie mit 64 Piecen; sie legte 9 Breschen, that 42,000 gegen 120,000 feindliche Schüsse, verlor ebenfalls 19 Officiere, 278 Kanoniere außer 68 Handlangern. Die Infanterie und der Generalstab verloren: 142 Officiere, 3750 Mann. Der Total-Verlust beider Theile während sechs Wochen betrug 10,000 Mann; unter den Gefangenen befanden sich allein noch von der Geniewaffe 7 Ingenieurofficiere, 7 Sappeurofficiere mit 150 Sappeuren, 4 Pionierofficiere mit 114 Pionieren (guastatores), während man anderwärts zu ähnlichem Belagerungs-Widerstande, in Summa 12 Officiere und 250 Mann in den größten Plätzen für mehr als zureichend erklärt.

[10] (S. 339). Dabei muß man sich wohl hüten, unter besonderen Umständen vernünftiger Weise angebrachte Abkürzungen generalisiren und als Regel empfehlen zu wollen, wie z. B. die nahe Eröffnung der Tranchee vor den französisch-niederländischen Festungen (1815), deren Außenwerke wegen Unzuverlässigkeit der Besatzungen aufgegeben waren. Aehnliches findet man schon im Journal der Belagerung von Philippsburg (1688) bei Gelegenheit der Tranchee-Eröffnung vor dem Brückenkopfe, wo es heißt: „Comme il y avait un petit rideau qui en facilitait les approches, on ouvrit la tranchée à demi portée du mousquet" und bei vielen anderen Gelegenheiten in der Kriegsgeschichte. Gleichen Grund hat die vermeinte Lehre von den sogenannten Schnellbelagerungen. Schon Quincy (1726) rühmt: „Que les longueurs ne sont plus de saison, principalement en France, qu'on se sert mieux du tems et des hommes qu'aux tems passés." Die

Franzosen vor Antwerpen (1832), deren Tranchee-Eröffnung vollkommen maskirt war, nannten es „une heureuse innovation", daß sie den Batteriebau sogleich mit der Tranchee-Eröffnung anfingen. Der Uebersetzer des Santa Cruz erzählt, daß der Marquis St. Vincent die Laufgräben vor Castillo Arragon (1717) näher als auf Flintenschußweite von der Stadt in der Absicht eröffnet habe, daß man dieselben, falls die Stadt sich nicht ergeben hätte, alsdann rückwärts geführt haben würde. Suchet (1810) war im Stande, aus einer freistehenden Batterie in die Mauern des alten Sagunet Bresche zu legen, weil es dem Wallgeschütz nicht möglich war, bis auf den Batteriestand zu incliniren.

[11] (S. 339). Streng genommen, gehört die Bearbeitung der fortificatorischen Kenntnisse selbst, der Betrachtung über die baulichen Kriegsmittel an, indem hier eigentlich nur von der Kriegführung im Gefecht (combattere), welcher sie dienen, die Rede ist. Man sieht darum wohl, daß die hier gemeinten Resumés auch jenem Vortrage vorschweben müßten, um in höherer Instanz wieder mit ihm zu harmoniren, sowie überhaupt das ganze Feld der Kriegskunst übersehen sein will, um das Gerüste (charpente) einer einzelnen Disciplin aufstellen zu können. Wer das Getriebe unserer militärischen Schriftstellerei von heute kennt, wird sich darum auch nicht wundern, wenn sich in den Abstractionen so wenig Umsicht und Gediegenheit zeigt und Vieles blos auf Repetitionen mit neuen Phrasen hinausläuft.

[12] (S. 340). Busca (1582) verlangt von dem Commandanten: „La peritia della militare disciplina, la cognitio delle machine e la risoluta ex interna professione dell' architettura militare"; zum ersteren gehört noch, wie die Franzosen sagen: l'expérience des affaires, l'art de commandement, was man sonst, wo alles natürlicher herging, weniger vermißte. St. Cyr meint: „Tout le monde est persuadé de la différence qu'il y a d'un homme à un autre; l'un fait réussir une disposition vicieuse, tandis que l'autre peut faire échouer la meilleure", und Machiavel sagt schon, daß eine Armee von Schaasen, die ein Löwe anführt, größere Dinge thun würde, als eine Armee von Löwen, die ein Schaaf anführt.

[13] (S. 341). Nach Freitag (1630) ist die beste Festung ohne zuverlässige Besatzung ein schöner Beutel ohne Geld. Möchte das Bild doch von Denen begriffen werden, welche unklarer Weise das Maximum der Truppen im Felde zum non plus ultra der Kriegsweisheit erheben und den Staatenbestand von einem so lockeren Elemente abhängig machen wollen! Noch kann man Napoleons Anspruch anführen: „Dans la défense des places on a grand tort de confondre un soldat avec un homme."

[14] (S. 341). Vauban: „Il n'y a rien de si commun dans l'histoire des guerres passées et même présentes que la perte des places, qui ont été surprises ou que l'on a été contraint d'abandonner avant que leurs fortifications fussent en état de défense. — Quincy: „La défense d'une place ne dépend pas seulement

de sa forte situation et de la bonté de ses fortifications, mais d'une garnison suffisante et composée de bonnes troupes et d'une quantité nécessaire de munition de bouche et de guerre, de l'expérience et de l'habilité d'un gouverneur et d'un nombre convénable de bons officiers."

[15] (S. 341). Machiavel: „Souvent la seule appréhension fait rendre les places sans mettre leurs forces à l'épreuve. Il faut donc, lorsqu'on veut assiéger une place de cette nature, imprimer autant de terreur et d'épouvante qu'il est possible. Il faut aussi d'autre part que celui qui est attaqué, mette du côté qu'on attaque des gens vigoureux qui n'ayent pas peur des paroles, car si le premier coup ne fait que blanchir, les assiégés reprennent courage ce qui oblige l'assiéggeant à ne fondre ses espérances que sur la valeur et non sur le bruit." — Man findet übrigens schon in Machiavels Art de la guerre mancherlei Geschichten von Plätzen, die ohne eigentliche Belagerung erobert wurden.

[16] (S. 342). Von den Geschütz- und Munitions-Parks abgesehen, nimmt man in der Regel 2000 bis 3000 Schritt als angemessenste Entfernung des Lagers von den mit Geschütz versehenen Festungswerken an. Eine schon von Goulon und Vauban erwähnte, von Quincy und den Neueren wiederholte Ueberraschungs-Maaßregel besteht darin, das schwere Geschütz auf den Werken bis zur vollendeten Niederlassung vor denselben zu verleugnen. Diese Maaßregel nöthigte schon Calvo vor Limburg zur zweimaligen Veränderung seines Lagers. Schwere Mortiere im Platze können übrigens auch jene Distancen noch als knapp bemessen erscheinen lassen.

[17] (S. 342). Wie die Römer überhaupt im Felde in verschanzten Lagern standen, so bedienten sie sich auch größtentheils bei ihren Belagerungen der Circumvallationen, die Busca schon 1584 für veraltet erklärt, die aber neuerdings, freilich aus ganz anderen Gründen, in Napoleon wieder einen Vertreter fanden. Sehr richtig eifert man dagegen: sich bloß aus Maxime solcher Mittel zu entschlagen. Napoleon sagt darüber: „Une armée qui veut faire un siége devant une armée ennemie, doit être assez forte pour pouvoir contenir l'armée de secours et faire en même tems le siége. Les ingénieurs demandent que les corps d'armée chargés du siége, soient 7 fois plus nombreux que la garnison. Si l'armée de secours est de 80,000, la garnison de 10,000, il faudrait donc avoir 150,000 pour assiéger une place. Mais en reduisant la force de l'armée de siége au minimum, c'est à dire au quadruple de la garnison, il en faudrait toujours 120,000. Si cependant on n'en a que 90,000, l'armée d'observation ne pourra être que de 50,000; elle ne sera pas alors indépendante, devra se tenir à portée d'être secourue en peu d'heures par l'armée de siége. Mais si l'on n'en a que 80,000, il ne restera que 40,000 pour l'armée d'observation; il faudra alors qu'elle

se tienne au siége même dans les lignes de circonvallation; elle s'exposerait trop à s'en éloigner." Auf ähnliche Weise handelte Eugen vor Belgrad. — Das Terrain begünstigt bei vielen Festungen den Belagerer ebenso gut, wie den Belagerten und verhindert wenigstens den Entsatz. So meint Santa Cruz, daß Namur jedesmal durch schwächere Armeen eingenommen worden sei, als diejenigen waren, die den Entsatz versuchten.

[18] (S. 342). Bei Bouchain und auch bei Mastricht (1673) bestimmten vorhandene Hohlwege die Angriffsstellung. Anderwärts, besonders an Flüssen, ist es die Flügelanlehnung, die Beschaffenheit des Terrains vor der Fronte, insbesondere die Art des Bodens, auf welchem gebaut werden muß, und dergleichen.

[19] (S. 343). Selbstkenntniß und Selbstständigkeit nennt ein neuerer Historiker Cardinaltugenden der Staaten; sie sind es auch für Armeen.

[20] (S. 343). Busca handelt ausführlich über das Erkennen in dem Capitel über den damaligen Angriffs-Director, den capitano d'artilleria. Im Spect. milit. (September 1829) findet man eine ältere Abhandlung von dem bekannten Fourcroy und Faber (1761): Observations sur la manière de reconnaitre les places de guerre et de les visiter, die recht lehrreich ist.

[21] (S. 343). Recte et fortiter, läßt sich mit allem Rechte von den Kriegsplätzen sagen; ein neuerer Fortifications-Reformator (Choumara) thut neben mancher abenteuerlichen Idee den sehr richtigen Ausspruch: „Une place ne sera véritablement bonne, que quand on pourra la montrer entièrement à son ennemi en lui disant: voilà le chemin que tu dois parcourir, les obstacles que tu auras à vaincre; viens si tu l'ose!" Auch Darçons sagt: „Les secrets militaires ne décèlent ordinairement que de la faiblesse, ils sont comme ceux de la physique occulte, merveilleusement aggrandis de l'ignorance." In Belidors Sciences de l'ingénieur findet man ohne Rückhalt eine Menge der damals in Frankreich üblichen fortificatorischen Mittel durch Zeichnung versinnlicht, z. B. von Neu-Breisach; er erläutert sie mit dem Zusatze: „ils sont connus de tout le monde." — Frühere Schriftsteller (z. B. Marchi, 1599) beziehen sich auch auf das Geheimniß, welches sie aber besonders dadurch erhalten wissen wollen, daß man den Plänen keinen Maaßstab zufüge, damit man daraus nicht auf die Größe der Besatzung, der Artillerie, der Vorräthe rc. schließen könne.

[22] (S. 344). Die hartnäckigsten Festungsvertheidigungen haben sich an den Küstenplätzen bekundet, deren Einschließung von der Seeseite zeitweilig durch die Elemente behindert und unterbrochen wird.

[23] (S. 344). Das besondere Raisonnement über Besatzungsstärken gehört in den Abschnitt von der Vorbereitung des Kriegstheaters, wenngleich die Basis davon, die wieder vielen anderen Festungsbedürfnissen zur Grundlage dient, in dem hier behandelten Capitel aufgesucht werden muß, weil in

diesem Akte der Vertheidigung die Sicherung den größten Personal-Aufwand erfordert. — Machiavell sagt (1515): „Il est nécessaire aussi que les assiégés soient encore bien plus sur leur garde quand l'ennemi est loin, que quand il est fort près"; er sucht den moralischen Grund davon in den weitläufigeren feindlichen Demonstrationen und in einer falschen Sicherheit der Besatzung. Aehnliches mochte auch der Referent von der dritten Belagerung der Festung Badajoz (1812) denken, wenn er von der Besatzung sagt: „Elle prouvait qu'en raison du développement de la place et des ouvrages extérieurs à garder, la garnison de 5000 hommes n'était pas assez forte pour assurer une bonne défense, surtout dans l'hypothèse d'une attaque générale." — Die Zusammenstellung der Forderungen Vaubans und Carnots an Infanterie incl. Arbeitern für die verschiedenen Plätze (s. die über diesen Gegenstand herausgebene Broschüre des Adjutanten vom General Rogniat) belegen diese Voraussetzung durch Rechnung beim Zwölfeck.

[24] (S. 344). Achtzig Schritt sieht man gewöhnlich als das Maximum der Distance nächtlicher Schildwachen an, doch ökonomisirt man nach Umständen mit dem nächtlichen Beobachtungsdienste überhaupt dadurch, daß man die Wachten aus Positionen und Werken gänzlich zurückzieht, deren augenblicklicher Besitz dem Feinde nur Nachtheil bringen könnte und deren Vertheidigungszweck gewissen Beschränkungen unterliegt. Durch die Doppelposten sucht man einen erhöhten Grad der Beobachtung zu erreichen, der auch moralisch in der strengsten Verantwortlichkeit und Dienstgewohnheit begründet ist. Ebenso ist die Beleuchtung der Gegend ein Hülfsmittel der Beobachtung, insbesondere zur Unterscheidung der wahren und verstellten Angriffe. Als Anhang zu Goulons Attaque et défense findet man eine Disposition Vaubans zur Vertheidigung von Lille, worin dieser seine Ansicht über Beobachtung und Bewachung zur Anwendung brachte.

[25] (S. 344). Fast unglaublich erscheint es, wie häufig oft das hauptsächliche Benehmen in der Festungs- und in der Schanzen-Vertheidigung dergestalt verwechselt werden, und wie der Manieren-Mechanismus dem eigenen Nachdenken insoweit hinderlich werden konnte, daß man sich noch jetzt beigehen läßt, die Festungsbesatzungsstärke nach dem Developpement der Werke anzugeben. Es fehlt nicht an älteren und neueren Schriftstellern, welche sich hiergegen erklären, und die Vauban'schen Mittelzahlen, auf welche die bequeme Pedanterie pocht, sind in seiner ganz bestimmten Manier nach ganz anderen Prämissen gefunden, was schon Quincy, sein Freund und Lebensgenosse, bemerkte. „Les sentiments", sagt er, „sont fort différents sur cette matière. J'ai vu d'habiles gens la régler à 600 hommes par bastion. Mr. de Montecuculi prétendait qu'on devait mesurer la circonférence de la ligne extérieure du rempart et compter un soldat sur chaque pas ou 200 par chaque bastion (dem ächten Kriegstheoretiker Montecuculi war es um einen Ueberschlag zu thun). Je ne vois pas sur

quel fondement il faisait cette règle; mais si on la suivait, un gouverneur n'y trouverait pas son compte. Ou bien il voulait, qu'on fit les calculs sur les corps de garde qui seront nécessaires et desquels on doit tirer les sentinelles, les patrouilles, les rondes et les officiers en sorte, que les troupes eussent 2 jours de repos. Cette dernière manière était celle de Mr. de Vauban." — Ant. de Ville (1655) sagt dagegen: „Cette question ne se peut déterminer si absolument comme font aucuns, qui mettent universellement qu'autant de pas géométriques (5 Fuß oder ein römischer Schritt) que la place a de contour, il faut autant de soldats; autres mettent 200 soldats à chaque bastion" rc. — Marchi (1599) berechnet zwar auch nach Schritten à 5 Fuß pro Mann, spricht aber dabei von den zu besetzenden Linien und bringt auf diese Weise für ein von ihm angegebenes Achteck 3000 Mann ohne Ablösung und 2700 auch ohne Artillerie und Arbeiter heraus, sowie ebenfalls für denselben Platz 230 Geschütze, was am Ende von unserem heutigen Bedürfnisse nicht so sehr abweicht und eher zu viel als zu wenig heißen könnte. — Was die Stärke des Belagerungscorps anlangt, so rechnet man dasselbe regelmäßig 4 mal so stark als die Besatzung. Indessen giebt es auch hier Ausnahmen genug. Suchet nahm Lerida 1809 aus der dritten Parallele mit Sturm bei gleicher Stärke mit der Besatzung, während dieser von außen überall Hülfe in der Nähe, die Besatzung nicht schlecht und die Einwohnerschaft dem tüchtigen Commandanten geneigt war.

[26] (S. 345). Die topographische Lage der Festungen hat hierauf wesentlichen Einfluß und muß namentlich in einer Kriegführung mit großen Armeen diejenigen Plätze unterstützen, die als Waffenplätze auf Strom-Uebergängen das Kriegsglück in ganzen Campagnen fesseln. Der Marschall von Sachsen empfiehlt der schwierigen Berennung wegen, die Confluenzen zu Festungs-Anlagen, die auch in der neueren Zeit benutzt worden sind. In der ältesten, der Sicherung mehr zugewandten Kriegführung, hielt man sich an die Inseln, wie viele der römischen Niederlassungen an der Donau und dem Rhein, z. B. das ältere Köln, Nimwegen und dergleichen zeigen.

[27] (S. 345). Einzelne, nur halb aufgefaßte Erfolge von Kriegs-Expeditionen aus den Plätzen, die vernachlässigte Uebung im eigentlichen Festungskriege und die daraus entstandene Unbekanntschaft der Truppen-Befehlshaber mit demselben, haben dergleichen Mißverständnisse schon in der Praxis und noch mehr in der Theorie so viel Boden gewinnen lassen, daß sich mancher vermeinte geniale Festungs-Commandant für einen Corps-Commandanten ansieht, und die Unklarheiten darüber sich bis in die Conception der Festungs-Anlagen hinein erstrecken. Natürlich ist hier von Ausfällen gegen eröffnete Trancheen, welche auch Laubanie (1704) vor Landau dazu benutzte, seinen Truppen kriegerisches Selbstvertrauen zu verschaffen, noch nicht die Rede.

[28] (S. 345). Man gab der offenen Gewalt, die als Gegensatz des Approchirens in verschiedenen Epochen der Belagerung anwendbar war, verschiedene Namen und verlor bei dieser Gelegenheit den eigentlichen Einthei-

lungsgrund, wie schon Busca (1582), der vier Arten festsetzt, nach welchen außer per fame noch la fortezza puo esser offesa, nämlich per rubamento, tradimento, l'assédio e l'assalto. Cormontaigne erklärt sich darüber als echter Ingenieur folgendermaaßen: „Si l'histoire nous fournit des exemples de ces surprises faites avec succès des ouvrages d'une place extérieures à son enceinte, elles sont toujours accompagnées de circonstances particulières, qui loin de détruire les bons principes, ne font que les confirmer dans les esprits qui réfléchissent. La prudence ne permet jamais à un homme éclairé sur notre art, de conseiller des entreprises si coûteuses en hommes et dont l'événement doit vraisemblablement être toujours funeste à l'assaillant."

[29] (S. 346). Theti (1599) hält die Leiter-Ersteigungen bei eigentlichen Festungen für unausführbar und er konnte zu seiner Zeit bei den hohen Profilen und der näheren Bekanntschaft mit jener Angriffsweise auf die älteren Stadtmauern wohl Recht haben. Ob es jetzt, nachdem Letztere fast in Vergessenheit gerathen, noch ebenso ist, läßt sich kaum annehmen; doch dürfte wegen der größeren Complication der Enceinten nur theilweise darauf zu rechnen sein.

[30] (S. 346). Es fehlt demungeachtet nicht an geschichtlichen Beispielen, wie etwa das von Amiens, welches General Portocarrero für Philipp II. von Spanien durch die unter den Thoren ausgeführte List, aus einem nahen Hinterhalte in Besitz nahm. Auch das, eine zahlreiche, unzufriedene Bürgerschaft schreckende Bombardement gilt Manchem für eine solche Vorbereitung. Ebenso wenig fehlt es aber auch an Beispielen verunglückter coup de mains, wie etwa der des Prinzen Eugen auf Cremona (1702), der Graham'sche auf Bergen op Zoom (1814), worüber Leyrand eine sehr lehrreiche Relation gegeben hat. — Darçon zeigt aus den Belagerungen von Wilhelmstadt und Breda, wie wenig in eigentlichen Plätzen mit einem Bombardement auszurichten ist. Dasselbe zeigte sich auch bei Lille (1792), wo der Herzog von Sachsen-Teschen 6000 Bomben und 30,000 glühende Kugeln während 6 Tagen vergeblich verschwendete. Brüssel kostete Ludwig XIV. (1694) 3000 Bomben, 14,000 glühende Kugeln. Bei der Citadelle von Antwerpen (1832) will man 20,000 Bomben consumirt haben (?), welche freilich aus dem Stadt-Arsenal kamen. Genua und Saragossa wurden ohne Nutzen bombardirt und von dem (1811) auf Badajoz versuchten Bombardement heißt es: „qu'il n'eût aucune influence sur le gouverneur ni sur la garnison, il fut en pure perte pour notre matérial qui n'était déjà que trop insuffisant." Das verfehlte Bombardement eines Orts ist übrigens dem später erlangten Besitze vielfach nachtheilig.

[31] (S. 712). Bei der Citadelle von Antwerpen (1832) will man in 20 Belagerungstagen mit 110 Geschützen 61,000 Kugeln verschossen haben, im Belagerungs-Depot, 3000 Schritt vom Platze, waren 4000 vorräthige Schanzkörbe. — Cormontaigne meint, daß 1000 Centner Pulver für die Truppen zu einem vierwöchentlichen Angriff ausreichen, daß diese aber mit

100 Kanonen und 50 Mortieren an einem Tage consumirt werden können, also eine vierwöchentliche Belagerung immer 10,000 Centner verlange.

[32] (S. 712). In der von Quincy mitgetheilten Armirungs-Tafel (que m'a communiqué Mr. de Vauban et qu'il s'était donné la peine de faire avec beaucoup de soin), stehen für das Achtzehneck nach damaliger Vauban'scher Manier, 45,000 Reserve-Pallisaden, 10,000 Sandsäcke, 2200 Körbe und 40,000 Faschinen (Schanzen- oder Reisigbündel, 6 Fuß lang, 6 Zoll dick und 3 mal gebunden) angesetzt. Zum Transport rechnet man auf 1 Mann zu Fuß: 1 Faschine und 3 Pfähle, auf den Reiter 2 Faschinen und 6 Pfähle.

[33] (S. 347). General Foy beklagt sich mit Recht über die Hast, mit der Napoleon bei dergleichen Gelegenheiten verfuhr, und meint, der erste Grundsatz beim Angriff auf Festungen müsse sein, nicht eher die Menschen anzuwenden, als bis man alle materiellen Mittel zur Verfügung habe.

[34] (S. 347). Nachstehende Excerpte beweisen, wie sehr z. B. die Ansichten über das Auftreten der Festungs-Artillerie auseinander gehen. Chasseloup: „Les combats d'artillerie quoique très influents, ne décident pas plus la prise des places, que le gain des batailles; ce sont les cheminements des tranchées comme la marche des troupes qui assurent les succès." — Cormontaigne: „Il est bien plus avantageux, de négliger les batteries de l'assiégeant, de s'appliquer à retarder par le canon de la place les progrès des tranchées et conséquemment celui du siége et à faire perdre du monde à l'ennemi, que de l'amuser à batailler en pure perte contre une artillerie toujours supérieure et toujours victorieuse." — Vauban nahm eben das, was im entgegengesetzten Sinne von Dupuget und Gassendi und zu unserer Zeit noch von Valazé behauptet und zu einer fast lächerlichen Basis seines Geschützbedarfs benutzt wurde, nur als Modificationen seiner allgemeinen Maxime an: „Dans les siéges celui qui commence le premier à tirer, a ordinairement l'avantage lorsque d'ailleurs son artillerie est la plus nombreuse et la mieux servie." Diesen Ausspruch wagt übrigens Foissac nur mit dem Zusatze zu begleiten: „Cette maxime est vraie, mais rarement l'assiégé peut opposer à l'assiégeant une artillerie supérieure, il faut alors qu'il s'oppose de toutes ses forces à l'établissement des batteries d'attaque, mais une fois qu'elles existent en état de supériorité, il n'est plus prudent de combattre de batterie à batterie; l'assiégé doit essentiellement songer alors à couvrir les siennes de l'effet de celles de l'assiégeant et diriger tous les feux par lesquels il ne pourra pas les prendre en rouage sur la tête des travaux pour en arrêter les progrès", was unter allen Umständen, insbesondere aber bei der damaligen Unbehülflichkeit der Festungs-Artillerie und bei dem manierirten Fortifications-Developpement das Vernünftigste war.

[35] (S. 347). So hatte z. B. Vauban's allgemeinere Anwendung des Ricochets vor Ath (1697) in ihrer Neuheit die Besatzung derartig einge-

schüchtert, daß sie auch kein Geschütz gegen die Sappentete aufbrachte und es in dem Journale von den Approchen heißt: „A la vérité cela se passait si méthodiquement de notre part et si tranquillement de la part des ennemis, joint à ce que le terrain était uni et aisé à couper, qu'on eût plutôt cru voir le modèle d'un siége qu'un véritable.“

[36] (S. 348). Nicht die erhöhte Zahl, sondern die Organisation und größere Beholfenheit der Artillerie hat die von Napoleon gedachte Umwälzung veranlaßt. Candia wurde schon mit 400 Geschützen vertheidigt und die meisten uns bekannt gewordenen früheren Ausrüstungen geben den heutigen nichts nach. Ueber die Umständlichkeit der Artillerie-Bedienung noch zur Zeit von Santa Cruz, kann man sich durch diesen unterrichten lassen. Bei Landau (1704) brauchte man 65 schwere Kanonen, ohne die in den Ricochet-Batterien, bei Philippsburg (1734): 84 24pfünder und 97 16pfünder ohne die Mortiere.

[37] (S. 348). Mit Hinsicht auf die vervollkommnete Beweglichkeit des Festungsgeschützes, muß man die neuerdings zwischen vorgeschobenen Werken zum freien Geschützgebrauch eingerichteten Communications-Deckungen (rideaux) dahin zählen.

[38] (S. 349). Die nach Maaßgabe des Materials, der Arbeit, Form und Zeit sich unterscheidenden Deckungen (Laufgräben, Sappen, Couronnements 2c.) gehören sowohl nach ihren Elementen als nach ihrer ersten Zusammenstellung (Parallelen, Communicationen, Boyaux oder Zickzacks 2c.) schon in die Betrachtung der baulichen Kriegsmittel und kommen hier nur in ihrer Complexion als Approchen überhaupt, bei der Festungs-Kriegshandlung zur Sprache.

[39] (S. 349). Mallet (Travaux de Mars, 1672) sucht es schon auf seinen wahren Werth zurückzuführen, indem er dasselbe von dem Tranchee-Gange scheidet. „La différence, sagt er, „qu'il y a entre l'ouverture et la conduite des tranchées, est que sous le mot d'ouverture on exprime le commencement du travail de la tranchée qui a proprement tourné la queue toujours du côté des assiégeants, et que pour celui de conduite on explique le progrès ou l'avancement de la tranchée dont le bout du côté de la place, qu'on assiège, s'appelle toujours tête. Le vrai lieu pour commencer l'ouverture de la tranchée doit être 'hors la portée du mousquet des plus proches dehors de la place et même au delà de la portée du canon, quand on juge, qu'il peut incommoder les travailleurs.“ Auch zu Mallet's Zeit gab es schon Leute, welche den Gang der Approchen cadenzirten und, wie Napoleon 150 Jahre später, erklärte er sich gegen die daraus zu ziehenden Folgerungen mit den Worten: „La plupart de ceux, qu'ont écrit des lignes d'approches (also schon vor Vauban), principalement ceux qui ne s'y sont jamais rencontrés, ont parlé du travail et de l'avancement et de la conduite d'une tranchée comme d'une chose si facile, qu'ils ont bien osé prendre la liberté de limiter le tems, qu'il fallait employer pour la pousser jusque sur les

contreescarpes d'une place assiégée, et de mesurer les pas et toises, que les pionniers devaient avancer le travail dans un jour, dans une nuit et dans une heure. Pour moi qui en ai conduit quelques-unes, j'ai trouvé que cela était plus difficile dans l'exécution, qu'il n'était à se l'imaginer dans le cabinet. En effet, le progrès ou l'avancement d'une tranchée dépend de tant d'accidents que je ne saurais assez m'étonner de ceux, qui en veulent limiter le tems précis." — Nach Cormontaigne soll das zur Unterstützung der Tranchee-Eröffnung aufzustellende Corps ³/₄ der Besatzungsstärke ausmachen. — Vauban tracirte selbst seine Parallele vor Philippsburg und war, unbemerkt vom Feinde, in der ersten Nacht mit 1200 Arbeitern auf 1000 Toisen Länge gedeckt. Er nimmt an, daß kleine Cavalerie-Commandos von 15 bis 20 Pferden aus dem Platze geschickt werden, um die dirigirenden Ingenieure und Artilleristen des Angreifenden in ihren Vorarbeiten zu stören.

[40] (S. 349). So ist z. B. die allerneueste „savardine" oder „mine volante" nichts weiter, als eine Combination des alten Erdwurfs mit dem alten Feuerballen, die sich einzeln beide schon bei Belagerungen zeigten.

[41] (S. 349). Anfänglich waren sie sehr klein (12 Fuß Seite für etwa 12 Mann), später wuchsen sie bis zur Unterkunft von etwa 400 Mann. Montecuculi schreibt darüber: „A certa distanza de 60—80 tese, sien vi ridotti e fortini, per tenervi i sortiti, defendano le linee e diano ricovero ai lavoratori." Vorzüglich besetzte man die wichtigeren Punkte der Trancheen mit solchen Redouten, um ihrer bei Ausfällen Herr zu bleiben.

[42] (S. 349). Von dem Abprallen der Kugeln machten schon die älteren Italiener unter dem Namen „stroddolare" verschiedentlichen Kriegsgebrauch; auch war die bekannte Belagerung von Ath, die Vauban unter Catinat (1697) dirigirte, nicht die erste, wo der Ricochetschuß mit Bewußtsein im Attaquen-System zur Anwendung gebracht wurde. Vauban selbst gebrauchte ihn schon bei Philippsburg (1688); im Belagerungs-Journal heißt es ausdrücklich: „On avait encore dressé deux autres batteries à droite et à gauche du fort, appelées par Mr. de Vauban, qui les a inventées: batteries à ricochet, nom qui leur convient fort par l'effet, qu'elles produisent" 2c. Bei Landau (1704) bedienten sich die Kaiserlichen des Ricochets, nach dem eigenen Bericht der den Platz unter Laubanie vertheidigenden Franzosen.

[43] (S. 350). Man liest in Vallières Pratiques et maximes de la guerre (1672), die Quincy häufig benutzt, sowie im Letzteren, der freilich zu Vauban's Zeit schrieb, Manches, was diesen Ausspruch bestätigt, wenn man die noch älteren Italiener nicht als Zeugen anrufen will.

[44] (S. 350). Valazé behauptet, daß die Parallelen von Vauban zuerst bei Mastricht 1673 angegeben worden seien; Daru leitet sie dagegen aus der Belagerung Candia's (1667) her und schreibt ihre Erfindung dort einem Italiener zu. In Marco Savergnano's Arte militare (1599) kann man aber lesen, daß sie sein Vater, Graf Hieronimus bei Marano (1515) in Anwendung brachte.

[45] (S. 350). Eine solche, der türkischen Kriegführung gemäße Einrichtung findet sich häufig in den Belagerungsgeschichten der Türken und man darf sie für keine Roheit halten. Paruta, ein alter Schriftsteller, der den Krieg von Cypern (1570) beschreibt, sagt von ihnen: „Essendo molto maggiore la peritia e la virtù de suoi soldati nell' espugnare le fortezze, che non era l'arte ed l'industria dei christiani nel fabricarle e nel diffenderle come l'avea per tante esperienze potuto conoscere." Auch in den niederländischen Kriegen bediente man sich der befestigten Quartiere statt der Circumvallationen.

[46] (S. 350). Wenn die Kartätschen-Portee aus dem schweren Wallgeschütz (800 Schritt) das Maximum der Entfernung der ersten Parallele von der Glaciskrete bestimmt, so kann man das Minimum der Entfernung der zweiten Parallele in der mörderischen Wirksamkeit des Büchsenschusses (400 Schritt) suchen, in welchem Zwischenraume oder Bande des Gefechtsfeldes wenigstens so lange ein gleiches Verfahren für Terrain-Verwandlung und Gefecht stattfinden wird, bis irgend ein neuerer Waffengebrauch (Raketen, Schrapnels und dergleichen) zu einem veränderten Benehmen nöthigt. Vielleicht führen die letzteren wieder auf die chandeliers.

[47] (S. 350). Aehnliches, der bloßen Kunst, d. h. den individuellen Umständen Angehöriges, keiner Classification unterworfenes Material findet sich in der Geschichte des Festungskrieges noch vielfach; z. B. die sogenannten arrière-coins von Montluc und die arrière-parallèles, die in der Theorie nur zu den Correctionen ungeschickt eröffneter Parallelen gehören könnten.

[48] (S. 350). Das Uebergreifen der hinteren Parallelen über die vorderen, welches mit dem Ricochetgebrauch zusammenhing, reducirte die ältere Flügeldeckung auf Echelonnirung der Flügel jener Parallelen von selbst.

[49] (S. 350). Der bloßen Verbindungsparallele (de communication) stand schon bei Busca (1582) die als Waffenplatz dienende Parallele entgegen: Per potervi stare un corpo di soldati con l'arme loro; sie bekam auch längere Zeit einen ganz zugänglichen Revers und eine Sohlbreite von 12 bis 14 Fuß.

[50] (S. 350). Vallière 1672) spricht von der Anlage der ersten Batterien auf 150 Toisen von dem Platze und vom Anfange des Baues in der vierten Nacht; auch wurden sie früherhin gewöhnlich erst in die zweite Parallele gebracht, was sich mit dem Gebrauch des Ricochets änderte. „Quelque diligeance qu'on puisse apporter à travailler aux batteries, il faut ordinairement 3 nuits et deux jours pour les mettre en bon état et la troisième nuit on y amène les pièces"; übrigens ist hier nicht von Batterien zu 2 bis 3 Piecen die Rede, deren Herstellung er in einem Tag und zwei Nächten verspricht, sondern von starken (royal oder impérial) Batterien; „on y met ordinairement toutes les pièces de batteries qu'on a, tant enfin d'incommoder d'autant plus l'ennemi, que pour être maître de leur canon et pour peu qu'une place soit artillée et que les assiégés se veulent servir de leurs pièces; ils empêcheraient le service de cette

batterie, si on n'y logeait quantité de pièces." Man ging also hier sehr richtig auf die Uebermacht aus, um den Geschützkrieg erst einzurichten. Daß man seit Vallière in der französischen Praxis, und wahrscheinlich auch in allen anderen, mit dem Batteriebau nicht viel weiter gekommen ist, zeigt der Ausspruch der französischen Artilleristen 1833 vor Antwerpen, welche die dort mit der dritten Nacht abgeschlossene Batterie-Einrichtung „le délai le plus court possible" nannten.

[51] (S. 351). Daß dies 1833 vor Antwerpen nicht der Fall war, erkennt man aus dem Angriffe auf die Lünette Laurent und auf das Ravelin hinter derselben, wo das Genie der Artillerie zum Nachtheile des Ganzen voreilte.

[52] (S. 351). Die Belagerungs-Trains mit ihrem mannichfachen Material gehören zu den lange vorhergesehenen Einrichtungen zum Festungskriege. Selbst das Einfahren der Geschütze folgt bestimmten Regeln, welchen die Franzosen in ihrer geringen Bekanntschaft mit der eigenen Literatur 1832 vor Antwerpen eine Genialität unterlegten, welche als solche schon Quincy vor länger als 100 Jahren der National-Eitelkeit auftischte, indem er bei Gelegenheit der Tallard'schen Belagerung Landau's (1702), wie die heutigen Franzosen rühmt: „Les ennemis font ordinairement leurs tranchées assez larges pour pouvoir conduire à couvert l'artillerie et les munitions nécessaires pour les batteries, ce qui ne se pratique pas en France. Pour abréger le travail, nous prenons le chemin le plus court, on comble seulement les endroits de la tranchée qu'on veut traverser. Il est vrai qu'il en peut coûter quelques chevaux, mais on expédie bien plutôt l'ouvrage en cette manière."

[53] (S. 351). Von der Concentration des Belagerungs-Geschützes enthält die Geschichte des früheren Festungskrieges vielfache Beispiele. So gab es schon vor Landau (1704) eine Imperial-Batterie zu 30 Piecen und auch vor Lille ähnliche Breschbatterien. Man sieht daraus, daß der von neueren Schriftstellern Napoleon zugestandene erste Massengebrauch der Artillerie nichts Neues ist. Duvignau, der 1832 in der Berliner militärischen Zeitschrift darüber raisonnirt, setzt sich selbst als Minimum einer Masse 16 Piecen an. Theti (1598) will schon 30 Geschütze zum Breschschießen auf den Grabenrand gestellt wissen. — Mit dem einfacheren und consequenteren Belagerungsgange kam das Geschütz mehr in getheilter Aufstellung zur Verwendung, d. h. die Zahl der Batterien wurde vermehrt, die Batterien an und für sich aber schwächer. So spricht Quincy von 32 Geschützen und 8 Batterien bei einer Belagerung.

[54] (S. 351). Fast könnte man noch hinzusetzen, daß auch die Unwissenheit der meisten Commandanten in dem Belagerungs- und Festungskriege hier oft das Ihrige thut, indem viele, besonders neuerdings, wieder durch Carnot's vielbesprochene, aber nur halbverstandene retours offensifs veranlaßt, meinen, daß sie dabei recht eigentlich ihrer Function mit Ehren vorstehen. Daß es jedoch auch hier nichts Neues unter der Sonne giebt, lehrt

Mallet (Travaux de Mars 1672): „Comme je faisais travailler aux fortifications de Terceira“, sagt er, „le gouverneur ayant appris que les ennemis avaient paru à la portée du canon sans savoir si c'était un simple parti ou si l'on venait seulement reconnaître notre travail, il fit sortir plus que la moitié de la garnison et la ranger sur un grand front au delà de la grande demi-lune appelée St. Jago, comme s'il eût voulu combattre en bataille rangée. Cela me surprit et dès que j'eusse fait tirer quelques pièces qui étaient montées sur la grosse tour, je pris la liberté de lui venir demander pourquoi il opposait si légèrement une partie de ses forces? Il me dit que c'était pour commencer à disputer le terrain et ralentir les premiers efforts de l'ennemi. Cette réponse était d'un homme bien intentionné, mais peu éclairé.“

[55] (S. 352). Auch eine nach den Umständen modificirte Ordnungs-, Straßen-, Fremden-Polizei gehört mit zu dieser Organisation, welche nächst dem Beobachtungsdienste dem Tranchee-Major untergeordnet ist und von dem jedesmaligen General du jour inspicirt wird. Santa Cruz läßt sich über diesen Dienst ziemlich ausführlich aus.

[56] (S. 352). Unter Anderem wäre hier, neben der Tirailleur-Kette längs der ganzeu Position, zu erwähnen: der Gebrauch des kleinen und des Wallgewehrs auf den Parallelen-Flügeln und in den Crochets; der Geschützgebrauch zum kreuzenden Feuer vor der Position; die bei dem möglichen oder wahrscheinlichen massenhaften feindlichen Ausfalle zunächst zu besetzenden, sowie die hinteren Waffenplätze, welche den Reserven vorbehalten bleiben, und die zum Manoeuvriren dort einzulegenden Truppen, deren Stärke zu zwei Drittel der ganzen Garnisonstärke anzunehmen ist.

[57] (S. 352). Das erste Etablissement des Feindes in der neuen Position, die Zeit der Einfuhr des Geschützes, die Nähe eines Entsatzes, ein moralisches Relief, eine zu starke Garnison bei beschränkten Verpflegungsmitteln, die Wieder-Eroberung eines Außenwerks und dergleichen, können sich wohl als triftige Gründe solcher Ausfälle, von denen zwar viele gelungen, aber auch eben so viele mißlungen sind, darbieten. Dieselben müßten indessen auch geschichtlich nach Zeit und Umständen erst gesichtet werden, um daraus theoretische Folgerungen ziehen zu können. Am wenigsten dürften sie einer bestimmten Dispositionsform unterworfen sein, wie man dergleichen in Cormontaigne als einen Angriff auf die Contravallation angegeben findet. — Chamilly brauchte bei Grave seine Cavalerie noch auf dem Glacis, bei Mainz (1793) geschah Aehnliches von den Franzosen wenigstens vor dem Platze, und 1684 von den Spaniern zufällig im Hauptgraben von Luxemburg. Chamilly hielt mit 4000 Mann 14,000 Mann 3 Monate lang von der Eroberung des bedeckten Weges zurück.

[58] (S. 352). Ein mit Recht angesehener Ingenieur (Cormontaigne) hat nicht durch sein Verfahren, wohl aber durch seine Worte: „Mais nous considérons ces ouvrages éloignés de la place au delà du feu de mousqueterie, comme appartenant absolument à la guerre de campagne“,

dazu beigetragen, die ihren Autoritäten ergebene Schule von dieser Einsicht abzuhalten, und damit zweifelsohne bewiesen, daß ihm richtiger Takt mehr als richtige Theorie eigen war, er also, sofern man nicht auf Abwege gerathen will, auch nicht zu dem Orakel gemacht werden sollte, wozu die Anhänger des sogenannten front moderne ihn erheben.

[59] (S. 353). A. de Ville schrieb 1655: „Il faut pour la bonne défense que ceux de dedans soient en corps et puissants pour s'opposer à ceux qui viennent défiler et en front étroit.“ Fourcroy, der Apostel der neueren Angriffs-Scala, erklärt sich 1761 selbst für die Wirksamkeit der Außenwerke mit den Worten: „L'objet d'observation sur le terrain des tranchées doit être bien plutôt la supériorité des ouvrages avancés de la place et surtout les feux collatéraux s'il y en a, qui puissent prendre des revers et des plongées sur les travaux ennemis, que l'amphithéâtre des ouvrages qui ne laissent apercevoir chacun que le sommet de leur parapet par dessus celui qui le couvre“, die bei dem vorherrschenden Sicherungsprincip in der Fortification eine Zeit lang als das non plus ultra der Kunst angesehen ward.

[60] (S. 353). Ein Hauptgegenstand des Erkennens ist die Unterscheidung des wahren und des falschen Angriffs, die sich aus Anschauung und Raisonnement ergiebt. (Die Umstände können auch wohl den Schein-Angriff in den wahren verwandeln, wie z. B. bei Philippsburg unter Vauban), weshalb auch von Seiten des Belagerers der wahre Angriff so lange als ein Geheimniß behandelt wird. — Quincy: „On doit tenir au haut de la tour 2 ou 3 personnes pendant le jour et la nuit pour découvrir ce qui se passe aux environs de la place, et avertir en cas que le feu se mette en quelque partie de la ville.“

[61] (S. 353). Man hat neuerdings sehr zweckmäßig die Raketen zur Beleuchtung angewandt. Laubanie ließ 1704 bei Landau Theertonnen und getheerte Faschinen auf Karren bis zu den Punkten hinfahren, von wo die Trancheen durch deren Zündung während des Ausfalls erleuchtet werden konnten.

[62] (S. 354). Quincy rieth noch an, hierzu 2- bis 300 Mann in 6 einzelnen Trupps, auf dem Bauche liegend und in einem Halbkreise zu postiren, der auf beiden Seiten sich an die Pallisadirung anschließt, „ce qui doit embrasser un grand terrain“, meint er. In dieses Netz sollte Alles eingelassen und nach dem bedeckten Wege eingetrieben werden; auch schlägt er große Trupps zu 100 Mann mit Schildwachen und Cavalerie-Patrouillen dazwischen vor; die Schildwachen standen in einer Entfernung von 20 Schritt.

[63] (S. 354). Eine Laune der Schule wollte sich nicht diesen Mitteln zum Vorschreiten, sondern nur erst dem Vorschreiten selbst widersetzen. Sie wollte das Festungsgeschütz nicht gegen die Batterien, sondern nur gegen die Sappenteten richten, worüber sie einen großen Streit veranlaßte. Höchstens konnte bei notorischem Munitionsmangel im Platze die Frage entstehen, ob man diese Munition zweckmäßiger gegen den Batterie- oder den Sappenbau

zu verwenden habe. Schon bei Quincy begegnet man der Aeußerung: „Ainsi plusieurs sont d'avis que la plus grande partie du canon d'une place est employée plus utilement sur les tranchées."

[64] (S. 354). Man hat neben der Uebermacht an Geschütz und Aufstellungsgelegenheit zur Ueberwältigung, dem Belagerer noch eine gleichmäßige Eröffnung des Feuers, eine Concentration desselben nach den bedeutendsten Linien und ein cadenzirtes nächtliches Schießen als Hinderniß der Wiederinstandsetzung der Werke anempfohlen, was Alles, wie manches Andere, seine zu billigenden Gründe hat.

[65] (S. 355). Vauban giebt die Lehre: „Dèsque le front d'attaque est connu, le gouverneur doit chercher à opposer s'il est possible un plus grand nombre d'artillerie aux batteries ennemies." Dabei giebt er folgende Taktik an: „Il ne faut point ouvrir les embrasures que l'on ne voit l'ennemi placé, observant de ne les jamais opposer directement aux siennes, mais toujours les prendre de biais, autrement son canon aurait bien demonté celui qui leur serait opposé." Quincy läßt das Ende dieses Geschützstreites durch die Uebermacht bestimmen; „lorsque les assiégeants verront, que tout ce qu'ils ont opposé n'aura pû empêcher les ennemis de mettre leur canon et leurs mortiers en batterie, ni d'avancer leurs tranchées, pour lors ils ne doivent plus s'opiniâtrer canons contre canons parceque le leur serait demonté en très peu de tems et mis hors de service pendant tout le siége, le fort emportant toujours le faible. On évite par ce moyen la ruine entière des ouvrages." Man sieht, wie mangelhafte Geschütz-Ausrüstung der älteren Plätze und die, durch die manierirte Fortification beschränkte Geschütz-Aufstellung schon hier Bedingungen aussprechen läßt, die Gassendi noch mehr in Verlegenheit brachten und neben allem guten Glauben an ihre Waffe, doch die späteren gelehrten Artilleristen nachgiebiger als ihre Vorgänger machten. — Dupuget sagt von dem jüngeren Vallière bei der Belagerung von Aire: „Er schnitt alle Tage neue Scharten ein, welche der Feind nicht erwartete; sobald sie durch ein überlegenes Feuer angegriffen wurden, verließ er sie; wenn sie aber vom Feinde nicht mehr beschossen wurden und dieser sich an andere machte, setzte er sich darin auf's Neue." — Auch die Oestreicher wurden bei der bekannten Belagerung von Valenciennes (1793) durch eine solche Beweglichkeit der Festungs-Artillerie zur Verzweiflung gebracht. In dieser Anschauung schlägt darum schon Belici (1575) vor, die Bankette hinter den Brustwehren hier und da fortzulassen; „l'archibugieri, meint er, bisognandovi si accomodera per altra via" und Lorini (1597) will den Brustwehrkronen der Courtinen eine Contrepente verschaffen; „accio che il nemico non solo non possa offendere, ma che l'offesa che ricevra sia maggiore per esser inaspettata et questa cosi fatta commodità si possa haver solo del parapetto fatto col pendere in dentro potendovi i defensori stare a lavorare per tagliare le dette canoniere, senza che esso nemico gli possa vedere."

[66] (S. 355). An den neuesten Thurmbefestigungen der mitunter als ein Surrogat für Waffenplätze eingerichteten, fortificirten Orts-Positionen, über welche im Ganzen noch manche Dunkelheit schwebt und worin der Enveloppendienst der Wälle vorherrscht, zeigen sich Spuren dieser Ideenverwirrung zur Genüge; ebenso in den unmäßig breiten Plattformen auf allen Spitzen der permanenten Werke, die nach Eröffnung des feindlichen Geschützfeuers die wichtigsten Wallpunkte unbrauchbar machen, sofern ihrer Deckung oder Abtragung nicht eine bedeutende Arbeitskraft während der Crisis gewidmet wird.

[67] (S. 355). Quincy drückt sich darüber folgendermaaßen aus: „Ces sortes de pièces que l'on nomme volantes qui donnent si souvent le change à l'ennemi, qu'il ne se saurait fixer ses batteries pour les détruire;" und anderswo, namentlich für die hierzu im bedeckten Wege zu gebrauchenden Kanonen: „Ces pièces ont des affûts montés sur quatre roulettes de différentes structures que les autres (marins)." Man kann hieraus beiläufig sehen, daß auch Montalembert's Schiffslaffetten schon 50 Jahre vor ihm zu Lande paradirten, ja man findet sie schon von Goulon als affûts de place empfohlen.

[68] (S. 356). Auch hierbei zeigte sich eine große Alteration durch die Manier, als Cormontaigne seine großen Raveline dergestalt über die Bastionsspitzen hinausschob, daß man diese fortan zuerst anzugreifen genöthigt wurde und mithin die Frage, ob es besser sei, 2 Bastione und 1 Ravelin oder 2 Raveline und 1 Bastion anzugreifen, auf die Frage in der Tenaillen-Enceinte reducirte, ob man vortheilhafter auf eine oder zwei vorragende Spitzen avancire, was Cormontaigne auf seine vorgeschobenen Lünetten ausdehnte, die nun 5 Approchenteten verlangten. Von dem Vorbauen der Raveline ist übrigens schon bei Goulon, also vor Cormontaigne die Rede. Das in dieser Beziehung zur Sprache gekommene Ravelin bei Ath war zu seiner Zeit ungewöhnlich groß.

[69] (S. 356). Quincy: „Les batteries des asségés sont souvent démontées, mais on doit s'opposer absolument à la mauvaise coutume qu'on a souvent en pareil cas, de ne point refaire celles qui sont ruinées. Il faut les rétablir jusque sur les brèches."

[70] (S. 356). Man darf nicht glauben, daß der Gebrauch unverhältnißmäßig schwerer Bomben (die z. B. bei Antwerpen im Jahre 1833 bis 1000 Pfund wogen) etwas Neues ist. Vor Ath (1697) benutzte schon Vauban 3 Mortiere gegen eine Inundationsschleuße, welche 500 Pfund schwere Bomben warfen, die aber einem alten Bombardierofficier, der in derselben Batterie auch noch mit kleinen Mörsern arbeitete, viel zu schaffen machten.

[71] (S. 357). Montecuculi meint, daß der gewöhnlich schwächere Belagerte sein Heil unter der Erde suchen müsse, weil hier der Belagerer auch nicht mehr Menschen gebrauchen könne wie er.

[72] (S. 357). Quincy: „Je ne m'arrêterai point à détailler jour par jour la conduite du travail jusqu'à ce qu'on soit arrivé au chemin

couvert, y ayant plusieurs opinions sur ce sujet et chacun suivant dans l'exécution sa manière particulière, pour laquelle il a ses raisons. On ne peut pas précisement déterminer, en combien de jours on peut arriver à la dernière parallèle, ni les progrès de la tranchée, le travail pouvant être avancé ou retardé." Da der Autor dies bei Gelegenheit von Vauban's Lobe sagt (1726), so sprach er damit auch wahrscheinlich dessen Meinung aus, der er überall nachgeht und die damals durch die späteren échelles de comparaison noch nicht verdreht war, sondern als „méthode de M. de Vauban dans l'attaque des places", womit ihr eine gewisse Vornehmheit beigelegt wurde, in Cours kam.

[73] (S. 357). Es versteht sich; daß dabei auch das Geschichtliche nicht außer Acht bleiben darf; so spricht noch Quincy von Redouten auf dem Glacis, zur Flankensicherung des Angriffs, die man jetzt durch Crochets und hintere Laufgrabentheile erlangt.

[74] (S. 357). Ebenso wie man den Sappeur seinen Korb setzen lehrt, sollte man den Infanteristen hinter der Brustpallisade mit dem Gewehr agiren und ihn selbst seine Sandsackscharten auf der Brustwehrkrete sich aufstellen lassen; den Artilleristen sollte man dagegen mit der Schartenlade, über die übrigens noch mancher unnöthige Begriff im Schwunge ist, exerciren lassen. Dergleichen Uebungen gehören jedoch, wie die vielfältigen des Mineurs, in die Elementar-Waffenschulen.

[75] (S. 357). Quincy will wissen, daß Vauban niemals eine vierte Parallele bauen ließ, die auch wohl im engsten Sinne nur aus zusammengezogenen Waffenplätzen besteht, welche wie die Halbparallelen überall da angelegt werden müssen, wo die Oertlichkeit eine nähere Unterstützung fordert. „Il y en a qui en font une quatrième, mais trois sont suffisantes; cet usage a été peu suivi."

[76] (S. 357). Villars verlor vor Freiburg, bei der gewaltsamen Wegnahme des bedeckten Weges, viele Menschen. Im Cormontaigne lesen wir, daß sich der Ingenieur dem Dogma nach, jeder brüsken Unternehmung abgeneigt zeigen müsse, was Bousmard's Ausspruche: „quand l'ingénieur n'est pas homme de guerre et que l'homme de guerre n'est pas ingénieur, ils raisonnent d'un même objet qu'ils voient par des faces différentes", zu Grunde liegen mochte.

[77] (S. 357). Die über die dritte und die Halbparallelen hinauszwische n die Scheeren des bedeckten Weges gerathenden Approchenteten und Couronnementsarbeiten müssen entweder durch die gewaltsame Reinigung der langen Zweige selbst oder wenigstens durch ihre Beherrschung aus den Tranchee-Cavalieren (40 Schritt vom Winkel seitwärts) gesichert werden.

[78] (S. 358). Die Trancheewache wird fortgesetzt zu drei Viertel der Garnison angenommen. Quincy sagt deshalb: „On subdivise encore la garde (des bedeckten Weges nämlich) en trois parties, dont deux sont destinées à faire feu pendant les deux premières heures de la nuit, et seront relevées par l'autre tiers, et de 2 heures en 2 heures se

succéderont les uns aux autres tant que la nuit durera. Il suffit pendant le jour, d'entretenir le feu par 8 ou 10 hommes qu'on poste dans les angles saillants du chemin couvert, qui aurait vue sur les attaques. On fait à l'ordinaire un feu continuel pendant la nuit parcequ'on suppose, que la tranchée chemine surtout, devant tout le front attaqué." Mit der Vernachlässigung der Handgranaten hat man sich eines allzeit fertigen Streitmittels begeben, das während der freieren Ausübung des Festungskrieges wesentliche Dienste leistete, und in derselben Ausdehnung durch keine Geschützanwendung zu ersetzen ist.

[79] (S. 358). Je näher man noch der Ritterzeit stand und auf persönliche Ueberwältigung ausging, desto mehr wußte man diesem Acte des Festungskrieges Genüge zu leisten. „C'est là où je les attendais", meint Chamilly. Das neuere Bajonnettfechten könnte, gehörig gewürdigt, auf anderem Wege wieder in dieses Bedürfniß einlenken. Nach einer älteren Regel soll man, eben des Handgemenges wegen, jedes Werk, dessen bedeckter Weg einem Angriffe ausgesetzt ist, hinlänglich mit Infanterie besetzen und des Nachts gegen jede Sappentete 24 Gewehre agiren lassen, um den flüchtigen Sappengang zu hindern.

[80] (S. 358). Schon in dem der Sicherung vorangehenden Erkennen hat sich für den Mineur eine eigene Taktik gebildet, die unter Umständen auch wieder in der oberirdischen Kriegführung Anwendungen findet, wie z. B. die Täuschung mit den ungeladenen Bomben, die nach einigen geladenen in die feindlichen Galerien geworfen, diese dem Recognoscirenden preisgeben. „Cette manière", äußert sich Quincy, „peut s'étendre à toute sorte de logements"; auch bediente man sich ihrer vor Philippsburg (1734) zum Recognosciren der Bresche, die man auf ähnliche Weise bewerfen ließ.

[81] (S. 358). Cormontaigne: „Lorsque l'ennemi se trouve prêt à former sa troisième parallèle, rien ne serait plus à propos qu'une sortie de la garnison sur la tranchée", und weiterhin: „le travailleur après une telle expédition, croit d'avoir toujours l'ennemi sur le dos et ne demande qu'à finir au moindre bruit qu'il entende." — Der Garnison giebt Vauban den Rath, die dem brüsken Angriff ausgesetzten Stellen nur mit wenig Leuten zu besetzen und lieber dem Geschützfeuer freies Spiel zu lassen. „Ils sont trop hazardés pour être soutenus de pied ferme." Wäre es aber alsdann nicht besser, wenn sie gar nicht vorhanden wären oder gar nicht besetzt würden, wie die avant-chemins couverts, in deren Würdigung Vauban diese Meinung ausspricht? — Laubanie dirigirte bei Landau 1704 einen Ausfall von p. p. 600 Mann auf den Trancheeflügel und hatte Nutzen davon; ein späterer Ausfall auf die Zickzacks mußte nach einer Viertelstunde wieder zurückkehren; ein anderer verwehrte dem Belagerer das Logement auf einer früher weggenommenen Lünette, während noch ein anderer das Couronnement mit der flüchtigen Sappe, welches die gewaltsame Eroberung des bedeckten Weges erleichtern sollte, verhinderte. — Quincy: „On ne convient pas du tems de faire ces attaques; les uns veulent qu'on les

fasse en plein jour, les autres pendant la nuit" — Paskewitsch, welcher 14 Stürmen beigewohnt und in einem auch blessirt worden war, wollte keinen Ausfall vor Tagesanbruch anrathen.

[82] (S. 358). Man sieht daraus wohl deutlich, daß der Belagerte sich durch Reduits und Tambours in diesem Besitz erhalten, der Belagerer sich dagegen des einmal errungenen durch Logements versichern muß, wenn gewaltsame Unternehmungen von beiden Seiten nicht zu den Zufälligkeiten gehören und nur bis zu einem gewissen Punkte ausführbar sein sollen. — Quincy: „Quelque fois tout le chemin couvert est emporté par une action pareille, mais il arrive souvent qu'il n'y a que les angles saillants; les assiégés conservent le reste à la faveur des troupes."

[83] (S. 359). „La première sortie", meint Vauban, „qui a pour objet la destruction des travaux ennemis, doit être faite le jour de l'ouverture de la contre-approche, parceque le feu de cette nouvelle ligne verra en flanc et derrière l'ennemi dans son travail et ne laissera aux gens sortis qu'une partie de la tranchée à surmonter." Quincy beschränkt die Bedingungen: „ce que l'on ne peut cependant mettre en usage que lorsque les embrasures des batteries ennemies ne sont pas tournées de ce côté-là." — Uebrigens kann auch die Contreapproche den Belagerer zu einer größeren Ausdehnung seiner Trancheen nöthigen, indem sie die Festungsposition avancirt, und doch giebt ihr Cormontaigne nur den Werth einer Chicane; das Uebergewicht in der Fortification erhielt sie erst mit den bis auf 200 Schritt vorgeschobenen permanenten Fleschen.

[84] (S. 888). Goulon schreibt schon: „Les assiégés doivent envisager la perte de la contreescarpe comme le prélude de celle de leur place." Diese Meinung, welche zur tüchtigen Vertheidigung derselben hätte führen sollen, wurde der Vertheidigung der Werke nachtheilig und mußte durch andere Machtsprüche widerlegt werden.

[85] (S. 359). Die seit Carnot in der Befestigung wieder üblich gewordenen glacis en contrepente bestanden als sogenannte Wallrave'sche Profile, welche keine Grabensohle wie die Carnot'schen haben, bereits vor Friedrich II. in den schlesischen Festungen; auch erwähnt sie Mandar als schon bei den Alten nicht unbekannt.

[86] (S. 359). Mallet (1672) versteht noch unter „coffres" bedeckte Gallerien wie die alten vignos; die spätere Bedeutung hält sich aber blos an doppelte Epaulements.

[87] (S. 359). Während bald nach Erbauung der ersten Bastione die Breschelegung durch den Pionier (con zappa, piccóne ed badile) eine so bestimmende war, daß sie zu einem Erdbaue mit hölzernen Einlagen, welchem das Bollwerk seinen Namen verdankt, nöthigte (s. darüber Theti, indem er von dem Bastion Marie zu Wien spricht); und während selbst noch in den ersten Zeiten Vauban's die Mine als Hauptagens der Breschelegung an-

gesehen wurde, welchem das Kanon nur verarbeitete, so dient sie dagegen heute nur noch als Nothbehelf zu diesem Zwecke.

[88] (S. 359). Nach Gentilini (1592) wurden die eisernen Kanonenkugeln erst gewöhnlich, als man die Werke so stark machte, daß die nur mit schwachen Ladungen zu gebrauchenden steinernen Kugeln keine Wirkung mehr hervorbrachten.

[89] (S. 359). Selbst die französische Schule war darüber einig, daß man auf 730 Metres Entfernung eine 1⅓ Metres starke Mauer mit 24pfündern destruirt habe und vielfache Beispiele aus älterer und neuerer Zeit bestätigen die Zulässigkeit bedeutender Entfernungen. Mandar spricht von 5- bis 600 Toisen bei Ypern, Freiburg, Mons, Namur, Mastricht und Gibraltar und setzt hinzu: „Alors on force la charge; on élève l'angle de tir et l'on bat de même, soit à ricochet soit par plongé, soit de plein fouet les ouvrages qu'on veut tourmenter; on en est quitte pour un plus grand nombre de coups perdus. — Bei Lerida (1810) bauten die Franzosen die Breschbatterien in der ersten Parallele, 350 Schritt vom Hauptwalle. — Wenn viele unserer Zeitgenossen die geistige Nahrung nicht blos aus den Zeitschriften zögen, so möchte man sich darüber wundern, daß man von diesem Umstande im französisch-spanischen Kriege soviel Aufhebens machte.

[90] (S. 359). Prinz Eugen legte 1708 bei der Belagerung von Lille seine Breschbatterie in das Ravelin.

[91] (S. 359). Das Ingenieur-Dogma: „mur vu, mur battu" giebt dem Bewußtsein einer überwiegenden, möglichst sicheren Geschütz-Aufstellung im Platze, bei den neueren Fortifications-Conceptionen verschiedentlich Raum, und würde es noch öfter thun, wenn die Principien des Festungskrieges schon auf die allgemeineren Kriegsprincipien zurückgeführt und diese Letzteren selbst bereits näher und allgemeiner erkannt wären.

[92] (S. 360). Wir schreiben das Wort der Verständlichkeit wegen so, wie wir es von unseren deutschen Vorfahren überliefert erhielten. Später Kommende verleugneten seinen vaterländischen Ursprung, indem sie es französisch geschrieben wieder aufnahmen und unter allerlei Purismen bis in „Presse" verwandelten (s. Graf Pappenheim's Bericht über die Eroberung Magdeburgs 1631 und Schildknecht's Harmonia, 1652).

[93] (S. 360). Vauban stimmte nicht für gewaltsame Eroberung des bedeckten Weges; „il préférait", sagt Quincy, „de prolonger le siége de quelques jours pour épargner les troupes. Lorsque ses approches étaient à portée du chemin couvert aussi bien que la dernière parallèle, il faisait un détachement de 30 grenadiers commandés par un habile officier qui allait brusquement attaquer un des angles saillants de contreescarpe et qu'il faisait soutenir par un pareil nombre, si le premier trouvait trop de résistance. Il faisait tenir un plus gros corps d'Infanterie à portée soutenir ces détachements. Les premiers détachements étaient suivis d'un petit nombre de travailleurs, qui avaient tout ce qui était nécessaire pour y faire promptement un logement."

Ebenso dachte Vauban über die Behauptung des bedeckten Weges, wie man aus nachfolgender Stelle Quincy's entnehmen kann: „Des différentes opinions sur la défense du chemin couvert celle de M. de Vauban était, que pour les places, dont l'ennemi peut envelopper la tête des attaques, on ne doit point le défendre de pied ferme (d. h. von Abschnitt zu Abschnitt), parceque dèsque l'ennemi a gagné le haut du parapet, il peut plonger dans le chemin couvert, enfiler les défenses et envelopper en même tems ceux qui les défendent. Le second inconvénient est, que le feu des remparts demeure sans action. Mais au contraire, si l'ennemi est obligé de faire ses attaques par des avenues moins étendues, que le front de la place soit environné d'un avant-fossé qui ne se puisse traverser que par des ponts, et qu'enfin il ne puisse aborder le glacis qu'en défilant, alors M. de Vauban convient qu'on peut hasarder de soutenir la défense de pied ferme." Bei Lille (1708) that man es indessen auf Anrathen eines erfahrenen Generals dennoch nicht, und man befand sich wohl dabei, weil man die Mine desto besser zu gebrauchen im Stande war.

95 (S. 360). Das durchlaufende Couronnement, wie das höher gelegene Glacis hindern die Wirkung der ersten Belagerungs-Artillerie beim Fortgange der Approchen; daher die erhöhten Demontirbatterien in der Nähe der dritten Parallele, sowie die späteren Contrebatterien, die im Nothfalle auch wohl mit Mörsern ausgerüstet werden. — Goulon bemerkt: „Les bombes au siége de Luxembourg ont démonté plus de six batteries qui ne pouvaient être vues du canon."

96 (S. 360). Wie weit man im Ernstfalle mit der Boulee'schen Schachtmine beim Angriff kommen wird, hat die Erfahrung noch nicht gelehrt.

97 (S. 360). Von bedeckten Wegen (Corridors, eingehawter Weg, nach der altdeutschen Schreibart) will man schon seit 1270 Kenntniß haben.

98 (S. 360). Cormontaigne erklärt die Eroberung des gedeckten Weges für die wichtigste und schwierigste Unternehmung im ganzen Verlauf einer Belagerung. — Quincy meint von dem brüsken Angriff desselben: „Tout le monde doit y convenir que c'est l'action la plus difficile et la plus meurtrière qui se puisse passer dans un siége et même à la guerre." Als Vorbereitung zu einem solchen Angriffe, räth er, die hinterliegenden places d'armes zur Aufnahme von Truppen und Materialien zu erweitern, die Laufgräben mit Bankets zu versehen, die nöthigen Materialien, als Körbe, Faschinen, Sandsäcke ꝛc., sowie die erforderlichen Utensilien, „dont on met une partie sur les revers des places d'armes et l'autre en dedans et dans les endroits les plus à porté" anhäufen zu lassen. Auch räth er, die erforderliche Zahl Arbeiter und Sturmcolonnen zu commandiren und die Führer gehörig zu unterrichten. Nach den durch einige Bombenwürfe gegebenen Signalen sollen sich die Grenadiere auf sämmtliche wegzunehmenden aus- und eingehenden places d'armes werfen und von ihren, in die Parallele rückenden Soutiens unterstützt werden, während das Feuer

des Geschützes auf dem Wall anhaltend fortdauert. Das Logement soll 3 Toisen von der Krete dergestalt eingerichtet werden, daß es die Bresch-batterie aufnehmen kann, und soll successive alle Traversen umfassen; „on ne peut établir les batteries qu'on n'ait absolument chassé les assiégés des traverses", womit die Mine zu verbinden ist.

90 (S. 361). Solcher Zwischenzweck findet überhaupt in der Nöthigung zur Arbeit und insbesondere zur Anlage der halben und vierten Parallelen seine Anerkennung. Stündlich unternommene kleine Ausfälle über die Glacis-krete hinaus (mit 15 Mann), künstliche Erschwernisse des Cheminements, doppelte Pallisadirungen oder schnelle Räumungen des bedeckten Weges, Wiedereroberung und Wallfeuer, vermehrte Sappenteten, nahe Reserven 2c. finden sich als gerühmte oder verworfene Mittel zu dieser Art von Kriegführung angegeben, je nachdem einzelne Umstände das Gelingen oder Mißlingen derselben herbeigeführt haben.

Druck von Trowitzsch und Sohn in Berlin.

Nachgelassene Schriften

von

Ernst Ludwig von Aster,

weil. Königlich Preußischer General der Infanterie, Chef des Ingenieur-Corps
und General-Inspecteur der Festungen.

Zweiter Band.

Berlin,
Verlag von J. Guttentag.
1856.

Zur Kriegstheorie.

Zweiter Theil.

Entwurf zu einem System
der
Kriegslehre.

Von
Ernst Ludwig von Aster.

Berlin,
Verlag von J. Guttentag.
1856.

Inhaltsverzeichniß.

A. Einleitende Betrachtung des Lehr-Gegenstandes.

B. Darlegung der Grundzüge der Lehre mit eingeflochtener Ausführung der Gegensätze und Hinweisung auf den Inhalt der Disciplinen.

I. Andeutungsweise Darlegung der Grundzüge der Lehre.

a. Intentionelle Seite der Kriegshandlung.

2. Beschaffung und Erhaltung der Mittel.

3. Einrichtung und Vervollkommnung der Kriegsmittel.

A. Einleitende Betrachtung des Lehr-Gegenstandes.

§. 1. Das geistig unter eigenthümliche Gesichtspunkte zusammengefaßte Mannichfaltige unseres Wissens giebt die Wissenschaft, und wenn es auf Erfahrungen beruht und das Handeln unmittelbar vorbereitet, die Erfahrungs-Wissenschaft oder Theorie (science de fait). Dasselbe muß zwar ausgeschieden aus dem Ganzen, aber doch in seiner Ableitung und unter dem Hinblick auf das Gleichgestellte und Entgegenstehende zum Verständniß kommen, wenn es weder als schlechthin einfaches Wissen, noch als ein blos willkürliches (Meinung) angesehen werden, sondern als einem bestimmten Ideengebiet angehörend erscheinen soll. Was unter dem Ausdruck Wissenschaft verstanden ist.

§. 2. Die Sitten-Lehre (Ethik), das speculative Wissen um die Gesammt-Wirksamkeit der Vernunft auf die Natur, steht unter der Wahrheits-Lehre (Philosophie) und neben der Natur-Lehre (Physik). Sie zerfällt in die Moral — das sittliche Erkennen und Handeln der einzelnen Personen untereinander — und die Politik als dasselbe unter zusammengesetzten Personen (Gemeinschaften, Staaten). Unter- und Nebenordnung gegen andere Lehre.

§. 3. Das Verhalten der Staaten untereinander erscheint uns entweder im ordnungsgemäßen (Friedens-) oder im gewaltsam gestörten (Kriegs-) Zustande; aus Ersterem schöpft die Staatskunde, aus Letzterem die Kriegskunde den Stoff ihrer eigentlichen Betrachtung. Staats- und Kriegskunde in ihrem Verhalten.

Krieg ist gewaltsame Nöthigung zum anderseitigen Anerkennen des eigenen Staatswillens und Kriegszweckes.

Das Kriegführen aber ist ohne einen Bestand an politischer Macht in den streitenden Parteien und das Bewußtsein eines höheren Zieles nicht denkbar (weil es ohnedem Freibeuterei und Ruhestörung sein würde), weshalb sich jeder Theil schon ehe der Kriegsconflict eintritt, eine politische Gewalt in der öffentlichen Meinung erwerben haben muß und weshalb innere Kriege unfehlbar sagen, daß die Staatsgewalt als solche schon vor dem Kriege in der That verloren und die Regierung nur noch im Besitz einer Parteigewalt war.

Langt die Kriegs-Nöthigung nicht aus, so daß das letzte Kriegs-Ziel nicht erreicht wird, so läßt sich wohl im Verlaufe des Krieges ein näheres Ziel annehmen, dessen Erreichung der Friede folgt.

Zerlegung des Lehr-Gegenstandes.

§. 4. Die in allen uns bekannten Kriegen vorgekommenen Kriegs-Erscheinungen, nach Ursache und Wirkung unter allgemeine Gesichtspunkte geordnet und daraus betrachtet, machten aus der **Kriegs-Kunde** die **Kriegs-Lehre** oder **Theorie**, welche richtig aufgefaßt wohl fähig bleibt, der **Kriegs-Kunst** als Leitfaden zu dienen d. h. für die Kriegführung unter bestimmt angegebenen und vorkommenden einzelnen Verhältnissen eine vernünftige Gesinnung zu wecken und den Willen zu lenken, welches sichereren Erfolg verspricht, als ein momentanes Gefühl, der Takt des Naturalisten und Empirikers, dem mindestens der Zusammenhang und die Consequenz in der nur augenblicklich angeregten Handlung fehlt, obgleich er jene köstliche Unwissenheit besitzt, die dem Menschen Schwingen leiht, um leichten Fluges über jedes Hinderniß hinwegzusetzen.

Verhalten der Kriegs-Mittel und Kriegs-Handlungen.

§. 5. Die aus der Kriegskunde sich aufschließenden Ursachen und Wirkungen stehen theoretisch angesehen als Kriegs-Mittel und Kriegs-Handlungen für die beiden streitenden Theile in fortlaufender Relation, und wenn man von den beiden Theilen absieht und dafür Handlung und Gegenhandlung annimmt; so läßt auch diese allgemeinere Betrachtung die stetige Umwandlung jeder **Kriegs-Handlung** in das **Mittel** einer neuen unbestritten zu.

Wäre die Kriegs-Lehre als Wissenschaft vollendet, was übrigens, da die Erfahrung es nicht ist, auch mit ihr als Erfahrungs-Wissenschaft nicht der Fall sein kann; so würde sich das Mannichfaltige der zum Streit gespannten Staatskräfte als Wechselwirkung von Kraft und Erscheinung darlegen lassen und eine Kriegs-Mittel-Lehre würde ebenso wie eine Kriegs-Handlungs-Lehre den Kreis der ganzen Kriegs-Lehre umschließen, ja selbst die Kriegskunst vollenden; denn wo alle Mittel vorhanden sind, muß die Handlung den Zweck erreichen und wenn der Zweck durch die Handlung erreicht worden ist, müssen die Mittel die richtigen gewesen sein.

§. 6. Unter Kriegs-Mittel in der hier vorausgesetzten Allgemeinheit sind nicht blos materielle zu verstehen, sondern vor allen Dingen gehören die geistigen dazu, und zwar nicht allein in ihrer ersten Kraftäußerung, sondern auch in ihrer Verkörperung und Potenzirung, insofern sie sich in gewissen gemeinschaftlich aufgenommenen Handlungstypen ausprägen, die eine aus ihnen mit zusammengesetzte und ohne sie vernünftiger Weise nicht als bestehend zu denkende Handlung in sich begreift. Die Kriegs-Mittel zerfallen demnach in einfache, die wieder materielle oder geistige sind, und in aus beiden zusammengesetzte. Man könnte dazu auch noch den Unterschied zwischen unmittelbar dem vorgesetzten Zwecke angehörige und übertragene angeben, welche den bewußten und erreichten Zweck einer abgeschlossenen früheren Handlung ausmachten, und unter Benennung von Daten in die Combination der Mittel zu einer neuen Handlung eingehen. Allgemeinster Begriff von Kriegsmitteln.

Die Armee soll ein im hohen Grade geistig potenzirtes und vielfach verkörpertes, zur Uebertragung stets reifes Kriegs-Mittel sein, ein Einssein von Organismus und Mechanismus für den Krieg, ein Kraftsein der Masse und ein Massesein der Kraft. Dieses Kriegsmittel giebt daher ein Haupt-Datum nicht nur für die Führung des Krieges, sondern auch für das Verhalten der Politik ab, woraus folgt, daß die Armee-Beschaffenheit (-Verfassung) eine wichtige Stelle in der Kriegs-Lehre einnehmen muß, ja sich schon als Resultat derselben geschichtlich vorstellt, denn ohne vorausgegangene Kriege könnte es keine Armee geben.

Begriff der Kriegshandlung und ihre wissenschaftlich bedingten Ansichten.

§. 7. Unter Kriegs-Handlungen verstehen wir ein bewußtes, zeitliches Vorschreiten für den Krieg oder im Kriege, nach Zweckbegriffen, in welchen sich bestimmte Wirkungen der Mittel offenbaren.

Wegen unvollkommener Kenntniß der Mittel und ihrer Vereinigung ebensowohl, als wegen unwillkürlicher Beschränkung derselben an sich durch die Gegenhandlung, haben Kriegshandlungen, selbst bei der richtigsten Speculation nicht immer den erwarteten Fortgang und Erfolg. Demungeachtet fordert die Lehre, daß die in der Sache liegenden Gegensätze nach Möglichkeit schon a priori ausgeglichen werden, indem sie sich dadurch wissenschaftlich constituirt.

Die ganze, den letzten Kriegszweck erfüllende Handlungs-Weise kann nur als Mittel für die Politik, nicht für den, die Handlung selbst ausmachenden Krieg gelten, und wenn damit der Friede herbeigeführt wird, so läßt sich keineswegs sagen, daß dieser der letzte Kriegszweck sei, weil er in Wirklichkeit nur eine Folge des Krieges ist. Ebenso wenig ist aber auch der Sieg, eine dem Kriege selbst untergeordnete Erscheinung, als dessen letzter Zweck zu nennen; denn man kann siegen und untergehen, würde also den Kriegszweck verfehlen, ungeachtet man ihn erreicht hätte.

Die wissenschaftliche Betrachtung soll im Verfolg der Handlung stattfinden. Ihre Theilung

§. 8. Die bereits erwähnte verschiedene Art der Kriegs-Mittel, die vorgängige Complication der meisten mit früheren Handlungen, und die nähere Verwandtschaft der endlichen Praxis mit einer ihr zur Seite gehenden Handlungstheorie, machen es rathsam das wissenschaftliche Netz der Kriegs-Lehre nicht auf die Betrachtung der Mittel, sondern auf die der Handlungen zu beziehen und danach die Gegensätze als Glieder wissenschaftlich aufgestellter Gedankenreihen zu vermitteln, nachdem zuvor der Gegensatz für sich in seinem ganzen Umfange aufgedeckt worden, damit sein Antheil und seine Unterordnung klar werde.

Solchergestalt muß die Lehre eigentlich in drei Theile zerfallen, nämlich in eine Darlegung der Grundzüge, eine Ausführung der Gegensätze, zusammen als elementaren, und in eine Auszeichnung der Fälle und ihres Zusammenhanges, als constructiven Vortrag. Für den hier unternommenen Entwurf würden zwei Vorträge genügen, indem der zweite Theil mit in den ersten verflochten werden kann und der dritte nur die Grundlage und das Gerippe der in unserer Kriegslehre heimisch gewordenen Disciplinen anzugeben brauchte, die wir aber ebenfalls wie beiläufig bei der Darlegung der Grundzüge erwähnen wollen.

B. Darlegung der Grundzüge der Lehre mit eingeflochtener Ausführung der Gegensätze und Hinweisung auf den Inhalt der Disciplinen.

I. Andeutungsweise Darlegung der Grundzüge der Lehre.

Kriegs-Verfassung und Kriegführung als zwei Lehrstücke.

§. 9. Der continuirliche Zusammenhang, welchen wir allen Handlungen für den Krieg sowohl als im Kriege zugestanden hatten, und welcher der Kriegs-Lehre die geforderte Einheit schaffen muß, verhindert nicht, da der Krieg selbst ein vorübergehender Zustand ist, in der Lehre die Kriegs-Verfassung und die Kriegführung als zwei große Abschnitte zu betrachten, denen sich die, jedem am meisten zugewandten Gegensätze, ihres lebendigen Ineinandergreifens ungeachtet, willig unterordnen lassen.

Wir wollen diese Theilung nach den inneren Handlungs-Gründen, nicht nach den äußeren Erscheinungen vollzogen wissen, so daß z. B. das, was die unbestimmte allgemeine Kriegs-Vorbereitung eines Staates betrifft, zum ersten Capitel, das aber, was die Bereitschaft zu einem eben entstehenden Kriege insbesondere angeht, zum zweiten Capitel gehören möge, wobei man sich nicht an den Ausdruck „Bereitschaft" binden darf, welcher allerdings für Beides zu brauchen ist.

Kriegswissenschaftliche Grundzüge nach drei Seiten der Handlung geordnet.

§. 10. Alle und jede vernünftige Handlung, daher auch die mittelbarste wie die unmittelbarste Kriegshandlung, soll sich zu erkennen geben:

a, in der Absicht, welche den einzelnen Handlungszweck gerade oder auf Umwegen, allein oder vorherrschend über andere Motive verfolgt, oder deren Oberherrschaft für ihn anerkannt wird. Es ist das die intentionelle (vorsätzliche) Seite der Handlung.

b, in der Wahl der Mittel, und zwar unserem bereits festgestellten Begriffe der Kriegs-Mittel gemäß nicht allein der unmittelbaren, sondern auch der mittelbaren, durch vorgängige Handlungen erzeugten, wozu die Beschaffenheit alles zur Handlung Gehörigen, dessen Organisation, Ausbildung und Unterhaltung angesehen werden muß. Wir nennen es die causale (werkzeugliche) Seite der Handlung.

c, in der zeitgemäßen Incidenz von Mitteln und That, wobei die Vorstellung zur Darstellung wird, wobei aber auch das Halten und Wechseln der Absichten, das Thun und Leiden, so wie alle während der Handlung eintretenden inneren und äußeren Zustände mit vollem Bewußtsein erfaßt sein wollen. Wir wollen es hier die praktische (ausübende) Seite der Handlung nennen.

Es bedarf wohl nicht erst besonderer Erwähnung, daß diese Eintheilung nicht auf eigentliche Handlungs-Classen geht und daß alle Seiten gemeinschaftlich bei jeder Handlung, sei es für die Idee, für den Vollzug oder für die Reflexion zum Vorschein kommen. Wenn wir weiter unten bei der causalen Seite mehr die Kriegs-Verfassung, bei der praktischen mehr die Kriegführung behandeln müssen, so gilt das nur einer näheren Verwandtschaft der genannten Seiten mit den, jener Theilung zufallenden Handlungen.

a. Intentionelle Seite der Kriegshandlung.

Was unter Handlungs-Absicht (Motiv) verstanden ist.

§. 11. Das, was wir Absicht (Absehen, Vorhaben, Motiv) in der Handlung nennen, soll weder auf den innersten Bewegungsgrund der impulsirenden Intelligenz gehen, die individuell ist, also dem Kunstgebiet angehört, noch weniger soll es sich auf politische oder andere, der Kriegstheorie fremde Veranlassungen erstrecken, sondern aus dem Bereich der Lehre selbst geschöpft sein. Wir brauchen nach eben vorgenommener Analyse der Handlung wohl kaum zu sagen: daß der mit verschiedenen solchen Absichten zu betreibende letzte objective Handlungszweck auch nicht darunter verstanden sein kann.

Der Ausdruck wird wohl zuweilen für Etwas über den

Zweck hinaus Liegendes, nicht immer ganz klar Erkanntes gebraucht; auf solche Weise darf er hier, wo Zwecke und Sphären deutlich heraustreten sollen, nicht vorkommen. Die Absicht führt zum Zwecke, aber oft nicht allein und auf dem geradesten Wege; Hindernisse auf demselben rufen andere Absichten zu Hülfe und machen Umwege unvermeidlich.

§. 12. Ueberhaupt können Absichten entweder mehr auf ein wahrscheinliches, aber noch unbestimmtes, oder mehr auf ein zwar nur angenommenes, aber doch bestimmtes Handeln gerichtet sein und in diesem Sinne, nicht aber im zeitlichen, der Handlung ferner oder näher liegen. Benennung d. allgemeinen Kriegshandlungs-Motive.

Wir wollen die Absichten hier als solche von mehr muthmaßlicher und solche von mehr thatsächlicher Natur unterscheiden. Zu den Ersteren zählen wir für den Krieg: das Erforderniß eigener Sicherung und die Lust die ermangelnde Streitfertigkeit des Feindes zu benutzen oder: dessen Ueberraschung; zu den anderen gehört uns jedes Trachten nach Besitz und der Ruf zum unmittelbaren Waffengebrauch, was noch kürzlich von Clausewitz „Niederwerfen des Feindes" genannt wurde, welches hier aber Ueberwältigung und zwar theilweise Ueberwältigung heißen soll, um dieselbe nicht mit derjenigen in politischer Bedeutung d. h. einer totalen der feindlichen Kriegskraft zu vermengen.

§. 13. In der Allgemeinheit, wie die Kriegs-Absichten hier angesehen werden sollen, läßt sich außer den, in die vier genannten Kategorien fallenden, für die Kriegs-Verfassung eben so wohl wie für die Kriegführung, in allen großen und kleinen Handlungen vom Zweikampf bis zur Völkerschlacht, keine fünfte ausfindig machen, wenn gleich jene sich vielfältig mit einander verbinden, einander aufheben und in der Vorherrschaft wechseln, also recht eigentlich die Metaphysik der Kriegführung wissenschaftlich begründen helfen. Rechtfertigung dieser Allgemeinheit.

Dasjenige, was man dem Electicismus in der Philosophie zugestehen muß: daß darin ein Princip, ein Mittel und ein Resultat für die Geschichte zu unterscheiden sei, kann auch der Achtung auf das Spiel der Kriegsabsichten in der Kriegsgeschichte gelten. Die Kritik, welche an ihrer Hand dort eingeht, wird sogar erkennen, daß es ganze Zeiträume giebt, in welchen die Mehrzahl der Anführer und alle Kriegseinrichtungen der Vorherrschaft einer oder der anderen von unseren Absichten huldigen mußten, und daß man daraus wohl eine, dem nützlichen Wissen näher als jetzt stehende Perioden-Eintheilung der Kriegs-Geschichte selbst, nachzuweisen im Stande sein möchte.

b. Causale Seite der Kriegshandlung.

Directe und übertragene Mittel (Daten) vereinigt.

§. 14. Ursachen, Mittel und Wirkungen sind in allen zusammengesetzten Handlungen so verkettet, daß sie sich dem Verstande, als Bestandtheile irgend einer That, unmöglich alle einzeln kund geben können. Wir müssen also, sobald uns die causale Seite der Kriegshandlung klar werden soll, selbst erst die Gegenstände einer zugänglichen Betrachtung zu unterscheiden suchen. Daß wir die schon oben als übertragene erkannten Mittel, für sich bestehen und als eigene Handlungen, über welche sich die Theorie nach Gefallen verbreiten mag, gelten lassen wollen, ergiebt schon die Anlage unseres wissenschaftlichen Baues. Die Ergebnisse solcher abgeschlossenen Handlungen reihen sich also zwar als Daten den directeren Mitteln der laufenden Handlung an, lassen aber in dieser ihre moralischen Elemente nur in der Combination früherer Erfolge, welche dem Bewußtsein der vorgängigen Handlungen angehörten, durchblicken.

Da die Wissenschaft (nicht ihre Erlernung, was wohl zu unterscheiden ist) immer nach Collectiv-Begriffen vorschreitet, so liegt im Gebrauch der Daten neben den directen Mitteln und in ihrer gegenseitigen Würdigung für den neuen Handlungsgang weniger Schwierigkeit, als man anfänglich glauben sollte. Wie viele Ueberzeugungen, die fast allgemeinen Cours haben, sind nicht aus der abgeschlossenen Combination der Kriegskraft, die wir mit dem Begriff der Armee bezeichnen, und besonders wenn die Begriffs-Bestimmung dieser oder jener namhaften Armee gilt, zu entnehmen? Mit der Verbreitung gediegener Bildung wird man indessen auf immer festeren Boden gerathen, den freilich die Begriffs-Verwirrung jetzt noch ziemlich schwanken läßt.

§. 15. Gehen wir nach dieser Beschränkung in die Natur der Mittel ein, wie sie der Kriegshandlung zu Gebote stehen und sich ihr mehr oder weniger hinzugeben bereit sind; so müssen wir sie als zeitliche und räumliche, als geistige und materielle anerkennen, die einander Vorschub und Widerstand leisten und wechselnd, sowohl im Allgemeinen wie im Besonderen, ihre höher begründeten Ansprüche in jeder Kriegshandlung geltend machen. Natur der Mittel.

Man findet sich mit dieser Unterscheidung zwar auf philosophischem Gebiete, aber der Krieg und die Philosophie, sie müssen sich begegnen. Man kann sich aber dabei immer noch mit der natürlichen Philosophie behelfen, die in jedem gesunden Kopfe liegt, ohne der speculativen nachzugehen, was die zur Betrachtung ungeschickte Lebensart des Soldaten übrigens auch selten genug gestatten dürfte.

§. 16. Für die Aeußerung der übersichtlich erkannten Kriegsmittel auf die Handlungen überhaupt lassen sich Classen auffinden, in welchen ihre verschiedene Natur schon in höherer Instanz vermittelt und in bestimmteren Formen zusammengefaßt ist. Wir verstehen darunter die Kenntniß von den Mitteln, ihre Beschaffung und Erhaltung, ihre Einrichtung und Vervollkommnung, die insgesammt ganze Handlungsreihen nach Stationen gliedern und Collectiv-Begriffe als allgemeine übertragene Mittel für spätere Handlungen zuwege bringen. Classificirter Einfluß der Mittel.

In ungestörter Folge werden sich wegen des stetigen Fortschreitens der Kriegführung selbst, diese Stationen mehr im Raisonnement über die Kriegs-Verfassung inne halten lassen, in ihrer eigensten Anwendung aber die Armeen als organisirte Kriegs-Kraft der Völker treffen.

c. Praktische Seite der Kriegshandlung.

§. 17. Während der Handlung schwimmt Denken und Thun, Sinnen und Leisten dergestalt ineinander, daß man wohl von beiden den Anfang, aber nicht den Trennungspunkt anzugeben weiß, welcher doch aufgefaßt sein müßte, wenn man auf der geraden Der Charakter der praktischen Seite entwickelt.

Linie der Verstandes- und Willens-Arbeit, das Rückwärtssehen nach jener und das Vorwärtssehen nach dieser genau scheiden will.

Wir müssen darum zur Theilung der Handlungsweise auf einen sinnlicheren Unterschied kommen und wollen ihn nach der Analogie der Mittel, in den mehr präparatorischen und den mehr executorischen Charakter derselben setzen, welcher in der ersten Beziehung: auf das Bereithalten, auf das Ordnen und auf das Gleichgewicht der Mittel dazu hindeutet, in der letzteren aber mehr den Zweck und den Verlauf der Handlung nach ihrer Ausdehnung und ihren Umständen, nach der Einigung, der Vorherrschaft und dem Wechsel der sie begleitenden Absichten, und nach dem zuletzt erlangten Erfolg oder dem Aggregat der Thatkraft, ins Auge faßt.

Uebersicht der kriegswissenschaftlichen Grundlage.

§. 18. Die auf den verschiedenen Seiten der Handlung liegenden höheren Abstractionen wären hiernach genannt und vors Erste zur vernunftgemäßen Ausgleichung, wie späterhin zur constructiven Anwendung auf die besonderen Disciplinen bereit; der Kreis unserer rein wissenschaftlichen, für alle Kriegsbetrachtungen geöffneten Grundlage wäre aber damit angedeutet.

Wir wollen hier den Schematismus in gedrängter Kürze nochmals vorführen:

Alle den Stoff für die Kriegslehre liefernde Handlung zeigt sich unserem Verstande:

von der intentionellen Seite; ihr dienen:	von der causalen Seite; sie beachtet:	von der praktischen Seite, eingreifend
die in allen Kriegen jede Handlung begleitenden Hauptabsichten, nämlich	die Natur der Mittel, als:	in die Bereithaltung das Ordnen das Ausgleichen } der Mittel, oder mehr präparatorisch
die Sicherung die Ueberraschung } mehr con-[illegible]	zeitlicher räumlicher geistiger und materieller } Art;	in den klaren Zweck das rechte Maaß die Absichts-Wirkung den endlichen Ueberschlag } der Handlung, oder mehr executorisch.
der Besitz die Ueberwältigung } mehr [illegible]	die allgemeine Aeußerung in der Kenntniß Beschaffung und Erhaltung Einricht. u. Vervollkommnung } der Mittel	

Daß man mit diesen hier auf gleiche wissenschaftliche Höhe gebrachten Begriffen und ihrer nun nachfolgenden Erläuterung und Trennung in ihrem Bereich Wahrheiten zeigen kann, die allen bisherigen Kriegs-Disciplinen einzeln einverleibt werden mußten, wird Niemand bezweifeln; wohl aber, daß man dann der jetzigen Anordnung dieser folgen und sich allemal den Euklid'schen Weg vom Bekannten zum Unbekannten vorsetzen dürfte.

Was den ersten Einwurf angeht, so weiß ich nicht, warum das höhere Princip eines Lehrsystems unsystematischen Conglomeraten zu weichen hätte. Auf den zweiten antworte ich, daß dasjenige, was jetzt allenfalls einem Fortschreiten vom Bekannten zum Unbekannten ähnlich sehen könnte, gerade dasjenige ist, was das Hundertste ins Tausendste mengt und daß, wie weiter unten näher gezeigt werden wird, das wissenschaftliche System zwar die Unterrichts-Serie feststellt, bestimmungsgemäß sich aber nicht zur Vervollständigung der ersten Begriffe hergiebt, man also auch nicht hoffen darf, in seinen ersten Capiteln einen elementaren, in seinen letzten aber einen höheren Lehrcours ausfindig zu machen. Die Wissenschaft soll das Wissen zusammenfassen und mit ihm umzugehen lehren.

II. Weitere Ausführung der angedeuteten Grundzüge.

a. Intentionelle Seite.

§. 19. Für das eine handelnde Subject äußern die beiden conjecturalen, so wie die beiden factischen Absichten reine Gegensätze, was in ihrem objectiven Bestande doch immer eine nothwendige Vorherrschaft der einen über die andere zu erkennen giebt; denn wer sich blos sichert, überrascht den Anderen nicht, und wer überrascht wird, war nicht gesichert. Ebenso kann der, welcher blos am Besitz hält, auf keine Ueberwältigung ausgehen und der, welcher überwältigt wird, den Besitz nicht festhalten.

Vergleichung der conjecturalen und factischen Kriegshandlungs-Absichten unter sich.

In dergleichen offenbarem Widerspruch befinden sich die beiden conjecturalen zu den beiden factischen Absichten nicht; wohl aber können beide Arten sich kreuzend beschränken, indem sich eben sowohl die **gesicherte** als die **überraschende Besitznahme** und die im **Besitze gesicherte**, wie die **überraschende Ueberwältigung** denken läßt. Für die nähere Bedeutung der Absichten bleiben uns also nur vier einfache und vier zusammengesetzte zu erläutern.

Wenn man dergleichen Betrachtungen für müßige Forschungen halten sollte, so läßt sich nur auf dasjenige verweisen, was man im Urtheile über das Kriegswesen so häufig als Unsinn schildern hört. Soll der Wissenschaft ein reeller Werth zustehen, so weiß ich keinen höheren anzugeben, als solchen Unsinn aus den Köpfen der Faiseurs herauszubringen.

Abhängigkeit der Sicherung.

§. 20. Da aller vernünftigen Handlungsweise ungeachtet doch ein Theil der Kriegführung eigenen, außer ihrer Theorie liegenden Zufälligkeiten unterworfen und von einem ungewissen Ausfall des letzten Waffen-Gebrauchs abhängig bleibt, also dem Wagniß angehört, so würde es widersinnig sein, von der Sicherung als etwas Absolutem zu reden. Jede Kriegs-Sicherung ist beschränkt und abhängig:

a, von dem Urtheil über den gegenseitigen Handlungszweck und die ihm eben dienenden Kriegs-Absichten;

b, von dem Erkennen der in den Kampf hineinzuziehenden Streitkräfte beider Theile, ihren Kriegs-Verfassungen und Bereitschaften;

c, von dem Besitz überhaupt, insbesondere aber dem des Grund und Bodens, dessen Kenntniß und Benutzung.

Schädliche Extreme, welche die Sicherungs-Absicht angehen.

§. 21. Wohl kann die den Sicherheits-Absichten beizulegende Wichtigkeit zur Uebertreibung (Exceß) werden, sie verschwendet alsdann nicht allein die materiellen Mittel, sondern entfernt auch das Selbstgefühl in den geistigen; die zeitlichen Mittel gehen verloren und die räumlichen werden beschränkt. Umgekehrt ist ein Fehler in der Sicherung der Reiz zu gegenseitiger Ueberraschung, die oft nur aus Mangel der zeitlichen Mittel, die von der Sicherung des Gegentheils in Anspruch genommen werden, unterblieb.

Fälschlich wird solcher Mangel zuweilen einer nur aus richtigem Selbstvertrauen entstehenden Farbe der Intelligenz (Bravour) zugeschrieben.

§. 22. Es ist bei der verschiedentlichen Deutung, welche dem Worte Ueberraschung zufällt, vor allen Dingen nöthig: den Begriff zu bestimmen, der ihm hier, als Kriegshandlungs-Absicht angehören soll. Er darf nämlich nicht über den reinen Gegensatz der Sicherung hinausgehen und nur so lange gelten, bis in der Gegenhandlung eine Reaction sichtbar wird. Feststellung eines wissenschaftlichen Begriffs der Ueberraschung.

Offenbar muß der Zustand der Ueberraschung so lange andauern, als nöthig ist, um einigen Vortheil daraus ziehen zu können, sonst würde jede Initiative eine Ueberraschung, jede Subsequenz eine Sicherung sein, was bei wohlgeordneter Kriegs-Verfassung nicht stattfindet.

> Noch giebt es wohl Ereignisse, die im Kriege als Ueberraschungen von der Kunst benutzt werden müssen, die aber, da sie lediglich aus einzelnen Umständen hervorgehen, die Aufnahme in die Wissenschaft nicht erlangen können, weil sich in Betreff ihrer keine eigentlichen Classificationen aufstellen lassen, die in die Vergleichung einzuführen wären. Der in den Armeen von der allgemeinen Meinung geächtete Betrug, so wie allerhand Schlauheiten, sogenannte Kriegs-Listen, welche wohl noch geschichtlich zur Nachahmung und Warnung vorgehalten werden, gehören hierher und haben in einzelnen Fällen häufig den Erfolg der Ueberraschung; nicht minder wecken unbekannte Kriegs-Mittel in ihrem anfänglichen Gebrauch dieselbe psychologische Erscheinung, jedoch nur so lange, als sie nicht Gemeingut werden, was bei jetzigem geistigen Verkehr schwer zu vermeiden ist. Manchmal läßt sich mit längst vergessenen Kriegs-Mitteln ebenso wie mit neu erfundenen überraschen.

§. 23. Die Ueberraschungs-Absicht darf in der Handlung nur vom Anfange herein vorherrschen, muß aber eindringlicheren Absichten sogleich weichen können, wenn der Mittel-Zustand des Ueberraschten aufhört, und derselbe entweder weicht oder der Waffen-Conflict anhebt. Bedingte Vorherrschaft der Ueberraschungs-Absicht.

Völlige Entmuthigung, sogenanntes panisches Schrecken des Feindes, in die Ueberraschungs-Conception einzuführen, ist unklug, weil sie wohl zu den möglichen, nicht aber zu den nothwendigen Folgen der Ueberraschung zu zählen ist.

Maxima und Minima der Ueberraschung.

§. 24. So wie der eigene Zeitgewinn der Sicherung immer Vortheil bringt, so wird der feindliche Zeitverlust ein Beförderungsmittel der Ueberraschung. Das Maximum des feindlichen Zeitverlustes läßt sich hiernach als Maximum des Ueberraschungs-Vortheils zeitlich messen, ein Minimum des einen oder des anderen läßt den Vortheil wenigstens für die vorliegende Handlung verschwinden und gestattet allenfalls nach dem Warten (Temporisiren). einen Vortheil anderer Art.

Wissenschaftliche Einschränkung der mit dem Ausdruck: Besitz verbundenen Bedeutung.

§. 25. Der Besitz erstreckt sich über alle Mittel zur Kriegshandlung und selbst über das flüchtigste — die Zeit, die jeder anderen Absicht zu Gute kommt und die schon in der besseren Kriegs-Verfassung und dem rascheren Entschluß zur Handlung mittelbar gewonnen wird.

Der Besitz von Grund und Boden ist als räumlich nothwendiges Mittel zum Gebrauch der Kriegskraft, für Letztere von bleibendem oder von vorübergehendem Werth, je nachdem Erhaltung oder Erwerbung als Absicht oder selbst als Zweck in die Handlung eintritt. Der Besitz geistiger Mittel kann nur Absicht für die Armee-Verfassung werden, welche die diesseitigen Seelenkräfte bindet. Absichten auf die jenseitigen stehen erst der Politik zu Gebote.

Eben so wohl im Sinne der Erhaltung (Schonung) wie in dem der Erwerbung, kann die Absicht auf den Besitz der materiellen Mittel zur Kriegshandlung gerichtet sein und außer demjenigen, was mit dem Grund und Boden zusammenhängt, namentlich noch auf Nahrung und Bewaffnung gehen. Zum größten Theil ist auch dieser örtliche Besitz mit dem Boden-Besitz im Kriege so innig verbunden, daß solcher dafür mitgesetzt werden kann.

Vielfältig sind die Beziehungen, die sich für die Kriegslehre an den Begriff des Bodenbesitzes knüpfen; er begründet die meisten Disciplinen, wie weiter unten gezeigt werden soll, und ist darum oft genug als eine Grundlage der ganzen Lehre angesehen worden.

Diese allgemeinere Bedeutung des Bodenbesitzes wird es auch rechtfertigen, daß wir die vorliegende Abstraction darauf beschränken und die einzelnen Absichten auf einen anderweiten Besitz den tiefer gelegenen Betrachtungen vorbehalten.

Indirecter Werth des Bodenbesitzes.

§. 26. Würde der Bodenbesitz dem einen Theile auch weiter keinen Vortheil versprechen, so könnte er im Verlauf der Handlung doch dem anderen Nutzen gewähren (beati possidentes). Die Absicht des Besitzes kann also der Reflexion schon indirect folgen, nur darf diese sich selbst nicht ins Weite verlieren und nach Schatten greifen, während sie ihre Kraft von der Wirklichkeit abwendet.

Der mit dem Ausdruck: Deckung belegte, entfernte Besitz und seine Grenzen.

§. 27. Der Besitz kann auch unmittelbarer Weise erhalten und erlangt werden, sobald der Gegentheil der Mittel dazu beraubt ist; man kann das wohl eine Sicherung im weitesten Sinne (Deckung) heißen, die jedoch ihre Schranken hat, wenn sie nicht in Zersplitterung der Kraft ausarten und eben so schädlich werden soll, als eine solche Concentration derselben, die ihrer Erhaltung räumlich im Wege ist.

Diese Mittelbarkeit des Besitzes war eine Zeit lang das Ziel der Kriegführung, welches indessen mit der wieder geltend gemachten Absicht der Ueberwältigung schwinden mußte und den ihm theoretisch beigelegten Werth einigermaßen einbüßte.

Aus jener Zeit ist der Begriff der Deckung mit Umständen aufgefaßt worden, die ihm alleweile keine Deutlichkeit im gewöhnlichen Raisonnement ohne erneuerte Feststellung gestatten.

Was unter gesichertem Besitz verstanden ist.

§. 28. Der eigentlich gesicherte Besitz stellt sich der feindlichen Ueberraschung und der ihr auf dem Fuße folgenden Ueberwältigung entgegen, ohne darum die absolute Beharrung gegen eine systematisch fortschreitende Uebermacht anzusprechen. Die Sicherung kann der lebenden wie der todten Kriegskraft, ja in höherer Potenz wieder den schon angewandten Sicherungs-Mitteln gewidmet sein.

Die Boden-Verwandlung als ein Hauptmittel des gesicherten Besitzes (Fortification).

§. 29. In dem Grund- und Boden selbst liegt ein Haupt-Sicherungs-Mittel, nämlich seine **Verwandlung**. Sie darf nicht als reine Sicherungs-Absicht angesehen werden und giebt sich als Besitz-Absicht auch der Ueberraschung und der Ueberwältigung hin, greift also in alle Kriegs-Absichten mit ein.

Man hatte die Befestigungen früher nur aus der Sicherung abgeleitet und ihnen damit einen beschränkteren Kreis angewiesen. Das Princip des Terrain-Besitzes erweitert dieselben angemessen und bringt alle Terrain-Verwandlung in ein System.

Ueberraschende Besitznahme.

§. 30. Die zum Vollzug der Kriegshandlungs-Absichten nothwendige Bedingung des Bodenbesitzes hat der **überraschenden Erlangung** desselben bestimmte Formen aufgedrückt, welche eben solchen der **gesicherten Ueberwältigung** gegenüber stehen und, wie diese, einer allgemeineren Betrachtung unterliegen können. Das Tempo und der Entschluß, also die zeitlichen und geistigen Mittel, spielen bei der einen, Entwickelung und Masse, also die räumlichen und materiellen Mittel, bei der anderen die Hauptrollen, wobei der Accent dort mehr auf der Bereitschaft, hier mehr auf der Anordnung liegen bleibt.

Freilich sind das nur Beziehungen, welche den gleichmäßigen Gebrauch aller geeigneten Mittel, die sich für die eine oder die andere dieser verbundenen Absichten eignen, überhaupt nie aufheben; wohl aber bestimmen sie deren Charakter, dessen Festhalten die Kriegs-Verfassung wie die Kriegführung nur fördern kann, indem sie die rechten Mittel dem Zwecke und diesem die Mittel von Hause aus zuwendet, also ihrer schiefen Verwendungen und der Nothbehelfe weniger macht, was immer zum Besten der Handlung ausschlagen muß.

Begriff der Ueberwältigung im Sinne eines Kriegshandlungs-motivs.

§. 31. Das unmittelbare Brechen eines Theils der feindlichen Kriegskraft ist in der **Ueberwältigungs-Absicht** Hauptgegenstand des Handelns, der mit dem allgemeineren Zwecke der Kriegführung überhaupt, nämlich der Total-Ueberwältigung der gegenseitigen Kriegskraft, welche das unmittelbare Ergebniß des baaren Kampfrechts oder des Rechts des Stärkeren ist, nicht verwechselt werden darf, und auch bei den heutigen zusammengesetzten Kriegskräften, die sich füglich durch einen Schlag nicht vernichten lassen, kaum verwechselt werden kann.

Der wilde ungeordnete Massen-Conflict, von der Handwaffe unterstützt, der Zweikampf und etwa die Ritter-Fehde konnten zeitweilig wohl die theilweise Ueberwältigung zur allgemeinen machen; das ist aber nur Gegenstand der Kriegs-Geschichte und keine kriegstheoretische Form für unsere Zeit.

Unterschied, welcher in der Vernichtung der Kriegskraft und der Vernichtung des Feindes liegt.

§. 32. Es hat das gewaltsame Brechen der gewaltsam widerstrebenden Kriegskraft des Gegners keine andere Grenze, als deren Vernichtung, welche indessen nicht mit der persönlichen Vernichtung des Individuums oder der Gemeinschaft ihres Trägers (Feindes) verwechselt werden darf. Sittlichkeit und Gesetz (Völkerrecht) verbieten sogar mit der Vernichtung über die Wehrhaftigkeit hinauszugehen, was wegen inniger Verbindung der Kräfte mit den Persönlichkeiten nicht immer zu leisten ist.

Was sich auf diese Weise auch ereignet, so nahe es dem Einzelnen liegen mag, bleibt für ihn ohne moralische Zurechnung, weil sein Wille gegen den der Gemeinschaft zurücktritt und die Kriegsregel, aus höherem Grunde, unvermeidliche Bestimmung wird. Der Einzelne geräth in den Zustand der Nothwehr.

Erforderniß der Ueberwältigung.

§. 33. Die Ueberwältigungs-Absicht verlangt vor allen Dingen ein Zusammenhalten der Kriegskraft und eine Ausdauer derselben, Beides aber zur rechten Zeit und am rechten Orte. Man sieht, daß hier alle Mittel der Kriegführung, nachdem sich die sämmtlichen Kriegshandlungs-Absichten im vorbereitenden Streben zu dieser letzten Kraft-Aeußerung vereinigt haben, stark angezogen werden, und daß die Ueberwältigung mithin eigentlich den Silber-Blick aller Kriegshandlung, das Vehikel und Bild einer ganzen Kriegführung abgiebt.

Die Bedeutenheit der Ueberwältigungs-Absicht ist zeitweilig, theils durch die vorerwähnte Speculation auf den Besitz, theils durch politisch nachtheilige Macht-Verhältnisse, wie unter Friederich dem Großen, zurückgesetzt, von Napoleon aber in ihr volles Recht wieder eingeführt worden. Um so mehr haben seitdem die directen Ueberwältigungs-Mittel, namentlich die personellen, in der Meinung eine Art Uebergewicht erlangt, welches, da es vorzugsweise auf die Zahl geht, das richtige Verhältniß sämmtlicher Kriegsmittel zum großen Nachtheil der Kriegführung selbst zu zerstören droht.

Gesicherte Ueberwältigung, cadencirt in dem Angriff und der Vertheidigung der Plätze.

§. 34. Ueberwältigungs-Absichten, die ihre directe Vorherrschaft durch eine Kriegshandlung hindurch nicht verleugnen, bedürfen mehr als bloßer conjecturaler Sicherung; sie verlangen einen, dieser Ueberwältigung angehörigen Sicherungs-Grad. Solche Sicherung muß dispositionsmäßig mit dem Widerstande, welcher im Fortgange der Ueberwältigung zu gewärtigen ist, gleichen Schritt halten.

Man hat es beim Angriff fester Stellungen und Plätze vorzugsweise mit der gesicherten Ueberwältigung zu thun; sie gilt für das Princip der sogenannten attaque, während das Princip der défense im gesicherten Besitz liegt.

Ueberraschende Ueberwältigung.

§. 35. Mit der Beholfenheit und Fertigkeit der Kriegskraft, insbesondere ihrer persönlichen Mittel, macht sich eine anderweite zusammengesetzte Handlungs-Absicht in der überraschenden Ueberwältigung bemerkbar. Sie wird bei kleinen Streitmassen durch einsichtsvoll geleitete Geschwindigkeit, bei großen durch eingeübten Verlaß unterstützt und findet ihre Gegensicherung besonders im Ausweichen vor dem Stoße; dieselbe kann also auch den Sicherungs-Mitteln als ein Zeit und Gelegenheit gewinnendes Mittel zugezählt werden.

In der Kriegführung Napoleon's, der ungewöhnlich erfahrene Feldherrn und Heere besaß, kommt diese Handlungsweise häufig zu Tage; sie zeigt sich aber auch im Guerilla-Kriege und beim Partei-Gänger.

Schiefheiten in der theoretischen Theilung der Begriffe nach Offensive und Defensive.

§. 36. Von den vier Haupthandlungs-Absichten begegnen sich einander zwei und zwei in der Kriegführung häufiger als die übrigen, nämlich einerseits: Sicherung und Besitz, andererseits: Ueberraschung und Ueberwältigung. Man hat in dieser Verwandtschaft der Absichten da, wo sie vorherrschte, eigene Charaktere der Kriegshandlung entdeckt, und solche defensive und offensive genannt, die man eben so gut verzagte und muthige oder bedächtige und gewagte hätte nennen können. Daß dergleichen Charakter-Verschiedenheit für einzelne Kriegshandlungen wissenschaftlich durchzuführen ist, unterliegt keinem Zweifel; nur muß alsdann die Handlungsweise in ihren Kreis beschränkt werden, oder, wenn sich dieser Kreis hinauf bis gegen den letzten Kriegszweck erweitert, von solchem Charakter für die untergeordneten Handlungen keine Rede sein.

Daß eine so verschlungene Unterscheidung ohnedem die Wissenschaft nicht durchsichtiger machte, ist einleuchtend; noch viel einleuchtender aber, daß sie trüber werden mußte, als man eine große Capitel-Eintheilung, nach offensiver und defensiver Kriegführung vornahm. Die nicht ganz durchzuführende Parallele mit dem Thun und Leiden in der allgemeinen Kraftäußerung, mochte diese Theilung rechtfertigen und war wohl auch der Grund, daß man neuerdings mitunter selbst das offensive und defensive Benehmen in agressives (oder actives) und passives übersetzte, wobei man in der Zusammensetzung wenigstens die Autorität der Alten vor sich hatte, die auch vom applicare activa passivis sprachen.

Will man sich der hergebrachten Kriegstheorie nicht entwinden, so kann man freilich Ausdrücke zu ihren Capitel-Ueberschriften nicht entbehren, obgleich überhaupt aus undeutlich geschiedenen Classen-Begriffen der Wissenschaft kein sonderlicher Nutzen erwächst, und sich die Relationen in den geschiedenen unteren Begriffen dermaßen anhäufen, daß eigentlich Nichts unterschieden ist.

b. Causale Seite.

1. Kenntniß der Mittel.

Natur der Mittel mit Beseitigung der metaphysischen Distinctionen.

§. 37. Recht füglich lassen sich für die causale Seite der Kriegshandlung philosophische Betrachtungen über die allgemeinen zeitlichen und räumlichen Medien und die darin lebenden geistigen und physischen Kräfte und Stoffe umgehen oder das Nöthige davon speciellerer Betrachtung vorbehalten. Die Beschaffenheit der Mittel kann eine, dem Gegenstande angemessenere Zusammensetzung vertragen und läßt sich darum als eine intellectuell-moralische und materiell-gestaltete unterscheiden, wonach man sie auch persönliche und technische Kriegsmittel nennt.

Daß dem Verständniß dieser Namen schon Begriffe über den Krieg und Handlungen für denselben vorausgehen mußten, von welchen bis dahin noch nicht die Rede war, hat seine Richtigkeit, schadet aber nichts; denn wir haben bereits erwähnt: daß eine Wissenschaftslehre kein Schüler-Compendium ist und des Systems Folgerichtigkeit anders beurtheilt sein will, als nach der bloßen Reihenfolge der Elemente, die es bei seiner Aufgabe voraussetzt.

Gestaltung und Ziel der Mittel-Lehre.

§. 38. Die erste formelle Gestaltung im Kopfe des zur Handlung Berufenen ist die Kenntniß seiner Mittel und das letzte Ziel der Mittel-Kenntniß, mag sie durch Lehre oder Leben erlangt werden, ist die Handlung. Es darf darum, beim Ansammeln der Kenntnisse für die Kriegführung, dieses Ziel nie aus den Augen gelassen werden, und wenn auch die Handlung, der Prämeditation und der Ungewißheit ihres Ganges wegen, eine gewisse Breite der Kenntniß fordert; so muß auch diese von der Wissenschaft abgesteckt sein. Sie wird aus der Beantwortung der Fragen hervorgehen: worauf sich, der Kriegshandlung zu Gefallen, die Kenntnisse persönlicher und technischer Mittel zu erstrecken und zu beschränken haben.

Wenigen Denkern in den Armeen dürfte wohl das wilde Haschen der Bildung suchenden Militairs nach allerlei Kenntnissen in unserer Zeit verborgen geblieben sein, welches die Verwirrung in den Köpfen auch in den einstigen Gebrauch der Streitkräfte einzuführen droht und täglich zunimmt, je einseitiger die Ansichten über militairische Bildung werden. Da die Handlung im Kriege nicht ungethan bleiben kann, so läßt sich daraus, neben tüchtigen Lectionen, auch noch wissenschaftliche Barbarei vorhersagen.

§. 39. So lange die Kenntnisse noch von ferne, auf eine erwartete That gerichtet sind, und ihr als Erkennen nicht unmittelbar voraus eilen, gehören sie einem weiteren Umkreise an, aus dem selbst das Erkennen, sobald es den sinnlichen Eindruck übersteigt, durch Analogie und Induction genährt sein will. Ihre wissenschaftliche Aussonderung aus der Masse des Bekannten darf aber immer nur mit dem ersten, den Krieg betroffenen Handlungs-Mittel beginnen und muß sich an das theoretisch behandelte Material der Wissenschaft binden, nicht aber in Raritäten und Liebhabereien über und neben dasselbe hinausschweifen.

Weiteres und engeres Erkennen der Mittel.

Dergleichen Spaziergänge mag das Erfindungs-Genie vornehmen, aber auch nur dann, wenn es die betretene Bahn des Wissens erst einmal durchlaufen hat; weil es ohnedem vielen Umwegen mit wenig Gewinn ausgesetzt sein und die nüchternen Geister ohne Noth plagen würde.

§. 40. Gründliche Kenntniß der Kriegsmittel verlangt auf den höheren Stufen der Intelligenz unfehlbar Vor- und Hülfskenntnisse, die nicht in den ebengenannten Grenzen liegen; sie gehören aber darum noch nicht zur Kriegs-Lehre und so wenig zur psychischen Empfängniß der Soldaten-Seele, als der Dienst zur physischen des Leibes. Man mag wohl hier und da Soldaten-Kenntnisse mit allgemeinen besser gründen, ja selbst heben können, aber dann geht man immer über das, was die Kriegslehre angeht, hinaus und in das, der allgemeinen Bildung Angehörige hinein, was stets zu beachten bleibt.

Stellung von Vor- und Hülfskenntnissen in der Kriegslehre.

Das im Militair-Unterrichte so oft aufs Ungewisse hinaus unternommene Ueberfüllen mit Vorkenntnissen unter einem Anlaufe, als ob es die Allwissenheit gelte, läßt sich nur aus der Unwissenheit über dasjenige erklären, was dem Kriegswissen als Gymnastik dient. Befördert wird es durch den groben Irrthum, daß Leute, die man für die That nicht geschickt hält (unpraktische), ganz besonders geeignet sein sollen, Andere dazu geschickt zu machen. Die Calamität, die ein solches verkehrtes Verfahren sowohl dem Ganzen als dem Einzelnen zuführt, rechnet sich Niemand zur Sünde.

Zuträgliche Gestaltung der Hülfskenntnisse.

§. 41. Die Hülfskenntnisse reichen über die gymnastische Bestimmung der Vorkenntnisse hinaus und greifen tiefer in die Kriegslehre ein, ohne sie jedoch anders als mit Lehrsätzen zu berühren, welche nicht blos angenommen, sondern wissenschaftlich aufgefaßt sein wollen. Es muß ihnen vor der Aufnahme immer eine wissenschaftliche Aptirung gegeben werden, die rückwärts an den Gesichtspunkt der Hülfswissenschaft hinanläuft und von dort aus die Serie des Raisonnements trägt, welche dem aus den Principien der Kriegslehre abgesponnenen am rechten Orte begegnet.

Die Mathematik zeigt sich in doppelter Gestalt; sie kann Vorkenntniß sein, muß aber in dem allgemein Räumlichen, Mechanischen und Dynamischen auch als Hülfskenntniß dienen. Die Naturgeschichte des Pferdes, die Geographie, die Bau-Technik berührt als Kenntniß der Mittel die Handlungen des Cavaleristen, Generalstabes und Ingenieurs; ja selbst die Artillerie, von welcher der Artillerist den Namen trägt, ist als die ursprüngliche Lehre von den Pulver-Eigenschaften ein Theil der allgemeinen Physik und somit eine Hülfslehre.

2. Beschaffung und Erhaltung der Mittel.

Ausdehnung der Mittel-Eintheilung auf das allgemeine Tauschmittel, das Geld.

§. 42. Vorhin waren die der Kriegs-Verfassung dienstbaren Mittel in personelle und technische getheilt worden; es läßt sich, was ihre Beschaffung und Erhaltung angeht, noch das allgemeine Tausch-Mittel, das pecuniäre nämlich, dazu zählen, welches freilich kein drittes wesentliches ausmacht, aber die Handtirung mit jenen erleichtert.

An der Handlung zieht sich, wie wir sehen, der wissenschaftliche Faden durch die Kriegs-Lehre; das einfachere Mittel wird durch Uebertragen der vorgängigen Handlung in eine folgende, zum zusammengesetzteren an sich, deshalb aber nicht minder zum einfachen Mittel für diese nächste Handlung und so fort bis zur letzten. Das Geld ist factisch eine derartige Uebertragung.

Daß die Mittel solchergestalt Modificationen eingehen und also auch andere Classificationen erhalten, ist keine wissenschaftliche Taschenspielerei, sondern beruht auf geschichtlicher Abstraction, auf der jede Erfahrungs-Wissenschaft beruhen muß.

Verwandlung der rohen, geistigen u. materiellen in organisirte, persönliche und technische Mittel.

§. 43. Die Kriegs-Mittel, welche oben in der Lehre, ihrer Natur nach als geistige und materielle zu unterscheiden waren, lassen sich bei ihrer Aufnahme zur Kriegs-Verwendung als rohere, persönliche und technische ansehen und nehmen mit der Kriegs-Verfassung einen wiederum veränderten Charakter, nämlich als organisirte, unter denselben Benennungen an.

Die Abstufung zwischen der Rohheit und Organisation, von welcher aus die Beschaffung vor sich geht hängt dermaßen von Zeit und Umständen ab, und ist so verschiedener Art, daß sich wenig Allgemeines darüber sagen läßt.

Erziehung und Landes-Cultur kann hier dem militairischen Bedürfnisse vorangehen, so wie umgekehrt dieses in jene zurückgreifen müßte. Ohne Klarheit in dem, was dem Einen und dem Anderen Noth thut, kann das unmöglich mit Nutzen für Beides geschehen und es ist ebenso widersinnig alle Staatskräfte auf den Krieg zu richten, als die ganze Kriegskraft statistischen Zwecken zu opfern.

Die Beschaffung der persönlichen, insbesondere der persönlich-technischen Mittel.

§. 44. Das personelle Kriegs-Element, die einfachste Verkörperung der Kriegskraft, der Mensch, besitzt sehr verschiedene Tüchtigkeit für den Krieg und ist nicht immer gutwillig dafür zu gewinnen. Dieser Umstand und die Einflüsse der Gesellschaft haben die Beschaffung der Masse (Recrutirung) zu einem politischen Geschäft gemacht, welches indessen durch die aus der Kriegführung geschöpften Regeln bedingt ist, neben diesen Bedingungen aber noch denen unterliegt, die aus dem jedesmaligen Bedürfniß und aus dem Verhältniß der Staaten untereinander hervorgehen.

So lange Kriegsgeschichte besteht, zeigen sich nur ganz bestimmte, mit der verschiedenen Soldaten-Art zusammenhängende Formen der Massen-Beschaffung, je nachdem ganze Völkerschaften oder nur Bevorrechtete und Verpflichtete, je nachdem Söldner oder Standes-Soldaten das Kriegsgeschäft treiben. Spuren von diesen verschiedenen Soldaten-Classen, die auch Spuren von ihrer Beschaffung hinterlassen mußten, finden sich noch in den heutigen Armeen; sie müssen in dieser ihrer Gültigkeit berücksichtigt werden.

Kriegstüchtigkeit der Personen und Erhaltung derselben.

§. 45. Die körperliche Tüchtigkeit des Recruten sowie die Untüchtigkeit des Invaliden zum Dienste muß physiologisch begründet werden; seine Bekleidung und sein Unterkommen muß den Soldaten in und außer dem Dienste vor den nachtheiligen Einflüssen der Witterung und der Strapazen schützen; seine Wunden wollen geheilt und seine Gesundheitspflege überhaupt besorgt sein. Eine ökonomische und ärztliche Technik muß dabei, wie in der Verpflegung, der Kriegs-Lehre zur Seite stehen und deren Anforderungen mit ihren Abstractionen ein Ziel setzen.

Gewiß fehlt es nicht an Beispielen von dem physischen Ruin der Armeen, dagegen auch nicht an gelungenen Einladungen zu außergewöhnlichen Anstrengungen und es kommt eigentlich nur darauf an: der Poesie und der Bedenklichkeiten, durch eine gehörige Zusammenhaltung der Umstände in so weit Herr zu werden, daß Unmöglichkeiten nicht als Schwierigkeiten und umgekehrt erscheinen, indem sich die erstern auch mit dem besten Willen nicht überwinden lassen, die anderen ihm aber oft genug weichen. Nach längerem Frieden und bei einer, mit den Humanitätsgefühlen näher als mit der Soldaten-Rauheit verschwisterten Bildung, hat man sich vor dem Uebergewicht der durch das Ansehen des Wissens gehobenen Technik besonders in Acht zu nehmen, aber auch erst sein Werkzeug zu prüfen, ehe man dessen Aufgabe in ungewöhnlicher Weise steigert.

Einfluß der Verpflegung auf die Kriegshandlung (Militär-Oekonomie).

§. 46. Für den Krieg sind die Verpflegungs-Maaßnahmen so wichtig, daß sie sich in Wechselbeziehung zu den Kriegs-Entwürfen stellen und Eines das Andere theilweise aufhebt, theilweise unterstützt, je nachdem die vorherrschenden Handlungs-Absichten in beiden zur Correspondenz gebracht sind oder nicht, der richtige Maaßstab für die Mittel gefunden ist und der Kriegs-Erfolg auch den Verpflegungs-Erfolg einschließt.

Wohl kann die Sorge um den Armee-Unterhalt im Kriege

zu weit gehen oder zur Unbeholfenheit ausarten; ein solcher Exceß wird die Kriegführung lähmen. Zu flüchtige Anstalten können indessen auch wieder die Folgen des Leichtsinnes bis zur Auflösung der Kriegskraft ausdehnen. Die über die Technik hinausliegenden Wahrheiten der Verpflegungs-Theorie sind darum für die Kriegs-Lehre von hoher Wichtigkeit.

§. 47. Mit der Sorge für den Massen-Unterhalt (Verpflegung) unter den hindernden Einflüssen der Zeit und des Raumes zeigt sich gleichzeitig das Erforderniß von Vorräthen, ihrer Verwahrung (Magazine), Ergänzungen, Verarbeitungen, Verwaltungen rc., das sich ebenmäßig wie auf die Menschen, so auch auf den Unterhalt der Thiere erstreckt. Die dazu erforderlichen Handlungen abzuwägen, die entgegenlaufenden Beschränkungen derselben in der Abstraction möglichst nach der Praxis hin auszugleichen und damit die jedesmal vortheilhafteste Verpflegungs-Form auszumitteln, diese Erfordernisse bilden die Bestandtheile der Verpflegungs-Lehre, einer Hülfs-Disciplin der Kriegs-Lehre. Nöthigung zu Vorräthen (Magazinen) und ihrer Verwaltung.

Obgleich sich diese Bestandtheile nur auf die künstliche Verpflegung beziehen, so gehört die natürliche nichtsdestoweniger ebenfalls der Disciplin an, die sich überhaupt alles Unterhaltes anzunehmen hat und mit der Idee, welche den prämeditirten Verpflegungs-Anstalten zu Grunde liegt, ihre Aeste seitwärts nach der Statistik und aufwärts nach der Politik treiben wird.

§. 48. Neben dem unmittelbaren Einfluß der genannten Persönlichkeits-Bedingungen für jede Kriegs-Unternehmung ist noch ein allgemeinerer mittelbarer Einfluß derselben auf den Bodenbesitz, also auf eine der Haupt-Kriegshandlungs-Absichten nicht zu umgehen und muß jedesmal mit gedacht werden, sobald von deren Nothdurft und Beihülfe zu irgend einem größeren Kriegs-Zwecke die Rede ist. Allgemeiner Einfluß der Unterkunft auf die Erhaltung der Kriegs-Mittel.

In der militairischen Beachtung einer Landesgrenze, wie in der vom Kriege noch weit entfernten Friedens-Dislocation einer Armee, ist die Speculation schon genöthigt auf Quartier-Bedürfnisse, Bekleidungs-Depots, Truppen-Lazarethe und dergleichen Rücksicht zu nehmen; wie viel mehr wächst diese Rücksicht im stehenden und beweglichen Kriege selbst, wo der Waffenplatz die Operations-Linie für das Hin und Her bestimmt, ja schon die Etappenorte und Feldlazarethe beim Ueberschlagen der Raum-Verhältnisse stark in Rechnung kommen und der Kriegführung eigene Beschränkungen auflegen.

Unterkunft und Bewegung der Mittel im Kriege (Lagerung und Transporte).

§. 49. Die Kriegführung (ihr Umfang und die Vorherrschaft der Handlungs-Absichten sei, welche sie wolle) wird ohne das Bedürfniß des Unterkommens und das der Leibesnothdurft für den Soldaten, nie zur Erscheinung gelangen und von ihnen stets begleitet sein. Nothwendig mußte die Erfahrung darauf hindeuten, für die vorkommenden Fälle gewisse Classen von Unterkommen sowohl als von Bequemlichkeiten aufzufinden und mit denselben gewisse Transporte (Bagage) zu verbinden, welche Feststellungen, als von den Zuständen und Möglichkeiten abhängig, der Kriegstheorie lediglich zur Classen-Bestimmung und zur Wahl im Gebrauche anheim fielen.

Die Läger der Alten waren gesicherte, zum Unterkommen der Truppen und zur Verwahrung aller Bedürfnisse eingetheilte, regelmäßige Vierecke oder Quartiere, welcher Name auf das ganze Soldaten-Unterkommen übertragen worden ist, seitdem man eigene Soldaten-Wohnungen (Casernen) erbaute, oder Bürgerhäuser und ganze Landestheile (Cantons, daher Cantonnirung) so lange dazu benutzte, als man dem Waffen-Conflict noch nicht näher getreten war, in welchem Falle alsdann die Läger nach der Schlacht-Ordnung eingerichtet oder Bivouacks bezogen wurden. — Mit ähnlicher Modificirung zieht sich auch das Leibesbedürfniß vom Bekleidungs-Depot durch die Montirungs-Kammer und die Feld-Equipage bis zum Tornister hin, und weckt die Aufmerksamkeit für viele dahin einschlagende Nebenbedürfnisse, deren Technik auf die Kriegstheorie zurück scheint und sie zur Vermeidung von schädlichen Mißgriffen angemessen beleuchtet.

Rein militairische Ausrüstung und was dafür in der Theorie geschehen soll.

§. 50. Niemand bezweifelt: daß der Conflict mit dem Gegner auch bei der besten Kenntniß aller Waffen und ihrer Anwendung versagt ist, wenn es an den letzten materiellen Mitteln zum Kriege (Waffen in weitester Bedeutung) fehlt, oder diese nicht in gehöriger Zahl oder in gutem Stande erhalten sind; ja daß selbst die größere Vollkommenheit solcher Mittel an Schwierigkeiten scheitert, welche Dasein und Betrieb ihrem Gebrauche in den Weg stellen.

Die aus der Erfahrung abgezogene, auf die Handlung gerichtete Theorie ergreift hier die Zügel, schätzt das Bedürfniß und die Art der Mittel, weist die Excentricität der Phantasie zurück und läßt schon in der Prämeditation der nüchternen Wirklichkeit ihr Recht angedeihen.

Diese Prämeditation hat sich an einer Festungs-Anlage wie an dem Caliber einer Schützenbüchse oder der Schnalle an einem Reitzeuge zu ergehen und verweilt leider nicht immer verhältnißmäßig bei dem Wichtigeren, sondern verläuft sich nur zu häufig in armseligen Einfällen und und Liebhabereien. Fast möchte sich indessen die Theorie wohl jetzt noch mehr gegen die feinen Pedanterien und die aus einer vaguen Betrachtung entstehende Halbheit und Verwirrung zu hüten haben, weil diese nicht allein das Gute hinderen, sondern, wo es sich findet, auch noch verderben, indem sie es aus dem Geleise bringen.

§. 51. Ausrüstung ist noch keine Bereitschaft. Die Erstere ist das letzte Glied in der Handlungskette für die Kriegsverfassung, die Andere das erste in der für die Kriegführung. Jene hat ein unbestimmtes Ziel, von dem sie ungestraft mehr oder weniger entfernt bleibt, je nachdem es sächliche, politische und ökonomische Gründe gebieten und gestatten. Dieser ist ein unabänderliches Ziel gesteckt, das nur mit der momentanen Politik zusammenhängt, aber, in so weit es von der Kriegslehre abhängig ist, jedenfalls übel oder böse erreicht sein will, wenn nicht falsche Daten die Kriegshandlung von Hause aus verunstalten sollen. Grenzlinie zwischen Ausrüstung und Bereitschaft.

Leider findet sich diese Verwechselung häufig; am häufigsten, wo man über die eigene Natur seiner Kriegskraft im Dunkeln, die kleinen Intelligenzen ohne Zusammenhang wirken läßt. Unter schwerem Kosten-Aufwand und moralischer Kraft-Verschwendung erblickt man alsdann Bereitschaft dicht neben ganz vernachlässigter, fast vergessener Rüstung und sieht das Vertrauen auf die Kriegskraft schwinden, welches durch kostbare Vergeudung und sträfliche Sorglosigkeit zusammen unmöglich gehoben werden kann.

Verschobene Ausrüstungs-Ergänzung.

§. 52. Das zur Ausrüstung verwendete Material wird nicht allemal bis zum unmittelbaren Gebrauch fertig und erhält mitunter verschiedene Grade der Vollendung, die einerseits militairisch-politisch, von dem Spielraum zwischen der Ausrüstung und Bereitschaft, andererseits technisch ökonomisch, von der besseren Beschaffungs-, Verwahrungs- und Verarbeitungs-Weise abhängen, wozu aber wieder Verwahrungs- und Verarbeitungs-Locale (Waffen-Plätze, Zeughäuser, Werkstätten, établissements militaires), Fabrications-Betrieb und Verwaltung gehören, um sich des kriegsgemäßen Besitzes zu versichern.

Es giebt Dienstzweige, welche diese Ergänzung entweder ausschließlich oder vorzugsweise besorgen sollen, namentlich für die materielle Artillerie und einen Theil der Ingenieur-Partie. Die Theorie muß sie ebensowohl auf den nutzbaren Umfang des technischen Details beschränken, als ihnen die richtigen Grenzen zwischen Kriegslehre und Politik anweisen, innerhalb deren sie sich zu halten haben; sie müßte ihnen aber auch die zum Gelingen ihrer Thätigkeit unerläßliche freie Hand von Oben her vorbehalten und der Verwechselung begegnen, die, nicht ohne Lähmung und Nachtheil im Geschäft, hierin ein bloßes ökonomisches Benehmen erkennen läßt.

Besser zu würdigende Bedeutung der materiellen Mittel für die Kriegshandlung.

§. 53. Durch die erste Bestimmung des Materials zum Kriege ist der militairische Besitz nur formlos, also in einer willkürlichen Beziehung zur fortgesetzten Handlung angedeutet, was daher, wie bereits näher erwähnt wurde, nöthigte in der wissenschaftlichen Begriffshandtirung für die Handlungsabsicht des Besitzes großentheils beim Bodenbesitz als jeden anderen in sich begreifend stehen zu bleiben. Wird der Unterschied zwischen der Ausrüstung und Bereitschaft in seinen wissenschaftlichen Folgen besser erkannt; so müssen sich auch die in der Theorie der Kriegs-Verfassung und der Kriegführung besser unterschiedenen materiellen Mittel als die den Besitz angehenden Daten späterer Kriegshandlungen nach höheren Abstractionen deutlicher und bestimmter zeigen und als solche die Wissenschaft fördern.

Solche bestimmtere Bedeutungen für Begriffe höherer Ordnung sind allemal Gewinn für die Wissenschaft und die sich im Großen an sie haltende Kunst. Die an den unartikulirten Crystallisations-Kernen anschließende, immer zuströmende Begriffsmasse kann nur durch die Neugestaltung jener Kerne aus der Verwirrung herausgehoben werden, welche das Kriegs-Raisonnement noch heute erdrückt.

Pecuniäre Kriegs-Mittel u. die damit verbundene Comptabilität.

§. 54. Der allgemeine Einfluß des Geld-Verkehrs unter cultivirten Völkern konnte an der Beschaffung und Erhaltung der Kriegsmittel aller Art nicht spurlos vorüber gehen; er mußte nicht allein die Willfährigkeit der personellen anregen und erhalten, sondern auch der Rüstung und Bereitschaft auf halbem Wege entgegenkommen. Beides hat ihn mit der Kriegshandlung dergestalt verflochten, daß das Geld den Maaßstab und das Vehikel für viele Mittel abgiebt und nicht wohl eine Kriegführung ohne Geld mehr gedacht werden kann, dasselbe vielmehr in seiner Beschaffung, Verwendung und Verrechnung als ein eigenes, allgemeines Kriegsmittel, die Kriegstheorie hier und dort berührt.

Es fordert der Geldverkehr, sowie der der Kriegs-Oekonomie überhaupt, seine Technik, die einer eigenen Classe der Kriegs-Beamten (Intendantur-, Proviant-, Cassen-Personal rc.) zukommt und wie jede andere Technik neben der Kriegstheorie beachtet sein will und dieser zur Seite stehen muß, in so fern also immer für sie richtige Begriffe ihres Inhaltes und Umfanges voraussetzt.

Gegründete Bekümmerniß der Theorie um den Comptabilitäts-Zustand.

§. 55. Würde die Kriegs-Verfassung nicht in der Hauptsache als Vorhandlung der Kriegführung angesehen, so würde die Kriegstheorie der Geldbeschaffung kaum zu nahe kommen und es würde der Finanz obliegen, diese Kriegskraft fortwährend zu nähren, wie das im Friedenszustande auch wirklich geschieht. Die Continuität aber, welche im Kriege die Resultate der einen Handlung zu Daten für die anderen macht, muß auf Umstände hinweisen, wo die Finanz das Bedürfniß nur unter Mitwirkung des Krieges selbst zu decken im Stande sein wird und das ist der

Ort, wo diese Theorie auch noch in die ihr sonst fremde Administration blickt.

Daß hier nicht von weit aussehenden künstlichen Finanz-Operationen die Rede sein kann, versteht sich; daß aber auch zu den nothdürftigsten ein sicherer Blick und eine rechtliche Aussicht gehört, die der Kriegführung wesentlich dient, hat schon manche Kriegs-Administration bewiesen.

Wesentliches Bedürfniß laufender Sold-Zahlung.

§. 56. Neben der Zahlungs-Deckung für die dringendsten Kriegs-Bedürfnisse muß auch die regelmäßige Sold-Zahlung beachtet werden; denn, da der Sold kaum ausreicht, die kleinen Bedürfnisse des Soldaten zu befriedigen, so sind Rückstände vor der Befriedigung und nach derselben immer die ersten Keime zum Untergange der Disciplin und mithin schon eine, von der Theorie zu bezeichnende Klippe.

Mit der Größe der Armeen wächst das Bedürfniß und also auch die Gefahr, an solcher Klippe zu scheitern, um so mehr, als schon das Maximum der Kopfzahl und das Minimum der Besoldung die Saiten der Finanz im Frieden zur stärksten Spannung bringt, und als sich die Größe der Armeen weniger an den Wohlstand, als an den politischen Horizont der Staaten hält, Credit-Geld aber hier keine directe Anwendung findet.

Geld-Verrechnung und ihre Form.

§. 57. An die Geld-Handtirung und den Geld-Maaßstab, welcher damit in das ganze Kriegs-Werkzeug gelegt ist, schließt sich die Verrechnung der Etats- und extraordinairen Ausgaben, die mit den controlgemäßen Formen ihre eigene, durch die Praxis hervorgerufene Technik besitzen und in die Kriegs-Wirthschaft selbst mehr oder weniger eingreifen. Die Kriegs-Theorie, welche eine geordnete, regelrechte Verrechnung ihres eigenen Vortheils wegen in Schutz nimmt, sorgt auch dafür: daß sie im Drange der Begebenheiten ausführbar bleibt und sich mit der Sach-Controle au niveau hält, welche auf der Armee-Verfassung beruht und dem point d'honneur mehr als dem Buchstaben vertrauen muß.

Nur zu oft wird auch von Militairs, besonders im Frieden, die lebendige Sach-Controle mit der papiernen Form-Controle verwechselt. Jene nimmt ihre Beläge und

Durchschnittszahlen ohne Arithmetik aus einer sachkundigen fortgesetzten Beobachtung, diese aus den in die Rubriken rechtzeitig eingeschriebenen Ziffern und vielfältigen Unterschriften selbst der dem Geschäft fremden Personen und Vorgesetzten.

Der Exceß in den Verrechnungs-Vorsichten kann übrigens so schädlich sein wie der Defect, da im Verlaufe der Handlung die unhaltbare Form dieselbe Willkür erzeugt, wie die fehlende, die wenigstens vor geschäftigen Plackereien und fruchtlosen Rechnungs-Abwickelungen schützt und die Frische der Thatkraft nicht behelligt.

3. Einrichtung und Vervollkommnung der Kriegsmittel.

§. 58. Die Kriegskraft, obschon aus rohen, persönlichen und materiellen Mitteln hervorgegangen und in denselben enthalten, verlangt ihres Gebrauches wegen noch einen Organismus und eine Förderung der Kriegs-Maschine, die ohne sie wenig oder keine zweckmäßige und verlässige Anwendung gestattet. Organismus der Kriegskraft.

Dieser Organismus, das sinnigste aller Kriegs-Mittel, muß wie jedes andere Mittel in der Kriegstheorie angesehen, zerlegt, in seiner Begrifflichkeit abgewogen, nicht aber mit der bloßen Nomenklatur einer Heeres-Organisation abgethan, oder etwa geschichtlich nachgewiesen werden. Bei den hierin noch üblichen Versäumnissen darf man sich nicht wundern, wenn man, wie bei dem Hunde in der Fabel, das Fleisch noch oft vor dem Wiederscheine ins Wasser fallen sieht. Wir wollen es hier etwas genauer nehmen und darum in den Gegenstand noch tiefer eingehen, als es einem Entwurfe zuzumuthen ist.

§. 59. Jeder Organismus läßt feste und umlaufende (flüchtige) Theile unterscheiden und zeigt in denselben einen vorherrschenden Impuls und eine dienende Willfährigkeit, die sich über-, neben- und untereinander ordnet. Da wir hier nur an die weniger geläufigen Functionen der Intelligenz denken, so läßt sich dieses Analogon des allgemeinen Organismus für das Kriegs-Werkzeug dahin deuten: daß die Kriegs-Einrichtungen das feste, Bestandtheile des Militair-Organismus.

die sich unter ihnen bewegenden Persönlichkeiten das flüchtige Princip in den Schranken des Befehls und Gehorsams der ineinander geschachtelten, zusammengesetzten Personen (militairischen Gemeinschaften) ausmachen.

Wenn gleich dem Begriff des Organismus überhaupt zu Gefallen, in unserer Parallele das Feste dem Flüchtigen voransteht, so muß die Kriegstheorie dieser Induction in umgekehrter Ordnung nachgehen, weil im Erfahrungswissen die Einrichtungen nach dem Einzurichtenden geformt sein wollen.

Die von der Individualität abgezogene Persönlichkeit des Soldaten überhaupt.

§. 60. Die Persönlichkeit ist bereits als ein Unterscheidungszeichen der Kriegsmittel erwogen worden; sie muß hier aber noch mehr nach der Individualität zurücken und sowohl den Charakter des Einzelnen (Soldaten) als der Gemeinschaft (Soldatenstand) daraus ableiten.

So viel Mühe sich auch die politischen Gleichmacher unserer Zeit in ihrem Interesse, und verblendete Liebhaber zahlreicher Armeen gegen ihren Vortheil geben mögen: die Soldaten-Gesinnung in der bürgerlichen zu verwischen; so wenig kann sich Kriegs-Erfahrung und also auch die Kriegstheorie damit einverstanden zeigen; sie wird nie zugeben können, daß unter allen Umständen, und darauf kommt es an, der gute Soldat ein guter Bürger, der gute Bürger ein guter Soldat sein kann, sondern für jeden ein anderes Ideal aufstellen.

Außerhalb des Staates liegende Einwirkungen auf das Soldaten-Gemüth.

§. 61. Religiöses Gefühl, Wahrheits- wie Rechtssinn und Sittlichkeit dürfen der Soldaten-Gemeinschaft als dem geistigen Elemente des sittlich gestatteten Krieges unmöglich fremd bleiben; sie müssen im Gegentheil in ihr und dem Einzelnen um so mehr angeregt und befestigt werden, als das vielfältige Bedürfniß und der Ernst des Berufs dazu ausdrücklich mahnt. Da sie aber theoretischen Gebieten angehören, die über der Kriegstheorie schweben, so können sie nicht einmal in Hülfstheorien dazu herangezogen, sondern nur in solchen Collisionen geltend gemacht werden, welche muthmaßliche Gegensätze durchscheinen lassen. Widersprüche, die mit dem Kriege in jene höheren Regionen eindringen wollen, müssen aus seiner geschichtlich fortgebildeten Nothwendigkeit mittelst einer gediegenen Kriegstheorie zu erklären sein, ohne daß diese ihr eigenes Gebiet zu verlassen braucht.

Im Begriffe des Krieges, welcher die Staats-Gemeinschaft mit ihren gedeihlichen Früchten bezweckt und erhält, kann keine Gottlosigkeit, keine Verirrung, kein Unrecht und kein Sittenverderben liegen und ist das: aut vincere aut mori toto certatum et corpore et regno, zu allen Zeiten von den gottesfürchtigsten und weisesten Männern für besser als ein weichliches Hinbrüten der Staatskraft gehalten worden. Daß ein so scharfes Werkzeug wie der Krieg in menschlicher Hand zuweilen auch sündigen, irren, unredlichen und unsittlichen Zwecken, menschlich angesehen, dienen mußte, gehört in die Wege der Vorsehung und ist wenigstens der Kriegstheorie ganz fremd.

§. 62. Unter den Hauptpunkten des Glaubens, der aller Religiosität zu Grunde liegend, das lebendig Wirksame unter dem Endlichen und Unendlichen anerkennt, dürfte wohl die eigentliche Gottesfurcht, d. h. die Scheu vor dem Allerheiligsten, der Soldaten-Gesinnung am verwandtesten und für den Wandel am eindringlichsten erscheinen; nur muß das junge Gemüth dazu schon empfänglich gemacht sein, die Standesaufgabe aber nur auf die Erregung des Gefühls gesetzt werden.

| Correspondenz der Kriegshandlung mit der Gottesfurcht.

Glaubens-Vorstellungen von directer göttlicher Einmischung in die Welthändel und namentlich in das Kriegstreiben, wie sie im Ritterthum und in den ritterlich-mönchischen Orden gehegt wurden (Gottesgerichte), können ohne höhere Vergeistigung der Ansichten, in der Masse unserer Soldaten kein großes Glück machen und finden, im einfacheren Sinne genommen, einen Widerspruch bei der nothwendigen Erweckung des Selbstgefühls in der Widerwärtigkeit, wobei die Hülfe handgreiflicher gezeigt sein will.

Der vorgehaltene muthmaßliche Zustand nach dem Tode konnte wohl im türkischen Glauben einen Reiz üben; der christliche macht sich weniger damit zu schaffen und, wo er in solchem Sinne ausgelegt ist, kann er höchstens den Glaubensmuth wecken, welcher in unserer Kriegführung nicht mehr als ein durchlaufendes Ingredienz anzusehen ist.

Es wäre wohl der Mühe werth, bei, gegen sonst so sehr verändertem Personal-Zustand unserer Armeen, die Religions-Uebung tiefer als bei dem bloßen Ritus anzufassen und die Seelsorge der Männer der Gefahr nicht mehr für eine Lehrlings-Anstalt junger unbärtiger Geistlicher anzusehen, die unter Erfahrenen keine Erfahrung der Welt aufzuweisen haben und beim besten Willen dem Zuhörer ihrer Lehre kein Vertrauen abgewinnen können.

Begegnung der Kriegstheorie und Philosophie.

§. 63. Es mag die Wahrheit als Gegenstand der Philosophie aus den höchsten Principien, d. h. auf speculativem Wege abgeleitet, oder aufwärts, d. h. auf dem naturalistischen Wege aus menschlich wahrnehmbaren Dingen aufgefunden werden; so muß sie in dem, was den Krieg angeht, der Kriegstheorie immer begegnen, weil, obgleich aus dem praktischen Grunde künftiger regelrechter Handlung, es auch deren Sache bleibt, wahrheitsgemäße Verhältnisse anzugeben.

Die etwanigen Collisionsfälle aus beiderseitigem Gebiete werden also beim Ausgleichen der Gegensätze in einer wissenschaftlich geordneten Kriegstheorie unfehlbar zur Sprache kommen und wir brauchen uns nicht besonders mit denselben zu befassen.

Unwillkürliche Selbsttäuschungen müssen im Gedränge des Krieges doppelt vermieden werden; der philosophische Geist ist daher der Kriegstheorie doppelt nöthig. Willkürliche gegenseitige Täuschung ist, mit Ausnahme des offenbaren Betrugs, conventionell und in der Theorie vorgesehen. Auch kann man nicht sagen, daß die im Mittelalter und noch zuletzt bei den Türken üblichen Ausforderungen (défits) die Kriege moralischer und menschlicher gemacht hätten.

Eigenthümliches Rechtsverhältniß im Kriege.

§. 64. Thatsächlich hat sich eine Rechtsgrenze in der Kriegshandlung festgestellt, weil unter den kriegführenden Mächten Vortheil und Nachtheil häufig wechselten und Repressalien nicht ausblieben. Mit dem Aufgeben der älteren Ansicht: daß der Krieg ein directes Gottes-Urtheil mit sich bringe, mußte der Vertrag einschreiten, an welchem mit dem Westphälischen Frieden alle in nähere Berührung gekommenen europäischen Mächte Theil nahmen, und das sogenannte Völkerrecht gründeten. Seine Resultate zu kennen, sollte sich die Kriegs-Theorie angelegen sein lassen, weil sie Rücksichten in die militairischen Combinationen nothwendig einführen, die ihre Grade haben und von dem Rechtsverständigen allein nicht abzuschätzen sind.

So sind die Militair-Gerichte — sogenannte Martial-Gerichte —, die Prevotal-Höfe und der Belagerungsstand eines Ortes, keineswegs rechtlose, sondern nur erhöhete, durch die Kriegsregel gebotene, der Willkür entgegenstehende und nicht etwa dienende, Rechtszustände.

Der auf das Sittengesetz gebaute geistige Militair-Organismus der Persönlichkeiten.

§. 65. Im Zusammenfassen der Kriegs-Gedanken und des Sittengesetzes, d. h. im vernunftgemäßen Denken und Handeln für den Krieg, rücken wir in die Kriegs-Theorie selbst ein, und können nun die oben gesetzten, den Kriegs-Einrichtungen zustehenden Persönlichkeiten, weiter verfolgen. Es fragt sich nämlich: wie die zusammengesetzte Persönlichkeit der Gemeinschaft des Soldatenstandes, beim Handeln für den Kriegszweck nach ihrer Bestimmung, von den einfachen Persönlichkeiten der Einzelwesen unterstützt oder gehemmt wird, und wie sich diese Hemmungen durch die Thätigkeit der Organisation beseitigen lassen.

Ein gefeierter Gelehrter, Schleiermacher, drückt sich bei Berührung dieses Gegenstandes wörtlich folgendermaaßen aus: „Der Charakter jeder moralischen Verbindung ist ein Product der Zeit und das giebt ein langlebiges, aristokratisches, und ein kurzlebiges, demokratisches Element, ein Analogon der Familien-Gemeinschaft im Staate, worin das ursprünglich Ungleiche sich ausgleicht und die Verhältnisse sich allmälig mit Bewußtsein abändern. Je mehr noch zwischen den einzelnen Gliedern eines jeden Verhältnisses Eifersucht besteht, desto weniger ist die Corporation gebildet. Der politische Gegensatz zwischen Befehlen und Gehorchen entwickelt sich immer mehr dadurch: daß die Functionen beider Theile bestimmter aneinandertreten und einander anerkennen, sowohl absteigend als aufsteigend, und daß der Stoff organisirt wird."

Bestandtheile des Soldatengeistes.

§. 66. Von jeder Gemeinschaft wird verlangt, daß sie in festem Zusammenhange mit einem höheren Ganzen besteht, daß sie innere Verbindung in sich fühlt und daß sie sich zu ihrer Bestimmung brauchbar zeigt. Die ersten beiden Bedingungen, auf den Soldatenstand angewendet, machen für ihn: Treue und Gemeinsinn und zusammen Dasjenige aus, was man mit Grund Soldaten-Geist nennen kann. Er ist, wie der Glaube, ein bewußtes Gefühl, so dem Wissen vorauseilt und das Thun begleitet und gehört darum unserer auf die Handlung gerichteten Theorie recht eigentlich an, in der er sich wesentlich von der Technik scheidet, auf die man in höherer Abstraction erst beim Wissen und Thun selbst kommt und die wieder als Dienst-Verlaß ein Selbstgefühl des Soldaten begründet, welches jenem Gemein-Gefühl nachhilft.

Daß der Soldaten-Geist, wenn er gleich durch die Vaterlandsliebe von dem Volksgeiste abhängig und in ihm gegründet war, doch mit ihm, auch wenn dieser kriegerisch wäre, nicht einer und derselbe ist, geht aus der verschiedenen Bestimmung beider hervor, weil dem bürgerlichen Gemeingeiste der Genuß der bürgerlichen Freiheit, dem Soldatengeiste aber nur die Bewahrung derselben als das letzte Ziel vor Augen steht.

Aehnlich wie mit der Vaterlandsliebe ist man dem Begriff des Soldatengeistes meistens nur in solchen Einzelheiten nachgegangen, und hat so den Geist selbst verfliegen lassen, um sich am Stoffe fest zu halten, meinend: jener werde sich während der Kriegshandlung schon von selbst, wie ein deus ex machina einfinden. Die Kriegstheorie muß, indem sie den ganzen sichtbaren Horizont des Soldatengeistes aufklärt, zeigen: daß man daran sehr unrecht that.

Soldaten-Treue und ihre Bearbeitung.

§. 67. Der Begriff der Treue wird dem moralischen Bande zwischen der Staats- und Standes-Gemeinschaft zwar untergelegt, aber mit mancherlei Nebenbegriffen und in mancherlei Steigerungen gedacht, so daß derselbe viel Unbestimmtes enthält, durch Pietät, Rechtlichkeit, Sitte, Gewohnheiten näher bestimmt und mehr oder weniger auch auf Ehrfurcht, Dankbarkeit, Vertrauen und Anhänglichkeit gedeutet werden kann. Der Kriegstheorie bleibt es vorbehalten, mit diesen Relationen dermaßen aufs Reine zu kommen, daß die Treue in allen zum Kunstgebrauch erforderlichen Graden gehörig erkannt und der Reihe der Gemeinplätze entzogen wird.

Ohne solche genauere Bekanntschaft der veränderlichen Natur dieses geistigen Elements kann es sich höchstens beachten, nicht aber nähren und lenken lassen. Seitdem die weiter verbreitete philosophische Beobachtung der Ursachen und Wirkungen, so wie der juristische Mißbrauch des Eides, die Furcht vor dem unmittelbaren Gottesgerichte im Glauben verwischte, kann auch der Soldateneid nur als ein Gelübde des Gehorsams angesehen werden, welches die heutigen vaterländischen Heere erleichtern.

Diese Vaterlandsliebe beruht auf dem gesunden Verhältnisse der Civilisation und der Institutionen, ohne Rücksicht: ob diese an sich besser sind, oder jene für sich höher ist, als in einem anderen Staate. Politische Umwälzungen unrichtige Beurtheilung, verfehlte Belohnung, ungeschickte Führung 2c. können an der Treue rütteln und sie der Verführung entgegen tragen.

§. 68. Auf Soldaten-Treue in engerer Bedeutung kann der Staat und sein persönliches Oberhaupt, der Regent, Anspruch machen; keine andere Anhänglichkeit darf höher stehen und muß mehr oder weniger auf jene zurückgeführt werden. Im entgegengesetzten Falle verliert der Stand sein Anhalten und die Kriegskraft ist der Zersplitterung Preis gegeben. Nichtsdestoweniger läßt sich aber jene Treue durch diese Anhänglichkeit heben und widerstrebende Persönlichkeit durch richtige Behandlung darauf hinleiten. Treue gegen den Kriegsherrn.

Die im Kriege, wo die Persönlichkeiten mächtig walten, ohnehin unausführbare Centralisation in der Handtirung der Einzelnen, zeigt sich abgesehen von dem Uebelstande, daß dabei kein Befehl zu erlernen ist, schon hiermit eben so schädlich als der, die separate Anhänglichkeit aller Ueberwachung entrückende gänzliche Einheits-Mangel.

§. 69. Ganz gewiß liegt in der vaterländischen Treue zugleich ein starker Hebel des Gemeinsinnes im Soldatenstande; daß es indessen nicht der Einzige ist, zeigt die unwillkürliche Anziehung der Soldaten verschiedener Armeen gegen einander, sobald Soldatischer Gemeinsinn und seine Ursachen.

die Politik in ihren Ansprüchen an sie schweigt. Wir suchen den Grund dieses Binde-Mittels in dem gleichartigen Ursprung, der Lebens-Art (Soldaten-Sitte) und dem Geschick, welches Alles zu einer Standes-Gesinnung führt, vor der sich die Persönlichkeit des Einzelnen beugt, in der sich diese sogar verlieren kann. Daß Ersteres zweckmäßig, Letzteres nicht geschieht, hat die Kriegs-Theorie zu bedenken.

Was gegen das Ganze verstößt, beleidigt den Einzelnen, und derjenige Einzelne, an den zuerst sichere Kunde des Verstoßes gelangt, ist der natürliche Repräsentant des Ganzen für die zu fordernde Ausgleichung.

Auch Leidenschaften können sich wohl hin und wieder der Gemeinschaft bemeistern, und ihr, oder doch einzelnen Classen derselben, ihren Geist einhauchen. Diesen zu bannen oder zweckmäßig zu verwenden, ist Kunstsache, selbst da, wo er sich ganzer Nationen bemeistert hat, wie z. B. die französische gloire.

Ueberhaupt führt eine übertriebene Geltung des soldatischen Gemeingeistes leicht zum Uebermuth.

Gleichartiges Herkommen der Masse.

§. 70. Der gleichartige Ursprung in dem hier gemeinten Sinne bezieht sich auf die, aus dem Herkommen der Einzelnen der neuen Gemeinschaft mit zugebrachten Gedanken, die dieser um so günstiger sind, je fester und näher sie mit ihr verknüpft und verwandt waren, wie z. B. traditionelle glorreiche Kriegs-Erinnerungen im Volke. Daß die Volks-Classen dabei Verschiedenheiten begründen, versteht sich von selbst. Für die Betrachtung am einflußreichsten aber ist die Ersatz-Weise, die mit der Natur des Heeres d. h. damit zusammenhängt: ob man es mit einem reinen Volksheere oder nur mit gewissen Classen, mit Söldnern oder mit Standessoldaten zu thun hat, oder ob das Heer für ein Gemisch aus mehreren dieser Ingredienzen anzusehen ist. Ohne nähere Erforschung dieser wirksamen Eigenheiten, wird es der Theorie auch mit dem besten Willen nicht gelingen: den richtigen Weg zur Erschaffung der Standesgesinnung auszufinden.

Die feinen Schattirungen der Gesinnung, die allerdings bestehen, kümmern die Theorie weder im ursprünglichen Material, noch in dem endlichen geistigen Product; ihre bis ins Individuelle auslaufende Verschiedenheit verweist sie ins Kunstgebiet. Dieses Gebiet wird gewissermaßen schon bei einer Armee-Formation betreten, und dann ist allerdings stark zu bedenken: aus welchem Stoffe und in welcher Dienst-Zeit der Gemeinsinn geweckt werden soll, weil es unter allen Umständen für den Erfolg nicht einerlei ist: wie und wo man Hand anlegt.

§. 71. So wie der Volkssinn vorwärts in den Standessinn greift, kann auch dieser nach und nach in jenen zurückwirken, jedoch nur da, wo die langen Gewohnheiten des Soldatenlebens die gemächlicheren des Bürgerlebens nicht ganz und gar verdrängen. Nur in außerordentlichen Fällen, wo die kriegerische Stimmung im Volke augenblicklich die Friedensstimmung abweist, hat der Soldatengeist stets wesentliche Nahrung vom Volksgeiste zu gewärtigen; auf solche Zufälligkeiten und Exaltationen in der Meinung läßt sich aber keine bleibende Militair-Einrichtung gründen, wenn man nicht will, daß diese auch den nur zu häufigen Schwankungen der Meinung folgen soll. Rückwirkung des Soldatengeistes auf den Volksgeist.

Die freilich nur noch hin und wieder auftauchende Redensart von militairischen Staaten, die, wenn man nicht an Bucanier und Flibustier denkt, in solcher Allgemeinheit gar keinen Sinn hat, läuft der Zeit und allen heutigen Bemühungen der Völker und Regierungen dergestalt entgegen: daß man die Phantasie davon ganz zurückhalten muß, wo, wie in der Theorie, von bleibenden Kriegs-Einrichtungen die Rede ist.

§. 72. Keine Gemeinschaft kann vernunftgemäß ohne Freiheit, aber eben so wenig ohne eine, ihrem Zwecke zugewandte Abhängigkeit der Glieder bestehen; den nächsten und allgemeinsten Charakter des Soldatenstandes muß wegen der gemeinschaftlichen Anwendung der Kriegskraft die Einheit des Willens geben. Der Impuls dieser Willens-Einheit heißt befehlen, ihm nach den Staffeln der Unterordnung (Subordination) folgen, heißt gehorchen. Dem allgemeinen Gesetze des Gehorsams ungeachtet, ist die nach der Gliederung des Ganzen geforderte Bei-Ordnung (Coordination) gewisser Glieder und Personen für untergeordnete Zwecke nicht ausgeschlossen. Die in Befehl, Gehorsam und Gemeinschaftlichkeit gegründete Soldaten-Sitte.

Freiheit und Abhängigkeit finden wir zwar auch in der Staats=Gemeinschaft, in welcher Obrigkeit und Unterthan die persönlichen Gegensätze bilden; nur ist dort die Freiheit absichtlich vorherrschend, weil der Bürger im Staate zur größtmöglichsten Selbstständigkeit geführt werden soll; hier ist dagegen, wegen der nothwendigen Einheit in der Handlung, die Abhängigkeit obenan gesetzt und die Gegensätze erleiden im Befehlenden und Gehorchenden andere Beschränkungen, wie dort, obgleich eben so wenig die Erfüllung des Zweckbegriffs auf Willkür deutet, die auch mit dem unvermeidlichen stärkeren Widerstreben des Eigenwillens nicht ausgesprochen wird.

Gewohnheit des Verbandes.

§. 73. Je mehr die Natur der Kriegshandlung von dem Einzelnen erkannt ist und die Formen des Gehorsams geübt werden, um so näher treten sich die Glieder im Verhältniß des Gehorsams, welches den gesetzlichen Zwang und die Disciplinargewalt zum Exponenten hatte. Was noch außer der Gewohnheit zur Steigerung des Verbandes beiträgt, gehört nicht hierher, ob es gleich wieder auf die Soldaten=Sitte zurückwirkt.

Unleugbar gehört zum Anwachsen der Gewohnheit ein längerer Zeitraum, welchen die Erfahrungstheorie bestimmen mag. Das Wachsthum selbst wird bis auf einen gewissen Punkt beschleunigt, kommt aber alsdann zum Stillstande, aus welchem es nur momentan höher anzuregen ist. Der physische wie der moralische Mensch neigt sich in der Soldatensitte durchschnittlich später zum Rückgange. Hierin liegen die moralischen Gründe zur Bestimmung der Dienstzeit für die verschiedenen Kategorien im Heere; den Milizen ist dergleichen Gewohnheit im Frieden nicht zu schaffen, wohl aber bei denselben mit dem Bewußtsein des Zweckes und der Bekanntschaft der Formen, für den Krieg ein Grund zu legen. Die Ermittelung der Zeit, worin damit Etwas geleistet werden kann, und der Umstände, welche auf ihre Verkürzung und Verlängerung hinweisen, ist ein Wissenschafts=Gegenstand.

Collisionen des Soldaten- und Bürgersinns.

§. 74. Es kann nicht fehlen, daß die dem Soldaten=Geiste zuständige Sitte mit der bürgerlichen, der sie entwachsen war, und mit der Sitte anderweiter Gemeinschaften im Staate bisweilen collidirt und durch die gegenseitige Reibung entweder abgeschliffen wird oder vermehrten Widerstand weckt. Welche von diesen Anstößen als das Gemeinwohl fördernd zugelassen, und welche als störend abgewiesen werden sollen, sind neue theoretische Fragen, die schon in ihrer Allgemeinheit wissenschaftlich bleiben müssen, damit sie in der Besonderheit keine Beeinträchtigung erleiden.

Welcher Soldat ist blind gegen einen prätorianischen Garde-Geist, der von jeher mit dem Soldaten-Geiste auch dessen Ermunterungsmittel aus den Armeen saugte, um sich über die Form und selbst zuweilen über Treue und Gehorsam zu erheben? Wer von unseren älteren Soldaten sah die verderblichen Folgen dieses in den besten Elementen verhaltenen Geistes, die um so verderblicher sein mußten, als die damit beleidigten Massen für den primus motor der Kriegskraft galten, nicht selbst? Auch gegen das Schwanken der Meinung in der Zeit muß die Theorie hier widerhalten. Als ein Commandant einen Bürgermeister auf dem Markte öffentlich züchtigen ließ, war die Soldatensitte unstreitig schädlich im Exceß; seitdem der Commandant einen Bürgermeister um die Ausübung polizeilicher Pflichten in der Festung ergebenst ersucht, ist sie es im Defect. Selbst im inneren Verkehr muß die Soldaten-Sitte rein gehalten und nicht mit soldatisch fremden Courtoisien vertauscht werden.

Das gemeinsame Schicksal als festes Bindemittel des Soldatengeistes.

§. 75. Gleiche Erinnerungen von Dienst-Beschwerden und Dienst-Behaglichkeiten, von Entsagungen und Gefahren, welche das Leben des Soldaten bei aller Einförmigkeit begleiten; noch mehr aber die lichten Punkte in den Wechselfällen des Krieges, die unerwarteten Hülfen in der Krisis, geben der Gemeinschaft einen moralischen Zusammenhang, der die zukünftige That voraussehen läßt und einen unverwüstlichen Hebel für sie bildet.

So wenig Seitens der Theorie in dem alten Soldaten allein auf die Vorzüge der Kriegs-Erfahrung gesehen werden darf, weil sie nach einer Reihe von Friedensjahren schwinden; eben so wenig darf sie sich zur ausschließlichen Empfehlung des jungen Soldaten fortreißen lassen und nur an Exaltationen, an den augenblicklichen Enthusiasmus oder an die damit beseitigten Ungezogenheiten des alten Garnisönlers halten. Sie muß die in der thierischen Natur vortretende Erscheinung des Leithammels vergeistigen und auf den Standessoldaten übertragen, der in diesem Kreise dem Gelegenheits-Soldaten, sogenannten Milizen, entgegensteht und in allen Chargen einer Formation zu finden sein muß, wenn er sich nicht wie der Voigt unter den Kriegsfröhndern ausnehmen und störend statt förderND auf den Gemeinsinn einwirken soll.

Unbekanntschaft mit dem geistigen Verhalten des Standes- und Gelegenheits-Soldaten in den heutigen Nationalheeren.

§. 76. Wenn gleich Herkommen und Sitte der einen Gesinnung des Standes- und Gelegenheits-Soldaten nicht hinderlich wären, so würde doch das verschiedene Geschick beider und der kurze Friedensdienst des Letzteren diese Uebereinstimmung nie vollenden lassen und der Krieg würde einen widerwärtig gespaltenen, also keinen Gemeinsinn finden. Die Theorie muß entscheiden: ob es in National-Heeren besser ist, diesen Sinn überhaupt nicht zur Vollendung zu bringen, oder ob es, damit im Kriege die volle Soldaten-Gesinnung nach dem Muster der schon vorhandenen im Standes-Soldaten alsbald über das Ganze ausgegossen werde, nicht vorzuziehen wäre, die Verschiedenheit seiner Geltung schärfer auszuprägen.

Unter dem stärkeren Ausprägen ist das mehrere persönliche Durchdringen mit Liebe und Furcht, was zeitlich begünstigt werden muß, zu verstehen, ohne welches der menschliche Wille größtentheils alle menschliche Leitung entbehrt. Damit wäre freilich eine Verschiedenheit in der Behandlung der beiden Soldaten-Arten, welche ein National-Heer ausmachen sollen, für den Frieden bedingt, die im Kriege nicht stattfinden kann. Die vorstehende Frage würde sich also in die folgende verwandeln: „Ist es rathsamer, von der Einheit des Gemeinsinns im Frieden zu abstrahiren, denselben im Standes-Soldaten zur möglichsten Vollendung zu bringen, oder ihn zu Gunsten stets zu unterhaltender Einheit in einem National-Heere durchweg unvollendet zu lassen, ihn wenigstens nur auf den Offiziersstand zu beschränken, dem aber auch alsdann die Rückwirkung ganz verloren geht?“ Die folgende Betrachtung wird lehren: daß man solche Modificationen nicht der Kunst zuweisen kann, sondern daß hier die Institution mit eingreifen müßte, und daß bloße Namens-Unterschiede, wie Linie, Kriegs-Reserve, Landwehr nur die äußeren Unterschiede bezeichnen und andere, die freiere Disposition im halben Bürgerstande betreffend, bürgerlich abgedrungen, nicht militairisch motivirt sind.

§. 77. Mit dem Erzeugen des Soldaten-Geistes an sich kann sich die Kriegs-Theorie Nichts zu schaffen machen, ohne der Psychologie zu verfallen; auch bleibt sein Erschaffen mehr Sache des Genius und der Umstände; aber auf die Einrichtungen, welche seine Entwickelung und Ausdehnung unterstützen und befördern, muß sie aufmerksam sein. Diese müssen in der Gemeinschafts-Gliederung und öffentlichen Meinung vom Stande und in den Ermunterungen und Nöthigungen, die das Soldaten-Verhältniß eigentlich angehen, gesucht werden. Soldaten-Geist in seiner Förderung und Steigerung.

Sie sind es auch, welche gerade die Nothwendigkeit des Standes-Unterschiedes darthun und die willkürliche Vermengung mit anderweiten Standes-Interessen abrathen, in denen sich nicht das militairische schon seiner Natur nach auflöst, wie das z. B. bei dem früheren Adel, als Rest der älteren Wehrhaftigkeit im Volke, der Fall war, aber mit dem heutigen, den bürgerlichen Interessen nachgehenden Adel, nicht mehr der Fall sein kann, wenigstens nur in so fern, als ihn gleichmäßige Bildung neben die Classe der Befehlsleute (Officiere) im Heere stellt.

§. 78. In der Unter-Theilung (Subdivision) der Gemeinschaft, welche, indem sie den Einzelnen in immer nähere Berührung bringt, zugleich die besonderen Umgangs-Sphären an immer höhere Einheiten anknüpft und sowohl Befehl und Gehorsam von dem halben Vertrauen bis zur strengsten Subordination steigert, als der Nacheiferung vollen Spielraum gewährt, liegt der wahre Keim zum Wachsthum des Soldatengeistes. Gemeinschafts-Gliederung des Soldatenstandes.

Die Eintheilung allein macht es freilich nicht, sondern das wirkliche Leben in derselben, die geistige Berührung des Höheren, Niederen und Gleichen mit ihrer unausbleiblichen Rückwirkung im mannigfaltigen An- und Abprallen beim gegenseitigen militärischen Verkehr. Rahmen, so genannte Cadres, welche ihrem Füllungs-Material fremd sind und erst im Kriege mit ihnen in Wechselwirkung treten oder ihrer Schwäche wegen nur einzelne Berührungs-Punkte darbieten, sind keine Gewähr für den Soldaten-Geist.

Soldaten-Geist und Disciplinar-Gewalt.

§. 79. Je häufiger und inniger die mannigfache Gliederung der Gemeinschaft die verschiedenen Persönlichkeiten zur Reibung bringt, und je weniger diese mit der nothwendigen Einheit der Kriegshandlung verträglich ist; um so mehr muß eine politische Nöthigung (Gesetz) dem persönlichen Einflusse und dessen Nöthigung (Disciplinar-Gewalt) zur Seite gehen, ja selbst Letztere die Schärfe der Ersteren annehmen können, weil Raschheit der Handlung zuweilen den geregelten Rechtsgang nicht zuläßt.

Gerade in dieser unvermeidlichen Einigung eines geschriebenen und eines lebenden, eines prämeditirten und eines extemporirten Gesetzes, und nicht in einzelnen Bedingungen und Vollzugs-Formen, muß das Charakteristische der Militär-Justiz liegen, die darum, wenigstens von der Seite der Disciplin angesehen, mit in die Kriegstheorie einschlägt und so wenig dem Juristen als dem Techniker allein anheimfallen sollte. Die sogenannten Observanzen, die einer alten Armee niemals fehlen, sind ebenfalls nur Nebensachen und mit dem Dienste gegeben.

Begriff der Disciplin.

§. 80. Vorzugsweise muß im Soldaten-Verhältniß der richtige Begriff der Disciplin als ein Product des gehandhabten Befehls in den Gehorsam, den freiwilligen mit inbegriffen, hervorgehoben werden, was mit einer Betrachtung kriegsgemäßer gegenseitiger Beschränkung dieser Factoren und ihrer Extreme allein ausführbar sein möchte, indem solches lebendige Gewebe keine weitere Annäherung der Theorie gestattet.

Abgesehen von der Etymologie finden sich doch nur Parallelen zwischen der Kirchen-, Schul- und Kriegs-Zucht, die keine volle Analogie zulassen. Darum soll man auch vorsichtig unterscheiden: was die allgemeine Dienstpflicht als eine Function der Volks-Erziehung ohne Verhinderung eigentlicher Kriegszucht sein darf, und wie sich beide in einander schicken müssen, um weder den Bürger noch den Soldaten zu verderben.

§. 81. Dem Befehl darf das sittliche oder vernünftige Princip nicht fehlen, d. h. er muß zweckmäßig und ausführbar sein und der Handlung höherer Ordnung nicht widerstreben. In demselben muß, wie im Gesetz, entweder ein erklärter Wille der Mehrheit der Gehorchenden ausgesprochen werden, oder es muß die Macht vorhanden sein, den Befehl auch gegen diesen Willen geltend zu machen. Unbezweifelt setzt solche Handhabung des Befehls genügende Kenntniß der Sache (Technik), der Menschen und Institutionen, einen Takt oder die freie sittliche Bewegung zwischen dem esprit de commandement und dem esprit d'arrangement und eine Uebung im Befehlen (habitude et facilité de commandement) voraus, an die sich die Festigkeit des Willens und die Geistesgegenwart hängt, um dem Befehl seine Consequenz und sein Recht gegen das Widerstrebende zu verschaffen. Erfordernisse des Befehls.

Der Befehl, dessen Unausführbarkeit einleuchtet, oder der unvernünftige Befehl schadet nicht blos der einen Handlung, sondern dem Befehl überhaupt, durch Herabsetzung seiner Würde bei dem Verständigen und es gehören große Persönlichkeiten und Ansprüche auf Vertrauen dazu, dessen nachtheiligen Eindruck auf die Disciplin zu verwischen; eben so wenig dürfen die zur Ausführung des Befehls vernünftigerweise erforderlichen Mittel, vom Befehlenden zurückgehalten werden.

Die allen Kriegshandlungen, höheren oder niederen, einfachen oder zusammengesetzten, kurzgefaßten oder ausgedehnten, nothwendigste Bedingung ist ihre Einheit; diese muß darum, wie in den Kriegs-Institutionen, so im Befehl immer durchblicken und wenigstens für den Befehlenden vorhanden sein, was schon das Vielbefehlen wie die zusammengesetzten Persönlichkeiten im Befehl (Kriegsraths-Collegien, Hofkriegsräthe und dergl.) und viele Formen der Civil-Verwaltung eo ipso von der Hand weist, die Verantwortung auf den Kopf Dessen ladet, dem die Mittel zu Gebote stehen, und bestimmte Befehlsgrenzen absteckt, welche Vorgesetzte wie Untergebene nur im äußersten Nothfalle übertreten dürfen und welche die Ersteren aus Erfahrung selbst genau kennen müssen. Weil die Artikulation der persönlichen Kriegskraft das wesentlichste Behikel der Disciplin ist, so muß schon jede Störung jener als eine Krankheit dieser, mitunter vielleicht als eine unvermeidliche, angesehen werden; dahin gehört: die Einrichtung anorganischer Behörden für einzelne oder dauernde Zwecke (permanente Commissionen), doppeltes Rang- und Befehls-Verhältniß, Provisorien und allerhand Surrogate, welche Ansprüche an Chargen und Subjecte, die in der Armee-Verfassung als nöthig erkannt sind, herabstimmt und das Kriegs-Instrument immer stumpfer macht.

Abstufung in der Schärfe des Befehls.

§. 82. Außer der eben berührten Eindringlichkeit (Präcision) und Erstreckung (Extension) des Befehls, hat sich die Theorie noch mit den Stufen seiner Schärfe (Intension) zu befassen, welche letztere unter der Annäherung an die Handlung immer mehr zunimmt und im Commandowort unter dem Gewehr die Spitze erreicht, auf welcher der Gehorsam augenblicklich und unbedingt erfolgen muß. Ausweichungen, Verzögerungen, Versagung und offene Widersetzlichkeit gegen den Befehl, müssen mit ihren entfernteren Ursachen und den vorsorgenden Gegenmitteln als die successiven Grade des Ungehorsams zur Betrachtung kommen und der Schluß nicht außer Acht bleiben, daß die Auflösung der Subordination und die ihr folgende Widersetzlichkeit gegen den Befehl, das größte Uebel ist, dem irgend eine militärische Gemeinschaft unterliegen kann, weil es derselben, mit der Einheit der Handlung, ihre Bestimmung selbst raubt.

Schon die entferntesten laut werdenden Zweifel über die Leistung des Gehorsams in der Masse sind gefährlich und verpönt; noch mehr die thätig gewordenen Berathungen und gemeinschaftlichen Vorstellungen (Deputationen), deren Form, auch wenn sie andere Gegenstände betreffen, deshalb selbst vermieden werden und auf die engen Grenzen des Rechtsspruchs inter pares, oder des Nahrungs-Interesses beschränkt bleiben muß.

Eben so wenig darf Furcht vor der Willkür oder Philantropie in den Institutionen die dem scharfen Kriegs-Instrument unerläßliche Schärfe des Befehls aufheben, mit dessen Mißbräuchen eine eben so scharfe Sach-Controle wohl fertig werden kann.

§. 83. Mit der Meinung von den Gemeinschaften, welche die Soldaten-Sitte sowohl innerhalb als außerhalb derselben einführt, ist entweder eine Billigung oder Mißbilligung (im Exceß: Ehre und Schande) verbunden, von welchen die Gemeinschaft die eine zu erwerben, der anderen zu entgehen trachtet und darnach in sich ihre Maaßregeln ergreift.

Billigende und mißbilligende Meinung von der Gemeinschaft und Meinung ihrer Glieder selbst.

Da die Meinung sich geschichtlich, und nur mittelbar in der Zeit nach rationellen Principien gestaltet, so muß man darauf gefaßt sein: sie nur erst auf dem Wege zur Wahrheit und Sittlichkeit, also noch befangen in Vorurtheilen zu finden, die wegen zu inniger Verbindung mit der Meinung selbst nicht augenblicklich über Bord zu werfen sind, indem dann auch das in der Meinung liegende Vehikel zum Guten selbst Preis gegeben würde.

Aus solchem Einflusse des Gemeingeistes (esprit de corps) erkennt man deutlich: daß eine Ehrensache innerhalb der Formen einer Rechtssache allein nicht abzuthun ist, daß auch die oft versuchten gesetzlichen Beseitigungen des Zweikampfes, die nur Verachtung des Gesetzes und Verfall des Soldatengeistes im Gefolge hatten, irrthümlich voraussetzten, daß dabei blos das Vorurtheil der alten Gottesgerichte im Spiel, dasselbe aber vom vernünftigeren religiösen Glauben längst aus dem Wege geräumt sei.

§. 84. Die gute Meinung kann sich von der bloßen Dienstbrauchbarkeit hinauf bis zum Anerkennen der Heldenthat erstrecken, sie kann in der Cameradschaft zusammengehalten, in immer höheren Gemeinschaften bis über den ganzen Soldatenstand, ja über Völker und spätere Generationen als Waffen-Ehre und -Ruhm verbreitet werden und so eine Menge Modificationen von Ehre einführen, die mit dem Soldatengeiste Hand in Hand gehen und ihn bei geschickter besonnener Anwendung, eben so wohl fördern als, bei ungeschickter, einseitiger und widersprechender, verderben müssen.

Steigerung der Meinung.

Die Theorie hat sich darum zu bemühen, aus der Soldatengesinnung, in der Muth und Entsagung als Ehrenpunkte so ziemlich oben an stehen, eine richtige Stufenleiter der Ehrenwürdigkeit für das Ganze und die verschiedenen Gemeinschaften im Besonderen abzuleiten, fremdartige Einflüsse, wie Schein-Ehre, abzuweisen und somit das ächte point d'honneur für jede Soldaten-Classe ausfindig zu machen, über welches schon immer viel gefaselt wurde.

Eigenthümlichkeiten der Belohnungen im Soldatenstande.

§. 85. Mittelst der Disciplinar-Gewalt und dem Meinungs-Einflusse bekommen die Aufmunterungen und Nöthigungen im Soldatenstande einen eigenthümlichen Charakter und wegen des, vielseitiger und eindringlicher als für andere Stände in Anspruch genommenen Ehrgefühls, einen weiteren Horizont durch Ehren-Auszeichnung und Ehren-Strafen. Was es damit für eine Bewandtniß hat; wie dazu die Ehrenbezeugungen anregen; wie die Soldatensitte erst diese Auszeichnungen und Strafen wahrhaft geltend macht; wie die größere Ehre mit dem weiteren Wirkungskreis nützlich verbunden wird (Avancement); wie gewisse Ehrenzeichen dem Militair allein vorbehalten bleiben müssen; wie überhaupt in diesen Beziehungen der Soldatengeist zu ergänzen ist; damit soll sich die Kriegs-Theorie beschäftigen.

Die dem militärischen Organismus eigene Gliederung der Gemeinschaften, von denen nur die nebeneinander stehenden immer eine höhere ausmachen, läßt in Allem, was die Ehre angeht, Besonderes und Gemeinsames gleichzeitig unterscheiden und geltend machen. So giebt es Waffen-Ehre für eine Armee, ein Corps, eine Waffe, einen besonderen Truppentheil bis zum Einzelnen herab; nicht weniger allgemein erstreckt sie sich über jeden Befehlenden und Gehorchenden, ohne Rücksicht auf sein Herkommen aus der Gesellschaft oder der ihm bereits verstatteten persönlichen Auszeichnung in den Gemeinschaften und mit gleichgebieterischen Ansprüchen an die allgemeinsten Soldaten-Eigenschaften, wie Muth und Gehorsam.

Eigenthümlichkeiten der Bestrafungen im Soldatenstande.

§. 86. Der Ehrenwürdigung analog muß auch die Strafe für und durch den Soldatengeist walten und das, die Gemeinschaft zunächst berührende Vergehen, wie Treulosigkeit, Widerspenstigkeit, Feigheit, mit dem allgemeinen Vergehen gegen die Gesellschaft auf einer Höhe stehen. Nicht blos an Einzelnen, sondern an den untergeordneten ganzen Gemeinschaften, die sich Verbrechen zu schulden kommen lassen, müssen diese unausbleiblich gerügt werden, so lange die Banden der Disciplin noch festhalten, was allein mit der eingewohnten Zucht, dem Vertrauen auf den herrschenden Soldatengeist im Ganzen und der, weder die Volks- noch Standes-Gesinnung verletzenden Bestrafungsweise ausführbar bleibt. Die Strafe selbst muß verschieden angesehen werden, je nachdem sie den Bestraften unmittelbar bessern oder für seines Gleichen als Beispiel dienen soll; jedenfalls aber muß sie gerecht, prompt und streng vollzogen werden.

Zur gerechten Vollziehung gehört ein faßlicher Strafcodex, mit dem man aber aus Mangel an wissenschaftlicher Beleuchtung des Gegenstandes, jetzt so wenig wie mit den Reglements fertig wird, weil man das Geschäft vielköpfig, ohne theoretische Grundlage und in der Huldigung der eben herrschenden Mode-Ansichten durchführen zu können meint. Der prompte, dem Kriegszustande allein angemessene Rechtsgang nöthigt über manche Falten der Rechtsgelehrtheit hinwegzusehen, was allerdings mehr Sache der Soldaten als der Juristen ist, in der Erinnerung an die Unausführbarkeit aller Rechts-Cauteln im Kriege und an das Verderbniß eines Advokatengeistes in der Armee aber durch das summum jus summa injuria entschuldigt ist. Zu einer strengen, die Besserung des Einzelnen zum Endzweck habenden Straf-Vollziehung, gehören Personen und Einrichtungen, die im jedesmaligen Geiste der bestehenden Armee-Verfassung gehalten sind, nicht unzuverlässige Reste älterer, mit ganz verschiedenen Prämissen concipirter Anstalten, die oft genug in sündlichem Leichtsinn gleichzeitig den Einzelnen verderben und die Disciplin auflockern.

§. 87. Als den Soldatengeist nicht ausmachend, aber erhebend, ward schon der Dienst-Verlaß angesehen, der aus dem Wissen und Können, also einer Doppelkraft zur Handlung besteht, Der den Soldatengeist erhebende Dienstverlaß nach seinen Aeußerungen unterschieden.

die, von dem erwähnten Gefühl begleitet, nur die Gelegenheit zu dieser erwartet. Die Kraft nach den eben genannten Bestandtheilen für die Betrachtung der Kriegs-Einrichtungen zu gliedern, ist nicht rathsam, weil im Kriegswesen so wenig an ein rationales Wissen, als an ein absolutes Können zu denken und in der Handlung ein unaufhörliches Vermischen beider vorauszusehen ist.

Man wird darum am besten thun: das durch alle Soldaten-Gemeinschaft bis zur obersten hinaus stattfindende Durchdringen jener Kraft nach ihren vorschreitenden Aeußerungen zu gliedern, d. h. also eine Waffen-Technik, eine Dienst-Technik und ein höheres militairisches Wissen nach und nach in ihrem Wesen zu betrachten und dabei zugleich die Steigerung eines jeden ins Auge zu fassen.

Das Wesen der Waffen-Technik (Taktik).

§. 88. Die in ihrer Allgemeinheit angeschaute intentionelle Seite der Kriegshandlung hat uns bereits mit den Haupt-Handlungs-Motiven bekannt gemacht, die auch in den zur Handlung bestimmten Instrumenten (Waffen oder Waffengattungen) nothwendig durchscheinen müssen, sofern ihre innere Beschaffenheit (Organisation) einer für die Masse geltenden Handlungsweise entsprechen und die Waffe gerade da vornehmlich gebraucht werden soll, wo das ihrer Einrichtung zu Grunde liegende Motiv auch das vorherrschende in der eben vorzunehmenden Kriegshandlung ist.

Gleichzeitig wird eine spätere Zusammensetzung der Streitkraft aus allen Waffengattungen damit bedingt.

Freilich sind diese Bedingungen nicht die einzigen; auch ist ihnen nicht immer genug zu thun; alsdann muß die eine Waffe die andere vertreten und die, welche das am vollständigsten kann, heißt die Haupt-Waffe.

Wie fest das Charakteristische der noch bestehenden Waffengattungen in den natürlichen Motiven der Kriegshandlung begründet ist, geht daraus hervor, daß selbst die Pulver-Erfindung und -Anwendung im Kriege, also ein ganz verändertes Agens, darin keine Veränderung hervorzubringen vermochte; denn neben der beibehaltenen Infanterie und Cavalerie ging nur die Rüstkunst (Arkelei) in die Artillerie und der Schanzmeister als Ingeniator (Erfinder) in das Genie über.

Deduction der bestehenden Waffen-Gattungen aus der resp. Vorherrschaft der Kriegshandlungsmotive.

§. 89. Hiernach zeigt sich die Infanterie dem Besitz und der Ueberwältigung, die Cavalerie allen Ueberraschungen, insbesondere dem überraschenden Besitz, die Artillerie der Sicherung und der Vorbereitung überraschender Ueberwältigung, das Genie aber dem gesicherten Besitz und der gesicherten Ueberwältigung vorzugsweise gewidmet. In der Organisation wie in der Abrichtung und dem Gebrauch dieser Waffen muß die Beziehung auf die mit ihnen stimmenden Motive in der Regel den Rang behaupten und durch Zufälligkeiten keiner anderen weichen.

Einzelnes Unglück oder Ungeschick beim richtigen Halten an diesen Beziehungen widerspricht der Gedanken-Verbindung eben so wenig als einzelnes Glück beim Nothbehelf mit anderen Waffen oder einzeln gelungener Anwendung der sogenannten Zwitter-Waffen, die mit der erweiterten Brauchbarkeit häufig genug wiederum in einer Halbheit des Charakters untergingen oder, wie z. B. die Dragoner, einen zwar entschiedenen, aber veränderten Charakter annahmen und bei jedem neuen Versuch abermals annehmen müssen.

Einfluß der vorherrschenden Motive auf den technischen Organismus (Formation) und die Handtirung der Waffe (Waffentaktik).

§. 90. Der Einfluß der in der Kriegshandlung vorherrschenden Motive auf die verschiedenen Waffen-Gattungen bleibt nicht beim bloßen Kriegs-Material (Waffe in dieser engen Bedeutung, Pferde, Utensil) stehen; er erstreckt sich vielmehr auf den ganzen technischen Organismus, dessen Zusammenhang und Gliederung vor dem Gebrauche (Formation) und dessen Handtirung während desselben (Waffen-Taktik). Die Theorie hat sich hier zugleich an die Geschichte zu wenden, die einer gewissen Gliederung schon aus allgemeineren Gründen das Bürgerrecht längst ertheilt hatte; sie hat die mögliche Vereinigung der Persönlichkeits-Gemeinschaften ins Licht zu setzen und Dasjenige herauszuheben, was die Waffen-Anwendung selbst als unerläßlich erscheinen läßt.

Die alte Rottentheilung ist von der Corporalschaftstheilung verdrängt, die, wie die Compagnie-Gliederung, mehr mit der persönlichen als der Waffen-Kraft zusammenhängt; eine andere Bewandtniß hat es mit der Sections-, Bataillons- und Brigade-Gliederung, die aber wieder Nichts von der, der Disciplin gewidmeten Art der Regiments- und Corps-Gliederung, sondern mehr von der der Inspections-Gliederung hat, welche der Technik im Frieden vorzugsweise dient. Formationen, welche einseitige Ansichten aus diesen Angel-Punkten gehoben haben, müssen nothwendig Geschäft und Befehl verwirren, Anstellungen häufen und die Besoldungen an geschäftige Müßiggänger bringen, welche mit dem besten Willen den frischen Gang der Kriegs-Maschine hemmen.

Taktik der einzelnen Waffen.

§. 91. Der aus den vorherrschenden Kriegshandlungs-Motiven gezogene Grund der taktischen Gliederung irgend einer Waffe darf übrigens die Rücksicht auf andere Kriegshandlungs-Motive nicht ganz verdrängen, da jeder Theil als ein eigenes Ganzes den Wechselfällen des Krieges und den Unternehmungen des Gegners auch getrennt unterworfen bleibt. An ihn, der oben an steht, sollen sich nur die übrigen Rücksichten und zwar in der Ordnung anreihen, welche die Erfahrung dem Vorkommen der sie fordernden Fälle anweist. Diese kann alsdann selbst erst die äußere Form der Handlungen im Kriege nach ihrer letzten Abstraction (in der Ruhe, der Bewegung und dem Gefecht nämlich) als Leitfaden gelten lassen, und das allgemeine Medium der Handlung (das Terrain) kann dem darauf bezüglichen Motiv des Besitzes zugewiesen bleiben, ohne damit gleichsam eine ideale und eine reelle Taktik zu bedingen oder das Gebiet der Waffen-Einrichtung zu verlassen, welches, wenn die Taktik nicht die Kriegstheorie selbst werden soll, in Gedanken stets inne gehalten sein will.

Eine, selbst für mathematische Lehr-Gegenstände unpassende und ziemlich verlassene Eintheilung nach reinen und angewandten Disciplinen, war auch in die Taktik, die doch nimmer Speculation allein werden durfte, übergegangen und hatte einer Logistik der bloßen Raum- und Zeitvergleichung in analoger Weise den Namen der reinen Taktik zugeführt, während die erst später beitretende Terrain-Verschiedenheit eine angewandte constituirte, die aber nur jener Fußstapfen folgend, bei den allein mit dem Terrain-Besitz zu vereinigenden Kriegs-Handlungs-Motiven stehen blieb. Diese Beschränkung muß vermieden und der taktischen Betrachtung durch das Aneinanderhalten sämmtlicher Haupt-Motive ein weiteres, aber kein ungemessenes Feld eröffnet werden, wozu namentlich die im Verlaufe des Gefechts anzubringenden Sicherungen gehören, z. B. der möglichst zurückzuhaltende letzte Schuß in der Geschütz-Protze; sogar die Terrain-Verwandlung im Felde, selbst die der Prämeditation unzugänglichere im Festungs-Kriege, streift unablässig an die Taktik hin und wird das Ihrige dazu hergeben.

§. 92. Mit anwachsender Kriegskraft compliciren sich natürlich Waffentheile und Waffengattungen. Darans entstehen eben sowohl gegenseitige Unterstützungen in der Active und Passive des Gefechts, als Massen-Schwierigkeiten bei Handhabung und Umstimmung des unbeholfenen Instruments, sobald in der Kriegshandlung ein freiwilliger oder gebotener Wechsel des eben vorherrschenden Handlungs-Motivs und der davon abhängigen Form und Entfaltung der Kraft eintritt. Das, was vorhin von den Untertheilen der Waffen-Einheit galt, muß also auch auf die Untertheile der selbstständigen größeren Armee-Theile, ja auf die Armee-Einheit selbst, jedoch immer nur in der einfachen Beziehung gegenseitiger Berührung und der dazu brauchbaren allgemeinen Formen übertragen werden, wodurch ein vom ersten wesentlich verschiedener zweiter Theil der Taktik constituirt wird. Taktik der verbundenen Waffen.

Hülfs-Waffen giebt es nur nach Maaßgabe der Relation, die zwischen dem Hauptmotiv einer Kriegshandlung und dem genetischen Princip einer Waffe besteht; weicht Letzteres vom Ersteren ab, so sind die ihm gewidmeten Waffen nur Hülfswaffen bei der gerade vorzunehmenden Handlung. In Bezug auf die eine Art der Kriegshandlung, die Gefechtshandlung nämlich, sind die sogenannten technischen Waffen (Artillerie und Genie) häufiger Hülfs-Waffen als die übrigen; ja man könnte fast sagen, daß das Genie allein im unterirdischen Kriege zur unmittelbaren Ueberwältigung gelangt, weil es während seiner übrigen Technik nur andere Waffen unterstützt oder von ihnen durch Ueberwältigungs-Handlungen niederer Ordnung unterstützt wird. Es würde aber eine wissenschaftliche Beschränktheit bezeichnen, ihm darum selbst schon für die bloße Prämeditation (Ingenieur-Wissen) den Charakter der Waffe abzusprechen.

Das Verfehlen eines höheren Begriffs der technischen Waffen als solcher und die Beschränkung der Gefechts-Taktik überhaupt, hat auch den übrigen Waffen die taktischen Beziehungen zum Schanzen- und Festungskriege nach allgemeinen Grundsätzen geraubt und bei den Neueren ein eigentliches Vacuum in der Theorie hinterlassen, welches zerstreute Winke in den beiden Fortifications-Theorien nicht ausfüllen, die ihrerseits dabei auch an Lebendigkeit einbüßten und mit ihren Conceptionen in ein tändelndes Manieriren verfielen.

Bildung der taktischen Formen.

§. 93. Nur mit der sorgsam erforschten Natur der materiellen Waffen in engerer Bedeutung und mit steter Rücksicht auf die erwähnten inneren Bedingungen der Formation und Anwendung der Waffen in enger und weiter Bedeutung, läßt sich erst auf taktische Formen der Raum- und Zeit-Verhältnisse eingehen und ein möglichst einfacher abstrahirter Typus für die Elemente und ihre Composition aller Art darstellen, welcher, das Wesen erfassend, dem Kriegs-Instrumente die geforderte Einrichtung schafft und in die praktische Seite der Kriegs-Theorie als ein vollendetes Mittel (Datum) eingeführt werden darf.

Der Thätigkeitstrieb gewöhnlicher Menschen führt leichtlich zu Spielerei und Formenwesen und der Genuß, welchen eine drastische Umwandlung des anscheinend Verirrten in Ordnung und Symmetrie schafft, unterstützt diese. Beide, verbunden mit dem geringen Verständniß, welches unsere Kriegs-Theorie über das Wesen jener Formen ausgießt, das aber bei der Allgemeinheit ihrer Annahme nicht zu verkennen ist, geben den Erklärungsgrund für die in jeder Zeit wuchernde, schädliche Vervielfältigung und Kleinlichkeit der taktischen Formen ab, die jedoch mit einer sonst eben nicht tröstlichen kurzen Dienstzeit unserer Soldaten ihrem nothwendigen Verfall entzegen gehen müssen.

§. 94. So wie sich Bleibendes und Fließendes in den taktischen Formen mehrerer Armeen unterscheidet, so unterscheidet Solches sich auch nach den verschiedenen Zeiträumen und zwar noch stärker, weil fortbewegte Cultur und Wissenschaft die geistigen und materiellen Kraft-Anwendungen fortwährend änderten. Die Theorie wird immer gewinnen, wenn das Bleibende in ihr aus allen Zeiten ans Licht kommt, nicht aber, wenn man mit ungeordneten Ideen von der Sache nach alten Details im Moder herumwühlt, um diese auf Neues zu pfropfen, das damit nur in seinen Spitzen berührt wird. In dergleichen Anklängen gefällt sich ein großer Theil älterer taktischer Literatur und ein kleiner der neueren. Geschichtliche Modificationen der Taktik.

Ein Exempel davon giebt der über ein Jahrhundert heftig geführte Streit zwischen der tiefen und dünnen Schacht-Ordnung, an dem sich, im Zusammenhange mit der letzten Verdrängung der Pique, ein Folard und Maizeroy einerseits und ein Guichard, de Menil-Durand und d'Arçon andererseits lebhaft betheiligten, und der noch in unserer Colonnen- und Linien-Stellung, wiewohl mit geringerer Heftigkeit, wieder auftauchte.

§. 95. Möglichst verbunden, aber nicht gerade ein und dasselbe mit der persönlichen Führung der gespaltenen und cumulirten Waffen-Gemeinschaften, bilden beide Führungen zusammen das Commando, welchem die technische Einrichtung und Ausbildung eben so Pflicht ist, als die Erhaltung und Schärfung der Disciplin und die richtige Handtirung mit dem durchgebildeten Kriegs-Instrument. Taktische Führung und dahin gehöriges Commando.

Selbst die Theilung des Instruments ist mit von den Mitteln abhängig, welche der jedesmaligen Führung, sei es durch anschauliche Beobachtung der Untergebenen, sei es durch unmittelbare oder mittelbare Wege der Verständigung, zu Gebote stehen. Ein Maximum und Minimum des Führungs-Bereichs ergiebt sonach neben dem Führungszweck noch die physisch oder moralisch erreichbare Wirksamkeit des Vorgesetzten. Die militairische Brauchbarkeit kann den Wirkungskreis (Autorität) des höheren Führers erweitern, ohne gerade auf eine höhere Tüchtigkeit für alle untergeordneten, durch das Exercier-Reglement normirten und scharf abgegränzten Verrichtungen Anspruch zu machen, obgleich der Sinn des Sprichworts: „Wer befehlen will, muß erst gehorchen lernen", durch die Dienstleiter des Avancements auf eine der Militair-Verfassung wohlthätige Weise auch hier größtentheils aufrecht erhalten wird.

Armee-Eintheilung.

§. 96. Alles zusammengenommen: leibliche Sorgfalt, Gemeinheits-Verband, Disciplinar-Verhältniß und Waffen-Anwendung mit ihren gegenseitigen Vermittelungen zwischen dem mehr und weniger Festen und Erläßlichen geben, die der größten militairischen Gemeinschaft (Armee) zukommenden Unter-Gemeinschaften (Corps und Truppentheile) nach ihrem Bestands-Vermögen (Etats) theoretisch an und unterscheiden sich als Theile eines Ganzen äußerlich durch die resp. Einheiten im Commando wie durch gleiche Abzeichen an der Kleidung, den Waffen 2c., während noch andere durchlaufende Abzeichen die Standes-Classen und ihre Gattungen im Ganzen besonders ausdrücken.

Das Uniformenwesen ist der Ordnung in einer Armee angemessen und kann als ein, die Masse ansprechendes Aeußeres vielfältig benutzt, aber auch gemißbraucht werden; Ersteres ist der Fall, wenn es dem wahren Soldatengeiste dient, an die Vorzüge der Gemeinschaft erinnert und das Selbstgefühl erhöht; Letzteres, wenn es in Spielerei ausartend, den wesentlichen Erfordernissen im Wege steht, oder einer beschränkten Pedanterie zum Haupthebel der Disciplin dienen soll.

Dienst-Ordnung und Wirksamkeit des Befehls in dem militairischen Organismus.

§. 97. Der Befehl, wie wir ihn hier in seinen Tendenzen und oben schon nach seinem Wesen und Abstufungen geschildert haben, spaltet die Soldaten-Gemeinschaft als den Complex sämmtlicher Truppen-Gemeinschaften nach ihren Persönlichkeiten in Standes-Classen und deren Gattungen. Für den Befehl an sich ist der Unterschied bisweilen nicht ganz bestimmbar und nur nach dem engeren oder weiteren Umfange feststehend. Der reelle Theilungsgrund muß daher in dem Mittelpunkte zwischen dem

Uebergewicht des moralischen und physischen Elements der Kriegskraft gefunden werden, das sich einerseits und für die sogenannte Officiers-Classe in einem feineren Takt, einer erweiterten Bildung und einem schärferen Urtheile; anderntheils und für die sogenannte Gemeinen-Classe, in einem abgehärteteren Körper, in schärferen Sinnen und geübteren Kunstfertigkeiten zu erkennen giebt. Daß damit nicht Anomalien unter den Einzelnen ausgeschlossen sind, versteht sich von selbst; wir sprechen von dem Haupt-Charakter der Gemeinschafts-Classen, welcher unterschieden sein muß, weil ohnedem kein Organismus stattfinden, oder der unvollkommenere im Wechsel der Kriegsbegebenheiten nur zu dem Untergange des Instruments führen könnte.

Eben so wie die Officiers-Gesinnung durch alle Grade hindurch zu einer eigenthümlichen Modification des Soldatengeistes wird, so muß auch das stete Zusammenleben des Unterofficiers mit dem Gemeinen eine solche bilden, in der gegenseitiges Vertrauen, nebenbei aber das Uebergewicht der Unterofficiere sichtbar bleibt. Mit einer aus untergeordneten Gründen hier und da versuchten Emancipation des Unterofficiers zu einer Art Mittelstand in der Armee macht man unserer Kriegs-Theorie kein Compliment, indem sich hier das Wesen in den Schatten stellt.

§. 98. In der Officiers-Classe ist vorzugsweise die Diensthierarchie gegründet, die in den verschiedenen Richtungen dem Gegenstande gemäß begrenzt, das Ganze verschiedentlich mit dem Befehle berührt, je nachdem die Aufsicht der Ausführung oder der Conception und Controle näher rückt. Diensthierarchie der Officiers-Classe.

Die der Ausführung zunächst gelegenen Befehls-Organe (die Subaltern-Officiere unter dem Capitain, oder die Bataillons-Commandeure unter dem Regiments-Commandeur und dergl.) sind in den Dienst-Organismus selbst eingewebt, während die der Controle-Aufsicht näher stehenden Stäbe (état-majors) ungeachtet der Subordination gegen den allein verantwortlich Befehlenden eben wie die Vorstände der fremden technischen Dienstbranchen, noch einen rathenden Einfluß ausüben.

Die älteren österreichischen Questenberge und die neueren französischen Conventsglieder bei den Armeen haben zur

Genüge bewiesen, wie wenig der militairische Befehl durch verantwortliche Rathgeber an Ort und Stelle zu controliren ist. Manche neuesten Verwaltungs- und Commissions-Glieder mit einseitigen Verantwortlichkeiten, welche die Autorität des Befehlenden, wenn auch nicht aufheben, doch wenigstens verwischen, könnten in der Störung und Neutralisation des Befehls wohl zu ähnlichen Resultaten führen.

Articulation der militärischen Aufsicht.

§. 99. Die Aufsicht über Gemeinwesen und Wohlsein des Soldaten steigt durch die verschiedenen Instanzen hinauf bis zu dem Truppen-Chef oder der obersten Local-Behörde (Commandantur), die Aufsicht über Disciplin und Dienst-Ordnung bis zu den Commando's bei dem resp. Truppen-Gebrauch, die Aufsicht über die Gebrauchs-Fertigkeit der Truppen an sich bis zu den Inspectionen; einer von diesen Kategorien wenigstens muß jede Aufsicht angehören. In der Spitze einigen sie sich alle im Frieden beim Kriegs-Minister, im Kriege beim Commandirenden en chef, mit der dazu gehörigen Verantwortung gegen den Kriegsherrn.

Von dem Geschäfts-Personal des Kriegs-Ministers, es fungire selbstständig oder als Expedition, kann in voller Ausdehnung weder Impuls noch specielle Verantwortlichkeit verlangt werden, ohne der geforderten Thätigkeit des Ministers und der unter ihm fungirenden resp. Instanzen Abbruch zu thun; nur persönliche Verantwortlichkeits-Uebertragung kann dabei stattfinden; eben so wenig kann ein Armee-Commando im Frieden neben dem Kriegs-Minister organisch bestehen, wenn dieser das Kriegs-Instrument tüchtig erhalten soll. Wir behalten uns die Betrachtung über Letzteres bis zur Betrachtung über die Kriegs-Formation im Allgemeinen vor, indem nur abnorme Umstände diesen einen Theil der Kriegs-Form im Frieden momentan zur Bedingung machen, wo das Kriegs-Instrument den an dasselbe gestellten Anforderungen auch ohne bleibende Zwischen-Vereinigungs-Punkte im Commando Genüge zu leisten im Stande ist.

Militärischer Dienst-Geschäfts-gang.

§. 100. Die äußere Handhabung des Commandos, sobald sie das Commando-Wort übersteigt, hat einen vom Organismus des Befehls abhängigen Gang, dessen Regel darin gefunden werden muß, daß der Impuls zur rechtzeitigen Handlung unter möglichster Kenntniß der Umstände kurz und ohne Zweideutigkeit auf dem organischen Wege gegeben werden kann. Die Kenntniß der Umstände wird theilweise durch die von Unten nach Oben gehenden Meldungen und Rapporte, theilweise durch die Umsicht des von Oben nach Unten Befehlenden erlangt, dessen Sachkenntniß und Achtsamkeit auf die Schranken des Befehls auch die Zweideutigkeit vermeiden läßt und der mit dem gedrängten Styl die Kürze des Befehls in seiner Gewalt hat, welcher eben so wenig wie die Meldung zu organischen Umwegen genöthigt sein soll, und jede Instanz zu vermeiden hätte, die naturgemäß damit nichts weiter anzufangen weiß, in der damit gehinderten Rührigkeit des Kriegs-Instruments aber dessen inneres Leben mit dem Vertrauen auf die eigene Handlung erstickt.

> Die immer mehr zunehmende Verhandlung mit dem Papier ist der Soldaten-Brauchbarkeit eben so nachtheilig, als der an sich recht löbliche Wunsch: jeder Willkür in den Weg zu treten und die Handlung des Commandos, so weit es ausführbar ist, formell zu reguliren. Man vergißt dabei, daß man sich immer weiter von der Ausführbarkeit des Befehls im ersten Gebrauche entfernt und das Kriegs-Instrument dem Geschäfts-Bankerott entgegenführt, während man dem Befehlenden zugleich alle Uebung im Befehl raubt, der auch wie jede Handlung seine Fertigkeit bedarf, die mit der steten Erinnerung an Verantwortlichkeit nicht eben so leicht und durch eine nutzlose Tollkühnheit in der wirklichen Gefahr nicht zu ersetzen ist.

§. 101. Vor allen Dingen soll die Kriegs-Theorie auf diejenige Richtung des Befehls achten, in welcher derselbe den militärischen Organismus zur Brauchbarkeit fortwährend zu durchströmen und zu beleben hat. Nichts ist einleuchtender, als daß sich die intentionelle Seite der Handlung mit den ihr oben schon abgewonnenen Haupt-Motiven unausgesetzt offenbart und von einer Methode begleitet sein muß, welche dem Ganzen Freiheit

Methodische Steigerung der Dienst-Brauchbarkeit.

in seinem Personal, vom Handgriff der Waffe bis zur Armee-Führung hinauf, gewährt.

In diesem Sinne muß das römische exercitus verstanden werden und in ihm sagt auch Montecuculi: „Senza esercitio non si da esercito ma gente rammasata alla rinfusa, mole indigesta moltitudine inesperta.“ Die formelle Aeußerung hat aber auch ihr Recht über die gemeine Menschen-Natur behauptet und den Begriff des sogenannten Exercirens der Armee in einzelne Waffen-Uebungen eingeengt, die jenen Forderungen nichts weniger als zusagen und zu dem großen Kriegs-Drama nur unbeholfene Statisten liefern, an welchen sich allenfalls die Friedensbeschauer ergötzen mögen.

Der Soldaten-Unterricht überhaupt verlangt Angabe seines Umfanges, des Gegenstandes u. der Methode nach dem gegliederten Bedürfniß.

§. 102. Mit der nach der geforderten Handlung des Einzelnen so bestimmt durchgeführten Gliederung der Soldaten-Gemeinschaft, die selbst eine Classentheilung nach Fertigkeiten und Kenntnissen bei Anwendung des Personals ausspricht, wird es nicht schwer halten, den Umfang des technischen Unterrichts und der damit verknüpften Uebung festzustellen, was vorerst nothwendig ist, weil auch Gegenstand und Methode danach wechseln.

Da für die Soldaten-Brauchbarkeit überhaupt so viel gelehrt wird und gelehrt werden muß, und namentlich bei der kurzen Dienstzeit viele Lehrer nichts mehr als die Monitoren in den Lancaster-Schulen sein können, so thut es doppelt Noth auf die Mäßigung im Unterrichte zu halten und die Theorie durch die Theorie selbst zu stützen, indem man häufig nicht weiß, was man sowohl dem Einzelnen als dem Ganzen für Schaden thut, wenn man durch Blicke außer dem Thätigkeits-Horizonte Unklarheit, Unentschlossenheit und Anmaßung in die Seele des Lernenden legt.

Unterrichts-Gliederung im Allgemeinen.

§. 103. Es bleibt die Sache einer Militär-Pädagogik, auf alle Modificationen und ferneren Nuancen des technischen Unterrichts im mechanischen und intellectuellen Gebiete der Soldaten-Bildung zu achten; in dem Grundriß der Kriegstheorie lassen sich nur die gröberen Hauptzüge andeuten, nach welchen sich jene richten. In der nach Gebrauch und Fähigkeit schon früher ausgesprochenen Haupt-Personal-Theilung folgen wir der Analogie anderer Handtirung oder Kunst und unterscheiden Werkleute, Werkmeister und Gelehrte (artisan, artiste, savant), allerdings mit dem Vorbehalte des Mehr und Weniger und der freien Bewegung des wahren Genius, der keine Schranken kennt. Gegenstand, Umfang und Methode der Lehre werden nach dieser Theilung zu betrachten sein.

Schon wegen des Resultates der Handlung, die hier nichts unmittelbar Materielles bezweckt, wie bei jenen anderen Künsten, darf diese Analogie nicht weiter als zu der fraglichen Theilung des Unterrichts benutzt werden, welche sich auf das, in der Gemeinschaft Werdende eben so allgemein bezieht wie die des Standes auf das aus der Gesellschaft in die Soldaten-Gemeinschaft Tretende, obgleich beide Theilungen sich nur berühren, nicht in einander fallen. In die Parallele mit den Werkleuten setzen wir dasjenige Armee-Personal, dem die technische Handtirung überlassen wird; als Werkmeister gelten uns diejenigen, welche sie nach äußerer Veranlassung, gleichviel ob nach Befehlen oder Umständen, leiten und regeln; als Gelehrte oder Eingeweihte endlich die, von denen in höherer Instanz entweder der Handlungs-Impuls ausgeht oder die jenen Entschluß doch wenigstens in niederer Instanz vorzubereiten bestimmt sind. Allgemeinere Bildung und Befehls-Autorität dient dieser Classentheilung nur beiläufig und modificirt blos den Soldaten-Unterricht, dessen Wesen vom Gebrauche des organisirten Kriegs-Instruments abhängig bleibt.

§. 104. Die Unterrichts-Classen oder -Serien, die hier nicht etwa wie Schul-Classen in einer aufsteigenden Folge gedacht werden dürfen, sondern in sich abgeschlossen, pädagogisch selbst gegliederte Ganze bilden, sind wesentlich unterschieden. In der Classe der Werkleute gilt das Thun als Hauptsache, das klare Wissen muß in den Grenzen dieser That folgen; das außer denselben Gelegene ist der Empirie anheimgestellt, die sich an die Erfahrung festhält und möglichst mit dieser gestärkt werden

Wesentlicher Charakter der verschiedenen Unterrichts-Serien.

muß, wenn gleich dem Wissen seine ursprünglich chaotische Gestalt nicht entzogen werden kann.

In der Classe der Werkmeister kommt Thun und Wissen ins Gleichgewicht; Letzteres muß über den Horizont der eigenen That hinausreichen und die **Betrachtung** auf Aeußeres leiten, um die Umstände, welche eigene Handlung mit bestimmen helfen, richtig aufzufassen; diese Auffassung mag durch eigene oder fremde Wahrnehmung gestärkt werden.

In der Classe der Eingeweihten (Gelehrten) muß sich das Ganze in wissenschaftlicher Einheit vor die Seele stellen, um in dem Ueberblick und durch **Folgerung** die Handlung nach dem jedesmaligen Einflusse zu würdigen, und ihr den zweckgemäßen eigenen Impuls zu schaffen. Der wahre Fortschritt dieses letzten Unterrichts ist in der Meditation zu suchen.

Wenn gleich die Reihenfolge in dieser Serien-Gliederung nur auf den Einzelnen bezogen werden kann, der sich zum obersten Befehl geschickt macht, so stimmt sie doch nichts destoweniger mit dem Bildungsgange des Menschen und des Geschlechts zusammen, welchen wir ebenfalls in den drei nach einander folgenden Stationen der **Erfahrung, Betrachtung, Folgerung**, zu allen Zeiten wahrnehmen können.

Der den verschiedenen Serien anzupassende verschiedene Styl des Unterrichts.

§. 105. Obgleich die Methode von der Vorbildung eben so abhängig ist, als von den Unterrichts-Gegenständen und Mitteln, sich also hier erst im Ganzen für die Unter-Theilung der Unterrichts-Classen normiren ließe, so bringt doch der Theilungs-Grund der Letzteren für jede derselben auch einen eigenthümlichen Vortrags-Styl hervor.

Derselbe würde für die Classe der Werkleute vorzugsweise befehlender (imperatorischer), für die der Werkmeister erzählender (genetisch-assertatorischer), für die der Eingeweihten mit Gründen berathender (raisonnirend-consultativer) Natur sein und sich resp. mit der individuellen oder naturellen, der catechetisirenden und der Catheder-Methode zu einigen haben.

Man hat erst in den letzten Decennien des vorigen Jahrhunderts einen Werth auf die Unterrichts-Methoden überhaupt zu legen angefangen, sie aber für die Kriegslehre, nirgend im Zusammenhange betrachtet, obgleich die kürzere Dienstzeit und die bei allgemeiner Dienstpflicht mit dem Bildungs-Grade nicht mehr zusammenstimmende Standes-Theilung in mehr als einer Hinsicht dazu mahnt. Die literarischen Nachschreiber würden hier einen fruchtbaren Boden finden, den als eine terre vierge zu bebauen, wohl der Mühe lohnte.

§. 106. Den Unterricht der Werkleute untertheilend, fällt man zuerst wieder auf die Spaltung nach den vier Waffen, innerhalb dieser aber auf den Gebrauch ihrer Glieder nach Maaßgabe des Bildungsstoffes. Bei den Waffen muß man nach oben zu stehen bleiben, denn ihre Gebrauchs-Combination gehört in die zweite Kategorie. Kenntniß und Handtirung mit der materiellen Waffe nach dem allgemeinen Typus und Benehmen des Einzelnen im Ganzen, ist die erste Stufe, auf welcher auch die Fassungs- und Mittheilungs-Gabe, durch gegenseitige Verständigung in der Dienstsphäre des gemeinen Mannes geübt wird. An solchen Primair-Unterricht läßt sich für den Unterofficier und den Aspiranten zu dieser Charge ein secundairer unmittelbar anknüpfen, indem jener, theils auf dessen Dienst-Verhältniß und Technik ausgedehnt, theils auf die sogenannten Nothbehelfe bei unzulänglichen Mitteln in dessen Handlungs-Bereich gerichtet ist, wozu allerdings und namentlich bei den sogenannten Special-Waffen, mehrere Vorkenntnisse gehören, die ihm mit nüchterner Auswahl zu vollem Verständnisse anzubieten sind. Niedere Classen in der ersten Unterrichts-Serie.

Diese beiden Classen der ersten Unterrichts-Serie können wohl ein Schul-Ganzes ausmachen, bei dem allenfalls die Schulstube fehlen darf, und wo die Dienst-Gelegenheit den Zusammenhang des, der jedesmaligen Praxis folgenden Lehr-Vortrages angiebt, und das Analogon die Abstraction ersetzt, weil da, wo frühere Bildung die letztere nicht anzuregen vermag, der Ideen-Gang in der Regel der kindliche bleibt, zu welchem sich der Gebildete im Verkehr mit dem gemeinen Mann herabzustimmen hat, der seinerseits nicht durch zusammenhängende Rede, sondern durch die That und ihren Begriff, Zeugniß von dem Erlernten ablegt.

Höherer Classen-Unterricht in der ersten Serie.

§. 107. Die Brauchbarkeit der gebildeteren Werkleute (Subalternen und Capitaine im Linien-Dienst) vollendet ein höherer Unterricht (instruction supérieur), den wohl der Einzelne auf seine Gefahr, nicht aber die Institution der Unterrichts-Anstalt übersteigen mag. War es vorhin wie bei jedem Unterrichte, wichtig das zu Erlernende an das Erkannte im Kopfe des Lehrlings anzuschließen; so muß es hier noch obenein in einer Folgenreihe und Unterordnung, wissenschaftlich, also so weit der Umfang reicht, zum Bewußtsein gebracht und dergestalt verknüpft werden, daß Wesentliches unter Zufälliges, Besonderes unter Allgemeines zu stehen kommt und sich der stets fertigen Darstellung, sei es in dem Gedanken oder in der Handlung, ohne Weiteres nach dem Bedarf darbietet.

In so fern sich im dienstlichen wie im technischen Gebrauch die Wirksamkeit des auf diese Weise Gebildeten erweitert, mehren sich auch die zur Anknüpfung bereit stehenden Gedanken ohne das, für die eigenthümliche Waffen-Brauchbarkeit abgesteckte Gebiet zu überschreiten, wenn auch das erforderliche Material aus dem ganzen Umfange der Kriegstheorie dahin geleitet würde. In so fern die, diese Bildung genießende Classe dazu bestimmt ist, die Bildung der Gemeinen-Classe selbst zu übernehmen und zu leiten, muß ihr aber noch ein praktischer Seminarial-Unterricht zu Theil werden, der neben der Dienst-Technik auch die richtige Führung des Untergebenen ins Auge faßt.

Mit den, in diesem Unterricht aus der Theorie zu ziehenden wissenschaftlichen Begriffen die richtige Mitte zu halten, keine Vacuen zu hinterlassen, keine Verwirrung anzurichten und keine Oberflächlichkeit zu befördern: ist eine Kunst-Aufgabe, die nur der besonnene, erfahrene Praktiker in der höheren Classe der Werkleute versteht, der allein die Eitelkeit mancher Lehre unterdrücken, die ausschweifende Wißbegierde der Schüler mäßigen, die Auswüchse der Literatur abschneiden und das Geleise des wahrhaft Nutzbaren aufzufinden im Stande sein dürfte.

Theoretisches und praktisches Uebergewicht in den verschiedenen Classen der zweiten Unterrichts-Serie.

§. 108. Der, den wir uns als Werkmeister in der Kriegshandlung denken, müßte der Führer von mindestens der Einheit einer Waffe (also eines Bataillons, Regiments, Brigade oder

der Gehülfe und Vorstand eines ihm zugetheilten anderweiten Waffentheils sein. Bei diesem, der schon öfters ohne höhere Leitung in den Conflict aller Waffen, wie in größere und kleinere Kriegs-Begebenheiten selbstständig verwickelt wird, muß der Blick erweitert, die Thatkraft gestärkt werden; es muß dies auch auf eine, der Anwendung entsprechende Weise dergestalt geschehen, daß zuvörderst der Gedanke, dann die Handlung vorherrscht, was eine mehr theoretische und eine mehr praktische oder dienstliche Classe in den Lehr-Cursus einführt, für welchen allerdings die Fertigkeit im Dienste der einen Waffe verlangt werden muß.

In der Regel betrachtet man die Infanterie als die beste vorbereitende Waffe zur erweiterten Kriegsbrauchbarkeit, worin man auch wegen ihres näheren Zusammenhangs mit den sämmtlichen Kriegs-Handlungs-Motiven, also ihrer mehreren Allgemeinheit für alle Kriegshandlungen und wegen der erweiterten Gesetzmäßigkeit ihrer Taktik, nicht Unrecht hat. Dagegen machen die, meistens nur Hülfsweise zugezogenen Waffen, z. B. die Ingenieur-Waffe, wieder aus diesem Grunde selbst ein tieferes Eingehen in mancherlei Gegenstände der zweiten Serie schon in der ersten erforderlich, geben also jenem Unterricht einigen Vorschub. Der bis zu einer Art Routine, wo möglich im Kriege, betriebene Dienst in mehreren Waffen wird immer als die beste Vorschule zu einer höheren militärischen Bildung gelten, so wie er in frühester Zeit die allein mögliche war.

Der formelle Zusammenhang gilt in der Theorie der ersten und zweiten Unterrichts-Serie mehr als die wissenschaftliche Einheit.

§. 109. Bei allen Wissenschaften, die ein bestimmtes Gebiet äußerer Wahrnehmung umfassen und künftige Handlung normiren, wie bei der Kriegs-Lehre, kommt es mehr auf den leicht faßlichen Zusammenhang als auf das, das Ganze zusammenhaltende Princip an, so lange man mit diesem nicht in höhere und nebenliegende Combinationen des Wissens überhaupt einzugehen Willens ist, was in dieser Serie absichtlich vermieden und der nächstfolgenden vorbehalten bleiben soll, wo sich erst die unendliche Mannigfaltigkeit des Einzelnen zur bestimmten Vielheit gestaltet.

Darum giebt es hier mehrere zulässige Fäden der Wissenschaftlichkeit, die nur mit einer höheren Abstraction zu harmoniren brauchen. Am natürlichsten wird der Zusammenhang in der Handtirung mit dem combinirten Instrument aus der Handtirung mit dem einfacheren der einzelnen Waffe, ja selbst der Individuen im gegenseitigen Streite entnommen werden, von wo aus alsdann die intentionelle, causale und praktische Seite der Theorie nach jedesmaligem Bedürfniß zu berühren wäre.

Analogie und Induction darf bei der speculativen Behandlung, so wie überhaupt beim verschiedentlichen Waffengebrauch, nicht so weit gehen: daß etwas dem Charakter der einen Waffe ganz Widerstrebendes aus einer anderen dahin übertragen würde. Der nach unseren Kriegs-Motiven aufgeklärte Waffen-Charakter könnte dies freilich vermeiden lehren, wenn selbst eine Zufälligkeit solchen verkehrten Gebrauch einmal geadelt hätte. Was übrigens die Freiheit der Behandlung in dieser Wissens-Kategorie anlangt, so legt die Literatur hinreichendes Zeugniß dafür ab; unschädlich kann sie nur werden, wenn ihr eine transcendente Theorie sichere Anhalt-Punkte darbietet.

Bestimmung der dritten Unterrichts-Idee und daraus folgende Wissenschafts-Lehr

§. 110. Die gemachten Feldherrn sind Künstler, die nichts weiter bilden kann, als ihre Erfahrung und Meditation; ohne Theorie, sei sie nun angeboren oder angelernt, darstellbar oder nicht, sind sie aber nicht geworden und ihre Gehülfen an der Spitze der verschiedenen Dienstzweige eben so wenig. Noch liegt aber, wie vorhin erwähnt wurde, in einer über alle Kriegs-Gegenstände ausgebreiteten Theorie der Regulator einzelner wissenschaftlicher Bestrebungen im Fache, der diesem einen inneren Zusammenhang und das Maaß der Wichtigkeit mit gegenseitigem Verständnisse schafft, verborgen, weshalb auch die Gelehrten mit als Nutznießer solcher Wissenschaft anzusehen sind und ihr ein, allen Idealen und Chimairen feindliches, auf die Handlung gebautes Gerüste zu geben wäre.

Hier selbst in einem schwachen Versuch befangen, die Grundzüge einer solchen Kriegs-Theorie zu ermitteln, glauden wir behaupten zu dürfen, daß **wesentlich** das speculative Bewußtsein den Gegenstand umfassen und ordnen so wie die erforderlichen Beschränkungen einführen muß; **formell** ist außer dem Zusammenhange im System, noch eine kunstgerecht gebildete, zur Mittheilung und Berichtigung anwendbare dialectische Sprache erforderlich.

§. 111. Mit Ausnahme Dessen, was unmittelbaren Bezug auf das Ueberwältigungs-Motiv hat, sind praktische Uebungen im Frieden keinem Geschäfte leichter, als der Kriegführung zu verschaffen, indem von der Elementar-Bewegung und dem Handgriffe des Mannes an bis zum Massen-Conflict nach Anlage der Armee-Führung, Alles in den Organismus eingearbeitet, mit moralischer und physischer Thätigkeit dem Lenker schon zu Gebote steht, dergestalt, daß von solchen Mitteln viel leichter Mißbrauch als Nichtgebrauch zu befürchten wäre. Für die äußeren Dienst-Verhältnisse liefert der Friedensgebrauch (Garnison-Dienst) des Soldaten die beste Schule; man legt demselben insofern eine besondere Wichtigkeit bei, als er die Selbstständigkeit des Einzelnen in der Beschränkung eines höheren Ganzen belebt, die kleinste Pflichterfüllung streng bewacht, die Ausdauer geprüft wird und dieser Dienst eine ziemliche Zeit betrieben werden kann, ohne, wie man oberflächlich meint, durch die Continuität selbst zu erschlaffen. Leichtigkeit der Soldaten-Uebung

Nur ein einseitiger Begriff von Dem, was der Soldaten-Uebung Noth thut, und allenfalls noch ein scheinbares Gepränge mit Kriegskraft, kann die Exercir-Uebung über die Dienst-Uebung stellen und der damit verbundenen Schaulust zu Liebe, Feld- und Garnison-Dienst wie bloße Lückenbeißer und Zeitvertreibe des gemeinen Mannes ansehen lassen. Es tritt hierbei offen zu Tage, daß es, besonders da die kurze Dienstzeit der Einrichtung ohnehin mehr als der Vervollkommnung einräumen muß, Nachtheile mit sich bringt, wenn der Waffen-Inspecteur mit dem Commandirenden oder auch mit dem Ortscommandanten in einer Person verbunden ist.

§. 112. Die vom ersten Handgriff bis in die übliche Tak- Exerciren und Manoeuvriren.

tik jeder Waffe hinein sich erstreckende Uebung heißt Exerciren; versuchen, in welcher Weise die damit erlangte Fertigkeit unter Berücksichtigung der Kriegs-Handlungs-Motive gegen einen imaginairen oder wirklich vorgestellten Gegner in Anwendung gebracht werden könne, heißt Manoeuvriren. In Letzterem können Unterbefehlshaber und Truppen doppelt geprüft werden, einmal nämlich, in wie fern sie die Geschicklichkeit besitzen, dem Befehle zu genügen; das anderemal, in wie fern sie sich dem eigenen Auffassen der Gefechts-Umstände und deren momentan erforderlichen Impulsen beholfen fügen.

Truppen, welche gut manoeuvriren, sind kriegsbrauchbarer als die, welche nur gut exerciren, wennschon Letzteres das Erstere erleichtert, indem es den Mechanismus vervollkommnet. Wie dieser bald auf die erforderliche Höhe zu bringen sei, hängt allerdings von der Lehrmethode ab, die keine bloße Körper-Abrichtung sein, sondern sich auch dem Fassungs-Vermögen zuwenden und das Schwere mit begrifflichem Verständniß zum Leichten fügen soll. Die beste Exercir-Methode würde darum eben sowohl von der Bildungsfähigkeit des Ersatzes, als von der Natur der Waffe modificirt erscheinen, weil Leichtes und Schweres in beiden Relationen begründet ist.

Uebersicht des eigenthümlichen Armee-Organismus.

§. 113. Es war in unserer Anschauung der causalen Seite aller Kriegshandlung auf die Militair-Oekonomie der in besondere Betrachtung gezogene Persönlichkeits-Organismus der Armeen gefolgt und beide zusammen hatten sich über die Kriegs-Verfassung verbreitet. Ehe wir die gewissermaßen als ein Ganzes anzusehende vorbereitende Kriegshandlung verlassen und uns der praktischen Seite zuwenden, wollen wir den besagten Organismus noch einmal im Zusammenhange seiner Grundzüge übersehen, um uns der Hauptfäden desselben vollkommen bewußt zu bleiben:

Einrichtung und Vervollkommnung (Organismus) des Kriegs-Instruments als ein geistig Potenzirtes in persönlicher Beziehung.

	Soldaten-Geist	Soldaten-Brauchbarkeit
besteht in	Treue, Gemeinsinn, Soldaten-Sitte, Geschick.	Waffen-Technik und Theilung, Taktische Eigenthümlichkeit, Taktische Formen, Taktische Führung, Dienst- und Befehls-Ordnung, Dienst-Geschäftsgang.
wird gefördert durch	Gliederung, Rechts-Verhältniß, Disciplinar-Verhältniß, Meinung, Belohnung und Strafen.	Unterrichts-Gliederung, Unterrichts-Gegenstand, Unterrichts-Umfang, Unterrichts-Methode, Soldaten-Uebung.

e. Praktische Seite.

Was in jeder Kriegshandlung zur Betrachtung kommt.

§. 114. Die Natur jeder Handlung, die als etwas Zusammengehöriges ihre Anlage, ihren Gang und ihr Ergebniß der Betrachtung darbietet, führt die bereits ausgesprochene Gliederung herbei, mit der man zur näheren Feststellung (Incidenz) der Handlung den Kriegszweck, seine Mittel, leitende Triebfedern (Motive) und den ersten Impuls von der einen oder der anderen Seite verbindet.

Die gewöhnliche theoretische Theilung aller Kriegshandlung, wie sie Montecuculi vollzieht: marciando, alloggiando, combattendo, ist enge und geht doch nur sehr auf die äußere Darstellung; die nach activer und passiver Neigung ist zu weit und unbestimmt, eben so die bekannte ganz triviale Dreiheit von Anfang, Mittel und Ende, in die sich freilich Alles, aber nur sehr willkürlich einflechten läßt, was die Handlung angeht.

1. Anlage zur Kriegshandlung überhaupt.

Kriegs-Bereitschaft für den nahen Kriegszustand.

§. 115. Schon die Kriegs-Verfassung ist eine der Vorbereitungen zum Kriege; wir behandelten sie als ein übertragenes Mittel und ein Aggregat der causalen Elemente.

Die Anlage zum Kriegführen (Kriegszustand, Mobilmachung), von welcher hier noch die Rede sein kann, ist die Steigerung der Kriegs-Verfassung bis auf den Punkt des Kraft-Gebrauchs, die Schlagfertigkeit, bildlicher ausgedrückt: das Schleifen des Kriegs-Instruments.

Dabei fragt es sich, wie lange und was geschliffen werden muß, denn die Verfassung, insbesondere die Oekonomie des Staats macht es unmöglich, das Instrument unablässig nach allen Seiten hin in schneidender Schärfe zu erhalten.

Seit Einführung der stehenden Armeen, die noch Montecuculi, als eine wünschenswerthe Nachahmung türkischer Verfassung, dem Kaiser Leopold I. in der Mitte des 17. Jahrhunderts zu empfehlen für nöthig erachtete, hat man sich über den Anfangs-Punkt der Kriegsbereitschaft fast blos von der Oekonomie, oder doch wenigstens stets mehr oder weniger durch den Zufall bestimmen lassen, dem leitenden Gedanken aber keine wissenschaftliche Folge gegeben; dabei hat man manches nicht Nachzuholende öfters verabsäumt und manches noch später zu Beschaffende kostbar unterhalten. Obgleich dieser Gegenstand nach dem Kunstgebiet hinzieht, so ist ihm die Theorie doch noch nahe genug, um ihn offenbar zu begünstigen und der Meditation zu empfehlen.

Bestimmungsgründe in der Variation einer Kriegs-Bereitschaft.

§. 116. Für die zur Kriegsbereitschaft erforderliche Zeit erkennt man in dem Friedens- und festgestellten Kriegs-Zustande die beiden Endpunkte der gesonderten Handlung, deren Cadence ihr Inhalt ergiebt. Dieses Zeitmaaß soll auf das Maximum der Thätigkeit basirt sein, während jene Zeit-Differenz auf das Minimum reducirt ist.

Je wirksamer der Soldaten-Geist, je eindringlicher die

Soldatenbrauchbarkeit vorleuchtet, je verhältnißmäßiger die Macht ist, je sicherer die Kriegsmittel zunächst dem Orte der Entscheidung liegen, je militärischer der Besitz erscheint, um so mehr ist der Thätigkeit vorgearbeitet, die Differenz verkürzt, und der Erfolg der Kriegführung gewahrt.

Das zu solcher Bestimmung geforderte Erkennen in doppelter Hinsicht.

§. 117. An Relationen kann es nicht fehlen, sobald es darauf ankommt, sich in Kriegsbereitschaft zu setzen. Ehe man sie zu vermitteln bemüht ist, muß man den Bestand richtig erkennen. Die Kriegs-Verfassung giebt diese Kenntnisse für die eigene Kriegskraft, und ein Theil der feindlichen ist auch schon provisorisch und für die noch unbestimmten Kriegsfälle, so weit es stabilere Verhältnisse angeht, beim Nachbar erforscht; vorzugsweise gilt Das für den militärischen Besitz. Ein Theil der übrigen mehr veränderlichen Verhältnisse wird erst im Zustande der Kriegsbereitschaft kenntlich und darum auch Gegenstand des eifrigen Forschers sein müssen.

Den allgemeineren statistischen und geographischen Kenntnissen in Bezug auf die Kriegführung (Militär-Geographie) geht schon die Schule mit einer Disciplin entgegen, die aber noch mangelhaft genug construirt ist, indem sie sich nur an die geographischen Collectiv-Begriffe hält, von militärischen aber wenig weiß und dafür Suppositionen oder verwirrende ganz unpassende Details einführt.

Einrichtung des Kriegs-Theaters.

§. 118. Wenn auch die tiefer eingehenden vorläufigen Betrachtungen über eine militärisch abgeschlossene Grenz-Landschaft, dort allerlei Local-Einrichtungen für den Krieg (Waffenplätze, befestigte Stellungen, Communicationen, Magazine) von lange her einleiten, so fehlt ihnen doch die letzte Vollendung (Armirung, Sperrungen 2c.) als der, der Kriegsbereitschaft mit manchem Zeitaufwand und mancher Anstrengung verbundene Antheil.

Immer wird es eine der ersten Aufgaben für eine gute Kriegs-Verwaltung bleiben, zu wissen, was in dieser Hinsicht Noth thut, was als stabil und was als veränderlich anzusehen, was also allen Hindernissen entgegen geschafft und vorbereitet werden muß und was allen Lockungen zum Trotz unterbleiben kann.

Die Chefs der technischen Waffen- und Dienstzweige müssen hier namentlich mit dem Kriegsminister ein durchgearbeitetes System verfolgen, wenn der Staat nicht in legale und doch verdammliche Versäumnisse oder Vergeudungen verfallen soll.

Kriegs-Formation.

§. 119. Jede Armee besitzt in der Regel schon ihre constante ordre de bataille; der Krieg aber, welcher ihr allerhand neue Personal-Bedürfnisse erweckt, sie verstärkt, theilt, wenigstens durch die Sicherung des Local-Besitzes (Garnisonen), durch das Ergänzungs-Bedürfniß (Depots) oder den vorauszusehenden Abgang 2c. schwächt, bringt anderweite Theilung und Schaarung (ordre de bataille particulière) zuwege, die sich an die Kriegs-Vorbereitung anschließt und mit dem Kriegs-Gebrauch und Kriegs-Befehl harmonirt.

Sobald die constante Armee-Theilung unverändert in die besondere übergehen soll, können wohl einige Befehls-Einrichtungen von oben her, mit Nutzen beibehalten werden; die unvermeidlichen Alterationen fallen aber alsdann bis in die letzten Truppen-Einheiten zur Vermittelung herab und rütteln mit Neu-Formationen an dem Persönlichkeits-Einfluß gerade da, wo er am wenigsten entbehrt werden kann. Da, wo sich das meiste und gebildetste Standes-Personal findet, also in den oberen Regionen des Dienstes, wird sich die alte Formation am leichtesten und unschädlichsten in die neueren Formen fügen; da, wo sich für den Ungebildeten, abgerechnet von technischer Fertigkeit, doch immer erst ein neues Leben gestalten muß, wird sie mit den meisten Schwierigkeiten zu kämpfen haben.

Eintheilungs-Typus (ordre de bataille).

§. 120. Analog mit den schon vorhin erwähnten taktischen Elementar-Formen haben sich dergleichen auch für größere Truppen-Massen theoretisch aus der Natur und dem Gebrauch der Waffen, praktisch aber nach und nach durch zeitweilige Gewohnheit festgestellt (Brigade-, Corps-, Armee-Aufstellung und Marsch-Ordnung). Das solcher anschaulichen Verbindung inne wohnende sinnige Princip hat diesem Typus große Aufmerksamkeit zu allen Zeiten zugelenkt und ihn in Ermangelung tiefer eingehender Theorie wohl selbst auf den ersten Platz gestellt, wenn gleich der im ausgedehnteren neueren Gefecht von der Bodenbeschaffenheit abhängigere Streit weit weniger mit solchen berechneten Combinationen zu thun hat, als der frühere gedrängte Messerstoß Mann gegen Mann, und der Canon selbst, bei sonst gleichgültiger Anordnung, eigentlich nur noch die eingelernte Regel des ersten vorläufigen Benehmens in sich faßt (ordre de bataille primitif).

Die Achtsamkeit auf die Schlachtordnung hat verschiedentlich gewechselt, wie diese selbst, abhängig von der materiellen Waffe, wie sie ist. Das Schließen der Rotten hinderte noch die Arbeit mit dem Musketon und seinem Schlosse, wie die Pique und der alte römische Stoßdegen; wie ehedem die Veliten füllten die laufenden Haufen im 16ten Jahrhundert die Intervallen, um die Massen beim letzten Choc compacter zu machen. Man brauchte außer dem Gros (der sogenannten Bataille) nur constante Treffentheilungen für den Marsch (Avant- und Arrieregarde) und das Lager. Die schwerfällige Artillerie bildete später eigene Massen und Treffen, und brachte zum Behuf ihrer Sicherung und des Bodenbesitzes Cavalerie und Infanterie in mehreren entwickelten Schlachtlinien (Treffen und ihre Flügel) auseinander und hintereinander, um sie zur Ueberwältigurg und Ueberraschung angemessener zu gebrauchen und die Erholung und Wiederholung des Streites einzuleiten. Das Muster einer solchen, auf ältestes und späteres Kriegs-Wissen basirten Combination, will man in Gustav Adolph's Brigade-Aufstellung gefunden haben, die sich nach und nach mit dem Wegfall der Pique sehr vereinfachte und bis zu den französischen Revolutions-Kriegen aushielt, wo taktisch unausgebildete Massen mit größerer Beweglichkeit, besonders der Artillerie, und selbstständig gegliedert die ganze Tiefe der weitläufigen Gefechts-Entwickelung einnehmen, sowie durch gleiche Massen (Divisionen, Corps, Cavalerie- und Artillerie-Reserven) mächtig unterstützt und in ihren Unternehmungen begünstigt werden.

§. 121. In Uebereinstimmnng mit der Kriegs-Formirung gewinnt auch der Befehl einen veränderten Modus und eine weitere Ausdehnung, indem das der Localität stetig Angehörige, als Befehls-Veränderung für den Krieg.

ein Rest von dem Wandelbaren der Armee-Führung ausscheidet und unter den dazu eigen niedergesetzten Behörden (Kriegs-Ministerium, Provinzial-Commandos, Festungs-Commandanturen, Etappen-Commandos) in seinem Organismus verbleibt, während dort das in gewisser Einheit und mit eigenthümlichen Organen zusammengesetzte selbstständige Armee-Commando eintritt.

Das Personelle der Armee muß als ein erstes Mittel unverkürzt aus der Hand des Kriegs-Ministers in die des Commandirenden en chef übergehen und sich zwischen ihm und dem Regenten keine Mittel-Instanz befinden. Die Disposition über die materiellen und pecuniairen Mittel wird sich nach Kriegs-Theatern und Kriegsgang theilen, wobei Form und Uebereinstimmung des Ganzen durch die Vorstände der technischen Geschäftszweige so lange auf eigene Verantwortung unterhalten wird, als unvorhergesehene Umstände den Commandirenden nicht zur Selbst-Uebernahme der Verantwortung auffordern. Zum Besten der Kriegführung sollten diese Verhältnisse des Befehls möglichst klar und scharf und ohne Einmischung kleinlichen Autoritäts-Dünkels theoretisch bezeichnet sein, nicht aber dem Eigensinn einzelner Instructions-Abfassungen verfallen.

Armeestab und seine Organisation.

§. 122. Ohne sonstige Hülfe und Untersuchung würde der Commandirende ein so zusammengesetztes Instrument, wie eine Armee ist, im Kriege nicht handtiren und gebrauchen können. Das Stabs-Personal mit den verschiedenen Directionen des Generalstabes, der Oekonomie (Kriegs-Intendantur), der technischen Waffen und Unter-Commandos dient dazu und muß diesen Diensten gemäß seine Organisation und Stärke erhalten, sowie in seinen Verrichtungen unter sich subordinirt und coordinirt werden. Die Kriegs-Theorie muß hier, auf die Rechte der Kriegshandlung hinweisend, der Empirie voraus eilen, weil diese sonst mit ihren Persönlichkeits-Rücksichten die ganze Maschinerie des Befehls in Verfall bringen würde.

Als eine vorzügliche Hülfe des Commandirenden ist der Chef des Stabes anzusehen, welcher insbesondere auf die Tüchtigkeit des Kriegs-Instruments zu achten und die auswärts gekehrten Conjecturen mit einer besonnenen Berücksichtigung des Inneren vorzubereiten und zu begleiten hat. Das dabei erforderliche Detail besorgen die Officiere des Generalstabes (Adjutanten, Quartiermeister, Feld-Ingenieure, Geographen) in verschiedentlich organisirten, eigenen Geschäftskreisen, die eigentlich keiner Waffe angehören (officiers sans troupe), doch aber von sämmtlichen Waffen so viel kennen müssen, um über deren Leistungen richtig urtheilen und sie durch Aufträge nach dem Willen des Commandirenden lenken zu können.

Mobilmachung und Rücksichten dabei.

§. 123. Entfernt und zeitweilig ganz abgetrennt von der im eigenen Staate wurzelnden Kriegskraft, auch ohne bleibende Stätte, zeigt sich für eine ins Feld bestimmte Armee noch das Bedürfniß einer beweglichen Ausrüstung (Mobilmachung) zum Transport und zur selbstständigen Handtirung mit allerhand Vorräthen (Munitions-, Proviant-, Montirungs-Depots, Hospitäler, Ambulancen, Parks ꝛc.), welche der Armee in mäßigen Entfernungen folgen und sich von ähnlichen Depots im rückwärtigen Lande, ihrer Beschaffenheit und verschiedentlichen Beweglichkeit nach, wesentlich unterscheiden.

Die zu solchem Behufe vorzunehmende, durch den Kriegs-Etat längst normirte Personal- und Material-Ergänzung, muß der Kriegs-Maschinerie an den gelegensten Orten und auf die geeignetste Weise eingewebt werden. Dabei ist die Zeit allerdings ein sehr achtbares Element, aber in der Nähe des Kriegs-Theaters, wo auch auf die Sicherung der zeitweilig desorganisirten Streitkraft Rücksicht zu nehmen wäre, nicht das einzig Beschränkende der Handlung, die sowohl in dieser als in anderer, dem Kriegs-Theater wichtigen Bedeutung, prämeditirend für den Modus und Ort der Sammlung zu beachten sein wird.

Vereinzelte Kriegshandlungs-Anlage.

§. 124. Ist der Kriegszustand einmal eingetreten, so geht zwar die Anlage der besonderen Kriegs-Handlungen mehr oder weniger den Weg, welchen die eben vorgeführten Punkte bezeichnen; sie geht ihn aber mit bedeutenden Modificationen, d. h. wegen der, sämmtlichen Kriegshandlungen dienenden, vorläufigen Appretur der Mittel, mit großen Ersparnissen an Zeit und Kraft, so wie nach näheren, leichter zu übersehenden und zu erfassenden Zielen.

So weit als es möglich ist, muß eine Classen-Eintheilung der Kriegshandlungen wissenschaftlich schon in dieser Abstraction eintreten, damit die gedachten Modificationen in ihrer Allgemeinheit sich der Betrachtung, sie möge auf die Anlage, den Gang oder das Ergebniß der Handlung gehen, unterwerfen lassen, und damit sie nicht dasjenige, was die größere Beziehung fordert, in die kleinere verwickeln, so wie daß nicht das Wichtige in dem Kleineren, das Wichtigere in dem Größeren verdunkele, wie es ohne solche Artikulation theoretisch unvermeidlich wäre.

Kriegshandlungs-Artikulation.

§. 125. Von den Handlungen, zu welchen das ganze Kriegs-Instrument verwendet wird, mögen sie auf die Total-Ueberwältigung, die Ueberwältigung in einem Feldzuge oder in einem Gefechte oder auf den Besitz eines Landes oder endlich eines Orts gerichtet sein, ist bei der vorhabenden Classification die Rede nicht weiter; sie werden immer den Grundtext unserer Betrachtungen abgeben, worüber die untergeordneten Handlungs-Classen nur Variationen liefern. Diese Letzteren zu unterscheiden, halten wir uns aber weder an das nähere Ziel, noch an den Umfang der Mittel zur Handlung, sondern lediglich an das Mehr oder Weniger der Abhängigkeit von der eigentlichen Haupthandlung der Armee, oder an den Grad der Freiheit in dem Leitungs-Impuls, welchem gemäß Handlungen im engen Verbande mit dem Ganzen und solche im Parteien-Kriege als wesentlich verschieden betrachtet werden.

An eine schlichte (absolute) Theilung nach der Idee ist hier freilich wieder nicht zu denken, aber doch an eine, durch Abgeschlossenheit und Entfernung immer kenntlicher werdende Verschiedenheit der Umstände und des Benehmens. Die ritterlichen Handstreiche des Mittelalters, ja noch die Unternehmungen der kleinen Armeen zu Turenne's Zeit machten ganze Campagnen gleichsam zu einer Mosaik zerstreuter Kriegshandlungen und das, was wir nur aller en parti par détachements nennen, hieß aller à la guerre, weshalb auch die zur freien Handtirung ausgerüsteten camps volans unseren heutigen, zu festen Hülfs-Aufgaben und abgewogenen größeren Zwecken ausgestatteten Expeditionen nicht ganz gleich stehen, während anderntheils wieder heute der Führer eines Tirailleur-Zuges unabhängiger von seinem Bataillone zu wirken im Stande ist, wie damals.

§. 126. Der bei der Partei-, wie bei der Armee-Handlung selbst vorkommenden Handlungsweise im engeren Verbande mit der Masse, ist die allgemeinere Bereithaltung der Armee oder der Partei als ein übertragenes Mittel eben so vorausgegangen, wie das allgemeinere Erkennen; Beider Resultate sind zu Daten höherer Anordnung geworden, die nöthigenfalls oft noch durch Meldung und Anfrage ergänzt werden können. Eben so schafft die Gliederung und der Befehls-Organismus in einer Armee die Bedürfnisse der Formation für jede hier vorkommende, dem Führer überlassene Special-Ordnung, zu der ihn die richtige Fassung des Befehls, das Detail-Erkennen des Feindes und der Localität sowie der ihm anheim gestellte Gebrauch seiner Kräfte veranlaßt. Kriegshandlungen im engeren Verband mit der Masse.

Oefters in ziemlich gleicher Weise vorkommende Begebnisse im Kriege sind hiernach bereits wie Aufgaben theoretisch behandelt und mitunter sogar schon den Reglements unter dem Titel: Dienst im Felde und vor den Plätzen, einverleibt, oder dieselben werden auch als ganze Disciplinen unter der Benennung von: angewandter Taktik, Feld-Vorposten-Dienst und dergl. vorgetragen. Sie fassen alsdann die Handlungen in ihrer Anlage wie in ihrem Gange und ihrem Ergebniß zusammen, die wir in der höheren wissenschaftlichen Uebersicht zu trennen genöthigt sind.

§. 127. Dem Grade von Unabhängigkeit, welcher den Parteien-Krieg charakterisirt, liegt die Absicht zu Grunde, einen untergeordneten Führer die Kriegs-Handlungs-Motive nach eigenem Ermessen gebrauchen zu lassen und sie nur im weiteren, ja im weitesten Sinne der Vorherrschaft des beim Gros des Armee eben geltenden Motivs zu unterwerfen. Dabei versteht sich, daß die Partei in die Incidenz einer Haupthandlung der Armee ebenfalls Kriegshandlung der Parteien.

dienend mit eingreift und daß die Sicherung, welche das Gros der Partei, so wie diese dem Gros gewährt, bei der Unabhängigkeit beider von einander, so gut als möglich geltend gemacht ist.

Wir wollen unter dem Ausdruck: Partei, also nicht blos das Detachement verstehen, sondern rechnen Avant- und Arriere-Garden, Flügel-Corps und Alles dazu, was auch nur zeitweilig den hier angedeuteten Charakter in die Handlung überträgt. Daß die Abhängigkeit ab- und zunimmt, darf die Fähigkeit der Partei-Handlung, wozu die hier genannten Armee-Theile moralisch und physisch ausgerüstet sein wollen, eben so wenig beeinträchtigen, als den freien Gang derselben und die Fähigkeit zum Impuls des selbstständig Commandirenden.

Die der Armee-Handlung erforderliche Fühlung mit dem nahen Feinde muß durch das eigenthümliche Handeln derjenigen Parteien bewirkt werden, die wir abwechselnd Avant- und Arriere-Garden nennen.

Aufgaben der Parteien.

§. 128. Für die Bereitschaft der Parteien muß, was Formation und Befehls-Vertheilung betrifft, dem vorwaltenden näheren oder entfernteren Zwecke Folge geleistet und dabei auf die Beschaffenheit oder Verwandlung des Grund und Bodens Bedacht genommen werden. Die bezweckte Beweglichkeit im platten Lande, der gewünschte Besitz von Gebirgs-Pässen, die Einnahme eines Kriegs-Platzes wird dem Streif-Corps, der Gebirgs-Expedition und der Belagerungs-Armee besondere Modificationen in den meisten personellen und materiellen Mitteln vorschreiben, und diejenigen, welche die Armee nicht zu liefern im Stande ist, die auch durch vorläufige Handlung der operirenden Partei nicht in ihre Haupthandlung überzutragen sind, aus der ursprünglichen Kriegskraft des kriegführenden Staates zu entnehmen wissen.

Daß man in solcher Mittel-Austheilung an der Hand der Erfahrung gehen und sich weder durch Schwierigkeiten, noch durch Leichtsinn zu Versäumnissen und Täuschungen verleiten läßt, ist Sache der Theorie und des Urtheils. Für den gewöhnlichen Parteien-Dienst, z. B. die Avantgarden-Stärke und -Zusammensetzung, giebt es Ueberschlags-

Normen, die aber auch wieder von der Entfernung, dem Lande, der Stärke und Stimmung des Feindes und seiner Anführer abhängen.

2. Gang der Kriegshandlung.

§. 129. Wie sich vor der Handlung die ursprünglichen und die durch vorläufiges Ergebniß übertragenen Mittel zum Kriegführen nicht vollkommen scheiden lassen, sondern neben einander hergehen und ineinander fließen, so ist es auch im Fortgange der Handlung selbst. Zwischen dem Wollen und Vollbringen kann also der theoretische Theilungsstrich, welcher Anlage und Gang der Handlung sondern soll, nicht gezogen werden, und wir müssen uns dabei mit der unbestimmteren Erkenntniß des Zwecks als Grenzlinie begnügen, jenseits welcher der mit politischen oder höher gelegenen Daten gefaßte Kriegs- und Operations-Plan schon in den Kreis des untergeordneten Vollbringens eingeht, indem die That schon, sowohl in zeitlicher und räumlicher, als in technisch-materieller Bedeutung zu gesetzmäßigen Schritten nöthigt. Das thätige Vorschreiten der Politik nach dem untergeordneten und bestimmteren Kriegszweck eröffnet den Gang der Handlung (Strategie).

Man hat ein abstractes Raisonnement über diese Planmäßigkeit des Kriegsganges unter dem Namen des Feldherrn-Wissens, uneigentlicher der Strategie oder, nach dem französischen Ausdruck, der grande tactique, zur besonderen wissenschaftlichen Disciplin erhoben; aber abgesehen davon, daß das Conjecturiren auch hier nur der Anfang derselben Handlung ist, über welche doch eigentlich theoretisirt werden mußte, so ist man damit zu mancher schiefen Spitze und falschen Vergleichung in dem Ganzen des Kriegs-Wissens getrieben worden und hat zwar wohl einzelne, aus dem natürlichen Zusammenhange mit anderen Disciplinen dahin gezogene Gegenstände erläutert, dabei aber auch Vieles unter falsche, verwirrende Gesichtspunkte gebracht.

§. 130. Der durchdachte Vorsatz einer zusammenhängenden Kriegführung auf längere Zeit (Operations-Plan einer Campagne) muß von einem bekannten Stande der Dinge (status belli) bei Operationsplan und dessen Erfordernisse nach den verschiedenen Zeiten der Handlung.

Freund und Feind anheben und einem deutlich erkannten Ziele (Kriegs=Objecte) nachstreben, gleichviel ob dieses in den Besitz oder die Ueberwältigung ausläuft. Mit diesen Prämissen stellt sich die Handlung nach ihren verschiedenen Seiten vor die Seele, und zwar als etwas Inneres von der intentionellen, als etwas Wirkendes von der causalen, und als etwas Aeußerliches von der praktischen Seite. Während das Aeußerliche, die Umgebung der Handlung, mehr mit Ort und Zeit, das Wirkende, der Stoff, mehr mit der technisch materiellen Kraft zusammenhängt, durchdringt das Innere, die Absicht, unablässig Urtheil und Vorhaben.

Die in den Kriegshandlungs=Absichten schon ihrer Natur und Bedeutung nach liegenden Gegensätze fordern einander nunmehr heraus. Vorherrschend wird die der Sicherung gewidmete Absicht mehr die Kraft, die dem Besitz gewidmete mehr den Raum in Anspruch nehmen; eben so wird im ersten Falle auf der feindlichen Seite mehr die Ueberraschung, im anderen Falle dagegen mehr die Ueberwältigung als leitendes Princip zu betrachten sein.

Militärische Linien (Erforderniß einer gediegenen Militär-Geographie).

§. 131. Da wir uns hier mit der praktischen Seite der Kriegshandlung beschäftigen, so müssen wir auch den wissenschaftlichen Faden an Raum und Zeit oder dem Aeußerlichen der Handlung fortspinnen und das Innere und Wirkende damit verweben. Unter solcher Annahme läßt sich erklären, wie man schon längst den status belli in einer auf der Charte gezogenen Grundlinie (Basis), den Weg von daher nach irgend einem gegen den Feind gelegenen Punkt aber als das Vorschreiten nach dem Kriegs-Objecte (Operations=Linie) mit ihren geographischen Entfernungen als einem Zeitmaaße sich zu denken veranlaßt fand.

Daß man mit dergleichen Linear=Abstractionen vieles, durch Oertlichkeit und Leistung Bedingte übersehen und mit der Prämeditation in unhaltbare Hypothesen verfallen kann, die zu schädlichen Täuschungen verführen, ist einleuchtend. Man kann diesem Uebelstande nicht besser begegnen, als wenn man die Linear=Hypothesen auf eine gediegene Militair=Geographie pfropft und den Opera=

tions-Plan nur für eine theoretische Anwendung derselben gelten läßt.

§. 132. Der Gedanke an eine, gleichviel ob gerade oder krumme, Linie umfaßt schon mehr als die bloße Ausdehnung und Gestalt, nämlich ihren Zusammenhang, und kann auch für die militärische Linie, nicht für die mathematische, bei einem Minimum der Breiten-Dimension nicht stehen bleiben. Was in beiden Beziehungen sich an den Begriff der militärischen Linie offen oder verdeckt anschließt; was darin veränderlich wird, oder sich nach den drei angenommenen Kriegs-Handlungs-Classen feststellt, darf in der Kriegs-Theorie nicht übergangen werden, sofern die Sprachverwirrung nicht jedes Verständniß unmöglich machen soll. Was Alles mit der militärischen Linie gedacht sein will.

In der noch von wenig Nutzen gewesenen sublimsten Kriegs-Speculation jalonnirte man wohl Linien nur durch die aus großen Entfernungen hervorgehende Unmöglichkeit feindlicher Besitznahme; andere markirte man ohne Rücksicht auf die durch Natur-Schwierigkeiten getrennten Kriegs-Theater, wieder andere durch meilenweit von einander entfernte Positionen oder Plätze, andere endlich durch geschlossene oder laufende Front- und Schlacht-Linien und Colonnen, natürliche oder künstliche Communicationen und Hindernisse und dergl.

Da der Gedanke an die militärische Linie doch immer auf irgend ein militärisches Geschäft, einen Schutz oder Besitz oder eine Evolution ausläuft, wozu immer eine Tiefen- und Breiten-Entwickelung im Raume gehört; so wäre es vielleicht der Ideen-Verbindung dienlicher gewesen, den zur Richtungs-Angabe eben so geeigneten, mehr materiellen Ausdruck von Banden anstatt des bekannten, mathematischen der Linien zu brauchen; wenigstens muß man sich die Vorstellung von Ersteren bewahren; dieselben können sich noch überdem erweitern oder verengern, je nachdem die Kriegskraft ihrem Unterhalte und Gebrauche nach zur Ausdehnung und Zusammenziehung veranlaßt wird.

Welche Gedanken sich an den militärischen Linien fortbilden lassen.

§. 133. Mit bestimmteren Eigenschaften der militärischen Linien lassen sich erst Regeln für ihre Gestaltung in sich, ihren Zusammenhang und ihre Lage untereinander, sie mögen eigene oder feindliche Combinationen andeuten, in den Operationsplan einführen und mit intentionellen und causalen Gründen zusammenhalten, wozu die Natur der mathematischen Linien, außer dem Kunstgebiete oder dem vaguen Raisonnement, keine Gelegenheit darbot.

Daß man hierbei auf manche Unklarheit und schielende Analogie in gangbaren Bezeichnungen der Kriegs-Verhältnisse, z. B. der Deckung, des Dominirens, der Umgehung, der Durchbrechung und dergl. stoßen wird, hat seine Richtigkeit; aber was kann solchen, im Zwielichte schimmernden Begriffen und der ganzen Kriegstheorie Wohlthätigeres widerfahren, als daß man sie beleuchtet und beschneidet, daß man verwirft, was sich dunkel, ausgewachsen oder unnütz zeigt?

Militärische Punkte und ihre Darstellung mit Hülfe der Terrain-Verwandlung (Fortification).

§. 134. Wie in der Ausdehnung einer Kriegs-Basis das Maximum technisch beschränkt wird: so ist es auch mit dem Minimum der Fall. Dieses wird alsdann nur zu einem Kerne (Pivot) der Operationen, im Vorwärtsgehen zu einer Spitze (pointe), im Rückwärtsgehen zu einem Sammelpunkte (repli) der Kraft, die man der Sicherung oder Ueberwältigung wegen zusammenzieht.

Solchen extremen Gestaltungen tritt die mit dem Besitz verwebte Terrain-Verwandlung helfend zur Seite, und zwar einmal: durch die vorübergehende Befestigung (fortification passagère) als die lebenden Kriegsmittel ergänzend oder sie schützend, und das anderemal durch die bleibende Befestigung (permanente, reelle oder reale Fortification) als den Besitz versichernd. Das Räumliche und Technische wird dadurch für sämmtliche fortificatorische Combinationen auf das gegenseitige reciproque Verhältniß der Terrain-Verwandlung und der Kriegskraft gegensätzlich reducirt.

System der militärischen Linien und ihre veränderliche Bedeutung dabei.

§. 135. Die militärischen Linien lassen sich in gewisser Zusammengehörigkeit als Systeme nach Orts- oder Zeit-Verbindungen betrachten, wonach ihnen für den einen oder den anderen Fall mehr Werth zukommt. Dabei dürfen keine technischen Bedingungen stillschweigend aus einer in die andere Auflösung der Aufgabe übertragen werden, weil sie größtentheils mit der Räumlichkeit selbst Veränderungen unterliegen.

Uebergehungen der Art, die sich übrigens in die bloße Linear-Abstraction gar nicht einführen lassen, machen die Jomini'schen Regeln für die äußeren und inneren Linien sehr verdächtig, und diese ganze Weisheit so ziemlich zu nichte, weil dabei immer an eine gleichmäßige Anhäufung auf allen Operations-Punkten gedacht werden muß, die Concentrirung auf festgesetzten einzelnen Punkten aber zur Erreichung der Ueberwältigungs-Absicht unerläßlich ist. Das fortificatorische Manieriren und der durch die sogenannte échelle de comparaison in den Festungskrieg eingeführte Calcul zeigt gleiche Schwächen.

Wie sehr die militärischen Linien der Werth-Veränderung unterworfen sind, läßt sich aus den Belagerungs-Positionen erklären, die sich, als äußere Linien bis an das Glacis vorrückend, zwischen den Spitzen des Hauptwalles und der Außenwerke auf einmal in innere umgestalten.

Die als Stand- und Marschlinien angesehenen militärischen Linien und ihre Theile.

§. 136. Der sinnlichen Darstellung fähiger, mithin den technischen Bedingungen zugänglicher, als die dem Kriege im Großen angehörigen Grund- und Operations-Linien sind die ihnen verwandten, sie theils ausmachenden, theils auf sie bezogenen Stand- und Marsch-Linien, welche dem taktischen Gebiete immer mehr zufallend, zuletzt als Colonnen-Züge und Frontlinien sich darin auflösen.

Das Charakteristische des Parteienkrieges liegt alsdann in der minderen Gebundenheit an die Haupt-Kriegs-Basis, indem Letztere hier zeitweilig ganz aufgegeben, zeitweilig durch die Armee-Operations-Linie vorgestellt werden kann, wenn sie nicht mit den Haupt- oder Zwischen-Grund-Linien derselben übereinstimmt.

Wissenschaftliche Construction einer Marschlehre.

§. 137. In dem Kriegs-Marsche sind allgemeine Bedingungen nicht zu verkennen, die in einem danach gestalteten Vortrage theoretische Erledigung finden können, ohne gerade aus dem praktischen Zusammenhange der Kriegführung selbst hervor zu gehen. Mit der hier verfolgten wissenschaftlichen Ansicht ist solche mehr formelle Scheidung nicht verträglich; sie ist aber unter der Firma einer Marsch-Lehre bereits längst erfolgt und würde als solche, eben so wohl unter Bezugnahme auf eine geographisch basirte Räumlichkeit, als auf technische Anforderung, unter die verschiedentlich combinirten Kriegs-Handlungs-Motive zu ordnen sein, deren Hauptzweck alsdann: dem Trachten nach militärischem Bodenbesitz unter dem Schutz vor Ueberraschungen und mit der Bereitschaft zur Ueberwältigung gewidmet wäre.

Dieser metaphysisch gestaltete, allgemeine Begriff des Kriegs-Marsches würde alsdann nicht bei den Heerstraßen und Colonnen-Wegen, wie sie eben die Charte oder das Itinerarium liefert, stehen bleiben; es würden durch dieselbe die für Natur und Kriegsbegebenheiten aufzufassenden Marsch-Hindernisse und Marsch-Beschleunigungen geltend gemacht werden, und der Marsch der Sappe und der Mine würde in dieser, den technischen Alterationen freien Zutritt gewährenden Marsch-Lehre, ihre Grund-Regeln nicht weniger finden, als der Marsch eines Truppen-Corps.

Wissenschaftliche Construction einer Positions-Lehre.

§. 138. Derselbe Eingang, welcher die Marsch-Linien zur Marsch-Lehre führt, öffnet sich auch den Stellungs-Linien zur Positions-Lehre, nur daß die intentionelle Seite dieser Disciplin durch die räumlichen und technischen Beziehungen hier anders berührt und der Grund-Typus in die Erhaltung des militärischen Bodenbesitzes, unter mittelbarer und unmittelbarer Sicherung und zur gemessensten Anwendung der Ueberwältigungskraft gelegt ist.

Ganz wie in die Marsch-Lehre, so führt die weitere Entfernung vom Feinde auch in die Positions-Lehre einen veränderten Ausdruck für die gleichartige Mischung der Kriegshandlungs-Absichten gesetzlich ein, um das, was dort der Geschwindigkeit zum Vortheil gereicht, hier zur Schonung der Truppen auszubeuten. Die Franzosen unterscheiden danach: **positions de moment, militaires** und **très militaires**, welche Unterschiede, auf eine freilich bei veränderter Kriegführung auch etwas veränderte Weise, schon in den Kriegen der Alten vorkommen.

§. 139. Der zeitweilige Bestand (Stetigkeit) der Handlung, die begrifflich an die Stellung geknüpft ist, führt neue, der Räumlichkeit und Technik zugehörige Umstände als Schwächen und Stärken der Positionen ein, welche den Marsch, seiner Natur nach, nur flüchtig berühren. Eine in dem Motiv der Sicherung tief begründete Regel: seinen Feind nicht aus dem Gesicht zu verlieren, giebt dabei die Entscheidung, und die Bedachtnahme auf Vermehrung der Streitkräfte, auf gegenseitige Unterstützung oder auf erschwertere Annäherung, schließen sich derselben an. Grundregeln für die Stellung.

Daraus folgt, daß befestigte Positionen oder Linien dem Grund-Typus der Positions-Lehre unterworfen bleiben, so wie sich dieser auch über die, durch unmittelbare Terrain-Verwandlung (Festungs-Anlagen und Belagerungs-Arbeiten) gewonnenen Positionen erstreckt.

§. 140. Ohne zu tief in die der Kunst allein zugängliche Individualität der Handlung zu verfallen, kann sich die Prämeditation noch allgemeine Betrachtungen über die Wechselfälle (Chancen) der Kriegführung erlauben, indem sie die geographisch begründeten Systeme der militärischen Linien mit gewissen, im Voraus verglichenen Abstractionen der Technik und der Intention ausstattet und die Abwägung der Vortheile und Nachtheile daran fortsetzt. In so weit es die Positionen angeht, lassen sich damit auch noch gesetzliche Relationen in die Positions-Lehre einführen. Stellungs-Regeln für Wechselfälle des Krieges.

Gegenseitige Bezugnahme der Armee-Aufstellungen im weiteren und engeren Sinne unter- und nebeneinander, würde in dem genannten Capitel der Positions-Lehre den Haupt-Gegenstand der Betrachtung ausmachen. Die engere Stellung innerhalb einer weiten (Central-Stellung), oder mehrere davon, die zu eben diesem Behuf leicht verwechselt werden (Navetten-Stellungen), engere in einer weiten, die einander im Sinne des Manoeuvre's unterstützen (Flanken-, Echelon- und Echiquier-

Stellungen), oder die mehr oder weniger von einander abhängen (Haupt- und Nebenstellungen), oder welche militärisch-politischen Beziehungen gelten (Grenz-Stellungen) ꝛc. sprechen deren Eigenschaften deutlich aus. Dabei muß wie in jeder Region des Krieges ebenfalls das Mehr und Weniger der Anwendung überlassen bleiben.

Stellungs-Eigenthümlichkeiten nach dem activen und passiven Sinne der Kriegführung.

§. 141. Von bedeutendem Einfluß auf die Eigenthümlichkeit der Stellungen ist die den Operations-Plan beherrschende Handlungs-Weise, in so fern sie sich nämlich mehr zu dem thätigen oder mehr zu dem leidenden Zustande (der Active oder Passive) hinneigt, von welchem Unterschiede schon oben beim Vergleichen der mehr oder weniger der einen oder der anderen verwandten Kriegshandlungs-Absicht die Rede war. Der dadurch ausgesprochene Charakter durchdringt die Details noch mit mehrerer Schärfe als die Verschiedenheit der Wechselfälle, und läßt wesentliche Unterschiede zwischen den sogenannten Offensiv- und Defensiv-Positionen bemerken.

Wir nehmen hier diese Theilung für den bestimmten Zweck der Erhaltung des Bodenbesitzes unbedenklich an, so wie wir sie auch bei der, dem Operations-Plan zu gebenden Farbe nicht verwerfen. Beide Anwendungen treten nämlich schon aus der höheren wissenschaftlichen Abstraction heraus, in der wir keine allgemeineren Handlungs-Motive, als die im Eingange unseres Entwurfes aufgeführten, gestatten können, weil Active und Passive eben so wenig wie Offensive und Defensive, in der Kriegshandlung einen strengen Gegensatz bilden und eine wissenschaftliche Vermittelung Beider nur zur Verwirrung führt.

Wissenschaftliche Construction der Gefechts-Lehre.

§. 142. Durch die zur unmittelbaren Ueberwältigung thätig werdende Kriegskraft ist das Gefecht in der Kriegführung bezeichnet. Begrifflich tritt also schon wegen der bestimmten Vorherrschaft des Motivs in dieser Form die Handlung dem letzten Kriegszweck, der Total-Ueberwältigung nämlich, näher, als in den beiden übrigen, dem Kriegsgange eingemischten Formen, dem Marsche und der Stellung, wo der Besitz vorherrschend war und die hiernach mehr als präparatorisch (übertragene Mittel) zur Erscheinung gelangen.

Es ist damit nicht gesagt: daß nicht auch das Gefecht, ganz besonders aber das der niederen Ordnung (Treffen, Sturm, Affaire) in einer für bestimmte Zwecke abgeschlossenen Kriegshandlung als übertragenes Mittel vorkommen könnte; sondern nur überhaupt vom Charakter des Gefechts der in der Gefechtslehre mit seinen Folgerungen für das Gefecht höherer Ordnung (Schlacht, Bataille) ausgeführt werden muß und durch die Variationen für untergeordnete Gefechte späterhin blos beschränkt wird, ist die Rede.

§. 143. Wenn vermöge des für die Marsch- und Stellungslehre vorherrschenden Besitz-Motivs der Canon dort auf das Räumliche bezogen war, so muß er sich in der Gefechts-Lehre wegen des vorherrschenden Ueberwältigungs-Motivs an das Dynamische halten, dem sich hier umgekehrt die räumliche Betrachtung, jedoch wie dort auch unter der Ober-Leitung der Intention, anschließt.

Es dürfte nicht überflüssig sein, hier nochmals zu erinnern, daß die Theorie ihrer abstracten Natur nach außer Berührung mit denjenigen geistigen und körperlichen Kräften bleibt, welche nur der Individualität angerechnet werden, und daß sie sich mit einem dynamischen Durchschnitts-Maaße Beider begnügt, welches jedoch nicht unveränderlich ist, in der Kriegs-Verfassung seine Grundlage hat und mittelst der Disciplin, Bildung, Aufmunterung und Erfahrung nach und nach gehoben wird, während die Persönlichkeit des Anführers dieselbe Steigerung für den concreten Fall, zuweilen wohl augenblicklich, zu Wege bringt.

§. 144. Der für die Theorie unzulässigen Annahme einer mittleren geistigen Kraft in den Armeen, steht der Organismus des Befehls zur Seite, welcher grundsätzlich den Befehls-Uebergang von dem höchsten zu dem nächsten Vorgesetzten feststellt, ohne auf Persönlichkeit in specie zu achten. Ueber das Kraftmaaß in den Kriegs-Instrumenten.

Die Militär-Bildung und -Hierarchie sorgen dafür, daß sich die zum Erkennen, Beschließen und Darstellen einer Kriegs-Handlung geforderte Geisteskraft mit der Freiheit zusammenfindet, die zum Impuls in irgend einem Wirkungskreise, er sei groß oder klein, ja er treffe selbst nur den freien Willen des Einzelnen, nothwendig gehört.

Auch von den Eigenschaften der Mitarbeiter und des Gegners, auf deren Beurtheilung in der Kriegshandlung so viel ankommt, läßt sich das, was über jenes Durchschnittsmaaß der Kraft als persönlich hinausliegt, nicht mehr mit der Theorie verbinden und muß der Kunst überlassen bleiben.

Das Leidende und Thätige ist im Verlaufe der Handlung so wenig theoretisch zu scheiden, als in deren Anlage.

§. 145. Dieselbe Unmöglichkeit, auf einen reinen Gegensatz zwischen Passive und Active in der Anlage der Handlung zu fußen, erlaubt auch im Verlaufe derselben nicht, eine scharfe Grenze zwischen dem leidenden und thätigen Benehmen inne zu halten. Denn, wenn sich auch momentan in der Seele der leitenden Intelligenz ein Wendepunkt dafür angeben ließe, so würde er doch durch den Impuls zur Gegenhandlung (Reaction) sogleich wieder aufgehoben und in der Erscheinung mit den in niederer Instanz nothgedrungen noch wohl anders gerichteten Impulsen der Unterbefehlshaber vermischt, nur in dem Aggregat der Einzeln-Handlung kenntlich bleiben.

Man kann sich daher in der Theorie auch nur an Dasjenige halten, was als Actives oder Passives mit den verschiedenen Kriegs-Handlungs-Motiven natürlich verknüpft ist, und muß die Wendepunkte nach deren Gegensätzen in den fließenden Differenzen der Erscheinung aufsuchen.

Tieferes Eingehen in die Vehikel der Ueberwältigung.

§. 146. Allgemeinere Vehikel der Ueberwältigung waren: das Zusammenhalten und die Ausdauer der am rechten Orte und zur rechten Zeit zusammen zu bringenden Kriegs-Kraft; Arten derselben waren aber die gesicherte und die überraschende Ueberwältigung. Wir halten diese Begriffe fest, um sie zur Unterlage der Gefechts-Lehre vorzuschlagen und sie, mit Bezug auf das Räumliche, unter den während der Erscheinung selbst vorkommenden Folgen und Wechseln der Kriegs-Handlungs-Motive anzuschauen.

Seitdem die Kriegstheorie mehr Boden gewonnen, machte sich ein Schwanken bemerkbar zwischen der Meinung, ob die Schlacht als eine Kriegshandlung höherer oder niederer Ordnung, d. h. ob sie mehr als Zweck oder als

Mittel anzusehen sei, welches Letztere unsere Theorie unbedenklich zulassen könnte, weil die Schlacht auch dann noch immer ein für den ganzen Krieg übertragenes Mittel würde. Napoleon hat den ersten Fall der Alternative wahrscheinlich auf längere Zeit praktisch bejaht und die Kriegslehre kann von dieser Seite nicht mehr zurückbleiben. Damit ist aber für den einen der beiden Gegner die Nöthigung zur Schlacht ausgesprochen, von der man früher, als sie nach Ritter-Sitte mehr einer Ausforderung (défi) folgte, wohl öfter absah.

§. 147. Erkennt man das Zusammenhalten der Kraft als das eine Princip der Ueberwältigung: so muß das Sammeln derselben bei beiden Theilen der erste Schritt, und ihr gegenseitiges Erforschen das erste Bedürfniß sein, welches dem nur im Allgemeinen vorgesteckten Ziele des Schlagens und der willkürlichen Anordnung der beiderseitigen Kräfte vorangeht. Sammeln der Kraft.

Wenn die Schlachten keine rencontres sind, was sie bei großen, schon durch ihren Unterhalt zur Ausdehnung genöthigten Armeen, ohne versäumtes Erkennen, nur selten sein werden; so läßt sich in solcher Einleitung, welche wegen der gleichmäßigen Schwierigkeit auch dem genöthigten Theile gegönnt werden muß, allerdings ein Moment erkennen, worin das Active und Passive in dem Sinne auseinander tritt: daß der eine Theil in formirtem Halt die Marsch-Entwickelungen und -Dispositionen des anderen abwartet. Damit ist aber so wenig, wie mit dem Wollen oder Nichtwollen der Charakter der Offensiv- oder Defensiv-Schlacht bestimmt, der allein daraus hervorgeht: ob die Sicherung des einen Theils der Ueberwältigung des anderen weicht, oder nicht. Bei solcher, erst dem Resultate anhängenden Entscheidung müssen aber die der Praxis gewidmeten Regeln anderen Abstractionen folgen.

§. 148. Beide den Conflict gewärtigende Streiter, der, welcher sich vorerst an die Sicherung hält, und der, welcher die Ueberwältigungs-Absicht vorzieht, sind genöthigt ihre Kriegskraft einigermaßen entwickelt mit ihren Absichten der Erkennung des Genöthigtes Kundgeben der gesammelten Kraft.

Anderen Preis zu geben, welcher sein taktisch-technisches Benehmen danach einrichtet.

Die Forderung der Kraft-Entwickelung und des Erkennens bezieht sich nicht blos auf die Feldschlacht, sondern ist jeder Gefechts-Unternehmung eigen. Der Festungskrieg kann dabei nach zwei Gesichtspunkten aufgefaßt werden: entweder als eine zusammenhängende langwierige Handlung, in welcher die Absicht des Besitzes vorherrscht und die Ueberwältigung dient, oder als die Summe mehrerer der Ueberwältigung gewidmeten einzelnen Handlungen, die ein regelmäßig erlangter Besitz gliedert. Die Terrain-Verwandlung ist alsdann nur technisches Mittel der gesicherten Ueberwältigung. Aehnliche Bewandtniß hat es mit Schanzen- und Dorfgefechten außer dem Zusammenhange mit einem Hauptgefechte, von welchem wir hier sprechen.

Unterschied des Benehmens zu Anfang und im Fortgang der Handlung.

§. 149. Wegen der, in den Kriegs-Kräften wirksamen Lebendigkeit und des Zeitverlustes, der jede willkürliche Erregung begleitet, läßt sich die im feindlichen Erkennen (Recognoscirung) und der eigenen Anordnung (Disposition) liegende natürliche Folge nur dem ersten Umriß der Handlung im Großen einverleiben; im Verfolg derselben verschlingt sich Beides dergestalt: daß Eines das Andere hervorruft und fördert. Dem Erkennen geht darum ein fortgesetztes Bestreben, der Anordnung eine stete Modification zur Seite, die ihren Grund in dem Genius (Erfindungsgabe) des Anführers für alle Fälle, die Finten des Feindes und die kleinen wirkenden Umstände, die man Zufälle nennt, nicht ausgenommen, hat und wozu ihm die Mittel bereit sein sollen.

Die Finten zeigen sich im Kriege unter verschiedenen Gestalten, in Demonstrationen oder falschen Manoeuvres, Diversionen oder Schein-Angriffen, Hinterhalten und dergl., deren verschiedene Eigenheiten die wahre Absicht früher oder später erkennen lassen und die hiernach allgemeinen Betrachtungen zu unterwerfen sind. Auch die Chancen sind verschiedener Art; die einflußreichsten sind unfehlbar jene, welche aus den Systemen der militärischen

Linien hervorgehen, die also über der eigentlichen Gefechts-Disposition liegen und deren Conformität bedingen.

Die Haupthandlung des Gefechts spaltet sich in untergeordnete Theile mit eigenen Handlungsmotiven und stellt räumliche Hauptformen der Gefechte fest.

§. 150. Mit der möglichsten Voraussicht, kann demnach dem Gefechte von keiner Seite mehr, als die ursprüngliche Richtung zukommen, die sich den taktischen Waffengebrauch bei zusammengehaltener Kraft zu Nutzen macht und sich in untergeordnete Theile der Haupthandlung spaltet, die wieder ihren eigenen vorherrschenden Handlungs-Motiven unterliegen, ohne das Motiv der Haupt-Handlung, welches die Gefechts-Disposition begleitet, zu beeinträchtigen.

Das räumliche Anhalten dabei giebt die combinirte Waffen-Taktik, deren Regeln also auch die Disposition befruchten und die sich auf Entwickelung und Zusammenziehung (Deployiren und Defiliren) der verschiedenen Waffen reduciren, zugleich aber in der, der mathematischen ähnlichen Form von Kraft-Linien und Kraft-Punkten darstellen lassen, um Eigenschaften anzugeben, welche die Veränderung ihrer gegenseitigen Lage mit sich bringt. Das vollständige System dieser Veränderungen, die auch in allen Schlacht-Dispositionen zu Tage kommen, ergiebt sich aus den, hier möglichen Gegeneinanderstellungen von Linien und Punkten als deren Enden, so daß man daraus auf ein paralleles oder schiefes oder rechtwinkliches oder umfassendes Entgegenkommen der Streitkräfte, als eben so viele räumliche Erscheinungen des Streites geräth (batailles de front, obliques, excentriques; percer le front, ordre en potence).

Achtung auf die Ausdauer der Kraft in der Zeitfolge.

§. 151. Mit der Zeit, in der eine sich immer umgestaltende Gefechtshandlung vorgeht, wird die Kriegs-Kraft verbraucht, und zwar auch diejenige welche der feindlichen directen Einwirkung nicht einmal ausgesetzt war. Es liegt am Tage, daß, da diese Kraft zuletzt doch den Ausschlag giebt, man mit ihr, wie mit der Zeit selbst, haushälterisch umzugehen hat.

Wie die aus der Natur der Waffen abgeleiteten taktischen Formen, so trägt auch das in jeder derselben vorherrschende Handlungs-Motiv unmittelbar das Seinige zu einem gewissen, schon vorhin erwähnten Gefechts-Schematismus bei. Aus der Entfernung werden durch das Geschütz die feindlichen Reihen geöffnet, die wichtigeren Terrain-Punkte (Positions-Schlüssel) vertheidigt und geschwächt, bis die Schieß- oder Stoßkraft der Infanterie eindringt und die Ueberraschungs-Künste der Reiterei geltend werden können oder irgend eine noch frisch erhaltene Macht (Reserve) die Wagschale des Sieges mitten in der allgemeinen Unordnung nach sich zieht.

Was unter dem Haushalten mit der Kraft im Gefechte verstanden werden darf.

§. 152. Haushälterisch mit der Kriegskraft umgehen, heißt nicht sie ungenutzt zurück halten; sondern sie dem Zweckbegriff gemäß zur rechten Zeit ausgeben. Beides, die Zeit und die Ausgabe, hängt mit dem stetigen Bewußtsein Dessen zusammen, was der Anführer will und kann.

Complicirte Positionen, dafür schwache zusammengezogene Schlachtlinien, intacte Reserven, die ungewissen Chancen vorbehalten bleiben, anstatt den Ausschlag zu geben, Ueberraschungs-Anlagen mit unzureichenden Ueberwältigungs-Mitteln, Sicherungs-Anstalten, welche die geschickteste Zeit verlieren machen und dergl. consumiren die Kraft ohne Nutzen, sind also Verschwendungen. Diese Schonung muß sich über alle Mittel und besonders auf die physischen Kräfte des Soldaten mit ausdehnen.

Wie sich der Haushalt mit der Zeit dazu verhält.

§. 153. Der Haushalt mit der Zeit beruht nicht in dem frühen Anfang und der schnellen Beendigung der Handlung, die hier und da wohl erforderlich sein mögen, sondern in der Erwartung des richtigen Zeitpunktes und dem Zusammenstimmen der Ereignisse mit den Mitteln.

Das Benehmen muß die geforderte Verzögerung selbst dann unterstützen, wenn der Feind in die Active fällt und kleine Nachtheile den von der vorhabenden eigenen Handlung erwarteten Nutzen nicht aufwiegen.

Große Feldherrn alter und neuer Zeit haben gezaudert; es muß nur dabei nicht bleiben; Andere haben sich übereilt und die zum Besten angelegten Pläne sind zu ihrem Nachtheil ausgeschlagen; am häufigsten bemerkt man falsche Wirthschaft der Zeit mit Charakter-Schwäche des Befehlenden verbunden, der momentanen Eindrücken nachgiebt und im Beschlusse wankt.

§. 154. Die auf den Haushalt von Kraft und Zeit während der Gefechtshandlung so vielfach einfließenden Umstände, lassen sich Behufs dieser Einwirkung unter der Vorstellung von Vorherrschaft und Verbindung der Kriegs-Handlungs-Motive am übersichtlichsten zusammenfassen, in dieser Complexion aber mit dem Hauptzweck der Handlung und ihrem jedesmaligen Zustande zum Bewußtsein des Befehlenden, und so zur Normirung seiner eigenen Impulse bringen. Verbindung des Haushalts von Kraft und Zeit im Bewußtsein des Anführers.

Es ist das eigentliche Geschäft der Theorie, Abstractionen wiederum in höheren Abstractionen classenweise zu sammeln, um es in der Praxis nicht mit einzelnen Relationen zu thun zu haben. Eben sahen wir: wie wenig im Drange der Handlung an das Ordnen dieser Letzteren zu denken ist, und mit welchem Nutzen begrifflich feststehende Regeln, wie sie die Kriegs-Handlungs-Motive angeben, die Fortwirkung (Folge) oder den Ursprung (Wechsel) der intentionellen Gruppirung bestimmen, je nachdem das eine oder das andere Motiv in der Haupthandlung die übrigen beherrscht und diese einen näheren oder entfernteren Einfluß ausüben.

§. 155. Ueber der anfänglichen Disposition der Gefechtshandlung hinaus, beruht ihr Verständniß zwar unmittelbar auf dem Aggregate der räumlich geschiedenen Handlungstheile, mittelbar aber deshalb auch auf den zeitlich geschiedenen Momenten, oder den der Verwandlung unterworfenen, der intentionellen Seite der Handlung aber angehörigen Gruppen der Kriegs-Handlungs-Motive. Wissenschaftliche Deduction der Gefechts-Momente.

Partielle Förderung und Hinderung der eigenen und der Gegenhandlung, Zufälligkeiten und willkürliche Impulse in allen Regionen, greifen dabei mit ein und führen die Ober-Leitung bei jedem neuen Momente auf ein Analogon des Gefechts-Anfangs und der dortigen Disposition, mit allerdings leichtfertigen Prämissen bis zum Ende des Gefechts zurück.

Ungeachtet der verschiedenartigsten mit der Individualität vermischten Gestaltung der Handlung, erfaßt sie die Theorie auf diese Weise immer objectiv, wie sie soll, und läßt der Kunst freies Spiel, welcher wieder durch die vielfältig entwickelten Beziehungen der Kriegs-Handlungs-Motive unter sich und auf die Kriegs-Mittel, die Bahn erleuchtet ist. Aber auch die Geschichte und die beschreibende, wie die lehrende Kritik, findet in den beregten Momenten ihre Wegweiser.

Gefechts-Leitung in der abhängigen Unterordnung.

§. 156. Aus den Folgen und Wechseln im Gefecht mit ihren Uebergängen und der dabei beobachteten Technik der Waffen haben sich bestimmte Formen und Regeln entwickeln lassen, welche den taktischen Theil der Gefechts-Lehre ergänzen (Gefechts-Taktik) und dem in näherer Abhängigkeit von der Armee befindlichen Unterbefehlshaber, das mehr mechanische Benehmen vorzeichnen, bei dem es, der Einheit und des Zusammenhanges der Handlung wegen, immer sein Bewenden haben muß, wenn nicht Umstände eintreten, die ohne Auflösung dieser Einheit, das augenblickliche Handeln nach eigener Ueberzeugung gebieterisch verlangen.

Diese Unterscheidung ist nicht leicht, sie bedarf theoretischer Beschränkung und praktischer Uebung. Das eigenthümliche Geschäft des Unterbefehlshabers, welches Grades er sei, im Gefecht, besteht darin: die Ausdehnung und Kraft seines ihm gegenüber befindlichen Gegners kennen zu lernen und die allgemeine Ueberwältigungs-Absicht an ihm auszuüben. Zufälle, nach eigenem Ermessen augenblicklich benutzt, den Nachbar zu unterstützen ꝛc., können, so fern nichts Wichtigeres verfehlt wird, die eigenen Impulse nur rechtfertigen, sie aber nicht zur Regel machen.

Gefechts-Leitung bei einer abgesonderten Expedition und Partei.

§. 157. Mit der selbstständigen Führung eines Armee-Detachements oder einer Partei hat es eine veränderte Bewandtniß. Das herrschende Handlungs-Motiv des Gros hat dabei nur einen bedingenden, keineswegs aber bindenden Einfluß, der hier allein dem Zwecke des Auftrags, welcher das Gefecht veranlaßt, einzuräumen wäre und aus dem der Führer seine Impulse so lange als sein Auftrag dauert, abzuleiten hat.

Da solche Zwecke nicht nur einzelne Handlungen, sondern wohl ganze Serien derselben in geordnetem Zusammenhange fordern; so kann sich ihre Theorie zu ganzen Disciplinen erweitern, wie das ein ausgeführter constructiver Theil unserer Betrachtung näher angeben würde.

3. Ergebniß der Handlung.

Was hier unter Ergebniß einer Kriegshandlung gemeint sein kann.

§. 158. Das Ergebniß einer activen oder passiven Kriegshandlung entspricht entweder dem vorgesetzten Zwecke oder nicht. Im ersten Falle unternimmt man freiwillig, im anderen genöthigt, eine anderweite Handlung und beobachtet dabei fortwährend die Folge oder den Wechsel der Vorherrschaft eines unserer Kriegs-Handlungs-Motive, welches der vollendeten Handlung, als nunmehrigem übertragenem Mittel, zum Grunde lag und immer einer Handlung höherer Ordnung, zuletzt dem Kriegszwecke selbst, unterworfen ist.

Vorzugsweise wird sich die Theorie in diesem Capitel an die Artikulation und Unter-Ordnung der verschiedentlich motivirten Kriegshandlungen, also an die intentionelle Seite derselben zu halten haben, um nach ihrem mehr selbstständigen und mehr abhängigen Charakter, das Räumliche und Technische den Aeußerungen der Folgen und der Wechsel anzupassen. Es müßte darum eigentlich hier von dem in der Kriegs-Handlungsweise überhaupt nothwendigen Bindemittel, das ihr Zusammenhang und Consequenz giebt, die Rede sein.

Die im Ergebniß bemerkbare Verschiedenheit, welche Wechsel der Formen und der Bedeutung erschaffen.

§. 159. Der Unterschied, welcher sich während dem Gange der Handlung in ihren Formen beobachten ließ und wodurch sich wohl auch in ihrem Apparate Folge und Wechsel zu erkennen gaben, ist nicht immer nothwendig mit der Folge und dem Wechsel in ihrer Bedeutung verbunden.

Durch einen Marsch kann wohl der Feind aus der activen in die passive Handlungsweise versetzt werden; durch eine eingenommene Stellung mag früheres Sicherungs-Bedürfniß der Ueberraschungs-Lust weichen, die wieder im Gefecht ihr Vorrecht der Ueberwältigung abtritt; dagegen kann aber auch mit dem Marsche nach irgend einem strategisch wichtigen Punkte schon die Einleitung zur beabsichtigten Schlacht (Bataillen-Manoeuvre) beginnen und also die Angemessenheit des Marsches und der Stellung mit in die Ueberwältigungs-Absicht des Gefechts verwachsen sein, welche alsdann die ganze Handlung beherrscht, die von dem Ergebniß der Eroberung und des Sieges begleitet wäre.

Leichteres und schwereres Erkennen des Ergebnisses.

§. 160. Soll die folgende vorgesetzte Handlung sich einem höheren Zwecke gemäß an das Ergebniß einer vollendeten anschließen, so muß dieses als zu übertragendes Mittel vor allen Dingen so richtig als möglich erkannt sein. Für eine Form der Handlung ist das leichter wie für eine andere und immer leichter, je mehr ihr Gang dem Vorsatze (Operations-Plane, Disposition) entsprechen konnte, wenn schon auch hier das, der Wahrheit zunächst stehende Bild des Ergebnisses, erst durch nachfolgende Erscheinungen zu controliren bleibt und in vielen Fällen das Kunstgefühl (Takt) des Befehlenden aushilft.

Sehr bald wird der vollständige Sieg als Gefechts-Ergebniß anerkannt werden und in die zunächst folgenden Kriegshandlungen eine gewisse Sicherheit einführen, die eine seiner süßen Früchte für den Sieger ist, während dasselbe Bewußtsein auch für den Besiegten die Bitterkeit mildert, indem es ihn zu bestimmten kräftigen Maaßregeln antreibt. Der geistige und örtliche Standpunkt des Anführers muß das Erkennen des Ergebnisses nothwendig erschweren und begünstigen.

Wie der fehlenden Uebereinstimmung zwischen der Anlage und dem Ergebniß beizukommen ist.

§. 161. Unvorhergesehene Hinderungen in der Einleitung wie im Fortgange der Handlung, die um so störender wirken, je weiter die Handlung gediehen ist, lassen sich nur durch Kraft und Zeitaufwand wegräumen oder umgehen. Ersteres geschieht in der Beharrung beim ursprünglichen Vorsatze, Letzteres im Wechsel des herrschenden Handlungs-Motivs. Da in der Beharrung selbst eine Kraftvermehrung liegt, so muß auch diese bei Vergleichung und Auswahl des besseren Theils mit in Anschlag kommen, so wie auf der anderen Seite Vollkommenheit des Kriegs-Instruments und Fruchtbarkeit an geistigen Mitteln.

Durch eine Vervielfältigung der Chancen, auf die man örtlich und technisch gefaßt sein kann, ohne die Handlung selbst zu beeinträchtigen, läßt sich dergleichen nicht vorgesehenen Anstrengungen wohl vorarbeiten und die Theorie müßte die allgemeinen Betrachtungen darüber ausdehnen.

Das in der Natur der Kriegshandlungs-Motive liegende Widerstreben bei Impulsen nach verfehltem Ergebniß.

§. 162. Die conjecturalen Kriegs-Handlungs-Motive: Sicherung und Ueberraschung, die unter sich reine Gegensätze bilden, werden gegenseitige unmittelbare Uebergänge ihrer Vorherrschaft nur bei völliger Indolenz des Gegners gestatten und, da theoretisch auf eine solche nicht zu rechnen ist, mehr oder weniger die factischen Motive des Besitzes und der Ueberwältigung als Durchgänge gebrauchen müssen, die ihrerseits einen directen Wechsel einzugehen geeigneter sind, sich auch in den ihnen angehörigen Ergebnissen einflußreicher herausheben, wie schon die damit verbundenen, ihre Resultate bezeichnenden Begriffe: der Behauptung, der Eroberung und des Sieges, deutlich erkennen lassen.

Die solchen Resultaten zuständigen Maxima und Minima bedürfen keiner weiteren Auseinandersetzung, indem schon ihre Principien, die Handlungs-Motive, im intentionellen Theile der Theorie ihre Ausgleichung gefunden haben.

Résumé des allgemeinen Kriegs-Ergebnisses, das sich als Vortheil und Nachtheil zeigt.

§. 163. Die gleichzeitigen, eben so wie die nach und nach aus einer Kriegshandlung in die andere übertragenen Erfolge zusammengenommen, begründen das allgemeinere Ergebniß des Vortheils für den einen und des Nachtheils für den anderen der kriegführenden Theile. Dabei ist sich aber Vortheil und Nachtheil für den Kriegszustand überhaupt nur in so weit entgegengesetzt, als von gegenwärtiger Kriegskraft die Rede, oder diese in politischer Beziehung gleich zu achten ist. Wäre es anders, so könnte die Vergleichung nur unter den Differenzen stattfinden, die sich ergeben, wenn man die gegenwärtigen Kriegskräfte von den politisch erreichbaren abzieht, welche alsdann auf die Wagschale für Krieg und Frieden zu liegen kämen.

Vom Vertilgungskriege, dem zwar Ruhe, aber kein Frieden folgt, hatten wir schon oben abgesehen, weil ihm nur einzelne Theile der Kriegstheorie dienen und Politik das

Fehlende zu ergänzen hätte, wie beim Volks-Aufstande und dergl. mehr.

Wieder-Anschluß der Kriegslehre an die Staatslehre (Politik).

§. 164. Indem die Kriegstheorie hier wieder an die Politik anbindet, von der sie ausging, hat sie der Handlung folgend, in wissenschaftlicher Betrachtung den ganzen Kreis ihres Umfanges durchlaufen und jedem aus der Erfahrung neu hinzutretenden Begriffe seine Stellung zum Ganzen schon im Voraus angewiesen.

Die bemerkte Vollendung des Umlaufs um den Begriff der Kriegshandlung als Mittelpunkt unserer Theorie deutet, wie man wohl sieht, nur auf seine Richtung, keineswegs aber auf seine Ausdehnung, die überhaupt in einer Erfahrungs-Wissenschaft nicht begrenzt werden darf und deren Verlängerung der Reflexion über zukünftige Ergebnisse offen bleiben muß, damit die Weisheit, als das Bewußtsein der Zweckbegriffe und ihrer Anwendung, aus der Kunst ergänzt und zu jeder Zeit damit gefördert werden möge.

Im März 1837.

Druck von Trowitzsch und Sohn in Berlin

Druckfehler und Berichtigungen.

Zum 1. Band.

S. 6, Z. 6 lies: „paradosso“ statt „paradosse;“
— 71, — 11 — „Ausbildung“ statt „Ausbidung;“
— 84, — 4 — „rinfusa“ statt rifusa;“
— 89, — 16 fehlt die Nr. 81 bei dem Wort „Regulator;“
— 118, — 4 lies: „complète“ statt „complette;“
— 131, — 34 — „Polyhistorie“ statt Polyhisterie;“
— 153, — 11 — „s'être“ statt „être;“
— 159, — 41 — „Lorini“ statt „Lorrini;“
— 187, — 22 — „Dopo“ statt „Doppie;“
— 218, — 16 — „welchen“ statt „welcher;“
— 242, — 3 — „vetto-vaglie“ statt „vetto; vaglie;“
— 256, — 13 — „strategischen“ statt „strategischer;“
— 311, — 16 — „avantageux“ statt „avantageuse;“
— 352, in der letzten Zeile fehlt die Nr. 58 bei: „detachirte Werke;“
— 356, Z. 13 fehlt die Nr. 68 bei: „Spitzen der Werke;“
— 366, — 9 lies: „Sagunt“ statt „Sagunet;“
— 368, — 26 — „Darçon“ statt „Darçons;“
— 381, — 15 fehlt als Anmerkg. 74: „S. pag. 80 und 137.“ Die folgenden Anmerkungen bis incl. 93 sind auf die nächst höheren Nummern im Text zu beziehen.

Zum 2. Band.

S. 26, Z. 27 lies: „Bivouaks“ statt „Bivouacks;“
— 34, — 28 — „défis“ statt „défits;“
— 44, — 3 — „ihm“ statt „ihnen;“
— 54, — 29 — „Verwirrten“ statt „Verirrten;“
— 67, — 29 — „Lückenbüßer“ statt „Lückenbeißer;“
— 77, — 35 — „der“ statt „des.“

Nachgelassene Schriften

von

Ernst Ludwig von Aster,

weil. Königlich Preußischem General der Infanterie, Chef des Ingenieur-Corps und General-Inspecteur der Festungen.

Vierter Band.

Berlin,
Verlag von J. Guttentag.
1857.

Abriß

der

Geschichte des Erziehungswesens.

Im Hinblick auf das Bedürfniß einer Umgestaltung der heutigen Militair-Unterrichts- und Bildungs-Anstalten

entworfen von

Ernst Ludwig von Aster.

Berlin,
Verlag von J. Guttentag.
1857.

Vorwort.

Den Verfasser vorliegender Abhandlung hatten die Erfahrungen einer langjährigen Berufsthätigkeit, sowie ein ununterbrochen fortgesetztes Studium der Kriegsgeschichte bereits längere Zeit vor seinem Tode zu der Ueberzeugung gebracht, daß das Militair-Erziehungs- und -Bildungswesen einer im Einklang mit der allgemeinen Volkserziehung zu bewirkenden rationelleren Gestaltung bedürftig sei. Um eine solche anzubahnen, hielt er es vor Allem für nöthig, den Entwickelungsgang des ganzen Erziehungswesens einer sorgfältigen, prüfenden Forschung zu unterwerfen. So entstand die hier gegebene kritisch-historische Skizze, welche, wenn sie auch vorwaltend das militairische Bildungswesen im Auge hat, und dessen Zwecke normiren soll, doch durch die Reichhaltigkeit des in ihr gebotenen Materials für Jeden, der dem Erziehungswesen überhaupt seine Aufmerksamkeit schenkt, von Interesse sein dürfte.

Berlin, im September 1857.

Inhalts-Verzeichniß.

Seite

Drittes Capitel.

Das Thätigkeits-Prinzip in der Erziehung nach Entstehung der Stände im Mittelalter.

Viertes Capitel.

Recapitulation der wesentlichen Punkte des bisherigen Vortrages.

Einleitung.

Wie die meisten menschlichen Einrichtungen, so verdanken auch die Anstalten zur Militair-Bildung ihre Entstehung, ihr Wachsthum und ihren gegenwärtigen Zustand weit mehr den gerade zu Tage gekommenen einzelnen Erfordernissen und Ansprüchen, als übersichtlich erwogenen, nach bestimmten Zielen verfolgten Idee'n. Es darf darum nicht befremden, daß sie keinen entschiedenen Charakter zeigen, keiner planmäßigen Stufenfolge unterliegen, daß ihnen überhaupt pädagogische Gediegenheit fehlt und daß ihr Nutzen oft genug durch unbesonnenes Vorgreifen, grundloses Fortbauen und schädliche Wiederholungen nach und nach verkürzt und mitunter aufgehoben wird.

Nicht die Militair-Bildungs-Anstalten allein leiden an diesen Mängeln, sondern mehr oder weniger sämmtliche Anstalten der Art[1], wie ihre häufige Umgestaltung genügend bezeugt. Auch wird der, welcher dem oft unsinnigen Raisonnement über Erziehung im Allgemeinen sein Ohr leiht, bald vernehmen, daß eine durchgreifende Meinung über dieselbe nicht feststeht und Parteien für Altes und Neues wie überall so auch hier im lauten Streite liegen und eine Vermittelung nicht aufkommen lassen.

Es kann aber weder eine aus tiefem Weisheitsbrunnen geschöpfte Gelehrsamkeit, noch eine hoch in die Luft aufgethürmte Theorie dergleichen Uebeln begegnen. Wer über den Gegenstand mit sich selbst auf's Reine kommen will, muß sich aufmachen, sein Feld mit dem Verstandesauge überblicken und, wo das nicht ausreicht, menschlich in sich hinein, sowie zeitlich und örtlich um sich herumgreifen, damit vor ihm das Licht leuchte, das er auf ebener Erde braucht. So wollen auch wir zunächst Zustand und Wesen der Erziehung überhaupt betrachten, dann die geschichtlichen Grundlinien derselben zu erforschen suchen und endlich denjenigen unter den letzteren, um welche es uns besonders zu thun ist, bis in's Einzelne nachgehen.

Erstes Capitel.

Ueber Wesen und Zustand der Erziehung überhaupt.

Unter *Erziehung* verstehen wir die Befähigung zur Selbstständigkeit im sittlichen[2] Denken und Handeln. Sie ist *allgemeine* (vorzugsweise) *Erziehung*, d. h. ein Emporheben zur Humanität, wenn sie die geistigen und körperlichen Fähigkeiten überhaupt in Anspruch nimmt[3], *besondere* (gewöhnlich: Bildung genannt) d. h. eine mehr auf Formen bezogene, also durch Aeußeres bewirkte Entwickelung, wenn sie in der Brauchbarkeit des Menschen unter einzelnen Verhältnissen und zu bestimmten Verrichtungen ein näheres Ziel erkennt. Erklärungen.

Derjenige Theil der Erziehung[4], vorzüglich der geistigen, dessen Vorgehen im geordneten Zusammenhange stattfindet und der einer regelmäßig aufgefaßten, schon gerichteten Mittheilung fähig ist, heißt: *Unterricht*[5]; an ihm zeichnet sich: *Vorgang*, *Ziel*, *Inhalt*, *Umfang* und *Methode* aus.

Das Dichten und Trachten des Göttlichen im Menschen als Ziel des einzelnen Lebens und des Menschheitslebens überhaupt angesehen, erlaubt keine Vollendung in den Begriff der Erziehung einzuführen, wohl aber schließt es unbegrenzte Annäherung an solche nicht aus. Auch darf die Erziehung dem endlichen freien Willen keinen Eintrag thun, wenn sie sich göttlicher Ordnung der Dinge nicht widersetzen will, was ungestraft nie geschehen Perfectibilität und Freiheit in der Erziehung nebst ihren Gegensätzen: der Abrichtung u. dem Dogma.

wird. Mit dem, was wir Schicksal des Einzelnen nennen, soll freie Handlung (Kunst in weiterer Bedeutung) in Conflict gerathen und so der geistige Mensch seine Erziehung selbst vollenden[6]. Will die Erziehung den geistig Erstarkten auch hier noch auf andere Weise als durch bloße Befähigung gängeln, so befindet sie sich auf Abwegen, die wir als Abrichtung in der That[7], als Dogma in der Lehre erkennen und die zeitweilig gut an sich, doch aber nicht als Erziehungs-Vehikel anzusehen sind, wie vielfältige Mißgriffe belegen[8].

Naturgemäßer Erziehungsweg.

Die gewöhnliche Unterscheidung läßt an dem Menschen Geistiges und Leibliches und in Beidem wieder Kräfte und Anlagen wahrnehmen, welche der Vervollkommnung fähig sind. Ihrer bemeistert sich die Erziehung; sie trifft auf diese Stoffe aber in verschiedenen Verhältnissen und Umgebungen, woraus ihr Förderungen und Hinderungen erwachsen, die verschiedentlich zu benutzen und zu beseitigen sind. Das macht die Erziehung zu einer Kunst, die wie andere Künste ihre Theorie (Pädagogik[9]) als Erfahrungs-Wissenschaft hat.

Der naturgemäße eigene Bildungsgang der Individuen und des Geschlechts ist allerdings auch der richtigste Weg der Erziehung; er ist aber in den jedesmaligen Zustand der Gesellschaft dermaßen verwebt, daß er die tiefsten Blicke in das Gewesene und Gewordene voraussetzt, deren Mangelhaftigkeit noch anderweite verwirrte Ansichten zugeschrieben werden müssen, die fortwährend beschwerend auf die Erziehung drücken[10].

Beabsichtigte Beschränkung der vorliegenden Betrachtung nach Ziel und Stoff der Bildung.

Unmöglich kann es uns, die wir im weiten Erziehungsfelde doch nur einem concreten, mehr dem Unterricht geöffneten Falle nachgehen, hier gelüsten, den Menschen mit seiner ganzen Bildungskraft physiologisch und philosophisch zu zerlegen oder eigentlicher, seine, unserem Scharfsinn allein als Zustände bemerkbaren empfangenden und wirkenden Eigenheiten, die sich in Eindrücken, Vorstellungen, Reizen, Thätigkeiten rc. zu erkennen geben, einer reflectirenden Wechselbeziehung zu unterwerfen. Es gehören dazu mehr Vorkenntnisse und mehr philosophischer Sinn, als uns zu Gebote stehen; auch hat sich letzterer ja in Erziehungslehren zu allen unserer Geschichte zugänglichen Zeiten, wie ein Juvenal, Quintilian und Horaz darthun, hören lassen und den

Menschen vom Ei bis zum Ausgange aus der Welt begleitet[11] Wir wollen uns darum auf die Ansprüche an das längst unterschiedene Gefühls-, Verstandes- und Willens-Vermögen im Dienste allgemeiner Bildung beschränken.

Den Pedanten ausgenommen wird Niemand, der unbefangen auf häusliche und Staats-Erziehung aufmerksam ist, die Ansicht festhalten, daß man, selbst Herr aller äußeren Umstände, darin erschaffend zu Werke gehen könne. Das Material der Erziehung ist vielmehr eine lebendige und vorzugsweise geistige Kraft, die nur zur Selbsthülfe gerichtet werden darf, eben wie man die Wasserkraft des Sturzbachs benutzt, ihn durch eigene Gewalt unschädlich und brauchbar zu machen. Dazu muß man aber vor allen Dingen diese Kraft und den Zweck kennen, der, wie der Schlußstein in dem Gewölbe, groß oder klein, jedem Menschen in jedem Verhältniß Halt und geistige Einheit[12] giebt.

Geistige Entwickelung der Begriffe durch Erfahrung Betrachtung und Folgerung.

Mit dem physischen Wachsthum sondert sich naturgemäß in der Seele wie im Körper das Einzelne aus dem Allgemeinen und das, was zuerst unwillkürliche lose Sinnen-Wahrnehmung war, verwandelt sich nach und nach in den zusammenhängenden, aus der bewußten Reflexion erzeugten Gedanken. Das Geschäft dieser Kraft-Entfaltung erfolgt aber umgekehrt und steigt in seinen Gegenständen vom Besonderen zum Allgemeinen hinauf. Abwechselnd und durch die Stationen der Erfahrung, Betrachtung und Folgerung hindurch wecken Empfindungen und Gestalten den Begriff, welchen der Verstand auffaßt, die Einbildungskraft behandelt, das Gedächtniß bewahrt, die Phantasie gebraucht und die Vernunft[13] frei anwendet. Wir nennen das Alles Denkkraft und sehen die Willenskraft mit ihr aufwachsen.

Einigung der Denk- und Willenskraft durch die Erziehung zu menschlicher Thätigkeit oder zu einer vernunftgemäßen Richtung der Anlagen und Instincte für Geist und Körper.

Wir sehen auch, wie diese, mit dem Leiblichen näher als jene verwandt, statt mit Anlagen mit dem Instinct anhebt, durch den Reiz zur Gewohnheit, Begierde, Leidenschaft anwächst, zum inneren Gefühl wird und nun unter der Herrschaft der Vernunft die Weisheit, Sittlichkeit[14] und Religiosität erreichen läßt, die als Producte ihrer Einigung nach Maaßgabe der jedesmaligen Verstandes-Entwickelung den ganzen Menschen zum Höheren und Unendlichen führen[15]. Daß der Leib mit seinen Bedürfnissen und seinen materiellen Beziehungen als Vermittler zwischen dem Geist und der Welt hier von großem Einfluß ist und die Handhabe des größeren Theiles menschlicher Thätigkeit abgebend dem Erziehungsgeschäfte dient oder den Weg vertritt, bedarf kaum der Erwähnung[16]. In seiner Entwickelung, wenn nicht stetiger so doch faßlicher als der Geist, bezeichnet er den Termin der Erziehung bis ins 25ste Jahr und läßt bestimmte Perioden in ihr wahrnehmen, welche die Alten schon mit der infantia, pueritia und adolescentia benannten und welchen die Neueren eine wechselnde Vorherrschaft des Mystischen, Mythischen und Heroischen in der Analogie mit der Jugend der Menschheit zuschreiben wollen.

Perioden in der Erziehung.

Zweites Capitel.

Die in der Geschichte des Erziehungswesens vortretenden Haupt-Richtungen.

Sowie es für das ganze Geschlecht nur eine Wahrheit und ein Recht giebt, welchen die Philosophie von je her und auf verschiedenen Wegen nachging, so giebt es gewiß auch nur einen wahren Erziehungs-Modus, den wir geschichtlich als gesucht und häufig verfehlt, verfolgen können und der mit der Philosophie selbst um so verwandter und mit ihr um so mehr verschlungen ist, als diese, der Selbst-Erziehung gewidmet, zugleich die einzige Basis der früheren Erziehung abgeben mußte. Wir finden darum auch im Erziehungswesen wie dort, je nachdem Zeit und Umstände es veranlaßten, Orphiker, Gnomiker, Physiologen, Eleaten, die Pythagoräer, Sophisten, Realisten und Idealisten, ja auch Finsterlinge, Schwärmer und Adepten, die ihr Werk hin und her zogen und neben manchem Nützlichen auch manches Schädliche in die Erziehungstheorie einführten, das mit oft unbekannter Abkunft im Stillen fortwuchert, und vom Herkommen geschützt, die Verwirrungen unseres Halbwissens der Sachen nur steigert. Es ist nicht an der Zeit, die Klarheit in der Einigung von dem, was ist, und dem, was sein kann, zu erringen, obgleich es für sie das dringendste Geschäft wäre. Wir bleiben also hier auch dabei stehen, einzelne Markpfähle auszustecken, um einem System gere-

Verwandtschaft der Geschichte der Philosophie mit derjenigen der Erziehung.

gelten Vorschreitens in der Erziehung das geschichtliche Fundament nicht vorzuenthalten, das zu solchem Fortbau unerläßlich wäre. Wenig würde man indessen damit anfangen, wenn man sich an die chronologische Folge halten wollte, ohne das Geschehene vorher nach gewissen Haupt-Stimmungen zu sondern, indem diese aus dem jedesmaligen Lebenszustande der Bildung (Geist der Zeit) einen vorherrschenden Ton in die Erziehung brachten und auch zur Eigenthümlichkeit unserer Zeit in derselben Weise das Ihrige beitragen mußten.

Neben einander fortlaufende Erziehungs-Richtungen der Liebe, des Wissens und der Thätigkeit im weitesten Sinne.

Ich suche diese Stimmungen, die man in Bezug auf die Erziehung auch Färbungen nennen mag, in den großen Triebfedern alles geselligen Lebens, die in ihrer Negation als religiöse, philosophische und politische Revolutionen die Weltgeschichte ausfüllen, und nenne sie die Richtungen der Liebe, des Wissens und der Thätigkeit[17]. Natürlicherweise kann bei der unumgänglichen dreifachen Anregung hier nicht von einer abstracten Classification die Rede sein und bei einer vorherrschenden Richtung werden immer die anderen, jene fördernd oder hindernd, mehr oder weniger sichtbar bleiben.

Erste Haupt-Richtung in der Erziehung: Prinzip der Liebe.

Erläuterung dieses Prinzips und Aeußerung desselben als patriarchale, Kasten-, patriotische und philanthropische Erziehung.

Unter Liebe ist hier der allgemein menschliche Zug (moralische Attraction) nach Vereinigung des Einzelnen dem Zerstreuen in der Selbstgenüge (Egoismus) entgegen gemeint[18]. Er äußert sich am ersten und natürlichsten in der Familie, lebt in der Kaste und Verbrüderung, verbindet als Patriotismus die Staaten in sich, schwebt in der Philanthropie über der Menschheit und zeigt sich in der Religiosität dem Göttlichen[19] verwandt.

Geschichtlich wurzelt gewiß alle Erziehung in der Familie (ist patriarchal), denn diese treibt ihr noch heute die schönsten und bittersten Früchte[20], welche indessen schon seit langer Zeit nur seltene Umstände bis über die Anfänge hinaus fördern mochten. Die Geschichte der Familien-Erziehung fällt also hiernach mit der Culturgeschichte überhaupt zusammen.

Die Kasten-Erziehung erkennen wir am ersten in der Vorzeit bei den persischen Magiern und den Indiern, mit mehr religiöser Tendenz bei den Aegyptiern und Juden, mit mehr wissenschaftlicher bei den philosophischen Secten, namentlich den Pythagoräern. Unbedingter Gehorsam, der mystische Anstrich und die verschiedenen Grade und Weihen sind ihr eigen. Sie hatte sich später auf Techniker und Künstler[21] verpflanzt, wie wir an den Bauhütten und Malerschulen des Mittelalters und noch heute an den formellen Freimaurern[22] wahrnehmen; in unseren neueren Ständen hat sich aber ihr Geist in der bürgerlichen Thätigkeit aufgelöst. Das militairische Disciplinar-Verhältniß liefert einige Anklänge und ist darum den Ultra-Liberalen ein Dorn im Auge[23].

Erziehung zum Staats-Verbande darf mit der sogenannten National- oder allgemeinen Erziehung auf Staatskosten nicht verwechselt werden. Wir finden sie nur im Alterthum, z. B. in Sparta durch Lykurg in strengster Abgeschlossenheit eingerichtet, vor; Solon führte sie mit etwas mehr Mäßigung in Athen ein[24], wo auch schon ein doppelter Cursus stattfand, indem die Periode vom 18ten bis zum 20sten Lebensjahr, wie bei uns in Folge der Dienst-Verpflichtung, durch kriegerische Exercitien und militairischen Friedensdienst ausgefüllt ward. Neben dem Gemeinwohl fügte sich die Sittlichkeit erst unter das Recht; man hatte also eigentlich nicht unser Erziehungsziel vor Augen, begünstigte aber die Kraft, die uns noch in der Reminiscenz anspricht. Ein zwar zu billigendes, aber doch unklares Gefühl ihres Werthes für spätere Zeiten führte in diese manche Verirrung ein[25].

Die in immer weiterem Bette wogenden Wellen der Cultur entfernten die Erziehung zwar von der eben erwähnten Klippe, führten sie aber in offener Allgemeinheit (Universalität) zeitweilig den Untiefen der Philanthropie zu. Zwar läßt sich nicht eigentlich sagen, daß die Erziehung in diesem Charakter eine Epoche durchlebt hätte; sie zeigt sich vielmehr an sich dem wahren Erziehungszwecke gemäß häufig nur die Extreme vermittelnd und in neue Bahnen einlenkend. So gingen Leute wie Erasmus und Melanchthon aus den der geistlichen Inspection entwachsenen humanistischen Schulen hervor, die in der Mitte des vierzehnten Jahrhunderts in Utrecht unter Grote (gest. 1384) ihren Anfang nahmen[26]; so eröffnete das, obgleich in der ursprünglichen Idee verunglückte Dessauer Philanthropin[27] (1774 gestiftet) einer auf Verstandes-Bildung ruhenden Realistik wieder den Weg und war für die Folge nicht ohne Einfluß auf die in der Richtung der Lebensthätigkeit fortschreitende neuere Erziehung. Die Philanthropie selbst fand bei der Erziehung ihre Rechnung freilich nicht und flüchtete sich im religiösen Gewande zu den Missionen, Juden-Bekehrungen, Bibel-Gesellschaften und dergleichen.

Religiöser Boden aller Erziehung.

Obschon alle Erziehung von dem religiösen Gefühl ausgeht und namentlich die christliche aus der jüdischen entstand[28], so konnte doch von der Ansicht, welche wir der Erziehung unterlegen, dem Vorschreiten in der sittlichen Ueberzeugung und Handlung durch religiösen Glauben nämlich, sowie durch Bekanntschaft mit Gott und Sehnsucht nach ihm, nur erst allgemeiner in christlicher Zeit die Rede sein. Hier war der Gott der Gegenliebe und der nachsichtigen Würdigung menschlicher Tugend, dort in Indien und Aegypten der nach blutigen Opfern dürstende Buddha und Agis, in Judäa der zwischen Gnade und Rache schwankende Jehova, in Griechenland die frivolen menschlich gearteten Weltregierer. Auch war allenthalben der Cultus viel zu sehr mit Politik untermengt, als daß die Gemeinschaft des Glaubens und der Sittlichkeit daraus hätte hervorgehen können. Aus diesen Gründen und besonders vor zunehmender Priestergewalt über die Gemüther zeigt sich auch die mit dem Christenthum neu eingetretene religiöse Erziehung am reinsten und wirksamsten in der ersten Zeit seines Keimens im Volke, wie die Katechumenen des Origines und heiligen Augustinus (geb. 354) wahrnehmen lassen Der Letztere brachte die religiöse Erziehung in Regeln und sie ging damit in die Klosterschulen des vierten und fünften Jahrhunderts von Basilius (gest. 379) und Gregor von Nazianz, unter denen die der Benediktiner[29] vor allen hervorragen, über. Carl der Große, Sylvester II. und Gregor VII. verabsäumten nicht, die Wissenschaften in den Klosterschulen zu nähren und legten so den Grund zu späterem Glanze, mit welchem sie bis in's fünfzehnte Jahrhundert hinein leuchteten und die Verwahrer christlicher Weisheit wurden.

Die von der Welt-Geistlichkeit nach der Gliederung von

Trivial- oder Parochial-, und Quadrivial- oder Episcopalschulen[30] in Beschlag genommenen Unterrichts-Anstalten waren weniger glücklich und folgten selbst als Stifts- oder Domschulen dem allgemeinen Verfall des Klerus, dem sie schon vom vorgerückten Städtewesen an als Stadt-, Kirchensprengel- und Hochschulen großentheils entnommen und mit mancherlei Innungs-Unart[31] der Scholastik des Mittelalters anheimgefallen waren, so daß sie als nicht mehr der religiösen Erziehung angehörig zu betrachten sind, als die Kirchen-Trennung im sechszehnten Jahrhundert begann.

Auch Luther, der mit Hülfe bereitwilliger Regenten zur gelegensten Zeit im protestantischen Sachsen durch Lehre und seinen Katechismus die religiöse Erziehung des Volks einleitete, mußte sich mit einer ersten Anregung begnügen und bezweckte mit seiner Schulreform überhaupt mehr gegen die beengende Rechtgläubigkeit zu wirken, wie sein: „non multa, sed multum, non scholae sed vitae discendum," wohl zu erkennen giebt. Dort also schon war es dem Kirchenglauben nicht mehr möglich, der aufgewachten Freiheit und Kühnheit des Gedankens die Richtung zu geben; noch viel weniger jetzt, nachdem fortschreitende Toleranz die alte factische Einheit dieses Glaubens zu einem fast harmlosen Gegenstand der Polemik gemacht hat und höchstens politische Partei-Versuche sich darauf stützen mögen.

Unzulänglichkeit rein religiöser Tendenz und Form in der heutigen Erziehung.

Die redlichsten Bemühungen aller christlichen Glaubens-Verwandten nach der Reformation, die Religiosität durchgreifend, nicht blos vorbereitend zum Prinzip aller Erziehung[32] zu erheben, gingen entweder bald unter oder verwechselten das Prinzip der Liebe mit dem zeitgemäßeren der Thätigkeit und behielten nur noch die bigotte Form oder ergaben sich geistlichem Hochmuth und pfäffischer Verirrung, wie etwa die mährischen Brüder, des würdigen Frank's Pädagogium zu Halle[33] (1695 gestiftet) und die von seinem ebenso würdigen Schüler, dem Grafen Zinzendorf (gest. 1760) gestifteten Herrnhuter-Anstalten, des berühmten Jesuiten-Ordens Ignatz Loyola's nicht zu gedenken, der von Hause aus einem anderen Prinzip folgte, wie noch seine jüngsten Restauratoren[34] unter dem Emblem des sacré coeur im Jahre 1799 zu Wien und die pères de la foi im Jahre 1814 zu Paris.

Zweite Hauptrichtung in der Erziehung: Prinzip des Wissens.

Erläuterung der Bedeutung, welche hier dem Ausdruck: Wissen, beiwohnen soll.

Ehe wir dem Wissen als einer zweiten Hauptrichtung in der Erziehung (hier eigentlicher im Unterrichte) nachgehen, müssen wir dasselbe in seiner Allgemeinheit (formales in weiterer Bedeutung) d. h. als eine Befähigung des Verstandes überhaupt anerkennen, indem das der Thätigkeit oder Technik unentbehrliche, mehr materielle Wissen[35] erst mit der folgenden Hauptrichtung verbunden erscheint.

Weisheit und Wahrheit.

Die Weisheit[36], deren Grundlage das Wissen abgiebt, war von jeher das Ziel des hervorragenden Verstandes. Die Seher, Weisen und Philosophen aller Zeiten und Völker geben Kunde davon. Der Weg des Wissens lag aber nicht so offen und war nicht so eben als der der Liebe, die mehr dem Wohlbehagen im Gefühl folgte, während hier Beschränkung der Wahrnehmung und der Gedanken mit der Lust subjectiv, die Hinfälligkeit der Dinge und das enge menschliche Maaß für Kraft, Zeit und Raum[37] objectiv widerstanden. Die mit dem Geiste Gottes über das ganze Weltall ausgegossene, mithin auch in der Seele des Menschen bis zur Höhe des Gewissens eingewurzelte Wahrheit mußte helfen und den Regulator des Wissens abgeben, was der großen moralischen Welt-Oekonomie gemäß mitunter nur auf weiten Umwegen und nicht ohne vorausgegangenen Irrthum geschah und ferner geschehen wird.

Einfluß des Wissens auf die Erziehung; derselbe giebt sich geschichtlich kund:

Ob nun schon auf solche Weise die Vorherrschaft des Wissens in der Erziehung die Gewandtheit und Richtigkeit des gemüthlichen Handelns nicht erzielt, so schafft es ihm doch jedenfalls Festigkeit und Gleichheit (Charakter), weil diese erst mittelst des Zweckbegriffs durch den Verstand in den Willen kommen.

Die Zerstreuung und der veränderliche Zustand des Wissens macht es bei unserem Vorhaben unerläßlich, in jenes Einfluß auf die Erziehung gewisse Orte und Zeiten als besonders hervortretend gelten zu lassen. Wir halten uns dabei an die in der allgemeinen Culturgeschichte als solche schon ausgezeichneten und dürfen nicht vergessen, in denselben das jedesmalige Wissen selbst in seiner Materie und Form mit anzusehen.

1) Massenweise als Substrat der Weisheit überhaupt.

Wir haben schon des Analogons für die Entwickelung im Menschen und im Geschlechte gedacht. In beiden wird die physische und moralische Welt aus dem Verbundenen zu dem Einzelnen, aus dem Groben in's Feinste verarbeitet. Das früheste Wissen vom Verhalten des Menschen zur Natur, zu sich selbst, zur Gesellschaft und zu Gott liegt massenweise vor. Es grenzt wegen der unbefangenen, lebendigen Auffassung ungeachtet seiner Unvollkommenheit mehr an die Weisheit, war aber wegen ermangelnder Gliederung zum Unterricht des Verstandes wenig geeignet und mehr als Substrat zur unmittelbaren Leitung des Wissens geschickt. Die Sittensprüche und Gesänge der Propheten, Orphiker, Gnomiker rc.[38], die schon ihre Propheten- und Sängerschulen pflegten, geben davon Kunde.

2) Gesondert im wissenschaftlichen und Kunstgebiete, im höheren und Elementar-Unterricht.

a) Griechische Philosophie und Encyclopädie (Sophisten).

Weiterhin scheiden die Geistes-Bemühungen der in Wissenschaft und Kunstgeschmack am weitesten vorgerückten Griechen aus dieser Masse. Eine mit kosmischen Hypothesen eng verbundene Physik, eine die ganze Natur symbolisirende Mathematik[39], eine mit dem Glauben an die Götter unvereinbare Staats-Ethik[40] sucht sich selbstständig aus der für die übrigen Bedürfnisse ausreichenden Tradition abzulösen und wird von einem Sokrates, Plato, Aristoteles in sinniger Lebensfrische der wissenschaftlichen Erziehung dargebracht. Unter dem Namen der Philosophie, die sich läuternd, forschend und ordnend in allen Disciplinen zeigte, gab man der Aristotelischen Schule das nunmehr gegliederte Wissen in den sogenannten sieben freien Künsten zu, die sich noch lange unter diesem Namen im Gegensatze zur Handarbeit erhielten, besondere Lehrer beschäftigten und einen vollständigen Lehrcursus (Encyclopädie) ausmachten. In dieser Periode erst zeigt sich ein dem Inhalte nach geschlossener, der Mittheilung nach freier Unterricht, welcher stufenweise den Pädagogien, Gymnasien[41] und Akademie'n zufällt. Die Zeit solcher Fortschritte, die etwa in das vierte Jahrhundert vor Christus fällt, konnte indessen auch gewaltigen Hemmungen nicht entgehen. Die Sophisten, die anfänglich nur als Lehrer der Rhetorik auftraten, machten die Ueberredung zu ihrem Ziel, die Wissenschaft selbst nur zum Mittel egoistischer Zwecke[42] und füllten sie mit Zweifeln und Atheismus, die noch im vierten Jahrhundert nach Christus den letzten Hellenisten dienten. Der Sitz der Wissenschaft war unterdessen im Gedränge griechischer, römischer und afrikanischer Völkerkriege von Athen nach Byzanz, Rom und Alexandria[43] gewandert, ohne daß sie selbst um etwas weiter gekommen wäre, denn ein Seneca zehrte noch am griechischen Wissen.

b) das Christenthum auf der Scheide alter und neuer Erziehung.

Mitten in dieser unfruchtbaren Periode aber lag auch der Aufgang des Christenthums, die Scheide alter und neuer Philosophie und Erziehung, still wirkend auf das die Wissenschaft wieder hebende religiöse Gefühl. Was früherhin als Mysterie gegen den Mißbrauch der Menge verborgen blieb, wurde Grundlage der neuen Religion und allem Volke gepredigt mit dem von dem Apostel ausgesprochenen großen Wort: „Prüfet Alles und das Beste behaltet!"

c) Erste Hälfte des Mittelalters und Wiederherstellung der Wissenschaften.

Dem chaotischen Zustande, welchem sich das Wissen nach dieser Zeit immer fort genähert hatte und der wenigstens unsere Rückblicke darauf verdunkelt, entschwinden in abgegrenzten Regionen nur einige lichte Punkte bis zur sogenannten Wiederherstellung der Wissenschaften im dreizehnten und vierzehnten Jahrhundert.

Im mittleren Deutschland glimmte das Wissen unter der christlichen Bildung, der wir oben schon gedachten und welche zuvörderst nur dem kirchlichen Ritus dienstbar gewesen, später aber der Orthodoxie und Ascetik des Mönchwesens entwachsen war, fort und bereitete so den neuen Heerd späterer Wissenschaftlichkeit vor. Einige Kaiserschulen, Juden- und Hof-Akademie'n lassen es erkennen[44]. An den asiatischen und afrikanischen Küsten des Mittelmeers hatten die Alexandriner etwas davon erhalten, und die Araber, bei denen das Wissen unter Al-Raschid angewachsen war, brachten es nach Spanien und in's westliche Europa, sowie es der Handel und zuletzt die Kreuzzüge durch Orientalismen vermehrt mit dem europäischen Wissen vermischten.

Im griechischen Kaiserreiche hatte auch Constantin und einige seiner Nachfolger für das Wissen gearbeitet; dasselbe erlag hier aber unter dem Geschick des neuen Kaiserthums und löſ'te sich mit ihm in Armseligkeit auf. In Italien, dem Sitze der Kirchengewalt und Stapelplatz des ehemaligen asiatisch-europäischen Handels, sammelten sich vorzugsweise unter dem Schutze politischer Staaten-Entzweiung und einzelner zur Contemplation geneigter geistlicher und weltlicher Großen die Reste alter Kunst und Wissenschaft und befruchteten vom zwölften Jahrhundert an mit immer wachsender Verbreitung, wozu auch zuletzt die Druckerkunst wesentlich mitwirkte, das ganze westliche Europa[45].

d) Ursprung der Universitäten.

Der Verfall des Klerus, welcher der Form ergeben sich die Gemüther immer mehr entfremdete[46], kam dem geistigen Ausbruch des Wissens in der Erziehung dergestalt entgegen, daß selbst Pabst Alexander II. den sogenannten freien Unterricht (studium generale) mittelst Bulle im Jahre 1170 dem geistlichen Einfluß entzog. Damit gewannen die Hochschulen (Universitäten) ihr Fundament, das nicht allein für die Wissenschaft, sondern auch für die Volkssitte gelegt ward, indem die Universitäten im Bewußtsein nothwendiger Gesetzlichkeit lebendig in die Gesellschaft eingriffen und diese mit den Standes-Pflichten und Rechten und dergleichen bekannt machten. Die Schnelligleit, der Nachdruck und die Allgemeinheit, welche die Einrichtung und Erhaltung dieser Anstalten sieben Jahrhunderte hindurch begleitet haben[47] und noch heute dazu aufmuntern, ist der sicherste Beweis für die Nothwendigkeit ihrer Erscheinung, die sich nur durch kirchlich-politische Hinderungen so lange verhalten hatte[48].

Die Universitäten, die nicht allein auf die dazu erforderliche wissenschaftliche Vorbereitung (Gymnasial-Unterricht) zurückwirkten, sondern auch mit den späteren Anstalten zum absoluten Fortschreiten im Wissen (den neuen Akademie'n[49]) verflochten waren, schildern den ganzen wissenschaftlichen Zustand ihrer Zeit. Wir brauchen uns darum zu unserem Zwecke nur an sie und namentlich an die deutschen zu halten, die ihren ursprünglichen Charakter am bestimmtesten aussprechen[50].

e) Geschichtlicher Ueberblick der deutschen Universitäten.

α) Aristotelische Lehre erneut. Kritische Classicität.

Es war wohl folgerecht, daß man im Interesse des allgemeinen Unterrichts zuerst wieder an die Aristotelische Encyclopädie gerieth, ihr nachlehrte[51] und daß die auf ihre Weise gebildeten Gelehrten (Scholastiker des vierzehnten Jahrhunderts) veränderten Ansichten entgegen sein mußten und auch, da dieser Widerstand sich mehrte, mit der Zeit in Thorheiten verfielen.

Andererseits konnte es nicht fehlen, daß im Drange nach Unterricht[52] unter der Beihülfe einer mächtig aufgetretenen Literatur auch jene Einseitigkeiten und Thorheiten wieder zum Nachdenken reizten und anderweite Wege wissenschaftlicher Manier und Gliederung in Umlauf brachten. Vor Allem verfehlte die sogenannte classische Literatur[53] ihre Wirkung nicht, und wenn sie auch mehr nur das eigentliche Sprachstudium auf den gelehrten Schulen förderte, so schaffte sie doch universelle Gesichtspunkte, Systeme und der in den höheren Unterricht gehörenden Kritik ihr Haupt-Material[54].

β) Natur-Kenntnisse.

Die von den Alten nicht allein um ihrer selbst willen als besonders der philosophischen Erklärungsgründe wegen zum Gegenstande der Forschung gewählte Natur wurde durch Männer wie die Baco's[55] wieder frisch angesehen und selbst zum Keim eines zeitgemäßen Unterrichts gemacht, welcher die Topik zur Grundlage des Philosophirens nahm und die mathematische Speculation[56] auf dem weiten Felde neuer Entdeckungen und Erfindungen, durch die sich damals der menschliche Geist aus dem Halbdunkel streitender Glaubensgebäude und kleinlicher Spitzfindigkeiten kräftig erhob, in Anwendungen verkehrte.

γ) Philosophische Fakultäten für das ältere studium generale.

In solcher fortschreitenden Kenntniß der Natur, welche nach und nach einer Gliederung in Natur-Beschreibung, Natur-Lehre und Natur-Geschichte unterworfen ward, mußte der Mensch den Menschen nach seinen körperlichen, geistigen und geselligen Beziehungen besonders in's Auge fassen und den in der Sprache früherer Zeit ausgedrückten Vorstellungen begegnen; er mußte also den mehr materiellen Gegenständen der Philosophie auf anderen Wegen als auf dem der Hypothese nahen, während die Speculation wiederum nicht versäumte, durch einen Loke (geb. 1632), Cartesius (geb. 1656) ꝛc. in neuen Methoden vorzueilen und auf diese Weise in einer sogenannten philosophischen Facultät einen eigenen Universitäts-Vortrag abzuschließen, der nun allein das früherhin beabsichtigte studium generale ausmachte[57]. Die damals beabsichtigte Allgemeinheit der Studien wurde also wenigstens auf den deutschen Hochschulen in eine Gemeinschaftlichkeit verwandelt und das der Technik näher gelegene Anwendungs-Wissen den theologischen, juristischen und medizinischen Facultäten anheimgegeben, weil die neue Zeit überhaupt mehr zur That als zur Contemplation neigte und auch die Bildungs-Anstalten diesem Strome nicht zu widerstehen vermochten[58].

δ) Kritisches Moment auf den protestantischen Universitäten.

Wenn Luther's Reformation auch nicht allein aus dem Aufschwunge des Wissens und dessen Organen, den Universitäten, erklärt werden kann, so hatten diese doch gewiß großen Theil daran. Mit der Forschung war die Kritik des Unhaltbaren im Leben wie im Glauben verschwistert und gemeinschaftlich erlangte Ueberzeugung brachte den jugendlichen Muth bald bis zum Zerbrechen der Schaale einer überreifen Frucht. Auf den neuen protestantischen Universitäten entwickelte sich eine scharfe Polemik im Gebiete alles Wissens, rüttelte an den katholischen Ansichten und mahnte zur Fehde, die vorzugsweise der Jesuitismus annahm.

ε) Der Jesuitismus gegen den Protestantismus als ein Vehikel des Wissens.

Im Zuge des Wissens selbst stritt dieser mit dem Vortheil des Positiven und dem Beharrungs-Vermögen bestehender Autoritäten auf seiner Seite hier uneigennütziger als für die Herrschaft, so lange die religiöse Basis vorhielt, die dem Protestantismus von Hause aus versagt hatte, weil er im aufgewühlten Boden wurzelte[59]. Bald aber finden wir lauter lockeren Boden und den Baum des Wissens nicht mehr als den festen Baum des Lebens, unbeweglich im Sturm der Meinung; seinen Stamm sehen wir mit üppigen Zweigen und abgestorbenem Holze bis zur Unkenntlichkeit verwachsen; wir sehen viele Knospen, aber wenig Blüthen zur Frucht heranreifen, und diese kränkelnd im destillirten Safte. — Wir erwarten den Gärtner, einen Messias oder Herkules, der die Wurzeln des Baumes wieder befestigt, seinen Stamm und seine Zweige wieder sichtbar macht, das faule und wilde Holz ausschneidet und die Frucht nicht exotisch, sondern klimatisch behandelt[60].

ζ) Ungebundenheit des Wissens heutiger Zeit.

Wir hätten nun ungefähr die Wendepunkte in der Geschichte des Wissens auf den Hochschulen angedeutet und es dürften nur die davon abhängigen Modificationen des Vorbereitungs-Unterrichts noch zur Betrachtung übrig bleiben.

f) Geschichtlicher Blick auf die Schulen.

α) Auflösung des Zusammenhanges der Schule mit

Carl der Große hatte, wie schon oben erwähnt wurde, ganz zeitgemäß eine Volks-Erziehung im religiösen Sinne eingeleitet. Das Volk ward davon ergriffen und der immer formeller gewordene Cultus war nicht im Stande, die Geister auf

dem Cultus durch das Wissen, unter Carl dem Großen.

halbem Wege zurückzuhalten, als sich ihnen die Wissenschaft neuerdings wieder als Führerin anbot. Die auf geistlichem Fuße eingerichteten Schulen mußten also eine veränderte Gestalt annehmen oder ihrem Einfluß auf die nun allgemeiner gewordene Bildungs-Richtung entsagen[61].

β) Gelehrte Schulen.

Wo das Erstere geschah, gingen die Schulen ihrem Wesen nach zu den gelehrten Schulen über, wenngleich sie noch geistliche Form und Aufsicht beibehielten[62]. Wir halten uns also hier nur an die sogenannten gelehrten Schulen als den öffentlichen Vorbereitungs-Anstalten zur Universität.

Im Allgemeinen läßt sich freilich kein gelehrter Unterricht, welches Grades er auch sei, denken, der nicht zuletzt den allgemein menschlichen voraussetzte. Wollten wir dem Vorschreiten des Geistes überhaupt nachgehen, so müßte eines solchen ersten (Elementar- oder Primair-) Unterrichts jetzt Erwähnung geschehen, so wie auch der Normalschulen (Seminarien). Wir ersparen uns indessen beider Erwähnung auf den folgenden Theil unserer Betrachtung, der die Richtung unmittelbarer Thätigkeit im Leben überschauen soll, weil diese für's Ganze im Elementar-Unterricht vorherrscht, für das Lehrer-Verhältniß aber im Seminar ein directes Ziel (philosophische Technik) annimmt.

α') Progymnasien.

So erregen denn die lateinischen Schulen (Progymnasien) und die classe préparatoire oder de grammaire der Franzosen zuerst unsere Aufmerksamkeit.

Seit Luther haben sich die Thore des Wissens weiter geöffnet, so daß mehr Menschen Eingang finden und die Ecken der Pädagogen in so weit abgeschliffen sind, daß sie auch in der Muttersprache laut zu denken und sich nach grammatikalen Formen mitzutheilen verstehen. Das Vehikel der Latinität, welches noch Luther für jeden gebildeten Bürger[63] in Anspruch nimmt, ist also überflüssig geworden und das Studium der alten Sprachen lediglich den gelehrten Schulen anheimgefallen, für welche das Progymnasium (Mittel-Schule) oder die unteren und mittleren Klassen der Gymnasien die Grundlage schaffen sollen[64].

Da wohl noch nirgends ein ganzes Unterrichts-System nach der Idee geschaffen wurde, was freilich mit bloßen Anstalten und deren Lehrplänen auch nicht geschehen kann[65], Jedermann aber fühlt, daß System und fortschreitende Regel die letzte Schulbildung schon in der ersten begünstigt, so finden wir die Progymnasien den Gymnasien frühzeitig incorporirt und in den Händen der Cantoren, unter Oberaufsicht der älteren Scholastiker, der späteren Rectoren und der neueren Directoren. Bei uns kann man insgemein alle unteren Classen der Gymnasien bis zur Tertia, dieselbe mit eingerechnet, denjenigen zuzählen, in welchen der lateinischen und der griechischen Sprache noch ein anderweitiger formaler und materialer Unterricht zur Seite geht. Eine solche Vermengung von zwei ihrem Wesen nach wohl zu unterscheidenden Stufen der geistigen Bildung hat dem eigentlichen *Gymnasial-Unterricht* offenbar Eintrag gethan, indem sein Charakter nicht mehr wie beim Elementar-Unterricht in der inneren *Wahrnehmung* und *klaren Vorstellung* der Dinge um uns herum, sondern in der ordnenden *Betrachtung*[66] (Reflexion) des Wahrzunehmenden in und außer uns bestehen soll[67]. Die dortigen Eindrücke werden dadurch jetzt mehr in Kenntnisse umgearbeitet und die der früheren Vorstellung unzugänglichen Kenntnisse dem Schüler nachträglich zugeführt[68].

β¹) Gymnasien.

Nebendinge abgerechnet ist überhaupt *Menschliches* und *Weltliches* das Material dieser Arbeit, d. h. also: *Betrachtung menschlichen Seins und Treibens auf der Welt* und *Betrachtung der Dinge in der Welt* nach *Wesen, Zusammenhang* und *Veränderung*, Beides philosophischen, Eines aber philologischen[69], das Andere physikalischen Inhalts. Als gültige Repräsentanten einer auf festen Begriffen ruhenden formalen d. h. dem Objecte zugewandten Behandlung dieser beiden Zweige des Wissens gelten: *Sprach*[70]- und *Größenlehre*, und es ist sonach meines Bedünkens gar nicht zu streiten, ob im Gymnasial-Unterricht einer oder der andere bevorzugt werden soll[71].

Ein anderer neumodischer Streit ist der über das Erlernen alter oder neuer Sprachen. Die Reflexion verlangt ein Object zum Nachdenken über die Sprache. Dieses Nachdenken selbst geht in der empirisch erlernten Muttersprache vor sich, weil wir ohne Sprache überhaupt nicht denken können. Die abgeschlossen durchgearbeitete, von der Individualität unabhängige alte Sprache ist hier ein reineres Object, als die zur Handtirung selbst gebrauchte wandelbare, von der Individualität gefärbte Muttersprache, ungefähr wie man dem Gesangschüler den Ton der Violine lieber als den der Menschenstimme zur Nachbildung vorhält. Die alte Sprache zeigt sich ferner mit Begriffen aus dem Jugendalter der Menschheit, die mit den der jugendlichen Bildung angemessenen Begriffen harmoniren; sie giebt den Fortgang der Geschlechts-Bildung praktisch an und verwahrt den Schatz alter Intelligenz. Alles dies sind Empfehlungsgründe für die Behandlung der alten Sprachen[72].

Von der metaphysischen Auslegung mathematischer Begriffe[73] abgesehen, hatten die Pytagoräer in deren Complex schon das nothwendigste Regulativ der Erfahrung erkannt und Plato hatte den Uneingeweiheten in der Mathematik die Thüren seines Lehrsaales verschlossen. Ihr großer Werth für den Unterricht sowohl in materialer als formaler Beziehung hat sich aber auch seitdem in Wissenschaft und Leben vollkommen bewährt; man hat ihr darum ihren Platz dicht neben der Sprachlehre, dem Regulativ der Gedanken, angewiesen.

Weiterhin wird es nicht an Gelegenheit fehlen, sich über die jedesmaligen Eigenheiten des mathematischen Unterrichts in den verschiedenen Mittheilungs-Perioden zu erklären, welches hier die Grenzen des beabsichtigten geschichtlichen Ueberblicks nicht zulassen. Uebrigens läßt sich annehmen, daß sich dieser Unterricht jetzt auf ziemlich gleicher Höhe mit vielen anderen Unterrichts-Gegenständen befindet[74], daß ferner Montaigne's Wunsch: „Je veux plutôt la tête bien faite que bien pleine," auch auf ihn paßt, und daß endlich wie überall so auch hier, Verkehrtheiten und Eitelkeiten der Lehrer häufig seinen Zwecken entgegen arbeiten. Wir können aber darum das, was uns die Erziehung in der bloßen Richtung des Wissens zeigt, folgendermaßen zusammenfassen: Es giebt ein Zusammenhängendes, in der Erziehung wie im Leben des Einzelnen zu verfolgendes Wissen, das, wenn es durch Willen und Charakter unterstützt, nach einem annehmlichen Ziel geführt wird, den tüchtigen Mann zum großen Manne macht und in wohlgeordneten Staaten als höhere Intelligenz unentbehrlich ist. Dagegen giebt es auch ein liederliches,

Das der Erziehung genügende, von ihr zuwürdigende Wissen.

dem Witze dienendes, aus seichtem Unterricht und Wörterbüchern zusammengelesenes, unsere Zeit sehr ansprechendes Wissen, das nur ärmliche Mittelmäßigkeit erzeugt, dem Geschäftsbetrieb ohne Idee zu Grunde liegt und die Staaten-Zerrüttung vorbereitet.

Dritte Hauptrichtung in der Erziehung: Princip der Thätigkeit.

Erläuterung dieses Prinzips als einer Erregung des empfangenden und wirkenden, den Lebens-Verhältnissen gewidmeten Triebes im Menschen.

Die nach dem Princip der Liebe oder der moralischen Cohärenz durchgeführten Erziehungen haben wir als nicht mehr zeitgemäß, die nach dem Princip des Wissens behandelten dagegen haben wir als für unseren Zweck zu einseitig und unvollständig erkannt, indem sie nur die genaue Theorie gaben und zu fern von des Lebens grünem Baum mit der goldenen Frucht sittlicher Freiheit für das Handeln standen. Wohlverstanden soll hier nur vom Princip (Grund-Idee) der Erziehung, nicht von den Mitteln die Rede sein, unter denen allerdings Liebe und Wissen nicht fehlen dürfen[75].

Den Bildungstrieb des Menschen finden wir zu allen Zeiten sowohl empfangend als wirkend; er fühlt sich selbst und die äußere Welt und will in dieser seine Kraft versuchen, wird aber bei aller Sittlichkeit und Wissenschaft diese Mühe in den meisten Fällen nutzlos verschwenden, wenn ihm, unversucht und unbeholfen in den Lebens-Verhältnissen, weder die Anwendung noch die Tragweite seiner Kräfte mittelst der Erziehung bekannt wurde[76].

Geringere Geltendmachung des Thätigkeits-Prinzips in alter Zeit.

Die einfachen Lebens-Verhältnisse der frühesten Zeit, die Neigung zur Contemplation, der poetische Schwung und die Abhängigkeit der Menge von dem Impulse einzelner Genien der Wissenschaften, sind die hauptsächlichsten Ursachen, warum sich dort nur wenige auf die Thätigkeit abzweckende Erziehungs-Anstalten zeigen; jedoch fehlen sie nicht ganz. Man ist der Meinung, das Gesetzbuch des Confutse (500 Jahre vor Christus verfaßt) sei darauf basirt und will, freilich sonderbarer Weise, die von Wolf im Jahre 1740 so belobte chinesische Erstarrung daraus ableiten[77]. Die Magier hatten, nach Xenophon's Angabe, in Persien eigene Rechtsschulen und die Sophisten sollen mit der

Idee umgegangen sein, alle Wissenschaft in eine Thätigkeits-Aufgabe zu verwandeln, sich ihrer nur zu weltlichen Zwecken zu bedienen[78], sie der Convenienz zu opfern und das Nützliche dem Rechten vorzuziehen.

Steigender Werth der Technik im Mittelalter.

Abgesehen von solchem Mißbrauch wuchs doch die Achtung für die Technik[79] (τέχνημα), wie man die auf bestimmte Handlungsweisen gerichtete menschliche Thätigkeit im Gegensatze zur freien Kunst überhaupt nannte, mit der größeren Verbreitung des Eigenthums und dem damit verbundenen Verfassungs-Wechsel. Das Mittelalter gab uns die Stände, welche zwar weit entfernt von den abgeschlossenen Kasten der Orientalen, sich doch mit eigener Lebensweise und Gewohnheiten der Hauptbeschäftigung nach als Nähr-, Lehr- und Wehrstand unterschieden und etwa mit Ausnahme des hörigen Landmannes und des freien Künstlers die ganze Gesellschaft classificirten. Wir wollen die Spaltung, die dadurch in der Erziehungs-Richtung, mit welcher wir uns beschäftigen, hervorgerufen wurde, in einem besonderen Capitel betrachten.

Drittes Capitel.

Das Thätigkeits-Prinzip in der Erziehung nach Entstehung der Stände im Mittelalter.

I. Im Nährstande.

Industrielle Bildungswege im Mittelalter.

Der in den Städten zusammengedrängte Nährstand zog sich, wie wir oben sahen, bald aus den geistlichen Lehr-Anstalten nach den niederen (Lese- oder Elementar-) und den mittleren (Bürger-) Schulen, die mehr oder weniger, und bei damaliger Leere der Naturwissenschaft, gewiß stark zu den gelehrten hinneigten, zurück; er ging auch wohl auf die durch Anschauung hervorzurufende Verstandes-Entwickelung für die Ausübung des Erlernten aus, welche Baco in seiner Idee zur Literaturgeschichte als wünschenswerth dargestellt[80] und welche der Bischof Amos Commenius in's Lehrfach einzuführen versucht hatte. Daß wir von solchen Anstalten wenig wissen, darf uns nicht wundern, da sie örtlich und den gelehrten Schriftstellern jener Zeit ziemlich gleichgültig geblieben waren. Auch erzog das Innungswesen und und die damit verbundene Meisterschaft einen großen Theil der bürgerlichen Jugend, wie die in jener Zeit sehr vollendeten Bauhütten[81] und die Nachrichten von manchem gelehrten Künstler, z. B. einem Albrecht Dürer (geb. 1471), Benvenuto Cellini (geb. 1500), und anderen vermuthen lassen.

zu vierjährigem Lehr-Coursus aufgenommen wurden, nachdem sie vorher durch zwei reisende Examinatoren in zwei und zwanzig Hauptstädten Frankreichs dazu ausgesucht worden waren[94]. In der Organisations-Acte ist von der Methode (mode d'enseignement), von der Zeit-Eintheilung und der Personal-Organisation die Rede. Der Cursus dauerte drei Jahre in zwei Abtheilungen, einer mathematischen (Analyse, auf Geometrie und Mechanik angewendet, beschreibende Geometrie desgl. auf Fortification und Architektur) und einer physischen (allgemeine Physik und Chemie). Dabei mußten die Eleven, die eine Vorbereitungs- und dann noch drei Klassen durchzumachen hatten, selbst Hand anlegen. Die Klassen waren in Brigaden von je 1 Unterlehrer und 20 Schülern abgetheilt, jede mit einem besondern Schullocal; die Eleven wohnten bei den Bürgern. Im Jahre 1795 gab es 25 Unterlehrer, und das Verhältniß der nunmehrigen polytechnischen Schule zu den Fach- (Metier-) Schulen der Artillerie, der Militair-Ingenieure, der Brücken- und Chausseebau-, der Bergbau-, Schiffbau-Ingenieure und der Geographen, letztere mit nur zweijährigem Cursus, wurde festgestellt. — Im Jahre 1797 wurde die Elevenzahl auf 150 beschränkt und der Schule der fortificatorische Unterricht wieder abgenommen. — Im Jahre 1799 hielten die aus Egypten zurückkehrenden Gelehrten Monge und Bertholet den nahen Verfall der Schule auf, welche den Fortifications-Unterricht wieder erhielt und welcher auch die Marine-Eleven zugetheilt wurden, so daß im Ganzen 300 kasernirte Schüler mit Artillerie-Sergeantengehalt, unter einem régime militaire stehend, beibehalten wurden, sowie auch ein Conseil zur Verbindung mit den Metierschulen, die 1802 auch für die gesammte Artillerie und die Ingenieure wieder eingerichtet wurden, bestehen blieb. — Im Jahre 1804 wurde das militairische Verhältniß der Schule von Napoleon noch schärfer angezogen[95] und dieselbe der Disciplinar-Gewalt eines Gouverneurs unterworfen. Letzterem ward ein Studien-Direktor beigegeben und der Cursus auch auf die Grammatik und die belles lettres[96] ausgedehnt. — Anfangs 1805 bekamen die Schüler anstatt der Wohnung und Ausstattung eine Pension, und zu Ende desselben Jahres wurden sie bewaffnet, exercirt, und selbst zum Wachdienst bei einer Fahne herangezogen, die ihnen Napoleon mit der Inschrift: „Für das Vaterland, die Wissenschaften und den Ruhm," verehrt hatte. — Die nachfolgenden Kriege bis 1814 mochten Vieler Entfernung vor vollendetem Cursus veranlaßt haben. Napoleon wollte sich ihrer indessen in pleno aus dem von ihm selbst gegebenen Grunde: qu'il n'était pas réduit à tuer la poule aux oeufs d'or, nicht bedienen. — Am 29. März 1814 standen die Schüler mit 28 Geschützen an der Barriere du Trone; nach der Einnahme von Paris wurden sie aufgelös't, was 1815 nach der zweiten Capitulation nochmals der Fall war, da sich 200 derselben unter ihrem Director, Obrist Greiner, wieder gesammelt hatten. Aehnliche Desorganisation und Reorganisation fand statt wegen der unter sich stipulirten Aufnahme-Feierlichkeiten und illoyalen Aufstände, die sich indessen unter anderen Verhältnissen schon 1810 und 1812 geäußert hatten und im Dünkel, sowie in der jugendlichen, blinden Ergebung für einzelne Personen[97] ihren Grund haben mochten. — Noch im Jahre 1816 war die militairische Form mit den militairischen Vorträgen aus der Schule verwiesen, an deren Spitze der damalige Dauphin gestellt war. Dieselbe verwandelte sich in ein Pensionat mit 24 Stipendiaten und mit Unterricht in Geodesie, praktischer Arithmetik, Geschichte und Moral. Die Ungezogenheiten hörten aber darum noch nicht auf und man sah sich genöthigt, ihr 1822 wieder einen Gouverneur und eine militairische Disciplinar-Verfassung zu geben, bis sie 1831 ganz militairisch eingerichtet, die ingénieurs hydrographes mit aufnahm und dem Kriegs-Minister überwiesen ward. — Die Einwirkung der republikanischen Partei veranlaßte 1832 eine neue Auflösung und bei der Reorganisation in demselben Jahr eine Verminderung auf 207 Eleven, einschließlich der von der Marine und dem Generalstabe zu zweijährigem Cursus beigetretenen, unter einem Aufwand von 150,000 Francs für das Lehrer- und Verwaltungs-Personal. — Bis 1827 zählte man 4313 daraus hervorgegangene Eleven[98], die sich großentheils als Theoretiker und Praktiker ausgezeichnet hatten. — Das Budget von 1836 deutete auf 270 Eleven.

Die überhaupt für das Thätigkeits-Prinzip

Je weniger erfreuliche Momente für das eigentliche Gedeihen des von den gelehrtesten Männern geförderten berühmten

sprechenden Gründe heutiger Bildung des Mittelstandes.

Instituts uns dieser geschichtliche Umriß zeigt, um so schärfer prägt er das Mißgeschick und die äußeren Hindernisse des Gedeihens aus, die auch bei weniger bedeutenden Instituten der Art so lange nicht fehlen werden, als dieselben ohne geordnetes Staats-Unterrichtssystem mit den Specialschulen collidiren, und nicht das Prinzip der Thätigkeit überhaupt als die im Allgemeinen noch einzig mögliche Richtung, zugleich die vorherrschende im ganzen Unterrichtswesen wird. Ich meine damit, daß man es früher oder später zum Besten der weltlichen Bestimmung des Menschen nicht wird vermeiden können, der täglich anwachsenden Fluth einzelner, von allen Seiten aus der Theorie nach der Praxis und aus der Praxis nach der Theorie strömender und untereinander stoßender, wesentlicher und unwesentlicher Kenntnisse in den Köpfen ein geregeltes Bette mit wohlverwahrten Ufern einzurichten und die Benutzung der Kraft voraussehend, ihren Zug angemessen gegen die einzelnen Räder leiten wird, deren in unserem Culturzustande so viele ungestört neben einander umzulaufen haben[99].

Auf die Bildungsstufe, welche der Nährstand heut zu Tage einnimmt, finden wir Manchen, welcher diesem Stande nicht unmittelbar angehörend, sich selbst und einer ziemlich müßigen Geselligkeit lebt, ihn aber doch mit dem sehr ausgebreiteten Verbrauch bürgerlicher Productionen um so mehr fördert, als er sich in der habitude du monde wie in seinem Elemente bewegt und die Miitel dazu ihm auch häufig zu Gebote stehen. In der größeren Zahl dieser Leute, die stärker ist, als man gewöhnlich glaubt[100], will man bald Vortheile, bald Nachtheile erkannt haben. Jedenfalls aber werden die Staaten dabei gewinnen, wenn diese Leute vor Beginn ihres ohne specielle Aufgabe dahin fließenden öffentlichen Lebens durch die Erziehung mit Kenntnissen und Sittlichkeit ausgerüstet entlassen werden und ihr Salons- und Wirthshausgeschrei in einen Ton gestimmt wird, der mit der Thätigkeit des bürgerlichen Lebens harmonirend nicht weiter die Volksstimme verfälscht, wie das leider noch oft geschieht. Welcher Zeitpunkt solcher Gesellschafts-Erziehung zu setzen ist, läßt sich nicht angeben, da sie nach Maaßgabe künftigen Umganges mit allen Perioden abschließen kann; nur muß man sich hüten, die geselligen Fertigkeiten allein dafür zu halten.

Kunstschulen.

Viele, welche die schöne Kunst anbeten und von deren Priestern um leiblichen Vortheils willen ertragen werden, gehören der vorgedachten Kategorie an. Der eigentliche Künstler jeglicher Art muß aber seine Kunstschulen haben und Hülfsmittel finden können, die ihm auch unsere Zeit hier und da in reichem Maaße gewährt; er kann denselben mit der in niederer oder höherer Unterrichts-Region geschöpften allgemeinen Bildung nachgehen[101], je nachdem es die Natur seiner Kunst und sein Verhältniß zu ihr fordert. Der Kunst und ihren Förderungs-Anstalten ist übrigens häufiger und vollständiger gefolgt worden, als der Erziehung, und selbst die Capitel, die diese berühren und nur die Vorhallen der Virtuosität behandeln, sind vollständig erläutert und dem Thätigkeits-Prinzip eo ipso untergeordnet.

II. Im Lehrstande.

Der durch den Facultäts-Unterricht kund gegebene Thätigkeitstrieb in der Gelehrten-Bildung.

Es ist schon oben davon die Rede gewesen, wie mächtig der Thätigkeitstrieb die allgemeine Bildung durch den Facultäts-Unterricht auf den Universitäten in Beschlag nahm. Da, wo keine abgesonderten theologischen, juristischen und medizinischen Schulen bestanden, wurde aus dem Universitätsbesuch bald ein Monopol für künftige Lebens-Verhältnisse der Eingeweihten (ancien élèves), die darum auch die Gelehrten hießen und die also nicht eigentlich Lehrer, sondern wissenschaftlich unterrichtete Leute sein sollten, die aber freilich bei weiter um sich greifender Bildung ihren Namen und ihr Anstellungs-Monopol ebenso verlieren dürften, wie ihre Vorgänger in der geistigen Handtirung mit dem Menschen, die Gottesgelehrten des späteren Mittelalters nämlich.

Vermischungen im Facultäts-Unterricht und deren Ursachen.

Daß der allgemein bildende Unterricht (in der philosophischen Facultät) mit anderen, der Ausübung näher liegenden theoretischen Mittheilungen (in den übrigen Facultäten) theilweise collidirt und deren Grenzen sich untereinander verwischen, liegt theils in unseren nur historisch, nicht rational gestalteten Hochschulen[102], theils in dem Mangel angemessener mit der Praxis verwandter Theorie'n[103], die jetzt entweder dem Gedächtniß Alles aufbürden wollen, oder der Phantasie zu sehr huldigen, theils in der Sache selbst, indem die äußeren Beziehungen, die den allgemeinen Kenntnissen zustehen, sich mit den inneren in die unzähligen Details des technischen Unterrichts verstecken.

Verwandtschaft der vorliegenden Betrachtung mit derjenigen über die Hauptrichtung des Wissens.

Von Anstalten zur Lehrer-Erziehung lassen sich, abgesehen von der theologischen Facultät und von der Ausbildung der Jugend- und Volkslehrer, noch die Pädagogien, Seminarien und vor Allem die Normalschulen nennen, die mit jenen Anstalten sehr zweckmäßig verbunden sind, um die Praxis in dem endlichen Geschäftsbetriebe selbst gewähren zu lassen. Das séminar grani der italienischen Schriftsteller des sechszehnten Jahrhunderts ist eine Anstalt in diesem Sinne, und es wäre zu wünschen, daß man sie in unserer Zeit, der ein geordneter Unterricht so noth thut, noch häufiger fände[104].

III. Im Wehrstande.

Uebersicht der Geschichte des Wehrstandes.

Die den Bildungs-Anstalten für den Lehrstand gewidmeten Erinnerungen sind unserer Absicht zu fremd, um länger dabei zu verharren. Wir wollen daher zu denen, die dem Wehrstande angehören, eilen, weil diese die geschichtliche Basis der hier überhaupt zu betrachtenden Militair-Erziehung ausmachen. Der Faden hierzu muß aber vor allen Dingen in der Geschichte des Wehrstandes selbst, seitdem dieser sich als solcher zeigte, aufgesucht werden.

Alle Geschichte läßt uns erkennen, daß es zur Erlangung der personellen Erfordernisse für den Krieg im Wesentlichen nur ein vierfach verschiedenes Verfahren gegeben hat, welches sich nach Maaßgabe der Kriegführung, des Culturzustandes und der besonderen Umstände abwechselnd darstellte und sich aus einander entwickelte, weshalb eines auch nur selten in seiner reinen Eigenthümlichkeit vorkommt. An diese vier Verfahrungsarten müssen wir uns jedoch hier halten, weil die Anforderungen an die Bildung sich nach den Personen richten und gemischte Personal-Verhältnisse wiederum nur die verschiedenen Bildungs-Mittel der Mischungs-Elemente besonders in Anspruch nehmen.

Vierfache Gestaltung des Wehrstandes mit seinen geschichtlichen Aeußerungen auf die Erziehung zu allen Zeiten.

Man führt aber den Krieg entweder:

a) Mit der Volks-Masse, d. h. mit den sämmtlichen streitbaren Männern im Volke, unter keiner oder nur geringer Rücksicht auf die bürgerlichen Verhältnisse;

b) mit den nach der Regel des Staats-Verbandes dazu allein verpflichteten oder berechtigten Klassen im Volke;

c) mit Soldaten-Handwerkern, gleichviel ob In- oder Ausländer, die sich für den einen und den anderen Kriegsfall gegen persönlichen Gewinn dazu erbieten;

d) mit Leuten, die das Kriegführen zwar als ihre Lebensaufgabe ansehen, nicht aber ihr persönliches, sondern das Interesse des Staates, dem sie als Geschäftsleute angehören, als Ziel verfolgen.

Allerdings verdient bei dieser Theilung der ihr untergeordnete Standpunkt der Personen in den Heeren, welcher sich in der Analogie mit den niederen, mittleren und höheren Klassen der Gesellschaft überhaupt hält, besondere Berücksichtigung, die an ihrem Orte eingeschaltet werden soll.

a. Kriegführung mit den Volks-Massen.

Mäßigung und Gliederung dieses persönlichen Kriegsmittels im vorgerückten Cultur-Zustande.

Ein Volk, dessen streitbare Männer dem Kriege massenweise nachgehen sollen, muß entweder in der Cultur noch Alles zu gewinnen haben, wie die Türken bei ihrem Eintritt in Europa (1356), oder sein Besitz muß bis auf Nichts herabgekommen sein, wie dies, jedoch in sehr gemäßigtem Verhältniß, bei einigen Völkerschaften zur Zeit Napoleon's der Fall war. In solchen Fällen erzieht Sitte und Noth zum Kriege. Vielleicht hat ein Volk auch immer mit seinen streitbaren Nachbarn zu thun, durch die es bei auch im Uebrigen gewaltsamen Institutionen praktisch zum Kriege erzogen wird[105]. Sobald sich das Volk aber irgend einer Betriebsamkeit hingiebt und diese durch den Besitz unterstützt wird, was wir gemeinhin Cultur oder Civilisation nennen, so kann es immer nur in der Defension und vorübergehend zur Schild-Erhebung in Masse schreiten und muß auch alsdann noch darauf bedacht sein, die erforderlichen Glieder zum Besten der in den neueren Kriegen so belasteten Staats-Einkünfte davon zurückzuhalten. Diese Mäßigung und Gliederung in der Volksverwendung zum Kriege kommt uns geschichtlich überall entgegen; Griechen und Römer kannten solche Einrichtungen, ebenso die Franken unter dem Namen: Ban und Arrière-Ban (Banneret, Panier), die Deutschen als Landwehren, Landsturm und Aufgebote, die Polen und Ungarn als Insurrectionen ꝛc.; sie setzten allgemeine Dienstpflicht, Corps-Eintheilung und Abrichtung voraus, ließen aber, außer im Gebrauch, die Rechte und Pflichten des Bürgers unangetastet und begnügten sich mit einzelnen Uebungen, auch bloßen Controlen, wozu Schätzungen, Namen-Rollen, Conscriptionen u. dergl. gehörten [106].

Schwierigkeiten des Gebrauchs, und was die Erziehung dabei für die Intelligenz und die physische Kraft zu thun vermag.

Die Anwendung und schon die Organisirung solcher Massen, deren bürgerliche Gesinnung in der soldatischen nicht verloren gehen darf [107], fordert kluge, erfahrene und verlässige Anführer, womöglich Männer ihrer Wahl, weil hier außer dem die Masse selbst ansprechenden Grunde des Krieges, ohne welchen sie ganz unbrauchbar wäre, noch allein die Person alle dem Soldatenwesen selbst anhängenden Reize, Gewohnheiten und Ueberzeugungen ersetzen muß. So wenig solche Anführer unmittelbar zu bilden wären, so wenig wird auch auf die directe Einübung der bereits erzogenen Volksmassen immer und mit Sicherheit zu rechnen sein, wenn nicht eine gewisse Wehrhaftigkeit in der Nationalität begründet, durch äußere Umstände begünstigt und durch vorbereitende Institutionen einigermaßen wach erhalten werden kann [108]. Die Erziehung allein mag hier vorbereitend auftreten und das damit Erworbene im vollen Bewußtsein des Zwecks dem dereinst möglichen Gebrauch anheimgeben. Ich rechne dahin als moralische Eigenschaften: Den Gehorsam gegen den Oberen und jeden Befehl, abgesehen von dessen moralischem Werthe, die Entsagung im erlaubten Genuß, die Ordnungsliebe, die Pflichten im kameradschaftlichen Verbande, die Achtsamkeit auf der Genossen Meinung (Ehre); als physische Fertigkeiten: die Abhärtung und Gewandtheit des Körpers, den scharfen Gebrauch der Sinne und Glieder, die geschickte Anwendung der Waffen, einzeln und in der Menge, u. s. w. Die Spuren militairischer

Volks-Erziehung fehlen in der alten Welt nicht und sind schon in den Homerischen Dichtungen bemerklich. Die frühere römische Geschichte zeigt Marsfelder an jedem bedeutenden Orte und viele Kriegstheoretiker haben dergleichen zu allen Zeiten vorgeschlagen. In unserer Zeit haben wir es bei einem ziemlich verunglückten Turn-Unterricht der Jugend und den absichtlichen Durchgang der zum Soldaten tauglichen Bürger durch den militairischen Friedensdienst in der Armee bewenden lassen, wovon weiter unten näher die Rede sein wird.

b. Kriegführung mit einzelnen berechtigten oder verpflichteten Volksklassen.

Lehns-Verhältniß und die ihm zugehörige Erziehung.

Von der Masse des Volks trennten sich hier und da einzelne Klassen zum Kriegsberuf. Nach den Kriegerkasten des alten Aegyptens und Indiens kommt Aehnliches wieder in dem nordischen Lehns-Verhältniß vor, während sich später bei Arabern und Türken Entsprechendes wiederholte. Aus der Eroberung entsprungen, ging es mit dem Grundbesitz in eine mehr patriarchale Form über, bis es zuletzt in der höher liegenden Betriebsamkeit des jüngeren Zeitalters als bloße Folie der Monarchie'n verschwindet[109].

Die Erziehung zu solchem Verhältniß schaffte die Familie, sowie das Leben selbst und der persönliche Dienst bei den Lehnsherrn, die, mit ihren barons (baro, im Spanischen: der Mann), Lehnsleuten, Hintersassen (arrière-vassaux) und Knechten eingelebt, im Kriegsfalle von dem Suzerain aufgerufen und von den Hofkriegs-Chargen (connetables, Landhauptleuten) angeführt wurden.

Die Spahis gaben in den neueren Türkenkriegen noch Proben von diesem Verhältniß. Mit der wachsenden Bedeutung des Fußvolks in den Schlachten, welches entweder als Söldner angenommen oder in den Reichskriegen von den Städten gestellt wurde, sowie mit der längeren Dauer dieser Kriege und mit dem Mißvergnügen und Eigensinn des Adels wurden die Kriegsherrn zu Complementen und Surrogaten ihres Kriegerstandes genöthigt und fanden sie in der Miliz[110]. Durch sie wurde auch der Bürger und unmittelbare Bauer theilweise und mit gestatteter

Das Lehns-Verhältniß bei größerem

Bedarf von den Milizen verdrängt; der Adel übernimmt die Offizier-stellen.

Vertretung für den einzelnen Krieg zum Personaldienst verpflichtet und während desselben aus den von den Ständen ebenfalls bewilligten Hülfsgeldern unterhalten. Der Adel übernahm bald die Führung der Milizen und ward durch den Krieg genöthigt, sich dabei als Beamter (Offizier; nach Fronsberger und Solms im 16ten Jahrhundert: Befehlsmann) des Kriegsherrn in die bei den Söldnern eingeführten Formen zu fügen. Gewöhnlich traf dies Loos die jüngeren Söhne (cadets) der durch die Kriegsbeiträge später persönlich befreiten Majoratsherrn[111], deren Dienstleistung sich auch nach und nach den stehenden Heeren zuwendete, und, da man mit einem vorübergehenden Gebrauch eines Volkstheiles (den Gemeinen) hinsichts der Kriegslust und Kriegsbildung nicht besser daran war als mit der Miliz im Ganzen, diese Gemeinen auch bei der neueren Kriegsart mehr als Maschinen[112] ansah und sie nur abrichten, nicht erziehen wollte, von der Intelligenz der Führer aber den besten Erfolg erwartete, so legte die aus der Adels-Verpflichtung mit hervorgegangene Miliz-Einrichtung den Grund zu den Offiziers-Erziehungs-Anstalten, welche man Ritter-Akademie'n und Cadettenhäuser nannte und die bei annähernd allgemeiner Dienstpflicht zu bloßen Offiziers-Erziehungs-Anstalten (écoles militaires) gestempelt, dennoch ihren Namen beibehielten[113].

Cadettenhäuser und Ritter-Akademieen als Erziehungs-Anstalten für den Adel.

Insofern zum Menschen erzogen, zum Stande nur gebildet wird, die Bildung also nur einen Theil der Erziehung ausmacht, können auch die Cadettenhäuser als eigentliche Offiziers-Erziehungs-Institute dem heutigen Bedürfniß nicht mehr entsprechen. Die menschliche Erziehung des großen Haufens rückt täglich weiter vor und er besitzt schon Licht und Kraft genug, die Hülle vom Kern, d. h. von der Persönlichkeit ihrer Kriegs-Anführer zu unterscheiden, die wir noch wie sonst als leitende Intelligenz der Masse gebrauchen wollen, nachdem längst die früheren Bande der Gewohnheit gelös't sind.

e. Kriegführung mit Soldaten-Handwerkern.

Gleichzeitige Entstehung und Anwen-

Derselbe Grund, aus welchem die Milizen entstanden, das durch Ritter-Stand und -Geist nicht mehr zu deckende Personal-

dung derselben und der Milizen: Ausbildung durch die Praxis.

Erforderniß zum Kriege nämlich, ließ da, wo der Menschenmangel die milizpflichtige Aushülfe versagte und der Reichthum des Kriegsherrn[114] und des Bürgers Soldleistungen an gemiethete Krieger (Soldaten) gestattete, namentlich zuerst in den italienischen Städtefehden die sogenannten Aventurier-Compagnie'n unter den Condottieri's entstehen, welchen bald schottische, schweizer und deutsche Landsknechte folgten[115], die um Lohn und Beute einen Krieg hindurch der einen kriegführenden Partei dienten, um sich im nächsten oder vielleicht noch in dem nämlichen der anderen anzuschließen, sofern sie ihnen größeren Gewinn versprach, die im Frieden aber brodlos und raubend in den Ländern umherzogen, um in neuer Fehde neuen Verdienst zu suchen. Wie der Soldat auf diese Weise innungsmäßig seine Handtirung trieb, so erlernte er auf seine Faust und seine Rechnung das Handwerk als Lehrling und bezog, in die Genossenschaft aufgenommen, nach Maßgabe seiner Geschicklichkeit und Erfahrung den Lohn. Er führte seine eigenen Waffen wie sein Werkzeug und brachte sie aus einem Dienst mit in den anderen herüber.

Kriegs-Ordnungen und Artikelbriefe.

Auch der Einspänner, der den Adel als Kavallerie complettirte oder ersetzte, brachte sein Pferd und die ritterliche Uebung zur Truppe. Durch Kriegsgesetze und scharfe Zucht an die allgemein übliche und in jedem Staate insbesondere gültige **Kriegsordnung**[116] gebunden, gestattete ihm der **Artikelbrief**, welchen er auf contractmäßigen Zeitraum beschwor, auch bestimmte Innungsrechte und selbst in der Disciplinargewalt des Hauptmanns und des Obristen war der Fähndrich ein legaler Vertreter. Von Erziehung der Knechte konnte also hier nicht füglich mehr die Rede sein. Der junge Adelige, welcher sich im Dienste selbst zum Offizier heranbilden mußte, lernte vorerst die **Fechtkunst**, in die eine gewisse Metaphysik der Kriegskunst verwebt war[117], ferner die Bedeutung der Kriegschargen, das Herkommen und die Justizverhältnisse meistens praktisch im Gefolge eines höheren Offiziers[118] und diese selbst bildeten sich außer durch Erfahrung etwa noch durch Geschichts-, Artillerie- und Fortificationsbücher auf eigene Hand. Die beiden letzten Zweige des Kriegs-Wissens (armes spéciales der heutigen Franzosen) wurden im Detail von besonders dazu angelernten Leuten getrieben, und zwar: die Ar-

Die Fechtkunst als ein Soldaten-Bildungsmittel. Beschränkte Kriegstheorie jener Zeit.

Aufnahme des Artillerie- und Genie-Wesens in

den Waffen-Verband und damit begründete Erweiterung der Kriegstheorie.

tillerie, Anfangs ausschließlich der Pulver-Anwendung gewidmet, in der Analogie mit den älteren Wurf-Gerüsten, der Festungs-Bau und -Angriff (fortification) in der Analogie mit den alten Kriegs-Maschinen (Engin's) von den Ingenieurs (Enginours, Ingeniatores[119]). Beide waren mit dem Handwerke noch näher verwandt als die Soldaten-Handtirung und wurden daher noch handwerksmäßiger als diese unter den Geheimnissen der Zunft und Meisterschaft betrieben.

Erste Artillerieschulen.

Die Ritter-Meinung, nach welcher der Streit corps à corps allein ehrlich war und der daher die Pulver-Anwendung im Kriege nicht zusagen konnte, sträubte sich lange gegen die Parität der Haupt- und Special-Waffen und Carl VIII. mußte die ihm unentbehrlich gewordene Artillerie fast gewaltsam zu Ehren bringen. Nichtsdestoweniger führte ihre Bedeutung und ihre Theorie, die damals vor allen blühte[120], die Kriegs-Obristen vom Anerkenntniß zum Selbststudium, und obgleich die Venetianer zu Anfang des 16ten Jahrhunderts und Carl V. zu Burgos und in Sicilien Artillerieschulen gehabt und Louvois dergleichen 1675 zu Montesson und 1679 zu Douay eingerichtet hatte[121], so sind sie doch im Allgemeinen erst Erzeugnisse des 18ten Jahrhunderts und gehören mehr dem Bedürfnisse der stehenden Armee'n an, die allerdings viele ihrer Organisations- und Hierarchal-Einrichtungen dem Soldaten-Regimente des Mittelalters verdanken.

d. Kriegführung mit Standes-Soldaten.

Anfangspunkt der neueren stehenden Armee'n.

Wäre auch unsere Geschichte noch so vollständig, so würde es schon die Natur der Sache ungewiß lassen, von wann ab eigentlich die Soldaten der stehenden Armee'n datiren; sie, denen es Lebensaufgabe wurde, die Verpflichtung des Krieges für einen bestimmten Staat und dessen Regierung zu übernehmen und sich im Frieden allein darauf vorzubereiten oder höchstens beiläufig die main-forte der vollziehenden Gewalt abzugeben[122].

Gewöhnlich zählen die unter Carl VII. (1445) errichteten 15 Ordonnanz-Compagnie'n als Anfangspunkt der stehenden Armee'n; ob mit Recht oder Unrecht, ist hier gleichgültig. Dafür, daß eine dauernde und wohl erkannte Absicht zu Grunde lag, sprechen die schon im Voraus (1439) emanirten gesetzlichen Anordnungen (pragmatique sanction) und die zur Soldzahlung dieser Truppen eingerichtete taille.

Nothwendigkeit der stehenden Armeen in einem sachgemäßen Stärken-Verhältniß für den heutigen Staaten-Bestand.

Mehr oder weniger, früher oder später waren alle irgend bedeutende Staaten Europa's zur Einrichtung stehender Armee'n aus ähnlichen Gründen wie Carl VII. genöthigt [123] und was an einem Orte die dem Kron-Vasallen entzogenen Rechte und die sie begleitenden Pflichten nicht veranlaßten, geschah durch politische Reibung und Verbindung, durch Mißtrauen, durch Familien-Vortheile und nicht durch bloße Lust am Kriege und am Soldatenwesen; auch verflochten sich nach und nach die stehenden Armee'n staats-ökonomisch dergestalt in den heutigen Staaten-Verband, daß selbst eine contractmäßige Einigung der Mächte dieses Product der Zeit nicht auflösen wird [124] und die goldenen Berge, die philantropische Schwärmer darin schon lange aus der Ferne erblickten, in der Nähe verschwinden müssen.

Charakter der stehenden Armee'n und dessen Folgen für die Bildung des Soldaten.

Das solchergestalt eingeführte militairische Dienstverhältniß Einzelner zum Staate und dessen Oberhaupt, welches weit über die eigennützige Triebfeder des bloßen Söldners hervorragt, schaffte mit dem edleren Zwecke auch edlere Mittel als der Vertrag und die Disciplin. Sie entstanden aus der gewohnten Anhänglichkeit an das Land und den Dienstherrn [125] (Treue und Aufopferung), aus dem Glauben an die Tüchtigkeit der Dienst-Vorgesetzten und alten Kriegs-Kameraden (Vertrauen), aus der vorgefaßten Ueberzeugung von gemeinsamer und eigener Kraft (Muth), aus dem Halten an der Corporation (esprit de corps), aus dem Anspruch an gebührende Achtung von Jedermann (Standes-Ehre [126]), lauter Reize, die sich durch das oben erwähnte Erziehungs-Princip der Liebe wecken und im Fortgange des Soldaten-Lebens selbst unterhalten ließen. Nicht weniger wirksam für Beides wurden auch die Principien des Wissens und der Thätigkeit, denn das stetigere Verfolgen des einen Zieles hatte nicht allein der Kriegskunst im Ganzen zu einer dem Wissen genügenden Theorie verholfen, sondern sie auch für jedes Rad in der Maschine (Armee) besonders ausgearbeitet und jedem seine bestimmte organische Thätigkeit angewiesen.

Es läßt sich also unbedenklich annehmen, daß mit den Bedürfnissen, welche die stehenden Armee'n hervorriefen, auch die moralischen Bildungsmittel, die den Charakter unserer militairischen Erziehung ausmachen, eintraten, wobei indessen nicht zu vergessen ist, daß das Soldaten-Verhältniß im Frieden weder ein reines, noch ein durchlaufendes Erziehungs-Verhältniß sein kann.

Die auf die früheste Bildung und den Dienstgebrauch nach ihrer Verschiedenheit zu nehmenden Rücksichten.

In wiefern der Dienst bei jedem Soldaten schon die eine Frucht der Erziehung, nämlich die in den Schranken des willigen Gehorsams gegen Gesetz und Nothwendigkeit waltende Selbstständigkeit in Anspruch nimmt, gehört nicht hierher; wohl aber fordert eben diese Anwendung eine dem dienstlichen Eintritt vorausgegangene menschliche Erziehung [127], deren Verschiedenheit nicht weniger Aufmerksamkeit verdient, als die, welche dem verschiedenartigen Dienstgebrauch selbst anhängt. Vorzugsweise kommt die schon vorhandene Bildung des Personal-Ersatzes bei solchen Armee'n in Betracht, die denselben im Frieden periodisch-regelmäßig und im Kriege zahlreich erhalten [128]. Er wird zwar unter allen Umständen hinsichtlich der vorausgegangenen allgemeinen Erziehung gemischt sein, doch häufiger vorgebildet, wo die allgemeine Dienstpflicht gilt, und am rohesten, wo erzwungene Gestellung mit Exemtionen (Recrutirung) stattfindet. Der eigentlichen Soldaten-Gesinnung wird der Ersatz am zuträglichsten sein, welcher aus der freien Werbung, der Capitulation und dem Remplacement [129] aus der Truppe und Miliz hervorgeht.

Die Bildung in den stehenden Armee'n zerfällt in Complemente allgemeiner und in Fachbildung.

Ohne tiefer in die Erziehungs-Nuancen einzugehen, welche theils der verschiedene Ersatz, theils der verschiedene Personal-Gebrauch in den stehenden Armee'n bis hierher zu Wege brachte, giebt schon die Natur der Sache klar zu erkennen, daß sie sämmtlich theils in Complementen der allgemeinen Erziehung, theils in der besonderen Fachbildung ihre Tendenz sowohl finden als auch im steten Bewußtsein erhalten mußten, wenn sie ihre Aufgabe nicht verfehlen wollten. Da es auch unsere Hauptaufgabe ist: uns die dahin gehörigen Vorstellungen für den besonderen Fall der heutigen Armee'n zurecht zu legen, so werden wir weiter unten wieder darauf zurückkommen, hier also nur bei der Aufführung der nach und nach in den stehenden Armee'n üblich gewordenen Bildungs-Anstalten stehen bleiben und nicht weiter auf deren Wesen eingehen, wobei freilich erst die Ergänzungs-Bildung in verschiedener Form und die Fach-Bildung in verschiedenen Ordnungen sichtbar werden würde.

Geschichte des Armee-Bildungswesens nach den äußeren Theilungsgründen.

Diese geschichtliche Vermengung der Lehrzwecke, die aus den dermalen vorhandenen Anstalten heraussieht, läßt den inneren Theilungsgrund nicht zu; wir müssen uns darum vor's Erste an den äußeren halten und die verschiedenen Truppenschulen für den Gemeinen, Unteroffizier, Offizier der resp. Waffen, und zuletzt für den Generalstabsoffizier nach der Reihe anführen [130].

α) Gemeine Soldaten- und Unteroffiziersschulen im Truppen-Verband und außer demselben.

Von jeher existirte wohl in den Compagnie'n neben dem Exercier-Unterricht für den neu eintretenden Soldaten irgend eine Lehre des Verhaltens gegen Vorgesetzte und Kameraden, des Benehmens in und außer dem Dienst, eine Auslegung und Einschärfung der Kriegsartikel, eine Bekanntmachung mit der Waffe (école de peloton) ꝛc., also eine Schule, die sich erst mit der Absicht fand, dem Soldaten allgemeine Kenntnisse im Lesen und Schreiben und auch wohl in der vaterländischen Geschichte und Geographie u. s. w. beibringen zu wollen, was da, wo größere Truppentheile beisammen waren, auch über den Compagnie-Verband hinaus selbst Regiments-Soldaten-Schulen zu Wege brachte [131]. Da, wo man sich in dergleichen Bildungs-Anstalten nüchterner zeigte, beschränkte man sich in den Bataillons- und Regiments-Bereichen auf besondere Unteroffizier-Schulen, die einen bestimmteren Zweck vor Augen haben und die in das Dienstverhältniß näher eingreifend, eine mehr praktische Richtung erhalten können. Besondere Anstalten der Art, die sich außer dem Verband mit einem Truppentheile befinden, entbehren zwar die Hülfe des Dienstlebens, können aber, da sie den Eleven frühzeitig ergreifen und das Erziehungsziel allein vor sich haben, zu einer gründlicheren und festeren Leistung geschickt sein. Einleuchtend ist ferner, daß für diejenigen Waffendienste, die noch besondere Geschicklichkeiten verlangen, wenn dabei nicht schon auf die frühere Lebensart der Ersatzpflichtigen Rücksicht genommen ist, wie z. B. bei dem Pferdewärter, dem Jäger, dem Schiffer, Bergmann, Handwerker ꝛc. für den Kavalleristen, Schützen, Pionir ꝛc., noch die Anlernung und Uebung einen Theil des praktischen Unterrichts ausmachen wird und damit ein Schul-Unterricht, vorzüglich als Resumé des praktischen, verbunden sein muß, welcher das volle Verständniß der Handtirung mit ihren zunächst darüber liegenden Zwecken raisonnirend aufschließt, wozu besonders Vergleiche und Modelle mithelfen[132].

β) Exercitien und Special-Waffenbildungen.

Im Allgemeinen gehören alle Truppen-Uebungen von der kleinsten bis zur größten zur Standesbildung und machen eine so wesentliche Eigenschaft jeder Armee (exercitus) aus, daß diese unter Voraussetzung ebenso wesentlicher Eigenthümlichkeiten geistiger und materieller Natur von den Italienern von jeher danach benannt worden ist. „Senza eserzicio," sagt Montecuculi, „non si da esercito, ma gente rammasata alla rinfusa mole indigesta, moltitudine inesperta"[133], und Machiavelli meint: „La nature fait bien peu de braves, mais l'éducation et l'expérience en font beaucoup."

γ) Fachbildung der Offiziere und Ergänzung ihrer vorausgegangenen allgemeinen Bildung, sowie deren Verhalten gegen einander.

Mit der Zahl der Truppen, die irgend einem Befehl unterworfen werden, wächst der Anspruch an die Umsicht, und also an die Kenntnisse des Befehlenden[134], und dies, wie Napoleon meint, sogar im cubischen Verhältniß jener Zahl; man mußte also bei Zeiten darauf sinnen, tüchtige Offiziere für die stehenden Armee'n durch erweiterte Fachbildung zu erlangen[135], und da man sie den höheren Ständen überhaupt gleichgestellt ansah, auch darauf Bedacht nehmen, daß sie gegen diese in der allgemeinen Bildung nicht zurückblieben. Beide, die Fach- und die allgemeine Bildung sind mit den fortschreitenden Ansprüchen an das Wissen überhaupt, zwar gestiegen, aber zeitweilig aus dem richtigen Verhältniß gewichen, so daß einmal der einen oder anderen mehr Werth und Umfang beigelegt ward, als sie eben verdiente, dann aber auch wieder jede in sich das rechte Maaß verlor, also entweder hinter dem wahren Bedürfniß zurückblieb oder ihm voreilte[136]. Wir haben schon erwähnt, daß bei der geschichtlichen Verworrenheit des Lehrgegenstandes und der Behandlung, die bestehenden Militair-Bildungs-Anstalten sich noch am füglichsten nach dem Range der Schüler classifiziren lassen und wollen daher die Anstalten für die Offiziers-Aspiranten denjenigen für die Offiziere selbst vorausschicken.

δ) Offiziers-Vorbildung in

Ihrem Ursprunge nach ist der höheren und niederen Cadettenhäuser, von denen die letzteren mehr nur als bloße Versorgungs-

den höheren Cadettenschulen und in Divisions-Garnison-schulen ꝛc.

Anstalten für Söhne im jugendlichen Alter (**pueritia**) anzusehen sind, bereits Erwähnung geschehen. Hier kann indessen nur noch von den ersteren, welche der **adolescentia** zur eigentlichen Vorbereitung [137] dienen sollen, die Rede sein.

Mit Bezug auf diese kann man nun freilich sagen, daß die Zeit, das Verkehrte einer Standesbildung bei Offiziers-Aspiranten begreifend, sie eigentlich auf eine allgemeine Bildung in militairischer Form zurückbrachte und diese Form nur verschiedentlich ausprägte; abgesehen von anderen Mängeln mußte aber in soldatischer Hinsicht die bloße Form immer ein Vacuum, welches erst nach dem Eintritt in den Truppendienst der Ausfüllung vorbehalten blieb, übrig lassen. Umgekehrt verhielt es sich mit solchen Offiziers-Aspiranten, die zuerst in der Truppe eingestellt, in den, größeren Truppen-Verbänden angehörigen Divisions-, Brigade- und Garnisonschulen eine Art von Nothreife in der Theorie durch commandirte Offiziere oder Diätarien im Lehrfache erhalten sollten. Solche Anstalten mußten, da sie ohne pädagogischen Zusammenhang allein die Prüfung (Offiziers- oder Portepee-Fähndrichs-Examen) im Auge hatten, nothwendig der Abrichtung näher als der Erziehung stehen, wenn nicht etwa besonders günstige Zufälle obwalteten, die bei den Lehrern eine freiere über das Examen hinaus wirkende Thätigkeit hervorriefen.

ε) Vorzüge der Special-Waffenschulen.

Die Special-Waffenschulen der Artillerie und des Genies hatten hier in Folge des bestimmter auszusprechenden näheren Zweckes und der bei den Lehrern unerläßlichen Gediegenheit der Verstandeskräfte Einiges voraus, wenngleich sie auf der anderen Seite wieder den centrifugalen Verirrungen der Phantasie und den centripetalen des Dogma's mehr ausgesetzt waren. Auch haben diese Anstalten großentheils noch immer den meisten Ruf behauptet, zumal wenn sie von Zeit zu Zeit aus der Praxis gehörig angefrischt wurden und nicht der Pedanterie verfielen oder wohl gar die Waffe selbst in diese mit hineinzogen.

ζ) Gymnastik als militairischer Bildungs-Gegenstand.

Schulen für körperliche Gymnastik als nothwendiges Zubehör der Militair-Erziehung zu erwähnen, dürfte hier vielleicht der rechte Ort sein. Vereinzelter Unterricht in gewissen körperlichen Fertigkeiten hatte wohl selten gefehlt, doch hatte man diesen nach und nach ein größeres Feld eingeräumt und hier und da sogar Systeme davon aufgestellt, deren reeller Nutzen für den Dienst sich erst kund geben muß, während er für die allgemeine Erziehung wohl zu allen Zeiten anerkannt worden ist[138]. Sonderbar bleibt es immer, daß auch in unserer Zeit, wo man die Tändeleien des Ritterwesens so wohlgefällig ansieht, die Mittel desselben zur Erregung des Selbstvertrauens, der Disposition und Entschlossenheit des Einzelnen so wenig Anklang finden und die Gymnastik sich im Trillwesen keine rechte Luft machen kann.

η) Zeitgemäße Wichtigkeit der verschiedenen Unterrichts-Gegenstände nach dem Geiste jedesmaliger Kriegführung und die daraus abzuleitenden Modificationen der Kriegs-Akademie'n.

War man einmal dem Geschäfte der Truppen-Leitung auf theoretischem Wege durch Unterricht gefolgt, so konnte es nicht fehlen, daß auch die höchsten in die Armee-Leitung eingreifenden Zweige des Geschäfts dasselbe Recht in Anspruch nahmen. Dies mußte der Fall sein, so bald die Erfahrung auch hier eine Theorie d. h. höhere, in wissenschaftlichem Zusammenhange stehende Principien der Thatsachen zuließ, die sich wieder an anderweite Theorie'n menschlicher Dinge anreiheten und für Kriegs- und Friedens-Anwendung zureichende Geltung versprachen. Bekanntermaßen leihet die nächste Vergangenheit und die jedesmalige Gegenwart jedem theoretischen System seine Grundfarbe; es kann darum nicht fehlen, daß auch die Forderung an den Unterricht davon abhängig wird und so sehen wir ihn hier, je nach den vorherrschenden Motiven zeitiger Kriegführung abwechselnd den Haupt-Handlungsgründen derselben nachgehen, nämlich der Sicherung, die das Studium der Fortification oben an stellte, der Ueberraschung, die das Meiste von der Beweglichkeit der camps volans erwartete und die raison de guerre überall vorschob, des Terrain-Besitzes, welcher die Linien-Aufstellung und gedeckte Zufuhr zum allgemeinen Typus erhob, der theilweisen Ueberwältigung endlich, welcher Massen-Bildung und -Versetzung sowie die Vernichtung als einziges Heil in der Kriegführung erschien, was successive den Ingenieur, den Quartiermeister, den Geographen und den Generalstabsoffizier zum vermeinten Besitzer des Sieges-Vehikels und seine Weisheits-Waare preiswürdig machte. Sonach entstanden, vergingen und veränderten sich in dieser veränderlichen Würdigung höhere militairische Bildungs-Anstalten unter dem Namen von Kriegs-Akademie'n, écoles militaires, Generalstabs- und allgemeine Kriegsschulen ꝛc. Man gestattete ihnen in der Regel die Form des mehr akademischen als gymnasialen Vortrages und wendete sich an die Reflexion der Zuhörer, nicht sowohl, um ihnen allgemeine Uebersicht und System zu schaffen, denn daran fehlt es der Kriegstheorie noch heut zu Tage, sondern um sie auf die schlüpfrige Bahn der Kritik zu leiten [139] und einzelne Disciplinen in das Niveau allgemein wissenschaftlicher Fortschritte zu heben.

Viertes Capitel.

Recapitulation der wesentlichen Punkte des bisherigen Vortrages.

Wir glauben nunmehr, nachdem wir sowohl das Wesen und die Zustände der Erziehung als deren geschichtliche Grundlinien, soweit es unserem Vorsatze zusagte, betrachtet haben, noch einige Zusammenstellungen der entwickelten Gedanken zur erleichterten Uebersicht beifügen zu müssen. Eine davon ist die

I. Würdigung

der verschiedenen Erziehungs-Grundlagen zur Erhebung des Willens.

Durch Geltendmachung des moralischen Verbandes (Attraction, Erziehung) in:					Durch Kräftigung zum Leben als Erziehung in:
der Familie.	der Kaste.	dem Vaterlande.	der Menschheit.	der Religion.	der Thätigkeit.
Wird zu jeder Zeit die materielle Grundlage der Erziehung bleiben, sowie es die der Staaten-Vereine ist. Nur wird sie sich im Allgemeinen nicht weit über die sinnlichen und ersten moralischen Eindrücke hinaus erstrecken, die allerdings wichtig, aber zum Leben in der Gesellschaft nicht ausreichend sind. Von einzelnen günstigen Fällen ist nicht die Rede.	Sie hat sich in religiösen, wissenschaftlichen und Lebens-Tendenzen wirksam gezeigt und man findet sie fast auf allen früheren Bildungsstationen; bei der Philanthropie unsrer Zeit kann sie jetzt nur sehr modifizirt und oft gar nicht zur Anwendung kommen. Das militärische Disciplinar-Verhältniß trägt noch etwas davon an sich.	In älterer Reinheit und Ausdehnung unserem Culturzustande nicht mehr angemessen, wenngleich mit vorsichtigen Bezugnahmen und Hindeutungen in nationalen Erziehungsplänen u. namentlich der Institution stehender Heere zu verfolgen, nicht aber unbesonnen und als Gegensatz des Gehorsams.	Kann wegen menschlicher Schwächung der Attraction geschichtlich mehr als eine Vermittelung der Extreme angesehen werden, die durch Neutralisation die Vorherrschaft eines neuen Princips vorbereitet. Versuchsweise positiv behandelt hat sie nur immer indirecten Nutzen gestiftet.	Sie giebt der heutigen christlichen Erziehung geschichtlichen Boden und noch jetzt die feste Unterlage zum Gedeihen der Lebensfrucht, wenngleich sie den directen Einfluß auf die Menge in der ersten christlichen Zeit nicht mehr ausüben kann, sondern nur die Sache verarbeitet, die dieser aus dem Leben zufließt. Mit der geschichtlich aufgehobenen Integrität der Glaubens-Formen ist ihr älterer Einfluß vollends unmöglich geworden.	Auf sie muß sich die heutige Erziehung im Gesellschaftskreise der weltlichen Dinge stützen und von ihr das Material entlehnen, weil sich das geistige Leben immer weiter über das Geschlecht verbreitet und eine Versplitterung der Thätigkeit die Kräfte in einzelnen Kreisen höher gespannt erhält. Wie lange und ob bis an das Ende der Welt, ist hier nicht zu erörtern. Vor materialistisch-egoistischen Abwegen muß die moralische Attraction, die helfend mit eingreift, sichern.

II. Geschichtliche Uebersicht

dagewesener Bildungs-Anstalten in ungefährer chronologischer Ordnung ihres Vorkommens.

Vorchristliche und erste christliche Zeit.	Früheres Mittelalter.	Späteres Mittelalter und neuere Zeit.	Neueste Zeit.
Gesänge der Dichter.	Katechumenen-Schulen.	Kloster-, Parochial- (Trivial-), Episcopal- (Quadrivial-) Schulen.	Elementar- oder Lese-Schulen.
Sittensprüche der Weisen.	Benedictiner- und andere Ordensschulen.	Universitäts-Facultäten.	Real-Bürgerschulen.
Rechtsschulen der Magier.	Juden-Akademie'n.	Gelehrte Schulen oder neue Gymnasien und Progymnasien.	Sonntagsschulen.
Propheten-Lehre.	Hofschulen.	Lateinische Bürgerschulen.	Gewerbe- und Handels-Institute.
Gymnasien und Akademie'n der Philosophen.	Bauhütten.	Jesuitenschulen.	Bau-, Berg-, Forst- und andere Fach- und Kunstschulen.
Olympische Spiele und Marsfelder.	Tourniere.	Seminarien.	Polytechnische Schulen.
		Cadettenhäuser.	Militairische Special-Waffenschulen.
			Allgemeine Soldaten- und Militairschulen.
			Kriegs-Akademie'n.
			Turn-Unterricht.

Wenn wir in Folgendem noch die stufenweise aufsteigende Erregung und Befähigung der Verstandes- und Körperkraft andeuten und sie unter Weglassung der schon angeführten Reize der Willenskraft mit den Haupt-Richtungen heutiger Thätigkeit und ihrer Fortschritte verbinden, so ist das nur als Versuch anzusehen, die eben bestehenden Bildungs-Anstalten nach der Idee an einander zu reihen.

III. Verbindung
der eben bestehenden Bildungs-Anstalten nach ihrem inneren Wesen.

	Charakter des Unterrichts im:	Nährstande.	Lehrstande.	Wehrstande.
Elementar-Verhältniß.	**Geistig:** Das Wahrnehmen sinnlicher Anschauung geht durch den hervorzurufenden Begriff in die Vorstellung über und erweitert die zum Denken erforderliche Sprache in dem bewußten Zerlegen und Wiedervereinigen jener Vorstellungen. **Körperlich:** Die Glieder und Sinne werden zum richtigen Gebrauch angewiesen. **Unterrichtsstyl:** imperatorisch*).	Elementar- u. Sonntags-, auch Wiederholungsschulen (ergänzend).	Leseschulen.	(instruction primaire). Soldatenschulen (ergänzend).
Gymnasial-Verhältniß. — Niedere Abtheilung.	**Geistig:** Das bisher noch einfach vorgeschrittene Verständniß der Gedanken wird mittelst der vorgerückten Sprache einer vergleichenden Behandlung unterworfen, wozu die Kenntnisse aus dem Verhalten der Natur und des Menschen zum Menschen mit herangezogen werden. **Körperlich:** Die Fähigkeit der Glieder und Sinne wird durch Uebung erhöht. **Unterrichtsstyl:** assertatorisch.	Niedere Bürger- oder lateinische Schulen. Realschulen.	Progymnasien und	Niedere Cadettenschulen. Truppen-Unterricht (ergänzend). Unteroffiziersschulen.

*) Unter Styl ist hier nicht der individuelle Sprachgebrauch, sondern die Combination nach einem eigenthümlichen Gebrauch der Sprach-Elemente verstanden.

	Charakter des Unterrichts im:	Nährstande.	Lehrstande.	Wehrstande.
Gymnasial-Verhältniß. — Höhere Abtheilung.	Geistig: Eigene Production der Begriffe in höherer Potenz (Abstraction) als Vorstellungen durch objective Behandlung der Sprache. Vorschreiten in den schon potenzirten Begriffen von der Natur und den Menschen als Kenntnisse in systematischer Reihenfolge, doch ohne eigene Versuche an den Systemen. Körperlich: Erreichen des individuellen Maximums allgemeiner Fertigkeit mit Anwendung auf künftigen Fachbetrieb. Unterrichtsstyl: genetisch.	Höhere Bürgerschulen. Fach- u. Kunstschulen.	Gymnasien.	Höhere Cadetten- und gemeinschaftliche Militairschulen (écoles militaires). Truppen- (Divisions-Brigade-)Schulen. Schulen der Special-Waffen.
Universitäts-Verhältniß.	Geistig: Eigene, aus den Begriffen höherer Ordnung reproducirte Gestaltung (Composition nach Idee'n). Ueber dem Fache: Universeller Gesichtspunkt; in demselben: Bewußtsein des Systems und Kritik. Körperlich: Individuelles Maximum für die Fertigkeiten im Fache und praktisch erreichtes Urtheil zur Schätzung und Anwendung der Kraft. Unterrichtsstyl: consultativ.	Höhere Applicationsschulen und Kunst-Akademien.	Fakultäts-Studien. Seminarien.	Höhere Kriegsschulen u. Akademie'n. Applications-Schulen in den Special-Waffen.

Geschrieben in den Jahren 1835/36.

Anmerkungen.

[1] (S. 1). Eine Brochüre des Dr. Lorinser: Zum Schutze der Gesundheit in den Schulen, Berlin 1836, welche von den nachtheiligen Folgen des Viellernens auf Geist und Körper handelt, machte zu ihrer Zeit verdientes Aufsehen. Erfahrene Lehrer beleuchteten damals die in derselben enthaltenen Vorwürfe und riethen zu reformirten Gymnasien.

[2] (S. 3). Sittlich heißt nach Schleiermacher: Durch Wirksamkeit der Vernunft im Bewußtsein. Die Wirksamkeit der Vernunft ist aber activ und passiv, sowohl in Bezug auf Zeitliches als Ewiges.

[3] (S. 3). Bei Plato, welcher zuerst das Wort: Erziehungs-Idee, aussprach, ist von Bildung (τροφή) und Zucht (παιδεία) die Rede. Die erstere ging auf Körperliches und Geistiges, die letztere deutete auf eine Gewöhnung für das ganze Leben (Fertigkeit). In dem, was wir Erziehung nennen, soll sich bildende Pflege mit der geistig und leiblich bildenden Zucht vereinigen (s. Schwarz' Erziehungslehre, 1813).

[4] (S. 3). Zschokke (s. dessen Selbstschau, 1842) meint: „Alle wahre Erziehung ist Gewöhnung zur Selbstbeherrschung, zur Herrschaft des Geistes über irdische Triebe und Reize, seinem heiligen Gesetze gemäß. Nicht die Erkenntniß des Guten und Bösen, des Nützlichen und Schädlichen genügt allein dafür; sondern eine durch Uebung vergrößerte Leichtigkeit und Stärke des Willens; gerade den heftigsten Begierden der Sinnlichkeit am entschlossensten und beharrlichsten Einhalt zu thun, das ist das wahre Geheimniß der Erziehungskunst; des Jünglings Gefahr drohende Triebe und Neigungen und die dadurch herbeigeführte Geistesrichtung zu erspähen und den Stolz seines Bewußtseins, die Kraft seines festen Willens eben gegen diese am meisten zu spornen. Alles Andere, was man Erziehung nennt, ist Verziehung, tanzmeisterische Dressur, Verzerrtheit."

[5] (S. 3). Schwarz nennt etwas unbestimmt das Einzelne, was in

der Erziehung geschieht: **Unterricht**, setzt aber hinzu, daß im weiteren Sinne jede Richtung, welche der Kraft absichtlich zu ihrer Entwickelung gegeben wird, darunter verstanden werden könne. — Schleiermacher sagt: „Lehren kann nie etwas Anderes sein, als Erweckung desselben Vermögens durch Darstellung," und Lichtenberg meinte schon: „Wenn man nur die Kinder dahin bringen könnte, daß ihnen alles Undeutliche völlig unverständlich wäre." — Die von Göthe angegebenen Weisheitsstufen: Erfahrung, Betrachtung, Folgerung, müßten auch die der Bildung gewidmeten, aufeinander folgenden Lehr-Anstalten vorzugsweise charakterisiren, so daß im ersteren Stadium in der Hauptsache: die Klarheit der Begriffe, im zweiten: die Geschichte des jedesmaligen wissenschaftlichen Materials, in der dritten: die Philosophie und Verbindung desselben mit der Wissenschaft, die Richtung abgäbe.

[6] (S. 4). Wieland sagt: „Glaubet dem Leben, es lehrt besser als Menschen und Buch." — Schleiermacher meint: „Die Kunst-Combination liegt in der Darstellung; sie ist ein Einzelnes, in welchem zugleich eine bestimmte Beziehung des Universums auf die Organisation gegeben ist. Kunst ist das System solcher Darstellungen der Individualität." — Luther: „Non scholae sed vitae discendum."

[7] (S. 4). Pestalozzi sagt sehr wahr: „Geistestiefe und Charaktergröße wachsen nicht aus der Routine hervor, wenn ihr auch die Sonne scheint, und der Geist des Abrichtens und das Wesen des Abgerichtetwerdens ist ihnen wie Gift entgegen."

[8] (S. 4). Läßt sich wohl mehr dazu sagen, als das liebevolle: „Herr, vergieb ihnen, denn sie wissen nicht, was sie thun," wenn man Worte des Lebens als Kriterien der Brauchbarkeit dem eben mit Gedächtnißwerk vollgepfropften Schüler abfragen hört? wenn man im sogenannten gegenseitigen Unterrichte halb Gefaßtes unbesehens weiter austheilen sieht? Bemerkt man nicht, daß das wenige Gute, was hier mit vielem Uebel an der Erziehung pfuscht, nur in dem Wegziehen des Kopfkissens (oreiller) besteht, welches der alte Maire von Bordeaux, Montaigne (geb. 1533), schon in der insouciance und incuriosité unter den besseren Köpfen erkannt hatte? — Carnot berechnete im Jahre 1815, daß sich in Frankreich 2 Millionen Kinder ohne Unterricht befänden, und verlangte neben der Lancaster-Methode die Anstellung eines Lehrers für 1000 derselben.

[9] (S. 4). In Athen waren die Pädagogen zuerst nur die Hausdiener, welche die Knaben in die Schule führten; später zu Plato's Zeit veredelte sich der Begriff. Als Sklave war Diogenes einer von den ersteren; eigentlicher Lehrer war auch bei Plato der Pädagoge noch nicht, aber Erzieher und Führer in unserem Sinne. Aristoteles (geb. 384 vor Christus) galt als der Gründer der Pädagogik. Ein berühmter Pädagoge zur Zeit der Römer war Quinctilian (70 nach Christus).

[10] (S. 4). Die eben jetzt oben schwimmende Vielwisserei stände hiernach mit der phantastischen Isolirung des Rousseau'schen Emil's auf einer

Stufe der Halbheit, so wie alte Scholastik, Jesuitismus und neues Turnwesen, die der Erziehung ihre Spitzen entgegenwachsen ließen und die noch neuerdings (1831) Herr Cousin ächt französisch in unserer Erziehung abgeschlossen sehen will, wenn er mit einem schlechten Complimente für uns an seinen Minister berichtet: „Le collège représente la bonne éducation générale qu'il faut avoir reçu pour faire partie de la bonne société, comme l'université représente l'instruction scientifique pour entrer dans les professions liberales." — Die Zucht soll selbst nach dem Begriffe des preußischen Landrechts nur die Aufmerksamkeit anregen, nicht eigentliche Strafe des Vergehens in sich aufnehmen.

[11] (S. 5). Die ersten Spuren bewußter Bildung müssen in der Geschichte der Philosophie aufgesucht werden, d. h. in der Bearbeitung der Begriffe, die uns die letzten Gründe alles Erkennens und Handelns mit dem unbekannten Grunde aller Dinge offenbaren sollen. Herder charakterisirt den Zusammenhang vortrefflich, wenn er sagt: „Der erste Gedanke in der ersten menschlichen Seele hängt mit dem letzten in der letzten menschlichen Seele zusammen. Das Band ist die Sprache und die Familie. Die Perfectibilität der Philosophie, so wie ihre Irrgänge müssen also nothwendig der Erziehung mit anhängen, und insofern sind die zu allen Zeiten vernehmbaren Klagen über schlechte Erziehung in der Natur der Sache begründet.

Schwarz schreibt in seiner ziemlich voluminösen Erziehungslehre nur von dem letztverflossenen Jahrhundert in Deutschland: „Bald wurde festgesetzt, daß ein fröhlicher Blick auf die Welt das größte Uebel sei, bald, daß ein Grammatikalfehler zur größten Sünde werde, bald wurde eine Aeußerung des freien Willens für ein Unheil angesehen, dann gerade entgegengesetzt die Unterwerfung unter fremden Willen; dann wurde das herzliche Gefühl in die Acht erklärt, damit die kalte Pflicht herrsche, dann wurde diese verbannt, damit Alles zur gemüthlichen Weichheit sich auflöse; hier wurde der Pflege des Körpers Alles geopfert, dort brachte man die Gesundheit dem Geiste zum Opfer u. s. w."

[12] (S. 5.) Schubert sagt: „Geist ist hier die Kraft des Willens, alleiniges Eigenthum des Menschen nächst der Sprache und dem aufrechten Gange." — Nach Anaxagoras ist der Welt-Geist das bewußte frei ordnende Wesen, welches sich im Menschen zugleich auf der niederen Stufe sinnlicher Wahrnehmung und auf der höheren der Vernunft-Erkenntniß wirksam erweis't. „Alles, was Seele hat, Größeres und Kleineres, alles dessen ist der Geist mächtig." — Der Pythagoräer Philolaus hatte Seele von Geist gesondert und erstere im Herzen, letzteren im Gehirn gesucht.

[13] (S. 5). Schubert meint: „Wenn man den Unterschied von Verstand und Vernunft in größter Allgemeinheit bezeichnen wollte, so wäre Verstand das messende, erkennende Vermögen der Seele für jenen Zug, der das Einzelne und Besondere mit einem allgemeinen, Höheren vereint, also auch das messende Vermögen für die Kraft, mit welcher sich die Dinge der Außenwelt unserem eigenen bewegenden Willen entgegenstellen; Vernunft

wäre dagegen das messende Vermögen für jene Kraft, welche von Innen heraus auf die Dinge der Außenwelt wirkt, mithin der bemerkende Sinn für den Zug von oben herniederwärts, von dem Ursprunge alles Seins nach den einzelnen Wesen." — Herder erblickt schon ethymologisch das von der Seele Vernommene in der Vernunft, also den Gipfel ihrer That.

[14] (S. 5). Dem roheren Menschen ist Sittliches nur Schickliches und Gewohntes; erst mit dem Nachdenken kommt es als Recht und Unrecht in das Gefühl. Das Religiöse hebt mit dem Vertrauen an und geht durch Dankbarkeit, Erhebung und Glauben zur Anbetung des Heiligsten, dem Wesen jedes Cultus, über. — Schleiermacher ist Religion: Das Gefühl auf die Potenz der Sittlichkeit erhoben oder die Beziehung des Endlichen auf das Unendliche.

[15] (S. 5). Unendlich ist, wie es schon der Pithagoräer Philolaus bezeichnet, das in Zeit und Raum von dem Menschen Unerfaßliche, also auch von dem Gebildetsten durch Abstraction allein nicht zu Ergründende, weil ihm die Medien aller menschlichen Begriffe abgehen und bloße Analogie, die nur eine subjective Grundlage hat, dafür einstehen muß. Des Unendlichen Ahnung im Gemüth rechtfertigen bei der Vernunft die unbeantworteten Fragen nach dem: Wie groß, wie viel, woher und wohin?

[16] (S. 6). Aristoteles schon hatte das: mens sana in corpore sano, zur Grundbedingung für seine Zöglinge gemacht.

[17] (S. 8). Die bekannte, mehr aus unserer eingebildeten Theilung der menschlichen Kraft abgeleitete Classification nach Religion, Wissenschaft und Kunst, oder moralische, wissenschaftliche und ästhetische Erziehung stammt aus Zeiten her, wo die gesellschaftlichen Vereine nicht in unserer Weise gegliedert waren und die Bildungsgegenstände untereinander in anderen Relationen standen. Zuweilen bezeichnet man auch aus ähnlichen Ursachen das Gute, Wahre und Schöne als Bildungszwecke. — Schleiermacher sagt: „Handeln, Thätigkeit gehört zusammen mit Kraft. Alles Handeln wird nur beschaulich erkannt und ist im Empirischen überall die dem Beschaulichen zugewandte Seite. Die Wissenschaft kann dabei nichts einbüßen. Die Liebe ist das allgemeine Gattungs-Bewußtsein, das δικαιοσύνη der Alten, wie es auch in der christlichen Trias mit Glaube und Hoffnung vereint zur Tugend gehört. Weisheit ist das ideale Prinzip alles Sittlichen im Einzelnen, Liebe das reale Prinzip alles sittlichen Handelns; auch Alles, was in der Weisheit gesetzt ist, hat das Prinzip seines Wirklichwerdens in der Liebe."

[18] (S. 8). In dieser weiten Bedeutung der Liebe, die ebensowohl auf Physisches als Moralisches zu beziehen ist, soll nicht allein an die Aussonderung des Zusammengehörigen von dem Fremden, sondern auch an gegenseitige Durchdringung des Ersteren gedacht werden. — Schleiermacher: „Ohne Liebe gäbe es keine Identität des Seins und Werdens, kein Heraustreten der Vernunft als eines Objectiven."

[19] (S. 8). D. h. der Idee einer reinen, des Stoffes mächtigen, ihn bewegenden, beseligenden und nach Zwecken ordnenden höchsten Intelligenz.

Die alten Philosophen suchten lange nach ihr und mußten ihr, wie z. B. Heraklit, eine bewußte Nothwendigkeit substituiren und das willige Fügen des Eigensinns und rohen Uebermuths in dieselbe als Religiosität und Sittengesetz ansehen; bei den Eleatikern war die Gottheit vorzüglich der Träger ihres Begriffs von einem Sein.

[20] (S. 8). J. Wagner (s. dessen Philosophie der Erziehungskunst, Leipzig 1803) sagt: „Die Aufgabe der Mutterschule ist blos die Anschauung als Vorstellung in das Kind zu übersetzen. Sobald die Welt der Vorstellungen bei den Kindern entwickelt ist, ahnen sie auch die inneren Handlungen, Gedanken und Gesinnungen (Maximen) des Erziehers ihrem allgemeinen Thätigkeitstriebe gemäß nach; darum erzieht nichts besser als die Gegenwart eines trefflichen Menschen; er braucht nicht zu predigen, nicht zu dociren, sein stilles Dasein ist eine Sonne, welche erwärmt und leuchtet." Desgl.: „Die Natur hebt den Egoismus des Individuums nicht auf, sondern strebt ihn zum Egoismus der Gattung zu erweitern." — Schleiermacher: „Die Bildung der Kinder beruht auf der Pietät und geht, weil ursprünglich das bildende Prinzip ganz in den Eltern ist, von dem Gehorsam aus. In den Eltern ist aber zugleich ein Suchen der sich entwickelnden Eigenthümlichkeit der Kinder und eine Neigung frei zu lassen, in dem Maaße als diese sich entwickelt. Darum kann die natürliche Modification das Verhältniß ohne allen Zwiespalt, also sittlich, abwickeln. Durch Pädagogik wird nur die technische Seite dieses Prozesses vorgestellt."

[21] (S. 9). Die Fechtbücher enthielten die alte Kriegstheorie. Marozzo (Venedig 1568) giebt unter dem Titel: „Del giuaramento che die dare il maestro alli scolari," Folgendes: „Jo voglio che voi giurate in suo questo elzo di spada, la quale si é la croce di dio: in prima, di non venir mai contra il vostro maestro ed ancora di non insegnare mai a person 'alcuna quello, che da me voi imparareti, senza mia licenza si."

[22] (S. 9). Sie kamen nach Möser durch die Verbindung zum Bau der Paulskirche in London erst zu den Maurerzeichen.

[23] (S. 9). Mirabeau (s. dessen den holländischen Patrioten dargelegten Codex vom Jahre 1788) will nur eine stehende Miliz haben, Armee'n aber wie in England von den Generalstaaten nur zeitweilig bewilligt und unter die Civil-Autorität gestellt wissen. Das seit der französischen Revolution übertriebene Gewichtlegen auf die Mehrzahl im Kriege, bringt uns neben allem Eifer für das monarchische Prinzip auf anderen Wegen zum Ausgangspunkt zurück und nivellirt die Erziehung.

[24] (S. 9). Plutarch schreibt, man habe von den Athenern gesagt, daß bei ihnen viele Gesetze geschrieben, aber wenige gehalten würden. Ueber die Unzulänglichkeit des Patriotismus in unserer Zeit äußert sich Napier in seiner Geschichte des spanischen Krieges, und gerade aus diesem Kriege werden die meisten Beweise für seine Kraft gezogen. — Der Erziehungsplan von Fichte (s. dessen Reden an die deutsche Nation) geht, bei manch' Vortrefflichem im Einzelnen, auf eine in unserer Zeit unausführbare

allgemeine Janitscharen-Erziehung mit eingebildeten Hoffnungen auf die Macht der Pädagogik.

[25] (S. 9). Vergißt man den schielenden Gegensatz von instruction universelle und naturelle eines neueren Franzosen (Nodier), so kann man seiner Aeußerung schon Recht geben, wenn er von letzterer sagt: „C'est l'amour du pays, le respect des ayeux, l'affection pour les jeunes, l'enseignement des vieillards et la parole des sages, c'est avec cela que les états se constituent, se relèvent des ruines du passé et se recomposent pour l'avenir. On fera bien des revolutions dans la rue et sur le papier avant de passer la portée de l'esprit social, qui est tout autrement savant que la statistique et l'institut." Das Juvenal'sche: „nunquam aliud natura aliud sapientia dicit," mag den fehlerhaften Gegensatz der hier angegebenen Erziehungs-Arten erläutern.

[26] (S. 10). Diese aus dem zu Deventer gestifteten Orden der fratres vitae communis hervorgegangenen Erziehungs-Anstalten nahmen sich praktische Frömmigkeit zum Ziel und schöpften aus Plato und Seneca, wie aus der Bibel und den Kirchenvätern.

[27] (S. 10). Von Basedow (geb. 1723) eingerichtet, aber bald wieder verlassen. — Herder: „Das große, göttliche Werk, Menschheit zu bilden, — still, stark, verborgen, ewig — mit kleiner Eitelkeit konnte es nicht gerathen." — In Ländern, wo die Cultur den gemeinen Mann weniger berührt, finden sich geistliche Bildungs-Anstalten noch in ziemlicher Wirksamkeit, so z. B. in Ungarn und Siebenbürgen, wo in 28 Piaristen-Anstalten während des Jahres 1835 gegen 1700 Knaben und Jünglinge ihre Bildung erhielten und 404 Geistliche thätig waren. Auch die neuerdings in Wien entstandene Mechitaristen-Congregation scheint diesen Bildungsweg einschlagen zu wollen; ursprünglich ist sie eine Bildungs-Förderung des armenischen Clerus mit einer Abzweigung in Venedig. Sie wurden von Napoleon aus Ober-Italien vertrieben und zogen sich nach Wien, wo sie wieder ein Kloster stifteten.

[28] (S. 10.) Schon bei den Kindern der Juden in Aegypten dringt Moses auf die Furcht Gottes als der Weisheit Anfang. Neben dem Gottesdienste übten die Leviten auch das Richter- und Lehrer-Amt, vor Allem aber waren dazu die keinem besonderen Stamme angehörigen Propheten als Verkünder von Heil und Strafe und als Schutz der Theokratie gegen weltliche und Priestergewalt von Moses verordnet. Die Kinder der Juden wurden in den ersten Propheten-Schulen zur Erlernung des Gesetzes und der Musik vereinigt und diese Schulen erhielten zur Zeit des Propheten Elisa eine große Bedeutung, ebenso wie die später nach der babylonischen Gefangenschaft an ihre Stelle gekommenen Rabbinerschulen und Synagogen. Die Rabbinerschulen nahmen Kinder im zehnten Jahre auf, die dort in einer discursorischen Manier unterrichtet wurden. Nach Jerusalem's Untergang entstanden die Juden-Akademie'n, von welchen besonders die von Tiberias und Babylon wegen Zusammenstellung des Talmuds wichtig erscheinen; dieselben waren große Sonntagsschulen, in welchen wie in der ersten christ-

lichen Zeit jeder zur Rede Befähigte als Lehrer auftrat, während die Aeltesten oder Bischöfe nur den Lebenswandel beaufsichtigten. Als wegen der vorschreitenden Secten-Controversen unter den Christen das einfache Glaubensbekenntniß zur Taufe nicht mehr wie in der Apostelzeit ausreichte und die Lehre wissenschaftliche Form anzunehmen genöthigt war, wurde die Vorbereitung den Katechumenen in mehrjährigem Cursus und auch, da sich in Städten wie Alexandrien wohl wissenschaftlich gebildete Leute zum Uebertritt anmeldeten, durch gelehrte Layen ertheilt, woraus die erste theologische Anstalt als alexandrische Katechetenschule entstand, deren Blüthe von der Mitte des 2ten bis in die Mitte des 5ten Jahrhunderts reichte und in welcher der Glaube und also auch die Schrift als Grundlage der Erkenntniß galt und mit dieser eine religiöse Lebensrichtung bewirkte. Juden- und Heidenthum wurden dabei als Voranstalten der Erkenntniß angesehen. — Erst mit dem 4ten Jahrhundert zeigen sich, besonders bei den Nestorianern (den orientalischen Protestanten) christliche Kinderschulen, und Chrisostomus spricht von einer ältesten derselben.

[29] (S. 10). Benedict von Nursia stiftete eine solche 520 im Kloster auf dem Berge Casino. Bonifaz (geb. 680) und Carl der Große (geb. 742) waren Schüler der Benedictiner, die sich bis in die spätesten Zeiten einen Ruf als Erzieher, von dem heute noch Großes in Bayern erwartet wird, erhalten haben. Auch waren die entschlossensten Päbste, wie ein Gregor VII., Benedictiner. Der Bischof von Caesarea, Basilius, gab in seiner Mönchsregel eine Vorschrift zur Erziehung in den Klöstern, wo verwais'te Kinder aufgenommen und von ihren Eltern im zarten Alter übergeben wurden; sie sollten von einem erfahrenen Manne mit Geduld behandelt und auch bestraft werden; die Richtung war im Allgemeinen geistlich, die Knaben arbeiteteten auch bei Meistern in ihren Handwerken und wurden nur auf freiwilliges Verlangen erwachsen zum Mönchsgelübde zugelassen. Martin der Heilige stiftete in Gallien zu Tours (410) die erste von 80 Knaben besuchte Klosterschule; Severin (geb. 464) that dasselbe in Rhäzien und Panonien.

[30] (S. 11). Von den sieben Disciplinen oder artes liberales, welche schon früher den Unterricht umfaßten, nämlich der grammatica, dialectica, rhetorica, geometria, arithmetica, astronomia und musica, gehörten die drei ersten zum trivium, die vier letzten, auch die mathematischen genannt, zum quadrivium. Dieser schon von Capella (470) zu Rom beobachteten Gliederung waren später (Beda, 700) noch die religiösen, medicinischen, physikalischen und architektonischen Kenntnisse als Zusätze beigefügt worden, womit sich die damalige Encyclopädie abschloß.

[31] (S. 11). Wie z. B. die zeitige Annahme der Professoren als Meister, bei welchen Bachanten und Schützen wandernd umherzogen und ihre Zehrung aus der bursa empfingen, daneben aber allerlei Unfug trieben. Alkwin und sein Schüler (Itrabanus Maurus aus Mainz), welche die

Schulen von Tours (796) und Fulda (813) reformirten, gelten als die ersten eigentlichen Schulmänner des Mittelalters.

[32] (S. 11). Oberpräsident von Schön zu Königsberg schrieb 1839: „Die Schulen stehen gesetzlich unter dem Regierungs-Collegium und die Gymnasien sind ihrem Wesen nach nicht Priester-Anstalten, sondern Anstalten zur Bildung der höheren Stände des Volks; dennoch werden die preußischen Bischöfe nicht nur Hinsichts des Religions-Unterrichts indirect bei den Angelegenheiten dieser Anstalten eingemischt, sondern man ist auch bemüht gewesen, katholische Geistliche an deren und der Schullehrer-Seminarien Spitze zu bringen, indem man die Ansicht aufstellte, daß die positive Religion als die Quelle der Erkenntniß betrachtet werden müsse. Daß diese Ansicht keine richtige ist, leuchtet wohl jedem Unbefangenen ein. Man darf sich nur erinnern, daß die positive katholische Religion unter Anderem sagt, daß den Ketzern kein Glaube gehalten werden dürfe, ja daß Katholiken protestantischen Fürsten keine Treue schuldig seien, um zuzugeben, daß das Gouvernement beim Festhalten der erwähnten Ansicht sich selbst zerstören würde. Wenn man eine Preisfrage stellte, wie man bei einem protestantischen Monarchen katholische Unterthanen zur Untreue bringen könne, so würde man kein besseres Mittel finden, als die Schule ganz der Kirche anzuvertrauen."

[33] (S. 11). Der Gang des Schulwesens seit Frank ist ausführlich in einer Abhandlung von Schwarz, betitelt: „Uebersicht der Pädagogik in den letzten zwei Generationen" dargestellt. Abgedruckt findet sich diese Abhandlung im Jahrgange 1834 der Zeitschrift: „Theologische Studien und Kritiken." — Eine sehr schätzenswerthe Abhandlung über den Religions-Unterricht auf Gymnasien kann man in der deutschen Vierteljahrsschrift pro Januar und März 1847 finden.

[34] (S. 11). Die Congregationen vor 1830 forderten sogar im Namen des freien Unterrichts die Secondair-Schulen in Frankreich und Belgien wieder für die Jesuiten zurück. — Die meistens katholisch-geschichtlichen Argumente, die Solcher (Ueber den Vorschlag, die Volksschulen von dem geistlichen Stande unabhängig zu machen, Nürnberg 1820) zur Empfehlung braucht, sind philosophisch schwach und werden wenigstens dem protestantischen Deutschland nicht zusagen. Wie Krummacher und Lipowsky sieht er nur Sittlichkeit in der Kirche (s. des Ersteren Volksschule im Bunde mit der Kirche und des Letzteren Geschichte der Schulen in Bayern, 1825).

[35] (S. 12). Wissen, cognoscere oder con-noscere, bezeichnet der Etymologie nach Etwas Zusammenhängendes in der Entstehung; ebenfalls das französische con-naissance.

[36] (S. 12). Nach Schleiermacher ist Weisheit das ideale Prinzip alles Sittlichen in jedem Einzelnen. Das Wissen classifizirt er als metaphysisches, mathematisches, speculatives und intuitives (aus der Welt-Anschauung hergenommenes) in eben so viele Gebiete.

[37] (S. 12). Demokrit, der Atomiker, sagte schon, einen Grund für das Ewige suchen, sei so viel, wie über das Unendliche hinaus gehen wollen.

Der Glaube kann zur überzeugenden Anschauung in der Vorstellung führen, die Vorstellung wird sich aber immer in den Schranken der Realität halten müssen, weil sie sich nur auf diesem Felde entwickeln kann.

[38] (S. 13). Plato zählte Thales, Pittacus, Bias, Solon, Kleobulus, Myson und Chilon zu den sieben Weisen. Sie hatten von ihren Denksprüchen (Gnomen), als einer von den Gesängen abweichenden Form der Lehre, ihre Benennung erhalten.

[39] (S. 13). Aristoteles sagt von der pythagoräischen Schule, „daß ihr die Mathematik zur Philosophie geworden sei," weil sie nämlich alle Abstraction darin aufnahm, das Prinzip alles Seienden daraus ableitete, die Elemente der Zahlen auch als Elemente der Dinge ansah, und die obersten Gegensätze in ihnen erkannte.

[40] (S. 13). In der von den jonischen Physiologen behaupteten Veränderlichkeit der Dinge, welcher der dualistische Gegensatz von Geist und Stoff, von einem guten und einem bösen Prinzip folgte, konnten sittliche Vorstellungen keinen Boden gewinnen; eben so wenig in der mit dem ewigen Sein verbundenen Einheit der Eleatiker oder in den blos räumlich und mit der Leere verschieden gedachten geistigen und körperlichen Atomen der Atomiker. Erst mit dem vernünftigen, bewußten, schaffenden Weltgeiste und der Unsterblichkeit der Seele, die Sokrates in ein mit der Wissenschaft verträgliches Licht stellte, konnten sittliche Bestimmungen die Grundlage einer Moral und Erziehung werden. — Die Eleatiker (so genannt von Xenophanes Schule in Elea) legten, insbesondere Zeno in seinen Dialogen, den Grund zur Dialektik, die also ursprünglich: Wissenschaft vom Objecte des unbedingten Wissens und seiner Form, ist; bei den Sophisten war sie die in Disputirkunst verwandelte Logik. — Schleiermacher, der neueste Meister in der wahren Dialektik, nennt sie das Organ der Philosophie, ein fortgesetztes Vergleichen einzelner Acte des Erkennens durch die Rede, bis ein identisches Wissen herauskommt. „Das Wesen der Vernunft schlechthin, sagt er, ist das rein Dialektische, es wird zum Ethischen, sofern es in dem Bewußtsein zur Erscheinung gelangt."

[41] (S. 13). So wie die Didaskalien die Lehrhäuser für die infantia vom 7ten Lebensjahre an, die vorzugsweise Sprach-Unterricht erhielt, abgaben, so waren die Gymnasien ursprünglich die Uebungsplätze und Exercierhäuser für die pueritia und angehenden Jünglinge bis etwa zum 18ten Lebensjahr. Die Akademie wurde gewöhnlich erst vom 20sten ab besucht. Die Druiden sollen im südlichen Deutschland zur Bildung ihrer Standesgenossen und der Vornehmen die Schulen unter der Eiche gehabt haben.

[42] (S. 14). Dieses Erkranken der Rede zeigt sich gerade in unserer Zeit, so wie in allen moralischen Umwälzungs-Perioden, wie z. B. in der Reformation, der englischen Revolution 2c., verjüngt für die Schrift, weit verbreiteter und darum politisch gefährlicher, sobald ihr wieder Schrift und nicht Wort und That entgegen tritt. Ohne diese werden weder Jeremiaden noch Tiraden pro und contra Presse und Preßfreiheit wesentlichen Erfolg

haben. Schwerlich aber dürfte das Unheil schaaler, feiler und verwirrender Scribelei 800 Jahre lang, wie das der Sophistik, auf der gebildeten Welt lasten. Die alte Tradition vom babylonischen Thurmbau mag eine ähnliche Krankheit bezeichnen.

[43] (S. 14). Alexandrien war noch im 6ten Jahrhundert während Alarich's Einfall in Griechenland ein Sitz der Wissenschaft.

[44] (S. 14). Noch im 11ten Jahrhundert gab es zu Lunel eine berühmte Juden-Akademie. Karl der Große und Alfred von England hatten ihre Hofakademie'n zur Bildung ihrer ersten Beamten. Xenophon gedenkt übrigens schon einer persischen Hofschule, in der Cyrus erzogen wurde.

[45] (S. 15). Die bis ins sechszehnte Jahrhundert hinein dauernde Restauration in Italien war selbstthätiger und der Kunst zugewandter als in Deutschland, wo sie sich gründlicher und mehr der Lehre gewidmet zeigte. Dort finden wir einen Cosmo Medici, einen Leo X, Ariost, Petrarca, Machiavelli, hier einen Thomas a Kempis, Reuchlin (den ersten Autor einer hebräischen Sprachlehre), Erasmus rc.

[46] (S. 15). Wer noch nicht weiß, daß Geist und Form in steter Herausforderung gegen einander begriffen sind und damit den jedesmaligen Zeitgeist bestimmen, der wieder neue Formen schafft und alte zerbricht, der kann hier ein notorisches Beispiel dazu finden. Er kann daraus den Schluß ziehen, daß bei geweckter Verstandes-Aufmerksamkeit und logischer Consequenz im Volke, die Religion der Liebe von einer allein seligmachenden Kirche nicht mehr lange gepredigt werden kann und daß der Katholizismus, ohne gerade zum Evangelismus, der auch nicht ohne Menschen-Satzung ist, überzugehen, diese Firma trotz allem Raisonnement über Einheit, geheiligtes Herkommen und was für Theorie'n immer, aufzugeben haben wird, oder einem harten Stoße entgegensehen muß. Er wird auch sehen, daß die zur Mode gewordene Phrase: „Rom kann nicht zurück," geschichtlich keinen wahren Grund hat und es thöricht ist, zu glauben, der Weltgeist werde davor gebührenden Respect haben. „Der Verstand der Menschheit kann bei einem verständigen Unterricht nicht zurück," läßt sich eher hören und so mochte wohl Luther denken.

[47] (S. 15). Bologna entstand im Jahre 1158 und Paris 1206; letztere Stadt erhielt ihre Schul-Einrichtung von Abälard (geb. 1079); Padua wurde 1221 gestiftet und Rom 1248; in England wurden Oxford und Cambridge um das Jahr 1300, in Deutschland Prag 1348, Cöln 1388 und Marburg als erste evangelische Universität im Jahre 1527 gestiftet.

[48] (S. 15). Allerdings gehörte auch Zeit zu solcher geistigen Gährung. Quintilian bezeichnet die Cadence im Unterricht mit einem Gleichniß. „Schütte Wasser schnell in ein Gefäß mit engem Halse, so wird wenig eindringen; schütte es langsam und wenig auf einmal, so wird das Gefäß sich füllen," sagt er sehr treffend, und große Staaten liefern den Beweis, daß es auch passend auf Volks-Cultur anzuwenden ist. Deutschland kann sich unbe-

schadet aller inneren und äußeren Reibungen rühmen, seine Cultur im richtigen Schritte erlangt zu haben, während Frankreich vielleicht zu sehr geeilt, England vielleicht zu sehr gezaudert, Rußland mit seinem Herrscher-Willen die Vorbereitungszeit übersprungen hat rc.

[49] (S. 15). In der rheinischen Gesellschaft, die Dalberg 1501 auf Meissel's (Celti's) Anregung leitete, zeigt sich die erste Spur einer deutschen Akademie, die Schleiermacher als die sittliche Gemeinschaft der Gelehrten im Gegensatze zum Publikum definirt.

[50] (S. 15). Die mehr nach der Lebensthätigkeit als nach dem Wissen gerichtete Facultäts-Theilung verwandelte die italienischen und französischen Universitäten später mehr in Facultätsschulen und zersplitterte den Unterricht; die erste Trennung der Art geschah schon in Paris durch das Collegium der Sorbonne (1252 von Robert Sorbon eingesetzt), das sich der Geistlichkeit zuwendend, im 14ten Jahrhundert den Scholastikern als theologische Facultät entgegen arbeitete. Von der Sorbonne sagen einige Nachrichten, daß sie ursprünglich außerhalb der Universität und der theologischen Facultät nur als ein Collegium für arme Lehrer und Studirende der Astrologie 1253 errichtet worden sei.

Der 1524 von Gaetano und Caraffa errichtete Theatiner-Orden war ein Priester-Seminar. Uebrigens ist die für den Gallicanismus lehrende Sorbonne seit der Restauration für den geistlichen Stand neutralisirt.

[51] (S. 15). Die alte Encyclopädie nahm für die allgemeine Geistes-Entwickelung im Dreigange (trivium) als Sprachlehre, Redekunst und Denklehre, und für die gegenständlichen Kenntnisse im Viergange (quadrivium) als Rechenkunst, Feldmeßkunst, Himmelskunde und Gesangskunst ihre Stelle wieder ein.

[52] (S. 16). Die ersten Universitäten, wie Paris und Prag, sollen 30 bis 40,000 Studenten gezählt haben, was ganze Colonie'n abgab, die nicht im Bürger-Verbande waren und darum eigene Jurisdiction und Freiheit, Polizei, Gliederungen rc. verlangten, woraus sich die akademischen Freiheiten und mancherlei Uebelstände und Vorurtheile späterer Zeit bildeten.

[53] (S. 16). Sie erhielt erst diesen Namen aus der Einführung einiger alten Schriften zur Erklärung in den verschiedenen Schulklassen. Erasmus (geb. 1467) trug hierzu und damit zur formalen Bildung Vieles bei.

[54] (S. 16). Vico (geb. 1670) meint in seinen: Grundzügen einer neuen Wissenschaft, daß dies zu zeitig und in zu ausgedehntem Maaße geschehen sei. Was würde er erst zu unserem Gymnasial-Unterricht sagen? — Das kritische Wissen steht dem technischen gegenüber; ersteres, das untersuchende, ist die philosophische Beziehung des Beschaulichen und Erfahrungsmäßigen, auf einander; letzteres, das regelgebende, ist dessen praktische Beziehung und liegt außer der Wissenschaft auf der Seite der Kunst. Zu ersterem gehört die Skepsis, die Schleiermacher eine bewußte Unkenntniß nennt.

[55] (S. 16). Schon Roger Baco, der Mönch (geb. 1207) war der

Betrachtung der Natur gefolgt, wie später Franz Baco von Verulam (geb. 1560), Kanzler von England. Er theilte das Wissen nach den drei bemerkbaren Haupt-Vermögen der menschlichen Seele, nämlich nach der: Erkenntniß, der Phantasie und der Vernunft, ein. Zu ersterem gehörten ihm die historischen, zum zweiten: die poetischen, und zum dritten: die philosophischen Wissenschaften, die wieder nach den Menschen und der Welt geschieden werden sollten. Die Franzosen theilen noch heute nach: sciences morales, exactes und de fait.

[56] (S. 16). Die so gerühmte und, was die Folge betrifft, auch zu rühmende mathematische Systematik hat für einen nach Vollständigkeit fragenden Verstand manche Vacuen und zeigt sich oft nur in ausgearbeiteten Spitzen, die gerade Zufall oder Bedürfniß hervorriefen, ohne Angabe gleichmäßiger Abrundung. Wie verschiedene Folge aber von zwei Denkern einem Gegenstande zu geben ist, das lernt man aus der Vergleichung der Leibnitz'schen und Newton'schen Infinitesimal-Lehre. — Die meiste Verschiedenheit unserer philosophischen Systeme geht aus dem formalen Anfang der Wissenschaft hervor, für welchen einmal das Prinzip alles Seins und Werdens (Idealismus), einmal die wahrnehmbare physische Welt (Realismus), einmal die wahrnehmbare Vernunft (Kriticismus) angesehen wurden. Danach mußten sich natürlich auch die Gesichtspunkte und mit ihnen die Betrachtung ändern, wenngleich sie, der Wahrheit zu Ehren, so ziemlich die nämlichen Resultate herbeiführten. — In gegenwärtiger Zeit der Gährung in den Gemüthern scheint danach das Hervorbringen des Zusammenhanges in den dem Lehrling durch die Lehre beizubringenden Begriffen die wahre Aufgabe der Bildung zu sein. Man muß dabei aber nicht vergessen, daß Gründe ihre Stärke zum großen Theil der Beschaffenheit Derjenigen verdanken, an welche sie gerichtet werden. Was für den Einen ein Beweis ist, ist es noch nicht für den Anderen. Derjenige Beweis, welcher zu einer Zeit triumphirt, wird in der nächsten häufig nicht der Beachtung für werth gehalten. Der Menschen Urtheile über praktische Dinge sind nicht kalte, logische Prozesse, welche für sich in der Seele dastehen, sondern sie befinden sich in Verbindung mit den vorwaltenden Gefühlen und der Denkweise der Menschen. Mit einem Wort: Das, und das allein, ist wahr für einen Menschen, was mit dem allgemeinen Ton in seiner Seele, mit der Masse seiner Eindrücke, mit den Ergebnissen seiner Erfahrung, mit dem Maaße seiner geistigen Entwickelung, und insbesondere mit der tiefen Ueberzeugung und Neigung übereinstimmt, welche das ausmachen, was wir Charakter und Gesinnung nennen.

[57] (S. 16). Die universitates scientiarum waren ursprünglich nur universitates doctorum et scholarium, d. h. Innungen, die nicht nach Facultäten sondern nach Nationen gegliedert waren, ihre magistri selbst ernannten und die Professoren der zur Amtsbildung angeschlossenen Facultäten nur als Beisitzer in ihrem Rathe mit aufnahmen. Die damaligen Disputationen waren freie, das ganze Universitätspublikum mächtig interessirende Kämpfe

zur Erlangung akademischer Würden. Die vier Nationen der Pariser Universität waren: die französische, die picardische, die normännische und die englische oder deutsche. Die Prager Universität folgte diesem Muster und die Leipziger war ein Ableger der Prager.

[58] (S. 17). Die humaniora und die realia sind schon alte Zankäpfel im ganzen Unterrichtswesen und werden es bleiben, so lange man Zeit- und Parteigeist verwechselt und sich nicht von der unausweichbaren Herrschaft des ersteren über den Unterricht überzeugt hält. Ohne diesen Gedanken ist keine Vermittelung möglich und dem steten Hin- und Herschwanken werden verunglückte Versuche nicht fehlen; „c'est le propre du génie de s'identifier avec la substance des questions." — Ursprünglich war die Benennung: humaniora als ein Gegensatz der divina von den Scholastikern für die alte Literatur gebraucht worden, während sich diese auf die Bibel bezogen. „Die Fortbildung derer, welche einen Trieb der Gelehrten-Function zeigen," meint Schleiermacher, „kann nur geschehen durch Vorhaltung der Idee des Wissens. Dazu dient die Universität," und nachdem er sich über das System der Schulen ausgesprochen, fährt er fort: „Das gebildete Publikum steht zwischen dem Volke und den Meistern des Wissens." — Als Friedrich von Sachsen 1502 die Universität Wittenberg stiftete, schrieb er: „Dahin werde ich mich nöthigenfalls wie an ein Orakel wenden, so daß wir, wenn wir voll Zweifels gekommen, nach empfangenem Bescheid, unserer Sache gewiß, uns wieder entfernen."

[59] (S. 17). Der Jesuiten-Orden, den Ignaz von Loyola 1535 stiftete und welchen die Bulle unigenitus, von Paul II. 1540 und 1543 unbedingt bestätigt, hatte vor dem Ordens-General Claud. Aquaviva wenig für die Erziehung gethan. Durch zeitgemäßere Einrichtung entzog dieser Kinder von Stand und Anlagen den übrigen Orden. Alte Sprachen, Mathematik, Geschichte und Naturkunde wurden ernstlich betrieben, auch in den oberen Klassen Logik, Rhetorik und Metaphysik. Die Namen der sieben Klassen: infima, syntax, poëtica, rhetorica, philosophica, logica, physica geben den Ton des Unterrichts an, der noch in unseren Gymnasien wiederhallt. Die Casuistik, welche das weltliche aus dem Zeitgeiste selbst erwachsene Bestreben der Jesuiten begleitete und die Grundsätze, auf denen es ruhte, zwar nicht von der wissenschaftlichen, wohl aber von der moralischen Seite angriff, hätte auch ohne die Auflösungsbulle von Clemens XIV. (Lorenzo Ganganelli): dominus ac redemptor, 1773, ihre Erziehung zum Fall gebracht, gegen die schon Molina, 1588, und Jansenius (Cornelius Janson, Bischoff von Ypern, gest. 1638) unmittelbar aber vergeblich gekämpft hatten. Den neuesten Erziehungs-Versuchen der Jesuiten in Rußland, Oestreich, Frankreich, fehlte das Medium der alten Wirksamkeit; sie konnten auch wohl einzelne Fanatiker hervorbringen, wie jede vom Parteigeist gemißbrauchte Erziehung, und wie selbst unsere Universitäten. Das lag aber im Material der Erziehung überhaupt, nicht im Wesen der jesuitischen allein. (Sehr lehrreich hierüber ist Ranke's vortreffliches Buch: die römischen Päbste).

** (S. 17). Wie sich auf unseren Universitäten bei zunehmender Verfeinerung der Kenntnisse die Lehr-Gegenstände gemehrt und die alten Disciplinen zersplittert haben, geben die Lections-Kataloge zu erkennen und die grundsätzlich angeordneten Vorträge selbst reichen schon hin, mehr Mäßigung und mehr Zusammenhalten des Wissens zu wünschen, wodurch allein auch die Schul-Vorbereitung in ihre Grenzen zurückweichen könnte. — Das in Belgien 1835 emanirte Gesetz für die Staats-Universitäten daselbst, setzt folgende Lehr-Gegenstände an:

1) Philosophie und Literatur.

Orientalische, griechische, lateinische, flämische Literatur; römische Alterthümer, Archäologie, alte Geschichte, Geschichte des Mittelalters und des Landes, Geschichte der neuen Literatur;

Philosophie (Logik, Anthropologie, Metaphysik, Aesthetik, Moral-Philosophie);

Geschichte der Philosophie;

2) Mathematische, physikalische und Natur-Wissenschaften.

Höhere Mathematik, analytische Theorie der Probalitäten;

Astronomie, Physik, Chemie;

Analytische Mechanik, Mechanik der Himmelskörper, angewandte Physik, Chemie und Mechanik;

Mineralogie, Geologie, Zoologie, vergleichende Anatomie und Physiologie;

Botanik und Physiologie der Pflanzen, Anatomie der Pflanzen, naturwissenschaftliche Geographie.

3) Jurisprudenz.

Encyclopädie, Geschichte und Pilosophie des Rechts;

Institutionen und Pandekten, einheimisches und auswärtiges öffentliches Recht, administratives Recht, neues Civil-Recht;

Geschichte des belgischen Herkommen-Rechts;

Criminal-Recht, Militair-Recht, Civil-Procedur, Organisation und Attribution der Gerichte, Handels-Recht u. s. w.

Viele Prädicate dieser Lehr-Gegenstände und die Bedeutung, so sich überhaupt an ihre Angabe knüpfen läßt, erlauben die Wahrnehmung eines gegliederten aber zusammenhängenden Wissens, das für einander arbeitet (Systematik) nicht; sie lassen viele Wiederholungen voraussetzen, weil Form und Inhalt gleichzeitig theilen und Eintheilungsgründe nur von einer Willkür abhängen, die aus modisch gewordenen Gesichtspunkten schielend über Altes und Neues zugleich wegsieht. Soll ich mich eines Bildes bedienen, so gemahnt mich die Masse unseres Wissens wie eine durch inneren Trieb zum Klotz angewachsene, ehemals verständliche Gestalt, die man durch Ciselirung neuerdings wieder in übersichtliche Form bringen möchte. An gutem Rath fehlt es dabei nicht, aber es giebt nur wenig geniale Arbeiter am Werke. Während der Eine (Liebdiener) an wirklichen Auswüchsen herumpolirt, setzt der Andere (Pfuscher) sein Eisen so ungeschickt an, daß es müßig abgleitet; ein Dritter (Ideologe) haut aber unbarmherzig mit der Axt ein Loch, daß die Umstehenden, die meistens sprechen und nichts thun, Zeter schreien. — Der zu Essen im Jahre 1836 gedruckte dritte Beitrag zur Lösung der Aufgabe dieser Zeit oder: Ueber das Verderben auf den deutschen Universitäten von Diesterweg, machte in dieser Beziehung verdientes Aufsehen und ist ein wohlgemeintes wahres Wort zu seiner Zeit. Nicht weniger kräftig und mit noch mehr positivem Gehalt, sprach Jakob Wagner in seinem System des Unterrichts, Arau 1821, dasselbe aus. Leo in Halle eröffnete 1836 eine verständige Polemik gegen Diesterweg.

[61] (S. 18). In den sogenannten kleinen Seminarien, die noch kürzlich von den französischen und belgischen Bischöfen in Anspruch genommen waren, zeigten sich wenigstens in der Form dergleichen Entsagungen in unserer Zeit, ja, was noch mehr ist, unter dem Titel des freien Unterrichts.

[62] (S. 18). Da, wo die Reformation durchgriff, wie z. B. in Würtemberg und Sachsen, ging die Verwandlung mit vollem Bewußtsein vor sich; so entstanden in dem letztgenannten Lande die Fürstenschulen Meissen, Grimma und Pforta aus früheren Dom- und Klosterschulen und bewährten den richtigen Takt der Verwandlung nicht allein durch die Namen ausgezeichneter Schüler, sondern durch Verbreitung eines mit der Sittlichkeit wohl verträglichen Wissens im ganzen Lande. Einen geistlichen Anstrich behielten auch diese Schulen noch längere Zeit; die ältere Messe vor Anfang der Lehrstunden wurde durch Gesang und Gebet ersetzt und dergl. Nach der bayerischen Schulordnung von 1682, unter der Schulherrschaft der Jesuiten, mußten die Kinder bei jedem Seigerschlag den Engelsgruß laut beten.

[63] (S. 18). Die Knaben und Mädchen der niederen Volksklassen wollte Luther täglich nur 1 bis 2 Stunden in der Schule wissen, die übrige Zeit sollten sie bei der Arbeit und im Hauswesen beschäftigt werden.

[64] (S. 18). Cousin sagt in seinem Rapport an den Minister Montalivet, 1831: „Un vrai collège (Gymnasium, welches jedoch in Frankreich, wo die Schüler den Grad des Baccalaureus oder bachelier erhalten, gerade den niederen allgemeinen Theil unserer Universitätsstudien mit umfassen soll) doit commencer où finit l'instruction primaire du plus haut dégre; il doit même supposer un commencement d'études latines et doit finir où commence l'université.“ Das prytanée française war in der ersten Zeit Napoleon's das einzige Staats-Gymnasium für einige hundert unbemittelte Schüler; außerdem befand sich Alles in den Pensionaten, die unter dem Einfluß der Universitäten standen und wie in England die boarding-schools noch eine große Rolle in der Volksbildung spielen.

[65] (S. 18). Die Macht für die Einheit ist seitdem gewonnen, indem Alles in den Staaten centralisirt wird; dagegen fehlt noch die Einsicht, welche da sachgemäß gliedert und die Grenzen festhält, ohne das freie Walten der Arbeit innerhalb dieser Grenzen zu hemmen. Man begreift noch nicht, was für Zeit, Kraft und guter Wille in den doubles emplois und faux frais verschwendet, was durch das verschiedenartige Benehmen des Einzelnen, auch

nach der besten Einsicht, für Verwirrung angerichtet wird. „Braucht man, womit man spielt?" fragt Herder. „Und wenn man, fährt er fort, des Getreides soviel hat, daß man den Acker nicht besäet, bepflanzt, sondern auf Kornböden überschüttet — dürrer, trockener Kornboden — kann es wurzeln und aufgehen? Kommt ein Korn nur in die Erde?"

Das, was Canning von der einstmals getadelten englischen Regierungsmaschine sagte: she works well, läßt sich von unseren Erziehungs-Maschinen nicht sagen. In einer im Jahre 1836 in Coblenz erschienenen Schrift von Seul wird man gewaltsam auf den Mangel an durchdachter Artikulation in unserem Gymnasialwesen hingewiesen.

[66] (S. 19). Wagner meint: „Das Gebiet der Begriffe ist hier aufgeschlossen und der Idee näher getreten." — Das Wahrzunehmende in uns (Production), die Vorstellung der Vorstellungen sind eben die Begriffe, die Idee aber ist die aus den Begriffen reproducirte geistige Gestaltung (Composition), die als Folgerung Gegenstand des allgemeinen Universitäts-Unterrichts bleiben sollte.

[67] (S. 19). Die Methode, die auf den Gymnasien ihre Anwendung finden kann, muß der formalen Geistesbildung zusagen und also rein historisch oder, um sie mit einem Worte zu bezeichnen, eine genetische sein. Das Object muß, ohne dessen Ursprung als nothwendig aufzuweisen, als Gegebenes aufgenommen und auf eine verständige Weise mit dem Denken vermittelt werden. Der Lehrer darf durchaus nicht mit seinen Ansichten hervortreten, sondern muß sich das Object im Laufe der Zeit selbst kritisiren lassen. Wenn dem Lehrer dabei das Hülfsmittel, durch die Aehnlichkeit zu wirken, ausgeht und der Parallelismus nicht mehr anzuwenden ist, so wird er sich, wenn er sonst nur Gewandtheit besitzt, immer noch der scharf ausgeprägten Contraste zur Verdeutlichung bedienen können, welche den jugendlichen Geist oft mächtiger als Analogie'n treffen. — Die Anticipation in den Resultaten des Raisonnements giebt nur allzuhäufig Abirrungen, Uebersättigung und geistige Gleichgültigkeit gegen längst gewohnte Formeln und Regeln kund. Am Ende der Collegienjahre erblickt der Schüler einen Engpaß, der ihm Erlösung von der Schulbank und Eintritt in die Lebensbahn wie in ein gelobtes Land verspricht, — die Prüfung. Es giebt keinen anderen Pfad, dazu zu kommen; Umgehung ist undenkbar, der Schüler muß studiren, wenn ihn nicht der allgemeine Trieb der Nützlichkeit dazu antreibt, was Ausnahme bleibt.

[68] (S. 19). Von dieser Kraft-Uebung trägt das Gymnasium seinen, von den spartanischen Uebungsplätzen entlehnten Namen. Ohne viel zu fragen, kann man schon aus dem Verfall der unteren Classen in vielen unserer Gymnasien, der von den Eltern der Schüler richtiger als von den Regierungen bemerkt wird, schließen, daß sie zu den hors d'oeuvres gehören und nur unter besonders günstigen Umständen den Privat-Unterricht bis zu den höheren Classen ersetzen.

[69] (S. 19). Wir fassen hier, wie von der alten Physik, auch von der

Philologie die weiteste Bedeutung auf, nach der ihr außer Grammatik auch Geschichte und Kritik angehört.

[70] (S. 19). Wagner sagt: „Für den Sprechenden ist die Sprache nach ihrem ersten Begriff nicht Vehikel der Mittheilung, sondern Mittel, seine eigenen Vorstellungen sich objectiv, d. h. zu Gedanken zu machen und das, was man Mittheilung der Gedanken durch Sprache nennt, trägt gleich der magnetischen und electrischen Mittheilung, diesen Namen nur zufolge eines falschen Begriffs; alle Mittheilung, die nicht mechanische Zerstückelung voraus setzt, ist Erregung." – Desgl.: „Die Schriftsprache ist mehr intellectuell, die Tonsprache mehr individuell; jene gehorcht mehr der Freiheit, diese mehr der unwillkührlichen Empfindung." — Schleiermacher: „Das höhere Erkennen entwickelt sich allmählig aus der gemeinen Vorstellung und so sind Philosophie und Philologie, innig mit einander verbunden. In der Sprache liegt die Denk-Gemeinschaft des Volks zum Austausch aller sittlich niedergelegten Vorstellungen."

[71] (S. 19). Das Quadrivium der griechischen Encyclopädie folgte als Inbegriff der mathematischen Disciplinen dem Trivium. Baco von Verulam (geb. 1560, gest. 1626) brachte zuerst die später sogenannte angewandte Mathematik in den Unterricht; er nannte sie mixta, deren Subject die axiomata und die portiones physicae wären, und welchen er mit der Zeit eine noch unbekannte Ausdehnung im Voraus ankündigte.

[72] (S. 20). Die englischen, vorzugsweise zur Erziehung der Gentleman (Gentry) eingerichteten Gymnasien halten sich stricte an die alten Sprachen. Anders verfährt man in den besonderen Gymnasien für Kaufleute und Gewerbtreibende, von denen hier überhaupt so wenig als von der Vorbereitung zum Gymnasium die Rede ist. Lebendige Sprachen, Geschmacks- und Körperbildung (Gymnastik) gehören ebenfalls nicht in die Betrachtung des Wissens, das hier allein als Vernunft-Angelegenheit vorliegt, welcher sich Gedächtniß, Phantasie und allerlei Fähigkeiten mit ihren Productionen dienend unterordnen. – Ueber die französischen Gymnasien (écoles secondaires) findet man bei Gelegenheit des Streites zwischen Clerus und Universität viel Aufklärung in den Aprilblättern von 1841 der Augsburger Allgemeinen Zeitung.

[73] (S. 20). Ursprünglich hießen μαθήματα nur die erhabenen, θεωρήματα dagegen die göttlichen Dinge und Philolaus sieht schon in dem durch die Mathematik geübten Verstande (λόγος) nur das Werkzeug, mit welchem wir Wahrheit erkennen. Auch Pascal schreibt an einen seiner mathematischen Freunde: „J'appelle la géometrie le plus beau métier du monde; mais enfin ce n'est qu'un métier et j'ai dit souvent qu'elle est bonne pour faire l'essai, mais non pas l'emploi de notre force."

[74] (S. 20). Der mathematische Unterricht auf dem Gymnasium zu Coblenz war 1835 folgendermaßen eingetheilt:

In einer VIIten oder Vorbereitungsklasse: Rechnen bis zu den Brüchen;
" der VIten Schulklasse: Rechnen mit benannten Zahlen und Brüchen in Größen;
" " Vten Schulklasse bis zur directen und reciproquen Regel de tri, zusammengesetzten und Zins-Rechnung;
" " IVten Schulklasse machte man Gebrauch von einem systematischen Lehrbuch der Mathematik (Grunnert) nach einer auf Vollständigkeit Anspruch machenden Anordnung mit breiter Beweisart, die für eine ganze Klasse hier unverständlich bleiben muß, also den weiter fortgetriebenen höheren Klassen-Unterricht aus Mangel der aufgefaßten Grundlage mehr zurückhält als fördert. Man ging darin in der Arithmetik bis auf die Factoren-Zerlegung und die Decimal-Brüche, in der Geometrie durch die ebenen Figuren bis auf die Lehre von den Parallelen.
" " IIIten Schulklasse (Arithm.) bis auf die Grundlehren der Buchstaben-Rechnung, (Geometrie) bis in die Lehre vom Kreise.
" " IIten (unteren) Classe (Arithm.) bis zu den Gleichungen Isten Grades mit einer unbekannten Größe, (Geometrie) bis zum Schluß der Planimetrie.
" " IIten (oberen) Classe (Arithm.) bis zu den Gleichungen des 2ten Grades und logarithmischen Progressions-Auflösung, (Geometrie) bis zur vollendeten Stereometrie und Projectionslehre.
" " Isten Classe (Arithm.) höhere Gleichungen und Reihen zur Berechnung der Logarithmen und trigonometrischen Functionen, mit deren Gebrauch, (Geometrie) Trigonometrie und Goniometrie geschlossen.

Man darf nicht fragen, was mit dem hiernach sehr überzeitigten mathematischen Material zu gewinnen sei, wenn man weiß, daß der mathematische Kopf seine Kenntnisse nur durch Selbststudium gewinnt; wohl aber sollte man fragen, was mit dieser Anticipation der Geistes-Gymnastik für Zeit, Kraft und Lust verloren geht; Lacroix las über höhere Mathematik in Paris längere Zeit nur vor 8 Zuhörern.

[73] (S. 21). Das: ad majorem dei gloriam der Jesuiten, der so oft an großen Philosophen, besonders Mathematikern, bemerkte Atheismus, der irre geleitete Cosmopolitismus und Patriotismus, der Mysticismus, die Geschäfts-Unfähigkeit so vieler Zeitgenossen, zeugen von verfehlten Erziehungs-Prinzipien. Wir haben schon oben darüber gesprochen und setzen nur hinzu, daß, wenn das Wissen Prinzip im Unterricht wäre, die Anleitung zur Thätigkeit nur für eine Erläuterung des Wissens genommen werden könnte, wie wir das beim Vortrage der sogenannten angewandten Wissenschaften oder mate-

rialen Kenntnisse, soweit sie zur Geistes-Gymnastik nicht weiter erforderlich sind, häufig finden. Ebenso muß das Abhängigkeits-Gefühl menschlicher Dinge vom göttlichen Willen (Religiosität) durch die Thätigkeit selbst gehoben werden, wie z. B. bei Luther, dessen Thätigkeit seinem Glauben nichts nachgab. Es darf nicht in thatlose Ergebung ausarten, die Wunder verlangt, statt leistet. Man hat im Urtheil über Erziehung das den Menschen zum Geistlichen mit dem ihn zum Weltlichen Führenden in einen unpassenden Gegensatz gebracht und damit noch den geschichtlichen Gang menschlicher Bildung überhaupt vermengt, wodurch namenlose Begriffs-Verwirrung hervorgerufen wurde. Selbst Schleiermacher sagt: „Die religiöse Erziehung als solche wird niemals die ganze Erziehung des Menschen sein; sondern alle Ausbildung, welche die Religions-Gesellschaft als solche nicht unmittelbar interessirt, wie z. B. die gymnastische und die höhere wissenschaftliche, wird außer ihrem Bereich liegen."

Mit dem vorherrschenden Gedanken, daß Alles eitel sei, würde die moralische Welt stille stehen.

[76] (S. 21). Strauß sagt: „In der Thätigkeit selbst liegt ächte wahre Religiosität. Thätigkeit erzeugt Gefühl der Kraft-Entwickelung, des geförderten Lebens, des sich vollziehenden Begriffs, mithin Lust; Unthätigkeit oder falsche Thätigkeit, wenn ich nämlich das, was mir als Menschen und als diesem Menschen gemäß ist, nicht thue, oder thue, was mir nicht gemäß ist, erzeugt Lebens-Hemmung und Unlust, und wie mich die letztere an die Tafel des Ueberflusses und zu den Füßen der Freude verfolgt, so bleibt mir die erstere in äußerem Mangel, in Schmerz und Krankheit treu."

Oft genug wird der Begriff der menschlichen Thätigkeit auf den gerade sehr gangbaren der materiellen Interessen reducirt, ein Beweis mehr, daß der erstere, sich über das sinnliche Bedürfniß erhebende, Kopf und Herz umfassende und über das Zeitliche hinausragende, in seinem ganzen Umfange noch wenig gekannt ist und noch vielen Zeitgenossen die Contemplation der Alten oder die Resignation der Gläubigen als höchste menschliche Bestimmung vorschwebt.

[77] (S. 21). Man giebt der englischen und noch mehr der amerikanischen Erziehung Schuld, daß sie im Fertigmachen der Menschen zum Gebrauch in den großen Werkstätten jener riesigen Maschinenreiche bestehe, — aber heißt solch' Fertigmachen überhaupt Erziehen? Gehören wir mit vielen unserer Bildungs-Anstalten nicht etwa auch in die Kategorie dieser Fertigmacher, soweit es das Wissen angeht? Dergleichen Vorwürfe sind darum nichts als Rügen anderweiter Einseitigkeiten.

[78] (S. 22). Gleicher Excentricität diente in unseren Tagen der St. Simonismus, der den noch fehlenden Messias der materiellen Interessen (Industrie) suchte, während er dem der göttlichen Gnade nur eine einseitige Gerechtigkeit widerfahren ließ. — Die Bentham'sche Nützlichkeits-Lehre ist eine andere Einseitigkeit.

[79] (S. 22). Für uns Neuere wird Technik gemeinhin nur in der Bedeutung des Gebrauchs der Natur zum Dienste des Menschen angenommen, und Technologie ist alsdann ein Aggregat der zu solcher Verwendung erforderlichen Kenntnisse, deren jede ihre Lehranstalt haben kann, während die für die meisten als Vorbereitung dienende: polytechnisch genannt wird. Gewerbe-Schulen haben noch beschränktere Aufgaben als die technologischen, wozu man die für Handel, Schifffahrt, Landwirthschaft, den Bergbau, Maschinenbau u. dergl. zählen wird, zu lösen. — Das griechische τεχνάω heißt: künstlich ersinnen, erzeugen, gebären, und hängt mit dem innersten Triebe zur Kunst zusammen, welches Wort im Deutschen aus dem Können abgeleitet ist, wie auch das auf die bloße Auffassung gerichtete Wort: Kunde.

[80] (S. 23). Er meint, daß es den Productionen der Gelehrsamkeit im Flusse der Zeit ergehe, wie schweren und leichten Körpern in anderen Flüssen; das Gold gehe zu Grunde und das Korkholz schwimme fort.

[81] (S. 23). Göthe: „Der heilige Bonifacius (Winfried, geb. 680 zu Kirton in der Provinz Westsex) ist nicht nur mit dem Evangelienbuche, sondern auch mit dem Winkelmaaß in der Hand und von allen Baukünstlern begleitet, zu uns nach Thüringen gekommen." Die mit dem Christenthum in Britannien und im religiösen Sinn besonders in Irland eingetretene Cultur war nicht über Rom, sondern unmittelbar aus dem Orient gekommen; dieselbe wurde besonders durch Patricius (geb. 452), einen für die Wissenschaft begeisterten vielgereisten Mönch, und seine Missionarien über Britannien und Gallien und bis nach Italien verbreitet. Beda (geb. 671, gest. 735) und Alcuin arbeiteten auf diesem Fundament, und nach Deutschland wanderten irische Aebte mit ihren ganzen Klöstern, wie z. B. Columban (590) in die Voghesen; Bonifacius (722) ordnete die kirchliche Verfassung von Frankreich, gründete die von Deutschland und förderte durch seine Klöster die geistige Bildung des Volks, indem er Zulassung zu geistlichen Leistungen von gewissen Bildungsgraden abhängig machte, also das Gegentheil von dem that, was der alte Katholizismus von heute für rathsam hält. In den Klöstern trieb man auch ökonomische Studien mit Versuchen; Staats-Haushalt und Finanz gab es noch nicht, wenigstens nicht in unserer Complication. — Zu Straubing in Bayern bestand schon 1361 eine Art Gewerbe- und Handelsschule mit einem pingendi et scribendi arte clarus doctor. Die von de la Salle 1724 gestifteten christlichen Schulen der frères des écoles chrétiennes et ignorantins, zur bescheidenen Verweisung aller Gelehrsamkeit so genannt, waren Elementar-Bildungs-Anstalten für die Jugend und die niederen Volksklassen. In den Revolutionsstürmen gingen diese Anstalten unter, während der Restauration wurden sie, namentlich durch ein Decret von 1824 wieder gehoben. Dagegen reducirten sich die bereits 1812 unter Napoleon eingerichteten 996 Lancasterschulen in Frankreich damals auf 254 und verfielen als der Partei der Liberalen angehörig immer mehr.

[82] (S. 24). So wie die gesteigerte Cultur aus der noch älteren, nach

Einfluß oder Gewalt entstandenen Eintheilung in geistlichen, adeligen, Bürger- und Bauernstand die hier berührte Theilung nach der Beschäftigung veranlaßt hatte, so brachte sie auch ohne Zuthun der Gewalten und mit bloßer Erhebung des Volkes zur sittlichen Schaam eine gediegenere Theilung nach den Bildungsgraden zu Wege, als: höhere, mittlere und niedere Classe der Gesellschaft und schaffte alles Widerstrebens ungeachtet dem sich nach oben und unten verbreitenden Mittelstande, zu welchem die Geschäftsleute aus dem Lehrstande und die der Leibeigenen und des ausschließlichen Besitzes beraubten Adeligen aus dem aufgehobenen Lehns-Wehrstande übergehen mußten, eine legale und einflußreiche Existenz in dem Staatsverbande. Einem Jeden, welcher den Zusammenhang der Dinge in der Welt einigermaßen zu übersehen gewohnt ist, wird darum bald die Unmöglichkeit einer Restauration der vorhin genannten Stände ohne vorgängigen Verfall europäischer Cultur einleuchten, da der Eintheilungsgrund in der Meinung längst seine Kraft verlor, die ihm keine Macht wiedergeben kann, so lange ein Causalnexus gilt. Die Verschiedenheit des Bildungsgrades begründet heutigen Tages allein den Standes-Unterschied.

[83] (S. 24). Daß hierzu die in England 1797 durch Lancaster zuerst nachgeahmten Schulen des Dr. Bell in Madras, wo sogenannte aus den Zöglingen selbst genommene Monitoren ihren Mitschülern die Mechanik des Lernens unter Ober-Aufsicht eines Lehrers bei tausenden von Kindern beibringen, ihrer Natur nach geschickt sein sollten, bleibt mir zweifelhaft, wenngleich Cousin folgendermaßen darüber berichtet: „Quant aux procédés d'enseignement, l'avantage de la réprocité, de l'émulation, de la promptitude attaché à la mutualité est un résultat tellement sorti du cercle des théories, tellement débarrassé des arguments de la mauvaise foi, des obstacles que lui suscitaient l'obscurantisme, et appartient tellement à l'expérience de notre époque qu'il serait indispensable d'imposer cette méthode par l'enseignement naturel à tous les établissements d'instruction primaire où règnent jusqu' à ce moment soit la méthode simultanée pure et simple, soit la méthode agissante par catégories, soit seulement même la méthode individuelle." Ich kann hier nur französische Ansichten und französische Emphase finden; denken soll gelernt werden und denken heißt: Vorstellungen durch Relation bestimmen. — Ueber die Einrichtungen des französischen allgemeinen Unterrichts s. die Allg. Zeitung vom 14. März 1843.

[84] (S. 24). Das Zerlegen und Wiederverbinden der Vorstellungen und ihrer Zeichen durch Wort oder Schrift, dieser Wechsel der Analyse und Synthese, macht das Verfahren im Elementar-Unterricht aus.

[85] (S. 24). Carnot meint in einem diesfallsigen, an Napoleon erstatteten Bericht: Herbauld, der in Frankreich 1747, ferner Paulet, der 1780 darauf hingewiesen hatte, nachher aber Bouchot, Charrier, François de Neufchateau, Gautier ꝛc. — Neuerdings hat man in Holland

durch die Armee-Colonie zu Friedrichsort wieder Gelegenheit zu einer öffentlichen Erziehung erhalten.

[86] (S. 24). Ohne das Edict selbst zu kennen, das 1819 für einen doppelten Volks-Unterricht in Preußen, für Elementar- und Bürgerschulen nämlich emanirt wurde, finde ich in meinen Notaten nur, daß sie die Geistesfähigkeiten, die Vernunft, die Empfindungen und die physische Constitution entwickeln, daß sie über Religion und Moral, über Größen und Zahlen, über Natur und Menschen Belehrung ertheilen sollen, daß dabei von gymnastischen Uebungen, Vocal-Musik, Zeichnen und Schreiben, also so ziemlich von Allem die Rede ist. Brougham verlangte kürzlich für die englischen Elementarschulen Gleiches und ich konnte mich des Gedankens: in omnibus aliquid, in toto nihil, dabei nicht verwehren. Wenigstens werden wir auf solchen Wegen nicht den Knäul unseres Unterrichtswesens entwirren. Die Berliner Realschule scheint zu niedrig, das Real- (ehemalige Cölner-) Gymnasium daselbst zu hoch nach der Gelehrtenschule zu deuten, als daß sie eine volle Artikulation des dem Nährstande ganz angemessenen Unterrichts bezeichnen könnten. Oberlehrer Kalisch an der Berliner Friedrich Wilhelms Realschule hat in dem Jahresbericht von 1840 eine Abhandlung über den einzig möglichen Nutzen des Lateinischen in der Realschule einrücken lassen, worin besonders die pädagogische und professionelle (Professions-) Seite auseinander gehalten wird. Er zeigt geschichtlich, daß das Lateinische ursprünglich nur wie das Hebräische in den gelehrten Schulen, für Einzelne eine Stelle im Unterrichtsplan erhielt, seiner Wirkung im Bildungssache wegen aber nach und nach allgemeiner Bildungs-Gegenstand wurde, was während eines Zeitraums von 90 Jahren successive geschah; seinem Range nach nimmt es jetzt etwa die Stelle ein, wie das Griechische in den gelehrten Schulen, während das Französische an die dort vom Lateinischen eingenommene Stelle kam. — Der Prediger Joh. Julius Hecker (?) an der Jerusalemskirche zu Berlin legte 1747 den Grund zu der dasigen Realschule, indem er meinte, „es müßten zwischen den Facultäts-Vorbereitungen und dem kleinen Elementar-Unterricht noch Anstalten eingeschoben werden, welches ökonomische und mathematische Realschulen wären," damit Leute gebildet würden, die sich nach und nach durch die Feder, durch Handlung, durch Pachten und Wirthschaft auf dem Lande, durch gute Manufacturen und Professionen, wohl fortbringen und dem gemeinen Wesen nützlich machen könnten. — Die Erhaltung der lateinischen Schule, welche noch vor jener Realschule bestand, beantragte Andreas Jakob Becker 1797 bei Friedrich Wilhelm II. gelegentlich des Jubiläums der Realschule zu dem jetzigen Friedrich-Wilhelms-Gymnasium zu erheben.

[87] (S. 25). Der praktische Franzose hat diese Unterschiede durch seine Unterscheidung des artisan, artiste und savant, wobei man nicht vergessen arf, daß sein Begriff von art, dem Stammworte unserer Kunst, dem Können, näher steht, als unsere mehr der schönen Kunst zugewandte Bedeutung, immer festgehalten. Bei ihm zeigt auch das science nicht das Orthodoxe unserer Wissenschaft an, sondern eigentlicher ein theoretisches Wissen,

eine Sachkenntniß; sein savant ist durch unseren „Gelehrten“ nur schielend zu übersetzen. Der Kürze halber wollen wir geistige und körperliche Arbeit in unsere nach Analogie des französischen artisan, artiste und savant gewählten Ausdrücke: Arbeiter, Werkmeister und Kunstverständiger, hier zusammenfassen, z. B. also auch Factoren, Buchhalter ꝛc. unter den Werkmeistern verstehen, während der Fabrikherr oder Banquier den Kunstverständigen abgiebt.

[88] (S. 25). Schon in dem Beschluß der 1570 zu Mecheln abgehaltenen Kirchen-Synode findet sich eine Anordnung für Sonntagsschulen; ein Professor Kefer an der Militair-Akademie zu München weckte sie im Jahre 1793 wieder auf und hatte nach 3 Jahren mehr als 1000 Schüler gefunden. In England sollen sie vorzugsweise die in den 6 Tagen der Woche als Fabrikanten arbeitenden Kinder allgemein unterrichten; da dies aber gratis von Seiten der Lehrer geschehen muß, so sind diese dazu großen Theils nicht vorgebildet. Von den in Neu-York meistens für kleine Kinder eingerichteten Sonntagsschulen erzählte ein Reisender im Jahre 1835, daß es deren 67 dort gebe, die unter Leitung von 965 Lehrern und 1030 Lehrerinnen, meistens Söhnen und Töchtern angesehener Familien, von 26,000 Erwachsenen und Kindern besucht würden.

[89] (S. 25). Eine Anstalt zur höheren Bildung von Staatsmännern und Oekonomen sollte wohl die 1835 bei Greifswald eingerichtete preußische Staats- und Landwirthschafts-Akademie Eldena sein, welche unter dem Director Schulz mit einem Aufwand von 130,000 Thalern hergestellt im Jahre 1839 an 80 Akademiker zählte, bei denen man aber wenig auf Vorbildung sah.

[90] (S. 26). Das Berliner Gewerbe-Institut ist auf eine sehr freigebige Weise mit allen diesen Bedürfnissen ausgerüstet, kann aber bei der verhältnißmäßig geringen Schülerzahl und deren kostbarer Ausstattung eher zu den nächstfolgenden Bildungs-Anstalten und als Musterschule ähnlicher Provinzial-Anstalten gelten. — Die königliche Handelsschule in London, die nur begüterten Jünglingen den Eintritt gestattet, gehört noch mehr dahin; sie rangirt mit den gelehrten Gymnasien. — Die Franzosen besitzen höhere, mit den collèges royaux (Gymnasien) verbundene Industrieschulen.

[91] (S. 26). Im Jahre 1797, wo man sich von den damals in Frankreich zur Mode gewordenen Aërostaten goldene Berge versprach, schlug man sogar eine Luftschifffahrtsschule vor. — Das Programm der Berliner Kunstschule (Akademie) nennt für 1836 als Unterrichtsgegenstände:

1) in den bildenden Künsten:

Zeichnen und Modelliren nach dem Leben, Unterricht in Composition und Gewandung, Lehre von den äußeren Formen des menschlichen Körpers, Landschafts- und Thier-Zeichnen, Zeichnen nach anatomischen Vorbildern und Gips-Abgüssen, Kupfer-, Holz-Formenschrift, Charten-Stechen, Ciseliren, Geschichte der Kunst und über die Gemälde im Museum;

2) im Baufach:

Lehre von den Gebäuden alter und neuer Zeit, Projectionen, Säulen-Ordnungen, Schatten-Construction, Perspective, Optik, Zeichnen der Zierrathen;

3) in der Musik:

Harmonie, Choral- und Figuralstyl, doppelter Contrapunkt, Fuge-, Vokal- und Instrumental-Composition.

Auf dieser Schule befanden sich damals 498 Schüler excl. 227 andere, welche nur im Zeichnen Unterricht erhielten.

[92] (S. 26). Heuristisch, d. h. zum eigenen Finden anregend, soll jede Methode in Mittheilung der formalen eben sowohl als der materialen Kenntnisse sein. Man kann daher das, was neuerdings constructiv oder applicatorisch genannt und hier und da fast wie eine neue Erfindung ausgeschrieen worden ist, nur eine Manier des Lehrers, jeden einzelnen Schüler durch Beispiele zum Verständniß zu bringen, nennen. Daß dies kein guter Lehrer da, wo es anwendbar ist, unterlassen wird, leuchtet ein. Dergleichen Ignoranzen in der Pädagogik zeigen leider, unter welcher Oberleitung manche Bildungs-Anstalten der Staaten gedeihen sollen. — Bei der französischen polytechnischen Schule befindet sich zur Bewirkung des Fortschritts im Unterricht ein conseil de perfectionnement.

[93] (S. 26). Dieser Gesichtspunkt wurde nach Chambray sehr bald und zwar schon im Oktober 1795 wieder aufgegeben, indem man damals einzusehen begann, daß die polytechnische Schule die technischen Fachschulen nicht entbehrlich machen könne, man sich aber ihres Bestandes als einer Vorbereitungsschule für höhere Technik und Lehrerbildung wohl hauptsächlich der dort thätigen Gelehrten wegen annahm, weshalb auch späterhin ein großer Werth auf die Mathematik gelegt wurde. Vom Consulate (1801) an wurden die Bedürfnisse des Unterrichts schon niedriger gestellt und 1804 vom damaligen Kaiser Napoleon eine mehr militairische Organisation eingeführt, die mit dem Casernement der Schule erst 1805 beendigt war. Von da ab ging die Anstalt mehr in ein Cadetten-Institut und zwar vorzugsweise für Artillerie und Genie über, obgleich die bürgerlichen Anstalten noch mit berücksichtigt blieben. Das Offiziersbedürfniß der Artillerie nahm der Schule die Aspiranten dieser Waffe, die sich aus anderen Anstalten rekrutiren sollte, was aber nur mit dem Kriege Bestand hatte, indem sich später die außer dieser Schule beförderten Offiziers-Subjecte noch nachträglich einem Examen zu unterwerfen genöthigt wurden.

[94] (S. 27). Warum läßt man unsere Portepeefähnriche nicht auf gleiche Weise zum Offizier examiniren? Man würde dadurch nicht allein dem Staat, sondern auch noch den Eltern der Eleven bedeutendes Reisegeld ersparen, die Examinatoren würden ihr Geschäft lebendiger treiben, und, da man voraussetzt, daß sie wenigstens erfahrene Pädagogen sind, so würden sie die Ideen der After-Pädagogen in den Provinzial-Lehranstalten berichtigen können, während diese ihnen ihre Zöglinge und die Schulen selbst in einem

zur richtigen Beurtheilung der Fähigsten weit geeigneteren Lichte zeigen könnten, als es jetzt das Papier und einige eingelernte Antworten zu thun vermögen. Leute wie Dinet, Francoeur, Reynaud, die noch 1810 die Provinzial-Collegien mit dem Rufe großer Rechtlichkeit bereisten, würden sich bei uns auch finden lassen. Chambray war mit diesem Modus der Auswahl der Schulkandidaten wegen des vermeinten oberflächlichen Betriebes dieses Geschäfts, was wie er sagt in 1 Stunde abgemacht war, nicht einverstanden (s. dessen Abhandlung: école polytechnique).

[95] (S. 27). Arago erzählt, daß dies in einem Anfall übler Laune über das von den Zöglingen der Schule ausgepfiffene Trauerspiel: Polixène, das der Kaiser begünstigt wissen wollte, geschehen und nicht für einen durchdachten Plan anzusehen sei; auch meint er, daß seitdem nicht weniger ausgezeichnete Männer als vorher daraus in den Staatsdienst eingetreten seien. Den Astronomen Burkardt hörte ich dagegen selbst im Jahre 1810 über den damit bewirkten Rückgang des Instituts klagen.

[96] (S. 27). Belles lettres steht bei den Franzosen den arts entgegen, worunter die Theorie'n der sciences de fait verstanden werden, während lettres mehr die gelehrten Kenntnisse bezeichnet.

[97] (S. 28). Selbst Franzosen machen sich über die foi moutonnière à la parole du maître ihrer Jugend lustig, die übrigens wie jede Jugend in den Umwälzungs-Versuchen leicht zum Vortrab zu machen ist. Die Entstehungs-Periode der polytechnischen Schule schloß sie an spätere Revolutionen durch das Vorbild einiger aus ihr hervorgegangener Celebritäten an und das ancien élève gab noch lächerlicher Weise im Jahre 1830 ein Erkennungswort im Streite gegen bestehende Ordnung, was allenfalls bei Kurzsichtigen die polytechnischen Schulen überhaupt verdächtigt, aber mit ihrem Erziehungswerthe nichts zu thun hat.

[98] (S. 28). Bei Errichtung der Schule zählte man einschließlich der Adjoints:

Für die	beschreibende Geometrie	2	Lehrer,	darunter Monge.
„ „	rationale Mechanik . . .	1	„	, welches Prony.
„ „	Analyse	3	„	, darunter Lagrange.
„ „	Physik	2	„	
„ „	Chemie	6	„	(Fourcroix, Bertholet, Chaptal).
„ „	Civil-Architectur	2	„	
„ „	Fortification	3	„	, darunter Darçon.
„ „	Zeichnen	2	„	
„ „	Gesundheitslehre	1	„	
Ueberdies	zur Polizei der Schule	1	Director und 3 Adjoints.	
Zur	Administration	1	Director.	
Für die	Bibliothek	1	Bibliothekar und Secretair, 2 Conservatoren der Modelle, und 2 Examinatoren d'admission, worunter Laplace.	

Man merkt, daß sich die Akademie dahin geflüchtet hatte.

[99] (S. 29). Versuche derartiger Revision der Kenntnisse gingen mehrere aus der französischen polytechnischen Schule hervor und sie würden unstreitig zu den nützlichen Folgen solcher Anstalten, wo das Bedürfniß mehr als anderwärts gefühlt werden muß, zu rechnen sein. So war Hachette's Traité élémentaire des machines (Paris 1819), von Monge veranlaßt, eine geordnete Sammlung alles dessen, was Empirie und Theorie bis dahin für die Maschinenlehre geleistet hatten und eine zur vollständigen Uebersicht dienende Hindeutung auf die noch leeren Fächer in der Lehre. Carnot sagte darüber 1811 im National-Institute: „Le but que s'est proposé M. Hachette a été de faire connaître par une déscription exacte et par l'analyse de leurs propriétés les principales machines inventées jusqu'à ce jour en se bornant néans-moins à celles qui ont pour objet l'économie des forces." Poisson's Traité de mécanique (Paris 1811) ging dieser Maschinenlehre im Vortrage voran. — Chambray, ein alter Schüler der polytechnischen Schule suchte im Jahre 1836 ihren Werth in mehreren Beziehungen anzugreifen und wurde von Grivet widerlegt (s. das Journal militaire vom May 1837). In den Controversen scheinen Beide eben nicht auf den rechten Wegen zu sein. Grivet giebt in seiner Aide mémoire de l'ingén. milit. I. Th. 1834, den Zusammenhang der polytechnischen und Applicationsschulen an. — Als eine auf Actien begründete technische Lehr-Anstalt besteht seit 1829 in Paris die école centrale des arts et manufactures. Sie ist von Lavallée gestiftet und von diesem auch später allein übernommen worden. Sie ist für 300 bis 360 Eleven mit 38 Professoren eingerichtet, theoretisch-praktischer Art und steht in gutem Ruf; auch hat sich der Director dabei ein ziemliches Vermögen erworben; die Aufnahme erfolgt erst mit dem 16. Lebensjahr. Ein Mehreres darüber s. Allg. Augsb. Zeitung vom 2. August 1852. Das Charakteristische dieser Anstalt liegt in der Ausführung gegebener Projecte und ist mehr auf das Können als auf das Wissen gerichtet. Das Honorar beträgt jährlich 775 Franken.

[100] (S. 29). Ein kürzlich nach Bücher-Verzeichnissen angefertigter Ueberschlag gab Deutschland 50,000 lebende Schriftsteller; schwerlich sind das Alles Gelehrte; die Meisten sind also wohl schreibende, aus einem halben Unterricht hervorgegangene Müßiggänger, welche die Köpfe, die sich ihnen hingeben, auf eine oder die andere Art verwirren.

[101] (S. 30). Mitunter haben die Kunst-Theorie'n ihre Gestalt verändert; so war die Musik oder Harmonik der Alten, die letzte Disciplin im Quadrivium, etwas Anderes als unsere Musik-Theorie. Es war eine Ausarbeitung der Verhältnißlehre mit metaphysischen Analogie'n unter Berücksichtigung der Töne, die wieder nach der mit mehr oder weniger Saiten bezogenen Lyra (Tetrachord, Heptachord, Octachord) normirt wurden. Die Abstractionen, die sie enthielt, sind nachher in die Mathematik und Philosophie unter anderen Gestalten wieder eingezogen. — Die sogenannten schönen Künste gingen zur Zeit der Griechen nicht über die Darstellung der Formen hinaus und

in die ideale Vorstellung derselben hinein; wir haben sie späterhin auch auf die Handlungen (Poesie und Charakter) ausgedehnt und mußten ihnen darum den höheren Begriff des Erschaffenen unterlegen, wodurch uns anderweite Gesetze der Kunst entstanden

[102] (S. 30). Daß die Hochschule in keinem Zweige der Gelehrsamkeit Vollendung schaffen kann, wird jeder Vernünftige zugeben; die auf derselben hingebrachte Periode ist aber, wie Savigny meint, hinreichend, mit den Quellen so vertraut zu werden, um sie selbst lesen, und um neuere Schriftsteller unabhängig und mit eigenem Urtheil studiren zu können und ihnen nicht mehr preisgegeben zu sein.

[103] (S. 31). Weil man heut zu Tage in der Theorie vornehm um die Sache herum und nicht darauf losgeht, erhält so mancher von Dingen, die keineswegs zur eigentlichen Technik zu rechnen, erst, wie beim Erlernen dieser, eine richtige Vorstellung durch Verstöße oder an der Hand des praktizirenden Juristen, Mediziners rc. Vieles von der herrschenden Unklarheit und Ungewißheit kommt auf Rechnung des mangelnden wissenschaftlichen Gesichtspunktes in unseren Theorie'n. Sich selbst überlassen sieht z. B. der Geometer in dem Geodäten, dieser wieder in dem eigentlichen Feldmesser, der Feldmesser wieder in dem Kettenzieher den rechten Arbeiter, der auch wieder eine Theorie besitzt. Theorie und Praxis müssen als wesentlich gleichgeltende Theile der einen Wahrheit dastehen, deren Abweichungen keiner von beiden allein zur Last fallen dürfen. Ein nach dem Thätigkeits-Prinzip entwickelter Unterricht würde den Umfang der jedesmaligen Praxis und der ihr gerade angehörenden Theorie besser zum Bewußtsein bringen und auch hier mancher Begriffs-Verwirrung vorbeugen, wozu der entschiedene Hang nach Idealismus oder Realismus verführt. Schleiermacher erwähnt ähnlichen Zwiespalt in der Aesthetik oder sogenannten Theorie des Schönen und der Kunst, und läßt seinen empirischen Theoretiker zu dem speculativen sagen: „Ich kann nicht hier, du dort nicht wohnen, Gemeinschaft ist uns nicht verliehen."

[104] (S. 31). Da wohl im Ernste, zu dem der Soldat doch am Ende bezahlt wird, mehr darauf ankommt, wie er von seiner Bestimmung denkt, als wie er sein Tempo macht, so sollten in dieser Beziehung die Lehr-Bataillone nicht fehlen; unter gehaltenen Grenzen mit erlernter Methode müßten sie jedem Unterricht in der Armee bald die erforderliche Haltung verschaffen, wenn die Herrn Vorstände der Seminarien wüßten, was sie wollten, und insbesondere das: „Alles schickt sich nicht für Alle" der Pythagoräer unerbittlich festhalten wollten. — Schleiermacher sagt von Friedrich II., daß er den Volksunterricht am liebsten den ausgedienten Kriegern überließ; zu dessen Rechtfertigung fügt er hinzu, daß Friedrich dies gethan, so lange es noch an zweckmäßig gebildeten Elementar-Lehrern gefehlt habe, und daß das durch Tapferkeit erworbene Ansehen kein schlechter Ersatz für andere Vorzüge sei. Dieser politische Pädagog hat überhaupt bei Gelegenheit der wichtigen Frage, worauf der Beruf des Staates zur Erziehung beruhe und

in welchen Grenzen er sich zu halten habe, besonders darauf hingedeutet, daß derselbe die Erzieher erziehen solle (s. dessen liter. Nachlaß, I. Band).

Von Seiten der belgischen Regierung wurde in diesem Sinne im Jahre 1838 zu Mecheln eine Normal-Elementarschule zur Ausbildung der Offiziere und Unteroffiziere, welche in den Regimentsschulen lehren sollten, errichtet.

[105] (S. 32). So heißt es von den Ungarn des 8ten Jahrhunderts, die zwischen dem römischen und griechischen Reich und dem damals kriegslustigen Polen inne lagen: „Quiconque chez eux savait manier le sabre était noble, tout autre était esclave. A la seule apparence d'une invasion ennemie la noblesse courait aux armes. On promenait partout un sabre sanglant et celui qui ne répondait à ce signal était ou privé de ses biens ou condamné à être éventré." Die erst 1690 in das Banat eingewanderten Serbier bilden seitdem mit stehenden Kriegs-Einrichtungen die österreichische Militair-Grenze von Siebenbürgen bis an das adriatische Meer, deren erste Spuren sich in eine Colonisation von 1580 verlieren und jetzt 1,129,258 Seelen begreifen. Eine andere Bewandtniß hat es mit der neuen schon 1731 angeregten, 1766 wieder vorgeschlagenen russischen Kriegs-Colonisation in Bessarabien, wo neuerdings für 64,000 Cavalleristen eigentlich ein Cantonnement eingerichtet wurde, welches dieses rein militairischen Ursprungs ungeachtet den militairischen Volks-Charakter schwerlich so lange behalten dürfte, als jenes Grenzvolk. Der österreichische Capitain Heller (s. Zeitschr. für Kunst des Krieges, 1839, 7tes Heft) sagt, daß diese Colonie seit 1833 den Charakter kaiserlicher Quartiere für Truppen unter militairischer Administration angenommen, daß die Colonisten von allen Militair-Dienstpflichten außer der Einquartierung und Ernährung der Cavallerie befreit seien und nur alljährlich das Doppelte (5 pro Mille) der übrigen Unterthanen an Rekruten zu stellen hätten, die jedoch schon als Cantonisten entrichtet und einexercirt würden.

[106] (S. 33). Unter der Aufmerksamkeit auf Abraham's Saamen und der Stammgemeinschaft, wie sie noch heute bei den Arabern besteht, war nach Möser's Phantasie'n schon die Conscription bei den Juden eingeführt und fälschlich gewahrte die letzte Zeit in der Volksbewaffnung eine absolute Neuerung, wie z. B. Lafayette, wenn er bei der ersten Einrichtung der Nationalgarden vor dem Convente sagte: „Messieurs, je vous apporte une cocarde qui fera la tour du monde et une institution à la fois civique et militaire, qui vaincra toutes les armées et tous les gouvernements arbitraires de la vieille Europe, puisqu'elle les mettra dans l'alternative d'être battus s'ils ne l'imitent pas ou d'être renversés s'ils osent l'imiter." Napoleon, ein besserer Feldherr mit weniger Illusionen, ließ sie zu seiner Zeit wieder eingehen und verschaffte sich Soldaten-Massen mit größerem Verlaß. Im Jahre 1790 hatte sich die Zahl der in der Nationalgarde verzeichneten Männer an drei Millionen belaufen.

[107] (S. 33). Das Glück des Einzelnen und der Vortheil des Staates

liegt nach Kant in der Selbstständigkeit des Bürgers, die darum der bürgerlichen Gesinnung vorleuchten sollte; in der Kriegführung geht aber nach aller erfahrenen Soldaten Urtheil Nichts über den Gehorsam, welcher der Soldaten-Gesinnung darum zu Grunde gelegt werden muß. Ich begreife nicht, wie sich solche entgegenstehende Prinzipien dergestalt in der Abstraction vermitteln lassen, daß der gute Bürger zum guten Soldaten und der gute Soldat gleichzeitig zum guten Bürger gemacht werden könnte.

[108] (S. 33). Als sich noch Alles in kleinen Communitäts-Interessen bewegte und der Städter nur an die Behauptung seiner Rechte und seiner Stadt wie der Ritter an der seiner Burg hing, zeigten sich die Schützen-Compagnie'n in den größeren Ortschaften, die jetzt nur noch den Vergnügungen dienen, als solche Wehr-Anstalten.

[109] (S. 34). Wie außer den veränderten Staats-Einrichtungen auch das veränderte Kriegswesen an der Auflösung arbeitete und den Aufruf des Adels, der 1487 in Worms ein letztes Tournier gefeiert hatte, z. B. des Steiermärkischen von Maximilian I. (1487), ohne Erfolg verhallen machte, gaben die Ritterschaaren Philipp des Langen und Carl's VII., den englischen Hakenschützen bei Crecy und Azincourt gegenüber, die Chevaliers Franz's I. bei Pavia und die norddeutschen Ritter bei Sievertshausen (1553) zu erkennen. Auch Ludwig XIV. mußte der Nothwendigkeit des Zeitgemäßen noch bei einem verfehlten Aufruf seines Adels weichen, nachdem der Heerbann das letztemal 1696 an den Küsten der Bretagne gebraucht worden war. Vor Heinrich II. belief sich der Zeitraum seines Gebrauchs im Lande auf drei Monate, außer Landes aber nur auf 40 Tage. Die asiatischen Lehnsträger des Sultans zogen nach solchen stipulirten Terminen ohne Weiteres vom Kriegsschauplatze ab. Churfürst Friedrich Wilhelm bot 1663 das letzte Mal seine Ritterschaft zum Dienst zu Roß auf und verwandelte, nachdem er bei der Cavallerie sein Werbesystem eingeführt hatte, denselben in eine Abgabe von 40 Thalern pro Pferd. — In der Proposition, welche Kaiser Maximilian 1495 zu Worms von den deutschen Ständen vorgelegt wurde, befand sich ein Antrag auf bessere nachhaltige Kriegs-Ordnung im Reiche, welche mittelst einer persönlichen Auflage (gemeiner Pfennig) erreicht werden sollte, indem man sich überzeugt hielt, daß das verfallene Lehnssystem dazu nicht mehr tauglich sei. Der Adel in Franken und anderen Provinzen appellirte gegen den Antrag und wollte sich den gemeinen Pfennig nicht auflegen lassen.

[110] (S. 34). Die türkische Piade mit ihren Grund-Lehnen (timares), die schon Urchan (1328) bei Errichtung der Janitscharen (jeni-tscheri oder neue Truppe) reformirte, war eine solche Miliz, die ihre Herrscher tyrannisirte bis ihnen in unseren Tagen Mahmud wieder eine neue Truppe folgen ließ. Eine ähnliche Entstehung hatte die schwedische Indelta mit den zu ihrer Erhaltung nöthigen Lehnsgütern (Roten), die Karl XI. (1680) einrichtete. Unter Franz I. (1534) zählte man in Frankreich 7 Miliz-Legionen, die sich zwar später als die vieux régimens der Provinzen (Champagne, Picardie, Navarra ꝛc.) der Armee anschlossen, aber durch andere 12 Regimenter

National-Truppen ersetzt wurden, die noch der Schlacht bei Marseille (1690) rühmlich beiwohnten und 1748 mit vor Maestricht dienten, auch bis 1762 ihre jährlichen Friedens-Uebungen hatten. Machiavelli gedenkt einer toscanischen milice d'ordonnance im 15ten Jahrhundert; auch die Deutschen, die Machiavelli darum rühmte, hatten sie noch bis ins 18te hinein, obgleich auf die sogenannten Ausschuß-Compagnie'n im dreißigjährigen Kriege wenig gegeben ward. Die Päbste verminderten ihre Ordinanzen schon zu Anfang des 16ten Jahrhunderts. — Warnery spricht sich über den Verlaß der preußischen Milizen im siebenjährigen Kriege nach deren erstem Zusammentreffen mit den Russen (1758) eben nicht vortheilhaft aus. Spanien hatte vor dem Napoleon'schen Einfall 100,000 Milizen im Lande, die am ersten Sonntag jeden Monats regelmäßig geübt wurden.

[111] (S. 35). Schon unter dem Burgunder-Herzog Philipp le hardi im 15ten Jahrhundert finden sich Ablösungen von der Lehenspflicht in Gelde. Längst schon hatte man die Wahrheit des Spruchs empfunden: „reges ex nobilitate, duces ex virtute sumunt," die sich im längeren Frieden immer von Neuem verwischt.

[112] (S. 35). Voltaire: „automate ambulant que fait mourir la guerre."

[113] (S. 35). Von den deutschen Ritter-Akademie'n, die größtentheils von den Adelsständen zur Versorgung der jüngeren Söhne, wie noch dermalen in Brandenburg und Liegnitz, unterhalten wurden, scheint die zu Tübingen (1535) die erste gewesen zu sein. Frankreich hatte schon früh Cadettenhäuser; als unter Ludwig's XIV. 4000 Cadetten eine Meuterei ausbrach, lös'te dieser sie auf. Friedrich Wilhelm I. richtete den Thiergarten seines Vaters 1717 in eine Soldatenschule für junge Edelleute ein, die mit den schon bestehenden Schulen der Art zu Magdeburg und Colberg vereinigt ward, und nannte die Anstalt den Cadettenhof. Die unter Anna von Münnich 1732 und später von Catharina 1762 errichteten Petersburger Cadettenhäuser waren bloße Offiziers-Erziehungs-Anstalten. Ueberhaupt haben Erziehungs-Anstalten in ihrer Tendenz wohl selten so oft wie diese gewechselt; bald sah man in ihnen ein bloßes Erziehungsmittel für arme oder elternlose Kinder zu Subalternen, bald sollten sie im Gymnasialton auch bürgerliche Verhältnisse vorbereiten, bald die Standes-Gesinnung alter Ritterschaft wieder beleben (darüber s. Schleiermacher's litt. Nachlaß, III. Abhandl.), bald der guten Gesellschaft zum Umgange mit den Fürsten-Söhnen gewidmet sein und dergl. Im sächsischen Cadettenhause ist mir z. B. ein dreimaliger, mit jedem neuen Commandeur der Anstalt vorgehender Wechsel des Prinzips binnen etwa 10 Jahren erinnerlich. In unserer Zeit neue Cadettenhäuser zu errichten, kann ich nicht für rathsam erklären, denn mehr oder weniger ist hier immer von einer radikalen Standesbildung die Rede, welche dem künftigen Offizier die Handhabe, mit der er den dem Volksgeiste weit mehr als dem Soldatengeiste zugänglichen Volkssoldaten unserer Zeit in kritischen Augenblicken kräftig anfassen soll, nimmt. Ein Theil der Armee im Ganzen, nicht blos der Offiziere, müßte durch das Leben selbst Halt und

Muster des Soldatenstandes bleiben; auch hat die Offiziers-Bildung auf breiterer Basis zu ruhen, als sonst wohl zureichend war. Angemessener erscheinen Soldaten-Knaben-Institute, von denen weiter unten die Rede sein wird.

[114] (S. 36). Eduard von England versetzte 1335 seine mit Juvelen besetzte Krone an den Erzbischof von Trier, und seinen Degen an den Erzbischof von Cöln gegen die ihm von diesen zu seinen Kriegen überlassenen gents d'armes.

[115] (S. 36). Compagnie'n zu 30 bis 50 Mann gab es in Italien schon im Laufe des 13ten Jahrhunderts; auch die Brabanzonen unter Richard Löwenherz (1195), so wie die Ribaud's, später Armagnac's, wuchsen mit der Zeit und Sforza hatte in dem Ligua-Kriege gegen Visconti (1439) wohl an 4000 beisammen. Im 14ten Jahrhundert war es die große Compagnie dards de Venus, welche Johann von Frankreich und den Pabst in Avignon in Schrecken setzte. Zu derselben Zeit waren die schweifenden Banden des heiligen Georg unter Lodritz und Rheinhold von Giver (1339), besonders aber die Werner's von Urslingen (1342), die 4000 Mann incl. 1500 Cavaleristen zählte, gefürchtet. Die letztere führte ein silbernes Schild mit der Inschrift: „Heerführer Werner, Hauptmann der großen Gesellschaft, Feind Gottes, der Frömmigkeit und des Mitleids.“ Eine andere Bande unter dem Johanniter Montreal von Albarao und nachher Conrad's von Landau (1353) wuchs bis zu 20,000 Mann; nicht weniger lästig wurden Italien die von Ghatta Melata und Picino; die der Malatesta und Strozzi wurden noch im 16ten Jahrhundert gebraucht. Keinen viel besseren Ruf behaupteten die sogenannten frommen Ober- und Nieder-Landsknechte der Deutschen (Lansquenets, fälschlich Lancigeri genannt, da sie Spieße und keine Lanzen führten); dieselben wurden 1487 unter Pfirt und Wallerstein, sowie später unter Zollern und Frundsberg auf kaiserlichen Werbeplätzen angenommen und nach beendigten Kriegen entlassen. Während des dreißigjährigen Krieges befolgte auch noch Wallenstein diesen Modus und Montecuculi rieth seinem Herrn, Leopold I., lange nach dem Ende jenes Krieges einen Theil seiner Armee'n, wie die Türken, immer stehend in Bereitschaft zu halten. Auch die römischen National-Truppen waren mit Ausnahme derjenigen in den Colonie'n, wohl 300 Jahre lang nicht stehend. Sie erneuerten sich bei jedem Kriege durch freiwillige Anmeldung der Bürger, die alsdann Sold und einen Theil der Beute bekamen; zur Zeit der Parteiungen zahlten die Parteihäupter den Sold. Machiavelli erwähnt ein dahin zielendes Sprichwort seiner Zeit: la guerre fait des voleurs mais la paix les fait pendre. — Den Landesknechten sagte man nach, daß sie mit ihrem Trommel-Dreischlag die Worte: „Bau'r Lauf Weg“ angäben. Sebastian Frank, ein schwäbischer Chronikenschreiber jener Zeit meinte: „Ehe dies unnütze Volk, das sein Leben feil trägt, aufkam, kriegte ein jeder Fürst mit seinem eigenen Volke, so er Anstöße hatte, oder bat etwa einen Herrn, daß er ihm Volk aus seiner Landschaft leihe; da waren kein schlechte Kriege und es ging leidlich ab und an. Jetzt, so man dies unnütze Volk also feil findet, gebt es nur mit viel Tausenden zu, will

ein Jeder über den anderen mit seiner Viele und Stärke der Rüstung sein und kostet ein Krieg jetzt wohl mehr bis man anfängt und mit diesem Gesind hinausrückt, als dort bis man vollendet." Ein in v. d. Decken's Geschichte Georg's von Lüneburg aufgenommenes Gespräch zwischen Hauptmann Scheps und Veit Schramm läßt die Dienst-Verhältnisse im 30jährigen Kriege charakteristisch hervorgehoben einsehen.

[116] (S. 36). So giebt es eine burgundische Kriegs-Ordnung, welche ein alter Herzog von Cleve für Carl V., als dieser noch Kronprinz war, mit aller Theorie damaliger Zeit verfaßt hat.

[117] (S. 36). Dello agente ed del patiente, heißt dort das, was spätere Theorie als Offensive und Defension zur Eintheilung brauchte. Merkwürdig ist in dieser Art ein altes deutsches (1562) in Frankfurt bei Egnolf's Erben erschienenes Fechtbuch: Die Ritterlich mannliche Kunst und Handarbeit Fechten's und Kämpfen's; desgl. Marozzo's arte dell' armi (Venedig 1568). Nach Marozzo hatte damals der armigèro rusticano nach zwanzigjähriger vorwurfsfreier Dienstzeit alle Rechte des nobile veterano verdient.

[118] (S. 36). In dem seltenen Kriegsbuche des Grafen Solms-Münzenberg (1559) ist gesprächsweise mit einem jungen von Adel überlegt, wie er seinen Dienst als Page bei einem Herrn anzufangen und bei welchen Kriegs-Chargen er ihn am belehrendsten fortzusetzen hätte. Das Buch vertheilt so ziemlich die ganze Kriegstheorie jener Zeit in eine Sammlung von Instructionen und ist, da der Verfasser selbst Kriegs-Obrister war und mit Georg von Frundsberg 1526 diente, noch belehrender und praktischer als das zuerst 1555 von dem kaiserlichen Administrationsbeamten (Provisioner) Leonhard Fronsberger herausgegebene bekannte Kriegsbuch. Es wird erst von dem weit systematischeren des Savorgnano, Conte di Belgrado (Venedig 1599), übertroffen. Des Colonna Instructionen für Philipp den Schönen und Volturius': De re militare (1483), gehören zu den ältesten.

[119] (S. 37). Bei der russischen Belagerung von Kasan (1552) kommt der Name „Ingeniator" (Erfinder) wirklich vor, die Engins aber schon in Osiander's Notizen (1248) als zusammengesetztes Werkzeug

[120] (S. 37). Gemeinhin läßt man sich durch das Geschrei der französischen Schule sehr unrechtmäßig zu dem Glauben verleiten, daß erst mit Vauban ein gründliches Studium der Fortifikation eingetreten sei. Der erfahrene Mann selbst ist unschuldig an der ausschließlichen Doctrin seiner Anhänger; er wußte sehr wohl, daß ihm auf seinem Wege ein Dürer (1471), Belici, der schon 1544 St. Dizier mit belagerte, Marchi (1565), Pasino (1579), Busca (1581), Theti (1587), Gentilini (1592), Lorini (1597) und andere vorgearbeitet hatten und daß ein Goulon sein Nebenbuhler war.

[121] (S. 37). In den meisten Artillerie'n bestand die Einrichtung, daß geschriebene Hefte mit den Geheimnissen der Gilde gegen ein namhaftes Douceur den Offiziers-Aspiranten von älteren Offizieren mitgetheilt wurden. Nach Maaßgabe ihres Inhalts ertheilten diese Hefte, die unter dem Namen der Proben bekannt waren, verschiedene Grade der Weihe. Bei den sächsi-

schen Pontoniren hatte sich dieser Gebrauch fortgesetzt, bis Hoyer seine Pontonir-Wissenschaft drucken ließ und damit die Weisheit auf einmal feil machte.

[122] (S. 37). Zeitweilig konnte wohl Aehnliches durch besondere Umstände hervorgebracht werden. So hielt David schon Truppen längere Zeit im Lande beisammen und Salomo hatte hier und da Garnisonen in Palästina die Perser hatten ihre sogenannten Unsterblichen, die römischen Kaiser ihre Prätorianer und Legionen in den Colonie'n, die Türken ihre stehenden europäischen Läger, die russischen Großfürsten ihre Strelitzen aus dem 9ten Jahrhundert, die Peter I. erst 1668 aufhob, Maximilian I. im 15ten Jahrhundert seine Garnison-Truppen ꝛc.; die schottische Hartschiren-Garde, welche noch unter Ludwig XI. von Bedeutung war, wurde von Carl VII. 1422 errichtet; die Reichsbarone und Reichsstädter hatten ihre sergeants d'armes, die sich in den größeren Ortschaften als milites (Wehrstand) von den cives sonderten und erforderlichen Falles zum Kriege gestellt wurden; Philipp August hatte schon im 13ten Jahrhundert hommes d'armes und Franc-Archer's aus den kleinen Städten und unmittelbaren Gütern formirt, die, von Karl VII. besoldet, die oberherrliche Polizei und namentlich gegen die Armagnac's die Ordnung zu erhalten bestimmt waren.

[123] (S. 38). Die Nöthigung spielte bei dem Wechsel und unter der Modification verschiedener Soldaten-Arten immer die Hauptrolle, und wenn man auch freiwillig zu kleineren stehenden Armee'n und dem Beurlaubungssystem zurückzukehren gedächte, so würde, namentlich in Preußen, die inzwischen erfolgte Aufhebung des Unterthänigkeits-Verhältnisses große Schwierigkeiten verursachen, weil dort auf den größeren Höfen für einstweilige Unterkunft der Beurlaubten ohne wesentlichen Nachtheil bei längeren Unterbrechungen gesorgt war und das frühere Exercierwesen diesem Umstande größere Opfer brachte als es jetzt wohl geschehen würde. Die heutige Kriegsreserve und Landwehr erlaubt mit geringen Reservationen, Einrichtung und Fortsetzung aller bürgerlichen Gewerbe, was die Beurlaubung nicht gestatten konnte.

[124] (S. 38). Damit sei nicht gesagt, daß die Hunderttausende starken Friedens-Armee'n nöthig bleiben. Sie sind heute nicht mehr das, was sie zu Ludwig XIV. Zeit waren, sondern eine Spätfrucht der aus der französischen Revolution, ihren Vorgängen und Folgen übrig gebliebenen, von der Mittelmäßigkeit fortgenährten Unruhe der Gemüther und dunkler Reminiscenzen vergangener Ueberraschungen und Ueberwältigungen, die Napoleon in fortlaufenden Invasionen mit einer aus zwanzigjährigen Kriegen hervorgegangenen Armee und Leuten ausführte, von denen er selbst sagt, daß sie nur an den Krieg dachten und davon sprachen. Wird das Revolutionsfieber, welches eben so wohl die Köpfe der stets Beweglichen als der Unbeweglichen eingenommen hat, einst überstanden sein (die Kur kann beiläufig gesagt nur durch ein vernünftiges uneigennütziges Regiment und eine main forte gegen den Unverstand bewirkt werden), so werden wir zwar weder auf den Krieg mit den gepanzerten Chevaliers, noch auf die Armee-Duelle, noch auf Berwicks

Campagnen ohne Schlachten zurückkommen, wir werden aber auch den Napoleon'schen Massen-Wundern und seinen halben Völker-Wanderungen, mit welchen er unterging, ihren richtigen Platz anweisen und den besten Feldherrn aller Zeiten über gegenseitigen Werth der Soldaten- und Miliz-Armee'n wieder ein geneigtes Ohr leihen, wir werden wieder vernehmen, was uns ein Marschall von Sachsen, ein Friedrich der Große und selbst ein Politiker wie Machiavelli sagt. Kriege sind hin und wieder in allen Zeitaltern mit großen Armee'n geführt worden, und wenn wir sie in dem unsrigen als etwas Neues schildern hören, so können damit eigentlich nur die stehenden Armee'n gemeint sein, und das, was von diesen gilt, kann sich nicht so unbedingt auf die aus Milizen bestehenden ausdehnen lassen. Vor dem dreißigjährigen Kriege (1635) hielt Richelieu 100,385 Mann incl. 28,000 Cavalleristen für ausreichend, und im Jahre 1691, also in weniger als 100 Jahren darauf, zählte man in Frankreich 446,500 Mann mit 630 Feldgeschützen.

[125] (S. 38). Die geschichtlich entstandene constitutionelle Vorsicht gegen dictatorische Gewalt hat darum in England die sogenannte Mutiny-Bill (Aufruhr-Acte) oder die jährlich wiederholte parlamentarische Bewilligung des Fortbestandes der Armee eingeführt, was freilich nach Wegfall der Gründe nur noch leere Form sein mag.

[126] (S. 38). Ehre war früher ein staatsrechtlicher Begriff; dessen sittliche Bedeutung hat sich erst später entwickelt.

[127] (S. 39). Da, wo es unausführbar ist, die jeder Armee immer nothwendige Soldaten-Gesinnung erst zu erschaffen, die in der Angewöhnung wurzelt und welche ohne Zeit und Continuität in das Gemüth des jungen Soldaten nicht einzuführen ist, muß man sich mit dem Beispiele älterer und nicht blos mit der Aufsicht der Vorgesetzten helfen, weil dies keine Autoritätssache ist und sein kann. So mußte Suchet 1813 auf Napoleon's ausdrücklichen Befehl von seiner sehr geschwächten Armee in Spanien außer den Cadres noch 20 Mann an jede Compagnie der zu seinem Succurs neu zu formirenden Truppen nach Frankreich zurückschicken. — Nach langem Frieden können diese Soldaten-Vorbilder freilich nicht mehr kriegserfahren sein; aber sie sind mit dem militairischen Appell verwachsen, und alte Soldaten-Unarten können ebenso wenig wie armselige Invaliden-Ersparnisse den Mißgriff derjenigen Militair-Organisation rechtfertigen, welche dieses für junge Armee'n unabweisliche Bedürfniß mit seinen Inconsequenzen nicht zu vermitteln weiß.

[128] (S. 39). Bei dem geschichtlichen Uebergange der Miethsheere zu den stehenden, mußte sich wohl freie Werbung als nächster Ersatz-Modus zu erkennen geben, sowie er in Staaten, deren Richtung dem Soldatenwesen fremd bleibt, wie z. B. in England, wo die kleine Landmacht im Frieden freiwillig geworben wird, noch besteht. Längere Zeit hindurch und vor Einführung der sogenannten National-Truppen fanden sich überall Ausländer als Miethssoldaten in den Armeen, deren Institutionen auch darauf und besonders auf den Treubruch eingerichtet waren. Mit dem Anwachsen der stehenden Armee'n

waren diese bald nicht mehr ausreichend und man veranlaßte, besonders in Kriegszeiten, regelmäßige Unterthanen-Gestellung zum Soldatendienst auf bestimmte oder unbestimmte Zeit, je nachdem man in die höheren oder niederen Klassen griff, mußte wohl auch theilweise wie Ludwig XIV. auf ziemlich gewaltsame Weise dabei verfahren. In Preußen wurde selbst das Land in Ersatzbezirke (Cantons) eingetheilt und jedem ersatzbedürftigen Truppentheil ein gewisser unmittelbarer Einfluß auf das Aushebungsgeschäft in seinem Canton übertragen, während den Capitains Etats-Summen zur Ausländer-Werbung zu Gebote standen. Dieser Aushebungs-Modus kam Friedrich II. zu Statten; sein Ersatz war im siebenjährigen Kriege immer 3 Monate früher ausgebildet als der österreichische und bald war man genöthigt, überall, wo Kriegs-Unternehmungen möglich erschienen, auf ähnliche Art zu verfahren. Die Exemtionen, die schon bei Friedrich dem Großen ganze Provinzen und nach dessen Reglement von 1744 selbst die Kinder alter Bauern von 10,000 Thlr. Vermögen ausrollirten, machten selbst bei möglichst langer Dienstzeit den Ersatz theilweise unausführbar, brachten das Soldatenwesen in Verruf und nöthigten zu einer Standeszucht, welche einer fortschreitenden Volksbildung widerstrebte. Die französischen Revolutionskriege, in welchen Nationaltruppen unter die Armee'n gemengt wurden, hoben diese Verlegenheit durch Einführung der auf's Neue erweiterten Dienstpflicht und Conscription, die schon hundert Jahre vorher von Vauban in Anregung gebracht worden war. Den landpflichtigen Armee'n erwuchsen dadurch für eine kurze Dienstzeit Ersatz und Kriegsreserven im Ueberfluß, und selbst die englische geworbene Armee rekrutirte sich mittelst Handgeld auf Capitulation aus den Milizen dergestalt, daß mittelst Handgelder von 10 bis 24 Pfund im Jahre 1809 an 24,000 Mann in Spanien eintraten. Der als praktischer, kräftiger Staatsmann berühmte Justus Möser hat in den siebenziger Jahren des vorigen Jahrhunderts aus ähnlichen Gründen, aber freilich nicht aus dem höheren militairischen, sondern aus dem bürgerlichen Gesichtspunkte eines kleinen geistlichen Staats, das preußische Landwehrsystem, das sich kurz vor Napoleon's Sturze zeigte, gleichsam prophetisch vorausgesagt mit den Worten: „Der Gedanke, daß alle Bürger in Uniform gesetzt werden sollen, wird Manchem seltsam vorkommen. Ich behaupte aber, daß dieses der erste und vornehmste Schritt zur Wiederherstellung der städtischen Wohlfahrt sein würde. Wenn der Soldat ein Handwerk treibt, so sieht dieses der Offizier gern; er betrachtet ihn als einen sicheren Mann, und wenn er heirathen will, so ist das Handwerk die beste Empfehlung bei der Braut. Sie sieht darauf als auf seine sicherste Pension im Alter. Wenn hingegen ein bürgerlicher Handwerker den Degen ergreift, so lacht man darüber. So närrisch ist unsere Einbildung. Der Grund ist aber und bleibt unstreitig, daß die nordischen Völker und besonders die deutschen, die Ehre hauptsächlich mit den Waffen verknüpfen und diejenigen auf die Dauer verachten, die solche zu tragen und zu brauchen nicht berechtigt sind. Und so ist kein anderes Mittel als den Degen mit dem Handwerk wieder zu verbinden, um diesem Stand wieder die nöthige Ehre zu verschaffen."

Nachdem Möser sich auch über politische Besorgnisse bei dergl. Bewaffnung ausgesprochen, schließt er sein Raisonnement folgendermaßen: „Nichts ist gewisser, als daß bei der Wendung, welche die Sachen nehmen, in hundert Jahren die National-Miliz überall das Hauptwesen ausmachen und unsere Verfassung von Neuem befestigen wird." Die Betrachtung ist wichtig und nicht obenhin gesprochen; Möser verstand das Volk, was bei unseren Armee-Organisatoren selten der Fall ist.

[129] (S. 39). Mit dem Remplacement darf freilich kein Speculations-Mißbrauch, wie er noch 1837 in der französischen Armee statt hatte, getrieben werden. Damals hingen dort Agenten und ganze Handels-Compagnie'n ihre kaufmännischen Geschäfte an diese Art Menschenhandel, wie z. B. das Haus Esparia zu Paris, welches zeitweilig 9000 Remplacements in Bereitschaft hielt. Ein alter Capitain klagt im Spect. milit. vom Juli 1837 über den Verfall der Armee durch solches Remplacement. Er will aus officiellen Quellen wissen, daß unter den 280,000 präsenten Mannschaften der Armee 65,000 dergl. neben der geringen Anzahl von 12,000 Capitulanten stecken, und mehr als 3000 Offiziere daraus in die Armee gelangt seien. Seine Vorschläge, die mit dem pro und contra entwickelt werden, gehen auf Vertretung durch Capitulanten.

[130] (S. 40). Der Soldatenkinder-Unterricht gehört als ein rein elementarer dem Staate wohl, aber nicht der Militair-Partie in specie an und kann nur beiläufig, etwa durch Etats-Oekonomie, aber mit Nachtheil für Erziehung und Stand, dahin gezogen und militairisch beaufsichtigt werden. Hierher gehören die Garnison- und Regiments-Kinderschulen, die Militair-Waisenhäuser, die niederen Cadetten-Anstalten u. dergl. — Eine andere Bewandtniß hat es mit den Soldaten-Knaben- und Unteroffiziers-Bildungs-Anstalten, in denen sich die Art von Janitscharen-Bildung vornehmen läßt, für welche Cadettenhäuser, wie gesagt, in den National-Armee'n nicht mehr passen; diese Soldaten-Knaben-Anstalten zeigten sich bisher nur in kleinen Versuchen; aus ihnen könnte jedoch unser Standessoldat hervorgehen. In einer Armee, die 800 Compagnie'n zählt, von denen jede durchschnittlich mit 12 solcher Zöglinge ausgestattet werden soll, müßten wenigstens für 5000 Knaben Erziehungs-Anstalten vorhanden sein. Das klingt auch nicht so gefährlich, wenn man an Ludwig's XIV. 4000 Cadetten denkt und überlegt, wieviel Soldatenknaben jetzt, nachdem sie den Privaten und dem Staate zur Last gefallen, doch nur mit der Erziehung für's Vagabondiren durch die Armee'n wandern. — In Preußen gilt gesetzlich noch die Verpflichtung der Communen in den Garnisonstädten zur Erziehung verlassener Soldatenkinder und zur Theilnahme aller am Schul-Unterricht. Das neue Militair-System häuft große Truppenmassen in wenig Ortschaften zusammen und macht jenes Gesetz, namentlich für protestantische Kinder in katholischen Provinzen, unausführbar; der Staat ist zwar helfend hinzugetreten, ohne jedoch das vorgedachte Gesetz

zu modifiziren, wodurch Vieles in der Schwebe bleibt und keinen Anhaltspunkt gewinnt. — Nach Krusenstern's Système des progrès de l'état et de l'instruction, werden jetzt in Rußland in 76 Soldatenschulen 179,931 Subjecte mit einem Aufwand von 1,380,000 Kaisergulden, in der Ingenieur- und Artillerieschule unter Großfürst Michael 8733 Zöglinge mit 4,795,000 Fl. Aufwand und in der Marineschule 2224 Cadetten mit 484,682 Fl. Aufwand unterhalten. Ein Institut, das vorerst die Versorgung elternloser Kinder zum Zwecke hatte, nachher aber in eine militairische Vorbildungs-Anstalt sich verwandelte, war das Annaburger Militair-Knaben-Institut. Derartige Institute lassen sich nicht füglich zur Fachbildung rechnen, können aber doch nicht übergangen werden. Jenes bestand als eine fromme Stiftung sächsischer Regenten von 1738 ab (s. Abriß seiner Geschichte zur Feier des 100jährigen Stiftungsfestes, 1838). Zuerst und bis zur Zeit des siebenjährigen Krieges in Dresden, wurde dasselbe unter seinem vierten Director, dem Kriegsrath Elsasser, in das Annaburger Schloß verlegt und bis zur neuesten Zeit aus verschiedenen Gesichtspunkten betrachtet. Ob man die richtigen gefunden, dürfte noch immer unentschieden sein. Im Jahre 1838 befanden sich 400 Zöglinge in demselben. — Die sächsische allgemeine Bildungs-Anstalt für junge Adelige wurde 1692 errichtet, und zwar zuerst als Cadetten-Compagnie; sie wurde 1811 zur Ritter-Akademie, 1815 zur Militair-Akademie dem Namen nach umgewandelt, und 1835 an ihrer Stelle die Kriegsschule mit zwei getrennten Instituten, der Cadetten- und der Artillerieschule, errichtet. — Eine sehr belobte, 1835 von Karl Albert gestiftete Unteroffizierschule besteht in Raconici in Piemont, aus der der vierte Theil der Offiziere für die sardinische Armee hervorgehen soll.

131 (S. 40). Eine derartige Erscheinung, aus deren wahrer Bedeutung nicht recht klug zu werden ist, liefert hierüber die höhere Besichtigung der Schule des 4ten Husaren-Regiments in Frankreich (s. Spect. milit. November 1835); 170 Eleven, also doch etwa ⅓ des Regiments, nahmen am Fechten und Voltigiren und nicht viel weniger (130 bis 156) am Mathematik-, Fortifications-, Artillerie- und selbst am Musik-Unterricht Theil. Im Lesen und Schreiben waren nur 97 Schüler angegeben, was bei der rückständigen französischen allgemeinen Schulbildung nur dadurch sich erklären läßt, daß die meisten Husaren schon beim Regimente darin unterrichtet worden waren. Gewöhnlich benutzt die Liebedienerei solche Gelegenheiten, sich bei den höheren Vorgesetzten mit Schulkunststückchen, wofür diese irgend ein faible zeigen, einzuschmeicheln, oder sich vor denjenigen, die zu großen Respect vor dem Wissen haben, was sie selbst nicht besitzen, wichtig zu machen. Der Soldat wie der Soldatengeist erliegen gar oft unter den Streichen dieser Herren. Möchte doch jedem Vorgesetzten bei dergleichen Parade-Examen die Naivetät des heiligen Augustin vorleuchten, der von sich selbst sagt: „Si nemo ex me quaerat quid sit tempus, scio; si quaerenti explicare velim, nescio!"

Aus einer 1837 emanirten Verordnung des Königl. französischen Kriegs-Ministers geht hervor, daß in den höheren Regimentsschulen: Grammatik

Arithmetik, Comptabilität, Geographie, Kriegsgeschichte, Geometrie, passagere Fortification und Aufnehmen unter der Leitung eines Offiziers, oder auch eines fähigen Unteroffiziers durch Monitoren, die alle 4 Wochen wechselten excl. eines bleibenden Monitors, in Lancaster-Weise gelehrt wurde. Der niedere Schul-Unterricht umfaßte blos: Lesen, Schreiben und Rechnen in sechs Classen, in denen auch die enfants de troupe ein Unterkommen fanden.

[132] (S. 41). Schon im Jahre 1675 wurde zu Montesson von Louvois eine Art Uebungsschule für die Artillerie eingerichtet, die sich 1679 in die wirkliche Artillerie-Besatzungsschule zu Douay verwandelte; später erhielt die zuerst 1721 in Frankreich zu einem Ganzen gestaltete Artillerie (incl. Mineurs und Pontonirs) in den Garnisonorten Metz, Straßburg, Grenoble, Perpignan und Lafère (1756 für 50 Eleven errichtet) ihre Regiments-Applicationsschulen, die sich auch unbeschadet späterer Organisationen (Auxonne, errichtet 1763, Brest, Rochefort und Toulon, errichtet 1761) und namentlich des 1802 erfolgten Vereins der mehr theoretischen höheren école d'artillerie et génie zu Metz, erhielten. Diese Schule war aus der zu Mezières gestifteten, 1794 verlegten Ingenieurschule und der 1750 eingerichteten Artillerieschule zu Chalons gebildet worden und wird weiter unten näher betrachtet werden. Die Cavallerieschule zu Saumur, die 1814 gestiftet, nachher als école préparatoire de cavallerie nach Versailles verlegt wurde und zuletzt unter Hautpoult als école d'équitation wieder dorthin zurückkam, scheint, der preußischen Lehr-Escadron ähnlich, in der Mitte zwischen einer Unteroffiziers- und einer Offiziersschule zu stehen, oder vielmehr Beide zu umfassen. — Wie für die Artillerie in Woolwich (errichtet 1741), so wurde unter General-Lieutenant Mann in England auch zu Chatam eine Waffenschule für die Sappeur-Mineurs eingerichtet, die alle Rekruten in vierjährigem Cours ausbildet und wo zur Repetition im Waffendienste, alljährlich die gerade in England stationirten Compagnie'n, resp. der Artillerie und der Sappeur-Mineure, sich ablösen. — Die Oesterreicher scheinen die Waffenschulen ähnlich wie in Preußen, eingerichtet zu haben; ob größere Uebungen stattfinden, ist mir unbekannt; das, was namentlich bei den preußischen zu 2½jähriger Dienstzeit berufenen Pioniren alle drei Jahre als größere Uebung vorkommt, unterscheidet sich von der Garnison-Uebung durch Nichts, als durch einen Zuschuß zu den Uebungsgeldern und den Pulvervorrath, wodurch der Uebung ein wenig mehr Ausdehnung als gewöhnlich gegeben werden kann.

[133] (S. 41). Der Nachsatz ist für die Trillmeister aller Zeiten geschrieben, die im Exerziren und Manoeuvriren Alles zu finden meinen, was ein gutes Kriegs-Instrument gegen innere und äußere Stürme brauchbar machen soll. Das kunstgerechte, eingelernte Trillen war schon vor dem dreißigjährigen Kriege in die Höhe geschraubt; der Danziger Stadt-Obrist von Walhausen giebt 1615 allein 143 Tempo's zur Musketier-Abrichtung an, und dem alten Dessauer war der eiserne Ladestock weniger zum schnellen Feuern werth, sondern mehr noch, weil er ein Mittel zur Vereinfachung des Unter-

richts war, der nach Friedrich's II. Reglement von 1744 beim damaligen Rekruten (neuen Kerl) wie noch heute in 6 wachtdienstfreien Wochen vollendet sein sollte.

[134] (S. 41). Das hat Chambray in seiner 1836 geschriebenen Kritik der polytechnischen Schule, worin er den Vorschlag macht, wieder wie zu Vauban's Zeit, die Ingenieure aus den Regimentern auszuwählen, wenig berücksichtigt.

[135] (S. 41). Merkwürdig ist in dieser Hinsicht das, was de la Mont (Les fonctions de tous les officiers) schon 1672 darüber sagt. Er meint nämlich: „Il faut qu'un enseigne de l'infanterie sâche parfaitement la fonction du soldat, l'arithmétique jusqu' à la racine du quarré, car c'est la base et le principe le plus important de l'art militaire." Das klingt indessen kaum lächerlicher, als wenn man heute einen Portéd'epée-Fähnrich nach dem Einfluß der Reformation auf die Tagespolitik fragt. Auch gab es zu jener Zeit zweierlei Offiziers-Aspiranten, von denen die durch das Glück recht eigentlich begünstigten de droit, die am wenigsten begünstigten de fortune genannt waren; „la première: des jeunes gentilhommes de haute qualité et riches, la seconde: des personnes qui n'ont pas de bien et prennent cet emploi pour jeter la première pierre de l'édifice de leur fortune à dessein de bâtir par la patience et une longue assiduité dans le service."

[136] (S. 41). Die sächsische, seit 1742 bestandene Ingenieur-Akademie hatte nur Lehrer für die Mathematik, für das Zeichnen und die Architektur, nicht einmal einen für Militair-Wissenschaft bis Anfang des 19ten Jahrhunderts; ebenso die seit 1766 daselbst existirende Artillerieschule nur für Mathematik, Zeichnen, Batteriebau und Feuerwerkerei; dagegen waren 1831 in der vereinigten Artillerie- und Ingenieurschule zu Metz angestellt:

1 Professor für Anwendung der mathematischen Wissenschaft auf Artillerie- und Militair-Constructionen,
1 Professor für Anwendung der mathematischen Wissenschaft auf Mechanik und Maschinen,
1 Professor für permanente Fortification, Angriff und Vertheidigung;
1 Adjunct desselben,
1 Professor für Militair-Wissenschaft und Feld-Befestigung,
1 „ „ Architektur,
1 „ „ Geodesie und Topographie,
1 Zeichnenlehrer für alle Arten von Zeichnungen,
1 Professor der Chemie und physik. Kenntnisse zum milit. Gebrauch,
1 „ „ deutschen Sprache,
1 „ „ Thierarzneikunde und Reitkunst,
1 Adjunct desselben.

Uebrigens wurde noch artilleristische Terminologie von einem Offizier vorgetragen. Die Eleven (gegen 150) blieben in 2 Klassen zwei und drei Jahre in der Schule, die als Fortsetzung des Unterrichts in der polytechnischen Schule anzusehen ist. — Die preußische, zuerst in Potsdam eingerichtete Ingenieur-Akademie datirt von 1788, die Formation des Ingenieurcorps überhaupt von 1735. — In Rußland gründete Peter der Große 1712 zuerst für 23 Eleven eine Ingenieurschule; noch in demselben Jahre wurde diese für 77 Eleven eingerichtet; 1719 wurde sie unter dem Namen der Ingenieur-Compagnie nach Petersburg verlegt. — Seitens der Oesterreicher wurde zuerst durch den Prinzen Eugen, welchem der Mangel an tüchtigen Ingenieur-Offizieren bei den Belagerungen der niederländischen Festungen fühlbar geworden war, mit kaiserlicher Genehmigung gleich nach dem Friedensschluß eine Militair-Akademie zu Brüssel angelegt. Ueber die jetzige Einrichtung der österreichischen Ingenieur-Akademie s. den Spect. milit. vom Dezember 1840.

[137] (S. 42). In Frankreich war vor 1830 die Primairschule zu Lafléche mit ungefähr 500 Eleven von 10 bis 16 Jahren eine solche Vorbereitungs-Anstalt für die Militairschule zu St. Cyr, auf der sich etwa 350 Eleven zwischen 16 und 18 Jahren befanden. Außerdem bestanden 1834 in Frankreich noch 8 Militair-Gymnasien, nämlich zu Paris, Arras, Metz, Straßburg, Lyon, Montpellier und Rennes. — Nach den französischen Ministerial-Verordnungen vom 20. März 1837 diente das obenerwähnte Cadettenhaus zu Lafléche als eine Art Progymnasium, welchem die polytechnische Schule als Waffenschule der Specialwaffen, oder die école spéciale militaire zu St. Cyr als allgemeine Waffenschule folgten; ein anderweiter Eintritt aus der Armee oder dem Volke in die letzteren Anstalten konnte nur durch ein Tentamen bestimmt werden. In der Primairschule zu Lafléche treibt man danach nur Humaniora neben Vollendung des Religions- und Beginn eines gymnastisch-militairischen Unterrichts, sowie eines solchen in der deutschen und englischen Sprache. Man begnügt sich mit dem Lesen und Schreiben und einigen Kenntnissen in der Grammatik bei der Aufnahme. — In Oesterreich wurde die Neustädter Militair-Akademie unter Maria Theresia errichtet und in England entstand 1741 eine Militairschule zu Woolwich; letztere ist indessen nur für Artillerie- und Ingenieur-Offiziere bestimmt; eine andere allgemeinere existirt dort erst seit 1801, in welchem Jahre auch eine höhere Militairschule für Generalstabs-Offiziere errichtet wurde, zu der Scharnhorst 1808 den Ruf als Director erhielt. Neuerdings wurde in England noch eine elementare Militairschule zu Sandhurst für junge Leute von guter Erziehung errichtet.

[138] (S. 43). In Frankreich hatte noch unter St. Cyr's Ministerium ein gewisser Amoros eine Turn-Anstalt als Probe für den Militair-Unterricht organisirt. Er rechnet dazu:

1) Gehen auf Balken über Abgründe,
2) Laufen und Gehen mit Hindernissen (Schlittschuh, Steigeisen ꝛc.),
3) Springen in die Höhe, Tiefe und Breite,
4) Ringen,
5) Senkrechte Leiter-Ersteigung, Gleiten an Stangen und Seilen ꝛc.,
6) Heben, Tragen, Lasten-Ziehen,

7) Werfen, dabei Gewandtheit der Hand,
8) Fechten,
9) Schwingen und Reiten (Voltigiren),
10) Schwimmen,
11) Marschiren mit Gesang zur Stärkung der Lunge ꝛc.

Es scheint, daß man damit der schon erwähnten ritterlich-mannlichen Kunst und Handarbeit des Fechtens, vom Jahre 1560 wieder näher kommt, die sich neuerlich als Bajonnettfechten in den Armee'n selbst verjüngen will. Die im Bajonnettfechten wieder aufgenommene Parade durch Ausweichen findet sich als das Passeggiare in den alten Fechtbüchern Hans Lebkommer's, Marozzo's, Dell' Agocchie's, St. Didier's ꝛc.

[139] (S. 44). Nach jedem bedeutenden Kriege warfen sich die Denker mit der in ihnen vorzugsweise angeregten Kritik eifrig auf die vorherrschend gewordene Einseitigkeit und vernachlässigten die untergegangene, auch in ihrer gebotenen Würdigung, zum Nachtheile ächter und umsichtiger Theorie. So gab es bald vor und nach dem siebenjährigen Kriege sehr lehrreiche Bücher, wie das eines Stählswerd (1755), Ray St. Genis (1760), Darçon (1766), Dupuget (1771), Zanthier (1775), Silva (1778) und Mehrerer, die vor den Producten des siebenjährigen Krieges verschwanden, wie diese vor den theoretischen Extracten der Massen-Operationen in den Revolutions- und Napoleon'schen Armee'n, die zuerst einer sogenannten Feldherrnkunst-Theorie (Strategie) didaktische Berühmtheit schafften, bei ermangelnder Unterscheidung von Groß und Klein und dem mehr witzigen als logischen Zusammenhang des Raisonnements aber die Köpfe in keine kleine Verwirrung brachten. — Ueber die Allgemeinheit solcher Theorie'n darf man sich nicht wundern; man erzählt, daß der alte Dessauer alle Lieder im Gesangbuche nach der Melodie seines Leibmarsches gesungen habe. Die Menge macht es nicht anders und singt Alles in der Mode-Melodie, die von unserer Tages-Literatur bald unter die Leute gebracht wird.

Druck von J. Blumenthal in Berlin, Adlerstraße 9.

Nachgelassene Schriften

von

Ernst Ludwig von Aster,

weil. Königlich Preußischem General der Infanterie, Chef des Ingenieur-Corps und General-Inspecteur der Festungen.

Fünfter Band.

Berlin,

Verlag von J. Guttentag.

1861.

Der Ingenieur-Unterricht und seine heutigen Erfordernisse

oder:

Gedanken über die wissenschaftliche Bildung des Ingenieur-Offiziers.

Von

Ernst Ludwig von Aster.

Mit einem zwei kleinere Aufsätze enthaltenden Anhang.

Berlin,
Verlag von J. Guttentag.
1861.

Vorwort.

Der Herausgabe des vorliegenden fünften und letzten Bandes der nachgelassenen Schriften des Generals von Aster hatten sich leider unerwartete Hindernisse entgegengestellt, in deren Folge es erst jetzt möglich geworden ist, die letzten von den zur Veröffentlichung bestimmten Aufsätzen des Verfassers dem Verleger einhändigen zu können. Die geehrten Leser jener Schriften werden dieserhalb hiermit um Nachsicht gebeten und ersucht, die Verzögerung nicht den Herausgebern, welche die Nothwendigkeit eines Aufschubes sehr bedauern mußten, zur Last zu legen, sondern dieselbe als lediglich durch unvorhergesehene Umstände veranlaßt zu betrachten.

Was hiernächst den Zweck betrifft, welchen der General von Aster bei Abfassung des vorliegenden Werks hauptsächlich im Auge gehabt, so dürfte in dieser Hinsicht außer dem, was schon der Titel des Buches darüber besagt, noch Folgendes zu erwähnen sein.

Wie schon aus den früher zum Druck beförderten Schriften des Generals hervorgeht, war derselbe weder mit den Zielen, noch mit dem Umfang und Inhalt des zu seiner Zeit auf den höheren Militair-Bildungsanstalten ertheilten Unterrichts ganz einverstanden. Ebenso nun, wie er dort dem militair-wissenschaftlichen

Unterricht überhaupt eine mehr auf das Praktische gerichtete Gestaltung wünschte und zu dem Behuf sich um die Aufstellung einer auf durchaus wahren Handlungs-Principien begründeten Kriegstheorie bemühte, ebenso war er auch in Folgendem bestrebt, einem nicht auf einseitige Doctrinen sondern auf wahre und umfassende Theorie'n basirten Ingenieur-Unterricht das Wort zu reden.

Daß der General hierbei als praktisch erfahrener Kriegsbaumeister von seiner eigenen, originellen Anschauung in Betreff der Bestimmung des Ingenieuroffiziers so wie auch der Fortification und deren Endzwecken ausging, wird Jedermann erklärlich finden. Hier jene Ansichten mit einigen Worten darzulegen und diese Darlegung durch Stellen aus dem handschriftlichen Nachlaß Aster's zu bekräftigen, erscheint daher ganz angemessen.

Der General sagt mehrfach, daß es ihm „unerläßlich geschienen habe, fortificatorische Conceptionen auf die rationale Verwendung der Truppen in der Kriegshandlung zu basiren" und daß er sich vornehmlich aus diesem Grunde so anhaltend mit einem gründlichen Studium der Kriegsgeschichte befaßt habe. Um die Befestigungskunst weiter fördern und sie dem heutigen Bedürfniß entsprechend umgestalten zu können, dazu gehörte nach seiner Meinung weniger die genaueste Kenntniß der Entwicklungsgeschichte speciell der Fortification, als vielmehr diejenige der Kriegskunst selbst. „Der Entwicklungsgang der Fortification", äußert er sich, „ist mehr aus der Theorie und Speculation als aus der militairischen Praxis herausgewachsen und hält daher mehr oder weniger fest an dem sogenannten Regulairtracé als an etwas dem Nachdenken zu verdankendes Positives, woran sich das von dem natürlichen Terrain Abhängige gewissermaßen nur als etwas Abnormes, Irregulaires anschließen dürfte;" auch hält er den Umstand, daß „in der früheren Kriegführung der Ortsbesitz bei Weitem mehr als Zweck galt, während derselbe in der heutigen vielmehr als Mittel angesehen werden muß, was auf die Conception neuerer Festungsanlagen von gewaltigem Einfluß gewesen ist und ferner sein wird", für wichtig und beherzigenswerth.

In diesem Sinne ist die noch in den vierziger Jahren niedergeschriebene Bemerkung Aster's, daß die preußischen Ingenieure seit 1815 mit den ihnen einleuchtenden Mitteln die Doctrin, insoweit dieselbe mit der Anwendung nicht übereinstimmte, aus der Fortification beseitigt hätten, aufzufassen und in diesem Sinne konnte der General auch im Gegensatz zu einigen Neueren, welche das Montalembert'sche System als die eigentliche Grundlage und den Kern des neueren preußischen Befestigungssystems hinstellen, die folgende Bemerkung machen: „Die neueren preußischen Bauausführungen mag ich nicht als ein besonderes System angesehen wissen; sie weichen darin von der alten Manierirung wesentlich ab, daß sie vor Allem der Terrain-Beschaffenheit ihr Recht widerfahren lassen und ihre dem heutigen Festungskriege angepaßten Mittel in einer Eklektik der fortificatorischen Literatur zeigen."

Der geehrte Leser möge es entschuldigen, wenn wir uns hier in Anbetracht der für unseren Zweck so großen Wichtigkeit des Gegenstandes noch etwas eingehender über die fortificatorischen Ansichten des Generals von Aster aussprechen, zumal in der neuesten Zeit zwei Brochüren militairischen Inhalts im Buchhandel erschienen sind, welche bezügliche Bemerkungen enthalten und deren Behauptungen, unberichtigt, zu Irrthümern Veranlassung geben könnten. Die Brochüren, welche wir im Sinne haben, sind die von dem Verfasser der Politik der Zukunft, betitelt: Das preußische Landesvertheidigungssystem und die Befestigung von Berlin, und die Gegenschrift hierzu von dem Verfasser der Theorie des großen Krieges, betitelt: Ueber große Landesvertheidigung oder Festungsbau und Heerbildung in Preußen. Der Verfasser der erstgenannten Schrift behauptet, daß Aster das Princip gehabt habe, die Vertheidigung in der ersten ausgedehnteren Linie durch stärkere fortificatorische Mittel wie in der zweiten engeren aber geschlosseneren zu sichern. Wir müssen dieser Behauptung entgegenhalten, daß der General von Aster zwar das Wesen der neueren Fortification in einer gewissen vor den Kernpunkten der Befestigung sich documentirenden idealen Prämeditiv-Taktik des Ingenieurs erblickte, daß er aber doch auch die längst allgemein gewordene Ueberzeugung von der Wichtigkeit der inneren Abschnitte, der Kasernen-Reduits ꝛc. getheilt hat. Uebrigens war der General kein Freuud irgend welcher Doctrin, sondern er hegte die Meinung, der Ingenieur-Offizier müsse es sich zur Aufgabe machen, mit seinen in militairischer sowohl wie technischer Beziehung wohl erwogenen Mitteln möglichst sparsam umzugehen und damit gewissermaßen nur dem gegebenen Terrain zu Hülfe zu kommen. Darum sagt er auch bezüglich der so häufig aufgestellten Behauptung, der sogenannte Hauptwall der Festung müsse stets der stärkste Theil derselben sein: „Auch hier muß wieder das Terrain als maaßgebend angesehen werden. Findet der Feind vor dem detachirten System die größten Schwierigkeiten, so muß man ihn auch dort zum förmlichen Angriff nöthigen. Immer wird sich die Meinung des Soldaten (le moral) dafür erklären, dem Feinde da entgegen zu treten, wo ihm mit den wenigsten Mitteln der längste Widerstand zu leisten ist“ ꝛc. Der General Aster betrachtete hiernach eine besonders starke Befestigung der detachirten Werke allerdings für nichts weniger als eine Ausnahme von der Regel, denn er suchte die letztere nicht in dem System, sondern in der militairisch richtigen Benutzung des Terrains. Mochten auch die in Ländern von ziemlich gleichartiger Bodengestaltung neuerdings gebauten Festungen meist einen besonders starken Kern aufzuweisen haben, dies Factum konnte ihn nicht davon abhalten, im Interesse eines correcten Unterrichts das Wesentliche als das allein Entscheidende hinzustellen.

Haben wir bis hierher die obige Behauptung des Verfassers der Politik der Zukunft, wie wir hoffen, hinreichend berichtigt, so bleibt uns nunmehr noch mit den eigensten Worten Aster's der Vorwurf der Unachtsamkeit, welchen der Verfasser der Theorie des großen Krieges den preußischen Ingenieuren wegen der Verzögerung der Befestigung von Trier macht, so wie dessen Annahme, der General sei ein Anhänger des Willisen'schen Gruppensystems gewesen, als gänzlich unmotivirt darzulegen. In einem Schreiben des Generals von Boyen an Aster vom 1. Februar 1846, worin ersterer seinen Dank für die übersandte Denkschrift über Trier mit den beigefügten Worten ausspricht, daß er selbige sehr gut habe benutzen können, um den sonderbaren Traum, im Jahre 1846 diesen Punkt in eine Festung zu verwandeln, von seiner unpraktischen Seite darstellen zu können, hat Aster im Monat März des Jahres 1853 wörtlich folgende Bemerkung nachgetragen: „In den ersten Monaten des Jahres 1853 (siehe das preußische Wochenblatt, März) wiederholte sich dieser Traum abermals in dem Kopfe eines Papier-Strategen, was besonders durch die Hinweisung auf Willisen's sogenannte Gruppenfestung belegt ist, in Betreff deren doch wohl den eigentlichen Strategen nach dem praktischen Exempel jenes Gelehrten bei Idstedt einige Zweifel entstanden sein mögen. Wie hier, sollte sich in dem vermeinten Waffenplatze Trier, der sich aber mit seinen chimären Dependenzen allseitig mit Forts bis gegen Conzerbrück, Wasserbillich und Ehrang auszudehnen hätte, also in Radien von zwei bis drei Stunden, ein Armeecorps von 60,000 Mann dergestalt gegen 100,000 Feinde in defensivem Sinne bewegen, daß es außer gegen den Rhein auf den preußischen Operationslinien, auch allenfalls gegen Luxemburg und Saarlouis nach den nachbarlichen Hinterländern Belgien und Baiern fechtend zurückzugehen im Stande wäre. Die Unbekanntschaft des Terrains ebenso wohl innerhalb als außerhalb des Befestigungssystems liegt hier am Tage, denn zu den Armee-Bewegungen innerhalb gehört das Brückenschlagen an mindestens vier Stellen und deren Verwahrung, weil die Serpentinen der Mosel den Fluß bald an die steilen Abhänge des rechten, bald an die des linken Ufers drängen und die Auen am entgegengesetzten Ufer sehr wenig Raum zu einer Armee-Entwickelung zulassen. Die Bewegungen außerhalb führen aber zunächst allerorts auf so unzugängliches Terrain, daß mehrere Tage dazu gehören, um ein Blachfeld zu erlangen, auf dem sich dem Feinde ein vortheilhaftes Gefecht anbieten läßt; auch erscheinen die genannten festen Haltepunkte keineswegs zur gesicherten Aufnahme eines irgend bedeutenden Truppencorps auf längere Zeit geeignet." Dieser Auseinandersetzung ist sehr bezeichnend als Motto der Göthe'sche Spruch beigefügt: „Ueber Blumen läßt sich dichten, in die Aepfel muß man beißen."

Der General von Aster scheint also von permanenten Befestigungsanlagen, deren Entstehung wir lediglich der „Theorie des großen Krieges" zu verdanken haben würden, nicht sehr erbaut gewesen zu sein. Allerdings sagt auch er, daß in heutiger Zeit vornehmlich auf die Anlage großer Waffenplätze, die den Charakter vorbereiteter Schlachtfelder an sich trügen und deren Lage dem prämeditirten Kriegsgange möglichst entspreche, Bedacht zu nehmen sei; er stellt aber auch hier wieder ausschließlich nur die allgemeinen Festungs-Eigenschaften und die Terrain-Beschaffenheit als maaßgebend für die Befestigung hin und war keineswegs der Ansicht, daß dem genannten Zweck allein durch sogenannte Gruppensysteme Genüge zu leisten sei. Der General spricht lediglich von Terrain-Reduits und Waffenplätzen, die eine Feldarmee unter Umständen aufzunehmen vermöchten und die eine solche Einrichtung erhalten müßten, daß jene Armee von dort aus stets neue Operationen im Felde unternehmen könne.

Sogenannte Gruppensysteme hielt er nur da für angemessen, wo der erwähnte Zweck in Folge der Terrainbildung auch ohne meilenlange befestigte Radien zu erreichen war und wo das Terrain auf diese Art der Benutzung desselben ausdrücklich hinwies. Eine eigene Art von Terrain-Reduits erkannte allerdings auch der General von Aster in den durch mehrere selbstständige Festungen von geeigneter Lage und Beschaffenheit eingeschlossenen größeren Terrainflächen, den sogenannten Echiquiers Napoleon's. Hierbei handelt es sich indessen um nichts weniger als um befestigte Radien, wie sie der Verfasser der Politik der Zukunft und mit diesem der Verfasser der Theorie des großen Krieges haben will, sondern um ganz andere Beziehungen, was schon der von Napoleon gewählte Name zu erkennen giebt.

Nachdem somit die bezüglichen Aeußerungen der beiden genannten Brochüren einer näheren Prüfung unterworfen worden, muß nun hier noch eines Aufsatzes Erwähnung geschehen, dessen Verfasser ungeachtet seiner offenbaren Bemühung, Jedem das Seine zu geben, die Bestrebungen und Leistungen Aster's doch nicht ganz richtig zu beurtheilen scheint. Wir meinen die kürzlich im Soldatenfreund (27. Jahrgang, 11. Heft) enthaltene historische Skizze, betitelt: Das Ingenieur- und Pionir-Corps in Preußen. — Dort lesen wir, der General Aster habe zu der neuen Preußischen Befestigungs-„Manier" gewissermaßen nur die strategischen Grundzüge angegeben, während Andere nach ihm jene „Manier" erst in bestimmte taktische Formen gebracht hätten. Wir können diese Behauptung nur für den Fall eine begründete nennen, wenn der Verfasser gemeint hat, Aster habe sich vorzugsweise bemüht, den Anforderungen, welche die heutige Kriegführung im Großen an eine Befestigungs-Anlage stellt, Genüge zu leisten und denselben das Wort zu reden. Sollte hingegen mit jener Aeußerung angedeutet werden, die von dem General Aster bei seinen Entwürfen gewählten Formen seien in militairischer Hinsicht unvollkommen oder falsch gewesen, so müssen wir hiermit die Gegen-Behauptung aufstellen, daß der General sowohl Techniker als Soldat genug war, um die an den betreffenden Punkten einzig und allein richtigen Anlagen ausfindig zu machen. Mögen auch heutigen Tages viele Architekten-Ingenieure in jenen von Aster gewählten Formen manches Eckige entdecken, dies hindert den Soldaten-Ingenieur nicht, in vollem Maaße anzuerkennen, daß dieselben im engsten Anschluß an die von der Natur an die Hand gegebenen Vertheidigungs-Elemente entworfen sind.

Schließlich erwähnen wir hier noch, daß den Gedanken des Generals von Aster über den Ingenieur-Unterricht zwei kleinere von ihm verfaßte Aufsätze hinzugefügt wurden, weil sie zur Ergänzung und Vervollständigung der ersteren dienen können. Selbige gewähren insofern noch ein besonderes Interesse, als sie darthun, wie wenig sich die Ansichten des Generals während eines Zeitraums von nahezu dreißig Jahren geändert hatten. Hier wie dort sind die nämlichen Grundgedanken unverkennbar und vielleicht trägt dieser Beweis einer seltenen Ueberzeugungstreue dazu bei, den Forschungen und Bestrebungen des Verfassers noch mehr, als dies bereits geschehen, die Anerkennung und Beipflichtung der Einsichtigen zu verschaffen.

Berlin, im October 1860.

Inhaltsverzeichniß.

Dritter Abschnitt.

Der Unterricht in dem eigentlichen Ingenieur-Wissen oder der Terrain-Verwandlung (Theorie der Ingenieurkunst).

Anhang,

bestehend aus zwei kleineren Aufsätzen.

Einleitung.

Durch den Compagniedienst, die Uebungsarbeiten und den Pionir-Schulunterricht soll sich der auf Avancement dienende, sowie jeder verständige Pionir außer der Fertigkeit in den Handgriffen der Waffe noch den zwar nicht umfassenden, doch aber deutlichen Begriff ihrer Bestimmung erwerben und Alles, was ihm in der Dienstanwendung vorkommen kann, mit diesem abgezogenen Begriff der Waffe verbinden lernen.

Die dem Offiziers-Aspiranten durch eine sorgfältigere Erziehung bereits beigebrachte Geistes-Gymnastik und die ihm leider oft auf dem beliebten encyclopädischen Wege zugegangenen Vorkenntnisse des Ingenieur-Wissens, lassen ihn zwar die dem Pionir-Unterricht zu Grunde liegenden Anschauungen auf eine veränderte Weise in seiner Seele verarbeiten; sie allein können ihm aber nie die nöthige Uebersicht, Ordnung und Vollständigkeit der seinem Fach angehörigen Kenntnisse schaffen und sie mit dem Stamme seiner anderweitig erlangten Begriffe dergestalt einigen, daß sie für das künftige Dienstbenehmen sein ganzes Wesen mit Bewußtsein in Anspruch nähmen und ihm a priori über dessen Erfolg einen genügenden Aufschluß zukommen ließen. Hierzu gehört ohne Zweifel die sogenannte wissenschaftliche Bildung, die entweder durch eigenes Studium und Nachdenken allein, oder durch dasselbe mit einem vorbereitenden Unterricht verbunden erlangt werden kann. Eine Hindeutung auf diesen Unterricht wird zugleich die besten Winke für das Selbststudium enthalten und eine besondere Beachtung dieser Art der Erkenntniß in dem Nachfolgenden ziemlich entbehrlich machen.

Einer der ersten Fehler im Zuschnitte der wissenschaftlichen[1] Soldaten-Bildung zeigt sich häufig in der Dunkelheit über das, was man hier unter Wissenschaft verstehen will. Soll der Ausdruck in der schärfsten Bedeutung genommen werden, d. h. als ein Inbegriff verwandter Wahrheiten[2], die zusammenhängend aus einem obersten Grundsatz hergeleitet sind, so möchte es mit der Theorie der Kriegskunst und der ihrer Disciplinen, die ihren Zusammenhang nur durch die Handlung oder deren Zweck erhalten können, schlimm aussehen. Die zu solchen wissenschaftlichen Einkleidungen der Kriegskunst gemachten Versuche militairischer Gelehrten sind auch durchaus fehlgeschlagen. Die besseren Köpfe haben sich dabei verlaufen und die Praktiker aller Zeiten sprechen darüber ab[3], wie der alte Deville (1655), der neuere Darçon, der gelehrte Belidor und unzählige Andere.

Es würde indessen mit dem gesunden Verstande streiten, deshalb auf eine Verachtung der Kriegstheorie von Seiten der erfahrenen Kriegskundigen, die gegentheils selbst diese Theorie förderten, zu schließen. Jener Aussprüche erhalten erst mit der Bedeutung dessen, was sie Kriegs-Wissen nannten, die Erklärung. Ihnen galt als solches Wissen: eine aus unbefangener Beobachtung fließende Betrachtung der Mittel zu den Haupt- und Nebenzwecken des Krieges[4], und hiermit stiegen sie zwar in der Abstraction höher hinauf, traten aber nicht aus dem Leben heraus, sondern griffen gegentheils wieder in dasselbe zurück, um einer erhöhten Kenntniß entgegen zu gehen[5].

Die Kriegstheorie benutzt und fördert selbst in mancher Disciplin die Beihülfe streng wissenschaftlicher Kenntnisse. Die mathematischen stehen unter ihnen oben an[6]; ihr Studium ist daher ebenso wohl der Materie als der rein wissenschaftlichen Form halber jedem Gebildeten und also auch dem gebildeten Soldaten unentbehrlich. Keine Erfahrungs-Wissenschaft (science de fait) selbst darf aber die Gründlichkeit des Wissens in die mathematische Form der Sätze legen, da sie immer nur wenig absolute Wahrheiten wird zum Besten geben können. Hierauf zurückzukommen werden wir im Verlauf unserer Betrachtung noch mehrfach Gelegenheit finden; jetzt wollen wir in dem ersten Abschnitt derselben zunächst einen Blick auf den Entwickelungsgang des Ingenieurwesens werfen und dann die Haupt-Erfordernisse und -Umrisse des heutigen Ingenieur-Unterrichts beleuchten. Ein solches Verfahren wird uns am besten gegen Verirrungen der Phantasie wie davor schützen, daß wir nicht unser Heil in dem Aufstellen unfruchtbarer Doctrinen suchen.

Erster Abschnitt.

Rückblick auf die Geschichte des Ingenieurwesens zur Feststellung der allgemeinen Regeln für das Benehmen bei einem das heutige Bedürfniß beachtenden Ingenieur-Unterricht und zur Bestimmung des Umfangs dieses Unterrichts.

A. Entwickelungsgang der Ingenieur-Praxis und -Theorie (Ingenieur-Literatur).

Man muß in der Kunst und dem Wissen des Ingenieurs gewisse Epochen unterscheiden, um zur richtigen Erkenntniß seiner in früheren Perioden gültigen[7] Unterrichtsweise zu gelangen, durch welche Erkenntniß man allein in den Stand gesetzt wird, den heutigen Unterricht zweckmäßig zu gestalten und die an den Lehrer ergehenden Ansprüche zwar streng, aber mit Nachsicht gegen bestehende Verhältnisse zu würdigen. Eine unbefangene Betrachtung der Geschichte ist hierzu durchaus nothwendig, weil der Ingenieur den größeren Theil seiner Vorbildung, obgleich der Krieg deren Ziel ist, sich nur im Frieden zu verschaffen vermag. Der fähigste Kopf muß also sein Urtheil in demjenigen des Lehrers und der Bücher lange gefangen halten, was bei dem der Praxis näher gelegenen Exerciz anderer Truppenarten weniger zu Befangenheit und zu Vorurtheilen führt, als gerade bei dem des Ingenieurs[8]. Das Uebel wird dazu noch häufig durch die Persönlichkeit der Lehrer, die oft genug ihre Stellung blos der eben vorherrschenden Neigung zum Bücherstudium, vielleicht gar der

Unbrauchbarkeit im praktischen Dienst zu verdanken haben, erhöht; es wird endlich durch die Dämmerung einer gedunsenen und schülerhaften Literatur, die von vielfältigen unzusammenhängenden und unklaren Gesichtspunkten aus vorschreitend, in einen und denselben Gegenstand des Wissens bejahend und verneinend eingeht, auf's Höchste gesteigert.

In den ältesten uns bekannten kriegsgeschichtlichen Werken finden wir zwar häufig genug sogenannnter Ingenieur-Arbeiter, aber keiner besonders zu dergleichen Arbeiten bestimmter Korporationen in den Armee'n Erwähnung gethan. Das Bedürfniß eigener Sicherstellung war dem Bürger und Krieger damals näher gelegt als jetzt; die Mittel fielen ihm natürlicher zu und darum war ein Jeder Ingenieur auf seinen Kopf und auf seine Hand. Der Feldherr war ohne Weiteres Chef dieser den Armee'n inhärirenden Ingenieur-Partie, die deshalb mit keiner anderen in Conflict gerathen und den kriegerischen Charakter ihrer Kunst nicht verlieren konnte. Städter bauten und vertheidigten Mauern und Wälle nach ihrer Idee, so wie Ritter und Mönche ihre Burgen[9] und Klöster (Clausen).

Bei der weiter vorschreitenden Verfeinerung der Kriegskunst und Trennung der Waffen traten die sogenannten Ingenieurs[10] (Engeigneurs) als Mechaniker heraus, weshalb wir noch heute Wasser- und Mühlenbau-Ingenieurs und selbst ingénieurs des ponts et des chaussées besitzen; diese Ingenieure fielen indessen bald und fast überall mit der gleichzeitig entstandenen Artillerie (Arkeley) als zu Schanzmeistern, auch Wallmeistern, geeignete und erfahrene oder, wie Fronsperger (1566) sich ausdrückt, „wohl geniete" Büchsenmeister[11], in Eins zusammen. Daß sich nebenbei in der Armee-Masse noch die Feld-Ingenieure, und zwar bis zu Lascy ohne diese Benennung, erhielten, unterliegt wohl keinem Zweifel, eben so wenig als daß es bald nach Erfindung des Pulvers eigene Werkmeister für den permanenten Festungsbau[12] gab, die in keinem höheren Grade als die Artilleristen und die Schanzmeister mit ihren Schanzbauern (Pions) als Combattanten in den Armee'n angesehen waren.

Zu jener Zeit, in welcher das Vereinigungswort der heutigen Ingenieur-Partie: „Terrain-Verwandlung"[13], noch nicht ausgesprochen war, gab es also nur einzelne Beziehungen zur eigentlichen Ingenieurkunst und die danach getrennten Klassen hatten unter sich und mit den übrigen Armee-Gliedern so wenig Berührungspunkte, daß sie nicht nur eines einigenden Princips entbehrten, sondern sogar eine feindliche Stellung zu einander behaupteten [14].

Mit der bedeutender werdenden Einwirkung des Terrains auf die großen Kriegs-Operationen, einem taktischen Verhältniß, das man von der dünnen Aufstellung unter Gustav Adolph datiren mag; mit der stärkeren Bezugnahme auf das Räumliche der militairischen Bewegungen, mit der Vermehrung und eigenen Organisation der Geschütz-Partie, endlich mit der durch die Schriftstellerei mehr ausgefeilten Theorie sämmtlicher Kriegszweige, wurden alle oben genannten Ingenieur-Abtheilungen in verschiedenen Modificationen verschieden berührt.

Der Ingenieur-Dienst im Felde erhielt durch das Bedürfniß des Terrain-Erkennens oder -Recognoscirens, von dem das Aufnehmen und Zeichnen nur einen Theil ausmacht, eine ziemliche Erweiterung; die Auswahl, die Sicherung, der Angriff und die Vertheidigung der Stellungen (Positionen) schloß sich diesem Bedürfniß an und die Wegräumung der Marsch-Hindernisse (Pionir- und Pontonirdienst) ergänzte die den sogenannten Feld-Ingenieur treffenden Verrichtungen, wobei indessen die erst später bei den Armee'n entstandenen Branchen des Generalstabes und der Geographen auf die eine oder die andere, dem Wesen der Sache nach aber unartikulirte Weise, mit eingriffen, so daß der Ingenieur oft genug entbehrlich wurde oder ihm wenig mehr als die Detail-Disposition der Ausführung übrig blieb, die ihm um so schwerer fiel, als er keine eigenen Mittel zur Verfügung hatte, sondern in jedem einzelnen Falle sowohl Personal als Material erst von der Infanterie- oder Artillerie-Waffe entlehnen mußte. Der Artillerie hatte man nämlich nach einer aus dem Train-Wesen blos zufällig hervorgegangenen Analogie, auch Utensilien- und Pontontrains zugetheilt [15]. Erst mit dem französischen Revolutionskriege wurden die Uebelstände einer solchen nur geschichtlich zu erklärenden Organisation klar und sie ist noch heute in mehreren Armee'n, namentlich in der österreichischen, nicht aufgehoben, während man gegentheils bei uns bestrebt gewesen ist, sämmtliche Ingenieur-Branchen, von der Idee des Ingenieur-Dienstes ausgehend, zu vereinigen[16].

Die Literatur des Ingenieur-Felddienstes, welchem man auch die allgemeine Benennung der passageren Fortification beilegte, bildete sich erst mit Clairac und Tielke aus. Ihr Gegenstand wurde aus verschiedenen Gesichtspunkten, bald selbstständig, bald mit Beziehung auf Taktik[17], hier als eine Vorbereitung, dort als ein Anhang der Befestigungskunst behandelt. Durch solche Vermengung der Gesichtspunkte, zu welcher sich noch häufig genug eine außerordentliche Unachtsamkeit auf die Fortschritte und die Veränderungen in der Kriegskunst gesellte, konnte es nicht fehlen, daß dieser Theorie noch jetzt manche Unbestimmtheit, mancher Mangel und mancher Ueberfluß anklebt, und daß die Kritik bei der Durchsicht eines jeden neuen Werks über diesen Gegenstand vollauf zu thun hat[18]. Nur ein neueres Buch, nämlich Dufour's Mémorial sur les travaux de guerre (1820), zeichnet sich hier vortheilhaft aus.

Die mit den alten unbeholfenen Belagerungs- und Festungs-Artillerieen früher zusammenhängenden Mechaniker oder Festungs-Ingenieure hatten sich als gelernte Theorètiker und Praktiker theils in der Artillerie, theils auch wohl einzeln erhalten; sie versteckten sich aber nach ihren Kriegsthaten wieder in die übrigen Waffen, und man kann wohl annehmen, daß sie sich erst unter Vauban und in den Belagerungskriegen Ludwig's XIV. zu einer stehenden Corporation formirten, welcher durch das damals begründete Vertheidigungssystem Frankreich's zuerst ein regulirter Friedensdienst zufiel[19]. Dem Beispiele Frankreich's folgten die übrigen Armee'n, und so zeigen sich die Ingenieurcorps größtentheils als ein Product der ersten Hälfte des achtzehnten Jahrhunderts[20]. Der Uebelstand, daß den Offizieren keine Truppe zur Seite stand, verfolgte diese Ingenieure, wie ihre Cameraden im Felde, noch im ganzen Jahrhundert ihrer Errichtung; denn obgleich die Nothwendigkeit einleuchtete, gegen Leute, denen man die Direction ungewöhnlicher und schwieriger Arbeiten anvertraut, mit den Mitteln zur Ausführung derselben nicht zu geizen, so ließ man doch hier nichts unversucht, um

Surrogate auf Nebenwegen zu erzielen. Man errichtete Ingenieur-Truppen immer erst zur Zeit ihres Gebrauchs vor dem Feinde, wie die von Cormontaigne errichteten Sappeure zeigen, und durfte sich also nicht wundern, wenn deren Leistungen wegen der Mangelhaftigkeit ihrer Ausbildung Manches zu wünschen übrig ließen[21]. Man formirte endlich eigene Corporationen zu einzelnen Zwecken mit eigenen Offizieren und Commando's, wie die Sappeur- und Mineurcorps der folgenden Zeit, von welchen Darçon meint: „que plusieurs siècles auraient pu passer avant que les places fortes eussent profité de l'existence d'un corps de mineurs.“ Man warf diese auch wohl, wie zeitweilig die Ingenieure selbst, mit der Artillerie zusammen. Ein solcher Versuch verunglückte indessen, in Frankreich sogar zweimal, und man gelangte erst spät zu einer Idee über den Charakter der Waffe und die innige Verbindung des der Terrain-Verwandlung im Allgemeinen gewidmeten Offiziers und Soldaten, wie sie jetzt in dieser Beziehung vielleicht einzig dem Ideale sich nähernd in der preußischen Armee besteht[22].

Die Literatur der Festungs-Ingenieurkaste, welche sich mit der eigentlichen Befestigungstheorie beschäftigt, ist stark; sie geht aber ebenso auseinander, wie die Bestrebungen der meisten unter ihrer Aegide erwachsenen Mitglieder. Gemachte Praktiker, welche Lehrbücher für den ganzen Umfang des Wissens liefern konnten, gab es sehr wenige. Als Originale verschwinden sie eigentlich schon mit Cormontaigne und die einzelnen Dienstzweige werden häufig mit einer Breite behandelt, die keinen Gebrauch für den Unterricht zuläßt. Die reinen (sciences exactes) und die physisch-mathematischen Wissenschaften, die freilich zum vollen Verständniß mancher Fortificationstheorie gehören, waren eine Zeit lang stückweise in den fortificatorischen Vortrag selbst mit eingeschlossen, wodurch bald eine Vermengung des beiderseitigen Vorwurfs herbeigeführt, das fortificatorische Erforderniß auf die Lösung geometrischer Aufgaben beschränkt und die Gründlichkeit des Wissens in die mathematische Form der Sätze gelegt ward.

Außer der Mühe, die sich die besseren Köpfe gaben und geben mußten, solchen gelehrten Wust, welchen die Polemik noch vergrößert hatte, zu sichten und zu beseitigen, stand ihnen auch noch die um diese Zeit vorherrschende allgemeine Unkenntniß des Belagerungskrieges in den Armee'n entgegen, sowie die daraus hervorgegangene Geringschätzung desselben und des Ingenieurs selbst Seitens der Kriegsfaiseurs, während andererseits die Masse der Ingenieure pedantisch, ungenießbar und den Armee'n entfremdet ward[23], so daß die Kunst mit den Künstlern einer Reform bedurfte, als der französische Revolutionskrieg eintrat, welche Reform man damals sehr richtig mit dem neu entstandenen Zeitwort: „militairiser“ bezeichnete.

Wenn man Maigrèt's, zu Anfang des achtzehnten Jahrhunderts geschriebene Traité de la sûreté des états par le moyen des forteresses gegen Darçon's Considérations militaires et politiques hält, so wird man dem veränderten Verhältniß des Ingenieur-Wesens zur Kriegführung in diesem letzten Jahrhundert folgen können[24]. Sobald den regulirten Ingenieurcorps ein bleibender Friedensdienst überwiesen war, konnte von wandernden Festungsbaumeistern[25], wie sich früher ein San Micheli, ein Meister Johann und Andere als solche gezeigt hatten, die Rede nicht mehr sein, und wenn der Ingenieur in der Handwerks-Ausführung jene Detail-Routine nicht mehr besaß, sich auch häufig aus falschem point d'honneur der Details in einem Fache schämte, das aus lauter Details zusammengesetzt ist, so erhob sich doch jetzt das Handwerksmäßige nicht über die dem Ingenieur untergeordneten Werkmeister oder über die in Frankreich noch üblichen Constructeurs. Zugleich traten aber die Ingenieure mit dieser auf sie übergegangenen permanenten technischen Geschäftsführung in die jedesmalige Reihe der Architekten[26] und Hydrotekten ihrer Zeit, deren Werke neben den ihrigen standen und denen sie bis in die feinsten Analysen des Kalküls und der Natur und somit bis in die gelehrte Welt folgen mußten, wenn sie deren Erfindungen und Entdeckungen auch mit Verstand für ihr Fach geltend und nützlich machen wollten.

Die Literatur dieses Zweiges[27] fällt sonach mit der Literatur der physischen und mathematischen Wissenschaften zusammen, bei deren Vielseitigkeit, Ueberfluß und Zerrissenheit es, so lange der Ausbau der Erfahrungssätze und Wissenschaftsformen noch unvollendet ist, ohne Führer unmöglich bleibt, Abwege zu meiden und ohne zeitraubende Umwege zum Ziele zu gelangen. Es ist aber nicht genug, daß dieser Führer den Umfang des Wissens kennt, er muß vorzugsweise von der Anwendung des Letzteren auf die Praxis die richtigste Einsicht haben, weil ohne diese kein Mensch im Stande ist, den Blick eines Lehrlings von Hause aus auf das Wesentliche im Fache zu leiten und seine Kräfte dafür allein zu Rathe zu halten.

Als ein für die Ingenieur-Bautheorie besonders thätiger Schriftsteller zeigt sich Belidor vor der Mitte des vorigen Jahrhunderts, und wenngleich die Conception seiner Theorie jetzt mitunter gegründeten Zweifeln unterliegt und seine Kalküls weit bündiger darzustellen wären, so bleibt ihm außer dem hohen allgemeinen Verdienste, einen wissenschaftlichen Anstoß gegeben zu haben, noch das besondere, das wissenschaftliche Bedürfniß des Ingenieurs nie aus dem Auge verloren, sondern dasselbe, was ihm seitdem Keiner nachgemacht, zu seiner Zeit erschöpft zu haben.

B. Ueber Methode und Ausdehnung des Ingenieur-Unterrichts in heutiger Zeit.

a. Oberste Regeln für das Benehmen beim heutigen Unterricht.

Vergleichung zwischen dem heutigen und dem früheren Unterricht und daraus abgeleitete Regeln für das Benehmen.

Wenn wir bis hierher den einzelnen Zweigen der heutigen nunmehr unwiderruflich anerkannten Ingenieur-Waffe ihrer factischen Entstehung gemäß nachgegangen sind und die daraus am natürlichsten zu folgernde Andeutung und Scheidung des theoretischen Unterrichts im Fortgange der Betrachtung nicht vergessen werden, so wollen wir zuvor noch die Art dieses, wenn auch als idéales amalgames geltenden Unterrichts im älteren Sinne mit wenigen Worten andeuten, weil uns eine solche allgemeine Vergleichung für das Benehmen beim Unterricht selbst nicht unwichtig erscheint.

„La littérature devenait une nourriture du peuple lorsqu'elle eût dû demeurer celle des gens délicats“, klagt Napoleon in dieser Beziehung nicht mit Unrecht. Eine immer fortschreitende, in unserer Zeit offenbar schon mehr gemißbrauchte als richtig gebrauchte Mittheilung der Gedanken läßt in jedem Fache für Berufene wie Unberufene im Theoretisiren mit und ohne Kritik, Sinn und Zusammenhang zu und schafft dadurch neben der Förderung des Wissens auch eine Menge Abnormitäten, Einseitigkeiten und falsche Urtheile. Diese zu berichtigen, jene zu würdigen und abzuschneiden, überhaupt das Ganze gleichmäßig zusammenzuhängen bleibt immer Sache des Lehrers[28], der sein Material aber nicht wie vordem in der Hand hat, und also gegen seine Vorgänger, welche Meinungen, Urtheile, Regeln und Behelfe vorsichtig wie Kostbarkeiten bis zur gelegenen Zeit vor ihren Schülern verwahren konnten, in offenbarem Nachtheile steht[29]. Die Verwirrung in der Artikulation unserer Unterrichts-Serien[30] trägt zu diesem unvermeidlichen Nachtheile geflissentlich das Ihrige bei und bringt den Lehrer vollends um die Autorität, den Schüler um das Interesse im Unterricht. Wir finden darum weniger Schul-Monarchen und -Pedanten unter unseren heutigen Lehrern, wir finden aber auch weniger Positivität, Sicherheit und Gediegenheit im Unterricht; wir finden den Drang nach allerlei Weisheit, wenig Streben nach dem Brauchbaren, viel Dünkel und wenig Glauben in den Köpfen und Herzen der Schüler. Mit einem Wort: es hat sich der ganze Unterrichtsgang mehr von der Erziehung im Vaterhause ab und in erhöhtem Grade der älteren Universitätsbildung zugewandt.

Welchen Einfluß eine solche veränderte Stellung des Unterrichts äußern muß und wie man ihre Vortheile benutzen, ihren Nachtheilen begegnen mag, das zu erforschen ist Sache der pädagogischen Untersuchung. So viel steht aber fest: der heutige Unterricht ist der Grund mehrfacher Uebel unserer Zeit und die schlimmen Folgen desselben zeigen sich vorzugsweise dann, wenn das mitgetheilte Wissen aus mangelhaften Abstractionen des Könnens bestand.

Hieraus würden sich nun als oberste Regeln für das Benehmen beim heutigen Unterricht folgende ergeben:

1. Der Vortrag muß den Lehrgegenstand umfassen und den allgemeinsten Methoden folgen[31], damit im Kopfe des Schülers wenigstens ein Rahmen entsteht, der das, was ohne

des Lehrers Willen hinzukam oder noch hinzukommt, am rechten Ort aufzunehmen vermag. Diese Regel hängt noch überdies mit dem Vortheil des Unterrichts zusammen, den Laplace folgendermaßen angiebt: „Préférez dans l'enseignement les méthodes générales; attachez vous à les présentes de la manière la plus simple et vous verrez en même tems qu'elles sont presque toujours les plus faciles."

2. Die Aufmerksamkeit des Lehrers darf sich vom Bau und der Erhaltung dieses Rahmens nie entfernen. Sowie die Lehre von einem Gegenstand zum anderen übertritt, muß Anordnung, Nebenordnung und Unterordnung der neu eintretenden Begriffe des Lehrers erstes Geschäft sein[32], mit welchem er der Sorglosigkeit im allgemeinen Auffassen der Begriffe zu begegnen hat[33]. Freilich verlangt diese Bedingung Lehrer, die keine Neulinge in ihrem Fache sind und die dasselbe in allen Beziehungen kennen und übersehen.

3. Der Lehrer darf keiner Autoritäts-Illusion Raum geben. Was ihm auf dem Felde des Wissens nicht gehörig begründet und erwiesen scheint, muß er als solches seinen Schülern nicht verheimlichen, ohne sich jedoch auf ein ausführliches pro und contra einzulassen, weil dieses schon ohne sein Zuthun geltend wird und die Polemik der Dialectik entgegenwirkt[34]. Mit dem Scheine der Weisheit, den er ohnehin nicht erhalten kann, wird er in der Meinung der Schüler weniger verlieren, als er durch die gehaltene Aufrichtigkeit gewinnt.

4. Der Lehrer muß Kraft genug haben, seine mühevollsten Arbeiten und Jahre langes Forschen der Wahrheit zum Opfer zu bringen, wenn sie sich seinen Theorie'n widersetzt; er muß sich ihretwegen wieder bis zum Schüler herablassen und ihr gemeinschaftlich mit seinen Lehrlingen einen neuen Altar erbauen können. Durch solche Resignation wird er sich der Wissenschaft nützlich und seinen Schülern menschlich zeigen, auch auf ihr Gemüth so wohlthätig wirken, wie die Alten durch Leben und That.

Auf die hier berührten Punkte mehr als bisher hingewiesen, wird der Lehrer jedenfalls ein freies, würdiges Selbstgefühl erwerben, mehr Leben in den Unterricht bringen und zu unserer Zeit das Interesse des Schülers nicht weniger wecken, als er dies früher durch den Reiz der Neuheit, der heut zu Tage an Wirksamkeit sehr eingebüßt hat, nur irgend zu thun vermochte.

Das Chaos unserer schwächlichen, dickleibigen Literatur[35], die das Wissen oft nur mit scheinbar neuen Anklängen, Wendungen und Theorie'n wie in ausströmenden, electrischen Strahlen ausbreitet, Abrundung und Gliederung der Lichtmasse aber verwischt[36], hat für den guten Kopf, der mit seinen Kenntnissen gerne abschließt, immer etwas Aergerliches, Unheimliches, so daß er lieber in die Welt greift und die Theorie liegen läßt, oder sich höchstens ohne Grundlage und im Gewande der modelustigen Kritik in den Irrgängen der Literatur wieder verliert.

Beachtung des Unterrichtszweckes und daraus abzuleitende Regeln für das Benehmen beim heutigen Unterricht.

Nicht minder wichtig für das Benehmen beim heutigen Unterricht, als die aus der Vergleichung des früheren mit dem heutigen Unterrichtsmodus abgeleiteten Regeln, sind die aus der Beachtung des Unterrichts-Zweckes zu abstrahirenden.

Jeder vernünftig Unterrichtende verfolgt beim wissenschaftlichen Vortrage seinen Zweck. Dieser, nach Sachen, Personen und Umständen veränderlich, ist selten angemessen klar erkannt und wird noch seltener mit stets regem Bewußtsein im Fortgange des Unterrichts festgehalten. Das Wissen des Lehrlings auf den Punkt zu stellen, wie es der Lehrer besitzt, möchte wohl am allgemeinsten für den Hauptzweck des Unterrichts gelten können. Abgesehen jedoch davon, daß dies eigentlich eine Unmöglichkeit ist, weil dazu das ganze Leben des Lehrers gehört, so ist auch der aufrichtige, an der Perfectibilität seiner Wissenschaft hängende Lehrer, welchem die Schwächen und Leeren seines Wissens nicht verborgen bleiben können, damit nicht zufrieden. Er will und kann mehr thun. Er mag den Menschen nicht bei seiner Affen-Natur angreifen, sondern wendet sich am liebsten an sein höheres Wesen. Er wird dieses mit keinem besseren Erfolg thun können, als wenn er dem Gange der Natur selbst folgt, d. h. wenn er, allein ihr hingegeben, zur Theorie zu gelangen sucht[37]. Das hierzu erforderliche Abhorchen der Natur, welches sich bis auf die Individualität erstrecken muß, ist nicht leicht; Göthe, ein großer Meister in der Kenntniß des menschlichen Gemüths, sagt darüber folgendes: „Die Lust zum Wissen wird bei dem Menschen zuerst dadurch angeregt, daß er bedeutende Phänomene gewahr wird, die seine Aufmerksamkeit an sich ziehen. Damit nun diese dauert, muß sich eine innigere Theilnahme finden, die uns nach und nach mit den Gegenständen bekannter macht. Alsdann bemerken wir, erst eine große Mannichfaltigkeit, die uns als Menge entgegen dringt. Wir sind genöthigt, zu sondern, zu unterscheiden und wieder zusammenzustellen, wodurch zuletzt eine Ordnung entsteht, die sich mit mehr oder weniger Zufriedenheit übersehen läßt. Das, was wir in der Erfahrung gewahr wurden, sind meistens nur Fälle, welche sich mit einiger Aufmerksamkeit unter allgemein empirische Rubriken bringen lassen. Diese subordiniren sich abermals unter wissenschaftliche Rubriken, welche weiter hinauf deuten und wodurch uns gewisse unerläßliche Bedingungen des Erscheinenden näher bekannt werden"[38].

Schwerlich läßt sich der Fluß des Wissens, wie er sich im Einzelnen und im Geschlechte fortbewegt, zum Besten des Unterrichts wahrer und anschaulicher vorstellen; eine an einem anderen Orte von demselben Verfasser vorgelegte Darstellung der in einem Lehrbuche beobachteten Methode könnte als eine Charakteristik unseres besseren gewöhnlichen Compendien-Unterrichts jenem Bilde als Schatten dienen; sie mag darum hier ebenfalls Platz finden: „Von eigentlicher Natur-Anschauung ist nicht die Rede; das ausgesprochene Wort, die gebildete Phrase, die mehr oder weniger zugängliche Definition werden zu Grunde gelegt; das eine wie das andere Buch, der Lehrer, eine Wort-Erklärung[39], eine Umschreibung, ergreifen sich wechselsweise. Bald wird etwas Verwandtes herbeigeholt, etwas Aehnliches oder Unähnliches citirt, Zweifel nicht verschwiegen, Fragen beantwortet, dem Widerspruche begegnet und bald beifällig, bald abfällig verfahren, wobei es nicht an Mißverständnissen fehlt, da dann durchaus eine sorgfältige und fleißige Behandlung an die Stelle einer gründlichen tritt. Die Form des Vortrags, Noten zu einem Text zu schreiben, nöthigt zum Wiederholen, zum Zurückweisen. Alles Gesagte wird abermals durch und über einander gearbeitet[40], so daß es dem Ganzen zwar an innerer Klarheit und Consequenz nicht fehlt, wie irgend einem Charten- und Steinspiel; hat man jedoch Alles gefaßt, so weiß man zwar etwas mehr als vorher, aber gerade nicht das, was man erwartete und wünschte."

Daß gewiegte Mathematiker über den Gang des Unterrichts nicht anders denken, als der schöngeistige Göthe, zeigt uns Lacroix in seiner Meditation über den Unterricht: „Recueillir des faits, en déduire des résultats, les appliquer aux circonstances, où ils doivent se reproduire, voilà la marche que doit suivre notre esprit pour arriver à la vérité, car c'est ainsi que la nature le développe dans notre première enfance.“ Die Mathematik als eine der sogenannten sciences exactes wird hierbei freilich anderen, der Abstraction näher liegenden Modificationen unterworfen bleiben müssen, als die zu den sciences de fait gehörenden, den Dienstverrichtungen des Ingenieurs unmittelbar gewidmeten Theorie'n, von welchen hier vorzugsweise die Rede ist.

b. Nothwendige Ausdehnung des Unterrichts.

Wir haben vorhin schon gesehen, worin die älteren, nach den getheilten Verrichtungen unterschiedenen Ingenieure, ihren resp. Fächern nach, unterrichtet sein mußten, und haben nunmehr dem Complex dieser Verrichtungen oder dem einigenden Princip der Terrain-Verwandlung", welches, wie wir oben bereits bemerkt haben, den Haupt-Unterrichts-Gegenstand des heutigen Ingenieurs abgeben muß, näher zu treten.

Es springt hier sogleich in die Augen, daß das spätere Zusammenfallen der früher getrennten Verrichtungen das umfassendere, aus einer anderen Wissenschaftsregion abzuleitende Princip im Kopfe des Schülers gleichsam erst erzeugen muß, sowie daß die von Jahr zu Jahr fortschreitende feinere Ausarbeitung der Theorie, was die einzelnen Fächer betrifft, einen gegen den älteren sehr abgeänderten Unterricht fordert, der nothgedrungen von seiner bisherigen Fülle abgeben muß, um der größeren Ausdehnung genügen zu können.

Der Haupt-Unterrichts-Gegenstand für den heutigen Ingenieur muß also die Lehre von der Terrain-Verwandlung in Bezug auf die Kriegführung sein. Es leuchtet ein, daß, um dem in dem Nachsatz ausgesprochenen Verlangen zu genügen, entweder eine bereits erlangte volle Kenntniß der Kriegführung erfordert wird, oder daß diese wenigstens durch eine mit dem Ingenieur-Unterricht selbst verbundene theoretische Ausbildung angestrebt werden muß[42]. Eine volle Kenntniß der Kriegführung läßt sich aber bei dem heutigen Ingenieur-Eleven nicht im Entferntesten voraussetzen. Eine das Bedürfniß in's Auge fassende Ingenieur-Schule muß ihm also Gelegenheit geben, sich zugleich mit seinem technischen Wissen das diesem superordinirte und theilweise coordinirte Kriegswissen zu verschaffen. Wie dies am besten zu bewirken und welche Rücksichten dabei zu beachten wären, wollen wir in dem folgenden Abschnitt unserer Betrachtung erörtern. Vorläufig mag hier nur erwähnt werden, daß bei allen denjenigen kriegswissenschaftlichen Vorträgen, welche heut zu Tage dem eigentlichen Ingenieur-Unterricht unbedingt vorausgeschickt werden müssen, ein Unterschied obwaltet und die Frage aufgeworfen werden muß, ob sie direct auf den Beruf des Ingenieurs Bezug haben oder nicht. Die ersteren müssen erschöpfender, die letzteren nur vorbereitend für jene behandelt werden, beide müssen aber in einer zusammenhängenden Reihenfolge erscheinen; auch muß sich zuletzt im Verstande des Lehrlings ein wissenschaftlicher Rahmen für alle der Kriegskunst angehörigen Abstractionen, der jeden einzelnen Begriff aufzunehmen und seinem Inhalte nach in's Ganze einzuordnen fähig ist, ausbilden.

Auf solche Weise allein kann der Staat das Seinige thun, sich tüchtige Ingenieur-Offiziere heranzubilden.

Anmerkungen.

[1] (S. 2). Nichts steht still, also auch Wissenschaft und Unterricht nicht. Wenn die älteren Kriegstheoretiker dem Soldaten die Kenntniß der Distanzen- und Höhen-Meßinstrumente, der Kriegsmaschinen &c. als unentbehrlich zu höheren Commandos empfahlen, so sind dergleichen Kenntnisse ganz und gar nicht die nothwendigsten für den heutigen Feldherrn, der mit Hunderten von Leuten umgeben sein wird, die ihm damit aushelfen können. Auch die Kriegsgeschichte schwankt bezüglich der Anwendung jener Mittel in der Zeit und gewinnt nur an Werth mit der Kriegstheorie selbst, der es freilich sauer wurde, ihr Material, so lange es die Ausbildung in der Zeit versteckte, zu finden.

[2] (S. 2) Die denkendsten Köpfe gestehen in diesem erhabenen Sinne die Wissenschaftlichkeit auch solchen Kenntnissen nicht zu, die sich der Abstraction weit leichter unterwerfen, als die Kriegführung.

[3] (S. 2) „Es geschieht dieser theueren Kunst, heißt es in einem alten Fechtbuche von 1562, wie allen rechten Künsten und Gaben Gottes; dieweil sie ein jeder auf seinen Kopf meistern und zerstückeln will, ist der rechte Grund und Gebrauch gar erloschen". — Daroon sagt unter Anderem auch: „C'est le propre des questions militaires qu'elles touchant de près à des considérations morales et politiques ne comportent que rarement des solutions géometriques," und Belidor: „Souvent les ouvriers donnent plus de connaissance dans un quart-d'heure qu'on ne pourrait en acquérir par des longues et pénibles recherches." Wahre Wissenschafts-Uebersicht, -Anordnung und -Ausführung findet man übrigens in den alten italienischen Schriftstellern und zwar schon vor Montecuculi und besonders bei Savorgnano weit gehaltener als in den französischen Kriegsbüchern. Wenigstens sagt selbst ein Franzose (s. Lemontey's monarchische Staatsverfassung, 1809, neu aufgelegt 1829 und übersetzt 1830, Leipzig): „Der französische Adel der Vorzeit, der nur die Waffen zu führen verstand, trieb das Kriegshandwerk aus Liebhaberei, Bedürfniß, Eitelkeit und langer Weile. So entstanden die Kreuzzüge, die Kriege in Italien, die bürgerlichen und Religionskriege und so erblühte uns

der Ruf eines händelsüchtigen Volks, der uns nur zu lange in Europa geblieben ist. Man muß sich jedoch wundern, daß so kriegerische Charaktere nicht auch gleiche Ueberlegenheit in den Theorien der Kriegswissenschaft wie in der Praxis entwickelt haben. Die Italiener sind uns darin weit zuvorgekommen, und selbst in den späteren Jahrhunderten hatten wir ausländischen Büchern die Grundsätze der Strategie und den höheren Theil dieser Wissenschaft zu danken. Die Verschiedenheit der Institutionen kann uns darauf leiten, dieses Problem zu lösen. In dem klugen Italien, wo der Krieg als freie Kunst im Akkord betrieben wurde, gewann die Kunst durch die Concurenz; in Frankreich hingegen, wo das Waffenhandwerk mehr ein Recht der Geburt und die Unwissenheit eine vom Vorurtheil anerkannte Würde war, mußte die Vereinigung der Feder mit dem Degen in der männlichen Hand zur Unmöglichkeit werden und man entbehrte so weit der nöthigsten Kräfte, daß man nur die Zufälligkeit des Kriegsglücks zum Lehrsatz zu erheben vermochte."

[4] (S. 2). Ohne Kritik und also auch ohne Polemik kann das Kriegswissen nicht aus seinem jetzigen Zustande der Verwirrung herauskommen, seitdem eine Menge unberufener Schriftsteller, die man als halbe Philosophen und halbe Soldaten ansehen kann, ihre Weisheit und ihren Genius darüber ausgegossen haben. Was kann z. B. für wissenschaftliche Uebersicht erlangt werden, wenn man, wie ein vielgelesener Schriftsteller neuerdings that, Schlachtenkrieg und Manoeuvrekrieg unterscheidet, den Volkskrieg mit zum Postenkrieg zählt und Bülow's noch oben eine falsch ausgelegte Globulartaktik als einen Zweig der Disciplin behandelt?

[5] (S. 2). Darçon: „La grande et véritable instruction sort de l'exercice des moyens mis en oeuvre d'après la méditation des principes." — Laplace sagt bei der Gelegenheit, wo er von den Entdeckungen und Fortschritten in den Wissenschaften, die wir unter dem Ausdruck: Angewandte Mathematik zusammenfassen, spricht,: „Les lois sont les rapports qui lient entre eux les phénomènes particuliers quand elles ont fait connaître le principe général des forces dont elles dérivent; on les vérifie soit par des expériences directes, lorsque cela est possible, soit en examinant; s'il satisfait aux phénomènes connus, et si par une rigoureuse analyse on les voit tous découler de ce principe, jusque dans leurs moindres détails, si d'ailleurs ils sont très variés et très nombreux, la sience alors aquièrt le plus haut degré de certitude et de perfection qu'elle puisse atteindre. Telle est devenue l'astronomie par la découverte de la pesanteur universelle. L'histoire des sciences fait voir que cette marche lente et pénible de l'induction n'a pas toujours était celle des inventeurs. L'imagination impatiente de remonter etc. se plait à créer des hypothèses et souvent elle dénature les faits pour les plier à son ouvrage etc."

[6] (S. 2). Goethe meint sogar, die Kriegshelden seien den Mathematikern von jeher nachgelaufen, weil diese ihnen Kräfte zuzuführen versprochen, die jene brauchten. Wenn sich also die wissenschaftliche Basis des Krieges mehr mathematisch als metaphysisch zeigt, darf man sich nicht wun-

dern; man darf sich aber wohl nach der Metaphysik umthun, wenn die Mathematik nicht zureichend erscheint, sonst gäbe es überhaupt keine Geschichte der Wissenschaft.

[7] (S. 4). Belici (1598) nennt noch ganz richtig den wissenschaftlichen Soldaten und den mit Soldatenbegriffen ausgerüsteten Ingenieur „speculativo" im Gegensatz zum „operativo," worunter er mehr nur den bloßen Bau-Praktiker versteht. „Opera" hießen nämlich bei den alten Italienern die Bauhütten bei jedem großen Bau und „operai" die Meister dieser Hütten, deren Stellung heute etwa unsere Werkmeister einnehmen.

Dillich (1636) begreift dagegen schon unter seinem „Chorographen" den Feld- und „Festungs-Ingenieur" und zugleich den Generalstabsoffizier, wobei natürlich das Hauptgewicht auf die Abbildung fällt, die sich so gut ganze Reiche wie einzelne Plätze zum Vorwurf nimmt; er hat damit zur Entstehung der heutigen Confusion viel beigetragen.

[8] (S. 4). Friedrich der Große (s. dessen Werke Th. I. pag. 20) sagt: „Ce fut Joachim II. qui fit bâtir la forteresse de Spandau en 1555. L'ingénieur qui la construisit s'appelait Chiaramela. Il fallait bien que l'on fut extrêmement privé de toute sorte d'art dans ce temps pour avoir recours aux étrangers dans les moindres choses. Mais comment pouvait-on défendre les places si l'on ne savait pas les fortifier? Le margrave Jean, frère de l'électeur, fit en même temps travailler aux ouvrages de Custrin. C'était peut être une mode alors de fortifier les places; l'empereur Charles V. en donna l'exemple à Gand, à Anvers, à Milan; si l'on avait eu une idée distincte de l'usage que l'on en peut faire, on aurait eu des ingénieurs."

[9] (S. 5). Die Burgen des niederen Adels im vierzehnten und fünfzehnten Jahrhundert lagen womöglich auf Felskegeln, die von Natur oder künstlich von dem Bergrücken durch den Burggraben getrennt waren. Der viereckige weite Thurm, in dessen untere Etage man von der zweiten aus einstieg, gab die Wohnung des Burgherrn ab, die mit einem Hofe umgeben war, welchen die Wirthschaftsgebäude und eine Einfassungsmauer mit Zinnen einschlossen. In diesen Umgebungen befanden sich auch die Vorrathskammern, Stallungen, eine Capelle und die Wohnungen der männlichen Dienerschaft. Der Thurm hatte in der Regel vier Geschosse. Im unteren waren die Vorrathskeller, ein tiefer Brunnen und vielleicht neben solchem das Burgverließ oder Gefängniß. Im zweiten Stockwerk ging der Haupteingang durch die Küche auf eine hölzerne Treppe, die man in Zeiten der Gefahr hinwegnehmen konnte. Die Küche hatte in ihren Wänden die erforderlichen Bettnischen zur Aufnahme des weiblichen Gesindes, welches hier wohnte. Auf einer schmalen Wendeltreppe ging es von hier zur Wohnung des Burgherrn und seiner Familie, die ähnlich eingerichtet, in der Mitte einen großen Ofen mit breiten, ihn umgebenden Stufen faßte.

In dieser Etage befanden sich auch die Wandschränke mit den Kostbarkeiten. Die vierte Etage enthielt das Besuch- und Prunkzimmer oder den Rittersaal mit den aufgehäuften Waffen und einem großen Kamin. Ueber dieser Etage saß der Burgwächter auf der Warte. — Ueber die Städtebefestigung, wie sie sich im fünfzehnten und sechszehnten Jahrhundert zeigte und wie sie an der alten Cöllner Stadtbefestigung noch sichtbar ist, s. Dziobeck's Abhandlung im Archiv für Artillerie- und Ingenieur-Offiziere vom Jahre 1845. Sie bestand außer der Mauer besonders aus den Bollwerken oder Außenwerken, die vor den Thoren lagen und aus Holz, Erde oder Stein erbaut waren, der Warte, dem Wighaus (Fallthurm oder Kriegshaus von „wigen", das soviel als kämpfen oder streiten bedeutet), der Nothwehr (offene Tambours zwischen der Enceinte und den Außenwerken, die jetzt noch „Zwinger" heißen und von A. Dürer „Grabenwehre" genannt wurden) und endlich den Mausekauen (Poternen oder Minengallerien).

[10] (S. 5). Ingenieure für Kriegsmaschinen gab es schon in der ältesten Zeit; 800 Jahre vor Christus brauchte man vorzugsweise Chaldäer und Phönizier als solche und um das Jahr 400 v. Chr. versammelte Dionysius die besten Ingenieure zu Syrakus. Unter Philipp und Alexander von Macedonien hatte man es in der Maschinenkunst schon weit gebracht; die Römer kamen erst zu Christus Zeit wieder auf ihre Einfachheit zurück. Bei den Belagerungen während der Kreuzzüge wurden vorzugsweise Genueser als Ingenieure gebraucht. Philipp August von Frankreich (1200) legte viel Werth auf die Belagerungsmaschinen. „Les anciens," sagt Mandar, „comprennaient sous la dénomination „„machine"" tout ce qui était de ressort de la mécanique et servait à la guerre"; er unterscheidet Maschinen „de jet", „d'approche" et „de démolition". Ein Theil der Ingenieur-Partie, der Angriff nämlich, fiel nun allmählig der Artillerie zu und Busca (1581) erzählt, daß die Offiziere dieser Waffe in Frankreich unter Carl VIII. sehr geachtet waren; er verlangte von seinem capitano d'artiglcria alle Verrichtungen des die Belagerung dirigirenden Ingenieurs, so die Führung der Approchen, das Rekognosciren zum Sturm ꝛc. Vor der Pulvererfindung rechnete man dagegen nur die eigentlichen Wurfmaschinen zur Artillerie, die übrigen Belagerungsmaschinen aber zur Ingenieur-Partie.

[11] (S. 5). „Man soll am äußersten Graben ein steinern Bollwerk nach Rath der Werkleute und Büchsenmeister machen", rescribirt der Cölln'sche Rath im Jahre 1497. Im März 1552 ließ der Rath den Werkmeister des Herzogs von Jülich, Meister Alexander, kommen. Nachdem er in Begleitung des Stadtbaumeisters (Stadt-Umlaufs) und zweier Abgeordneten des Raths Alles besehen hatte, fertigte er einige Pläne zur Befestigung der Stadt an, welche dem Rathe so gut gefielen, daß er dem Werkmeister 50 Thaler auszahlen ließ und die Ausführung des Planes verordnete, wozu auch sogleich geschritten wurde. Im Jahre 1632 erhielt dagegen der Lüttiger Ingenieur Gallé bereits 2500 Thaler für seinen Plan der bastionirten Erd-Enceinte.

[12] (S. 5). So wie man in Italien den ersten Schritt zu unseren heutigen Militair-Anstalten that, so hatten auch schon die Venetianer ihre Ober-Ingenieure von Profession. Lorini, der Florentiner, erzählt, daß er

von Cosmo de Medicis unterstützt seinem Metier in Holland und Italien nachgereis't sei und nachher 16 Jahre der Signoria von Venedig gedient und immer an deren Plätzen gebaut habe; auch sei er bei allen fortificatorischen Angelegenheiten der Republik zu Rathe gezogen worden.

[13] (S. 5). Die im Soldatenhandwerk erfahrenen Italiener des fünfzehnten und sechszehnten Jahrhunderts waren dem umfassenden Begriffe des Ingenieurwesens näher als viele unserer heutigen Militairs. Belici trifft wenigstens in der Hauptsache so ziemlich das Richtige und wenn Theti, der den späteren Fortifications-Theoretikern überhaupt die Bahn gebrochen zu haben scheint, davon spricht, daß man befestige, damit sich Wenige gegen Viele vertheidigen könnten, so nannte er das doch nur „maggior necessita a fortificare i luoghi," und erhebt den Umstand keineswegs zur Basis des gesammten Fortificirens, wie noch die heutigen Franzosen, wenn sie von der Fortification als der art défensif reden.

[14] (S. 6). Dies kam zum großen Theil daher, daß sich bei den eigentlichen Handwerkssoldaten von jeher eine gewisse Abneigung gegen den Dienst in den Specialwaffen zeigte. In Schweden hieß es z. B., wie heute, schon bei der ersten Artillerie-Organisation in dieser Beziehung: „C'était perdre le corps de l'artillerie, que de vouloir transformer des officiers, essentiellement hommes d'étude en officiers de troupe qui n'avaient ni le goût ni l'aptitude nécessaire au service des casernes sc. où serait l'artillerie aujourd'hui sans une organisation militaire"? (s. Spect. milit. vom October 1848.)

[15] (S. 6) An der Beresina erfuhr Napoleon die wesentlichen Nachtheile dieser Waffen-Vermengung, nachdem in Moscau die Bespannung der Brückentrains zum Fortschaffen der Geschütze bestimmt worden und die in Orsza vorgefundenen Pontons auf dieselbe Weise desorganisirt waren. „Napoléon", heißt es, „qui n'a plus à franchir une rivière aime mieux de s'armer de canons que de traîner de lourds bateaux qui mal attelés resteraient en route", und doch spricht sein Lobredner zuletzt von dem „mauvais état des ponts (derjenigen über die Beresina nämlich), dont il ne dépendait pas à lui d'améliorer la construction."

[16] (S. 7). In Preußen wurde ein Ingenieurcorps zuerst 1738 unter Friederich Wilhelm I. formirt und da keine Lehranstalt, welche erst 1788 zu Potsdam als Akademie eingerichtet wurde, damit verbunden war, so rekrutirte es sich bis dahin größtentheils aus Ausländern. Auch bei den Franzosen wird übrigens das Brückenschlagen der Pontonire häufig unter die Direction der höheren Ingenieur-Offiziere gestellt; so 1796 bei Kehl, wo ein Ingenieur-General die Pontonire kommandirte. Ein Pionir-Regiment wurde in Preußen zuerst 1742 unter Friederich II. errichtet. Bei anderen Mächten zeigten sich die Pionire schon viel früher. So hatten die alten Italiener ihre guastatores oder Schanzbauern, welche die Armee als ein Troß zeitweilig begleiteten und die Busca selbst schon picconieri von ihrem Werkzeuge, der picca, das sie in der Regel führten, so benannte. — Hammer

läßt in seiner Geschichte des osmanischen Reiches die Pionire mit den Janitscharen (1328) unter Urchan, dem Sohne Osman's I., aus dem früher und zwar schon hundert Jahre vor Carl VII., vorhandenen stehenden Fußvolk der Türken (Piada) entstehen, die unter der Bedingung, daß sie das Heer als Schanzbauern (pions) begleiteten, damals Lohn erhielten, als die neuen Truppen (Janitscheri), welche Cara Chalil aus Christenkindern zu bilden vorschlug und die der heilig gehaltene Hadschi Beglasch auf des Sultans Verlangen einsegnete, formirt wurden. In der Schlacht bei Kassowa (1389) war Sharidsche Pascha General der Pionire und stand mit auf dem linken Flügel des Heeres. — Um die Mitte des siebenzehnten Jahrhunderts ist schon bei mehreren Schriftstellern von den Schanzgräbern die Rede. So sagt Freytag, indem er von der Marschordnung der damaligen Heere redet: „Das Geschütz zeugt mit seinem Zubehör vorne her, dabei auch die Schanzgräber ihre Stelle haben." — Uffano (1613) rechnet auf eine Armee von 40,000 Mann 30 Zimmerleute unter einem Oberst und mehreren Ingenieuren, 100 Bootsknechte unter einem Capitain, 6 Petardirer, 2 Ingenieure zur Fortification und mehrere tausend Schanzgräber, sämmtliches Personal unter dem General der Artillerie. Zum Beweis, daß man schon damals die Artillerie- und die Ingenieurwaffe dem Begriffe nach schied, möge das dienen, was Uffano über die Zimmerleute sagt; er meint nämlich: „Sie haben ihren obersten Meister, der auch ein Ingenieur sein muß; er muß wissen, wo und wie Brücken aufzuschlagen und die Minen zu verwahren sind." „Die Ingenieure," heißt es weiter, „sollen die Traversen oder Laufgräben zum vortheilhaftesten ziehen und anordnen; item starke Schultern und Katzen, Verschanzung und dergleichen Befestigung; item müssen sie die Weite, Breite und Tiefe der Flüsse abmessen können ꝛc."

[17] (S. 7). Schildknecht (1652) betrachtet schon in dieser Weise die Lagerkunst und rechnet sie so unwidersprechlich zur Profession des Ingenieurs, wie der Dorfküster das Läuten und der Faßbinder das Klopfen zur seinigen. Er giebt den damaligen Niederländern den Vorzug in den Lager-Anordnungen und setzt das Wesen des Lagers in die Unterkunft und Versorgung. Seine Eintheilung geht auf Nacht-, fliegende und feste Läger. Die „fliegenden" beziehen sich auf die Corps gleichen Namens und sollen nicht befestigt werden. Zu den „festen" gehören ihm auch die fortificatorisch gesicherten Quartiere. Als seine Manier, die ihm nachher die Truppen-Aufstellung erleichtern soll, führt er die schwedische Verbesserung in die niederländische Lagerung des Stewin und Falkenberg ein. Als Grundsatz galt damals bei der Stellungstiefe von 6 Mann dem Lager eine Tiefe von 300 Schritt zu geben. Die Ingenieur-Conducteure, Controlleure und Zimmerleute, so wie die Minirer, Bootsleute ꝛc. lagerten bei der Artillerie.

[18] (S. 7). Pelet sagt z. B. in einer Apologie des Generalstabes in solcher Allgemeinheit durchaus unrichtig: „Dans toutes les grandes armées de l'Europe le corps d'état-major est chargé de la direction et de la construction de tous les ouvrages de campagne ainsi que de toutes les opé-

rations de la guerre. Les officiers ingénieurs sont exclusivement réservés pour la construction de l'attaque des forteresses." Man sieht hieraus wenigstens, was für falsche Ansichten zuweilen unter den sogenannten Soldaten-Gelehrten umlaufen.

¹⁰ (S. 7). General Foy sagt über das französische Genie-Corps in seiner Geschichte des spanischen Krieges (1827) unter Anderem Folgendes: „Man hat Napoleon oft vorgeschlagen, die Artillerie mit der Geniewaffe zu vereinigen. Der Kaiser hatte nicht die Unklugheit, diesen Versuch zu machen; aber er vereinigte die Schüler dieser zwei Waffen in einer Anstalt, welche die polytechnische Schule fortsetzte. Diese Schule war ein Lichtheerd für Frankreich und Europa gewesen und nach einem engeren und weniger liberalen Plane wieder organisirt worden. Das Waffenhandwerk galt vor allen anderen in den Augen Napoleons; er verwandelte eine Pflanzschule der Gelehrten in ein Seminar von Kriegern." (Dieses Urtheil hörte ich selbst in Paris im Jahre 1810 von Professoren dieser Schule.) Weiter heißt es: „Die Franzosen bauten ihre Baracken mit einer Schnelligkeit und Geschicklichkeit, welche bewies, wie viel Anlage sie für jede Art Arbeiten hatten. Der Kaiser ließ sie an der Küste von Boulogne allerhand Arbeiten ausführen und gebrauchte sie oft zur Erbauung von Befestigungswerken. Jedoch zeigten sie immer ein Widerstreben, die Schaufel und Hacke anders wo zu führen, als unter dem Feuer des Feindes." Desgl.: „Schon im Jahre 1688 verlangt Vauban vom Minister Louvois dringend ein Corps, welches die Belagerungsarbeiten unter der Leitung der Ingenieurs ausführen sollte. Es war ein Jahrhundert nachher noch nicht vorhanden. Vor der Revolution gab man gewissen Artillerie-Compagnien den Namen „Sappeurs." Dieselben wurden außer in der Bedienung des Geschützes noch im Sappiren geübt und gewöhnlich dem Genie-Corps überlassen. Soldaten, die zwei Herren gehorchten, zu zwei Zwecken zu gebrauchen, war eine übel verstandene Sparsamkeit. Der National-Convent errichtete die eigentlichen Sappeurs, die zuerst in Compagnien und in der Folge in Bataillone getheilt, sich bald einen Namen machten, der dem Grade von Kenntniß und Kühnheit, welchen die Ausübung ihrer Kunst erforderte, entsprach. Die Minirer wurden dem Genie-Wesen zurückgegeben, von dem man sie nie hätte trennen sollen. Das Genie-Corps forderte auch die Pontonire zurück. So passend auch dieser Anspruch scheint, so behielt die Artillerie dieselben dennoch. Man hat geglaubt, daß die Macht, über welche diese Waffengattung durch ihre Arsenale, ihre Parks, ihren Train, ihr zahlreiches Personal verfügt, zur Erbauung, Bespannung und zum Gebrauch der beweglichen Brücken Mittel gewährten, welche keine andere Combination ersetzen könne." Und: „Die Ingenieurs errichten bleibende und vorübergehende Befestigungswerke; sie greifen die Plätze an und vertheidigen sie; sie gehen in den Krieg. Man kann behaupten, daß was diese drei Beziehungen betrifft, in keiner militairischen Corporation auf der Welt mehr Geschicklichkeit und Patriotismus zu finden sei, als in unserem Genie-Corps. Alexandrien, Antwerpen, Jülich (?) und fünfhundert andere

erbaute, ausgebesserte und verstärkte Plätze zeigen zur Genüge, daß Vauban's Kunst unter den Händen der Marescot, Chasseloux, Haxo ꝛc. nicht in Verfall gerathen ist. Europa war mit unseren Schanzen und Redouten wie besäet. Bei den Belagerungen waren die Offiziere des Genie-Wesens die Seele des Angriffs und der Vertheidigung. Ihre Erfahrung hat dabei eine Menge von Verbesserungen gesammelt, deren Bekanntmachung das Gebiet der Wissenschaft erweitern würde. Im Felde übernahmen sie das Geschäft des Recognoscirens und waren unsere besseren, wenn nicht zu sagen einzigen Stabs-Offiziere. Wo hätten wir welche gefunden, deren Erziehung so gut gewesen wäre und deren Ergebenheit so vielen Proben hätte ausgesetzt werden können?" — An einer anderen Stelle heißt es in Betreff des englischen Ingenieur-Corps: „Das englische Genie-Corps (corps of royal engenieers, wie die Artillerie vom Kriegs-Departement getrennt und von einem anderen Ministerium, dessen Chef auch Chef des Genie-Corps ist, abhängig) ist aus zwei- bis dreihundert Offizieren zusammengesetzt, welche sowohl in der Theorie wie in der Praxis unter denen stehen, welche anderswo dieselbe Kunst ausüben. Der Unterricht in der Schule zu Woolwich ist aus französischen Büchern genommen und bis auf die letzten Jahre hat kein Schriftsteller daselbst über den gelehrten Theil des Krieges geschrieben. Der große Graben zwischen Dover und Calais überhebt die Engländer der Mühe, um die Städte herum Wälle aufzuwerfen, welche den ruhigen Bürger erschrecken würden. Man darf mit Recht voraussetzen, daß Ingenieurs, welche nie Festungen erbauen und nicht einmal vor Augen haben, sich ebenso gut auf die Befestigungskunst verstehen, wie Matrosen, die das Meer nie gesehen, auf das Seewesen." Desgl.: „Als der Herzog von York 1793 den Auftrag erhielt, Valenciennes zu nehmen, trugen die Generale der combinirten Armee Bedenken, die Leitung der Arbeiten der Unerfahrenheit der englischen Ingenieure anzuvertrauen, und wenig Monate nachher bewies das Betragen der letzteren vor Dünkirchen, daß jene Recht gehabt hatten. Bei den Belagerungen auf der Halbinsel war die Angriffsfront oft schlecht gewählt und die Batterien wurden ohne Ueberlegung errichtet. Man versuchte es, aus so großer Entfernung Bresche zu legen, daß die Kugel kaum das Mauerwerk ritzte. Die Soldaten waren ungeschickt in Verfertigung der Schanzkörbe und Faschinen; noch weniger verstanden sie es, sich mit denselben zu decken. Man hätte sogar glauben können, die Ingenieure seien blos dazu da, die Waffenplätze, aus denen sich die zum Sturm bestimmten Soldaten herausstürzen sollten, zu erbauen, und zur Noth hätte man auch mit so entschlossenen Soldaten ihrer Dienste entrathen können. Ein solcher Mangel an Methode macht dem Genie-Corps keine Ehre. Wenn die Glieder des Parlaments mehr Kenntniß vom Kriege gehabt hätten, so würde man Rechenschaft von dem englischen Blute gefordert haben, welches bei den Belagerungen von Badajoz, Burgos ꝛc. stromweise durch die Unwissenheit der Ingenieure vergossen wurde." Desgl.: „Im Felddienste wurden die Ingenieurs unter das Hauptquartier und die Divisionen vertheilt. Der Erfolg, den sie mit ihren Arbeiten erlangten, war fast immer unvollständig. Wir kennen auf der Halbinsel kein bemerkenswertheres Denkmal von der Geschicklichkeit unserer Feinde, als die im Jahre 1810 zur Vertheidigung von Lissabon errichteten Linien und man muß die Ehre davon zum Theil den portugiesischen Ingenieuren zuschreiben. Die Erfahrung bei der Belagerung machte die Nothwendigkeit fühlbar, das Genie-Corps in der öffentlichen Meinung empor zu bringen und die Mittel, über welche es disponirt, zu vervollkommnen." Desgl.: „Ein Befehl vom 25. März 1813 rief die Offiziere auf, sich mit denen von der Linie um Befehlshaberstellen zu bewerben, eine Gerechtigkeit, deren sie bisher beraubt gewesen waren. Es waren Arbeiter in Holz und Eisen (royal artificers) vorhanden, welche zur Unterhaltung der Festungswerke gebraucht wurden. Man verwandelte sie in ein Corps Sappirer, Minirer (royal sappers and miners), die nach ihrer Benennung und Bestimmung unterrichtet wurden. Das Corps soll zu den Feld-, Pionir- und Belagerungsarbeiten die Piqueurs liefern; die beweglichen und die Feldbrücken sollten von ihnen besorgt werden und zu Chatam wurde eine praktische Schule des Genie-Wesens errichtet." Desgl.: „Die an Recognoscirungen und schnelle Aufnahme des Terrains gewöhnten Offiziere sind nicht zahlreich in der englischen Armee; man bewahrt dort die Kriegs-Ueberlieferungen nicht auf wie in Frankreich. General Lloyd war der erste, welcher daran dachte, England aus dem defensiven Gesichtspunkte zu betrachten. Zur Zeit der letzten Angriffs-Drohungen unternahm es der master of the ordonnance, der zugleich Chef der Ingenieure ist, eine Charte der drei Königreiche mit Luxus und Genauigkeit aufnehmen zu lassen. Dieses wichtige Geschäft wird von dem Corps der Ingenieur-Geographen, welches seinen Sitz im Tower zu London hat, das aber in keiner Verbindung mit den Militair-Ingenieuren steht, fortgesetzt und beendigt werden."

[20] (S. 7). Die Unterrichtsanstalten der Ingenieure kamen erst um die Mitte dieses Jahrhunderts zum Vorschein. Chatillon war um das Jahr 1750 erster Commandant der dazumal errichteten Schule von Mezières. Die preußische Ingenieur-Akademie wurde im Jahre 1788, die sächsische 1742 und die sächsische Artillerie-Akademie 1766 gestiftet. Die Wiener Ingenieur-Akademie existirt zwar schon seit 1717, sie ist aber mehr als ein Cadettenhaus zu betrachten, indem erst die in der achten oder höchsten Klasse befindlichen Eleven eigentliche Ingenieur-Cadetten sind. Dieselben treten schon mit dem neunten Jahre ein, erhalten aber in den niederen Klassen eine allgemeine Bildung zu anderweiten militairischen und bürgerlichen Bestimmungen. Die Akademie wird größtentheils durch Privatstiftungen gehalten.

[21] (S. 8). Cormontaigne sagt z. B. von den Sappeuren, wenn sie einexercirt wären: „Un jour que ces sappeurs gagneront par leur diligence donnera au roi plus de 10,000 livres d'économie en bien des soldats."

[22] (S. 8). Sonderbarer Weise glaubt man theilweise noch heute, beschränkten Kriegstheorien durch die Behauptung eine Stütze bieten zu können, daß die Ingenieur-Waffe keine eigentliche Waffe sei. Man gefällt sich in demselben Vorurtheil, welches früher und noch zu Anfang des achtzehnten

Jahrhunderts nur den für einen Combattanten gelten lassen wollte, der corps à corps mit dem Feinde zu thun habe, weshalb noch damals die Artilleristen als Nichtcombattanten galten, wie einige Jahrhunderte früher die Archers von den Rittern verachtet wurden und sich letztere, wie bei Pavia, für zu gut hielten, an der Spitze einer Sturmkolonne zu fechten, wohin eine aufgeklärtere Zeit bald den Kern der Armeen stellte. Die Meinung, Alles, was mit Maschinen zu thun habe, in den Armeen hintenan zu setzen, mochte noch von einem Lykurgischen Gesetz herrühren, welches den Spartanern die gefährliche Annäherung an die Maschinen untersagte. Die Meinung trug sich alsdann wie gewöhnlich auf Vorurtheile über und Busca schreibt am Ende seiner instruzzione de bombardieri (1598) einen langen Brief darüber an seine Freunde, worin die Gründe und die Vorurtheile gegen einander gehalten werden. Man trieb es so weit, die Artilleristen selbst für unehrlich zu halten und mit den Armee-Profoßen in eine Klasse zu setzen, weil man auf dem Marsche die Arrestanten an die Kanonen schloß; „aggiugno che sono scommunicati ed che mentre esercitano tale arte è loro vietato ricevere il santissimo sacramento del Eucharistia," was sich nur mit der ursprünglichen Abneigung des Soldaten gegen den Pulvergebrauch zusammenreimen läßt. Seit Carl VIII. standen dagegen, wie schon oben erwähnt worden, die Artilleristen in besonderen Ehren bei den Franzosen.

[23] (S. 9). Constant de Rebeque sagt in seinem von der Religion handelnden Buche etwas auf die Ingenieur-Corporation sehr Passendes, wenn er meint: „Toute classe dont l'autorité dépend d'une suprématie intellectuelle qu'elle ne peut conserver que par le monopole est dans une position hostile; chaque progrès qui s'opère 'hors de son sein est un danger pour elle et ce danger d'une nature toujours indentique imprime à cette classe une action uniforme. Elle semble alors s'être traçée un plan, tandis qu'elle ne suit que la marche dictée chaque jour par le péril du jour; mais le plan qu'elle n'avait pas conçu d'abord résulte bientôt de cette marche même. L'expérience l'éclaire, elle voit que l'immobilité, l'ignorance, la dégradation de tout ce qui n'est pas elle, sont les conditions de son existence et renferment dans l'enciente impénetrable ou elle a pris son poste ce qu'elle a recueilli de lumière et de science; elle déclare une guerre à mort à toute science, à toute lumière qui brille en dehors." Wie wahr Constant hier spricht, erkennt man aus Montalemberts Streit mit dem französischen Ingenieur-Corps. Selbst auf dem Todtenbette sollte nach den französischen Ingenieuren Vauban die Ausgaben bereut haben, die er durch die Casematten zu Landau, Befort, Neu-Breisach ꝛc. veranlaßt hatte. Was fehlt hier noch an dem Glaubens-Fanatismus?

[24] (S. 9). Die Italiener waren auch hier schon Ende des sechszehnten Jahrhunderts auf Punkten angelangt, die im neunzehnten noch nicht allgemein anerkannt sind und durch die Pedanterie der Zwischenzeit wieder in Vergessenheit geriethen.

[25] (S. 9). Die Reichsstädte behielten ihre Handwerks-Ingenieure am

längsten. So baute noch in der ersten Hälfte des siebenzehnten Jahrhunderts ein Schanzmeister zu Straßburg, den man nur den Wall-Jacob nannte, mehrere Bastione. Das erste, Heyden-Bastion daselbst, war 1632 von einem Capitain Adrian gebaut worden. Meister Johann (Giromela) baute die Citadellen von Jülich und Spandau nach einem Muster der Düsseldorfer. Meister Franz baute unter Carl V. 1540 Antwerpen, Urbino 1567 die Citadelle daselbst unter Alba; durch einen v. Lynar wurde zu derselben Zeit Küstrin gebaut ꝛc.

[26] (S. 9). Die Soldaten-Ingenieure, wie z. B. Belici im sechszehnten und Schildknecht im siebenzehnten Jahrhundert, waren mit diesen Architekten keineswegs zufrieden; der letztere sagt wenigstens: „In Bergen, Thälern und in Wäldern kommts anders als in flachen Feldern, die sich in ebenem Platz ausbreiten; Maulesel muß man anders reiten, als ein gut Pferd, so hoch in Werth; das ist Gebrauch zu allen Zeiten." Noch heut zu Tage hört man von den vermeintlich gelehrten Ingenieuren oft sagen, daß sie keine Maurer und Zimmerleute seien; das sind sie nun freilich nicht, aber sie sollen wissen, was der Maurer- und Zimmermeister wissen muß; es wird ihnen mehr helfen, als Manches, was Niemand gebrauchen kann — und am Ende kann man im ganzen Leben auch Vieles lernen.

[27] (S. 9). Eines der ältesten und gediegensten Bücher über das Ingenieurfach ist das von Giov. Battista Belici, das zuerst zu Venedig 1598 durch Tomaso Baglioni mit einer Zueignung an den Grafen von Hanau herauskam, das aber wahrscheinlich schon länger als 50 Jahre vorher geschrieben ist, weil der Verfasser seine eigenen Erfahrungen aus der Belagerung von St. Dizier (1544) erzählt. Das Buch ist sehr selten, es befindet sich, jedoch in Hinsicht auf die Zeichnungen incomplet, in der Stadtbibliothek von Trier.

[28] (S. 11). Daß auch die Meister und Jüngerschaften ihre schwachen Seiten hatten, zeigt das Unwesen der Sophisten-Universitäten in Athen ꝛc. zu Julians und Theodosius Zeit; denselben stellten sich die ersten christlichen Mönchsschulen unter Basilius und Gregor von Nizanz entgegen; sie wurden nach Alarichs Einfall in Griechenland im sechsten Jahrhundert nach Alexandrien verpflanzt. — Was die französische Schule für das Ingenieurwesen für Früchte getragen, ist den Unbefangenen bekannt; auch wirft ein witziger Franzose im Allgemeinen seinen Landsleuten ihr „foi moutonnière à la parole du maître" vor.

[29] (S. 11). In Marozzo's Fechtbuch (arte dell' armi, Venetia 1563) findet sich folgende Vorschrift unter dem Titel: del giuramento che de' dare il maestro alli scolari: „Io voglio, che voi giurate in su questo elzo di spada, la quale si è la croce di Dio, in prima, di non venire mai contra vostro maestro ed ancora di non insegnare mai a persona alcuna, quello che da me voi imparareti senza mia licenza." Das letztere geschah darum, damit die, welche blos durch eines berühmten Lehrers Schule gelaufen waren, seine Kunst nicht verfälschen sollten.

[30] (S. 11). Ihre Einrichtung verdankte die französische polytechnische

Schule z. B. blos der Absicht, talentvolle Leute zur Anordnung, Direction und Verwaltung öffentlicher und Privat-Anlagen zu befähigen. Als eine nothwendige Eigenschaft dazu galt zunächst die Kenntniß der Form und Bewegung der Körper, und alsdann diejenige ihrer Zusammensetzung, woraus sich ein mathematischer und physischer Theil des Unterrichts ergab. — Für den Unterricht in höchster Instanz, der nur wie eine Nachhülfe im Selbststudium angesehen werden darf, möchte wohl der Universitätston zu empfehlen sein, der aber auch alsdann rein gehalten sein will. — Die Artikulation des gesammten Unterrichts stellt Wagner in seinem pädagogischen System folgendermaßen auf: „Hat die Mutterschule das Kind dahin gebracht, daß es sich selbst und die Dinge benennen, beschreiben und durch Maaß und Zahl oberflächlich bezeichnen konnte, so kommt es in der Elementarschule dazu, mit Hülfe der Schriftsprache, die jetzt an die Stelle des mündlichen Erzählens und Beschreibens tritt, aus jedem gegebenen Inhalt dessen allgemeine Verhältnisse herauszufinden und dadurch überhaupt denken zu lernen. Der Kenntnißschule oder dem Gymnasium bliebe also die Aufgabe einer allseitigen Anwendung dieses Denkens und die letzte Stufe der Schule, die Hochschule, hat nichts mehr zu thun, als das allseitig angewandte Denken zu organisiren und seine Anwendung im Leben zu zeigen."

[31] (S. 11). Dabei ist auch auf die Geschichte der Wissenschaft zu rücksichtigen, denn dieselbe ist die Wissenschaft selbst, wie ein Gelehrter mit sehr gutem Grunde sagt, wenn er eine reelle Geschichte der sich dabei entwickelnden Wahrheiten im Sinne hatte, worauf am Ende auch das ächte Verständniß beruht und worauf der Lehrer hinzuarbeiten hat, wozu indessen die Bekanntschaft mit einem Lehrbuche allein bei dem besten Willen nicht ausreicht. „Non multa sed multum, non scholae sed vitae discendum", meinte Dr. Luther. Es muß indessen auch hierbei wie überall das modus in rebus beobachtet werden. Der Unterrichtsgang muß dem menschlichen Geistes-Fortschritte angemessen sein. Mancher Begriff kann erst seine volle Ausdehnung erhalten, wenn man ihn erst in einfacherer Bedeutung gebraucht hatte, um zum Verständniß der umfassenderen zu gelangen, wie er auch wirklich auf diesem Wege in das menschliche Wissen eingetreten war. Man scheint diesen Umstand in unseren neuesten wissenschaftlichen Bestrebungen auf Kosten der Klarheit ziemlich zu vernachlässigen und die so fruchtbare Methode der Induction und Analogie, d. h. der Leitung vom Besonderen zum Gemeinsamen, vom Aehnlichen zum Wahrscheinlichen und Gewissen, zu verabsäumen, während man in der strengsten logischen Form dem gemeinen Verstande schillernde und mit Nebel umflossene Vordersätze vornehm auftischt, die weder überzeugen, noch widerlegt werden können. — Wagner sagt in seinem System des Unterrichts (s. dessen Encyclopädie und Methodologie des gesammten Schulstudiums, Aarau, 1821): „Da die Wissenschaften natürliche Gruppen bilden, so folgt für den theoretischen Unterricht auf der Hochschule, daß jede Gruppe von Wissenschaften an ihre Spitze einen encyclopädischen Vertrag stellen müsse, der das Ganze dieser Gruppe in einer orga-

nischen Uebersicht darstellt und, indem er das Einzelne aus dem Ganzen entwickelt, zugleich von jedem Einzelnen den Begriff giebt. Theilt eine Gruppe sich wieder in Gruppen, so sind auch von diesen untergeordneten Gruppen encyclopädische Uebersichten zu geben."

[32] (S. 12). Eigentlich sollte wohl diesem Bedürfniß in wissenschaftlicher Uebersicht durch die Compendien, welche die Sätze in den Zusammenhang für den wissenschaftlichen Vortrag fassen, begegnet sein; alsdann würde aber freilich schon eine Art von Erstarrung für den Lehrer eingetreten sein, der bei jedem erneuerten Vortrage seinen Gegenständen auch eine erneuerte Verbindung und ergänzende Seiten abgewinnen muß, wenn er anders seinen Beruf redlich erfüllen will.

[33] (S. 12). Diese Gliederung der Kenntnisse beabsichtigt man eigentlich durch die Klassen-Eintheilung zu erlangen. Eine jede Klasse sollte ein abgeschlossenes Ganzes zum Vortrage wählen, damit der Schüler mit einem solchen ausgerüstet in die neue Klasse treten und ein Resumé der erlangten Kenntniß dorthin mitnehmen könnte. Wird diese Rücksicht wohl bei der Klassen-Eintheilung stets beobachtet?

[34] (S. 12). Wagner sagt: „Wer es in der Wissenschaft zu etwas bringen will, muß vor der Selbstthätigkeit sich erst empfänglich hingeben, d. h. lernen und dann erst auf das Gelernte seine Thätigkeit richten, denn was man nicht erst hat in sich wurzeln lassen, kann man auch nicht in sich zur Reife bringen. Man trage einem gebildeten Mann von lebhaftem Geiste und durchdringendem Scharfsinn philosophische Wissenschaften vor und erlaube ihm nach Bedürfniß und Lust den Lehrer mit Einwendungen zu unterbrechen und dadurch diesen zu nöthigen, seine Idee'n aus dem Stegreife nach allen möglichen Seiten zu wenden und in vielfacher Form auszusprechen. Dies wird zwar dem Lehrer große Gewandtheit im vielseitigen Auffassen und Darstellen der Idee'n verschaffen, der Schüler aber wird sich Genuß und Frucht dieses Vortrages durch seine alle Empfänglichkeit überspringende Selbstthätigkeit verdorben haben."

[35] (S. 13). Göthe sagt: „Schreiben ist ein Mißbrauch der Sprache; still für sich lesen ein trauriges Surrogat der Rede. Der Mensch wirkt Alles, was er vermag, auf die Menschen durch seine Persönlichkeit, die Jugend am stärksten auf die Jugend, und hier entspringen die meisten Wirkungen. Diese sind es, welche die Welt bewegen und weder physisch noch moralisch aussterben lassen." Die Wahrheit dieses Satzes und die Richtung an die Individualitäten, ja an mehrere in gleichen Verhältnissen stehende ist es nach Savigny, warum die Universitäten nicht durch Bücher ersetzt werden können. Es ist irrig, den Werth eines Lehrers nach den Entdeckungen abzumessen, die er in der Wissenschaft gemacht hat, oder danach, ob er einen guten Vortrag hat. In dem Lehrer allein, welcher zugleich selbst an der Fortbildung der Wissenschaft thätigen Antheil nimmt, wird sich die Lebendigkeit des wissenschaftlichen Denkens auch vortretend zeigen, wodurch ausschließlich das Lehrgeschäft an sich gewinnen kann, und auf der anderen Seite

wird die Empfänglichkeit des Schülers nur durch den so gegründeten Ruf des Lehrers wesentlich erhöht werden.

[36] (S. 13). Wie alles Ding in der Welt, so hat auch das Wissen seine auf jeden Menschen wirkende Perioden, der Keim, die Blüthe, die Frucht, auf die man im Unterrichte achten sollte, weil man ohnedem der Strafe jeder Unnatur verfällt. Zuerst hat das Wissen noch einige Verwandtschaft mit dem Glauben (dem kindlichen). Die Autorität hält es zusammen und läßt ihm positive Seiten, die, jenachdem sie gediegen sind oder nicht, Weisheitsfundament oder Vorurtheil erzeugen. Später gestaltet sich das Wissen nach der That; es sucht praktische Zwecke und praktische Lehren. Steht es in keinem gesunden Verband mit dem übrigen geistigen Wesen, so schießt es im Defect als Unsicherheit und Oberflächlichkeit, im Exceß als Einseitigkeit und selbst Verrücktheit an. Endlich wird das Wissen für die Kritik gewonnen. Die in der zweiten Periode zur Seite geworfenen Vorarbeiten erlangen wieder Werth, doch nicht um als Autorität, sondern um als Verstandes-Material zu dienen, an dem sich der im Welthandel abgeschliffene Geist jetzt zum Ritter schlägt und schlagen soll, wenn er nicht als Schwächling (das Rohr in der Wüste) von der Bahn abtreten will. Napoleon drückte diesen Zustand mit der Redensart aus: „J'ai fixé mes idées là-dessus.“

[37] (S. 13). Als Hauptargument gegen den alleinigen Zweck des Wissens im Unterrichte dienen folgende schönen Worte Wilhelm Schulz': „Alle Bildung und menschliche Erkenntniß geht von bestimmten Wahrnehmungen aus. Das Gleichartige der Erscheinungen wird im Begriffe zusammengefaßt und jede Definition desselben, jede Auseinanderlegung der einzelnen Merkmale seines Inhalts setzt, um klar zu sein, die Kenntniß des Einzelnen voraus. Auch die Anwendung der Begriffe zur Beurtheilung des Besonderen giebt für sich keine neue Erkenntniß, sondern vermittelt nur ihren Fortgang. Indem wir an einem Gegenstande gewisse Eigenschaften bemerken, die mit den ähnlichen im Begriffe festgehalten, übereinstimmen, halten wir uns berechtigt, auf das nicht Augenfällige zu schließen. Der Schluß als die Folge der Vergleichung des Besonderen mit dem Resultate bisheriger Erfahrungen erleichtert die Auffindung der noch unbekannten Verhältnisse, indem er entweder unsere Aufmerksamkeit nach Gründen der Wahrscheinlichkeit darauf hinwendet, oder aus Gründen des Zweifels uns abhält, eine unrichtige und unvollständige Anschauung als richtig und vollendet anzunehmen. Immer schließt jedoch jene Vermuthung wie dieser Zweifel die Möglichkeit eines Irrthums in sich und nimmer kann hierdurch die Betrachtung dessen, was noch nicht zur Anschauung gekommen, entbehrlich werden.“

Hiermit ist das Recht und die Beschränkung ausgesprochen, die wir bei der Anwendung und Geltendmachung unserer Begriffe anerkennen sollen. Das Ziel, dem unser Trieb nach Wahrheit entgegenstrebt, ist die geistige Anschauung des Weltganzen in seinem ewigen Zusammenhange, seinem unermeßlichen Umfange, seiner unergründlichen Tiefe und seinem unendlich reichen Inhalte. Dies Ziel ist unerreichbar sowohl für den einzelnen Menschen als für die Menschheit, aber wir nähern uns ihm, indem wir unsere Erfahrungen begrifflich feststellen und wenn wir uns mit besonnener Willenskraft durch den Glauben sowohl wie durch den Zweifel zu neuen Erfahrungen leiten lassen. Sonach ist die Bildung der Begriffe und ihre Anwendung im Denken der allein mögliche Weg. welcher uns über die thierisch-sinnliche Anschauung des Einzelnen erhebt und zu immer hellerer und weiterer Betrachtung des großen Ganzen hinführet. Sonach ist aber auch klar, daß derjenige in einen Irrthum verfällt, welcher einen Schritt auf diesem Wege schon als das Ziel betrachtet, indem er das Leben einem Begriffe unbedingt zu unterwerfen trachtet, ohne zu beachten, daß der Begriff selbst veränderlich und durch das Leben einer immer weiteren und reicheren Bestimmung fähig ist. —

[38] (S. 14). Das Wissen ohne Zusammenhang steht mit ähnlichem Willen in gleichem Verhältniß und nothwendiger Verbindung; ein solches Wollen ohne Zusammenhang aber erzeugt den gestörten geistigen Organismus im Einzelnen wie im Ganzen (dem Staat) und führt zum moralischen Tode beider.

[39] (S. 14). In der Wort-Erklärung und -Ableitung (Etymologie) liegt bei Kunstwörtern häufig eine ursprüngliche Idee, welche dem Kunstworte und mithin der damit bezeichneten Sache die frühere, aber später verloren gegangene oder verschobene Bedeutung gab, zum Grunde. Sie ist darum für die Theorie von Werth, sobald man zugiebt, daß am Ende Wissenschaft und Geschichte der Wissenschaft (wenigstens in den Kunst-Theorien) so ziemlich zusammenfallen

[40] (S. 14). Sollte man nicht glauben, Göthe hätte diesen Unterricht im Sinne gehabt, wenn er in seinem Faust dem Dialog zwischen Mephistopheles und den Thieren in der Hexenküche die folgende Wendung giebt: Meph.: „So sagt mir doch, verfluchte Puppen, was quirlt Ihr in dem Brei herum?" Thier: „Wir kochen breite Bettelsuppen." Meph.: „Da habt ihr ein groß' Publikum."

[41] (S. 15). Daß dieser Vorwurf der Ingenieur-Partie in seiner Allgemeinheit noch nicht aufgefaßt ist, gereicht dieser Partie überhaupt in vieler Hinsicht sehr zum Nachtheil bei der Vergleichung mit den übrigen Waffen sowohl, wie auch in der Geschäftsführung. Da Persönliches und Materielles in allen Waffen zwei große Abtheilungen bilden, in den anderen aber das erste als Zweck, das zweite als Mittel erscheint, während in der Ingenieur-Waffe der umgekehrte Fall stattfindet, so lassen sich die Folgen der Verwechselung leicht begreifen. Während z. B. die höheren Ingenieur-Offiziere den Dienstarbeiten ihrer Untergebenen vorstehen, regulirt das Kriegsministerium dieselben als einen materiellen Gegenstand durch seine adjoints.

[42] (S. 16). Die von Mandar (liv. II. de la liaison qui existe entre les différentes branches de l'art de la guerre et la fortification) herausgehobenen Gegensätze führen wegen der vorausgegangenen fehlerhaften Eintheilung zu ganz falschen Ansichten.

Zweiter Abschnitt.

Ueber diejenigen kriegswissenschaftlichen Vorträge, welche dem Unterricht in dem eigentlichen Ingenieur-Wissen theils voraus-zuschicken sind, theils neben demselben herzugehen haben.

A. Der das Wesen des Krieges umfassend behandelnde Vortrag (Theorie der Kriegskunst).

Allgemeine Anforderungen, die an jeden Vortrag über die Theorie der Kriegskunst gestellt werden müssen.

Die naturgemäße Zusammenstellung aller die Kriegskunst angehenden theoretisirenden Betrachtungen ist meiner Meinung nach eine noch nie zur Genüge gelöste Aufgabe[1]. Mir scheint das Bild des einzelnen Streiters eine einfache und richtige Parallele dafür abzugeben, weil hier wie dort: physische sowohl als psychische Kräfte, Streit-Erfordernisse und Handtirung zur Sprache kommen[2] und nur eine Transposition und Ausdehnung der Begriffe von der Person auf den Staat, von dem Raum, den ein Mann, auf den, welchen eine Armee braucht, in der nämlichen Reihenfolge erforderlich wird[3]. Wir wollen für solche Zusammenstellung auf diese Parallele etwas näher eingehen.

1. Man muß die handelnden Personen, hier Armee'n, näher kennen lernen. Jeder junge Militair ist dazu schon vorbereitet. Mit wenig Hülfe wird er bald das Geistige und Körperliche, das Personelle und Materielle unterscheiden und vergleichen und den nothwendigen Organismus einer Armee mit seinen Werkzeugen als ein Ganzes auffassen lernen[4], sowie befähigt werden, aus den Anforderungen, welche an den Stand zu machen sind, das Ver-

hältniß, in welchem sich der Soldat den übrigen Staatsgliedern gegenüber befindet, zu verstehen und zu begreifen. Durch diese und ähnliche Betrachtungen wird man die Aufmerksamkeit gleich zu Anfang des Unterrichts wohlthätig anregen und einem vollen Verständniß zweckmäßig vorarbeiten.

2. Die Streitfähigkeit muß bei der Masse wie beim Einzelnen nach den natürlichen Anlagen geschaffen und erhalten werden für Geist wie für Materie [5].

Die Kenntniß vom richtigen Gebrauch der Intelligenzen und Gliedmaaßen einer Armee schließt sich nun an die vorhin beigebrachte Organisationskenntniß an, führt zur Erschaffung, Ausrüstung, Ernährung und Bildung der Armee'n, umfaßt demnach die Rekrutirung, Waffenlehre, Militair-Oekonomie [6], so wie den Unterricht in der Taktik im eingeschränkten Sinne (niedere Taktik).

3. Der Einzelne wird nicht immer streiten, die Armee'n können nicht immer Krieg führen, weil Kriegs- und Friedenszustand einander entgegenstehen und mit einander wechseln.

Hieraus folgen die besonderen Zustände des Soldaten und der Armee'n im Kriege und im Frieden, die Uebergänge [7] aus dem einen in den anderen Zustand, die besonderen Modificationen in Betreff der Beschaffung, Ausrüstung, Erhaltung und aller unter der vorigen Nummer gedachten Verhältnisse.

Mit der hier auf die bündigste Weise in den Vortrag eintretenden Kriegführung muß das Bild von zwei Streitern, nämlich von Freund und Feind, zu Hülfe genommen werden. Es führt auf ein beiderseitiges Erkennen, auf gewisse bleibende Rechte (Völkerrecht) und verliert sich in der über der Kriegskunst stehenden Staatskunst (Politik).

4. Jeder Streitende wird entweder seinen Feind angreifen oder sich von ihm angreifen lassen und sich wehren (activ oder passiv verfahren) [8].

Zu Beidem gehört, daß der Streitende sich auf dem Terrain aufstellt und bewegt, und daß er sich dabei keine Blößen giebt, sich also seiner Sicherheit [9] bewußt bleibt, was von Umständen und der Umgebung abhängt. Aus diesen muß er also Vortheil zu ziehen, nicht minder aber auch seines Gegners Verhalten zu denselben zu erkunden wissen [10].

Die Marsch- und Stellungslehre (alte Castrametation), die Terrain-Erkenntniß, so wie eine Uebersicht der Terrain-Verwandlungs-Theorie (Ingenieur-Kunst), mit einem Worte: das Kriegs-Maniement der Armee, macht den Inhalt dieses Abschnitts aus, der mit der Manoeuvrirkunst im Feld- und Festungskriege (grande tactique) schließt.

5. Wenn zwei Streitende handgemein geworden sind, so müssen sie sich schlagen; sie können dabei ihr Uebergewicht am rechten Orte sogleich geltend machen oder des Feindes Kraft erst durch eine Finte brechen, um seiner dann Herr zu werden. Ein Drittes giebt es nicht.

Wie und wann sie das eine oder das andere thun, welche Kraft und Ausdauer sie ihrem Vorsatze widmen, welche Rücksicht sie dabei auf ihres Feindes Handlung und ihre eigene Sicherheit nehmen wollen, dies ist Sache ihres Kopfes und ihres Willens und wird vom Streite der Einzelnen untereinander bis zur Schlacht[11] immer der Intelligenz, d. h. in der letzteren dem Anführer, überlassen bleiben müssen. Darum kann es auch eigentlich keine Theorie der Feldherrnkunst geben, die nur im Einzelnen geschichtlich auszuspähen, im Ganzen aber nach eigener Ueberzeugung und nach eigenem Takt auszuführen ist.

So anerkannt es indessen auch in der weiteren Bedeutung des Worts eine eigentliche Theorie der Feldherrnkunst[12] nicht geben kann, so weis't die eben durchgeführte Parallele doch auf einige Handhaben hin, an welchen der Feldherr das ihm überlassene Kriegs-Instrument für den letzten Zweck anzufassen hat[13], und die als constante Hülfsmittel der Kunst dieser endlichen Handtirung gemäß eingerichtet und a priori bedacht sein wollen.

Wir glauben sie hier noch besonders herausheben zu müssen.

a) Alle erlaubten Finten der einen, Krieg führenden Partei laufen in Ueberraschungen für die andere aus[14]. Man muß letztere indessen nicht mit den Zufällen (accidents) verwechseln, die sich nur benutzen, nicht einleiten lassen. Hierzu gehören auch viele der sogenannten Stratageme der Alten, mit denen sich die Theorie ebenfalls nichts zu schaffen machen kann. Was wir unter Ueberraschungen[15] verstehen, wird sich weiter unten ergeben.

Eine nothwendige Bestimmung des Begriffs fehlt in den meisten Schriften, so auch in den Napoleon'schen Memoiren, die übrigens sonst manche Winke für die theoretische Beachtung der Ueberraschungen enthalten.

Hier genügt uns vorläufig der Satz: daß die Ueberraschung des Feindes als eines der nähern Vehikel zum Siege anzusehen ist, was Niemand, der sich in der Kriegsgeschichte umgesehen hat, leugnen wird.

β) Das materielle Uebergewicht der Stärke hängt theils von der Zahl der Streitmittel, theils von ihrem nach Beschaffenheit, Zeit und Ort geregelten Gebrauche ab.

Unter übrigens gleichen Umständen entscheidet die Zahl; der Erfolg ist alsdann die reine Ueberwältigung[16] (passer sur le ventre), welche demnach als ein zweites Vehikel zum Siege anzusehen ist.

Für die Beschaffenheit der Truppe ist in der entscheidenden Stunde wenig zu thun, es wäre denn durch den Blick, das Wort, das Beispiel des Anführers, welche psychischen Kräfte sich indessen schon ihrer Natur nach der vorläufigen Beachtung in der Theorie entziehen. Je geringer der zur Erlangung des Uebergewichts an einer bestimmten Stelle erforderliche Zeitaufwand ist, desto eher wird der Feind bei der Mangelhaftigkeit seiner Sicherung auf überraschendem Wege überwältigt werden. Diese Art der Ueberwältigung ist also eine Combination der schon genannten beiden Elementar-Motive.

γ) Es bleibt sonach nur noch der von dem Boden abhängende Terrain-Vortheil[17] als ein drittes und letztes der Theorie zugängliches Sieges-Vehikel zu nennen übrig.

Es ist hier nicht der Ort zu zeigen, wie neben den Rücksichten auf Erschaffung, Ernährung und Sicherstellung der Streitkräfte in den vorhin genannten drei Abstractionen alle Annahmen und Regeln für die Kriegführung von der Armee-Formation bis zum Operationsplan, von der ersten taktischen Regung an bis zur Schlacht, begründet erscheinen. Eben so wenig können wir hier darthun, wie jene drei Abstractionen zwar immer schon bemerkt, in der bisherigen theoretischen Anordnung der Kriegsbegriffe aber, und eben so wenig in den meisten Kriegsgeschichten, als moralische Grundbegriffe herausgehoben worden sind, desgleichen, wie viel Nahrung dadurch der Polemik in der sogenannten kriegswissenschaftlichen Literatur zugeflossen, wie viel unnützen Streit es damit gegeben, wie viel Oberflächlichkeiten, undurchdachte Armee-Einrichtungen und Operationssysteme dadurch erzeugt und wieder verdrängt worden sind, wie selbst ganze Armee'n durch unglückliche Verwechselung dieser anfänglich unklar gedachten, hinterher unlogisch abgeänderten Motive ins Verderben stürzten &c.[18] Ihr Einfluß auf die Befestigungskunst, von dem weiter unten näher die Rede sein wird, giebt schon die Wichtigkeit ihrer Berücksichtigung in jeder Kriegs-Disciplin zu erkennen. Als Empfehlung zu ihrer Beachtung bemerken wir nur, daß Montecuculi, einer unserer ältesten Theoretiker, vielleicht der Einzige, der nach eigener reifer Erfahrung in seltener Vollständigkeit über die Kriegskunst theoretisirte (1668), mit den angegebenen Motiven vollkommen übereinstimmt, wenn nämlich in dem Kapitel del combattere in campagna der zweite Punkt als die Beschaffenheit der Truppe und die Individualität des Anführers angehend ausgenommen, und der dritte Punkt nach den Ergänzungen der neueren Kriegskunst erweitert wird[19].

Im Besonderen für den Ingenieur-Eleven.

Gehen wir mit den an den Vortrag über Kriegskunst im Allgemeinen aufgestellten Anforderungen nunmehr den Bedürfnissen des jungen Ingenieurs im Besonderen nach, so finden wir zunächst, daß ihm als Staatsbürger und Soldaten die aus 1. (s. oben) abzuleitenden Kenntnisse unerläßlich sind. Seine Waffe macht einen wesentlichen Theil der Armee, er selbst aber einen Theil seiner Waffe aus; er muß also genau wissen, was über und neben beiden steht und wie beider Elemente in einander greifen, um sich in seiner eigenen Stellung zurecht zu finden, was für ihn um so wichtiger ist, als er sich in seinen künftigen Dienstverhältnissen dem eigenen Urtheile öfter als der Offizier anderer Waffen anvertrauen muß.

Die oben sub 2. enthaltene Betrachtung führt auf die Rekrutirung, Remontirung aller Art, Bekleidung, Ernährung, Unterkunft und Behandlung des Soldaten. Sie geht mit der Bewaffnung auf die Lehre von den Waffen, von den Truppengattungen, auf ihre Ausbildung und Abrichtung, und endlich auf ihren bestimmungsgemäßen Waffengebrauch ohne Bezug auf das Terrain über.

Was der junge Ingenieur-Offizier von den meisten dieser Gegenstände zu wissen braucht, bringt er schon aus seinem früheren Dienste mit, oder er ergänzt es praktisch in dem späteren Verlauf desselben. Von dem Material der Waffen und ihren Wirkungen, namentlich der auf die Materie gerichteten der Artillerie, von sämmtlichen auf Raum und Zeit gerichteten taktischen Erfahrungssätzen (taktische Logistik), so wie von den üblichsten Waffen-Evolutionen der Truppen muß er dagegen in nähere Kenntniß gesetzt werden, weil seine Verrichtungen eine solche voraussetzen.

Die in der Ausübung des niederen Pionir-Dienstes bestehende Taktik seiner Waffe (Handtirung mit dem Material) ist ihm aus dem früher genossenen praktischen und Schul-Unterricht bekannt. Zu einer höheren Taktik führt ihn der Ingenieur-Unterricht selbst und seine späteren Dienstleistungen[20].

Die sämmtlichen sub 3. berührten Betrachtungen sind an Bedingungen und moralische Beschränkungen geknüpft, die außer dem bisher behandelten Ideal der Streitkräfte liegen, oder, was dasselbe sagen will, sie führen von der bisher behandelten Theorie des Instruments zur Theorie seines Gebrauchs.

Krieg und Frieden, Freund und Feind sind für jeden Soldaten fruchtbare, in ihrer vollen Bedeutung noch zu wenig erkannte Begriffe, in deren Gefolge sich eine Reihe anderer findet, die ihm jetzt häufig nur in der Dunkelheit begegnen, welche wir ihm aber im hellen Lichte zeigen können und müssen, sobald wir sein Bewußtsein dafür in Anspruch nehmen, seine Handlungen dadurch bestimmen und die seiner Untergebenen dadurch bestimmen lassen wollen.

Man denke an den Eindruck des ersten Kanonendonners, an den Anblick des ersten Blessirten in jedem beginnenden Kriege und man wird die Total-Empfindung jener Gegensätze von Krieg und Frieden besitzen. Das gesetzliche und moralische Betragen des Kriegers, seine ganze Lebensphilosophie hängt mit der Erkenntniß dieser Gegensätze zusammen. Ohne angeregte und geläuterte Beziehungen darauf läßt sich seine Ueberzeugung nicht in Anspruch nehmen, mit der wir die ältere Rohheit und Gewalt ersetzen und die wir so gern und so häufig zum Hebel der Pflicht und der Begeisterung gebrauchen wollen.

So wenig auch die Handlungen des Soldaten mit der Politik gemein haben, so muß der gebildete Krieger doch wissen, wie sie mit dem Kriegerstande im Allgemeinen, und wie dieser mit der Politik seines Vaterlandes zusammenhängt, weil wir in einer Zeit leben, wo sich der Einfalt und dem bösen Willen nur mit einer richtigen Würdigung solcher Verhältnisse gefahrlos entgegen wirken läßt. Es wird dabei auch auf den besonderen Charakter, die besonderen Staats- und Kriegs-Einrichtungen der in den Konflict möglicherweise eintretenden Nachbarn aufmerksam zu machen sein.

In dem Wechsel des Kriegs- und Friedenszustandes zeigen sich auch materielle Bedürfnisse, die zwar zum Nachtheil der Militair- und Staats-Oeconomie'n noch zu wenig erwogen werden, die aber in ihrer Ausdehnung den Militair-Oeconomen bei Weitem mehr als den Ingenieur berühren, für welchen letzteren ein Umriß der betreffenden Einrichtungen als ein der Armee-Organisation für den Krieg zuständiges Complement ausreicht.

Die der oben sub 4. gemachten Vorstellung angehängte Nutz-Anwendung zeigt schon, daß hier, wo zu der vorigen Kriegs-Bedingung noch die des Grund und Bodens tritt, worauf der Krieg geführt werden muß, sich eigentlich erst die Schranken für die Thätigkeit und das Studium des Ingenieurs öffnen, und daß, wenn die aus dem bisher behandelten kriegs-theoretischen Vortrag erwachsene Kenntniß seinen Arbeiten diente, die die Terrain-Erkenntniß und -Benutzung betreffenden Special-Disciplinen von ihm ihre Anwendung, Vervollkommnung und Erweiterung erwarten, wie aus Nachfolgendem und weiter unten ersichtlich werden wird.

B. Ueber diejenigen kriegswissenschaftlichen Vorträge, welche speciell die militairische Terrain-Erkenntniß und -Anwendung in's Auge zu fassen haben (Militair-Topographie und -Geographie).

Man zählt heutigen Tages in den meisten Armee'n die Marsch- und Stellungs-Vorbereitungen, sowie die zu solchem

Behuf vorzunehmenden detaillirten Terrain-Dispositionen zu den Geschäften der Subalternen eines besonderen Corps, des Generalstabes[21] nämlich, und vindizirt dem letzteren damit ohne Weiteres den größeren Theil des im Kriege auf das Terrain Bezüglichen. Man hat auch in der Idee nicht ganz unrecht, weil hier unmittelbar von keiner Terrain-Verwandlung die Rede ist, sondern nur von dessen Benutzung. Demungeachtet erzeugt dieses Verfahren doch bedeutende Inconvenienzen in der Praxis. Wer das Terrain benutzen will, muß es kennen; wer dasselbe verwandeln will, muß es auch kennen, daher eine doppelte und, da sich im Kriege einer gern auf den anderen verläßt, wohl gar keine Terrain-Recognoscirung, dagegen wohl doppelte Anstalten und Vorkenntnisse, sowie häufig doppelte Ansichten und daraus folgende Ungewißheit, Dämmerung, Streit, Unentschlossenheit, Halbheit.

Mit der Disposition zur Terrain-Benutzung muß diejenige zur Terrain-Verwandlung, wenn eine solche nöthig wird, unmittelbar verbunden sein, weil sonst wohl ein unpraktikabeler Weg, eine in der Geschwindigkeit nicht herzustellende Brücke &c. die beste Position in eine schlechte verwandelt. Wer über Terrain-Verwandlungen im kritischen Augenblick disponirt, muß seiner Sache und der Mittel dazu nothwendig gewiß sein. Der mit der Pionir-Taktik unbekannte gewöhnliche Generalstabs-Subalterne kann dies nicht sein[22]. Die Unmöglichkeit der Ausführung zeigt sich, es muß also von Neuem untersucht, von Neuem disponirt werden, wenn die Strafe nicht bereits auf dem Fuße gefolgt war; es müssen aber nun wenigstens häufig die Anordnungen nach der ersten Disposition geschehen, die nicht zurückzunehmen, nicht abzuändern ist, woraus falsche Märsche, Mißverständnisse, kurz Zeitverlust und Irrthum an allen Ecken und Enden entstehen. Schwerlich wird man bei unbefangener Einsicht in den Hergang der Begebenheiten solchen Unfug im Kriege, wo der Augenblick unersetzlich bleibt, wo die Verwirrung zum Untergange führt, noch lange mit ansehen dürfen. Diese Generalstabsoffiziere werden entweder der Ingenieur-Waffe selbst mit angehören, oder jenen Zweig ihres Geschäfts dem Ingenieur überlassen müssen, der sich darum auch hierzu vorbereiten muß, was praktisch im Felde und bei Manoeuvres durch angestrengte Aufmerksamkeit auf alles das geschehen kann, was Truppen-Bewegung und -Entwickelung, so wie die Stellungen angeht, was theoretisch aber auch schon im Unterrichte durch ein richtiges Combiniren und Meditiren über taktische und topographische Maximen, Erforderniſſe und Umstände, so weit dies möglich ist, geschehen mag. Daß hierbei vor Allem auf eine richtige Terrain-Erkenntniß hinzuarbeiten ist, leuchtet ein, denn die Erkenntniß des Terrains muß der Anwendung desselben unbedingt vorausgehen, wenn letztere ihrem Zweck entsprechen soll. Deshalb ist sie nicht allein Sache des Ingenieurs, sondern des Offiziers jeder Waffe, aber nach eines Jeden Bedürfniß modificirt. Sie ist in unserer Zeit erst als Vorwurf einer eigenen Disciplin (Terrain-Lehre) in den Militair-Unterricht getreten und hat, wie die sogenannte Strategie, den Charakter militairischer Humaniora[23] angenommen. Ob sie und der von ihr erwartete Nutzen dadurch gewonnen, daß jetzt Allen Alles davon gelehrt werden soll, ist kaum zu glauben. Um der angeblichen, den Militair-Zwecken häufig ganz fremden Wissenschaft einige Haltung zu schaffen, hat man sich an sehr unsichere Vermuthungen der Geogenie und, wie Alexander v. Humboldt nicht verheimlicht, an eben so unsichere geognostische Haupt-Hypothesen gehalten, und somit ein ziemlich gut möblirtes Luftschloß aufgeführt, worin zwar Niemand wohnen kann, worin aber wohl wilde Wirthschaft getrieben wird. Es kommt darauf an, das brauchbare Geräthe besser und so unterzubringen, daß ein Jeder für seinen Theil Nutzen daraus zu ziehen im Stande ist.

Wenn der Feldherr seine Operations-Idee'n auffaßt und nach und nach in die That überträgt, wenn der höhere Ingenieur-Offizier den Entwurf zu seinen Defensions-Maaßregeln meditirt und der Offizier des Generalstabes Armee-Märsche und -Quartiere anordnet, die niederen Offiziere dieser Dienstzweige Stellungen recognosciren, Communicationen einrichten, Truppen führen, der Cavallerist auf den Feind anreitet, der Artillerist einen gegebenen Punkt beschießt; so muß ein Jeder seine Betrachtungen über das Terrain[24] angestellt haben, die zwar wohl in einer theoretischen Verbindung stehen können, aber sich auf ganz verschiedene Dinge beziehen. Auf die jeder Waffe eigenen Gegenstände der Betrachtung darf in der Waffenschule derselben allein eingegangen werden, weil ihr genug Feld zur Bearbeitung vorliegt und eine jede Waffe das Ihrige thun soll, wobei sich immer versteht, daß der theoretische Rahmen nicht fehlen darf, der mit den allgemeinen Kenntnissen der Terrainlehre noch die Ordnung des speciellen Gebrauchs übersehen läßt. Daß der Unterricht selbst hierbei nicht verlieren wird, verbürgt Laplace's goldene Regel: „Pour bien instruire il ne faut pas dire tout ce qu'on sait mais seulement ce qui convient à ceux qu'on instruit."

Neben dem Unterricht in der Erkenntniß und Anwendung des Terrains, soweit diese in den Bereich der Militair-Topographie fällt, muß noch ein anderweiter Unterricht hergehen, welcher dem Ingenieur die in das Gebiet der ziemlich unklar aufgefaßten und unbestimmt begrenzten Militair-Geographie gehörigen Kenntnisse verschafft, womit wir uns aber noch nicht befassen, da wir zuvor noch Einiges über die an den Ingenieur-Unterricht in der Militair-Topographie zu stellenden Anforderungen erwähnen müssen.

Der Unterricht des Ingenieurs in der militairischen Terrain-Beschreibung, soweit dieselbe taktischen Zwecken dienen soll (Militair-Topographie).

Jede zu militairischen Zwecken unternommene Terrainbeschreibung ist eigentlich bereits eine so erschöpfende Anwendung topographischer Vorkenntnisse, daß sich der Unterricht nothgedrungen danach richten muß. In Betreff dieses Unterrichts für den angehenden Ingenieur fragt es sich also, welcher Art die Terrain-Beschreibungen sind, die derselbe muß anfertigen können. Meiner Meinung nach dürften sich selbige füglich in drei Classen bringen lassen, nach denen dann auch der Unterricht mehr oder weniger zu scheiden wäre. Der Ingenieur hat nämlich zum Behuf seiner Beschreibung das Terrain entweder nach der Individualität aufzufassen, oder nach der Generalität, oder endlich sollen aus seiner Beschreibung die Vortheile und Nachtheile in specie ersichtlich werden, welche jeder Waffe aus der Beschaffenheit des Terrains zuwachsen, und welche also die Anwendung der einen oder der anderen Waffe für bestimmte Fälle räthlich erscheinen lassen, wenn und soweit die Umstände eine Wahl gestatten.

Der Unterricht in der die Individualität des Terrains allein berücksichtigenden Beschreibung wird durch denjenigen im Aufnehmen, Recognosciren, Referiren und Planzeichnen erledigt. Die geodätischen Hülfsmittel dürfen dabei nicht fehlen; Zurechtweisungen und Uebung müssen indessen das beste dabei thun.

In Bezug auf den Unterricht in der zweiten Art der Terrain-Beschreibung bemerken wir hier nur, daß der Schüler instruirt werden muß, nach Situations- und kriegsgeschichtlichen Abstractionen den Charakter größerer Terrainflächen anzugeben, die letzteren also meinetwegen als Hochland, Stufenland, Flachland, Gebirgshügelland, Thal-Ebene ꝛc. unterschieden, mit geregelter Phantasie unter einen verständlichen Typus zu bringen[23].

Was die dritte Art der Terrainbeschreibung des Ingenieurs, sowie den Unterricht in selbiger betrifft, so ist dies ein Capitel, welches noch gar sehr der Bearbeitung bedarf.

Damit der Unterricht hier den möglichen Nutzen stiften könne, ist erst noch die Vollständigkeit des Materials anzustreben, indem die bisherigen Data kaum bis auf die Rubriken führen. Das Wenige, was von den Neigungswinkeln der Bergflächen, von den verschiedenen Gangarten der resp. Truppen ꝛc. für das Raum- und Zeitverhältniß sich etwa angegeben findet, ist noch einer großen Menge sehr einflußreicher Modificationen unterworfen, als da sind: Jahreszeit, Witterung, Größe und Anordnung der Truppenmassen und ihres Zubehörs, supplementare Transportmittel ꝛc. Das Studium der Kriegsgeschichte muß hier erst nach und nach ergänzen. Es fehlt uns also einstweilen noch gänzlich an einer wissenschaftlichen Niederlage für schätzbare Erfahrungen, aus denen der künftige Krieger ohne Schaden klug werden kann, wenn er sonst will. Wahrscheinlich wäre auch dieses Gebiet erweitert, wenn in der letzten Zeit nicht die für bildliche Darstellungen eingetretenen Situations-Constructionen, die Wasserspühlungen bis von der Sündfluth her und dergleichen Kunstsachen mehr, das Heer unserer militairischen Topographen fast ausschließlich beschäftigt hätten.

Hat die Militair-Topographie solchergestalt in der Lehre und in den Köpfen der Schüler selbst feste Wurzel gefaßt, so kann sich in Beziehung auf das Räumliche bald eine bessere Militair-Geographie auf ihren Schultern erheben, als die heutige sich zu sein schmeicheln darf, die wirklich nichts weiter als eine mit etlichen Notizen ausgeputzte gemeine Geographie ist[26].

Der militair-geographische Unterricht für den Ingenieur-Eleven und Vorbedingungen desselben.

Allerdings würde sich eine systematische Militair-Geographie immer auf die gemeine Geographie als eine ihrer Grundlagen zu stützen haben. Aus der gemeinen Geographie dürfte aber nur das in die Militair-Geographie übertragen werden, was auf die Kriegführung wesentlichen Einfluß ausübt. Ebenso müßte auch andererseits die Militair-Topographie nur in so weit, als sie sich mit der Angabe des militairischen Charakters größerer Terrainflächen befaßt, als der Militair-Geographie dienend betrachtet werden dürfen.

Ganz besonders nachtheilig zeigte sich die bisherige Grenzen-Vermischung der Militair-Geographie und -Topographie in den geographischen und topographischen bildlichen Darstellungen, die wir als Charten und Pläne unterscheiden. So lange man auf der Charte nur mit sogenannten Charakteren zeichnete, war auch ein Eintheilungsgrund ziemlich ausgesprochen. Seitdem man aber die Charte durch eine weiter ausgeführte Situation zu vervollkommnen trachtete, fiel man in ein vollständiges Dunkel und fand häufig genug und zum großen Nachtheil beim Charten-Gebrauch in der vermeinten topographischen Schilderei nur Charakter-Miniatur und Poesie. Dieser schädlichen Dunkelheit dürfte am besten dadurch begegnet werden, daß man die vorzugsweise der Lage angehörigen Begriffe und die Charakter-Bezeichnung (in der bildlichen Darstellung) der Militair-Geographie, die die Gestaltung selbst berührenden aber der Militair-Topographie[28] und ihren bildlichen Darstellungen (Ansichten, Grundrisse, Profile) zuzählt. Hierbei würde alsdann die Charakter-Darstellung in der Beschreibung das Mittelglied abgeben zwischen Militair-Topographie und -Geographie und die letztere würde nicht weiter in bloßen Phantasiegebilden und Kriegs-Reminiscenzen ihren Abschluß finden. Die militairische Charte würde, so wenig wie die Militair-Geographie selbst die allgemeine und die auf bestimmte Zwecke angewandten Geographie'n als Hülfskenntnisse ausschließt, obgleich sie ihre Richtung gegen den militairischen Zweck nie verleugnen darf, ebenso wenig würde jene Charte eine geognostische, politische oder statistische sein, wenn sie auch mit diesen einerlei Gegend darstellt und in räumlicher Hinsicht auf gleichen Daten beruht. Die Absicht ihres militairischen Gebrauchs muß in ihr überall durchblicken und zwar so unmittelbar als möglich. Könnten Etappen-Entfernungen, Verpflegungs-Rayons, Divisions-Aufstellungen, Bataillons-Fronten und dergl. als Flächen- und Längen-Einheiten die abstracteren Grade, Meilen, Ruthen, Schritte 2c. ersetzen, so würden die militairischen Combinationen durch einen Blick auf die Charte oder durch die vermöge eines leicht faßlichen Total-Eindrucks derselben lebendige Erinnerung ungemein erleichtert werden. Wenn man es aber schon der Zeit überlassen muß, die militairische Mappirung nach und nach zu einer höheren Vollkommenheit zu bringen, so fehlt doch eigentlich selbst noch der Anfang, der mit unserem geographischen, topographischen und kriegsgeschichtlichen Material, sowie durch die Friedens-Beschäftigung unserer Topographen leichter zu bewerkstelligen sein würde, als man sich gewöhnlich einbildet. Jedenfalls dürfte man dabei mehr gewinnen, als durch die voluminösen Sammlungen des in loser Supposition empfangenen speciellen Marsch- und Stellungs-Details, welches ohne schwierige Uebersetzung kaum bei der militairischen Stuben-Kritik, geschweige im kritischen Moment des Entschlusses zur Handlung zu brauchen ist, wo es allein darauf ankommt: durch unumstößliche militairisch-geographische Wahrheiten Einheit, Consequenz, Sicherheit und Schonung der Kräfte in die beabsichtigte Kriegs-Operation einzuführen.

Die deutliche Angabe einer bestimmten Manoeuvrirfähigkeit der Truppen auf dem Terrain, im Gefecht und in der Bewegung überhaupt, muß als vorherrschendes Bedürfniß der Militair-Charte auch den hervorstechenden Charakter derselben ausmachen[29]. Das an militairische Evolutionen gewöhnte Auge muß die aus der Praxis erlernten, nach der Theorie angemessen classifizirten Terrain-Unterschiede und deren Grenzen unmittelbar auffassen, und in derselben Unmittelbarkeit der Charte ohne Verwirrung einverleiben können. Dies dürfte mit Beihülfe des geographischen Materials und zweckmäßig disponirter und aufmerksam ausgeführter Itinerarien, sowie einer richtigen Farbengebung der solchergestalt ermittelten Chartenflächen recht wohl ausführbar sein, woher man alsdann je nach der Art der Bearbeitung: militairische Special- und General-Charten erhielte, welche letzteren zwar nicht im Sinne der bekannten Anekdote, wohl aber in einem sehr wünschenswerthen, dem General angehören würden. Diesem würden dadurch die zum Gefecht mit allen Waffen (combat rangs) geeigneten Inseln (Gefechtsoasen) nach ihrer Ausdehnung und Anlehnung, sowie nach ihrem Zusammenhange mit den Nachbar-Inseln angezeigt; er würde dadurch in den Stand gesetzt, den für den Militairgebrauch wichtigsten Charakter des zwischen den Inseln liegenden Landes [30] (Zwischenlandes) zu erkennen; er würde ferner daraus entnehmen können, wo er mit dieser oder jener Waffe sich gegen seinen Feind in Vortheil oder Nachtheil befindet [31], wo er sich also aufhalten kann und wo er durchzukommen sich beeilen muß; er würde endlich dadurch schon bei Zeiten auf die nothwendigen, in der Natur des Terrains selbst gegründeten Versorgungs- und Befestigungs-Maaßregeln hingewiesen werden, sowie auf die absoluten Grenzscheiden aller statthaften militairischen Operationen, ihren Zug und die Zeit ihrer Umgehung, und zwar würde ihm die General-Charte dies Alles klar, ohne mühsame Schlußfolgerung und müßiges Hin- und Herreden, mit einem Blick vor das Verstandes-Auge bringen. Da hier der Ort nicht ist, in die Idee einer solchen ächt militairisch-geographischen Zeichnung noch tiefer einzugehen, so wollen wir nur bemerken, daß ihr Nutzen für kleinere, in ihrem Bedürfniß wie in ihren Bewegungen leicht zu übersehende Truppen-Abtheilungen unter der Divisionsstärke überhaupt nicht bedeutend sein kann, daß es also genügt, die speciellsten Darstellungen so einzurichten, daß das Gefechtsfeld einer Division, also eine Insel von c. 2 bis 3000 Schritt Durchmesser bemerkbar wird, und daß alle Terrainhindernisse, welche den Gebrauch irgend einer Waffe auf weniger als den halben Tagemarsch einschränken, nicht als Zwischenland bezeichnet werden, sondern als Terrainhindernisse in der Gefechtsoase selbst gelten, deren nähere Ermittelung dem durch jene Charten nicht aufgehobenen, sondern auf das militairisch wichtige Terrain allein beschränkten topographischen Erkennen (Recognosciren) überlassen bleiben muß.

Die Militair-Geographie hat außer den räumlichen Verhältnissen noch andere für die Kriegführung wichtige Gegenstände zu behandeln, die sich jedoch immer nur auf die moralische und physische Beschaffenheit solcher Völker, Länder und ihrer Streitkräfte zu beziehen brauchen, deren Conflict mit den diesseitigen im Kreise der möglichen Begebenheiten liegt, indem die allein zur Aufklärung und Generalisirung der Kriegstheorie dienenden entfernteren Beziehungen über dem Unterricht stehen und ihre Einholung dem Selbststudium des Einzelnen überlassen bleiben muß. Die statistischen Quellen, die sich in der neuen schreibenden Zeit ausschließlich öffneten, bieten hier die Hand und können uns in vielen Stücken weiter bringen als unsere Vorfahren, ob wir uns gleich in Manchem, z. B. in der Aufmerksamkeit auf den Nationalgeist, der in den älteren Kriegsbüchern häufig zur Sprache kommt, wieder hinter ihnen befinden. Man wird wohl thun, alle zur Geographie gehörigen Betrachtungen durch die vorhin idealisirte Militair-Charte zusammen zu halten und zu normiren, welcher sich in dieser Absicht außer der Charakter-Bezeichnung von Flüssen, Höhenzügen, Ortschaften, Communicationen und der militairischen Begrenzung, noch allerhand andere Linear-Grenzen beifügen lassen würden. Man wird auf solche Weise dem Wesen der Sache am treuesten bleiben und durch keine, der Zufälligkeit mehr als den zur Betrachtung gebrachten Terrain-Eigenheiten zuständigen Umstände auf verwirrende Abschweifungen gerathen, wozu z. B. die einfließenden Betrachtungen über politische Grenzen, Kriegstheater, Operationsbasen ꝛc. leicht verleiten können.

Ein weiteres Raisonnement über die Wahl und die Bearbeitung des militairisch-geographischen Materials zum Unterricht läßt sich hier füglich umgehen und wir bemerken daher nur noch, daß die dem Ingenieur außerdem unentbehrliche technische Local-Einsicht sich nur selbststudirend mit geognostischem, hydrographischem, orographischem und statistischem Material mehr als mit militairischem erlangen läßt.

Anmerkungen.

---

[1] (S. 32). Die in vermeintlich rationalen Systemen aufgethürmten Abstractionen, für's Alltägliche erfundenen Definitionen und bis zur Lächerlichkeit getriebenen Divisionen, die mit der deutsch-philosophischen Schule des achtzehnten Jahrhunderts in die Mode kamen und in den Köpfen unserer Militair-Gelehrten noch heute fortspuken, können für das der Praxis nöthige Wissen im Fache nur eine unbehagliche Leere hinter sich lassen. Man hat dies auch empfunden und die soit disant Praktiker haben den dürren Baum mit Phrasen und Geschichtsbrocken begossen. Aber auch dieser Kunstgriff giebt kein besseres Resultat. Die schlüpfrigen Anekdoten entwichen dem weit gesponnenen Netze und lassen außer der Leere noch den Bodensatz des Dünkels im Wissen und Urtheilen zurück. Will man klar um sich sehen und eine praktische Kriegstheorie gewinnen, so muß man neu bauen und die vorhandenen Materialien mit scharfer Kritik sichten.

[2] (S. 32). Das „pugna" der Lateiner heißt zugleich „Schlacht" und „Faust". Unser Gleichniß datirt also aus der frühesten Zeit. — Aristoteles, indem er meint, man sehe die Beschaffenheit jeder Sache am besten in ihren einzelnen Theilen, befolgt zur Begründung der Staatskunst einen ähnlichen Gang. Er betrachtet das Familienleben als die einfachste Vereinigung der Gesellschaft und geht von den Gliedern des Hauses in der Parallele auf die des Staates über.

[3] (S. 32). Die Unendlichkeit der Gedanken und ihrer Schlangenwege durch Wahrheit und Irrthum führen häufig zu der Erscheinung, daß Großes mit wenigem, Kleines mit vielem Gedanken-Aufwand erfaßt und wiedergegeben und theils von einfacher Unbefangenheit, theils von anmaßender Eitelkeit der Denker begleitet wird, die das Gedachte mehr oder weniger empfiehlt. Wahre wissenschaftliche Tiefe muß hierbei vorsichtig von dem lockeren einzelnen Einfall unterschieden werden. Einzelne Genialität kann spurlos für die Wissenschaft verschwinden, während eine gediegene Ansicht des Gewöhnlichen ihr bleibend zu gute kommt.

⁴ (S. 32). Die stehenden Armeen der neueren Zeit beruhen keineswegs auf einer erzwungenen Sicherheit gegen türkische oder französische Eroberungslust, wie man das so häufig erzählen hört. Sie sind in der Entwickelung des monarchischen Princips und der daraus hervorgegangenen Staaten-Republik Europa's nothwendig begründet und alle Bemühung, ihre Entbehrlichkeit zu beweisen oder sie durch organisirte Volks-Bewaffnung zu ersetzen, ist darum, so lange jene Bedingungen, welche der menschlichen Cultur dermalen im Allgemeinen unentbehrlich sind und vorläufig noch immer unentbehrlicher werden dürften, fortbestehen. Gegentheils kann eine unklare Vermengung so wesentlich verschiedener Begriffe, wie die des Soldaten und des Bürgers, in ruhigeren Zeiten leicht auf Institutionen führen, welche in bewegten nicht mehr Stich halten und dem Staate große Gefahr zuziehen müssen. Man liebt es nur zu sehr, Zufälligkeiten eine unbedingte Geltung zuzutrauen, wenn sie der Finanz und dem Paradewesen behagen und älteren Mißbräuchen begegnen; man ahnt nichts Arges, wenn man auch die Armee für eine bloße Soldatenschule des Bürgers nehmen sieht. Für Preußen, welches sich ohne Hülfe eines Landwehr-Instituts nicht im politischen Niveau der es an Einwohnerzahl um's Doppelte übertreffenden großen Mächte erhalten kann, thut es besonders noth, zu wissen: in wie weit es, gesunden Begriffen nach, sein Volk militairisiren und seine Armee popularisiren darf, damit es unbeschadet seiner Kriegsfähigkeit nicht einmal das eine oder die andere entbehren muß, die im dermaligen Zustande des Europäischen Staaten-Verhältnisses beide nicht entbehrt werden können. „Bei uns ist jeder Bürger Soldat“ und „die Landwehr, der bessere Theil der Armee“ sind zwar oft gehörte, aber nichtssagende Redensarten, die auch die besseren Köpfe irre leiten und den bürgerlichen sowohl als den militairischen Institutionen nachtheilig werden, sobald hinter der Phrase etwas Gedachtes supponirt wird.

⁵ (S. 33). „Les troupes prussiennes,“ sagt St. Cyr, „ne combattent jamais mieux que quand elles sont ensemble bien alignées et joignent pour ainsi dire coude à coude.“ Er verwirft es bei den Franzosen, auf die deutsche Manier einzugehen. Einen Grund des preußischen Unternehmungsgeistes im siebenjährigen Kriege sucht übrigens St. Cyr in Friedrichs Schöpfung der Monarchie und einen Grund für die österreichische Beharrlichkeit und Vorsicht meint er in den früheren Türkenkriegen gefunden zu haben.

⁶ (S. 33). Diese Kenntniß greift daher in ihrem Wesen schon bis in die höheren Combinationen der Kriegführung hinauf. In diesem Sinne läßt es sich allenfalls hören, wenn Grimoard sagt: „Avoir mis derrière soi une grande étendue du pays, c'est l'objet de la guerre.“ Verwüstungen ganzer Landstrecken zu Gunsten der Kriegführung, wie sie noch von einigen französischen Feldherrn des siebenzehnten Jahrhunderts systematisch ausgeführt wurden (Tallard, Türenne 2c.) und die eigentlich mehr mongolischen als europäischen Ursprungs sind, ehren die Kriegskunst so wenig, als die Culturgeschichte unserer Zeit; sie lassen sich höchstens als Nothbehelfe entschuldigen,

so wie sie auch jedenfalls einen Mangel an Voraussicht vermuthen lassen; sie sind mehr asiatischer als europäischer Natur und dienen zum Verderben für Freund und Feind.

[7] (S. 33). Dieser Uebergang ist ein in unseren immerfort dasselbe Lied singenden Kriegstheorien ziemlich übersehener Gegenstand, aus dessen genauerer Betrachtung manches Nützliche für Krieg und Frieden hervorgehen könnte. — Die Administration würde z. B. bei vernünftiger Vergleichung der erlaubten Dauer solches Ueberganges mit den Ausrüstungsmitteln manchen unsinnigen Aufwand beseitigen und durch den engen Formenkreis, welchen sie nur zu geneigt ist im Frieden um den Befehl zu ziehen und der im Kriege durchaus nicht erhalten werden kann, den Wohlstand und die Subordination in der Armee für den wahren Kriegsgebrauch nicht untergraben und der alsdann ungebundenen Willkür in die Hand geben. Die Kriegsformen müßten einer steinernen, weit von den Friedensformen abstehenden Mauer gleichen, während diese als Bretterverschläge die beliebte Verengung abgäben, die übrigens die im Frieden Befehlenden auch nicht unbehülflich und des Befehlens ganz ungewohnt machen dürfte, weil man auf solche Weise wohl ein gutes Theater, aber schlechte Schauspieler erhalten würde. — Die Zeitbestimmung des Ueberganges vom Frieden zum Kriege und umgekehrt ist die Aufgabe des Kriegsministers; mit ihr ist ihm Wohl und Wehe der Armee und des Staates in die Hand gegeben.

[8] (S. 33). Sowohl jeder Armee als jedem Theil derselben bis auf den einzelnen Tirailleur hinunter steht immer etwas entgegen, was als specieller Feind anzusehen ist. Diesen muß man richtig erkennen und vor sich zu erhalten wissen, damit er keine anderweite Kraft zu paralysiren im Stande ist.

[9] (S. 33). Zur Sicherheit gehört das Erkennen des Feindes, welches durch mancherlei Handlungen zu erschweren ist. St. Cyr meint, um recht sicher zu sein, müsse man sich immer so nahe als möglich an den Feind halten, indem sonst immer aus der zu großen Sicherheit, die des Feindes Entfernung erregte, Ueberrumpelungen entständen. — Sogenannte große Rekognoscirungen werden nur erforderlich, wenn man sich in unzugänglichem Terrain oder bei gänzlichem Mangel sonstiger Nachrichten, von der Stärke und Stellung des Feindes überzeugen will; sie dürfen nicht in Gefechte ausarten. — Das Echelonniren ist eine Sicherheits-Maaßregel gegen feindliche Frontal-Angriffe und Umgehungen und wird da zuvörderst angewandt, wo man weder durch Uebermacht noch durch das Terrain geschützt ist, wenngleich auch Ueberwältigungen und Ueberraschungen dadurch zu bewirken sein mögen, indem man z. B. seine Abtheilungen zu irgend einer Truppen-Anwendung, die man maskiren will, echelonnirt; man rechnet dabei auf die Zeit, welche der Feind zur Gegenhandlung braucht. — Das Wesentliche der retrograden Bewegung besteht übrigens darin, daß man damit irgend eine Position erlangen oder ein Ereigniß abwarten will, ehe man sich mit dem Feinde, der indessen über kurz oder lang doch dazu nöthigen kann, schlägt. Man muß

sich bei länger dauernden retrograden Bewegungen, wo Vieles zurückbleibt und sich auflöst, stets hüten, daß dieselben nicht in eine einfache Retirade d. h. in ein Weichen vor der Uebermacht ausarten, wozu die Moralität des Soldaten gar leicht hinneigt, die alsdann in reißendem Verhältniß abnimmt. An solche retrograde Bewegungen muß daher der Soldat gewöhnt werden. „Les retraites de cette nature, meint St. Cyr, forment le complément de l'art de la guerre et à moins de s'y être rendu habile on ne peut prétendre au titre d'un grand capitaine. Mais Mars il n'y a point de manoeuvre dont le résultat soit certain et qui ne comporte des inconvénients."

[10] (S. 33). Mit dem sehr einseitigen Gedanken: als ob einer eigentlichen Theorie mathematische Evidenz gebühre und sich diese nur in einem dem mathematischen Gegenstande näher liegenden Umkreise auffinden ließe, hat man von jeher in der Kriegs- wie in der Fortifications-Theorie nach Zahlen-Verhältnissen, nach Linien und Winkeln 2c. gehascht. Ohne gerade behaupten zu wollen, daß sich daraus keine Nahrung für diese Theorie'n ergeben hätte, so sammelte man doch nur damit, anstatt den eigenen Acker zu bearbeiten, die einzelnen Pflanzen auf fremdem Boden, die nach dem eigenen Acker verpflanzt, dort auch nur einzelne, mitunter unreife, mitunter überreife Früchte brachten. Der erfahrene St Cyr hat etwas Aehnliches gefühlt, wenn er in einer Anmerkung des dritten Theiles seiner Memoiren sagt: „On sait qu'il s'est formé parmi les militaires une espèce de coterie, si j'ose me servir de cette expression, qui croit avoir découvert des principes nouveaux de l'art de la guerre, dont ils essayent de faire une science qui aurait des règles fixes et certaines, propres à tous les cas. Le prince Charles est regardé comme un des créateurs de ce système qu'il définit la science de la guerre. En tête de sa rélation de campagne 1796 on en voit le développement. Un écrivain militaire étranger qui a servi en France (wahrscheinlich ist hier Jomini gemeint) avait déja préconisé quelque chose de semblable etc. Il forme la base d'un ouvrage destiné à donner des leçons aux futurs généraux en chef et qui doit leur apprendre à gagner des batailles et à diriger la guerre par une méthode autrement sûre que celles que les généraux avaient employées jusqu'à ce jour Cependant on veut bien reconnaître que les grands capitaines dont l'Europe admire encore les hauts faits sans avoir eu le bonheur de découvrir la stratégie ont néansmoins, quand ils ont réussi, agi conformément à ces principes." Was heißt das anders, als es giebt eine Theorie, die aber eine andere sein mag, als jene Linear-Strategie sich zu sein schmeicheln darf. Ebenso sagt St. Cyr: „Je pense que l'archiduc est tombé dans une grande erreur quand il a placé la tactique ou l'exécution des opérations militaires au-dessous de la science qu'il appelle stratégie." Er bemerkt dabei, daß häufig auch gut ausgedachte Pläne durch den Mangel in der Ausführung vergeblich wären, wie z. B. die von Mack, und daß wohl Leute, denen man nicht die Führung eines Regiments anvertrauen möchte, Regeln zum Schlachtengewinn aushecken.

[11] (S. 34). Bei Gelegenheit des Gefechts bei Amberg (1796), welches die Oesterreicher eine Bataille nannten, das die Franzosen dagegen nicht als solche gelten lassen wollten, sagt St. Cyr: „La question sera décidée, quand on aura une bonne définition du mot: „bataille.“ Ich dächte, es wäre eine durch Ueberwältigung gehinderte Verfolgung des Zwecks von Seiten des Feindes, die ohne solche Ueberwältigung auch durch Manoeuvriren möglich bleibt, was Manche verführt hat, die ganze Kriegführung auf diesen anscheinend humanen Modus zu reduziren, was aber wieder der Natur des Krieges schnurstracks entgegen läuft, weil diesem ein Durchsetzen des Willens mit Gewalt zum Grunde liegt, und was daher nur zu Mißgriffen verleiten kann, indem das unabänderliche Wesen des Krieges aus dem Auge verloren wird. Man könnte das Manoeuvriren eher zur militairischen Politik rechnen, weil es sich wie die Politik selbst mit Convenienzen und Drohungen befriedigt, sobald es keine Ueberwältigungs-Vorbereitung bezweckt.

[12] (S. 34). Das Kriegs-Maniement größerer Truppentheile hat seinen theoretischen Grund weit mehr in den noch wenig allgemein herausgehobenen Handlungs-Regeln, als in den Regeln für die Waffen-Handtirung bei größerer Räumlichkeit der Gefechtsfelder, worin man fälschlich die Unterlage des Feldherrnwissens in neuerer Zeit suchte, womit man aber Systeme erschuf, die mit dem Auslassen wichtiger Betrachtungen zugleich Einseitigkeit und Taumel in die Theorie brachten.

[13] (S. 34). So lange es keine über der Waffentheorie liegende Theorie für den Kriegsgebrauch sämmtlicher Waffen giebt, in welcher die Waffentheorie selbst erst ihre Basis findet, so lange wird der Mißbrauch der verschiedenen Waffen von Seiten der Waffen-Commandanten trotz aller Bemühung im Unterrichte und trotz aller Strenge des militairischen Gehorsams nie zu vermeiden sein. Man sehe nur die Casuistik, die nach den Leitfäden sogar schon bei dem Gebrauch der Artillerie im freien Felde eingeführt ist, die neben der Zerstückelung des Wissens die Einheit der Handlung beeinträchtigen muß. Hinter der Feststellung dessen, was man unter den Kriegshandlungs-Motiven versteht, muß ihre Anwendung in den verschiedenen Soldaten-Situationen (marciando, alloggiando, combattendo) summarisch übersehen werden und sowohl für diese im Allgemeinen, als für die Waffen insbesondere das Vorherrschende der einen oder der anderen hervorgehoben werden, dessen Berücksichtigung selbst schon bei der Organisation der einzelnen Waffen zur Sprache kommt. Gleich nach ihrer Begriffsfeststellung müssen die gegenseitigen Ausschließungen und zuständigen Combinationen der Handlungsmotive in der Theorie beleuchtet werden, um den Unklarheiten und Halbheiten bei der Handlung vorzubeugen, weil das eigentliche Wissen dessen, was man will, besonders im Soldaten-Stande noth thut, wo eine verfehlte Handlungsweise nicht ungeschehen zu machen ist.

[14] (S. 34). Das Maskiren der Artillerie mit Infanterie und Cavallerie, wie es nach Busca (1582) schon bei Tauris von Selim gegen Ismail angewandt worden, nennt dieser auch „Stratagemma.“ Ebenso die vor den

Batterie'n versteckten Gräben und Wolfsgruben, Rückenhalte, welche die Deutschen und Schweizer besonders gegen die französischen enfants perdus anlegten; desgl. das Abnehmen des Feuers durch Niederwerfen der Mannschaften, zurückgehaltene Reserveschüsse 2c, wozu jenes letzte Manoeuvre der Deutschen ebenfalls aufforderte. Die meisten dieser Maaßregeln waren auf die Schwerfälligkeit der damaligen Artillerie berechnet, und verloren mit deren größerer Beweglichkeit die frühere Wirkung des Ueberraschens.

[15] (S. 34). Häufig ist das, was uns ein Werk der Ueberraschung hier und da im Kriege gewesen war, als eine sächliche Maxime in die Kriegstheorie eingeführt worden, was in ihr nur einen Haufen von Maximen-Aggregaten und Unzulänglichkeit bei aller Anschwellung der Materie zu Wege brachte und eine fortwährende Polemik ohne Resultate erzeugte, die mit der zunehmenden Schreiblust immer unverdaulicher geworden ist und auch heute noch häufig in unverständliches, sich oft widersprechendes Phrasenwesen ausartet. Wer fühlte es nicht, daß es der Kriegstheorie an einem geraden Stabe fehlt, um welchen sie sich in ihrem Wachsthume winden und an welchem sie frei emporschießen kann?

[16] (S. 35). Einen längeren Zeitraum hindurch läßt die Kriegsgeschichte das Bestreben bemerken, die Ueberwältigung durch die Massen der auf einmal aneinander gebrachten Streiter so allgemein als möglich zu machen. Es war eine natürliche Folge des ältesten Streites von Mann gegen Mann, dem die Meinung etwas Ehrendes beilegte.

[17] (S. 35). Die gehörige Benutzung des Terrain-Vortheils, besonders als Grundlage ganzer Kriegsoperationen, ist das, was die früheren militairischen Autoren das coup d'oeil militaire nannten. — Pelet meint: „Une troupe rangée suivant le terrain et la disposition convénable à chaque arme doit établir au moment de combattre son front ou ligne de bataille à sa ligne de marche pour se porter en avant et en arrière. Il faut que ces lignes se coupent le plus carrément possible, c'est à dire en se rapprochant de la perpendiculaire sur le centre, parceque dans cette situation la ligne de marche est mieux soutenue et mieux couverte par le front." Beide und namentlich die letztere können sich nach Maaßgabe des Erfolgs der Schlacht in derselben selbst ändern, wie dies z. B. auch in der Schlacht bei Marengo, bei Ligny und anderen mehr der Fall war. Auch giebt es ohne Schlacht häufig freiwillige Aenderungen und Verwechselungen der Operationslinien, wie z. B. vor Laon, für die Franzosen vor Leipzig 2c. „Les soldats, meint St. Cyr, ont toujours un oeil derrière les épaules." Er spricht auch bei Gelegenheit der Campagne des Jahres 1796 davon, ob die französischen Generale in Deutschland, die ihr Kriegstheater zwischen Düsseldorf und Tyrol ausdehnten, oder Napoleon, der es möglichst zusammenzuziehen bemüht war, besser gethan, und welches überhaupt die Grenzen sein dürften, über die hinaus man es nicht ohne Gefahr ausdehnen könne. — Die Unternehmungen aus einer Armee-Frontlinie nach einem einzelnen Punkt hin nennen die Franzosen: faire une pointe. Der sogenannte Schlüssel einer

Position kann der diesseitigen Aggressive dienen, oder die feindliche hindern; er kann die Passive beider Theile begünstigen und sich dabei auf Entwickelung und Gebrauch der Streitkräfte beziehen. So war z. B. der einige hundert Toisen von Morre's rechtem Flügel bei Corunna vorliegende Felskegel von Elvina ein solcher Schlüssel der Position desselben.

[18] (S. 36). Noch zu Anfang des sechszehnten Jahrhunderts wurde die Theorie des Krieges zugleich mit der des Fechtens gelehrt und das mochte bei aller Beschränktheit doch auch sein sehr Gutes haben. Marozzo sagt von seinem Lehrer, Guido Antonio di Luca Bolognese, es wären aus seiner Schule „si puo ben dire, usciti piu guerrieri che del Trojano Cavallo." Auch ein deutsches Fechtbuch aus dieser Zeit rühmt die römischen Fechtübungen, indem es sagt: „So haben sie hier nicht allein Unterweisung, sich des Feindes im Felde mit der Hand zu erwehren angezeigt, sondern auch die Absicht, damit dem Gemüth in anderen Sachen bescheidentlichen Handel und Wandel einzubilden, wie die Kraft, in allem Leben der Begierde zu widerstehen." — So wie die geschichtliche Entwickelung eines Kriegsvorfalles, z. B. einer Schlacht, in ihrer Mechanik nur durch die Achtsamkeit auf das successive willkürliche oder unwillkürliche Eintreten des Sicherungs-, Ueberwältigungs-, Ueberraschungs- und Terrainbenutzungs-Motivs übersehen, zusammengehangen und verstanden werden kann, so läßt sich auch die Geschichte der ganzen Kriegskunst mit Nutzen nur nach diesem Maaßstabe messen, weil die Wirksamkeit des einen oder anderen Motivs unter moralischen und sächlichen Umständen, wie Gesinnung, Bildung, Armee-Formation rc. wohl eine Zeit lang gehemmt, ihrer Natur nach aber nie aufgehoben werden kann. So verwischte z. B. der alte taktische Gebrauch des Massen-Anrennens lange Zeit hindurch die einzelne Ueberwältigung und den Terrain-Einfluß; die mit kleineren Armee'n leicht auszuführenden, durch den eigentlichen Kriegerstand sehr begünstigten Ueberraschungen traten unter den italienischen Capitano's und den sogenannten grands capitaines aller Nationen bis zum spanischen Erbfolgekrieg hin mehr hervor; die mit Gustav Adolph's dünner Stellung wichtiger gewordene Terrain-Benutzung zeigt sich nach den Fortschritten der Mappirungskunst und besonders nach Friedrich II. bis zur Ungebühr wichtig, bis sich im Revolutionskriege aus dem Schaden erst Klugheit entwickelte und die theilweise Ueberwältigung unter Napoleon wieder in ihre Rechte und mit der Unzahl einer nach großen Schlägen lästigen Artillerie sogar darüber hinaustrat, bei den Befangenen aber theils als eine Erfindung, theils als ein Rückschritt zur Rohheit galt. Trotz aller literarischen Erfolge total confuser Ansichten hätte sich hiernach das Lebendige des Kriegswissens alleweile einer ziemlichen Gesundheit zu erfreuen.

[19] (S. 36). S. den ersten Band der nachgelassenen Schriften des Generals v. Aster, S. 47. Anmerkung 4.

[20] (S. 37). 'Die Praxis wird zur Ausbildung in einem Fach stets unentbehrlich bleiben.

[21] (S. 39). Der Generalstab hat es mit allen Waffen zu thun und es

ist der Idee entgegen, wenn er sich die eine besondere unterordnet, wie in Oesterreich die Pionire und Pontonire, was, wie Vieles in den Armee'n, sich nur geschichtlich erklären läßt. Verrichtete der Generalstab Ingenieur-Dienste, so kam es daher, weil es entweder keine ordentlichen Ingenieure gab, oder weil man sie nicht zu brauchen verstand, und es war darum nur wenig besser gemacht, als es neuerdings Baradas in Mexico machte, der bei seinen Expeditionen den Ingenieur vergaß und dafür die Capuziner mitnahm! Dem Generalstabe liegen neben der allgemeinen Armee-Verwendung, worin er dem Feldherrn beistehen soll, noch die äußeren Beziehungen der Armee ob, die beide stets gewiegte Offiziere in Anspruch nehmen. Er soll die von dem Feldherrn ausgehende Grund-Idee für die Handlung im Kriege ausarbeiten und zwar in kriegswissenschaftlicher Beziehung, wie die Adjutantur dies in kriegsgesetzlicher thut; der eine kann auch dem Feldherrn mit der Theorie, der andere mit dem Gesetz bescheiden Vorstellungen machen. Dazu gehört indessen Studium und Erfahrung, die durch die Handlung (den Dienst) erlangt wird. Auch darf den Generalsstabsoffizieren wegen ihres verschiedenartigen Gebrauchs das, was der Franzose habitude du monde nennt und was den Geist häufig vertritt, nicht fehlen.

[22] (S. 39). Pelet, ein altes Mitglied des französischen Geographencorps, erwähnt eine Ordre des Kaisers Napoleon vom 9. August 1801, worin dieser sich folgendermaßen über das Corps beklagt: „C'était moins la faute de ces officiers que cotte de leurs chefs. Les travaux étaient ordinairement très soignés et très beaux, mais ils n'arrivaient pas à tems. Ce corps n'a pas rendu les services dont il était si capable parceque la direction lui a manqué.“ Nachdem Napoleon Alles unter Bacler d'Albe gestellt und alle Geographen in's Hauptquartier beordert, tadelte er mehrere gelieferte Arbeiten bis in's Detail und schließt damit zu sagen: „Quand je demande une reconnaissance je ne veux pas qu'on me donne un plan de campagne. Le mot d'ennemi ne doit pas être prononcé par l'ingénieur. Il doit reconnaître les chemins, leur nature, les pentes, les hauteurs, les gorges, les obstacles, vérifier si ses voitures peuvent y passer et s'abstenir absolument des projets de campagne.“

[23] (S. 40). „Den Ehrennamen „Humaniora“ konnte das griechische und römische Studium nur dadurch erhalten, sagt ein bekannter Pädagoge sehr richtig, daß in der scholastischen Periode, wo dieser Name entstand, die *Philosophie leere Dialektik* geworden und als solche der Religion ebenso entfremdet war, als dem Leben, der klare Blick auf das Leben also, der in den römischen und griechischen Schriftstellern gefunden wird, als das einzig Bildende in jener Zeit erscheinen mußte, die ja noch nicht einmal die Sprache gehabt hätte, um Gebildetes darin niederzulegen.

[24] (S. 40). Die Betrachtungen der Ingenieure und Artilleristen müssen besonders auf die Concavität, Convexität und die Inflexionen gerichtet werden, deren Grund-Ansicht in einem geometrischen Raisonnement zur Klarheit gebracht werden müßte. (Man siehe hierüber das **Mém.** de l'officier du génie

Nr. 6. vom Jahre 1823, pag 70.) Um die verschiedenen in der Natur vorkommenden Fälle nicht zu sehr zu zersplittern, wird es dabei zureichen, die Convexität, Concavität und den Uebergang (Inflexion, Wendung) im Sinne der horizontalen Terrain-Courven und des Einfallens (pente) vorzunehmen.

[25] (S. 42). Die Terrainbildung ist für den Charakter der Militair-Operationen von großer Wichtigkeit und müßte ihr Einfluß auf denselben vor Allem festgestellt und darnach nur das dahin Bezügliche in die Militair-Geographie eingeführt werden. So giebt z. B. der nordöstliche Abfall aller Hauptgebirgszüge und Flüsse Galliziens und des nördlichen Portugal's, so wie die Beschwerlichkeit des Uebergangs über die reißenden Gebirgsgewässer daselbst recht füglich den Schlüssel zu Soult's Operationen im Jahre 1809 bei der Invasion und zu seiner fortwährenden Tendenz bei der Retirade von Tuy und Oporto, der spanisch-englisch-portugiesischen Armee diese Richtung nicht zu gestatten, ab, die ein erleichtertes Zersplittern seiner Kriegskräfte ebenso mit sich brachte, wie die nach der Schichtung vorgenommene Arbeit in einem Steinbruch die letztere erleichtert, weil man von hinten in die natürlichen Spaltungen eindringt, und einen größeren Steingewinn in derselben Zeit ermöglicht als ohnedem.

[26] (S. 42). In dem alten Ausdruck: das Feld halten (esser padrone della campagna), welchen man für Armee'n im Kriege braucht, liegt, auf die bloße Localität gesehen, die eigentliche Aufgabe der Militair-Geographie. Die Aufgabe ist mit der engeren Verzweigung der Politik und Kriegführung, mit der Größe der Armee'n, mit dem Einfluß des Terrains auf Beweglichkeit, Unterhalt, Stellung 2c. immer umfassender geworden. Eine Positions-Kenntniß, eine Straßen-Recognoscirung, ein Festungs-Emplacement reicht nicht mehr weit genug zu einer Voraussicht, die eine Reihenfolge von Begebenheiten und Chancen dem Gerabewohl in der Handlung entziehen soll. Was mit der vom siebenjährigen bis zum Revolutionskriege ausgesponnenen Kenntniß der sogenannten Defenslinien, von der Corps-Aufstellung bis zur Verwahrung der Landesgrenze hinauf, gethan war, haben wir selbst erlebt (an der französischen Nordgrenze nämlich).

[27] (S. 43). Die älteren Kriegsschriftsteller gebrauchen die Wörter in anderem Sinne. So sagt Dillich (1627): der Feldherr sollte sich umthun um einen in der Chorographie erfahrenen Mann, der ihm die Länder in gewisse Abrisse und Beschreibungen bringe 2c., und wenn man meine, es sei mit den Topographen genug, deren die Historiker und Geographen in ihren Operibus gebrauchen, so müsse man wissen, daß in dergl. weder Straßen noch Furthen, weder Städte-Verwahrung noch deren Stärke gezeigt würden, demnach in solchem Falle tabulae chorographicae vor Augen liegen müßten. — Die Terrain-Gestaltung ist allerdings nicht ohne Einfluß auf die Kriegführung im Großen. Da wo man den Wasserzügen und Thal-Einschnitten folgend Longitudinal-Bewegungen vornehmen kann, wird man allerdings leichter zum Ziele kommen als bei Transversal-Bewegungen in einem Stufenland, so wie man ja auch das Holz leichter nach den Fasern spaltet als zer-

baut. Gewisse Gegenden zeigen dies besonders deutlich, so z. B. Soult's Kriegstheater (1809) in Portugal, so auch die Gegend um und oberhalb Straßburg rc.: sie sind dem einen Operirenden immer günstiger als dem anderen.

[29] (S. 44). Der General Zibell ist auch der Meinung, daß man bei der dermaligen Ausdehnung der Schlachtfelder der Terrainkenntniß der Offiziere in einer Armee durch gute Charten zu Hülfe kommen müsse. Seine Vorschläge hinsichtlich der Maaßstäbe für Charten zu militairischen Zwecken sind folgende:

$\frac{1}{500,000}$ der natürlichen Größe für die Generalcharte,

$\frac{1}{50,000}$ für die Specialcharte,

$\frac{1}{10,000}$ für die Particularcharte,

$\frac{1}{1000}$ für Festungspläne,

$\frac{1}{5000}$ für Belagerungs- und Rayonspläne.

[30] (S. 45). St. Cyr giebt namentlich den Deutschen Schuld, sich da nicht benehmen zu können, wo sie außer Stande seien, ihre Artillerie und Cavallerie zu gebrauchen.

[31] (S. 46). Schepeler sagt sehr richtig bei der Beschreibung der Sierra Morena: „Eine Gebirgskette ist nur ein Hinderniß, schnell mit großen Massen zu agiren, nie aber des Vorrückens, weil ein Mensch sich da Bahn macht, wo noch eine Ziege hinaufkommt.“

Dritter Abschnitt.

Ueber den Unterricht in dem eigentlichen Ingenieur-Wissen oder der Terrain-Verwandlung (Theorie der Ingenieur-Kunst).

A. Die Terrain-Verwandlungs-Lehre an und für sich betrachtet.

Im Vorhergehenden wird man schon bemerkt haben, daß sich die Bedeutung des Wortes: Terrain, auf alle dem Grund und Boden angehörige, bleibende und unbewegliche Gegenstände erstreckt, insofern dieselben der Kriegführung förderlich oder hinderlich werden können. Es ist nicht überflüssig, bei der Terrain-Verwandlung auf die weite Bedeutung dieses Wortes besonders aufmerksam zu machen.

Die Klassen-Eintheilung der im Allgemeinen auf die Terrain-Verwandlung deutenden Begriffe ergiebt sich aus den dabei vorwaltenden Zwecken. Als solche sind aber zu betrachten:

1. die Bewegung der Truppen und ihres Zubehörs;
2. die Einrichtung des Schlachtfeldes mit besonderer Rücksicht auf Sicherstellung sämmtlicher Kriegsmittel gegen feindliche Unternehmungen;
3. die Sicherstellung dieser Mittel gegen die Elemente und die Witterung.

Diese Zwecke erfüllen die Sphäre des Ingenieurdienstes, und beschäftigen die ihm zugetheilte Waffe, welche also in der Regel mit dem Feinde nicht handgemein werden darf, wohl aber bestimmt ist: den feindlichen Widerstand unmittelbar aus- und mittelbar abzuhalten, sowie den übrigen Waffen unter den Augen des Feindes auf eine thätige, wohl eingeübte Weise Terrain-Vortheile zu verschaffen. Sie ist mit geringen Ausnahmen diejenige Waffe, welche zu ihrer Einübung und ihrer Anwendung vor anderen unverhältnißmäßig mehr Zeit und Mittel bedarf, und sie kann ohne deren Gewährung dem Staate und der Armee nur einen sehr geringen Nutzen leisten, während sie ihnen gegentheils die größten Vortheile bringt.

Eine weitere wesentliche Eintheilung der die Truppen-Bewegung fördernden Terrain-Verwandlung geht aus der Beschaffenheit des vorhandenen, die Bewegung störenden Terrains hervor, das sich als Land- und Wasserboden einflußreich auf die Kriegführung zeigt, eigene Mittel und eigene Handgriffe zu seiner Bewältigung verlangt und demnach, wie in der Anwendung, so auch in der Lehre, wovon weiter unten näher die Rede sein wird, für Wege- und Brückenbau getrennte Betrachtungen fordert.

Unter den ersten und den zweiten oben angeführten Zweck der Terrain-Verwandlungen, die Einrichtung der Schlachtfelder und die Truppen-Bewegung nämlich, lassen sich nicht nur die bis jetzt in der Fortification eingebürgerten Sicherungs-, sondern auch alle diejenigen anderweiten Begriffe einordnen, die irgend eine Beziehung fortificatorischer Maaßregeln zu den allgemeinen Kriegs-Motiven und Armee-Operationen andeuten.[1] Jene einseitige Beziehung der Fortification auf die bloßen Sicherheits-Maaßregeln gestattet weder der fortificatorischen Betrachtung und Behandlung ganzer Landstrecken, noch der fortificatorischen Manoeuvrirkunst (attaque et défense) eine angemessene Stellung in der Lehre und erinnert an den Vortrag der alten irregulairen Fortification und an die Aushülfe mit den Stratagemen und Chikanen, welche letzteren sich den beschränkten Manieren-Theorie'n nicht recht einfügen lassen wollten, weshalb auch die älteren Fortifications-Autoren sie nur einer beiläufigen Erwähnung würdigen.[2]

Die Fortification in der hier erwähnten, ausgedehnten Bedeutung, kann in ihrer Anwendung unter zwei wesentlich verschiedenen Verhältnissen gedacht werden; einmal nämlich als das

Gefecht der Truppenmassen vorzugsweise unterstützend, wo sie alsdann einen leichten, vorübergehenden, auf schnelle Truppen-Verstärkung Anspruch machenden Charakter bei einer frontalen Haupt-Entwickelung auf dem Terrain, besitzt (fortification passagère)[3], und das anderemal als die Behauptung eines Terrain-Theiles vorzugsweise beabsichtigend, wobei sie den Charakter des Widerstandes gegen übermäßige Kriegsmittel und den einer Vorbereitung und Erhaltung von längerer Zeit her und auf längere Zeit hin annimmt, und wo sie sich in einer concentrischen Entwickelung zeigt (fortification permanente oder reale,[4] wie sich Marchi ausdrückt).

Man kann genöthigt werden zur Ueberwältigung vorhandener Fortificationen wiederum fortificatorischer Mittel sich zu bedienen, wobei sich die angreifende, passagere Fortification entweder mit einer passageren oder mit einer permanenten einzulassen hat. Das giebt eine fortificatorische Manoeuvrirkunst für den Angriff und die Vertheidigung (attaque et défense), die übrigens von dem durch die Idee der Fortification selbst schon zur Betrachtung kommenden, blos gewaltsamen Waffen-Angriff ohne fortificatorische Hülfsmittel wohl getrennt werden muß.

Neben denjenigen Sicherheitsmaaßregeln, welche die fortificatorischen Anlagen zu ihrer eigenen Erhaltung gegen feindliche Waffen-Unternehmungen jeder Art selbst in Anspruch nehmen, hat die Terrain-Verwandlungslehre noch, wie wir oben bereits bemerkt haben, die Sicherstellung sämmtlicher Kriegsmittel gegen die Einwirkung der Naturgesetze, gegen die Elemente und die Witterung zu behandeln. Die angemessenste Gliederung dieses Capitels geht wohl aus der verschiedenen Beschaffenheit der zu sichernden Kriegsmittel selbst hervor, die sofort in personelle und materielle zerfallen, bei welchen letzteren sich wieder Mund- und Waffen-Bedarf, sowie die Anlagen selbst als bauliche Gegenstände unterscheiden lassen. Mit den für den besonderen Zweck erforderlichen Modificationen und bei Unterscheidung des Kriegs- von dem Friedens-Zustande fällt im Uebrigen die Behandlung der meisten hierher gehörigen Begriffe mit der theoretischen Behandlung derselben Gegenstände in der bürgerlichen Baukunst zusammen.

B. Hinweisung auf die Unterrichts-Methode in den einzelnen Zweigen des Ingenieur-Wissens.

Schon das zu Anfang unserer Betrachtung berührte Verhalten des Ingenieur-Unterrichts zur Dienst-Organisation hat gezeigt, wie sich der Ingenieur-Eleve bei der Pionir-Dienstübung und -Schule nicht allein die richtige Anschauung, sondern auch einige Fertigkeit in denjenigen Pionirdienst-Verrichtungen zu erwerben vermag, die sich dem gemeinen Manne zwar in keinem wissenschaftlichen Zusammenhange, wohl aber von einem leicht faßlichen Raisonnement begleitet darbringen lassen. Der Pionir- und ganz besonders der Pontonir-Unterricht zeigt sich also schon dort als Grundlage des später eintretenden wissenschaftlichen Unterrichts. Ebenso sollte auch in der Fortification und namentlich in der fortificatorischen Manoeuvrirkunst der Sappeur- und Mineur-Unterricht als Grundlage für den späteren wissenschaftlichen Unterricht gelten. Es dürfte hierbei unerläßlich sein, den Geist und die Grenzen des Elementar- und des höheren Unterrichts genau und scharf zu bezeichnen, damit außer der erwünschten Zeitersparniß noch die über alle anderen Vortheile zu setzende Klarheit des Wissens durch gegenseitige Beziehung endlich einmal erreicht würde.

Napoleon sagt als denkender praktischer Beurtheiler sehr richtig: „Le premier caractère de toute méthode doit être d'aider la conception et l'imagination, faciliter la mémoire et donner plus de puissance à la pensée.“ Es fragt sich hier nur, auf welche Art und bis wie weit diese gemeinschaftliche Forderung bei dem in einander greifenden resp. Pionir- und Ingenieur-Unterricht gelten soll. Der lediglich der Diensthandtirung gewidmete Pionir-Unterricht geht von der Anschauung und den Handgriffen aus und erstreckt sich nur bis zu solchen Vorstellungen, die in jeder einfachen Handlung einen vernünftigen Zweck, in jeder zusammengesetzten außer diesem noch einen Zusammenhang und eine Ordnung mit ihren Gründen erkennen lassen. Diese nach technischer Analogie zusammengereihten nächsten Zwecke gestatten den höheren Dienstzwecken nur durchzuscheinen und verschaffen demungeachtet der Diensthandlung Verständniß und Selbstbeholfenheit, dem Urtheil darüber aber Freiheit und Richtung, soweit dies die Persönlichkeit des Unterrichteten gestattet.

Der eine volle Dienst-Einsicht bezweckende theoretische Ingenieur-Unterricht dagegen will mittelst der Abstraction und auf Grund der früher bereits erworbenen Anschauungsbegriffe und anderer Kenntnisse zunächst ein volles Bewußtsein der höher liegenden Zwecke des Ingenieurdienstes erzielen; auch verbreitet er sich über das gegenseitige Verhalten jener Zwecke bis zur Uebersicht des ganzen Dienstfeldes und führt am Ende zu einer Bekanntschaft mit der Idee des Dienstes und seiner Verzweigungen, die nicht allein jede Dienstverrichtung auf eine geschickte und vernünftige Weise vollziehen lehrt, sondern selbst die Erweiterung und Vervollkommnung der Theorie des Dienstes vorbereitet.

Die noch neuerlich von Goethe bezeichneten Schritte der menschlichen Erkenntniß: Erfahrung, Betrachtung, Folgerung, finden sich in allen Zweigen des Wissens. Welchen Aufschluß wir durch die Folgerung erhalten können, sobald wir nüchtern und sinnig bleiben, hat uns Volta im Gebiete der unter allen physikalischen Kenntnissen noch am wenigsten aufgeklärten Electricität gezeigt.

Es lassen sich nun nach den oben von Goethe bezeichneten Schritten der menschlichen Erkenntniß für unseren Unterricht folgende Stationen angeben:

1. Mit der Recapitulation, Berichtigung und Ergänzung der im Pionir-Unterricht erkannten Arbeits-Zwecke und ihrer Beziehungen untereinander, wird die wissenschaftliche Ordnung eingeführt; der höhere Begriff wird alsdann aufgenommen, nach dem Dienstbedarf, der allemal eine Handlung bezeichnet oder vorbereitet, normirt und als höherer Zweck mit seinen Mitteln immer weiter aufwärts ausgesprochen.

2. Die Mittel zur Erreichung der nunmehr erkannten Zwecke unterscheiden sich nach ihrer intellectuellen und materiellen Beschaffenheit. Da, wo der intellectuellen besondere Theorie'n zum Grunde liegen, werden solche in abgeschlossener Form mit Bezugnahme auf die betreffenden Hülfskenntnisse dergestalt entwickelt, daß sich ihre Grundlagen und Annahmen leicht übersehen lassen,

damit eine aufgefundene verbesserte Theorie die vorhandene ohne Störung des Ganzen ersetzen kann. Die durch Anschauung in ihrer Einzelheit schon begriffenen materiellen Mittel werden als bekannt vorausgesetzt und können nur in ihrer Generalität und Zusammenstellung Erörterungen veranlassen, die neben den neu eintretenden Mitteln hier ihre Stelle finden.

3. Der sonach durch den Vortrag selbst construirte letzte Zweck der Disciplin oder die Idee derselben (metaphysique de la science), von der Lacroix meint: „Au lieu d'être la base de leur édifice doit en être le couronnement" und welche nun nicht mehr undeutlich durch müßige Definition und lockere Andeutung, sondern in ihrem lebendigen Zusammenhange nach unten und oben erkannt ist, kann sich jetzt als Aufgabe zeigen, bei deren Auflösung man wieder der schon dem Lehrcours ertheilten intellectuellen und materiellen Richtung zu folgen hätte.

Die zu solchem Unterrichtsgange erforderliche Zerlegung jeder Disciplin, deren Bild ich übrigens, beiläufig gesagt, während des ganzen Vortrages derselben in den Unterrichtssälen aufgehangen wissen möchte, kann dem mit dem Umfange und Nutzen seines Faches vertrauten Lehrer nicht schwer fallen. Die Absicht haben wir nicht, dergleichen anatomische Versuche hier vorzunehmen, indessen soll zum Verständniß des oben Gesagten und in Bezug auf den uns zunächst beschäftigenden Wegebau das unten folgende, indessen nicht vollkommen ausgeführte Schema hier eingeschoben werden.

a) Der Wegebau insbesondere.

Genanntem unten folgenden Schema hätte man in Erkenntniß und Sammlung der Begriffe von unten nach oben, in der Auflösung der Aufgaben dagegen von oben nach unten beim Vortrage zu folgen.

Schema für den Unterricht im Wegebau.

Die in dem Bau und der Zerstörung von Wegen bestehenden Terrain-Verwandlungen bezwecken die Bewegung der eigenen und resp. die der feindlichen Truppen (die Marsch-Cadence derselben)

- zu beschleunigen; die Beschleunigung ist möglich:
  - Durch Besserung der Wege; dazu sind erforderlich:
    - Kenntnisse (materielle)
      - des Gegenstandes selbst als Arten der Wege:
        - Nach ihrem Gebrauch in Krieg u. Frieden.
        - Nach ihrer militärischen u. baulichen Beschaffenheit.
        - Nach ihrer Gestalt.
          - Dimension
            - Gestalt.
            - Breite.
            - Höhe.
          - Steigung
            - annehmliche Winkel. Entfernung der Abschläge. Länge d. Rampen.
          - Zug
            - Auf der Ebene.
            - Auf Abhängen.
          - Fundamentdecke
            - Anordnung.
            - Material.
      - Der bedingten Beschaffenheit
        - als dem Wegeideal d. h. der Kunststraße entsprechend
          - Erhaltung
            - Einebenung.
            - Abwässerung.
        - als der Kunststraße sich annähernd.
          - Bodenart.
            - Knüppeldämme
            - Grüne Faschinendämme.
            - Sandchausséen.
          - Jahreszeit und dgl.
      - Der Arbeitsführung, wozu gehört Bekanntschaft mit:
        - thierischen Kräften.
          - Zugvieh
          - Soldatenarbeit
          - Gedingearbeit
          - Tagewerkarbeit
        - mechanischen (Maschinen) Kräften.
          - Transportgeräthe.
          - Handwerksgeräthe
        - Zeit-Eintheilung.
          - Dauer der Handwerksarbeit.
          - Vertheilung der Arbeit.
          - Auswahl der Jahreszeit.
        - Geld-Aufwand als Basis zu den Ueberschlägen.
- zu verzögern; die Verzögerung ist möglich:
  - Durch Einrichtung neuer Kolonnenwege:
    - (intellectuelle)
      - Zur Conception und ihrer Feststellung (geodätische Vorarbeiten).
      - Zur Vergleichung der Arbeit mit den Mitteln (Ueberschläge).
      - Zur Disposition (Verwendung der Kräfte nach den Ueberschlägen).
      - Zur Leitung u. Aufsicht.

Hülfs-Kenntnisse:

Aus der **Terrainlehre** (Topographie): Erkennen der Wege.

" " **Marschlehre:** Marsch-Disposition.

" " **Mathematik:** Berechnungen und Aufnahmen.

" " **Baukunst und Naturlehre:** Theorie des Fuhrwesens, Kenntniß des Materials ꝛc.

Obgleich die hier mit aufgeführte Betrachtung des Wege-Ideals oder der Chaussee-Bau eigentlich nicht unmittelbar zu der Disciplin gehört, so giebt doch er allein nur bei der nach den Umständen so schwankenden Wegebesserung das Resultat ihrer Vollendung an. Auch hat die Aufgabe außer dieser theoretischen Zweckmäßigkeit für den Ingenieur noch Vortheile genug, die sie nicht zum 'hors d'oeuvres machen. So werden z. B. Festungsanlagen häufig mit permanenten Communikationen verbunden, die den Chaussee-Neubau zu einem wirklichen Dienstzweig erheben; auch erwartet der Ingenieur häufig eine seiner Bestimmung gemäße Invaliden-Versorgung im Straßen-Bau-Wesen und vor Allem giebt eine literarische Bekanntschaft mit diesem ziemlich bearbeiteten Fache sehr nützliche Analogie'n für den größeren Festungsbau-Betrieb. So leistete z. B. Wesermann's sehr schätzbares Buch bei den Festungs-Neubauten am Rhein gute Dienste; hier wird gezeigt, wie große Arbeiter- und Materialien-Massen verwendet, Anordnungen dafür getroffen, Concurrenzen geweckt werden müssen ꝛc.

b) Der Brückenbau insbesondere.

Die Lehre vom militairischen Brückenbau oder das Pontonir-Wissen (Wissenschaft klingt für eine solche Zusammenstellung einzelner, meistens entlehnter Theorie'n zu vornehm) einigt sich nach den oben bemerkten Entwickelungen der Idee nach in der Aufgabe: das Wasser als natürliches Hinderniß eines Armee-Marsches zu beseitigen und selbst für militairische Zwecke zu benutzen. Der Disciplin wird durch diese erweiterte Idee die Fähigkeit ertheilt, auch alle die Begriffe in sich aufzunehmen, die bei der früheren Entfremdung des Pontonir- vom Genie-Wesen dem Feld-Ingenieurdienst angehörten. In älteren Pontonir-Anweisungen darf man diese Begriffe freilich nicht suchen; in neueren schätzbaren Werken aber, wie z. B. in Drieu's Guide du pontonier (1820), in Douglas' Essay on the principles and construction of military bridges und in Fabert's[5] Lehrbuch für Pionire (1824) finden sich die meisten derselben, jedoch auch mehr nach Art des Manuels, der eintretenden Anwendung gemäß, gesammelt und nicht zusammenhängend geordnet. Auf eine solche Anordnung ist in meinen Gedanken über den Pionir-Unterricht, sogar schon über den dortigen Standpunkt hinaus, hingedeutet.

Es fragt sich auch, ob es rathsam ist, mit dem Ingenieur-Unterricht weiter in die Brücken-Baukunde einzugehen, als es der eigentliche Pontonirdienst verlangt, und ob für diesen Fall hier oder beim Vortrage der Baukunst der Ort dazu sei. Die erstere Frage kann nach Vorstehendem nur bejaht werden, weil der Ingenieur mehr als der frühere Pontonir mit permanenten Brücken zu thun hat und ihn die dahin gehörigen Kenntnisse auch im Pontonirdienste fördern und über das Gewöhnliche erheben würden. Die Antwort auf die zweite Frage hängt von der vorzunehmenden Unterrichts-Eintheilung und der Folgenreihe der Disciplinen ab. Der Unterricht in dem Bau stehender Brücken, der in größeren Werken (s. Röder's Darstellung der Brückenbaukunde, 1821) recht übersichtlich behandelt ist, wird sich für den Ingenieur nicht bis zur Conception größerer Bauwerke erstrecken dürfen und hat in dieser Beschränkung allerdings die meiste Verwandtschaft mit dem im Pontonir-Wissen, was bei späterer Selbstbildung immer zu beachten bleibt. Zum Verständniß der Brückenbaukunde gehören indessen architektonische Kenntnisse, die sich nicht wohl anticipiren und aus dem Verband mit der gemeinen Baukunst herausreißen lassen. Ich würde also immer dazu rathen, die gemeine Baukunst auch der Pontonir-Theorie vorauszuschicken und diese darum erst ziemlich am Ende des ganzen Unterrichts einzuschalten. Da das Pontonir-Wissen in sich abgeschlossen ist, was schon daraus hervorgeht, daß es seine eigene Geschichte hat, auf die man im ferneren Fortgange des militairischen Vortrages zu fußen vermag, so sehe ich in der Zurückstellung dieser Disciplin weiter keinen Uebelstand; ich bin vielmehr der Meinung, daß durch die ebenfalls vorausgegangene gründliche und zusammenhängende Behandlung der Hydrostatik und Hydrodynamik der Vortrag nur an Bündigkeit und Klarheit gewinnen kann.

Auf ähnliche Weise und aus denselben Gründen würde ich auch den Deich-, Ufer- und Schleusenbau, sowie noch andere Wasserbau-Abtheilungen, soweit sie Dienst-Verrichtungen von Seiten des Ingenieurs in Anspruch nehmen, wieder in den Vortrag des in mancher Hinsicht damit verwandten Brückenbaues einschließen und alsdann nur die Grenze scharf angeben, wo der erste Zweck der militairischen Terrain-Verwandlung, die Förderung der Truppen-Bewegung nämlich, mit dem dritten Zwecke derselben, der Sicherstellung gegen die Einwirkung der Elemente, wechselt, weil die betreffenden Arbeiten erst unter der zuletzt genannten Rubrik in den allgemeinen Ingenieurdienst-Unterricht eintreten dürfen, wenn die hier angenommene Gliederung und Uebersicht festgehalten werden soll.

e) Die Fortification (Befestigungskunst) insbesondere.

Geht man von der vorhin schon festgestellten Erklärung der Fortification[6] als der Lehre von der Einrichtung der Kampf- und Schlachtfelder aus, so läßt sich ihr Vortrag auf drei Haupttheile zurückführen, nämlich:

I. auf den Sinn und das Verständniß der fortificatorischen Producte (Werke), worin zugleich die allgemeinste Grundlage ihrer Anordnung (Conception) zu suchen ist;

II. auf die Herstellung, den Bau (construction, il fabricare) der Werke mit allen zu diesen Ausführungen gehörigen vielfältigen Hülfskenntnissen, welche dieser Praxis wieder einen rückwirkenden Einfluß auf die Anordnung einräumen;

III. auf ihre Anwendung (disposition, ordonnance d'ouvrage und nach den alten Italienern: partimento) und ihren letzten Gebrauch[7] (attaque et défense) beim Conflict mit dem Feinde, wobei erst die Combination der Terrain-Verwandlung mit der Terrain-Beschaffenheit und der Waffengewalt eintritt, die theoretische Abstraction (rationatio nach Vitruv) als eine science de fait freien Spielraum erhält und das Wissen als die aus der Praxis erworbene Grundlage der Kunst abschließt.

Wie und in welchem Zusammenhange man die in die erwähnten Capitel einschlagenden Begriffe behandelt, ordnet und theilt, ist keinesweges gleichgültig. Die älteren, von dem engeren Begriff der Fortification[8] als eines bloßen Sicherungsmittels ausgehenden, auf einzelne Anwendungen auslaufenden Vorträge, die hier leicht verführen können und auf Kosten des Verständnisses und der Klarheit leider oft genug verführt haben, muß man aufgeben; auch darf man nicht vergessen, daß man den ganz bestimmlen Fall des Ingenieur-Subaltern-Unterrichts vor sich hat; der Ingenieur-Subaltern-Offizier, mit den sinnlichen Eigenschaften des Lehrgegenstandes schon hinlänglich vertraut, ist aber jetzt weniger auf diese, als auf die Collectivbegriffe aufmerksam zu machen; er ist ferner auf die Eigenthümlichkeit und resp. Wichtigkeit dieser Begriffe, auf die Art ihrer Verwandtschaft und Abhängigkeit von einander, auf die Schicklichkeit ihres jedesmaligen Gebrauchs hinzuweisen; er muß endlich im Allgemeinen erfahren, welche fortificatorischen Anforderungen in und über seinen Verhältnissen liegen können und zwar, ohne daß er veranlaßt wird, sich in die bei der Lehre selbst nicht zu umgehenden, für seinen Standpunkt aber transcendenten Begriffe zum Nachtheil des Dienstes vorerst zu verlieren.[9]

Die allein aus der Anwendung hergeleitete ältere Eintheilung der Fortification in Orts- und Feldfortification[10] (permanente und passagere) von vorne herein als durchgreifend im Vortrage zuzulassen, halte ich für zweckwidrig. Bis zur natürlichen Spaltung im dritten Capitel müssen beide Begriffe zusammengehalten werden. Die bisher vorweggenommenen Beziehungen aus einer Lehre in die andere, die Wiederholungen, die Ungewißheiten, welcher Vortrag dem anderen vorausgehen soll, sprechen für meine Meinung, wobei auch die ganz unlogische, unreine Classe der sogenannten gemischten oder provisorischen Fortification[11] (Anlage der places du moment) gar nicht zur Sprache kommen kann, wobei dagegen aber wohl alles höhere Verwandte im Kopfe des jungen Ingenieurs, der überhaupt nicht mehr wie der Pionir an der Individualität des Gegenstandes hängen darf, angeregt[12] werden dürfte.

Der wissenschaftliche Unterricht muß weder mühselig in den Details herumkriechen, noch stolz über sie wegfliegen wollen;[13] zur wissenschaftlichen Uebersicht muß ihm das Material der Wissenschaft allerdings zu Gebote stehen, er muß sich aber weit genug davon halten können, um seinen Blick nur auf das der jedesmaligen Abstraction Wesentliche zu richten und ihn nicht in dem Beiläufigen zu verwickeln.

Wir werden zu der fast allgemein in der Fortification als wohlthätig und nothwendig anerkannten Freiheit der Disposition nicht gelangen, ohne daß wir sie schon durch einen zweckmäßigeren

Unterricht vorbereitet hätten. Die höhere Intelligenz schließt nach anderen Begriffs-Verwandtschaften, als die niedere. Die Individualität, das Material, selbst der Act, geben ihr nicht das zureichende Bindungsmittel; sie hält sich an die Idee und wird, wenn sie rechter Art ist, immer das bewähren, was der Minister Molé an Napoleon's Verstande rühmte: „qu'il y a de bon sens dans le génie.“

Der Reihenfolge des fortificatorischen Vortrages gemäß muß zwar jedes der oben genannten drei Hauptcapitel im Zusammenhange behandelt werden, keineswegs ist es aber nothwendig, ja es ist sogar schädlich, eines dem anderen auf dem Fuße folgen zu lassen, so lange man noch mit dem Hülfswissen zurück ist. Das zweite Hauptcapitel (der Bau-Unterricht) bedingt z. B. außer dem ersten, dem Verständniß der Werke nämlich, noch allgemeine Baukenntnisse, so weit sie der Ingenieur braucht,[14] in einem systematischen Vortrage. Das dritte Hauptcapitel, die Anwendung, bedingt sogar außer jenen noch eine zusammenhängende Kenntniß der für den allgemeinen Truppen-Gebrauch gültigen Manoeuvrir-Maximen. Abgesehen von dem Bestreben folgerechter wissenschaftlicher Beziehung der späteren auf die früheren Betrachtungen, wird es, wie bei allen à posteriori abgezogenen Kenntnissen, dennoch nicht zu vermeiden sein, daß die den vorderen Theilen angehörigen Begriffe erst in den folgenden nicht sowohl ihre Grundlage als vielmehr ihre Abrundung finden.

I. Der Sinn und das Verständniß der fortificatorischen Werke als besonderer Lehrgegenstand (Fortifications-Conception).

Die Einrichtung des Kampf- oder Schlachtfeldes, der Hauptzweck aller Fortification in der Kriegführung,[15] zerfällt nach der Analogie mit den bereits erwähnten höheren Kriegshandlungsmotiven in Anstalten zur:

1. Sicherstellung der Kriegsmittel; zur
2. theilweisen Ueberwältigung des Feindes und zur
3. Ueberraschung desselben.

Sobald die hier classificirten Anstalten bestimmtere Umrisse erhalten, widerstreben sie einander übrigens eben so oft, als sie sich gegenseitig unterstützen. In der Darlegung dieser Gegensätze, deren Unklarheit eine Ursache so vieler müßiger Streitereien gewesen, liegt aber gerade der Nutzen einer höher geordneten Lehre. So ist z. B. die Sicherheit mit der Leichtigkeit sich dem Feinde in Masse entgegenwerfen zu können gefährdet; so fällt die Ueberraschung weg, wo die Streitmittel schon in Bereitschaft stehen 2c.[16] Bei solchem in der Natur der Sache liegenden Widerstreben muß alsdann nach äußeren Gründen das Mehr und Weniger für die Praxis Geltung erhalten und der Genius in der Kunst sein Wesen treiben, der sich durch keinen Unterricht lehren, hier aber durch vorausgegangene Erkenntniß zweimal vorbereiten läßt, das eine Mal nämlich für den Ingenieur, das andere Mal für den Krieger.

Beim Nachdenken über den Gang eines vernünftigen Unterrichts kann man nicht oft genug auf die Wahrheit zurückkommen, daß für die Handlung, der hier aller Unterricht doch jedenfalls zu widmen, in ungeordneten, unzusammenhängenden Kenntnissen um so mehr Gift liegt, je größer die Masse solches Wissens ist.[17] Nutzlose Spielerei, gedankenlose Aefferei, systematische Nichtswürdigkeit tritt aus dem Kopfe des Ingenieurs, Mangel an Entschluß und Folge, Einseitigkeit und Halbheit, Dünkel und Hartnäckigkeit, Täuschung für sich und andere aus dem Kopfe des Soldaten unfehlbar in's Leben, wenn sein Wissen aus einem Gewirre bunter Lappen besteht. Was läßt sich also für den beiderseitigen Unterricht Erfrischenderes thun, als das Gewirre zu entwickeln, die Lappen zu verschneiden und zwar noch ehe sie in den Kopf des technischen Soldaten gelangen, damit dieser auf der Stelle weiß, was er soll und was zu thun ist. Mit dem unumgänglichen Verzweigen des Charakters der Anfertigung und des Gebrauchs fortificatorischer Werke tritt die Nothwendigkeit ein, die Lehre dergestalt anzuordnen, daß schon in dem ersten Theil die nach den Motiven der Kriegführung, nämlich der Sicherheit, theilweisen Ueberwältigung und Ueberraschung gegliederten Anstalten unter ihren Hauptgesichtspunkten zur Betrachtung gelangen und daß diese umfassende Betrachtung sich durch zwischen inne liegende niedere Collectivbegriffe hindurch nach und nach zu jenen Abstractionen erhebt. Anschauung und die zur Subsummirung des Details erforderlichen Vorkenntnisse sind dabei als bereits durch den Pionir-

Unterricht erlangt, vorauszusetzen und die auf der Stufenleiter des Verständnisses zu gewinnende Steigerung der Bedingungen nnd Regeln bis zu den Maximen der Disciplin geschieht für den Geist der Lehre und für die zur Praxis erforderliche Mnemonik am vortheilhaftesten durch das Auffrischen, Ergänzen und Erweitern der schon vorhandenen Begriffsmasse; denn: „les principes et les faits doivent s'éclairer mutuellement!"

Da ein Fortifications-Vortrag nach solchen Ansprüchen eigentlich zum Gegenstand einer besonderen pädagogischen Aufgabe wird,[18] die in ihrer Auflösung durch Reichthum und das ungleichartige Zuströmen einzelner Kenntnisse manche Schwierigkeiten zeigt, welche sich erst im Verlauf einer Unterrichts-Praxis selbst heben lassen, so ist in Folgendem mehr nur ein einstweiliger, noch sehr der Verbesserung fähiger bloser Entwurf zu einer Capitel-Eintheilung zu erkennen. Die Geschichts-Untersuchung der Begriffe wird wie in jeder Wissenschaft so auch hier das ihrige thun. Man muß indessen bedenken, daß man dabei durch metaphysische Analyse zur einfachen Idee zurückzukommen hat.

1. Anstalten zur Sicherstellung.

Die im Conflict mit dem Feinde nothwendig werdenden Sicherungs-Maaßregeln[19] können sich beziehen:

α) auf den Streiter selbst im Kampfe;

β) auf denselben außer dem Kampfe;

γ) auf die Erhaltung seiner materiellen Sicherungen, seiner Streit- und seiner Lebensmittel.

α) Sicherungsmittel für den Streiter im Kampfe selbst.

Der Kämpfende mit jeder Waffe ist einem eben danach verschiedenen Angriff ausgesetzt. Local, Zeit und andere Umstände führen hier Modificationen herbei, die geschichtlich zu erwägen sind und im Durchschnitt das Resultat gewähren, daß Sphäre und Kraft der Waffenwirkung immer eher zu- als abgenommen haben, was faktisch aus der Verstärkung der fortificatorischen Sicherung erwiesen ist.

Die noch heute als charakteristisch verschieden geltenden Angriffsweisen lassen sich auf das Gefecht mit blanker Waffe (corps à corps), den Angriff mit directem und den mit Seiten-, Rücken- und Verticalfeuer zurückzuführen.

Bei diesen drei unter sich verschiedenen Angriffsweisen wird die Art der jedesmal dabei vorwiegend in Gebrauch kommenden Waffe auch Veränderungen in der Sicherstellung nothwendig machen.

Das unmittelbare Zusammentreffen, welches die blanke Waffe bedingt, wird gehindert durch: Absperrungen, welchen die nothwendige Gediegenheit, als: Breite des Grabens, Tiefe des Wassers, Steilheit der Abhänge,[20] Höhe der Mauern, Zusammenhang und Ueberhöhung ꝛc. nicht abgehen darf. Absperrungen

Das Wesen der bekanntesten Absperrungen, die nach ihren in der Zeit mitunter auch wohl wieder veränderlichen Special-Zwecken zusammengestellt sein wollen, gehört in diese Erörterung. Es wären daher gegenwärtig zu betrachten: z. B. der

Verhau,[21] die

Dornhecke,[22] die

Pallisade,[23] der

spanische Reiter[24] oder Igel und der tragbare Pfahl, welchen die englischen Archers[25] im vierzehnten und fünfzehnten Jahrhundert führten und der noch in der Mitte des achtzehnten auf den preußischen Parks mit in's Feld genommen wurde; ferner:

Thore, Barrikaden,[26] Barrieren, Sturmeggen (herses), Fallgatter, Orgelpfeifen; die

Straßenkette[27] (cattena di ferro), eine Bürgerwaffe während der Ritterzeit;

Schwimmbäume,[28] Estakaden[29] und Schiffsversenkungen; die

Fußangel, Wolfs- und Schlammgrube, Verpfählung;[30] die

Fladdermine;

Brander (brûlots) und Höllenmaschinen,[31] welche und wie sie Belici schon 1537 in Ungarn gebraucht haben will;

Inondationen;

Escarpirungen oder Böschungen;

Gräben (Diamants und Vorgräben, auch „fossés perdus“ genannt) mit ihren Ufern und Rändern (Eskarpen und Contre-Escarpen);

Tranchee'n,[32]

Lunètten und Criquen,

Freistehende und Revetements-Mauern [33] (Escarpe und Contre-Escarpe); 2c. 2c.

Manche von den genannten Absperrungen werden auch zuweilen Körper aufhalten, durch deren Herabrollen (rotolare) allein schon dem Angreifenden Nachtheil gebracht und Schaden zugefügt werden kann.

Deckungen gegen direct einfallende Projectilen.

Theilweise werden die genannten Absperrungen auch dazu dienen, dem Angegriffenen eine Schutzwehr (Deckung) gegen direct einfallende Projectilen zu gewähren. Die Anforderungen, welche an Deckungen, die gegen directes Feuer schützen sollen, gestellt werden müssen, hängen von der speciellen Angriffsweise ab. Dieselben müssen wo möglich den Gebrauch der eigenen Feuerwaffen gestatten. In diesem Sinne wären zu betrachten z. B.:

Wälle [34] (ripari, remparts) oder Schütte (Schüttung);

Epaulements [35] und Erdaufwürfe (nach Theti und Carnot: remparts sans formes bien déterminées);

Erdwalzen;

Rideaux;[36]

Brustwehren hinter und vor Gräben, wobei jetzt nochmals einzugehen wäre auf die

Tranchee'n mit ihren Auftritten (Bänken) und Scharten [37] nach Form und Dimension; ferner auf die

Einsenkungen der Batterie'n und Retranchements; und endlich auf die

Anwendung von Mantelets, Chandeliers, Bretterschirmen, Körben, Säcken, Gabionaden [38] 2c.

Brust- und crenelirte Mauern mit Scharten und Schießlöchern, wobei einzugehen wäre auf deren

Construction und Dimension; ferner auf die

Anstalten zur Blendung (Maskirung) derselben, so wie des Mauerwerks [39] selbst, wo dies vortheilhaft erscheint, und auf die

Schartenläden, die mitunter gleichfalls nur dazu dienen, die Einsicht zu hindern und den feindlichen Schuß unsicher zu machen. 2c. 2c.

Außer dem direct auf die Vertheidigungslinie gerichteten Schuß, kann die Linie vielleicht auch mehr oder weniger von der Seite echarpirt und enfilirt oder selbst im Rücken (en revers) gefaßt werden. Auch kann sie durch die von der Höhe sich absenkenden (dominirenden) und die im Bogen[40] (Roll- und Ricochetschuß,[41] Vertical- oder Wurffeuer) ankommenden Projectilen leiden, wogegen, abgesehen von der hier ebenfalls nothwendigen Entwickelung der Defilements-Theorie im Allgemeinen, als Sicherungsmittel anwendbar sein und daher in diesem Sinne hier zur Sprache kommen würden (siehe außerdem unten: über die Sicherung der Streitmittel) die | Deckungen gegen Seiten-Rücken- und Wurffeuer.

Traversen[42] und traversirenden Collaterallinien, welche bei retirirten Flanken und Tranchee'n auch vor der Front liegen können; die

Bogen- und gekrümmte Trace, wobei auch die Crochets der Zickzacks zu betrachten wären; ferner:

Bonnets und Parados,

Merlons[43] und Oreillons, welche in ihrer ursprünglichen Beschaffenheit einige Verwandtschaft zeigen; die

Contrebrisure und Schulter (spalla) in engerer Bedeutung; der

Sappengang im Zickzack, dessen schon von Theti Erwähnung geschieht;[44] die

Geschütz-Maskirung, soweit dieselbe nicht schon oben unter den Sicherungsmitteln des Streiters im Kampfe abgehandelt ist; ferner:

Blindagen, Balkendecken, Erdkegel und gefüllte Fässer, wie sie Napoleon öfter angewandt; alsdann:

Blockhäuser, Kaponieren und Kasematten[45] (case-matte), auf deren Geschichte näher einzugehen wäre; ferner:

Palanken[46] (Pallisadirung mit Brustpallisaden und Schießscharten); rc. rc.

Im vorliegenden Falle dient auch mitunter das Geschütz-[47] und Gewehrfeuer an sich vornehmlich zur Sicherung und macht Vortheile des Vertheidigers möglich bei Anlage von besonders zu diesem Behuf errichteten:

Traversen und Batterie'n;

Flankirungs-Linien, und zwar solcher, die ganze Werke

und solcher, die nur wieder einzelne Linien flankiren (bestreichen) sollen.

Der Sinn der Flankirung[48] (Bestreichung) in dieser doppelten Bedeutung wäre hier zu entwickeln. Dabei würde zur Sprache kommen müssen:

Lage und Relief der Flanken;

Flankirung aus der:

Tenaille,[49] dem

Bastion,[50] aus der

Mitte[51] (Perpendicular-Flankirung Montalembert's) und dem

Revers;[52]

Geschichte der Flanken,[53] wobei besonders Acht zu haben auf deren:

Beschaffenheit und

Disposition in den Fortifications-Manieren.

Maxima und Minima der Linear-Combination.[54]

Etagenfeuer und Commandement,[55] wobei zu betrachten: die Ueberhöhung der Linien; die

Doppel- und Flanken-Cavaliere mit ihrem geschichtlichen Uebergange aus dem Angriff in die Befestigung und den damit zusammenhängenden Veränderungen bezüglich ihrer Lage.

Verticalfeuer[56] gegen Approchen; Würdigung desselben.

β) Sicherungsmittel für den Streiter außer dem Kampfe.

Es ist nicht hinreichend, wenn nur während des Streites selbst mit irgend welchem ihm unmittelbar im Angesichte gegenüberstehenden Feinde dem Streiter Sicherungs-Vortheile dargeboten werden. Er muß auch vor Umgehungen wenigstens in so weit jeder Zeit geschützt sein, daß er Kräfte sammeln und dem Feinde aller Orten rechtzeitig begegnen kann.[57] Dahin führen und sind daher in diesem Sinne hier zu betrachten:

Flügel-Anlehnungen und -Verwahrungen durch sowohl natürliche als künstliche Flügelpunkte der Fortificationsfronten, Positionslinien und Approchen;

Geschlossene Formen der Werke mit ihren Eigenheiten, ihrem Sicherungswerth und den daraus abgeleiteten Maximen für:

Vielecke,

regulaire und

irregulaire Enceinten ꝛc.

Umwallungen (Enveloppen), wobei zu betrachten: deren Einfluß auf die

Erhebung des inneren Grabenrandes und der Feuerlinie des Hauptwalls (Defilement[58] par le terre plein);

Breite des Hauptgrabens;

Rücken-Verwahrungen,[59] ermöglicht durch:

Circumvallation,[60]

Anschluß der Werke aneinander und an Terrain-Hindernisse,

Kehlen,

Abschnitte[61] (retiro auch ripari, als Wälle: rifuggie) nebst Betrachtung ihres heutigen Werthes;

Reduits,[62] welche Anton de Ville schon: „l'ame de toute bonne défense" nennt;

Bastillen,[63] mit welchem Ausdruck man im vierzehnten Jahrhundert geschlossene kleine Werke und Echafaudagen zum Streit gegen die Ritter zu Pferde bezeichnete, und welcher Begriff sich in der bekannten Pariser Bastille St. Antoine bis zu dem der Citadelle ausdehnte;

Thor-Verschlüsse[64] und -Vermauerungen;

Bewegliche Brücken; ꝛc.

Geräumigkeit der Werke, wobei zur Sprache kommen: die Größe des zu sichernden Flächenraumes, und die Stärke der Besatzung;

Unterkommen, als:

Barakenlagerung,

Kasematten-Kasernen[65] mit ihren:

Erfordernissen und mit

Hinweisung auf andere damit zu erreichende Vertheidigungszwecke. ꝛc. ꝛc.

Außerdem liegt im zeitigen und richtigen Erkennen der feindlichen Unternehmung ein Haupt-Vehikel eigener Sicherheit gegen Umgehungen 2c. Dasselbe zieht seinen moralischen Impuls von der Wachsamkeit, wird aber durch materielle Disposition unterstützt. Ihm dient: die

Aussicht,[66] ungehindert bis auf den Bereich der zu brauchenden Waffen, und nöthigenfalls zu bewirken durch

Demolitionen und

Terrain-Correctionen,[67] wobei also auch die sogenannten Rayons-Rücksichten zur Sprache kämen;

Rondengänge und Gänge hinter den krenelirten Mauern, von denen die ersteren in den meisten türkischen Plätzen den gedeckten Weg ersetzen;

Wachten- und Reserven-Vertheilung,[68] wohin auch die Posten-Vertheilung und ihr Unterkommen vom Wachtthurm bis zum Schilderhaus und der Grube gehört; ferner

Telegraphirung,[69]

Beleuchtung,[70]

Wachtschiffe (vigies); 2c. 2c.

γ) Mittel zur Erhaltung der materiellen Sicherungen selbst, sowie der Streit- und Nahrungs-Mittel.

Die materiellen Sicherungs-, die Streitmittel, so wie die Nahrungsmittel lassen sich vernichten und der gerade in Anspruch genommenen Eigenschaft berauben. Ihre Erhaltung für den Kampf liegt im Gebiete der Befestigung. Dazu dienen:

die Versenkung der Absperrungen unter den Horizont, also:

Gesenkte Verhaue,

Pallisadirungen und Mauern[71] in Gräben. 2c.

der Vorbau,[72] wie die

Faussebraye[73] oder der Unterwall (wörtlich: verstecktes Gebinde) von ihrer ursprünglichen Beschaffenheit bis zu der jetzt üblichen des niederen Walles mit ihrem pro und contra;

Enveloppen in ihrer älteren und neueren Bedeutung,

Tenaillons, welche nur zur Deckung der einen Face dienten,

Contregarden[74] und **Couvrefacen**,

Epaulements,

Retirirte Flanken, wobei einzugehen auf deren
ältere Wichtigkeit und den
späteren Ersatz des Oreillons durch das **Ravelin**[75]
oder Wallschild, so wie auf die Geschichte desselben
bis Cormontaigne;

Grabenscheeren (Tenaillen)[76] mit ihrer Bestimmung; das **Glacis** (spianáta, esplanade) mit seinen natürlichen und künstlichen Hindernissen;

die **Verengung**[77] (étranglement) des feindlichen Raumbedürfnisses zur:

Approchen-Entwickelung,

Batterie-Anlage,

Geschütz-Depression (battere a cavalliero) ꝛc.;

Sicherstellung der Fabrikationen[80] der Streit- und Nahrungsmittel ꝛc. ꝛc.

2. Anstalten zur theilweisen Ueberwältigung.

Der Ueberwältigung[81] dient das Zusammenziehen (Concentriren) und die Vervielfältigung der eigenen so wie das Zerstreuen und Verringern der feindlichen Streitkräfte, vornehmlich, wenn dasselbe da stattfindet, wo der Kampf entschieden werden soll.[82] Der Ueberwältigung dient aber auch die Annäherung[83] an die feindlichen Sicherheits-Anstalten so wie deren Beseitigung. Beide, der Angreifende und der Angegriffene, brauchen hierzu Terrain-Verwandlungs-Mittel, die für den Einen augenblicklich, für den Anderen von längerer Zeit her (de longue main) geschaffen sein können. Beiden dient das Tracen-Developpement der Werke, welches sich auf Tragweite und Wirkung der Feuerwaffen gründet, also: Verschanzungen und Polygone, Parallelen und Logements ꝛc. Daß hieraus die Tenaillen- und die bastionirten Linear-Combinationen, so wie die umfassende, gerade oder zurücktretende Zusammenstellung dieser Combinationen (die Redans mit geraden Courtinen z. B.) entstanden und der eigentliche Tummelplatz des

Die Concentrirung der eigenen, sowie die Zerstreuung der feindlichen Streitkräfte und das gesicherte Aneinanderbringen derselben als untergeordnete Aeußerungen der höher liegenden Ueberwältigungs-Absicht.

früheren Manirirens und manches späteren Theoretisirens sich gewissermaßen erst daraus bildete, dazu würden sich die merkwürdigsten geschichtlichen Notizen beibringen lassen.[84] Auch darf man sich, da die Verfechter solcher auf Angriff und Vertheidigung eines und desselben Werkes bezogenen Combinationen nicht ermangelten, die im Festungskriege überhaupt vorkommenden Terrain-Verwandlungen, sowohl ihrer Beschaffenheit als ihrer Folge nach, in sehr gebundene Schemata und Regeln (Systeme[85] oder rêveries antimilitaires nach D a r ç o n) einzuengen, nicht wundern, daß dieselben dem Ingenieur des verflossenen Jahrhunderts unausgesetzt als sein höchstes Wissen empfohlen wurden. Die wenige noch rückständige Freiheit war dem Angreifenden beinahe allein überlassen, weil Tranchee- und Batterie-Arbeiten von Seiten des Vertheidigers (contre-approches)[86] bei der während einer langwierigen Belagerung leicht vorauszusetzenden Erschöpfung seiner Arbeitskräfte natürlicher Weise im Ganzen weniger Anwendung fanden. Durch eine in der neueren Zeit gewöhnlicher gewordene Dissolution der Werke und ihr Erscheinen als selbständige, äußere und detachirte[87] Werke (dehors), ist der fortificatorischen Disposition und Anwendung ein weiteres Feld eingeräumt und eine Art von Manoeuvrirfähigkeit zugestanden, welche Positionen verändern und Schwenkungen vornehmen läßt[88] und die mit einem Worte Chançen im weiteren Sinne, zu benutzen und zu beurtheilen aufgiebt. Daß dadurch aber beider Theile Kunstthätigkeit mehr in Anspruch genommen wird, daß es deshalb für jeden Fall eine I d e e d e r W e r k e g e b e n m u ß und selbst schon die Lehrgrundsätze der Befestigung mit auf jene Chançen bezogen sein wollen, muß jedem Unbefangenen einleuchten.

Man kann hierbei die älteren Außenwerke (extérieures), welche vorzugsweise bloße Mauerdeckungen abgeben, als Uebergänge zu den Zwecken der neuerdings mehr in Gebrauch gekommenen Detachirungen ansehen und daher die Betrachtung beider füglich in einander fließen lassen.

Etagenfeuer. Sowie die Streitmittel durch angemessene Entwickelung auf der Oberfläche gesteigert werden, so lassen sie sich auch durch Etagenfeuer übereinander häufen[89] und durch das Miniren unterirdisch vervielfältigen. Als ein Ueberwältigungsmittel ersterer Art ist der Kavalier,[90] der bald nach dem frühesten Geschützgebrauch aus dem Angriffe, wo er stets eine Hauptrolle spielen wird, in die Befestigung überging, längst von Wichtigkeit gewesen. Andere Mittel der Art wurden durch die Manieren, welche vielerlei Feuerlinien vor einander brachten, verdunkelt, von Montalembert indessen wieder in Anregung gebracht, dem, wenn sich auch seine Empfehlungen auf den Exceß stützen, dennoch das Verdienst bleibt, dem Etagenfeuer sein Recht wieder verschafft zu haben.

Das eigen begründete Minirwissen als ein Theil der Ueberwältigungs-Anstalten.

Die Idee der unterirdischen Ueberwältigungsmittel gründet sich nach unsern heutigen Ansichten fast allein auf die Expansivkraft des Pulvers und findet in dessen Natur wie in der Beschaffenheit des Mediums, worin die Wirkung hervorgebracht wird, ihre eigenen wissenschaftlichen Gesetzlichkeiten, die als ein Ganzes auch im Unterricht zusammengehalten sein wollen, bevor sie in die Ideen der Fortification als Sicherungs-, Ueberwältigungs- und Ueberraschungsmittel übertreten können und einen gründlichen Begriff des Minenkrieges selbst zu geben gestatten. (Die Alt-Deutschen sagten statt Miniren: „Untergraben".)

Der öfter schon erwähnte anschauliche Sections-Unterricht unserer Ingenieur-Eleven wird, verbunden mit den Minenübungen und einem nebenhin laufenden hülfswissenschaftlichen Unterricht in der Mathematik und der Naturlehre, ganz geeignet sein, das volle Verständniß eines Vortrages der reinen Minen-Theorie herbeizuführen, ehe die hier behandelten fortificatorischen Expositionen eintreten. Letztere müssen alsdann nur dazu benutzt werden, die fortificatorischen Beziehungen des Minenwesens an ihrer gehörigen Stelle in die ganze Terrain-Verwandlungstheorie einzuführen, was die lange bestandene Vereinzelung beider Theorie'n aufheben und eine wohlthätige Verbrüderung, an der namentlich auch schon Mouzé und Gillot gearbeitet haben, die sich indessen bis jetzt in der Praxis noch nicht hat bewähren können, wieder herstellen wird. Wir glauben nach dem hier zum Voraus dargelegten Verlangen einer Betrachtung des Minenwesens in fortificatorischer Vielseitigkeit, weiter unten bei besonderen Veranlassungen nicht weiter darauf hindeuten zu dürfen und erwähnen zum besseren Verständniß des Gesagten nur noch der Analogie, worin dasselbe in Bezug auf den Unterricht mit dem Seekriege steht, denn auch von diesem muß zur Küstenbefestigung vom Ingenieur Mancherlei erkannt sein, was sich auf dem Lande ebenso geltend machen läßt, wie Vieles aus der Minirkenntniß bei der oberirdischen Terrain-Verwandlung.

Das Minenwesen hat endlich seine besondere Geschichte,[91] welche vorzüglich seine Theorie erläutert und letzterer als Anhang folgen kann. Außer dem Nutzen des Verständnisses wird ihre Betrachtung noch dem: „nil admirari" dienen, wie ja überhaupt alle Wissenschaftsgeschichte durch den Blick rückwärts den vorwärts schärft und mitunter in der Kunst etwas wieder aufleben läßt, was längst vergessen schien.

Die in gesicherter und erleichterter Beweglichkeit der Streitmittel bestehenden Voranstalten zur theilweisen Ueberwältigung.

Der Begriff der Werke und ihre factische Zusammenstellung reicht zur fortificatorischen Voranstalt der Ueberwältigung nicht aus. Es verlangen auch die beweglichen Streitmittel (Truppen und Geschütz) Voranstalten zur gesicherten und erleichterten Beweglichkeit.[92] Ihre Lage und Beschaffenheit muß nach dem Communicationszweck und nach der successiven Gefechtsstellung erwogen werden; auch müssen sie anders zur parallelen, anders zur vorschreitenden und rückgängigen Bewegung, anders zum Aufsteigen, anders zum Absteigen rc. eingerichtet sein. Hier würden also z. B. zur Sprache kommen und in diesem Sinne zu betrachten sein: die

Esplanade, sowie der Pomerio oder freie Platz hinter dem Wall; ferner der
Wallgang und die
Wallstraße,[93] auch Lärmgasse genannt; der
bedeckte Weg[94] (avant chemin-couvert); die
Laufgräben mit ihren abgerundeten Wendungen (retours) zum Geschütztransport; die
Coffer-Communicationen (à double sappe); die
Graben-Gallerie'n,[95]
Appareillen und Rampen,[96]
Rostellen und Descenten; die
unterirdischen Communicationen; die
Geschützaufzüge; alsdann:
Brücken[97] (die alte Sambucca der Italiener, welche Mandar als eine Sturmleiter beschreibt, wäre hier zu erwähnen);

Treppen (pas de souris, Gradins, Wendeltreppen) und: Poternen sowie die früher sehr gebräuchlichen Ausfälle in den Thoren (guichets), welche nicht größer waren, als daß ein Mann hindurch kriechen konnte;[98] **2c. 2c.**

Die theilweise Ueberwältigung des Feindes kann auf eine mittelbare Weise auch durch Vernichtung seiner Sicherheitsmaaßregeln, selbst im Verlaufe des Gefechts, vorbereitet werden. Schon seitdem Ariost von der Artillerie gesungen:

Die in vorbereiteter Vernichtung der feindlichen Sicherungsmittel bestehenden Voranstalten zur theilweisen Ueberwältigung.

„Non men, che soglia il fulmine ove passa
ciò che tocca, arde, abbatte, apre ed fracassa,"

hat dieselbe den Rang in dieser Zerstörungskunst erlangt und den Ingenieur von der Mauerbresche (bei den Italienern: breccia, auch battaria)[99] entfernt, so daß derselbe sich wohl nur noch unter eigenthümlichen Umständen mit der Hacke daran wagen dürfte,[100] in der Regel aber, allerdings mit Ausnahme der Demolutionsminen-Anwendung,[101] auf Wegschaffung schwächerer Widerstandsmittel, als: Abräumen der Pallisaden und Verhaue, Oeffnung von Thoren und Barrieren durch Petarden 2c., Tranchee-Einebnung, Zugänglichmachung der Bresche durch Herstellung von Rampen und dergl. mehr, angewiesen ist, worüber sich nach genossenem praktischen Pionir-Unterricht außer in der Geschichte wenig wissenschaftlich Lehrreiches wird auffinden und sagen lassen.

Mit der Breschelegung[102] selbst hat es indessen eine andere Bewandtniß, weil sie das materielle Ziel unserer sogenannten formellen Belagerung ist, welches immer und zwar auf die wohlfeilste Weise erlangt werden soll, wozu auch neuerdings die ältesten Erfahrungen über Breschelegung aus der Ferne wieder in Anspruch genommen wurden. Einige im Frieden erhaltene, sehr schätzbare Versuche in der Breschelegung abgerechnet, schreiben sich die besseren Erfahrungen aus der früheren Zeit her. Man muß indessen vorsichtig zu Werke gehen, wenn man daraus theoretische Abstractionen zusammenstellen will, weil hier nicht allein die Art des Verfahrens und das äußerlich zu bemerkende Material, sondern auch die innere Beschaffenheit des zu überwältigenden Gegenstandes wesentlich einfließt.

Die Bresche hat ihre Geschichte, welche mit der Geschichte des Festungsbaues Hand in Hand geht. Nach Maaßgabe der geltenden bastionirten Systeme legte man sie nach und nach in die Courtine,[103] das Oreillon, in die Bastions-Spitze und -Face, ja man nahm sogar dabei der Güte des Mauerwerks wegen auch auf die günstigere Himmelsgegend, welcher sie zugekehrt wurde, Rücksicht. Die neuerdings auf den Capitalen vorgeschobenen Werke und Communicationen könnten sie wieder einmal auf die Spitzen der Bastione hinweisen.

Noch vor Theti bildete man die Rampe durch Rinnen, welche von 5 zu 5 Fuß vom Cordon herab successive angelegt wurden, während man jetzt mit einer Rinne ausreicht und den Erddruck zu Hülfe nimmt.[104] Auf Letzteren war nämlich früher bei den weiter eingreifenden vielen Strebepfeilern nicht zu rechnen, so daß diese von Theti zu seiner Zeit (1598) getadelte Bresche-legung vor ihm ihren guten Grund hatte.

Aehnliche Umstände wie bei der Bresche müssen auch bei der Scharten-Zerstörung (imboccare) und beim Abkämmen der Brustwehren betrachtet, ähnliche Erfahrungen müssen auch hier gesammelt, und ähnliche Abstractionen auch hier daraus abgeleitet werden.

3. Anstalten zur Ueberraschung.

Ehe wir das Motiv der Ueberraschung in die Grund-Idee einer ganzen Classe militairischer Terrain-Verwandlungen ziehen, was meines Wissens noch nie geschehen ist, müssen wir zunächst die Gränzen dieser Abstraction bestimmen.

Es muß aber, meine ich, mit allen fortificatorischen Anstalten, welche der Idee nach auf Ueberraschung bezogen werden sollen, nicht nur ein Handanlegen an das Material verbunden sein, sondern, Zufälligkeiten abgerechnet, muß auch dem Feinde das Erkennen derselben verwehrt bleiben und ihm ein Sicherungs- oder Ueberwältigungsmittel abgenöthigt werden, worauf er vor der Unternehmung nicht gefaßt war. Von derartigen Terrain-Verwandlungen und dadurch bewirkten Ueberraschungen kann hiernach überall da nicht die Rede sein, wo und so lange die Kriegshandlung nicht auf das Terrain einfließt, ebenso wie dort, wo und so lange letzteres nur zufällig die Kriegshandlung beeinflußt. Wenn z. B. ein durch nächtliche Dunkelheit maskirter Ausfall gelingt, so hat hierzu die Ueberraschung an sich allerdings das Ihrige mit beigetragen, doch aber nur eine Ueberraschung, welche erst im Festungskriege selbst zur Sprache kommen kann, von dem weiter unten gehandelt werden soll. Wenn ferner z. B. eine bei einem Ausfall eroberte Tranchee unerwartet vor den Kanonen des Belagerers schützt und dadurch das Gelingen des Ausfalls ermöglicht wird, so gehört das nur zu den Zufälligkeiten im Festungskriege, die zu keiner wissenschaftlichen Beleuchtung fortificatorischer Eigenheiten geschickt sind.

Ebenso ist aber auch eine Terrainverwandlung nicht den auf Ueberraschung angelegten beizuzählen, wenn sie, obgleich ursprüngliche Sicherungs- oder Ueberwältigungs-Anstalt des Angegriffenen, die der Angreifende durch ausführbare Recognoscirung erkannt haben würde, demselben unerwartet aufstößt. Solche Terrain-Verwandlungen gehören eben so wenig zu den auf Ueberraschung angelegten, wie irgend eine neue Erfindung in der Kriegskunst, die nicht länger überrascht, als bis sie vom Gegner erkannt ist. Wie wir schon oben erwähnt haben, muß bei allen solchen Anlagen dem Feinde das Erkennen an sich wo nicht unmöglich gemacht, doch wenigstens erschwert werden.

Daß wohl hier und da die zu solchem Zwecke eingerichteten Anlagen denselben verfehlen, weil Verrätherei oder andere Zufälligkeiten den Feind vor der Zeit zu ihrer Erkenntniß brachten und er seine Maaßregeln zeitig genug danach nehmen konnte; daß ebenso wohl Fahrlässigkeiten im Gebrauch der Ueberraschungs-Anlage die beabsichtigte Wirkung stören kann, wie z. B. die säumig vollzogene Demaskirung einer maskirten Contrebatterie, und daß solche hierdurch auf den Conflict gegenseitiger Ueberwältigungs-Maaßregeln zurückfallen muß, dies kommt hier eben so wenig auf Rechnung der Ueberraschungs-Absicht, als die vorhin erwähnten zufälligen Ueberraschungen, die dortigen Sicherungs-Absichten beeinträchtigten, wenngleich die Ueberraschung in die Handlung selbst eingriff.

Gehen wir in diesem Sinne auf die Unter-Abtheilungen der Ueberraschungs-Anstalten über, so müssen wir sie in den verschiedenen, von der Ueberraschung zu unterstützenden Vorgängen finden, als:

α) Beim Ueberschreiten und Wegräumen fortificatorischer Hindernisse.

Hierbei sind die auf Technik bezogenen Regeln nicht allein in der Ausführung, sondern schon in der mit Geheimniß anzulegenden Vorbereitung in mehr oder weniger erweitertem Umfange und mit Rücksicht auf die in die Sicherungs- und Ueberwältigungs-Anstalten einzuführenden Anomalie'n zu erörtern. So läßt sich hier z. B. das Nöthige über Mauer-Eskaladirung und -Sprengung, Wall-Ersteigung (Steigeisen), Graben-Ueberbrückung und -Entwässerung mit Angabe des Orts, der Zeit und der Umstände, welche die Ueberraschung begünstigen können, anführen, wobei gleichzeitig die Handlungen zu erwähnen wären, die, wie etwa das Oeffnen der Thore, das Zerstören der Brückenzüge, die Einebnung der Logements, die Scharten-Verdämmung, die Vernagelung[105] der Geschütze, die Zerstörung der Minenheerde und Minen-Zündungen ꝛc., der gelungenen Ueberraschung auf dem Fuße folgen müssen, wenn diese zum Ziele führen soll.

β) Beim Festsetzen auf dem zwischen den gegenseitigen Positionen liegenden Terrain.

Hierher gehört: das Eröffnen der Tranchee'n, insoweit dasselbe die Technik angeht, weil die Handlung selbst erst bei der Betrachtung des Festungskrieges zur Sprache kommen darf.[106]

Ferner gehört hierher: das Retranchiren (flüchtige Sappe), so wie das Anlegen von Batterie-Etablissements bei Nacht; eben so das Herstellen von Vertheidigungs-Abschnitten[107] in den Gräben und auf der Bresche, desgl. das Contreminiren,[108] so wie das schon vor Viterbo (1481) von mehreren Ingenieuren aufgefaßte und von Stevin (1618) weiter entwickelte und zuweilen mit gutem Erfolg zur Anwendung gebrachte Wasserspiel[109] in den Gräben, mit seinen Bedingungen als: Schleußen ꝛc.

γ) Beim Aptiren und beim Gebrauch der Ueberwältigungsmittel in der eigenen Position.

Hier würde sich die Anlage und Beschaffenheit der Waffen- oder Sammelplätze[110] und ihrer Communicationen in so fern betrachten lassen, als sie sich zu Ueberraschungen eignen und von der bloßen Ueberwältigung abweichende Einrichtungen bedingen; ebenso der Zugänge, Poternen und versteckten Thore, die bei den Alten häufig nach Außen schwach mit Mauern geblendet waren und allen Waffenarten den Ab- und Zugang durch den Graben gewährten, die sich auch hier und da schon zufällig geltend machten,[111] wie z. B. 1648 zu Luxemburg bei Crequi's Sturm im Grabengefecht mit der österreichischen Kavallerie.

Ferner gehört hierher die Einrichtung verdeckter, zu ihrer Zeit im feindlichen Rücken wirkender Geschütze (traditores oder pièces à revers invisibles), die von Darçon ungemein empfohlen, von den alten Italienern schon unter der Benennung difése cieche bekannt waren, und in den modernen Fortifications-Anlagen im Großen ihre Rolle fortspielen. Beim schärferen Auffassen der damit verbundenen Vertheidigungs-Eigenheiten,[112] die in die Agression übergehen, würde sich mancher Vortheil in's Licht stellen, so wie bei näherer Betrachtung des von Theti (1598) schon erwähnten, von Puysegur (1644) zum zweitenmal erfundenen und seitdem fast wieder in Vergessenheit gerathenen Bricolschusses.[113]

Endlich werden solche Betrachtungen auf den Unwerth aller Sicherungs- und Ueberwältigungs-Mittel aufmerksam machen, die im feindlichen Feuer-Bereich ohne Ueberraschung oder eigene Sicherung vorgenommen werden sollen; sie werden aber auch den taktischen Umfang der Festungs-Artillerie erweitern, die den Angriffs-Batterie'n ungestraft den Untergang bereiten wird, wenn sie sich ähnlicher Ueberraschungsmittel bedient.[114]

Anmerkungen.

[1] (S. 58). Noch im Jahre 1823 sagt Noizet in seiner vom französischen Genie-Comité gekrönten Abhandlung von der Fortification: „La fortification, considérée sous le rapport de son action à l'extérieur, a deux objets principaux a remplir: le premier, de battre tout le terrain environnant à la distance de la portée des armes à feu; le second, de bien défendre toutes les parties dont elle se compose, de manière qu'il n'y ait pas dans les fossés ou sur les ouvrages avancés un seul point qui ne soit en vue des ouvrages en arrière.“ Also für weiter nichts als den Feuerwaffenkrieg und die Flankirung ist die Fortification geschaffen! Man muß das eine sehr beschränkte Ansicht von der Bestimmung der Fortification nennen, die an letztere keine über das Sicherungsprincip hinausreichenden Ansprüche zu machen wagt. Wenn jener wirklich unterrichtete Offizier mit Zustimmung des französischen Ingenieurcorps bei solcher Beschränkung stehen blieb, so darf man sich nicht wundern, sie noch anderwärts bei ganzen Festungs-Conceptionen nur zu vorherrschend anzutreffen.

[2] (S. 58). In Lloyd's 1784 edirten Memoiren lies't man noch: „Comme le tracé tient à un seul principe toutes les places se ressemblent comme toutes les ruches, ce qui prouve que les ingénieurs qui les ont construites ne savaient que ce qu'ils avaient appris, et ce qu'ils étaient capables d'apprendre; mais qu'ils n'avaient pas une étincelle de ce génie qui fait créer et varier les combinaisons à l'infini suivant la multitude des circonstances qui peuvent et doivent se présenter“, was Alles nur sagen will, daß die Principien höher gesucht werden mußten, als sie damals gefaßt waren, und leider von den Meisten jetzt auch noch immer gefaßt werden.

[3] (S. 59). So gehörte die von Caesar gegen die Schweizer in der Gegend des Genfersee's in 10 Tagen aufgeführte, 19 Meilen lange, 16 Fuß hohe Mauer ungeachtet des Materials ihrem Begriffe nach zu den passageren Werken, wozu wir überhaupt mehrere dieser alten Mauern, deren Bau da-

mals selbst eine Ueberraschungs-Maaßregel sein konnte, zählen würden, wenn wir nicht ausschließlich an die Schwerfälligkeit unserer Mauerwerke dächten.

⁴ (S. 59). Das „reale" heißt im Italienischen überhaupt „groß", „mächtig", wie z. B. fiume reale, carta reale etc., woher auch unser „Real-Papier" und dergl. stammt. Belici (1598) theilt auch das Geschütz in reales und nicht reales ein, ebenso wie Montecuculi, und setzt danach das Wesen der realen und der nicht realen Fortification fest; die Defenslinien der ersteren bestimmt er auf 6 bis 700 florentinische Braccien, die der letzteren auf 3 bis 400. Er räth indessen dazu, die Fortificationen wo möglich immer gegen reales Geschütz, also real einzurichten, weil man nicht wissen könne, auf welche Weise der Feind einmal ankommen könne. Die Art und Disposition seiner Werke bleibt sich übrigens in beiden Befestigungen gleich, nur daß er wegen der Unzugänglichkeit bergiger Gegenden für reales Geschütz, dort zu nicht bastionirten Fronten räth, die auch mit nicht realen Maaßen angelegt werden könnten. Hier und da giebt er auch dem Mauerwerk etwas schwächere Profile und den Defenslinien eine geringere Länge, was also gar keine Vergleichung der alten nicht realen und der heutigen passageren Fortification zuläßt. Die älteren mit eingelegtem Holz versehenen Bollwerke wurden auch bei der realen Fortification angewandt, nur wurden sie, wenn man eine längere Haltezeit als 5 Jahre beabsichtigte, später mit Mauerwerk verkleidet. Eher paßt die später in Schwung gekommene Theilung nach Groß-, Mittel- und Klein-royal auf die alte Eintheilung.

⁵ (S. 64). Ein besonders von Fabert erwähntes Capitel ist die Sperrung und Wiederherstellung der Schiffahrt so wie die Flottmachung versenkter Schiffe. Ueberhaupt ist dieses Lehrbuch in Bezug auf militairischen Brückenbau dem Praktiker zu empfehlen Bei den Feld-Pionirarbeiten giebt es übrigens meistens gewisse Hauptfragen nach den Mitteln, die in Zwischenfragen auf klassenweise Ausführung und also auf eine wissenschaftliche Anordnung der Idee zum prompten Gebrauch hinführen. So wird z. B. zum Ueberbrücken einer Oeffnung die erste Frage nach Verringerung der Spannung, die zweite nach der Unterstützungs-, die dritte nach der Verankerungskraft alles dazu brauchbaren Materials gerichtet werden können ꝛc

⁶ (S. 66). Ueber die Fortification und ihre Zwecke waren die Meinungen von je her sehr getheilt. Just Emil Alberghetti handelt von einer offensiven und einer defensiven Fortification; Jakob Lanteri von Brescia soll ihr zuerst die Form einer mathematischen Disciplin gegeben haben und zwar unter dem Titel: manière de fortifier les villes et les cités (Venise 1599). Von den Systemen und der für verschiedene Vielecke normirten Größe der Linien und Winkel (Regulair-Befestigung) kam man auf die Fortificirung der Orte mit ungleichen Winkeln (irregulaire, auch Directiv-Fortification), in welcher nach Freitag die Ingenieure keine sonderliche Regel halten. Von den Umständen, die außer dem Tracé auf die Irregularität Einfluß hatten, wird in den meisten Büchern der späteren Zeit nur beiläufig gehandelt, „denn," meint Freitag, „daß die Fälle allzumal

wie sie vorkommen zu beschreiben, ein ohnmögliches Thun sei, ein jeder erachten wird."

[7] (S. 66). Wenn man, wie es die Wissenschaft fordert, die Combinationen des Waffengebrauchs im Raume theoretisch zu den taktischen Betrachtungen zählt, so hat auch die Fortification ihre Taktik, welche Taktik im Festungskriege vorangeht und ihren Gegenstand aus der Disposition der Werke schöpft. Diese fortificatorische Taktik muß dahin trachten, der Angriffsposition immer neue Fronten darzubieten, derselben eine ausgedehnte Entwickelung abzunöthigen und den zweckmäßigsten Waffengebrauch, namentlich der Artillerie durch neue Stellungen vorzubereiten. Ein tieferes Eindringen in die Disposition der Coblenzer Werke wird dieses mit Beispielen erläutern.

[8] (S. 66). In den früheren Manieren hatte die Construction der Trace eine Hauptstimme. Der Eine construirte sein Polygon von Innen heraus, der Andere von Außen herein; der Eine construirte es mit Lineal und Zirkel, der Andere nach berechneten Tafeln mit dem Proportionalzirkel und dergl. mehr, was jetzt für ganz gleichgültig gehalten wird, worüber man aber früher leidenschaftlich stritt, lobte und tadelte. (S. Mallet's Vergleichung der Manieren in dessen Travaux de Mars.)

[9] (S. 67). Einen Haupt-Gegenstand des Ingenieur-Unterrichts, der auch des Verständnisses wegen nicht vernachlässigt werden darf, giebt jetzt die Nomenclatur ab. Dabei muß man indessen nicht aus der Acht lassen, daß die Sprache nach den Begriffen formirt ist, diese sich aber verschiedentlich und successive ausbildeten, daß man also in der früheren Sprache manche Synonima findet und daß man daher manchen schiefen und spielenden Zusammenhang der Gedanken auszumerzen haben wird, wenn man gegentheils auch wieder manchen klaren Gedanken darin erkennen mag, welchen der Uebergang aus dem Leben nach dem Buche seitdem verdunkelt hatte. In diesem Gebiete mag sich die Gelehrsamkeit der Theorie immer nützlich zeigen, nur muß sie darüber nicht das Zeichen zur Sache machen wollen.

[10] (S. 67). Die erste Eintheilung der Fortification in diese beiden Disciplinen, die Belici (1598) zur Genüge auseinandersetzt, subsummirt die Begriffe ganz anders als die neuere.

[11] (S. 67). Die alten Italiener brauchten hierbei nicht mehr den Ausdruck: „fortificare", sondern nannten eine solche Befestigung: „riparare". Theti sagt z. B.: „Sara da considerar la differenza ch'è fra il fortificare e il riparare", welcher Ausdruck schon voraussetzt, daß eine wirkliche Befestigung, wie dies ja damals bei fast allen Städten der Fall, vorhanden ist. Unter „riparare" versteht er: „ridur i luoghi in termini, da poterli ancor diffendere per non poco tempo." Eigentlich heißt „riparare": „Umgattern"; das Wort stammt her von „ripáro", und steht mit dem französischen „rempart" in Verwandtschaft.

[12] (S. 67). Der alte Lorini (1597) sagt ja schon: „Dipendendo da questa difficulta la nobilità della scienza per la quale bisogna che la viva, cità dell' ingegno, di chi dovra operare supplisca a quelle che con l'istesso

scienza non si puo insegnare; e questo per doversi molte volte improvisamente risolvere e ordinare difese inaspettate."

[13] (S. 67). Die Vorwürfe wissenschaftlicher Behandlung in realen Kenntnissen ändern sich nach Maaßgabe der Erweiterung und Richtung der Kenntniß selbst. Dadurch werden Sätze aus der Theorie gestoßen, oder nach und nach vergessen, behalten aber ihre Neben-Verzweigungen und erklären häufig die geschichtlich gebildete Terminologie, weshalb sie dem Eingeweihten auch nicht fremd bleiben dürfen. Zuweilen sind es Schlaken, worin sich noch Gold findet. Die Artillerie hat z. B. in der alten Ladeschaufel (cazza lanterne) einen solchen Gegenstand aufzuweisen, und der Fortification mangelt es an solchen ebenso wenig.

[14] (S. 68). Daß es sehr verfehlt ist, den Ingenieur zum bloßen Techniker herabzuwürdigen, geht schon aus folgender Aeußerung Savorgnano's (1591) hervor. Derselbe sagt, nachdem er den Hergang beim Breschesschießen und beim Sturm erwähnt hat: „Havemo cio proposto per ridurre á praticà li precetti mostrati nel fabricar la fortezza, perche da questa oppugnatione ricognosceremo che l'angolo del belvardo per esser sodo e masiccio, rimarrà fermo e in piede, il quale se fosse rovinato, il nemico sicuramente vi haverebbe operato il piccone (eine damals gebräuchliche Angriffsweise) ed fattane maggior rovina haverebbe imboccato le canoniere del belovardo vicino" etc. Ebenso äußert sich Belici, der von dem Baumeister verlangt: „il quale anderà disponendo secondo la materia ed l'occasione che possono nascere alle giornate." — Friedrich der Große sagt in einem (meinerseits originaliter eingesehenen) Cabinetsschreiben an den damaligen Ingenieur-Obristlieutenant v. Haab zu Breslau d. d. Potsdam den 5. October 1782: „Mein lieber Obristlieutenant v. Haab. Ich schicke Euch einen jungen Menschen Nahmens Vieweg, den ich zum Conducteur ernannt und der was verspricht; wenn er daher fleißig ist und sich recht applicirt, so habe ich die Hoffnung von ihm, daß was aus ihm werden wird. Ihr werdet Uns also einen Gefallen erweisen, wenn Ihr mit ihm Euch einige Mühe geben wollt und suchen, ihn noch besser in dem Genie zu instruiren und einen guten Ingenieur aus ihm zu machen, daß er recht geschickt und brauchbar wird, wie ein rechter Ingenieur es sein muß. Denn Ich habe dergleichen Leute sehr nöthig, wie Ihr wisset, aber Ihr kennet sie selbst, sie sind immer bloße Mauermeister, aber keine Ingenieurs. Ihr werdet Euch daher alle Mühe um diesen jungen Menschen geben und suchen ihn zu einem rechten Ingenieur zu formiren. Ich bin übrigens Euer wohl affectionirter König. Friedrich."

[15] (S. 68). Auch Lorini (1597) hat bereits ein solches Lehrcapitel supponirt. Am weitesten hat es Mandar (s. dessen IV. Buch Cap. 2. u. 3) in einer angemessenen Gestaltung der Theorie für die neuere Zeit gebracht. — Das, was in den Napoleon'schen Memoiren aus St. Helena als Empfehlung einer Befestigung der Hauptstädte gesagt nnd später bei der Rechtfertigung der Pariser Festungsbauten benutzt worden ist, muß mit großer

Vorsicht aufgenommen werden, indem es theils auf dem fast einzigen Verhältnisse von Paris zu Frankreich, theils auf Reminiscenzen aus den Jahren 1814 und 15 beruht.

[16] (S. 69). Savorgnano z. B. entscheidet auf solche Weise schon 1599 den späteren Streit über die Vorzüglichkeit der nassen und der trockenen Gräben.

[17] (S. 69). Daß hierzu Bücher, die keine wissenschaftliche Anordnung besitzen, das Ihrige beitragen müssen, leuchtet ein. Ein neueres, jedenfalls den empfehlenswerthesten beizuzählendes fortificatorisches Werk, ich meine Dufour's: De la fortification permanente (1822), hat z. B. folgende Anordnung:

1. Aeltere ausgeführte Systeme (z. B. Deville);
2. Neuere französische Systeme (Vauban, Cormontaigne);
3. Correction des modernen Systems, worin einige Raisonnements über das Wesen der Fortification eingeflochten sind;
4. Verschanzte Läger und Citadellen;
5. Wasser-Manoeuvres und Minen;
6. Anpassen der Fortification auf das Terrain, Defilement, Relief;
7. Bau-Details;
8. Forts in Gebirgsländern;
9. Systeme mit inneren Abschnitten (Cöhorn, Vauban);
10. Vertheidigung der Plätze.

Wer kann hier einen wissenschaftlichen Faden wahrnehmen? Und doch ist die Bemühung darum nicht zu verkennen.

Stählswerd (übersetzt von Petersen 1788), ein sehr geordneter Kopf, hat die Grundsätze seiner Regulair-Fortification incl. des Festungsbaues nach der Vertheidigung wider den Angriff 1. auf der Oberfläche,
2. gegen oben,
3. von unten, classificirt und in jedem dieser Theile wieder passive und active Maaßnahmen gegen das bei der einen oder anderen Angriffsweise vorkommende Benehmen unterschieden.

Z. B. handelt im ersten Theil das

I. Cap. von der passiven Vertheidigung oder Bedeckung wider Schüsse.
1. Abschnitt: Von der Höhe des Walles,
wider den steigenden,
„ „ horizontalen,
„ „ Senkschuß;
2. Abschnitt: Von der Stärke des Walles,
um Stand zu halten,
„ dem Schießen zu widerstehen;
II. Cap.: Von der passiven Vertheidigung gegen feindliche Handarbeiten.
1. Abschnitt: Von den Schwierigkeiten bei den Laufgräben;
Von den Schwierigkeiten bei dem Sturm;
Von den Schwierigkeiten bei den Logements;

III. Cap.: Von der activen Vertheidigung wider Schüsse.
1. Abschnitt: Von der Einrichtung zur Bequemlichkeit im Schießen:
von unbedeckten Wallgängen,
„ bedeckten Logements;
2. Abschnitt: Von der Einrichtung, um viel Geschütz zu stellen:
a. Von der Nothwendigkeit des groben Geschützes,
b. Von den hinter einander liegenden Wällen;
3. Abschnitt: Von der Einrichtung, hinlänglich starkes Feuer zu erhalten:
a. Von steigenden Schüssen;
b. Von Kreuzbatterien;
IV. Cap.: Von der activen Vertheidigung gegen feindliche Arbeiten:
1. Abschnitt: Vom Feuern mit dem Handgewehr und Kartätschen;
2. Abschnitt: Von der Bequemlichkeit zum Gegen-Arbeiten.
ꝛc. ꝛc.

Man wird bald gewahr, wie mit der Bemühung um eine systematische Ordnung ohne den höheren systematisch-wissenschaftlichen Zusammenhang hier Alles durcheinander läuft.

Nachdem man die militairisch-fortificatorischen Zwecke begrifflich bestimmt und in ein gegenseitiges Verhältniß gebracht hat, muß man sich nach den Mitteln zu deren Erreichung umsehen, die wieder einfach oder zusammengesetzt sein können, ꝛc.

[18] (S. 70). Daß das Bedürfniß einer Bearbeitung der Fortification im weiteren Sinne wohl gefühlt, aber nicht befriedigt wurde, zeigt Mandar, wenn er sagt: „La sûreté de l'état tient aussi à la bonne organisation défensive de chacune de ses places qu'on les doit regarder comme autant de positions choisies aux champs de bataille dont l'art a perfectionné les avantages.“ Er fragt, warum eine Armee von 30,000 Mann einen mit 10,000 besetzen guten Platz nach 14tägiger Belagerung bezwinge und kommt auf den zwar ärgerlichen, aber doch wohl triftigen Grund: „que les systèmes de fortification en usage ne donnent pas aux assiégés tous les avantages qu'ils devraient retirer des dépenses que l'on a faites pour les mettre en sûreté.“ Er kommt dann auf das Mittel zu reden, die Fehler zu verbessern, und erwähnt auch ein solches, welches man indessen nicht wissenschaftlich nennen kann und das darum auch nur mühsam einzelne Früchte tragen kann, nämlich: „en recherchant avec soin dans les faits qu'ont eu lieu dans la guerre de siège tout ce qui a concourru a abréger la durée des défenses, et tout ce qui au contraire à prolongé la résistance des places“, ein Benehmen, welches auch dem vernünftigen Maniriren zu Grunde lag, seine Wirkung aber auch damit beschloß, und welches das von den Franzosen so vielbesprochene Gleichgewicht zwischen der Offensive und Defensive stört, weil es die mit der freien Handlung verbundene Genialität aufhebt.

[19] (S. 70). „Zeckrür“ wird in dem zu Frankfurt in der ersten Hälfte

des sechszehnten Jahrhunderts erschienenen Fechtbuche die Sicherung genannt. — Bei den alten Griechen wurde nicht der bestraft, welcher Lanze oder Speer, wohl aber der, welcher seinen Schild verlor. — Die Sicherheitsmaaßregeln sind in unseren fortificatorischen Compendien zwar auch, aber zerstreut und nicht unter einem höheren Gesichtspunkt zusammengefaßt, behandelt. Einen Theil davon machte die französische sogenannte Defilementskunst aus, die dem Stückwerk der regulairen und irregulairen Befestigung zu einem neueren Anhange dient und lediglich graphischer Natur ist. Den Zusammenhang dieser sogenannten art du défilement mit der Fortification macht Dufour folgendermaßen bemerklich: „Le relief assure les effets promis par le tracé, lorsqu'il est tellement ménagé, que les défenseurs se trouvent partout dans l'intérieur des ouvrages parfaitement à couvert des vues et des coups de l'ennemi. L'art du défilement consiste à déterminer le relief de manière à ce que cette condition soit parfaitement remplie, condition sans laquelle le meilleur tracé n'a aucune valeur et avec laquelle au contraire il acquièrt quelquefois des propriétés qu'il n'aurait pas en terrain plat." Ein so wichtiger Einfluß müßte aber doch wohl die Theorie begründen. — Mit der Complication der Trace, die sich im Maniriren gesteigert hatte, trat die Wichtigkeit des Reliefs zurück, wofür man, wie für Alles, auch theoretische Gründe wußte. Mallet (s. dessen Travaux de Mars) giebt folgenden an: „Mais la belle économie pour fortifier une place est de ne pas faire ses remparts d'une hauteur extraordinaire et cela pour deux raisons, 1ment que c'est une dépense excessive et inutile, 2ment que ces remparts si élevés empêchent que ceux qui sont derrière le parapet puissent défendre le fossé et les chemins couverts, joint que des remparts et parapets (Tablettmauern derselben) sont trop sujets aux batteries des assiégeants."

[20] (S. 71). Die auf dem Plateau vor Lerida gelegene starke Redoute S. Fernando erhielt sich 1810 nach Suchet's Relation, ungeachtet ihre Gräben schlecht oder gar nicht flankirt waren, mit 50 Mann Besatzung gegen ein französisches Bataillon, das sich in die Gräben geworfen, ohne Leitern und Werkzeuge aber weder vor noch rückwärts konnte. Der commandirende Spanier bot ihm capitulationsweise den Rückzug an, ohne auf sie feuern zu wollen, was auch geschah.

[21] (S. 71). Mandar nennt dasselbe: vigne militaire; Warnery will nichts von ihm wissen, weil es nur von Infanterie vertheidigt und durch Geschütz aus der Ferne zerstört werden könne; er empfiehlt es blos gegen Kavallerie; auch meint er, die Infanterie verkrieche sich dahinter und büße viel durch Holzsplitter ein, auch müßten erst Geschützbänke angebracht werden.

[22] (S. 71). Hierher würde auch z. B. die von A. v. Humboldt beschriebene amerikanische cactus tuna, so wie die Agave gehören. — Schildknecht (1652) empfiehlt schon die Bermen-Bepflanzungen mit Dorn-Hecken gegen den feindlichen Anlauf. Von der Glacis-Bepflanzung sagt er: „Ein

solcher verwurzelter Boden ist der Festung ein wahrer Dornzaun, Dir aber ein Dorn im Auge." Mit Brechstangen will er die Wurzeln beim Sappiren herauswuchten.

[23] (S. 71). Von palli und sedere herstammend. Es würde übrigens hier nicht blos die einfache Pallisadirung zur Sprache kommen, sondern auch die Tambourpallisadirung, so wie die gewöhnliche Palanke, d. h. Pallisadirung mit Brustpallisaden. — Bei den Römern stand die Pallisade, die jeder mit sich führte, auf dem Walle und diente als Parapet gegen den Pfeilschuß (s. Rogniat's Noten). — Die Pallisade, welche Freitag (1630) beschreibt, ist nur unten zugespitzt und oben platt; sie hat aber unter dem Kopf 4 oder 6 aufwärts eingesetzte Pfahlspitzen. Dergleichen Pallisaden wurden in mehreren Reihen, die eine immer um ½ Fuß höher als die andere hintereinander gesetzt, so daß die hinteren Reihen über die vorderen vorragten. Freitag erwähnt auch mit Eisen beschlagener Sturmbalken (Sturmpfähle), die auf den Wällen unter Schauern verwahrt wurden. — Dufour will nur die ausspringenden Winkel des bedeckten Weges bis zur zweiten Traverse mit einer Pallisadirung versehen.

[24] (S. 71). Die cavaliers de frise haben nach Freitag ihren Namen von dem Nutzen, den sie bei der Belagerung Gröningens in Friesland geleistet. — Bei Badajoz (1812) hatten die Franzosen ihre Bresche mit spanischen Reitern besetzt, zu welchen alte, harte Degenklingen die Federn abgaben.

[25] (S. 71). Bei Azincourt (1415) hinderten z. B. die Archers Heinrich's V. das Eindringen der französischen Ritter durch das vor sich Setzen dieser Pfähle in etwas geneigter Richtung; die Pfähle hatten oben und unten eiserne Spitzen. Die Oesterreicher gebrauchten sie noch zu Anfang des letzten Türkenkrieges.

[26] (S. 71). Außer den Juli-Barrikaden von 1830 und den späteren aus dem Jahre 1848, spielten schon die von 1588 unter der Ligue (siehe die Histoire de ce que s'est passé à Paris aux jours des barricades, moi de mai 1588) so wie die von 1648 in Paris ihre Rolle. Einen Beitrag liefern ferner die von Brüssel und ganz vorzüglich die von Kairo, welche sehr methodisch angegriffen wurden. Augenzeugen wollen 1831 an ersterem Orte gegen 3000 gesehen haben.

[27] (S. 71). Die älteren Straßenketten leisteten vordem die Dienste der spanischen Reiter oder Igel, welche der Markgraf von Durlach später sogar auf seinen Protzen mit in's Feld nahm. Im vierzehnten Jahrhundert gehörte die Benutzung von Straßenketten zu den Vorrechten der Pariser Bürger. Letztere hatten deren an 600 und hielten Wachten dabei, um sich gegen die Gewaltthätigkeiten der hommes d'armes, welche beritten fochten, zu schützen. „Paris tendit ses chaines," hieß soviel als: „es setzte sich in Vertheidigungsstand." Nach Dämpfung der Unruhen wurden ihnen die Ketten gewöhnlich genommen und alsdann dieselben in der Bastille verwahrt. — Bei der Vertheidigung von Soissons (1414) wurde der Commandant Bournonville,

nachdem das Thor forcirt war, beim Sprunge seines Pferdes über solche Kette, blessirt. — Schildknecht braucht die Ketten hinter dem in Bresche gelegten Bastion als Retranchementsmittel. Auch brauchte sie Basta gegen die Türken in Ungarn zum Schutze seiner Artillerie im Freien (s. Schildknecht pag. 233).

[28] (S. 71). Marion machte in Venedig beim Abschließen der Lagunen durch Schwimmbäume die Erfahrung, daß selbst die stärkeren dem Kanonenschuß keinen Widerstand leisten, sofern sie nicht mit eisernen Schienen belegt worden waren.

[29] (S. 71). Bei Antwerpen hatte man 1809 Estakaden von 1000 Toisen Länge aus schwimmenden Masten gebildet und sie durch eine versenkte Schaluppe verstärkt. (Ueber den Beobachtungsdienst dabei siehe St Cruz.)

[30] (S. 71). Marchi (1599) kennt dieselbe bereits als „palificata".

[31] (S. 71). Fambelli brauchte schon 1585 Höllenmaschinen bei der Vertheidigung Antwerpens Aehnliche Vorrichtungen wurden in neuerer Zeit auch vor Gibraltar in Anwendung gebracht.

[32] (S. 71). Bei Marchi ist scarpa die freistehende Mauer über dem Cordon; er giebt ihr $^1/_3$ des darunter liegenden Revetements zur Höhe.

Busca (1582) erwähnt schon die Tranchee'n (via coperta), und spricht auch von places d'armes in denselben. Auch erwähnt er die Zickzacks (rivolto) und räth, davon nicht zu viel anzulegen, weil die Communication durch dieselben erschwert würde und auch die Flankirung aus der Tranchee leicht verloren ginge. —

Bei Freitag heißen Tranchee'n: die mit schwachem Profil angelegten Umwallungen der Feldlager incl. der dabei angebrachten Befestigungen. — Bei den alten Italienern war die trinciera ein Armirungs-Aufwurf hinter der Cünette im trockenen Graben; Theti nennt denselben auch barbacana, was indessen möglicherweise mit dessen Redanform zusammenhängt. Die trinciera existirte noch neben der fausse-braye, kann letzterer aber auch vielleicht den Ursprung gegeben haben. Ihre Anlage hatte nach der Traversirung gegen die Contrescarpe und nach der Einsicht aus den Flanken ihre bestimmten Regeln. Pasino nennt übrigens „barbacana" auch die Machikulis und Creneaux; die Cünette diente damals nach ihrer Anlage zur Sicherung gegen die Mine. — Beim Angriff gebrauchten die alten Italiener die Tranchee sogar schon unter dieser Benennung, während Mandar der Meinung ist, sie wäre in dem französisch-englischen Kriege unter Carl VII., also in dem ersten Viertel des fünfzehnten Jahrhunderts zuerst in Anwendung gebracht worden.

[33] (S, 72). Von den freistehenden Mauern sagt Dufour: „moyen immaginé par les Espagnols;" sollte er hierunter vielleicht die alten Flankenmauern verstanden haben? — Beim Sturm auf Rustschuck (1810) wurden die Russen in Folge der Steilheit der inneren Wallböschung zurückgeschlagen. — Die Decharagen-Revetements bei Dillenburg wurden auf 624 Metres Ent-

fernung in Bresche gelegt. Marchi empfiehlt sie, aber nur als Wallbekleidung, nicht zur scarpa.

[34] (S. 72). Choumara nimmt (s. d. Mém. sur la fortification, 1827) als principe fondamentale die verschiedene Lage der Eskarpen und Brustwehren, wie er es nennt: l'indépendance des parapets et des éscarpes, an und legt darauf ein großes Gewicht, besonders wegen des Ricochet, den er: „terrible fléau des fortifications actuelles" nennt. Die Erfindung wird ihm von den Recensenten abgesprochen und Fourcroix zugeschrieben, wenngleich man mit deren Wichtigkeit einverstanden ist. Die oben erwähnte trinciera der alten Italiener wird auch von Choumara unter der Benennung: glacis intérieur d. h. auf der Grabensohle, als eine neue Erfindung empfohlen. — Dufour empfiehlt neuerlich bei seinem sogenannten Ravalin-Kavalier (eigentlich: Bonnetbau), die Stellen, wo sich der Feind eingraben müsse, mit Mauerschutt auszufüllen.

[35] (S. 72). Von den Epaulements sagt St. Genis, sie müßten so angelegt werden, daß sie die Kavallerie schwadronsweise deckten und daß in ihren Gräben Infanterie placirt werden könne.

[36] (S. 72). S. meine Abhandlung über die Befestigung von Coblenz.

[37] (S. 72). Schon die Römer hatten Mauerscharten für ihre Wurfwaffen; Archimedes hatte gleichfalls deren in die Thürme von Syrakus einbrechen lassen. Busca nennt sie „Zinnen".

[38] (S. 72). Die Gabionade (von gabbia) unterscheidet man von der mit Schanzkörben gebauten Tranchee; Belici sagt: „Offendere cosi con trinciera, come con gabioni, cosi con fashina, come con manteletti et altri modi."

[39] (S. 72). Von der Maskirung überhaupt so wie speciell auch von der durch Rauch ist schon bei Theti die Rede. Ueber die Maskirungen der Alten durch Rideaux und Faschinagen s. Mandar. Die alten vignes (gezimmerte Gänge, so genannt wegen der Hurden, die ähnlich wie bei Weinlauben an den Seiten angebracht waren) gehören ebenfalls hierher. Das künstliche Maskiren war besonders im sechszehnten Jahrhundert gebräuchlich. Nach Marozzo focht man auch damals viel mit der cappa. Freitag läßt sogar Flechtwerk zum Blenden auf die Brustwehren bringen. Usano (1613), der besonders mit leeren Schanzkörben als Masken zu handtiren räth, giebt auch Chandeliers an, worin lange Reißbündel senkrecht eingesteckt werden.

[40] (S. 73). Die ersten geschichtlichen Spuren von der Anwendung der Wurf-Maschinen bei Belagerungen finden sich unter Osias, dem neunten König der Juden (806 vor Christus); man betrachtete sie jedoch damals nicht als eine neue Erfindung. — Glühende Kugeln gebrauchten zuerst die Polen bei der Belagerung von Danzig (1577). Hohlkugeln wurden bereits im Jahre 1523 durch die Türken bei der Belagerung von Rhodus in Anwendung gebracht. Die Erfindung derselben schrieb man anfänglich einem Venloer Bürger zu; sie gehört indessen dem Volturius an, welcher schon 1472 in seinem zu Basel gedruckten Werk davon und auch von den dazu

erforderlichen Geschützen (Haubitzen) spricht. -- Granaten von Glas wurden 1668 nach Candia geschickt.

[41] (S. 73). Nach Mandar hat Vauban den Ricochetschuß zuerst bei der Belagerung von Philippsburg (1688) gebraucht; Andere sagen, daß er ihn zuerst bei Ath (1696) als Ueberraschungsmittel gebraucht habe.

[42] (S. 73). Die Traversen sollten, damit sie nicht etwa späterhin dem Feinde als Cavaliere dienen, stets nur höchstens $1^1/_2$ Fuß über die betreffende Brustwehrkrete vorragen und auch nur eine Stärke von 8 Fuß, welche gegen den Ricochetschuß ausreicht, erhalten.

[43] (S. 73). Unter dem Ausdruck: „Merlon" verstand Belici noch in der Mitte des sechszehnten Jahrhunderts den Vorbau vor den niederen Flanken, welchen man später „Oreillon" nannte. Die Flanken hatten dabei gar keine Brustwehren oder dieselben wurden höchstens mit Körben markirt. Man setzte auch wohl unsere heutigen Merlons auf die ganze Geschützlänge fort und nannte dieselben dann: „Traversen". Die hohe Flanke war von dem Stück Kehl-Revers des Bastions traversirt, welches Theti vorzugsweise la spalla nannte und das er auch oft für Oreillon braucht, welches eigentlich erst von den niederen Flanken an beginnt.

[44] (S. 73). Auch Schildknecht (1652) spricht schon von demselben und kennt den Sappengang vollkommen. Freitag (1630) beschreibt bereits die Sappe in der Weise, daß ein Mann vorwärts auf den Knien liegend arbeite und sich mit kleinen Handkörben decke. Landsberg (1712) will wenig von der Sappe wissen und zieht als Maske wie zur Deckung gegen das Kleingewehrfeuer den Wallsack vor.

[45] (S. 73). Marchi nennt die Casematten-Gallerien auch Contre-Minen und führt sie längs der Escarpe. — In Dillich's Kriegsbuch (1636) finden sich bereits Dechargengewölbe abgebildet. De Ville gebraucht sie wie die meisten nur in den Flanken.

[46] (S. 73). In Eugen's Türkenkriegen wird von den Palanken wie von ganzen verschanzten Lagern gesprochen; ursprünglich mögen wohl nur verschanzte Posten darunter verstanden sein. Mandar nennt die mit Hurden belegte Palisadirung um die verschanzten Lager: forte pallisade clayonnée oder: Palanke. Dieselbe diente noch um das Jahr 1700 als Grenz-Verwahrung gegen Truppen ohne Geschütz.

[47] (S. 73). Der generelle Ausdruck: Geschütz, deutet schon auf die Bestimmung der großen Kriegsmaschinen: als zum Schutz dienend hin.

[48] (S. 74). Man muß freilich wissen, was man mit der gegenseitigen Bestreichung der Werke will und soll. Wenn sich nur ein Werk zum anderen auf die weiteste Portée ordnet, so ist dabei auch nur auf einen passageren Zweck d. h. Erschwerung des Truppen-Durchganges zu rechnen.

[49] (S. 74). Die Tenaille hat ihren Namen vom Anfassen dessen, was zwischen dieselbe kommt, mit der doppelten Feuerlinie. Von jeher warf man dieser Flankirung vor, daß ihr zu weit nach außen gerichteten Feuer

linien zu wenig gesichert seien, daß das einfache Bestreichen des eingehenden Winkels zu schwach, die Linien selbst dagegen zu ausgedehnt seien ꝛc.

[50] (S. 74). Das Bastion (von bâtir, welches wie auch bâton mit battre in Verwandtschaft steht) bedeutet als solches überhaupt ein Bauwerk.

Der Ausdruck: Bollwerk (boulevard, baloardo) ist dagegen wahrscheinlich deutschen Ursprungs und hängt damit zusammen, daß man früher in die vorspringenden Walltheile Hölzer gegen den Angriff con zappa einlegte. (Freitag's Ableitung des Wortes von Bulle oder Kugel hat keinen rechten Sinn.) Belici beschreibt einen solchen Bau, der nicht allein mit eingelegtem Reisig, sondern auch mit eingerammten Baumstämmen und starken Holzzangen mit $1/6$ äußerer Böschung und durch mit Schlamm vermengten Rasen sehr künstlich ausgeführt wurde, und dessen Haltezeit, wenn keine weitere Bekleidung statt fand, nur auf 4 bis 5 Jahre angenommen wurde. Mandar beschreibt die Wälle der alten Gallier als den Bollwerken ganz ähnlich. Das Bollwerk war übrigens nach damaligen Ansichten das nobilissimo membro der Festung. — Die Facen des Bollwerks, welche schon Theti (1587) als solche bezeichnet, heißen bei Pasino (1579) noch: courtine du boulevard, und bei Belici und Marchi: cortina della balvardi. Das „cortina" heißt überhaupt blos eine „Schutzwand (linea communicationis)" und ist verwandt mit unserer „Gardine". Bei manchen älteren Kriegsbaumeistern, die von Innen heraus fortificirten, heißt courtine auch die Polygonseite, von der unsere Courtine nur ein Theil ist

[51] (S. 74). Der älteste auf der Mitte des Courtinenwalles liegende Kavalier von Stein gab schon eine Art von Perpendikular-Flankirung ab, so wie die second-Flanke eine Tenaillen-Flankirung.

[52] (S. 74). Dufour, der von Darçon's Lünetten-Reversflankirung spricht, will ihr Feuer durch angezündete, vor die Scharten geworfene Faschinen maskirt wissen, weshalb in denjenigen von ihnen, die keinen Diamant hätten, Wasser bereit gehalten werden müsse.

[53] (S. 74). Die ältesten Bastionsflanken (piazze) der die Thürme ersetzenden Bastione waren z. B. nur zur Courtinenbestreichung bestimmt und deshalb perpendiculair auf die Courtine gestellt.

[54] (S 74). Hier wären vor Allem die Combinationen der verschiedenen Flankirungen durchzugehen, z. B. bastionirt mit Contregarden, Enveloppen, großen Ravelinen ꝛc., Chasseloup's bastionirte und Perpendicular-Flankirung ꝛc.

[55] (S. 74). Die Höhe der Feuerlinie verspricht zwar ein wirksames Feuern aus der Höhe in die Tiefe, dabei darf aber die Senkung des Schusses durchschnittlich nicht über $1/6$ betragen.

[56] (S. 74). Die Breite der Wallgänge ist der Aufstellung der Haubitzen wegen der flacheren Scharten besonders günstig.

[57] (S. 74). Vernon definirt das Wesen der Fortification folgendermaaßen: „Tout obstacle construit pour protéger, conserver ou augmenter la force des autres armes s'appelle un ouvrage de fortification."

[58] (S. 75). Die sogenannte Defilements-Ebene geht durch die deckende

Linie und läßt die dominirenden äußeren Punkte nach französischer Annahme auf 1 bis 4 Metres unter sich. Das Innere des Werks (terre-plein) liegt der genannten Ebene parallel und 2 M. 4 Ct. bis 2 M. 50 Ct. tiefer. Der Radius des nachtheiligen Dominements ist auf 1200 bis 1400 M. festgestellt. Nach der französischen Regel vermeidet man es wo möglich, der Defilements-Ebene einen stärkeren Fall als 1/30 zu geben. Das Herabdrücken des älteren und namentlich des Vauban'schen Reliefs von 30 Fuß Höhe der Feuerlinie des Hauptwalls über der Grabensohle als Minimum bis auf 6 Metres geschah durch Cormontaigne, welcher der Rasante viele Vortheile zuschrieb, woher auch das seitdem gegoltene System der fortification rasante.

[60] (S. 75). Ueber Contra- und Circumvallationen s. Napoleon's Memoiren, ebenso St. Cyr's Memoiren II. Th. Cap. 5., wo von den Maynzer Contravallationen und ihrer Ueberwältigung die Rede ist.

[61] (S. 75). Rimpler, der, bei der Belagerung Wien's 1683 verwundet, als Obristlieutenant starb, hat die Abschnitte besonders in seinem System zur Sprache gebracht. In früheren Zeiten zog man Gräben hinter den Mauern als Abschnitte und bildete die ausgehobene Erde zu einem Wall (s. darüber Machivelli).

[62] (S. 75). Schildknecht (1652) nennt auch die Reduten: „Reduiten"; vielleicht sind beide Ausdrücke ursprünglich gleichbedeutend. — Cöhorn's Oreillons, welche gewölbt und mit einer Brustwehr, sowie mit einem nach der Faussebraye oder der trockenen Face führenden Graben versehen waren, in dem sich eine Pallisadirung längs dem Fuße des Hauptwalls hinzog, gehörten eigentlich zum Reduit-System. Das Oreillon, der Hauptwall und die hohe und niedere Flanke bildeten das Reduit, aus dem die Communikation mit der Stadt durch die nach der Brisüre führende Poterne statt hatte. Der Frost, welcher die Wassergräben schloß, mochte wohl Cöhorn hierauf hingewiesen haben.

[63] (S. 75). Fronsberger (1555) nennt die Bastillen: Blockhäuser. Die Beffroys waren im dreizehnten Jahrhundert als hölzerne mit Häuten überzogene Gebäude bekannt, welche auf Rädern fortgeschafft wurden und aus deren verschiedenen Stockwerken die Bogenschützen ihre Pfeile abdrückten — Die Chat's dienten als bewegliche Verdachungen zum Schutze der Arbeiter, wie die vignes der Alten.

[64] (S. 75). Das Fallgatter (herse, von Mallet herse sarasine genannt, weil es von den Arabern herstammte) ist ein an einem Walle befestigtes eisernes Gitterwerk, das später durch die auf ähnliche Weise angebrachten einzelnen Pfähle (orgues) ersetzt wurde. — Spect. milit. 1845: „Les Grecs et les Orienteaux appliquèrent le mot de herse à la fortification." Die Römer nannten die Fallgatter auch wohl: „Cataracten"; aus der neueren Fortification sind sie verschwunden. — Anstatt unserer Blockhäuser an den Thoren gebrauchte man vordem Wachthäuser neben der Brücke und abgesondert von derselben im Graben, „afin d'éviter les surprises des pétar-

diers", wie sich Mallet ausdrückt. — Noch im achtzehnten Jahrhundert hießen die Berliner Thore: Landwehren (s. die Parolbücher von 1751).

[65] (S. 75). Die „case-matte", auf Deutsch: bedeckte Häuser, kommen bei Belici immer nur mit der Hinzufügung: „o contra-mine" vor. Man sieht aber auch bei ihm, daß sie theilweise für kleines Gewehr crenelirt waren; die unter der niederen Flanke auf der Grabensohle liegenden nennt er: lantie coperte; Theti nennt sie: fossetti und hält sie für überflüssig, weil er an keine Eskaladirung glaubt, die sie bei den offenen Flanken zu hindern bestimmt waren. Zu Freitag's (1635) Zeit ging man wenigstens in den Niederlanden von den Flankenkasematten (Mordgruben, wie er sie nennt) ganz ab; wahrscheinlich waren sie dort sehr feucht. Freitag nennt sie übrigens lateinisch: casa armata. — Noch Dufour (1822) verwirft im Sinne der französischen Schule die Casematten ganz und gar, indem er sich dabei auf die alten Erfahrungen und auf das Maniement der Artillerie bezieht, welches indessen nicht statt zu finden braucht. Für etwas besser hält er die Blockstände. — Die ersten Casematten zur Geschützflankirung bestanden übrigens aus großen Tonnengewölben, in welchen man das offene Schild, wo die Kanonen hinter Schanzkörben standen, gegen den gewaltsamen Angriff mit einer abstehenden Mauer versah.

[66] (S. 76). Lorini sagt schon: „Tanto più opposterà la difesa, quanto verrà da tutte le parti lontána della fortezza." — Das Erkennen der Bresche geschieht auch wohl zweckmäßig unter einem starken blinden Feuer des Belagerers auf die Bresche (s. Mandar). Ein ähnliches Verfahren beobachteten die Vertheidiger Landau's in der Rheincampagne den Preußen gegenüber. Als Letztere nämlich die Stadt bombardirten, zündete die Besatzung auf einem freien Platz ein Feuer an, um die Meinung zu erregen, daß es dort brenne und dadurch die Schüsse dorthin abzuziehen.

[67] (S. 76). Die Terrain-Correctionen lassen sich nach Analogie der doppelten bedeckten Wege durch Einschneiden und durch Kehlen, in denen die verschiedenen bestrichenen Ebenen zusammenlaufen, sehr erleichtern.

[68] (S. 76). Zu den Wachtthürmen sind z. B. auch die portugiesischen Atalaya's (aus dem Arabischen stammend) zu rechnen. Dies sind Thürme auf Felsenkuppen errichtet, die eine Besatzung von 1 Geschütz und 15 bis 20 Mann haben.

[69] (S 76). A. Dürer (1527) spricht schon von Signalen, die mittelst Feuer und Rauch gegeben werden könnten.

[70] (S. 76). Zweckmäßig sind die mit getheerten Faschinen auf den Glacis vorgeschobener Werke unterhaltenen Feuer, desgl die Pechpfannen. — Die Portée der aus Mortieren geworfenen Leuchtkugeln nahmen die Franzosen nicht über 1000 Schritt an; die mit Fallschirmen versehenen Raketen gehen kaum so weit und sind dem Treiben des Windes ausgesetzt. — Die Türken gebrauchten 1688 vor Candia Leuchtkugeln zur Recognoscirung der in der Dunkelheit einlaufenden Schiffe.

[71] (S. 76) Pasino (1579) ist einer der ersten, welche die Deckung

der Mauern, besonders gegen den directen Schuß, dem man Alles zutraute, empfahlen. Früher, wie z. B. noch Alghisi, war man mehr darauf ausgegangen, durch die Lage der Linien die Kraft des Schusses zu mindern, indem man an die Möglichkeit des Abprallens der Kugel dachte; „Il faut prendre l'exemple et imiter à peu près les remèdes, dont les anciens avaient coutume d'user pour contregarder les murailles de leurs villes battues par les machines de leur tems."

[72] (S. 76). Besonders in Holland, wo bei dem mit Wasser durchzogenen Boden die Gräben nicht tief gemacht werden konnten, und die Contre-Eskarpen das Mauerwerk aus diesem Grunde nicht sicherten, nahm man allerhand Enveloppen zu Hülfe; desgl. bei den in Felsen gehauenen Gräben von geringer Tiefe.

[73] (S. 76). Der ursprüngliche Charakter der Faussebraye ist noch am besten in Cöhorn's System erhalten Hier dient sie überall hauptsächlich zur Eskarpen-Deckung und Aufnahme der Infanterie. Falsa heißt mehr „versteckt im Revers", wie auch z. B. porta falsa, während coperta mehr: „maskirt" bedeutet. Das Wort „brayage" wird noch in der Baukunst für das Anschleifen großer Lasten an das Hebezeug gebraucht. Freitag (1635) will die Faussebraye in Folge der Nothwendigkeit des horizontalen Feuers in Holland entstanden wissen, hat aber Unrecht, so wie es ihm überhaupt an Kenntniß der früheren Italiener zu fehlen scheint, obwohl er Einzelner, wie z. B. des Lorini, hie und da Erwähnung thut. — Freitag gebraucht übrigens die Faussebraye auch als eine Correction älterer Befestigungen und namentlich der alten kasemattirten Bastione, wie man das Mittel ja auch noch heute häufig anwendet. — Theti (1598) hat die Faussebrayes schon mit Stein-Verkleidung und einem 4 Toisen breiten Wallgang; auch Marchi giebt ihr eine gemauerte Skarpe von 20 Fuß Höhe und einen besonderen Graben im Hauptgraben.

[74] (S. 77). Man schreibt Pasino die Erfindung der Contregarden zu (s. dessen Schriften von 1576 und die Discours de l'architecture de guerre von 1579). Seine Contregarden und Tenaillen sind indessen mehr eine Art von Faussebraye. Ebenso nennt Marchi die Tenaillen zwischen den Bastions sowohl: barbacane, als faussebraye.

[75] (S. 77). Das alte rivellino heißt eigentlich: „vorgelegen"; vielleicht stammt auch das Wort von ravillire (wiederabschlagen) her, denn zu Prosper Colanna's Zeit (1570) und auch noch später hießen alle detachirten Bastione: Raveline, was mit den Bogenstücken (mezza luna, demi-lune) zusammenhängt. Vielleicht hängt auch das rivellino gerade mit révéler (offenbaren, preisgeben) zusammen. Zum Collateralfeuer hat man seine Facen erst später gebraucht, ebenso seine Flanken zum Rückenfeuer. Das Manteriren entstand aus der Grabenflankirung Zuweilen findet man das Ravelin blos zur Schleusendeckung verwandt. Nach Marchi war es zuerst (1505) bloßer place d'armes. Nach Quincy erst hat das Ravelin oder Wallschild den alleinigen Zweck, die Courtine zu decken. Die Ausdrücke: mezza luna und

demi-lune kommen aber keineswegs, wie Freitag und andere meinen, daher, daß die betreffenden Werke eine gekrümmte Kehle gehabt, da bei den alten Italienern jedes gekrümmte Bogenstück mezza luna heißt. So werden z. B. die Halbthürme in den alten Stadtmauern, welche später vom Bastion verdrängt wurden, mit demselben Ausdruck bezeichnet. Die früheren Raveline waren, wie oben schon bemerkt worden, mehr im Sinne detachirter Mittelwerke (piatta forma) vor die Curtine gelegt und erhielten ihre Bestreichung von derselben und nicht, wie erst später, von den Bollwerksfacen. Sie waren, wie die späteren Grabenlünetten, so weit vor dieselben gerückt, daß die gegenseitige Bollwerksflankirung noch hinter ihrer Kehle weg stattfand. — Theti wollte sie durch unterirdische Communication mit dem corps de place verbunden haben und schlägt bei Wassergräben eine eigene Vorrichtung dazu vor. Er nennt das Ravelin übrigens auch „baloardo distaccato", und setzt hinzu: „Vogliam dir rivellino, il che non potrebbe altro, che giovare in ogni occasione", und zwar besonders, weil es der Feind erst nehmen müsse und dann noch die Bollwerks-Vertheidigung vorfände. — Die Thor-Eingänge waren vor Einführung der Raveline durch die Oreillons gedeckt. Man sieht daraus, daß dieser Bestimmung das Ravelin nichts weniger als seine Entstehung verdankt, wenn man das Wort, wie es allerdings statthaft erscheint, von révéler (offenbaren) ableiten will. — Freitag schildert übrigens auch selbst hier und da das Ravelin als Zwischenbastion.

[76] (S. 77). Die Tenaille soll auch z. B. die Ausfälle unterstützen, indem sie Gelegenheit zur Formirung derselben giebt und die Retirade maskirt.

[77] (S. 77). Cormontaigne sagt sehr richtig: „Il est important de restreindre l'attaque au plus petit espace possible."

[80] (S. 77). Dies ist ein sehr reichhaltiger Artikel, der längere Zeit wie im Unterricht, so in der Anwendung der Ingenieur-Waffe entfremdet war, und seit Belidor sehr wenig mehr in der Fortification erwähnt wurde. Hier sollte man mehr das Beispiel der Alten vor Augen behalten, die ihre Stadtmauern schon als Kasernen benutzten. In Karthago (145 v. Chr.) konnten z. B. in diesen Räumen 20,000 Mann, 4000 Pferde und 300 Elephanten unterkommen, in einer Zeit, wo der Ort selbst 700,000 Einwohner faßte.

[81] (S. 77). Der Angreifende hat durch sein Verhältniß im Allgemeinen, worauf sich die Disposition des Angriffs stützt, allemal den Vortheil der theilweisen Ueberwältigung zuerst in der Hand.

[82] (S. 77). Die Strategie (Feldherrnkunst-Theorie) wird stets dahin auslaufen, sich an einem Punkte als der Stärkere finden zu lassen. Dazu muß die Möglichkeit vorhanden sein, auf mehreren Punkten angreifen zu können, auf einigen zu drohen, und auf die schwächsten zu drücken. — A. de Ville: „Il faut pour la bonne défense, que ceux de dedans soient en corps et puissants pour s'opposer à ceux qui arrivent défilés et en front étroit."

[83] (S. 77). Bei Philipp v. Cleve (1514) findet man in Betreff der

Anstalten zur Attaque eine förmliche Instruction, wonach man immer mit leichtem Geschütz offen gegen den Platz anrücken und sich erst nachher decken solle. — Marchi (1599) empfiehlt schon vielfältig die schwachen Mauern in den Kehlen permanenter Werke, um eine Einwirkung vom Platze aus, sobald die Werke in feindliche Hand gefallen, zu ermöglichen.

[84] (S. 78). Mandar (wohl zu merken kein der Kaste angehöriger Kriegs-Ingenieur, sondern Fortificationslehrer bei der Marine) schrieb bereits 1801: „On ne s'est peut-être que trop accoutumé à ne voir dans les tracés des fortifications, que des figures méthodiquement régulières ou régulièrement irrégulières et qu'un jeu de lignes et d'angles, dont on a multiplié les combinaisons sous prétexte d'augmenter leur force."

[85] (S. 78). Diese Systeme leisteten der Fortification dieselben Dienste, welche man sonst wohl von dem collegium logicum auf den Universitäten verlangte:

„Da wird der Geist Euch wohl dressirt,
in spanische Stiefeln eingeschnürt,
daß er bedächtiger so fortan
hinschleiche die Gedankenbahn
und nicht etwa die Kreuz und Quer
irrlichtelire hin und her!"

Als geschichtliche Aufstellung und Beleuchtung der verschiedenen fortificatorischen Combinationen der Art ist Mandar's: De l'architecture des forteresses (Paris, 1801) zu empfehlen. Das sogenannte „système moderne" ist nach der französischen Ingenieur-Bibel (s. Dufour, 1822) folgendes: Das Tracé ist das Cormontaigne'sche mit 350 Metres Polygonseite, der Perpendikel 1/8 für's Viereck, 1/7 für's Fünfeck, 1/6 für alle übrigen Vielecke. Die Facen haben 1/3 der Polygonseite zur Länge und die Flanken stehen perpendiculair auf den Defenslinien. Es hat ferner ein in seinen Schenkeln weit ausgespreiztes und mit seiner Spitze weit vorgreifendes gleichschenkliges Ravelin, durch welches das Tracé zu einer Combination der Tenaillen- und der Bastionsflankirung gelangt, und das eine der Curtine parallele Kehle besitzt. Ferner befinden sich Cupüren hinter den Ravelinsfacen; der bedeckte Weg ist en crémaillière geführt und mit Traversen versehen; Reduits befinden sich in den eingehenden Waffenplätzen rc. Als allgemeiner Typus gehört dazu noch: 6 Metres Brustwehrstärke, 2½ desgl. Erhebung der Feuerlinie über den Wallgang, 6½ desgl. Dominement der Haupt-Enceinten-Feuerlinie über den Horizont und 30 Metres Hauptgraben-, 20 Ravelin- und 5 Reduitgraben-Breite.

[86] (S. 78). Was unter Umständen mit Contre-Approchen geleistet werden kann, zeigten die Franzosen 1796 bei Kehl, wo sie damit auf den Rhein-Inseln und in den Ruinen des Dorfes vorgingen. — Selbst die Contre-Approchen und Contre-Tranchee'n fügte man indessen auch schon in die Manieren ein, indem man wie Mandar (pag. 344) z. B. angiebt, ihre Lage regelmäßig in Fleschenform am Glacisfuße der Collateral-Werke annahm und

sie mit coffreförmigen Communicationen über das Glacis versah. Sie waren auch noch früher schon als Pfaffenmützen, welche 1622 in Bergen op Zoom gegen Spinola als Contre-Approchen zuerst angewandt wurden, in einzelnen Manieren zu permanenten Werken geworden. Schildknecht sagt im zweiten Theil pag. 38. seines im Jahre 1657 erschienenen Buches: „Die Pfaffenmützen mit zwei Spitzen, Contre-Approchen sonst genannt, hat Holland uns gemacht bekannt, wie vor dem Ort Bergen op Zom man aus dermaßen krikelkrom einander brav entgegengrub und tapfer aus dem Sattel hub." Weiter heißt es dann: „Diese Contreapprochen wehren dem Feinde sein Approchiren rc. und hat sie der Feind schon einmal weg, so sind sie ihm zu seinem Vortheil so viel nutz als ein Kachelofen vor der Stuben, weil sie gegen die Festung und den bedeckten Weg offen stehen; führt also dieses Werk mit Recht den Namen Contreapproche, weil es den Approchen gleich geschnitzt und gebildet wird." — Goulon empfiehlt sogenannte Contre-Approchen in Form von Fleschen auf allen ausgehenden Winkeln, weil sie den Zickzacks eine mehr abgewandte Richtung gäben und weil sie das Feuer des Steinmörsers und der Muskete so wie die Minen-Anfänge weiter hinausschöben. Er will sie nebst der Communication pallisadirt, von 8 bis 10 Toisen Feuerlinien-Entwickelung und für 15 bis 20 Mann eingerichtet haben. — Die allererste Anwendung der Contreapprochen war wohl die bei der Vertheidigung von Rouen (1592) gegen Heinrich IV.

[87] (S. 78). Das französische „détaché" steht eigentlich dem „continu" entgegen, so daß jenes: „einzelne Contregarden" bedeutet, wenn dieses: „zusammenhängende Enveloppen" anzeigt. — Dufour will seine kasemattirten Lünetten nicht über 800 Schritt vorschieben, ohne sie von rückwärts zu unterstützen. Die in Besançon ausgeführten Darcon'schen Lünetten liegen 5 bis 600 Metres vom Platze, haben ein Reduit und eine damit unterirdisch verbundene Reversflankirung des Enveloppengrabens (s. Dufour's fortification permanente, 1822).

[88] (S. 78). Die Erfindung der Rahm-Affuitagen, welche man Gribeauval zuschreibt, hatte einen besonderen Einfluß auf die Beweglichkeit der Defensions-Artillerie. Man hatte sich längst darüber den Kopf zerbrochen und dies schon zu Busca's (1582) Zeit. — Freitag (1630) schlägt hölzerne Brücken-Unterbauten zur Erhebung der Geschütze vor; auch Schildknecht verwirft die Scharten und Zangen, wie er die Merlons nennt, und will in den Plätzen des Dominements wegen nur über Bank feuern, was er in den Angriffsbatterien für nicht möglich hält. Schildknecht unterscheidet auch schon die gefüllten von den nicht gefüllten Schanzkörben; der ersteren bedient er sich gegen den Schuß, der letzteren zur Blendung. Auf die Geschwindigkeit und Sicherheit des Geschützfeuers giebt er im Ganzen noch nicht viel; die Muskete fürchtet er mehr.

[89] (S. 78). Beim Feuern aus der Höhe in die Tiefe ist der Erfolg von dem in der Ebene nicht sehr verschieden, wenn der Abhang nicht steil

ist. Von der Tiefe nach der Höhe kann man nicht auf soviel Treffer rechnen wie umgekehrt.

[90] (S. 79). Das: „a cavallo“ (z. B. battere a cavallo) begreift immer den Sinn des Dominirens in sich. So nennt Theti dominirende Höhen: „cavalieri naturali“, und Belici den Cavalier im Bastion: „piatta forma a cavallo.“ Die frühesten Cavaliere, die man auch wohl Katzen nannte, standen als mezzocavaliere auf der Courtinen-Mitte und bestrichen zugleich die dahin gerichteten Bastions-Facen mit gesenktem Feuer. Nachher kamen sie je zwei und zwei à cheval der Capitale hinter die Bastions-Kehlpunkte. Zum Abschnitt brauchbar verdoppelten sie so zugleich das Flankenfeuer. Schon vor Ende des sechzehnten Jahrhunderts gebrauchte man aber statt deren runde Erd-Cavaliere; schon Alessandro Bianco spricht von solchen. — Belici nennt den Cavalier in der Curtinenmitte auch: „cavaliere a cavallo“, die anderen dagegen: „dentro alle cortine“. Im Allgemeinen sagt er vom Cavalier: „Per la sua altezza si viene a farsi più esposto alle offese del nemico“, und man hält ihn nur dann für nützlich, wenn kein übermäßiges Feuer gegen ihn aufzubringen ist. — Die Cavaliere in den Festungen waren übrigens der Form nach sehr verschieden. Man hatte sie viereckig und rund; die ersteren standen meist mit einer Seite oder der Diagonale rechtwinklig zur Curtine — Vom Tranchee-Cavalier sagt Theti, er sei da: „per offender quei, che stesser nella strada coperta.“ Dieser Cavalier bindet sich übrigens geschichtlich an die vor Ende des fünfzehnten Jahrhunderts noch allgemein üblichen Angriffs-Terrassen, welche erst der Geschützbrauch verdrängte (s. Mandar pag. 61).

[91] (S. 80). In der allerfrühesten Zeit wurden schon Minen-Arbeiten bei Belagerungen ausgeführt. So spricht man z. B. schon viel davon bei der Vertheidigung der Judenstadt Gamala gegen Vespasian (68 v. Chr.). Die Alten nannten die Minen: „cunicula“ und die Mineure: „cunicularii.“ Im Mittelalter wurden die Minengräber oft in großer Anzahl gebraucht. So soll Tamerlan an 10,000 davon bei sich gehabt haben und bei Candia arbeiteten 15,000 armenische Bergleute in den Angriffsminen. Bei der Belagerung von Wien im Jahre 1623 waren die türkischen Mineurs den österreichischen sehr überlegen. — Die Erfindung der neueren Contre-Minen wird dem Venetianischen Ingenieur Martinengo zugeschrieben, der unter dem Großmeister Isle d'Adam 1523 die Vertheidigung von Rhodus leitete und dieselben dort zuerst anwandte. — In und vor Candia hatte man noch Minen gesprengt, die mit mehr als 200 Centner Pulver geladen waren; indessen war damals auch noch die Bestimmung der Stärke der Ladungen mehr nur bloße Gefühlsache des Mineurs.

[92] (S. 80). Marchi (1599) legt schon einen sehr großen Werth auf die erleichterte Communication und Schildknecht (1652) meint sogar, kleine und heimliche Ausfälle, Fuchsschlüpfe 2c. seien ärger, als Franzosen und Pestilenz.

[93] (S. 80). Wallstraßen legte man schon im sechszehnten Jahrhundert

an; Belici (1598) spricht schon von ihnen. Ueberhaupt giebt dieser Schriftsteller sehr viel auf alle Arten der Communicationen und Ausfallgelegenheiten.

[94] (S. 80). Der bedeckte Weg soll seit 1270 bekannt sein. Bei den alten Italienern heißt er auch wohl: trinciera. Im Mittelpunkt beträgt sein Commandement über den Horizont: 2,8 Metres.

[95] (S. 80). Ueber Graben-Gallerie'n findet man viel Anerkennenswerthes in Landsberg's Raisonnement über die Attaquen einiger niederländischen Festungen, namentlich derjenigen von Lille, Gent, Tournay, Mons ꝛc. im spanischen Erbfolgekriege (herausgegeben im Jahre 1724). Nach seiner Manier soll hinter Wollsäcken gearbeitet werden, die ein Mann tragen kann und die aufrechtgehalten und fortgerückt, sowie mit Schützen besetzt werden sollen.

[96] (S. 80). Hierher gehören auch die Glacis en contrepente so wie die Contre-Escarpen mit Stufen, welche Marchi schon vorschlägt.

[97] (S. 80). Ueber den Wassergraben-Uebergang s. Mandar pag. 380. — Freitag beschreibt eine Art Brücke von Schilfrohr-Faschinen zum Graben-Uebergang, welche er Binsenbrücke nennt. Stangen werden über große Schanzkörbe gelegt, und daran die Schilfrohr-Faschinen befestigt. Die einzelnen Joche der Brücke, welche schwimmen und sich gut transportiren lassen sollen, werden zusammengehangen und darauf der Uebergang, wie ihn die Erfahrung gelehrt hat, leicht bewerkstelligt.

[98] (S. 81). Belici will förmliche Ausfallthore haben, welche nach Außen durch eine dünne Mauer geblendet sein und inwendig ihren eingehangenen Flügel haben sollen, und die er sowohl in den Flanken, als Facen und Curtinen, selbst zum Gebrauch für Cavallerie, empfiehlt.

[99] (S. 81). Bei den Franzosen heißt „batterie" ursprünglich der Punkt im Geschütz, von wo aus das Projectil seine Bahn antritt (s. Vernon I. pag. 117), weshalb wir auch wahrscheinlich das Pulver-Reservoir am Flintenschloß die: „Batterie" nennen; in diesem Sinne mag auch das Geschütz-Emplacement dieselbe Benennung erhalten haben.

[100] (S. 81). Theti lehrt noch die Bresche durch Einschroten in die Eskarpe und Stützen des unterarbeiteten Mauerstücks, welches nach dem Abbrennen der hölzernen Stützen zusammenfallen soll, gewinnen. Auf Anrathen des André Roussel, eines Pariser Bürgers, versuchte man 1411 auf diese Weise bei der Belagerung von Estampe, das sich indessen noch vor dem Einsturz ergab, die Bresche zu machen. Theti will auch seine Stützen auf einmal durch eine Pulver-Explosion herauswerfen.

[101] (S. 81). Montecuculi empfiehlt auch bei Wassergräben die Minen zur Breschelegung. Die Petarde ist unter Umständen, z. B. bei nebeligem Wetter, zum Oeffnen von Thoren ꝛc. sehr zu empfehlen. Die erste Petarde soll übrigens unter Heinrich IV. von einem Auvergner, Namens Merle, gebraucht worden sein. Bei der Belagerung Bonn's durch den Freibeuter Schenk von Niederegg (1587) hatte man sich eiserner Petarden mit 15 Pfund Pulver-Ladung bedient, welche die Thorflügel gänzlich einwarfen

und der Kavallerie den Eingang öffneten. Longrini (1603) spricht dagegen von Metall-Petarden mit 240 Pfund Metallgewicht und 50 Pfund Pulver-Ladung. Cormontaigne erzählt von der Wegnahme des Schlosses Trarbach im Jahre 1734 durch eine Petarde und in Raab verwahrt man noch ein Thor, das bei der letzten österreichischen Besitznahme vor länger als 100 Jahren durch Schwarzenberg mittelst einer Petarde aus den Angeln gehoben ward. — Bei dem Coblenzer Festungsbau probte man den Bau der Thorflügel und ihren Verschluß durch Sprengung mit Petarden.

[102] (S. 81). Einige neuere Theoretiker haben sich eigene Bilder von der Breschelegung erschaffen. So sagt Mandar: „On dirige tous les canons sur un même point à six pieds au-dessus du fond des fossés ou au niveau de l'eau dont ils sont remplis, et l'on tire à ce point jusqu'à ce que la terre sorte au travers du revêtement. On continue de même a battre et a ouvrir le revêtement sur une longueur de 10—12 toises; puis on y fait de la même manière plusieurs coupures verticales; enfin on bat en salves, l'on détache par un fort ébranlement chacune des masses qu'on a isolées et l'on en obtient la chute dans le fossé, ce qui en comble une partie." Busca, welcher schon 1581 die Bresche-Rinnen aus Munitions-Ersparniß vorschlug, malt sein Bild weniger aus, ist dabei aber in diesem Capitel überaus lehrreich.

[103] (S. 82). Einer der Hauptgründe, warum man längere Zeit hindurch die Bresche in die Curtine legte, war der, daß diese früher besonders langen Linien niedriger und in einer schwächeren Bauart ausgeführt waren, als andere, und weil man auf diese Weise die Abschnitte in den dominirenden Bastions umging, aus welchem letzteren Grunde auch Ufano (1613) die Breschelegung in der Curtine als Regel annimmt. Freitag (1630) will die Bresche schon in das Bollwerk gelegt haben. Landsberg erzählt von dem Wortwechsel Carl's V. mit seinem Ingenieur vor Antwerpen. Letzterer sagte dem Kaiser, daß die Bastione zu klein seien und zu weit auseinanderlägen, worauf ihm der Kaiser antwortete, daß man nicht in das Bastion, sondern in die Curtine Bresche lege, welche Meinung er indessen später aufgegeben.

[104] (S. 82). Der Gesandte Hunyad's an Mahomed II. zeigte 1453 vor Constantinopel schon dem türkischen Feuerwerker, welcher nach Wiederherstellung der großen Kanone an des zerrissenen Stückgießers Orban Stelle gelangt war, und der immer auf einen Punkt der Mauer schießen ließ, wie ungeschickt dies Verfahren sei. Er lehrte den Türken, daß man, um eine Bresche zu erlangen, immer 5 bis 6 Klafter rechts und links und dann erst nach der Mitte schießen müsse, weil die so an beiden Seiten geschwächte Mauer dann leichter einstürze. — Die 1200 Pfund schweren steinernen Kugeln jener Kanone, welch 7 Mal täglich abgefeuert wurde, bohrten sich übrigens auf die Weite einer Miglie noch 1 Klafter tief in den Boden; 50 Paar Ochsen zogen sie in 2 Monaten von Adrianopel nach Constantinopel, bei welchem Transport außer 50 Wagen und 200 Pionieren noch 200 Mann

dazu erforderlich waren, die Kanone durch Unterstützung an der Seite im Gleichgewicht zu erhalten.

105 (S. 84). An dem gehörigen Vernagelungszeug sollte es wo möglich keinem Ausfalle fehlen.

106 (S. 84). Man pflegt dergl. Ueberraschungen auch „actes de vive force" zu nennen. Es gehört dahin auch die Couronnirung des bedeckten Weges mit der flüchtigen Sappe, desgl. die Anlage von Logements, die Herstellung von Graben-Uebergängen ꝛc. — Das Aufstellen leerer Schanzkörbe da, wo man feindliches Feuer hinlocken will, schlägt Freitag als einen „blauen Dunst" vor; ebenso Schildknecht, „denn damit kann ich den Feind oftmals verführen, daß er vermeine, es ständen Stücke hinter solchen ungefüllten Körben, so daß er vergeblich eine oder mehrere Batterie'n dagegen aufführt und unterdessen in einem leeren Teiche fischt."

107 (S. 84). Die Tenaille wird theils zur Verbergung der inneren Ausfälle, theils zur Aufnahme der aus dem bedeckten Wege geworfenen Besatzung vielfältig empfohlen.

108 (S. 84). Der Demolition gedenkt schon Schildknecht in diesem Sinne. „Die verlassenen Werke, sagt er, muß man dem Feinde heuchlerischer Weise abtreten und solche vor dem Abtritt erstlich miniren, daß ich ihn zu mir gelegener Zeit, wie man die Frösche prellt, in die Luft wippen könne."

109 (S. 84). Von dem Wasserspiel zur Beschränkung des Angriffsraumes und Ersäufung der Approchen handelt Dufour, ebenso von demjenigen in den Gräben. Ersteres wird indessen wegen des dazu erforderlichen geringen Gefälles der Wasserkanäle wohl nur selten Anwendung finden. Dabei gebraucht man zur Verstärkung der Wirkung bei geringem Wassergange die écluse de chasse oder de fuite; die Oeffnungen derselben müssen alsdann größer als die Einlaßschleusen sein.

110 (S. 84). In der französischen Fortifications-Terminologie heißen „places d'armes avancées" vorzugsweise diejenigen Waffenplätze, welche die Thore und Brücken decken sollen.

111 (S. 85). Schon Belisar machte in Rom einen Kavallerie-Ausfall aus dem Graben gegen die Gothen. — In dem alten 1274 in Preußen erbauten Marienburg, dessen nasse Gräben trocken gelegt werden konnten, hatten die deutschen Ritter eine krenelirte Mauer vor dem Revetement auf der Grabensohle erbaut, die dem Feinde ein unerwartetes Hinderniß sein sollte.

112 (S. 85). Theti schlägt z. B. vor, die Abschnittsgräben mit schwachem Holze und einer Erddecke darüber zu belegen, damit diese beim feindlichen Sturmmarsch zerbrechen und die Gräben sich plötzlich öffnen. Ueberdies soll die Eskarpe der letzteren nur die Leiter-Ersteigung erlauben.

113 (S. 85). Mandar will den Bricolschuß brauchen: „sur la courtine pour chasser l'ennemi de la tenaille," was indessen kaum nöthig sein

wird. — De Ville zieht, um den Wirkungen des Bricols auszuweichen, die innere Brisüre um einige Fuß gegen die Courtine zurück.

[114] (S. 85). Aehnliches beabsichtigte z. B. schon der alte Lorini (1597) durch die Anlage seiner Brustwehrkrone en contrepente auf den Geschützwällen. — Auch Marchi zählt die Gelegenheit, überraschende Coups auszuführen, vornehmlich mit zur Befestigung. Dies geht besonders aus den von ihm so oft empfohlenen freien Plätzen (pomerio) hinter den Enceinten hervor, die auch zum Abschnitt (retirade) bestimmt waren.

II.

Die Lehre von der Herstellung der fortificatorischen Werke oder die Kriegsbaukunst (Festungs- und Schanzenbau, construction d'ouvrages).

Jemehr in einer Kunst theoretisirt wurde, oder jemehr das Wissen sich des Könnens bemeisterte und ihm vorausschritt, bevor noch Gegenstand und Umfang desselben der philosophischen Gliederung unterworfen worden war; desto ungleichartiger und zerstreuter finden sich die Lehr-Materialien und desto schwieriger wird ihre Zusammen-Ordnung nach der Idee, die doch für die Schule so wünschenswerth ist, sobald in ihr Klarheit gewährt und der folgerechten Methode Genüge geleistet werden soll. Schon bei einem einzigen Zweige des Wissens ist dieser Uebelstand sichtbar; die Schwierigkeiten vervielfältigen sich aber da, wo zwei in dergleichen Verhältniß stehende Lehrgegenstände sich treffen, wie dies bei der Kriegs- und der Baukunst der Fall ist, die beide sich hier in der Kriegsbaukunst vereinigen und als solche die Denkkraft des jungen Ingenieurs in Anspruch nehmen und aus ihm nach Belidor's Meinung „un homme universel" machen werden, was zu sein ja auch bereits Plato und Cicero zu ihrer Zeit von dem tüchtigen Baumeister verlangten.

Wie zur Zeit der Wiederherstellung der Kunst und der Wissenschaften im vierzehnten Jahrhundert die Baukunst ihre Theoretiker aus den Malerschulen zog und in Folge dessen dem äußeren Ansehen der Gebäude in der Lehre lange Zeit ausschließlich Wichtigkeit beigelegt wurde, ganz so war die Festungsbaukunst von San

Micheli an bis in das achtzehnte Jahrhundert hinein mit den Manieren-Controversen verwachsen und von der Fortifications-Conception gleichsam erdrückt. Belidor's sciences des ingénieurs (1728 erschienen und 1814 neu aufgelegt) macht neben den Ingenieuren des sechszehnten Jahrhunderts, einem Lorini, Belici &c., hier fast allein eine ehrenvolle Ausnahme,[1] welche der Theorie um so günstiger ist, als der bauerfahrene Verfasser mit der an Vauban gerühmten Detailkenntniß, diesem gefeierten Meister keineswegs blind nachging, sondern mit seinen für die damalige Zeit sehr gründlichen Vorkenntnissen und gediegenem Raisonnement die bloße Empirie läuterte und der Zunft entgegenarbeitete. Eine später eingetretene verminderte Baupraxis und vermehrte Geheimnißkrämerei in den organisirten Ingenieur-Corporationen, überließ die Theorie ausschließlich den Büchergelehrten und Nachschreibern, so daß man für sie wohl Materialien, aber keinen den Gegenstand systematisch auffassenden Leitfaden in der Literatur mehr vorfindet.

In neuerer Zeit wurden einzelne Zweige der Baukunst wieder mehr als speciell der Festungsbau literarisch beleuchtet. Hieraus kann nun zwar die Theorie des letzteren im Allgemeinen nur vortheilhaften Gewinn ziehen, nichts kann aber daraus für das der Kriegsbaukunst eigenthümlich zugehörende Gerüste gewonnen werden, welches diese wie jede andere Special-Baukunst haben muß, indem der in der Masse wissenswerther Dinge so unentbehrliche gerade Weg nicht verloren gehen darf.

Um den Lehrvortrag einer Kriegs-Bautheorie für die Ingenieur-Waffenschule zu entwerfen, müssen wir uns das Wissen vergegenwärtigen, das der Eleve unserer Voraussetzung nach aus dem Pionir-Unterricht mit herüberbringt und das aus gründlicher, durch Anschauung gewonnener Kenntniß der Baugegenstände, der Baumittel und der Materialien-Handtirung besteht. Wir müssen ferner den Nebenhergang einer Hülfslehre in dem mathematischen und physikalischen Wissen annehmen, und wir müssen endlich und vor Allem nicht vergessen, daß aus der Waffenschule nur Leute hervorgehen können, welche der Praxis ihr Leben zu widmen befähigt sein und durch sie erst volle Brauchbarkeit und also Vervollkommnung ihres Wissens erhalten sollen.[2]

Wenn der Vortrag sich in Folge dieser günstigen Umstände einigermaßen abkürzt, so ist auf der andern Seite auch eine, vor Belidor noch nicht gekannte wissenschaftliche Speculation in der heutigen Ingenieur-Bildung erforderlich. Belidor räth zwar schon sehr richtig an: „de ne rien admettre qui ne soit démontré ou au moins expliqué par un raisonnement qui fasse valoir ce qu'on propose,"[3] und er schon klagt über die halbgelehrten Tadler: „qu'ils sont insupportables en fait de bâtiments"; aber die seitdem eingetretenen wesentlichen Fortschritte in den Einzelnheiten des Bauwesens und in den Hülfskenntnissen, die in allen Köpfen emporgeschossene Stückwisserei, die angeschwollenen Controlen- und Comptabilitätsformen, die vielseitigen Ansprüche an den Ingenieur, geben jenen Bemerkungen eine ganz andere Folge als damals und der Theorie ganz veränderte Richtungen, die sich schon im Lehrvortrage zeigen müssen und für diesen eine ebenso gründliche Behandlung als ökonomische Auswahl der zu behandelnden Gegenstände vor Allem zur Pflicht machen.

In den meisten mir bekannten, selbst neueren Lehrvorträgen der Baukunst fängt man mit der Betrachtung der physikalisch-technischen Eigenschaften und mit der Behandlung des sämmtlichen Baumaterials an, geht unter Zuziehung der Arithmetik (Rechnung), Geometrie und Mechanik auf abstrahirte Regeln über[4] und schließt mit Rathschlägen zu Bauausführungs-Anstalten und Kosten-Entwürfen. Nebenbei kommt man auch wohl da, wo sich eine gelegentliche Anregung dazu vorfindet, auf geschichtliche Notizen von Bauwerken und die schätzbarsten aus letzteren gezogenen Erfahrungen zu sprechen. Man glaubt damit einen systematisch-praktischen Unterrichtsgang zu verfolgen, vergißt aber, daß derselbe keine Einheit besitzt und daher auch keine wissenschaftliche Uebersicht gewähren kann, welche einem geregelten Ingenieur-Unterricht doch so noth thut.

Das Praktische eines theoretischen Bau-Unterrichts oder einer Bau-Lehre, liegt nach meinem Dafürhalten in dem Umstande, daß dem Schüler vorerst die Bau-Gegenstände nach der Idee für das Ganze wie für das Einzelne genau zur Anschauung gebracht werden, was bei gehöriger Vorkenntniß sowohl durch Beschreibung als durch selbstthätige Zeichnung ohne Eingehen auf die eigentliche Bauregel wohl zu ermöglichen ist, und was außer den bereits in der Pionir-Schule erworbenen Begriffen für den Militair-Ingenieur nur noch die Kenntniß der von Monge geordneten géometrie descriptive,[5] wozu auch die Lehre von der Perspective zu rechnen, erfordert.

Während des Fortschreitens in dieser Erkenntniß, von der das Geschichtliche wichtiger Bauwerke einen Haupt-Theil ausmachen muß, werden dem denkenden Schüler die meisten Anforderungen an die Bauregeln von selbst zum Bewußtsein kommen und der Lehrer wird mit der hierauf vorzutragenden reinen Bautheorie soweit sie festen Fuß hat, nur einem stark gefühlten und deshalb um so eifriger erfaßten Bedürfnisse seines Verstandes entgegen zu kommen brauchen; mit dem Eingeständniß der Vacuen für die Erweiterung des Wissens überhaupt, wird er alsdann wohl Samen auf fruchtbaren Boden auszustreuen vermögen.

Die der Elementar-Definition und -Anschauung nicht mehr bedürftige, sondern sich nur noch über allgemeine bauliche Eigenschaften verbreitende Materialien-Verbrauchs-Kenntniß wird alsdann den behandelten Bauregeln als erweiternder und modifizirender Anhang folgen und den Uebergang zum Bau-Führungsgeschäft abgeben können, bei welchem Verfahren die erforderliche Anweisung in letzterer Hinsicht überall in der vorausgeschickten Behandlung festen Fuß fände.

Hiernach könnte man nun wohl als Umriß der Lehre folgende, freilich sehr umfassende Fragen aufstellen, nämlich:

1. Was wird gebaut?
2. Warum wird gerade so gebaut?
3. Womit wird gebaut?
4. Wie wird gebaut?[6]

Ein Ingenieur-Unterricht in der Kriegsbaukunst würde sich alsdann in die unten (s. das Schema) bezeichneten, einander ergänzenden Fächer aufnehmen lassen,[7] wenn man voraussetzt, daß die Herstellung aller in der Fortification vorkommenden Gebäulichkeiten ohne Unterschied zu einer positiven Terrain-Verwandlung zu zählen ist, während die Wegräumung hindernder Terrain-Gegenstände einen zweiten Abschnitt entgegengesetzter Terrain=Verwandlung ausmacht, der größtentheils schon im Pionir-Unterricht erledigt ward und der da, wo er auf wissenschaftlichen Sätzen beruh't, theils durch die Fortification, theils in einem Anhange zur Minentheorie, die in baulicher Hinsicht ihren eigenen Weg verfolgen müßte, seine Erledigung finden könnte.

Schema für den Unterricht in der Kriegsbaukunst.

Zur Herstellung fortificatorischer Gebäulichkeiten gehört:

Kenntniß

- des Bauzwecks
  - Kenntniß der einzelnen Kriegsbaugegenstände in Bezug auf ihre bauliche Idee oder ihre Form, soweit dieselbe durch die Materialien bedingt ist. Gliederung der Bau-Gegenstände.
  - Kenntniß der allgemeinen Bauregeln (Theorie der Baukunst im engeren Sinne).
- der directen Baumittel
  - Kenntniß der Bau-Materialien nach ihren ursprünglichen Eigenschaften (Materialienlehre).
  - Kenntniß der einzelnen Materialien nach ihrer Verwendung (Bau-Technologie im engeren Sinne.)
- des Benehmens beim Bau, unter Berücksichtigung:
  - 1) der Vorbereitung und Anwendung,
  - 2) der Abfassung des Entwurfs,
  - 3) der indirecten Baumittel und Nebenumstände.

1. Kenntniß des Bauzwecks.

a) Kenntniß der einzelnen Kriegsbau-Gegenstände in Bezug auf ihre bauliche Idee oder ihre Form, in soweit dieselbe durch die Materie bedingt ist. Gliederung der Bau-Gegenstände.

Die im ersten Theil des fortificatorischen Vortrages betrachtete Zusammenstellung der Terrain-Verwandlungs-Gegenstände nach den allgemeinen Kriegshandlungsmotiven hat den fortificatorischen Begriff der Bauwerke bereits erschöpft. Die nunmehr vorliegende Betrachtung faßt daher lediglich die bauliche Idee jener Werke oder die Form derselben, in sofern sie durch die zur Ausführung erforderliche Materie bedingt ist, in's Auge.

Nothwendigerweise konnte jene Vorstellung ohne vorläufige räumliche d. h. bauliche Formen, keine Realität erhalten und in sofern mußte die jetzige Betrachtung in allgemeinen Umrissen dort schon anticipirt werden, was auch ohne Nachtheil geschehen konnte, indem die Anschauung als schon durch den vorausgegangenen Pionir-Unterricht geregelt, anzunehmen war.

Nach Maaßgabe des weiteren Vorschreitens in der theoretischen Bildung werden sich aber nunmehr jene Begriffe nicht nur verallgemeinern, sondern auch vervollständigen lassen, wozu das Zeichnen der Kriegs-Baugegenstände, das übrigens nicht bis auf den Eintritt des Bau-Vortrages selbst verschoben zu werden brauchte, das Beste thun wird. Das Zeichnen muß überhaupt nur als graphische, wie das Modelliren als plastische Feststellung der Begriffe angesehen werden, welcher eine mündliche und schriftliche Erläuterung, eine erweiterte Terminologie,[8] eine gegenseitige durch die nach dem Bau-Vortrage geordnete Zusammenstellung erleichterte Beziehung nachfolgt. In einem solchen dem Ordnen und Vervollständigen der Begriffe vorzugsweise gewidmeten Vortrage muß Alles zusammengreifen und kein Schritt umsonst geschehen. Die Zeichnung muß dem Verständniß, das Verständniß der Zeichnung zu Hülfe kommen, welche letztere übrigens für den Ingenieur niemals Kunst-Aufgabe werden darf,[9] weil sich seine

Bestimmung mit solcher Kunstübung nicht verträgt und der Staat seine Talente zu mehr als zur Anfertigung schöner Bilder in Anspruch nimmt. Dagegen muß seine Zeichnung über die bloße Darstellung in verjüngtem Maaßstabe hinausgehen und sich auf Constructionen, auf das Aufreißen der Körperflächen und auf die Anfertigung der dahin gehörigen Projectionen rc. (d. h. also auf die Arbeiten des sogenannten Appareilleurs [10]) ausdehnen.

Neben der vorhin schon angedeuteten, in diesem Capitel zu behandelnden formellen Erkenntniß der Bau-Gegenstände bis in das kleinste Detail, kommt es hier noch auf eine diesem Zweck und der später aus der Erkenntniß zu deducirenden Theorie angemessene Theilung und Anordnung der militairischen Bauwerke an, die eigentlich beide erst vollständig mit der in's Leben tretenden Lehre gefunden werden können. Die weiter unten zu solchem Zweck versuchte Zusammenstellung [11] gründet sich auf die bisherige Eintheilung, mit dem einzigen Unterschiede, daß sie an keine speciellen Zwecke gebunden ist, sondern daß sie aus allen nach und nach entstandenen Bau-Disciplinen als: Schanzen-, Festungs-, Pracht-, Land-, Strom-, Deichbau rc., die Gebäulichkeiten besonders heraushebt, welche den Ingenieur näher angehen, und so diesen auf den später folgenden Vortrag der eigentlichen Bautheorie zweckmäßig vorbereitet.

Bei der nach so verschiedenen Richtungen hin auslaufenden Breite unseres heutigen Wissens bleibt es ein ganz unerläßliches Erforderniß, dessen Zweige, Aeste und Stämme aus dem bunten Gewirre schon im Unterricht hervorzuheben, wenn nicht dem gesunden Menschenverstande und der Wissenschaft zum Trotz später bei der Anwendung des Wissens Großes und Kleines, Wichtiges und Unwichtiges, Passendes und Unpassendes im Uebermaaß vermeinter Weisheit durcheinander geworfen werden soll, worauf leider Bildung, Literatur, Geschäftsklugheit und Neigung nur zu sehr und noch fortwährend hinarbeiten.

Die erwähnte uns passend erscheinende Gliederung und Classifizirung der zu betrachtenden Gegenstände wäre hiernach folgende:

1. Brustwehren nebst den zugehörigen Wällen und Gräben, wobei die resp. Profile derselben von demjenigen des Festungswerks bis zu dem der Tranchee, ihre vorkommenden Erdböschungen,

Holz-Verkleidungen und Stein-Revetements (Neigungswinkel derselben ꝛc.) durchzunehmen wären;

2. diejenigen Bauwerke des Ingenieurs, welche Wasser-Gräben und -Leitungen betreffen, vom Strom-Durchstich und den Abläſſen an bis zur Cunette (contra-fossa) und dem Röhren Lager; die Ufer-Befestigungen (argini) und Abweichungen (Buhnen);[12] die Stauwerke (Wehre, Ueberfälle) und Vorgelege, so wie die Coupirungen, Schleuſen, Eindeichungen, bleibende und vorübergehende Verdämmungen (Fangedämme und Batardeaux) ꝛc.;

3. die Wasser-Sammlungs-, Reinigungs- und Hebungs-Anstalten, als: Häfen und Schifffahrts-Canäle, Bassins, Sammlungs- und Reinigungs-Cisternen;[13] Brunnen, Senken, Abtrittsgruben; Schlammkasten, Tränken (abreuvoirs) ꝛc.;

4. die Absperrungen von der überwölbten Etagen-Mauer bis zur Holzverschränkung, Pallisadirung und dem Heckenzaun; diejenigen Escarpen und Contre-Escarpen, welche mehr als bloße Böschungs-Verkleidungen der Gräben sein sollen; ferner Kehlverwahrungen, Grabenschlüsse ꝛc.;

5. die zur Land-Communication, ober- und unterirdischer, dienenden Bauwerke, die theilweise nur als bloße Ergänzungen des Wegebaus[14] gelten können, als: Coffres, Gallerie'n, Rampen,[15] Treppen, Geschütz-Aufzüge, Thore, Zugbrücken, Barrieren, Landungstreppen ꝛc.;

6. die zur Communication über das Wasser[16] nöthigen Anlagen, deren Erläuterung zum großen Theil nur als Ergänzung des Pontonir-Unterrichts angesehen werden kann; dabei müßten neben den schwimmenden auch die stehenden, schwebenden ꝛc. Brücken jeder Gattung, soweit sie im Festungsbau vorkommen, durchgegangen werden; eben so die Eisbrecher[17] ꝛc.;

7. die Defensions-Gebäulichkeiten, als kasemattirte Kasernen, Reduits und Abschnitte; Caponieren, Geschütz-Casematten und -Stände, Blockhäuser, Tambours ꝛc.;

8. die Wohngebäude und Stallungen, wozu Casernen, Hospitäler, Arrestlokale, Offiziers-Pavillons ꝛc. gehören und wobei alle etwa nöthigen Neben-Erfordernisse als Küchen, Abtritte ꝛc. gleich mit zu berücksichtigen wären; ferner Baracken, Lagerhütten, Zelte ꝛc.;

9. die Vorraths-Gebäude, als Magazine [18] für Mund-Vorräthe und Fourage; Zeughäuser und Arsenale; Gewehrsäle, Munitions-Haupt- und Verbrauchs-Magazine, [19] Schuppen, Remisen und Alles, was dazu gehört, als Stellagen, Blitzableiter rc.;

10. die Geschäftsgebäude, als Werkstätten, Mühlen, Pulver-Fabriken, Gießereien, Bäckereien, Schlächtereien, Bauhöfe, Reitbahnen, Wachthäuser, Schilderhäuser, Brauereien, Brennereien, Garnisonkirchen rc.;

11. die Bau-Rüstungen als: Baum-, Bock- und schwimmende Gerüste, Bogengerüste unter Gewölben, steinerne, hölzerne, eiserne Brücken zum Aufheben schwerer Lasten rc.

β. Kenntniß der allgemeinen Bauregeln. (Theorie der Baukunst im engeren Sinne.)

Es giebt allerdings Regeln für mehrere Dimensionen und Klassen der Gebäude, dies sind aber solche, die zunächst und unmittelbar aus der Bestimmung der Gebäulichkeiten abgeleitet werden. Sie sind dem Ingenieur größtentheils auch schon durch die rein fortificatorische Idee der Werke bekannt und können da, wo diese nicht ausreicht und wo Nebenzwecke noch andere Rücksichten fordern, wie z. B. bei Wohn-, Vorraths-, Geschäfts-Gebäuden rc., in die vorhin behandelte Detail-Erkenntniß der Bauwerke mit eingeschlossen werden.

Außerdem giebt es aber auch noch Regeln für die eigentliche bauliche Beschaffenheit oder mit anderen Worten für die Festigkeit der Gebäude, ohne deren Beobachtung Dauer und fortgesetzte Brauchbarkeit der Letzteren nicht zu erwarten stehen; sie sind insbesondere Gegenstand des hier zu behandelnden Abschnitts der Baulehre.

Endlich giebt es noch Regeln für das Aussehen der Gebäude oder für die äußere Schönheit derselben, mit deren Beachtung in der That nur bezweckt wird, die Bestimmung und Dauerhaftigkeit der Gebäude zur Anschauung zu bringen und die bei dem bestimmten und ernsten Charakter der Fortifications-Bauwerke für den bloßen Geschmack wenig Spielraum übrig lassen. Am Schlusse der vorliegenden Betrachtung soll etwas ausführlicher darüber gesprochen werden.

Seit der Zeit des Veronesers Vitruv[20] ist man gewöhnt, die Gesetze des Baues nach der Reihenfolge der gebräuchlichsten Materialien zu entwickeln.[21] Man hat dabei bald mit dem Holz-, bald mit dem Steinbau und besonders, in den speciell für den Ingenieur bestimmten Lehrbüchern, wohl auch mit dem Erdbau angefangen; man hat sich gelegentlich auch wohl um die geschichtliche Primogenitur dieser nach dem Material unterschiedenen Bauweisen gestritten und hat im Vortrage die Regeln der einen auf die der anderen gepfropft. Die in wissenschaftlicher Hinsicht allen gemeinschaftlichen Incidenzpunkte hat man in Folge dessen mehr nur bloß zu berühren oder höchstens mittelst der Analogie in einigen Zusammenhang zu bringen vermocht. Ein nothwendiges Ergebniß hiervon war, daß man bei Erfindung oder erweiterter Anwendung des einen oder des anderen Baumaterials, wie noch neuerlich beim Eisen,[22] zum Aufsuchen neuer Bauregeln genöthigt ward und daß man sich immer weiter von dem natürlichen Raisonnement der früheren Bauleute, die sich, worauf namentlich der von den Umständen doppelt abhängige Ingenieur für viele seiner Conceptionen vorbereitet werden muß, viel freier in der Wahl der ihnen eben erreichbaren Baumittel bewegten, als dies leider heut zu Tage der Fall ist.[23]

Die in oben aufgestellter schematischer Uebersicht des Bau-Unterrichts gegebene Reihenfolge der Unterrichtsgegenstände ist diesem dringenden Bedürfniß entsprechend eingerichtet und auch des vorausgegangenen Pionir-Unterrichts wegen zulässig. Die zur Gesetzlichkeit eines Bauwerkes erforderliche Anweisung, welche die Franzosen allenfalls eine Metaphysik[24] des Bauwesens nennen könnten, und die wir unter dem Ausdruck: allgemeine Bauregeln begreifen wollen, geht der wissenschaftlichen Materialien-Kenntniß (Materialienlehre) voraus, da der letzteren Umfang durch jene erst bestimmt wird. Dagegen dürfen die für die einzelnen Materialien erforderlichen Gebrauchs-Vorschriften (Technologie) erst auf die Materialienlehre folgen, da nur so die eigentliche Technik des Bauens mit wissenschaftlicher Gediegenheit zweckmäßig vorzubereiten ist. Der menschliche Geist mußte auch thatsächlich diesen Gang der Abstraction von jeher beobachten und die Bildung in den Erfahrungskenntnissen gewinnt jedenfalls, wenn der Unterricht ganz denselben natürlichen Weg verfolgt. Um nun jeder Vermengung dieses bisher nicht gesonderten theoretischen Raisonnements im Baufache vorzubeugen, wollen wir die Scheidelinien mit besonderer Schärfe ziehen und uns nachfolgend genau innerhalb derselben halten.

Allgemeine Bauregeln oder Bau-Principien.

Wir haben oben von den allgemeinen Bauregeln bereits gesprochen und wir verstanden darunter diejenigen, welche sich zwar auf das eine oder das andere Material beziehen, die aber in dieser Beziehung nur die Massen-Eigenschaften des Materials voraussetzen, woraus folgt, daß unter veränderter Annahme die Bauregel in ihrer Allgemeinheit auch für ein anderes Material gültig bleibt und das vergleichende Bewußtsein jener Eigenschaften zur Substitution ausreicht. Die besonderen Regeln d. h. diejenigen, welche in Bezug auf Gewinnung, Zubereitung, Anhäufung, Verband ꝛc. nur einem Material ausschließlich angehören und die ohne ihr Wesen abzuändern auf ein anderes nicht übertragen werden können, gehören dagegen der Kenntniß der Materialien in Bezug auf ihre bauliche Verwendung (Technologie) an und es kann daher von ihnen auch dort erst die Rede sei.

Von allen Naturkräften ist keine wichtiger und bleibender in ihren Aeußerungen auf Bauwerke, als die mächtige Kraft der Schwere. Sie wirkt entweder unmittelbar durch ihre Richtung und die Lage der Schwerpunkte auf einzelne Theile eines Gebäudes und auf ganze Systeme desselben, oder sie wirkt mittelbar durch Druck oder Stoß auf die zu dem Bauwerke gehörigen und mit ihm in Berührung tretenden Körper. Die der ersteren Kraft entgegenwirkenden Eigenschaften des Bauwerks faßt man unter dem Begriff seiner Standfähigkeit oder Stabilität, die der zweiten Kraft entgegen arbeitenden unter dem seiner Festigkeit oder Solidität (fermeté), welcher letztere Begriff zugleich den seiner Dauerhaftigkeit einschließt, zusammen.[25] Diejenige Störung, welche einer von den genannten Eigenschaften nachtheilig ist, ist es oft auch für die andere und dadurch wieder rückwirkend auf die erstere u. s. f., so daß, wenn sie gleich ihrem Wesen nach getrennt betrachtet werden müssen, sie doch in der That nur verschiedene Momente bezeichnen, die bei der Conception eines Bauwerks vorgesehen und bei eintretenden Beschädigungen durch ein geläutertes Raisonnement zur Entdeckung des ersten Grundes mühsam aufgesucht sein wollen.

Andere Naturkräfte[26] und der Gebrauch der Bauwerke führen mit der Zeit noch anderweite Beschädigungen herbei, die ihrer Dauer ebenfalls entgegen arbeiten, weshalb schon zum Voraus Alles geschehen muß, sie unmöglich zu machen.

Diese und jene Vorsichtsmaaßregel läßt sich auch wohl auf Grund darüber vorhandener Erfahrungen oder angestellter Versuche mit mathematischer Genauigkeit vorher angeben und durch Rechnung und Construction in der Disposition geltend machen, worauf denn im vorliegenden Theil der Kriegsbaulehre ebenfalls des Weiteren einzugehen wäre.

Der Vortrag in den dem Ingenieur unentbehrlichen Hülfswissenschaften[27] der allgemeinen Physik und Mathematik, muß jetzt übrigens bereits so weit zum Abschluß gebracht sein, daß diese Hülfswissenschaften beim Vortrage der Bauregeln nur noch den Zeitpunkt ihrer Anwendung zu erwarten haben; es müssen also z. B. die allgemeinen Eigenschaften, so wie die statischen und dynamischen Gesetze für feste und flüssige Körpersysteme, Kraft-Zerlegungen, Gleichgewichts-Bestimmungen, Schwerpunkts-Angaben, Dimensions-Berechnungen für gesetzmäßig untersuchte Linien, Flächen und Körper ꝛc. an und für sich bereits abgehandelt sein, und hätten die betreffenden Erörterungen gleichsam nur noch den concreten Bedingungen ihres Gebrauchs entgegenzusehen. Daß hierdurch der Vortrag der baulichen Theorie'n zweckmäßig abgekürzt und weit übersichtlicher, als er bisher war, gemacht werden könnte, leuchtet ein; auch würde ja ein ähnliches Verfahren stets und überall befolgt worden sein, wenn nicht die speculativen Kenntnisse ihre Erweiterungen den angewandten größtentheils verdankten und wenn man sich das Ziel des Unterrichts immer bestimmt vorgesteckt hätte.

Wenn aber auch bereits beim Vortrage der Physik der Zustand der festen Körper im Gegensatze zu dem der flüssigen und luftförmigen festgestellt war, so wird nunmehr doch noch wegen der baulichen Anwendung dieser Körper eine besondere physikalische Beleuchtung derselben, die noch vor Beginn des Vortrages über die eigentlichen Bau-Principien statt zu finden hat, nothwendig, weil die Form der festen Körper, die Textur derselben ꝛc. ihre Lage im Bauwerk mit bedingen, und weil der Zusammenhang, das Gewicht, die Compressibilität, die Elasticität, die Adhäsion, die Empfänglichkeit für Wärme und Feuchtigkeit ꝛc. der festen Körper von wesentlichem Einfluß auf das Gebäude selbst sind. Für die Einheit des Gebäudes ist z. B. neben der Beschaffenheit und Menge des natürlichen Bindemittels die Textur dieser Körper wichtig, welche sich als Faser (fibre), Zellgewebe (filet nerveux) ꝛc. in zusammengesetzter Gestalt zeigen kann und nach den verschiedenen Richtungen der entgegenwirkenden Kraft, den Widerstand gegen den Druck (pression), den Zug (traction), und den Bruch (flexion) normirt. Seit Gallilei's Auftreten im siebenzehnten Jahrhundert hat man sich mit geregelten, wissenschaftlichen Abstractionen in diesem Gebiete umgethan. Von und seit ihm haben auch ein Leibnitz und Belidor das Verhalten des Zusammenhanges der festen Körper bei Zug und Bruch nach der Gestalt der Bruchtheile abzuschätzen gelernt und deren Untersuchungen haben wieder ein Muschenbrök, Buffon und Euler zweckentsprechend erweitert und modifizirt, während Girard (1798) endlich diese Theorie'n mit Bezug auf beobachtete Biegung vor dem Zerbrechen, in größerer Allgemeinheit zusammengestellt hat (s. dessen Traité analytique de la résistance des solides).

Die specifische Gewichtsbestimmung hatte ebenfalls längst schon eine gewisse Wichtigkeit in der Bautheorie erlangt. Neuere, unter Anderen Eitelwein und Rondelet, haben auch bereits die verschiedenen Widerstandsfähigkeiten gründlich untersucht; aber auch hier wird sich wohl noch Manches zu thun finden, und ebenso ist auch die Aufmerksamkeit noch schärfer auf die entgegenwirkende thermometrische Veränderung der verschiedenen mit einander in Verbindung tretenden Bau-Materialien, auf den Verlust ihres Zusammenhanges durch angesogene Nässe ꝛc. zu richten, indem diese Veränderungen und Verluste sich bis jetzt noch keineswegs durch Rechnung finden lassen.

Hiernach wollen wir nunmehr auf die Erörterung der oben schon erwähnten Bau-Principien selbst etwas näher eingehen.

Die Erörterung des Stabilitäts-Princips (Standfestig- Stabilitäts-Princip.

keit) hätte sich, wie wir meinen, nach drei Seiten hin zu wenden, nämlich nach:

1. der gleichmäßigen Auflagerung des Gebäudes auf den Boden;[28]

2. den zu erhaltenden Richtungen der Schwere innerhalb der Grenzen dieser Auflagerung, und

3. den zwischen dem Gebäude und seinem Lager stattfindenden dynamischen und hydrodynamischen Einwirkungen.

Die Compressibilität des Bodens und die Setzungen der mehr belasteten Theile des Gebäudes selbst, dehnen die theoretische Beleuchtung sehr weit aus. Ist der Boden (Baugrund) nicht von gleicher Beschaffenheit und der Belastung nicht angemessen, so muß er auf künstliche Weise durch Rost, Versenkung, Pilotage, Zusammendrücken ꝛc. dazu eingerichtet werden, wobei in der Theorie die a priori vielleicht nicht aufzufindende, a posteriori aber theilweise bereits erforschte Vergleichung der Druck- und Stoßwirkung von Wichtigkeit ist. Der Fuß des Gebäudes (Fundament), der seiner Eigenthümlichkeit wegen schon von älteren Baumeistern, wie z. B. einem Alberti ꝛc., für eine Fortsetzung des Grundbodens erklärt wurde, unterliegt besonderen baulichen Regeln für Ausdehnung, Zusammenhang und Sicherstellung, die sich für das über den Grund hervorragende eigentliche Gebäude in baulicher Beziehung vielfach modifiziren und namentlich für bestimmte Gestalt und Ausbreitung der Basis (Mauerrecht) ein Maximum der Höhe vorschreiben.

Wenn die Cohäsion in den festen Körpern die Gestaltung der Baustücke der Willkür vollkommen überläßt, derselben aber die Beschaffenheit der flüssigen Körper gänzlich widerstreitet, so sind der Gestaltung der mit nur geringer Cohäsion begabten Erdmassen als Baumaterial weniger bestimmte Grenzen angewiesen. Sie zu erkennen, nach Erfordern zu benutzen und ohne Nachtheil des Werks durch Befestigung der Neigungsflächen (Talus) zu erweitern, die als Aushebung und Ausfüllung zu behandelnden Massen mit Rücksicht auf Ueberschuß (foisonnement) und Einsetzung (tassement) zu vergleichen, ist ein neuer Gegenstand theoretischer Beleuchtung, welche seit längerer Zeit vorzugsweise auf die statischen Bedingungen der Futtermauern gerichtet war,[29] ohne daß sie trotz aller diesfallsigen Bemühungen von Vauban bis Coulomb, Woltmann, Mayniel rc. und ungeachtet der Vermittelung zwischen der Translations- und der Rotations-Hypothese, in den meisten Fällen den Mauerbruch ganz zu beseitigen vermocht hätte.

Grundbauten, welche der Wasser-Berührung und -Bespülung ausgesetzt sind, bedürfen in Hinsicht auf Form und Anordnung gegen die in den blosen Erdboden versenkten, noch ganz besonderer Erwägungen.[30] Der Stoß der Wasserfäden mit ihrer ununterbrochen feilenden Einwirkung auf das Bette und die Seitenwände der Canäle, der Druck des Oberwassers, der Wasserstandswechsel, der Wellenschlag, die Eisdecke rc. erfordern manche praktische Bauregel und theoretische Untersuchungen, welche mehr oder weniger die Standfestigkeit jener Bauwerke angehen und einen Theil der Hydraulik ausmachen, die ihren eigenen Mann verlangt, deren Grundsätze aber dem Kriegs-Ingenieur (ingegnéro militare) nicht weniger geläufig als dem Wasserbau-Ingenieur sein müssen,[31] wenngleich er deren Anwendung nicht in solchem Umfange zu kennen braucht, weil auch dann, wenn bei Fortificationswerken wichtige Wasserbauten vorkommen, der Rath eines Hydrotekten jederzeit eingeholt werden kann.

Die Zergliederung und Beachtung des Soliditätsprincips muß die Bedingung zur Wirklichkeit bringen, welche dem Stabilitätsprincip als Annahme vorausging, daß nämlich die aus ein und demselben oder aus mehreren Materialien bestehenden Theile und Systeme der Gebäulichkeit, als ein Ganzes erscheinen. Soliditätsprincip.

Eine dahin gehörende wesentliche Betrachtung geht auf den Verband der Materialien-Elemente wie Erde, Stein, Holz, Eisen rc. in sich und derselben untereinander, welcher Verband entweder durch blose Anordnung und Form (appareil), oder durch ein als Bindemittel zwischen inne gebrachtes Material erreicht wird.

Wären uns die Kräfte, welche zur gewaltsamen Trennung verbundener Materialien erforderlich sind, ebenso bekannt, wie die Verbindungsarten, so wären wir in der vom Soliditätsprincip abhängigen Theorie weit genug vorgerückt, um bei Bestimmung der Futtermauer-, Gewölbe- und Widerlager-Stärke nicht dem blosen Stabilitätsprincip huldigen, mit dieser Einseitigkeit aber allgemeine, heute noch anerkannte Widersprüche zwischen Theorie und Praxis und mit denselben ein Schwanken und eine Beschränktheit im Raisonnement, in Folge deren hier und da bittere Erfahrungen nicht ausbleiben können, zugeben zu müssen. Wir würden alsdann unter Betrachtung, Ausmessung und daraus geschlossener Bildung der Bruchflächen, die Kraft ihres Zusammenhanges bei bekannter Richtung eines darauf lastenden Druckes a priori erkennen und die etwaigen Verstärkungen nach eben solcher Abschätzung gerade da anzubringen, die etwaigen Schwächungen gerade da zu vermeiden wissen, wo uns diese Erkenntniß ein solches naturgemäßes Benehmen vorschreibt und wo bisher entweder nach Autoritäten oder nach reiner Empirie verfahren wurde.[32]

Die vorgeschrittene Kenntniß von der Widerstandsfähigkeit des Elementar-Materials konnte hierbei nur wenig helfen, weil dazu eine richtige, aus Erfahrungen über Bau-Systeme entnommene und unter sorgfältiger Beobachtung aller Umstände beim Zerbrechen verschiedener Mauerstücke, Holzwände mit und ohne Füllung, Decken, Gewölbe rc. angestrebte Grundlage aufgestellt sein will, die meines Wissens noch nirgends zu finden ist. Die Soliditätsregeln, welche Rondelet aus mehreren hundert Gebäuden und aus der Bindung einzelner Steine abstrahirt hat, sind zu solchem Zweck lange nicht ausreichend; die Theorie, welche hier wie bei dem Stabilitätsprincip ihren durch die Realität vorgezeichneten Weg zu verfolgen hat, muß sich indessen vorläufig damit begnügen.

Die Beurtheilung der Widerstandsfähigkeit solcher Glieder eines Gebäudes, die wie Pfeiler, Säulen, Widerlager, Umfassungs- und Scheide-Wände rc., anderen Gliedern von verschiedener Art zur Unterlage und als Stützpunkte dienen, und welche dem endlichen Gebrauch des Gebäudes selbst angemessen sein müssen, erhält demnach ihren rationellen Mittelpunkt. Aus diesem mußte die Lehre die nach der baulichen Individualität zielenden Regeln durch untergeordnetes Gemeinsames hindurchführen, indem es keinesweges auf einer blosen Wahrnehmung dunkler Analogie'n beruht, daß der Sprachgebrauch gewisse Unterstützungen „Säulen", gewisse Befestigungen „Anker", gewisse Raumbedeckungen „Gewölbe" nennt, ohne dabei Form und Material zu unterscheiden; daß man unter „Decharge" ebensowohl einen gewölbten Bogen, wie eine schiefe Strebe, unter „corbeau" nicht minder einen Unterbalken wie einen Tragstein versteht ꝛc. Daß dem so ist, gründet sich eben auf die in der Idee selbst liegenden Incidenzpunkte, welche der Theorie in allen Wissenschaften den zusammengreifenden erschöpfenden Weg vorzeichnen. So wird die möglichste Beobachtung der Symmetrie in der Combination solcher Theile, die zusammen ein bauliches System ausmachen, es mag sich nun um eine Wand oder ein Gewölbe, eine Dachfläche, einen Brückenbogen ꝛc. handeln, so wird ferner die Bedingung, die Grundlagen wesentlicher Stützpunkte bis zum Fuß des Gebäudes fortzusetzen, so wird endlich die Vorzüglichkeit des rechtwinklichen Zusammentreffens von Bautheilen auf einerlei Fläche ꝛc., sich ohne Bezugnahme auf das Material in die Theorie einführen lassen, während das der Biegung wegen nothwendige Stärkemaaß von $^1/_{12}$ freier Höhe des belasteten einzelnen Holzstückes, die möglichst triangulare Zusammenstellung der Holzstücke eines Systems, das Minimum der Gewölbestärke und dergleichen mehr, untergeordnete theoretische Grundlagen abgeben, die sich sodann als Regeln zur Conception eines Revetements, eines Brückenpfeilers, eines Dachs, eines Gewölbes ꝛc., der subjectiven Regel für eine bestimmte Gattung von Bauwerken immer mehr nähern.

Mit dem von Carlberg (1718) und Stählswerd (1755), so wie deren Nachfolgern bis Carnot, im Gegensatze zur Cormontaigne'schen Doctrin wieder aufgenommenen häufigeren Gebrauch der Gewölbe beim Festungsbau wird eine Uebersicht ihrer Theorie[33] dem Ingenieur um so nothwendiger, als gerade dieser Gewölbebau eigenthümliche Rücksichten verlangt, deren Beachtung selbst auf fortificatorische Conceptionen ihren Einfluß äußert, wie das mitunter an ganz unausführbaren Montalembert'schen Idee'n deutlich zu erkennen ist. Das Steingewölbe findet wie jedes andere Gebäude seine Standhaftigkeit (Stabilität) zuerst in dem Widerstandsvermögen seiner Pfeiler oder Widerlager, also in deren Stärke und festen Fuß. Die Last, welche auf jedem Pfeiler ruht, deren Richtung und die ihr etwa entgegengesetzte Verankerung und Spannung führt auf eine der Revetements=Theorie analoge Behandlung. Dagegen fordert das

Gewölbe als schwere, zwischen den Widerlagern schwebende Masse in Hinsicht auf die Solidität noch eine anderweite Gesetzlichkeit, und wird dadurch, daß ein Theil dieser Belastung ganz aufgehoben ist, einer aber mehr als der andere lastet und verhältnißmäßigen Widerstand fordert, zum Gegenstande einer weiteren Untersuchung.[34] Der Umstand ist factisch aus den entstandenen Trennungen überlasteter Gewölbe, die sich am Schlusse und an den Grenzen der Belastung zeigte, erwiesen. Theoretisch zeigte schon Lahire (1695), daß die Belastung des Bogens im Verhältniß der Tangenten-Differenz des jedesmaligen Fugenwinkels nach dem Schlusse des Gewölbes hin zunimmt.

Der Gewölbebogen als Element des Tonnengewölbes, schien zum Erkennen der hierauf bezogenen Eigenschaften der verschiedenen continuirlichen und zusammengesetzten Bogenlinien ausreichend und hat darum in der Gewölbetheorie oft, aber unklarer Weise, das Gewölbe selbst vorgestellt. Bei Kegel-, Kugel- oder zusammengestoßenen Gewölben (Kappen-, Kreuz- und Klostergewölben) boten sich die größten Kreise, so wie die Grad- und Kehlbogen zur theoretischen Untersuchung an, wobei ich bemerke, daß mir eine dem Ingenieur verhältnißmäßig häufig vorkommende Wölbung, die von Frezier „conicocylindrisch" benannte nämlich, welche bei schief gegeneinander gerichteten Widerlagern einerlei Widerlager- und Bogenhöhe behält, die Bogengestalt aber fortwährend wechselt, noch ziemlich vernachlässigt scheint.

Das Theoretisiren über Gewölbe-Bogen und -Form kann wie gesagt für die Ausführung immer nur allgemeine Grenzen zeigen und höchstens verdeutlichen, daß z. B. der Kreis die beste Fugenrichtung, die Elipse die beste Krümmung im oberen Theil, die cycloide Form bei gleicher Extradossirung das beste Belastungs-Verhältniß besitzt ꝛc., und daß die gerade Linie im scheitrechten Gewölbe ihre großen Fehler hat. Da alle diese Umstände in ihrer Gesammtheit möglichst berücksichtigt sein wollen, während die Ideale nur besondere Rücksichten erkennen lassen, so kommt der Ingenieur, der sich bei seinen Arbeiten kaum hier und da des Steinschnitts an einzelnen Bogen zu erfreuen hat und selten genug seine Erkenntniß in dieser Hinsicht zur Anwendung bringen wird, häufig in den Fall, sich von der Theorie verlassen zu sehen, wenn er z. B. die Widerstandsfähigkeit seiner Gewölbe auf diesem oder jenem Punkte überschlagen, die denselben zu ertheilende Extradossirung und Hintermauerung bestimmen, die dem Fugenschnitt analoge Mauerschichtung angeben, die mit der Mauer-Erhärtung zusammenhängende Schwindung und Setzung beurtheilen, die Stärke der mit schweren Gewölben belasteten Gerüste berechnen, die Disposition zum Gewölbebau treffen, die Gerüste abnehmen lassen soll u. s. w.

Außer von der Beachtung der statischen und dynamischen Gesetze ist die Solidität der Bau-Werke noch von anderen physischen Begebenheiten abhängig, die, wenn sie in unseren Gegenden auch nicht wie in dem alten Byzanz oder neueren Istambul und in Südamerika als Erderschütterungen[35] auf gewaltsame Weise wirken, doch als Wärme- und Witterungswechsel einen fortwährenden und ganz unvermeidlichen Einfluß üben. Der Frost und vornehmlich auch das Eis bringen verschiedene Ausdehnungen und Verwitterungen hervor, die sich durch Abwässerungen[36] und Deckungen vermeiden lassen. Die Nässe erzeugt Fäulniß, Durchwurzelung der Fugen, Schwamm, Abspülungen ꝛc., und muß durch steile Böschung, durch Cordons, Unterzüge, Ausfütterungen, Bewurf, Verkleidungen, Bedachungen, Absattelungen, Berasungen ꝛc. von den äußeren; durch Anstrich, Wasserabzüge ꝛc. von den inneren Gebäudetheilen abgehalten werden; Windbrüchen widerstehen Anker, Steifen, Streben ꝛc. Theoretische Betrachtungen über diese Aeußerungen und die ihnen entgegen zu setzenden Maaßnahmen dürfen dem Unterrichte nicht abgehen,[37] weil sie den Ingenieur in seinem alltäglichen Wirkungskreise fortwährend beschäftigen und seine Conceptionen sich danach modifiziren müssen, wenn vermieden werden soll, daß die Unkenntniß seiner Ingenieure den Staat nicht noch über jener Lebenszeit hinaus beeinträchtige, ohne daß diese mauvais sujets sich nur ein Gewissen daraus machen, denn: „l'ignorance et l'incuriosité sont deux oreillers bien doux pour reposer une tête bien faite", wie Montesquieu meint.

Die meisten Bauwerke erlauben keine Einführung anderer Formen, als die gerade dem Zwecke des Bauwerks und dem dazu verwendeten Material unmittelbar entsprechenden. Da, wo noch Regeln für das Ansehn.

irgend etwas als Verschönerung der Architektur anzubringen wäre, hat man ebenso zu verfahren, wie es Sganzin in Bezug auf die Brücken-Architektur vorschreibt: „que principalement recommandable par les grandes masses et la hardiesse des constructions elle repousse ces ornements souvent disparates et dont on doit user très sobrement.“ Alles, was in dieser Beziehung geschieht, darf weder dem Zweck noch der Umgebung des Gebäudes zuwiderlaufen.[38] Ersterer muß gegentheils dadurch herausgehoben, vorzugsweise aber Stabilität und Solidität, die sich schon durch richtige Fugenlage, eine Plinte oder Deckplatte, eine Eckverwahrung rc. aussprechen, dadurch bezeichnet werden.[39] Die wenigen auf Einheit und gemessenen Wechsel gerichteten, mit der Symmetrie und Perspective verbundenen Schönheitsregeln der bürgerlichen Baukunst müssen dem Ingenieur ungefähr so zu Gebote stehen, wie dem ausübenden Musiker der Generalbaß. Er muß sie kennen, um sich nicht zu vergreifen, wenn er genöthigt sein sollte, sich nach Material zu seinen Decorationen umzuthun.

Könnte irgend ein besonderer Styl den fortificatorischen Gebäulichkeiten angemessen erscheinen, so wären es vielleicht die mit dem indisch-ägyptischen Stein- und Höhlenbau verbundenen Formen.[40] Es bleibt indessen immer gefährlich, damit irgend einen Zeitgeschmack auszuzeichnen und sich der freien Ansicht zu begeben. Belidor, welcher den Werth des allgemeinen Geschmacks in der Baukunst ganz richtig mit der Regel: „en mariant les dehors avec les compositions des dedans“, schildert, zeigt sich in dem unter Ludwig XIV. herrschenden manierirten Geschmack ganz befangen[41] und wird wohl schwerlich geahnt haben, daß eine dem zwölften Jahrhundert ergebene, nicht viel freiere Schule nach kaum hundert Jahren jenen Geschmack tief unter dem gothischen, dessen Verzierungen noch Belidor mit der wegwerfenden Benennung: „colifichets“ bezeichnet, finden würde.

2. Kenntniß der directen Baumittel.

Wenngleich die Theorie überhaupt nicht von der Größe und Wichtigkeit des Vorwurfs abhängt, sondern überall da hervortritt, wo eine über die Individualität hinausreichende Kenntniß Raum gewinnt, und obgleich sie also ebenso wohl die kleinen, besonders die im Ausbau der Gebäude vorkommenden Details wie die bisher behandelte Massen-Anhäufung oder den Rohbau angeht, so ist es dennoch rathsam, jener allgemeinen Bautheorie noch eine besondere, die Eigenschaften der Materialien (Materialienlehre) wie deren Verwendung (Bau-Technologie) umfassende **Baumittel-Kenntniß** folgen zu lassen, wobei vorausgesetzt wird, daß eine Anschauung in den Musterzeichnungen neben dem architektonischen Vortrage herläuft, und daß die Renvois dieser Zeichnungen nicht allein die Details bemerklich machen und aufklären, sondern daß dort auch die Anhaltepunkte des theoretischen Raisonnements für eine jede Gattung von Bauwerken dargelegt werden, um für die Anwendung ein kurzes, zum analogen Gebrauch geschicktes Formular an die Hand zu geben, und zwar keineswegs als Eselsbrücke, wohl aber als eine summarische Aufstellung der dahin einschlagenden Erfahrung und Speculation.

a) Kenntniß der Materialien nach ihren Eigenschaften (Materialienlehre).

Der wahrscheinlich aus Respect für die Methodik in den Lehrbüchern der Baukunst gewöhnlich inne gehaltene Gang, eine raisonnirende Beschreibung des Bau-Materials allen übrigen Abstractionen voranzuschicken, hat sowohl die Compilatoren als auch die eigentlichen Originale, welche der Praxis ihre Weisheit verdankten, in Hinsicht der zum Bauen erforderlichen Materialienkenntniß häufig zu bloßen Notizen-Sammlern und Nachbetern der Naturforscher, Mineralogen, Physiologen und Chemiker gemacht[42] und bewirkt, daß, während sie sich mit fremdartigen Erörterungen beschäftigten, sie, die gerade am ehesten in der Lage dazu waren, abgehalten wurden, Beobachtungen anzustellen, die für das Fach von bei Weitem größerer Wichtigkeit als jene einseitigen Nachtreterein geworden sein würden. Solches Traditionswesen darf in einem lebendigen Unterricht, dem die Lehrzeit karg zugemessen ist und der bei der vorausgegangenen Handtirung mit dem Material selbst, manchen Wortkram über dasselbe gänzlich überflüssig macht, nicht weiter fortgeschleppt werden.[43] Die darin herauszuhebenden Eigenschaften müssen directe bauliche Beziehungen haben, welche in der vorausgegangenen Lehre bereits hinlänglich angedeutet sind und die sich so ziemlich auf Aggregation und Structur, auf specifisches Gewicht, Cohäsion und Adhäsion und die damit verbundene resp. Widerstandsfähigkeit, auf das Verhalten im Wärme- und Feuchtigkeitswechsel, sowie auf chemische Verwandtschaft bei der gegenseitigen Berührung der Materialien [44] beschränken lassen. Dabei mögen auch bauliche Vortheile und Nachtheile mit Bezugnahme auf die allgemeinen Baugesetze fortlaufend erwähnt werden. Das aus der Naturgeschichte entlehnte Vorkommen des natürlichen Materials [45] und seine Classen-Eintheilung braucht nur im Großen angedeutet zu werden, und ich möchte z. B. den Sandstein lieber nach dem Piff Paff Puff der französischen Maurersprache [46] als nach den verschiedenen Gebirgsformationen geordnet wissen, weil der Baumeister jedenfalls mit jener Eintheilung mehr als mit dieser anzufangen im Stande ist. [47] Auch darf nicht vergessen werden, daß der dem Fortschreiten der Wissenschaft dienende Hebel des Verallgemeinerns oder Generalisirens der Begriffe mit der Ueberschätzung eigener Weisheit als naturphilosophischer Speculation zusammenfällt, [48] wodurch jede Theorie nur zu leicht über die Anwendung hinausgehoben wird. [49] In den Erfahrungswissenschaften muß jeder Schritt vorwärts einerseits mit der genauesten Detailkenntniß, [50] die indessen nicht mit Detailbekümmerniß zu verwechseln ist, andererseits aber auch mit durchaus praktischem Sinn gethan werden, wenn er für die Anwendung nicht verloren sein soll. In diesem Sinne müßte also auch in der Materialienlehre vorgeschritten werden.

Außer den ein Bauwerk eigentlich constituirenden Mitteln, d. h. den Bau-Materialien, giebt es nun noch andere Mittel, welche nur während seiner Entstehung wirken und mit dieser verschwinden, ohne welche aber der Bau unmöglich sein und durch deren verkehrten Gebrauch das Werk fehlerhaft oder wohl gar dem beabsichtigten Zwecke entgegen ausgeführt werden würde, und die man deshalb gewissermaßen transcendente nennen könnte. Als solche Mittel sind die zu einem Bau erforderlichen Kräfte anzusehen, intellectuelle sowohl wie thierische und elementare; ferner gehören dazu die Vermittelungen jener Kräfte, d. h. Werkzeuge, Maschinen rc., ferner die Zeit und endlich das Mittel aller Mittel im Culturzustande, nämlich das Geld. Da diese Mittel indessen den Abstractionen des Baubetriebs näher als denen der Bauten selbst liegen, so kann, soweit dies überhaupt möglich, die Lehre sich auch dort erst mit denselben befassen und wir verweisen daher in dieser Beziehung auf den betreffenden Vortrag.

β) Kenntniß der einzelnen Materialien nach ihrer Verwendung (Bau-Technologie).

Die der Bautechnik[51] in einem höheren als im blosen Sinne des Handwerks zuständigen Abstractionen können überhaupt nur auf Gewinnung und Zubereitung, oder auf Anhäufung und Zusammenstellung der elementaren Materialien-Theile gerichtet sein. Diese Zwecke liegen aber schon dem theoretischen Pionir-Unterricht, wie wir uns denselben denken, aber freilich mit der Beschränkung vor, daß die Veranlassung zum Theoretisiren allein aus der Anschauung und eigenen Handtirung mit dem Material aufgegriffen wird und das Raisonnement sich auch nicht über die Möglichkeit eigener Handtirung hinaus erstreckt. Unfehlbar muß der angehende Ingenieur-Offizier aus diesen engen Schranken heraustreten und sich hier jedweder selbst speculativen und geschichtlichen Abstraction hingeben können, so lange sie in den Grenzen seiner Dienst-Bestimmung bleibt. Der Ingenieur-Offizier hat nicht, wie der Pionir, blos das Gegebene mit Bewußtsein auszuführen, sondern er muß sich selbst auch nach Mitteln umsehen[52] und dazu muß er volle Freiheit des Gedankens und eine erweiterte Bekanntschaft der Mittel besitzen, die er in dem vorgenannten engeren Kreise zu erlangen nicht im Stande war. Wenn daher auch die Betrachtungs-Gegenstände und vielleicht auch die Anordnung derselben so beibehalten werden können, wie sie der Pionir-Unterricht, auf den wir uns hier wieder beziehen, an die Hand giebt, so muß doch der Vortrag zur Erweiterung und Vervollständigung jener Kenntnisse andere Grundlagen sowohl, wie auch eine veränderte Richtung erhalten.[53] Die Grundlagen der verschiedenen Lehr-Gegenstände sind auf die bereits früher behandelten allgemeinen Bau-Principien der Stabilität und Solidität zurückzuführen d. h. es muß z. B. für den Wall- und Terassenbau die Grundlage aus der Soliditätsbedingung des gleichmäßigen Setzens aller Theile,[54] für Mauern aus derjenigen der wagerechten Lagerung der Theile und des Uebergreifens der Stoßfugen ꝛc. folgen, und wo jene Principien hierzu nicht ausreichen, müssen anderweite, aus gesammelten Erfahrungen abstrahirte Gesetze oder diese Erfahrungen selbst als Grundlagen acceptirt werden.

Von der Richtung des Vortrages war in Bezug auf die dereinstige Bestimmung des Lehrlings schon oben die Rede. Der Vortrag muß indessen noch mehr als bisher die Sache selbst und namentlich die militairische Seite derselben im Auge behalten.[55] Soviel man z. B. auch vom Mauer-Verband weiß, so ist dabei doch noch sehr wenig Rücksicht auf die Stoßwirkung der Projectile genommen und ebenso wenig beim Holzverband auf andere Einwirkungen oder beim Verbrauch verschiedenartiger, in chemischer Verwandtschaft zu einander stehender Materialien, auf die gegenseitige Zerstörung, oder endlich beim Zusammentreffen alter und neuer Bau-Theile auf die Verband-Alterationen ꝛc.

Was in der früher behandelten Theorie zum nothwendigen Festhalten des Fadens von dem Material nur übersichtlich angenommen wurde, wie z. B. specifisches Gewicht, Raum-Verwandlung ꝛc., muß in diesem Kapitel nach der Subjectivität der besonderen Arten geordnet werden; mithin muß dieses Capitel die zahlreichen dahin einschlagenden, berechneten Tabellen fassen und überhaupt als Repertorium derjenigen Baukenntniß gelten, deren Theorie noch zu sehr an dem Material in seiner Einzelheit klebt, d. h. die Allgemeinheit noch nicht erstiegen hat, die es mit anderem Material in Berührung bringt. Daß wir uns übrigens bei der fortgesetzten, mit der Theorie verwandten Praktik auf ein Fortschreiten dieser Theorie Hoffnung machen dürfen, leuchtet ein.

3. Kenntniß des Benehmens beim Bau (Bau-Praktik).

Ein wesentlicher Unterschied zwischen den reinen und den sogenannten angewandten Wissenschaften oder zwischen rationeller Theorie und Theorie einer Erfahrungskenntniß liegt in ihrem unmittelbaren oder mittelbaren Zusammenhange mit dem Leben. Der oberste Satz des rationellen Wissens schafft zugleich die Grundlage aller Anwendung; er fehlt aber dem Erfahrungs- oder empirischen Wissen (science de fait), welches von Abstraction zu Abstraction hinaufsteigend in mancherlei Combinationen mit Begriffen geräth, die ihrer Fremdartigkeit oder Unbestimmtheit halber in die Wissenschaft selbst nicht hineingezogen werden können, die aber deren Gebrauch in der Wirklichkeit außerordentlich zu modifiziren vermögen.[56] Dergleichen Begriffe aufzufassen und in ihren Berührungspunkten mit der Erfahrungstheorie zu beleuchten, daraus also gleichsam noch eine Uebergangstheorie zu schaffen, ist die Aufgabe eines vollständigen Unterrichts.[57] Diesen Zweck haben wir hier mit unserer Bau-Praktik vor Augen und glauben diese hiermit genugsam von der engeren Bautheorie selbst unterschieden zu haben.

Wenn man auch nicht, wie Marchi noch zu Ende des sechszehnten Jahrhunderts verlangt, das Horoskop eines Festungsbaues zu stellen und nach Goldgruben in der Nähe zu suchen braucht, so reicht man doch in der Praxis auch heutigen Tages mit einer Betrachtung der Materialien-Beziehungen und selbst mit der Einrichtung des Grund und Bodens, wenn man diese zum Vorwurf einer eigenen Betrachtung machte, allein nicht aus, sondern man muß sich auch mit der Zeit beschäftigen und um allerlei Kräfte bekümmern, ohne welche sich in keinem Bauwerk vorschreiten läßt. Alle diese einzelnen Betrachtungen wünschten wir also unter dem Titel der Bau-Praktik zusammengefaßt und wollen hier nur zum besseren Verständniß jeder für sich einige Zeilen widmen.

Materialien-Beziehung

Man kann genau erwogen haben, welche Materialien-Art von jedem Baustück bedingt wird und durch welche andere sie im Nothfall ersetzt werden kann, ohne doch gegen Fehlgriffe in der Bauführung selbst gesichert zu sein, wenn man diese Kriterien allein gelten läßt, und wenn man sie nicht mit anderen Umständen zusammenhält, wie z. B. mit der Schwierigkeit des Gewinnes und der Bearbeitung, mit der Erkenntniß ihrer Dauer an vorhandenen Gebäulichkeiten rc., wobei sich Nachtheile und Vortheile mehrseitig aufwiegen. Ebenso kann man bei der Bauführung selbst fehlgreifen, wenn man nur den a priori für gut erkannten Weg im Fortgange des Baues, nicht rechts, nicht links sehend, beharrlich verfolgt und alle Einladung zu zweckmäßigen Modificationen von der Hand weis't, die erst mit dem Beginn des Baues und im Fortgang desselben entstehen und unversiegbare Quellen zu baulichen und ökonomischen Vortheilen darbieten können.[58] Nicht minder wichtig sind Erwägungen darüber, ob und wann es sich der Mühe verlohnt, zum blosen Bau-Behelf Wasser zu suchen, zu sammeln und zu leiten, Wege anzulegen, Transportmittel zu schaffen, Holzschläge zu veranlassen, Steinbrüche zu eröffnen, Ziegeleien einzurichten, Kalköfen zu bauen, Werkstätten aller Art auszustatten, wozu noch die Beantwortung der Fragen kommt, ob diese Vorbereitungs-Anlagen vom Staat oder von Privaten und bis auf welchen Punkt sie von beiden zugleich behandelt werden sollen, ob die dabei vorkommende Handtirung, wie die Mörtelbereitung z. B., in Masse oder vereinzelt statt haben soll, ob und welche Werkzeuge mit in den Verding der Arbeiten gebracht werden sollen ꝛc. — Die Beantwortung aller dieser und anderer Fragen gehört weder in den Pionir-Unterricht, noch hat sie in der eigentlichen Bautheorie ihre Stelle zu finden, sondern sie lassen sich alle füglich am besten mit Beispielen wirklicher Bauführung beantworten. Solche Beispiele werden die Aufmerksamkeit des jungen Ingenieur-Eleven genugsam anregen und ihm auch für sein künftiges Dienstbenehmen eine Menge Anhaltepunkte darbieten. Wollte man einwenden, daß ihm ähnliche Erwägungen schon aus der Praxis selbst am besten zum Bewußtsein kommen würden und daß es Sache seiner künftigen Dienst-Vorgesetzten sei, ihn darauf hinzuweisen, so würde man zwar an den jetzigen Unterrichts- und Geschäftsgang appelliren, die Erfahrungen des Ingenieurs würde man aber, abgesehen davon, ob er gerade in gute Hände fällt, wie jetzt ohne Haltepunkte und Uebersicht lassen und damit das bedeutende Lehrgeld übersehen,[59] welches für solche Vernachlässigung schon ausgegeben wurde und noch fortwährend ausgegeben wird und werden wird, weil die gewöhnliche Bau-Routine des Ingenieuroffiziers nicht zureicht, ihn zur Organisation und Leitung eines außergewöhnlichen Bau-Unternehmens, mit der er ohne Weiteres betraut werden kann, zu befähigen.

Benutzung des Grund und Bodens.

Das festgestellte Bau-Project giebt zwar die Flächen-Dimensionen des dafür zu gewinnenden Grund und Bodens an; dies ist aber oft, besonders wenn letzterer mit schon vorhandenen Bauwerken besetzt oder umgeben sein sollte, zur Bauführung selbst nicht ausreichend. Die Anhäufung des Materials, die Bewegung desselben, die zum Baugeschäft nöthigen Anlagen 2c. verlangen häufig, wenigstens temporair seine Erweiterung; man kann dieselbe durch Miethe oder Ankauf und späteren Wiederverkauf erlangen. Zum Besitz des Bodens überhaupt und der darauf befindlichen Gegenstände sind Formen und Vorsichtsmaaßregeln nöthig, deren Vernachlässigung und ungeschickte Manipulation für den Staat sehr kostbar werden und daher schlimme Folgen nach sich ziehen kann. Zuweilen muß Grund und Boden für einen Bau erst durch Abräumungen, Demolirungen, Abwässerungen, Befestigungen 2c. geeignet gemacht werden. Das auf und unter demselben befindliche Material, wie Gartenerde, Sand, Lehm, Kies 2c., muß aufgesucht, aufbewahrt und für den Bau selbst nützlich gemacht werden. Auch hier dürfen also, wie vorhin, baugeschichtliche Winke im theoretischen Ingenieur-Unterricht nicht fehlen. Man findet sie, aber noch unvollständig und ungeordnet, in den sogenannten praktischen Lehrbüchern in großer Menge.

Rücksicht auf Zeitumstände

Bei jedem menschlichen Vorhaben spielt die Zeit eine der wichtigsten Rollen; bei keinem indessen mehr, als bei Anlage von Bauwerken, deren Dasein die Zeit ihrer Entstehung weit hinter sich läßt und die zu immerwährendem bitteren Tadel der ehemaligen Mißgriffe in ihr aufmuntern.

Es ist nicht zureichend, daß die Bauausführung in einer dazu überschlagenen Periode überhaupt geschieht. Jeder Act derselben verlangt seinen dem Ganzen angemessenen Zeitpunkt, damit er nicht allein mit den vorhandenen oder möglicherweise zu erlangenden Bau-Mitteln, sondern auch mit den Bau-Regeln übereinstimmt. Dies ist ein ziemlich schlüpfriges Capitel, dem mitunter noch im Großen die Basis der Erfahrung fehlt und bei dem Jahreszeit, Witterung, schon vorhandene Gebäudetheile und örtliche Verhältnisse aller Art mächtig einfließen. Es ist der Stein des Anstoßes, der auch den beholfensten Baumeister in den Augen des Uneingeweihten zum Schwierigkeitsmacher herabsetzen kann und der deshalb von seiner Seite eine um so größere Kenntniß und Zuversicht erfordert. Dabei normiren noch besondere Umstände, Ueberraschungs-Absichten, wie z. B. beim Feldschanzen- und Tranchéebau, ferner Materialien und Utensilien rc., ganze Bauwerke so mächtig, daß der Einfall, eine unlogische Eintheilung der gesammten Fortification von der Zeit abzuleiten, kaum befremdet.

Vorausgesetzt, daß alle Zeit-Bedingungen, welche mit der Solidität der Bauwerke zusammenhängen, schon bei Abhandlung dieser zur Sprache gekommen, so wird der Unterricht hier besonders darauf gerichtet werden müssen, die Zeit-Dauer der Arbeiten an sich und ihre nothwendige Reihenfolge in der Zeit zu entwickeln.

Die erste Forderung läßt sich aus Erfahrungen über allerlei vorkommende Arbeiten, wobei auf Localitäts-Verschiedenheiten aufmerksam zu machen ist, befriedigen. An Daten hierzu fehlt es in fortificatorischen und architektonischen Lehrbüchern keineswegs. In Tabellenform können sie dem Schüler am nützlichsten werden, wenn er zur Construction dieser Tabellen selbst mitwirkt und einzelne Rubriken nach seinen eigenen praktischen Erfahrungen ausfüllt. Daß dabei zugleich auf die Kraft-Anwendungen bei der Arbeit gerücksichtigt werden muß, könnte es wünschenswerth machen, die Tafel-Construction auch während der Behandlung dieses Lehrgegenstandes fortzusetzen.

Die zweite Betrachtung, die über die Reihenfolge der Arbeiten nämlich, kann bei den wesentlich hierin verschiedenen Bauten auf unterschiedene Perioden gerichtet werden, nämlich einmal auf eine solche, worin freie Zeit-Disposition, und dann auf eine andere, worin die auf das Minimum beschränkte Zeit-Disposition vorkommt.[60] Man dürfte sich dabei in das Bau-Detail nur soweit einlassen, als es die Feststellung der Regeln verlangt, auch müßte man dabei Ausführbarkeit sowohl, als Tüchtigkeit und Oekonomie gehörig berücksichtigen. In den Resultaten, die man in Reihen-Bezeichnungen (algorithmisch), wie etwa Humboldt seine Gebirgs-Combination, angeben könnte, würde man eine bisher noch unbekannte Klarheit über diesen jetzt nur taktgemäß behandelten, für die Praxis aber so wichtigen Gegenstand ausgießen.

Kraft-Ermittelungen. Die allgemeinen, am Ende immer auf Aeußerungen der

Attraction und Expansion zurückzuführenden Naturkräfte der Körper erhielten, insofern sie auf Bauwesen unmittelbar einfließen, schon bei den Bau-Regeln ihre Erledigung, indem die in den physikalischen und namentlich den mechanischen Wissenschaften geläuterten Begriffe in die eigentliche Bau-Theorie eingeführt werden mußten. Der gewöhnlichen Manier im Unterrichte gemäß könnte also hier noch von den thierischen Kräften, deren Abschätzung und Vergleichung, ihrer Schonung und Zweckmäßigkeit, ihrer Unterstützung und ihrem Ersatz durch anderweite bewegende Kräfte (Wasser, Wind, Dampf 2c.) und allerhand mechanischen Hülfsmitteln in Bezug auf bauliche Anwendung, die als Utensil, wie z. B. in der Feldbefestigung, ebensowohl auf die Beschaffenheit des Werkes selbst als auf seine Herstellung von Einfluß sind, die Rede sein.[61] Es fehlen dazu weder in den architektonischen, noch in den militairischen und mechanischen Lehrbüchern die nöthigen Notizen; auch ist auf eine klare und vollständige Uebersicht der Maschinenlehre zu diesem Behuf durch das Lehrbuch Hachette's (Traité élémentaire des machines, Paris 1819) vortrefflich hingearbeitet. Ich meine indessen, daß dieses zur vollständigen Bildung der jungen Männer, die man, nachdem sie die Schule absolvirt haben, ohne Weiteres als Praktiker auftreten lassen will und auch muß, nicht ausreicht, und ich halte gewisse Erfahrungs-Abstractionen über die beim Bauwesen in Thätigkeit gesetzten und in Anspruch genommenen geistigen Kräfte[62] um so weniger für überflüssig und für hors d'oeuvres des Unterrichts, als ein diese Kräfte mächtig anregendes Mittel, nämlich das Geld, in den Köpfen der Bauherrn sowohl, als der Bau-Dirigenten, Bauleute und Baulehrer alle anderen geistigen Beziehungen verdrängen und erdrücken zu wollen scheint, dieses Mittel thatsächlich es aber nie dahin bringen, sondern nur die umfassenden geistigen Einflüsse zu Aller Schaden unablässig aufregen wird. Der mit Verbreitung der Intelligenz in neuerer Zeit vorherrschend gewordene, der Mittelmäßigkeit zusagende Kalkül in Dingen des Wissens, hat sich überhaupt am liebsten in sein Material vertieft; wir dürfen uns darum wenig wundern, vom Politiker die Seelenzahl, vom Strategen die Armeestärke, vom Bauverständigen den Kostenpunkt, als das non plus ultra seiner Weisheit betrachtet zu sehen; wir dürfen aber auch die aus solcher Einseitigkeit oft genug hervorgegangenen großen Rechnungsfehler nicht vergessen und wohl annehmen, daß sich die älteren, aus der Praxis herausgetretenen Theoretiker bei aller Beschränktheit der Ansichten weniger verrechneten, was darum der Theorie nicht an sich, sondern nur einer falschen Richtung derselben zur Last fällt. Wenn Lorini noch 1597 das farsi ubidire für ein Haupt-Erforderniß bei einem Festungsbau hält, wenn Vauban dazu räth: „de ne charger personne de ce qu'il ne sait pas, ni de plus de ce qu'il ne sait faire"; wenn Napoleon äußert: „les officiers et les soldats ont de la repugnance a manier la pioche et la pelle", und Belidor von seinem älteren Vorgänger, dem Architekten Cordonne, erzählt, dieser habe bereits Unheil aus den vielen Cabinetsarbeiten der Baumeister prophezeit, und wenn endlich Grotius meint, Befehlen sei keine Ehre, wohl aber eine Kunst, so dürfen solche Winke für einen gediegenen Unterricht nicht verloren sein.

Der geistige Mensch kann auf die Bau-Praxis in dreierlei Weise Einfluß üben, nämlich:

1. als Bau-Lehrer oder solcher, der höheren Zwecken, zu deren Erreichung der Bau selbst nur ein Mittel abgiebt, nachgeht.

In diese Kategorie sind zu rechnen: der Staat, der Regent und seine nicht technischen, in das Bauwerk eingreifenden Behörden,[63] mögen sie nun anordnen oder controlliren.

Einsicht und richtige Würdigung des Zwecks oder des „arrêter les idées" Napoleons, der Entschluß und die Festigkeit im Fortgange des Geschäfts, also Continuität, ferner Wahrheit und Sinn in den Formen des Geschäftsbetriebes, Zutrauen zum redlichen, unerbittliche Strenge gegen den unredlichen Techniker sind die das Bauwerk fördernden moralischen Eigenschaften dieser Classe.[64]

Der geistige Mensch beeinflußt ferner die Bau-Praxis

2. als technische Intelligenz, welche im Kleinen repräsentirt wird: durch den Werkmeister, im Großen aber d. h. im Staat, durch das gesammte Bau-Personal vom Aufseher an bis zum Bau-Dirigenten hinauf.

Die uns aus gediegener Kenntniß des Zwecks und der Mittel

entspringende Idee des Werks, die Umsicht, Beholfenheit, der Takt, das gesunde Urtheil, wozu auch das „savoir laisser faire“ und das „savoir laisser aller et venir“ gehört, ferner die ohne Vorurtheil, Dünkel und Anmaaßung zu bethätigende Liebe zur Sache selbst, der Unternehmungsgeist, die Ausbauer, die Unbestechlichkeit und Gerechtigkeit, gegentheils aber auch wieder das Gefühl der Verantwortlichkeit bei spontaner Amtsweise (latitude) im Geschäft, sind die metaphysischen Hebel für dieses dem Bauzweck vorzugsweise gewidmete Personal, wes Namens und Zeichens es auch immer sei.

Der geistige Mensch übt endlich Einfluß auf die Bau-Praxis aus:

3. als bloser Theilnehmer für eigenes Interesse, in welche Kategorie sowohl der seine physische Kraft für das tägliche Brod darbietende Arbeiter wie auch der kaufmännische en gros-Unternehmer zu rechnen wäre.

Manieren und Rücksichten modifiziren nur den Eigennutz, der hier auf die Faulheit, dort auf den höchsten Gewinnst speculirt. Alle mit Billigkeit und Gewissenhaftigkeit im Widerspruche stehenden Seelenkräfte des Menschen können unter dieser Classe ihr Spiel nach Gefallen treiben, wenn der Ingenieur nicht mit den Klippen auf diesem Meere vertraut ist, auf welchem schon Mancher aus Sorglosigkeit seinen Untergang fand, indem er mit dem Glück auch die Ehre verlor.

Es ist schlimm, daß bei der namentlich von uns Deutschen betriebenen scharfen Sonderung wissenschaftlicher Begriffe, der oben berührte Uebergang des angewandten Wissens auf das Leben gar nicht beachtet wurde. Die Einflüsse physischer Kräfte wurden als etwas der eigentlichen Theorie Fremdes immer an die Seelenlehre gewiesen, konnten aber aus der dort angenommenen abstracten Form nicht wieder zur Praxis zurückkehren. Ein richtiger Unterricht müßte diesem Uebelstande abhelfen. Der Lehrer kann zu den metaphysischen Verhältnissen am besten aus eigener und, wo das nicht möglich ist, aus Anderer Erfahrungen Beläge schaffen,[65] die am gehörigen Ort mit Kritik und gehaltener Bündigkeit mitgetheilt, gewiß nicht zum unnützen Geschwätz alter Schulmonarchen herabsinken werden.

Ich habe in der eben abgeschlossenen Betrachtung absichtlich vom Soldaten-Verhältniß des Ingenieurs ganz abgesehen, und zwar theils weil dieses Verhältniß an sich seine Einwirkung nur fördern kann, theils aber auch, weil sein ganzes Dienstleben dadurch schon in Anspruch genommen und seine ganze Handlungsweise jederzeit schon danach geregelt sein soll.

Geld-Hantirung.

Sobald der Bau-Führung zur Erlangung ihres Materials, sowie zur Bezahlung ihrer Arbeitskräfte d. h. zur Annahme und zum Lohn derselben Geld als Medium dient, wird eine Geld-Wirthschaft d. h. eine Berücksichtigung von Einnahme und Ausgabe und eine Vergleichung beider (Rechnungswerk) nöthig.[66]

Zur Regulirung der Einnahme gehört gewöhnlich eine dem Bau vorausgehende Kosten-Angabe oder ein Kosten-Anschlag resp. -Ueberschlag, der sich auf die beabsichtigte Beschaffenheit des Werks und seiner Herstellung gründet. Diese Kosten-Angabe macht einen Theil des weiter unten zu behandelnden Bau-Entwurfs aus.

Die Ausgabe, deren Behandlung auch Bau-Oekonomie im engeren Sinne zu nennen wäre, verlangt Sorgfalt im Einkauf, Sparsamkeit im Verbrauch, sowie Ordnung im Rechnungswerk, dessen letzter Abschluß die Rechnungslegung ist. Die Ausgabe kann nach Umständen auf alle einzelnen Theile des Bau's oder auf fertige Baustücke bezogen, im ersteren Fall auch von dem Bau-Dirigenten selbst oder einem Anderen besorgt werden. Danach unterscheidet sich die Bauführung auf eigene Rechnung von der auf Entreprise. Die erstere kann wieder par économie oder par gérence statt haben, wonach sich das Benehmen modifizirt, was zu beachten ist für den Fall, daß der eine Modus in den anderen übergeht, weshalb gerade der Unterschied im Unterricht seinem Wesen nach scharf herausgehoben sein will.[67]

Eine Hülfe für das Ausgabegeschäft sind die Preisregister, worin die Taxen indessen immer als locale und bewegliche Größen von der Ober-Aufsicht im Auge behalten und sowohl ihren Elementen als deren Zusammensetzung nach periodisch revidirt sein wollen. Im Unterricht muß dazu Anleitung gegeben werden und zu dem Behuf ist es nothwendig, die aus den Analysen erhaltenen Resultate zu sammeln und in tabellarische Form zu bringen.

Das Rechnungswerk zerfällt in zwei Theile, nämlich in die laufende (manipulation) und in die Gegen-Rechnung (controle). Dem bauführenden Personal, welches die Daten dazu liefert, darf das Rechnungswerk nicht fremd bleiben. Der erste Theil desselben muß deshalb in einen übersichtlichen Schematismus gebracht, der zweite aber in seinen Grundzügen und in seiner Tendenz vorgezeigt werden.

Aus baugeschichtlichen Nachrichten[68] würde man viel Lehrreiches für den Unterricht in der Geld-Handtirung, wie in der Bauführung selbst ziehen können. Leider sind dieselben aber, ungeachtet ihres voluminеusen Inhalts, gewöhnlich durch ungeschickte Formen so entstellt, daß dazu mehr Erfahrung und Kritik nöthig wäre, als man beim heutigen Theoretiker in der Regel vorfindet. Gut geordnete Köpfe werden, sobald sie durch die Praxis gegangen, uns einzig und allein auch in diesem Gebiete Fortschritte machen lassen.[69]

Je bestimmter und folgerechter bei einem Werk Ursache und Wirkung, Zeit und Umstände in einander greifen, um so mehr kann vorgängige Ueberlegung zum Gelingen desselben beitragen. Die Bedingungen, welche schon Laplace bei der Wahrscheinlichkeitsberechnung für das Gelingen menschlicher Handlungen stellt, nämlich: „une grande justesse d'esprit, un tact délicat et une grande expérience des choses", können sich dabei doppelt wirksam zeigen, je mehr uns noch Zeit bleibt die Handlung nach der erkannten Wahrscheinlichkeit einzurichten.[70] Abfassen des Bau-Entwurfs.

Dem Entwurf einer Bau-Ausführung liegt allerdings die Idee d. h. die Conception des Bauwerkes selbst zu Grunde; indessen ist diese hier als das sinnige Resultat der Ingenieur-Wissenschaft überhaupt anzunehmen und kann insofern nicht allein zur Bau-Praxis gezählt werden. Wohl aber schließt sich an dieselbe eine Revision des Entwurfs nach den technischen Bedingungen an, die ihre Daten aus vorhergegangenen genauen Untersuchungen, Erkundigungen, Vermessungen und Dimensions-Bestimmungen zieht und die ein gewisses Eingehen auf Details voraussetzt, sowie dem in der Idee des Werks noch vorherrschenden Phantasiespiel entgegentritt, wodurch freilich manchem Projecte, wie z. B. dem Montalembert'schen Befestigungs-System, manche sogenannte

Genialität als hirnverbrannt nachgewiesen, die Brauchbarkeit des Werkes aber nur gewinnen würde und auch häufig unhaltbare Idee'n vor und während der Ausführung rectifizirt werden können. Hier mögen die von Chasseloup phantasirte Bedeutung der Inundation von Alexandrien, Keibels projectirter trockener Graben vor Deutz, des österreichischen Generals Doral unbrauchbare Wohnkasematten auf der Insel Neu-Orsowa und manche unterbliebene Fundamentirung und Terrain-Correction als Beispiele für die Nothwendigkeit solcher Idee'n-Revision (vérification) dienen.[71]

Die nach Maaßgabe des Gebrauchs in das Detail immer tiefer eingehende Versinnlichung des Bauwerks durch Zeichnung, schafft generelle und specielle Baupläne, die hier und da noch durch Modelle unterstützt sein wollen. Der Bau-Dirigent begleitet sie mit schriftlichen Erläuterungen über das Was (Bau-Aufnahme), das Wie und Wann des Bau's (Bau-Disposition), die mit der nöthigen Bedarfs-Nachweisung der Baumittel und der Zeit-Angabe ihrer Beschaffung (Bau-Ueberschlag) versehen werden.

So dringend der praktische Bau-Unterricht auch fordert, daß bei diesen Untersuchungen mit dem Schüler bis in die verfassungsmäßige Anschlagsform eingegangen wird, so darf man doch ihre Nachtheile nicht verschweigen und hier, der eigentlichen Unterrichts-Methode entgegen, nicht unterlassen, polemisch zu verfahren,[72] indem es sich hierbei darum handelt, den Schüler über etwaige tief eingewurzelte, schädliche Mißbräuche aufzuklären.

Von dem allgemein dirigirenden Bureaukratismus unserer Zeit, welcher in der Spiegelfechterei mit illusorischen Zahlen eine vor allem Betrug schützende Controle und einen heilsamen Zaum für die Willkür erkennen mag,[73] sind hier wenig Reformen zu erwarten und ohne sie wird man bei wichtigen Staatsbauten durch Detail-Veranschlagung und Bezugnahme auf dieselbe bei der Rechnungslegung, fortwährend den Meister von seinem Werke abziehen und so alle daraus entspringenden Vortheile paralysiren. Auch wird man dadurch die Wahrheit aus der Real-Controle verdrängen und alles thätige Eingreifen der Local-Instanzen in eine blose Geschäfts-Procuratur verwandeln. An Erfahrungen über die Unzulänglichkeit der Anschläge für den Zweck, wozu man sie gewöhnlich braucht, fehlt es uns keinesweges.

Dem angenommenen Bau-Entwurf folgt die Einleitung, die Anordnung und die Aufsicht des Bau-Unternehmens. Die Einleitung geht auf das Materielle und Personelle und ist zum Theil im technischen Vortrage, zum Theil in der Lehre von den indirecten Mitteln schon abgehandelt. Das, was in Bezug auf Absteckung rc. bei größeren Bauten zu beachten ist, und im Pionir-Unterricht noch nicht vorkam, könnte hier nachgeholt werden. Vorbereitung und Anordnung des Bau's.

Anordnung und Aufsicht machen, was die bestehende Form derselben betrifft, bereits einen Theil des Ingenieur-Dienstreglements aus; ihrem Begriffe nach können sie auch um so mehr einen Theil des Unterrichts ausmachen, als geschichtliche Nebenrücksichten den Geist, welchen der Unterricht nie übersehen darf, oft in der Form verdrängt haben und diese jenem stets früher oder später wieder weichen muß.

Die mit einer zweckmäßigen Geschäfts-Organisation geregelte Anordnung und Aufsicht beim Bau muß den allgemeinen Geschäfts-Organisirungs-Erfordernissen entsprechen. Sie muß nämlich aus dem Geschäfte selbst abgeleitet werden, darf keine überflüssigen Glieder haben,[74] muß aber solche besitzen, denen in ihrer Sphäre immer ein selbstständiger, ihrer Kraft angemessener Wirkungskreis gelassen ist. Die Grenze des Wirkungskreises eines jeden einzelnen Gliedes, sowie die Sub- und Coordination aller, muß scharf und bestimmt vorgezeichnet sein. Sie darf im ordnungsmäßigen Gange des Geschäfts keine Instanzen-Umgehung zulassen, muß aber dahin trachten, daß die Masse der Kraft dem Geschäfte selbst und nicht der Hierarchie des Geschäfts-Instruments zu gute kommt.

Hält man in Verbindung mit diesen allgemeinen Organisations-Erfordernissen noch das bei jeder Bau-Unternehmung vorhandene einfache Verhältniß des Bauherrn zum Werkmeister fest, welches sich nach Maaßgabe der Staats-Einrichtungen und des Umfangs des Bau-Unternehmens verschieden gestaltet und welches sich als Macht und Intelligenz des Bauherrn auf die Ministerien und auf die technischen und administrativen Behörden, als Handtirung des Werkmeisters hingegen auf dessen Gehülfen, Handwerksmeister und Aufseher, sowie auf das Verwaltungspersonal erstreckt und resp. übergeht, so wird man bald im Stande sein, dem jungen Ingenieur im Unterricht schon eine volle Uebersicht und Gliederung der Baugeschäftsführung, wie sie sein muß, zu verschaffen und ihn das Wesentliche von dem Zufälligen, das Fördernde von dem Hindernden im gewöhnlichen Geschäfts-Schlendrian unterscheiden lehren, was für künftige Staats-Unternehmungen von höchstem Nutzen sein muß.

Das Material zur Ausfüllung dieses hier gegebenen Lehr-Fachwerks muß aus den Dienst-Instructionen, aus schematischen Zusammenstellungen und Notizen-Sammlungen 2c. künftiger Platz-Ingenieure gewonnen werden, die uns die letzte Zeit im Geschäfte selbst gebildet hat und deren Mühewaltung auf solche Weise dem Ingenieurcorps als ein Erfahrungsschatz durch den Unterricht vererbt werden würde.

Anmerkungen.

[1] (S. 110). Auch der deutsche Schildknecht gehört zu den älteren, wohl unterrichteten Bau-Praktikern, von denen man auch heute noch in baulicher Hinsicht Manches lernen kann; desgl. der Schwede Stählswerd und der Spanier Taramas. — Pasino (discours sur plusieurs points de l'architecture de guerre, Anvers 1579) ist ebenfalls ein Schriftsteller, welcher den Bau zum Haupt-Vorwurf seines Vortrages macht; auch hat er das Prämeditations-Vermögen als das Haupt-Erforderniß des tüchtigen Ingenieurs richtig aufgefaßt, wenn er von einer Festungsbau-Theorie im Gegensatz zur bürgerlichen Baukunst spricht und dem Ingenieur zur Pflicht macht: „qu'il prévoit selon le tems et l'occasion qui se présente et qu'il excogite de nouveaux remèdes au mal, qu'on lui pourrait faire pour lui détruire son bâtiment, et qu'il s'imagine les moyens par les-quelles on lui pourrait faire dommage.“ Er eifert auch sehr gegen alles Kleinliche in den Kriegsbauwerken, gegen die Anlage von Plätzen in schlechten Situationen, gegen das Ausflicken alter Enceinten, und sagt sehr richtig am Schluß seines Vortrags, daß man sich vor den Windbeuteln (écumeurs) beim Festungsbau wohl hüten möge, „qui usurpent et s'attribuent le nom d'ingénieurs dérobant l'honneur de vrais architectes, n'étant garnis que d'un masque de savoir, d'un mer de paroles, d'un abîme comble et fardé, de persuasion et d'une présomption de vaillants et expérimentés soldats“ etc.

[2] (S. 110). Belidor sagt: „Le droit de réformer ne s'acquièrt pas impunément et il n'y a qu'une longue pratique accompagnée d'une certaine théorie qui en puisse donner la possession.“

[3] (S. 111). Wenn früherhin der intellectuelle Impuls zu einer Bau-Anordnung aus einigen klassischen Lehrbüchern noch eine gewisse Correctheit erlangen konnte, so lasten jetzt gegentheils ganze Bibliotheken von Systemen und Aphorismen auf der Idee und zwar um so mehr und um so schwerer, je mehr sich der Eigenthümer Mühe giebt, keinen Wink der Theorie unbenutzt zu lassen. Das Bedürfniß eines raisonnirenden, wohlgeordneten literarischen Katalogs in Betreff der vorhandenen Winke, tritt

daher auch um so sichtbarer ein, als der Praktiker sich weder voluminneuse Bibliotheken erschwingen, noch die Zeit nehmen kann, in ihnen herumzusuchen. Wäre der Unterricht, wie er sein könnte, so würde sich Jeder die Grundzüge dieses Katalogs als eine Art von Ausstattung von der Schule her mitzunehmen vermögen.

[4] (S. 111). Rondelet nennt das uneigentlich Betrachtungen „sous le rapport de l'art" und „sous le rapport de la science" (s. Rondelet's traité théorique et pratique de l'art de bâtir, Paris 1817).

[5] (S. 111). S. dessen géométrie descriptive par Brisson, Paris 1820.

[6] (S. 111). Rondelet's, übrigens im Vortrage selbst nicht gehaltene und erst im Anhang des dritten Theils seiner „Kunst zu bauen" aufgestellte Eintheilung giebt ungefähr dieselben Ansprüche zu erkennen. Sie lautet folgendermaaßen: „examiner le motif qui fait entreprendre un édifice, les dispositions qu'il doit avoir pour remplir sa destination, les formes, dimensions" etc.; „examiner les parties d'un édifice relativement à sa solidité; examiner les matériaux qu'on doit y employer, examiner les moyens d'exécution et d'économie."

[7] (S. 112). Zum Behuf des Unterrichts in der russischen Ingenieurschule hat der Obristlieutenant Henry, ehemaliger Schüler der Pariser polytechnischen Schule, einige synoptische Tabellen zur Classification des ganzen Lehrgegenstandes im Journal du génie civil (Juni 1830) abdrucken lassen; dieselben besagen etwas Aehnliches, wie unsere obige Capitel- und Inhalts-Eintheilung, und verdienen alle Beachtung. Dergleichen synoptische Tabellen hatte schon früher Fourcroy für das chemische und Barruel für das physikalische Studium geliefert; dieselben enthalten zugleich eine Angabe der klassischen Autoren für den einen wie den anderen Gegenstand. — Obristlieutenant Henry ist übrigens gleichfalls der Meinung, daß es eigentlich bei dem jetzigen Zustand der Wissenschaft kein Buch gebe, welches man dem Unterricht in der Architektur zum Grunde legen könne. Die Schwierigkeiten des Vortrages in heutiger Zeit, worin zum vollen Verständniß das Allgemeine mit dem Besonderen wiederholt wechseln muß, waren ihm nicht unbekannt. In der oben erwähnten Bildungsanstalt bestand auch die Einrichtung, daß der Schüler lithographirte Abbildungen der besonderen Bau-Gegenstände in die Hand bekam, bevor der eigentliche Lehr-Cursus begann.

[8] (S. 112). Freitag und mehrere Andere haben bereits das Bedürfniß einer festgestellten Terminologie beim höheren Unterricht gefühlt. Freitag's vorbereitendes Capitel von den terminis sowohl in der scenographia als in der ichnographia bezeugt das. Wäre man von je her mit der Terminologie dem Fortgange der Wissenschaft gefolgt, so würde man mancher Unklarheit und mancher Vermischung der Begriffe aus dem Wege gegangen sein, und man würde sich nicht der Gefahr ausgesetzt haben, fortwährend schielende Ausdrücke, oder neue dem größeren Theile der Gelehrten unverständliche Selbst-Idiome. gebrauchen zu müssen.

[9] (S. 114). So großen Werth auch die Ingenieure des sechszehnten Jahrhunderts auf die damals noch wenig entwickelten graphischen Kenntnisse legten und selbst, wie Lorini (1587), Carl V. als besonders hierin erfahrenen Herrn anführen und andere zur Erlernung dieser Kunst auffordern, so hatten sie doch den ganz richtigen Takt dabei, die Sache nicht zu weit auszudehnen, wie Wormbser's Uebersetzung des genannten Autors darthut, bei dem es heißt: „Gleichwohl sage ich, daß dem Soldaten nicht vonnöthen sei, diese Kunst also gar ausbündig zu lernen, denn ich setze voraus, daß sie mit den Geheimnissen derselben weiter nichts zu schaffen haben werden."

[10] (S. 114). Sganzin: ‚L'appareil c'est l'art qui détermine les formes des matériaux qui doivent composer l'ensemble d'un édifice."

[11] (S. 115). Auch Dufour hat das Bedürfniß gefühlt, seiner fortification permanente unter dem Titel: „détails de construction", in einem eigenen Capitel einen Anhang beizufügen, der der Theorie ebenso unentbehrlich als störend in der Vermengung ist. Die statischen, mechanischen und formellen Gesetze gehören dabei immer in die Theorie, wenngleich erst durch eine solche vorläufige Anschauung der Details die Begriffe festgestellt und eine wissenschaftliche Nomenclatur gewonnen würde. In den Natur-Erscheinungen geht man unwillkürlich auf gleichem Wege. Das Theoretisiren folgt den Begriffen und geht den Collectivbegriffen, die sich aus der Theorie entwickeln, voraus.

[12] (S. 116). Die gegen den Strom gerichteten inclinanten Stau- und Fangebuhnen, sowie die declinanten Leitbuhnen oder Abweiser haben in neuerer Zeit unter den Wasserbau-Verständigen verschiedentlich Anhänger und Gegner gefunden. Ihre Theorie bedarf also noch der Feststellung.

[13] (S. 116). Theti kommt mehrfach darauf zurück, daß die Cisternen stark genug gemauert werden müßten. Die schlechte Beschaffenheit der Mauern an der Cisterne zu Hostalrich (1809), welche das Wasser durchließen, war mit die Veranlassung zur Uebergabe dieses sonst brav vertheidigten Platzes. — Auch der belesene Mandar (pag. 234) macht hierauf aufmerksam. — Landsberg meint, die Cisternen müßten bombensicher eingedeckt werden, weil das Wasser durch hineinfallende Bomben verdorben würde.

[14] (S. 116). Sganzin's Résumés des leçons d'un cours de construction (Paris 1821) enthält die Hauptzüge des Wegebau's in übersichtlicher Ordnung aufgeführt.

[15] (S. 116). Nach französischer Vorschrift sollen die Rampen $1/_{6}$ Anlage erhalten, wenn sie 3 Metres, $1/_{8}$, wenn sie 6 Metres, und $1/_{10}$, wenn sie 12 Metres lang sind.

[16] (S. 116). Hier sind Röder's Brückenbaukunde und Bachmann's Jahrbücher (1825) ganz empfehlenswerth.

[17] (S. 116). Ueber die Beschaffenheit der Seilfähren, Eisbrecher 2c. s. Crelle's Bau-Journal (4. Band).

[18] (S. 117). Die Oesterreicher bauen Magazine, und zwar bomben-

ficher, die über 1000 Centner halten. Die Engländer verwahren in ihren massiven Magazinen zu Upnor bei Chatam 10,000 Centner in 9 Reihen Fässer, die übereinander liegen. Die Preußen nehmen als maximum für jedes Magazin 800 bis 1000 Centner an; auch legen sie die Fässer in nicht mehr als 5 Reihen übereinander.

[19] (S. 117). Das Vauban'sche vielfältig gegen den Bombenschlag bewährte Normal-Pulvermagazin hat 25 Fuß Spannung, 8 Fuß Stärke der Widerlager bei gleicher Höhe derselben und 12 Fuß von einander entfernte Strebepfeiler von 6 Fuß vorderer und 4 Fuß hinterer Breite. Die Gewölbestärke beträgt 3 Fuß, die ganze Länge des Magazins 60 Fuß.

[20] (S. 118). Vitruv, der sein Werk dem Kaiser Augustus widmete, scheint mehr Schriftsteller als Baumeister gewesen zu sein. Ihm ist der damalige griechisch-römische Baustyl bekannter gewesen, als der ältere rein griechische. Er ist uns von denjenigen Schriftstellern jener Zeit, welche von der Bau-Technik handelten, allein überkommen, wodurch er sich in späterer Zeit den Ruf erworben, welchen er bei Lebzeiten nicht beanspruchen durfte. Kaiser Augustus, der mehrere Schriftsteller öffentlich empfohlen hat, schweigt über ihn und scheint ihn also nicht sehr hoch gehalten zu haben. Die beste Ausgabe des Vitruv ist die von Schneider.

[21] (S. 118). Sganzin (1821) zeigt, daß dieser Gang noch in der französischen polytechnischen Schule eingehalten wird.

[22] (S. 118). Das im Februar 1828 aufgebrachte und bald darauf wieder eingestürzte Dach des Neu-Brunswiktheaters zu London belegt diesen Mangel der Theorie. Die successive Erkältung und später bei verschiedenen Maaßen verschieden eintretende Zusammenziehung des Gußeisens modifizirt die Beschaffenheit der einzelnen Bautheile und setzt für dieses Material eigene Constructions-Principien fest.

[23] (S. 118) Napoleon: „La véritable industrie n'est pas d'exécuter avec tous les moyens connus et donnés. L'art de génie est d'accomplir en dépit des difficultés et de trouver par là peu ou point d'impossible“

[24] (S. 118). Auch die Reibung (Friction), deren Erörterung schon in die allgemeine Physik gehört, kommt mit ihren Abstractionen in der Baukunst mehrfach zur Sprache und müßte nach diesem Vorkommen, wie z. B. bei der Beschaffenheit des Materials, bei der Solidität der Bauwerke, bei dem mechanischen Baubetrieb ꝛc., noch besonders abgehandelt werden. In neuerer Zeit ist Morin in der Erforschung dieses Gegenstandes Coulomb gefolgt. — Eine recht gediegene und geschickte Zusammenstellung ist die von Brix (s. die Verhandlungen des Berliner Gewerbe-Vereins vom Jahre 1837).

[25] (S. 119). Die Franzosen unterscheiden nicht in dieser Weise. So heißt es beispielsweise von den Methoden, sie wären vorzüglich: „pour tracer les principales parties des bâtiments et leur assurer la stabilité indispensable à leur solidité“. Diese letztere wird also hier mehr als eine Folge der ersteren betrachtet. Bei vielen Bau-Gegenständen fällt indessen der

charakteristische Unterschied beider sogleich in die Augen und verursacht Verwirrung der Begriffe, wenn er nicht entschieden aufgefaßt und festgehalten wird. Crelle's Baujournal (4. Band) enthält z. B. einen Aufsatz, worin die Sprengung der Brückenklappen bei doppelten Zugbrücken als ein Argument für die Stabilität der Landpfeiler angegeben wird, während Crelle selbst in einer Anmerkung darin eine wesentliche Beeinträchtigung der Solidität der Klappen erblickt.

[26] (S. 120). So sind z. B. die auf den westindischen Inseln herrschenden Stürme und die sich häufig daselbst bildenden Windhosen Veranlassung, daß man die Gebäude nach unten fest ankert, was man auch da thut, wo Wasser-Anstauungen ein Heben des Holzes bewirken könnten. Durch die Unterlassung dieser Vorsichtsmaaßregel kamen im Jahre 1831 auf der Insel Barbadoss mehrere tausend Menschen um's Leben.

[27] (S. 120). Durch den Vortrag in den Hülfswissenschaften muß der Geist des jungen Ingenieurs schon mit auf den Punkt gebracht sein, daß die Anwendungstheorie, abgesehen von einem kurzen Uebergangsraisonnement, an die Elementarlehre (Bau-Gegenstände) anbinden kann. Dazu ist aber erforderlich, daß der Vortrag in den Hülfskenntnissen nicht zum blosen Verdauungsprozeß sich gestaltet, sondern daß er mit einer stets auf die Elementarlehre gerichteten Aufmerksamkeit betrieben wird, was gleichzeitig wieder nur wohlthätig auf die abstracteren Wissenschaften selbst zurückwirken kann.

[28] (S. 122) Mehr oder weniger muß jedes Gebäude als gewissermaßen schwimmend auf dem Grunde angesehen werden. Veränderte Belastung verändert sein Gleichgewicht und darum stehen viele Gebäude älterer und neuerer Zeit schief, wie z. B. der Thurm von Pisa, denn daß der Architekt hier habe ein Kunstwerk zu Tage fördern wollen, ist doch wohl kaum glaublich und streitet zu sehr gegen das natürliche Gefühl.

[29] (S. 122). Die älteren Ingenieure, die gegen die ehemalige schwere Artillerie sehr starke Mauern zu bauen genöthigt waren, und selbst ihre Erdbauten mehr als wir consolidiren zu müssen glaubten, dachten gar nicht an den Erddruck, der ihnen auch bei ihren Verkleidungen von etlichen 20 Fuß Stärke incl. der Strebepfeiler, nicht eben sehr bemerklich werden konnte. Bei Belici (1598) z. B. findet sich nichts davon erwähnt, obwohl derselbe sonst am gründlichsten über Construction raisonnirt. Die schwächeren Mauern welche die alten Ingenieure bauten, waren solche Verkleidungen des natürlich abgeböschten Bodens gegen die Witterung. Theti empfiehlt diese Art zu verkleiden sehr.

[30] (S. 123). Ein im Jahre 1811 zu Torgau am oberen Anschluß gebauter Batardeau war im Jahre $18^{27}/_{28}$ bei solchem Wasser eingestürzt und Jedermann rechnete es der schlechten Mauerarbeit zu und warf die Schuld auf den Baumeister Loepel, der nicht mehr lebte, während die wahre Ursache doch nur in dem Schließen der Gräben nach statt gehabtem Steigen der Elbe zu suchen war. Dadurch waren die Fugen des Batardeau nach und nach ausgewaschen und das darin befindliche Bindemittel ganz entfernt worden.

[31] (S. 123). Die Erhaltung der Festungswerke an Strömen und an Küsten macht schon in ökonomischer Hinsicht richtige hydraulische Begriffe jedem Kriegs-Ingenieur unerläßlich. Ein ungeschicktes Benehmen in Zeiten der Wassersgefahr kann dem Staate unermeßliche Summen kosten und es ist nicht zu verkennen, daß dergleichen sich hier und da ereignet.

[32] (S. 124). „Napoléon", sagt Las Casas in seinen Memoiren, „se plaignait surtout de la faiblesse de la maçonnerie actuelle; le génie avait un vice radical sur cet objet; il lui avait couté des sommes immenses en pure perte" etc. Bei dem Drängen, welches Napoleon und die Zeit-Umstände, die er zum Theil allerdings herbeigeführt, so häufig in die damit unverträglichen Arbeiten brachte, werden sich auch wohl mancherlei Unglücksfälle entschuldigen lassen, wie auch später bei den niederländischen Festungsbauten. — Sarkastisch hat man wohl bemerkt, daß die Festigkeit eines Gebäudes sich umgekehrt verhalte wie die Gelehrsamkeit des Baumeisters, aber dabei nicht bedacht, daß der Baumeister Widerstände nicht berechnen kann, wie er wohl Anschläge zu berechnen vermag. Es käme also doch wohl mehr darauf an, daß er richtige Theorie, als daß er gar keine besitzt, mag ihm solche nun durch das Leben und Wirken oder durch den Unterricht zu Theil geworden sein.

[33] (S. 125). Das Charakteristische des Gewölbes hängt mit bestimmten Natur-Eigenschaften der Körper zusammen und darf nicht in dem blosen Begriff vom Hohlbau gesucht werden, der auch schon in Stein durch bloses Uebergreifen aufgeschichteter Massen von den alten Aegyptern und Griechen zur Ausführung gebracht wurde. Diese Natur-Eigenschaften sind theils allgemeine, theils den festen Körpern speciell eigene; dazu gehören aber vor Allem: die Schwere, die Undurchdringlichkeit und der Zusammenhang (Cohäsion) der Körper.

Wenn die Theorie der Gewölbe umfassend und zusammenhängend sein soll, so muß sie diesen Natur-Eigenschaften dergestalt nachgehen, daß die Betrachtung der mächtigeren Kraft-Aeußerung der der weniger mächtigen voranschreitet, die letztere sich aber als eine Gegenwirkung der früheren entwickelter offenbart. Dabei muß eine durch Anschauung gewonnene Bekanntschaft mit den verschiedenen Wölbungen, Gewölbe-Arten und Beziehungen ihrer Theile zueinander schon vorausgesetzt werden, weil die eigentliche Theorie d. h. mathematische Beurtheilung des gegenseitigen Verhaltens oben genannter Naturkräfte in den Gewölben, einen anderen Gang einschlagen muß, als die Unterweisung in der blosen Erkenntniß der Gewölbe. Der Mangel einer solchen umfassenden Theorie läßt sich leider genugsam wahrnehmen, wenn man genöthigt ist, Hülfe bei ihr zu suchen. Der Theorie dienen andere Abstractionen als der blosen Sachkenntniß, die mit einem dunklen Bewußtsein des Kraft-Verhältnisses ausreicht; sie muß also auch anders ausholen, sie muß Begriffe zerlegen, wo diese sammelt, und umgekehrt Zeigen wir daher die in ihr zu verfolgenden Richtungen näher hiermit an:

1) Dem verschiedentlich vertheilten, freiwirkenden Gewichte der Gewölbe-Masse in irgend beliebiger Schaalenform als gleichartige (homogene), gewichtige mathematische Fläche, in größter Allgemeinheit analytisch behandelt, wäre danach die erste Betrachtung gewidmet. Indem man dabei der Gesetzlichkeit der Schwerkraft von den Auflagern bis zu den Schwerpunkten in den einzelnen Schaalentheilen nachginge, müßten sich die Maxima und Minima der Kraft räumlich zeigen, also gewisse Eintheilungen der resp. Flächen erkennen lassen. Die längst beobachteten pointes de rupture und rainure beweisen dies praktisch und Boistard hat nach Sganzin Vorarbeiten zu dieser Erkenntniß geliefert. (S. Nr. 4 des Mém. de l'off. du génie.) Auch Lamé hat den Dom der Isaakskirche zu St. Petersburg so betrachtet.

2) Die nach solcher Gesetzlichkeit erkannte Schaalen-Eintheilung würde eine willkürliche vorbereiten; man würde Gewölbe-Systeme nach ihren Elementen (Zwischenfeldern) sammeln und zerlegen lernen, jenachdem man Schwerpunkte und Auflager änderte. Es giebt alte gothische Kirchengewölbe, wo sich diese Geschicklichkeit als allein aus geometrischen Combinationen und dem Gefühl hervorgegangen zeigt (s. Stieglitz's Geschichte der Baukunst).

3) Wie von selbst müßte man mit diesen Betrachtungen auf den Widerstand der Widerlager gerathen, die jetzt nicht allein als stehend (pieds droits), sondern auch wieder als schwebend und tragend (Gewölbe-Gurte), nicht allein im Pfeiler, sondern auch im belasteten Schlusse, was bei den englischen Gewölben oft vorkommt, gedacht werden müßten und deren gesetzliche Beurtheilung einer analogen Beurtheilung der Futtermauern zu folgen hätte; dabei müßte diese Beurtheilung freilich nicht allein dem statischen Moment, sondern auch dem Bruch und Schub gewidmet sein.

4) Man dürfte hierauf nicht länger bei den blos gewichtigen mathematischen Wölbeflächen verweilen, sondern müßte nun auch die mit der naturgemäßen körperlichen Wölbung verbundenen Modificationen in die Theorie aufnehmen. Die Maxima der Stärke, Spannung und Höhe des Gewölbes und der Widerlager würden durch diese gesetzliche Entwickelung vorläufige Stufen-Bestimmungen erhalten, sowie jetzt auch die Hintermauerung, Extradossirung x., insofern sie dem Gewicht und der Solidität dienen, zur Sprache gebracht werden müßten.

5) Die bereits erkannte, in gewissen Gewölbetheilen vorherrschende Kraft des Druckes auf die Schaalen leitet das Raisonnement auf den sich daselbst äußernden Widerstand der resp. Gewölbe-Massen und also auf das Minimum der Gewölbe-Durchschnittsfläche oder -Stärke bei Voraussetzung gleichartiger Structur und Beschaffenheit des Materials. Da man nur unter Veränderung dieser Annahme auf die Wölbungsleistung gebogenen Holzes, wie bei den Wibeking'schen Brücken, oder des Eisens eingehen könnte, so müßte man dergleichen Gewölbe von der Theorie ausschließen oder sich in solchen Fällen mit Differenzialen der Dichtigkeit x. befassen. Daß die Theorie überhaupt erst durch erprobte Erfahrungen über den sogenannten rückwirkenden Wider-

stand des Wölbe-Materials hier eine gewisse Sicherheit erhalten könnte, versteht sich von selbst.

6) So wie die in den Gewölbetheilen variirende Neigung, der Schwerkraft Folge zu leisten, sich nach den resp. Auflagern und Schwerpunkten hin gruppirt, entstehen in den Extrados und Intrados Zonen oder Linien, zwischen denen der Zusammenhang des Wölbe-Materials mehr als in anderen Regionen des Gewölbes in Anspruch genommen wird und genügenden Widerstand theils gegen das Zerreißen, theils gegen das Zerbrechen der Wölbe-Schaale bedingt, welchen die Theorie hier gesetzmäßig entwickeln und unter Vergleichung mit der sogenannten absoluten und relativen Festigkeit des Wölbe-Materials der Rechnung unterwürfig machen muß.

7) Erst in dieser Betrachtung liegt der richtige Weg zur Gesetzlichkeit der Fugen-Lage und des Fugen-Schnitts, der Wölbungs-Flächen und der Wölbungs-Arten, insofern sie die vorzüglichsten sein können, und zu der durch Reibung und Adhäsion der Bindemittel zu erlangenden Hülfe für den Zusammenhang, was alles bisher in der mehr empirischen Theorie der Gewölbe die ersten Schritte begleitet und die eigentliche Theorie selbst aus dem Gleichgewicht gebracht hatte.

8) Eine letzte Betrachtung müßte endlich der zwischen Wissen und Können inneliegenden Uebergangs- (Anwendungs-) Theorie gewidmet sein, die alle die Erscheinungen und Wahrheiten zu beleuchten hätte, die sich beim Aufführen der Gewölbe selbst erst zu erkennen geben; diese Betrachtung würde somit wieder rückwärts in die Beschaffenheit und Disposition der Gewölbe eingreifen und damit die Umgehung der Ausführungs-Schwierigkeiten erleichtern. Man könnte hierzu die Handtirung mit dem verschiedenen Wölbe-Material, den Unterbau mit seinen Rüstungen, die Abrüstung (Lüftung), Setzung, Belastung, Verbindung der Gewölbe und eine Menge Umstände rechnen, welche dem seinem Fache gewachsenen Handwerker oft geläufiger als dem Baumeister sind, die aber, wenn sie jener mehr nach dem Gefühl behandelt, von diesem nach einer vollständigen Einsicht verglichen und der gediegenen Theorie einverleibt werden müssen.

In Betreff der Stoßwirkung der Tonnengewölbe findet sich in Nr. 4 des Mém. de l'off. du génie (1820) eine Abhandlung von Audoy (Bataillonschef vom Genie), die sich durch Klarheit und Vollständigkeit auszeichnet. Ihr Grund beruht auf dem Coulomb'schen Gedanken der größten und kleinsten Untersuchung in Bezug auf die physischen Wirkungen der Wölbesteine, welche er den Theorie'n des Parent, Lahire, Couplet, Belidor, Euler, Bossût und anderen noch weniger haltbaren Hypothesen vorzieht. Lahire und Belidor hatten nämlich angenommen, daß Tonnengewölbe inmitten ihrer Flanken brechen und sich die Wirkung des oberen Theils wie ein Keil auf zwei geneigte Ebenen gegen die Widerlager schiebend äußere, wobei weder der Bruch im Schlusse, noch die Drehung auf den Bruchkanten zur Sprache kam. Couplet folgte Lahire in Hinsicht auf Bruch und Gleiten, geht aber auch auf eine Drehung der oberen Theile um vorausgesetzte unendlich harte Kanten ein. Bossut (s. den Schluß von dessen Mechanik) hat sich auf eine mehr theoretische Behandlung unter Voraussetzung polirter Fugen und sehr dünner Wölbesteine bei jeder Form des Intrados eingelassen und die beiden Fragen bearbeitet: 1) bei gegebenem Gesetz der auf die Wölbesteine wirkenden Kräfte die Form der Intrados, und 2) bei gegebener Form der Intrados die auf die Wölbesteine wirkenden Kräfte zu bestimmen. Für die Praxis hat derselbe indessen hiermit wenig geleistet, weil die Reibung nicht außer Acht bleiben darf und Manches, was die Theorie für möglich ausgiebt, praktisch nicht ausführbar ist. Prony (arch. hydr.) hat die Reibung nebst der Cohäsion in diese Theorie wieder mit aufgenommen, worauf indessen die Veranlassung, auf sehr unnatürliche Wölbungen zu kommen, immer nicht ausgeschlossen bliebe. Danisy setzte 1732 die Akademie zu Montpellier von seinen Versuchen mit Gewölbe-Modellen in Kenntniß, wodurch sich Lahire's Spaltungen erwiesen und Coulomb die Nothwendigkeit erkannte, noch neben seiner Gleitungstheorie den Drehungs-Widerstand zum Vorwurf der Theorie zu erheben, worauf auch noch neuerdings Boistard einging, der Danisy's Versuche im Großen wiederholte und gefunden haben will, daß alle Bewegung in den Gewölben selbst, nur durch Drehung um die Kanten der Bruchstücke und niemals durch Gleiten auf den Fugen entstehe, selbst wenn die Kraft von Innen nach Außen gerichtet angenommen würde, wo nur die entgegengesetzten Kanten in die Drehpunkte fallen.

[34] (S. 126). Der augenblickliche Effect der Bomben auf das Gewölbe verhält sich wie das Product des Bomben-Gewichts, der Endgeschwindigkeit und des Sinus des Einfallwinkels auf die Ebene, welche den Stoß erhält. Das Maximum entsteht bei größtmöglichster Endgeschwindigkeit und rechtem Einfallwinkel, wie z. B. bei horizontalen Extrados. Die französische Schule (Mém. sur la fortification perpendiculaire) will, daß man Gewölbe von 1 Metre Stärke, nach dem Niveau extradossirt, mindestens mit 1,6 bis 2 Metres Erde bedeckt. „Die abgesattelten Gewölbe," heißt es dabei, „sind diesem starken Stoße nicht ausgesetzt." Die sogenannten Vauban'schen Pulvermagazine haben dies bestätigt; doch sagt Vauban selbst davon: „Je ne suis pas d'avis cependant qu'on s'y fie trop," weshalb man auch häufig im Kriegsfalle noch 1 bis 1,3 Metres Erde auf ihre Absattelungen bringt. Der französische Ingenieur Durivau beobachtete ein solches Pulvermagazin in Pampeluna (1823), das nach Vauban'scher Manier gewölbt und dessen Extradossirung mit guten Füllmauern versehen, der Spitzhaue nur wenig nachgab. Die mehrfach darauf gefallenen Bomben hatten nur die Ziegelbedeckung abgeschlagen und einen Eindruck von 10 bis 14 Centimetres in die Absattelung von p. p. 38 Centimetres zurückgelassen. Das Gewölbe war mit der Absattelung im Schluß 1,4, in den Flanken aber nur ein Metre stark.

[35] (S. 127). Bei einer Erd-Erschütterung am 23. Februar 1828, die auch in Coblenz verspürt wurde, stürzten in der Gegend von Lüttich selbst mehrere Mauern ein.

[36] (S. 127). Durch die Eigenschaften des wasserdichten Mörtels am Rhein ließen wir uns z. B. verführen, die Absattelungen der Gewölbe mit Traß vorzunehmen, ohne dessen Wandelbarkeit bei abwechselnder Nässe und Trockenheit zu kennen. Ebenso erging es den Franzosen bei der Reparatur des Ziegel-Revetements von Lille mit dem cendre de Tournay; auch hier ergaben sich ähnliche Mängel. (Man s. darüber eine Abhandlung im Mém. de l'off. du génie, 1825, No. 7.)

[37] (S. 127). Auch die neuerdings entstandene Casernen-Benutzung der Werke im Frieden macht mancherlei Erhaltungs-Rücksichten nothwendig, deren Kenntniß dem Staats-Interesse ganz angemessen ist und, da diese Benutzung der Vertheidigung dient, auch militairisch wichtig erscheint.

[38] (S. 128). Hübsch (s. dessen Schrift: In welchem Styl sollen wir bauen? Carlsruhe 1828) geht auf den sogenannten Baustyl im Allgemeinen ein und beweis't, daß es eigentlich nur zwei Baustyle, den griechischen nämlich und den römischen, oder den Säulen- und den Bogenstyl gebe. Der erstere von beiden habe durch die von den Griechen gebrauchten Marmorbalken, der letztere dagegen durch die von den Römern benutzten Ziegelgewölbe seinen naturgemäßen Charakter erhalten, weshalb bei der platten Decke auch die dünnen Säulen enge aneinander, bei der Bogendecke aber die stärkeren Pfeiler weiter auseinander ständen und stehen müßten. Der ältere römische Styl mit den unnatürlich angeklebten Säulen ist ihm eine blose Nachäfferei des griechischen; der byzantinische oder Rundbogenstyl, sowie der alt-deutsche oder Spitzbogenstyl dagegen schon wieder eine Einseitigkeit ungeachtet der ansprechenden Originalität; sein Ideal für den neuesten Styl deutet auf den des zehnten und eilften Jahrhunderts; übrigens hält er jede Verzierung für eine Bekränzung, welche den Zweck und die Technostatik des Bauwerks nicht verstecken dürfe. — Wer sich übrigens ein Muster von unklarer Kunstweisheit und Phantasie der heutigen Architekten in Betreff der ästhetischen und historischen Seite ihres Faches verschaffen will, der lese in Crelle's Baujournal vom Jahre 1839 die Aufsätze, betitelt Ueberſicht der Geschichte der Baukunst, nach.

[39] (S. 128). Wagner sagt in seiner Philosophie der Erziehungskunst: „Durch die Totalität eines vollendeten Organismus entsteht dir das Schöne, durch Erzeugung eines einzelnen Gliedes für jene Totalität schaffst du das Gute und durch die Einsicht in die Nothwendigkeit des Zusammenhanges in solcher Totalität erkennst du das Wahre." — Vernon sagt: „Le caractère architectonique de la façade de la porte doit être la solidité et la force; les profils délicats et les ornements inutiles doivent en être bannis; ils occasionneraient une dépense mal placée et sans but raisonnable; deux simples pilastres latéraux chargés de trophées d'armes, une corniche d'une belle forme, enfin une devise analogue au sujet sont les seules constructions et ornements que l'ingénieur doive se permettre." Die älteren Ingenieure hatten hierin einen sehr richtigen Tact (s. Lorini 1597).

[40] (S. 128). Stieglitz' Geschichte der Baukunst (Nürnberg 1827) ent-

hält bei etwas zu viel Poesie sehr interessante Zusammenstellungen in Betreff der älteren Formen und deren Gesetzlichkeiten. So leitet er z. B. auf eine sehr sinnreiche Weise den chinesischen Baustyl aus dem Zeltbau der frühesten Nomaden ab rc.

[41] (S. 128). Göthe: „Mag man doch immer Fehler begehen, bauen darf man keinen."

[42] (S. 129). Ueber die Unzulänglichkeit der baulichen Wissenschaft äußert sich auch Crelle in der Vorrede zu seinem Journal für die Baukunst (1829). Er sagt: „Soviel auch für die schöne Architektur geschehen sein mag, so wenig ist wohl noch verhältnißmäßig in der neuesten Zeit für die technische und gemeinnützige Baukunst gethan worden. Sie wird fast nur auf dem Wege der Tradition erlernt und scheint noch weit entfernt von einer Ausbildung, die man wissenschaftlich nennen könnte. Es fehlt zwar nicht an Anwendungen anderer Wissenschaften auf dieselbe, wie z. B. der Mathematik; allein dieselben führen für sich allein nicht zur wissenschaftlichen Ausbildung. Zu dieser gehört die Ermittelung und Feststellung consequenter Regeln und eines bestimmten Systems, sowie die folgerichtige Anordnung der Theile desselben. Die gemeinnützige Baukunst ist zum Theil fast noch in demselben Zustande, wie vor wenigen Jahrzehnten die Arzneikunde war" rc. Desgl.: „Auch der Nicht-Architekt traut häufig seinem Urtheile mehr als der Kunst und er hat sogar öfters ein Recht dazu, weil der Kunst die feste wissenschaftliche Grundlage in manchem Betracht noch fehlt" rc. Mancher glaubt noch heute das Ziel durch ein mehreres Zusammentragen wissenschaftlichen Stoffs zu erreichen, was aber ohne einen vorher aufgestellten wissenschaftlichen Cadre schwerlich gelingen möchte. Die Ordnung der Begriffe ist das, was hauptsächlich noth thut und man kann bei ihr in Bezug auf die Materialien-Masse füglich den biblischen Spruch anwenden: „Wer hat, dem wird gegeben; wer aber nicht hat, dem wird auch das genommen, was er hat."

[43] (S. 129). Wenn man das Mangelhafte der französischen Kriegsbauschule kennen lernen will, darf man nur das Journal du génie civil nachlesen; beinahe in jedem Hefte finden sich Spuren davon. Im Jahre 1826 wollte man übrigens erst einen Lehrer der Physik und Chemie dabei anstellen.

[44] (S. 130). D. h. Anziehung mit Veränderung der Natur der Körper oder nach der jüngsten Theorie: Product elektrischer Anziehung ungleichartig elektrisirter Körper.

[45] (S. 130). Die in geklüftetem Gestein vorkommenden regelmäßigen Spaltungen unterscheidet man als solche, welche nach dem Striche des Gebirges, ferner als solche, die nach dessen Einfallwinkel schichten und endlich als solche, welche die großen Rhomboidal-Säulen-Massen wieder nach der Quere durchsetzen und, so wie die ersteren Spaltungsebenen, wieder ihre eigenen Einfallwinkel besitzen.

[46] (S. 130). Eine ähnliche Charakteristik giebt die deutsche Benennung „Klinkert" für einen sehr festen Sandstein (s. Nöggerat). — Ueberhaupt

können die Beobachtungen des gemeinen Mannes im Erkennen des Materials sehr nützlich werden; auch liegt häufig in seinen Abstractionen etwas Wahres, denn die Physik des Ungebildeten ist, wie Vico sagt, vulgaire Metaphysik.

[47] (S. 130). Ein neueres diesem Lehrgegenstande allein gewidmetes Compendium ist das von Accum (Physische und chemische Beschaffenheit der Bau-Materialien, Berlin 1826), worin mehrere, auch nicht blos technische, schätzbare Notizen aufzufinden sind, ohne indessen dem Bedürfnisse des Ingenieurs, wie wir dasselbe auffassen, zu entsprechen. Es ist hier das aus der Architektur d. h. den architektonischen Bedingungen selbst abzuleitende Bindemittel der Lehre ganz übersehen, ohne welchen Zusammenhang der Inhalt eines solchen Buches stets nur in natur-historischer Classification, darum aber auch für den Zweck mit Leeren und Auswüchsen versehen, erscheinen kann. In dem besprochenen Werk vermißt der Ingenieur vor Allem das ihm oft als Haupt-Material, aber ebenso oft auch als Bekleidungs- und Deckungs-Material dienende Baumittel, nämlich die Erde, die nach ihren Eigenschaften behandelt werden müßte. Von dem Strauch- und vegetabilen Material findet der Ingenieur in genanntem Buche auch nur wenig und fast noch weniger von der so wichtigen Structur aller übrigen Materialien, die z. B. Rondelet in seiner Bau-Theorie ganz anders heraushebt, indem er zugleich auf die wesentlichen Unterschiede aufmerksam macht, wie etwa auf das verhältnißmäßig in höherem Grade stattfindende Schwinden des starkfaserigen Holzes in der Breite als in der Länge 2c. Aber nicht blos Rondelet behandelt die Materialien richtiger als Accum; auch Sganzin thut es, wenn er vom Gußeisen sagt: „il cristallise par refroidissement en octaèdres implantés les uns sur les autres;“ desgl. Chaptal, wenn er meint: „In den Erzeugnissen des Gewächsreiches sind alle Bestandtheile in einem Zustand der Verbindung. So lange die Pflanze lebt, überwiegen die organischen Lebenskräfte und erhalten die äußeren, in den Zusammenhang eintretenden Elemente in richtigem Verhältniß. Ist dagegen die Pflanze abgestorben, so stehen ihre Theile nicht mehr unter der Herrschaft der Lebenskraft; die Einwirkung der Luft, des Wassers, der Wärme 2c. auf dieselbe hat keine Schranken mehr; der Sauerstoff bemächtigt sich ihres Kohlenstoffs und zerstört das Verhältniß unter den Bestandtheilen; das Wasser bringt die nämliche Wirkung hervor; die Wärme entfernt die Theile von einander und begünstigt so noch die Einwirkung der übrigen Kräfte 2c.“ Solche dem Bauwesen wichtige Betrachtungen sind übrigens nun schon seit längerer Zeit in die Physik hineingezogen worden und darum jetzt leichter aufzufassen als früher.

[48] (S. 130). Montaigne sagt von dieser Philosophie: „Elle vient de ce que nous avons l'esprit curieux et de mauvais yeux.“

[49] (S. 130). Die Expansions-Theorie des Pulvers lautete z. B. zu Ende des sechszehnten Jahrhunderts folgendermaaßen: „Werden die volumina, nämlich Erde, Wasser, Luft und Feuer in gleichen Gewichtstheilen zusammengestellt, so wird sich die Progression von 1 : 10 : 100 : 1000 darstellen oder

doch eine ähnliche. Da nun aber das Pulver auf einmal aus seinem erdigen Zustand in den feurigen übergeht, so muß die Schnelligkeit der Raum-Verwandlung eine Kraft erzeugen" ꝛc. — Der klassische Vitruv schwindelt in der Naturlehre der Aristoteliker. Auch die Sätze Belidor's in dieser Hinsicht sind nichts werth und wer weiß, wie lange sich unsere Theorie der Mörtel-Verhärtung über die der Nachfolger Belidor's (Vicat, John ꝛc.) hinaus erhalten wird, in Bezug auf welche Rondelet sagt: „Leur théorie est si générale qu'il est difficile d'en faire d'application à des cas particuliers" ꝛc. und: „les résultats qu'on en tire sont souvent plus éloignés de la vérité que les pratiques de ceux qui n'ont que l'expérience." — Wie schwer die Deutschen aus der Speculation zu einer gediegenen Anwendung gelangen können, geht schon aus der seltenen Gelegenheit zu großen Versuchen hervor, wozu anderwärts, wie z. B. in England, der Geldspeculationsgeist die Hand bietet. So lieferte ein gewisser Rawson dem Parkins allein 1½ Millionen Francs zu Versuchen mit seinen Hochdruckmaschinen.

[50] (S. 130). Belidor rühmt Vauban's Detailkenntniß und sagt dabei: „que les génies supéreurs n'appréhendent jamais a se dégrader." Daß man Detail-Kenntniß und Detail-Bekümmerniß nicht vermengen darf, versteht sich.

[51] (S. 131). Der Mensch soll die Natur für seine Zwecke gebrauchen lernen. Das Vermögen hierzu heißt in jedem einzelnen Falle: Technik, und deren wissenschaftliche Darstellung: Technologie. Die Natur kann nur gezwungen werden, wenn man ihre eigenen Kräfte gegen sie richtet. Die Wissenschaften, von denen die Technologie ausgeht, sind: Chemie, Physik und Mechanik unter Berücksichtigung der vorhandenen Naturkörper (Naturgeschichte). Wenn die Chemie den inneren Prozeß der Natur kennen lehrt, die Physik aber der Kräfte äußeres Spiel zeigt, so ist noch die Kraft zu offenbaren, wie sie von außen auf die Masse der Last wirkt. Zum Siege über letztere muß die Kraft selbst in die Masse eingehen und davon handelt die Mechanik und zwar in zwei Lehrtheilen Im ersten ist die Rede von der Massenwirkung der Massen (Dynamik und Hydrodynamik, Statik und Hydrostatik), im zweiten dagegen von der Gestaltung der bewegenden Kraft (Maschinenlehre).

[52] (S. 131). In dem russisch-türkischen Kriege des J. 1828 benutzte man z. B. das Schilfrohr mit großem Vortheil zur Anfertigung von Schanzkörben, Faschinen und Verkleidungen.

[53] (S. 131). Auch die geschichtlichen Züge dürfen nicht fehlen. So wäre z. B. beim Wallbau der ältere, noch von Belidor erwähnte, mit eingelegten Faschinen und Hölzern nicht zu vergessen. Derselbe war bereits in die früheste Technik aufgenommen worden und gab auch dem „Bollwerk" seinen Namen.

[54] (S. 132). Zum schnelleren Austrocknen des Bodens hat man sich bei den englischen Eisenbahnen verschiedentlich unserer Trockenröhren bedient (s. Dingler's polytechnisches Journal vom Jahre 1844).

[55] (S. 132). In der Nr. 7 des Mém. de l'officier du génie, (1825), findet sich eine Abhandlung über das Eindringen der Projectilen in den Boden, die manches Gute enthält. Dieselbe tadelt Bousmard's blos auf die

Perkussion, nicht aber auf den Widerstand gerichtete Theorie. Die Dichtigkeit der Bleikugeln wird in derselben zu 11,350, die der französischen eisernen Vollkugeln auf 7,166, die der englischen dagegen auf 7,435 und die der Hohlkugeln verschieden, im Mittel aber auf 4,80 angegeben. Die Initial-Geschwindigkeiten in verschieden langen Piecen sollen so ziemlich wie die fünften Wurzeln der resp. Seelenlängen wachsen; diejenigen der bleiernen Flintenkugeln, von denen 19 Stück auf ein Pfund gehen, wird bei gleicher Ladung zu 500 Metres angenommen. Fourcroy's (1768) Versuche über das Eindringen der kleineren Gewehrkugeln in allerhand Boden sind ebenfalls sehr umfassend. Nach ihm soll ein Fuß Sand oder kleine Kiesel bereits Schutz dagegen gewähren; auch soll nicht zu befürchten sein, daß die Kiesel umhergeworfen werden. Von weicher thoniger Erde, besonders in feuchtem Zustand, will er drei Fuß zum Schutz angewendet haben. Ist die erste und die zweite Bodenart gemischt, so sind ihm zwei Fuß ausreichend. Ein gewöhnlicher Sandsack kann nur schützen, sofern er mit ganz feinem Sande gefüllt wird; sonst sind mehrere Reihen Säcke erforderlich.

[56] (S. 133). Condorcet sagt sehr richtig: „Ce n'est pas à la profondeur des théories mais au contraire à leur imperfection qu'il faut attribuer l'inutilité ou les effets funestes de tant d'applications malheureuses. Dans tous les arts les vérités de la théorie sont nécessairement modifiées dans la pratique. Il existent des inexactitudes réellement inévitables, dont il faut chercher à rendre l'effet insensible sans se livrer au chimérique espoir à les prévenir. Un grand nombre de données relatives aux besoins, aux moyens, aux temps, à la dépense, nécessairement négligées dans la théorie doivent entrer dans le probléme relatif à une pratique immediate et réelle, mais enfin en y introduisant ces données avec une habilité qui est vraiment le génie de la pratique on peut à la fois et franchir les limites étroits ou les préjugés contre la théorie menaçant de réduire les arts, et prévenir les erreurs dans les-quelles un usage maladroit de la théorie pouvait entraîner." — Der bekannte gelehrte österreichische General Maillard hatte durch einen tief angelegten Calcül die Dimensionen eines Ziegel-Revetements festgestellt, das nach dieser Deduction vom Ingenieur-Departement angenommen ward. Das Revetement stürzte bald nach dem Aufbau wieder zusammen und Maillard bewies nunmehr wieder durch eine genauere Rechnung, daß es nicht hätte stehen bleiben können.

[57] (S. 133). Eine Lehre wie die Laplace'sche Wahrscheinlichkeits-Rechnung könnte dabei solcher Uebergangs-Theorie wohl zur wissenschaftlichen Grundlage dienen. Daß sich bei solcher Behandlung noch für gar manche Wahrheit der Weg in die reineren Wissenschaften würde auffinden lassen, leuchtet ein. Das Resultat, welches eine solche Uebergangs-Theorie in der Handlung zurückläßt, ist bereits ein Kunstproduct und in diesem Sinne nennt man die Theorie selbst eine Kunst, daher Staatskunst, Kriegskunst, Baukunst 2c. In den sogenannten schönen Künsten ist ein solches Produkt ein Werk und zwar ein praktisches oder ein bildliches oder ein architektonisches 2c. und die

Theorie solcher Kunstwerke konnte und mußte auch anfänglich (für das Genie nämlich) blose Gefühlssache sein, weil die wahren Regeln erst aus der Betrachtung der Kunstwerke, in denen Grund und Effect wechselseitig zur Anschauung gelangen, hervorgehen.

[58] (S. 134). Sie sind die rechtlichen Goldquellen der großen Entreprise und strafen die Sünden eines engherzigen Controllen-Regiments. Man lese in dieser Beziehung dasjenige nach, was Daru (sur les chemins de fer, 1843) über die Vortheile und Nachtheile der Verdingung im Ganzen und derjenigen im Einzelnen sagt.

[59] (S. 134). Aus Büchern lernt man in dieser Beziehung wenig, weil darin selten hiervon die Rede ist und das, was gesagt wird (wie z. B. in Mandar, pag. 96), sich auf bestehende, der Idee gewöhnlich bereits entwachsene Verfassungen bezieht.

[60] (S. 132). Beim Coblenzer Festungs-Neubau arbeitete man den Sommer 1822 so ziemlich mit der vollsten Kraft; damals waren über 3000 Arbeiter incl. 800 Maurer dabei beschäftigt. Die Ausgabe an Löhnen betrug durchschnittlich pro Woche 16000 Thaler.

[61] (S. 137). Organisation der Arbeit soll eigentlich heißen: Verhältniß der Arbeit zu dem darauf gewandten Capital. Die Organisation der Arbeit wurde 1848 von den Franzosen für etwas geheimnißvolles Neues ausgegeben und von den Deutschen auch dafür angesehen. Eigentlich war es nur ein Versprechen der Revolutionaire von gutem Lohn zu einem besseren Lebensgenuß, ohne dabei an die Sittlichkeit der Ausführung zu denken. Nachdem sich vermöge der immer vorschreitenden Cultur das Capital von der Arbeit, namentlich der Feldarbeit bei Entstehung der Gewerbe und des Handels, getrennt und gewissermaßen die Ehre der Arbeit selbst zurückgegeben war, mußte wohl an ihr Recht von Seiten des Staates gedacht werden und dieses ward auch im Staatswesen schon längst als ein Recht der Arbeit oder der Arbeiter den Arbeitgebern gegenüber mehr oder weniger geltend gemacht. Etwas ganz anderes aber ist das von Seiten der Arbeiter von dem Staat als ein Anrecht beanspruchte Recht auf Arbeit, worauf sich das Proletariat oder vielmehr seine Verführer im Jahre 1848 stützten, und welches schließlich auf Socialismus und Communismus hinausläuft. Die Forderung der Arbeit an die Staatsgewalt, mittelst der Verfassung ihr ein Recht über das Capital zu geben, welches gleichzeitig mit der Arbeit vorhanden und thätig ist, bleibt für den Verständigen eine Unmöglichkeit, für den Arbeiter selbst aber eine Gefahr gänzlicher Arbeits-Vernichtung.

[62] (S. 137). Wiebeking, dem man, Alles andere abgerechnet, eine langjährige Bau-Praxis in höheren Verhältnissen nicht absprechen kann, sagt bei Gelegenheit des schädlichen Entreprisewesens (Journal du génie civil, 1830), daß man nicht anders als unter der Regie und mit geschickten Ingenieuren bauen müsse; „mais l'administration générale, fügt er hinzu, ne doit pas écrasser les forces morales des ingénieurs par des devis minutieux, par des rapports innombrables, par la confection des projets que le gouvernement

ne peut et ne veut pas exécuter. L'ingénieur doit être surtout présent sur les chantiers de construction, sur les routes etc. et non pas la plus grande partie de sa vie dans son cabinet pour répondre à toutes demandes souvent inutiles de ses proposés etc., pour tenir des comptes courrans avec les divers entrepreneurs, pour constater les ouvrages exécutés et les dépenses faites, pour dresser des états réguliers" etc. etc. Man sieht daraus bei Weitem gediegenere Geschäfts-Erfahrung, als bei Regiebauten, welche selbst ohne Entreprisewesen die Ingenieure nicht besser zu beschäftigen wissen, zu erlangen ist.

[68] (S. 138). Der Geschäftsbetrieb erfordert ein ausgesprochenes Verhältniß der Coordination und Subordination der Theilhaber, dessen durch Unklarheit, Politik oder persönliche Schwäche oft genug herbeigeführte Vernachlässigung dem Geschäfte selbst durch Reibung, Mißmuth und Widerwillen schon in der Geburt unberechenbare Nachtheile bereitet. — Welche Nachtheile in dieser Beziehung die Immediat-Stellung subordinirter Behörden ohne Vertretung durch technisch unterrichtete Zwischen-Behörden hat, kann man aus mancher Festungsbaugeschichte erfahren, z. B. aus der von Colberg und anderen. Neuere Belege dazu liefern die vom deutschen Bundestage dirigirten Bauten in Mainz und Luxemburg, wobei doch wenigstens noch Soldaten, wenn auch keine Techniker mitzusprechen hatten. — Die Franzosen sind schon jetzt in ihren Administrationsformen so weit gekommen, daß, wenn sie ein Werk, besonders ein dringendes, zu Stande bringen wollen, sie aus den Administrationsformen heraustreten müssen. — Es giebt auch gar viele Geschäfts-Unarten, die man als solche kaum beachtet und nur als ersprießliche Formen kennt, die aber so mächtig werden können, daß sie die wohlthätigsten Geschäftsformen ersticken und also der Willkür freies Spiel bereiten, ohne daß es die in Formen befangenen Geschäftsmänner beim besten Wissen und Gewissen nur ahnen. Die Zeit neigt nicht etwa blos in einem einzelnen Staate, sondern fast in allen gewaltig zu ihnen hin. Beispiele davon sind:

1) das bis zum Unsinn getriebene Commissions- und Begutachtungs-Wesen, das in der Regel mit seinen unzähligen Rücksichten jeden Gedanken verflacht oder verfaselt;

2) die Litanei der Bericht-Erstattungen über bekannte Dinge, die entweder als Repetitionen ohne Sinn, oder als Phrasen ohne Boden abgestattet und ohne Interesse und Uebersicht aufgenommen werden, die am häufigsten aber nach der Akten-Beschränkung und der Eitelkeit eines Referenten verschnitten, Köpfe und Hände nutzlos beschäftigen, wie die vielen Nachfragen über rapportirte Gegenstände bezeugen;

3) das Controlliren in Gegenständen, die ganz außer dem Standpunkte der Controlleure und außer der Möglichkeit sinniger Vollziehung liegen, und welche darum in der bedungenen Theilnahme und Unterschrift den oberen Behörden nur Sand in die Augen streuen und den Blick von der wahren Verantwortlichkeit abziehen;

4) das fortwährende Herumschmieren mit Gegenständen, die weder das Geschäft fördern noch einen höheren reellen Zweck erfüllen, mit allem damit zusammenhängenden Registriren, Quittiren rc., was der Bureauofficiant allein verrichten könnte, was aber der Geschäftsmann ängstlich beobachten muß, weil er um so mehr dabei angegriffen wird, je weniger er auf Freisinnigkeit seiner Oberen im Geschäfte rechnen darf rc.

Ebenso wie es ein organischer und politischer Fehler im Geschäftsgange ist, die Bekümmerniß nicht über das Papier hinaus zu verfolgen, ebenso nachtheilig ist es in beiden Beziehungen, alles selbst machen zu wollen. Die Detail-Handtirung der obersten mit den untersten Instanzen (besonders die unmittelbare), giebt der ersteren ungleich mehr Blößen als der letzteren und benimmt ihr alle Autorität, indem sie bei Differenzen von Hause aus Partei nehmen muß. In jedem praktischen Geschäft ist es zur Reife des Urtheils unerläßlich, dasselbe eine Zeit lang nur in den Hauptumrissen eingeschränkt gehen zu lassen und sich zur endlichen Regulirung unbefangene und der Consequenz nicht widersprechende Bestimmungen vorzubehalten, was da unmöglich wird, wo die oberste Instanz von Hause aus durch sogenannte technische Referenten regiert und ihre Autorität in der öffentlichen Meinung engherzig verschleudert. Durch die Vormundschaft, in welcher wir heutigen Tages alle Geschäfte halten zu müssen glauben, haben sich zwar die sogenannten Leute von der Feder eine zur Hemmung des Geschäfts nach ihrem Gefallen hinreichende Nominal-Direction vorbehalten, sie haben aber dabei den wahren Impuls irgend einem anwesenden subalternen Techniker oder irgend einem im praktischen Geschäft unerfahrenen Referenten auf Treu und Glauben und ohne sich selbst kaum des gesunden Menschenverstandes zu bedienen, in die Hände gegeben, damit sie sich jedenfalls die Verantwortung vom Halse schaffen. Eine dergleichen blos aus Mangel an Klarheit und Geschäfts-Articulation weit verbreitetes Benehmen verdirbt den Techniker wie sein Werk. Es hebt alle Zucht und Ordnung auf, überschätzt technische Schwierigkeiten, benimmt jeden Recours an Verantwortung, weil sich der Dirigent hinter den Techniker, der Techniker hinter den Dirigenten versteckt, und vermengt die Kenntniß und den Takt des besseren Technikers mit dem des schlechteren dergestalt, daß der gute Kopf, auch wenn Noth an Mann geht, vom mittelmäßigen nicht mehr zu unterscheiden ist. Wie wichtig aber der Einfluß der Consequenz und der Charakterstärke des Technikers auf das Gelingen des Bauwerks, besonders da wo öffenlliche Gefahren im Hintergrunde liegen, ist, davon giebt die Beschreibung zweier Strom-Couplirungen bei Breitenburg durch den Obersten Christensen (Hamburg bei Perthes, 1827) einen Begriff.

[64] (S. 138). Im Märzheite des Jahres 1830 des journal du génie civil befindet sich der Brief eines alten ingénieur en chef des ponts et chaussées an seine jungen, in den Dienst eintretenden Cameraden, der unter anderen nützlichen Geschäftsführungsregeln auch folgende enthält: „Ne

cherches pas a rompre des lances pour votre défense contre l'ignorance et la mauvaise foi; elles seraient bientôt brisées et la victoire restera toujours à celui qui défend en apparence la fortune publique, quelle que soit l'absurdité de ses raisonnements."

[65] (S. 139). Auch der gemeine Arbeiter ist dabei zu Rathe zu ziehen. Belidor sagt von ihm: „Souvent ces gens là donnent plus de connaissance dans un quart d'heure qu'on ne pourrait en acquerir par de longues et pénibles recherches."

[66] (S. 140). In einem „Ueber Veranschlagungen und die Einleitung zu einem großen Festungsbau" betitelten Aufsatz Aster's sind die für das Rechnungswesen bei einem Festungsbau maaßgebenden Gesichtspunkte näher erörtert.

[67] (S. 140). Ueber die Nachtheile des reinen Entreprisegeschäfts siehe das journal du génie civil, 1828. — Man kann gegen die absolute Rücksicht auf den Mindestfordernden nicht eindringlicher warnen, als dies schon Vauban in dem Capitel sur les ouvrages précipités seiner Mém. thut.

[68] (S. 141). Nach der Versicherung des Generals Lamoricière in der französischen Kammer (1851) soll Kaiser Nicolaus demselben gesagt haben, daß ihn Modlin 25 Millionen Silberrubel gekostet habe.

[69] (S. 141). Wenn Cancrin in seinem Buche über Staatswirthschaft der Controle ihre Stelle aus der Erfahrung anweis't, so thut er den hochfahrenden Staats-Oekonomisten lange nicht genug. Diese sehen in ihrer Universitätsweisheit die ganze Staatskunst in der Controle; sie wollen aus den Ergebnissen der Staatsrechnungen auf die Richtungen der Verwaltung schließen und so von der Controle über die Erfolge ein letztes gediegenes staatswirthschaftliches Urtheil herleiten, welches dem Regenten hiernach so leicht gemacht werden soll, wie etwa dem Quartaner das ABC. Eine Probe solcher Schwindelei, in welcher freilich auch gegen den Kleinigkeitskram protestirt und darum neben der Hauptcontrole noch eine für jeden Verwaltungszweig oder für jede Provinz in Vorschlag gebracht wird, findet sich z. B. in Buchholz Monatsschrift vom Juli 1830. Dort heißt es: „Wenn die Staats-Controle in der jetzt betrachteten finanziellen Beziehung mehr erhaltend und berechnend, mehr leidend als handelnd wirkt; so kann sie dagegen in staatswirthschaftlicher Beziehung durchaus nur als positiv, als thätig einwirkend angesehen werden. Erhält dieselbe aus den Rechnungen, aus dem, was geschehen und wie es zu Stande gebracht ist, ein Bild von der vollzogenen Finanzwirthschaft (?), so giebt dies letztere die Tinten zu einem Bilde von der zu vollziehenden Staatswirthschaft (?) her. Wollte man in Zweifel ziehen, ob der Staats-Controle dieser höhere Beruf beiwohnen, ob eine Combination der Rechnungs-Prüfung mit der Prüfung der Folgen der Wirthschaftlichkeit in der Staats-Verwaltung für die Vor- und Rückschritte in den gesellschaftlichen Verrichtungen (?) mit der Natur der Dinge bestehen könne, so würde man den Begriff von einem solchen In-

stitute ungemein beschränken“ ꝛc. — d. h. also, man würde sie für das ansehen, was sie eigentlich ist.

⁷⁰ (S. 141). Die Terrain-Formation, welche Spuren physischer Erscheinungen in der Gegend zurückließ, auf welcher man bauen soll, giebt dem aufmerksamen Ingenieur zuweilen Winke, die vieles Geld ersparen lassen, indem sie ihn zu veränderten Conceptionen bestimmen So können z. B. die Spuren eines früheren Bergfalles es nicht rathsam erscheinen lassen, seinen Krater zu belasten ꝛc. Die nach dem Rhein gekehrten Abfälle von Fort Kaiser Alexander und vom Rollenkopf zu Coblenz zeigten dergleichen Spuren, ebenso können dies natürlich gebildete Terrassen an einem Bergabhange oder Verflachungen der Gehänge an hohen Flußufern, thun.

⁷¹ (S. 142). Oft genug drängen Zeit und Umstände dermaßen, daß nicht allen Vorbereitungen, wie sie als nöthig in Lehrbüchern aufgestellt werden, Genüge zu leisten ist, und daß man ihnen nicht Genüge leisten kann, ohne die größte Ungeschicklichkeit zu begehen. Man muß alsdann das Wesentliche allein mit der unerläßlichsten Pünktlichkeit betreiben. — Dufour verlangt zur Feststellung eines Fortificationsprojects die allergenauste Detail-Aufnahme und Höhen-Vermessung bis auf 1000 Toisen Entfernung von der supponirten Enceinte, ganz nach französischer Cabinetsmanier mit horizontalen Höhen-Tracen auf dem Terrain. In Coblenz fing man nach einem solchen französischen Plan an zu projectiren; man kam indessen dabei auf ganz unhaltbare Resultate, welche bei Absteckung der Normalhöhen ganz einfach durch Tracirung der Feuerlinien und auf Wallgangshöhe aufgestellte Leitern corrigirt werden mußten.

Mittelst Projection der Höhen-Schichten (Curven) des Terrains und einiger die geneigten Ebenen angehenden Grundsätze des Defilements, wozu besonders die échelle de pente gehört, sind die Boden-Massen für Terrain-Correctionen leicht zu veranschlagen. Dufour, welcher alle Mittel zur Höhen-Angabe der Reliefs und Profile im Cabinet bearbeitet, sagt am Ende doch, daß es kürzer sei, ein Project an Ort und Stelle auszuarbeiten, und empfiehlt dabei die Handtirung mit einem mit Fernröhren verbundenen Kreise, wobei die Anschauung eine Menge Constructionen unnöthig mache, und von den Profilen meint er: „Il convient de les vérifier sur le terrain avant de les adopter définitivement.“

Da wo es auf Herstellung vorhandener Gebäude ankommt, muß ein geordnetes Erkennen der vorhandenen Gebäulichkeiten vorausgehen. Es gehört dazu:

1) eine Beschreibung des Gebäudes nach:
seiner Idee und Geschichte,
seinem Umfang und Inhalt nebst Eintheilung,
seiner Lage und Umgebung;

2) eine Angabe des Zustandes unter den Rubriken selbstständiger Bautheile, als:

Hauptmauern,
Scheidemauern,
Schornsteine,
Verputz (äußerer und innerer),
Gebälk,
Dachgehölz,
Dachbedeckung,
Treppen (hölzerne u. steinerne),
Steinpflasterung,
Dielung,
Thore und Thüren,
Fenster,
Läden,
Traillen,
Feuerung für Stube, Küche 2c.
Abtritte,
Wasser-Abweisung und Abwässerung,
Wasser-Beschaffung und -Leitung,
2c. 2c. 2c.

} Neben der Zahl und den Dimensionen müßte noch im Ueberschlag eine Classification des Zustandes und der Herstellungskosten beobachtet werden.

[72] (S. 142). Es liegt in verfehlten Organisationen der Fluch des Geschäftes und zwar besonders deshalb, weil, indem man sich später an ungereimte Voraussetzungen zu halten genöthigt ist, man auch den Vernünftigen und Umsichtigen den Weg zur Reform mittelst Vorurtheil, Eigensinn und Egoismus unter allerlei rechtlichen Formen abschneiden kann —, denn aus Gemeinem ist der Mensch gemacht und die Gewohnheit nennt er seine Amme!

[73] (S. 142). Der im gewaltigen Reiche des Bureaukratismus allerdings sehr natürliche Glaube, daß die Geschäfts-Controle einzig und allein in der Geschäfts-Bekümmerniß von oben und nicht in der Uebersicht der Geschäfts-Erfolge zu suchen sei, und daß die zu solcher Bekümmerniß führenden Mittel also das erste Erforderniß der Geschäfts-Organisation abgeben, erklärt die in unserer Zeit sich so oft wiederholenden ohnmächtigen Versuche zur Verminderung der Schreiberei und des zugehörigen Personals, welche wie eine Schmarotzerpflanze an den Geschäften nagt und die zu ihrem Gedeihen so nöthigen Säfte der welken Form zuführt. Trotz aller Bemühung und mit dem besten Willen kann man es nie dahin bringen, diese außer Verhältniß Kraft, Zeit und Geld kostende Last los zu werden, wenn man sich nicht an eine umgekehrte Construction der Geschäfts-Organisation wagt, d. h. mit dem Geschäfte in der Sache selbst anfängt und mit der Controle als einer unerläßlich bindenden Form aufhört. Wer aber sollte solche Umkehrung der Ansichten bewirken? Unsere, in die Akten-Repositorien eingewachsenen sogenannten Geschäftsleute gewiß nicht; sie stellen sich nach dem alten Sprichworte dazu, wie der Esel zum Lauteschlagen. Die, wenn auch nicht dem Range, so doch dem Einflusse nach hinter die Bureaukraten gestellten, zur eigentlichen Hand-

lung berufenen Männer werden durch dergleichen leidige Geschäfts-Casuistik ohne Schonung und Vertretung, mit Formen und Verantwortlichkeiten gegen ihre ordentlichen und außerordentlichen Vorgesetzten (Revisions-Commissionen) erdrückt, und in einer imaginairen Persönlichkeit coordinirter und subordinirter Behörden verschwindet das namentlich dem Militair so unerläßliche einfache Subordinationsverhältniß des Einzelnen dergestalt, daß es nur noch von der Persönlichkeit des Individuums mühsam zu erhalten ist und ein neues Impediment der Geschäfte, die sogenannte Repräsentation zu Hülfe rufen muß, welche die Flachheit mittelst der Concilianz befördert, dem Staate Geld kostet und den Geist und Körper des Geschäftsmannes tödtet.

74 (S. 143). Ueberflüssige und falsch gestellte Instanzen hemmen nicht allein die Geschäfte, sie sind ihnen selbst nachtheilig, indem sie die einmal zugestandene Autorität über den Fortgang der Geschäfte erheben, und sich, um sie geltend zu machen, subalternen, unerfahrenen Schwindlern und störrigen Gehülfen lieber in die Arme werfen, als den erfahrenen Local-Vorgesetzten nachgeben, in denen sie vor Allem die Gegner ihrer Autorität bekämpfen zu müssen glauben. Nur in dem Geschäfte selbst lassen sich solche Mißbräuche mit ihren traurigen Folgen wahrnehmen, die um so häufiger erscheinen, je zusammengesetzter ein Regiment ist, dessen Organisation Intelligenz und Reinheit fehlt.

III.

Die Anwendung der fortificatorischen Werke als besonderer Lehr-Gegenstand. (Fortifications-Disposition).

Wie wir oben schon, bei Gelegenheit unserer Betrachtung über die Bau-Praktik, dargethan haben, ist es in jedem Erfahrungs-Wissen die Aufgabe eines vollständigen Unterrichts, dem Vortrage noch eine Art von Uebergangs-Theorie folgen zu lassen, welche sich allein mit den Grundlagen für die Anwendung des Wissens zu befassen hat und das letztere als die aus der Praxis erworbene Basis der Kunst abschließt. So müssen wir nun auch, nachdem die Fortifications-Werke sowohl hinsichtlich ihres Wesens wie hinsichtlich ihrer Herstellung (sub I u. II) durchgenommen worden, deren Anwendung näher treten und uns mit den betreffenden Erfordernissen der Lehre beschäftigen.

Diese Anwendung der fortificatorischen Werke ist in der Wirklichkeit ebenso, wie die aller anderen menschlichen Werke, verschiedentlich bedingt. Nach diesen Bedingnissen müssen die Gegenstände der Lehre geschieden und gegliedert werden. Es erscheint nämlich das fortificatorische Material sowohl in Verbindung:

mit dem natürlichen Terrain, auf welchem dasselbe angebracht werden soll, als auch:

mit den persönlichen und sächlichen Streitmitteln, die dasselbe beleben sollen, als auch endlich in einer höheren Potenz der Anwendung:

unmittelbar mit der Kriegführung selbst.

Diese drei Verbindungen, welche das fortificatorische Material eingeht, wollen wir nun des Näheren betrachten und unsere Gedanken über die Gliederung der Lehre an diese Betrachtung anknüpfen.

1. Das fortificatorische Material in Verbindung mit dem natürlichen Terrain (ordonnance d'ouvrages).

Eigentlich läßt sich Terrain-Verwandlung ohne Terrain-Beschaffenheit gar nicht denken und das Ideal einer zu fortificatorischer Handtirung sich unbedingt fügenden Horizontal-Ebene muß sich bei der nothwendigen Rücksicht auf die wirkliche Beschaffenheit der Erdoberfläche in der Lehre bald verlieren.[1] Daß man früherhin diese Abstraction zu tief in die fortificatorischen Combinationen einführte und die allgemein gültige Realität nur erst beiläufig als das Capitel von der irregulären Befestigung behandelte, war ein Fehler in der Methode[2], der mehr den Kathedermännern und Compendienschreibern, als den ächten Klassikern zur Last fällt. Selbst Cormontaigne's Buch, woraus viel Manierirtes gesogen worden, enthält vortreffliche Winke über die dem Terrain anzupassenden Verwandlungen, die im Großen der Natur stets unterworfen bleiben müssen, wenn keine fortificatorischen Mißgeburten zu Tage gefördert werden sollen, wie man sie leider hier und da wohl in der Wirklichkeit findet.

Die in dem militairisch-topographischen Typus aufgefaßte, bis zur eigentlichen Militair-Geographie fortgesetzte Terrain-Beobachtung, verbunden mit der klar erkannten Bestimmung der fortificatorischen Werke führt nothwendig auf die vorliegende Aufgabe. Letztere theilt sich nach der Ausdehnung der Terrain-Betrachtung in die Posten- und die Grenzbefestigung.

Der Schutz, der für das einzelne Werk aus natürlichen Terrain-Hindernissen hervorging, die Deckung, welche eine besondere Terrain-Beschaffenheit leistete und forderte[3], oder deren allgemeiner Einfluß auf Tracé und Profil, war schon im Vorigen berührt worden. Hier wäre nur noch, und zwar zunächst Behufs Betrachtung der Posten-Befestigung, jener Schutz sowie die erwähnte Deckung rc. auf zusammengesetzte fortificatorische Anordnungen auszudehnen. Mit wenigen Terrain-Normen und Localitäten für zusammenhängende Fortification wird man dahin gelangen, die solchem Terrain zugehörigen Fortifications-Eigenschaften zusammenzufassen und allgemeine Regeln darüber festzustellen, welche eine sichere und prompte Anwendung befördern und ebenso weit von gewagten Versuchen als von mühsamen Messungen und Rechnungen, wie sie z. B. die zu einem förmlichen Cabinetsstück ausgesponnene Obenheim'sche Defilementslehre fordert, abweisen. Man könnte sich also etwa hier genügen lassen mit der Betrachtung zusammenhängender Fortification:

auf dominirenden Höhen und Plateaux[4] unter solchen Höhen;

auf fortlaufenden Rändern (pentes) der Höhenzüge;

auf unterbrochenen Abhängen mit Bergzungen (mamelons)[5];

auf Wasserboden und am Wasser;

auf Kegeln (pics);

quer über Thäler (bassins) und Schluchten (ravins) weg.

Daß übrigens die nothgedrungene Anwendung einer difficilen Defilementslehre stets eine üble Lage des Werks bezeichnet, spricht schon Dufour aus und man sollte also womöglich immer lieber die Lage des Werks verändern, als zu solchen Palliativen seine Zuflucht nehmen.

Mehr ausgebildet als dieses in der Theorie erst ordnungsmäßig zu vereinigende Material ist die Complexion der geographisch-fortificatorischen Idee'n[6]. Ihre Nothwendigkeit in der Kriegführung und bei der Grenzen-Sicherstellung hatte sie in der That schon längst hervorgerufen, und als die Schriftstellerei über das Kriegswesen zunahm, gab Vauban's Befestigung der französischen Landesgrenzen unter Ludwig XIV, die uns Grimoard am besten kennen lehrt, hinreichenden Stoff zum Nachdenken, das indessen am Ende mehr eine Schablone als allgemeine Grundsätze solcher Anstalten geliefert hat. Maigrèt (traité de la sûreté des états par le moyen des forteresses, 1725) und hundert Jahre später Darçon haben diesen Gegenstand in's Allgemeine gezogen. Trotz der sonstigen Verdienstlichkeit beider Werke findet sich aber auch in ihnen manche Leere und manche nichtssagende, auf bloße Fortifications-Terminologie hinauslaufende Phrase, wodurch der Verwirrung nicht abgeholfen werden kann, die sich leider noch in den neuesten militärisch-politischen Discussionen zum wahren Schrecken der klaren Köpfe[7] zeigt und mit der Zeit nur durch einen gediegenen Unterricht zu beseitigen sein dürfte.

Eine sich in den Schranken allgemeiner, fast unabwendbarer Supposition haltende, mit der Politik und dem Kriegsmittel-Reichthum der Staaten nur in der Hauptsache, mit einer Militair-Geographie aber im Wesentlichen zusammenfallende Kenntniß der Armee-Tummelplätze, die größtentheils geschichtlich zu erkennen sind, kann allein richtige Orts-Angaben für Verschanzungen und Festungen im höheren Sinne (Waffenplätze) liefern.[8] Sie hängen ebenso wenig von der Detail-Entwicklung der Landesgrenze,[9] die dadurch gesichert werden soll, wie von idealen, über ganze Reiche greifenden Operations-Linien und -Basen, ebenso wenig von den Knotenpunkten der Land- und Wasser-Communicationen, wie von der für cultivirte Gegenden häufig ganz unhaltbaren Meinung wichtiger Terrain-Hindernisse allein und ausschließlich ab. Noch manche andere Rücksicht ist bei ihrer Bestimmung zu beachten, wie z. B. die auf das moralische Princip der Streitkräfte, welches letztere, insofern es auf National-Interesse, National-Charakter und National-Meinung beruht, durchaus nicht unerwogen bleiben darf.[10] — So wenig solche Betrachtungen zur Abstraction geeignet erscheinen, so werden doch gewisse Verhältnisse auch gewisse Classen dieser Fortifications-Anordnung vom Retranchement und tête de pont an bis zur Festung (Waffenplatz) hinauf bestimmen,[11] womit man sich im Unterricht zu begnügen hätte, weil die Abwägung für den individuellen Fall dem Lehrer nicht mehr, sondern dem Staats- und Kriegsmanne selbst angehört, der durch gediegenen früheren Unterricht vorbereitet als Künstler im höchsten Sinne des Wortes Hand an's Werk legt.[12] Der Lehrer kann hier nur noch durch gut gewählte Beispiele wirken, wozu ihm die erforderlichen Mittel von oben her nicht vorenthalten werden sollten.

Im Allgemeinen muß die Auswahl des Terrains und dessen fortificatorische Aptirung für einzelne Punkte sowohl wie für ganze Landstriche dem schon oft erwähnten höheren Kriegshandlungsmotiv der theilweisen Ueberwältigung vorzugsweise unterthan sein,[13] und zwar nicht allein im positiven Sinne, d. h. vortheilhaft einfließend auf das diesseitige Kriegs-Vorhaben, sondern auch im negativen, d. h. nachtheilig einwirkend auf das feindliche. Wenn in ersterer Beziehung natürliche Unzugänglichkeiten, einschließende und ausgedehnte gerade Defenslinien, die sich durch Einschwenken nach Verlust wieder herstellen, ferner: vorspringende, starke Spitzen und überhaupt vorbereitete starke Anhäufung der Streitkräfte ꝛc. die diesseitige Wirksamkeit concentrirt, so muß die feindliche, durch natürliche Hindernisse in den Communicationen und Zugängen, durch Zusammenschnüren und Ueberhöhen des Approchenbodens[14] ꝛc., mit einem Wort schon durch die ganze Anlage der Werke, geschwächt werden.

Das Feld, welches von der Anwendung hier betreten werden soll, ist für den einzelnen praktischen Fall wieder die Aufgabe vollendeten Wissens und des Genius; für den Unterricht aber schafft hier die abstracte Bearbeitung Gelegenheit, Einseitigkeiten abzuwehren und freiere Aussichten da zu eröffnen, wo das Selbststudium ohne Grundlage erst recht in Nebel einhüllen muß. Es wird sich hier zeigen lassen, wie das Gleichgewicht der Werke von einer über symmetrische Tracen weit erhabenen Grundlage ausgeht und daß eine solche auch bereits von den älteren Classikern verlangt und gefördert wurde. Ebenso aber, wie bei den Gleichgewichts-Maximen ältere Autoritäten den Faseleien neuerer entgegentreten, ebenso ist dies auch in Bezug auf die geraden Fortificationsfronten der Fall, deren Werth schon Cormontaigne nach Verdienst würdigt,[15] während seine mit der Manier allein sich befassenden Ausleger und Nachtreter neuerdings wieder diesen längst schon zum Anerkenntniß gelangten Werth in's Kleinliche heruntergezogen haben.

Soll sich die Lehre wohlthätig und nützlich erweisen, so muß sie niemals verabsäumen, dem Schematismus entgegen zu arbeiten, da sich in diesem die befangene, zum Ordnen geneigte jugendliche Speculation so leicht verliert und die besten Kräfte dadurch ganz nutzlos geopfert werden.

2. Das fortificatorische Material in Verbindung mit den persönlichen und sächlichen Streitmitteln.

Obgleich die Fortification schon ihrem ursprünglichen Begriffe nach in beständiger Beziehung auf Kriegsmittel und Kriegführung steht und ihre Elemente vorzugsweise hierauf zurückgeführt werden müssen, so verlangt ihre Massen-Anwendung der Feststellung daraus folgender Maximen halber doch eine eigene Beleuchtung dieses zusammengesetzten Wirkens. Nur zu oft stößt man hier im Urtheil wie in der That auf unbegreifliche Einseitigkeiten,[16] Chimären und Unstatthaftigkeiten, die allein in der vernachlässigten Erörterung, in der Zerstreuung und Vermengung dieses Lehrgegenstandes mit der rein fortificatorischen Grundlage, ihre natürliche Ursache haben und darum auf die Fortification selbst sowohl, wie auch auf deren Kriegsgebrauch nachtheilig zurückfallen. Die Begebenheiten erlauben häufig ebenso wenig eine unbedingte Spendung aller Kriegsmittel, auf die der Ingenieur bei seinen dem Gebrauch entweder schon lange vorausgegangenen idealen Fortifications-Conceptionen rechnet, als sie den factischen Ansprüchen des an das volte fare seiner Truppe gewöhnten Generals auf der Stelle fortificatorisch genug thun. Zwischen beider Meinung wird daher die Anwendung gewöhnlich Differenzen herbeiführen, welche die Lehre voraussah, indem sie hier mit einer Spaltung der Disciplin eintritt und dem, was sich widerstrebt, auf halbem Wege entgegengeht. Ich meine die längst bestandene Theilung der Fortification in die bleibende oder permanente (auch reale) und vorübergehende oder passagere (auch Feldfortification), die ich lieber als Orts- und Stellungs-Fortification unterscheiden möchte, weil in der ersteren die Behauptung eines Orts, in der letzteren die Verstärkung einer Truppenstellung den Hauptgegenstand der Befestigungskunst ausmacht,[17] welcher Gegenstand von untergeordneten fortificatorischen Zwecken und Mitteln nur unterstützt wird. So hindert z. B. die Eintheilung nach Bauart und Zeit der Herstellung, die so häufig als Eintheilungsgründe angesehen werden, durchaus eine wesentliche Gliederung der Lehre.[18]

Da es uns hier nur darauf ankommt, die Principien beider Fortifications-Anwendungen gehörig zu unterscheiden, um einer systematischen Entwicklung des Lehrgegenstandes unverrückt nachgehen zu können, so wird die Aufstellung folgender Gegensätze genügen.

Die Feldbefestigung beruh't in ihrer Anordnung auf den Maximen der Positionslehre oder der alten Castrametation. Sie dient der Position mit der Frontal-Entwickelung auf einem schmalen Terrainstrich, welcher auch von isolirten von einander getrennten Werken besetzt sein kann und der eine taktische Flügel-Anlehnung verlangt, aber keine eigentliche fortificatorische Sicherung des Rückens. Relief und Profil ist nur von geringer Wichtigkeit und Stärke. Die Bau-Materialien werden ohne sorgfältige Auswahl nach nothdürftiger Brauchbarkeit für den Augenblick bestimmt und die vorhandenen Terrain-Gegenstände nach Möglichkeit in das fortificatorische Interesse gezogen. In der Armee und ihrem Zubehör liegen die hauptsächlichsten personellen und materiellen Bau- und Bewaffnungsmittel, die aus der vom Feinde unbesetzten Nachbarschaft auch wohl noch verstärkt und ergänzt werden können und die keine eigene Verwahrung im Bereich der Stellung erfordern. Den feindlichen Angriff hat sie dagegen auch nur mit solchen, den beweglichen Armee'n zuständigen Streitmitteln zu erwarten. Ihre Theile müssen eine mehr gleichmäßige Stärke gegen den gewaltsamen Angriff zeigen, während die reale Fortification mehr Verschiedenheit in der Stärke ihrer Theile gegen den förmlichen Angriff zuläßt.

Die Real-Fortification schließt mit ihrer nach allen Richtungen gekehrten Trace einen gegebenen Flächenraum vollkommen ein und findet Flanken-Anlehnungen und Rücken-Deckungen (parapets tournants) in ihren eigenen Theilen. Durch Umstände von der Armee getrennt, muß ihre Disposition einen selbstständigen Kriegsschauplatz vorbereiten, aber die Gelegenheit offen lassen, nach außen zu wirken, oder einer Hülfe von außen die Hand zu bieten. Der größtentheils bald aufgehobene Zusammenhang eines Platzes mit dem Lande verlangt Schonung, Anhäufung und gesicherte Verwahrung der thierischen und materiellen Streit- und Ernährungsmittel im Innern; die

Verringerung dieser Mittel verlangt aber wieder ein Minimum der Besatzung und darum erhöhete und vervielfältigte Kriegs-Gelegenheit, Concentrirung der Vertheidigung, Feuerlinien über und hintereinander, dazu aptirte Reliefs und starke Profile, überhaupt den ganzen Aufwand der Befestigungskunst. Gegentheils erlauben der mit der Anlage eines Platzes verbundene Zeit- und Kosten-Aufwand auch im Baue die größte Sorgfalt und die genaueste Auswahl der geeignetsten Materialien stattfinden zu lassen. Ein mit der Belagerung längere Zeit beschäftigter Feind hat Gelegenheit, die stärksten Zerstörungsmittel in Anwendung zu bringen, gegen welche der Platz widerstandsfähig sein muß, sowie alle seine Vertheidigungs-Anstalten auch allen möglichen Chancen entgegenkommen müssen.

Bei der methodischen Behandlung dieser und vielleicht noch anderer wesentlicher Unterscheidungen muß man sich, wie überhaupt in dem Unterricht, davor hüten, dem Schüler statt einer schrittweise vorschreitenden wissenschaftlichen Erweiterung seiner Kenntnisse einzelne erweiterte Aussichten zu eröffnen, die ihn zwar auf einen Augenblick größere Verhältnisse erkennen, die ihn aber ebenso schnell wieder in Verstandes-Finsterniß und Dunkelheit zurückfallen lassen. Das, was in den älteren, auf einzelne Ingenieur-Branchen bezogenen Compendien unter der Benennung von fortification passagère et permanente vorkommt, ist in dem hier gemeinten vollständigen Ingenieur-Unterricht größtentheils bereits abgethan; die Grund-Idee, der Zweck und die Form der Werke war nämlich schon im I., das Material und seine Bau-Verwendung im II. und die dem Terrain angehörige Disposition im ersten Capitel des III. Theiles behandelt worden; die vorliegende Betrachtung braucht daher nur auf diejenigen Maximen zurückgeleitet zu werden, welche der Befestigung und Besatzung zugleich angehören, ohne sich bis zum Angriff und der Vertheidigung als dem Gegenstande des nächstfolgenden Capitels selbst zu erstrecken.

Geht man in die Unterscheidungs-Merkmale der genannten Fortifications-Zweige näher ein, so stößt man bei der Feldbefestigung auf:

Mischung und gegenseitige Unterstützung der Truppen und Werke (hier Verschanzungen) und findet diesen

Gegenstand durch lange Erfahrung und Theorie schon beleuchtet. Noch neuerlich hat sich Rogniat im 9. Capitel seiner Considérations sur l'art de la guerre darüber, wenn auch nicht ganz nüchtern und unbefangen, ausgesprochen und die in der That und in der Einbildung bestandenen Grenz-Mauern und Linien (lignes de batailles, de camps, de siéges, wozu auch die Contravallationen gehören) bis zum Vedetten-Versteck herunter liefern hier einen vollständigen Unterrichtsstoff, wobei die Systeme einzelner geschlossener Werke oder Schanzen mit der Besetzung ihrer Feuerlinien und Bestimmung der inneren Räumlichkeit, die Communications-Einrichtung 2c., sehr bestimmte Ansprüche auf fortificatorische Regeln machen.

Bei der Realbefestigung besteht ein auf ähnliche Weise längst durchgearbeitetes, für die sich von der bloßen Manier immer mehr befreiende neuere Fortification aber noch höchst mangelhaftes Capitel: über die Annahme der Besatzungsstärke[19] für die verschiedenen Plätze. Ohne Zweifel thun hier noch richtige Grundsätze noth, was schon lange von Vauban gefühlt, mit dem französischen Vertheidigungs-Schematismus aber wieder außer Acht gelassen wurde.[20] Eine ähnliche Revision ist zur Feststellung der Artillerie-Bedürfnisse und -Bedienungsmannschaften nöthig, besonders bei casemattirtem Unterkommen und erleichterter Communication für die materiellen Artillerie-Gegenstände.

In der dem Ingenieur zum größten Theil anheimfallenden Sorge für wohlverwahrtes Unterkommen aller Bedürfnisse, liegt für ihn die unmittelbare Anforderung, sich mit dem Verhältniß des Unterkommens zur Besatzung genau bekannt zu machen, wenn ihm auch sonst weiter kein Einfluß auf solchen, der Vertheidigung so wichtigen Gegenstand gestattet wäre. Durch eine unwissenschaftliche Classificirung der Plätze nach der Zahl der Polygone und deren Maaßen hatte man in der manierirten Fortification gewisse Haltepunkte für das Verhältniß der Vertheidigungs-Bedürfnisse und -Weisen erfinden zu können vermeint, die der heutigen Fortification erst gar nicht mehr genügen. Man wird wohl thun, die bereits ziemlich entwickelte Anwendung der Plätze zum Eintheilungsgrunde anzunehmen, wie z. B. Waffen-, Hafen-, Etappenplätze,[21]

Sperrpunkte, Citadellen und einzelne Posten, wie Küsten-Redouten, Warten, Martellothürme ꝛc. Dabei wird man Gelegenheit haben, neben ihrem Ausrüstungs-Unterschiede noch andere charakteristische Unterscheidungen, wie z. B. für den Waffenplatz den Einfluß des Platzes auf die äußere Kriegführung, für den Etappenplatz den Vortheil der nassen Gräben ꝛc. bemerklich zu machen und damit schiefe Neben-Idee'n, die eine nothwendige und häufige Folge ungenügender Eintheilungen bleiben, von Hause aus abzuweisen.

In unumgänglicher Beziehung zu dem Personal, welches die fortificatorischen Anlagen belebt, stehen die Seelen-Eigenschaften und diejenigen Regungen des Soldaten, welche der Franzose „le moral" nennt.[23] Es ist mehr Sache der Kunst als des Wissens, mehr Resultat der Kenntniß und der Erfahrung, als Vorwurf der Lehre, allgemeine Vorschriften zum Abwiegen geistiger Menschen-Kräfte bei unterschiedenen Kriegs-Vorfällen anzugeben, und den jedesmaligen Anstoß zu ergründen, der dem Willen der Masse eine gedeihliche Richtung giebt. Auch arten Versuche dazu oft in Theatercoups und Phrasen, wie sie uns Rogniat und Dufour geliefert haben, aus, die höchstens einige Spuren der Erinnerung aber nichts für die Nutzanwendung hinter sich lassen. Demungeachtet sind die dahin einschlagenden Rücksichten und folglich diese Betrachtungen selbst, für eine prämeditirte Einrichtung der Schlachtfelder d. h. für unsre heutige Fortification im eigentlichen und höhern Sinn ganz unerläßlich.[24]

Wenn jedoch eine vollkommene theoretische Entwickelung dieses Gegenstandes zum wahren Nutzen und Frommen der Kriegshandtirung noch lange zu den Wünschen zu rechnen sein dürfte, weil hier nur ein unparteiischer Praktiker mit philosophischem Geist, eminentem Talent und fast unsäglicher Belesenheit auftreten kann, so fordert die Abstraction derjenigen Maximen, welche auf Befestigungs-Anlagen unmittelbar einfließen, bei Weitem weniger Umfang. Dieselben werden sich um so eher ergeben, als eine Ordnung der fortificatorischen Grundbegriffe nach den bereits öfter aufgeführten Kriegshandlungs-Motiven eine Eintheilung dieser Betrachtungen, welchen schon Darçon in dem Capitel: sur les effets de l'opinion en fortification auf seine Weise nachging, vorbereitet.

Dergleichen Andeutungen, wie zur Erläuterung hier einige gemacht werden sollen, sind um so wichtiger, als sie auf manche Idee der heutigen Fortifications-Anlagen Einfluß äußerten, und dieser häufig noch ungeahnte Einfluß dem Ingenieur nicht entgehen sollte: 1) Gelehrt ausgedachte, auf complizirte Vertheidigungs-Manoeuvres gerichtete Tracen und schwache Profile sind dem Naturalisten, dem doch am Ende die Disposition zum Widerstand überlassen bleiben wird, ein großer Anstoß. Das, was mit jedem Werke zu machen ist, muß sich durch dessen Total-Eindruck auch dem ungelehrten Soldaten alsbald klar darlegen. 2) Vorgeschobene schwache, dem Ueberrennen und der Vernichtung leicht preisgegebene kleine Werke können als zureichende Beweise der ersten feindlichen Erfolge, die Meinung von der Unzulänglichkeit aller fortificatorischen Anstalten sehr befördern. 3) Wenn der Vertheidiger nur hinter Wall und Graben streitet, so wird die sich als Muth zeigende Lebens-Verachtung des Soldaten so ziemlich von Rechtswegen zur Seltenheit. In der Masse ist mancher brav, der einzeln nicht viel werth ist. 4) Die Gewißheit eines gesicherten Rückzuges erhält das kalte Blut und dient zum Verlaß. 5) Nahrung, Schlaf, Schutz vor angreifender Witterung giebt den Lebensgeistern die nöthige Spannung, die der Muthige wie der Furchtsame in bedenklichen Augenblicken so sehr braucht ꝛc.

3. Der Gefechts-Gebrauch der fortificatorischen Werke beim Angriff und der Vertheidigung.

Eine ausgedachte Befestigungs-Anlage kann ausgeführt, mit Streitmitteln versehen werden und so ihren Einfluß auf die Kriegführung mittelbar äußern oder ihr sogar einen günstigen Ausschlag geben, ohne ihre letzte Bestimmung im Gefecht selbst zu erfüllen. Nur wenn letzteres der Fall ist, tritt sie in die höhere Potenz ihrer Anwendung, für welche die vorhin betrachtete Praxis eine blose Vorbereitung abgiebt. Gaben die oft erwähnten Kriegshandlungsmotive schon der Betrachtung jener Vorbereitung die Richtung, so werden sie in der nun vorliegenden Theorie noch einflußreicher. Sie erscheinen dem einander entgegengesetzten Verhältniß der Streitenden gemäß, unter den beiden Hauptgesichtspunkten des **Angriffs** und der **Vertheidigung** und nehmen jeder Zeit, wenigstens unter einem derselben, die Terrain-Verwandlung in Anspruch, welche in dieser Disciplin mit der Terrain-Benutzung selbst zusammenfällt. Die **Ueberraschungs- und Ueberwältigungs-Maaßnahmen liegen dem Angriff, die Sicherheits-Maaßnahmen aber der Vertheidigung** näher, wenngleich die einen und die anderen, im Angriff wie in der Vertheidigung, vorkommen,[24] worauf **Carnot** auch unter den seit Erscheinen seines Buches modischen, kurzen, aber nichts weniger als correcten Ausdrücken der Offensiv-Defension und der retours offensifs hindeuten wollte.

Die der Terrain-Verwandlung zwar nicht unmittelbar zugehörige, wohl aber jedes Gefecht und also auch das hier behandelte, vorbereitende Maaßregel ist: das **Erkennen des Feindes**;[25] dasselbe will sowohl auf dessen Stärke als auf seine Stellung gerichtet sein, und geht in letzterer Hinsicht als spezielles Geschäft des Ingenieurs, insbesondere auf die **Beschaffenheit der feindlichen Werke**. Je tiefer der Ingenieur in die reellen Kenntnisse seines Faches eingedrungen sein wird, desto mehr Material wird sich ihm darbieten, um richtig aus einzelnen Theilen und Erscheinungen auf andere und auch auf das Ganze zu schließen. Bisweilen wird ein Blick hinreichen, ihm auch ungesehene Gegenstände zu zeigen.[26] Giebt es einen triftigen Grund zu dem im Unterricht mit ungemessener Breite fortbestehenden Manieren-Studium, so wäre dessen Rechtfertigung hier zu suchen. Derselbe Grund weis't aber auch darauf hin, daß dieses Studium recht füglich auf die wenigen wirklich zur Anwendung gebrachten und nicht in der Idee allein bestandenen Manieren beschränkt werden könnte. Es muß dabei aber immer das von **Napoleon** zum feindlichen Erkennen als durchaus nothwendig hingestellte Erforderniß, nämlich: „que l'esprit devrait ressembler pour la propreté et pour la clareté au verre d'un télescope et ne jamais se faire des tableaux", als Hauptsache im Auge behalten werden. Die Unmäßigkeit im Genuß höherer Kenntnisse, wozu wir

Erkennen des Feindes.

unsere militairische Jugend jetzt gleichsam auffordern, ist der Einbildung und dem Fingiren solcher Tableaux nur zu günstig und der Mangel einer gediegenen Richtung zum Erkennen des Feindes im Allgemeinen wird sich im Ernstfalle nur zu zeitig erweisen.[27] Es thut Noth, sich hier nach Hülfsmitteln umzusehen und ich glaube sie in einigen einfachen Sätzen der Perspective wahrzunehmen, deren Bekanntschaft neben dem dazu aptirten Chartengebrauch ein richtiges Sehen begründet, welches namentlich durch die richtige Auffassung der Gestalt der dem Ingenieur vorliegenden Erkennungs-Gegenstände begünstigt wird. Sind einmal deren Dimensionen festgestellt, so findet ein gut ausgebildetes Urtheil über die allgemeine Beschaffenheit dieser Gegenstände leicht die Gelegenheit zur Ausfüllung des Rahmens und somit wie der Analyst das Unbekannte aus den bekannten Daten. Im Unterricht ist auf diese Fertigkeit um so mehr Gewicht zu legen, als die von lange her vorbereiteten Recognoscirungen selten im Augenblick des Bedürfnisses zur Stelle und häufig mit so viel fremdartigen Nachrichten und Betrachtungen vermengt sind, daß die ohne nachträgliche Berichtigung nicht einmal als zutreffend anzunehmenden Notizen kaum herauszufinden sind. Der mit dem Gebrauch **permanenter** Befestigungs-Anlagen gewöhnlich verbundene Zeit-Anstand begründet hierin eine Ausnahme und giebt deshalb ihrer Geheimhaltung vor dem Feinde allerdings Werth. Demungeachtet darf man diese Geheimhaltung von der andern Seite für kein sehr wirksames **Ueberraschungs**mittel halten,[28] weil die Verbreitung der militairischen Kenntnisse und die zunehmende wissenschaftliche Verbindung aller Länder, dieselbe täglich schwieriger macht.

Festungs- Kriegs- und Gefechts-Disposition.

Sobald das feindliche Erkennen zu folgerechten Kriegshandlungen den Grund legen soll, muß Letzteren außer dem Ueberschlage, der Vergleichung der Mittel und der Angabe des letzten Zwecks, noch die **Wege-Andeutung** (Disposition) zur schrittweisen Verfolgung untergeordneter Zwecke vorausgehen, der letzte Zweck mag nun auf Eroberung oder Erhaltung der Werke hinauslaufen.[29] Unbezweifelt ist diese Dispositions-Angabe, welche die Stelle des Operationsplans im Großen einnimmt, das Geschäft des Militair-Commandanten.[30] Ein dieselbe aber recht eigentlich erst bestimmender Theil fällt dem Ingenieur zu, welchem die Beurtheilung der technischen Handtirung und ihrer Mittel vorzugsweise zugemuthet wird.[31] Wenn man nun schon in der Regel hier ältere, durch Erfahrung und kritisches Studium gereifte Offiziere der Waffe zu Rathe ziehen wird, so muß es doch im Interesse einer späteren Nachlese und Vervollkommnung der Begriffe sein, der Betrachtung hier einzelne auch dem Können (der Kunst) wohlthätige Sammelpunkte anzuweisen.

Der Angreifende muß sich deutlich bewußt werden, auf welche Weise er den Besitz der Werke zu erlangen denkt,[32] während der Vertheidiger, auf Alles gefaßt, des ersteren einmal erklärte Absicht zu seiner Richtschnur nimmt. Die eigenen und feindlichen Streitkräfte, die auf Vorbereitung und Ausführung zu verwendende Zeit, die erforderlichen materiellen Mittel und Arbeiten bestimmen, nächst der Lage und Beschaffenheit der Werke, diesen Entschluß, der zwar durch unvorhergesehene Umstände abgeändert werden kann, der aber um so mehr festgehalten sein will, je langsamer seine Ausführung nur vorzuschreiten im Stande ist und je mehr vergebliche Anstrengungen ein Wechsel derselben erzeugen würde.

Offene Gewalt (vive force oder brüsker Angriff), Ueberrumpelung (surprise, coup de main), förmliche Belagerung (siége), Aushungerung und Bombardement, classificiren die Eroberungsweisen einzelner Werke, sowie ganzer Verschanzungen und Plätze, und jede der genannten Arten unterliegt eigenen Maaßnahmen für den Angriff und die Vertheidigung.

Mit seltenen Ausnahmen wird die offene Gewalt (d'emblée) gegen schwächere Werke,[33] Verschanzungen und gegen Belagerungsarbeiten als Ausfall versucht werden. Voranstalt und Benehmen dabei stehen dem für's Gefecht im freien Felde vorgeschriebenen, eigentlich der Manoeuvrirkunst angehörigen, am nächsten. Die ersten Schritte werden am häufigsten durch Ueberraschung eingeleitet werden, die aber hier nicht lange aushalten kann und darum einen Nachdruck hinter sich haben muß und auch als Initiative die Sicherheit nicht beeinträchtigen darf.

Die Ueberrumpelung (surprise) setzt Mangelhaftigkeit der Werke oder Nachlässigkeit in ihrer Bewachung voraus.[34] So-lange es hierfür keine Anzeichen giebt, kann sie zur Tollkühnheit ausarten. Ihre Basis ist die Ueberraschung, ihr unfehlbares Gegenmittel ist Dienstordnung und Wachsamkeit. Aeltere und neuere Erfahrungen (Bergen op zoom im Jahre 1814) zeugen von ebenso viel gelungenen als mißlungenen Unternehmungen der Art, bei denen ebenfalls die Ueberraschung der endlichen Ueberwältigung nur die Bahn zu brechen hat. Es galt früher als eine Ingenieur-Politik, zu den beiden vorstehenden Festungs-Eroberungs-Arten nicht zu rathen.

Die förmliche Belagerung[35] (attaque et défense im engeren Sinne), eigentlich das Vorgehen mittelst Terrain-Verwandlung gegen militairisch verwandeltes Terrain, nimmt die Sicherheit ununterbrochen für die theilweise Ueberwältigung in Anspruch und bedient sich zur letzteren vorzugsweise der Artillerie,[36] gestattet hingegen Ueberraschungen nur für einzelne Acte. Auf ihrem Felde pflückt der Ingenieur die Frucht lebenslänglicher Bemühung und hier schafft er sich seinen Namen. Auch ist es ein so bearbeitetes Feld, daß sich Material zum vollständigsten Unterricht von der Berennung bis zum Bresche-Abschnitt eines Kriegsplatzes daselbst vorfindet, woraus sich Alles, was wir hier gesagt wissen wollen, sehr leicht wird absondern lassen, ohne bis auf die Fourcroy'sche Verirrung mit den fingirten Belagerungsplänen herabzusteigen, die zwar von Cormontaigne herrühren, welche aber von diesem nur als ein eindringliches Mittel seiner Verbesserungen Vauban's, gegen die Orthodoxen seiner und der späteren Zeiten gebraucht wurden, deren Thorheit soweit führte, die Ingenieurkunst selbst beim halbgelehrten Soldatenvolke verächtlich zu machen.[37]

Aushungerung und Bombardement[38] gehören halb und halb zu den antimilitairischen Maaßregeln und sind deshalb auch von mehreren Militair-Schriftstellern für durchschnittlich unzureichend erkannt worden, obgleich die Geschichte ihre Wirksamkeit darthut. Aus gleichem Grunde finden auch die Kriegshandlungsmotive bei ihnen nur auf indirecte Weise ihre Anwendung. Die Sicherung gegen Leute, denen es an Kraft oder Willen fehlt, sich dem Hungertode zu entziehen, hat keinen militairischen Charakter; ebenso wenig hat einen solchen diejenige Ueberwältigung, zu der weiter Nichts gehört, als das Uebermaaß an Wurfgeschoß und alleinige Geduld und Ausdauer in der Noth. Die Mittel gegen die eine und die andere Eroberungsart kamen übrigens schon bei der Combination der Werke und Kriegs-Mittel zur Sprache. Ueber die Anwendung dieser Mittel giebt es so wenig allgemeine Regeln, als über Verrath, über Empörung oder ansteckende Krankheiten und dergleichen, die in ähnlicher Weise den Eroberungsarbeiten zuzuzählen wären. Die Geschichte dürfte hier wohl die einzige und beste Lehrerin sein und die Empfehlung gediegener Relationen für den einen oder den anderen vorherrschenden Fall dürfte für den Unterricht ausreichen.[39]

Es giebt noch mehrere Kriegsvorfälle, wobei das Urtheil des Ingenieurs von Einfluß sein kann, wenngleich dabei unmittelbar keine Terrain-Verwandlung im Spiele ist, und Anordnung sowie Ausführung dem Commandirenden und den Truppen allein zufallen, das Raisonnement darüber also eigentlich in die allgemeine Kriegstheorie gehört. Daher läßt sich das Posten-Ausstellen und der Patrouillen-Gang vor und zwischen den Werken, der Entsatz eines Platzes, die Einführung von Succursen und Bedürfnissen in den Platz, das Durchschlagen einer Besatzung und selbst ihre Capitulation 2c. dahin zählen, weshalb dieser und ähnlicher Vorfälle auch im Ingenieur-Waffen-Unterricht gedacht werden muß.[40]

Ueberhaupt fehlt es in unseren heutigen Armee'n an einem vermittelnden Gliede, welches den Einfluß des fortificatorischen Materials auf die Truppen-Handtirung geltend macht.[41] Was helfen uns am Ende alle nicht militairischen Fortschritte in der Befestigungskunst, wenn die Truppe aus Unbekanntschaft und daher rührender Ungeschicklichkeit den Terrain-Vortheil nicht gebraucht? Bei gehörigem Unterricht wird der Ingenieur die Stelle eines solchen Vermittlers bald einnehmen; er muß sich aber in seinen Lectionen nicht auf einen ceremoniellen Belagerungsgang beschränken, sondern mit dem Elementargebrauch der Werke anfangen und bis auf alle oben erwähnten Gefechts-Operationen, die unter Mitwirkung der Plätze eintreten, vorschreiten. Sehr richtig sagt Montecuculi in seiner Gefechts-Eintheilung: „si combatte o intorno le fortezze o in campagna", und sehr wahr bezeichnet Savorgnano in seiner arte militare (1599) das Fortificationswesen selbst als: „attione della militia, ch'intorno alle fortezze s'esercita."[42]

Jeden Truppenbefehlshaber und selbst den gemeinen Mann werden alsdann die Vortheile des verwandelten Terrains und die damit verbundene Modification der Manoeuvrekünste bald ansprechen, und jeder wird sich mit den Werken wie der Ingenieur mit den Truppen zusammengehörig fühlen.

Die bisherige nichts weniger als wissenschaftliche und fast nur technisch-historische Behandlung der Theorie vom Festungskriege hat, wie die tactisch-geometrische Behandlung der Befestigungskunst, dem Schematismus viel zu viel Uebergewicht in der Lehre gegeben, und damit den Lehrgegenstand selbst zu einem Stillstand gebracht, welchen die wichtigsten kriegerischen Erscheinungen kaum aufzuheben vermochten. Bei höheren wissenschaftlichen Standpunkten wäre solches Festrennen und solche Entfremdung nicht möglich gewesen. Denkende Kriegsleute waren von den Nachtheilen dieser Beschränkung auch längst überzeugt und regten zu freieren Gedanken an; aber auch diese freieren Ansichten sind in jenen Schematismus wieder eingewachsen und können die ihnen gebührende Stellung nur durch veränderte Organisation des Wissens selbst erlangen. So trennte die Scheidung des Angriffs und der Vertheidigung in der Lehre wesentlich zusammenhängende Begriffe; die in den fingirten Belagerungs-Operationen neben einander gedruckten Spalten für beide Acte zeigen, daß man das Lästige dieser Trennung fühlte; man bot aber dem Leser die blose Zusammenstellung dar, weil in den Kreuz- und Querwegen des historischen Vortrages, Zwecke und Mittel, Idee'n und Details durcheinander liefen, und die Zielpunkte erst am Ende der Erzählung zum Vorschein kamen. Mit der hier aufgestellten Behandlung der Fortifications-Theorie müßte nothwendig eine Reinigung des ganzen Lehr-Materials verbunden werden, die an sich und wegen der bestehenden Autoritäten nicht wenig sagen will. Gewiß aber würde der solchergestalt umgearbeitete Acker kräftigere Früchte erwarten lassen, als der ausgesogene und festgetretene literarische Boden der Schreibelustigen, wenn anders das

Unkraut nicht wuchert, an welches Lloyd denkt, indem er sagt: „On se donne bien de la peine à ne gagner que la haine, quand on entreprend de démontrer à un homme qu'il est dans l'erreur et que son opinion est absurde. Peu de gens ont ce courage, encore moins ont le talent de s'ouvrir des routes nouvelles.“ [43]

Anmerkungen.

[1] (S. 167). Ein großer Theil der hierher gehörigen wissenschaftlichen Betrachtungen ist jetzt in die Lehre vom Defilement gezogen, wodurch indessen wegen der überwiegenden Rücksichtnahme auf Schutz gegen die Projectilen, immer Einseitigkeiten entstehen. Eine sehr gute Abhandlung hierüber findet sich in Dufour's fort. permanente (1822).

[2] (S. 167). Mit der zu Anfang des siebenzehnten Jahrhunderts herrschend gewordenen holländischen Manier, deren Muster im platten Lande lagen, und welche in einer Zeit blühte, wo die Berechnung der trigonometrischen Linien in der Mathematik Epoche machte, war man auf tabellarische Zusammenstellungen von Maaßen der fortificatorischen Linien und Winkel im bastionirten Systeme gerathen, die man nach Groß-, Mittel-, und Klein-Royal unterschied. Das, was man Irregularfortification nannte, von deren Maximen übrigens schon ein Werthmüller sagt, daß sie in größerer Anzahl vorhanden und von größerer Wichtigkeit seien, als man sich gewöhnlich einbilde, setzte die bastionirte Front größtentheils voraus und gestattete nur Combinationen der resp. Tabellen. Die besseren Köpfe hielten indessen stets den reinen Begriff der Irregularität fest, so z. B. Schildknecht u. andere.

[3] (S. 167). Das Vorhandensein von Communicationen in den Plätzen nach namhaften Armee-Positionen hin ist z. B. mit eine ihrer Anlage-Bedingungen.

[4] (S. 168). Ein großer Theil der Scheu vor Ueberhöhung kommt noch von der Unbeholfenheit der älteren Artillerie'n her.

[5] (S. 168). Die Regeln, immer ganze Fronten und nie einzelne Punkte an die hohen Thalränder zu hängen, auf den durchziehenden Zungen Hauptwerke (Bastione) zu disponiren, bei starkem Steinbruch schon die Glaciskante auf den stärksten Bruch zu bringen 2c., gehören hierher. Ueber dergleichen Regeln s. Noizet im Mém. de l'off. du génie (1823).

[6] (S. 168). Lloyd's Meinung über Festungs-Anlagen ist insbesondere auf den Schiffahrts-Schlüssel gestellt, was dem Engländer wohl zu vergeben ist. In diesem Sinne schlägt er wenigstens zwei oder drei Plätze am Rhein

vor, setzt jedoch hinzu: „Si vous faites la guerre sur une rivière, il faut tâcher d'être maître des deux bords." Er will übrigens Aggressionsplätze zur Abkürzung der Operationslinien sehr nahe, Defensionsplätze dagegen weit von der Grenze entfernt angelegt wissen. — Der Marschall von Sachsen empfiehlt die Confluenzen wegen der langsamen Berennung und der dem Feinde nöthigen Brücken, zu Festungen. Modlin wurde z. B. deshalb von Napoleon benutzt. — In dem mit schwachen Kräften von Marlborough, Prinz Eugen und Villars geführten spanischen Erbfolgekriege griffen die zahlreichen Plätze von Flandern, Artois und der Picardie mehr als irgendwo anders mit in die Kriegführung ein. Außer den kleinen mehr nur zu Fechtkünsten gebrauchten Armee'n gab aber hier die von Wasserkanälen durchschnittene Gegend diesem Eingreifen in der Vermengung der Plätze und der Defenslinien einen sehr engen Sinn, den man Unrecht that auf größere Verhältnisse zu übertragen. — Neuerdings sind in beregter Hinsicht unter Rogniat's Vorsitz mit Bezug auf Frankreich mancherlei Aeußerungen verlautet und auch mehrere Schriftsteller haben sich in Folge dessen über Landesbefestigung ausgesprochen. Diese Aeußerungen sind aber zum Theil mit unhaltbaren politisch-militairischen Hypothesen verwebt, zum Theil sind sie wie bei Cancrin und Alix mehr dazu geeignet, Armee-Formationsprojecte zu unterstützen, als höhere fortificatorische Begriffe zu erläutern. Es dürfte also wohl noch an einer sinnigen, gediegenen und nüchternen Behandlung dieses Gegenstandes fehlen, wie sie sich Theti schon 1587 dachte. Derselbe verwirft alle Plätze, die nicht die Gelegenheit zum Debouchiren gestatten und nimmt nur den Fall aus, wenn sie in kleineren Staaten zugleich Verwahrungsorte abgeben, die auf Felsen und im Wasser angelegt, desto sicherer wären, „quanto manco importasse al nemico l'espugnatione d'essi," wie z. B. der Königstein in Sachsen mehrere Male bewiesen hat — Der Fürst, welcher seine Staaten nicht allein mit Armeen vertheidigen kann, muß die Festungen zu Hülfe nehmen, sie aber nicht allein an die Grenzpässe legen, sondern auch an andere wegen ihrer Lage wichtige und von der Natur begünstigte Punkte im Inneren. Napoleon's kecke Ueberwältigung und die Unbeholfenheit seiner Feinde hatte ihn nach Turin, Wien, Berlin rc. geführt. Sein moralischer Verfall brachte uns zwei Mal nach Paris und gleich systematisirt man die Hauptstädte zu Kriegs-Zwecken und setzt Millionen daran, diesen Systemen durch Befestigungen nachzukommen, während die Besetzung von Berlin im siebenjährigen Kriege beide Male keine Folge hatte; — „aber das", sagt man, „waren Husarenstreiche", und giebt damit zu, daß es doch eigentlich nur auf die Art der Kriegführung ankommt.

[7] (S. 169). In einer österreichischen Note (am Wiener Congreß) schreibt Fürst Metternich: „Der Kaiser betrachtet die Linien des Mains, Mainz dazu gerechnet, als ebenso nothwendig für die Vertheidigung des südlichen Deutschlands, wie unerläßlich für die Sicherheit seiner Monarchie. Daher besteht er darauf, daß diese Stadt mit dem Süden vereinigt bleibe. Es ist keine Möglichkeit, daß die Antheile der Fürsten im Süden vervollständigt

werden könnten, wenn Preußen seine Besitzungen bis auf das rechte Ufer der Mosel ausdehnen wollte. Daher setzt der Kaiser diesen Fluß als Scheidungslinie fest. Ohne in andere Einzelheiten der Berechnung einzugehen, liegt es am Tage, daß, wenn sich die preußischen Staaten des Schutzes der belgischen und holländischen Festungen erfreuen (?), und wenn sie ihr Vertheidigungssystem durch die Festungen Luxemburg und Ehrenbreitenstein (?), durch die Linien der Lahn (?), der Weser, der Elbe und der Oder stützen und ergänzen, sie für ihre Sicherheit nichts mehr zu fürchten haben (!)."

[a] (S. 169). Der wohlbekannte in Friedrich's des Großen kräftiger Faust beinahe zum Zepter veredelte Stock bestimmte Graudenz gewiß in einem höheren Sinne zu einem befestigten Punkt, als man nach einem halben Jahrhundert mit bloßer Beziehung auf die Manier und Gonzenbach's Aengstlichkeit annahm. Friedrich's Ansichten über Festungen im Allgemeinen gründeten sich auf bestehende Plätze; kriegsgeschickte Festungen würden ihn dieselben auch haben benutzen lassen.

[a] (S. 169). Die von Mandar (Buch III, Cap. 2) gegebenen principes généraux de l'établissement des forteresses sind so allgemein, daß sie für die Anwendung keine Grundlage geben; die im Cap. 3 folgenden, der Anwendung näher liegenden Bedingungen vermengen dagegen wieder Großes und Kleines, Wichtiges und Unwichtiges, wie es von dem im Besitze der Literatur, aber nicht in dem der Praxis befindlichen Gelehrten wohl zu erwarten war, wobei man überall das pro und contra erfährt, aber vor lauter Vervielfältigung der Gesichtspunkte den Gegenstand selbst nicht zu fixiren vermag, was der Verfasser auch mit den Worten eingesteht: „c'est une grande tâche à remplir de considérer tous les intérêts qui doivent influer sur l'établissement des forteresses; il faut une grande habilité pour y parvenir; il faut joindre à une parfaite connaissance des frontières une expérience consommée de la guerre; il faut y joindre celle de l'esprit des gouvernements, des ressorts de leur politique, de leurs rélations commerciales, de leurs ressources militaires et des motifs qui tendent à les allier ou à les diviser." Es versteht sich, daß dem Verfasser die französische Grenz-Verwahrung als Ideal vorschwebte. Wie wenig Realität in dem Urtheil mancher Schriftsteller und Staatsmänner über Befestigungen zu finden ist, liegt schon in gewissen Ausdrücken, die ursprünglich nur als Bilder unter ganz bestimmten Verhältnissen etwas sagen konnten, z. B. daß Mainz und Luxemburg deutsche Bollwerke seien, daß da und dort eine Armee aufgestellt werden müsse, um diese oder jene Festung zu decken und dergleichen. Von Trier, einer der unvortheilhaftesten Festungslocalitäten, die sich denken lassen, lies't man in Hardenberg's Memoiren: „Une place à la vérité non fortifiée, mais dont la position est très avantageuse sous le point de vue militaire." Daselbst, pag. 498, wird auch erzählt, wie ein Marsch der Franzosen auf Trier die österreichische Position bei Pellingen tournirte und die Verbindung Luxemburgs (1794) mit dem Rhein aufhob, was als

eine ganz natürliche Sache „excita en Allemagne une indignation générale" und den Grund zu damals bitteren Vorwürfen abgab.

[10] (S. 169). Carnot eiferte 1792 gegen die Citadellen als Zwingen; man behielt sie indessen noch als Reduits bei. Wallenstein schreibt dagegen an Arnimb (1627) bei Gelegenheit der von ihm gewünschten Befestigung von Rostock: „Denn der Herr gar wohl weiß, daß große Städte ohne Citadelle gar nichts werth seyn." Dufour hält die Citadellen bei jetziger politischer Conjunctur selbst für nachtheilig, weil sie die Interessen der Bürgerschaft von denen des Militairs während der ganzen Dauer der Belagerung trennen und letzterem eine der ersteren nachtheilige Perspective öffnen.

[11] (S. 169). Die nach der Wichtigkeit der Friedens-Unterhaltung angenommene Classification der französischen Plätze giebt Mandar pag. 223 an. — Vauban reducirte die zu seiner Zeit in Frankreich vorhandenen 287 fortificatorischen Posten und man brachte sie zuletzt auf etwa 160. Vauban meinte auch, daß ein Platz ohne verschanztes Lager (Maubeuge, Meziéres, Sedan) seinen Zweck nur halb erfülle. — Napoleon ließ nach 1805 noch ein verschanztes Lager mit Legnano verbinden: es betrug einen Theil eines regulairen Sechsecks von 300 Toisen Seitenlänge mit Erdwällen; auf jeder Spitze befand sich ein spitzwinkliches detachirtes, auf der Mitte jeder Courtine ein plattes Bastion. Alles mit einem einfachen Glacis und Graben eingefaßt, der mittelst eines durch den Lagerplatz laufenden Gewässers gefüllt wurde. Der Platz selbst sollte bombensichere Gebäude erhalten. Der Brückenkopf heißt: porto Legnago.

Die umfassende Cultur eines Landes hängt von dem Lebens-Unterhalt seiner Bewohner, dieser aber von der erleichterten wechselseitigen Verbindung ab; der Kriegführung in einem Lande dienen aber dieselben Erfordernisse. Man denke an Kleinasien, Syrien, Mesopotamien, Aegypten, an den noch heute dort bestehenden Mangel aller fahrbaren Communicationen und an die Katastrophen, welche den unter den tüchtigsten Anführern, einem Gottfried von Bouillon, Tankred, Balduin III., Friedrich, Saladin, stehenden Armee'n dort unaufhörlich begegneten. Als Regel müssen darum die Kriegs-Ansprüche an die Straßen, Verbindungen rc. den Cultur-Ansprüchen immer untergeordnet bleiben und Ausnahmen mit sehr triftigen, militairisch-geographisch-politischen Belägen und nicht mit anmaßenden Phantasien und Gemeinplätzen gerechtfertigt werden, weil der Krieg der Cultur, nicht aber diese jenem naturgemäß dienen soll und er ohne sie der Kriegführung selbst verderblich wird.

[12] (S. 169). Napoleon bestimmte in dem Dekret, die Anlage der Festung Alexandrien in Piemont betreffend, ausdrücklich: „que la place ne se trouve sur aucune grande communication indispensable, qu'elle ne gène point les armées françaises dans l'offensive en Italie" Wie hätte sich solcher Umstand wohl in die allgemeinen Regeln bringen lassen?

[13] (S. 170). Auch nach Cormontaigne muß diesem Motiv sowohl „la nature des environs de la place" als „l'art de l'officier qui l'a construite" dienen.

[14] (S. 170). Die Breschelegung an mehreren Orten und die bei Vertheilung der feindlichen Kräfte vorbereitete Ueberwältigung von einem gehört zu diesen Maaßnahmen.

[15] (S. 170). Cormontaigne ist es, der sagt: „Il est avantageux pour défendre une place de savoir par où l'ennemi doit naturellement l'attaquer que d'être réduit de l'attendre indifféremment sur tous les fronts." Dufour meint: „Il faut toujours des saillans et des rentrans, des parties faibles et des parties fortes, pour porter sur les premières toute son attention et se reposer pour les autres sur leur force naturelle. C'est de Vauban que nous tenons ce grand principe qu'il a mis en application d'une manière si heureuse en perfectionnant les fortifications de Strasbourg." Dufour behandelt übrigens zuerst das Aptiren der Fortification für das Terrain sehr leicht, indem er meint: „Avec un peu d'art on arrive toujours à réduire le nombre des points d'attaque en évitant les formes trop systématiques (wobei er indessen von dem tracé moderne als Regel nicht abgeht) et les polygones réguliers dont nos anciens faisaient tout de cas, et surtout en pliant la fortification au terrain pour tirer parti de tout ce que les localités offrent d'avantageux et éviter les enfilades." Man sieht hier deutlich, wie die vernünftigen Franzosen, die das Bedürfniß einer freieren Regung der Wissenschaft fühlen, damit immer in ihrem Systemkreis gebannt bleiben. An einem anderen Orte sagt derselbe Verfasser wieder: „La fortification ainsi que les autres branches de l'art militaire n'a rien d'exclusif et c'est ce qui en fait la grande difficulté; son emploi justicieux est une affaire de tact. Il n'appartient qu'à un petit nombre d'hommes de saisir jusqu'à quel point les exceptions aux règles générales (wahrscheinlich: das système moderne) sont permises et de faire des écarts que les ignorants (welche?) prendront pour des fautes, mais qui aux yeux des connaisseurs (welche?) portent toujours le cachet de la supériorité et du génie." Nun geht es gleich im nächsten Capitel wieder los: „Le système moderne qui est ce que nous connaissons le mieux en fortification, est-il sans défaut, ne laisse-t-il plus rien à désirer? C'est ce dont on peut juger facilement en suivant la marche de l'ennemi dans ces attaques" etc., und nun folgt das methodische Angriffslied, das freilich die große Mehrzahl der Angreifer singt, weil sie diese Melodie von den Franzosen lernte!! Wenn nun aber der wirkliche Angreifer dieses Lied nicht singt? Wie steht es alsdann um die nach ihrer Meinung beste Festung, die übrigens von der Innung so wenig aufgegeben werden wird, als die beste Welt von Pangloß in Voltaire's Ingenu.

Dem vorigen Capitel ganz entgegen fängt das neue mit: „De la fortification pliée au terrain" an, wobei indessen gleich schulmäßig wieder hinzugesetzt wird: du défilement et du relief." Der Verfasser meint hier: die Anwendung auf ein anderes als ein ganz ebenes Terrain, „exige une grande sagacité pour modifier les règles et apprécier jusqu'à quel point l'exception doit faire loi; il faut des ressources et du génie (also doch wohl Material in freier Regung) pour surmonter les difficultés de toute genre qui se présentent dans les terrains variés; il faut de l'adresse pour éviter un écueil sans se jeter sur un autre.“ Er kommt zuletzt auf das Bekenntniß: „Comment ose-je jeune encore donner quelques préceptes sur une partie aussi élevée de l'art militaire et dans laquelle je me suis acquis si peu de réputation.“ Endlich bricht der gesunde Verstand wieder durch: „Ne craignez pas de faire,“ lehrt er, „quand il le faut un bastion plus grand qu'un autre, d'allonger ou de raccourcir un flanc, de briser une courtine, de jeter de côté une demi-lune, de la gauchir ou de l'épater si cela est nécessaire pour éviter l'enfilade ou pour toute autre raison. Agrandisez les dimensions ordinaires du front ou les diminuez pour placer vos bastions sur des points saillants qui vous échapperaient en restant dans les mesures ordinaires; supprimez les demi-lunes pour vous rapprocher des escarpements, remplacez même un front peu exposé par une crémaillère ou une muraille crémaillée. Tout cela sera bon si le terrain le commande et vos écarts seront légitimes si vous les avez faits avec discernement et sans jamais blesser les loix du flanquement.“ Ebenso: „Il faut ici sortir des routes battues, s'écarter des constructions habituelles, employer des moyens inusités et souvent faire usage et se contenter de ce qui serait rejeté comme mauvais ou insuffisant dans des circonstances ordinaires.“ Desgleichen: „Il n'y a rien qui doive plus s'éloigner de l'uniformité que les fortifications dans les localités où il est si rare de rencontrer deux fois les mêmes circonstances.“ Wenn derselbe Dufour einmal sagt: „On en viendra peut-être un jour à ne considérer l'enceinte ordinaire d'une forteresse que comme un dernier réduit et par conséquence on pourra le simplifier pour donner plus de soin aux ouvrages avancés,“ so weiß man wirklich nicht, wie das die Ingenieure beim Glauben an seine Dogmatik anfangen sollen. Was heißt Alles, was er oben sagt, anders, als: es giebt für die Anwendung eine höhere Theorie, als die vorgetragene, worauf auch das ältere Festungswesen Bezug haben mag, an die sich aber von den neueren Theoretikern Niemand wagen darf, weil sie etwas nicht schulgerecht sein würde. Späterhin kommt sogar ein aufrichtiges Bekenntniß hierüber vor; der Verfasser sagt nämlich: „que la loi des convenances“ unter gewissen Umständen dem „loi du défilement“ opponire.

[16] (S. 171). Mit der vermehrten Regsamkeit in der Theorie fällt man immer mehr aus dem Receptir- in den Abstractionston. Was noch bei Vauban und Cormontaigne als Erfahrungs-Resultat gültig war, ist es heute ohne Bezugnahme auf eine höher begründete Nothwendigkeit nicht mehr; man thut darum sehr unrecht, wenn man fortificatorische Modificationen durch Analogie in den alten Armirungs-Schematismus einarbeiten will, während dieser dem Wesen der neueren Fortification folgen sollte. Vauban setzt für kleine Plätze auf alle, für größere auf 12 Bastione 10 Kanonen per Bastion, und 8 für jedes der übrigen fest, sowie für jedes der ersteren halb so viel Mortiere als Kanonen. Cormontaigne nimmt für das Sechseck wenigstens 36 Kanonen und 22 Mortiere an und meint, daß der Raum weder für

die Munition noch die Bedienungsmannschaft einer größeren Zahl dort vorhanden sei. Er deducirt seine Streitmittel aus einer Art von Artillerie-Taktik während der verschiedenen Perioden der Belagerung (s. Mém. pour la défense des places); er rechnet dabei für das Sechseck nicht mehr als 1220 Centner Pulver heraus. Rogniat's Bemerkungen hierüber finden sich in dem Mém. sur l'armement des places, Paris 1826, von Villeneuve; sie sind zunächst gegen den von Cormontaigne empfohlenen Ricochet, auf die Approchen gerichtet. Fourcroy hat die Cormontaigne'sche Armirung dem analog über das Sechseck hinaus ausgedehnt und verlangt alsdann 10 Kanonen für jedes Bastion mehr, statt 22 aber 25 Mortiere. Bousmard stellt für das Sechseck 60 Kanonen und 38 Mortiere fest, und verlangt dafür 180 Kanoniere, 1020 Handlanger und 208591 Pfd. Pulver. Wären zwei getrennte Attaquen zu besorgen, so nimmt er 80 Kanonen und 36 Mortiere an. D'Urtubie theilt die Plätze in 8 Klassen ein und besetzt diese Klassen mit 130 bis 16 Kanonen und halb so viel Mortieren und anderen Wurfgeschützen. Dupuget will sich an gar keine Regeln binden, empfiehlt aber die öftere Orts-Versetzung der Artillerie, welche von Rogniat wegen der Veränderung der Emplacements für sehr schwierig erachtet wird. Das französische zur Ausrüstungs-Bestimmung niedergesetzte Comité vom Jahre 1800 hält sich ziemlich an die Regeln des Urtubie. Gassendi berechnet das Artillerie-Bedürfniß nach der Ausdehnung der feindlichen Positionen und will diesen eine gleiche Geschützzahl entgegengestellt wissen, was freilich die normale Fortifications-Trace nicht immer gestattet und ihre Unzulänglichkeit hinreichend beweis't. Eine Commission von Artillerie- und Ingenieur-Offizieren setzte 1814 für das Cormontaigne'sche Tracé eine Normal-Armirung im Detail fest. Dabei war für das Attaque-Geschütz 1000 Schuß per Kanone und 800 für jedes Wurfgeschütz gerechnet. Die Geschütze gegen den gewaltsamen Angriff sollen pro Stück 300 Schuß erhalten. Auf jede Piece in der Attaque sollten 1 Kanonier und 3 Handlanger kommen, für die übrigen dagegen nur 2 Handlanger, bei welchen letzteren ein 48 stündiger Dienst vorausgesetzt wurde.

[17] (S. 171). Die verschanzten Lager unter den Plätzen, wie z. B. dasjenige Gustav Adolf's bei Nürnberg (1632), welches lange vor Vauban bestand, den die Franzosen wie überall so auch hier zum Erfinder derselben machen wollen, sind, sofern der Platz nicht danach verpflegt werden kann, eine schwankende und häufig schädliche Maaßnahme, weil sie dem Charakter der permanenten Fortification nicht durchaus entsprechen können; sie gehören zu den Unklarheiten der sogenannten fortification mixte. Das Lager von Bunzelwitz unter den Schweidnitzer Kanonen gehörte in kein bleibendes Defensions-System; es faßte 40,000 Mann und war in 5 Tagen angelegt worden.

[18] (S. 174). Wenn der Verfasser des besten Buches über Feldfortification in der neueren Zeit (Dufour's Mém. de guerre, 1820) sagt: „Les ouvrages qui doivent durer des années constituent la fortification perma-

nente, ceux qui ne sont destinés à rester sur pied que pendant l'espace d'une campagne appartiennent à la fortification passagère," so wird man das Streben nach einer mehr als bisher wissenschaftlichen Eintheilung, die indessen noch keineswegs befriedigt, bemerken. — Nicht mit der nöthigen Vollständigkeit, aber doch besser als Dufour, setzt Mandar den Charakter der von ihm angenommenen permanenten, provisionellen und passageren Fortification auseinander, obgleich seine Eintheilung überhaupt nur zur Verwirrung führt. — Wenn man das Urtheil des kriegskundigen Napoleon lies't (derselbe sagt nämlich: „Les principes de la fortification de campagne ont besoin d'être améliorés; cette partie importante de l'art de la guerre n'a fait aucun progrès depuis les anciens; elle est même aujourd'hui au dessous de ce qu'elle était il-y-a deux mille ans, il faut encourager les ingénieurs à les perfectionner, à porter cette partie de l'art au niveau des autres"), so geräth man wohl auf die Meinung, daß sich Unklarheit den gewünschten richtigen Principien von Hause aus entgegenstellt. Indessen sind gerade in dem Gebiete der Feldfortification, wozu auch die verschanzten Läger und Linien gerechnet werden müssen, die militairischen Zwecke weniger in den Hintergrund getreten, als dies bei der permanenten Fortification der Fall gewesen ist. Die Principien dieser letzteren litten früher vielmehr als jene an obligater Begriffs-Verwirrung, die Cormontaigne noch dokumentirt, wenn er sagt: „Mais nous considérons ces ouvrages éloignés de la place ou du feu de la mousquéterie comme apartenant absolument à la guerre de campagne", wodurch die so ersprießliche Detachirung der Werke für lange Zeit zurückgewiesen ward.

[19] (S. 174). Der Moment, in welchem die größte Stärke der Besatzung nöthig ist, muß ihre Feststellung bestimmen. Nach meinem Ermessen fällt jener Moment in den Zeitraum, wo der Feind die Berennung vollendet hat und die Belagerung vorbereitet. Im Laufe derselben hat der Belagerer ebenso bestimmte Besorgnisse wie die Besatzung, und muß seine Sicherheit mehr wie diese wahrnehmen. Die Relation, in welche der Angreifer nun zum Vertheidiger getreten ist, giebt Letzterem das Uebergewicht im Erkennen aller Schritte des Ersteren, woran es der Besatzung früherhin fehlte, und welches sie darum durch Wachsamkeit und Anstrengung ersetzen mußte.

[20] (S. 174). Antoine de Ville sagt 1655: „Cette question ne se peut déterminer si absolument comme font aucuns, qui mettent universellement qu'autant de pas géométriques (zu 5 Fuß) que la place a de contour, il faut autant de soldats; autres mettent 200 soldats à chaque bastion; il-y-a d'autres choses a considérer" etc., und Montecuculi meint 1668, nachdem er sich über die Grundlage der Bauschquanta ausgesprochen: „Ovvera si fà il calculo per via di corpi di guardia da ciasche d'uno di quali, l'hanno a trarre sentinelle ronde, pattuglie e officiali, ed hanno due giorni franchi da guardia" etc., wobei jedoch einer Hauptsache, der Reserve-Anordnung nämlich, keine Erwähnung geschieht.

[21] (S. 174). Es giebt auch Plätze, die man in Bezug auf ihre Ver-

theidigung „zusammengekoppelte“ nennen könnte, wie z. B. Danzig und Weichselmünde ꝛc., wo der eine mit in die directe Vertheidigung des anderen eingreift, und beide zusammen belagert sein wollen. Valenciennes und Condé könnten ebenfalls so verbunden gedacht werden. — Die ältere Eintheilung der Plätze nach ihrer Größe oder Bastionen-Zahl und -Besatzung, sagt zu wenig von ihrem Charakter, über den man ganz im Dunkeln bleibt, wenn man hört, daß z. B. 3000 Mann und darüber dem Platze ersten Ranges, 1400 bis 3000 demjenigen zweiten und 400 bis 1400 dem dritten Ranges bestimmt sind. Auch kann man wohl annehmen, daß der ältere Einfluß der Plätze auf die Kriegführung mehr den Charakter der Local-Diversion trug, während die Plätze nach ihrer neueren Bestimmung nicht allein hindern, sondern auch vorbereiten und die Kriegführung wenden sollen. Uebrigens bedeutete in ganz früher Zeit, wie Freitag angiebt, das Wort „fort“ mehr als „forteresse“, was auch der Etymologie angemessen scheint, und ein altes französisches Sprichwort sagt: „petite place, mauvaise place“.

[22] (S. 175). Der mögliche Conflict des Vertheidigers mit dem Bürger möchte bei dem in neuerer Zeit so zunehmenden Separationsgeist im Regierungsbetriebe, selbst schon für den Frieden mancherlei Betrachtungen verdienen; so z. B. kann die Coordination der höheren Militairgewalt in den Festungen mit der daselbst der Municipalität in die Hände gegebenen Polizei unmöglich für den Kriegszustand gut thun ꝛc.

[23] (S. 175). Darçon sagt: „Le ménagement des affections morales exige plus d'attention peut-être que les dispositions mécaniques; tout dépend de la confiance et les causes qui la font naître, evanouir et renaître sont d'une telle délicatesse que l'on craint d'y toucher.“ Durch ängstliches Streben nach Vervollkommnung seines Platzes, wodurch der Ingenieur im Frieden dem Staate dient, kann er bei angehendem Kriege demselben sogar schaden, indem er als Kunstverständiger, auf den die Besatzung ihr Augenmerk richtet, dessen Vertheidigungsfähigkeit in der Meinung heruntersetzt und das Vertrauen auf die materiellen Mittel schwächt. Seine Urtheile müssen darum tiefer als in der blosen wissenschaftlichen Sphäre begründet werden.

[24] (S. 185). Busca (1582) spricht schon davon, daß es zwei Arten „di levar le difese“ eines Platzes gebe, „l'uno de quali tutto è posto nella prestezza, colla quale dirizzati in un tempo all' improviso molti pezzi d'artiglerie in un medésimo luoghi si apra la muraglia“ etc.; „l'altro modo è nella sicurezza fondata“ etc. Er nimmt besonders dabei auf die damaligen Mauer-Enceinten sein Absehen. Ueberhaupt zeigt sich hier ein auffallender Streit zwischen Erfahrung und Schule; während die erstere an den Kriegshandlungsmotiven hält und halten wird, hängt sich die letztere an einen und denselben Zweck des verhinderten Vorrückens der Approchen, wobei sie der jedesmal gültigen Manier und dem jedesmaligen Kriegsgebrauch huldigt. Man kann diesen Zwiespalt durch die attaque et défense ebensowohl wie durch die ganze Fortification überhaupt verfolgen.

[25] (S. 177). Belici sieht neben der Sicherstellung der eigenen Streitmittel in der Möglichkeit dieses Erkennens eine Hauptbedingung guter Festungs-Anlagen. Er empfiehlt z. B. an den Bastionsspitzen auf Rollen vorzuschiebende Austritte zur nächtlichen Posten-Aufstellung anzubringen; Theti giebt von denselben auch eine Zeichnung. — In den alten Ritterburgen ist der sogenannte Wartthurm nicht blos Reduit, sondern auch der Ort des Erkennens. — Marchi setzt in den von ihm projectirten Plätzen die Wohnung des Commandanten als Cavalier in den Mittelpunkt.

[26] (S. 177). So erkannte der von Wellington (1815) nach Peronne zum Parlamentiren und Recognosciren ausgeschickte Ingenieur-Offizier die Seichtigkeit des Wassergrabens aus den darin aufgeschossenen Wasserpflanzen.

[27] (S. 178). Die Kriegswissenschaft, die sich seit dem siebenjährigen Kriege und im Verlauf des nachfolgenden langen Friedensstadiums vorzugsweise der Terrain-Kenntniß in die Arme geworfen hatte, wurde in dieser Beziehung oft lächerlich gemißbraucht, als die französischen Kriege die deutschen Kriegskünstler wieder aufrüttelten. Eine 1793 geschriebene preußische Disposition schickt alle Generalstabsoffiziere der Armee zu einem auf 6 Meilen Weges vorgeschobenen Detachement, damit sie sich noch 6 Meilen weiter vor eine ganz genaue Terrain-Kenntniß schaffen und durch schriftliche gehörig mit Croquis versehene Memoires dem Feldherrn Data zu seinen Operations-Entwürfen beibringen sollten. Im Jahre 1806 bekamen die sächsischen Ingenieuroffiziere während des Verlaufs der Schlacht bei Jena die Weisung, Colonnenwege rückwärts für die allem Anschein nach um diese Zeit schon geschlagenen Truppen zu ermitteln. Man rühmte damals den General Grawert als einen der tüchtigsten Chefs vom Generalstabe, weil er nämlich in Schlesien jeden Fußpfad kenne.

[28] (S. 178). Mandar sagt: „Toutes les allignations relatives à la recherche du tracé d'un ouvrage dont il soit difficile de faire la reconnaissance ne sont d'aucune valeur, si l'on fait la réflexion que toute puissance ou seulement que tout général interessé se le procurera facilement et suffisamment exacte par la voie de l'industrie des ingénieurs ou bien par celle de la corruption." — Darçon meint: „On aimerait à voir que dans un grand état les dispositions militaires fussent tellement imposantes et si complètement achevées que l'on pût les mettre à découvert et les dégager de toute espèce de mystère; les secrets militaires ne décèlent ordinairement que de la faiblesse; ils ont, comme ceux de la physique occulte, merveilleusement aggrandi l'empire de l'ignorance.

[29] (S. 178). Durch eine feinere Ausarbeitung der Vertheidigungsregeln ist, wie es häufig zu geschehen pflegt, der Hauptzweck in's Dunkel getreten. Man sah nicht mehr auf die eigentliche Kriegführung; die Schule hielt sich vorzugsweise an das Vorrücken der Approchen und nahm deren Hinderung unter der Firma: Zeitgewinn, als letztes Ziel der Vertheidigung an. Daher die Frage, ob man sich mit der Angriffs-Artillerie in einen Kampf einlassen

oder die eigenen Geschütze blos sichern und sie nur dazu verwenden solle, die Sappenteten aufzuhalten, und ob ein unausgesetztes Kleingewehrfeuer statt zu finden habe, um zu keiner Zeit flüchtige Sappenarbeiten zu gestatten. — Das, wozu man im Verlauf des förmlichen Angriffs immer mehr hinneigt, nämlich die Terrain-Verwandlungsarbeit durch brüske Unternehmungen abzukürzen, zeigte sich übrigens schon im siebenjährigen Kriege bei der Belagerung von Schweidnitz im Jahre 1757, wo Nadasty das Garten- und Bögenfort auf diese Weise eroberte.

[30] (S. 179). Die von Vernon gebrauchte Eintheilung der Perioden beim förmlichen Angriff, ist auf die zuerst vortheilhafte Concavität in der Position des Belagerers und die zuletzt vortheilhafte Concavität in der Position des Belagerten gestellt, also ziemlich nur der attaquirten Polygonseite eigen.

[31] (S. 179). Man stellt deshalb gewöhnlich auch bei solcher Kriegshandtirung den ersten Ingenieuroffizier im Range gleich hinter den Commandirenden.

[32] (S. 179). General Foy meint: „Der erste Grundsatz beim Angriff auf Festungen ist, die Menschen nicht eher gegen sie anzuwenden, bis man alle materiellen Mittel zur Verfügung hat, ohne welche man sich in unnützen Anstrengungen verzehrt." Derselbe klagt bei dieser Gelegenheit über Napoleon's Ungeduld in solchen Fällen — Bei Plätzen, die an Strömen liegen, projectirt man den Angriff gewöhnlich auf die Anschlüsse, aus dem doppelten Grunde nämlich, weil sie einmal eine schmälere Festungs-Entwickelung darbieten, und weil sie zweitens neben der Sicherung der Attaque auf dem einen Flügel, die Disposition der Truppen auf dem anderen zu desto größerer Stärke des Angriffs erlauben. Bei Plätzen, die sich mit einem Theil der Enceinte an höhere Züge oder Thalränder anhängen, wählt man die dort liegenden Werke häufig wegen des Dominements-Vortheils zum Angriff. In beiden Fällen sieht man auf die Wasser- und Land-Communicationen und die militairische Brauchbarkeit des rückliegenden Terrains. Die gleichzeitige Wegnahme der Citadelle, wenn sie einer längeren Vertheidigung fähig ist, bestimmt gleichfalls zuweilen den Angriff. Um die Belagerungskräfte nicht vergeblich zu erschöpfen, muß man aber immer das endliche Ziel, die Oeffnung des Platzes nämlich, und die auf dem Wege liegenden fortificatorischen Terrain-Schwierigkeiten vorzugsweise mit in Anschlag bringen. — Die Minensysteme schrecken häufig von einem Angriffswege ab. Man muß sich aber auf die Finessen des Minenkrieges ebenso wenig einlassen, als auf die alten Festungsfinessen. Jeder Approche muß eine Art Avantgarde, die globe de compression nämlich mit der Boulee'schen Schachtmine vorausgeschickt werden, um das Terrain sicher zu stellen, was freilich das Vorgehen in Etwas verzögert, dagegen aber auch manches Emplacement schaffen wird.

[33] (S. 179). Fast in jedem Platze hat man Stellen ausfindig gemacht, die eine Wegnahme mit offener Gewalt und durch Sturmcolonnen begün-

stigen. Gewöhnlich ist dabei auf Ueberraschungen und Vernachlässigung des Erkennens gerechnet, denen eine Ueberwältigung aus der Ferne widerstrebt.

[34] (S. 180). Theti (1599) hält die Leiter-Ersteigungen bei eigentlichen Festungen für unausführbar und er konnte zu seiner Zeit, da man wegen der alten Stadt-Vertheidigung mit dieser Angriffsweise vertrauter war, wohl Recht haben. Diese seine Meinung hat sich aber seitdem so festgesetzt, daß man höchstens nur auf eine Abwehr solcher Ueberraschungen denkt, nicht aber selbst sich darauf einübt; die Leiter-Ersteigungen dürften gerade deshalb in der Zukunft weniger selten sein, als man glaubt.

[35] (S. 180) Belici, der in der Mitte des sechszehnten Jahrhunderts lebte, trägt schon ein förmliches Angriffssystem vor; ebenso Theti, dessen erstes Buch 1575, dessen letztes dagegen erst 1598 geschrieben war. Er erwähnt sowohl die Parallelen wie die Zickzacks und man darf also weder Marchi (1599) noch Vauban (1673) als Erfinder eines Verfahrens aufstellen, das schon vor Candia durch einen Italiener in Anwendung gebracht worden. Savorgnano (1599) erzählt sogar von seinem Vater, dem Grafen Hieronymus, daß dieser sich schon im Jahre 1515 bei Marano feindlichen Werken mittelst Tranchee'n genähert und Cavaliere vor den ausspringenden Winkeln zur Vernichtung der Vertheidigung und zum Mauerbruch angelegt habe, während man sich noch früher bei Belagerungen, wie z. B. bei der von Akkon (1189) und bei denen unter Conrad von Montserrat und Heinrich von Champagne in Palästina, keiner anderen förmlichen Eroberungsart bediente, als derjenigen durch Annäherung mit möglichst feuerfest gebauten hölzernen Thürmen, welche die Belagerten durch griechisches Feuer zu zerstören bemüht waren und somit häufig Monate lange Anstrengungen auf ein Mal unnütz machten. Die Belagerungskunst in dieser Zeit des Mittelalters wußte also den Widerstand fester Mauern nur so wie noch im Alterthum d. h. durch die Wirkung künstlicher auf der Stelle errichteter Maschinen zu bezwingen oder die Mauer durch Untergraben einzustürzen. Man bediente sich übrigens der alten Mauerbrecher noch bis zum Ende des funfzehnten Jahrhunderts, denn im Jahre 1474 wurde er neben dem Kugelgeschoß, ebenso wie die Hakenbüchse neben dem glühenden Pfeil, bei der Belagerung von Neuß gebraucht. Die Angriffswerke waren hier von Holz (Bastillen); dieselben wurden Seitens des Vertheidigers mit großen Steinen beworfen und hier und da selbst untergraben. — Die alten Ingenieure empfahlen, wenn viele Arbeiter (guastatori), aber wenig Artillerie vorhanden, den damals eigen unterschiedenen Angriff con zappa oder mit der Hacke, weil er (nach Theti) „con manco spesa e maggior prestezza" auszuführen sei. Derselbe erklärt auch bei vielen Arbeiten die Erdwalze, besonders in sandigem Terrain, für anwendbar.

[36] (S. 180). Es ist sonderbar genug, für die Wissenschaft aber nicht sehr empfehlend, daß Carnot beim Geschützkrieg vor den Plätzen das Kanon eine Zeit lang in der Meinung so heruntersetzen konnte. Die älteren Ita-

liener scheinen hier ihrer Sache gewisser als wir gewesen zu sein, obgleich auch im sechszehnten Jahrhundert das Kanon eine Zeit lang aus der Artillerie fast ausgeschieden war. Theti stellt zum Brescheschießen allein 30 Geschütze auf seinen Grabenrand, und Lorini, welcher der Geschützhandtirung wegen seine Brustwehrkrone nach hinten abfallen läßt, heißt die Infanterie sich daselbst blos einschneiden, während Belici ausdrücklich in Bezug auf das Bankett der Curtine sagt, dasselbe sei unnöthig, „perche l'archibugiero bisognandovi si accomoderà per altra via." — Auch die Geschütz-Armirung hat sich mit den wissenschaftlichen Ansichten, wie mit der Befestigungsweise geändert. So lange der Angriff sich zwischen den kleineren Bollwerken hindurch der langen Curtine zuwandte, waren die Flanken der wichtigste Theil des Platzes; sie mußten mit dem schwersten Geschütz besetzt sein und das leichtere war nur zu ihrem Soutien vorhanden, während bei der späteren Befestigung und der ihr folgenden Angriffsweise ein verändertes Verhältniß nöthig wurde. — Freitag (1630) sagt: „Der vornehmste Angriff geschieht den Festungen durch Geschütz, während ihre Defension auch zum ersten meistentheils durch das Geschütz geschehen soll. Die Defension aber, welche mit den Geschützen geschehen soll, braucht man da zumalen, wenn der Feind noch so weit von der Festung ist, daß man ihn mit Musketen nicht erreichen kann. Gleichwie nun die Belagerer ihr Geschütz auf die Batterien stellen, darunter die Arbeiter sicher und geschützt arbeiten können, also setzen auch die Belagerten ihr Geschütz wieder dagegen, damit sie, so viel als möglich ist, die Arbeiter an ihren Arbeiten verhindern und aufhalten." Bei Gelegenheit, wo Freitag von Scharten und Bankbatterien spricht, empfiehlt er die letzteren, indem er sagt: „Man kann die Geschütze von einer Stelle zur anderen auf diese Weise fortführen und, so oft man begehrt, den Stand verändern, welches dem Feinde große Mühe und Unkosten macht, indem er an allen Orten muß Batterien aufsetzen, so er die Geschütze in der Festung zwingen will, und man kann die Geschütze so lange sicher brauchen, bis er seine Batterien dagegen hat aufgeführt und bis sich seine Geschütze darin befinden. Wenn er dann am besten vermeint, von seinen Batterien aus zu schießen, so zieht man ihm die Geschütze aus den Augen und stellt sie an einen anderen sicheren Ort, aus welchem man seine Batterien beschießen kann;" — sind das nicht Alles Grundzüge einer uns noth thuenden Artillerie-Taktik für den Festungskrieg? — Ueber den Gebrauch der Artillerie im Festungskriege s. auch Cormontaigne, III. Th., 2. Abth.

37 (S. 180). Was soll man dazu sagen, wenn ein Bousmard äußert: „Quiconque quitte les traces de M. Vauban sans nécessité court risque de s'égarer"

38 (S. 180). Die Alten zählten auch noch außer der List, das Einverständniß (intelligence) zu ihren Eroberungsarten. Mehreres über das ältere Benehmen findet man in Mandar, pag. 68. — Von dem Versuch eines Bombardements der Festung Badajoz im Februar 1811 meint der französische Referent in der 1825 gedruckten Relation: „qu'il n'eût aucune in-

fluence ni sur le gouverneur ni sur la garnison; il fut en pure perte pour notre matériel qui n'était déja que trop insuffisant." Er wundert sich überhaupt, wie Militairs auf diese Angriffsweise kommen können, da sie wissen, welchen schlechten Eindruck das Bombardement hinterläßt, sobald es seinen Zweck verfehlt und wie es selbst bei einer künftigen Einnahme des Platzes noch nachtheilig empfunden wird. Die Festung Badajoz vertheidigte damals der spanische General Manacho mit 9000 Mann.

[39] (S. 181). So ist z. B die Relation Artois' von der Belagerung Danzigs im Jahre 1814 zur Kenntniß einer Vertheidigungs-Organisation ganz vortrefflich.

[40] (S. 181). Das Einpassen eroberter Werke in das jedesmalige System des Eroberers, wie z. B. das Couronnement eines Minentrichters, die Verwahrung der Lünettenkehle eines vorgeschobenen Werks gegen den Platz, die Communication aus der Tranchee nach solchem Werk rc., würde ein eigenes Capitel der Ingenieur-Theorie im Belagerungskriege abgeben.

[41] (S. 181). Vauban definirte einst die Festungen als: „de grandes machines immobiles diversement fabriquées, qui n'ont d'action ni de vertu que celle qui leur est donnée par les hommes" und gesteht, daß es zu seiner Zeit nicht zehn Leute gekannt habe, „capables d'être de bons gouverneurs"; vermuthlich giebt es deren jetzt auch nicht mehr.

[42] (S. 182). Da unsere neuere Befestigungskunst besonders dahin gerichtet ist, allerhand Terrain-Chikanen gegen den Feind in Anwendung zu bringen, so muß der Vortheil für denjenigen, welcher damit umzugehen versteht, sowie die Besorgniß des Gegentheils, immer größer werden, je mehr sich der Angreifende innerhalb der Werke in Abschnitte und Contre-Approchen verwickeln muß, wie dieses z. B. bei richtigem Gebrauch des inneren Hofraums der mit Casernen-Reduits versehenen bedeutenderen Werke zu erwarten steht. Ohne Uebung stehen beide Theile freilich gleich. — Warnery erklärt sich im 2. Theile seiner Schriften (pag. 224) ebenfalls darüber, daß man die Soldaten auf den Festungskrieg unkluger Weise gar nicht einrichte; auch spricht er von schlechten Vertheidigungen mit schlechten Truppen und vergleicht aus dem siebenjährigen Kriege Glatz mit Colberg. — Wäre die taktische Ausbildung der Truppen im Frieden ebenso auf den Festungskrieg wie auf den Feldkrieg gerichtet, so würden wir vielleicht die Handgranaten nicht ganz vernachlässigen, die noch zu Cormontaigne's Zeit beim Sturm auf pallisadirte Reduits, beim Vorschreiten der Sappen rc. gute Dienste leisteten, und die noch bessere bei der Vertheidigung kasemattirter Thürme rc. leisten würden und nicht immer durch portative Mortiere zu ersetzen sind. Wir würden von dem so beschwerlichen Maniement mit Sturmleitern, ja selbst von einer anwendbaren Beschaffenheit derselben einen Begriff haben und die Resultate eines geschickten Benehmens sowohl auf die Angriffs-, als die Vertheidigungs-Anstalten übertragen können; wir würden auf das neuerlich viel besprochene und auch versuchte Bajonnetfechten einen höheren Werth legen, weil wir mit den Gefechts-Verhältnissen beim Sturm, beim Ausfall auf

Approchen, beim Vertreiben des Feindes aus Verstecken 2c., wo die blanke Waffe weit über das Schießgewehr tritt und der Bajonnetangriff in Masse eine Thorheit sein würde, näher bekannt wären; denn es läßt sich nicht behaupten, daß z. B. der oben erwähnte Massen-Angriff dem Einzelnen eine Assurance auf seine Waffe gäbe, und wenn man sie finden wollte, müßte man wenigstens beim Deutschen bis auf das Dreinschlagen mit dem Gewehrkolben herabsteigen. Es ist wirklich kaum zu begreifen, wie man bei dem heutigen Drange, die Intelligenz des gemeinen Mannes zu steigern, so wenig Werth auf die körperliche Gymnastik des Einzelnen, auf das daraus hervorgehende Selbstvertrauen 2c. desselben legt, wohin das Bajonnetfechten um so sicherer führt, als die Anwendung der Elementar-Lehren dem Exercirten wie dem Exercirmeister unablässig dabei vor Augen steht. Man kann wohl sagen, daß die Beholfenheit im Gebrauch der blanken Waffe nicht erst mit unseren Feuer-Maschinen bei unserer Frontaltaktik abnahm. Sie ging schon früher, vielleicht gerade durch zu vieles Theoretisiren zur Form über, als der Haudegen, die Partisane 2c. aus der, und die stramme Positur unserer heutigen Fechtmeister mit dem Stoßdegen, in die Mode kam. In den Fechtbüchern des sechszehnten Jahrhunderts ist noch viel vom Wechseln der Hände und Füße, und der Beweglichkeit des Leibes zum Stoß wie zum Hieb und zur Parade die Rede, und wenn man anwendbare Erfahrungssätze für's Bajonnetfechten geschichtlich auffinden wollte, so müßte man bis zu diesen hinaufsteigen.

[43] (S. 183). Carnot debutirt in der Vorrede zu seinen fortificatorischen Verbesserungen mit demselben Citate.

Anhang,

bestehend aus zwei kleineren Aufsätzen.

I.

Theoretischer Ueberblick der permanenten Fortification.

Einleitung.

Will man seine Begriffe über einen Gegenstand sammeln, so muß man vorerst fragen, welchen Zweck eine solche Sammlung haben soll. Anders sammelt der, welcher mit seiner Kenntniß in eine speculative Sphäre tritt, anders der, welcher die unmittelbare Anwendung sucht, anders der Anordnende, anders der Dienende. Wir denken uns hier den Sammler als einen in die allgemeine Kriegführung Eingeweihten, zu militairischen Impulsen überhaupt Berufenen, der die Fortification nur als Mittel zu höheren Zwecken gebraucht, der von vielen Details ohne Nachtheil absieht, dem aber ein Fachwerk sämmtlicher in diese Kenntniß einschlagender Begriffe unentbehrlich ist, um einen jeden derselben im Ganzen zu erkennen, das Allgemeine vor dem Besondern, das Nothwendige vor dem Zufälligen, das Wichtige vor dem Gleichgültigen geltend zu machen, und um sich von der Schule, der er sonst alle Achtung gönnen mag, nicht befangen und unfähig machen zu lassen, des eigenen lebendigen Verstandes und geregelten Willens Recht jeder Autorität vorzuziehen.

Eine auf die Betrachtung nicht wenig einflußreiche Frage ist die folgende: Wie hängt der Umfang der hier zur Sprache zu bringenden fortificatorischen Begriffe mit den über und neben ihnen liegenden theoretisch-militairischen Kenntnissen überhaupt zusammen? — Unsere Militair-Theorie besitzt leider sehr wenige reine und praktische Eintheilungsgründe. Durch Einseitigkeiten, deren Entstehung der Empirie nicht weniger als der Bücher-Gelehrsamkeit zugeschrieben werden muß, werden wir bald in ein buntes Gewebe eingewickelt und gehen in dem großen Strome der Unklarheit unter, wenn wir uns nicht öfter selbst fragen, wo wir sind. — Die Fortification überhaupt und die permanente Fortification insbesondere gehört der Ingenieur-Parthie als ein Zweig der allgemeinen Kriegs-Kenntniß an. Der Vorwurf dieser Parthie besteht in der Einrichtung und Veränderung des Terrains zum unmittelbaren Militair-Gebrauch; die ihrer Manipulation anvertraute Waffe ist das personelle Mittel zur Herstellung von Schutzwerken, die sie Anderen bereitet, ohne sich ihrer in demselben Maaße selbst zu bedienen. Wegen Trägheit der Materie kann diese Manipulation bei den üblichen militairischen Manoeuvres nur wenig hervortreten, weil sie immer von längerer Zeitdauer und umständlichen Vorarbeiten abhängig sein wird. Man hatte früher das Wesen der Ingenieur-Parthie häufig auf Nebendinge gelegt und ihr darum die Mittel in ihrer Waffe nur zu oft entzogen. Man erkannte z. B. in dem einen Arbeits-Material des Mineurs, dem Pulver, eine solche Verwandtschaft mit der Artillerie, daß das Mineurcorps dieser beigegeben ward. Ebenso hatten gleiche Schicksale, welche die große Artillerie und die Pontontrains im Felde trafen, auch den Pontonir der Artillerie zugeführt. Ein richtiger Takt hat indessen das Charakteristische der Waffe jetzt fast in allen Armee'n zur Geltung gebracht und das Princip, daß sie das der Terrain-Verwandlung Zugehörige vereinigt, steht fest. Geringe durch die Umstände motivirte Ausnahmen sind die Maskirungen, die Arbeiten der sogenannten Regiments-Zimmerleute, der Batterie-Bau rc., obgleich letzterer bei den Engländern z. B. ebenfalls der Ingenieur-Parthie angehört.

Nach ihrer Anwendung zerfallen die Ingenieur-Arbeiten in die Feld- und die permanente Befestigung. Man stellte für beider Unterscheidung bisher nur sehr unbestimmte Eintheilungsgründe auf, in denen Zeit und Material die Hauptrollen spielten. Eine klarere, mehr aus dem Wesen selbst gegriffene Eintheilung ist aber nöthig, um Halbheiten, Schiefheiten und mit ihnen unausführbare Conceptionen, unnütze Anstrengungen und schon oft getäuschte Erwartungen zu vermeiden.

Der wahre Unterschied beider Terrain-Verwandlungen, die sich darin einigen, daß sie beide Vertheidiger verlangen, besteht eigentlich in der vorherrschenden Rücksicht entweder auf die Vertheidiger oder auf das zu erhaltende Terrain. Steht erstere Rücksicht vor, so geht die Befestigung mit der Truppen-Positionslehre (sonst castrametatio) Hand in Hand; ihre Entwickelungen sind mehr linearer Natur oder Punkte auf Linien; ihre Reliefs sind von geringer Art, ihre Materialien die eben erreichbaren, ihre main-d'oeuvres sind der vorhandenen Menschenmasse angepaßt, die Zeit ihrer Herstellung und ihrer Dauer, ja selbst die ihrer Benutzung ist beschränkt, die Bau- und Erhaltungs-Mittel sind beweglich und häufig nur aus dem Gefolge der Armee'n entnommen, und ebenso sind die Mittel des ihnen entgegenstehenden Angriffs beschaffen. Liegt gegentheils der letzte Zweck in dem festen Fuß auf dem Terrain, so tritt die permanente Befestigung ein. Ihre Entwickelung dehnt sich mit excentrischen Fronten auf dem Umfang einer Fläche (des Platzes) aus; ihr Relief ist erhabener und terrassenförmig gestaltet; mit der Anwendung eines dauerhafteren Materials beabsichtigt man nicht allein eine vollständigere Deckung, sondern auch vermehrte Unzugänglichkeit und Widerstandsfähigkeit in ausgedehntem Sinne; die Arbeiten sind künstlicher und verlangen einen größeren Zeit- und Kosten-Aufwand; die Zahl der Vertheidiger ist auf das Minimum gestellt, weil ihre Ernährung und Streitfähigkeit auf unbestimmte, weit aussehende Zeiträume gerichtet sein müssen; die Vertheidigungsmittel sind der Localität angepaßt und dem Platze zugehörig; die Vertheidigung ist prämeditirt und auf verschiedene Chancen berechnet. Mit dem Angriff gegen die permanente Befestigung verhält es sich ähnlich.

Die Praxis, die hier, so lange die Kriegführung eine freie Kunst bleibt, keine theoretisch bezeichnete scharfe Grenze halten wird, hat zuweilen natürlich auf Mittel-Gestaltungen zwischen beiden Befestigungsarten hingewiesen. Auch hat von diesen die Theorie neuerdings unter dem Namen der provisorischen Befestigung (places du moment) eine neue Lehre abgezogen. Bei der oben schon erwähnten Unklarheit ist hierdurch aber eine nicht geringe Verwirrung in die gewöhnlichen Köpfe gebracht worden.

Man mag übrigens unterscheiden, wie man will, so kann man annehmen, daß das Terrain, die Anlage der Werke und die Vertheidigungs-Mittel die Haupt-Elemente aller fortificatorischen Combinationen stets abgeben werden.

Vernünftigerweise sollte über den Vortheil, welchen Plätze überhaupt gewähren können, wohl kein Zweifel mehr aufkommen, weil sie, soweit auch die Kriegsgeschichte reicht, stets vorhanden waren; wenn sie mitunter auch verschwanden, so wurden sie doch durch andere immer wieder ersetzt; auch lassen sich ja die fehlerhaften Einseitigkeiten ihrer Anlage und ihres Gebrauchs, welche zeitweise die Meinungen gegen sie aufregten, leicht nachweisen. Offenbar ist es schon a priori, daß ein tüchtiger Platz dem Schwächeren Mittel und Zeit für seine Operationen schafft und Machiavelli, ein sonst starker Antagonist der Plätze, empfiehlt sie selbst dem mächtigen Nachbar mit den Worten: „qu'un prince qui aura de bonnes armées pourrait tirer de l'avantage d'avoir quelques places afin d'avoir le tems de soutenir un peu l'ennemi jusqu'à ce que toutes ses forces soient prêtes." Können aber die Plätze unter allen Umständen als Sicherungsmittel eines Staates gelten und ist die gesicherte Existenz und Unabhängigkeit eines Volkes das Hauptmittel, seine Eigenthümlichkeit auszubilden oder seinen geschichtlichen Staatszweck zu erreichen, so werden auch die Plätze ihren Werth unter allen Regierungsformen behaupten und die nicht unbedeutenden Ausgaben für Anlage und Unterhaltung zweckmäßiger Festungen werden sich immer rechtfertigen, weil der National-Reichthum jenem höheren Staats-Zweck untergeordnet ist.

Man hat sich über den relativen Werth der Plätze gestritten und ihn lächerlicher Weise weniger aus höheren politischen Gesichtspunkten als aus kleinlichen statistischen und ökonomischen Rücksichten zu bestimmen gesucht, um eigentlich dadurch die eine oder die andere Befestigungsart vorzugsweise zu begünstigen. So vergleicht Fourcroy den relativen Werth der Fronten nach der supponirten Widerstandsdauer dividirt durch die Bau-Kosten. Diese Relationen bei Seite gesetzt, so bleiben doch immer die auf den

Bau und die Erhaltung eines Platzes zu wendenden Summen ansehnlich genug. Scharnhorst schlägt sie auf 10 bis 15 Millionen Thaler an; Rogniat meint einen Platz für 6000 Mann mit 15 Millionen Francs herstellen zu können 2c.

Wir kommen jetzt wieder zur permanenten Fortification als dem allein vorgesetzten Gegenstand unserer Betrachtung zurück und beschränken deren Umfang auf folgende drei Fragen:

1. Welche Orte sollen befestigt werden?
2. Auf welche Weise soll es geschehen?
3. Durch welche Mittel kann es geschehen?

Die Antworten auf diese Fragen wird ein Blick auf den Gebrauch der festen Plätze beschließen.

1. Beantwortung der drei oben gestellten Fragen.

Militairisch-geographische Lage der festen Plätze und Bedingungen für die als nützlich und nothwendig anzuerkennenden Festungen im höheren Sinne.

Sieht man bei der Anlage neuer Plätze nur auf vorübergehende militairisch-politische Combinationen, auf blose Straßen- oder Wasser-Verbindung, auf Positionen und einzelne Local-Vortheile, so wird man oft genug einen Punkt anzugeben wissen, der sich zur Befestigung eignet. Auch wird man voluminöse Romane darüber schreiben können; für das Leben hat aber solche Weisheit keinen Gehalt. Die militairische Ortsbestimmung fester Plätze muß aus beständig gültigen, militairisch-geographischen Betrachtungen, aus dem bestehenden Grade der Cultur, aus dem innigsten Complexe der Staaten in und unter sich, hervorgehen und in der örtlichen Natur eine Stütze finden.

Länder und Landstrecken durch hintereinander angebrachte Festungs-Reihen sichern zu wollen, erinnert an die asiatischen Mauern, dergleichen noch Kaiser Justinian zur Umgürtung seines weitläufigen Reichs beabsichtigte. Die später entstandenen permanenten Linien sind eine neue Auflage davon. Was beim Anschwärmen der Tartarenhorden zu den Zeiten des Faustrechts, vor Ludwig XIV. bei Heeresstärken von 30,000 Mann und im siebenjährigen Kriege galt, das wird für die Folge, wo große Heeresmassen, wenn sie nicht verhungern wollen, eine Entscheidung im Freien suchen müssen, schwerlich noch brauchbar sein.

Es giebt zwar Plätze, die auch heute noch einzelnen Zwecken mit Nutzen dienen, Sperrplätze in Hochgebirgen und Alpenthälern (Clausen), Küstenbatterien an Landungsplätzen (Reduten von Stein, Martellothürme), die den Feind auf Umwege verweisen; befestigte Etappen, welche Communication und Ernährung sichern und insoweit einen wesentlichen Einfluß auf die Kriegführung äußern, die aber doch da, wo sie fehlen, bald mit geringen Kosten provisorisch herzustellen sind, wie z. B. die Blockhäuser zu Predil und Malborghetto im Jahre 1809, und die auch bei der Beweglichkeit unserer Armee'n in dem durchschnittenen, der Cultur stets näherrückenden Europa immer weniger Anwendung finden werden. Man mag sich also wohl vor dem Mißbrauch solcher Conceptionen hüten, die theils durch temporaire Kriegsvorfälle, theils durch seltene politische Constellationen, theils nur durch Phantasien oder Autoritäten erzeugt, die Staaten ohne bemerkbaren Nutzen belästigen und nothwendige wesentliche Sicherheitsmaaßregeln verdrängen.

Der eigentliche Zusammenhang der Festungen mit der Kriegführung ist früherhin wohl empfunden, aber erst spät in Schriften systematisch behandelt worden. Maigrèt (traité de la sûreté des états) erscheint als einer von denen, welche zu Anfang des achtzehnten Jahrhunderts darauf aufmerksam machten; breiter hat sich Darçon (considérations politiques et militaires) darüber ausgelassen. Daß man sich demungeachtet über die militairisch-geographische Lage der Plätze noch sehr im Dunkeln befindet, zeigen die neuesten Verhandlungen über die süddeutschen Bundesfestungen.

Wenn aber der wahre Gebrauch der Festungen auf's Genaueste mit der Kriegführung zusammenhängt, so wird man sich, ohne mit dieser auf dem Reinen zu sein, auch über jene kein Urtheil erlauben dürfen. Dahin zu gelangen ist freilich keine leichte Aufgabe bei unseren, mehr aus der Schule, als aus dem Leben gewonnenen Begriffen; bei so vielen geschichtlich zwar begründeten, aber phantastisch verfolgten und als Dogmen verehrten Speculationen; bei der mit wenigen Ausnahmen armseligen Büchermacherei, die immer mehr vom Gediegenen abläßt und sich immer weiter in's Breite und Flache verläuft. Ein Versuch darf hier nicht fehlen, indessen wird er nur aus wenigen Contouren bestehen und mehr polemischer als didactischer Natur sein können.

So lange theoretische Folgerungen aus der Betrachtung flossen und dieser die Erfahrung voranging, behielten sie festen Fuß. Sie konnten einseitige Resultate schaffen und zu Ungeschicklichkeiten verleiten, den Geist konnten sie aber nicht verwirren, indem sie es nicht vermochten, die Theorie und die Praxis in einen diametralen Widerspruch gegen einander zu bringen. Sobald sich aber die Speculation allein auf die Schultern der Abstraction stellte, auf beschränkte und fremde Erfahrungen Systeme baute und diese der Masse als Universalmittel anempfahl, war der gerade Zusammenhang zwischen Wissen und That aufgelöst; anmaßend ging das Wissen der That voran, der Erfolg täuschte; bald war aber die Demüthigung wieder vergessen und derselbe Kreislauf von Neuem begonnen.

So ging es der Kriegstheorie in mannigfacher Beziehung, besonders aber in Bezug auf den Festungskrieg. Vauban hatte wacker für eine europäische Monarchie oder für ein ebenso ideales politisches Gleichgewicht gearbeitet. Sein Ziel war eine Grenz-Verwahrung und sein Festungs-Cordonsystem sollte diese ergänzen. Ueber ein halbes Jahrhundert betete man ihm nach, ja weit länger, denn Grimoard und Darçon schrieben noch zu Anfang der französischen Revolution ganz in seinem Sinne. Der siebenjährige Krieg hatte die Terrain-Benutzung und die Verpflegung zu Brennpunkten der Kriegführung erhoben; Lloyd hatte sie systematisirt, und die Quartiermeisterstäbe hatten sie hypersystematisirt. Der Revolutionskrieg brach an; nichts wollte passen. Der Geist und einige früherhin unbeachtete Beholfenheiten zerrissen das fein ausgearbeitete System. Mit etlichen genialen Strichen bringt Bülow flugs ein neues System zum Vorschein, dessen Linien und Kreise unter den Händen der Jünger und nach Maaßgabe der Ereignisse so anwuchsen, daß nur noch Generalcharten zu ihrem Verständniß hinreichten. Mit mehr Einsicht in das Detail glaubte endlich Erzherzog Karl diese Linear-Abstractionen bis zur Evidenz erheben zu können, gab aber selbst zu, daß innerhalb 18 Jahren 12 Hauptschlachten nur deshalb verloren gegangen waren, weil der Erfolg den Berechnungen nicht entsprochen. Napoleon siegte, Jomini systematisirte wieder und suchte die angeblichen Widersprüche zu vermitteln. Blücher, Wellington und das Geschick gingen ihren Weg nach ihrer Art und die Klügler sind heute noch bemüht, diese Art nach ihrer Art ausfindig zu machen, um sie der Schule auf's Neue einzuverleiben.

Der Marschall von Sachsen meinte: „la guerre a des règles dans les parties de détail, elle n'eu a pas dans les sublimes." Das vorhin Gesagte dürfte zeigen, daß er Recht hatte und daß Niemand nach einem Recepte weder eine Schlacht gewinnen, noch ein Land erobern oder vertheidigen wird. Ebenso wenig kann auch die Festungs-Disposition von solchen Recepten abhängen; ihr Zusammenhang mit der Kriegführung muß daher allgemeinerer Natur sein.

Auf einem Wege aus dem Herzen des Landes gegen die feindlichen, präsumtiven Vereinigungspunkte hin muß der Krieg geführt werden. Dort wird man Festungen gebrauchen, in deren Nähe und unter deren Schutz man die Truppen sammeln und rüsten kann; dort wird man letztere bewegen und ernähren; dort wird man sich schlagen, von dort aus wird man weiter gehen oder geschlagen einen Zufluchtsort gebrauchen; in letzterem wird man sich wieder ermannen, und von ihm aus wird man wieder in's Feld treten, um sich von Neuem zu schlagen; oder man wird aus seinem Schlupfwinkel des Feindes Fortschritte lähmen und seine Macht theilen. Alles, was diese Zwecke begünstigt, macht die Festung zu einem wahren Waffenplatz, was sie bei heutiger Kriegführung eigentlich sein muß. Schon Guibert sagte von den Plätzen: „elles sont avantageuses quand elles sont fortifiées de manière à recevoir de grosses garnisons, des devris d'armées et cependant à pouvoir se défendre au besoin avec peu de monde; quand elles sont des places d'armes, des points d'entrepots et d'appuis, des bastions dont une armée bonne et manoeuvrière est la courtine ou en avant desquels cette armée peut agir offensivement avec la sûreté d'en retrouver l'appui en cas d'échec ou enfin que cette armée peut abandonner à leurs propres forces en attendant les circonstanses favorables d'attaquer l'ennemi qui les assiége.“ Carnot, Rogniat und Alle, die unbefangen über diesen Gegenstand nachgedacht haben, hegen dieselbe von der Geschichte vielfältig belegte Meinung.

Bei andringender Gefahr ist ein Staat entweder im Stande sich gleich zu wehren, oder er ist genöthigt, sich auf später ankommende Hülfe zu verlassen. Hat er seine Kräfte bei der Hand, so wird er vernünftiger Weise seine Armee'n dem Feinde möglichst bald entgegenwerfen. Die Waffenplätze können sich in dem Falle zunächst der Grenze befinden, müssen aber immer so gelegen bleiben, daß sie so lange als möglich eine ungestörte Verbindung mit dem Innern des Landes behalten und das Heraustreten in's Freie, selbst im Rücken des vorgedrungenen Feindes, erlauben. Geben die Verhältnisse des Staats diesen Vortheil nicht zu, und ist ihm ein gewisser Zeitraum zur Sammlung seiner und der Bundesgenossen Kräfte unerläßlich, so müssen sich nach Maaßgabe desselben die Waffenplätze von der Grenze entfernen, so daß sie außer den oben berührten Eigenschaften noch vor der Ankunft des Feindes das Sammeln der eigenen Macht wenigstens auf gleicher Höhe mit dem Platze zulassen.

Waffenplätze zu vermeinter Erleichterung der Offensive dicht an die Grenze selbstständiger Nachbarn vorzuschieben, ist nicht rathsam, weil sie sehr bald für die diesseitigen Operationen ihren Einfluß verlieren, bei einer glücklichen Offensive wenig helfen, bei einer verunglückten aber um so mehr dadurch schaden, daß sie dem Feinde leichter in die Hände fallen, als weiter zurückliegende Plätze, und daß sie sonach möglicherweise seine Eroberungen consolidiren, wie die niederländischen, die italienischen, die schlesischen Festungen ꝛc. schon vor langer Zeit bewiesen haben.

Wichtige und volkreiche Städte in Festungen zu verwandeln, giebt unleugbare Vortheile bei der Wieder=Ausrüstung einer ge=

schlagenen Armee, kann aber auf die Erhaltung des Platzes, worauf es bei der Festung doch eigentlich ankommt, durch die Gesinnungen und Bedürfnisse der Einwohner bedeutend nachtheilig einwirken, wenn diese nicht durch Citadellen gehörig im Zaum gehalten werden oder die Vertheidigung sonst unabhängig von der Bürgerschaft zu führen ist. Fälle, wie die ältere Zeit viele, die neuere aber nur einen in der Vertheidigung von Saragossa aufweis't, gehören in heutiger Zeit zu den Ausnahmen und dürfen Festungs-Anlagen nicht bestimmen, weil bei letzteren der fortificatorische Grundsatz gelten muß: Den unumschränkten Willen des Befehlenden so wenig als möglich von allgemein menschlichen Rücksichten abhängig zu machen. Ein kriegsgeschichtlich merkwürdiges Document von der Benutzung eines großen Platzes giebt Rapp's Vertheidigung von Danzig in den Jahren 18$^{12}/_{13}$.

Theilweise hatte die Vauban'sche Ansicht, zum großen Theil aber die Abstraction aus dem siebenjährigen Kriege, isolirte Militair-Emplacements (Graudenz, Silberberg, Theresienstadt, Josephstadt ꝛc.) als Festungen eingeführt. Sie dienen, wie wir oben gesehen haben, nur untergeordneten Zwecken und verursachen bei einem ungemessenen Bau-Aufwand um so größere Erhaltungskosten, als der Staat alle Bedürfnisse darin allein decken muß; sie sind also auch schon deshalb außer Cours getreten.

Geschichtliche Ansicht der Befestigung der Plätze.

Lange schon bevor die militairische Ortsbestimmung der festen Plätze im Zusammenhang mit der ganzen Kriegführung zur Sprache gekommen war, hatte das Bedürfniß die Städter dazu genöthigt, feindliche Angriffe auf ihre Wohnsitze abzuhalten. Dadurch wurde das Nachdenken auf eine Befestigung hingeführt, die jeder Zeit von der Art der Angriffswaffen abhängig war.

Die auf diese Weise natürlich entwickelte Kriegsbaukunst hat später die gewöhnliche Bahn menschlicher Kenntnisse durchlaufen. Zuerst hatte sie nach dem ihr zunächst Liegenden gegriffen, wie

z. B. die Troglodyten-Plätze in Syrien und Palästina rc. zeigen. Von solchen ungekünstelten Einfassungen war sie auf immer zusammengesetztere übergegangen und hatte sich hier in Einzelheiten bis zur Manie verirrt, was die geschichtlich aufbewahrten Manieren bezeugen; sie hat sich endlich der Natur selbst wieder genähert und sich, im Bewußtsein des Zwecks und der Mittel, ihrer Führung im Großen überlassen, wie die heutigen die Natur-Position unterstützenden Befestigungs-Anlagen deutlich zu erkennen geben.

Aus dem an sich nicht zu verwerfenden Speculiren und Combiniren mußte unfehlbar das Manierirte hervorgehen, sobald im Fortgange der Speculation der erste Zweck und die einfachsten Mittel dem in die Kenntniß eingeflossenen polemischen Material den ersten Platz räumten und vor demselben zur Seite traten. In der ersten Hälfte des achtzehnten Jahrhunderts gehörten fortificatorische Phantasie'n noch zur Mode-Literatur und es ist keinesweges zu verwundern, daß es im Gebiete dieses Wissens so wenig neue Idee'n giebt, weil die Speculation dies Gebiet schon erschöpft hatte und spätere Ausführungen in verwandten Gestalten schon durch eines oder des anderen Schriftstellers Kopf gegangen waren. So findet man Montalembert's Thürme und Flankirungen in beinahe allen Formen von Stählswerd bereits 20 Jahre früher angegeben; die Defensions-Casematten erscheinen bei Spekle in großer Aehnlichkeit mit den heutigen und das Carnot'sche Profil en contrepente ward unter dem Namen Wallrawe'sches Profil nach Friedrich II. aus mehreren preußischen Festungen (Breslau, Glogau, Magdeburg) wieder verwiesen. Bei den Franzosen, unter denen von jeher die That mit der Speculation besseren Schritt hielt als bei den Deutschen, geben viele Werke noch Rechenschaft von Einseitigkeiten, die sich in die Praxis eingedrängt und von Zeit zu Zeit einen Vorrang in der Befestigungs-Art behauptet hatten. Man sieht in Lille und Sedan, wie weit vor Vauban der Unsinn mit den Hornwerken getrieben ward. Die schädlichen Trouée'n, welche Letztere erzeugten, begründeten das Contregarden-Wesen, welches wieder Alles zersplitterte und die Werke um ihr Commandement brachte, was bei Thionville recht in die Augen fällt. Cormontaigne brachte sein verbessertes Vauban'sches Polygon an, wo er nur irgend konnte; man findet es in den doppelten Kronen zu Metz und Thionville einmal als Abschnitt eines Höhenzuges, das anderemal als Brückenkopf und Napoleon konnte im Jahre 1810 noch nicht davon lassen, als ihm das Project zu der Befestigung Torgau's vorgelegt wurde.

Aus diesen wenigen Zügen sieht man, daß bei den so häufig nur als Bücherwerk betriebenen fortificatorischen Studien alle Vorsicht nöthig ist, um nicht mit anhaltendem Fleiß und tiefer Gelehrsamkeit auf Abwege zu gerathen, die um so gefährlicher sein werden, als sie bei anscheinenden Gründen dem gesunden Menschenverstande widerstreben, erst in der Noth der wahren Prüfung unterliegen, die Staatskräfte verschwenden und den Nutzen der Festungen selbst problematisch machen. Um den einzig nutzbaren Inbegriff des Wissens für die That zu erlangen, muß man sich allerdings mit den früheren Bemühungen in jedem Fache bekannt machen; den kritischen Takt, mit dem man die erlangten Kenntnisse den jedesmaligen Umständen anzupassen hat, darf man dabei aber nicht verlieren. Der mangelhafte Umfang im Ingenieur-Wissen, den man besonderes bei höheren Militairs häufig antrifft, giebt sich auf der anderen Seite, was ebenso schädlich werden kann, gerne jeder Mode-Idee hin, die in dem zuletzt, ja vielleicht allein gelesenen, fortificatorischen Werk ansprach. Man braucht nicht weit in die Geschichte zurückzugreifen, um die bei Vielen vorrherrschende Neigung für die sogenannten Montalembert-schen Thürme, für das Carnot'sche glacis en contrepente 2c. als solche Mode-Idee'n zu erkennen. — Ein gediegener militairischer Schul-Unterricht, könnte hier wohl nachhelfen; so lange man aber selbst in Ingenieurschulen und fortificatorischen Lehrbüchern einen vorzüglichen Werth auf die Kenntniß der Fortifications-Systeme (nach Darçon: rêveries antimilitaires) und ihre Linearbestimmungen legt, so lange man das Raisonnement über Anlage, Angriff und Vertheidigung der Werke nicht auf umfassendere Sätze bringt, so lange überhaupt dünkelhafte Vielwisserei über der einfachen Klarheit in der Meinung der Menge steht, so lange ist davon nicht viel zu erwarten. Man kann also nur Jedem, der fortificatorische Idee'n angeben, ausführen oder beurtheilen soll, rathen dahin zu trachten, daß er wie Eugen von Savoyen bei Gelegenheit seines Schloßbaues zu den Philistern sagen kann: „je connais comme vous les cinq ordres des grecs comme les sept ordres de bataille de Vegez; j'aime mieux un ordre de moi."

Beschaffenheit der heutigen Plätze und Disposition ihrer Werke.

Nächst dem schon besprochenen höheren Zweck unserer heutigen Festungen und nächst dem in der geschichtlichen Rück-Erinnerung erwähnten Princip: die Kunst nur als Nachhülfe vorgefundener Natur-Vortheile anzuwenden, treten die allgemeinen militairischen Rücksichten auf Sicherung, theilweise Ueberwältigung und Ueberraschung, sowie die im Gebrauch seienden Waffen und die üblichen Arten des Angriffs als Bestimmungsgründe zur Disposition der Werke in ihrem Ganzen und ihren einzelnen Theilen auf. Die richtige Würdigung dieser Gründe nach der Folge und Wahrscheinlichkeit ihres Eintretens entscheidet allein über die Güte einer Festungs-Anlage, sowie gegentheils eine Verwechselung oder Vermengung derselben, oder ihre Nichtbeachtung unter vielem Aufwande nur nutzlose oder selbst gefährliche Resultate in Aussicht stellt. Daß die reguläre Form nicht selig macht, ist schon längst von Werthmüller mit den Worten gesagt worden: „die irregulaire Fortification ist an und für sich ebenso gut, und kann überdies durch die seltsame Situation, wenn man sich in Anlegung der Werke danach zu richten weiß, in so starke Defension gesetzt werden, als nimmermehr ein Regulair-Platz, wenn er auch noch so eben liegt."

Auf gewissen Terrain-Theilen vor einer Festungs-Enceinte setzt die Natur sich der feindlichen Annäherung oft schon durch eigenthümliche Hindernisse entgegen, so durch Wasser-Umgebungen, Escarpements, Ueberhöhungen &c. Alsdann wird die Kunst, außer in der Einrichtung der etwa nothwendigen Verbindungen, ihre Anwendung nur hinter den Zwischen-Theilen finden; die unzugänglichen Theile aber werden die zugänglichen unterstützen und diese selbst in ein voraus organisirtes Gefechtsfeld verwandeln müssen, das dem Belagerten und seinen Waffen alle möglichen Vortheile, dem Belagerer aber alle möglichen Hindernisse darbietet. Spricht die Localität solche scharf abgesonderte Zugänglichkeiten oder Unzugänglichkeiten selbst nicht aus, so muß ihr auch hier die Kunst entgegenkommen und sie schaffen. Sie kann dies auf vielfache Weise durch Tracé und Profil der Enceinte, durch Vervielfältigung und Ueberhöhung der Werke, durch Besitznahme einflußreicher Terrainpunkte, durch Terrain-Correctionen, Ueberschwemmungen, Minen rc. bewirken, nie aber darf sie den Hauptzweck: auf dem vorzubereitenden Tummelplatz nämlich die Vertheidigung gegen den Angriff in Vortheil zu setzen, aus den Augen verlieren und immer muß sie diesen Zweck auf dem einfachsten Wege für die möglichst geringsten Vertheidigungsmittel zu erreichen streben. Denkt man sich eine gleichmäßige Disposition der Werke, im Exceß nämlich die Enceinte in einem Kreise, mit gleichem Profil auf einem von natürlichen Hindernissen freien Terrain entwickelt, so wird man bald auf die Unbequemlichkeit kommen, auf jedem Punkte den Feind mit gleicher Wahrscheinlichkeit erwarten zu müssen und wird daraus zu der Ueberzeugung gelangen, daß das als Regel aufgestellte Gleichgewicht in der Disposition der Werke nicht auf die künstlichen fortificatorischen Hülfsmittel allein, sondern auf alle und jede der Vertheidigung angehörigen Hülfsmittel ausgedehnt werden muß und da diese sich besonders mit auf das Minimum der Besatzung beziehen, die volle Regularität der fortificatorischen Anlagen keinesweges ein Vorzug derselben sein wird.

Zu jedem Platze kann man doppelte Zugänge (Angriffs-Fronten) unterscheiden, nämlich die fortificatorischen, die auf dem kürzesten Wege zum endlichen vollen Besitz des Platzes führen, und die strategischen, die das Ziel auf etwas mühsamerem Wege erreichen lassen, dabei aber dem Angreifer eher die Mittel zu seiner Subsistenz und Kriegs-Versorgung, ja selbst zum Rückzuge bei aufgehobener Belagerung darbieten. Häufig fällt bei gleicher Ausdehnung der Belagerungsarbeiten und bei ähnlichen Schwierigkeiten auf dem vorbereiteten Gefechtsfelde die feindliche Wahl auf die strategischen Angriffsfronten, weil hier höhere Rücksichten der Kriegführung überhaupt einfließen. Sind bei einem Platze die strategischen Angriffsfronten auch zugleich die fortificatorischen, so muß hier die Kunst ihre Verstärkungen in doppeltem Maaße spenden.

Vereinigung unserer Kräfte und Theilung der feindlichen ist in jedem Conflict, wo es auf theilweise Ueberwältigung ankommt, das Vehikel zum Siege. Schon die Orts-Bestimmung einer Festungs-Anlage muß darauf hinausgehen und darin durch die Disposition der Werke, durch Erleichterung der Communication (Gemeinschaft) und durch vorbereitete Massen-Ausfälle unterstützt werden. Orte, wo Hauptflüsse zusammentreffen, wo andere natürliche oder künstliche Wasser-Anstauungen, nach dem Platze gerichtete Thäler und schroffe Abgründe 2c. die Verbindung des Belagerers hindern, erschweren und zeitraubend machen, sind hierzu von der Natur begünstigt. Andere Orte in durchschnittenem oder flach-hügeligem Terrain mit concentrischen Einschnitten oder Höhenzügen um den Platz herum, mit nahen Waldungen und zusammengeschnürten Debouchee'n sind weniger von der Natur begünstigt oder auch ganz verwahrlos't.

So gut wie durch die Disposition der Werke die eine theilweise Ueberwältigung begünstigenden oder erschwerenden Umstände berücksichtigt, benutzt, verstärkt und resp. beseitigt werden müssen, ebenso gut muß dieselbe auch in ihrer Entwickelung und Beschaffenheit auf jene Ueberwältigung selbst ausgehen. Der Angriff auf ein Werk muß den Feind jederzeit in den Angriff auf ein ganzes System verwickeln; die Batterien, deren Erbauung ihm unerläßlich ist, muß ihn auf mehrere der unsrigen, oder doch auf überwiegende und gesichert placirte Vertheidigungsbatterien stoßen lassen. Auf seinem Wege zum Platz muß der Feind Enfiladen und Rückenfeuer finden, die seine Arbeiten vervielfältigen und erschweren.

Nicht weniger als die theilweise Ueberwältigung verdienen Ueberraschungen des Feindes schon bei der ersten fortificatorischen Disposition beachtet zu werden. In früheren Zeiten suchte man diesen Zweck durch die Geheimhaltung aller Festungs-Anlagen zu erreichen; diese Geheimhaltung wird aber bei Plätzen, die nicht blose Militair-Emplacements sind, bei den täglich mehr sich verbreitenden geodätischen und fortificatorischen Kenntnissen und bei dem fast allgemein angenommenen Dienstsystem, nach welchem alle waffenfähigen gebildeten Männer einer Nation die Militairschulen passirt haben, immer schwieriger, so daß sich für die Folge immer weniger davon erwarten läßt. Die Ueberraschung kann daher nicht füglich mehr aus dem Ganzen hervorgehen und muß sich mehr in einzelnen, der Menge wenig bemerkbaren Eigenheiten zeigen. Gegen den Angriff maskirte Werke und Feuer (traditores), Demolitionen, disponirte Abschnitte, geräumige Sammelplätze zu großen Ausfällen (wozu die glacis en contrepente gehören) und dergleichen werden hier noch das Ihrige thun. Das beste Geheimniß bleibt überhaupt die Activität des Commandanten und der Geist der Besatzung, welche mit den beweglichen Vertheidigungsmitteln die todten Massen zu beleben, zu bewaffnen und die vorbereiteten Ueberraschungen sowohl als die durch augenblickliche Umstände empfohlenen in's Werk zu setzen haben.

Wenn die Sorge für die Sicherheit schon bei jeder Kriegs-Expedition unerläßlich ist, so wird ihre Beachtung bei der Festungs-Disposition zur Hauptsache. Sie hat deshalb oft als einzige Rücksicht gegolten. Die Sicherheit einer Festung kann aber in dieser Beziehung auf zweifache Weise gefährdet sein, einmal bei dem offenen (gewaltsamen, brüsken) Angriff und einmal bei dem förmlichen. Da das, was gegen den einen Angriff schützt, nicht immer auch gegen den anderen dient, so wird man wohlthun, die Disposition des Ganzen sowohl als die der einzelnen Werke, ja diese selbst in verschiedenen Epochen der fortlaufenden Vertheidigung, in zwiefacher Beziehung zu betrachten und seine Maaßnahmen dieser Betrachtung anzupassen.

Gegen den offenen Angriff, in den sich der förmliche zuletzt auch verliert, sind Wall und Graben (in diesem Sinne: Profil), Kehl-Verwahrungen und -Einsichten, gedeckte Sortie's, Reduits und nahes Collateralfeuer die gewöhnlichen Hülfsmittel.

Seltene Fälle ausgenommen ist ein Hinderniß, welches der Feind in Ruhe zu überschreiten oder zu beseitigen vermag, nicht viel mehr als keines. Das Profil allein gewährt daher nicht hinreichende Sicherheit; es muß also durch ein Tracé unterstützt werden, welches erlaubt, daß Gräben und Wälle mit ihren Escarpen und Böschungen bestrichen werden können. Die schon oben in der geschichtlichen Uebersicht der permanenten Fortification erwähnten Speculationen haben sich hiernach hauptsächlich um eine geschickte Combination zwischen Profil und Tracé gedreht, indem beide einander dadurch widerstreben, daß das tüchtige Profil die gesuchtere Trace nicht gehörig bestreicht. Man kann die in allen Systemen zu unterscheidenden Flankirungen der Hauptsache nach auf drei verschiedene Arten zurückführen, nämlich auf die bastionirte, die sich von Vauban, Cormontaigne und deren Anhängern am meisten bearbeitet findet, die tenaillirte, die schon in früherer Zeit ihre Vertreter hatte (Dillich, Landsberg ꝛc.), in späterer aber von Montalembert und Carnot wieder hervorgezogen wurde, und endlich die Caponieren-Flankirung, die, von Montalembert neuerdings zur Sprache gebracht, mit den rechtwinklichen Tenaillen zusammen seine sogenannte Perpendicular-Fortification begründet. — Weniger in einem System als in der Anwendung findet man noch eine vierte Flankirung, die sogenannte Revers-Flankirung nämlich, die so wie die Caponieren-Flankirung die Grabenbestreichung zum ausschließlichen Zweck hat, während die anderen Arten zugleich mit in die allgemeine Disposition der Werke eingreifen können. — Vor Vauban nahm man die Feuerlinie gewöhnlich auf einer Höhe von 30 Fuß über dem Horizont liegend an; sie fiel mit ihm bis auf 21 Fuß und ist seitdem mitunter bis auf 13 Fuß über dem Horizont herunter gezogen worden. Was niedrige Profile bei einer verwickelten Trace ergeben, sieht man an Thionville. Immer wird es rathsam bleiben, auf tüchtige Profile zu halten; auch sind letztere Seitens der Naturalisten, die doch zuletzt gewöhnlich mit der Festung handtiren, stets besser gewürdigt und genutzt worden, als die mit aller Feinheit ausgedachten Tracen.

Nimmt der förmliche Angriff beim Sturm ebenfalls den Charakter des gewaltsamen an, so hat er doch vorher eine andere Richtung. Wenn es dort auf die Uebersteigung der letzten Scheidewand vor dem Vertheidiger und auf dessen persönliche Ueberwältigung abgesehen war, so ist hier Wegräumung der Hindernisse und Unfähigmachung des Vertheidigers und seiner Waffen zum Kampfe das Ziel, dem sich der Angriff mit der zu diesem Zweck aus der Ferne schon wirksamen Artillerie zu nähern bemüht ist. Die Festungs-Disposition wird hier auf's Neue in Anspruch genommen und zwar auf doppelte Weise, nämlich zur Beschirmung des Materiellen und des Personellen. Was dem einen dient ist dem anderen nicht allemal gerathen und was dem Widerstande zuträglich erscheint, ist oft genug der baulichen Festigkeit nachtheilig. Die Erde, die sich schon wegen ihrer Dauer und Oekonomie empfiehlt, liefert das als Schutzwaffe geeignetste Material (Wälle mit ihren Traversen, Brustwehren, Bombendeckungen rc.); mehr Schwierigkeiten bietet das Mauerwerk dar, dessen durch das Geschütz leichter zu bewirkende Auflösung die französische Schule auf die Maxime führte: „toute maçonnerie vue toute maçonnerie battue.“ Richtiger ist wohl die folgende Regel: Starkes Mauerwerk (6 Fuß und darüber) entziehe man dem überwiegenden, bis auf 800 Schritt fernen feindlichen Kanonenfeuer, gebe es aber preis, wo an eine feindliche Geschützaufstellung nicht gedacht werden kann oder eine diesseitige beträchtliche Feuer-Ueberlegenheit möglich ist. Daß diese größere Latitude in der Anwendung des Mauerwerks und die darauf gerichtete größere Aufmerksamkeit der neueren Fortification zu einem veränderten Charakter verholfen, der sich hier und da schon seit der Mitte des vorigen Jahrhunderts gezeigt, seitdem aber immer mehr in allerhand Anwendungen (Reduits, Defensionskasernen, Caponieren, Mortierstände rc.) manifestirt und größtentheils die Schwierigkeiten beseitigt hat, welche schon früher einmal diese Anwendungen des Mauerwerks verdrängt hatten, ist offenbar.

Die Sicherheit der Besatzung und die Erhaltung ihrer Streitfähigkeit involvirt die Sicherheit der Vorräthe aller Art. Bei den Festungs-Anlagen unserer Zeit scheint man mit Recht die Sicherheit der Vorräthe mehr zu beachten als in den letztvergangenen Zeiten.

Eine Art Sicherstellung des Platzes oder vielmehr des letzten Restes seiner Garnison ging eine Zeit lang dahin, durch innere Abschnitte und Retiraden bei allmäliger Abnahme der Garnison den zu vertheidigenden Umfang angemessen zu verengen und damit zugleich dem Feinde jede Handbreit Erde streitig zu machen. Der Geist unserer Kriegführung so wenig, als die daraus hervorgehende Beschaffenheit unserer Plätze darf auf dieses noch überdem selten eintretende Extrem gerichtet werden. Man wird sich heutigen Tages mehr auf die entfernte Vertheidigung gefaßt zu machen haben und thut besser daran, seine Kräfte an die Organisation der Schlachtfelder vor den Plätzen zu setzen, als an die Herstellung innerer Abschnitte, was indessen nicht hindert, daß die letzteren (Bastions-, Tenaillen-Abschnitte, Defensionskasernen, Reduits), besonders wenn sie wieder zur Offensive des Vertheidigers führen, noch heute sehr brauchbar sind.

Die durch die Materie und ihre Disposition erzeugten Sicherungsmittel eines Platzes werden desto kräftiger sein, je mehr sie psychologisch vortheilhaft auf die Besatzung einwirken. Des Menschen Herz ist ein stolzes und verzagtes Ding, meint Salomo. Unter der Menge bekommt auch der Verzagte Muth, unter den Augen des Vorgesetzten wird der feige Ehrgeizige tapfer; ein Beherzter macht hundert Beherzte, ihm muß daher die Gelegenheit bleiben, seinen Muth auszulassen; daher muß die Disposition ein Auftreten in Masse begünstigen. Der Gedanke an einen gesicherten Rückzug erhält den Vorsichtigen auf seinem Posten; die gute Meinung von der einen Waffe belebt die andere, wenn sie mit ihr in's Gefecht tritt; das Bewußtsein naher Hülfe stärkt Jeden im Kampfe; das in der Nähe des Schlachtfeldes sicher und anständig vorbereitete Unterkommen der Truppe verschafft ihr die nöthige Haltung; der geschützte Unterhalt, die Reinlichkeit, die Aussicht auf nahe fortgesetzte Hülfe bei Verwundungen machen den Soldaten sorgloser und unternehmender. Dieser und anderer moralischer Triebfedern wird sich eine durchdachte Befestigung schon in ihren Anlagen zu bemächtigen haben. Besonders müssen auch diejenigen Werke, die zuerst den Angriff auszuhalten haben, und die dem Soldaten einen Maaßstab für die Widerstandsfähigkeit des Ganzen geben, nicht ärmlich mit schwachen Profilen und dergl. erbaut sein, weil sonst der Maaßstab nachtheilig auf die Meinung einwirken würde.

Der Bau fester Plätze.

Auf die Conception einer Festungs-Anlage, die mit Gründlichkeit und Unbefangenheit erörtert und in ihrer Ausführung mit dem Charakter gehalten sein will, den das Gelingen jeder dauernden Anstrengung erfordert, folgt der Bau, der, wenn er nicht überkostbar werden soll, die Masse seines Materials aus der Umgegend zu entnehmen hat. Daß übrigens dabei das beste Material nicht zu gut, die größte Sorgfalt in der Arbeit nicht überflüssig ist, giebt schon der Name der Befestigung (permanente) zu erkennen, deren Baulichkeiten nicht wie andere der atmosphärischen Einwirkung allein, sondern auch noch den feindlichen Anstrengungen der verschiedensten Art trotzen sollen. So lange Geld und Zeit nicht Beschränkungen herbeiführen, wird man also beim Bau mit Nutzen nach dem Vollkommneren streben und Auskunftsmittel nur erst gelten lassen, wenn diese Momente nicht unterstützen. — In früherer Zeit gebrauchte man zum Festungsbau eigene Baumeister, sowie die Franzosen ihre Constructeure noch für das Detail benutzen. Diese bauten dann wohl nach gewissen Schematen, wie z. B. Meister Johann unter Karl V. die Citadellen von Jülich und Magdeburg. Man darf wohl annehmen, daß dieser Modus der Fortification nicht zuträglich war, indem er bei einem so wichtigen Geschäft dem Handwerks-Ingenieur vor dem Soldaten-Ingenieur die Stimme gab und weil er in militairischer Hinsicht viele unpraktische Ansichten geltend machte, welche dem ganzen Vortrag der Ingenieur-Wissenschaft eine Richtung ertheilten, die noch heute ihre Reform wünschen läßt. Die daraus entstehenden Inconvenienzen blieben selbst beim Gebrauch der Plätze nicht verborgen und veranlaßten eine sich noch häufig findende Meinungs-Verschiedenheit zwischen den Architekten und den wirklichen Soldaten unter den Ingenieuren über Gegenstände, die beiden gleich wichtig sein müßten; sie veranlaßten sogar die Frage, ob es wohl rathsam sei, den Ingenieur überhaupt als Architekten zu gebrauchen. — Der Ingenieur, der in seiner Waffe eine zweckmäßige Elementarbildung erhalten hat, wird indessen immer mit Nutzen für sich und seinen Dienst im Baufache angestellt werden können; er wird hier seine Kenntniß in Behandlung des Materials und Personals, also in dem, was er im Kriege beurtheilen und anwenden soll, erweitern; er wird für den Festungsbau immer geschickter sein und ihn angemessener leiten, als der geschickteste Baumeister, weil ihm Zweck und Gebrauch der Bauwerke bekannter und geläufiger sind, als jenem; er wird sich endlich schon durch die Theilnahme an einer That mehr Urtheil, Continuität, Beholfenheit und Zutrauen erwerben, als ihm das Studium der meisten Bücher irgend zu verschaffen vermag.

Es fehlt an einem neuen, auf Erfahrungen gegründeten Handbuch der Festungsbau-Praktik. Belidor war eigentlich der letzte, der uns nicht als Abschreiber, sondern als erfahrener Denker etwas lieferte. Aber die Erfahrungen sind seitdem vorgerückt, die Wissenschaft hat sich ihrer bemächtigt und sie haben wieder die Wissenschaft gedrängt, so daß nunmehr weit umfassendere, gediegenere und lehrreichere Sätze als damals aufzustellen sein würden. Da es hier nicht darauf ankommen kann, von dem Material eines solchen Handbuches selbst zu sprechen, und zur vorgesetzten Andeutung eines Begriffs-Netzes schon die Capitel-Angabe zureicht, so wird hier eine Skizze der letzteren am rechten Orte sein.

Die theoretische Kenntniß einer Festungsbau-Führung' läßt sich meines Erachtens unter folgende drei Haupt-Fragen bringen:

I. Wer und was gehört zum Bau?

II. Wie wird gebaut?

III. Wie folgen die Arbeiten einander beim Bau?

Ohne gerade die Zergliederung dieser Fragen erschöpfen zu wollen, wird ihre Beantwortung aus der Antwort auf die folgenden untergeordneten Fragen einleuchten.

Ad I.

α) Wer ist beim Neu- oder Reparatur-Bau einer Festung Bauherr, Bau-Dirigent, Bau-Controlleur, Rechnungs-Führer, Rechnungs-Controlleur, Aufseher und Arbeiter und wie ist er es am besten?

β) Wo wird gebaut und was schaffen die Lage, das Clima, die Landesart, der Boden und andere Umstände für Vortheile und Nachtheile?

γ) Wie wird man Herr des Bodens in rechtlicher und baulicher Beziehung?

δ) Wie erkennt und bestimmt man das Bau-Material in baulicher und ökonomischer Beziehung?

ε) Wie bemächtigt man sich desselben und wie behandelt man es vor dem Gebrauch?

ζ) Wie erkundet man den Bedarf an pekuniären Mitteln zum Bau und wie schreitet man in dieser Erforschung nach den Umständen fort?

η) Wie verschafft man sich die physischen Kräfte, wie erkennt und wie benutzt man sie am besten?

Ad II.

α) Welche Conceptionen und Daten gehören zum Entwurf des Bau-Plans und wie lassen sie sich hinsichtlich der Oekonomie modificiren?

β) Welche Ansprüche sind an die Festigkeit und Dauer, so wie an das Aeußere, an die Bequemlichkeit und den Gebrauch beim Festungsbau unerläßlich und resp. erlaubt?

γ) Wie kann man diesen Ansprüchen bei jedem Material und für jeden untergeordneten Zweck beziehungsweise auf Druck, Cohäsion, feindliches Geschütz und jeden atmosphärischen Einfluß am sichersten gerecht werden?

δ) Wie findet ein Organismus des Baugeschäfts selbst auf die jedesmalige Arbeit die beste Anwendung?

Ad III.

α) Welche intellectuellen und welche materiellen Arbeiten sind als Vorbereitung zum ganzen Bau unerläßlich?

β) Welche Arbeiten der Art müssen jedem Bau-Jahr, jeder Woche und jedem Tage insbesondere vorausgehen und folgen?

γ) Welches ist die beste zeitgemäße Eintheilung der Bau-Arbeiten und der Baumittel?

δ) Was muß dem Schluß jedes Bauwerks und was dem des ganzen Bau's vorbehalten bleiben?

Da sich bei Beantwortung dieser Fragen mit der Speculation nichts ausrichten läßt, so kann sie nur als Resultat vieler umfassender, nach der Localität unterschiedener Erfahrungen erlangt und nur in langen Zeiträumen vervollständigt werden. Eigentlich gehören daher die Auflösungen der vorstehenden Aufgaben jedem Ingenieurcorps als fortlaufende Friedensbeschäftiguug an. Wären sie bereits gesammelt, geregelt und verglichen, so würde nicht allein die wahre Controlle jede eingebildete verdrängen, sondern es würden auch die Individuen selbst in dem nicht blos dienstlichen, sondern auch wissenschaftlichen Verein, eine große Sicherheit erlangen und das kostbare Tatonniren, das jeder gediegenen Erfahrung des Einzelnen mehr oder minder vorangeht, weniger nöthig haben. Man hätte dabei übrigens nichts von dem Kastengeiste, der das französische und verschiedene andere Ingenieurcorps früher heimsuchte, zu besorgen, so lange man Systembauerei und Geheimnißkrämerei, die sich freilich zuletzt immer in das geistige Gemeingut einer Corporation mischen und diese selbst auflösen, entfernt hält.

2. Instandsetzung des Platzes zur Vertheidigung und diese selbst.

Die Vertheidigung der Plätze hängt nach unten zu mit der Kenntniß des fortificatorischen Details und mit militairischen Erfahrungen und Regeln, nach oben zu aber mit der freien Kriegführung und sogar mit einer auf den Platz beschränkten Politik zusammen, weil des Befehlshabers Wille im isolirten Zustande des Platzes den Willen der Regierung ersetzen muß (Erklärung der Festung in den Kriegszustand). In letzterer Beziehung kann bei der Vertheidigung Alles gelten, was die Kriegführung überhaupt gestattet; in ersterer Hinsicht dagegen muß jede Anlage, jede Vorrichtung, jede Anstalt im Platze und vor demselben ihre zeitgemäße Anwendung finden und das mit Nachdruck äußern, was sie unter den jedesmaligen Umständen zu leisten im Stande ist.

Zu den vorzüglicheren rein militairischen Voranstalten einer Vertheidigung gehört die Bewaffnung des Platzes und die Verproviantirung nach der richtig ermittelten Garnisonstärke. Es ist daher nöthig, daß diese Einrichtungen im Platze schon lange vor dessen Gebrauch bestehen, wenn dieser den gehörigen Verlaß geben soll.

Mit der schematischen Anordnung der Plätze waren auch sonst für ihre Bewaffnung, Garnisonstärken und selbst für die Dauer des Angriffs und der Vertheidigung gewisse Normalzahlen aus der Calkulatur hervorgegangen, die man bei einer neuerdings in der Fortification geltend gemachten Individualität der Festungen ebenfalls verlassen muß. *Vauban's* und *Cormontaigne's* Panegyriker und Nachtreter hatten es in diesem Calkül am weitesten gebracht. Nach ihren supponirten Belagerungs-Journalen wußten sie die Haltezeit eines jeden Werkes an den Fingern abzuzählen. Wie viel diese Methodik galt, zeigen uns die Schriftsteller und Schulen noch heute. Die daraus hervorgegangene Unbeholfenheit wurde selbst Laien in der Fortification bemerklich. Ein witziger Mann (Rivarol) sagt von der durch ihre Regelmäßigkeit berühmten österreichischen Belagerung von *Valenciennes* (1793): „que les ingénieurs autrichiens semblaient avoir appris dans l'histoire du siége de Troyes leur méthode d'attaquer les places.“ Das nothwendige Verlassen der eben erwähnten Normal-Zahlen ꝛc. darf uns übrigens nicht leid thun, weil sie es waren, die zu dem bemerkbaren Fallen der Festungs-Vertheidigung wesentlich mit beigetragen hatten. So verdankte in der letzten *Napoleon*'schen Zeit *Carnot's* Buch: de la défense des places fortes, seine Entstehung jenen Rückschritten und von diesem Buche sagt *Wellington*: „ce livre m'a fait beaucoup de mal en Espagne.“ Will man in Zukunft auf diesem Gebiete falsche Annahmen, daraus hervorgehende Mißgriffe und demnächstige Unglücksfälle vermeiden, so darf man sich zwar die Mühe nicht verdrießen lassen, für jeden gegebenen Platz bis auf einen gewissen Punkt mit der Phantasie in die die meisten Mittel beanspruchenden Angriffe einzugehen und die Resultate mit den mehrfachen Anwendungen jedes Mittels in Uebereinstimmung zu bringen; man muß sich dabei aber ebenso sehr vor einer dramatischen Vorstellung des Actes als vor einer unklaren Oberflächlichkeit (gemeinhin Genialität genannt) in Acht nehmen und sich innerhalb der Grenzen der Wahrscheinlichkeit und der Vorsicht zu erhalten suchen. Spricht man übrigens von den Mitteln, die zur Vertheidigung eines Platzes erforderlich sind, so spricht man nicht von dem, was der Platz in der Kriegführung überhaupt zu leisten hätte, sondern man beschränkt sich auf das seiner Erhaltung angemessene Minimum, bei dem der Commandant keine wesentliche fortificatorische Voranstalt von Hause aus unbenutzt aufzugeben genöthigt wird. Daß er seinen Platz auch mit geringeren Mitteln vertheidigen wird, weil er sich beschränken und weil ein Abgang durch einen Ueberschuß anderer Art ersetzt werden kann, versteht sich von selbst.

Der Artillerist wird demnach zuvörderst, zur Bestimmung der Zahl und Art seiner Geschütze, aus denen sich seine übrigen Bedürfnisse ergeben, das Schlachtfeld zu betrachten haben, auf dem sich seine Waffe tummeln soll; er wird die Linien, die er zu bestreichen, die Vertiefungen, die er zu bewerfen, die feindlichen Emplacements, mit denen er es zu thun bekommen wird, besichtigen müssen. Er wird hierbei immer den förmlichen und brüsken Angriff zu unterscheiden und, soweit dies angeht, dieselben Mittel gegen beide Angriffsarten zu benutzen suchen müssen; er wird sich ferner mit der möglicherweise statthaften Transposition seiner Mittel, deren Benutzung in dem Maaße zunimmt, als jene erleichtert ist, beschäftigen und er wird endlich sein Augenmerk auf die sichere und dem vorherzusehenden Gebrauch angemessenste Verwahrung seiner materiellen und personellen Mittel richten müssen. — Fast ebenso wird der Mineur in Beziehung auf seine Dienstbranche zu verfahren haben und die Vorarbeiten abschätzen müssen, die die Wirksamkeit seiner Waffe und ihren Bedarf an Material und Leuten bestimmen. — So gut als diese Waffen, die doch in der Vertheidigung gegen den förmlichen Angriff den Ton angeben und den Gebrauch der übrigen leiten, ihre Bedürfnisse mit einiger Zuversicht aus der jedesmaligen Localität zu entnehmen im Stande sind, ebenso gut müßte auch die Zahl der Feuergewehre der Infanterie, von welcher letzteren als von der größeren Streitmasse das Verproviantirungs-Quantum insbesondere abhängig ist, und deren Ueberzahl sowohl als Mangel der Erhaltung des Platzes gleich nachtheilig sind, sich angeben lassen. Als der Zeitpunkt des wirksamsten Gebrauchs der Infanterie dürfte dabei für jede Angriffsweise der anzunehmen sein, wo der Feind den Platz zwar berennt, sich aber über den Gang des Angriffs noch nicht erklärt hat, wo er also noch den langweiligen

Gang der formellen Belagerung zu umgehen und die Festung mit einem coup de main zu erobern suchen wird, gegen welchen die Besatzung bei Tag und Nacht auf jedem irgend zugänglichen Punkte auf ihrer Hut und zur Gegenwehr bereit sein muß. Zahl und Aufstellung der demnach zur Wahrnehmung jedes ernstlichen Unternehmens erforderlichen Posten geben die Stärke und Vertheilung der Wachtmannschaft an, die mit dem Widerstand gegen den ersten Anlauf harmoniren und diesen so lange muß aushalten können, bis die disponirten zunächst aufgestellten ersten, zweiten und auch wohl dritten Reserven herbeizueilen und auch alle übrigen zum völligen Abschlagen des Sturms angelegten Maaßregeln in Wirksamkeit zu treten vermögen. Die dreitägige Ablösung einer in dieser Art ermittelten dienstthuenden Mannschaft, zu der die ersten Reserven mitgerechnet werden müssen, giebt eine hinlängliche Stärke der Infanterie-Mannschaft. Selbige wird, da sie den im Verfolg der Belagerung anzunehmenden Abgang mit übertragen muß, immer noch mäßig genug sein. — Dergleichen Ermittelungen der Garnisonstärke, die sich auf jedes einzelne Werk ausdehnen lassen, dürften nicht ausschließlich von Trace und Profil allein ausgehen; alle Umstände müßten dabei mit beachtet werden, die beim wirklichen Gebrauch der Festungswerke zur Sprache kommen, so z. B. die vorbereiteten Postirungen der Wachten, die gesicherten Rückzüge, die Communication der Werke unter sich, die Allarmplätze und selbst der Geist der Truppe, ob demselben beim Gebrauch des Platzes dessen individueller Charakter besonders anspricht ꝛc.

Wie die früheren Bausch-Quanta, die indessen insofern noch immer einigen Sinn hatten, als sie vorzugsweise auf ein bestimmtes System und die dabei üblichen Werke hinausliefen, unter sich abweichen, wie wenig sie also in der Realität begründet sein konnten, das geben die folgenden Auszüge zu erkennen. Vauban verlangt für den vierseitigen Platz (als Minimum seines Tracé's) 58 Piecen, für den sechsseitigen 90, für den achtseitigen 122, für den zwölfseitigen 180 und für den achtzehnseitigen 228 Piecen. Cormontaigne verlangt für das Viereck 45 Piecen, für das Sechseck ohne Außenwerke 68 und bei zwei Attaque-Fronten 104, für das Achteck 137, für das Achtzehneck 392.

Das Geschütz-Verlangen für das Montalembert'sche System geht in's Unglaubliche. Nach den vor Anfang des französischen Krieges (1806) unter dem Präsidio von Scharnhorst aufgestellten Grundsätzen für die preußischen Festungen sollten außer der Armirung gegen den coup de main für jede Attaque eines Platzes 40 Kanonen, 20 Wurfgeschütze und $^1/_7$ Reserve im Ganzen zulangen.

Die Feuerlinien geben in den Vauban'schen Plätzen 600 Vertheidiger auf das Bastion, darunter $^1/_{10}$ Cavallerie, $^1/_8$ Artillerie, Genie zc., so daß etwa auf das Sechseck 4500 Mann kommen. Bousmard kommt bei etwas mehr Detail-Raisonnement auf 4700, sonst überschlägt er auch bei Plätzen von mehr als sechs Seiten 150 Mann auf das Bastion und 4700 Mann auf jede Attaque, so daß z. B. das Zwanzigeck mit zwei Attaque-Fronten 12,400 Mann verlangte. Vernon meint, daß es keinen Platz gäbe, der nicht mit 12,000 Mann zu vertheidigen wäre, und Carnot rechnet für den Frieden 200 Mann auf jedes Bastion und 4000 Mann Verstärkung auf jede Attaque im Kriege.

Ist man mit der Bewaffnung und der Garnisonstärke für einen Platz im Reinen, der, wie schon erwähnt worden, wenn er ein eigentlicher Waffenplatz ist, für die äußeren Verhältnisse einen zweiten Ueberschlag verlangt, so läßt sich nach den hierüber häufig geltenden Erfahrungssätzen die Mund- und Maul-Versorgung bald berechnen, aber freilich nicht ebenso bald beschaffen, weil es hier wieder mit dem Wissen nicht abgethan ist und die Kunst in ihre Rechte tritt (s. Cancrin's Militair-Oekonomie).

Die im Eingang dieser Betrachtung berührten, zur Vertheidigung gegen den förmlichen Angriff erforderlichen fortificatorischen Kenntnisse beziehen sich außer auf den richtigen Gebrauch der Werke noch insbesondere auf den Gang der Attaque. Die Befestigung giebt dem Vertheidiger Schutz gegen die feindliche Trutzwaffe, den der Angreifer entbehrt. Letzterer muß sich denselben erst schaffen, um mit gleichem Vortheil seine Truppen in der Nähe des Kampfplatzes zu lassen. Dergleichen Stellungen (Contravallationen, Parallelen, places d'armes, Gallerien zc.) sind den allgemeinen Regeln der Stellungen überhaupt unterworfen und unterscheiden sich nach der dabei beobachteten Deckung gegen den

Platz, sowie nach ihrer Entfernung von demselben. Aus diesen Stellungen, die unter sich gesicherte Communicationen (Approchen, Zickzacks ꝛc.) haben und die verschiedene Waffen aufnehmen können, rückt der Feind der Enceinte immer näher und öffnet sich endlich diese. Letztere Oeffnung ist das materielle Ziel der Belagerungsarbeiten, das richtig bedacht und unabänderlich im Auge behalten werden muß. Alles, was dieses Ziel verrücken oder was dessen Erreichung hinausschieben und den Feind in den mühsamsten, langweiligsten Arbeiten entmuthigen kann, dient der Vertheidigung. Ich nenne hier nur eine lange Behauptung des Terrains vor der Festung, Aufmerksamkeit auf die Tranchee-Eröffnung, große Ausfälle, maskirtes Geschütz, Contreminen und Deplacirung der Geschütze, Abbrechen des Gefechts zur rechten Zeit, Demolirungen, Inundationen, kleine Ausfälle ꝛc. Wie diese Maaßregeln einander zu folgen, wie sie zu wechseln haben, wie derjenige, welcher der Vertheidigung den Impuls giebt, sich ihrer nicht allein passiv, sondern auch in der Initiative bedienen muß, kann Niemand im Detail lehren und Niemand im Voraus begreifen. Freiheit des Geistes, Intelligenz, Charakter, Bildung und Muth von Seiten des Befehlenden, Ausdauer, Fleiß und Tapferkeit von Seiten des Soldaten, können und müssen hier das Ihrige um so mehr thun, als moralische Nothwendigkeit dazu antreibt und der gewöhnliche Muth mit der gewöhnlichen Handlungsweise bei einer gänzlichen Abgeschiedenheit von der übrigen Welt, beim Kampfe mit allerhand Entbehrungen, bei einer vorschreitenden Beengung des Raumes und der Mittel, bei immer wieder fehlschlagenden Hoffnungen, bei Kummer und Elend in allen Umgebungen nicht ausreicht.

Der Befestigungskunst ist es nicht zureichend, Vertheidigungsmittel zu sammeln und die Vertheidigung einzuleiten; sie muß weiter gehen und ihren Blick noch auf die Zukunft werfen. Jeder auf längere Zeitdauer berechneten menschlichen Einrichtung muß eine Divination vorausgehen und Festungen, die zu Jahrhunderte langen Diensten berufen sind, verlangen sie gebieterisch. Welche Gestalt kann und wird die Kriegführung und in ihr der Angriff in der folgenden Zeit annehmen? Diese Frage ist bei neuen Anlagen eine sehr bedeutungsvolle. Was die

Vertheidigung war, als man sich mit Pfeilen beschoß und mit blanken Waffen hinter und auf den Stadtmauern schlug, als man diese mit Mauerbrechern und unterirdischen Bränden einstürzte, als man die Commandanten, wie Muhamed II., zersägte, die Einwohner zum Tode oder in die Sklaverei führte, als man die Plätze mit einigen schweren Geschützen oder durch ungeheuere Pulver-Explosionen öffnete, als man sich des Ricochets und der Bomben bediente, als man mit schachspielartiger Regelmäßigkeit eine Linie nach der anderen, eine Gallerie nach der anderen wegnahm, als man den größten Schurken die ehrenvollsten Capitulationen antrug, zeigt die Geschichte zur Genüge. Ueber den Geist der allgemeinen Kriegführung, zu dem eine höhere Cultur mahnt und zu dem große Armee'n gehören, haben wir uns schon oben geäußert. Unterrichtete Männer thaten es schon lange vor uns, namentlich sagt Scharnhorst (s. d. Denkwürdigkeiten), daß das in unserer Zeit übliche Schlagen in Massen und zwar in der Entfernung und weniger Mann gegen Mann, unseren Festungs-Anlagen nicht günstig sei, und diese daher mehr auf entferntes als auf nahes Gefecht berechnet werden sollten. Carnot wollte zwar umgekehrt das Gefecht von Mann gegen Mann durch die Festungs-Anlagen einführen (retours offensifs), so lange aber der Geist die Welt regiert, werden wohl diese von der jedesmaligen Kriegführung abhängen. Viele von den englischen Belagerungen in neuerer Zeit, in Indien sowohl als in Spanien, haben, zwar aus anderen Gründen, aber doch praktisch und deshalb nicht ohne Bedeutung, auf die Nothwendigkeit hingewiesen, sich von vorn herein so ziemlich der bisherigen Form anzuschließen, gegen das Ende der Belagerung hin aber dem brüsken Gange vor dem bisherigen langsamen, sicher aber die ganze Kriegführung lähmenden, den Vorzug einzuräumen.

Daß das eine Zeit lang zur Städte-Bezwingung für dienlich gehaltene Bombardement militairisch keinen besonderen Einfluß äußert, hat in neuerer Zeit (1813) der Angriff auf Danzig gezeigt, bei dem eine während eines mehrtägigen Bombardements zu Wasser und zu Lande und unter einem Kosten-Aufwande von mehreren Millionen Francs stattgefundene tägliche Consumption von 7000 Kugeln und Granaten kein militairisches Resultat gab (s. Artois' Geschichte dieser Belagerung). Ob ein nach Marescot'scher Angabe veränderter Minenkrieg auf die Vertheidigungs-Anstalten von großem Einfluß sein wird, ist zwar nicht erwiesen, aber nichts weniger als unwahrscheinlich, weil sich das Princip, die unverdämmte Mine anzuwenden, bewährt findet und eine regere Combination der Sappe und der Mine große Zeit-Ersparnisse verspricht. Ebenso wenig läßt sich voraussehen, welche Rückwirkung die neuerdings in der Fortification selbst eingeführten Veränderungen auf den Festungskrieg haben werden, denn Angriff und Vertheidigung werden sich stets gegenseitig steigern und es ist ein zwar alter aber beschränkter Streit um beider Uebergewicht, weil hierbei recht eigentlich die Shakespear'sche Rede gilt: der, der im Streite mehr thun kann, als sein Hauptmann, ist seines Hauptmanns Hauptmann.

Geschrieben im Juni 1823.

II.

Ueber den Zusammenhang des Kriegs- und Ingenieur-Wissens, eine kritische Beleuchtung.

Das in Rede stehende Werk giebt zwar den sehr lobenswerthen Drang zu erkennen, sich über einen Gegenstand des Wissens aufzuklären, der, obgleich bereits in die Praxis übergegangen, doch für Viele noch nicht zum Bewußtsein gekommen ist und noch häufig in den bekannten Kreis des Manierirens hinein gezogen und in dieser Beschränktheit beurtheilt wird; auch ist hier insoweit der richtige Weg vorgezeichnet, als Conception und Gebrauch der Festungs-Anlagen auf den ethischen Triebfedern der Handlung und also mit dem Kriegswissen überhaupt auf gleichen Grundsätzen beruhend dargestellt werden. Nur leichtfertig kann ich es indessen nennen, wenn als Grundlinien des Raisonnements die mit einer gesunden Kritik nicht zu vereinigenden, heute noch gangbaren Begriffe der Kriegs-Literatur beibehalten, mit sehr einseitig aufgefaßten Facten aus der Kriegsgeschichte belegt und Folgerungen daraus gezogen werden, die zwar wohl manchen zur Ausführung der neueren Befestigungen genutzten Gedanken rechtfertigen können, die ihn aber keineswegs erschöpfen, und welche somit dessen fernerweite Anwendung im Allgemeinen nur mißleiten können.

Der erstgenannte Uebelstand zeigt sich in der nach vielem literarischen Streit beibehaltenen Unterscheidung von Strategie und Taktik. Besagter Streit sollte eigentlich schon längst etymologisch geschlichtet sein. Weil das Wort „Strategie" das Kriegführen überhaupt, „Taktik" dagegen das Ordnen zur Schlacht bedeutet, involvirt erstere die letztere vollkommen, und die Taktik kann nur eine Disciplin des, keineswegs aber den Gegensatz zu dem in höherer Ordnung Befindlichen abgeben. Hierauf weist auch die schon längst erkannte Unbestimmbarkeit beider Begriffe hin.

Eine gleiche Bewandtniß hat es mit der in der Kriegstheorie leider auf literaturgeschichtlichem Wege ganz heimisch gewordenen großen Capitel-Eintheilung in offensive und defensive Handlungsweise ohne Bezugnahme auf den besonderen Zweck der Handlung, woraus die unbestimmt schwebenden Begriffe einer offensiv-defensiven Festungsvertheidigung und einer defensiven Schlacht mit Offensiv-Bewegungen, so wie die häufige Verwechselung beider Begriffe mit der Sicherung und Ueberwältigung hervorging.

Wird alsdann noch auf solche Unklarheiten die Classification der Plätze oder wohl gar die ihrer Angriffsweisen basirt, so werden die Fehlschlüsse immer zahlreicher, was namentlich die in Rede stehende Abhandlung in die Augen springen läßt.

Auf gleich lockerem und nichts weniger als logischem Grunde beruht die aus einzelnen Erscheinungen abgeleitete Capitel-Eintheilung der ganzen Abhandlung nach den linearen, dynamischen und technischen Verhältnissen, welchen der Collectivbegriff, sowie der eigentliche Theilungsgrund abgeht. Lineairisches zeigt sich nämlich sowohl in der Dynamik als in der Technik, sowie jede Kraftanwendung auch Räumlichkeit voraussetzt und jede Kriegshandlung ihre Technik besitzt. Daß das Lineare in der Befestigung sich zu dem Taktischen, wie Wissenschaft zur Kunst verhalten soll, ist schließlich gar nicht zu fassen. Das Wissen in jeder Praxis ist die aus der Abstraction gebildete Regel; die Kunst ist deren Anwendung auf den besonderen Fall unter Berücksichtigung aller einfließenden Umstände. Daß mancher Ingenieur alter und neuer Zeit vom Kriege zu wenig wußte und weiß, liegt lediglich an seiner zu geringen Bekümmerniß. Aber auch mit solcher

Bekümmerniß kann man durch einseitige Doctrinen auf Abwege gerathen, wie z. B. das betreffende Werk zeigt. Der kalkulatorische Typus führt hier zur offenbaren Verwechselung einer starken Garnison mit einer starken Festung; das Bombardement wird zu einer förmlichen Angriffsmethode gestempelt und der neueren Befestigung werden unter sich und von der Haupt-Enceinte unterschiedene Festungs- und sogenannte Terrain-Forts angedichtet, woran Niemand gedacht hatte. Dagegen ist von den nach stattgehabter Ueberwältigung der Spitzen wiederholt dem förmlichen Angriff sich präsentirenden Linien permanenter Werke, die sich in gemeinschaftlichen Geschützportee'n befinden, gar nicht die Rede, obgleich darin die Nöthigung zu neuen Belagerungsarbeiten nach von Hause aus veränderten Richtungen und also die eigentliche Aufgabe fortificatorischer Taktik beruht.

Ganz übersehen ist der tief in die Kriegführung eingreifende Umstand, jedem befestigten Platze eine solche Beschaffenheit zu geben, daß man, ohne haltbare Terrain-Vortheile aufgeben zu müssen, den Platz einem Minimum der Garnison anvertrauen kann, zugleich aber auch die Aufnahme eines verhältnißmäßigen Maximums an Streitern, sofern die Armee-Operationen dies nöthig erscheinen lassen, nicht behindert.

Es ist allerdings leichter, eine Arbeit zu tadeln, als eine bessere zu liefern. Zum letzteren fehlt es mir zwar gegenwärtig an Lust, indessen soll mich das nicht abhalten, mit einigen flüchtigen Zügen schließlich anzudeuten, wie mich Erfahrung und Nachdenken auf eine Auffassung desselben Gegenstandes hingewiesen haben, die vollständigere und correctere Resultate liefern würde.

Vorausgesetzt, daß die Betrachtung ohne irgend welche politische Beimischung in den Schranken der Disciplin fortschreitet, die Regeln nicht zu Kunst-Recepten gemacht, sondern nur für Anhaltepunkte im Gedränge der That und als Stützen etwaiger Meinungsverschiedenheit angesehen werden, vorausgesetzt ferner, daß man die Möglichkeit zugebe, die Triebfeder der den Umständen jedesmal gemäßen Handlung könne von der leitenden Intelligenz mit vollem Bewußtsein erkannt, ergriffen und unter Fortdauer der Umstände festgehalten und somit der Eingebung des

Augenblicks entzogen werden, dies vorausgesetzt, kann auch ich, insoweit es die Technik der Terrain-Verwandlungs-Waffe zuläßt, die Fortification in der nächsten Verwandtschaft mit der Kriegstheorie erblicken. Aber gerade das veranlaßt mich auch zu fragen, ob das heutige, mit einer Menge Detailkenntniß, aber auch mit mancher müßigen Phraseologie ausgerüstete Kriegswissen den Bedürfnissen der heutigen Kriegführung und zwar in gleicher Weise, wie ich es für das besondere Ingenieur-Wissen oben zur Bedingung machte, vollkommen zusagt? Hier muß ich, wie schon oben erwähnt worden, mit einem unbedingten Nein antworten.

War auch in der frühesten Kriegführung und noch unter Griechen und Römern der Sinn des Krieges als die physische Ueberwältigung des Gegners derselbe, wie heute, so läßt sich doch für abstrahirte Gebrauchsregeln aus der blosen Definition so wenig gewinnen, als aus dem obersten Grundsatz eines solchen Erfahrungs-Wissens überhaupt. Sehr bald brach sich auch diese Ueberzeugung Bahn und mit der wachsenden Bildung der Armee'n und ihrer Theilung (dem organisirten Kriegs-Instrument) sah man zuvörderst nächst dem Ordnen, worunter eine mehr mechanische Taktik zu verstehen ist, bei einer stets zunehmenden Gefechts-Complication die Nothwendigkeit ein, dem auf den Waffenkampf selbst zu beziehenden Theile der Ueberwältigung eine speculativere Behandlung zuzugestehen und somit mußte diese theilweise Ueberwältigung zu einem Vehikel des Sieges oder eine derjenigen Triebfedern werden, welche, indem man sie klar auffaßt und in ihrer Gegenseitigkeit betrachtet und begrenzt, allein die Grundlage einer faßlichen Kriegstheorie abgeben können.

Sowie noch gegenwärtig in den Kriegs-Unternehmungen der Tartaren, Mongolen, Kaffern, Indianer rc. über weite Strecken wüsten Landes hinweg die Unterdrückung des cultivirten Nachbarlandes durch die Ueberraschung ermöglicht wird, so bildete die letztere in früherer Zeit fast stets die Einleitung zur nachfolgenden Ueberwältigung. Mit der Ausbildung und Gliederung und namentlich mit der zunehmenden Beweglichkeit und Ausdehnung des Kriegs-Instruments hat sie ihre Anwendung nichts weniger als verloren. Sie hat sich gegentheils häufiger, wenn auch getheilter als vordem, bemerkbar gemacht; ihren moralischen Einfluß hat sie aber durchaus beibehalten. Napoleon erkennt dies mit den Worten an: „la guerre à toujours été la même", obgleich er anderwärts den Hebel der Ueberraschung, den er selbst oft im Großen und zwar schon bei der Einleitung seiner Feldoperationen, sowie in Schlachten prämeditirend zu nutzen verstand, in der Theorie als regellos d. h. als eine Zufälligkeit ansah, was in seinem sonst so lehrreichen Kriegsraisonnement befremdet. Vielleicht bewegte sich gerade auf diesem Gebiet der Feldherrnthätigkeit sein kriegerischer Genius so ungebunden, daß ihm jede Regel wie eine Fessel desselben vorkam und das Wissen mit der Kunst hier nicht gleichen Schritt hielt.

Nichtsdestoweniger erkannte Napoleon das theoretisch längst eingebürgerte Gegenmittel der Ueberraschung, nämlich die Sicherung, als durchgreifend durch alle Zustände an, in welche Freund und Feind nicht allein in der Kriegshandtirung selbst, sondern schon lange vorher und also in der Bereitschaft zu jener gerathen können. Die Sicherung war von je her die Begleiterin des Besitzes und wurde da, wo es auf Land und Leute ankam, als unmittelbar mit diesem verbunden betrachtet, so daß man sich recht wohl erklären kann, wie das active und passive Benehmen im Kriege in dieser Verschmelzung den Charakter einer Offensive und Defensive annahm. Auch kann man sich hieraus recht gut erklären, wie solche Begriffsverwirrung um so mehr in die jüngere Kriegstheorie einwachsen konnte, da eben zur Zeit der Wieder-Aufnahme der Wissenschaften alle Kriegführung sich in kleinem Maaßstabe um den Ortsbesitz drehte, der aus den fortificatorischen Meditationen seine geistige Nahrung erhielt. Diese Meditationen, welche sich mit ihrem geometrischen Theile der damaligen Kriegsliteratur vollständig bemächtigt hatten, waren in Folge der Bestimmtheit des Objects wohl fähig, in alle und jede Kriegshandlung den Charakter entweder des Angriffs oder der Vertheidigung einzuführen, während jetzt das weitergreifende und vieldeutigere Bedürfniß gesicherter Kriegshandtirung jene Verbindung in der Theorie nicht mehr verträgt.

Selbst die Vervielfältigung des Besitzes größerer Kriegsmittel, besonders aber das sämmtlichen bereits genannten Kriegshandlungsmotiven dienende Terrain, läßt im Streben nach Besitz eine eigene Art Triebfeder erkennen, die um so mehr mit den vorigen auf einer Höhe steht, als sie mit ihnen in der Vorherrschaft und zeitweiligen Begleitung in größeren wie in untergeordneten Kriegsereignissen ein Wechselverhältniß eingeht. Da im Kriege, wie beim Contrafechten, willkürliche Impulse von beiden streitenden Theilen, ja selbst unwillkürliche, von einer höheren Macht geordnete vorkommen, so werden auch die am besten erkannten und verfolgten Ziele der Handlung häufig nicht erreicht und es kommt alsdann nur darauf an, die Störung zeitig genug zu bemerken und die Gegenhandlung unter die Vorherrschaft des nunmehr eben passenden Princips zu stecken, d. h. den Wechsel des einen der oben aufgestellten vier Haupthandlungsmotive und nicht blos immer und allein nur die Parade gegen den Stoß, mit Bewußtsein und Entschluß eintreten zu lassen.

Das Kriegswissen muß darum, wenn es der Praxis wesentlich nutzen und der Kunst eine feste Grundlage schaffen soll, ethischer Natur sein und sich, sei es als Regel, sei es als Maxime, je nach dem absoluteren oder relativeren Grade einer vernünftigen Abstraction, durch sämmtliche Kriegsgegenstände von der Truppenorganisation an bis zu ihrer Verwendung auf dem Blachfelde wie der rothe Faden durch das Takelwerk der englischen Marine hindurch ziehen lassen. Ein tieferes Eingehen in die Art und Weise, wie dies zu erlangen wäre, ist hier nicht am Ort und dürfte nur noch der Umstand Erwähnung verdienen, daß die genannten vier Kategorie'n der Kriegshandlungs-Triebfedern in den verschiedenen Waffen unserer heutigen Armee'n, eigentlich bereits auf dem Wege der Erfahrung, ihre Repräsentanten haben, indem die vier Waffen, wenn auch nicht ausschließlich, was jedenfalls fehlerhaft wäre, so doch aber vorzugsweise der einen oder der anderen dieser Triebfedern gewidmet erscheinen. So läßt sich die Infanterie als die unter allen Umständen zum Kampfe und zur Ueberwältigung geeignetste Waffe, die deshalb auch allgemein als die Hauptwaffe in den Armee'n anerkannt wird, als der theilweisen Ueberwältigung gewidmet betrachten, die Kavallerie dagegen der Ueberraschung, weil sie am schnellsten an den Feind zu bringen ist, die Artillerie der Sicherung, weil sich mittelst ihrer Feuerwirkung das Handgemenge am längsten hinausschieben läßt. Was den Besitz und in specie den Besitz und Gebrauch des Terrains anbelangt, so ist hierauf wohl ohne Frage vornehmlich die Thätigkeit des Ingenieurs und überhaupt die der Terrainverwandlungs-Waffe angewiesen. Ueber diesen Punkt glauben wir uns hier noch etwas weiter auslassen zu müssen, da er ja als die eigentliche Veranlassung unserer theoretischen Betrachtung anzusehen ist.

So lange und so weit als der Terrain-Besitz, gleichviel ob er naturwüchsige oder producirte Gegenstände anspricht, ein Vehikel der Kriegführung abgab, hat auch der Vorwurf der Ingenieur-Thätigkeit d. h. die Terrain-Verwandlung damit gleichen Schritt gehalten. Meistens hat letztere indessen der Sicherung gedient, wenngleich auch die anderen Triebfedern der Kriegshandlung, insbesondere rücksichtlich der Beweglichkeit der Kriegskräfte, dabei keineswegs leer ausgingen. Die durch Terrain-Verwandlung erzeugte Sicherung verzweigte sich verschiedentlich und so, daß sie einmal als Feldbefestigung der Truppe im freien Gefecht, einmal als Ortsbefestigung einem von längerer oder kürzerer Zeit her prämeditirten Ortsbesitz, und einmal endlich als Festungskrieg dem fortschreitenden Angriff und der ihm entgegenwirkenden Vertheidigung gewidmet war. Für alle diese Fälle sind durch Nachdenken und Erfahrung Mittel und Benehmen, die sich in ihrer Anwendung mit mehr oder weniger Einseitigkeit der auf der einen oder andern Intention beruhenden Kriegshandlungsmotive anschließen, geschichtlich hervorgegangen. Es leuchtet also ein, daß sie auch in dieser ihrer Gliederung und nicht minder, als die organischen und taktischen Mittel der Kriegshandlungen überhaupt, successive und mit Bewußtsein für den vorherrschenden Zweck in Regeln und Maximen für die Anwendung gebracht sein wollen. Da sie mehr materielle und mechanische Rücksichten erheischen, als die meisten anderweiten Kriegsmittel, und da die durch sie stattfindende Herstellung der Werke neben den Kenntnissen aus der Mathematik, Physik und Mechanik, auch mehr Voraussicht in der Conception und Ausführung verlangt, als manche andere militairische Branche, so gehören jene Mittel neben dem militairischen Wissen noch einer mit diesem harmonirenden Technik an.

Die letztere steht dem Ingenieur ausschließlich zu; ihr Besitz kann allein, aber auch nur verbunden mit dem gesunden Soldatenblick, die richtige Ueberzeugung von dem gewähren, was ohne daß man sich mit einseitigen Formen zu begnügen und also in ein neues leidiges Manieriren zu gerathen hätte, die heutige Befestigungskunst der Kriegskunst zu leisten vermag.

Geschrieben im Mai 1851.

Druck von J. Blumenthal in Berlin Adlerstr. 9

Druckfehler und Berichtigungen.

S. 5 Z. 24 lies: „des ponts et chaussées“ statt: des ponts et des chaussées“.

: 17 : 21 lies: „par de longues“ etc. statt: „par des longues“ etc.

: 18 : 30 lies: „on le vérifie soit etc. soit en examinant, s'il satisfait aux phénomènes connus; et“ etc. statt: „on les verifie soit etc. soit en examinant; s'il satisfait aux phenomènes connus, et“ etc.

: 20 : 21 lies: „Les anciens comprenaient sous la dénomination de machines tout ce qui était du ressort“ etc. statt: „Les anciens comprennaient sous la dénomination „„machine““ tout ce qui était de ressort“ etc.

: 25 : 39 lies: „Un jour que ces sapeurs gagneront par leur diligence économisera au roi plus de 10000 liv. et bien des soldats“ statt: „Un jour que ces sappeurs gagneront par leur diligence donnera au roi plus de 10000 livres d'économie en bien des soldats.“

: 48 : 39 lies: „de pays“ statt: „du pays“.

: 64 : 7 lies: „'hors-d'oeuvre“ statt: „'hors d'oeuvres“.

: 80 : 12 lies: „Der Begriff der Werke und ihrer Zusammenstellung erschöpft noch nicht den der fortificatorischen Ueberwältigungs-Anstalten überhaupt“ statt: „der Begriff der Werke und ihre“ ꝛc.

: 80 : 30 lies: „à double sape“ statt: „à double sappe“.

: 88 : 43 lies: „vivacitá“ statt: „viva, citá“.

: 113 : 6 lies: „1) Vorbereitung und Anordnung“ statt: „1) Vorbereitung und Anwendung“

: 116 : 6 lies: „Abweiser“ statt: „Abweichungen“.

: 124 : 31 lies: „Aus diesem müßte“ statt: „Aus diesem mußte“.

: 137 : 2 lies: „auf das Bauwesen“ statt: „auf Bauweseu“.

: 176 : 1 lies: „Die nachfolgend angedeuteten Wahrheiten sind übrigens um“ ꝛc. statt: „Dergleichen Andeutungen, wie“ ꝛc.

Kolibri 360 GmbH
Ferdinand-Jühlke-Straße 7
99095 Erfurt, Deutschland
produktsicherheit@kolibri360.de